Michael Rux
Inge Goerlich

Eltern-Jahrbuch 2023

Handbuch des Eltern- und Schulrechts an öffentlichen Schulen in Baden-Württemberg für das Schuljahr 2023/2024

Süddeutscher Pädagogischer Verlag

Inhaltsverzeichnis

Ein Verzeichnis der Beiträge unter Hätten Sie's gewusst? finden Sie auf Seite 5.

Ein Verzeichnis der Beiträge unter Hätten Sie's gewusst? finden Sie auf Seite 5.

Das ausführliche alphabetische Schlagwortverzeichnis finden Sie ab Seite 521

Abkürzungen

Häufig verwendete Abkürzungen (soweit nicht bei der jeweiligen Anwendung direkt erklärt)

AZ	Aktenzeichen
BGBl.	Bundesgesetzblatt
EltBVO	Elternbeiratsverordnung
EU-DSGVO	Europäische Datenschutz-grundverordnung
FM	Finanzministerium
GABl.	Gemeinsames Amtsblatt
GBl.	Gesetzblatt Baden-Württemberg
GHWRGS	Grund-, Haupt-, Werkreal-, Real-, Gemeinschafts- und Sonderschulen
GLK	Gesamtlehrerkonferenz
IM	Innenministerium
KM	Kultusministerium*
KonfO	Konferenzordnung
K.u.U.	Amtsblatt Kultus und Unterricht
LDSG	Landesdatenschutzgesetz
RP	Regierungspräsidium
SchG	Schulgesetz
SBBZ	Sonderpädagogisches Bildungs- und Beratungszentrum
SGB	Sozialgesetzbuch
SMV	Schülermitverantwortung
SSA	Staatliches Schulamt
VG	Verwaltungsgericht
VGH	Verwaltungsgerichtshof
VO	Verordnung
VwV	Verwaltungsvorschrift

* Das Ministerium für Kultus, Jugend und Sport wird amtlich „Kultusministerium" und „KM" abgekürzt (GBl. S. 491/1996 und Mitteilung des Staatsministeriums, 28.7.2004, I 0142).

Hätten Sie's gewusst? – Eltern fragen, wir antworten.

Zu vielen Themen, die Eltern und Elternvertreter*innen auf den Nägeln brennen, gibt es im Eltern-Jahrbuch kurze Einführungen mit Verweisen auf die ausführliche Darstellung in den Sach-Beiträgen. Wer sich in die Materie einlesen und einarbeiten will, findet hier viele Anregungen. Mit einem Klick auf die unten abgedruckte Liste kommen Sie direkt zum jeweiligen Beitrag.

Elterninformationen des Kultusministeriums

Der elektronische „Infodienst Eltern" des Kultusministeriums informiert aktuell und aus der Sicht der Regierung über neue Ideen und Entwicklungen in Schule, Schulverwaltung und Bildungspolitik. Dieser Informationsdienst kann kostenfrei auf der Homepage des Kultusministeriums eingesehen und als pdf-Datei abgerufen werden unter https://km-bw.de/startseite/service/Infodienst+Eltern.

Grußwort der GEW-Landesvorsitzenden

*Liebe Eltern, liebe Elternbeirät*innen,*

im 22. Jahrgang legt die Gewerkschaft Erziehung und Wissenschaft im Jahr 2023 das Eltern-Jahrbuch vor. Die GEW erfüllt damit ihren selbst gestellten Auftrag, nicht nur eine gewerkschaftliche Vertretung der im Bildungswesen Beschäftigten zu sein, sondern die Entwicklung des Bildungswesens insgesamt aktiv zu fördern und zu unterstützen. Dazu gehört auch, den gewählten Elternvertreter*innen sowie allen anderen Eltern, denen eine gute Schule am Herzen liegt, das schulrechtliche Handwerkszeug anzubieten, das sie benötigen, um in der Schule sachgerecht und erfolgreich mitzuarbeiten.

Die GEW betrachtet die konstruktive Zusammenarbeit aller am Schulleben Beteiligten – der Schüler*innen, der Eltern, der Lehrkräfte und des gesamten Schulteams, der Schulleitungen, der Schulträger und der Schulverwaltung – als wichtigste Voraussetzung dafür, dass sich die Schulen entfalten und weiter entwickeln können. Deshalb pflegen wir auch einen konstruktiven Austausch mit dem Landeselternbeirat.

Uns ist bewusst, dass die Interessen der Eltern und der Lehrkräfte durchaus unterschiedlich sein können und bisweilen auch sein müssen. Denn die Schule ist auch der Arbeitsplatz der Lehrer*innen und es entstehen dort die gleichen Probleme und Konflikte wie in jedem anderen Betrieb. Eltern müssen da nicht immer gleicher Meinung sein wie wir. Und auch bei der Bildung und Erziehung der einzelnen Schüler*innen vertreten Lehrkräfte und Eltern nicht immer die gleichen Ansichten.

Für diese Fälle gilt jedoch die gleiche Maxime wie auch sonst im Leben: Wer gut informiert ist und einen sachlichen Umgang pflegt, ist in der Regel besser fähig, Meinungsverschiedenheiten zu klären und tragfähige Lösungen zu finden. In diesem Sinne sagen wir: Die Entwicklung guter Schulen partnerschaftlich und auf Augenhöhe mit gut informierten Eltern gelingt.

Und vor allem: In vielen Bereichen – von einer guten Sach- und Personalausstattung unserer Schulen bis hin zur Verbesserung der Unterrichts- und Erziehungsarbeit – sind Eltern und Lehrkräfte natürliche Verbündete. Das zeigt sich vor allem in Krisensituationen wie der Pandemie, dem Angriffskrieg gegen die Ukraine, dem Klimawandel und dem Fachkräftemangel auch im Schulbereich. Wir werden diese Krisen nur gemeinsam bewältigen – indem wir, die Eltern und die Lehrkräfte, alles tun, um unsere Kinder und Jugendlichen vor Nachteilen zu bewahren und ihnen trotz aller Herausforderungen eine Erziehung und Bildung zu vermitteln, die sie befähigt, unsere Gesellschaft human und solidarisch zu gestalten.

Sie werden übrigens in diesem Buch relativ wenig über die Gewerkschaft Erziehung und Wissenschaft (GEW) und unsere bildungspolitischen Programme und Initiativen erfahren, denn dies ist keine Werbepublikation, sondern ein Handbuch des Schul- und Elternrechts, mit dem wir Sie unterstützen wollen, weil wir die ehrenamtliche Arbeit der Eltern und Elternvertretungen für wichtig halten. Wenn Sie mehr über die GEW im Deutschen Gewerkschaftsbund (DGB) wissen wollen, wenn Sie unsere Meinung zur Bildungspolitik kennenlernen möchten oder wenn Sie Kontakt zu uns suchen, finden Sie uns im Internet unter www.gew-bw.de.

Auf eine gute Zusammenarbeit!

Monika Stein
Landesvorsitzende der Gewerkschaft Erziehung und Wissenschaft Baden-Württemberg

Impressum

Eltern-Jahrbuch 2023. Handbuch des Eltern- und Schulrechts an öffentlichen Schulen in Baden-Württemberg. 22. Jahrgang.
ISBN: 978-3-944970-37-0.

Redaktion: Michael Rux und Inge Goerlich.

Kontakt: Inge Goerlich,
Raabestr. 24, 72762 Reutlingen, (07121) 21579 oder (0172) 7411627; inge.goerlich@gew-bw.de.

Herausgeber: Gewerkschaft Erziehung und Wissenschaft (GEW), Landesverband Baden-Württemberg, Silcherstraße 7, 70176 Stuttgart; die GEW im Internet: https://www.gew-bw.de/

Druck: GO Druck Media GmbH & Co. KG, Einsteinstr. 12-14, 73230 Kirchheim unter Teck.

Titelgestaltung: 2und3d-design, Thomas Holland-Cunz.

Einführung in den Gebrauch

Zum Inhalt des Buches

Das Eltern-Jahrbuch enthält neben den für Eltern und Elternvertretungen an öffentlichen Schulen des Landes Baden-Württemberg geltenden Rechtsgrundlagen alle wichtigen Vorschriften für allgemeinbildende Schulen. Bei den beruflichen Schulen geben wir jeweils nur einen Überblick über die Aufgaben der Schularten und die Aufnahmevoraussetzungen, da diese vor allem für die Schullaufbahnentscheidung wichtig sind. Das Buch enthält keine Bildungspläne; im Beitrag ➪ Bildungspläne und Bildungsstandards wird informiert, wo diese online abgerufen werden können.

Redaktionsschluss war der 21. August 2023.

Das Buch enthält auch ein umfangreiches alphabetisches Schlagwortregister (auf den letzten Seiten).

Mit dem Zeichen ➪ verweisen wir überall im Eltern-Jahrbuch auf korrespondierende Vorschriften an anderen Stellen des Buches. Auslassungen in amtlichen bzw. fremden Texten haben wir durch eckige Klammern gekennzeichnet: [...]. Der vollständige Text der landesrechtlichen Vorschriften ist in der Regel unter www.landesrecht-bw.de zu finden.

Das Eltern-Jahrbuch informiert über die Dienstverhältnisse der Lehrkräfte nur, soweit dies für die Arbeit der Elternvertretungen unmittelbar bedeutsam ist. So werden z.B. die Bestimmungen über Betriebsausflüge der Lehrkräfte und Personalversammlungen zitiert, weil hieraus ein (zulässiger) Ausfall von Unterricht resultieren kann; ferner geben wir Grundinformationen über die Arbeitszeit der Lehrkräfte. Wer mehr über deren Dienstverhältnisse erfahren will, sei auf das GEW-Jahrbuch verwiesen: https://spv-s.de/shop/gew-jahrbuch.html.

Das Eltern-Jahrbuch ist alphabetisch aufgebaut. Deshalb stehen alle Bestimmungen, welche die Eltern und die Elternvertretungen unmittelbar betreffen, unter dem Stichwort „Eltern". Dieses umfangreiche Kapitel haben wir durch eine Randmarkierung gekennzeichnet. Die Vorschriften für die einzelnen Schularten sind der jeweiligen Schulart zugeordnet; so finden Sie die Versetzungsordnung der Realschule unter ➪ Realschule (Versetzungsordnung).

Leider können wir die komplizierte Systematik des Bildungsrechts nicht vereinheitlichen. Viele Sachverhalte werden durch mehrere Regelungen erfasst: Gesetzesbestimmungen, Verordnungen, Verwaltungsvorschriften und teilweise noch weitere Ausführungsbestimmungen. Wer beispielsweise genau wissen will, was die grundlegenden Begriffe aus dem Bereich der Elternarbeit wie „Elternbeirat" oder „Klassenpflegschaft" bedeuten, muss das Schulgesetz und die Elternbeiratsverordnung parallel lesen. Das Buch enthält deshalb außer den (durch Hinweise der Redaktion kommentierten) Vorschriften auch zusammenfassende Informationen; beispielsweise bieten die Beiträge ➪ Eltern (Allgemeines) / ➪ Elternabend und Klassenpflegschaft / ➪ Elternbeirat (Allgemeines) einen Überblick über alle Mitwirkungsmöglichkeiten der Eltern und enthalten weitere Verweise.

Wir empfehlen jenen Leser*innen, die einen Überblick über die wichtigsten Sachverhalte und Vorschriften gewinnen wollen, die Lektüre einer Reihe von Darstellungen und tabellarischen Übersichten, in denen wir eine allgemeine Einführung in (schul-)rechtliche Sachgebiete geben, beispielsweise: ➪ Aufsichtspflicht / ➪ Ermessen / ➪ Erziehungsauftrag und politische Bildung / ➪ Haushalt (Allgemeines) / ➪ Juristische Terminologie / ➪ Lernmittelfreiheit (Allgemeines) / ➪ Religion (Allgemeines) / ➪ Schulgesetz (Erziehungs- und Ordnungsmaßnahmen) / ➪ Schulkonferenz (Allgemeines) / ➪ Unterrichtsversorgung (Allgemeines) / ➪ Verwaltungsrecht (Allgemeines) / ➪ Vorschriften (Allgemeines)

Außerdem haben wir viele amtliche Texte durch kurze **Hinweise der Redaktion** kommentiert.

Wir empfehlen ferner die unter *„Hätten Sie's gewusst? Eltern fragen, wir antworten."* in das Buch eingestreuten Tipps aus der Praxis; ein Beispiel finden Sie auf der vorletzten Seite (543) dieses Buches.

Zur Sprache und Orthografie

Wo möglich, verwenden wir eine geschlechtsneutrale Sprache; siehe hierzu auch die Maßgaben der Landesregierung in Teil B des Beitrags ➪ Vorschriften. Die „Männersprache" vieler amtlicher Texte können wir aber nicht ändern. In redaktionellen Beiträgen benutzen wir häufig das „Gender-Sternchen", z.B. Schüler*innen. Bei zusammengesetzen Substantiven, die keine konkrete Person, sondern eine Gruppe oder einen übergeordneten Begriff bezeichnen (z.B. Schülerunfallversicherung, Lehrerwochenstunde, ...), haben wir zugunsten der Lesbarkeit auf das Gendern verzichtet.

Wir haben ältere Vorschriften an die neue ➪ Rechtschreibung angepasst sowie die teilweise unterschiedliche Schreibweise der amtlichen Texte vereinheitlicht. Die Terminologie älterer amtlicher Vorschriften (z.B. „Oberschulamt" statt heute: „Regierungspräsidium" oder „Sonderschule" statt heute: „Sonderpädagogisches Bildungs- und Beratungszentrum") haben wir jedoch nicht ändern können. Wenn Varianten möglich sind, geben wir im Zweifel der „Agenturschreibweise" Vorrang; siehe www.die-nachrichtenagenturen.de. Wir schreiben deshalb beispielsweise *aufgrund* statt *auf Grund*, *allgemeinbildend* statt *allgemein bildend*, *aufsichtführend* statt *Aufsicht führend* oder *sogenannt* statt *so genannt*.

Für Hinweise und Vorschläge sind wir dankbar. Schreiben Sie an Inge Goerlich, Raabestr. 24, 72762 Reutlingen, (07121) 21579 oder (0172) 7411627; inge.goerlich@gew-bw.de.

Michael Rux / Inge Goerlich

Alphabetischer Teil

Abschlüsse und Bildungswege

Informationen der Redaktion zur Rechtslage und zur Verwaltungspraxis in Baden-Württemberg

Die *„Ländervereinbarung über die gemeinsame Grundstruktur des Schulwesens und die gesamtstaatliche Verantwortung der Länder in zentralen bildungspolitischen Fragen“* (KMK-Beschluss vom 15.10.2020) löst das – 2022 förmlich außer Kraft gesetzte – *„Hamburger Abkommen“* von 1967 ab und bestimmt seither die Struktur des Bildungssystems in Deutschland. Ziel ist, die Qualität und Transparenz des Bildungswesens zu steigern, die Vergleichbarkeit der Abschlüsse zu verbessern und damit die Mobilität für Schüler*innen, Eltern und Lehrkräfte zu sichern. Die Umsetzung der Bildungsziele und Bildungsstandards auf Landesebene erfolgt im ➪ Schulgesetz sowie in Verordnungen des KM.

Die Feststellung der Gleichwertigkeit von Bildungsnachweisen aus anderen Bundesländern, der früheren DDR und dem Ausland mit Abschlüssen in Baden-Württemberg erfolgt überwiegend zentral durch das Regierungspräsidium Stuttgart. Informationen zu ausländischen Bildungsabschlüssen sind über das Infoportal „anabin“ verfügbar. Link: http://anabin.kmk.org.

Einen Überblick über die in Baden-Württemberg möglichen Bildungswege und -abschlüsse bietet das Serviceportal B-W; dessen Schul-Informationen sind erreichbar unter: https://www.service-bw.de/ Suchwort: > Bildungswege.

Das „Bildungsnavi“ hilft bei der Wahl des Bildungswegs; Link: www.bildungsnavi-bw.de.

Übergreifende Vorschriften sind abgedruckt unter: ➪ Abschlüsse (Gleichwertigkeit); ➪ Abschlüsse (HS/RS – Gleichwertiger Bildungsstand; ➪ Fachhochschulreife

In allen Fragen der schulischen Abschlüsse beraten kostenlos und qualifiziert die ➪ Schulpsychologischen Beratungsstellen, angesiedelt bei den Staatlichen Schulämtern. ➪ Schulverwaltung

Abschlüsse und Bildungswege in Baden-Württemberg

Vereinfachte Darstellung; ohne Schulen besonderer Art (Gesamtschulen)

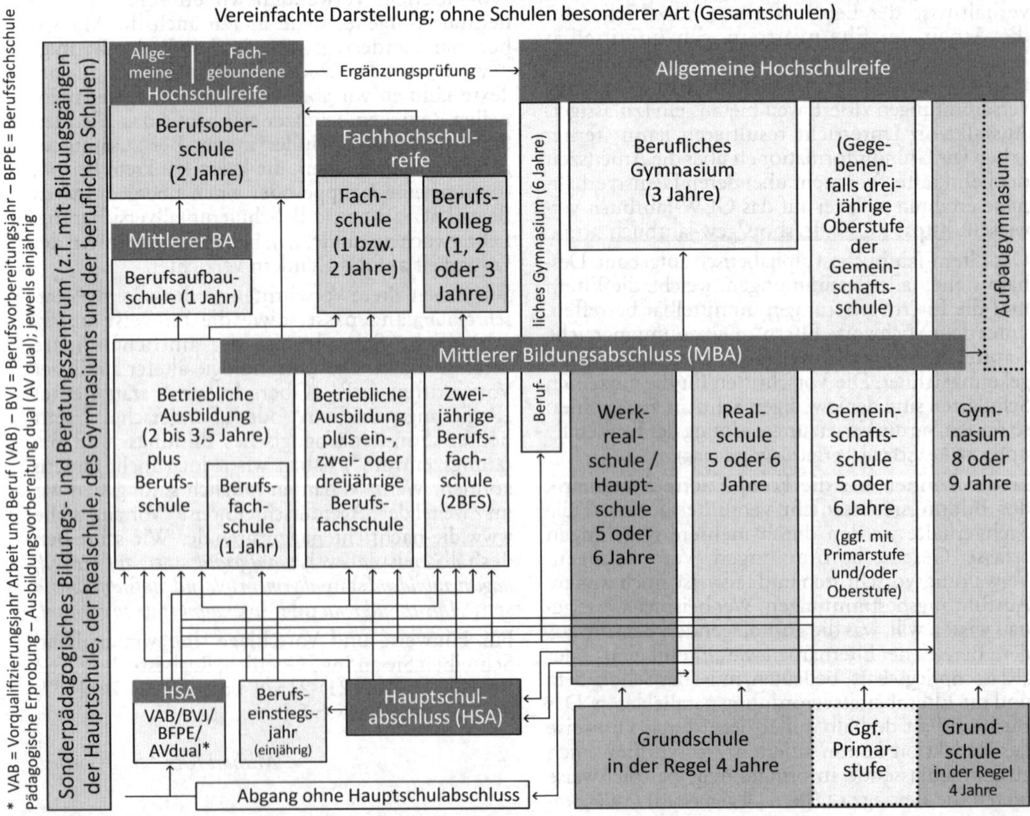

Abschlüsse (Gleichwertigkeit)

Informationen der Redaktion zur Rechtslage und zur Verwaltungspraxis in Baden-Württemberg

1.
Hauptschulabschluss und Realschulabschluss

Hauptschulabschluss, Realschulabschluss; Verwaltungsvorschrift des KM vom 31. März 2009 (K.u.U. S. 81/2009)

1. Schüler der Realschule und des Gymnasiums, die an ihrer Schulart von Klasse 9 nach Klasse 10 versetzt wurden, haben einen dem Hauptschulabschluss gleichwertigen Bildungsstand.
2. Schüler des Gymnasiums, die von Klasse 10 im neunjährigen Bildungsgang nach Klasse 11 oder im achtjährigen Bildungsgang in die erste Jahrgangsstufe versetzt wurden, haben einen dem Realschulabschluss gleichwertigen Bildungsstand. Schüler des Gymnasiums im achtjährigen Bildungsgang, die nach Teilnahme an einem längerfristigen Einzelschüleraustausch mit dem Ausland ohne Versetzungsentscheidung in die Kursstufe aufgenommen worden sind, erwerben einen dem Realschulabschluss gleichwertigen Bildungsstand, wenn am Ende der 1. Jahrgangsstufe nicht mehr als 20 % der angerechneten Kurse mit weniger als 5 Punkten in einfacher Wertung bewertet sind.
3. Ein nach den Nummern 1 und 2 erworbener Bildungsabschluss bleibt im Falle einer freiwilligen Wiederholung erhalten, sofern am Ende der wiederholten Klasse keine Versetzung erfolgt.

2.
Gleichstellung von Haupt-, Werkrealschul- und Realschulabschluss

Artikel 15 der VO des KM zur Änderung schulrechtlicher Vorschriften vom 11.4.2012 (K.u.U. S. 69/2012)

Der nach der Hauptschulabschlussprüfungsordnung vom 8. Juli 1994 (K.u.U. S. 436) [...] oder der Hauptschulabschlussprüfungsordnung vom 23. Mai 2008 (Ku.U. S. 99 [...]) am Ende der Klasse 10 der Hauptschule erworbene dem Realschulabschluss gleichwertige Bildungsstand ist dem am Ende der Klasse 10 der Werkrealschule erworbenen dem Realschulabschluss gleichwertigen Bildungsstand gleichgestellt.

⇨ Abschlüsse und Bildungswege; ⇨ Abschlüsse (HS/RS – Gleichwertiger Bildungsstand); ⇨ Gymnasium (Versetzungsordnung); ⇨ Hauptschule (Abschlussprüfung); ⇨ Realschule (Abschlussprüfung); ⇨ Werkrealschule (Abschlussprüfung); ⇨ Werkrealschule (Verordnung)

Abschlüsse (HS/RS – Gleichwertiger Bildungsstand)

Erwerb eines dem Hauptschulabschluss oder dem Realschulabschluss gleichwertigen Bildungsstandes an beruflichen Schulen; Verwaltungsvorschrift vom 10. März 2012 (K.u.U. S. 97/2012)

A.
Erwerb eines dem Hauptschulabschluss gleichwertigen Bildungsstandes

I.
Erwerb im Rahmen der Ausbildung an beruflichen Schulen

Schülerinnen und Schüler ohne Hauptschulabschluss können an einer beruflichen Schule einen dem Hauptschulabschluss gleichwertigen Bildungsstand erwerben, wenn sie an der Abschlussprüfung und ggf. Zusatzprüfung eines Bildungsgangs, der nach der jeweils geltenden Ausbildungs- und Prüfungsordnung einen entsprechenden Erwerb ermöglicht, erfolgreich teilnehmen.

II.
Erwerb im Falle des erfolgreichen Abschlusses einer Berufsausbildung

Ein dem Hauptschulabschluss gleichwertiger Bildungsstand kann von Schülerinnen und Schülern, die den Hauptschulabschluss nicht besitzen, außerdem erlangt werden, wenn sie an der Berufsschule die ordentliche Abschlussprüfung oder die Abschlussprüfung für Schulfremde sowie eine nach dem Berufsbildungsgesetz (BBiG) oder der Handwerksordnung (HWO) vorgeschriebene Abschlussprüfung in einem anerkannten Ausbildungsberuf mit einer Regelausbildungsdauer von mindestens zwei Jahren erfolgreich abgelegt haben. Entsprechendes gilt für Schülerinnen und Schüler, welche die Abschlussprüfung an einer Sonderberufsschule und in einem nach Teil 2 Kapitel 4 Abschnitt 1 BBiG oder nach §§ 42 k bis 42 m HWO geregelten Ausbildungsberuf bestanden haben.

III. Bestätigung des Erwerbs

1. Bei einem Erwerb nach Ziffer I wird der dem Hauptschulabschluss gleichwertige Bildungsstand im Abschlusszeugnis des besuchten Bildungsganges bestätigt.
2. Die Feststellung eines dem Hauptschulabschluss gleichwertigen Bildungsstandes nach Ziffer II erfolgt durch die Bestätigung gemäß Anlage 1. Die Bestätigung wird von der Schule ausgestellt, an der die Prüfung abgelegt wurde.

B.
Erwerb eines dem Realschulabschluss gleichwertigen Bildungsstandes

I.
Erwerb im Rahmen der Ausbildung an beruflichen Schulen

1. Schülerinnen und Schüler können in einem Bildungsgang des beruflichen Schulwesens einen dem Realschulabschluss gleichwertigen Bildungsstand erlangen, wenn sie die hierfür in der Ausbildungs- und Prüfungsordnung des Bildungsgangs festgelegten Voraussetzungen erfüllen.
2. Schülerinnen und Schüler, die mit dem Zeugnis der Versetzung von Klasse 9 nach Klasse 10 eines allgemeinbildenden Gymnasiums auf ein berufliches Gymnasium oder ein Berufskolleg wechseln oder in eine Berufsoberschule eintreten, erwerben einen dem Realschulabschluss gleichwertigen Bildungsstand, wenn sie die erste Klasse des beruflichen Gymnasiums oder eines mehrjährigen Berufskollegs oder der Oberstufe der Berufsoberschule oder ein einjähriges Berufskolleg erfolgreich absolviert haben.

II.
Erwerb im Falle des erfolgreichen Abschlusses einer Berufsausbildung

1. Entsprechend der Vereinbarung über den Abschluss der Berufsschule – Beschluss der Kultusministerkonferenz vom 01. Juni 1979 [...] – schließt das Abschlusszeugnis der Berufsschule einen dem Realschulabschluss gleichwertigen Bildungsstand ein, wenn
   - die Berufsschule erfolgreich besucht und, soweit ein nach Lernfeldern strukturierter Unterricht durchgeführt wurde, die im Abschlusszeugnis ausgewiesene Durchschnittsnote oder, bei nicht nach Lernfeldern strukturiertem Unterricht, der auf eine Dezimale gerechnete Durchschnitt der in den maßgebenden Fächern (alle Fächer mit Ausnahme von Religionslehre und Sport) erzielten Noten mindestens 3,0 beträgt,
   - der erfolgreiche Abschluss einer Berufsausbildung nach dem Berufsbildungsgesetz (BBiG) oder nach der Handwerksordnung (HWO) in einem anerkannten Ausbildungsberuf mit einer Regelausbildungsdauer von mindestens zwei Jahren nachgewiesen ist und
   - Fremdsprachenkenntnisse dadurch nachgewiesen sind, dass ein mindestens fünfjähriger, in aufeinander folgenden Klassenstufen erteilter Fremdsprachenunterricht oder ein darauf aufbauender Fremdsprachenunterricht mit der Prüfungs- oder Jahresnote „ausreichend“ oder besser abgeschlossen bzw. absolviert wurde. Dieser Nachweis ist auch erbracht, wenn in einer Prüfung, die nach ihren Anforderungen einen fünfjährigen Unterricht voraussetzt (z.B. Schulfremdenprüfung in der Hauptschule), die Fremdsprachennote „ausreichend“ oder besser erzielt wurde, oder wenn ein Fremdsprachenzertifikat vorgelegt wird, auf dessen Grundlage sich entsprechende Sprachkenntnisse feststellen lassen.
2. Im Land Baden-Württemberg wird weiterhin ein dem Realschulabschluss gleichwertiger Bildungsstand dann zuerkannt, wenn die in Ziffer 1 genannten Voraussetzungen nicht vorliegen, jedoch nach Maßgabe nachstehender Regelung bei gleichgewichtiger Wertung eine Durchschnittsnote von mindestens 2,5 aus dem
   a. Zeugnis über den Hauptschulabschluss oder dem Zeugnis über einen dem Hauptschulabschluss gleichwertigen Bildungsstand oder dem Abschlusszeugnis eines auf dem Hauptschulabschluss oder einem gleichwertigen Bildungsabschluss aufbauenden vollzeitschulischen beruflichen Bildungsgangs,
   b. Berufsschulabschlusszeugnis und
   c. Zeugnis der zuständigen Stelle für die Abschlussprüfung in einem anerkannten Ausbildungsberuf mit einer Regelausbildungsdauer von mindestens drei Jahren

   erreicht wird.

2.1 Durchschnitt des Zeugnisses nach Ziffer 2 Buchst. a

Maßgebend ist der im Hauptschulabschlusszeugnis für das Bestehen der Hauptschulabschlussprüfung ausgewiesene Durchschnitt der Gesamtleistungen aufgrund der seit 10. Dezember 1983 jeweils geltenden Vorschriften über die Abschlussprüfungen an Hauptschulen und an Werkrealschulen. In der Fremdsprache muss sich der Schüler oder die Schülerin der Prüfung unterzogen haben.

Absolventen der Hauptschule, die am Ende des Schuljahres 1983/84 die Prüfung abgelegt haben, müssen sich ihr im A-Kurs unterzogen haben. Bei Absolventen der Hauptschule, die diese vor dem Schuljahr 1983/84 am Ende der Klasse 9 abgeschlossen haben, tritt an die Stelle des Durchschnitts der Gesamtleistungen der Hauptschulabschlussprüfung der Durchschnitt aller Noten des Abschlusszeugnisses, wenn in der Fremdsprache eine Note ausgebracht ist. Falls in den Fächern Deutsch, Mathematik und Fremdsprachen nach A- und B-Kurs differenziert worden ist, müssen die Noten nach den Anforderungen des A-Kurses erteilt worden sein.

Bei Schülerinnen und Schülern, für die das Zeugnis über den dem Hauptschulabschluss gleichwertigen Bildungsstand oder das Abschlusszeugnis eines auf dem Hauptschulabschluss aufbauenden Vollzeitschulischen beruflichen Bildungsgangs zu Grunde gelegt wird, tritt an die Stelle des Durchschnitts der Gesamtleistungen der Hauptschulabschlussprüfung der Durchschnitt der in dem jeweiligen Zeugnis für die maßgebenden Fächer gemäß der jeweiligen Ausbildungs- und Prüfungsordnung sowie ggf. für die Fächer der Zusatzprüfung oder des Zusatzprogramms ausgewiesenen Noten. In der Fremdsprache muss sich der Schüler oder die Schülerin der Prüfung unterzogen haben.

2.2 Durchschnitt des Berufsschulabschlusszeugnisses
Maßgebend ist die Durchschnittsnote, die im Abschlusszeugnis der Berufsschule ausgewiesen ist.

2.3 Durchschnitt des Zeugnisses der zuständigen Stelle über die Abschlussprüfung in einem anerkannten Ausbildungsberuf
Maßgebend ist die im Zeugnis der zuständigen Stelle als Gesamtergebnis ausgewiesene Durchschnittsnote (Dezimalnote) oder – sofern das Gesamtergebnis der Prüfung in Form von Punkten ausgewiesen ist – die unter Heranziehung des im Zeugnis ausgewiesenen Punkteschlüssels zu ermittelnde Durchschnittsnote (Dezimalnote).

3. Bei Absolventinnen und Absolventen der Ausbildung für den mittleren Verwaltungsdienst tritt an die Stelle des Berufsschulabschlusszeugnisses das Jahreszeugnis (Durchschnittsnote) der Berufsschule am Ende des Dienstanfängerjahres und an die Stelle des Zeugnisses über die Abschlussprüfung in einem anerkannten Ausbildungsberuf das Prüfungszeugnis der Staatsprüfung für den mittleren Verwaltungsdienst.

4. Bei Absolventinnen und Absolventen der Ausbildung für den mittleren Justizdienst tritt an die Stelle de Berufsschulabschlusszeugnisses der Durchschnitt aus den Noten der Zeugnisse der Lehrgänge (Lehrveranstaltungen der fachtheoretischen Ausbildung während der Ausbildungsabschnitte I bis IV) und an die Stelle des erfolgreichen Abschlusses der Berufsausbildung das Zeugnis der Prüfung für den mittleren Justizdienst.

III.
Erwerb im Falle des erfolgreichen Besuchs einer beruflichen Vollzeitschule, an der ein Berufsabschluss vermittelt wird

1. Ein dem Realschulabschluss gleichwertiger Bildungsstand nach Ziffer II.1 kann auch durch den Besuch einer öffentlichen oder als Ersatzschule anerkannten beruflichen Vollzeitschule, die mit einer Regelausbildungsdauer von mindestens zwei Jahren einen Berufsabschluss vermittelt, sowie durch den Besuch der dreijährigen Berufsfachschule für Altenpflege erworben werden. Dabei tritt an die Stelle des Zeugnisses der Berufsschule sowie an die Stelle des Zeugnisses der nach dem BBiG oder der HWO zuständigen Stelle das Abschlusszeugnis. Als Abschlusszeugnis der Berufsfachschule für Altenpflege ist das Zeugnis über die staatliche Prüfung in der Altenpflege gemäß § 14 Abs. 2 der Altenpflege-Ausbildungs- und Prüfungsverordnung zugrunde zu legen. Für die Zuerkennung des dem Realschulabschluss gleichwertigen Bildungsstandes muss der Durchschnitt aus den in diesem Zeugnis ausgewiesenen Noten sowie der im Zeugnis zum Abschluss der schulischen Ausbildung in der Altenpflege für das Fach Deutsch ausgewiesenen Note bei gleichgewichtiger Wertung mindestens 3,0 betragen.

2. Ein dem Realschulabschluss gleichwertiger Bildungsstand nach Ziffer II.2 kann auch durch den Besuch einer öffentlichen oder als Ersatzschule anerkannten beruflichen Vollzeitschule, die mit einer Regelausbildungsdauer von mindestens drei Jahren einen Berufsabschluss vermittelt, sowie durch den Besuch der dreijährigen Berufsfachschule für Altenpflege erworben werden. Dabei tritt das Abschlusszeugnis der Schule an die Stelle der Zeugnisse nach Ziffern II.2.2 und II.2.3 und zählt damit doppelt. Die Sätze 3 und 4 der Ziffer III. 1 gelten entsprechend.

IV.
Bestätigung des Erwerbs

1. Bei einem Erwerb nach Ziffer 1.1 wird der dem Realschulabschluss gleichwertige Bildungsstand im Zeugnis des besuchten Bildungsganges bestätigt.

2. Bei einem Erwerb nach Ziffer 1.2 wird der dem Realschulabschluss gleichwertige Bildungsstand im Zeugnis der besuchten Klasse unter ‚Bemerkungen' wie folgt bestätigt: „Dieses Zeugnis schließt den Nachweis eines dem Realschulabschluss gleichwertigen Bildungsstandes ein."

3. Die Feststellung des Erwerbs eines dem Realschulabschluss gleichwertigen Bildungsstandes nach Ziffer II.1 und nach Ziffer III.1 i.V. mit Ziffer II.1 erfolgt in Form einer Bestätigung gemäß Anlage 2. Die Feststellung eines dem Realschulabschluss gleichwertigen Bildungsstandes nach Ziffer II.2 und nach Ziffer III.2 i.V. mit Ziffer II.2 erfolgt in Form einer Bestätigung gemäß Anlage 3. *(Anlagen nicht abgedruckt)*
Zuständig für die Feststellung ist die zuletzt besuchte berufliche Schule. Bei Ziffern II.3 und II.4 ist das Regierungspräsidium zuständig, in dessen Bereich die jeweilige Prüfung bzw. die Lehrgänge stattgefunden haben.

V.
Berechtigungen

Mit diesem dem Realschulabschluss gleichwertigen Bildungsstand können nach Maßgabe der einschlägigen Ausbildungs- und Prüfungsordnungen alle Bildungsgänge besucht werden, die einen Realschulabschluss voraussetzen.

⇨ Abschlüsse und Bildungswege; ⇨ Abschlüsse (Gleichwertigkeit); ⇨ Berufsschule (Ausbildung/Prüfung); ⇨ Berufseinstiegsjahr § 17 Abs. 1; ⇨ Berufsvorbereitungsjahr; ⇨ Fachhochschulreife; ⇨ Realschule (Abschlussprüfung); ⇨ Werkrealschule (Abschlussprüfung); ⇨ Werkrealschule (Verordnung)

Müssen Lehrkräfte Sprechstunden anbieten? Hätten Sie's gewusst? Die Antwort steht auf Seite 132.

Akten (Aufbewahrungsfristen und Archivierung)

Informationen der Redaktion zur Rechtslage und zur Verwaltungspraxis in Baden-Württemberg

Allgemeines

An den Schulen entstehen ständig Schriftstücke (Akten), Karten, Pläne, Daten-, Bild-, Film- und Tonträger sowie sonstige Aufzeichnungen (im Folgenden: „Unterlagen"), die vorübergehend oder dauernd aufbewahrt werden müssen. Die folgenden Ausführungen gelten für alle an der Schule aufbewahrten Unterlagen, unabhängig davon, ob sie digital (PC, Laptop, Tablet, Speichermedien) oder analog (z.B. in Papierform) gespeichert werden. Dabei sind allgemein das Landesarchivgesetz sowie im Fall von personenbezogenen Daten (Schüler*innen, Erziehungsberechtigte, Lehrkräfte usw.) zusätzlich die Datenschutzgrundverordnung zu beachten. Hierfür ist die Schulleitung verantwortlich.

➪ Datenschutz (Schulen); ➪ Informationsfreiheitsgesetz

Für einen Teil der amtlichen Unterlagen gelten besondere Aufbewahrungs- und Löschungsfristen. Nach deren Ablauf hat die Schule sie so zu vernichten, dass danach der Inhalt der Daten von niemandem mehr zur Kenntnis genommen werden kann (Reißwolf bzw. physische oder logische Löschung).

Für Unterlagen von *„bleibendem Wert"* besteht im Prinzip eine Aufbewahrungspflicht auf Dauer. *„Bleibenden Wert"* besitzen Unterlagen, *„denen historischer Wert zukommt oder die aufgrund von Rechtsvorschriften oder von Verwaltungsvorschriften der jeweils zuständigen obersten Landesbehörde zur Sicherung berechtigter Belange der Bürger oder zur Bereitstellung von Informationen für Gesetzgebung, Verwaltung oder Rechtspflege dauernd aufzubewahren sind"* (Landesarchivgesetz § 2). Ob Unterlagen *„bleibenden Wert"* besitzen, entscheidet die staatliche Archivverwaltung. Die Schule darf deshalb „Alt-Unterlagen", die sie für ihren laufenden Betrieb nicht mehr zu benötigen meint, nicht eigenmächtig vernichten, sondern muss sie spätestens 30 Jahre nach ihrer Entstehung dem Landesarchiv anbieten.

Die Sachakten der Schule (hierzu gehören beispielsweise auch die ➪ Protokolle und Niederschriften der schulischen Gremien) sind also wenigstens 30 Jahre lang an der Schule selbst aufzubewahren. Danach können sie zwar, soweit das Staatsarchiv sie nicht in seinen Bestand übernehmen will, vernichtet werden. Dies ist aber zumindest in solchen Fällen nicht sinnvoll, in denen der Sachverhalt auch danach noch relevant ist oder sein kann (beispielsweise sollte der Schriftverkehr mit dem Schulträger über Baumaßnahmen dauerhaft an der Schule archiviert werden).

Während der Aufbewahrungszeit muss die Schule sicherstellen, dass dienstliche Unterlagen, insbesondere personenbezogene Daten, vor unbefugtem Zugriff geschützt sind. Elektronisch gespeicherte Daten können auf verschlüsselten mobilen Festplatten gespeichert werden. Unterlagen mit personenbezogenen Daten wie Klassen- und Kurstagebücher oder Prüfungsniederschriften sind in abschließbaren Räumlichkeiten bzw. Behältnissen aufzubewahren.

Personenbezogene Daten

Die Verwaltungsvorschrift ➪ Datenschutz (Schulen) des Kultusministeriums enthält in den Abschnitten 1.5, 2.5 und 3.2 detaillierte Vorschriften über die Sperrung und Löschung von personenbezogenen Daten der Schülerinnen und Schüler, der Erziehungsberechtigten sowie der Lehrkräfte. Hieraus ergeben sich im Umkehrschluss jeweils auch Aufbewahrungsfristen für die entsprechenden Unterlagen.

Grundsätzlich gilt: Schulen haben personenbezogene Daten zu sperren, wenn ihre Kenntnis zur rechtmäßigen Erfüllung der jeweiligen Aufgabe der Schule nicht mehr erforderlich ist. So sind Schülerkarteikarten und Schülerlisten in Papierform sowie Abschluss- und Abgangszeugnisse spätestens 50 Jahre, nachdem die Betroffenen die Schule verlassen haben, zu löschen. Die Löschung personenbezogener Daten unterbleibt jedoch, *„wenn Grund zu der Annahme besteht, dass durch eine Löschung schutzwürdige Interessen der betroffenen Person beeinträchtigt würden"* (LDSG § 10). Da die Rekonstruktion von Schulabschlüssen auch nach Jahrzehnten im Interesse der Betroffenen liegen kann (z.B. für die Rentenberechnung), reichen die in der VwV Datenschutz (Schulen) genannten 50 Jahre nicht aus; wir empfehlen für Abschlusszeugnisse 60 Jahre.

Prüfungsunterlagen (z.B. Niederschriften und Prüfungsarbeiten) bei Abschlussprüfungen können grundsätzlich nach Ablauf von fünf Jahren seit der Schlusssitzung vernichtet werden.

➪ Datenschutz (Schulen) 1.5

Zu den Prüfungsunterlagen gehören auch die Begründungen der Erst- und Zweitkorrektoren (Quelle: KM, 30.3.1999, AZ: IV/1-6630.1/21). Unterlagen, die für die Ausstellung von Zweitschriften der Prüfungs- oder Abgangszeugnisse notwendig sind, sollten länger aufbewahrt werden, damit bei einem etwaigen Verlust die Ausstellung einer Zweitschrift noch möglich ist. Hier erscheinen 30 Jahre angemessen.

Die Gesamtlehrerkonferenz kann mit Zustimmung der Schulkonferenz eine Regelung über die Dauer der Aufbewahrung von Klassenarbeiten treffen; andernfalls entscheidet die Fachlehrkraft hierüber.

➪ Konferenzordnung § 2 Abs. 1 Nr. 6

Die Unterlagen, die dem Zeugnis zugrunde liegen, dürfen jedoch nicht länger als erforderlich gespeichert werden. Insofern ist das Ermessen der einzelnen Lehrkraft beschränkt, auch die Gesamtlehrerkonferenz kann keine unbeschränkte Aufbewahrungsfrist festlegen. Denn „erforderlich" ist die Aufbewahrung allenfalls bis zum Ablauf eventueller Einspruchsfristen gegen die hierauf basierenden Zeugnisnoten. Spätestens ein Schuljahr nach Ausgabe des Zeugnisses ist eine Löschung von Notenlisten und Klassenarbeiten angebracht (Vernichtung bzw. Angebot an die Erziehungsberechtigten bzw. Schüler*innen zur Inbesitznahme).

Schriftliche Einwilligungserklärungen zur Veröffentlichung von Fotos in einem Druckwerk sind fünf Jahre nach der Veröffentlichung zu löschen. Schriftliche Einwilligungserklärungen zur Veröffentlichung von Fotos auf der Homepage sind fünf Jahre nach der Herausnahme aus der Homepage zu löschen.

Personenbezogene, auf privaten Datenverarbeitungsgeräten der Lehrkräfte gespeicherte Daten von Schüler*innen sind spätestens nach dem Ende des jeweils nächsten Schuljahres zu löschen, sofern keine Rechtsbehelfe oder Rechtsmittel zum Beispiel gegen ein Abschlusszeugnis eingelegt worden sind. Ferner haben die Schulen bei der Behandlung von personenbezogenen Daten folgende Detailvorschriften zu beachten:

- Unfallmeldungen müssen 5 Jahre lang aufbewahrt werden; vgl. ➪ Erste Hilfe Nr. 5.
- Für Unterlagen der Beratungslehrkräfte gilt die VwV ➪ Bildungsberatung Ziff. IV.3.3.
- Klassen und Kurstagebücher werden nach Ablauf der folgenden 5 Schuljahre vernichtet. Elektronische Klassenbücher werden nach 5 Jahren gelöscht. ➪ Klassenbücher Nr. 6

Unterlagen der Elternvertretung

Auch bei der Elternarbeit entstehen zahlreiche Akten (beispielsweise Protokolle, Wahlniederschriften, Rundschreiben, Schriftwechsel mit der Schule oder Schulbehörden, Unterlagen über die Führung einer Elternkasse). Da es sich bei der Elternvertretung um Gremien auf gesetzlicher Grundlage handelt, dürfen solche Unterlagen vom jeweiligen Vorstand nicht als Privatangelegenheit behandelt werden.

Die Elternvertretung arbeitet jedoch ehrenamtlich und ist keinen Weisungen oder gar der Aufsicht der (Schul-)Behörden unterworfen. Die für die Verwaltung des „Schriftguts" in der öffentlichen Verwaltung geltenden Vorschriften gelten zwar grundsätzlich auch für die Elternvertretung, lassen sich aber in diesem Bereich nicht immer und stringent durchsetzen. Es ist deshalb nach pragmatischen, aber rechtlich vertretbaren Lösungen zu suchen.

Finanzielle Unterlagen (Elternkasse, Abrechnung von Elternveranstaltungen usw.) müssen aus steuerlichen Gründen zehn Jahre lang, Sitzungsprotokolle usw. sollten ebenso lange aufbewahrt (und bei Vorstandswechsel an den/die Nachfolger*in förmlich übergeben) werden. Zwar können die laufenden Angelegenheiten in Privaträumen (Wohnung des/der Elternbeiratsvorsitzenden) aufbewahrt werden, eine Archivierung von „Alt-Akten" ist dort aber oft nicht möglich und grundsätzlich auch nicht statthaft. Dem Elternbeirat sollte gegebenenfalls ein verschließbarer und nur ihm zugänglicher Schrank im Sekretariatsbereich der Schule zur Verfügung gestellt werden.

➪ Bildungsberatung Ziff. IV.3.3; ➪ Datenschutz (Schulen); ➪ Elternbeirat (Kassenführung); ➪ Elternbeirat (EltBVO); ➪ Erste Hilfe; ➪ Geschäftsordnung; ➪ Gymnasium (Abitur) § 28; ➪ Informationsfreiheitsgesetz; ➪ Klassentagebücher Nr. 6; ➪ Notenbildungsverordnung; ➪ Protokolle und Niederschriften; ➪ Zeugnisse

Amtshaftung

Informationen der Redaktion zur Rechtslage und zur Verwaltungspraxis in Baden-Württemberg

Für Lehrkräfte an öffentlichen Schulen gelten die Grundsätze der Amtshaftung (Bürgerliches Gesetzbuch – BGB – § 839 Absatz 1):

„Verletzt ein Beamter vorsätzlich oder fahrlässig die ihm einem Dritten gegenüber obliegende Amtspflicht, so hat er dem Dritten den daraus entstehenden Schaden zu ersetzen. Fällt dem Beamten nur Fahrlässigkeit zur Last, so kann er nur dann in Anspruch genommen werden, wenn der Verletzte nicht auf andere Weise Ersatz zu erlangen vermag. […]"

Diese persönliche Haftung wird durch das ➪ Grundgesetz Art. 34 jedoch auf den Dienstherrn übergeleitet:

„Verletzt jemand in Ausübung eines ihm anvertrauten öffentlichen Amtes die ihm einem Dritten gegenüber obliegende Amtspflicht, so trifft die Verantwortlichkeit grundsätzlich den Staat oder die Körperschaft, in deren Dienst er steht. Bei Vorsatz oder grober Fahrlässigkeit bleibt der Rückgriff vorbehalten. Für den Anspruch auf Schadenersatz und für den Rückgriff darf der ordentliche Rechtsweg nicht ausgeschlossen werden."

Wenn eine Gesundheitsschädigung oder ein Sachschaden auf Vorsatz oder grobe Fahrlässigkeit einer Lehrkraft zurückzuführen ist, kommen

- eine zivilrechtliche Haftung (Schadensersatz, Schmerzensgeld) und/oder
- die disziplinarische Ahndung eines eventuellen Fehlverhaltens der Lehrkraft und/oder
- auch strafrechtliche Folgen für die Lehrkraft

in Betracht. „Grob fahrlässig" bedeutet, dass naheliegende, selbstverständliche Vorsichtsmaßnahmen oder Lebenserfahrungen außer Acht gelassen wurden. „Vorsätzlich" bedeutet, dass die aufsichtführende Lehrkraft eine Unfallfolge bewusst gewollt oder zumindest billigend in Kauf genommen hat. Es kommt also auf den Einzelfall an: In welcher konkreten Situation, die zum Schadenseintritt führte, hat sich die Lehrkraft wie verhalten? Diese Grundsätze gelten auch für Ansprüche an andere Personen, die ein ihnen anvertrautes öffentliches Amt ausüben, z.B. die Mutter, die als Begleitperson eine Klasse auf dem Schulausflug beaufsichtigt.

Bitte hierzu auch Nr. III des Beitrags ➪ Medikamentenabgabe an Schulen beachten.

Zivilrechtliche Haftungsansprüche sind von Geschädigten bzw. den Erziehungsberechtigten grundsätzlich nicht bei den Lehrkräften geltend zu machen, sondern sie müssen diese an den „Dienstherrn" richten, das ist bei Lehrkräften an öffentlichen Schulen in Baden-Württemberg das Land, vertreten durch das jeweilige Regierungspräsidium.

Gegebenenfalls gehen die Ansprüche der Geschädigten an die gesetzliche ➪ Unfallversicherung vor, die bei Schülerunfällen mit Personenschaden die Kosten der Heilbehandlung und der Rehabilitation, ein Verletztengeld sowie unter bestimmten Umständen eine Verletztenrente des/der Schüler*in trägt. Die Schulen sind deshalb bei jedem Schülerunfall verpflichtet, eine Unfallanzeige zu erstatten. Die behandelnden Ärzt*innen bzw. Krankenhäuser sind von den Schüler*innen bzw. deren Erziehungsberechtigten darauf aufmerksam zu machen, dass es sich um einen Schul- oder Schulwegunfall handelt, da es sonst zu Abrechnungsschwierigkeiten kommen kann oder gelegentlich auch eine (teure) Privat-Abrechnung erfolgt. Dies sollte man vor Behandlungsbeginn klären!

Umgang mit Wertsachen

Schüler*innen führen teilweise kostspielige Handys, PCs, Schmuck, Uhren usw. mit sich. Sind diese für den Schulbesuch oder den Unterricht nicht erforderlich, erfolgt dies grundsätzlich auf eigene Gefahr. Da es bei Verlust oder Beschädigung immer wieder zu Schadenersatzforderungen kommt, ist Lehrkräften und Schulleitungen abzuraten, Geräte oder Wertsachen der Schüler*innen an sich zu nehmen oder gar zu verwahren. Müssen solche Gegenstände z.B. beim Sportunterricht, bei Leistungsmessungen oder Unterrichtsstörungen vorübergehend abgegeben werden, sind die Schüler*innen aufzufordern, sie in von der Schule bereitgestellten, für die Schüler*innen stets zugänglichen und einsehbaren Behältnissen zu deponieren und hernach auch wieder selbst herauszunehmen. Die Schüler*innen müssen selbst dafür Sorge tragen, dass ihre so deponierten Wertsachen nicht beschädigt werden oder abhanden kommen. Die Schule sollte dieses Verfahren in ihrer ➪ Hausordnung / Pausenordnung vorschreiben. ➪ Handy

Wie sollten sich Eltern verhalten?

Bei einem Schüler-Unfall in der Schule oder einem sonstigen Schadensfall (z.B. Sachschaden infolge eines Unfalls) gilt – wie bei jeder Auseinandersetzung zwischen Elternhaus und Schule: Am Anfang sollte stets das Gespräch mit der betreffenden Lehrkraft und der Schulleitung gesucht werden. Dabei sollten sich die Eltern erkundigen, ob die vorgeschriebene schriftliche Unfallmeldung an den Träger der gesetzlichen Unfallversicherung erfolgt ist.

Zivilrechtliche Ansprüche (Schadensersatz, Schmerzensgeld) sind – schriftlich oder zu Protokoll – bei der Schulleitung geltend zu machen, die den „Dienstherrn" vertritt und, sofern geboten, das Regierungspräsidium einschaltet, dem disziplinarrechtliche Ermittlungen obliegen. Soweit sie davon erfährt, leitet die Staatsanwaltschaft bei Körperverletzung von Amts wegen strafrechtliche Ermittlungen ein.

Wenn dieses nach Meldung des Vorfalls nicht tätig wird, können Geschädigte bzw. die Erziehungsberechtigten durch eine Dienstaufsichtsbeschwerde Einfluss nehmen; in diesem Fall muss die Behörde prüfen, ob und welche Maßnahmen erforderlich sind. ➪ Verwaltungsrecht

➪ Aufsichtspflicht; ➪ Aufsichtspflicht (Schwimmunterricht) Nr. 7; ➪ Beschwerderecht; ➪ Fundsachen; ➪ Grundgesetz Art. 34; ➪ Handy-Nutzung; ➪ Medikamentenabgabe; ➪ Unfallversicherung; ➪ Verwaltungsrecht

Amtshilfe

Informationen der Redaktion zur Rechtslage und zur Verwaltungspraxis in Baden-Württemberg

Zwischen den Behörden besteht gemäß § 4 Landesverwaltungsverfahrensgesetz eine *„Amtshilfepflicht"*: *„Jede Behörde leistet anderen Behörden auf Ersuchen ergänzende Hilfe (Amtshilfe)"*.

Auch jede öffentliche Schule ist eine „Behörde", kann sich also an andere mit der Bitte um Amtshilfe wenden. Umgekehrt können andere Behörden von der Schule Auskünfte verlangen. Dies kann beispielsweise geschehen, wenn die andere Behörde zur Durchführung ihrer Aufgaben auf die Kenntnis von Tatsachen angewiesen ist, die ihr unbekannt sind und die sie selbst nicht ermitteln kann oder wenn sie zur Durchführung ihrer Aufgaben Urkunden oder sonstige Beweismittel benötigt, die sich im Besitz der ersuchten Behörde befinden. Amtshilfe kann auch geboten sein, wenn einer Behörde die zur Vornahme der Amtshandlung erforderlichen Dienstkräfte oder Einrichtungen fehlen und sie die Amtshandlungen nicht selbst vornehmen kann.

Hierfür zwei Beispiele: Die Schule leistet dem Jugendamt Amtshilfe, wenn sie dokumentiert, wie oft ein Schüler schwänzt. Die Polizei leistet der Schule (und dem Jugendamt) Amtshilfe, wenn sie einen notorischen Schulschwänzer von zuhause abholt und der Schule zuführt. ➪ Schulpflicht (Durchsetzung)

Dabei müssen die Behörden jedoch das Datenschutzrecht beachten. In der Verwaltungsvorschrift des Kultusministeriums ➪ Datenschutz (Schulen) ist aufgelistet, welche Daten von Schüler*innen oder Eltern herausgegeben werden dürfen. Begrenzt ist die Amtshilfe auch beispielsweise bei der Beschulung von nichtdeutschen Kindern ohne Aufenthaltsrecht: Die Schulen müssen diese Kinder aufnehmen, dürfen sie aber nicht der Ausländerbehörde melden.

➪ Datenschutz (Schulen); ➪ Polizei und Schule; ➪ Prävention; ➪ Schulpflicht (Ausländische Schüler*innen); ➪ Schulpflicht (Durchsetzung); ➪ Verschwiegenheitspflicht; ➪ Verwaltungsrecht (Allgemeines)

Arbeitszeit (Lehrkräfte)

Informationen der Redaktion zur Rechtslage und zur Verwaltungspraxis in Baden-Württemberg

Grundsätzlich gilt für die Lehrkräfte an öffentlichen Schulen die regelmäßige Arbeitszeit der Landesbeamten (41 Stunden/Woche). Die Arbeitszeit der Lehrkräfte wird jedoch nicht in Zeitstunden gemessen, weil sich ihre Tätigkeit auf verschiedene Zeiten und Orte verteilt, beispielsweise

- Präsenz- und Fernunterricht einschließlich Aufsichtstätigkeit (in der Regel am Arbeitsplatz Schule),
- Unterrichtsvorbereitung und Korrektur sowie Bewertung von Schülerleistungen (im Regelfall außerhalb des Arbeitsplatzes Schule),
- außerunterrichtliche Veranstaltungen wie Schullandheimaufenthalte, Ausflüge, Besichtigungen usw. (im Regelfall außerhalb der Schule),
- dienstliche und individuelle Fortbildung (im Regelfall außerhalb des Arbeitsplatzes Schule),
- Verwaltungs- und Organisationsaufgaben wie Konferenzen, Sprechstunden (im Regelfall am Arbeitsplatz Schule).

Dabei ist nur ein Teil dieser Aufgaben zeitlich und räumlich festgelegt, daneben gibt es einen „disponiblen" (nicht gebundenen) Teil der Arbeitszeit:

- Zeitlich und räumlich festgelegt sind z.B. die Unterrichtsstunden je Woche, die Lehrerkonferenzen oder die Aufsicht auf dem Pausenhof,
- „disponibel" sind zahlreiche weitere Aufgaben, die zwar zweifellos zu den Dienstpflichten der Lehrkräfte gehören, die aber weder vom Umfang her noch terminlich festgesetzt sind (z.B. Unterrichtsvorbereitung, Korrektur der Klassenarbeiten, Gespräch mit Schüler*innen oder Eltern über Leistungen oder Verhalten der Schüler*in).

Als Maßstab für die Bemessung der Lehrer-Arbeitszeit dient deshalb die Anzahl der zu erteilenden Unterrichtsstunden à 45 Minuten je Schulwoche. Dieses „Deputat" richtet sich nach Schularten bzw. Lehrbefähigungen. Den 41 wöchentlichen Zeitstunden der Landesbeamt*innen entsprechen beispielsweise bei einer „wissenschaftlichen" Lehrkraft an

Grundschulen	28
Haupt-/Werkrealschulen, Sekundarstufe I der Gemeinschaftsschulen; Realschulen	27
SBBZ (den früheren Sonderschulen)	26
Gymnasien und beruflichen Schulen	25

Unterrichtsstunden je Schulwoche an der jeweiligen Schulart. Daneben gibt es Lehrkräfte mit speziellen Lehrbefähigungen, z.B. Fachlehrkräfte, Technische Lehrkräfte oder Sportlehrkräfte mit Deputaten zwischen 27 und 31 Wochenstunden.

Angehörige bestimmter Lehrerkategorien / Schularten können ihr Deputat wegen des akuten Lehrermangels drei Jahre lang freiwillig erhöhen („Vorgriffsstunde"); nach einer Karenzphase von drei Jahren wird das Deputat entsprechend abgesenkt.

Zur Mehrarbeit („Überstunden") von Lehrkräften siehe ⇨ Unterrichtsorganisation (Allgemeines).

Zahlreiche wissenschaftliche Untersuchungen belegen, dass Lehrkräfte mit ihrer Unterrichtsverpflichtung sowie ihren sonstigen Dienstpflichten trotz des des sogenannten „Ferienvorteils" einen höheren Arbeitsumfang leisten, als den o.g. 41 Zeitstunden entspricht.

Anrechnungen und Ermäßigungen

Der Großteil der dienstlichen Betätigungen außerhalb des Unterrichts wird als „nicht gebundener Teil der Arbeitszeit" nicht ausgeglichen (so erfolgen z.B. 90% der dienstlichen Fortbildung der Lehrkräfte an Grund-, Haupt-, Gemeinschafts- und Realschulen sowie an SBBZ in deren „Freizeit").

Eine Reduzierung der Unterrichtsverpflichtung der einzelnen Lehrkräfte erfolgt in folgenden Fällen:

1. Durch „Ermäßigungen" werden bestimmte individuelle Belastungen ausgeglichen (Altersermäßigung um 1 oder 2 sowie Schwerbehindertenermäßigung um 2 bis maximal 6 Wochenstunden),
2. „Anrechnungen" gibt es bei Wahrnehmung besonderer ständiger Aufgaben und zum Ausgleich unterschiedlicher zeitlicher Belastungen, z.B.
   - für Schulleitungsaufgaben (je nach Schulart, Klassenzahl, Ausländeranteil, Ganztagesbetrieb usw.); ferner haben Schulleitungen eine „Leitungszeit" ohne Unterrichtsverpflichtung,
   - als „Allgemeines Entlastungskontingent (Stundenpool)" z.B. für die Lehrmittel- und Fachraumverwaltung, als Verbindungslehrkraft zur SMV, Mentorentätigkeit usw.
   - sonstige Sonderaufgaben wie Fachberater- und Beratungslehrer-Tätigkeit.
3. Außerdem gibt es Arbeitszeit-Entlastungen für Personalratsmitglieder, für Mitglieder der Schwerbehindertenvertretungen und für die Beauftragten für Chancengleichheit.

Ferner ist in der Verordnung festgelegt, dass die Lehrkräfte – infolge einer tarifvertraglichen Arbeitszeitverkürzung – in jedem Schuljahr drei unterrichtsfreie Tage erhalten. Für die Schüler*innen sind diese drei Tage unterrichtsfrei; dadurch erhöht sich die Zahl der Ferientage in Baden-Württemberg von den bundesweit üblichen 75 Tagen auf 78.

⇨ Ferienverordnung; ⇨ Unterrichtsorganisation (Allgemeines); dort Ausführungen zur Mehrarbeit

Keine Aufsicht bei gefährlichen Unternehmungen? Hätten Sie's gewusst? Die Antwort steht auf Seite 27

Aufbaugymnasium

Informationen der Redaktion zur Rechtslage und zur Verwaltungspraxis in Baden-Württemberg

1.
Allgemeine Informationen

Die staatlichen Aufbaugymnasien sind Schulen mit Schwerpunktbereichen, in denen die musischen, kreativen oder sportlichen Talente der Schülerinnen und Schüler gefördert und vertieft werden; alle Profile führen zur allgemeinen Hochschulreife. Sie werden überwiegend im Internatsbetrieb geführt. Es gibt allgemeinbildende und berufliche Aufbaugymnasien.

⇨ Gebühren Nr. 2; ⇨ Gymnasium (Stundentafeln)

2.
Auszug aus der Heimordnung

§ 1 der Internatsordnung für Staatliche Aufbaugymnasien vom 8. September 1987 (K.u.U. S. 610/1987); zuletzt geändert 17. Juni 1997 (GBl. S. 278/1997)

(1) Beim Gymnasium in Aufbauform mit Heim (Aufbaugymnasium) bilden Schule und Heim (Internat) eine Einheit. Das Gymnasium in Aufbauform hat sowohl den besonderen Erziehungs- und Bildungsauftrag dieses Schultyps zu erfüllen als auch die Schüler im Internat zu betreuen und zu erziehen. Im Rahmen des Erziehungs- und Bildungsauftrags ist die Entwicklung der Internatsschüler zu eigenständigen und eigenverantwortlichen Menschen zu fördern.

(2) Im Rahmen der Internatserziehung sind die Schüler auch stufenweise zu selbstständigem und eigenverantwortlichem Lernen zu führen. Hierzu werden Hilfen angeboten, insbesondere geregelte Lernzeiten, Betreuung der Hausaufgaben, Vermittlung von Lerntechniken.

(3) Für die Freizeit der Schüler stellen die Aufbaugymnasien entsprechend den örtlichen Möglichkeiten angemessene Freizeitangebote bereit, die neben der Erholung auch das Sozialverhalten und die Kreativität der Schüler fördern sollen.

(4) Die Erhaltung der Bindungen der Internatsschüler an ihr Elternhaus ist entscheidend für die persönliche und schulische Entwicklung des Schülers. Die Aufbaugymnasien haben daher die Zusammenarbeit mit den Eltern besonders zu pflegen.

3.
Aufnahmeordnung für die Aufbaugymnasien

Verordnung des Kultusministeriums über die Aufnahme in das allgemeinbildende Gymnasium der dreijährigen Aufbauform sowie in die allgemeinbildenden und beruflichen Gymnasien der sechs- und siebenjährigen Aufbauform (Aufnahmeordnung für das allgemeinbildende dreijährige Aufbaugymnasium und für die allgemeinbildenden und beruflichen sechs- und siebenjährigen Aufbaugymnasien) vom 6.9.2005 (GBl. S. 612); zuletzt geändert 18.6.2020 (K.u.U. S. 577/2020)

§ 1
Aufnahmevoraussetzungen der allgemeinbildenden dreijährigen Aufbaugymnasien

(1) In die Einführungsphase des allgemeinbildenden Gymnasiums der dreijährigen Aufbauform kann aufgenommen werden, wer über einen Realschulabschluss, einen Werkrealschulabschluss oder eine Fachschulreife verfügt, wobei ein Durchschnitt von mindestens 3,0 aus den Noten der Fächer Deutsch, Mathematik sowie der am aufnehmenden Gymnasium weiterzuführenden ersten Pflichtfremdsprache (Englisch oder Französisch) und in jedem dieser Fächer mindestens die Note »ausreichend« erreicht wurde.

(2) Weist das Zeugnis keine Note für die weiterzuführende Pflichtfremdsprache aus, sind aber die Aufnahmevoraussetzungen der für den Abschluss ausgewiesenen Note für eine Fremdsprache erfüllt, muss sich die Bewerberin oder der Bewerber in der weiterzuführenden Pflichtfremdsprache einer schriftlichen und mündlichen Leistungsfeststellung unterziehen und mindestens »ausreichende« Leistungen nachweisen. Die Leistungsfeststellung wird von einer von der Schulleiterin oder dem Schulleiter beauftragten Fachlehrkraft abgenommen; die schriftlichen und mündlichen Leistungen zählen jeweils einfach.

(3) Wer aufgrund der Versetzungsordnung Gymnasien oder der für die Qualifikationsphase geltenden Bestimmungen die Oberstufe eines Gymnasiums oder die gymnasiale Oberstufe einer Gemeinschaftsschule verlassen musste oder freiwillig verlassen hat und nicht mehr wiederholen darf, kann nicht aufgenommen werden.

⇨ Gemeinschaftsschule (Verordnung); ⇨ Gymnasium (Abitur – AGVO); ⇨ Gymnasium (Versetzungsordnung)

(4) Eine Aufnahme ist möglich, wenn bei Schuljahresbeginn der Einführungsphase das 19. Lebensjahr oder bei Nachweis einer abgeschlossenen Berufsausbildung das 22. Lebensjahr nicht vollendet ist. Bei Vorliegen besonderer Umstände kann die Schulleiterin oder der Schulleiter eine Ausnahme von Satz 1 zulassen.

Klassenarbeiten montags oder nach den Ferien? Hätten Sie's gewusst? Die Antwort steht auf Seite 154.

§ 2
Aufnahmevoraussetzungen der allgemeinbildenden und beruflichen sechs- und siebenjährigen Aufbaugymnasien

(1) Schülerinnen und Schüler, deren Leistungen in allen Fächern auf mittlerem oder erweitertem Niveau an der Gemeinschaftsschule oder auf mittlerem Niveau an der Realschule ausgewiesen wurden, können ohne Prüfung aufgenommen werden, wenn sie im Anmeldezeugnis die Voraussetzungen nach der Multilateralen Versetzungsordnung erfüllen. Abweichend davon ist eine Aufnahme auch dann möglich, wenn an der abgebenden Schulart keine zweite Fremdsprache als ein für die Versetzung maßgebliches Fach besucht wurde.

⇨ Berufliches Gymnasium; ⇨ Multilaterale Versetzungsordnung

(2) Schülerinnen und Schüler, deren Leistungen in allen Fächern auf mittlerem Niveau an der Gemeinschaftsschule oder an der Realschule ausgewiesen wurden und die die Voraussetzungen für einen Übergang ohne Prüfung nicht erfüllen, sowie Schülerinnen und Schüler, deren Leistungen auf grundlegendem Niveau an der Gemeinschaftsschule, Realschule, Werkrealschule oder Hauptschule ausgewiesen wurden, können nach Bestehen einer Aufnahmeprüfung aufgenommen werden. Für diese Aufnahmeprüfung gelten die Bestimmungen der Multilateralen Versetzungsordnung. Die Prüfung der zweiten Pflichtfremdsprache entfällt, wenn sie an der abgebenden Schule nicht besucht wurde.

(3) Die Aufnahme in ein Gymnasium in Aufbauform mit Internat setzt ferner voraus, dass die Eignung für das jeweilige Profil nachgewiesen wird.

(4) In der Regel kann nur aufgenommen werden, wer am Ende des vorhergehenden Schuljahres versetzt wurde.

(5) Die Aufnahme in ein berufliches Gymnasium der sechsjährigen Aufbauform ist in der Regel nur zu Beginn der Klasse 8 möglich.

§ 3
Anmeldung

(1) Schülerinnen und Schüler, die zum Schuljahresbeginn in das Aufbaugymnasium aufgenommen werden wollen, sind nach den Terminvorgaben der Schule von ihren Erziehungsberechtigten schriftlich bei dem Aufbaugymnasium anzumelden, in das sie eintreten wollen.

Der Anmeldung sind beizufügen:

1. ein Lebenslauf,
2. das Abschlusszeugnis, das Zeugnis oder die Halbjahresinformation über die bis zum Zeitpunkt der Anmeldung im laufenden Schuljahr erbrachten Leistungen.

Eine beglaubigte Abschrift des Jahreszeugnisses des laufenden Schuljahres mit dem Nachweis des erfolgreichen Abschlusses der Klasse ist nachzureichen.

(2) Der Anmeldung für das Internat oder die Ganztagsschule sind zusätzlich beizufügen:

1. eine Erklärung der Erziehungsberechtigten, dass sie bereit sind, die für sie anfallenden Kosten zu tragen, ⇨ Gebühren Nr. 2
2. eine Erklärung der Erziehungsberechtigten über den Gesundheitszustand der Schülerin oder des Schülers.

(3) Die Schule kann Aufnahmevereinbarungen treffen.

§ 4
Aufnahme

(1) Die Entscheidung über die Aufnahme in das Aufbaugymnasium trifft die Schulleiterin oder der Schulleiter. Die Aufnahme in das Internat oder das Verbleiben im Internat können abgelehnt werden, wenn Umstände vorliegen, die Anlass zu der Annahme geben, dass die Schülerin oder der Schüler den Internatsbetrieb beeinträchtigen wird.

(2) Die Aufnahme in das Internat und in die Schule erfolgt auf Probe; die Probezeit beträgt in der Regel ein halbes Jahr. Wer die Probezeit nicht bestanden hat, muss das Aufbaugymnasium verlassen. Die Probezeit ist nicht bestanden, wenn sich zeigt, dass das Verhalten der Schülerin oder des Schülers den Internats- oder Schulbetrieb empfindlich beeinträchtigt. Im Übrigen gelten für die Entscheidung über das Bestehen der Probezeit

1. für Schülerinnen und Schüler des Gymnasium in Aufbauform mit Heim die Versetzungsordnung Gymnasien [...], ⇨ Gymnasium (VersetzungsVO)
2. für Schülerinnen und Schüler des beruflichen Gymnasiums der sechsjährigen Aufbauform die Versetzungsordnung berufliche Gymnasien [...] entsprechend, wobei in den für die Versetzung maßgebenden Fächern ganze Noten zu bilden sind. ⇨ Berufliches Gymnasium

(3) Mit der Aufnahme in ein Gymnasium der Aufbauform mit Internat sind die Schülerinnen und Schüler verpflichtet, im Internat zu wohnen, wenn sie nicht bei ihren Eltern oder bei Personen, denen die Erziehung außerhalb der Schule anvertraut ist, am Ort des Aufbaugymnasiums oder in dessen Nähe wohnen oder wenn nicht sonstige besondere Gründe einen anderen Wohnsitz rechtfertigen.

Hinweis der Redaktion: Die Aufnahmeverordnungen für das Landesgymnasium für Hochbegabte Schwäbisch Gmünd, für das Werkgymnasium Heidenheim sowie die Verordnung über den Besuch der deutsch-französischen Abteilung mit Sektion „Französisch als Muttersprache“ am Gymnasium in der Normalform sind hier nicht abgedruckt. Diese Vorschriften sind online abrufbar (Link: www.landesrecht-bw.de).

⇨ Berufliches Gymnasium; ⇨ Gebühren Nr. 2; ⇨ Gemeinschaftsschule (Verordnung); ⇨ Gymnasium (Abitur – AGVO); ⇨ Gymnasium (Stundentafeln); ⇨ Gymnasium (Versetzungsordnung); ⇨ Multilaterale Versetzungsordnung; ⇨ Schulpflicht (Berufliche Schulen – Übergabe)

Wo finde ich Daten zur Schulstatistik? Hätten Sie's gewusst? Die Antwort steht auf Seite 162.

Aufnahmeverfahren

Aufnahmeverfahren für die auf der Grundschule aufbauenden Schularten; Orientierungsstufe; Auszug aus der VwV des KM vom 4.11.2015 (K.u.U. S. 415/2015); zuletzt geändert 9.3.2021 (GABl. S. 186/2021)

1. Stärkung der Rechte der Erziehungsberechtigten

Die bisherige Grundschulempfehlung, die für Erziehungsberechtigte verbindlich war, wird durch eine Grundschulempfehlung ersetzt, die den Erziehungsberechtigten die Wahl der weiterführenden Schulart überlässt. Nach einer intensiven Beratung treffen die Erziehungsberechtigten für ihr Kind die Entscheidung über die auf der Grundschule aufbauende Schulart. Im Mittelpunkt der Entscheidung steht das Kind.

Ziel des Übergangsverfahrens von der Grundschule in die weiterführenden Schulen ist es, das Recht der Erziehungsberechtigten an einem entscheidenden Lebensabschnitt ihrer Kinder zu stärken. Die Einschätzung, für welchen weiteren Bildungsweg das Kind geeignet ist, obliegt den Erziehungsberechtigten. Die Entscheidung der Erziehungsberechtigten ist für die Schule und die Schulverwaltung rechtsverbindlich.

⇨ Aufnahmeverfahren (Termine); ⇨ Aufnahmeverordnung

2. Beratung der Erziehungsberechtigten während der Grundschulzeit

Die Beratung von Erziehungsberechtigten ist ein wesentlicher Bestandteil des Erziehungs- und Bildungsauftrags der Grundschule und gehört wie auch schon bisher zu den Aufgaben der Grundschullehrkraft. Kontinuierliche, verlässliche Information und Beratung der Erziehungsberechtigten mit verbindlichen Angeboten der Schule und ein vertrauensvolles Zusammenwirken zwischen Schule und Erziehungsberechtigten sind der Grundstein für eine tragfähige Erziehungs- und Bildungspartnerschaft. Mit den Erziehungsberechtigten als Erziehungs- und Bildungspartnern wird die kontinuierliche Bildungsbiografie jedes einzelnen Kindes förderlich und verlässlich begleitet. Dadurch gewinnen Erziehungsberechtigte Sicherheit und werden auch bei der Übergangsentscheidung unterstützt.

Die Beratungen der Erziehungsberechtigten durch die Grundschule erfolgen durch:

- während der Grundschulzeit jährlich mindestens ein verbindliches Gespräch mit den Erziehungsberechtigten über den Lern- und Entwicklungsstand auf der Grundlage von Lern- und Entwicklungsdokumentationen oder kompetenzbasierten Berichten, Präsentationsergebnissen, Portfolios, praktischen Arbeiten und Lerntagebüchern;
- jährliche Informationsangebote, die die individuelle Lern- und Entwicklungsberatung in der Grundschule ergänzen und klassen- und jahrgangsübergreifend organisiert werden können; dabei dürfen personenbezogene Daten einzelner Schülerinnen und Schüler nicht Gegenstand sein;
- eine Informationsveranstaltung der Grundschule für die Erziehungsberechtigten der Schülerinnen und Schüler der vierten Klassen;
- ein dokumentiertes Informations- und Beratungsgespräch mit den Erziehungsberechtigten in Klasse vier vor der Erstellung der Grundschulempfehlung; in dem Gespräch ist zu beraten über
  - die Anforderungsprofile,
  - die Abschluss- und Anschlussmöglichkeiten aller weiterführenden Schulen,
  - die Lern- und Leistungsentwicklung des Kindes,
  - die Lernpotenziale des Kindes mit Blick auf die Anforderungen der weiterführenden Schularten sowie
  - die Möglichkeit, eine pädagogisch-psychologische Beratung im Rahmen des besonderen Beratungsverfahrens durch eine Beratungslehrkraft in Anspruch zu nehmen.

Die Grundschule hat dieses Gespräch auf einem Blatt zu dokumentieren, das von den Erziehungsberechtigten und der Klassenlehrerin oder dem Klassenlehrer zu unterschreiben ist; den Grundschulen wird vom Kultusministerium über die Staatlichen Schulämter ein Muster für dieses Blatt zur Verfügung gestellt.

Ergänzend können Erziehungsberechtigte pädagogisch-psychologische Beratung in Anspruch nehmen durch:

- die Beratungslehrkräfte oder durch die überörtliche schulpsychologische Beratungsstelle während der gesamten Grundschulzeit;
- durch eine Beratungslehrkraft im Rahmen des besonderen Beratungsverfahrens.

Hinweis der Redaktion: Der Beratung der Eltern dient auch das Verfahren „Kompass 4". Siehe hierzu den Hinweis der Redaktion bei § 3 des Beitrags ⇨ Aufnahmeverordnung.

⇨ Bildungsberatung; ⇨ Schulpsychol. Beratungsstellen

3. Übergangsverfahren in die auf der Grundschule aufbauenden weiterführenden Schularten

3.1 Informationsveranstaltungen

Die Erziehungsberechtigten der Schülerinnen und Schüler der vierten Grundschulklasse sind im ersten Schulhalbjahr in der Regel bis zum Beginn der Herbstferien in Informationsveranstaltungen über Bildungsauftrag, Arbeitsweisen und Leistungsanforderungen der auf der Grundschule aufbauenden Schularten zu informieren. Dabei soll auch aufgezeigt werden, wie die verschiedenen Schularten zu anschließenden Bildungs- und Ausbildungsgängen vor allem auch in beruflichen Schulen weiterführen und welche Berechtigungen sie vermitteln.

Die Veranstaltungen werden von den Schulleiterinnen und Schulleitern der jeweiligen Grundschule einberufen und geleitet. Sie laden jeweils eine Schulleitungsvertretung einer Werkrealschule/Hauptschule, einer Realschule, eines Gymnasiums, einer Gemeinschaftsschule sowie einer beruflichen Schule ein. Die Elternbeiratsvorsitzenden der Grundschule sind zu diesen Veranstaltungen einzuladen. Die Klassenlehrerinnen und Klassenlehrer der vierten Klassen sowie in der Regel die für die Grundschule zuständige Beratungslehrkraft nehmen teil. Die Koordinatorinnen und Koordinatoren für die Zusammenarbeit zwischen den Schularten (siehe Nummer 4.7.1) können eingeladen werden.

3.2 Grundschulempfehlung (siehe § 1 der Aufnahmeverordnung)

3.2.1 Die Grundschulempfehlung wird in der Verantwortung der Schule gegenüber den Schülerinnen und Schülern erstellt. Im Prozess der Beratung wird ein Konsens mit den Erziehungsberechtigten angestrebt.

3.2.2 Basis für die Grundschulempfehlung sind differenzierte, kontinuierliche Beobachtungen der Lehrkräfte und die regelmäßige Beratung mit den Erziehungsberechtigten über die gesamte Lern- und Leistungsentwicklung, das Lern- und Arbeitsverhalten, die Stärken und Lernpräferenzen und das Entwicklungspotenzial.

3.2.3 Zur Vorbereitung der Grundschulempfehlung erstellt die Grundschule für jede Schülerin und jeden Schüler ein Leistungsprofil (Noten, Präsentationsergebnisse, Lern- und Entwicklungsdokumentationen oder kompetenzbasierte Berichte, praktische Arbeiten, Portfolio). In der Halbjahresinformation der Klasse vier wird das Leistungsprofil durch die Noten in den einzelnen Fächern und in verbalen Ergänzungen (beispielsweise Ausführungen zu besonderen Kompetenzen) abgebildet. Das Leistungsprofil darf nur im Rahmen der Aufgabenerfüllung eingesehen werden.

3.2.4 Vor der Verabschiedung der Grundschulempfehlung wird das Leistungsprofil den Erziehungsberechtigten durch die Klassenlehrkraft und gegebenenfalls durch eine Fachlehrkraft differenziert, transparent und nachvollziehbar erläutert. Über das Ergebnis der Aussprache berichtet die Klassenlehrerin bzw. der Klassenlehrer der Klassenkonferenz.

3.2.5 Die Klassenkonferenz empfiehlt die nach ihrer Einschätzung geeignete Schulart. Die Grundschulempfehlung wird ausgesprochen für

- Werkrealschule/Hauptschule oder Gemeinschaftsschule
- Realschule oder Werkrealschule/Hauptschule oder Gemeinschaftsschule
- Gymnasium oder Realschule oder Werkrealschule/Hauptschule oder Gemeinschaftsschule.

3.2.6 Die Grundschulempfehlung wird auf einem Formblatt mit der Halbjahresinformation der Klasse vier zwischen dem 1. Februar und dem 10. Februar ausgegeben (Anlage, Blatt 1; *hier nicht abgedruckt*).

3.2.7 Der Mitteilung der Grundschulempfehlung an die Erziehungsberechtigten ist ein Rückmeldebogen beigefügt, auf dem diese erklären, ob sie ein besonderes Beratungsverfahren wünschen (Anlage, Blatt 2; *hier nicht abgedruckt*).

3.3 Das besondere Beratungsverfahren

3.3.1 Die Grundschule teilt den Erziehungsberechtigten, die eine Teilnahme ihres Kindes am besonderen Beratungsverfahren wünschen, den Termin für das Verfahren mit. Die organisatorische Durchführung obliegt den jeweiligen Grundschulen. Nach Abstimmung mit dem zuständigen Staatlichen Schulamt und der zuständigen Regionalstelle des Zentrums für Schulentwicklung und Lehrerbildung können Schülerinnen und Schüler mehrerer Grundschulen gemeinsam am besonderen Beratungsverfahren teilnehmen.

3.3.2 Die pädagogisch-psychologische Beratung durch eine Beratungslehrkraft im Rahmen des besonderen Beratungsverfahrens beinhaltet in Abstimmung mit den Erziehungsberechtigten

- ein Beratungsgespräch oder
- ein Beratungsgespräch in Verbindung mit der Durchführung von Tests, zum Beispiel Begabungstests, und einem anschließenden Auswertungsgespräch.

3.3.3 Die Ergebnisse von Beratung und Testung unterliegen der Schweigepflicht. Sie dürfen von der Beratungslehrkraft nur mit Einwilligung der Erziehungsberechtigten an Dritte weitergegeben werden.

⇨ Bildungsberatung; ⇨ Schulpsychologische Beratungsstellen; ⇨ Verschwiegenheitspflicht

3.4 Aufnahme in die Orientierungsstufe

3.4.1 Zum vorgesehenen Termin melden die Erziehungsberechtigten unter Vorlage der Grundschulempfehlung und der Bestätigungen der Grundschule (Anlage, Blatt 3 und 4; *hier nicht abgedruckt*) ihr Kind bei der Werkrealschule/Hauptschule, der Realschule, dem Gymnasium oder der Gemeinschaftsschule an. Erziehungsberechtigte, deren Kinder in Baden-Württemberg schulpflichtig sind, sind nicht verpflichtet, Zeugnisse und Halbjahresinformationen bei der aufnehmenden Schule vorzulegen. Hiervon unberührt bleiben die schulrechtlich durch Verordnung oder Schulversuchsregelungen auf der Grundlage des Schulgesetzes erfolgten Festlegungen. Danach gilt Folgendes:

- Am Deutsch-Französischen Gymnasium kann bei der Anmeldung die Vorlage der Halbjahresinformation Klasse vier gefordert werden.
- An Gymnasien können, soweit die Zahl der Anmeldungen die vorhandene Kapazität übersteigt, für die Aufnahme in einen bilingualen Zug die Noten in Deutsch und Mathematik erfragt und zur Grundlage der Aufnahmeentscheidung gemacht werden.

3.4.2 Die aufnehmende Schule teilt der abgebenden Grundschule unter Verwendung der Anlage, Blatt 4 (*hier nicht abgedruckt*) die Anmeldung mit.

3.4.3 Die Erziehungsberechtigten sind bei der Anmeldung, falls es gewünscht wird, von der weiterführenden Schule über den weiteren Bildungsweg ihrer Kinder zu beraten. Entspricht die Entscheidung der Erziehungsberechtigten für ihr Kind über die auf der Grundschule aufbauende Schulart nicht einer in der Grundschulempfehlung ausgesprochenen Schulart, kann die weiterführende Schule den Erziehungsberechtigten ein Beratungsgespräch anbieten.

3.4.4 Falls bei einzelnen Schülerinnen und Schülern mit besonderen Schwierigkeiten beim Erlernen des Lesens und des Rechtschreibens sowie in Mathematik die besonderen Fördermaßnahmen in Klasse fünf fortgesetzt werden sollen, teilt die Schulleiterin beziehungsweise der Schulleiter der Grundschule mit Einverständnis der Erziehungsberechtigten dies der aufnehmenden Schule formlos auf einem gesonderten Blatt mit (siehe Nummer 4.2).

➪ Lese-Rechtschreibschwäche

3.4.5 Die besonderen Bestimmungen für Schülerinnen und Schüler mit einem festgestellten Anspruch auf ein sonderpädagogisches Bildungsangebot im Hinblick auf das Beratungs- und Entscheidungsverfahren vor Aufnahme in eine allgemeine Schule bleiben unberührt.

3.5
Aufnahme in die Hochbegabtenzüge der allgemeinbildenden Gymnasien in der Normalform (siehe § 4 Aufnahmeverordnung)

3.5.1 Beabsichtigen die Erziehungsberechtigten die Anmeldung ihres Kindes für einen Hochbegabtenzug des allgemeinbildenden Gymnasiums in der Normalform geht dem Aufnahmeverfahren nach Nummer 3.4 ein mehrstufiges Aufnahmeverfahren voraus.

3.5.2 Zum vorgesehenen Termin melden die Erziehungsberechtigten ihr Kind für das Aufnahmeverfahren an einem Gymnasium mit Hochbegabtenzug an. Hierüber wird die zuständige schulpsychologische Beratungsstelle informiert, an welcher die Testung der Intelligenz des Kindes erfolgt.

3.5.3 In Form eines Gruppentests nach anerkannten wissenschaftlichen Methoden stellt die schulpsychologische Beratungsstelle die Hochbegabung des Kindes fest, wenn nicht in begründeten Ausnahmefällen anstelle des Gruppentests ein anderer standardisierter Intelligenztest zugelassen wurde. Getestet werden im Rahmen des Gruppentests

- die Fähigkeit zum Umgang mit sprachlichem Material im Rahmen des schlussfolgernden Denkens (verbaler Teil), wobei sowohl der Grad der Aneignung der Sprache als auch die Fähigkeit, Relationen zwischen Begriffen herzustellen, Relevanz hat.
- die Rechenfertigkeit und die Fähigkeit, logische Beziehungen zwischen Zahlen und Mengen herzustellen (numerischer Teil), und
- die Fähigkeit zum Umgang mit figural-bildhaftem Material (nonverbaler Teil), wobei sowohl der Umgang mit zweidimensionalen als auch dreidimensionalen Figuren, als auch die Fähigkeiten, zu formallogisch räumlich korrektem Denken und zur Herstellung logischer Relationen zwischen Figuren umfasst sind.

Für jeden Teil wird ein Prozentrang gesondert ermittelt, daneben ein Prozentrang im Sinne eines Gesamtwerts. Ist eine Teilnahme an dem Gruppentest im Einzelfall nicht möglich, kann die schulpsychologische Beratungsstelle mit dem Gymnasium einen Termin für eine Nachtestung bestimmen.

Die Ergebnisse werden den Erziehungsberechtigten von der schulpsychologischen Beratungsstelle in einem Beratungsgespräch eröffnet. Wurde eine Hochbegabung festgestellt, wird dies dem jeweiligen Gymnasium durch die schulpsychologische Beratungsstelle mitgeteilt.

3.5.4 In Gesprächen mit den Erziehungsberechtigten und in der Regel durch die Teilnahme an einem Probeunterricht stellt das Gymnasium die Eignung des hochbegabten Kindes für die Aufnahme in den Hochbegabtenzug fest.

3.5.5 Die Schulleitung teilt die Entscheidung über die Aufnahme des Kindes in den Hochbegabtenzug oder die Ablehnung schriftlich mit.

3.5.6 Die Teilnahme an dem Aufnahmeverfahren setzt voraus, dass die Erziehungsberechtigten für ihr Kind insbesondere in die Teilnahme an der Gruppentestung oder der anderweitigen Testung einwilligen. Die Verarbeitung personenbezogener Daten des Kindes zur Durchführung des Aufnahmeverfahrens in den Hochbegabtenzug durch die beteiligten verantwortlichen Stellen Gymnasium und schulpsychologische Beratungsstelle ist lediglich bei Einwilligung der Erziehungsberechtigten zulässig.

4.
Die Orientierungsstufe

4.1
Personaler Bezug

Der personale Bezug, der die Grundschularbeit weitgehend prägt, wird in den Klassenstufen fünf und sechs fortgeführt.

➪ Klassenlehrkraft

Der Klassenlehrkraft obliegen in diesen Klassenstufen besonders wichtige Aufgaben. Sie soll ihre Klasse möglichst in wenigstens vier Wochenstunden unterrichten. Unter anderem informiert die Klassenlehrkraft die Schülerinnen und Schüler ihrer Klasse zu Schuljahresbeginn über die Unterrichtsarbeit der Schule und der Klassenstufe. Sie beobachtet in Zusammenarbeit mit den in der Klasse unterrichtenden Fachlehrkräften und der Schulleitung die Persönlichkeits- und Leistungsentwicklung der Schülerinnen und Schüler der Klasse und stellt Kontakte mit den Erziehungsberechtigten her.

4.2
Unterstützungsmaßnahmen

In der Orientierungsstufe der weiterführenden Schulen hat die individuelle Förderung aller Schülerinnen und Schüler einen hohen Stellenwert. Mit Hilfe von Diagnoseverfahren, zum Beispiel Lernstand 5, kann der Unterstützungsbedarf festgestellt werden. Auf dieser Grundlage aufbauend entwickeln die Lehrkräfte individuelle Unterstützungsmaßnahmen vor allem für die Fächer Deutsch, Mathematik und Fremdsprachen. Neben integrativen Maßnahmen sind auch additive Angebote möglich. Die Verantwortung für die Umsetzung geeigneter Maßnahmen trägt die Schulleitung.

4.3 Kontakt zwischen Schule und Elternhaus

In der Orientierungsstufe ist ein enger Kontakt zwischen Erziehungsberechtigten und Schule mit Informations- und Beratungsangeboten durch die Schule erforderlich. Durch verstärkte Information und Beratung der Erziehungsberechtigten sowie durch Informationen, die die Erziehungsberechtigten der Schule über die Entwicklung ihrer Kinder geben, können individuelle Fördermaßnahmen eingeleitet werden. Wenn eine mögliche beziehungsweise notwendige Laufbahnkorrektur erkannt wird, kann auf Antrag der Erziehungsberechtigten eine Beratungslehrkraft einbezogen werden. Zur Verbesserung der Information der Erziehungsberechtigten bietet sich zusätzlich eine Intensivierung der Arbeit der Klassenpflegschaft an.

4.4 Beratungslehrereinsatz in der Orientierungsstufe

Der Tätigkeit von Beratungslehrkräften kommt in der Orientierungsstufe besondere Bedeutung zu. Die pädagogisch-psychologische Beratung der Erziehungsberechtigten umfasst Unterstützungsmaßnahmen unter anderem in den Bereichen Leistungsschwächen und Lernschwierigkeiten, Motivations- und Konzentrationsprobleme, soziale und emotionale Probleme, Verhaltensauffälligkeiten sowie bei einer gegebenenfalls erforderlichen Korrektur der Schullaufbahn.

4.5 Wechsel des Bildungsgangs, Schullaufbahnkorrekturen und Wiederholungsmöglichkeit innerhalb der Orientierungsstufe von Haupt- und Werkrealschule, Realschule, Gemeinschaftsschule und Gymnasium

4.5.1 In der Orientierungsstufe kann die Klassenkonferenz am Ende von Klasse fünf, zum Ende des ersten Schulhalbjahres der Klasse sechs und am Ende von Klasse sechs eine Bildungsempfehlung aussprechen. Dies gilt insbesondere, wenn erwartet werden kann, dass ein Schüler oder eine Schülerin den Anforderungen einer anderen Schulart voraussichtlich gerecht werden beziehungsweise den Anforderungen der besuchten Schulart voraussichtlich nicht entsprechen kann. Hierbei orientiert sich die Klassenkonferenz an der multilateralen Versetzungsordnung in der jeweils geltenden Fassung beziehungsweise an der für die jeweilige Schulart geltenden Versetzungsordnung; berücksichtigt werden können auch die schulartspezifischen Besonderheiten. Soweit möglich, nimmt die Beratungslehrkraft an der Sitzung der Klassenkonferenz mit beratender Stimme teil. Den Vorsitz der Klassenkonferenz hat in den oben aufgeführten Fällen die Schulleiterin oder der Schulleiter. Die oder der Vorsitzende ist stimmberechtigt, bei Stimmengleichheit gibt ihre beziehungsweise seine Stimme den Ausschlag.

Die Bildungsempfehlung wird den Erziehungsberechtigten mitgeteilt. Die Entscheidung über einen eventuellen Wechsel treffen die Erziehungsberechtigten. Die Regelungen der Versetzungsordnung an Gymnasien über die Erteilung einer Bildungsempfehlung im Falle einer Nichtversetzung in den Klassen fünf und sechs bleiben unberührt. Im Falle einer Bildungsempfehlung findet, sofern die Erziehungsberechtigten dies wünschen, vor einem Schulwechsel ein Beratungsgespräch mit der Schule statt, an dem auch eine Lehrkraft der entsprechenden Klasse der aufnehmenden Schule teilnimmt.

4.5.2 Die Wiederholungsmöglichkeit innerhalb der Klassenstufen fünf und sechs richtet sich nach der jeweils geltenden Versetzungsordnung; im Falle eines Schulartwechsels nach der multilateralen Versetzungsordnung.

⇨ Multilaterale Versetzungsordnung

4.6 Die Klassenkonferenz

Die Klassenkonferenz soll die sich aus der laufenden Unterrichtsarbeit ergebenden Fragen in regelmäßigen Abständen beraten. Pro Schulhalbjahr ist neben den Zeugnis- und Versetzungskonferenzen mindestens eine weitere Klassenkonferenz durchzuführen. Hierbei sollten insbesondere erörtert werden:

- Arbeitsverhalten und Motivation,
- Aussprache über didaktische und methodische Fragen des Unterrichts,
- Aussprache über Fragen der Unterrichtsorganisation,
- Einübung von Lern- und Arbeitstechniken,
- Abstimmung von Hausaufgaben,
- Verfahren zur Abstimmung der Termine für Klassenarbeiten und sonstige schriftliche Wiederholungen,
- Entwicklung sozialer Aktivitäten innerhalb der Klasse,
- Vorbereitung und Durchführung der Informationen und Beratungen der Erziehungsberechtigten,
- Vorbereitung von Einzelentscheidungen über die Korrektur eines Bildungsganges.

Die Abstimmung der Maßstäbe für die Leistungsbeurteilung ist im Rahmen der hierfür vorgesehenen Stufen- und Fachkonferenzen zu beraten.

4.7 Zusammenarbeit zwischen den Schularten

4.7.1 Zur Erörterung der ihre Schulen gemeinsam berührenden Fragen muss zwischen den Leiterinnen und Leitern der auf der Grundschule aufbauenden Schulen und der in deren Einzugsbereich liegenden Grundschulen mindestens ein Informationsgespräch pro Schuljahr stattfinden. Hierbei sollen vor allem Fragen der Lernmittel, der Information der Erziehungsberechtigten, der Anwendung der Regelungen für das Aufnahmeverfahren und die Orientierungsstufe, der schulartübergreifenden Kontakte der Lehrkräfte sowie der Organisation von

Unterrichtshospitationen erörtert werden. Einzelne Schülerinnen und Schüler betreffende Fragen sind nicht Gegenstand dieser Informationsgespräche.

Einzelfälle dürfen nur besprochen werden, wenn hierfür eine entsprechende Einwilligung der Erziehungsberechtigten vorliegt. Es empfiehlt sich, für alle Fragen der Zusammenarbeit zwischen den Schulen einen Koordinator oder eine Koordinatorin zu benennen, der beziehungsweise die beim Staatlichen Schulamt angesiedelt ist. Die Leiterinnen und Leiter der Staatlichen Schulämter werden gebeten, mit den Schulleitungen der Gymnasien eine sinnvolle Zuordnung von kooperierenden Schulen zu vereinbaren und eine konkrete Zusammenarbeit zwischen diesen Schulen in die Wege zu leiten.

4.7.2 Soweit es die örtlichen Gegebenheiten zulassen, ist schulartübergreifender Lehrereinsatz möglich.

4.7.3 Die Lehrkräfte, die in den Klassen vier der Grundschulen und in den Klassenstufen fünf und sechs der auf der Grundschule aufbauenden Schularten unterrichten, nehmen in jedem Schuljahr gegenseitige Kontakte auf. Diese dienen vor allem der gegenseitigen Information über Ziele, Grundlagen und Methoden des Fachunterrichts. Erforderlich ist die Kenntnis der maßgeblichen Bildungspläne sowie der verwendeten Lehr- und Lernmittel. Möglichkeiten für eine verstärkte gegenseitige Abstimmung im Rahmen der Bildungspläne, die sich bei den schulartübergreifenden Kontakten aufzeigen, sollen Grundlage für die weitere Arbeit sein. Die bei der Durchführung von Hospitationen gegebenenfalls in Kauf zu nehmenden Unterrichtsausfälle werden auf ein Mindestmaß beschränkt. Die Kontakte der Lehrkräfte und Unterrichtshospitationen gelten als Dienstgeschäfte.

4.7.4 In der Orientierungsstufe werden gemeinsame Fachkonferenzen der auf der Grundschule aufbauenden Schularten eingerichtet. Sie haben das Ziel, den Lehrkräften die Möglichkeit zu bieten, gemeinsame Aufgaben und Probleme, insbesondere fachspezifische Fragen (zum Beispiel Abstimmung der Unterrichtsplanung und -durchführung, der Maßstäbe bei der Leistungsbeurteilung, des Einsatzes von Lehr- und Lernmitteln) zu erörtern. An diesen Fachkonferenzen nehmen Lehrkräfte teil, die das entsprechende Fach an der Orientierungsstufe unterrichten.

⇨ Abschlüsse und Bildungswege; ⇨ Aufnahmeverfahren; ⇨ Aufnahmeverfahren (Termine); ⇨ Aufnahmeverordnung; ⇨ Behinderungen (Förderbedarf) Nr. 2.3.2; ⇨ Bildungsberatung; ⇨ Gemeinschaftsschule (Allgemeines); ⇨ Konferenzordnung § 4; ⇨ Lernstandserhebungen; ⇨ Multilaterale Versetzungsordnung; ⇨ Schulgesetz § 5; ⇨ Schulpsychologische Beratungsstellen; ⇨ Sonderpädagogische Bildungsangebote (Inklusion)

Aufnahmeverfahren (Termine)

Auszug aus der Terminübersicht für die allgemeinbildenden Schulen im Schuljahr 2023/2024; Bekanntmachung des KM vom 14. Februar 2022 (K.u.U. S. 51/2022); zuletzt geändert 15. Mai 2023 (K.u.U. S. 71/2023); gilt auch für SBBZ mit Bildungsgang Grundschule

1 Verfahren zum Übergang an die auf der Grundschule aufbauenden Schulen

1.1 Erstellung der Grundschulempfehlung

1.1.1 Informations- und Beratungsgespräch der Grundschule mit den Eltern der Schülerinnen und Schüler der Klassenstufe 4 über jeweils beabsichtigte Schullaufbahnwahl
bis Freitag, 26. Januar 2024

1.1.2 Entscheidung der Klassenkonferenz über die Grundschulempfehlung und Ausgabe der Grundschulempfehlung an die Eltern gemeinsam mit der Halbjahresinformation der Klasse 4 jeweils im Zeitraum Ende erstes Schulhalbjahr
bis Mittwoch, 7. Februar 2024

1.1.3 Entscheidung der Eltern, ob sie die Teilnahme am besonderen Beratungsverfahren wünschen.
Eingang der Mitteilung dieser Entscheidung an der Grundschule spätestens vier Schultage nach Ausgabe der Grundschulempfehlung.

1.2 Besonderes Beratungsverfahren an der Grundschule

Durchführung der Elternberatung und ggf. Testuntersuchungen durch eine Beratungslehrkraft bis Freitag, 22. März 2024

1.3 Anmeldung der Schülerinnen und Schüler für die weiterführenden Schulen

1.3.1 Für Schülerinnen und Schüler nach der Grundschulempfehlung
Dienstag, 5. März 2024, bis Freitag, 8. März 2024

1.3.2 Für Schülerinnen und Schüler, die am besonderen Beratungsverfahren teilnehmen
bis Mittwoch, 10. April 2024

⇨ Aufnahmeverfahren

Dürfen Eltern im Unterricht dabei sein? Hätten Sie's gewusst? Die Antwort steht auf Seite 532.

Aufnahmeverordnung

Verordnung des KM über das Aufnahmeverfahren für die Realschulen und die Gymnasien der Normalform (Aufnahmeverordnung) vom 8.12.2011 (K.u.U. S. 1/2012); zuletzt geändert 18.6.2020 (K.u.U. S. 577/2020)

§ 1
Grundschulempfehlung

(1) Am Ende des ersten Schulhalbjahres der Klasse 4, spätestens bis zum 10. Februar, erteilt die Grundschule auf der Grundlage eines Beschlusses der Klassenkonferenz die Grundschulempfehlung nach § 5 Absatz 2 Satz 4 SchG.

(2) Der Grundschulempfehlung liegt eine pädagogische Gesamtwürdigung zugrunde, in die insbesondere die schulischen Leistungen, das Lern- und Arbeitsverhalten sowie die bisherige Entwicklung des Kindes einfließen. Sie basiert auf differenzierten kontinuierlichen Beobachtungen des Kindes durch die Lehrkräfte und einer regelmäßigen Beratung mit den Erziehungsberechtigten über die Lern- und Leistungsentwicklung des Kindes und orientiert sich prognostisch an den Anforderungen der weiterführenden Schularten.

(3) Eine Empfehlung für die Werkreal- und Hauptschule, die Realschule oder das Gymnasium wird ausgesprochen, wenn die Voraussetzungen auf der Grundlage einer Gesamtwürdigung nach Absatz 2 vorliegen. Die Leistungen in den einzelnen Fächern und den Fächerverbünden müssen erwarten lassen, dass den Anforderungen der weiterführenden Schulart entsprochen wird. Hinsichtlich der schulischen Leistungen kann als Orientierungshilfe dienen, dass den Anforderungen des Gymnasiums in der Regel entsprochen wird, wenn in der Halbjahresinformation der Klasse 4 in den Fächern Deutsch und Mathematik im Durchschnitt mindestens gut-befriedigend (2,5) erreicht wurde; den Anforderungen der Realschule bei einem Durchschnitt in diesen Fächern von mindestens befriedigend (3,0).

(4) Eine Empfehlung für die Realschule beinhaltet auch eine Empfehlung für die Werkrealschule und die Hauptschule. Eine Empfehlung für das Gymnasium beinhaltet auch eine Empfehlung für die Realschule sowie die Werkrealschule und die Hauptschule.

Hinweis der Redaktion: Eine Grundschulempfehlung für eine der herkömmlichen Schularten schließt die Empfehlung für die Gemeinschaftsschule ein. ⇨ Aufnahmeverfahren Nr. 3.2.5

(5) Der Schulleiter ist Vorsitzender der Klassenkonferenz bei der Entscheidung über die Grundschulempfehlung nach Absatz 1. Er ist stimmberechtigt, bei Stimmengleichheit gibt seine Stimme den Ausschlag. ⇨ Schulgesetz § 5 Abs. 2

§ 2
Beratungsverfahren

Auf Wunsch der Erziehungsberechtigten kann im Zusammenhang mit der Erteilung der Grundschulempfehlung ein besonderes Beratungsverfahren erfolgen; das Kultusministerium legt dazu die Einzelheiten in einer Verwaltungsvorschrift fest. ⇨ Aufnahmeverfahren

§ 3
Entscheidung der Erziehungsberechtigten, Vorlage der Grundschulempfehlung

Die Erziehungsberechtigten entscheiden, welche weiterführende Schulart ihr Kind besucht. Sie legen die Grundschulempfehlung nach § 5 Absatz 2 Satz 5 SchG der aufnehmenden Schule bei der Anmeldung vor.

Hinweis der Redaktion: Mit „Kompass 4" erhalten die Grundschulen im Schuljahr 2023/24 ein Instrument zur Feststellung des Leistungsstandes in Deutsch (Lesen/Rechtschreibung) und Mathematik in der Klassenstufe 4. Kompass 4 soll die Grundschulempfehlung unterstützen, indem die Eltern „nachvollziehbare und landesweit einheitliche Rückmeldungen" für eine „fundierte Entscheidung über die Wahl des weiteren schulischen Bildungswegs" erhalten. Die Teilnahme ist für die Schulen freiwillig und erstreckt sich auf zwei Wochen (voraussichtlich 27.11. bis 8.12.2023). Link: https://km-bw.de/,Lde/startseite/service/2023-06-21-Kompass-4. Damit führt das KM die (1991 abgeschafften) „Orientierungsarbeiten" durch die Hintertür faktisch wieder ein, denn viele Grundschulen werden sich trotz der „Freiwilligkeit" dem Druck interessierter Eltern nicht entziehen können. Anders als die (nicht benoteten) ⇨ Lernstandserhebungen dürften die zentralen „Kompass"-Arbeiten eine stark lenkende Wirkung entfalten.

§ 4
Aufnahme in die Hochbegabtenzüge der allgemeinbildenden Gymnasien der Normalform

(1) Die Anmeldung für den Besuch eines Hochbegabtenzugs eines allgemeinbildenden Gymnasiums in der Normalform setzt die erfolgreiche Teilnahme an einem mehrstufigen Aufnahmeverfahren voraus, das

1. eine Testung des Intelligenzquotienten in Form eines Gruppentests nach anerkannten wissenschaftlichen Methoden durch eine schulpsychologische Beratungsstelle (Stufe 1) und
2. Gespräche am Gymnasium mit den Erziehungsberechtigten und in der Regel die Teilnahme an einem Probeunterricht, bei dem Lehrkräfte des Gymnasiums die schulische Leistungsbereitschaft, Teamfähigkeit, soziale Kompetenz und Motivation des Kindes beobachten, (Stufe 2)

umfasst. In begründeten Ausnahmefällen kann auf Stufe 1 die zuständige obere Schulaufsichtsbehörde auf Antrag der schulpsychologischen Beratungsstelle anstelle des Gruppentests einen anderen standardisierten Intelligenztest zulassen. Eine Teilnahme an Stufe 2 setzt voraus, dass in Stufe 1 ein an Hochbegabung heranreichender oder diese anzeigender Wert erreicht wurde.

(2) Nach Abschluss des mehrstufigen Aufnahmeverfahrens entscheidet die Schulleiterin oder der Schulleiter über die Aufnahme eines Kindes in den Hochbegabtenzug unter Berücksichtigung der Ergebnisse beider Stufen des Aufnahmeverfahrens.

⇨ Abschlüsse und Bildungswege; ⇨ Aufnahmeverfahren; ⇨ Aufnahmeverfahren (Termine); ⇨ Behinderungen (Förderbedarf) Nr. 2.3.2; ⇨ Bildungsberatung; ⇨ Gemeinschaftsschule; ⇨ Konferenzordnung § 4; ⇨ Multilaterale Versetzungsordnung; ⇨ Schulgesetz § 5; ⇨ Schulpsychologische Beratungsstellen

Aufsichtspflicht

Informationen der Redaktion zur Rechtslage und zur Verwaltungspraxis in Baden-Württemberg

1. Grundsätze

In Baden-Württemberg bestehen keine Vorschriften zur schulischen Aufsichtspflicht; das Schulgesetz bestimmt nur in § 41, dass der Schulleitung die Aufstellung von *„Aufsichtsplänen"* obliegt. Die Aufsichtspflicht der Schule ergibt sich unmittelbar aus ihrer *„Obhutspflicht"* (wenn der Staat die Kinder und Jugendlichen der Schulpflicht unterwirft, muss er im Rahmen seiner Möglichkeiten dafür Sorge tragen, dass sie vor Schäden geschützt werden) sowie aus den allgemeinen Gesetzen zum Schutz der Kinder und Jugendlichen. Die Lehrkräfte müssen diese Vorschriften (z.B. das Rauchverbot in Schulen, den Hygieneplan usw.) nicht nur selbst beachten, sondern deren Einhaltung durch die Schüler*innen durchsetzen. Die Schule ist zu Eingriffen in deren Rechte berechtigt, wenn dies erforderlich ist, um Schäden von ihnen oder von Dritten abzuwenden.

➪ Grundgesetz Art. 7; ➪ Infektionsschutzgesetz; ➪ Jugendarbeitsschutzgesetz; ➪ Jugendschutzgesetz; ➪ Rauchen in der Schule; ➪ Schulgesetz §§ 41, 72, 89

Die Aufsichtspflicht besteht nicht nur während des Unterrichts im engeren Sinne, sondern erstreckt sich auf die gesamte Unterrichts- und Veranstaltungszeit einschließlich der Pausen und auf Unterrichtswege (also Wege während der Unterrichtszeit z.B. vom Schulgebäude zu einer Sportstätte und zurück), nicht jedoch auf den Hin- und Rückweg zur Schule.

Das KM hat hierzu im Infodienst Schulleitung vom Juli 2007 (Nummer 98) u.a. folgende Hinweise gegeben: *„Der Erziehungsauftrag der Schule und die Sorge um die Einhaltung dieses Auftrages erstrecken sich auf die gesamte Zeit, in der die Schüler und Schülerinnen unter der Obhut der Schule stehen. D.h. auch die Pausen zwischen den einzelnen Unterrichtseinheiten und alle schulischen Veranstaltungen unterliegen der Verantwortung der Schule. Schulische Veranstaltungen im Sinne des Gesetzes sind solche Veranstaltungen, die im Rahmen des Erziehungs- und Bildungsauftrages der Schule durchgeführt werden und bezüglich derer die Schule ein gewisses Mindestmaß an Aufsicht übernimmt. Nicht erforderlich ist, dass die Veranstaltung in Räumen der Schule oder an Schultagen stattfindet. So sind auch Projektwochen oder Schulfeste an schulfreien Tagen schulische Veranstaltungen. […]"*

Verlassen Schülerinnen oder Schüler den Unterricht oder sonstige verpflichtende Veranstaltungen der Schule oder – z.B. während einer Schulpause – das Schulgelände ohne Erlaubnis oder rechtfertigenden Grund, so verstoßen sie gegen die Schulpflicht bzw. die Schulordnung (vgl. § 72 SchG). Damit erlischt die Obhuts- bzw. Aufsichtspflicht der Schule nicht. Die Schule muss auf die betroffenen Schüler*innen pädagogisch bzw. mit Erziehungs- und Ordnungsmaßnahmen einwirken (vgl. § 90 SchG) und ggf. die Eltern oder bei Gefahr im Verzuge auch die Polizei verständigen, um die Schüler*innen vor Schaden zu schützen bzw. um sie der Schule wieder zuzuführen.

Für die Intensität und den Umfang der jeweils erforderlichen Aufsicht sind maßgebend:

- das Alter und die Reife der Schüler*innen,
- die Erfahrung der aufsichtführenden Person mit den einzelnen Schüler*innen bzw. der Gruppe,
- die konkreten Umstände (z.B. gefährliche Unternehmungen).

Die Schule (Schulleitung, Lehrkräfte) hat bei der Planung und Wahrnehmung der Aufsicht

- vorausschauende Umsicht zu wahren (die Schule beziehungsweise die Lehrkraft muss die Aufsicht nach den oben genannten Faktoren planen),
- ununterbrochene Beständigkeit zu üben (die Schule/Lehrkraft muss – z.B. durch Erlass und Einhaltung von Aufsichtsplänen – eine kontinuierliche Beaufsichtigung sicherstellen),
- mit kontrollierender Nachdrücklichkeit zu handeln (die Schule/Lehrkraft muss so tätig sein, dass sich die Schüler*innen stets beaufsichtigt fühlen – gegebenenfalls durch Stichproben).

Dabei kann und darf es keine übertriebene Durchregulierung geben: Dauer- und Total-Aufsicht können den Erziehungsauftrag (Erziehung zu Verantwortung, Mündigkeit und Selbstständigkeit) gefährden. Aber die Aufsichts-Verantwortung der Schule besteht und muss wahrgenommen werden. Maßstab kann die *diligentia quam in suis* (Sorgfalt wie bei eigenen Angelegenheiten) sein: Wie würde ich bei meinem eigenen Kind handeln, was erwarte ich für mein eigenes Kind von der Schule?

2. Aufsichtsplan der Schule

In § 41 Schulgesetz ist festgelegt, dass die Schulleitung für die Aufstellung der Aufsichtspläne zuständig ist. Nach § 2 Abs. 1 Nr. 9 der ➪ Konferenzordnung besitzt die Gesamtlehrerkonferenz hierzu ein allgemeines Empfehlungsrecht.

Die Aufsichtspflicht kann auch Gegenstand der Beratungen in der Schulkonferenz und im Elternbeirat sein (§§ 47 und 57 Schulgesetz). Es empfiehlt sich, in diesen Gremien insbesondere die Regelungen bzw. Verfahrensweisen der Schule darzustellen und zu erörtern, die beim Ausfall von Lehrkräften gelten, insbesondere die Regularien bei der vorzeitigen Beendigung des Unterrichts. ➪ Hitzefrei

In Aufsichtsplänen, die (zumindest in vorläufiger Form) bereits am ersten Tag des Unterrichts nach Beginn des neuen Schuljahres in Kraft gesetzt werden müssen, werden die Anlässe geregelt, in denen einzelne Lehrkräfte bestimmte Aufsichtstätigkeiten wahrnehmen müssen (z.B. Pausenaufsicht, Aufsicht vor und nach Schulbeginn oder um den Übergang zu zusätzlichen Betreuungsangeboten wie Kernzeitenbetreuung usw. zu gewährleisten, Aufsicht in Hohlstunden oder in der Mittagszeit, Aufsicht beim Schülertransport).

Zur Aufsicht vor Schulbeginn hat das Kultusministerium nur für die verlässliche Grundschule eine Festlegung getroffen: Sie öffnet 15 Minuten vor Unterrichtsbeginn mit Aufsicht durch Lehrkräfte.

⇨ Grundschule (Verlässliche) Nr. 1.1.

In allen anderen Schularten muss jede Schule beziehungsweise muss die jeweilige Lehrkraft je nach den konkreten Umständen selbst entscheiden, welche Maßnahmen erforderlich sind. Die Regierungspräsidien empfehlen: *„Vor Unterrichtsbeginn sollte an Grundschulen eine Aufsicht von 15 Minuten vor Unterrichtsbeginn eingehalten werden, bei den übrigen Schularten sind 10 Minuten als angemessen zu erachten."* Link: https://rp.baden-wuerttemberg.de/

⇨ Stundenpläne und Unterrichtsbeginn

In der Regel definiert die Schule in einer Hausordnung und ggf. getrennt in einer Pausenordnung die an der Schule geltenden Regelungen, über deren Einhaltung die aufsichtführenden Lehrkräfte oder die anderen mit Aufsichtsaufgaben betrauten Personen wachen. ⇨ Hausordnung / Pausenordnung

Daneben und unabhängig hiervon obliegt die Pflicht zur Beaufsichtigung der Schüler*innen beim Unterricht und außerunterrichtlichen Veranstaltungen der zuständigen Lehrkraft. Aber auch eine nicht zur Aufsicht eingeteilte Lehrkraft muss etwa bei einer Rauferei auf dem Schulhof eingreifen. Auch andere Beteiligte – z.B. sonstiges Personal, Eltern als Begleitpersonen bei außerunterrichtlichen Veranstaltungen – können an der Beaufsichtigung der Schüler*innen mitwirken. So muss z.B. die begleitende Mutter auf dem Wandertag die Kinder am Ersteigen einer gefährlichen Felsklippe hindern.

Auch Schüler*innen können – zumindest teilweise – Aufsichtsaufgaben wahrnehmen. So kann ein zuverlässiger Schüler die Klasse beaufsichtigen, wenn die Lehrkraft den Raum zeitweilig verlassen muss (hierfür muss jedoch ein nachvollziehbarer, besonderer Grund vorliegen) oder es kann eine Schülerin bei einer Wanderung gebeten werden, den Abschluss zu bilden. Der Lehrkraft bleibt jedoch eine Letztverantwortung, z.B. ob sie bei Auswahl, Instruktion oder Kontrolle der aufsichtführenden Schüler*innen Fehler gemacht hat oder diese mit der Übertragung der Aufsichtsaufgabe überfordert ist.

3. Aufsicht im Unterricht

Im Unterricht wird die Aufsicht von der Lehrkraft neben den unterrichtlichen Aufgaben wahrgenommen. Die Lehrkraft muss dabei nicht ständig die ganze Klasse im Auge haben, sondern kann sich vorübergehend einzelnen Schüler*innen widmen oder (je nach Erfahrung und Alter der Schülerinnen und Schüler) Arbeitsgruppen bilden und diese auch auf verschiedene Räume aufteilen. Sie muss die Aufsicht aber so gestalten, dass die Schüler*innen jederzeit mit ihrem Kommen rechnen müssen. Dies gilt auch bei der sogenannten „Mitversehung" einer zweiten Klasse in einem anderen Klassenraum.

Es ist grundsätzlich abzulehnen, dass Lehrkräfte störende Schüler*innen aus dem Klassenzimmer verweisen. Geschieht dies trotzdem, kommt es auch hierbei auf Alter, Reife und Erfahrung des Betroffenen an. Ein Beispiel: Ein 13-jähriger Schüler eines Gymnasiums mit Internat hatte den Unterricht erheblich gestört. Die Lehrkraft wies ihn aus dem im zweiten Stock gelegenen Klassenzimmer. Anstatt sich vor der Klassenzimmertür aufzuhalten, wie ihm aufgetragen war, ging der Schüler in einen benachbarten Wohn- und Schlafraum. Von dort stürzte er aus einem Fenster 11 Meter tief. Er wurde schwer verletzt. Das Oberlandesgericht Stuttgart hat hierzu entschieden: Die Lehrkraft hat nicht gegen ihre Aufsichtspflicht verstoßen. Sie durfte damit rechnen, dass der Schüler, auch wenn er nicht mehr unter unmittelbarer Kontrolle steht, sich ordnungsgemäß und vernünftig verhält. Anders hätte das Gericht entschieden, wenn der Schüler bereits bei einem früheren Hinausstellen auf dem Fenstersims geturnt hätte und dies der Lehrkraft bekannt war.

Bei der Wahrnehmung der Aufsicht genügt es nicht, dass die Lehrkraft Gefahren vermeidet, sondern sie muss den Schüler*innen zeigen, wie man sie erkennt und meistert. Dies gilt vor allem auch in Fächern mit höherem Unfallrisiko (z.B. Sport, naturwissenschaftliche und technische Experimentalfächer). Auch hier hängen Art und Intensität der Aufsicht davon ab, welche Reife und Erfahrung die Schüler*innen haben und wie gefährlich das jeweilige Vorhaben ist. Besonders heikel ist dies beim Schwimmunterricht sowie beim Schwimmen während außerunterrichtlicher Veranstaltungen (so sollte z.B. das Baden in Baggerseen oder unbekannten Gewässern unterbleiben). Beim Sportunterricht erstreckt sich die Aufsichtspflicht auf die gesamte Sportstätte, also auch auf die Umkleideräume und die Zugänge zur Sportstätte. Dies gilt auch für nicht zum Schulgelände gehörende Sportstätten. Abgesehen von den Klassen 1 bis 4 sollten Lehrkräfte – außer bei Gefahr im Verzuge, z.B. nach einem Unfall zur Leistung der Ersten Hilfe – die Umkleideräume einer andersgeschlechtlichen Schülergruppe nicht betreten. Falls erforderlich, muss die Lehrkraft stattdessen eine Aufsichtsperson des entsprechenden Geschlechts zu Hilfe holen (lassen).

⇨ Aufsichtspflicht (Schwimmunterricht)

Ferner muss die Lehrkraft im Vorfeld alle denkbaren Maßnahmen ergreifen (z.B. Vorkehrungen und Anordnungen in Form von Ge- bzw. Verboten), die zur Vermeidung von Schäden notwendig sind. Sie kann bzw. muss gegebenenfalls andere Personen, beispielsweise vertrauenswürdige Schüler*innen, zeitweise zur Aufsicht in den Umkleidekabinen heranziehen. Damit wird sie von ihrer Verantwortung und von der Aufsichtspflicht jedoch nicht befreit.

4. Aufsicht außerhalb des Unterrichts

Während der kurzen Fünf-Minuten-Pause ist eine besondere Aufsicht in der Regel nicht notwendig (dennoch gilt auch hier der Grundsatz der „kontrollierenden Nachdrücklichkeit": Alle Lehrkräfte müssen sich so verhalten, dass sich die Schülerinnen und Schüler stets beaufsichtigt fühlen).

Bei längeren Pausen müssen genügend Lehrkräfte

eingeteilt sein, sodass es im Pausenhof bzw. im Schulgebäude keine ständig aufsichtsfreien Zonen gibt. Zweck der Pause ist jedoch, dass sich die Schüler*innen auch durch Bewegung oder Spielen erholen. Die aufsichtsführenden Lehrkräfte sollten deshalb nur dann einschreiten, wenn die Schüler*innen sich selbst oder andere in Gefahr bringen. Durch eine entsprechende Gestaltung der Schulhöfe (z.B. Schaffung von Ruhe- und Spielzonen, Trennung nach Altersgruppen) können die Risiken verringert und die Aufsichtsführung erleichtert werden.

Die Aufsichtspflicht der Schule erstreckt sich über die gesamte Unterrichts- und Veranstaltungszeit auf das gesamte Schulgelände. Dies gilt auch für Bereiche, die z.B. mit Sport- und Freizeitgeräten versehen oder als Sitz- oder Spielecken ausgestaltet sind und von Schüler*innen außerhalb der individuellen Unterrichtszeiten, z.B. in Hohlstunden, der Mittagspause oder am Nachmittag genutzt werden, oder für ausgewiesene „Raucherzonen“ auf dem Schulgelände sowie auf „Unterrichtswege“, nicht jedoch für den ➪ Schulweg (s.o. Nr. 1).

Während der Schulpausen muss die jeweilige Pausenaufsicht gerade diese Bereiche wegen der erhöhten Unfallgefahr besonders im Auge haben. Außerhalb der Pausen ist auch hier – wieder gestaffelt nach dem Alter und der Einsichtsfähigkeit der Schüler*innen – eine „gelockerte Aufsicht“ ausreichend, also eine stichprobenartige Kontrolle; die Schüler*innen müssen sich beaufsichtigt fühlen, also damit rechnen, dass eine Lehrkraft vorbeikommt. Hier gilt das Prinzip, dass jeder Lehrkraft eine allgemeine Aufsichtspflicht über alle Schüler*innen obliegt, dass sie also eingreifen muss, wenn dies aus pädagogischer Sicht oder zur Gefahrenabwehr notwendig ist.

Wenn solche Bereiche nach dem Unterricht für die Öffentlichkeit als Spielplatz freigegeben sind, endet die Aufsichtspflicht der Schule mit dem allgemeinen Unterrichtsschluss bzw. mit dem jeweiligen Freigabetermin; es sollte deshalb auf eine unmissverständliche Beschilderung geachtet werden, ab wann der jeweilige Bereich „öffentlich“ wird.

„Hohlstunden“ im Schüler-Stundenplan sollten möglichst vermieden werden. Während der Hohlstunden dürfen die Schüler*innen nicht unbeaufsichtigt bleiben; die Schule muss regeln, wo sie sich aufhalten, ggf. sind besondere Aufenthaltsräume zuzuweisen (z.B. für Fahrschüler*innen, die die Wartezeit zwischen Unterricht und Fahrt überbrücken). Es genügt aber eine stichprobenartige Aufsicht mit gelegentlichen Kontrollen.

Sonderfall Religionsunterricht

Zur Aufsicht über Schüler*innen, die nicht am Religionsunterricht teilnehmen, hat das KM mitgeteilt:

„Für Kinder, die nicht am Religionsunterricht teilnehmen und für die auch kein Ethikunterricht vorgesehen ist, besteht auch in einer dadurch entstehenden Hohlstunde eine Aufsichtspflicht der Schule. Zu der Art und Weise der Aufsicht hat das Kultusministerium keine detaillierte Regelung erlassen, weil die Verhältnisse vor Ort zu unterschiedlich sind. Soweit möglich, wird der Religionsunterricht auf die Randstunden verlegt. Darüber hinaus bieten sich Möglichkeiten der Aufsicht durch Hilfskräfte oder durch Einzelarbeit im Raum einer anderen Klasse. Bei älteren Schülerinnen und Schülern ist eine Präsenzaufsicht nicht in jedem Fall erforderlich. Hier kann es genügen, dass eine Lehrkraft jederzeit erreichbar ist.“

(Quelle: KM, Landtags-Drucksache 14/3498)

Die Betreuung oder Beaufsichtigung von nicht zur Teilnahme Verpflichteten als „stille Hospitant*innen“ im Religionsunterricht ist grundsätzlich nicht möglich. Zwar dürfen Schüler*innen ohne oder mit anderer Konfession auf ihren Antrag (!) und mit Zustimmung der Religionsgemeinschaft deren Religionsunterricht freiwillig besuchen; eine Zuweisung ohne einen solchen Antrag ist wegen des Bekenntnischarakters dieses Faches hingegen unzulässig (siehe hierzu die im Beitrag ➪ Religionsunterricht (Allgemeines) Nr. 3 zitierte Entscheidung des VG Sigmaringen vom 2.11.2020; AZ: 4 K 3814/20). ➪ Ethikunterricht

Zur Aufsicht bei Schul- und Schülergottesdiensten siehe ➪ Schul- und Schülergottesdienste.

Sonderfall Schulbushaltestelle

Bei Schulbushaltestellen auf dem Schulgelände besteht eine Aufsichtspflicht der Schule; dies gilt jedoch nicht bei entfernt liegenden Haltestellen, insbesondere wenn es sich um Haltestellen des öffentlichen Personennahverkehrs handelt. Denn grundsätzlich sind die Eltern für den Schulweg verantwortlich. Bei Haltestellen außerhalb des Schulgeländes, die dem Schulbetrieb räumlich und funktionell zugeordnet sind, kann sich die Schule der Aufsicht über Fahrschüler*innen jedoch kaum entziehen, denn nach der höchstrichterlichen Rechtssprechung (BGH, 7.10.1976 und 27.4.1981) kommt es darauf an, ob ein hinreichender Bezug zum Schulbetrieb einschließlich seiner Vor- und Nachwirkungen besteht. Grenzen Schulbushaltestellen unmittelbar an das Schulgelände, ist ein solcher Bezug in der Regel gegeben. Der zeitliche und personelle Aufsichtsbedarf richtet sich z.B. nach dem Alter und dem Reifegrad der Schüler*innen, der Art und Anzahl der eingesetzten Fahrzeuge und dem aus der Lage und der Art der Haltestelle rührenden Gefahrenpotenzial. Hier sind zur Gefahrenminderung eine spezifische Verkehrserziehung sowie die Zusammenarbeit mit dem Schulträger, der Polizei, den Verkehrsunternehmen und den Eltern besonders geboten. ➪ Verkehrserziehung

Sonderfall Mittagessen und Betreuung

Beim Mittagessen sowie den Betreuungsangeboten z.B. an Ganztagsschulen oder in der *„Verlässlichen Grundschule“* trägt das Land die Personalkosten für den Unterricht, also für die Lehrkräfte; der Schulträger ist für die Sachkosten einschließlich des nichtlehrenden Schulpersonals zuständig. Deshalb fällt ein Teil der Zeit, welche die Kinder in der Schule verbringen, z.B. Mittagessen, nicht in den Bildungs- und Erziehungsauftrag der Schule und damit in die Aufsicht der Lehrkräfte. In diesen Zeiten obliegt die Beaufsichtigung dem Schulträger.

Zwar *„führt der Schulleiter für den Schulträger die unmittelbare Aufsicht über die an der Schule tätigen, nicht im Dienst des Landes stehenden Bediensteten; er hat ihnen gegenüber* *die aus der Verantwortung für einen geordneten Schulbetrieb sich ergebende Weisungsbefugnis*" (SchG § 41). Für die Aufsicht beim Mittagessen und in den freizeitpädagogischen Angeboten ist die Schulleitung aber nur dann verantwortlich, wenn die Schule diese Veranstaltungen im Rahmen eines Budgets selbst organisiert. Das KM hat am 21.11.2014 hierzu mitgeteilt: *„Die Mittagspause ist in Ganztagsschulen kein Aufgabenfeld für Lehrkräfte. In Schulen in offener Angebotsform oder mit besonderer pädagogischer und sozialer Aufgabenstellung ist der Schulträger für die Aufsicht und Betreuung verantwortlich – sowohl im Speiseraum als auch außerhalb. [...] Ein Lehrkräfteeinsatz, bei dem Deputatsstunden (auch nach Arbeitszeitverordnung!) angerechnet werden, ist nicht zulässig. Wenn Lehrkräfte jedoch freiwillig und ohne Anrechnung die Aufsicht ergänzen möchten, darf die Schulleitung dem zustimmen. – Zu der Zeitspanne der Mittagspause gibt es nach § 4a SchG keine ausdrückliche Grenze. Es wird von 60 Minuten ausgegangen. Wenn die Pause länger dauern soll, kann dies auch im Rahmen von Freizeitangeboten des Ganztagsbetriebs gestaltet werden. Hier dürfen Lehrkräfte natürlich eingesetzt oder die Monetarisierung angewandt werden. Hierbei ist aber auf die Schulpflichtregelung zu achten. Die Mittagspause ist von der Schulpflicht ausgenommen. Die Kinder dürfen demnach auch daheim essen. Bei Ganztagsangeboten gilt aber Schulpflicht, also Anwesenheitspflicht.*"

Die Gemeinschaftsschule ist im Bereich der Sekundarstufe I eine verbindliche Ganztagsschule (§ 8a Abs. 3 S. 1 SchG). Die Schulpflicht bezieht sich dabei nicht nur auf den unmittelbar unterrichtlichen Schulbetrieb. Die Kinder können also z.B. nicht nach Hause gehen, um dort das Mittagessen einzunehmen. Ob die Kinder am Mittagessen der Schule teilnehmen oder eigenes Essen in die Schule mitbringen, bleibt ihnen überlassen. Eltern können jedoch unter bestimmten Voraussetzungen für die Mittagspause eine Befreiung ihrer Kinder von der Schulpflicht beantragen. Das KM empfiehlt, dass die Schule die Eltern zum Beispiel im Rahmen der Elternbeiratssitzung darüber informiert. Der Schulträger muss einer beabsichtigten Öffnung zustimmen. ⇨ Gemeinschaftsschule (Verordnung)

(Quellen: GMS-Infobrief des KM Nr. 5/2014 und Nr. 3/2018)

Die Aufsichtsführung in der Primarstufe ist in der VwV ⇨ Grundschule (Ganztagsgrundschul-VwV) geregelt.

Für Schulen und Schulkindergärten, die nach dem Bildungsplan der Schule für geistig Behinderte arbeiten, gilt eine abweichende Rechtslage: Hier gehört nach dem Bildungsplan auch die Einnahme des Mittagessens zum schulischen Bildungsauftrag. Deshalb sind dort die von den Lehrkräften zu übernehmenden Aufgaben nicht ausschließlich unterrichtlicher Art; diese müssen vielmehr aufgrund der Behinderung der zu fördernden Kinder und Jugendlichen auch pflegerische Aufgaben übernehmen.

5. Außerunterrichtliche Veranstaltungen

Auch bei Schulausflügen, Schullandheimaufenthalten, Museums- oder Theaterbesuchen, Wandertagen usw. müssen die Schüler*innen mindestens so beaufsichtigt werden, dass bei ihnen niemals das Gefühl entsteht, völlig unbeaufsichtigt zu sein. Das heißt jedoch nicht, dass Schüler*innen nichts allein unternehmen dürfen, insbesondere ältere, selbstverantwortliche Schüler*innen.

Gerade bei solchen Veranstaltungen, deren Ziel ja

Hätten Sie's gewusst? – Eltern fragen, wir antworten.

Keine Aufsicht bei gefährlichen Unternehmungen?

Frage: Im Sportunterricht oder auch auch bei außerunterrichtlichen Veranstaltungen (Wintersporttag, Schullandheimaufenthalt) dürfen die Schüler*innen bisweilen gefährliche Sportarten ausüben oder einfach mal ausprobieren, beispielsweise Eislaufen oder Skaten. Geht das? Wo bleibt die Aufsicht?

Antwort: Hierfür gibt es keine Detailvorschriften des Kultusministeriums. In den amtlichen Bildungsplänen wird aber beispielsweise für den Sportunterricht grundsätzlich betont: *„Unter Einhaltung von Sicherheitsaspekten ist die Wahrnehmung der eigenen Fähigkeiten und Grenzen in herausfordernden Situationen mit unsicherem Ausgang eine wichtige Erfahrung und Entwicklungsaufgabe. Durch die Hinführung zu bewusstem und umsichtigem Beurteilen von Wagnissen wird die Fähigkeit zur realistischen Selbsteinschätzung entwickelt. Die Schülerinnen und Schüler können lernen, zu ihrer Angst zu stehen, sie zu überwinden und Verantwortung für sich selbst und andere zu übernehmen.*" Das gilt im Prinzip auch für alle anderen schulischen Aktivitäten.

Selbstverständlich ist auch hier die jeweils verantwortliche Lehrkraft für die ⇨ Aufsichtspflicht zuständig, einschließlich der Einweisung und der Gefahrenprophylaxe. Was das konkret bedeutet, sei am Beispiel des Eislaufens dargestellt, zu dem sich das Kultusministerium im Jahr 2020 konkret geäußert hat:

- Eislaufen im Sportunterricht oder bei außerunterrichtlichen Aktivitäten ist nur mit einem geeigneten Helm (z.B. Ski-, Skater- oder Fahrradhelm) gestattet. Es müssen feste Handschuhe getragen werden, die Schnittverletzungen an den Händen vorbeugen (z.B. Lederhandschuhe, Skihandschuhe). Gegebenenfalls sind bei Anfängern Knie- oder Handprotektoren zu tragen. Insgesamt ist auf eine angemessene Bekleidung zu achten, die ein Überhitzen bzw. Auskühlen des Körpers verhindert.
- Das Eislaufen ist im Kontext Schule nur auf gesicherten Eisbahnen gestattet. Je nach Könnensstand der Schüler*innen sind bei Bedarf getrennte Übungsbereiche festzulegen. Zudem ist eine Laufrichtung vorzugeben, um Kollisionen zu vermeiden. Die Lehrkraft hat Erste-Hilfe-Material mitzuführen. (Quelle: Schreiben des KM vom 31. Januar 2020, AZ: 22-6860.0/1109) ⇨ Erste Hilfe

Diese Maßgaben gelten in angepasster Form auch für alle anderen gefährlichen Unternehmungen.

ist, die Schüler*innen zu größerer Selbstständigkeit zu erziehen, kommt es einerseits auf deren Einsichtsfähigkeit sowie andererseits auf die unmissverständlichen Anweisungen der Lehrkraft an. Je nach den Umständen ist das Aufsichtspflicht-Risiko durch geeignete Maßnahmen zu mindern: Ausgang nur in Gruppen, Verbot bestimmter Aktivitäten etc.

Grundsätzlich sollten außerunterrichtliche Veranstaltungen nicht von einer Lehrkraft allein geleitet werden. Beim Ausgehen in Gruppen empfiehlt sich das Drei-Personen-Prinzip: Wenn eine Person Probleme hat, kann die zweite bei ihr bleiben und die dritte Person Hilfe holen.

Es empfiehlt sich, die Aufsichtsprobleme und die Verhaltensregelungen vor der Veranstaltung mit den Eltern zu besprechen (z.B. auf dem Elternabend). Eltern können übrigens ihre Kinder nicht von der Befolgung schulischer Regelungen entbinden (auch nicht durch eine schriftliche Erklärung).

Die Beteiligung von Schulen oder Schulklassen an „Müllsammelaktionen" bedarf der vorherigen Genehmigung durch die Schulleitung als schulische Veranstaltung. Maßstab ist, ob die Teilnahme pädagogisch wertvoll und nützlich für die schulische und persönliche Entwicklung der Kinder und Jugendlichen ist. Ein direkter Kontakt der sammelnden Personen mit Abfällen muss sicher ausgeschlossen werden. Ferner sind mögliche Gefahren durch Fahrzeugverkehr zu beachten. Von Sammelaktionen an stark befahrenen Land oder Bundesstraßen wird grundsätzlich abgeraten. Die Schüler*innen müssen durch die verantwortlichen Lehrkräfte über mögliche Gefahren sowie über festgelegte Schutzmaßnahmen unterrichtet und beaufsichtigt werden.

(Quelle: Infodienst Schulleitung Nr. 128 / Mai 2009)

6.
Aufsicht über Volljährige

Gegenüber volljährigen Schüler*innen besteht keine Aufsichtspflicht der Schule im üblichen Sinne. Sie können die Schule in Pausen oder Hohlstunden ohne besondere Erlaubnis der Schule verlassen. Sie genießen damit jedoch keine grenzenlose Freiheit, andererseits ist auch die Schule nicht aller Sorgfaltspflichten entbunden. So müssen sich auch Volljährige an die Schulordnung halten. Die Schule muss ihnen gegenüber die allgemeine Verkehrssicherungspflicht und die sich aus dem Schulverhältnis ergebende Fürsorgepflicht wahrnehmen.

Das Verlassen des Schulgeländes in Pausen oder Hohlstunden kann auch Minderjährigen gestattet werden, jedoch nur älteren Schüler*innen, etwa der gymnasialen Oberstufe oder der beruflichen Schulen. Das Verfahren sollte an der Schule in einer Hausordnung bzw. Pausenordnung eindeutig geregelt werden.

⇨ Hausordnung / Pausenordnung; ⇨ Unfallversicherung (Hinweise); ⇨ Volljährigkeit

7.
Aufsicht bei SMV-Veranstaltungen

Auch Veranstaltungen der Schülermitverantwortung (SMV), die den Charakter einer „Schulveranstaltung" besitzen, unterliegen der Aufsichtspflicht der Schule. Sie müssen deshalb vorher der Schulleitung angezeigt werden. Diese muss der Durchführung der Veranstaltung als Schulveranstaltung unter Angabe von Gründen widersprechen, wenn für hinreichende Aufsicht nicht gesorgt werden kann.

In der Verwaltungsvorschrift ⇨ Schülermitverantwortung §§ 7 und 14 hat das KM bestimmt, in welchem Umfang Lehrkräfte und ggf. auch Schüler*innen eingesetzt werden können bzw. müssen.

Hätten Sie's gewusst? – Eltern fragen, wir antworten.

Was tun gegen Störenfriede auf dem Schulhof?

Frage: Auf dem Schulhof wurden letzthin von irgendwelchen Leuten Flugblätter mit obskuren Inhalten verteilt. Muss die Schule unsere Kinder nicht davor schützen? Und wer hat überhaupt ein Zugangsrecht zur Schule oder zu schulischen Veranstaltungen?

Antwort: In den Schulen übt die Schulleitung das „Hausrecht" aus. Dieses gibt der Schulleitung als Vertretung des Eigentümers, das sind in gemeinschaftlicher Trägerschaft der – in der Regel kommunale – ⇨ Schulträger (Stadt, Gemeinde, Landkreis) sowie das Land Baden-Württemberg, die Befugnis, zur Aufrechterhaltung der Ordnung des Schulbetriebs und zur Erfüllung der ihr übertragenen unterrichtlichen und erzieherischen Aufgaben alle notwendigen und rechtlich zulässigen Maßnahmen zu ergreifen. Dazu gehört gegebenenfalls auch, gegenüber störenden oder der Hausordnung zuwiderhandelnden Personen ein *„Hausverbot"* auszusprechen. ⇨ Schulgesetz § 23

Wer eine solche Anweisung nicht unverzüglich befolgt, macht sich des Hausfriedensbruchs schuldig und kann strafrechtlich belangt werden (StGB § 123 Abs. 1). Zu einem Hausverbot ist in Vertretung der Schulleitung auch die auf dem Schulhof aufsichtführende Lehrkraft berechtigt, die Flugblattverteiler vom Schulgrundstück weist, im Auftrag der Schulleitung kann das auch der/die Hausmeister*in.

Auch die gewählte Elternvertreterin, die in einem Klassenzimmer einen „Elternabend" leitet, kann Nicht-Berechtigte oder Störer*innen unter Hinweis auf ihr Hausrecht zum Verlassen der Schule auffordern. So kann es beispielsweise vorkommen, dass „Scheidungseltern" oder leibliche, jedoch weder verheiratete noch rechtlich verpartnerte Elternteile sich bei der Vertretung des Kindes nicht einig sind und die Zuständigkeit der jeweils anderen Person bestreiten.

Solange die Schulleitung oder eine Lehrkraft erreichbar sind, sollte der/die Elternvertreter*in diese um Hilfe bitten und alles nur im Benehmen mit diesen tun. Mehr dazu steht im Beitrag ⇨ Hausrecht.

8.
Unfallverhütung und Aufsichtspflicht

Die Pflicht zur Wahrnehmung der Aufsicht durch die Schule ist eng mit der Pflicht zur Unfallverhütung und zur Beachtung der einschlägigen Vorschriften bzw. zur präventiven Erziehung der Schüler*innen verbunden. Hierfür zwei Beispiele:

In den *„Checklisten zur Sicherheit im Sportunterricht“* der gesetzlichen Schülerunfallversicherung (DGUV-202-048) wird festgestellt *„Die Lehrkraft und auch die Schülerinnen und Schüler tragen geeignete Sportkleidung und Sportschuhe.“* Bei Schülerunfällen ist dies die entscheidende Maßgabe für den Versicherungsschutz sowie für die disziplinarrechtliche Beurteilung einer eventuellen Aufsichtspflichtverletzung.

Die Lehrkraft muss durchsetzen, dass die Schüler*-innen entsprechend gekleidet sind (auch sie selbst muss Sportkleidung tragen!). Hieraus ergeben sich gegebenenfalls auch finanzielle Folgen für die Eltern: *„Ausstattungsgegenstände der Schüler wie Schulranzen, Sportbekleidung usw. sind dem persönlichen Bereich zuzuordnen“* (Quelle: Landtags-Drucksache 14 / 2612), sie fallen also nicht unter die ⇨ Lernmittelfreiheit.

Beim Besuch von Laboren der Privatwirtschaft oder Hochschulen zu Unterrichtszwecken, verbleibt die Aufsichts- und Organisationsverantwortung bei der Schule. Sie muss sich vergewissern, dass neben den Arbeitsschutzvorschriften (z.B. Arbeitsschutzgesetz, Chemikaliengesetz, ⇨ Gefahrstoffverordnung) auch die Vorschriften der Unfallversicherung (z.B. *„Unterricht in Schulen mit gefährlichen Stoffen“* DGUV 115-018) beachtet werden und dass der Labor-Unterricht von fachkundigen Personen erteilt wird.

Garantiert ein Labor dies nicht schriftlich verbindlich, darf die Schulleitung dort keinen Unterricht genehmigen.

9.
Melde- und Dokumentationspflicht

Die Schulen sind bei jedem Schülerunfall verpflichtet, bei der Unfallkasse eine Unfallanzeige zu erstatten. Die Schüler*innen bzw. Erziehungsberechtigten müssen die behandelnden Ärzte bzw. Krankenhäuser darauf aufmerksam machen, dass es sich um einen Schulunfall handelt. Die Behandler rechnen dann direkt mit der gesetzlichen ⇨ Unfallversicherung ab (nicht mit der Krankenkasse).

⇨ Amtshaftung; ⇨ Aufsichtspflicht (Schwimmunterricht); ⇨ Außerunterrichtliche Veranstaltungen; ⇨ Ganztagsschulen (Allgemeines); ⇨ Hausordnung / Pausenordnung; ⇨ Jugendarbeitsschutzgesetz; ⇨ Jugendschutzgesetz; ⇨ Konferenzordnung § 2 Abs. 1 Ziff. 9 bis 11; ⇨ Medikamentenabgabe; ⇨ Rauchen in der Schule; ⇨ Schulgesetz §§ 38 und 41; ⇨ Schul- und Schülergottesdienste; ⇨ Unfallversicherung

Aufsichtspflicht (Schwimmunterricht)

Bestimmungen und Regelungen zum Schulschwimmen in Baden-Württemberg;
Bekanntmachung des Kultusministeriums (K.u.U. Heft 15/16-2020, S. N 17/2020; nichtamtlicher Teil)

Prävention und Rettungsfähigkeit

Das Element Wasser und die damit verbundene Bewegungsform Schwimmen übt seit alters her eine besondere Faszination auf den Menschen aus. Das „Schwimmen können“ hat in der Gesellschaft einen hohen Stellenwert. Wer nicht schwimmen kann, grenzt sich oftmals aus oder stellt für sich und andere ein Gefahrenmoment dar. Nur wer sich im Wasser sicher und angstfrei bewegen kann, findet am und im Wasser ein vielfältiges Bewegungsfeld. Bis ins hohe Alter kann das Medium Wasser zur Freizeitgestaltung, zur Gesundheitsförderung, zur Regeneration und Rehabilitation genutzt werden.

Entsprechend ist das „Schwimmen lernen“ im Hinblick einer Vorbereitung auf das Leben ein unverzichtbares, nicht austauschbares Element im Erziehungsprozess der Kinder. Deshalb ist das Schwimmen als motorische Grundqualifikation auch im Bildungsplan 2016 als Lerninhalt für alle Schularten weiterhin verbindlich. Die wesentliche Zielsetzung dabei ist, alle Schülerinnen und Schüler zu sicheren Schwimmerinnen und Schwimmern zu machen.

1.
Wer darf Schwimmunterricht erteilen?

Die Verantwortung für den Unterricht, also für die Aufsicht über den Schwimmunterricht sowie für dessen Erteilung, trägt allein die Lehrkraft. Die eingesetzten Lehrkräfte müssen den Schwimmunterricht unter fachdidaktisch-methodischen wie auch organisatorischen Gesichtspunkten kompetent durchführen und so gestalten, dass unter präventiven Aspekten mögliche Risiken durch Beachtung aller Möglichkeiten der speziellen Methodik, sorgfältigen Organisation des Schwimmunterrichts und gewissenhaften Wahrnehmung ihrer Aufsichtspflicht vermieden werden. Zentrale Bedeutung erlangt dabei die Frage nach dem Nachweis der Rettungsfähigkeit der Lehrkraft.

2.
Wer ist rettungsfähig?

Rettungsfähigkeit wird als die Fähigkeit definiert, eine Schülerin bzw. einen Schüler aus einer gesundheits- oder lebensgefährdenden Situation im Wasser zu befreien. Die Art und der Umfang der Rettungsfähigkeit in der Unterrichtspraxis hängen von den jeweiligen örtlichen Verhältnissen und Rahmenbedingungen ab. Wesentliche Einflussgröße ist hierbei die Beschaffenheit des Schwimmbades, z.B. Beckengröße, Wassertiefe, Übergang Nichtschwimmer-Schwimmerbereich. Die Sicherheit im Schwimmunterricht im Sinne der Wasserrettung erfordert ein bestimmtes Maß an körperlicher Leistungsfähigkeit und spezifische

Kenntnisse. Diese erfüllt eine Lehrkraft dann, wenn sie in dem Schwimmbecken, in dem der Unterricht stattfindet, eine verunfallte Person situativ angemessen unter den höchsten Stressbedingungen

1. an jeder Stelle aus jeder Tiefe des Schwimmbeckens an die Wasseroberfläche bringen,
2. mit dem Gesicht über Wasser an den Beckenrand transportieren/schleppen,
3. über den Beckenrand bergen,
4. lebensrettende Sofortmaßnahmen durchführen sowie
5. einen Notruf absetzen kann. ⇨ Erste Hilfe

Lehrkräfte, die Schwimmunterricht erteilen, sind grundsätzlich verpflichtet, selbst sicherzustellen, dass sie im oben beschriebenen Sinn rettungsfähig sind. Es obliegt der Eigenverantwortung der Lehrkräfte im Rahmen ihrer beruflichen Fortbildung, ihre Rettungsfähigkeit in angemessenen Abständen zu überprüfen.

3. Welche Ausbildungsmöglichkeiten zur Rettungsfähigkeit gibt es?

Bei der Bewerbung zum Vorbereitungsdienst müssen Bewerberinnen und Bewerber mit dem Fach Sport die Rettungsfähigkeit im Schwimmunterricht anhand eines Nachweises entsprechend den Anforderungen des Deutschen Rettungsschwimmerabzeichens in Silber oder Gold erbringen.

Lehrkräfte ohne Nachweis müssen einen solchen erwerben, bevor sie mit Schwimmunterricht beauftragt werden. Im Rahmen der Lehrerfortbildung kann die oben beschriebene Rettungsfähigkeit (siehe 2.) durch Bescheinigungen einer entsprechend fundierten Ausbildung mit einem Umfang von 24 Unterrichtseinheiten (12 UE Rettungsfähigkeit und 12 UE Didaktik und Methodik) an der Außenstelle Ludwigsburg des Zentrums für Schulqualität und Lehrerbildung Baden-Württemberg (ZSL) oder den Regionalstellen des ZSL bzw. deren Vorgängerinstitutionen nachgewiesen werden.

Adäquate Angebote machen z.B. auch die DLRG und die Wasserwacht. Die Deutschen Rettungsschwimmabzeichen der DLRG (Bronze und / oder Silber) sind mögliche Basisqualifikationen, die den oben genannten Erfordernissen gerecht werden, wobei sich das Tieftauchen mindestens an der Unterrichts-Wassertiefe des Schwimmbeckens, an dem die Lehrkraft unterrichtet, orientieren muss.

Die Schulleitung hat darauf zu achten, dass sie mit der Erteilung des Schwimmunterrichts grundsätzlich nur Lehrkräfte betraut, die einen entsprechenden Nachweis erbringen können und über die notwendigen methodisch-didaktischen Kompetenzen für einen qualifizierten Schwimmunterricht verfügen.

4. Aufsichtspflicht

Bei allen schulischen Aktivitäten stehen die Aufrechterhaltung der Gesundheit und das Wohlergehen der anvertrauten Schülerinnen und Schüler im Vordergrund. Für die Sicherheit und Aufsichtsführung ist grundsätzlich die leitende Lehrkraft verantwortlich (Obhutspflicht und Garantenstellung). Dies gilt sowohl für den regulären Schwimmunterricht als auch für alle außerunterrichtlichen Veranstaltungen am und im Wasser (siehe 6.).

Die Lehrkraft muss die notwendige Vorsorge für die Sicherheit (Präventionsfähigkeit) der Schülerinnen und Schüler treffen. Aus der Obhutspflicht ergibt sich bereits in der Planungsphase die Notwendigkeit, das Alter, die geistigen Fähigkeiten, den Charakter, die körperlichen Fähigkeiten, die Wassertiefe, die Übersichtlichkeit der Schwimmhalle und aus dem öffentlichen Badebetrieb hervorgehende Konsequenzen zu beachten. Es ist eine mögliche Vorhersehbarkeit eines Schadenseintritts abzuwägen. In der Durchführung ist eine dauernde, vorausschauende und umsichtig beobachtende Beaufsichtigung der Schwimmgruppe notwendig. Aufgrund ihrer Garantenstellung gegenüber den Schülerinnen und Schülern hat die Lehrkraft die Pflicht, bei Unfällen die erforderliche Hilfe (Rettungsfähigkeit) zu leisten bzw. unverzüglich Hilfsmaßnahmen einzuleiten. ⇨ Erste Hilfe

5. Unterrichtsorganisation

Die Lehrkraft organisiert den Schwimmunterricht so, dass die Qualitätsmerkmale einer guten Aufsichtsführung (präventiv – kontinuierlich – aktiv) eingehalten werden.

Vor Beginn des Schwimmunterrichts im Primarbereich und in der Sekundarstufe I sind die Eltern schriftlich zu benachrichtigen. Dabei sollte nach körperlichen Beschwerden gefragt werden, die für die einzelnen Schülerinnen und Schüler beim Schwimmen, Wasserspringen und Tauchen eine gesundheitliche Gefahr bedeuten könnten (Obhuts- und Garantenpflicht). Bei der möglichen Frage nach der Schwimmfähigkeit reichen Elternbestätigungen alleine nicht aus. Die Lehrkraft ist verpflichtet, sich selbst durch persönlichen Augenschein von der Schwimmfähigkeit der ihr anvertrauten Schülerinnen und Schüler zu überzeugen.

Die Größe der Schwimmgruppe richtet sich nach den geltenden Regelungen zur Klassen- und Gruppenbildung. Diese sind der aktuell gültigen Verwaltungsvorschrift zur Unterrichtsorganisation zu entnehmen. Die Bildung unterhalb der eigentlichen Klassenstärke zählender Sportgruppen ist beim Schwimmunterricht ausnahmsweise möglich.
⇨ Unterrichtsorganisation (Organisationserlass)

Bereits vor Beginn des Unterrichts hat sich die Lehrkraft über die Sicherheits- und Rettungsvorkehrungen und über die Badeordnung des jeweiligen Schwimmbades zu informieren.

Um zu gewährleisten, dass während des Schwimmunterrichts auch Störungen der technischen Anlagen (z.B. der Chloranlage) beseitigt werden können, muss die Anwesenheit bzw. die jederzeitige Erreichbarkeit einer geeigneten weiteren Person des Badebetriebes sichergestellt sein. Außerdem muss gewährleistet sein, dass durch einen jederzeit zugänglichen Telefonanschluss rasch Hilfe herbeigerufen werden kann. ⇨ Erste Hilfe

Die Schülerinnen und Schüler werden sowohl über Gefahren als auch über Vorsichtsmaßnahmen im Badbereich belehrt. Auf die Möglichkeiten der ersten Hilfe und das Absetzen eines Notrufes ist hinzuweisen.

Werden mehrere Gruppen in einem Schwimmbecken unterrichtet, soll der Unterricht möglichst in einem abgegrenzten Bereich (z.B. mittels einer Trennleine) stattfinden. Für Schwimmer und Nichtschwimmer sollen nach Möglichkeit getrennte Schwimmgruppen gebildet werden.

Besondere Aufsicht oder sogar Einzelbeaufsichtigung ist beim Erlernen des freien Schwimmens im tiefen Wasser, beim Wasserspringen sowie beim Tief- und Streckentauchen erforderlich.

Bei kopf- und fußwärtigen Sprüngen ins Wasser sowie bei tiefen Wenden (Rollwenden) ist auf eine ausreichende Wassertiefe zu achten (z.B. unterhalb von Startblöcken mindestens 1,80 m).

In der Schwimmstätte haben Lehr- und Aufsichtskräfte sowie Schülerinnen und Schüler geeignete funktionelle Schwimmkleidung zu tragen. Weitere Personen (z.B. Eltern oder geeignete Schülerinnen und Schüler, Schülermentoren), die rettungsfähig sind, können an der Gestaltung des Unterrichts beteiligt werden. – Während des Schwimmunterrichts befinden sich die Lehrkräfte in der Regel außerhalb des Wassers und wählen ihren Platz so, dass sie alle im Wasser befindlichen Schülerinnen und Schüler jederzeit sehen und beobachten können. Ist es aus pädagogischen Gründen erforderlich, dass sich die Lehrkraft gleichzeitig mit der Schwimmgruppe im nichtschwimmertiefen Wasser aufhält, darf sich keine/keiner der Schülerinnen und Schüler im schwimmtiefen Wasser befinden.

Wasserspringen ist nur dort zulässig, wo die Wasserfläche für diesen Zweck freigegeben ist. Es ist dabei zu beachten, dass die jeweilige Absprungfläche erst betreten werden darf, wenn die Wasserfläche im Sprungbereich frei ist. Die erforderliche Wassertiefe an Sprunganlagen richtet sich nach der Sprunghöhe (z.B. unterhalb des 1-m-Brettes mindestens 3,40 m, unterhalb des 3-m-Brettes mindestens 3,80 m).

Vor dem Betreten des Schwimmbades, unmittelbar nach dem Verlassen des Schwimmbeckens und vor dem Verlassen des Schwimmbades ist die Vollzähligkeit der Gruppe zu überprüfen. Die Lehrkraft betritt als Erste die Schwimmhalle und verlässt sie als Letzte.

Zur Ergebnissicherung, zur Überprüfung von Standards und zur Evaluation wird auf die in den „Empfehlungen der Kultusministerkonferenz, der Deutschen Vereinigung für Sportwissenschaft und des Bundesverbandes zur Förderung der Schwimmausbildung für den Schwimmunterricht in der Schule“ aufgeführten Niveaustufen der Schwimmfähigkeit verwiesen: [...]

Hinweis der Redaktion: Abrufbar im Internet unter: www.kmk.org/ > Empf-Schwimmen-in-der-Schule.

6. Aufenthalt am und im Wasser bei außerunterrichtlichen Schulveranstaltungen

Neben dem regulären Schwimmunterricht im Hallen- und Freibad halten sich Schülergruppen im Rahmen von Wandertagen, Klassenausflügen, Schullandheimaufenthalten, Studienfahrten oder sonstigen Veranstaltungen im Bereich von öffentlichen und nichtöffentlichen Gewässern, Bädern, Erlebnisbädern etc. auf. In all diesen Fällen gelten die oben genannten Ausführungen entsprechend. Insbesondere bedeutet dies:

- Die Sicherheit der Schülerinnen und Schüler wird wesentlich davon beeinflusst, inwiefern die Schülerinnen und Schüler schwimmfähig sind und über welchen Kenntnis- und Fähigkeitsstand die als Aufsichtspersonen eingesetzten Lehrkräfte bzw. Begleitpersonen verfügen. Eine entschei- dende Voraussetzung ist die Gewährleistung der Rettungsfähigkeit durch die verantwortliche Lehrkraft.
- Grundsätzlich muss sich die hauptverantwortliche Lehrkraft durch eigenen Augenschein davon überzeugen, dass die sich in ihrer Obhut befindlichen Schülerinnen und Schüler jederzeit über die notwendige Wassersicherheit verfügen.
- Entsprechend der vorliegenden schwimmtech nischen Fertigkeiten und körperlichen Voraussetzungen müssen, in Abhängigkeit zur gegebenen Gewässersituatio n, entsprechende sicherheits- und verhaltensrelevante Absprachen und Regeln festgelegt, besprochen und eingehalten werden.
- Die verantwortliche Lehrkraft muss sich über die besonderen Bedingungen und Gefahren des jeweiligen Gewässers (Fluss, See, Meer) oder Bades (auch Freizeitbäder, Erlebnisbäder) informieren und die Schülergruppe intensiv über die zusätzlichen Gefahren belehren. Es ist abzuwägen, ob weitere zusätzliche und qualifizierte Aufsichtspersonen heranzuziehen sind.

Für Bootsausflüge, Segeltörns und ähnliche Veranstaltungen am und auf dem Wasser sind zusätzliche organisatorische Maßnahmen von der hauptverantwortlichen Lehrkraft zu beachten.

7. Rechtliche Situation bei einem Unfall während des Schwimmunterrichts und beim Aufenthalt am und im Wasser bei außerunterrichtlichen Schulveranstaltungen

Die oben gemachten Aussagen zur Regelung der Rettungsfähigkeit im Schwimmunterricht sind mit dem zuständigen Unfallversicherungsträger abgestimmt. Grundsätzlich besteht ein gesetzlicher Unfallversicherungsschutz für Körperschäden (§ 2, Abs. 1 Nr. 8 b SGB VII) im Rahmen der Schülerunfallversicherung. Gleichzeitig schließt der Anspruch der Schülerin/des Schülers aus der gesetzlichen ⇨ Unfallversicherung nach §§ 104, 105 SGB VII alle anderen gesetzlichen Ansprüche auf Ersatz des entstandenen Personenschadens aus. Dies bedeutet, dass die Schülerin bzw. der Schüler weder Ansprüche gegen die Lehrkraft persönlich (Ausnahme: vorsätzliche Schädigung) noch gegen das Land aus Amtshaftungsgrundsätzen (Art. 34 GG, § 839 BGB) geltend machen kann.

Sofern die Lehrkraft einen Personenschaden vorsätzlich oder grob fahrlässig herbeiführt, besteht für den Unfallversicherungsträger die Möglichkeit, auf die Lehrkraft zurückzugreifen (§ 110 SGB VII).

Hinweise für Schulleitungen

Die Schulleitung hat darauf zu achten, dass grundsätzlich nur Lehrkräfte mit der Erteilung von Schwimmunterricht beauftragt werden, die folgende Bedingungen erfüllen:

1. Nachweis über eine Aus- oder Fortbildung zum Thema Didaktik und Methodik des Schwimmunterrichts im Umfang von mindestens 12 UE à 45 Minuten (Prävention).
2. Nachweis über eine Aus- oder Fortbildung zum Thema Rettungsfähigkeit im Umfang von mindestens 12 UE à 45 Minuten (Rettungsfähigkeit).
3. Die Lehrkräfte müssen der Schulleitung zudem bestätigen, dass sie im Sinne der oben genannten Bestimmungen und Regelungen zum Schulschwimmen in Baden-Württemberg unter den örtlichen Gegebenheiten für ihren Unterricht (Wassertiefe, Beckengröße) jederzeit rettungsfähig sind.

Sind an der Schule nicht ausreichend qualifizierte Lehrkräfte vorhanden, können diese durch entsprechende Maßnahmen in der Lehrerfortbildung nachqualifiziert werden. Fortbildungen werden durch das Zentrum für Schulqualität und Lehrerbildung Baden-Württemberg (ZSL) angeboten; zentral von der Außenstelle Ludwigsburg des ZSL sowie dezentral von den regionalen Fachteams der Regionalstellen des ZSL.

Hinweis der Redaktion: Siehe auch oben Nr. 3.

Beim Fehlen von ausreichend Wasserfläche bzw. Wasserzeit für den Schwimmunterricht ist der erste Ansprechpartner der Schulträger. Gemäß Schulgesetz § 48 Abs. 2 errichtet und unterhält dieser die Schulgebäude und Schulräume, stellt die sonstigen für die Schule erforderlichen Einrichtungen und Gegenstände zur Verfügung. Sportstätten (Hallen, Stadien, Schwimmflächen) unterliegen ebenfalls dieser Regelung. Soweit hierfür eine Beförderung notwendig ist, handelt es sich nach Auffassung des Kultusministeriums regelmäßig nicht um ⇨ Schülerbeförderung im eigentlichen Sinne, sondern um die Frage der sächlichen Ausstattung der Schulen bzw. um sogenannte Fahrten im inneren Schulbetrieb. Die Kostenübernahme hat demnach durch den Schulträger zu erfolgen. Sofern hier kein zufriedenstellendes Ergebnis erzielt wird, ist das zuständige Staatliche Schulamt bzw. Regierungspräsidium einzuschalten. Zudem besteht die Möglichkeit, sich im Vorfeld von den regionalen Fachteams Sport der jeweiligen Regionalstellen des ZSL beraten zu lassen.

Ergänzende Anmerkungen der Redaktion zu dieser Bekanntmachung des KM

Die sorgfältige Einhaltung der Voraussetzungen kann z.B. zur Folge haben, dass Schwimmunterricht nicht stattfinden kann, wenn an der Schule keine Lehrkräfte vorhanden sind, die die oben genannten Voraussetzungen erfüllen, oder dass der Schwimmunterricht ggf. nicht für die ganze Klasse gemeinsam erteilt werden darf, wenn es eine größere Zahl von Nichtschwimmer*innen und nur eine Aufsichtsperson gibt. Es ist den Schulleitungen abzuraten, Lehrkräfte ohne entsprechende Ausbildung zur Erteilung des Schwimmunterrichts zu verpflichten, weil die eventuellen Haftungsfolgen unabsehbar sind.

Nach Auffassung des KM dürfen die Schulen den Sport- und Schwimmunterricht in der Grundschule und in den Klassen 5 und 6 der weiterführenden Schulen sowie in den höheren Klassen, z.B. im Neigungskurs des Gymnasiums koedukativ durchführen. Erst bei beginnender Pubertät seien die Schulen verpflichtet, den Unterricht geschlechtergetrennt zu erteilen, mit der Folge, dass ab Klasse 7 Sport nicht koedukativ erteilt werden dürfe. Es sei deshalb möglich, dass eine Lehrkraft in den Klassen 5 und 6 ohne eine Hilfskraft des anderen Geschlechts die Aufsicht beim Sport- und Schwimmunterricht führe.

Das KM verweist weiterhin auf die Notwendigkeit einer *„geschlechtsspezifischen Diskretion"*, besonders in den Dusch- und Umkleideräumen. In der Regel werde der männliche Lehrer die Umkleideräume der Mädchen nicht betreten. In einer Notsituation – auch in einer vermeintlichen – sei es jedoch legitim, wenn dies ausnahmsweise geschehe. Weibliche Lehrkräfte könnten auch die Umkleide- und Duschkabinen von Jungen betreten. (Quelle: KM; 10.5.2006 und 12.7.2006; AZ 31-6600.4/31)

Diese Darstellung des KM wird der schulischen Realität nicht gerecht. Die Schulen sollten deshalb den Sport- und Schwimmunterricht spätestens ab der 5. Klasse nach Geschlechtern getrennt organisieren.

Diese Organisationsform ist auch zur Vermeidung von Konflikten mit Eltern zu empfehlen, die ihre Töchter aus religiösen Gründen vom Schwimmunterricht fernhalten wollen.

⇨ Schulbesuchsverordnung

Hinweise zu anderen Sportarten (Sport im Schnee, im und auf dem Wasser, beim Klettern oder Mountainbikefahren) befinden sich unter:

https://zsl-bw.de/,Lde/Startseite/uebergreifende-themen/ratgeber-schulsport.

⇨ Aufsichtspflicht; ⇨ Amtshaftung; ⇨ Erste Hilfe; ⇨ Religion (Allgemeines); ⇨ Schulbesuchsverordnung (dort Hinweis: Sportunterricht – Freistellung); ⇨ Unfallversicherung; ⇨ Unterrichtsorganisation (Organisationserlass)

Elterninformationen des Kultusministeriums

Der elektronische „Infodienst Eltern" des Kultusministeriums informiert Eltern und Elternvertretungen aktuell und aus der Sicht der Regierung über neue Ideen und Entwicklungen in Schule, Schulverwaltung und Bildungspolitik.

Dieser Informationsdienst kann kostenfrei auf der Homepage des Kultusministeriums eingesehen und als pdf-Datei abgerufen werden unter https://km-bw.de/startseite/service/Infodienst+Eltern.

Ausbildungsförderung (BAföG für Schüler*innen)

Informationen der Redaktion zur Rechtslage und zur Verwaltungspraxis in Baden-Württemberg

Nach dem Bundesausbildungsförderungsgesetz (BAföG) besitzen Schüler*innen, die einen berufsqualifizierenden Abschluss oder einen weiterführenden Schulabschluss erreichen wollen, Anspruch auf individuelle Ausbildungsförderung für eine der Neigung, Eignung und Leistung entsprechende Ausbildung, wenn ihnen die für ihren Lebensunterhalt und ihre Ausbildung erforderlichen Mittel anderweitig nicht zur Verfügung stehen.

Für Schüler*innen, die eine weiterführende allgemeinbildende Schule besuchen, gibt es diese Ausbildungsförderung erst ab Klasse 10 und nur, wenn sie außerhalb des Elternhauses wohnen müssen, beispielsweise weil der gewünschte Abschluss nicht in der Nähe des Elternhauses erlangt werden kann oder weil sie bereits einen eigenen Haushalt führen. Schüler*innen erhalten die Förderung als Vollzuschuss, wie bei einem Stipendium müssen sie das Geld also nicht zurückzahlen.

Das BAföG fördert unter bestimmten Voraussetzungen auch Ausländer*innen, beispielsweise EU-Angehörige und Personen, die eine Niederlassungserlaubnis haben oder als Flüchtling anerkannt sind.

Bei den Stadt- und Landkreisen besteht jeweils ein Amt für Ausbildungsförderung. Dort gibt es weitere Informationen und Hilfen bei der Antragstellung.

Allgemeine Informationen gibt es beim Bundesministerium für Bildung und Forschung unter https://www.bafög.de/

Ausbildungsvorbereitung dual (AVdual)

Informationen der Redaktion zur Rechtslage und zur Verwaltungspraxis in Baden-Württemberg

Wer den Besuch einer allgemeinbildenden Schule beendet und keinen der Tatbestände erfüllt, die das Ruhen der Berufsschulpflicht bewirken (z.B. unmittelbar anschließender Besuch einer beruflichen Vollzeitschule oder Antreten eines freiwilligen Dienstes), ist zum Besuch der Berufsschule verpflichtet. Für berufsschulpflichtige Jugendliche, die kein Berufsausbildungsverhältnis nachweisen können, soll die Berufsschule als einjährige Vollzeitschule (Berufsvorbereitungsjahr – BVJ) geführt werden.

⇨ Abschlüsse und Bildungswege; ⇨ Berufsschule; ⇨ Vorqualifizierungsjahr Arbeit/Beruf (VAB); ⇨ Schulgesetz §§ 10, 80

Das BVJ wurde zum Schulversuch „Ausbildungsvorbereitung dual (AVdual)“ weiterentwickelt, das die Jugendlichen auf eine berufliche Ausbildung oder Tätigkeit vorbereitet. Im Rahmen von Lernfeld- und Lernprojekten erwerben sie in der Regel in einem Berufsfeld grundlegende berufsbezogene Kompetenzen und vertiefen ihre lebensweltbezogenen Kompetenzen. In das AVdual können Schüler*innen mit und ohne Hauptschulabschluss aufgenommen werden. AVdual kann mit oder ohne einen dem Hauptschulabschluss gleichwertigen Bildungsstand abgeschlossen werden. ⇨ Hauptschule (Abschlussprüfung)

Ziel ist, die Anschlussfähigkeit sowie die Übergangsquote in eine duale Ausbildung zu verbessern.

- Durch die intensive Einbindung von Praktika in Betrieben sollen die Schüler*innen von Anfang an die betriebliche Realität kennenlernen, eine bessere Vorstellung von ihren beruflichen Interessen und Möglichkeiten bekommen und Kontakte zu Ausbildungsbetrieben knüpfen.
- Niveaudifferenzierte Lernangebote für Lernende mit und ohne Hauptschulabschluss mit der Möglichkeit, unterschiedliche Bildungsziele zu erreichen, ermöglichen eine maximale Durchlässigkeit zwischen der Ausbildungsvorbereitung dual (AVdual) bzw. Ausbildungsvorbereitung (AV) und gegebenenfalls auch der zweijährigen zur Fachschulreife führenden Berufsfachschule (2BFS).
- Der individuelle Kompetenzerwerb zusammen mit der hohen Durchlässigkeit soll den Schülerinnen und Schülern einen maximalen Bildungserfolg und möglichst große Chancen im Hinblick auf eine duale Ausbildung verschaffen. Er erfolgt auf vier – ggf. in den Fächern unterschiedlichen – Lernniveaus, wovon für die Lernenden je zwei auch als Prüfungsniveau abgebildet werden.
- Berücksichtigt wird auch der Anschluss der Schüler*innen, für die voraussichtlich weder der Erwerb des dem Hauptschulabschluss gleichwertigen Bildungsstands noch ein Übergang in eine duale Ausbildung erreichbar ist.

⇨ Abschlüsse (Gleichwertigkeit); ⇨ Abschlüsse (HS/RS – Gleichwertiger Bildungsstand); ⇨Berufseinstiegsjahr; ⇨ Berufsschule; ⇨ Hauptschule (Abschlussprüfung); ⇨ Schulgesetz § 80; ⇨ Vorqualifizierungsjahr Arbeit/Beruf

Gibt es Regeln für Klassenarbeiten und „Hausis“? Hätten Sie‘s gewusst? Die Antwort steht auf Seite 422.

Außerunterrichtliche Jugendbildung

Auszug aus der Verwaltungsvorschrift des Kultusministeriums über die Förderung der Jugendbildung vom 21. Juni 2017 (K.u.U. S. 140/2017)

10. Internationale Schülerbegegnungen mit Staaten Mittel- und Osteuropas

10.1 Schulen können für internationale Schülerbegegnungen mit Staaten Mittel- und Osteuropas, die die persönliche Begegnung junger Menschen ermöglichen und insbesondere helfen, das kulturelle und gesellschaftliche Leben in den zugehörigen Ländern kennenzulernen, Zuschüsse gewährt werden.

10.2 Zuwendungsvoraussetzungen:

10.2.1 Die Teilnehmerinnen und Teilnehmer sollen mindestens der Klassenstufe 8 angehören;

10.2.2 Die Schülerbegegnung soll mindestens fünf und nicht länger als zehn Tage dauern;

10.2.3 Es wird eine gründliche Vor- und Nachbereitung erwartet, die auch die Beschäftigung mit aktuellen und grundsätzlichen Fragen der Entwicklung in Mittel- und Osteuropa umfasst. Die begleitenden Lehrkräfte sollen vor einer Begegnungsfahrt an einer geeigneten Lehrerfortbildungsmaßnahme teilgenommen haben. Die Schülerbegegnung soll auf Gegenseitigkeit angelegt sein, wie zum Beispiel im Rahmen einer ⇨ Schulpartnerschaft;

10.2.4 Eine Gruppe soll nicht weniger als acht und nicht mehr als 60 Personen umfassen. Auf durchschnittlich je 15 Personen soll eine Jugendleiterin beziehungsweise ein Jugendleiter, eine Lehrkraft oder eine sonstige Betreuungsperson teilnehmen. Bei gemischten Gruppen sollen männliche und weibliche Betreuungspersonen die Gruppe begleiten, auch wenn dadurch eine angemessene Teilnehmer-Betreuer-Relation unterschritten wird; diese kann auch in begründeten Einzelfällen, wie zum Beispiel bei behinderten Teilnehmerinnen und Teilnehmern, unterschritten werden.

10.3 Der Zuschuss wird im Wege der Projektförderung gewährt, bei Schülerbegegnungen in Baden-Württemberg als Zuschuss zu den Aufenthalts- und Programmkosten (Festbetragsfinanzierung), bei Schülerbegegnungen bei der Partnerorganisation als Zuschuss zu den Fahrkosten (Anteilsfinanzierung).

10.3.1 Bei Schülerbegegnungen in Baden-Württemberg beträgt der Zuschuss bis 9 Euro je Tag und Person der Gästegruppe; An- und Abreise werden zusätzlich als ein weiterer Tag gefördert.

Sollte die Unterbringung aller, auch der badenwürttembergischen Teilnehmerinnen und Teilnehmer, an einem dritten Ort in Baden-Württemberg stattfinden, kann der Zuschuss auch für Teilnehmerinnen und Teilnehmer der gastgebenden Gruppe gewährt werden. Für den Fall der Unterbringung außerhalb Baden-Württembergs kann der Zuschuss nur gewährt werden, wenn die Bewilligungsbehörde vorher zugestimmt hat.

10.3.2 Bei Schülerbegegnungen bei der Partnerorganisation beträgt der Zuschuss bis zu 35 Prozent der anerkannten Fahrkosten (günstigstes Angebot bei Busfahrten oder Gruppenfahrschein 2. Klasse bei Bahnfahrten, wobei jeweils sämtliche Ermäßigungen zu berücksichtigen sind); dabei wird jeweils die kürzeste Entfernung zwischen den zentralen Ausgangsorten (regelmäßig die Kreisstadt) zugrunde gelegt, wobei aus Gründen der Programmgestaltung bis zu 100 Kilometer (einfache Entfernung) zusätzlich anerkannt werden können.

10.3.3 Der Zuschuss kann auch für Betreuungspersonen gewährt werden, soweit diese nicht Anspruch auf Kostenerstattung nach dem baden-württembergischen Reisekostenrecht haben.

10.4 Die Anträge sollen [...] bis 1. Dezember des Vorjahres vorliegen.

11. Gedenkstättenfahrten

Trägern der Jugendarbeit, Schulen sowie Studentengruppen können Zuschüsse für Studienfahrten zu Gedenkstätten nationalsozialistischen Unrechts gewährt werden. – Zuwendungsvoraussetzungen sind:

11.1 Die Teilnehmerinnen und Teilnehmer sollen mindestens zwölf, jedoch noch nicht 27 Jahre alt sein;

11.2 Die Gruppe soll nicht weniger als acht Personen umfassen;

11.3 Die Gedenkstättenfahrt sollte in der Regel eintägig sein. Dies gilt auch für den Fall, dass sie Teil einer mehrtägigen Veranstaltung ist, etwa eines Schullandheimaufenthalts oder einer Jugendfreizeit;

11.4 Die besuchte Gedenkstätte soll ein didaktisches Konzept aufweisen, eigenes Dokumentationsmaterial einsetzen und über die notwendige organisatorische Grundausstattung, insbesondere Räume für Vorträge, Filme und anderes verfügen. Die Studienfahrt wird in Zusammenarbeit mit der Gedenkstätte geplant und durchgeführt. Hinweise und Informationen zu entsprechenden Einrichtungen in Baden-Württemberg können beim Gedenkstättenreferat der Landeszentrale für politische Bildung abgerufen werden;

11.5 Fahrten zu Gedenkstätten innerhalb Baden-Württembergs, die den oben angegebenen Anforderungen entsprechen, können im Rahmen dieses Programms gefördert werden. Dies gilt auch für außerhalb des Landes gelegene Gedenkstätten, die bis zu 100 Kilometer von der Landesgrenze entfernt liegen sowie für die Gedenkstätte Dachau. Fahrten zu anderen Gedenkstätten können bei Vorliegen besonderer Gründe gefördert werden;

11.6 Es wird eine gründliche Vor- und Nachbereitung erwartet. Auf die Angebote zur Fortbildung, die von der Landeszentrale für politische Bildung, von den Regierungspräsidien und vom Landesinstitut für Schulentwicklung sowie den Jugendbildungsakademien angeboten werden, wird hingewiesen;

11.7 Der Zuschuss wird nach Maßgabe der vorhandenen Mittel in der Form der Anteilsfinanzierung bewilligt. Er beträgt maximal 50 Prozent der als notwendig anerkannten Fahrkosten zwischen dem Ausgangsort und der Gedenkstätte;

11.8 Ist die Gedenkstättenfahrt Teil einer mehrtägigen Veranstaltung, wird der Zuschuss nach dem Anteil berechnet, den der Tag des Besuchs der Gedenkstätte am Gesamtprogramm hat;

11.9 Bei Fahrten anlässlich von Schullandheimaufenthalten, Jugendfreizeiten oder vergleichbaren Veranstaltungen wird der Zuschuss anhand der Fahrkosten berechnet, die aus Anlass des Besuchs der Gedenkstätte entstanden sind;

⇨ Nationalsozialismus und Antisemitismus

11.10 Ist die Gedenkstättenfahrt ausnahmsweise auf mehrere Tage angelegt, um ergänzende Programmpunkte einbauen zu können, die in einem inneren Zusammenhang mit der Thematik stehen, wie zum Beispiel Wiederaufbau, demokratische Errungenschaften oder supranationale Einrichtungen, kann der volle Zuschuss gewährt werden, wenn die Bewilligungsbehörde dem Programm vor Projektbeginn zugestimmt hat;

11.11 Anträge sollen [...] sechs Wochen vor Maßnahmenbeginn vorliegen.

⇨ Außerunterrichtliche Veranstaltungen; ⇨ Außerunterrichtliche Veranstaltungen (Hinweise); ⇨ Erziehungsauftrag und politische Bildung; ⇨ Jugendarbeit und Schule; ⇨ Nationalsozialismus und Antisemitismus; ⇨ Schüleraustausch; ⇨ Schulpartnerschaften

Außerunterrichtliche Veranstaltungen

VwV des KM über die außerunterrichtlichen Veranstaltungen der Schulen (VwV Außerunterrichtliche Veranstaltungen) vom 28. Mai 2020 (K.u.U. S. 67/2020); zuletzt geändert 20.12.2021 (Ku.U. S. 3/2022)

Hinweis der Redaktion: Bitte hierzu den Beitrag ⇨ Außerunterrichtliche Veranstaltungen (Hinweise) beachten.

I. Allgemeines

1.1 Bedeutung außerunterrichtlicher Veranstaltungen

Bei der Verwirklichung des schulischen Erziehungs- und Bildungsauftrags gemäß § 1 Absatz 2 ⇨ Schulgesetz für Baden-Württemberg kommt außerunterrichtlichen Veranstaltungen eine besondere Bedeutung zu. Sie dienen der Vertiefung, Erweiterung und Ergänzung des Unterrichts und tragen zur Entfaltung und Stärkung der Gesamtpersönlichkeit der einzelnen Schülerin und des einzelnen Schülers bei.

Vorbereitung und Durchführung dieser Veranstaltungen eröffnen vielfältige Möglichkeiten einer vertieften Begegnung von Lehrkräften und Schülerinnen und Schülern innerhalb einer Gemeinschaft.

Lehrkräfte haben Gelegenheit,

- sich der einzelnen Schülerin oder dem einzelnen Schüler noch stärker persönlich zuwenden zu können,
- die Schülerinnen und Schüler nach ihren besonderen Interessen und Fähigkeiten an der Gestaltung wesentlich mitarbeiten zu lassen,
- die Vertrauensbasis zu den Schülerinnen und Schülern zu festigen und auszubauen sowie
- das Selbstverständnis der Schülerinnen und Schüler sowie deren Selbstvertrauen zu fördern.

Schülerinnen und Schüler haben Gelegenheit,

- ihre unterschiedlichen Interessen einzubringen,
- ihre besonderen Fähigkeiten und Fertigkeiten zu entfalten,
- Anerkennung und Motivation für weiteren persönlichen Einsatz zu finden,
- Selbstständigkeit und Eigenverantwortung zu entwickeln und
- die eigene Bereitschaft zum mitverantwortlichen Handeln in einer Gemeinschaft zu stärken.

1.2 Geeignete außerunterrichtliche Veranstaltungen

Der Bedeutung außerunterrichtlicher Veranstaltungen im Sinne der Nummer 1.1 tragen insbesondere die folgenden Veranstaltungen Rechnung:

a) Wanderungen und Jahresausflüge
Im Schuljahr können Schulen, Grundschulförderklassen und Schulkindergärten bis zu vier Wandertage durchführen; ab Klasse 5 kann dafür auch eine bis zu einwöchige Wanderung stattfinden. Ausnahmsweise ist auch in den Klassen 3 und 4 eine mehrtägige Wanderung möglich. Daneben können die Schulen einen ganztägigen Jahresausflug durchführen, wobei eine angemessene Wanderzeit gewährleistet sein soll.

b) Chor-, Orchester- und Sporttage
Im Schuljahr können bis zu fünf Tage für Chor-, Orchester- und Sportveranstaltungen verwendet werden.

c) Besuch bildungsfördernder Veranstaltungen sowie Theateraufführungen und musikalischer Darbietungen

d) Lehr- und Studienfahrten sowie Veranstaltungen im Rahmen der politischen Bildung
Sie können ab Klasse 8 durchgeführt werden und sollen nicht mehr als fünf Unterrichtstage dauern. Nummer 1.3 bleibt unberührt.
Hinsichtlich der Landtagsbesuche wird auf die „Richtlinie der Präsidentin des Landtags über die Einführung von Schülerinnen und Schülern sowie sonstigen Jugendgruppen in die Parlamentsarbeit" [...] hingewiesen.

⇨ Landtagsbesuche (dort Hinweis auf Berlinreisen)

Können Eltern beim Schulhaushalt mitreden? Hätten Sie's gewusst? Die Antwort steht auf Seite 100.

e) Schullandheimaufenthalte

Während der Schulzeit soll mindestens einmal an einem Schullandheimaufenthalt teilgenommen werden, der in der Regel ab Klasse 5 in ländlichen Gegenden Baden-Württembergs durchgeführt wird und zwischen fünf und vierzehn Tagen dauert. Ausnahmsweise sind auch in den Klassen 1 bis 4 Schullandheimaufenthalte möglich.

f) Lerngänge und Betriebserkundungen

g) Projekttage

h) Schüleraustausch mit dem Ausland

Er kann in der Regel ab Klasse 7 durchgeführt werden und zwischen zehn Tagen und vier Wochen dauern, wobei Gruppen von Schülerinnen und Schülern mehrerer Klassen bis höchstens zwei Wochen Unterrichtszeit in Anspruch nehmen können.

Hinweis der Redaktion: Bitte die Hinweise zu gesundheitlichen Bedenken und Religionsfragen unter ➪ Außerunterrichtliche Veranstaltungen (Hinweise) Nr. 8 beachten.

➪ Schüleraustausch; ➪ Schulpartnerschaften

i) Internationale Schülerbegegnungen mit Staaten Mittel- und Osteuropas

Es gilt Nummer 10 der Verwaltungsvorschrift ➪ Außerunterrichtliche Jugendbildung [...].

j) Studienfahrten zu Gedenkstätten nationalsozialistischen Unrechts

Schulische Erziehung zu freiheitlicher demokratischer Gesinnung, zur Menschlichkeit und Friedensliebe sowie zur Achtung der Würde und der Überzeugung anderer kann in besonderer Weise bei dem Besuch von Orten geleistet werden, an denen nationalsozialistisches Unrecht geschehen ist. Während der Schulzeit soll mindestens einmal an dem Besuch eines solchen Ortes teilgenommen werden. – Für Studienfahrten zu Gedenkstätten nationalsozialistischen Unrechts gilt Nummer 11 der Verwaltungsvorschrift ➪ Außerunterrichtliche Jugendbildung [...].

II
Vorbereitung und Genehmigung

2.1 Den Schulen wird der ihnen für außerunterrichtliche Veranstaltungen zur Verfügung stehende Betrag mitgeteilt.

2.2 Die Gesamtlehrerkonferenz berät und beschließt mit Einverständnis der Schulkonferenz über die Grundsätze der in einem Schuljahr stattfindenden schulischen Veranstaltungen.

➪ Konferenzordnung § 2 Nr. 11; ➪ Schulgesetz § 47 Abs. 5 Nr. 4

2.3 Die Planungen der einzelnen schulischen Veranstaltungen, insbesondere der mehrtägigen Fahrten und Wanderungen, sollen grundsätzlich in der Klassenpflegschaft beraten werden.

Hinweis der Redaktion: Es ist dringend zu empfehlen, außerunterrichtliche Veranstaltungen nicht nur rechtzeitig schriftlich (!) anzukündigen, sondern von den Erziehungsberechtigten das schriftliche (!) Einverständnis zur Teilnahme ihres Kindes einzuholen (vgl. Nr. 2.8). Dabei sollten auch Angaben zu individuellen Besonderheiten abgefragt werden (z.B. Beeinträchtigungen, Allergien, ➪ Medikamentenabgabe).

2.4 Die Veranstaltungen werden von der Schulleiterin oder dem Schulleiter genehmigt. Genehmigungen sind nur im Rahmen der verfügbaren Mittel möglich.

2.5 Die Schule ist dafür verantwortlich, dass Art und Ausgestaltung der jeweiligen Veranstaltung den unter Nummer 1.1 oder Nummer 1.3 genannten pädagogischen Zielen und Vorgaben unmittelbar und eindeutig dienen und auf den Erkenntnisstand und die Belastbarkeit der Schülerinnen und Schüler abgestimmt sind.

Lerngänge, Betriebserkundungen, Lehr- und Studienfahrten sowie Veranstaltungen im Rahmen der politischen Bildung müssen dem Bildungsplan entsprechen.

2.6 Die an der Veranstaltung teilnehmenden Lehrkräfte und die sonstigen geeigneten Begleitpersonen müssen den zu erwartenden Anforderungen gewachsen und über ihre Pflichten informiert sein. Sonstige geeignete Begleitpersonen können insbesondere Eltern sein. ➪ Erste Hilfe

Bei Veranstaltungen mit mehr als 20 Schülerinnen und Schülern soll neben der verantwortlichen Lehrkraft mindestens eine Begleitperson teilnehmen; dies gilt an Grundschulen bei jeder Klassengröße. Bei mehr als 40 Schülerinnen und Schülern ist im Regelfall die Teilnahme einer weiteren Begleitperson erforderlich. Im Übrigen richtet sich die Anzahl der erforderlichen Begleitpersonen nach Alter und Reife der Schülerinnen und Schüler und den mit der Veranstaltung verbundenen Gefahren; aus inklusiver Beschulung resultierende Bedarfe sind angemessen zu berücksichtigen.

An den sonderpädagogischen Bildungs- und Beratungszentren richtet sich die Zahl der Begleitpersonen nach den Bedarfen der Schülerinnen und Schüler.

2.7 Die für die Schülerinnen und Schüler entstehenden Kosten sind so niedrig wie möglich zu halten, müssen in einem vertretbaren Verhältnis zum Nutzen der Veranstaltung stehen und dürfen die Eltern nicht unzumutbar belasten.

Hinweis der Redaktion: Dies ist eine verbindliche Vorgabe des KM für die Schulleitung: Sie darf eine außerunterrichtliche Veranstaltung, die diese Vorgabe nicht erfüllt, nicht genehmigen (s.o. Nr. II.2.4). „Luxusreisen" sind nicht erwünscht.

Bei mehrtägigen Veranstaltungen sind in der Regel Schullandheime, Jugendherbergen, Jugendhotels und ähnliche Übernachtungs- und Verpflegungsstätten auszuwählen.

Es sollen öffentliche Verkehrsmittel gewählt werden, soweit ein zumutbares Fahrangebot besteht.

2.8 Die Teilnahme minderjähriger Schülerinnen und Schüler an mehrtägigen Veranstaltungen bedarf des schriftlichen Einverständnisses der Eltern.

2.9 Die Kostenbeiträge der Schülerinnen und Schüler sowie der Eltern und die sonstigen Einnahmen im Zusammenhang mit außerunterrichtlichen Veranstaltungen werden von der verantwortlichen Lehrkraft verwaltet. Die Einnahmen und Ausgaben sollen bei größeren Geldbeträgen über ein zweckgebundenes Treuhandkonto abgewickelt werden. Eine zeitnahe Prüfung des Nachweises über die ordnungsgemäße Mittelverwendung ist durch die Schulleitung sicherzustellen.

Hinweis der Redaktion: Hierzu die kritischen Anmerkungen unter ➪ Haushalt (Kassenführung) beachten.

2.10 Grundsätzlich sollen alle Schülerinnen und Schüler einer Klasse, Gruppe, Lerngruppe oder eines Kurses teilnehmen. Sofern einzelne Schülerinnen und Schüler nicht an der außerunterrichtlichen Veranstaltung teilnehmen, sind sie zur Teilnahme am Unterricht einer anderen Klasse oder Lerngruppe verpflichtet.

Hinweise der Redaktion: Zum Ausschluss einzelner Schüler oder Schülerinnen von außerunterrichtlichen Veranstaltungen siehe: ➪ Schulgesetz § 90 Abs. 9 (Hinweise).

III
Reisekostenvergütung für Lehrkräfte und Begleitpersonen; Versicherungsschutz; Zuschüsse für Schülerinnen und Schüler

3.1 Bei allen außerunterrichtlichen Veranstaltungen im Sinne dieser Verwaltungsvorschrift besteht für beamtete Lehrkräfte Dienstunfallfürsorge, für angestellte Lehrkräfte, Begleitpersonen und Schülerinnen und Schüler gesetzlicher Unfallversicherungsschutz. Die Eltern sind darauf hinzuweisen, dass bei rein privaten Tätigkeiten der Schülerinnen und Schüler, die lediglich bei Gelegenheit der Veranstaltung stattfinden, Unfallversicherungsschutz ausgeschlossen sein kann.

Hinweis der Redaktion: Hierzu bitte den Informations-Kasten bei ➪ Unfallversicherung beachten.

3.2 Die Reisekostenvergütung für Lehrkräfte richtet sich bei allen Veranstaltungen, die auf der Grundlage dieser Verwaltungsvorschrift durchgeführt werden, nach den allgemeinen Bestimmungen des Landesreisekostengesetzes. Entsprechendes gilt für Begleitpersonen, die nicht im öffentlichen Dienst stehen. [...]

Bei mehrtägigen Veranstaltungen werden nicht Einzelzimmerkosten wie bei gewöhnlichen Dienstreisen angesetzt, sondern anstelle des zustehenden Tage- und Übernachtungsgeldes folgende Aufwandsvergütung festgesetzt:

3.2.1 Tagegeld

Das Tagegeld wird nach den jeweils gültigen reisekostenrechtlichen Regelungen des Landes Baden-Württemberg festgesetzt. Es werden 70 Prozent des jeweils zustehenden Tagegeldes als Aufwandsvergütung erstattet.

3.2.2 Unterkunftskosten

Die Aufwandsvergütung für die Unterkunftskosten wird wie folgt festgesetzt, darf aber die tatsächlichen Ausgaben nicht übersteigen:

Reisekostenerstattung für Übernachtung je Person und Nacht (redaktionell zusammengefasst)	
Inland und Ausland	bis zu 80 % der Höchstsätze des als notwendig anerkannten Betrages für eine gewöhnliche Dienstreise

3.2.3 Berücksichtigung der Verpflegung bei den Unterkunftskosten

Die Verpflegung wird bei den Unterkunftskosten wie folgt berücksichtigt:

Sind in den Übernachtungskosten die Kosten des Frühstücks enthalten, so wird das für die außerunterrichtlichen Veranstaltungen nach dieser Verwaltungsvorschrift festgelegte Inlands- beziehungsweise Auslandstagegeld um 20 Prozent des nach dieser Verwaltungsvorschrift zustehenden Tagegeldes für einen vollen Kalendertag gekürzt. Das gleiche gilt bei Voll- oder Halbpensionspreisen mit der Maßgabe, dass die Kürzungssätze für das Frühstück 20 Prozent, für das Mittagessen 40 Prozent und für das Abendessen 40 Prozent betragen.

Die pauschale Kürzung des Tagegeldes erfolgt stets dann, wenn in der Unterkunftsrechnung der Anteil für die enthaltene Verpflegung nicht gesondert ausgewiesen ist (Inklusivpreis) oder die Verpflegung zwar gesondert ausgewiesen ist, aber . als vom Dienstherrn gestellt angesehen werden kann."

3.3 Zuständig für die Festsetzung und Auszahlung der Reisekostenvergütung ist das Landesamt für Besoldung und Versorgung Baden-Württemberg.

Hinweis der Redaktion: Ein Reisekosten-Merkblatt ist abrufbar unter https://lbv.landbw.de/vordrucke (Nr. 1213.pdf).

Abweichend besteht die Zuständigkeit der jeweils zuständigen oberen Schulaufsichtsbehörde bei Schüleraustauschmaßnahmen im Rahmen des Patenschaftsprogramms mit deutschen Auslandschulen. Darüber hinaus kann das Kultusministerium als oberste Schulaufsichtsbehörde im Zusammenhang mit Maßnahmen zur Umsetzung der Enquete-Kommission „Fit fürs Leben in der Wissensgesellschaft Bereich Berufliche Schulen" sowie zur Förderung der internationalen Zusammenarbeit auf dem Gebiet der Berufsbildung abweichende Zuständigkeiten festlegen.

3.4 Im Rahmen des internationalen Schülergruppenaustauschs können Schülerinnen und Schülern Zuschüsse entsprechend der im Staatshaushaltsplan bereitgestellten Mittel und der jeweiligen Förderbestimmungen gewährt werden. Beim Schülergruppenaustausch mit Frankreich sind Anträge über die jeweils zuständige obere Schulaufsichtsbehörde an das Deutsch-Französische Jugendwerk, bei Gruppenaustauschmaßnahmen mit anderen Ländern an das Regierungspräsidium Stuttgart als obere Schulaufsichtsbehörde zu richten.

3.5 Für internationale Schülerbegegnungen mit Staaten Mittel- und Osteuropas sowie für Studienfahrten zu Gedenkstätten nationalsozialistischen Unrechts können Schulen im Rahmen der verfügbaren Haushaltsmittel Zuschüsse erhalten. Anträge sind bei der jeweils zuständigen oberen Schulaufsichtsbehörde zu stellen. Es gilt die Verwaltungsvorschrift ➪ Außerunterrichtliche Jugendbildung [...].

➪ Aufsichtspflicht; ➪ Aufsichtspflicht (Schwimmunterricht); ➪ Außerunterrichtliche Jugendbildung; ➪ Außerunterrichtliche Veranstaltungen (Hinweise); ➪ Erste Hilfe; ➪ Nationalsozialismus und Antisemitismus; ➪ Schüleraustausch; ➪ Schulpartnerschaften; ➪ Unfallversicherung

Darf Post an den Elternbeirat liegenbleiben? Hätten Sie's gewusst? Die Antwort steht auf Seite 92.

Außerunterrichtliche Veranstaltungen (Hinweise)

Informationen der Redaktion zur Rechtslage und zur Verwaltungspraxis in Baden-Württemberg

1. Leitung und Verantwortung

Eine außerunterrichtliche Veranstaltung wird von einer Lehrkraft geleitet. Häufig ist dies die Klassenlehrkraft. Es kann aber auch (z.B. wegen deren gesundheits- oder altersbedingter Verhinderung oder bei fachlich gebundenen Veranstaltungen wie eines Theaterbesuchs mit der Deutsch-Lehrkraft) eine andere Lehrkraft sein. Dieser „leitenden" Lehrkraft obliegt stets die Letzt-Verantwortung für die Veranstaltung.

Die „leitende" Lehrkraft kann sonstige geeignete und hierzu bereite Personen mit Aufsichts- und Betreuungsfunktionen betrauen. Ob und wie viel zusätzliche Aufsicht erforderlich ist, hängt z.B. vom Alter der Schüler*innen, von der Klassengröße und dem Programm der Veranstaltung ab. Bei mehr als 20 Schüler*innen – an Grundschulen bei jeder Klassengröße – soll neben der „leitenden" Lehrkraft eine Begleitperson teilnehmen. Bei mehr als 40 Schüler*innen kann eine weitere Begleitperson teilnehmen. Deren Anzahl richtet sich auch nach der Art und Anzahl von behinderten Teilnehmenden.

⇨ Außerunterrichtliche Veranstaltungen Ziff. 2.6

Wir empfehlen wegen des erhöhten Risikos, dass an außerunterrichtlichen Veranstaltungen jeder Art und Größe mindestens eine Begleitperson teilnimmt, andernfalls sollte ggf. auf die Veranstaltung ganz verzichtet werden. Dies ist besser, als wenn Schüler*innen zu Schaden kommen.

Als „Begleitpersonen" kommen neben Lehrkräften auch Referendar*innen, Lehramtsanwärter*innen, Lehramtsstudent*innen sowie andere geeignete Erwachsene (insbesondere Erziehungsberechtigte von teilnehmenden Schülern*innen, Ehe- oder Lebenspartner der leitenden Lehrkraft ...) in Betracht. Die leitende Lehrkraft ist verantwortlich für die Eignung der Begleitperson, die in ihrem Auftrag während der Fahrt auch Aufsichtspflichten wahrnimmt (s.u.). Sie muss sich mit der Begleitperson vor der Veranstaltung über Ziele, Methoden, Risiken und eventuelle Maßnahmen verständigen.

Die rechtliche Verantwortlichkeit der Aufsichts- und Begleitpersonen entspricht in straf- und haftungsrechtlicher Hinsicht jener der Lehrer; eine disziplinarrechtliche Verantwortlichkeit dieser Personen besteht nicht. Damit haftet für Schäden, die diese Personen bei ihrer Tätigkeit den Schülern*innen oder sonstigen Dritten zufügen, nach Artikel 34 GG i.V.m. § 839 BGB das Land. Die Haftung ist bei Personenschäden von Schüler*innen jedoch auf vorsätzliches Handeln beschränkt. ⇨ Amtshaftung

Begleitpersonen genießen gesetzlichen Unfallversicherungsschutz. Bei Körperschäden, die auf Unfälle im Zusammenhang mit ihrer Tätigkeit zurückzuführen sind, gewähren die Unfallkassen die vorgesehenen Leistungen. Der Ersatz von Sachschäden ist nicht möglich. ⇨ Aufsichtspflicht; ⇨ Unfallversicherung

2. Individuelle Entscheidung der Lehrkraft

Die Durchführung von außerunterrichtlichen Veranstaltungen, insbesondere auch von Schullandheimaufenthalten, Studienfahrten oder Jahresausflügen, gehört zu den herkömmlichen Berufsaufgaben bzw. zum Berufsbild der Lehrkräfte; sie ist insofern nicht in das Belieben der einzelnen Lehrkraft gestellt. Andererseits muss die Lehrkraft im Einzelfall prüfen, ob sie mit einer konkreten Klasse und unter den obwaltenden Umständen eine außerunterrichtliche Veranstaltung durchführen kann bzw. will.

Es kann gute Gründe geben, selbst dann auf außerunterrichtliche Veranstaltungen zu verzichten, wenn sie an der betreffenden Schule allgemein üblich sind oder sogar ein Konferenzbeschluss darüber vorliegt, dass z.B. stets bestimmte Klassenstufen ins Schullandheim gehen. Sie können in der Person der Lehrkraft liegen (z.B. gehobenes Lebensalter, Krankheit oder Schwerbehinderung) bzw. mit der Arbeitsplanung und dem konkreten Ablauf der Arbeit oder den besonderen Verhältnissen der Klasse im jeweiligen Schuljahr zusammenhängen (beispielsweise über das Normale hinausgehende Disziplinprobleme oder der Umstand, dass ein beträchtlicher Teil der Schüler*innen nicht teilnehmen will. Auch die individuelle Belastungssituation (z.B. eine Teilzeitbeschäftigung) kann die Entscheidung der Lehrkraft darüber beeinflussen, ob sie die erhebliche Mehrbelastung auf sich nehmen will.

Insbesondere wenn die Veranstaltung an der betreffenden Schule allgemein üblich ist oder sogar ein Konferenzbeschluss darüber vorliegt (s.o.), müssen die Lehrkraft bzw. die Schulleitung versuchen, eine Ersatz-Lehrkraft zu gewinnen.

3. Konferenzbeschlüsse

In der Gesamtlehrerkonferenz ist über die Grundsätze der im jeweiligen Schuljahr beabsichtigten Veranstaltungen zu beraten und zu beschließen.

⇨ Außerunterrichtliche Veranstaltungen Ziff. 2.2;
⇨ Konferenzordnung § 2 Abs. 1 Nr. 11

In einem solchen Beschluss können – mit bindender Wirkung für die Lehrkräfte und die Schulleitung (vgl. ⇨ Schulgesetz § 44 Abs. 3) – Prioritäten für die Durchführung bestimmter Veranstaltungen und damit deren Genehmigung gesetzt werden: So kann z.B. festgelegt werden, dass Schullandheimaufenthalte in einer Klassenstufe Vorrang vor anderen Veranstaltungen haben oder dass die finanzielle Belastung der Eltern einen bestimmten Betrag nicht überschreiten darf oder dass Freiplätze nur den Schüler*innen zustehen sollen (vgl. Nr. 9).

Dieser Beschluss bedarf des Einverständnisses der Schulkonferenz (§ 47 Abs. 5 SchG). Konkret heißt dies, dass der Schulleiter bzw. die Schulleiterin als Vorsitzender der Schulkonferenz einen entsprechenden Beschluss der Gesamtlehrerkonferenz der Schulkonferenz vorlegen, darüber beraten und abstimmen lassen muss. Ohne Zustimmung der Schulkonferenz ist der Beschluss der GLK nichtig.

⇨ Konferenzordnung § 2 Abs. 1 Nr. 7 und 11; ⇨ Schulgesetz § 47 Abs. 5 Nr. 5

Da außerunterrichtliche Veranstaltungen vom Gesetzgeber gewollt sind, kann die GLK keinen Beschluss über die generelle Abschaffung oder Aussetzung solcher Veranstaltungen fassen. Sie kann und muss jedoch im Rahmen der konkreten Situation an der Schule (pädagogische Zielsetzung, personelle Kapazitäten, finanzielle Mittel) Schwerpunkte setzen und Prioritäten festlegen (Art und Umfang der Einzelmaßnahmen und deren Häufigkeit im Verhältnis zueinander). Dabei spielt auch eine Rolle, in welchem Umfang die Lehrkräfte durch sonstige Dienstpflichten und die Höhe ihrer Unterrichtsverpflichtung belastet sind.

4. Haftung für Verträge und Finanzen

Die Lehrkräfte verwalten bei der Vorbereitung und Durchführung von außerunterrichtlichen Veranstaltungen die vom Land bzw. den Teilnehmenden bereitgestellten Finanzmittel. Zur Führung von „Treuhandkonten" bitte den Beitrag ⇨ Haushalt (Kassenführung) Ziff. 5 beachten.

⇨ Außerunterrichtliche Veranstaltungen Ziff. 2.9

Die Beförderungs- und Beherbergungsverträge werden durch die Lehrkräfte für das Land mit der Folge abgeschlossen, dass das Land Vertragspartner der Unternehmen ist.

Voraussetzung ist, dass die Lehrkräfte sich im Rahmen der für diese schulischen Veranstaltungen bestehenden Vorschriften bewegen. Sie werden sodann als „Vertreter" des Landes tätig. Kann der Vertrag von der Schule nicht eingehalten werden und ist dies, sofern nichts anderes vereinbart wurde, von der Schule zu vertreten, richten sich (Erfüllungs-)Ansprüche gegen das Land. Dies gilt auch dann, wenn die Veranstaltung von der Lehrkraft aus Gründen, die im schulischen Bereich liegen, kurzfristig abgesagt wird; siehe auch Ziff. 5.

Gegen die Lehrkraft besteht ein Regressanspruch, wenn die Absage auf ihr vorsätzliches oder grobfahrlässiges pflichtwidriges Verhalten zurückzuführen ist und wenn vom Land gleichwohl Leistungen an das Beförderungs- oder Beherbergungsunternehmen zu erbringen waren. ⇨ Amtshaftung

(Quelle: Kultusministerium, 12.7.1984; AZ: I 5276/243)

Bei Vertragsabschluss sollte der Briefkopf der Schule verwandt werden, damit zweifelsfrei erkannt werden kann, dass es sich nicht um eine Privataktion handelt. Zum Abschluss von Beförderungs- oder Beherbergungsverträgen sind Lehrkräfte als „Vertreter" des Landes erst befugt, wenn auf schulischer Seite dafür sämtliche Voraussetzungen erfüllt sind. Hierzu gehört die Genehmigung durch die Schulleitung, die Behandlung in den zuständigen Gremien und die Besprechung mit den Eltern. Schließt die Lehrkraft vorher Verträge ab, so haftet sie dafür persönlich.

(Quelle: KM, 21.3.1986, AZ: I 5276/260)

5. Absage und Reiserücktritt

Das Regierungspräsidium Stuttgart hat im September 2017 (ohne AZ) zur *„Absage außerunterrichtlicher Veranstaltungen (au V) wegen Gefahrenlagen"* mitgeteilt:

„Ein reiserechtlich triftiger Grund für den Rücktritt und die Absage einer au V besteht grundsätzlich erst dann, wenn das Auswärtige Amt eine amtliche Reisewarnung für das Ziel der au V ausgesprochen hat. Hierzu haben die verantwortlichen Lehrkräfte stets aktuelle Informationen einzuholen und die Eltern/Schüler zu informieren. Bei aktuellen Gefahrenlagen muss ggf. auch durch Anfragen bei Institutionen vor Ort (beispielsweise Botschaften, Goetheinstitute) die Sicherheitslage geklärt werden und mit den Eltern/Schülern besprochen werden. [...] Die konkrete Durchführung der au V muss der Sicherheitslage ggf. angepasst werden (Verzicht auf temporär besonders gefährliche oder gesperrte Orte; Verhaltensanweisungen usw.). [...]

Sollte die Teilnahme an einer au V ohne Reisewarnungen amtlicher Natur aufgrund aktueller Ereignisse dennoch von Eltern/Schülern abgesagt werden, so müssen die Eltern/volljährigen Schüler darauf hingewiesen werden, dass dadurch verursachte Stornierungskosten von diesen selbst zu tragen sind und nicht von der Allgemeinheit (Schule/Land oder restliche Eltern/Schüler), sofern kein reiserechtlicher Rücktrittsgrund vorliegt. Weiter sind alle Eltern/Schüler darauf hinzuweisen, dass bei Absagen in ganz erheblichem Umfang (nur noch vereinzelte wenige Schüler sind reisebereit) der pädagogische Zweck der au V (Gruppenerlebnis etc.) u.U. nicht mehr erfüllbar ist und damit die gesamte au V nicht durchgeführt werden kann. In diesen Fällen sind die dadurch entstandenen Kosten anteilig von denjenigen Eltern/volljährigen Schülern zu tragen, die aufgrund ihrer Nichtteilnahme die Absage der gesamten au V verursacht haben. [...].

Absagen der gesamten Reise durch die Schule sind nur in besonders begründeten Ausnahmefällen möglich und müssen deshalb zuvor (!) mit dem Regierungspräsidium abgestimmt werden. [...]

Schließlich geht das Regierungspräsidium davon aus, das angesichts der recht geringen Kosten für Gruppenreiserücktrittsversicherungen solche auch grundsätzlich abgeschlossen werden, es sei denn, die Eltern/volljährigen Schüler lehnen eine solche Versicherung trotz des Hinweises der Schule auf die dann von diesen grundsätzlich selbst zu tragenden Stornierungskosten ab."

Diese Ausführungen des Regierungspräsidiums gelten sinngemäß auch für Absagen aus anderen Gründen (z.B. Epidemien). Zahlreiche Versicherungsunternehmen bieten unter dem Stichwort Reiserücktrittsversicherung Klassenfahrt entsprechende Policen an.

6. Nutzung privater Pkws

Bei außerunterrichtlichen Veranstaltungen sind öffentliche Verkehrsmittel zu bevorzugen, soweit ein zumutbares Angebot besteht. Der Transport von Schülern durch Lehrkräfte, Begleitpersonen oder Eltern mit privaten Kraftfahrzeugen ist also eine zulässige Ausnahme und nur freiwillig möglich.

⇨ Außerunterrichtliche Veranstaltungen Ziff. 2.7

Für entstandene Fremdschäden und mögliche Schmerzensgeldforderungen, die durch schuldhaftes Handeln bei der Teilnahme am allgemeinen Verkehr (öffentlicher Straßenverkehr) entstanden sind, muss die Haftpflichtversicherung des Fahrzeughalters in Anspruch genommen werden. Ein Schadensfreiheitsrabattverlust in der Haftpflichtversicherung ist nicht erstattungsfähig. Insoweit sind finanzielle Nachteile nicht ausgeschlossen.

Wenn Eltern nicht im Auftrag der Schule, sondern aus reiner Gefälligkeit andere Schüler als die eigenen transportieren, besteht für die Eltern kein Versicherungsschutz im Rahmen der gesetzlichen Schülerunfallversicherung. Die beförderten Schüler sind jedoch weiterhin gesetzlich unfallversichert.

Für Schüler*innen besteht bei der Teilnahme an außerunterrichtlichen schulischen Veranstaltungen – einschließlich des Weges zu und von solchen Veranstaltungen – gesetzlicher Unfallversicherungsschutz; ein Schmerzensgeld wird von der gesetzlichen Unfallversicherung jedoch nicht erstattet. Wenn der Unfall bei Teilnahme am allgemeinen Verkehr eingetreten ist, können Schmerzensgeldansprüche entstehen, die von der Kfz-Haftpflichtversicherung übernommen werden.

Wegen dieser Haftungs-Risiken rät die GEW Lehrkräften, Eltern und Begleitpersonen davon ab, ihre privaten Kraftfahrzeuge für die Schülerbeförderung einzusetzen, selbst dann, wenn eine Insassenversicherung abgeschlossen ist.

7.
Grenzübertritt und Visapflicht

Vor Antritt einer Reise ins Ausland mit „drittstaatsangehörigen" Schülerinnen und Schülern (insbesondere von Ausländerkindern mit ungesichertem Aufenthaltsstatus in der Bundesrepublik) muss unbedingt geklärt werden, ob für sie eine Visumspflicht besteht und ob sie problemlos wieder in die Bundesrepublik zurückreisen können.

Nach der EU-Schülersammellistenregelung (ABl. EG Nr. L 327 S.1) wird innerhalb des Schengen-Raums eine Schülersammelliste regelmäßig nur dann benötigt, wenn drittstaatsangehörige Schüler*innen keinen Pass und/oder im Wohnsitzland kein vollwertiges Aufenthaltsrecht in Deutschland besitzen. Vordrucke und Informationen gibt es im Serviceportal Baden-Württemberg unter: https://lbv.landbw.de/vordrucke.

Gehören der Reisegruppe Schüler*innen an, die eine andere als die deutsche Staatsbürgerschaft besitzen, ist zu prüfen, ob für die Einreise in das Vereinigte Königreich ein Visum benötigt wird. Folglich muss für alle Schüler*innen ohne deutsche Staatsbürgerschaft im Einzelfall anhand des Links https://www.gov.uk/check-uk-visa geprüft werden, ob ein Visum benötigt wird. (Quelle: Infodienst Schule 123/2023)

Neben der visumersetzenden Funktion kann die Schülersammelliste auch die Funktion eines Passersatzpapiers übernehmen. In diesem Fall ist eine Integration der Lichtbilder sämtlicher Schüler*innen, die keinen eigenen Lichtbildausweis besitzen und auf die sich die Passersatzfunktion daher beziehen soll, in die Schülersammelliste erforderlich.

Im deutsch-französischen Reiseverkehr kann die Sammelliste auch für eigene Staatsangehörige als Passersatzpapier Verwendung finden; sie ist ein Schuljahr lang gültig. EU-Schülersammellisten werden auch von der Schweiz anerkannt.
(Quelle: KM, 30.07.2009; AZ: 31-6535.0/341)

Die Ausländerbehörde muss „geduldeten" Schüler*innen mit Nicht-EU-Staatsangehörigkeit gegebenenfalls auch durch die Ausstellung eines Notreiseausweises die Aus- und die Wiedereinreise in die Bundesrepublik ermöglichen (Beschluss des OVG Bremen, 10.3.2010, 1 B 60/10).

8.
Zur Teilnahmepflicht für Schüler*innen

Die Schulpflicht erstreckt sich auf den regelmäßigen Besuch des Unterrichts und der übrigen verbindlichen Veranstaltungen der Schule sowie auf die Einhaltung der Schulordnung. ⇨ Schulgesetz § 72 Abs. 3

„*Außerunterrichtliche Veranstaltungen*" sind per Definition kein „*Unterricht*". Für die Abgrenzung zwei Beispiele aus der Praxis: Macht die Biologogielehrkraft am Unterrichtsvormittag mit der Klasse einen Lerngang in den Stadtpark, um dort Pflanzen zu bestimmen, oder fährt die Klasse mit dem von der Stadt gestellten Bus auf den Verkehrsübungsplatz („Jugendverkehrsschule"), um dort unter Anleitung für die Radfahrprüfung zu üben, so ist dies verpflichtender „*Unterricht*". Macht die Lehrkraft mit der Klasse hingegen an einem der Folge-Tage statt des stundenplanmäßigen Unterrichts eine mehrstündige Fahrradtour in den Rheinwald, so ist dies eine „*außerunterrichtliche Veranstaltung*" ohne Teilnahmepflicht – dies gilt selbst dann, wenn bei dieser Gelegenheit auch das regelgerechte Radfahren erprobt und den Schüler*innen die Vielfalt der Pflanzenwelt im Auwald demonstriert wird.

Die Teilnahme an Veranstaltungen ist jedoch verpflichtend, wenn die Schule sie für „*verbindlich*" erklärt hat. So kann eine Schule ihren jährlichen „Sporttag" zur verbindlichen Schulveranstaltung erklären (gemäß ⇨ Konferenzordnung § 2 Abs. 1 Nrn. 10 und 11 sind hierfür ein Beschluss der Gesamtlehrerkonferenz sowie die Zustimmung der Schulkonferenz erforderlich); in diesem Fall sind sowohl alle (nicht nur die Sport erteilenden) Lehrkräfte als auch alle Schüler*innen zur Teilnahme verpflichtet.

Liegt kein solcher Beschluss vor, können die Schüler*innen nicht zur Teilnahme an außerunterrichtlichen Veranstaltungen verpflichtet werden. Dies liegt auch daran, dass die Teilnahme in der Regel mit Kosten verbunden ist (Fahrt, Eintritt, ggf. Unterkunft und Verpflegung), die von den Erziehungsberechtigten zu tragen wären und zu deren Begleichung diese nicht gezwungen werden können.
⇨ Lernmittelfreiheit (Allgemeines) Teil A

In der VwV ⇨ Außerunterrichtliche Veranstaltungen Ziff. 2.10 ist verfügt, dass „*grundsätzlich*" alle Schüler*innen einer Klasse oder eines Kurses an außerunterrichtlichen Veranstaltungen teilnehmen „*sollen*" und dass alle mindestens einmal in

ihrer Schulzeit an einem Schullandheimaufenthalt teilnehmen *„sollen"*. Diese Formulierungen lassen aber Ausnahmen zu, z.B. aus diszipinären, gesundheitlichen, finanziellen oder religiösen Gründen.
⇨ Juristische Terminologie

Der pädagogische Wert ist für alle Schüler*innen sowie für die Klasse bzw. den Kurs jedoch insgesamt so bedeutend, dass niemand ausgeschlossen bleiben bzw. werden sollte, insbesondere nicht aus sozialen (finanziellen) Gründen. Hierzu die Ziffern 9 sowie 10 beachten. Auch ein ⇨ Schulförderverein kann bedürftige Schüler*innen finanziell unterstützen. ⇨ Haushalt (Kassenführung); ⇨ Sponsoring

Die eingeschränkte Gesundheit bzw. die Behinderung von Schüler*innen sollten durch geeignete Maßnahmen (Auswahl des Ziels und der Transportmittel sowie ggf. der Unterkunft, zusätzliche Begleitpersonen usw.) nur in extremen Ausnahmefällen ein Hindernis sein. Allerdings muss die Schule dafür sorgen, dass die Lehrkräfte vor der Reise mit wichtigen, die Schüler*innen betreffenden Informationen versorgt werden. Um sich nicht dem Vorwurf der Pflichtverletzung auszusetzen und Symptome richtig einschätzen zu können, sollte die Schule gesundheitliche Beeinträchtigungen (z.B. Diabetes oder Epilepsie) der Kinder schriftlich abfragen.
(Quelle OLG Düsseldorf, AZ: 4WS 73/23)
⇨ Datenschutz (Schulen) Nr. 2.2; ⇨ Medikamentenabgabe

Religiösen Bedenken kann durch die Geschlechtertrennung in der Unterkunft, das Angebot von rituell zulässigen Speisen und Getränken sowie durch „passende" Begleitpersonen begegnet werden.

Wenn Schüler*innen wegen erheblicher Störungen zu der berechtigten Sorge Anlass geben, dass sie den Erfolg der Veranstaltung konkret gefährden werden, können sie von der Veranstaltung ausgeschlossen und für die entsprechende Zeit einer Parallelklasse zugewiesen werden.
⇨ Juristische Terminologie; ⇨ Schulgesetz § 90 Abs. 9

Wegen des hohen erzieherischen Werts sollte die Schule, bevor ein Schüler/eine Schülerin nicht teilnimmt, stets das Gespräch mit den Erziehungsberechtigten mit dem Ziel der Einwilligung suchen. Kommt eine Einigung nicht zustande, muss nach der für die betroffenen Schüler*innen am wenigsten belastenden Lösung gesucht werden.

Nehmen Schüler*innen nicht teil, so erlischt damit deren Pflicht zum Schulbesuch in dieser Zeit nicht. Die Schulleitung bestimmt, wie diese zu erfüllen ist (z.B. durch den Besuch einer Parallelklasse).

9. Finanzierung und Freiplätze

Die Reiseveranstalter, Verkehrs- und Beherbungsunternehmen (Schullandheime, Jugendherbergen usw.) stellen traditionsgemäß und als Teil ihrer Geschäftspolitik (Kundenpflege) „Freiplätze" zur Verfügung. Beispielsweise bietet die Deutsche Bahn AG jeder 11. Person einen Freiplatz für die Klassenreise an.

Im Einklang mit dem Schullandheimverband Baden-Württemberg empfehlen wir, dass „Freiplätze" nicht von Lehrkräften genutzt, sondern sozial schwächer gestellten Schüler*innen zur Verfügung gestellt werden sollten. Denn im Ergebnis ist es für den Reiseveranstalter egal, ob er für eine Reise von 20 Schüler*innen plus Lehrkraft und Begleitperson pro Person 100 Euro in Rechnung stellt, oder ob er so rechnet: „20 Personen à 110 Euro zuzüglich zwei Freiplätze". In beiden Fällen vereinnahmt er für diese 22 Personen 2200 Euro – im zweiten Fall sieht es nur gefälliger aus und macht Eindruck. Für die zahlenden Eltern sieht es anders aus: Im ersten Fall entfallen auf jeden Beteiligten 100 Euro, wobei das Land der Lehrkraft und der Begleitperson diesen Betrag ersetzt, im zweiten Fall zahlen die Schüler*innen bzw. deren Eltern je 110 Euro und tragen damit die Kosten der Lehrkraft sowie der Begleitperson.

Die Verwendung von Freiplätzen für Lehrkräfte stellt unseres Erachtens eine unzulässige (und potenziell strafbare) Vorteilsannahme dar. Das KM sieht die Rechtslage anders; es hat in einem Erlass vom 18.9.2017 (AZ: 15-0371.1/12/44) hierzu ausgeführt: Sofern Freiplätze im Angebot des Reiseveranstalters einkalkuliert seien *„und nicht eingefordert wurden"*, sieht es *„keinen tragfähigen Ansatz für die Annahme einer Strafbarkeit der ‚Vorteilsannahme im Amt' nach § 331 Absatz 1 Strafgesetzbuch."* Das KM stellt es in das ⇨ Ermessen der Schule, ob und wie Freiplätze, die nicht ausdrücklich für Schüler*innen bestimmt sind, von Lehrkräften in Anspruch genommen werden. Damit ist zwar klargestellt, dass Schulen und Lehrkräfte keinesfalls von sich aus nach Freiplätzen fragen dürfen. Das KM lässt in dieser amtlichen Äußerung jedoch offen, warum die Rechtslage hier anders sein soll als bei den Schulfotografen (vgl. den Hinweis der Redaktion Nr. 4 zu Abschnitt 1 der VwV ⇨ Werbung, Wettbewerbe, Erhebungen). § 331 StGB verlangt auch nicht, dass ein Vorteil *„eingefordert"* wird. Es reicht aus, dass er angenommen wurde.

Diese Rechtsfrage wird jedoch voraussichtlich offen bleiben. Bisher gibt es keine Gerichtsentscheidungen hierzu. Es ist auch nicht zu erwarten, dass Schüler*innen bzw. Erziehungsberechtigte eine Lehrkraft anzeigen, weil sie sich so bei allen anderen Beteiligten unbeliebt machen, und auch konkurrierende Anbieter werden sich zurückhalten, weil sie um ihre Chancen fürchten müssen, bei der nächsten Veranstaltung zum Zuge zu kommen.

Ferner betont das KM in dem obengenannten Erlass: *„Die Entscheidung, ob und wie generell Freiplätze angenommen werden, sollte als ‚Grundsatz für die Durchführung von außerunterrichtlichen Veranstaltungen' nach § 47 Absatz 5 Nr. 5 des Schulgesetzes durch die Schulkonferenz erörtert und geregelt werden."* Die Elternvertreter*innen in der Schulkonferenz können einen entsprechenden Antrag stellen. Auf diese Weise können (und sollten) die schulischen Gremien durchsetzen, dass *„angebotene"* Freiplätze ausschließlich den Schüler*innen oder bestimmten Schülergruppen zugute kommen. Einen oder mehrere Bedürftige gibt es heute in jeder Schulklasse.
⇨ Belohnungen und Geschenke; ⇨ Sponsoring

Zur Abwicklung der Kosten den Beitrag ⇨ Haushalt (Kassenführung und Schulkonten) Nr. 5 beachten.

10. Finanzielle Unterstützung für Bedürftige

Bei bedürftigen Schüler*innen übernehmen die „Leistungsträger“ (Job-Center, Sozialamt) den von den Sorgeberechtigten zu erbringenden Teilnehmerbeitrag für mehrtägige Klassenfahrten und Schullandheimaufenthalte. Auch ein Schüleraustausch gilt als Klassenfahrt im Sinne dieser Regelung (§ 20 Abs. 1 SGB II abgedruckt im Beitrag ⇨ Bildungspaket). Voraussetzung ist, dass die Familie Arbeitslosengeld II, Sozialgeld, Sozialhilfe, Kinderzuschlag, Wohngeld oder Asylbewerberleistungen erhält. Weitere Informationen hierzu sind im im Serviceportal Baden-Württemberg online abrufbar unter: https://www.service-bw.de/zufi/leistungen/1963.

Etwaige freiwillige Zuschüsse der Kommunen bzw. der Schulen sind auf diese Leistungen anzurechnen.

Zu den erstattungsfähigen Kosten zählen in der Regel die Kosten für Fahrt, Unterkunft und Verpflegung. Ein altersangemessenes Taschengeld wird in diesem Zusammenhang nicht gewährt, da auch kein Abzug beim Sozialgeld wegen ersparter Aufwendungen im häuslichen Bereich erfolgt und regelmäßig in ähnlicher Höhe Taschengeld für die Fahrt benötigt wird. Die Kosten für die persönliche Ausstattung – wie entsprechendes Schuhwerk oder warme Kleidung – sind bereits von den Regelleistungen umfasst und werden nicht gesondert übernommen. Bei einem Schulausflug zum Skifahren müssen die Eltern jedoch die spezifisch erforderliche Ausrüstung nicht bezahlen, sondern haben Anspruch auf Kostenerstattung für die Miete oder den Kauf gebrauchter Skier etc.

Antragsberechtigt sind die Eltern, in deren Bedarfsgemeinschaft die Kinder leben. Die Kostenübernahme erfolgt durch Gutscheine oder Direktzahlungen an die Schule. Auch Sammelabrechnungen der Schule direkt mit dem zuständigen Amt sind möglich. Eine Beschränkung auf angemessene Kosten oder einen Höchstbetrag sind unzulässig.

Die betroffenen Eltern sollten rechtzeitig einen schriftlichen Antrag bei der für sie zuständigen Behörde stellen und einen rechtsmittelfähigen Bescheid verlangen. Die Schule sollte daher allen Eltern die Kosten und benötigten Dinge genau aufschlüsseln. Manche Städte und Gemeinden ermöglichen weitere Zuschüsse z.B. über Familienpässe oder Sozialfonds. Bedürftigen kann das ⇨ Bildungspaket helfen: www.bmas.de/bildungspaket.

11. Schülerbusreisen

Eine Lehrkraft verstößt gegen ihre Dienstpflichten, wenn sie bei Schülerbusreisen einen Fahrer veranlasst, den Regelungen zur Lenk- und Ruhezeit zuwiderzuhandeln, und die Schüler somit dem Risiko übermüdungsbedingter Fehlhandlungen aussetzt.
(Quelle: OSA Stuttgart, 20.8.1997; AZ: 6535.0/63-1)

Nach der EU-Verordnung 561/2006 beträgt die täglich zulässige Lenkzeit maximal 9 Stunden; zweimal pro Woche sind 10 Stunden zulässig. Die Lenkzeit darf pro Woche höchstens 56 Stunden und in zwei aufeinanderfolgenden Wochen höchstens 90 Stunden betragen. Der Fahrer muss nach 4,5 Stunden die Fahrt für mindestens 45 Minuten unterbrechen; diese Pause darf in zwei Abschnitte unterteilt werden (15 Minuten, gefolgt von 30 Minuten). In dieser Zeit darf der Fahrer keine Fahrtätigkeit und auch keine anderen Arbeiten ausführen. Als Erholungsphase gilt auch das Mitfahren als Beifahrer oder in der Schlafkabine sowie auf Fähr- und Eisenbahnfahrten.
(Quelle: www.arag.de/rund-ums-recht/rechtstipps-und-urteile/auto-und-verkehr/05103/)

12. Mitnahme von Waffen

Bei außerunterrichtlichen Veranstaltungen sollte die Mitnahme von Waffen jeder Art sowie von sonstigen gefährlichen Gegenständen (Fahrtenmesser, Pfefferspray, Knallkörper usw.) unterbunden werden.

In Großbritannien ist der Besitz von Schreckschusswaffen und Munition, Reizstoffsprühgeräten, Schlagringen, Pistolenattrappen, aber auch Messern, die in Deutschland nicht unter das Waffenrecht fallen („*Fahrtenmesser*“), verboten und wird rigoros geahndet. Entsprechende Regelungen gelten auch in anderen Staaten. ⇨ Waffen in der Schule

13. Kurtaxe bei Schullandheimaufenthalten

Es ist zu empfehlen, bei Kommunen, die Kurtaxe erheben, rechtzeitig abzuklären, ob bei Schullandheimaufenthalten darauf verzichtet wird.

In § 4 Abs. 1 Nr. 4 der Muster-Kurtaxesatzung des Gemeindetags BW ist eine Befreiung bei Schullandheimaufenthalten für Schüler*innen und Lehrkräfte vorgesehen. Schulleitungen und Lehrkräfte können die Befreiung damit begründen, dass Schullandheimaufenthalte Schulveranstaltungen sind, die der Erziehung und Bildung dienen. Die Teilnehmenden sind in der Nutzung der zu Kur- und Erholungszwecken vorgehaltenen Einrichtungen der Kommune nicht frei, weil sie regelmäßig an vorgegebenen schulischen Veranstaltungen teilzunehmen haben (vgl. VGH Mannheim, 17.8.1992, 14 S 249/90).
(Quelle: Schullandheimverband Baden-Württ., 24.10.2000)

14. Unfallversicherung

Die Unfallkassen stellen Informationen zu außerunterrichtlichen Veranstaltungen bereit und beraten in allen Fragen der Sicherheit und Unfallverhütung. Hinzuweisen ist besonders auf die die Broschüre „*Mit der Schulklasse sicher unterwegs*“ (Nr. 202-047: https://publikationen.dguv.de/. ⇨ Unfallversicherung

Zwar sind Schüler*innen gesetzlich unfallversichert. Wegen des erhöhten Haftungsrisikos und weil „*eigenwirtschaftliche Tätigkeiten*“ während einer außerunterrichtlichen Veranstaltung hiervon nicht abgedeckt sind, sollten die Teilnehmenden eine Schülerzusatzversicherung abgeschlossen haben (vgl. ⇨ Außerunterrichtliche Veranstaltungen Ziff. 3.1). Hierzu Info-Kasten bei ⇨ Unfallversicherung beachten.

15. Musisch-kulturelle Bildung und Sport

Insbesondere im musisch-kulturellen Bereich sowie im Sport finden zahlreiche außerunterrichtliche

Veranstaltungen der Schulen sowie Kooperationen statt. Informationen über amtlich geförderte Unternehmungen gibt es auf der Internetplattform „Kultur und Schule“: www.kultur-und-schule-bw.info. Über das Programm des KM zur Förderung der musisch-kulturellen Erziehung informiert: https://km-bw.de > Schulkunst > Programm.
⇨ Kooperation (Schule – Außerschulische Partner)

Am Kunstschaffen beteiligte Personen und Kunsthandwerker, die zu Veranstaltungen im Rahmen des Programms zur Förderung der musisch-kulturellen Bildung in der Schule hinzugezogen werden, erhalten auf Antrag Honorare (je nach Dauer der Mitwirkung, Dauer und Schwierigkeit der Vorbereitung sowie Qualifikation der Mitwirkenden) sowie eine Reisekostenentschädigung in sinngemäßer Anwendung des Landesreisekostengesetzes. Ferner vermittelt der Friedrich-Bödecker-Kreis (fbk) Baden-Württemberg e.V. (www.fbk-bw.de) Autorenlesungen vorrangig an Schulen des Landes und finanziert diese im Rahmen seiner Möglichkeiten.

Diese Aktivitäten und Kooperationen der Schulen sind schulische (außerunterrichtliche) Veranstaltungen und bedürfen stets der vorhergehenden Genehmigung durch die Schulleitung. Soweit Honorar- und/oder Reisekosten anfallen, ist zuvor die Genehmigung der Schulaufsichtsbehörde einzuholen. Soweit Sachkosten anfallen, ist vor Beginn der Veranstaltung die Zusage des Schulträgers auf ihre Übernahme einzuholen. Der Schulträger ist nur verpflichtet, die Kosten der für die Veranstaltung benötigten Lern- und Lehrmittel zu übernehmen, nicht dagegen z.B. Fahrkosten und Eintrittsgelder.

Die Schule sollte sich stets davon überzeugen, dass die Künstlerinnen und Künstler eine private Haftpflichtversicherung abgeschlossen haben.

Es ist ferner dringend zu empfehlen, bei allen mit musikalischen Darbietungen verbundenen Aktivitäten das Urheberrecht zu beachten und rechtzeitig mit der GEMA abzuklären. ⇨ Urheberrecht (GEMA)

⇨ Amtshaftung; ⇨ Außerunterrichtliche Veranstaltungen; ⇨ Unfallversicherung; ⇨ Urheberrecht (GEMA)

Ausweise (Schüler*innen)

Schülerausweise; Bekanntmachung des Kultusministeriums vom 3. Oktober 1977 (K.u.U. S. 1623/1977)

Den Schulen wird empfohlen, den Schülern auf Antrag Schülerausweise auszustellen. Der Ausweisvordruck sollte das kleine Landeswappen enthalten. Die Kosten für den Ausweisvordruck können als sächliche Schulkosten verrechnet werden. Das Lichtbild ist von den Schülern zu stellen.

Hinweise der Redaktion:

1. Die erforderlichen Daten (z.B. Foto) dürfen nur mit Einwilligung der betroffenen Schüler*innen bzw. deren Eltern erhoben werden (Quelle: Schreiben des KM an den Landesdatenschutzbeauftragten, 1.7.1996, Nr. I/5-0551.7/60).
2. Für die Ausstellung eines Ausweises wird inzwischen eine Gebühr erhoben. ⇨ Gebühren

Hätten Sie‘s gewusst? – Eltern fragen, wir antworten.

Sind Durchschnittsnoten sinnvoll?

Frage: Mein Sohn hat trotz des Durchschnitts von 3,4 in allen Klassenarbeiten des Jahres im Zeugnis eine „vier“ bekommen, sein Freund trotz eines Durchschnitts von 3,6 eine „drei“. Darf der Lehrer das? Muss er eigentlich bei jeder Klassenarbeit den Klassendurchschnitt mitteilen?

Antwort: Nach der ⇨ Notenbildungsverordnung (§ 7) sind Grundlage der Leistungsbewertung (und damit der Zeugnisnote) alle im Zusammenhang mit dem Unterricht erbrachten (schriftlichen, mündlichen und praktischen) Leistungen. Die Bildung der Zeugnisnote ist eine *„pädagogisch-fachliche Gesamtwertung der vom Schüler im Beurteilungszeitraum erbrachten Leistungen“*, also nicht ausschließlich das Ergebnis einer rein arithmetischen Rechnung, sondern eine ganzheitliche, pädagogisch-fachliche Gesamtwertung.

Deshalb kann die Lehrkraft (sogar dann, wenn auch die mündlichen und gegebenenfalls auch die praktischen Einzelnoten mit den Noten aus den Klassenarbeiten übereinstimmen sollten) durchaus zu dem geschilderten Ergebnis kommen. Allerdings muss sie nachvollziehbare Gründe dafür haben und diese auf Fragen der Schüler*in oder Eltern auch darlegen können. Beispielsweise kann die Lehrkraft einen Leistungsanstieg in den letzten Monaten vor dem Jahreszeugnis positiv würdigen (sozusagen als Ansporn) oder einen „Ausrutscher“ bei der Bewertung einer Klassenarbeit berücksichtigen.

Es gibt keine Vorschrift, dass bei Klassenarbeiten ein Klassendurchschnitt bekanntgegeben werden muss. Allerdings kann die Gesamtlehrerkonferenz mit Zustimmung der Schulkonferenz dies mit Wirkung für alle Lehrkräfte der Schule beschließen. Nur wozu? Das Durchschnittsergebnis führt eher in die Irre: So kommt ein Durchschnitt 3,5 beispielsweise gleichermaßen zustande,
- wenn die Hälfte der Klasse eine „eins“ und die andere Hälfte eine „sechs“ schreibt,
- oder wenn alle Schüler*innen der Klasse eine „drei bis vier“ schreiben.
- oder wenn jeweils fünf Schüler*innen der Klasse eine „eins“, eine „zwei“, eine „drei“, eine „vier“, eine „fünf“ und eine „sechs“ schreiben.

Aufschlussreicher als die Durchschnittsnote ist ein „Notenspiegel“, der die Verteilung der Noten in der Klasse zeigt. Er kann Anlass geben, die Lehrkraft beim Elternabend oder in der Sprechstunde nach der Leistungsverteilung (und den Gründen dafür) zu fragen.

Befangenheit

Informationen der Redaktion zur Rechtslage und zur Verwaltungspraxis in Baden-Württemberg

Wer „Beteiligter“ oder „Angehöriger eines Beteiligten“ ist oder wer einen „Beteiligten“ kraft Gesetzes oder Vollmacht allgemein oder in diesem Verfahren vertritt, darf für eine Behörde in einem Verwaltungsverfahren nicht tätig werden. Als befangen gilt u.a. auch, wer Angehöriger einer Person ist, die einen „Beteiligten“ vertritt, wer bei einem „Beteiligten“ gegen Entgelt beschäftigt ist, wer außerhalb seiner amtlichen Eigenschaft in der Angelegenheit ein Gutachten abgegeben hat oder sonst tätig geworden ist (Landesverwaltungsverfahrensgesetz § 20).

Hieraus folgt für Lehrkräfte:

Sie sollten nach Möglichkeit die eigenen Kinder nicht unterrichten. Ist dies ausnahmsweise aus zwingenden Gründen erforderlich, ist aufgrund von § 2 Abs. 3 LVwVfG wie folgt zu verfahren:

- Die Lehrkraft darf zwar eine Note für das Fach erteilen, in der Klassen- bzw. Jahrgangsstufenkonferenz darf sie jedoch bei Gegenständen, die ihr Kind betreffen, nicht abstimmen (z.B. Entscheidungen über Zeugnisse, Schulbericht, Versetzung).
- Die Lehrkraft darf bei der Teilnahme ihres Kindes an Abschlussprüfungen die Erstkorrektur vornehmen und als Prüfende im Fachausschuss tätig werden. Von ihrer Beauftragung mit der Zweitkorrektur oder als vorsitzendes oder weiteres Mitglied des Fachausschusses ist jedoch abzusehen. Bei Entscheidungen des Fachausschusses bzw. der Prüfungskommission darf sie nicht abstimmen.

(Quelle: KM, 20.3.1996, AZ: 11/1-6452.0/9)

Folgen für die Schulkonferenz:

Am Beschluss der Schulkonferenz über den Vorschlag zur Besetzung der Schulleiterstelle darf eine Lehrkraft, deren Ehe- oder Lebenspartner*in sich um die Leitungsstelle bewirbt, nicht teilnehmen. Entsprechendes gilt für Elternvertreter- und für Schülervertreter*innen, bei denen ein Elternteil Bewerber*in ist.

⇨ Eltern (Allgemeines); ⇨ Verwaltungsrecht

Beflaggung

Auszug aus Ziff. 1 der Verwaltungsvorschrift des Staatsministeriums Baden-Württemberg zur Beflaggung der Dienstgebäude vom 23.8.2011 (GABl. S. 526/2011, S. 402/2018); zuletzt geändert 17.11.2020 (GABl. S. 791/2020)

1.1 Bei der Beflaggung der Dienstgebäude des Landes ist der [...] Erlass der Bundesregierung über die Beflaggung der Dienstgebäude des Bundes [...] sinngemäß anzuwenden. [...]

1.3 [...] Die Beflaggung ist bei örtlichen Anlassen auf Fälle zu beschränken, die nach ihrer besonderen Bedeutung eine amtliche Anteilnahme rechtfertigen.

1.6 Wenn geflaggt wird, setzen die Landesbehörden neben der Landesdienstflagge [...] oder der Landesflagge grundsätzlich die Europaflagge und die Bundesflagge.

Hinweise der Redaktion:

1. Die öffentlichen Schulen sind im Sinne dieser Bekanntmachung als „Dienstgebäude des Landes“ anzusehen. Für die Beflaggung ist jeweils der Schulträger verantwortlich; in der Regel wird hiermit der Hausmeisterdienst beauftragt.
2. Nach dem Erlass der Bundesregierung über die Beflaggung der Dienstgebäude des Bundes vom 22. März 2005 (Bundesanzeiger Nr. 61 S. 4982) ist ohne besondere Anordnung an folgenden Tagen zu flaggen:
   a) am Tag des Gedenkens an die Opfer des Nationalsozialismus (27. Januar) – halbmast –
   b) am Tag der Arbeit (1. Mai)
   c) am Europatag (9. Mai)
   d) am Jahrestag der Verkündung des Grundgesetzes (23. Mai)
   e) am Jahrestag des 17. Juni 1953
   f) am Jahrestag des 20. Juli 1944
   g) am Tag der Deutschen Einheit (3. Oktober)
   h) am Volkstrauertag (2. Sonntag vor dem 1. Advent) – halbmast –
   i) am Tag der Wahl zum Deutschen Bundestag sowie
   j) am Tag der Wahl zum Europäischen Parlament.
3. Mit Schreiben vom 6.4.2022 hat das Bundesinnenministerium auf Basis des „Flaggenerlasses“ vom 22.3.2005 grundsätzlich genehmigt, auch die „Regenbogenflagge“ zu setzen, allerdings nur, wenn sich dies auf einen konkreten Termin bezieht, entweder auf den Jahrestag des „Christopher Street Days“ (CSD) am 28. Juni oder auf einen örtlichen bzw. regionalen Anlass ähnlich der CSD -Veranstaltung, nicht jedoch an den oben genannten „regelmäßigen allgemeinen Beflaggungstagen“.
4. Die Lehrkräfte sollten die Schüler*innen darüber informieren, dass und warum ihre Schule beflaggt ist.

Wer trägt die Kosten der Elternvertretung? Hätten Sie‘s gewusst? Die Antwort steht auf Seite 95.

Behinderungen (Allgemeines)

Informationen der Redaktion zur Rechtslage und zur Verwaltungspraxis in Baden-Württemberg

1. Vorbemerkung

In Art. 3 Abs. 2 ➪ Grundgesetz ist vorgeschrieben: *„Niemand darf wegen seiner Behinderung benachteiligt werden."* Ferner besitzt die Behindertenrechtskonvention der UN in Deutschland seit 2009 Gesetzeskraft. Diesem Verfassungsauftrag kommen Gesetzgeber und Verwaltung insbesondere in Baden-Württemberg bisher jedoch nur teilweise nach.

Wir drucken im Eltern-Jahrbuch die wichtigsten Regelungen zur schulischen Förderung und Betreuung behinderter **Kinder und Jugendlicher** unter folgenden Stichworten ab:

- ➪ Behinderungen (Förderbedarf)
- ➪ Grundschulförderklassen
- ➪ Integration und Sprachförderung
- ➪ Jugendhilfe (Bundesrecht – SGB VIII)
- ➪ Jugendhilfe (Landesrecht – KJHG)
- ➪ Schulgesetz §§ 15 und 82 ff.
- ➪ Schulkindergärten
- ➪ Schulpflicht (Durchsetzung) / (Meldeverordnung)
- ➪ Sonderpädagogik (SBBZ Bildungsangebote)
- ➪ Sonderpädagogik (SBBZ Emotionale und soziale Entwickung)
- ➪ Sonderpädagogik (SBBZ Geistige Entwicklung)
- ➪ Sonderpädagogik (SBBZ Hören)
- ➪ Sonderpädagogik (SBBZ Krankenhausbehandlung)
- ➪ Sonderpädagogik (SBBZ Lernen)
- ➪ Sonderpädagogik (SBBZ Lernen – Stundentafel)
- ➪ Sonderpädagogik (SBBZ Lernen – Versetzungsordnung
- ➪ Sonderpädagogik (SBBZ Sehen)
- ➪ Sonderpädagogik (SBBZ Schulentwicklung)
- ➪ Sonderpädagogik (SBBZ Sprache).

Zur Lese-Rechtschreibschwäche (LRS) sowie zur Rechenschwäche siehe ➪ Behinderungen (Förderbedarf) Nr. 2.2 sowie ➪ Lese-Rechtschreibschwäche / Rechenschwäche

Zu den „Nachteilsausgleichen" bei der Leistungsfeststellung (Notengebung usw.) siehe ➪ Behinderungen (Förderbedarf) Nr. 2.3.2; ➪ Notenbildungsverordnung § 7.

2. Inklusion im Schulbereich

Nicht zuletzt dank der Behindertenrechtskonvention der Vereinten Nationen ist seit 2009 über das bisher schon verfolgte Ziel der *„Integration"* von Menschen mit Behinderung hinaus die Leitidee eines *„inklusiven"* Bildungswesens (gemeinsame Bildung und Erziehung von Menschen mit und ohne Behinderung) maßgebend. 2015 wurde der Auftrag einer inklusiven Erziehung für alle Schularten in ➪ Schulgesetz §§ 15 und 82 ff. verankert.

Die Vorschrift ➪ Behinderungen (Förderbedarf) ist deshalb inhaltlich in weiten Teilen überholt; bislang (Stand: August 2023) hat das KM sie der aktuellen Rechtslage noch nicht angepasst. Bitte hierzu auch die Beiträge ➪ Inklusion und Integration sowie ➪ Sonderpädagogik (SBBZ Bildungsangebote) beachten.

3. Rehabilitation und Teilhabe behinderter Menschen (SGB IX)

Aus dem Sozialgesetzbuch (SGB IX) – Rehabilitation und Teilhabe behinderter Menschen – werden im Folgenden einige für die behinderten Kinder und Jugendlichen wichtige Bestimmungen wiedergegeben.

Auszug aus dem SGB IX

§ 4
Leistungen zur Teilhabe

(3) Leistungen für behinderte oder von Behinderung bedrohte Kinder werden so geplant und gestaltet, dass nach Möglichkeit Kinder nicht von ihrem sozialen Umfeld getrennt und gemeinsam mit nicht behinderten Kindern betreut werden können. Dabei werden behinderte Kinder alters- und entwicklungsentsprechend an der Planung und Ausgestaltung der einzelnen Hilfen beteiligt und ihre Sorgeberechtigten intensiv in Planung und Gestaltung der Hilfen einbezogen.

§ 60
Pflichten Personensorgeberechtigter

Eltern, Vormünder, Pfleger und Betreuer, die bei ihrer Personensorge anvertrauten Menschen Behinderungen (§ 2 Abs. 1) wahrnehmen oder durch die in § 61 genannten Personen hierauf hingewiesen werden, sollen im Rahmen ihres Erziehungs- oder Betreuungsauftrags die behinderten Menschen einer gemeinsamen Servicestelle oder einer sonstigen Beratungsstelle für Rehabilitation oder einem Arzt zur Beratung über die geeigneten Leistungen zur Teilhabe vorstellen.

§ 61
Sicherung der Beratung behinderter Menschen

(2) Hebammen, Entbindungspfleger, Medizinalpersonen außer Ärzten, Lehrer, Sozialarbeiter, Jugendleiter und Erzieher, die bei Ausübung ihres Berufs Behinderungen (§ 2 Abs. 1) wahrnehmen, weisen die Personensorgeberechtigten auf die Behinderung und auf die Beratungsangebote nach § 60 hin. [...]

4. Hilfeplan (SGB VIII)

Das Kinder- und Jugendhilfegesetz (SGB VIII) bestimmt:

„§ 36 Mitwirkung, Hilfeplan

(1) Der Personensorgeberechtigte und das Kind oder der Jugendliche sind vor der Entscheidung über die Inanspruchnahme einer Hilfe und vor einer notwendigen Änderung von Art und Umfang der Hilfe zu beraten und auf die möglichen Folgen für die Entwicklung des Kindes oder des Jugendlichen hinzuweisen. Es ist sicherzustellen, dass Beratung und Aufklärung nach Satz 1 in einer für den Personensorgeberechtigten und das Kind oder den Jugendlichen verständlichen, nachvollziehbaren und wahrnehmbaren Form erfolgen.

(2) Die Entscheidung über die im Einzelfall angezeigte Hilfeart soll, wenn Hilfe voraussichtlich für längere Zeit zu leisten ist, im Zusammenwirken mehrerer Fachkräfte getroffen werden. Als Grundlage für die Ausgestaltung der Hilfe sollen sie zusammen mit dem Personensorgeberechtigten und dem Kind oder dem Jugendlichen einen Hilfeplan aufstellen, der Feststellungen über den Bedarf, die zu gewährende Art der Hilfe sowie die notwendigen Leistungen enthält; sie sollen regelmäßig prüfen, ob die gewählte Hilfeart weiterhin geeignet und notwendig ist. Hat das Kind oder der Jugendliche ein oder mehrere Geschwister, so soll der Geschwisterbeziehung bei der Aufstellung und Überprüfung des Hilfeplans sowie bei der Durchführung der Hilfe Rechnung getragen werden.

(3) Werden bei der Durchführung der Hilfe andere Personen, Dienste oder Einrichtungen tätig, so sind sie oder deren Mitarbeiterinnen und Mitarbeiter an der Aufstellung des Hilfeplans und seiner Überprüfung zu beteiligen. Soweit dies zur Feststellung des Bedarfs, der zu gewährenden Art der Hilfe oder der notwendigen Leistungen nach Inhalt, Umfang und Dauer erforderlich ist, sollen öffentliche Stellen, insbesondere andere Sozialleistungsträger, Rehabilitationsträger oder die Schule beteiligt werden. […]

(5) Soweit dies zur Feststellung des Bedarfs, der zu gewährenden Art der Hilfe oder der notwendigen Leistungen nach Inhalt, Umfang und Dauer erforderlich ist und dadurch der Hilfezweck nicht in Frage gestellt wird, sollen Eltern, die nicht personensorgeberechtigt sind, an der Aufstellung des Hilfeplans und seiner Überprüfung beteiligt werden; die Entscheidung, ob, wie und in welchem Umfang deren Beteiligung erfolgt, soll im Zusammenwirken mehrerer Fachkräfte unter Berücksichtigung der Willensäußerung und der Interessen des Kindes oder Jugendlichen sowie der Willensäußerung des Personensorgeberechtigten getroffen werden."

⇨ Behinderungen (Förderbedarf) Nr. 4.4; ⇨ Jugendhilfe (Bundesrecht – SGB VIII)

5.
Eingliederungshilfe (SGB VIII und XII)

Bei der „Eingliederungshilfe" handelt es sich um Hilfen der Gesellschaft zur Eingliederung bzw. Wiedereingliederung von behinderten Menschen, damit diese an der Gesellschaft teilhaben können. Sie wird als „Leistung zur Teilhabe" definiert.

Der Rechtsanspruch Behinderter auf Eingliederungshilfe wird in zwei Gesetzen konstituiert:

a)
Eingliederungshilfe für seelisch Behinderte

Die Eingliederungshilfe für seelisch behinderte oder von einer solchen Behinderung bedrohte Kinder und Jugendliche richtet sich nach § 35a SGB VIII. Kinder oder Jugendliche haben danach Anspruch auf Eingliederungshilfe, wenn ihre seelische Gesundheit mit hoher Wahrscheinlichkeit länger als sechs Monate von dem für ihr Lebensalter typischen Zustand abweicht, und daher ihre Teilhabe am Leben in der Gesellschaft beeinträchtigt ist oder eine solche Beeinträchtigung zu erwarten ist. Als von einer seelischen Behinderung „bedroht" gelten Kinder oder Jugendliche, bei denen eine Beeinträchtigung ihrer Teilhabe am Leben in der Gesellschaft nach fachlicher Erkenntnis mit hoher Wahrscheinlichkeit zu erwarten ist

Die Eingliederungshilfe wird nach Bedarf im Einzelfall z.B. ambulant, in Tageseinrichtungen für Kinder oder in anderen teilstationären Einrichtungen oder durch geeignete Pflegepersonen geleistet. Ist gleichzeitig Hilfe zur Erziehung zu leisten, so sollen Einrichtungen, Dienste und Personen in Anspruch genommen werden, die geeignet sind, sowohl die Aufgaben der Eingliederungshilfe zu erfüllen als auch den erzieherischen Bedarf zu decken. Sind heilpädagogische Maßnahmen für noch nicht schulpflichtige Kinder in Tageseinrichtungen für Kinder zu gewähren und lässt der Hilfebedarf es zu, so sollen Einrichtungen in Anspruch genommen werden, in denen behinderte und nicht behinderte Kinder gemeinsam betreut werden.

b)
Eingliederungshilfe für andere Behinderte

Die Eingliederungshilfe für andere (z.B. geistig, körperlich oder mehrfach) Behinderte richtet sich nach dem SGB XII und gehört deshalb in den Bereich der Sozialhilfe (Voraussetzungen sind hier also Bedarf <u>und</u> Bedürftigkeit); bei Mehrfachbehinderung besitzt das SGB XII Vorrang vor dem SGB VIII). Die Leistungen nach §§ 53 ff. SGB XII umfassen z.B. die medizinische Rehabilitation oder Hilfen bei der Verfolgung einer schulisch-beruflichen Perspektive (z.B. Begleitpersonen usw. bei der Integration von Behinderten in die Regelschulen).

Die Eingliederungshilfe kann teilweise auch als „persönliches Budget" gewährt werden, bei welcher der behinderte Mensch bzw. seine Betreuer (z.B. die Familie) eigenständig entscheiden, welche Leistungen sie im Rahmen dieser Mittel vorrangig in Anspruch nehmen wollen.

6.
Meldepflichten

Das Gesetz zur Kooperation und Information im Kinderschutz (KKG) ist auszugsweise unter ⇨ Jugendschutz / Kinderschutz (Information – KKG) abgedruckt. Hieraus ergeben sich Meldepflichten für Lehrkräfte beim Verdacht auf Gefährdung des Kindeswohls.

7.
Weitere Informationen

Aus Platzgründen können die einschlägigen Bestimmungen hier nicht vollständig abgedruckt werden. Bei den örtlichen Trägern der öffentlichen Jugendhilfe (Landkreise, Stadtkreise und die zu örtlichen Trägern bestimmten kreisangehörigen Gemeinden), bei den Behinderten- und Sozialverbänden sowie bei den Arbeitsstellen Kooperation der unteren Schulaufsichtsbehörden sind Informationen erhältlich.

⇨ Behinderungen (Förderbedarf); ⇨ Inklusion und Integration; ⇨ Jugendhilfe (Bundesrecht – SGB VIII); ⇨ Jugendhilfe (Landesrecht – KJHG); ⇨ Jugendschutz / Kinderschutz (Information – KKG); ⇨ Lese-Rechtschreibschwäche/ Rechenschwäche

Behinderungen (Förderbedarf)

Kinder und Jugendliche mit besonderem Förderbedarf und Behinderungen; Auszug aus der VwV des KM vom 8.3.1999 (K.u.U. S. 45/1999); zuletzt geändert 22.8.2008 (K.u.U. S. 149/2008); berichtigt K.u.U. S. 179/2008

Hinweis der Redaktion: Seit der Schulgesetzänderung vom 21.7.2015 liegen zwar die rechtlichen Voraussetzungen für die Einführung eines „inklusiven" Unterrichts vor und das KM hat 2016 auch Verordnungen über ⇨ Sonderpädagogik (SBBZ Bildungsangebote) sowie 2018 zur ⇨ Sonderpädagogik (SBBZ Schulentwicklung) erlassen. Zur Umsetzung in die Praxis sind jedoch noch schulrechtliche Maßnahmen erforderlich; dazu gehört auch eine Neufassung der unten auszugsweise abgedruckten Verwaltungsvorschrift (bis zur Drucklegung dieses Buches leider immer noch nicht abgeschlossen). Bis zum Erlass neuer Vorschriften müssen deshalb viele Bestimmungen dieser veralteten Verwaltungsvorschrift unter Berücksichtigung der geänderten Rechtslage weiter angewandt werden. ⇨ Inklusion und Integration

Folgende Bestimmungen der „alten" VwV:

Nr. 3 *„Klärung des sonderpädagogischen Förderbedarfes und sonderpädagogische Hilfen in allgemeinen Schulen"*,

Nr. 4 *„Besuch der Sonderschule"*,

Nr. 5 *„Weitere Formen der integrativen Bildung und Erziehung"*; dort auch: 5.1 *„Begegnungs- und Kooperationsprojekte"* sowie 5.2 *„Außenklassen"*,

Nr. 6 *„Zusammenarbeit der Schulen und Lehrer in fachlichen Fragen"* und

Nr. 7 *„Arbeitsstellen Kooperation"*

sind jedoch überholt und werden hier nicht mehr abgedruckt.

Die Landesarbeitsstelle Kooperation ist im Internet erreichbar unter: https://km-bw.de/Arbeitsstellen+Kooperation.

1. Allgemeine Ziele und Grundsätze

Die Förderung von Schülerinnen und Schülern (im Folgenden: Schüler) mit besonderem Förderbedarf und Behinderungen ist Aufgabe in allen Schularten. Besondere Förderbedürfnisse können sich insbesondere ergeben bei Schwierigkeiten im Lesen oder Rechtschreiben, in Mathematik, bei mangelnden Kenntnissen in der deutschen Sprache (vgl. hierzu ⇨ Integration und Sprachförderung), bei besonderen Problemen im Verhalten und in der Aufmerksamkeit, bei chronischen Erkrankungen, bei Behinderungen oder bei einer Hochbegabung. Die individuellen Lern- und Entwicklungsvoraussetzungen der Kinder und Jugendlichen bestimmen den Unterricht und erfordern Differenzierung und Individualisierung. Für die persönliche und schulische Entwicklung von Kindern und Jugendlichen ist es von grundlegender Bedeutung, dass ihre Lern- und Entwicklungsmöglichkeiten auf allen Schulstufen erkannt werden.

⇨ Behinderungen (Allgemeines); ⇨ Sonderpädagogik (SBBZ Bildungsangebote); ⇨ Sonderpädagogik (SBBZ Schulentwicklung)

Eine fortlaufende Beobachtung der Lernentwicklung, kontinuierliche Lernstandsdiagnosen, Elternberatung, ggf. die Erstellung von Förderplänen und die Durchführung von Fördermaßnahmen gehören zu den Aufgaben der Schule unter verantwortlicher Koordination der Schulleiterin oder des Schulleiters (im Folgenden: Schulleiter). Schulische Förderkonzepte werden unter Einbeziehung von verbindlichen Diagnose- und Vergleichsarbeiten klassenübergreifend, klassenbezogen oder individuell entwickelt; sie können auch schul- und schulartübergreifend konzipiert werden.

Der Erfolg von Förderung hängt entscheidend davon ab, dass der Bedarf rechtzeitig erkannt und entsprechende Maßnahmen eingeleitet werden. Hierfür ist eine Zusammenarbeit der Lehrerinnen und Lehrer (im Folgenden: Lehrer), auch der speziell qualifizierten Lehrer, Schulleiter und Eltern, ggf. mit Partnern im außerschulischen Bereich, notwendig, aber auch eine Kooperation zwischen Kindergarten und Grundschule sowie der Grundschule mit den hierauf aufbauenden Schulen und der allgemeinen Schulen mit den Sonderschulen.

Zur Beratung von frühzeitigen Präventionsmaßnahmen und Fördermaßnahmen kann die Schule Experten insbesondere aus dem Kreis der Beratungslehrer, schulpsychologischen Beratungsstellen und der Sonderpädagogen sowie andere an der Fördermaßnahme Beteiligte einbeziehen. Mit Zustimmung der Eltern können in diesen Klärungsprozess Erkenntnisse aus Diagnose- und Fördermaßnahmen im Vorfeld und Umfeld der schulischen Förderung einschließlich der Jugendhilfe, einbezogen werden.

Soweit für unterstützende Maßnahmen weitere Leistungs- und Kostenträger erforderlich sind, werden sie frühzeitig in den Entscheidungsprozess einbezogen. Die Einrichtung besonderer Förderklassen bedarf der Zustimmung des Schulträgers.

2. Aufgaben der Schule

2.1. Fördermaßnahmen an allgemeinen Schulen

Die Erkenntnisse aus den Lernstandsbeobachtungen und -diagnosen bedingen Art und Form der Förderung. Förderung erfolgt in der Klasse durch Maßnahmen der inneren Differenzierung. Dafür verantwortlich ist im Rahmen des schulischen Förderkonzepts der Klassen- bzw. Fachlehrer. Ist ein weiterer Förderbedarf feststellbar, können allgemeine Stütz- und Förderkurse eingerichtet werden.

Für Schüler, die Anhaltspunkte für einen darüber hinausgehenden Förderbedarf aufweisen, ist ein gestuftes pädagogisches Verfahren notwendig. Dieses leitet der Klassenlehrer im Einvernehmen mit dem Schulleiter ein. Die beteiligten Lehrer klären nach der differenzierten Ermittlung des Lernstandes und des Lernumfeldes in Beratung mit den Eltern und ggf. schulischen Experten den besonderen Förderbedarf.

Danach beschließt die Klassenkonferenz im Benehmen mit dem Schulleiter die besonderen Fördermaßnahmen auf der Grundlage einer diagnosegeleiteten Förderplanung. Die Förderung kann außerhalb der Regelklasse in Fördergruppen bzw. Förderklassen, in Ausnahmefällen auch als zeitlich befristeter Einzelunterricht, stattfinden und wird von dafür qualifizierten Lehrkräften erteilt. Klassenunterricht und Fördermaßnahmen werden eng abgestimmt. Die Förderung und Entwicklung wird nachvollziehbar dokumentiert. Ihre Wirksamkeit wird in regelmäßigen Zeitabständen überprüft.

Soweit sich Maßnahmen als notwendig erweisen, die von der einzelnen Schule nicht leistbar sind, werden im Zusammenwirken von Schule und Eltern weitere schulische und außerschulische Partner, insbesondere die zuständige Schulaufsichtsbehörde, der Schulträger oder der zuständige örtliche Träger der Jugendhilfe oder der Sozialhilfe einbezogen. Die Koordination erfolgt ggf. durch die Schulaufsichtsbehörde.

Die Lehrerwochenstunden für die Fördermaßnahmen werden auf der Basis eines schulischen Förderkonzeptes aus dem Pool der Schulaufsichtsbehörden (siehe jeweils gültige Fassung der Verwaltungsvorschrift Organisationserlass) entnommen.

➪ Unterrichtsorganisation (Organisationserlass)

2.2 Förderung von Schülern mit besonderen Schwierigkeiten in Mathematik

Bei Schülern mit besonderen Schwierigkeiten in der mathematischen Begriffsbildung und beim mathematischen Denken und Handeln kommt der frühzeitigen Erkennung und Förderung eine besondere Bedeutung zu.

Mit dem Erfassen der individuellen Fähigkeiten zu Beginn des Anfangsunterrichts wird das Risiko später auftretender Schwierigkeiten in Mathematik erkennbar. Spätestens ab dem Anfangsunterricht soll bei den Schülern eine Beobachtung der Lernvoraussetzungen für Mathematik in Verbindung mit einer kontinuierlichen Lernstands- und Lernprozessbeobachtung erfolgen. Im Bedarfsfall werden geeignete diagnostische Verfahren eingesetzt.

Um in der Grundschule den Förderprozess zur Behebung der besonderen Schwierigkeiten in Mathematik zu unterstützen, wird auf die Möglichkeiten des Nachteilsausgleichs nach Ziffer 2.3.1 hingewiesen.

2.3 Leistungsmessung und Leistungsbeurteilung, Nachteilsausgleich

2.3.1 Allgemeine Grundsätze

Die schulische Leistungsmessung steht im Dienst der Chancengleichheit. Jeder junge Mensch hat ohne Rücksicht auf Herkunft oder wirtschaftliche Lage das Recht auf eine seiner Begabung entsprechende Erziehung und Ausbildung. Um dieses Recht einzulösen, ist eine Leistungsmessung erforderlich, die sich nach einheitlichen Kriterien und einem einheitlichen Anforderungsprofil richtet. Die hierauf beruhende Notengebung bildet die Grundlage für Schullaufbahnentscheidungen.

Die Chancengleichheit ist eine Ausformung des Gleichheitssatzes nach Art. 3 Abs. 1 des Grundgesetzes („Alle Menschen sind vor dem Gesetz gleich"). Dieser Satz verlangt nicht, bei allen Menschen die gleichen Handlungsmuster anzulegen. Der Gleichheitssatz bedeutet vielmehr, dass die Menschen vor dem Gesetz nach den gleichen Maximen zu behandeln sind, dass also Lebenssachverhalte, die von ihrem Wesen her gleich sind, auch rechtlich gleichgestellt werden müssen; der Gleichheitssatz bedeutet aber auch umgekehrt, dass bei Lebenssachverhalten, die von ihrem Wesen her ungleich sind, von Rechts wegen zu differenzieren ist. Insofern kann es auch rechtlich geboten sein, Nachteile von Schülern mit besonderem Förderbedarf oder mit Behinderungen auszugleichen.

Dieser auf dem Gleichheitssatz beruhende Anspruch zur Differenzierung muss aber – wiederum aus Gründen der Gleichbehandlung aller Schüler – eine Grenze finden: Die Anforderungen in der Sache selbst dürfen nicht eigens für einzelne Schüler herabgesetzt werden. Die Hilfestellungen für den Schüler ebnen ihm also Wege zu dem schulartgemäßen Niveau; dieses Niveau dann zu erreichen, kann aber auch Schülern mit besonderem Förderbedarf oder Behinderungen nicht erlassen werden.

Der Nachteilsausgleich für Schüler mit besonderem Förderbedarf oder für behinderte Schüler lässt daher das Anforderungsprofil unberührt und bezieht sich auf Hilfen, mit denen die Schüler in die Lage versetzt werden, diesem zu entsprechen. Die Art und Weise solcher Hilfen hängt von den Umständen des Einzelfalles ab. Zum einen können die allgemeinen Rahmenbedingungen auf die besonderen Probleme einzelner Schüler Rücksicht nehmen. Daneben sind auch besondere, nur auf einzelne Schüler bezogene Maßnahmen des Nachteilsausgleichs möglich, insbesondere durch eine Anpassung der Arbeitszeit oder durch die Nutzung von besonderen technischen oder didaktisch-methodischen Hilfen. Auch ist es möglich, die Gewichtung der schriftlichen, mündlichen und praktischen Leistungen im Einzelfall anzupassen; allerdings muss jede dieser Leistungsarten eine hinreichende Gewichtung behalten. Im Rahmen des Nachteilsausgleiches ist es insoweit auch möglich von den äußeren Rahmenbedingungen einer Prüfung abzuweichen.

Solche besonderen, auf einzelne Schüler bezogenen Maßnahmen des Nachteilsausgleiches sind nur in besonders begründeten Ausnahmefällen gerechtfertigt; in den beruflichen Schulen sind sie nur möglich, soweit sie mit den jeweiligen spezifischen Ausbildungszielen vereinbar sind. Mit bindender Wirkung für die Fachlehrer obliegt die Entscheidung der Klassen- oder Jahrgangsstufenkonferenz, soweit deren Mitglieder den Schüler unterrichten, unter Vorsitz des Schulleiters, ggf. unter Hinzuziehung eines Beratungs- oder Sonderschullehrers, schulischer Ansprechpartner, LRS-Fachberater oder in Ausnahmefällen der örtlich zuständigen schulpsychologischen Beratungsstelle; die Klassen- oder Jahrgangsstufenkonferenz kann außerschulische Stellungnahmen oder Gutachten in ihre Entscheidungsfindung einbeziehen. Die betroffenen Schüler und Eltern werden frühzeitig in die Entscheidungsfindung einbezogen. Maßnahmen des Nachteilsausgleiches können in der Klasse begründet und erläutert werden. Maßnahmen des Nachteilsausgleiches werden nicht im Zeugnis vermerkt.

Mögliche Härten, die sich aus dem für alle Schüler gleichermaßen geltenden Anforderungsprofil ergeben, können mit den jeweiligen bestehenden Ermessungsspielräumen gemildert werden, insbesondere bezüglich Nachlernfristen, Ausnahmeregelungen bei Versetzungsentscheidungen, zusätzlichen Wiederholungen von Klassen oder Jahrgangsstufen, Ergänzungen der Noten durch verbale Beurteilungen oder Ausnahmeregelungen bei der Aufnahme in weiterführende Schulen.

Hinweis der Redaktion: Je nach Art und Schwere der Behinderung ist neben der Bearbeitungszeitverlängerung und technisch-organisatorischen Maßnahmen (z.B. Ablesen von den Lippen oder Prüfung in Kleingruppen) sowie dem Einsatz von Hilfsmitteln (z.B. Notebooks oder speziellen Seh- oder Hörhilfen) auch der Einsatz von Schulbegleiter*innen möglich..

2.3.2 Besonderheiten bei Schülern mit Schwierigkeiten im Lesen oder Rechtschreiben

Vom Prinzip, dass für alle Schüler gleichermaßen das jeweilige Anforderungsprofil gilt, sind im Hinblick auf die besonderen Probleme des Schriftspracherwerbs in der Grundschule und in den unteren Klassen der auf der Grundschule aufbauenden Schularten Ausnahmen möglich.

Bis Klasse 6 gelten in den Fächern Deutsch und Fremdsprache für Schüler, deren Leistungen im Lesen oder im Rechtschreiben dauerhaft, d.h. in der Regel etwa ein halbes Jahr, geringer als mit der Note ausreichend bewertet wurden, additiv oder alternativ folgende Formen der Leistungsmessung und Leistungsbewertung:

- Die Leistungen im Lesen oder Rechtschreiben werden – auch für die Berechnung der Zeugnisnote – zurückhaltend gewichtet.
- Bei einer schriftlichen Arbeit oder Übung zur Bewertung der Rechtschreibleistung kann der Lehrer eine andere Aufgabe stellen, die eher geeignet ist, einen individuellen Lernfortschritt zu dokumentieren; auch kann der Umfang der Arbeit begrenzt werden.
- Zur Dokumentation des Lernfortschritts werden nach pädagogischem Ermessen die Leistungen im Rechtschreiben als Ersatz der Note oder ergänzend zur Note schriftlich erläutert.
- In den übrigen Fächern werden die Rechtschreibleistungen nicht gewertet.

Ab Klasse 7 gilt dies nur in besonders begründeten Ausnahmefällen, wenn davon auszugehen ist, dass die Lese- oder Rechtschreibschwäche nicht auf eine mangelnde allgemeine Begabung oder auf mangelnde Übung zurückzuführen ist, sondern ein komplexes Feld an Ursachen für einen gestörten oder verzögerten Schriftspracherwerb vorliegt oder die Lese- oder Rechtschreibschwäche eine auf medizinischen Gründen beruhende Teilleistungsstörung ist.

Die Entscheidung, ob im Einzelfall von dem Anforderungsprofil abzuweichen ist, trifft jeweils die Klassenkonferenz unter dem Vorsitz des Schulleiters, ggf. unter Hinzuziehung der in Ziffer 2.3.1 genannten weiteren Stellen. Wenn die Note unter zurückhaltender Gewichtung für Rechtschreiben oder Lesen gebildet wurde, wird dies in der Halbjahresinformation und im Zeugnis unter „Bemerkungen“ festgehalten. Wenn es pädagogisch vertretbar ist, kann mit Zustimmung der Eltern von der zurückhaltenden Gewichtung abgesehen werden.

In den Abschlussklassen, außer den Abschlussklassen der Grundschulen, und in den Jahrgangsstufen des Gymnasiums sind Ausnahmen von der Verbindlichkeit des allgemeinen Anforderungsprofils, insbesondere eine zurückhaltende Gewichtung bei der Leistungsmessung, nicht mehr möglich. Allerdings gelten auch hier die in Ziffer 2.3.1 genannte allgemeinen Grundsätze zum Nachteilsausgleich.

Zur Information der weiterführenden Schulen bietet die Grundschule den Eltern an, auf einem Beiblatt zur Grundschulempfehlung die Lese- oder Rechtschreibschwäche einschließlich der durchgeführten Fördermaßnahmen zu dokumentieren.

Wechselt ein Schüler während des laufenden Bildungsganges in eine andere Schule, so können Informationen zu dem besonderen Förderbedarf dann weitergegeben werden, wenn sie zur Erfüllung der pädagogischen Aufgaben der aufnehmenden Schule erforderlich sind.

Hinweis der Redaktion: Das KM hat am 9.1.2013 (Landtagsdrucksache 15 / 2679) hierzu u.a. ausgeführt:

„Die Verwaltungsvorschrift unterscheidet zwischen dem Nachteilsausgleich, der das Anforderungsprofil unberührt lässt, und der zurückhaltenden Gewichtung bei Lese- und Rechtschreibschwächen, die in den unteren Klassen den besonderen Problemen des Schriftspracherwerbs Rechnung tragend von dem allgemeinen Anforderungsprofil und damit aus den genannten pädagogischen Gründen von der Validität der Notengebung absieht. [...] Die Verwaltungsvorschrift [...] sieht die [...] Unterscheidung zwischen einer dauerhaften Störung (Legasthenie) und einer vorübergehenden Lese-Rechtschreibschwäche vor, differenziert insoweit aber aus pragmatischen Gründen nicht in den unteren Klassen. Allerdings ist eine zurückhaltende Gewichtung in Abschlussklassen und in der Kursphase des Gymnasiums aus wohlerwogenen Gründen ausgeschlossen. [...] Deutlich ist aber darauf hinzuweisen, dass auch in den Abschlussklassen und den Jahrgangsstufen des Gymnasiums ein Nachteilsausgleich möglich ist. Die Feststellung, ob die Voraussetzungen für die Gewährung eines Nachteilsausgleichs in einer Prüfungssituation vorliegen, ist eine schulische Entscheidung. Für den angemessenen Ausgleich haben sich in der Praxis bei einer Lese- und Rechtschreibschwäche eine angemessene Zeitverlängerung und die Nutzung eines Laptops ohne Rechtschreibprogramm als Formen herausgebildet. Im kontinuierlichen Unterricht (nicht in den Prüfungsordnungen) ist es in Grenzen auch möglich, die Gewichtung der schriftlichen, mündlichen und praktischen Leistungen im Einzelfall anzupassen; allerdings muss jede dieser Leistungsarten eine hinreichende Gewichtung behalten.“

⇨ Behinderungen (Allgemeines); ⇨ Grundschulförderklassen; ⇨ Inklusion und Integration ⇨ Integration und Sprachförderung; ⇨ Medikamentenabgabe; ⇨ Notenbildungsverordnung; ⇨ SchulbesuchsVO; ⇨ Schulgesetz §§ 15, 72 ff., 83 Nr. 2 und 84; ⇨ Schulkindergärten; ⇨ Schulpflicht (Durchsetzung) / (Meldeverordnung); ⇨ Sonderpädagogik (SBBZ Ärztinnen und Ärzte); ⇨ Sonderpädagogik (SBBZ – Bildungsangebote); ⇨Sonderpädagogik (SBBZ Emotionale und soziale Entwicklung); ⇨ Sonderpädagogik (SBBZ Geistige Entwicklung); ⇨ Sonderpädagogik (SBBZ Krankenhausbehandlung); ⇨ Sonderpädagogik (SBBZ Lernen) / Stundentafel / Versetzungsordnung; ⇨ Sonderpädagogik (SBBZ Schulentwicklung); ⇨ Unterrichtsorganisation Teil B Nr. II.2.2; ⇨ Verschwiegenheitspflicht

Belohnungen und Geschenke

Informationen der Redaktion zur Rechtslage und zur Verwaltungspraxis in Baden-Württemberg

Lehrkräfte dürfen wie alle anderen Angehörigen des öffentlichen Dienstes keine Belohnungen, Geschenke oder sonstigen Vorteile in Bezug auf ihr Amt annehmen oder sich versprechen lassen – auch nicht für dritte Personen. Sie müssen jeden Anschein vermeiden, für persönliche Vorteile in Bezug auf ihr Amt empfänglich zu sein.

Das Verbot gilt auch nach dem Ausscheiden aus dem Schuldienst. Ausnahmen bedürfen der Zustimmung der vorgesetzten Stelle (bei Lehrkräften die Schulleitung, bei Schulleiter*innen entscheidet die Schulaufsichtsbehörde).

Bei „geringwertigen Aufmerksamkeiten“ (beispielsweise Massenwerbeartikel wie Kalender, Kugelschreiber, Schreibblocks, sofern es sich dabei um Artikel einfacher Art handelt und die „nach allgemeiner Auffassung nicht zu beanstanden“ sind), gilt die Zustimmung als „allgemein erteilt“.

Mit dieser Definition werden die im Schulbereich auftretenden Fälle nicht ausreichend erfasst. Das Kultusministerium hat deshalb im Januar 2012 in einem Merkblatt hierzu u.a. Folgendes bekanntgegeben.

Auszug aus dem Merkblatt des Kultusministeriums

1.
Allgemeine Maßstäbe

Eine feste Wertgrenze, bis zu der Geschenke angenommen werden dürfen, lässt sich nicht angeben. Maßgeblich ist vielmehr in welcher Situation und von wem die Lehrkraft oder eine dritte Person (bspw. der Ehegatte) ein Geschenk erhält. Entscheidend ist, ob dadurch der Eindruck entstehen kann, dass das Geschenk Einfluss auf eine Amtshandlung nehmen könnte. Das ist bei Geschenken von Einzelpersonen in viel höherem Maße anzunehmen als bei Geschenken „der Klasse“ (bzw. deren Eltern) als Gruppe.

Wird das Geschenk im zeitlichen Zusammenhang mit einer Amtshandlung (z.B. vor den Grundschulempfehlungen, Versetzungsentscheidungen) gegeben, ist ein besonders strenger Maßstab anzulegen.

2.
Fallgruppen

Geschenke, die von einer Klasse (bzw. den Eltern) zur Verabschiedung einer Lehrkraft gemacht werden, können im gesellschaftlich üblichen Rahmen akzeptiert werden.

Bei Geschenken, die Lehrkräfte von Einzelpersonen, beispielsweise von den Eltern einer Schülerin oder eines Schülers erhalten, ist ein sehr strenger Maßstab anzulegen. Nur kleine Aufmerksamkeiten, die beispielsweise aus Anlass des Geburtstags oder eines Feiertags gemacht werden, sind zulässig. Der Wert darf 5 Euro nicht übersteigen. Geschenke außerhalb solcher Anlässe, die in Verbindung mit einer Amtshandlung (z.B. Notengebung) gebracht werden könnten, sind stets zurückzuweisen.

Geschenke von Schülerinnen und Schülern mit einem überwiegend ideellen Wert (z.B. Bastelarbeiten) können angenommen werden.

Finanzielle Zuwendungen sowie Sachzuwendungen von Schulfotografen dürfen auch als Gegenleistung für den Organisationsaufwand der Schulen bei der Durchführung von Schulfotoaktionen nicht entgegengenommen werden (BGH, Urteil vom 26.5. 2011-3 StR 492/10). Dies gilt unabhängig davon, ob die Zuwendung an einzelne Personen, „die Schule“ oder eine Klassenkasse geleistet wird. ⇨ Werbung

https://km-bw.de/service/Lehrkraefte+und+Schulleitungen/

Empfehlung der Redaktion für Geschenke an Lehrkräfte

Wir empfehlen, bei Geschenken an die Lehrkräfte große Zurückhaltung zu üben. Die Lehrerinnen und Lehrer werden vom Land für ihre Arbeit bezahlt; sie sind auf Geschenke nicht angewiesen. Geschenke von einzelnen Eltern darf eine Lehrkraft ohnehin praktisch nicht annehmen.

Wenn die Eltern einer Klasse z.B. Geld für ein Abschiedsgeschenk an eine ausscheidende Lehrkraft sammeln, sollte auch bedacht werden, dass damit stets ein sozialer Druck auf solche Eltern ausgeübt wird, die ein niedriges Einkommen haben oder die ein Geschenk an die betroffene Lehrkraft nicht für angebracht halten. Man sollte auch aus diesem Grund die Kosten niedrig halten. Wenn schon, ist ein ideelles Geschenk (z.B. eine Bastelarbeit der Schülerinnen und Schüler) stets sinnvoller und damit auch unter pädagogischen Gesichtspunkten wertvoller als eine materielle Belohnung.

Man sollte auch die „Vorwirkung“ nicht unterschätzen: Wenn sich, um das Verbot der Geschenkannahme zu unterlaufen, in einer Schule erst einmal die Praxis herausgebildet hat, dass die Lehrkräfte zum Abschied größere Geschenke erhalten (das Argument hierfür lautet: „Es ist ja alles vorbei und es besteht keine Möglichkeit der Einflussnahme mehr“), dann kann schon die Diskussion unter den Eltern, ob ein solches Geschenk notwendig ist, zu Misshelligkeiten führen, die auf dem Rücken der Schüler*innen ausgetragen werden.

Da die Lehrkraft bei Geschenken mit materiellem Wert ohnehin bei der Schulleitung die Genehmigung zur Annahme einholen muss, ist es sinnvoll, dass die Eltern vorher direkt beim Schulleiter bzw. der Schulleiterin nachfragen, ob mit der Zustimmung zu rechnen ist. Dann kommt später keine Enttäuschung auf.

⇨ Sponsoring; ⇨ Werbung

Berufliche Orientierung / Praxiserfahrungen

VwV des KM über die berufliche Orientierung an weiterführenden allgemeinbildenden und beruflichen Schulen (VwV Berufliche Orientierung) vom 3.8.2017 (K.u.U. S. 113); zul. geändert 25.6.2019 (K.u.U. S. 91/2019)

1 Geltungsbereich, Allgemeine Ziele beruflicher Orientierung

Die Bestimmungen dieser Verwaltungsvorschrift gelten für die allgemeinbildenden weiterführenden Schulen. Auf die beruflichen Schulen findet diese Verwaltungsvorschrift Anwendung, soweit dies ausdrücklich bestimmt ist.

Die Schulen leisten im Rahmen des Bildungs- und Erziehungsauftrags einen wichtigen Beitrag für die erfolgreiche Vorbereitung auf das Berufs- und Arbeitsleben. Die bereits in Klassenstufe 5 einsetzende verbindliche und individuelle berufliche Orientierung eröffnet den Schülerinnen und Schülern die Möglichkeit, ein breites Spektrum an Berufen kennenzulernen und erste Erfahrungen in der Arbeitswelt zu sammeln. Sie erhalten die Gelegenheit, ihre Interessen und Potenziale zu entdecken, zu prüfen und gezielt zu entwickeln, um im Übergang in Ausbildung, Studium und Beruf eine qualifizierte Entscheidung treffen zu können. Hieran wirken die Schulen nach Maßgabe dieser Verwaltungsvorschrift wesentlich mit.

Die berufliche Orientierung an Schulen umfasst sowohl Maßnahmen der Ausbildungsorientierung als auch der Studienorientierung, die schulartspezifisch verankert und umgesetzt werden. Sie werden systematisch aufgebaut und berücksichtigen in ihrer konzeptionellen Gestaltung die spezifischen Voraussetzungen der jeweiligen Schule. In Schularten, an denen die Hochschulreife erworben werden kann beziehungsweise die darauf hinführen, kommt der Studienorientierung besondere Bedeutung zu. Die Maßnahmen der beruflichen Orientierung gewährleisten eine aktive Einbindung der Erziehungsberechtigten in den Berufswahlprozess. Die Schule erstellt mit Unterstützung der Beratungsfachkräfte der Berufsberatung der Agenturen für Arbeit (Berufsberatung) ein schulspezifisches standortbezogenes Konzept der beruflichen Orientierung.

Schulen werden bei der Umsetzung der Maßnahmen der beruflichen Orientierung von Kooperationspartnern unterstützt. Kooperationspartner sind die Bildungspartner der Schulen sowie Sozialpartner, Kammern und Verbände sowie Unternehmen, Behörden, Angehörige freier Berufe, Hochschulen, Werkstätten für Menschen mit Behinderung sowie Einrichtungen der überbetrieblichen beruflichen Bildung und sonstige Einrichtungen, die Schülerinnen und Schülern Erfahrungen mit der Arbeitswelt ermöglichen.

Zu den Maßnahmen der beruflichen Orientierung zählen insbesondere der Tag der beruflichen Orientierung (siehe Nummer 2.3), Praxiserfahrungen (siehe Nummer 3), Informationsveranstaltungen (siehe Nummer 4) und die Zusammenarbeit mit der Berufsberatung (siehe Nummer 5).

2 Strukturelle Rahmenbedingungen

Der Prozess der beruflichen Orientierung befähigt Schülerinnen und Schüler, ihre Bildungs- und Erwerbsbiographie eigenverantwortlich zu gestalten. Die Schule vermittelt Kenntnisse über Berufs-, Ausbildungs- und Studienfelder, informiert über Strukturen der Berufswelt sowie Anforderungen und Perspektiven der beruflichen und akademischen Bildung und ermöglicht Einblicke und erste Erfahrungen in der Arbeitswelt.

Maßnahmen der beruflichen Orientierung im Sinne dieser Verwaltungsvorschrift beginnen in der Klassenstufe 5 und bauen auf den im Rahmen der Umsetzung der Leitperspektive Berufliche Orientierung in der Primarstufe erworbenen Kenntnissen, Fähigkeiten und Einsichten auf.

Grundlagen für die berufliche Orientierung an den Schulen sind

- der gemeinsame Bildungsplan für die Sekundarstufe I,
- der Bildungsplan des Gymnasiums,
- der Bildungsplan der gymnasialen Oberstufe der Gemeinschaftsschule,
- die Abiturverordnung Gymnasien der Normalform und
- die Bildungspläne für die sonderpädagogischen Bildungs- und Beratungszentren (SBBZ).

2.1 Leitperspektive Berufliche Orientierung

In allen Fächern und im Fächerverbund Biologie, Naturphänomene und Technik (BNT) werden an fachbezogenen Beispielen Bezüge zur Berufs- und Arbeitswelt aufgezeigt und den Schülerinnen und Schülern Möglichkeiten eröffnet, Interessen und Potenziale hinsichtlich der beruflichen Orientierung zu erkennen.

2.2 *Berufliche Orientierung im Fach Wirtschaft / Berufs- und Studienorientierung (WBS)*

Die berufliche Orientierung ist über die inhaltsbezogenen Standards des Kompetenzbereichs, „Erwerbstätiger" im Fach Wirtschaft / Berufs- und Studienorientierung (WBS) verankert. Das Fach WBS ist in dem schulspezifischen standortbezogenen Konzept der beruflichen Orientierung in besonderer Weise zu beachten, insbesondere ab Klasse 7 beziehungsweise 8 ist das Fach auch bei der Koordinierung und Steuerung von Praxiserfahrungen zu berücksichtigen.

2.3. *Tag der beruflichen Orientierung*

Die Schule führt im Rahmen des schulspezifischen standortbezogenen Konzepts der beruflichen Orientierung einmal pro Schuljahr einen Tag der beruflichen Orientierung nach folgenden Maßgaben durch:

- Selbsteinschätzung der beteiligten Schülerinnen

und Schüler über den individuellen Stand im Prozess der beruflichen Orientierung,
- unterrichtliche Vor- und Nachbereitung der Veranstaltung „Tag der beruflichen Orientierung“ in den beteiligten Klassenstufen,
- Information über Ausbildungs-, Studien- und Berufswege sowie
- aktive Einbindung der Erziehungsberechtigten beispielsweise durch Informationsveranstaltungen im Sinne von Nummer 4.

Die Schule kann darüber hinaus im schulspezifischen standortbezogenen Konzept einen weiteren Tag für die Information über Ausbildungs-, Studien- und Berufsangebote einzelner Kooperationspartner vorsehen.

2.4 Berufliche Orientierung bei festgestelltem Anspruch auf ein sonderpädagogisches Bildungsangebot

Die Berufsorientierung und -vorbereitung berücksichtigt im Rahmen der individuellen Lern- und Entwicklungsbegleitung, über die in dieser Verwaltungsvorschrift ausgeführten Kriterien nach Nummer 1 hinaus, die verschiedenen Kontextfaktoren einer Behinderung sowie die jeweiligen funktionalen Beeinträchtigungen. Sie zielt auf größtmögliche Aktivität und Teilhabe im Sinne einer umfassenden Anschlussorientierung als erfolgreiche Bewältigung von Lebens-, Ausbildungs- und Arbeitssituationen, sowie als unabhängige und selbstbestimmte Lebensgestaltung und -führung ab.

Die in den Bildungsplänen der verschiedenen Förderschwerpunkte verankerten Bildungsbereiche sind in den von der Schule unter Mitwirkung der Erziehungsberechtigten, der Schülerinnen und Schüler, der Kooperationspartner, der Berufsberatung, insbesondere der Beratungsfachkräfte für berufliche Rehabilitation und im Einzelfall auch des Integrationsfachdienstes erarbeiteten standortspezifischen Konzepten zu berücksichtigen. Mit dem Kompetenzinventar kann bei Bedarf der Prozess der beruflichen Orientierung und Erprobung systematisch erfasst und dokumentiert werden. Neben den unter Nummer 3.1.1 genannten Praxiserfahrungen ermöglicht die Schule auch innerhalb des schulischen Rahmens Erfahrungen im Bereich Arbeit.

Die Kooperation zwischen SBBZ und allgemeiner Schule im Rahmen der institutionenbezogenen Zusammenarbeit dient gleichfalls einer bestmöglichen Unterstützung der Schülerinnen und Schüler beim Übergang in die Arbeitswelt. Dabei können gemeinsame berufsorientierende Veranstaltungen stattfinden und sollen fachliche Kenntnisse, beispielsweise in Bezug auf Leistungen zur Teilhabe nach den Sozialgesetzbüchern, ausgetauscht werden.

3
Praxiserfahrungen

Die Schülerinnen und Schüler erhalten im Prozess der beruflichen Orientierung Gelegenheit, unterschiedliche Praxiserfahrungen zu machen, die einen realistischen Einblick in die Arbeitswelt geben und einem qualifizierten Übergang in Ausbildung, Studium und Beruf dienlich sind. Diese Praxiserfahrungen ermöglichen den Schülerinnen und Schülern, ihre Interessen zu überprüfen und die Anforderungen des Berufs- beziehungsweise Studienfeldes mit ihren Kompetenzen und Potenzialen abzugleichen.

3.1
Allgemeines

Alle von dieser Verwaltungsvorschrift erfassten Schularten bieten Praxiserfahrungen in und mit der Arbeitswelt an.

3.1.1
Begriff der Praxiserfahrungen

Praxiserfahrungen sind unterrichtsbezogene schulische Veranstaltungen in Zusammenarbeit mit Kooperationspartnern.

Art, Umfang und Zeitpunkt der Praxiserfahrungen orientieren sich an den Bedürfnissen, Stärken und Interessen der Schülerinnen und Schüler und berücksichtigen dabei die Ergebnisse von Lernstandserhebungen, Kompetenz- und Potenzialanalysen sowie die strukturellen Rahmenbedingungen der jeweiligen Schule. – Praxiserfahrungen können in unterschiedlichen Klassenstufen umgesetzt werden. Sie können durch Begegnungen mit Kooperationspartnern, vor allem in Form von Betriebsbesichtigungen, Betriebserkundungen, Arbeitsplatzerkundungen, kooperativen Projekten, ein- und mehrtägigen Praktika erfolgen. Sie dienen der Überprüfung, Vertiefung und Ergänzung der im Unterricht erworbenen Kenntnisse, Fähigkeiten und Einsichten. Ein zentrales Element der beruflichen Orientierung und verbindlicher Bestandteil der Praxiserfahrungen sind insbesondere mehrtägige Praktika.

3.1.2
Zeitlicher Umfang

Die Schule entscheidet durch die systematische Berücksichtigung der Praxiserfahrungen im schulspezifischen standortbezogenen Konzept der beruflichen Orientierung über Zeitpunkt, Anzahl und Dauer der Praxiserfahrungen. An allen Schularten sind für Praxiserfahrungen bis Klassenstufe 10 beziehungsweise bis zum Beginn der Jahrgangsstufen der gymnasialen Oberstufe mindestens zehn Unterrichtstage verpflichtend vorzusehen, wovon mindestens fünf Tage im Rahmen eines mehrtägigen Praktikums (siehe Nummer 3.2) zu absolvieren sind. Diese Mindeststandards können entsprechend des schulspezifischen standortbezogenen Konzepts der beruflichen Orientierung sowie der Profilbildung der jeweiligen Schule allgemein und individuell überschritten werden.

Verpflichtende Praxiserfahrungen können auch an schulfreien Tagen oder in der unterrichtsfreien Zeit als schulische Veranstaltungen durchgeführt werden; dadurch darf der verpflichtende zeitliche Umfang nicht unterschritten werden.

In den Jahrgangsstufen der allgemeinbildenden Gymnasien und der Gemeinschaftsschulen sind darüber hinaus, aufbauend auf der Leitperspektive Berufliche Orientierung sowie dem Kompetenzerwerb im Fach Wirtschaft / Berufs- und Studienorientierung (WBS), folgende Elemente der Ausbildungs- und Studienorientierung anzubieten und von der Schule verbindlich umzusetzen:

- Selbsttest zur Studienorientierung anhand von Testverfahren des Landes Baden-Württemberg, der Hochschulen in Baden-Württemberg oder der Bundesagentur für Arbeit,
- Besuch von Ausbildungs- und Studienbotschafterinnen und -botschaftern an der Schule,
- Teilnahme am Studieninformationstag,
- Auseinandersetzung mit eigenen Fähigkeiten, Interessen, Werten und Zielen,
- Recherchieren zu Berufen, Studien- oder Ausbildungsgängen sowie Elemente externer Beratung und Information zur Ausbildungs- und Studienorientierung.

Für die verbindlichen Elemente sind insgesamt vier Unterrichtstage vorzusehen.

Verpflichtende Praxiserfahrungen können auch an schulfreien Tagen oder in der unterrichtsfreien Zeit als schulische Veranstaltungen durchgeführt werden; dadurch darf der verpflichtende zeitliche Umfang nicht unterschritten werden.

3.1.3 Umsetzung

Verpflichtende Praxiserfahrungen im Rahmen der beruflichen Orientierung sind im Unterricht vor- und nachzubereiten. Dafür ist Unterrichtszeit in angemessenem Umfang einzuplanen. Die Schülerinnen und Schüler sind in die Vorbereitungen nach Möglichkeit mit einzubeziehen. Die Maßnahmen zur Vorbereitung, Durchführung und Nachbereitung von Praxiserfahrungen sind im schulspezifischen standortbezogenen Konzept der beruflichen Orientierung zu verankern. Es sollte berücksichtigt werden, ob und in welcher Weise bestehende Betriebs- und Personalräte, Jugend- und Ausbildungsvertretungen sowie gegebenenfalls Mitarbeitervertretungen der Kooperationspartner bei Praxiserfahrungen mitwirken können. Die Berufsberatung kann, insbesondere bei der Vorbereitung und Organisation von Praktika, unterstützend hinzugezogen werden.

Die Schulleitung stellt die Abstimmung der notwendigen Maßnahmen, insbesondere Zeitplanerstellung, Klärung organisatorischer und inhaltlicher Fragen, das Zusammenwirken mit Kooperationspartnern sowie mit anderen Schulen sicher.

3.1.4 Auswahl der Einrichtungen

Für die Umsetzung von Praxiserfahrungen können nur Kooperationspartner gewählt werden, bei denen die allgemeinen Ziele der beruflichen Orientierung mit der jeweiligen Maßnahme erreicht werden können. Die Größe des Kooperationspartners bleibt hierbei außer Betracht.

3.1.5 Betreuung der Schülerinnen und Schüler

Der von der Schulleitung beauftragten Lehrkraft beziehungsweise den beteiligten Lehrkräften (verantwortliche Lehrkraft) obliegt die schulische Aufsichtspflicht, soweit sie sich unter den besonderen Verhältnissen der jeweiligen Praxiserfahrung verwirklichen lässt. ⇨ Aufsichtspflicht

3.1.6 Beteiligung der Erziehungsberechtigten

Die Teilnahme an Praxiserfahrungen, insbesondere Praktika, setzt eine frühzeitige Information der Erziehungsberechtigten voraus. Die Schule klärt über Ziele, Art und Umfang der Praxiserfahrungen auf und weist auf allgemeine Anforderungen hin, wie etwa Sicherheitsaspekte, zusätzliche Kosten (auch Fahrtkosten), Versicherungsschutz.

3.2
Praktika

Praktika sind individuelle Praxiserfahrungen am außerschulischen Lernort Unternehmen, Behörde, bei Angehörigen freier Berufe, an Hochschulen, in Werkstätten für Menschen mit Behinderung und Einrichtungen der überbetrieblichen beruflichen Bildung sowie sonstigen Einrichtungen (Praktikumsstellen) unter Betreuung einer dort beschäftigten beziehungsweise beauftragten Person (Praktikumsbetreuerin oder -betreuer). Mehrtägige Praktika sollen bei einer Praktikumsstelle stattfinden.

Schülerinnen und Schüler dürfen während eines Praktikums nicht mit gefährlichen Tätigkeiten im Sinne des § 22 Jugendarbeitsschutzgesetz und sonstigen Tätigkeiten, die mit einer nicht nur unerheblichen Gesundheitsgefahr verbunden sind (beispielsweise Tätigkeiten mit Sturzgefahr aus großer Höhe, mit Verschüttungs- oder Erstickungsgefahren), beschäftigt werden.

Eine Vergütung schulisch genehmigter Praktika ist nicht statthaft. Dem steht der Empfang einer Aufwandsentschädigung in geringer Höhe, insbesondere zur Deckung erforderlicher Fahrt- oder Reisekosten, nicht entgegen.

3.2.1 Gestaltung verpflichtender Praktika

Den Schülerinnen und Schülern soll ermöglicht werden, die vielfältigen Tätigkeiten und Anforderungen im jeweiligen Berufs- beziehungsweise Studienfeld kennenzulernen.

Für die Organisation und Durchführung verpflichtender Praktika entwickeln die Schulen geeignete Formen, die die Beratung und Begleitung der Schülerinnen und Schüler vor, während und nach dem Praktikum ermöglichen und das Erreichen der Praktikumsziele unterstützen. Dies beinhaltet insbesondere die Berücksichtigung des Austauschs zwischen der Schülerin oder dem Schüler und einer Lehrkraft sowie der Praktikumsbetreuerin oder dem Praktikumsbetreuer.

Eine praktikumsbegleitende Lernaufgabe unterstützt die Vor- und Nachbereitung eines Praktikums. Sie verbindet das Lernen in der Schule mit dem Lernen und Arbeiten an der Praktikumsstelle.

Am Ende des Praktikums erfolgt im Rahmen des Möglichen eine gegenseitige Rückmeldung der Beteiligten; die beauftragte Lehrkraft informiert die Schulleitung in Bezug auf Qualitätssicherung und -entwicklung der beruflichen Orientierung.

3.2.2 Auswahl der Praktikumsstellen

Um die Schülerinnen und Schüler in ihrer Selbstständigkeit und Berufswahlkompetenz zu fördern, suchen sie sich möglichst selbstständig ihre Praktikumsstelle. Gegebenenfalls unterstützen und leiten Lehrkräfte, Schulleitung und weitere Ansprechpersonen für berufliche Orientierung die Schülerinnen und Schüler bei der Wahl einer geeigneten Praktikumsstelle an.

Vorrangig sind Praktikumsstellen mit Sitz in der Region der jeweiligen Schule zu wählen. Im Einzelfall können überregionale oder auch im Ausland gelegene Angebote in Betracht kommen, wenn die Zielsetzungen der Maßnahme in der Region nicht oder nur teilweise zu erreichen wären oder wenn ein Bezug zur Profilbildung der jeweiligen Schule besteht.

Die Praktikumsstelle wird unter Verwendung des in der Anlage 1 zu dieser Verwaltungsvorschrift enthaltenen Musterbriefs *(Anlagen hier nicht abgedruckt)* über Ziele, Inhalte und Durchführung der Veranstaltung informiert. Die Verwendung eines entsprechenden schuleigenen Musterbriefes ist zulässig, soweit dieser die Hinweise für Praktika im Rahmen der beruflichen Orientierung beinhaltet. Den von der Praktikumsstelle ausgefüllten Rückmeldebogen (Anlage 2) erhält die verantwortliche Lehrkraft von der Schülerin oder dem Schüler zurück; für die Rückmeldung kann auch ein entsprechendes Dokument verwendet werden. Im Anschluss daran informiert sich die verantwortliche Lehrkraft, insbesondere bei erstmaliger Beteiligung der Praktikumsstelle, in geeigneter Weise über die Einrichtung und nimmt sie nach Möglichkeit in Augenschein. Hierbei vergewissert sich die verantwortliche Lehrkraft auch über die Gewährleistung des Arbeits- und Gesundheitsschutzes in der Praktikumsstelle und gegebenenfalls bestehender Beschäftigungsverbote und -beschränkungen. Können Zweifel an der Eignung der Praktikumsstelle insbesondere zur Erreichung der mit dieser Verwaltungsvorschrift verfolgten Zielsetzungen nicht ausgeräumt werden, scheidet eine Genehmigung des Praktikums bei dieser Einrichtung aus.

3.2.3

Betreuung der Schülerinnen und Schüler

Für die Durchführung von Praktika ist die Betreuung sicherzustellen. Hierbei überzeugt sich die verantwortliche Lehrkraft von der ordnungsgemäßen Durchführung verpflichtender Praktika. Sie hält Kontakt mit der Praktikumsstelle und besucht die Schülerinnen und Schüler, soweit dies die jeweiligen Gegebenheiten zulassen. Dies kann auch durch institutionelle Partner der Schule, beispielsweise eine Partnerschule, erfolgen. – Die verantwortliche Lehrkraft kann für die Betreuung von Praktika bei zeitlich überschneidenden Unterrichtsverpflichtungen durch die Schulleitung von diesen befreit werden.

3.2.4

Verhalten bei Verhinderung an der Teilnahme

Erkrankungen und Versäumnisse sind der Schule und der Praktikumsstelle umgehend zu melden.

3.3 Ergänzende Praxiserfahrungen

Ergänzend zu verpflichtenden Praxiserfahrungen kann den Schülerinnen und Schülern ermöglicht werden, weitere Praxiserfahrungen in der unterrichtsfreien Zeit umzusetzen (beispielsweise Wochenend- oder Ferienpraktika, Projekte an außerschulischen Lernorten). Für die Genehmigung und Durchführung gelten die Bestimmungen für verpflichtende Praxiserfahrungen entsprechend.

4 Informationsveranstaltungen

Unter Beteiligung der Berufsberatung, gegebenenfalls der beruflichen Schulen, der Studienberatungen der Hochschulen sowie weiterer Kooperationspartner, führt die Schule mindestens eine Informationsveranstaltung für Schülerinnen und Schüler und deren Erziehungsberechtigte durch. Die Anzahl sowie der jeweilige Zeitpunkt der Informationsveranstaltungen werden von der Schulleitung entsprechend der jeweiligen Bildungsgänge festgelegt und orientieren sich an den Voraussetzungen der Schülerinnen und Schüler. Im Rahmen dieser Veranstaltungen informiert die Schule über Bildungswege, die nach dem Schulabschluss eingeschlagen werden können, gegebenenfalls über Bildungswege und regionale Angebote der beruflichen Schulen oder von Hochschulen sowie über Karriereperspektiven in Ausbildung, Studium und Beruf.

Hinweis der Redaktion: Zum Einsatz von „Jugendoffizieren" der Bundeswehr siehe: ➪ Erziehungsauftrag und politische Bildung.

5 Berufsberatung

5.1

Zusammenarbeit zwischen Schule und Berufsberatung

Die Beratungsfachkräfte der Berufsberatung unterstützen die Schulen bei der Koordinierung der Angebote der beruflichen Orientierung und bei der Entwicklung des schulspezifischen standortbezogenen Konzepts der beruflichen Orientierung als Grundlage für die Zusammenarbeit mit allen Kooperationspartnern.

5.2 Angebote der Berufsberatung

Angebote der Berufsberatung zur beruflichen Orientierung sind in einem Landeskonzept der beruflichen Orientierung dargestellt. Darüber hinaus werden individuelle Beratungsgespräche an den Schulen und in den Agenturen für Arbeit angeboten. Angebote der Beratungsfachkräfte für berufliche Rehabilitation sind hier eingeschlossen.

6 Aufsicht und haftungsrechtliche Grundlagen bei der Durchführung einzelner Praxiserfahrungen

Die nachfolgenden Bestimmungen gelten für Praxiserfahrungen in Form von Betriebsbesichtigungen, Betriebserkundungen, Arbeitsplatzerkundungen, kooperativen Projekten sowie ein- und mehrtägigen Praktika, unabhängig davon, ob diese verpflichtend oder ergänzend stattfinden.

6.1 Aufsicht

Für die Erfüllung der Aufsichtspflicht im Rahmen einer Praxiserfahrung ist von dem Kooperationspartner oder der Praktikumsstelle eine verantwortliche Person zu benennen, welche die Erfüllung der betrieblichen Aufsichtspflicht im Rahmen der Praxiserfahrung gewährleistet. Sie übt die Aufsicht entsprechend der für das Unternehmen oder die Einrichtung bestehenden Bestimmungen und der dort vorliegenden Verhältnisse aus.

6.2 Gesetzlicher Unfallversicherungsschutz

Schülerinnen und Schüler, die eine Praxiserfahrung ableisten, stehen nach § 2 Absatz 1 Nummer 8 Buchstabe b) Sozialgesetzbuch Siebtes Buch (SGB VII) unter dem Schutz der gesetzlichen Schülerunfallversicherung, wenn die Praxiserfahrung im Rahmen des organisatorischen Verantwortungsbereichs der Schule erfolgt. Erleiden sie hierbei einen Unfall mit einem Gesundheitsschaden, steuert die Unfallkasse Baden-Württemberg das Heilverfahren, übernimmt die Behandlungskosten und kumulativ oder alternativ Geldleistungen nach Maßgabe des SGB VII. Als Gesundheitsschaden gilt auch die Beschädigung eines bestimmungsgemäß getragenen Hilfsmittels (beispielsweise Brille, Hörgerät oder Prothese).

§§ 104 bis 106 SGB VII in Verbindung mit § 110 SGB VII eröffnen dem gesetzlichen Unfallversicherungsträger eine Rückgriffsmöglichkeit auf die Mitarbeiterinnen und Mitarbeiter des Kooperationspartners beziehungsweise der Praktikumsstelle, die zum Unfallzeitpunkt mit den Schülerinnen und Schülern zusammengearbeitet haben, in Fällen von Vorsatz und grober Fahrlässigkeit. Ob in diesen Fällen Regress genommen wird, ist Entscheidung des gesetzlichen Unfallversicherungsträgers und richtet sich nach dem Einzelfall.

6.3 *Haftpflichtversicherung der Schülerinnen und Schüler*

Für Schäden, die durch Schülerinnen und Schüler während der Praxiserfahrung an Einrichtungen des Kooperationspartners beziehungsweise der Praktikumsstelle verursacht werden, besteht kein gesetzlicher Versicherungsschutz. Solche Haftpflichtrisiken können unter Umständen durch den Abschluss einer privaten Haftpflichtversicherung abgesichert werden, über deren Erforderlichkeit die Schule die Erziehungsberechtigten vor der Aufnahme der Praxiserfahrung informiert.

Hinweis der Redaktion: Info-Kasten bei ⇨ Unfallversicherung.

6.4 *Versicherung der Schülerinnen und Schüler bei Sachschäden*

Erleiden die Schülerinnen und Schüler während einer Praxiserfahrung einen Sachschaden, so fällt das nicht unter den Bereich der gesetzlichen Schülerunfallversicherung. Diese greift nur bei Gesundheitsschäden. Entsprechende Risiken können unter Umständen durch den Abschluss einer privaten Schadensversicherung abgesichert werden; Satz 3 Halbsatz 2 der Nummer 6.3 gilt entsprechend.

6.5 Haftung bei Schädigung der Schülerinnen und Schüler

Eine Haftung der verantwortlichen Mitarbeiterin beziehungsweise des Mitarbeiters des Kooperationspartners beziehungsweise der Praktikumsstelle für Gesundheitsschäden der Schülerin oder des Schülers kommt nur bei Vorsatz und grober Fahrlässigkeit in Fällen des Rückgriffs seitens des gesetzlichen Unfallversicherungsträgers in Betracht (siehe Nummer 6.2).

6.6 Haftung bei Schäden Dritter

Die Praxiserfahrung findet im Bereich der Organisationsverantwortung der Schule statt. Daher nimmt der Kooperationspartner beziehungsweise die Praktikumsstelle, der beziehungsweise die eine Schülerin oder einen Schüler im Sinne dieser Verwaltungsvorschrift aufnimmt, für die Dauer von deren oder dessen Tätigkeit in der Einrichtung auch schulische Aufsichtspflichten wahr. Der Kooperationspartner beziehungsweise die Praktikumsstelle gilt insoweit rechtlich gesehen als „Beamter im haftungsrechtlichen Sinne". Verursacht die Schülerin oder der Schüler in Ausübung einer Tätigkeit einen Schaden bei einem Dritten, können deshalb haftungsrechtlich Amtshaftungsgrundsätze in Betracht kommen.

Bei einer Verletzung der Aufsichtspflicht und dadurch kausaler Schädigung eines Dritten durch die Schülerin oder den Schüler tritt das Land nach Amtshaftungsgrundsätzen für den Schaden ein. Ein Rückgriff des Landes gegen den Kooperationspartner beziehungsweise die Praktikumsstelle ist nur bei Vorsatz oder grober Fahrlässigkeit möglich (§ 839 Bürgerliches Gesetzbuch in Verbindung mit Artikel 34 Absatz 2 Grundgesetz und § 96 Absatz 1 Landesbeamtengesetz analog). Grobe Fahrlässigkeit liegt nur dann vor, wenn die im Verkehr erforderliche Sorgfalt in besonders schwerem Maße verletzt wird, wenn also nicht das beachtet wird, was unter den jeweiligen konkreten Umständen jedem einleuchten muss, wenn schon einfachste, naheliegende Überlegungen nicht angestellt worden sind, oder wenn gleichgültig gegen Gefahren gehandelt wurde.

⇨ Grundgesetz Art. 34

7 Regelungen für berufliche Schulen

Berufliche Orientierung ist an den beruflichen Schulen durch die grundsätzliche berufsbezogene Ausrichtung verankert. Sofern an den Bildungsgängen der beruflichen Schulen verpflichtend oder fakultativ Praktika durchgeführt werden, gelten die in Nummer 6 festgelegten Regelungen. Darüber hinaus führen die beruflichen Schulen weitere Maßnahmen der beruflichen Orientierung gegebenenfalls in Zusammenarbeit mit Kooperationspartnern durch.

8 Ergänzende Regelungen

8.1 Genehmigung von Praxiserfahrungen

Außerunterrichtliche Praxiserfahrungen sind durch die Schulleitung zu genehmigen. Die Schulleitung kann zur Wahrnehmung dieser Aufgabe eine Lehrkraft beauftragen.

8.2 Erweiterter Geltungsbereich

Soweit Praxiserfahrungen und Projekte an außerschulischen Lernorten zur Förderung von spezifischen Begabungen und Potenzialen (beispielsweise an sogenannten „außerschulischen Forschungszentren") oder im Rahmen von sozialem, ökologischem oder sonstigem bürgerschaftlichen Engagement stattfinden, finden die unter Nummer 6 geregelten haftungsrechtlichen Bestimmungen entsprechende Anwendung, wenn und soweit eine Genehmigung als schulische Veranstaltung vorliegt.

⇨ Ausichtspflicht; ⇨ Grundgesetz Art. 34

Berufliches Gymnasium (Reformierte Oberstufe)

Informationen der Redaktion zur Rechtslage und zur Verwaltungspraxis in Baden-Württemberg

Das Berufliche Gymnasium (BG) ist eine Vollzeitschule; es bereitet auf das Studium an der Hochschule und – durch seine fachlichen Ausrichtungen – in besonderer Weise auf das Berufsleben vor. Das BG verleiht das Zeugnis der allgemeinen Hochschulreife; das bundesweit anerkannte Abitur kann auch in einer Schulfremdenprüfung abgelegt werden. Unter bestimmten Voraussetzungen kann nach Abschluss der Jahrgangsstufe 1 der schulische Teil der Fachhochschulreife bescheinigt werden; nach einem ergänzenden beruflichen Teil – z.B. einer abgeschlossenen Berufsausbildung – kann die Fachhochschulreife erreicht werden.

Bisher war die „Laufbahn“ der Schüler*innen am BG in drei getrennten Vorschriften geregelt: AufnahmeVO, VersetzungsVO und AbiturVO. Diese Regelungen gelten für Schüler*innen, die bis zum Schuljahr 2021/22 in die erste Jahrgangsstufe eingetreten sind, weitgehend fort. Für Schüler*innen, die ab dem Schuljahr 2021/22 in das BG eintreten, gilt eine neue, zusammenfasssende BGVO; diese aktuell geltende Ausbildungs- und Prüfungsordnung ist online unter http://www.landesrecht-bw.de > BGVO abrufbar).

Das BG wird in zwei Aufbauformen angeboten:

Das dreijährige BG umfasst die Eingangsklasse (Klasse 11) als Einführungsphase sowie die Jahrgangsstufen 1 und 2 als Qualifikationsphase. Es existieren sechs Varianten, die drei übergeordneten Profilen zugeordnet werden, die den drei beruflichen Schultypen entsprechen:

- Wirtschaftswissenschaftliches Profil: Wirtschaftsgymnasium (WG),
- Technisches Profil: Technisches Gymnasium (TG),
- Lebens- und Humanwissenschaftliches Profil: Agrarwissenschaftliches Gymnasium (AG), Biotechnologisches Gymnasium (BTG), Ernährungswissenschaftliches Gymnasium (EG) und Sozial- und gesundheitswissenschaftliches Gymnasium (SGG).

Das sechsjährige BG umfasst die Klassen 8 bis 11 sowie die Jahrgangsstufen 1 und 2 als Qualifikationsphase; dabei entspricht Klasse 11 der Einführungsphase des dreijährigen BG. Es existiert in folgenden Schwerpunkten: Wirtschaft, Technik und Ernährung, Soziales und Gesundheit. Das sechsjährige BG ermöglicht bereits in der Mittelstufe (Klassen 8 bis 10) eine enge Verzahnung von berufsbezogener Theorie und Praxis. Durch die fachliche Ausrichtung bereitet es nicht nur auf ein Studium vor, sondern in besonderer Weise auch auf das Berufsleben.

Reformierte Oberstufe

Im drei- und im sechsjährigen BG umfassen die beiden Jahrgangsstufen („reformierte gymnasiale Oberstufe“) insgesamt vier Schulhalbjahre; sie bilden eine pädagogische Einheit (Qualifikationsphase) ohne Versetzung. Die neue BGVO sieht in den Jahrgangsstufen eine Differenzierung in ein grundlegendes Anforderungsniveau (gAN) und ein erhöhtes Anforderungsniveau (eAN) vor.

Auf **erhöhtem Anforderungsniveau** werden die sechsstündigen berufsbezogenen Schwerpunktfächer (Profilfächer) unterrichtet, die „Kernkompetenzfächer“ Deutsch und Mathematik sowohl fünfstündig auf erhöhtem Anforderungsniveau als auch vierstündig auf grundlegendem Anforderungsniveau. Dies dient in besonderem Maße der allgemeinen Studienvorbereitung und soll in wissenschaftliche Methoden, Fragestellungen und Denkweisen einführen sowie erweiterte Kenntnisse vermitteln.

Auf **grundlegendem Anforderungsniveau** werden die Kurse in den vierstündigen Kernkompetenz- sowie in den übrigen Fächern unterrichtet. Sie dienen der allgemeinen Orientierung im Bereich eines Faches und der Sicherung einer breiten Grundbildung zur allgemeinen Studienvorbereitung und vermitteln Einblick in grundlegende Verfahrensweisen und prinzipielle Erkenntnisse über ein Fachgebiet sowie Methoden selbstständigen Arbeitens.

Aufnahme in das BG

Voraussetzungen für die Aufnahme in das dreijährige Berufliche Gymnasium sind

- der Realschul- oder Werkrealschulabschluss oder die Fachschulreife, wobei ein Durchschnitt von mindestens 3,0 aus den Noten der Fächer Deutsch, Mathematik sowie der ersten Pflichtfremdsprache und in jedem dieser Fächer mindestens die Note »ausreichend« erreicht sein muss oder
- das Versetzungszeugnis eines Gymnasiums am Ende der Klasse 9 beziehungsweise am Ende der Klasse 10 im ⇨ Gymnasium (Schulversuch G9) oder
- das Versetzungszeugnis einer Gemeinschaftsschule am Ende der Klasse 10 in entsprechender Anwendung der ⇨ Gymnasium (Versetzungsordnung).

Sind mehr Anmeldungen als Schulplätze vorhanden, findet eine Auswahlentscheidung statt. Zu den Einzelheiten und dem Zugang über eine Leistungsfeststellung siehe die geltende BGVO.

Das Angebot des sechsjährigen BG richtet sich an Gymnasiast*innen, gute Realschüler*innen, sehr gute Haupt- und Werkrealschüler*innen sowie Schüler*innen der Gemeinschaftsschulen, die früh ein besonderes Interesse oder eine besondere Begabung für einzelne berufliche Fachbereiche zeigen. Für die Entscheidung über die Aufnahme ind das sechsjährige BG gilt die Aufnahmeverordnung in die Aufbaugymnasien: ⇨ Aufbaugymnasium (Allgemeinbildend und beruflich).

⇨ Abschlüsse und Bildungswege; ⇨ Aufbaugymnasium (Allgemeinbildend und beruflich); ⇨ Gymnasium (Schulversuch G9); ⇨ Gymnasium (Versetzungsordnung); ⇨ Schulgesetz § 8

Berufseinstiegsjahr

Informationen der Redaktion zur Rechtslage und zur Verwaltungspraxis in Baden-Württemberg

Das Berufseinstiegsjahr (BEJ) wurde als Ergänzung zum Berufsvorbereitungsjahr (BVJ) an beruflichen Schulen für berufsschulpflichtige Jugendliche mit Hauptschulabschluss entwickelt, die keinen Ausbildungsplatz gefunden haben und keine weiterführende Schule besuchen können. Es sieht, aufbauend auf dem bereits erworbenen Hauptschulabschluss, folgende Fördermaßnahmen vor, um die Ausbildungsreife und die Chancen der Schülerinnen und Schüler auf einen Ausbildungsplatz verbessern:

- Eine Vorqualifikation in einem Berufsfeld,
- eine verstärkte Förderung in Deutsch, Mathematik, Projekt- und Sozialkompetenz,
- eine individuelle Förder- und Berufswegeplanung auf der Grundlage einer umfassenden Kompetenzanalyse, ⇨ Kompetenzanalyse
- die Erlangung eines höher qualifizierenden Abschlusses mit Anforderungen, die etwas über dem Niveau des Hauptschulabschlusses liegen, anstelle der bloßen Wiederholung eines bereits erworbenen Bildungsstandes wie bislang im BVJ.

In das BEJ kann aufgenommen werden, wer über den Hauptschulabschluss verfügt und berufsschulpflichtig ist. In begründeten Einzelfällen können auch Schüler aufgenommen werden, die den Besuch der Realschule oder des Gymnasiums abgebrochen haben, nicht mehr der allgemeinen Schulpflicht unterliegen und nicht über den Hauptschulabschluss verfügen, wenn zu erwarten ist, dass sie den Anforderungen des BEJ genügen werden. Mit dem Besuch des BEJ ist die Berufsschulpflicht erfüllt, sofern kein Berufsausbildungsverhältnis eingegangen wird.

⇨ Abschlüsse und Bildungswege; ⇨ Abschlüsse (HS/RS Gleichwertigkeit); ⇨ Kompetenzanalyse; ⇨ Schulgesetz §§ 10 und 11; ⇨ Vorqualifizierungsjahr (VAB)

Berufsfachschule

Informationen der Redaktion zur Rechtslage und zur Verwaltungspraxis in Baden-Württemberg

Die Berufsfachschule (BFS) vermittelt je nach Dauer eine berufliche Grundbildung, eine berufliche Vorbereitung oder einen Berufsabschluss und fördert die allgemeine Bildung; in Verbindung mit einer erweiterten allgemeinen Bildung kann sie zur Prüfung der Fachschulreife führen. Die BFS kann durch Zusatzprogramme den Erwerb weiterer Berechtigungen ermöglichen. Sie wird in der Regel als Vollzeitschule geführt und umfasst mindestens ein Schuljahr; sie kann im pflegerischen Bereich in Kooperation mit betrieblichen Ausbildungsstätten auch in Teilzeitunterricht geführt werden. Ihr Besuch setzt eine berufliche Vorbildung nicht voraus; im Übrigen richten sich die Voraussetzungen für den Besuch nach Dauer oder Bildungsziel der Berufsfachschule.

Zweijährige zur Fachschulreife führende BFS

Diese zweijährige Vollzeitschule vermittelt neben der Erweiterung und Vertiefung der Allgemeinbildung eine Grundausbildung im kaufmännischen oder im gewerblich-technischen Bereich oder im Bereich Ernährung und Gesundheit.

Die Ausbildung richtet sich an Jugendliche, die nach erfolgreichem Abschluss der Hauptschule die Fachschulreife („mittlere Reife“) erwerben möchten.

Die zweijährige BFS gliedert sich wie folgt:

- Kaufmännischer Bereich
- gewerblich-technischer Bereich (mit einer Vielzahl von Berufsfeldern, z.B. Metall-, Elektro-, Bau-, Holz- oder Farb-, Nahrung/Textiltechnik)
- Bereich Ernährung und Gesundheit mit den Profilen Hauswirtschaft und Ernährung / Gesundheit und Pflege / Ernährung und Gastronomie.

Voraussetzung für die Aufnahme ist

1. der Hauptschulabschluss oder das Abschlusszeugnis des Berufseinstiegsjahrs oder
2. das Versetzungszeugnis in die Klasse 10 der Realschule oder des G9-Gymnasiums oder das Versetzungszeugnis in die Klasse 9 des G8-Gymnasiums oder, sofern eine Versetzung nicht erfolgen konnte,
3. das nach Besuch der Klasse 9 erteilte Abgangszeugnis der Realschule oder des G9-Gymnasiums oder das nach Besuch der Klasse 8 erteilte Abgangszeugnis des G8-Gymnasiums, wobei jeweils in den Fächern Deutsch, Englisch und Mathematik ein Durchschnitt von 4,0 erreicht sein muss und in höchstens einem dieser Fächer die Note »mangelhaft« erteilt sein darf, oder
4. der Nachweis eines den Nummern 1, 2 oder 3 gleichwertigen Bildungsstandes.

Gegebenenfalls findet ein Auswahlverfahren statt; dabei werden 85% der Plätze nach Eignung und Leistung, 10% nach Wartezeit und 5% für außergewöhnliche Härtefälle vergeben.

Sonstige Berufsfachschulen

Zweijährige Berufsfachschule, die nicht zur Fachschulreife führen

Zu den zweijährigen nicht zur Fachschulreife führenden Berufsfachschulen gehören u.a. die BFS für Büro und Handel, für Metalltechnik, für Goldschmiede, für Haus- und Familienpflege, für Kinderpflege sowie die Staatl. Ballettakademie in Stuttgart.

Aufnahmevoraussetzung ist in der Regel der Hauptschul- oder ein gleichwertiger Abschluss.

Einjährige Berufsfachschulen

Einjährige Berufsfachschulen gibt es für Drucktechnik (Medientechnik) mit den Berufsgruppen Technik, Medien und Medienberatung, für Fahrzeugtechnik, für Farbtechnik und Raumgestaltung, für Elektrotechnik mit den Berufsgruppen Elektronik und Informationselektronik, für Ernährung und Hauswirtschaft (gewerbliche Berufe) mit den Berufsgruppen Backwarenherstellung und Fleischverarbeitung, für Metalltechnik mit den Berufsgruppen Feinwerk- und Metallbautechnik sowie Installationstechnik, für Textiltechnik und Bekleidung, für Holztechnik, für Bautechnik, für Bauzeichner*innen, für Glaser*innen sowie für Maskenbildner*innen.

Aufnahmevoraussetzung ist in der Regel der Hauptschul- oder ein gleichwertiger Abschluss.

Eine Sonderform der einjährigen Berufsfachschule ist das ⇨ Berufseinstiegsjahr.

⇨ Abschlüsse und Bildungswege; ⇨ Abschlüsse (HS/RS – Gleichwertiger Bildungsstand); ⇨ Berufseinstiegsjahr; ⇨ Schulgesetz § 11

Berufskolleg

Informationen der Redaktion zur Rechtslage und zur Verwaltungspraxis in Baden-Württemberg

Durch einen engen Theorie-Praxis-Bezug vermittelt das Berufskolleg (BK) eine Qualifikation für Berufstätigkeiten mit höheren Anforderungen im fachtheoretischen Bereich und gleichzeitig eine erweiterte allgemeine Bildung. Für die Aufnahme sind neben dem mittleren Bildungsabschluss teilweise weitere Voraussetzungen (z.B. ein Praktikumsplatz) zu erfüllen. Das BK endet in der Regel mit einer Abschlussprüfung. Dabei kann man bei mindestens zweijährigen Bildungsgängen sowohl die Fachhochschulreife als auch einen Berufsabschluss (z.B. „Staatlich geprüfte/r Assistent*in") erwerben.

Technische Berufskollegs

Zweijähriges BK für technische Assistenten

Die Ausbildung soll dazu befähigen, die in den Laboratorien, Instituten, Werkseinrichtungen, Prüf- und Versuchsfeldern der Wirtschaft, Verwaltung und Wissenschaft vorkommenden technischen Arbeiten entsprechend dem beruflichen Tätigkeitsfeld des Assistenten nach Anweisung oder in begrenztem Umfeld auch selbstständig ausführen zu können. Angeboten werden die Fachrichtungen Technische Assistenten für Agrar- und Umweltanalytik / Biologisch-technische Assistenten / Biotechnologische Assistenten / Chemisch-technische Assistenten / Elektrotechnische Assistenten / Foto- und medientechnische Assistenten / Informations- und kommunikationstechnische Assistenten / Physikalisch-technische Assistenten / Umweltschutztechnische Assistenten / Technische Assistenten für Produktdesign / Technische Kommunikationsassistenten / Pharmazeutisch-technische Assistenten (2,5 Jahre).

Dreijähriges gewerblich-technisches BK in Teilzeitunterricht

Analog zur Techniker- und Fachhochschulausbildung wird ein möglichst berufsfeldbreiter Ausbildungsansatz verfolgt. Die BK in Teilzeitunterricht kooperieren mit betrieblichen Ausbildungsstätten und bereiten auf den Abschluss in einem anerkannten Ausbildungsberuf vor; mit dem Ausbildungsbetrieb ist ein Ausbildungsvertrag abzuschließen. Durch Zusatzunterricht ist der Erwerb der Fachhochschulreife möglich. Zugangsvoraussetzung ist ein mittlerer Bildungsabschluss oder der Nachweis eines gleichwertigen Bildungsstandes.

Fachrichtungen: Bautechnik / Elektronik (Schwerpunkte: Anlagen und Gerätetechnik sowie Informationstechnik) / Farbtechnik und Raumgestaltung / Fahrzeugtechnik / Hotellerie und Gastronomie / Metalltechnik (Schwerpunkte: Produktionstechnik sowie Planung) / Papiertechnik / Sanitär-, Heizungs- und Klimatechnik (Schwerpunkte: Installation und Service sowie Planung) / Textiltechnik.

Technisches BK I

Die Ausbildung bereitet technisch interessierte Jugendliche gezielt auf die Anforderungen einer modernen Arbeitswelt im gewerblich-technischen Bereich vor. Mit dem Abschluss ist ein Übergang in das Technische Berufskolleg II möglich.

Technisches Berufskolleg II

Das Technische BK II vertieft die am Technischen BK I erworbene technische Grundbildung und vermittelt fachtheoretische und fachpraktische Kenntnisse und Fertigkeiten, die zur Wahrnehmung von Tätigkeiten in einem durch Technik geprägten Aufgabenfeld befähigen. Mit dem Abschlusszeugnis wird die Fachhochschulreife erworben. Zur Aufnahme wird ein bestimmter Notendurchschnitt aus den Kernfächern des Technischen BK I vorausgesetzt.

BK für Design

Die Berufskollegs für Design vermitteln fachtheoretische, fachpraktische und gestalterische Kenntnisse und Fertigkeiten, die in den Fachrichtungen (Design, Schmuck und Gerät / Grafik-Design / Mode und Design / Holzdesign und Holzbildhauerei) zur Ausübung der Designertätigkeit erforderlich sind.

Zur Aufnahme sind zusätzlich gestalterische Fähigkeiten nach Maßgabe der Schule nachzuweisen.

BK für Informatik (für Abiturient*innen)

Die Ausbildung ist eine praxisorientierte Alternative zu einem Hochschulstudium; sie vermittelt in den Schwerpunkten Technik, Wirtschaft und Medien die Fähigkeiten zur Erstellung, Anpassung, Administration und Anwendung von komplexen Informations- und Kommunikationssystemen. Neben einem breiten betriebswirtschaftlichen und informationstechnischen Wissen beinhaltet die Ausbildung grundlegende Kenntnisse der Informatik. Die theoretische Ausbildung im ersten und dritten Jahr wird im zweiten Jahr ergänzt durch ein einjähriges Praktikum. Voraussetzung für die Aufnahme ist das Zeugnis der allgemeinen oder fachgebundenen Hochschulreife oder der Nachweis eines gleichwertigen Bildungsstandes. In besonders begründeten Ausnahmefällen können auch Bewerber*innen mit Fachhochschulreife aufgenommen werden.

Kaufmännische Berufskollegs

Kaufmännisches BK in Teilzeitform (für Abiturient*innen)

Die Schüler*innen werden zur Übernahme anspruchsvoller, herausgehobener Sachbearbeiterfunktionen ausgebildet. Die Teilnahme an diesem Bildungsgang erfordert die allgemeine oder fachgebundene Hochschulreife sowie den Abschluss eines Ausbildungsverhältnisses. Neben den berufsfachlichen Kompetenzen des Ausbildungsberufs erwerben die Schüler*innen berufsbezogene Zusatzqualifikationen, die es ermöglichen, besonderen beruflichen Anforderungen gerecht zu werden. Neben der Abschlussprüfung im jeweiligen Ausbildungsberuf erfolgt eine Zusatzprüfung beispielsweise zum Finanzassistent*in Schwerpunkt Steuern oder Assistent*in für Internationales Wirtschaftsmanagement. Bereiche: Finanzdienstleistungen (Schwerpunkt: Banken / Finanzdienstleistungen sowie Versicherungen) / Immobilien / Steuern / Internationales Wirtschaftsmanagement / Europäisches Wirtschaftsmanagement / Wirtschaftsinformatik / Management im Einzelhandel / Außenhandel / Medienwirtschaft / Tourismus / Spedition und Logistikdienstleistungen / Veranstaltungsmanagement.

Kaufmännisches BK I

Das einjährige Kaufmännische BK I, teilweise auch mit dem Profil Übungsfirma, vermittelt fachtheoretische und fachpraktische Kenntnisse für Tätigkeiten in Wirtschaft und Verwaltung. Mit dem Abschluss ist mit einem bestimmten Notendurchschnitt ein Übergang in das Kaufmännische BK II möglich.

Kaufmännisches Berufskolleg II

Das Kaufmännische BK II, teilweise mit dem Profil Übungsfirma, vertieft die am Kaufmännischen BK I erworbenen fachtheoretischen und fachpraktischen Kenntnisse und befähigt zur selbstständigen Wahrnehmung kaufmännischer und verwaltender Tätigkeiten. Mit dem Abschlusszeugnis wird die Fachhochschulreife erworben. Zur Aufnahme wird ein bestimmter Notendurchschnitt aus den Kernfächern des Kaufmännischen BK I vorausgesetzt.

Kaufmännisches BK Fremdsprachen

Die Ausbildung dauert zwei Schuljahre und vermittelt fachtheoretische und fachpraktische Kenntnisse und Fertigkeiten, um selbstständig kaufmännische und verwaltende Tätigkeiten in fremdsprachlich geprägten Aufgabenfeldern wahrzunehmen. Mit dem Abschlusszeugnis wird die Fachhochschulreife erworben. Es kann nur aufgenommen werden, wer im Zeugnis des Mittleren Bildungsabschlusses im Fach Englisch mindestens „befriedigend“ erreicht hat.

Kaufmännisches BK Wirtschaftsinformatik

Das zweijährige Kaufmännische BK Wirtschaftsinformatik vermittelt fachtheoretische und fachpraktische Kenntnisse für qualifizierte kaufmännische und verwaltende Tätigkeiten in informationstechnologisch geprägten Aufgabenfeldern. Neben der Vermittlung von Fachkenntnissen spielt die Betrachtung betrieblicher Prozessabläufe und deren Zusammenwirken eine wichtige Rolle. Mit dem Abschlusszeugnis wird die Fachhochschulreife erworben.
Es kann nur aufgenommen werden, wer im Zeugnis des Mittleren Bildungsabschlusses im Fach Mathematik mindestens „befriedigend“ erreicht hat.

BK für Sport- und Vereinsmanagement

Das dreijährige BK vermittelt die fachtheoretischen und fachpraktischen Grundkenntnisse für Tätigkeiten in Vereinen. Es befähigt zur selbstständigen Wahrnehmung kaufmännischer und verwaltender Tätigkeiten insbesondere im Bereich des Sport- und Vereinsmanagements. Durch freiwilligen Zusatzunterricht wird der Erwerb der Fachhochschulreife ermöglicht. Teilweise kann auch die Qualifikation eines/r Übungsleiter*in erworben werden.

Hauswirtschaftliche, pflegerische und sozialpädagogische Berufskollegs

Berufskolleg für Sozialpädagogik (1BKSP)

Das einjährige BK bereitet auf eine Ausbildung an der Fachschule für Sozialpädagogik vor. Es vermittelt fachliche Grundlagen für den Beruf Erzieher*in und fördert die Entwicklung der Handlungskompetenz und der Persönlichkeit der Schüler*innen. Aufnahmevoraussetzungen:

1. Fachschulreife oder Realschulabschluss oder das Versetzungszeugnis in die Klasse oder Jahrgangsstufe 11 eines Gymnasiums, in die gymnasiale Oberstufe der Gemeinschaftsschule oder der Nachweis eines gleichwertigen Bildungsstandes oder das Versetzungszeugnis in die Klasse 10 eines G8-Gymnasiums und
2. schriftlicher Nachweis eines Platzes für die praktische Ausbildung mit einem von der Schule als geeignet angesehenen Träger einer Tageseinrichtung für Kinder (z.B. Kindergarten).

Die praktische Ausbildung im Handlungsfeld Sozialpädagogisches Handeln erfolgt im Umfang von zwei Tagen je Unterrichtswoche oder im Block.

Fachschule für Sozialpädagogik – Berufskolleg (2BKSP) sowie Fachschule für Sozialpädagogik (praxisintegriert) – Berufskolleg (3BKSPIT) und Fachschule für Sozialpädagogik in Teilzeitform (3BKSPT)

Die Ausbildung befähigt dazu, Erziehungs-, Bildungs- und Betreuungsaufgaben zu übernehmen und in allen sozialpädagogischen Bereichen selbstständig und eigenverantwortlich als Erzieher*in tätig zu sein. Durch Zusatzunterricht mit Zusatzprüfung ist der Erwerb der Fachhochschulreife möglich.

Berufskolleg Gesundheit und Pflege I

Das einjährige Berufskolleg Gesundheit und Pflege I bereitet auf Berufe des Gesundheitsbereichs und des pflegerischen Bereichs vor, vermittelt Grundkenntnisse in den Bereichen Ernährung, Gesundheit und Pflege. Mit dem Abschluss ist, ein bestimmter Notendurchschnitt vorausgesetzt, ein Übergang in das BK Gesundheit und Pflege II möglich.

Berufskolleg Gesundheit und Pflege II

Dieses einjährige BK, teilweise auch mit dem Profil Übungsfirma, vermittelt neben erweiterten Kenntnissen im Bereich Gesundheit und Pflege spezifische betriebswirtschaftliche und organisatorische Kompetenzen, die zu betriebswirtschaftlichem Handeln in sozialen Bereichen befähigen. Der Abschluss qualifiziert zum Studium an einer Fachhochschule.

Zur Aufnahme wird ein bestimmter Notendurchschnitt aus den Kernfächern des BK Gesundheit und Pflege I vorausgesetzt.

Berufskolleg Ernährung und Erziehung

Das einjährige BK vermittelt eine Grundbildung für die Wahrnehmung der sozialen und wirtschaftlichen Aufgaben im Haushalt und führt in Berufe des Berufsfeldes Ernährung und Hauswirtschaft sowie in die sozialpädagogischen Arbeitsfelder ein. Während des Besuchs ist ein Praktikum von mindestens 260 Stunden in hauswirtschaftlichen Betrieben zu absolvieren (Alten- und Pflegeheime, Krankenhäuser, Kitas, Hotels oder Gaststätten oder andere Einrichtungen mit Gemeinschaftsverpflegung).

Für die Aufnahme ist zusätzlich zum Mittleren Bildungsabschluss ein Praktikumsvertrag mit einem von der Schule als geeignet angesehenen hauswirtschaftlichen Betrieb nachzuweisen. Mit dem Abschluss ist ein Übergang in das BK für Ernährung und Hauswirtschaft II möglich.

BK für Ernährung und Hauswirtschaft II

Das zweijährige BK vermittelt hauswirtschaftliche, organisatorische und betriebswirtschaftliche Kompetenzen, die dazu befähigen, Aufgaben in der Verwaltung und in den Praxisfeldern hauswirtschaftlicher Betriebe selbstständig wahrzunehmen. Gleichzeitig wird die fachliche Vorbildung für die Ausbildung zur Technischen Lehrkraft der hauswirtschaftlichen Fachrichtung an beruflichen Schulen erworben.

Voraussetzung für die Aufnahme ist neben einem Mittleren Bildungsabschluss das Abschlusszeugnis des BK Ernährung und Erziehung oder der zweijährigen zur Prüfung der Fachschulreife führenden Berufsfachschule (BFS) mit dem Profil Hauswirtschaft und Ernährung bzw. Ernährung und Gastronomie oder der zweijährigen zur Prüfung der Fachschulreife führenden hauswirtschaftlich-sozialpädagogischen BFS oder der Berufsschulabschluss und der Berufsabschluss in einem einschlägigen, mindestens zweijährigen Ausbildungsberuf im Berufsfeld Ernährung und Hauswirtschaft und

- der Nachweis von ausreichenden Kenntnissen der Textverarbeitung, sofern nicht das Abschlusszeugnis des BK Ernährung und Erziehung vorgelegt wird
- ein Praktikumsvertrag mit einem von der Schule als geeignet angesehenen hauswirtschaftlichen Betrieb.

Während des Besuchs des BK ist ein Praktikum im Umfang von mindestens 300 Stunden pro Schuljahr in hauswirtschaftlichen Betrieben, wie Alten- und Pflegeheimen, Krankenhäusern, Hotels oder Gaststätten oder anderen Einrichtungen mit Gemeinschaftsverpflegung, zu absolvieren.

Duales Berufskolleg Fachrichtung Soziales

Das einjährige BK vermittelt ein berufsbezogenes Grundwissen für den sozialen Bereich in Theorie und Praxis. Neben dem Mittleren Bildungsabschluss ist ein Praktikumsvertrag mit einer von der Schule als geeignet angesehenen Einrichtung nachzuweisen.

Die Ausbildung gliedert sich in 13 Wochenstunden Unterricht und insgesamt mindestens 900 Stunden gelenktes Praktikum in sozialen Einrichtungen oder bei Einrichtungen und Diensten z.B. in Alten- und Pflegeheimen, Krankenhäusern, Kureinrichtungen, Behinderteneinrichtungen, Tageseinrichtungen für alte und demente Personen, Kindertagesstätten sowie an Schulen in den Feldern Schulsozialarbeit und Jugendberufshilfe oder bei Kommunen im Bereich der Organisation und Tätigkeit von Ehrenamtlichen.

Wenn der in den Fächern Deutsch, Englisch, Mathematik und Biologie erreichte Gesamtnotendurchschnitt nicht schlechter ist als 3,0 und die Leistungen in diesen Fächern jeweils nicht geringer als mit „ausreichend“ bewertet sind, sind die Zugangsvoraussetzungen zum einjährigen Berufskolleg zum Erwerb der Fachhochschulreife (BKFH) erfüllt.

Berufskollegs – Verzahnung mit dualen Ausbildungsberufen

Technisches Berufskolleg I und II sowie Kaufmännisches Berufskolleg I und II

Die einjährigen Berufskollegs richten sich inhaltlich an folgenden dualen Ausbildungsberufen aus:

- im technischen Bereich: Anlagenmechaniker für Sanitär-, Heizungs- und Klimatechnik / Feinwerkmechaniker / Metallbauer / Fachinformatiker,
- im kaufmännischen Bereich: Kaufmann/frau im Groß- und Außenhandel oder für Büromanagement, Industriekaufmann/frau.

Im jeweiligen BK I und BK II ist ein vierwöchiges Praktikum in geeigneten Betrieben zu absolvieren.

Die Aufnahme in das BK II setzt das Abschlusszeugnis des jeweiligen BK I mit einem bestimmten Notendurchschnitt voraus. Die Absolvent*innen können durch Teilnahme an einem Zusatzprogramm die Fachhochschulreife erlangen.

Der Abschluss des BK I soll es ermöglichen, eine anschließende Berufsausbildung in dem entsprechenden Beruf bis zu einem Jahr zu verkürzen (Abschluss des BK II Verkürzung bis zu zwei Jahre).

Berufskolleg zum Erwerb der Fachhochschulreife (BKFH)

Das einjährige BK zum Erwerb der Fachhochschulreife qualifiziert durch vertieften allgemeinbildenden und fachtheoretischen Unterricht bundesweit zum Studium an einer Fachhochschule. Die Ausbildung wird auch in Teilzeitform angeboten und dauert entsprechend länger.

Voraussetzung für die Zulassung ist ein mittlerer Bildungsabschluss und eine abgeschlossene, mindestens zweijährige – für das am aufnehmenden BK angebotene Schwerpunktfach einschlägige – Berufsausbildung der gewerblichen, gestalterischen, kaufmännischen oder hauswirtschaftlich/ landwirtschaftlich/sozialpädagogischen Richtung.

Der Berufsausbildung gleichgestellt ist eine einschlägige, für den Besuch des Berufskollegs förderliche Berufserfahrung von mindestens fünf Jahren.

Für besonders gute Absolvent*innen besteht die Möglichkeit, direkt in das zweite Jahr der entsprechenden Richtung der Berufsoberschule zu wechseln und mit einem weiteren Jahr die Allgemeine Hochschulreife zu erwerben.

⇨ Abschlüsse und Bildungswege; ⇨ Schulgesetz § 12

Berufsoberschule / Berufsaufbauschule

Informationen der Redaktion zur Rechtslage und zur Verwaltungspraxis in Baden-Württemberg

Die Berufsoberschule (BOS) ist eine Vollzeitschule. Sie baut auf der Berufsschule und einer praktischen Berufsausbildung oder Berufsausübung auf und vermittelt als Technische Oberschule oder Wirtschaftsoberschule oder Berufsoberschule für Sozialwesen auf der Grundlage des erworbenen Fachwissens vor allem eine weitergehende allgemeine Bildung. An ihr können die fachgebundene bzw. in Verbindung mit einer zweiten Fremdsprache die allgemeine Hochschulreife erworben werden. Beide Abschlüsse sind bundesweit anerkannt.

Die Berufsoberschule gliedert sich in die Mittelstufe (Berufsaufbauschule) und die Oberstufe.

Mittelstufe (Berufsaufbauschule)

Die Mittelstufe – Berufsaufbauschule (BAS) – umfasst mindestens ein Schuljahr und führt zur Fachschulreife. Die BAS gliedert sich in folgende Typen:

- Gewerblich-technische Berufsaufbauschule,
- kaufmännische Berufsaufbauschule,
- hauswirtschaftlich-pflegerisch-sozialpädagogische Berufsaufbauschule und
- landwirtschaftliche Berufsaufbauschule.

Nach einjährigem Besuch dieser Vollzeitschulform können Absolvent*innen der Hauptschule mit einer abgeschlossenen Berufsausbildung nachträglich einen mittleren Bildungsabschluss (mittlere Reife) erwerben. Aufbauend auf den bisher erworbenen Kenntnissen und Fähigkeiten, erhalten die Besucher dieser Schulform eine insbesondere auf technischem und wirtschaftlichem Gebiet erweiterte Allgemeinbildung und werden auf die Übernahme höher qualifizierter Tätigkeiten vorbereitet.

Aufnahmevoraussetzungen

1. Hauptschulabschluss oder ein gleichwertiger Bildungsstand
2. Abschlusszeugnis der Berufsschule oder einer einjährigen Berufsfachschule oder einer mindestens zweijährigen Berufsfachschule, die nicht zum Erwerb der Fachschulreife führt,
3. Abschluss eines anerkannten Ausbildungsberufs oder eine mindestens vierjährige einschlägige praktische Tätigkeit mit guten Beurteilungen, wobei die Zeit des Besuchs einer Berufsfachschule angerechnet werden kann

Ausländische Bewerber*innen müssen ausreichende deutsche Sprachkenntnisse besitzen.

Oberstufe (Berufsoberschule)

Die Oberstufe – Berufsoberschule (BOS) – umfasst zwei Schuljahre und führt zur fachgebundenen oder allgemeinen Hochschulreife. Bewerber*innen mit Fachhochschulreife können unter bestimmten Bedingungen (Notendurchschnitt der maßgebenden Fächer mindestens 2,5, die Noten der Fächer Deutsch, Englisch, Mathematik und berufliches Schwerpunktfach besser als „ausreichend“ und Teilnahme an einem Beratungsgespräch) gleich in das zweite Jahr einsteigen.

Aufnahmevoraussetzungen

- Mittlere Reife (Realschulabschluss, Fachschulreife, Abschluss nach der Klasse 10 der Hauptschule / Werkrealschule),
- Versetzungszeugnis in die Klasse 11 eines Gymnasiums bzw. Klasse 10 eines achtjährigen Gymnasiums oder der gymnasialen Oberstufe der Gemeinschaftsschule mit einem Notendurchschnitt von mindestens 3,0 in den Fächern Deutsch, Englisch, Mathematik und und einem der Fächer oder Fächerverbünde Biologie, Chemie, Physik, Materie-Natur-Technik oder Naturwissenschaftliches Arbeiten, wobei in jedem Fach mindestens die Note „ausreichend“ erreicht sein muss, und abgeschlossene Berufsausbildung oder gleichgestellte Berufserfahrung.

Absolvent*innen des „9 + 3“ Modells können über eine Aufnahmeprüfung zugelassen werden.

⇨ Abschlüsse und Bildungswege; ⇨ Abschlüsse (HS/RS Gleichwertigkeit); ⇨ Schulgesetz § 13

Berufsschule

Informationen der Redaktion zur Rechtslage und zur Verwaltungspraxis in Baden-Württemberg

Form und Inhalt der Ausbildung

Das Schulgesetz bestimmt in § 10 als Aufgabe der Berufsschule, im Rahmen der Berufsausbildung oder Berufsausübung vor allem fachtheoretische Kenntnisse zu vermitteln und die allgemeine Bildung zu vertiefen und zu erweitern. Sie führt über eine Grundbildung und eine darauf aufbauende Fachbildung gemeinsam mit Berufsausbildung oder Berufsausübung zu berufsqualifizierenden oder berufsbefähigenden Abschlüssen. Bei Schüler*innen mit Hochschulreife kann anstelle der Vermittlung allgemeiner Bildungsinhalte eine zusätzliche Vermittlung fachtheoretischer Kenntnisse treten. Die Berufsschule kann durch Zusatzprogramme den Erwerb weiterer Berechtigungen ermöglichen.

⇨ Schulgesetz § 10

Die Grundbildung wird in der Grundstufe, die Fachbildung in den Fachstufen vermittelt. Der Unterricht wird in Teilzeitform, auch als Blockunterricht, erteilt. Die Grundstufe kann als Berufsgrundbildungsjahr, und zwar in Vollzeitunterricht oder in Kooperation mit betrieblichen oder überbetrieblichen Ausbildungsstätten, durchgeführt werden.

Die Berufsschule wird als gewerbliche, kaufmännische, hauswirtschaftlich-pflegerisch-sozialpädagogische oder landwirtschaftliche Schule geführt; sie soll für Jugendliche, die zu Beginn der Berufsschulpflicht ein Berufsausbildungsverhältnis nicht nachweisen, als einjährige Vollzeitschule geführt werden. ⇨ Vorqualifizierungsjahr

Verpflichtung und Berechtigung zum Besuch der Berufsschule

Es gelten die folgenden Grundsätze (in den einschlägigen Rechtsvorschriften werden zum Teil weitergehende, differenzierende Festlegungen getroffen):

Wer den Besuch der allgemeinbildenden Schule beendet hat, ist grundsätzlich verpflichtet, die Berufsschule zu besuchen. Die Berufsschulpflicht endet mit Ablauf des Schuljahres, in dem das 18. Lebensjahr vollendet wird. Sie gilt für Schülerinnen und Schüler als vorzeitig beendet, wenn sie

- einen Realschulabschluss erworben haben oder über einen dem Realschulabschluss gleichwertigen Bildungsstand verfügen und die Berufsschule zwei Jahre besucht haben, oder
- die Klasse 11 eines Gymnasiums durchlaufen und die Berufsschule ein Jahr besucht haben.

Für Schüler*innen mit sonderpädagogischem Förderbedarf gelten besondere Bestimmungen.

Wird statt der Berufsschule eine andere berufsbildende öffentliche Schule (z.B. Berufsfachschule, Berufskolleg) oder eine entsprechende private Schule, eine Berufsakademie oder eine Hochschule besucht oder der Vorbereitungsdienst für Beamte, ein freiwilliges soziales oder ökologisches Jahr oder der Wehr- oder Zivildienst absolviert, so ruht die Berufsschulpflicht während dieser Zeit.

Wird vor Beendigung der Berufsschulpflicht eine duale Ausbildung begonnen oder eine Stufenausbildung fortgesetzt, so muss die Berufsschule bis zum Abschluss der Ausbildung besucht werden.

Beginnt eine nicht mehr berufsschulpflichtige Person eine duale Ausbildung oder eine Umschulung oder setzt sie eine Stufenausbildung fort, so kann sie die Berufsschule mit den Rechten und Pflichten eines Berufsschulpflichtigen bis zum Abschluss der Ausbildung besuchen.

Die Berufsschulpflicht gilt als vorzeitig beendet, wenn mindestens ein Jahr lang eine berufliche Vollzeitschule besucht wurde. ⇨ Schulgesetz §§ 77 ff.

Unterrichtsorganisation

Die Ausbildung an der Berufsschule erfolgt in der Regel in Teilzeitunterricht. Der Unterricht kann aber auch in zusammenhängenden Zeitabschnitten (Blöcken) erteilt werden. Beispiel: Drei Wochen Berufsschule – sechs Wochen Ausbildung im Betrieb – wieder drei Wochen Unterricht usw.

Teilweise wird das erste Jahr der dualen Ausbildung auch im Berufsgrundbildungsjahr (Vollzeitschule oder in Kooperation mit betrieblichen oder überbetrieblichen Ausbildungsstätten) verbracht.

Blockunterricht wird vor allem bei Ausbildungsberufen eingesetzt, die nur eine geringe Anzahl von Auszubildenden aufweisen. In diesen Fällen ist das Einzugsgebiet der Berufsschule meist sehr groß, so dass vielen Schülern eine tägliche Rückkehr zum Wohn- oder Ausbildungsort nicht möglich ist.

Die Ausbildung endet mit einer Berufsschulabschlussprüfung. In Verbindung mit dem erfolgreichen Abschluss der betrieblichen Ausbildung (Gesellen-, Gehilfen- oder Facharbeiterbrief) erwerben Jugendliche ohne Hauptschulabschluss einen dem Hauptschulabschluss gleichwertigen Bildungsstand.

Sofern es die erzielten Noten zulassen, können sich Auszubildende mit Hauptschulabschluss nach Abschluss der Berufsausbildung auch einen dem mittleren Bildungsabschluss gleichwertigen Bildungsstand zuerkennen lassen.

⇨ Abschlüsse und Bildungswege; ⇨ Abschlüsse (Gleichwertigkeit); ⇨ Abschlüsse (Gleichwertiger Bildungsstand); ⇨ Ausbildungsvorbereitung dual (AVdual); ⇨ Schulgesetz §§ 10 und 77 ff.; ⇨ Schulpflicht (Ausländische Schüler*innen); ⇨ Schulpflicht (Berufliche Schulen); ⇨ Vorqualifizierungsjahr

Zum Berufsvorbereitungsjahr bitte den Beitrag ⇨ Vorqualifizierungsjahr Arbeit und Beruf **beachten.**

Beschwerderecht

Informationen der Redaktion zur Rechtslage und zur Verwaltungspraxis in Baden-Württemberg

1.
Grundsätze

Das Beschwerderecht gehört zu den konstituierenden Merkmalen des Rechtsstaates. Es unterscheidet den Rechtsstaat von jenen Herrschaftsformen, in denen eine Beschwerde als Angriff auf die geheiligte Person des Monarchen oder auf ein staatliches Unrechtssystem verstanden (und geahndet) wird.

Das „Petitionsrecht“ gehört zu den Grundrechten; es ist ein Abwehrrecht gegen staatliche Allmacht oder Willkür: *„Jedermann hat das Recht, sich einzeln oder in Gemeinschaft mit anderen schriftlich mit Bitten oder Beschwerden an die zuständigen Stellen und an die Volksvertretung zu wenden“.*

⇨ Grundgesetz Art. 17; ⇨ Pädagogische Freiheit

Das Recht aller Menschen, ihre Rechte und Interessen gegenüber dem Staat und dessen Organen bzw. Amtsträgern zu artikulieren und zu vertreten, schließt umgekehrt die Pflicht der staatlichen Institutionen bzw. der dort tätigen Personen ein, den Sachverhalt aufzuklären und – wo möglich oder geboten – Abhilfe zu schaffen.

Vor einer Beschwerde und vor dem förmlichen Widerspruch gegen eine Entscheidung von Behörden bzw. deren Amtsträgern sollte man sich über den strittigen Sachverhalt kundig machen und muss diesen, will man mit Beschwerde oder Widerspruch bei einer höheren Instanz erfolgreich sein, auch schriftlich dokumentieren.

Das Verfahren beim förmlichen Widerspruch gegen behördliche bzw. schulische Entscheidungen ist im Beitrag ⇨ Verwaltungsrecht (Allgemeines) dargestellt.

2.
Beschwerden über Schulen oder Lehrkräfte

Die im allgemeinen Sprachgebrauch häufig zitierte *„Dienstaufsichtsbeschwerde“* ist die Anrufung der Behördenleitung oder einer übergeordneten Behörde durch Bürger*innen mit dem Ziel, dass diese ihre Dienst- oder Fachaufsicht über eine Amtsperson wahrnimmt, also der Beanstandung nachgeht und gegebenenfalls vorhandene Mängel abstellt. Die Beschwerde richtet sich in der Regel gegen das Handeln einer Amtsperson, nicht jedoch gegen die Entscheidung einer Behörde. ⇨ Amtshaftung

Im Bereich der staatlichen Schulen besitzen z.B. die Eltern und ihre Vertretungen das Recht, sich über Handlungen und Unterlassungen von Schulen oder Lehrkräften zu beschweren. Die Elternvertretungen dürfen jedoch gegen die beteiligten Personen keine Untersuchungen wegen ihres dienstlichen Verhaltens führen: Die Dienstaufsicht und die Fachaufsicht über Schulen und Lehrkräfte bzw. Schulleitungen obliegt der Schulverwaltung.

⇨ Elternbeirat (EltBVO) § 4; ⇨ Schulgesetz § 32 ff.

Eltern haben keinen „Dienstweg“; sie können sich direkt auf jeder Ebene der Verwaltung beschweren. Jedoch sind auch für sie folgende Grundsätze sinnvoll (und wegen der in § 55 Abs. 1 Schulgesetz konstituierten Pflicht von Schule und Elternhaus zur vertrauensvollen Zusammenarbeit auch geboten):

- Jede Beschwerde sollte zunächst unmittelbar bei jener Person vorgebracht werden, über die man sich beklagt; z.B. sollten Eltern Beanstandungen über eine Lehrkraft bei dieser selbst vorbringen.
- Wird die Beanstandung hingegen sofort (oder wenn ihr auf der unmittelbar zuständigen Ebene nicht abgeholfen wird, danach) als Beschwerde an eine „höhere“ Instanz gerichtet, so sind der Anspruch auf rechtliches Gehör und die Zuständigkeits-Hierarchie zu beachten.

Wenden sich Eltern direkt an das Kultusministerium, so darf dieses der Beschwerde nicht direkt „abhelfen“, sondern es muss sie durch die unmittelbar zuständige Schulleitung bzw. Schulaufsichtsbehörde bearbeiten lassen (Verbot des „Selbsteintritts“). Alle Zuständigkeitsregelungen wären sinnlos und es bestünde die Gefahr von Willkür, könnte eine „höhere“ Behörde sich beliebig an die Stelle der jeweils „zuständigen“ setzen. Die Schulaufsichtsbehörde kann jedoch im Rahmen ihrer Fachaufsicht über die Schulen anordnen, dass eine Leistung neu bewertet und die Note neu festgesetzt wird; dabei muss sie den Beurteilungsspielraum der Prüfenden respektieren, ferner muss die Lehrkraft zum Sachverhalt gehört werden.

Bei Beschwerden (z.B. Elternbeschwerde über eine Lehrkraft) führen die Vorgesetzten (Schulleitung bzw. Schulaufsichtsbehörde) in der Regel zunächst ein *„Dienstgespräch“* mit der Lehrkraft. Sie klären den Sachverhalt auf und schaffen Abhilfe oder weisen die Beschwerde auch zurück, falls sie sich als grundlos erweist. Bei einem disziplinarrechtlich relevanten Fehlverhalten einer Lehrkraft werden gegebenenfalls auch dienstrechtliche Schritte eingeleitet. Eltern haben Anspruch darauf, dass sie auf ihre Beschwerde eine (schriftliche) Antwort erhalten, eventuelle Sanktionen gegen eine Lehrkraft werden ihnen jedoch nicht mitgeteilt. ⇨ Schulaufsicht

Eltern befürchten nicht selten, dass eine Beschwerde nachteilig für ihr Kind sein könne, dass sie gegenüber Lehrkräften oder der Schulleitung nicht durchsetzungsfähig wären oder dass sie als „Querulanten“ angesehen würden. Es kann deshalb sinnvoll sein, sich mit dem Anliegen an die Elternvertretung zu wenden. Diese kann sich mit dem Problem an die Lehrkraft bzw. an die Schulleitung oder auch an die Schulaufsichtsbehörde wenden. Durch die Behandlung eines individuellen Anliegens als allgemeines Problem kann auch vermieden werden, dass einzelne „Beschwerdeführer*innen“ diskriminiert werden.

⇨ Amtshaftung; ⇨ Elternbeirat (EltBVO) § 4; ⇨ Pädagogische Freiheit; ⇨ Schulaufsicht; ⇨ Schulgesetz § 32 ff.; ⇨ Verwaltungsrecht (Allgemeines)

Betriebsausflüge

Betriebsausflüge von Lehrern an allgemeinbildenden und beruflichen Schulen; Verwaltungsvorschrift des KM vom 26.7.1983 (K.u.U. S. 546); erneuert 20.12.2000 (K.u.U. S. 5/2001)

Um den Unterrichtsausfall so gering wie möglich zu halten, wird für den Bereich der allgemeinbildenden und beruflichen Schulen bestimmt, dass Lehrer zur Teilnahme an einem Betriebsausflug erst nach der vierten Unterrichtsstunde (einmal jährlich) von der Erteilung des Unterrichts freigestellt werden können.

Bildungsberatung

Richtlinien für die Bildungsberatung; Verwaltungsvorschrift des Kultusministeriums vom 26. April 1984 (K.u.U. S. 349); neu erlassen 13.11.2000 (K.u.U. S. 332/2000)

I. Grundsätze und Ziele

Die Bildungsberatung soll dazu beitragen, das verfassungsmäßig garantierte Recht des jungen Menschen auf eine seiner Begabung entsprechende Erziehung und Ausbildung zu verwirklichen und ihn in der bestmöglichen Entfaltung seiner Persönlichkeit zu unterstützen. ⇨ Verfassung Art. 11

Die Aufgaben der Bildungsberatung umfassen dabei insbesondere die Schullaufbahnberatung sowie die Beratung bei Schulschwierigkeiten in Einzelfällen. Darüber hinaus unterstützen die Einrichtungen der Bildungsberatung Schulen und Schulaufsichtsbehörden in psychologisch-pädagogischen Fragen.

Beratung ist ein wesentlicher Bestandteil des Erziehungs- und Bildungsauftrags der Schule und damit zunächst Aufgabe jeder Lehrerin und jeden Lehrers. Angesichts der Vielfalt und Differenziertheit des Bildungsangebots und der Konfrontation der Schule mit Fehlentwicklungen bei Kindern und Jugendlichen, die den Erziehungszielen der Schule entgegenwirken und die mit den erzieherischen Methoden der Pädagogik allein nicht bewältigt werden können, ist es notwendig, bestimmte schulische Beratungsaufgaben besonders qualifizierten Beraterinnen und Beratern zuzuweisen. Dementsprechend wirken bei der Erfüllung der in § 19 Schulgesetz festgelegten Aufgaben der Bildungsberatung die überörtlich eingerichteten Schulpsychologischen Beratungsstellen sowie Beratungslehrerinnen und Beratungslehrer an den Schulen mit.

Um dem natürlichen Erziehungsrecht der Eltern Rechnung zu tragen, erfolgen Beratungen grundsätzlich in Abstimmung mit den Erziehungsberechtigten.

II. Beratungslehrerinnen und Beratungslehrer

1. Allgemeines

Für besondere Beratungsaufgaben werden [...] an den Schulen Beratungslehrerinnen und Beratungslehrer bestellt, die eine zusätzliche Ausbildung als Beratungslehrerin oder Beratungslehrer absolviert haben oder eine gleichwertige Ausbildung besitzen. [...] In der Regel wird eine Beratungslehrerin oder ein Beratungslehrer für mehrere Schulen, bei größeren Schulen für die Schule bestellt, an der sie oder er unterrichtet.

2. Aufgaben

Schwerpunkt der Aufgaben ist die Schullaufbahnberatung, d.h. die Information und Beratung von Schülerinnen, Schülern und Eltern über die geeigneten Bildungsgänge. – Insbesondere

2.1 beraten sie Schülerinnen, Schüler und Eltern in Fragen der Schullaufbahnwahl und des Schullaufbahnwechsels, z.B. bei der Einschulung, beim Übergang auf die auf der Grundschule aufbauenden Schularten, beim Durchlaufen der Orientierungsstufe an den einzelnen Schularten, bei der Zuweisung zu Stütz- und Förderkursen, beim Übergang von einer Schulart in die andere, bei Entscheidungen über anzustrebende Bildungsabschlüsse, bei der Fächerwahl im Wahlpflichtbereich, bei der Zuweisung in Leistungsgruppen, bei der Orientierung über das berufliche Schulwesen, beim Übergang in die Oberstufe des allgemeinbildenden Schulwesens sowie in das berufliche Schulwesen;

2.2 unterstützen sie die zuständigen Berufs- und Studienberaterinnen und -berater bei der beruflichen Orientierung und bei der studienvorbereitenden Beratung;

2.3 wirken sie mit bei örtlichen Informationsveranstaltungen zur Schullaufbahnwahl;

2.4 machen sie Ratsuchenden Informationsmaterial zugänglich;

2.5 helfen sie Schülerinnen und Schülern bei der Bewältigung von Schulschwierigkeiten, soweit Möglichkeiten hierzu im pädagogischen Bereich liegen. Insbesondere sind Leistungsschwächen (Leistungsabfall und -schwankungen) sowie Lernschwierigkeiten zu nennen;

2.6 helfen sie an beruflichen Schulen in Kooperation mit der Berufsberatung und den Ausbildungsberaterinnen und -beratern der Kammern bei der Bewältigung von Schwierigkeiten in der Ausbildung.

Weitergehende, insbesondere psychotherapeutische Maßnahmen bei einzelnen Schülerinnen und Schülern oder Klassen gehören nicht zu den Aufgaben.

Hinweis der Redaktion: Zu den Aufgaben der Beratungslehrkräfte gehört auch nicht, Schüler*innen an Nachhilfeeinrichtungen zu verweisen (Quelle: KM, 24.5.1993, AZ: IV/6-6402.0/16).

3.
Methoden

3.1 Die wichtigste Methode der Beratung ist das persönliche Gespräch. Besondere Untersuchungs- und Testverfahren dürfen nur eingesetzt werden, wenn diese in dem vom Kultusministerium aufgestellten „Testkatalog" (Anlage 1; *hier nicht abgedruckt*) aufgeführt sind.

3.2 Untersuchungen und Beratungsmaßnahmen, zu deren Durchführung ein besonderes wissenschaftliches Studium oder eine andere spezifische Qualifikation, die durch die Beratungslehrer-Ausbildung nicht erworben wird, vorausgesetzt werden muss, dürfen nicht durchgeführt werden. [...]

III.
Schulpsychologische Beratungsstellen

1. Allgemeines *(hier nicht abgedruckt)*

2. Aufgaben

Die Schulpsychologischen Beratungsstellen sind Bestandteil der beratenden Schulaufsicht und unterstützen die Schulen bei der Erfüllung ihres Erziehungsauftrags. – Die an den Schulpsychologischen Beratungsstellen tätigen Schulpsychologinnen und Schulpsychologen

- helfen mit psychologischen Beratungsmethoden Schülerinnen und Schülern, die wegen Lern- und Arbeitsstörungen sowie aufgrund von Beeinträchtigungen im sozialen und emotionalen Bereich Schwierigkeiten in der Schule haben. Sie wirken mit bei der Behebung von Verhaltensauffälligkeiten von Schülerinnen und Schülern und bei der Bewältigung innerschulischer Konflikte,
- unterstützen Lehrkräfte und Schulaufsicht bei pädagogisch-psychologischen Fragestellungen, wirken mit in der Lehrerfortbildung sowie bei der Entwicklung geeigneter Untersuchungs- und Beratungsmethoden und beteiligen sich auf Weisung des Kultusministeriums an Schulversuchen,
- beraten und informieren Ratsuchende in Fragen des Zweiten Bildungswegs.

Die Erfahrungen aus der Beratungsarbeit werden in den Arbeitsauftrag der Schulaufsicht einbezogen.

➪ Schulpsychologische Beratungsstellen

IV.
Formale Rahmenbedingungen der Bildungsberatung

1.
Einwilligung der Berechtigten

1.1 Sofern Untersuchungen durchgeführt werden, zu deren Teilnahme die betroffenen Schülerinnen und Schüler aufgrund von Rechtsvorschriften verpflichtet sind, bedürfen sie keiner Einwilligung der Erziehungsberechtigten.

1.2 Sofern Schulpsychologinnen, Schulpsychologen, Beratungslehrerinnen und und Beratungslehrer auf Anforderung von Schulleitungen und Lehrkräften oder auf Veranlassung der Schulaufsichtsbehörden tätig werden und die betroffenen Schülerinnen und Schüler zur Teilnahme an erforderlichen Einzeluntersuchungen nicht verpflichtet sind, können diese nur durchgeführt werden, wenn die Erziehungsberechtigten oder volljährigen Schülerinnen und Schüler selbst vorab schriftlich erklären, dass sie mit der Untersuchung und damit einverstanden sind, dass die Ergebnisse in dem für die Fragestellung erforderlichen Umfang dem Auftraggeber bekanntgegeben werden.

1.3 Sofern Beratungsfachkräfte auf Wunsch minderjähriger Schülerinnen und Schüler tätig werden, ist eine erste Beratung zulässig. Werden darüber hinaus Maßnahmen für erforderlich gehalten, sind diese nur zulässig, wenn eine schriftliche Einwilligung der Erziehungsberechtigten vorliegt.

2.
Vertraulichkeit

2.1 Beratungslehrerinnen, Beratungslehrer, Schulpsychologinnen und Schulpsychologen haben über Tatsachen, die ihnen im Rahmen ihrer besonderen Beratungsaufgaben anvertraut wurden, Stillschweigen zu wahren. Psychodiagnostische Untersuchungen und Beratungen sind deshalb in der Regel unter Ausschluss Dritter durchzuführen. ➪ Verschwiegenheitspflicht

2.2 Hiervon ergeben sich folgende Abweichungen:

2.2.1 In den Fällen des Abschnitts IV, 1.1 sind auf Anforderung der Vorgesetzten und Schulaufsichtsbehörden alle erforderlichen Auskünfte zu erteilen und ist erforderlichenfalls auch Akteneinsicht zu gewähren.

2.2.2 Es liegt die Zustimmung der Berechtigten vor, die sich sowohl auf die Person, gegenüber der eine Auskunft erteilt werden soll, wie auf den inhaltlichen Umfang beziehen muss.

3.
Behandlung von Unterlagen

3.1 Beratungslehrerinnen, Beratungslehrer, Schulpsychologinnen und Schulpsychologen führen Aufzeichnungen über ihre Tätigkeit. Alle wesentlichen Ergebnisse der Beratungsarbeit, insbesondere Gutachten, gutachtliche Stellungnahmen, Befunde, Empfehlungen und Beratungen, werden in Akten (Untersuchungsunterlagen) festgehalten. Werden Arbeitsergebnisse mündlich weitergegeben, ist hierüber ein Vermerk in die Akten aufzunehmen. Jeweils zum Schuljahresende ist den Dienstvorgesetzten ein Tätigkeitsbericht vorzulegen.

3.2 Die Untersuchungsunterlagen sind als personenbezogene Unterlagen unter Verschluss zu halten.

3.3 Die Untersuchungsunterlagen sind zu vernichten, wenn die betreffende Schülerin oder der betreffende Schüler seine Schullaufbahn beendet hat, spätestens jedoch nach 10 Jahren; alle anderen Unterlagen sind zu vernichten, wenn sie zur Aufgabenerfüllung nicht mehr benötigt werden, spätestens jedoch nach 30 Jahren. Die Unterlagen sind vor ihrer Vernichtung gemäß § 8 Abs. 1 des Landesarchivgesetzes dem zuständigen Archiv zur Übernahme anzubieten; Untersuchungsunterlagen dürfen nur in anonymisierter Form übergeben werden. Schulpsychologische Beratungsstellen, an deren Untersuchungsunterlagen die Archivverwaltung interessiert ist, erhalten eine gesonderte Mitteilung. Im Übrigen sind alle Schulpsychologischen Beratungsstellen und alle Beratungslehrerinnen und Beratungslehrer von der Pflicht, ihre Unterlagen der Archivverwaltung anzubieten, befreit.

⇨ Akten (Aufbewahrungsfristen und Archivierung)

V. Zusammenarbeit mit anderen Einrichtungen

1. Bei der Wahrnehmung ihrer Aufgaben arbeiten die Beratungsfachkräfte untereinander und mit den Schulen ihres Tätigkeitsbezirks eng zusammen. Beratungslehrerinnen und Beratungslehrer richten an den Schulen, für die sie bestellt sind, regelmäßige Sprechstunden ein.
2. Beratungslehrerinnen, Beratungslehrer, Schulpsychologinnen und Schulpsychologen nehmen von Fall zu Fall Kontakt mit anderen Personen oder Institutionen, die an der Erziehung und Betreuung von Kindern und Jugendlichen mitwirken, auf.

   Insbesondere sind zu nennen: Erziehungsberatungsstellen, Drogenberatungsstellen, Schulgesundheitsdienst der Gesundheitsämter, Jugend- und Sozialämter, sowie andere Einrichtungen der Jugendpflege und -fürsorge, Berufs- und Studienberatung der Arbeitsverwaltung, Studienberatung der Hochschulen und des Landesinstituts für Erziehung und Unterricht *(jetzt: IBBW und ZSL; siehe:* ⇨ Schulentwicklung und Evaluation*).*

⇨ Abschlüsse; ⇨ Akten (Aufbewahrungsfristen und Archivierung); ⇨ Aufnahmeverfahren; ⇨ Aufnahmeverordnung; ⇨ Datenschutz (Schulen); ⇨ Elternbeirat (EltBVO) §§ 3 und 4; ⇨ Gebühren; ⇨ Notenbildungsverordnung; ⇨ Protokolle und Niederschriften; ⇨ Schulentwicklung und Evaluation; ⇨ Schulgesetz §§ 19 und 32 (1), letzter Satz; ⇨ Schulpsychologische Beratungsstellen; ⇨ Verschwiegenheitspflicht

Bildungspaket

Informationen der Redaktion zur Rechtslage und zur Verwaltungspraxis in Baden-Württemberg

Schüler*innen, deren Eltern ein Recht auf Bürgergeld oder Sozialhilfe oder dem Asylbewerberleistungsgesetz haben oder Kinderzuschlag oder Wohngeld beziehen, erhalten im *„Bildungspaket"* Leistungen für Bildung und Teilhabe durch die kommunalen Träger (Landkreise, Städte, Jobcenter), z.B. zur Finanzierung von Schulmaterialien, die nicht im Rahmen der ⇨ Lernmittelfreiheit kostenfrei zur Verfügung gestellt werden, für die ⇨ Schülerbeförderung sowie für ⇨ Nachhilfe.

Um den Anspruchsberechtigten den Zugang zu den Leistungen zu erleichtern, besteht eine *„Hinwirkungspflicht"* der Leistungsträger: *„Sie sollen die Eltern unterstützen und in geeigneter Weise dazu beitragen, dass Kinder und Jugendliche Leistungen für Bildung und Teilhabe möglichst in Anspruch nehmen"* (§ 4 SGB II). Sie müssen mit Schulen und Kitas zusammenarbeiten. Infos zum Antragsverfahren sind unter www.bmas.de sowie unter www.service-bw.de (Suchwort jeweils > Bildungspaket) abrufbar.

Erleichterter Zugang während der Pandemie

Seit dem 1. Juli 2021 waren die individuellen Hilfen zur Lernförderung während der Pandemiezeit und im unmittelbaren Anschluss daran als Teil des *„Aktionsprogramm Aufholen nach Corona"* für Kinder und Jugendliche leichter zugänglich. Bis zum 31. Dezember 2023 konnten die Schulen Aufwendungen für die Lernförderung direkt mit den Kommunen abrechnen.

Bedarfe für Bildung und Teilhabe

Auszug aus dem SGB II vom 13.5.2011 (BGBl. I S. 850, 2094); zuletzt geändert 19. Juni 2022 (BGBl. I S. 921/2022)

§ 28

(1) Bedarfe für Bildung und Teilhabe am sozialen und kulturellen Leben in der Gemeinschaft werden bei Kindern, Jugendlichen und jungen Erwachsenen neben dem Regelbedarf nach Maßgabe der Absätze 2 bis 7 gesondert berücksichtigt. Bedarfe für Bildung werden nur bei Personen berücksichtigt, die das 25. Lebensjahr noch nicht vollendet haben, eine allgemein- oder berufsbildende Schule besuchen und keine Ausbildungsvergütung erhalten (Schülerinnen und Schüler).

(2) Bei Schülerinnen und Schülern werden die tatsächlichen Aufwendungen anerkannt für

1. Schulausflüge und
2. mehrtägige Klassenfahrten im Rahmen der schulrechtlichen Bestimmungen. [...]

(3) Für die Ausstattung von Schülerinnen und Schülern mit persönlichem Schulbedarf ist § 34 Absatz 3 und 3a des Zwölften Buches mit der Maßgabe entsprechend anzuwenden, dass der nach § 34 Absatz 3 Satz 1 und Absatz 3a [...] anzuerkennende

Bedarf für das erste Schulhalbjahr regelmäßig zum 1. August und für das zweite Schulhalbjahr regelmäßig zum 1. Februar zu berücksichtigen ist.

Hinweis der Redaktion: § 34 Abs. 3 SGB XII lautet:

(3) Bedarfe für die Ausstattung mit persönlichem Schulbedarf werden bei Schülerinnen und Schülern für den Monat, in dem der erste Schultag eines Schuljahres liegt, in Höhe von 100 Euro *(ab 2022: 104 Euro)* und für den Monat, in dem das zweite Schulhalbjahr eines Schuljahres beginnt, in Höhe von 50 Euro *(ab 2022: 52 Euro)* anerkannt. Abweichend von Satz 1 ist Schülerinnen und Schülern für die Ausstattung mit persönlichem Schulbedarf ein Bedarf anzuerkennen

1. in Höhe von 100 Euro *(ab 2022: 104 Euro)* für das erste Schulhalbjahr, wenn die erstmalige Aufnahme innerhalb des Schuljahres nach dem Monat erfolgt, in dem das erste Schulhalbjahr beginnt, aber vor Beginn des Monats, in dem das zweite Schulhalbjahr beginnt,
2. in Höhe des Betrags für das erste und das zweite Schulhalbjahr, wenn die erstmalige Aufnahme innerhalb des Schuljahres in oder nach dem Monat erfolgt, in dem das zweite Schulhalbjahr beginnt,
3. in Höhe von 50 Euro *(ab 2022: 52 Euro)*, wenn der Schulbesuch nach dem Monat, in dem das Schuljahr begonnen hat, unterbrochen wird und die Wiederaufnahme nach dem Monat erfolgt, in dem das zweite Schulhalbjahr beginnt.

(4) Bei Schülerinnen und Schülern, die für den Besuch der nächstgelegenen Schule des gewählten Bildungsgangs auf ➪ Schülerbeförderung angewiesen sind, werden die dafür erforderlichen tatsächlichen Aufwendungen berücksichtigt, soweit sie nicht von Dritten übernommen werden. Als nächstgelegene Schule des gewählten Bildungsgangs gilt auch eine Schule, die aufgrund ihres Profils gewählt wurde, soweit aus diesem Profil eine besondere inhaltliche oder organisatorische Ausgestaltung des Unterrichts folgt; dies sind insbesondere Schulen mit naturwissenschaftlichem, musischem, sportlichem oder sprachlichem Profil sowie bilinguale Schulen, und Schulen mit ganztägiger Ausrichtung.

(5) Bei Schülerinnen und Schülern wird eine schulische Angebote ergänzende angemessene Lernförderung berücksichtigt, soweit diese geeignet und zusätzlich erforderlich ist, um die nach den schulrechtlichen Bestimmungen festgelegten wesentlichen Lernziele zu erreichen. Auf eine bestehende Versetzungsgefährdung kommt es dabei nicht an. ➪ Nachhilfe

(6) Bei Teilnahme an einer gemeinschaftlichen Mittagsverpflegung werden die entstehenden Aufwendungen berücksichtigt für

1. Schülerinnen und Schüler und
2. Kinder, die eine Tageseinrichtung besuchen oder für die Kindertagespflege geleistet wird.

Für Schülerinnen und Schüler gilt dies unter der Voraussetzung, dass die Mittagsverpflegung in schulischer Verantwortung angeboten wird oder durch einen Kooperationsvertrag zwischen Schule und Tageseinrichtung vereinbart ist. In den Fällen des Satzes 2 ist für die Ermittlung des monatlichen Bedarfs die Anzahl der Schultage in dem Land zugrunde zu legen, in dem der Schulbesuch stattfindet.

(7) Für die Teilhabe am sozialen und kulturellen Leben in der Gemeinschaft werden pauschal 15 Euro monatlich berücksichtigt, sofern bei Leistungsberechtigten, die das 18. Lebensjahr noch nicht vollendet haben, tatsächliche Aufwendungen entstehen im Zusammenhang mit der Teilnahme an

1. Aktivitäten in den Bereichen Sport, Spiel, Kultur und Geselligkeit,
2. Unterricht in künstlerischen Fächern (zum Beispiel Musikunterricht) und vergleichbare angeleitete Aktivitäten der kulturellen Bildung und
3. Freizeiten.

Neben der Berücksichtigung von Bedarfen nach Satz 1 können auch weitere tatsächliche Aufwendungen berücksichtigt werden, wenn sie im Zusammenhang mit der Teilnahme an Aktivitäten nach Satz 1 Nummer 1 bis 3 entstehen und es den Leistungsberechtigten im Einzelfall nicht zugemutet werden kann, diese aus den Leistungen nach Satz 1 und aus dem Regelbedarf zu bestreiten.

Hinweis der Redaktion: Die Betroffenen sollten in diesem Fall beim Leistungsträger die Kostenübernahme beantragen. Bis zum 31. Dezember 2023 konnten die Schulen im Rahmen des Aktionsprogramms „Aufholen nach Corona" für Kinder und Jugendliche die Aufwendungen für die Lernförderung direkt mit den Kommunen abrechnen.

➪ Außerunterrichtliche Veranstaltungen (Hinweise); ➪ Lernmittelfreiheit; ➪ Nachhilfe; ➪ Schülerbeförderung

Hätten Sie's gewusst? – Eltern fragen, wir antworten.

Läuse in der Schule – was tun?

Frage: In der Klasse unserer Tochter hat ein Kind schon seit einiger Zeit Läuse. Die Eltern haben das verschwiegen. Das Kind ist jetzt vom Unterricht ausgeschlossen worden. Hätten die Eltern das der Lehrerin nicht melden müssen? Muss die Schule die Eltern über ihre Pflichten belehren?

Antwort: Das Infektionsschutzgesetz (§ 33) schreibt vor, dass bei einer Reihe von ansteckenden Krankheiten und auch bei Verlausung eine Mitteilungspflicht der Erziehungsberechtigten an die Schule besteht und dass Betroffene die Schule dann nicht betreten dürfen. Die Schule muss alle Eltern beim Schuleintritt des Kindes hierüber belehren. ➪ Infektionsschutzgesetz § 33

Hierzu gibt es Merkblätter des Robert-Koch-Instituts in verschiedenen Sprachen, abrufbar unter: https://www.rki.de/DE/Content/Infekt/IfSG/Belehrungsbogen/belehrungsbogen_node.html. Zum Befall durch Kopfläuse sind beim Landesgesundheitsamt Merkblätter für Eltern und Schulleitungen abrufbar: www.gesundheitsamt-bw.de/lga/de/fachinformationen/fachpublikationen/seiten/hygiene

Bildungspläne und Bildungsstandards

Informationen der Redaktion zur Rechtslage und zur Verwaltungspraxis in Baden-Württemberg

In Baden-Württemberg erfolgt der Unterricht traditionell auf der Grundlage von für die Lehrkräfte verbindlichen Bildungsplänen, die von Lehrplankommissionen des Kultusministeriums erarbeitet werden. Der Landeselternbeirat besitzt ein Beratungsrecht. ➪ Schulgesetz § 35 Abs. 4 und § 60 Abs. 1

Die Bildungspläne für die Grundschule sowie die auf ihr aufbauenden allgemeinbildenden Schulen orientieren sich an schulartübergreifenden *„Bildungsstandards"* (www.kmk.org; Suchwort: > Bildungsstandards).

Der **Bildungsplan der Grundschule** knüpft an den Orientierungsplan im vorschulischen Bereich an.

Im gemeinsamen **Bildungsplan für die Sekundarstufe I** (also für die Werkreal-, Haupt-, Real- und Gemeinschaftsschulen) mit durchgängig drei Niveaustufen sollen individualisierte Lernangebote auf die unterschiedlichen Fähigkeiten und die individuellen Lern- und Leistungsentwicklungen der Schüler*innen eingehen:

- Das grundlegende Niveau (G) führt zum Hauptschul- und mit einer Phase der Vertiefung zum Werkrealschulabschluss,
- das mittlere Niveau (M) führt zum Realschulabschluss,
- das erweiterte, gymnasiale Niveau (E) eröffnet einen neunjährigen Bildungsweg zum Abitur.

➪ Schulgesetz § 35 Abs. 4

Neben dem Bildungsplan für die Sekundarstufe I gibt es einen inhaltlich und strukturell mit diesem abgestimmten, eigenständigen **Bildungsplan für das Gymnasium**. Er stellt die Bedeutung der Fachlichkeit und die Entwicklung der fachlichen Kompetenzen der Schüler*innen sowie auf dieser Basis das fächerverbindende Lernen in den Mittelpunkt.

Für die **sonderpädagogischen Förderschwerpunkte** und Bildungsgänge *„Lernen"* sowie *„Geistige Entwicklung"* gelten ab dem Schuljahr 2022/23 neue Bildungspläne. Diese beziehen sich zum ersten Mal auf die Schülerinnen und Schüler – unabhängig davon, in welcher Schulart deren Anspruch auf ein sonderpädagogisches Bildungsangebot eingelöst wird. Dies kann an Sonderpädagogischen Bildungs- und Beratungszentren (SBBZ) oder in inklusiven Bildungsangeboten geschehen.

➪ Inklusion und Integration

Leitperspektiven

Für alle Schularten werden darüber hinaus in sechs „Leitperspektiven" Fähigkeitsbereiche angesprochen, die übergreifend entwickelt werden sollen:

- Bildung für nachhaltige Entwicklung,
- Bildung für Toleranz und Akzeptanz von Vielfalt,
  ➪ Erziehungsauftrag und politische Bildung
- Prävention und Gesundheitsförderung,
- Berufliche Orientierung,
- Medienbildung,
- Verbraucherbildung.

Die aktuellen Bildungspläne für allgemeinbildende und für berufliche Schulen sowie die SBBZ sind unter www.bildungsplaene-bw.de/ online abrufbar.

➪ Erziehungsauftrag und politische Bildung; ➪ Kultus und Unterricht; ➪ Lernstandserhebungen; ➪ Lernstandserhebungen (Termine); ➪ Schulentwicklung; ➪ Schulgesetz § 35 Abs. 4 und § 60 Abs.1; ➪ Stundentafeln (Allgemeines)

Corona (Allgemeines)

Informationen der Redaktion zur Rechtslage und zur Verwaltungspraxis in Baden-Württemberg

Aufhebung der Coronaregelungen

Auszug aus dem Schreiben des KM vom 26.2.2023 (AZ: KM) an alle Schulen im Land Baden-Württemberg

Die Landesregierung hat entschieden, die Corona-Verordnung zum 1. März 2023 aufzuheben. Damit treten zeitgleich auch die Corona-Verordnung Schule und die Corona-Verordnung absonderungsersetzende Schutzmaßnahmen außer Kraft. Für die Schulen ergeben sich daraus folgende Konsequenzen:

Testangebot an Sonderpädagogischen Bildungs- und Beratungszentren und Schulkindergärten

Die Verpflichtung der Sonderpädagogischen Bildungs- und Beratungszentren mit den Förderschwerpunkten geistige Entwicklung sowie körperliche und motorische Entwicklung, Schulkindergärten mit den entsprechenden Förderschwerpunkten und Sonderpädagogischen Bildungs- und Beratungszentren mit anderen Förderschwerpunkten mit dem Bildungsgang geistige Entwicklung, den Schülerinnen und Schülern und dem Personal zweimal pro Woche ein Testangebot zu machen, entfällt. [...]

Präsenzpflichtbefreiung für Schülerinnen und Schüler

Mit dem Außerkrafttreten der Corona-Verordnung Schule entfällt auch die Rechtsgrundlage für die Präsenzpflichtbefreiung wegen des Risikos eines schweren Verlaufs der Krankheit COVID-19. Neuanträge können ab dem 1. März 2023 daher nicht mehr bewilligt werden. [...]

Ab dem 1. März 2023 gelten für die Befreiung vom Unterricht bzw. die Beurlaubung vom Schulbesuch grundsätzlich wieder die allgemeinen Regelungen der §§ 3 ff. ➪ Schulbesuchsverordnung. Für schulpflichtige Kinder und Jugendliche, die krankheitsbedingt die Schule längerfristig nicht besuchen können, besteht wie bisher die Möglichkeit, einen Antrag auf ➪ Hausunterricht gemäß § 21 SchG zu stellen. ➪ Schulbesuchsverordnung

Schutzmaßnahmen bei positivem Coronatest

Die Aufhebung der Corona-Verordnung absonderungsersetzende Schutzmaßnahmen hat zur Folge, dass auch die Absonderungs- bzw. Maskenpflicht für positiv auf das Coronavirus getestete Personen ab dem 1. März 2023 entfällt. Personen mit Krankheitssymptomen sollten sich aber weiterhin krankmelden und zu Hause bleiben.

Die Bestimmungen der Corona-Pandemie-Prüfungsverordnung 2022/2023 *(abgedruckt im Eltern-Jahrbuch 2022)* bleiben von der Aufhebung der Corona-Verordnungen unberührt und gelten somit bis zum Ende des Schuljahres 2022/2023 fort.

Mit Außerkrafttreten der Corona-Verordnung endet auch das Monitoring des Ministeriums für Soziales, Gesundheit und Integration zur Gesamtbeurteilung der Lage der Kritischen Infrastruktur, für das wöchentlich auch die Zahl der erkrankten Lehrkräfte zu melden war. Diese Daten werden daher ab sofort nicht mehr erhoben. [...]

Hinweise der Redaktion

Die außer Kraft gesetzten Maßnahmen des Kultusministeriums beziehungsweise der Landesregierung sind im Internet unter https://km-bw.de/Coronavirus dokumentiert. Siehe hierzu auch: https://km-bw.de/lernen-mit-rueckenwind/.

Zu den Maßnahmen während der Corona-Pandemie gehörte, dass der Präsenzunterricht zeitweise völlig, in bestimmten Phasen auch teilweise durch Fernunterricht ersetzt wurde; die Sitzungen der schulischen Gremien (Gesamtlehrerkonferenz oder Sitzungen des Elternbeirats) fanden „virtuell" in Form von Telefon- oder Videokonferenzen statt.

Bereits in seinen Regelungen für das Schuljahr 2022/23, Ziff. 7, hatte das Kultusministerium angeordnet, dass virtuelle Gremiensitzungen, also auch Zusammenkünfte der gewählten Elternvertretungen, zwar weiterhin *„möglich"* sein sollten, aber nur *„sofern wichtige Gründe für eine solche Durchführung sprechen"*. Damit sind die Direktveranstaltungen (Unterricht beziehungsweise Gremienarbeit in Präsenz) wieder zur Regel geworden.

➪ Hausunterricht; ➪ Hygiene (Schulen); ➪ Infektionsschutzgesetz; ➪ Schulbesuchsverordnung; ➪ Schulgesetz; ➪ Schulträger

Datenschutz (Allgemeines / EU-DGSVO)

Informationen der Redaktion zur Rechtslage und zur Verwaltungspraxis in Baden-Württemberg

Allgemeines

Aufgrund des vom Bundesverfassungsgericht im *„Volkszählungsurteil"* 1983 als Grundrecht anerkannten *„informationellen Selbstbestimmungsrechts"* ist es das Recht des Einzelnen, grundsätzlich selbst über die Preisgabe und Verwendung seiner personenbezogenen Daten zu bestimmen. Personenbezogene Daten sind durch Bundes- und Landesdatenschutzgesetze sowie nach Artikel 8 der EU-Grundrechtecharta geschützt.

Auch für die Schulen ist die Europäische Datenschutzgrundverordnung (EU-DSGVO) unmittelbar geltendes Recht. Diese umfangreiche und im Stil der europäischen Rechtssprache gehaltene Vorschrift ist für juristische Laien kaum les- und anwendbar. Die Schulen können sich jedoch bei allen den Datenschutz berührenden Fragen auf die Verwaltungsvorschrift des Kultusministeriums ➪ Datenschutz (Schulen) stützen, die das Datenschutzrecht ausführlich zitiert und, bezogen auf den Bereich der öffentlichen Schulen, erläutert.

Zu den von den staatlichen und privaten Schulen besonders zu respektierenden Daten gehören vor allem alle personenbezogenen Informationen über die Schüler*innen sowie deren Erziehungsberechtigte und die Personaldaten der Lehrkräfte.

Aufgrund datenschutzrechtlicher Bestimmungen ist die Verwendung von Sozialen Netzwerken für die dienstliche Verarbeitung personenbezogener Daten verboten. Hierunter fällt jegliche dienstlichen Zwecken dienende Kommunikation zwischen Schüler*innen und Lehrkräften sowie zwischen Lehrkräften untereinander, ferner das (Zwischen-)Speichern von personenbezogenen Daten jeder Art auf Sozialen Netzwerken. Hieran müssen sich auch die gewählten Elternvertretungen halten.

Datenschutz und Elternvertretung

Auch die aufgrund der Landesverfassung und des Schulgesetzes eingerichteten Elternvertretungen an öffentlichen Schulen (Klassenelternvertreter*innen, Elternbeirat usw.) sind an das geltende Datenschutzrecht gebunden. Als „Organe" der Schule müssen sie grundsätzlich alle Regeln beachten, die das Kultusministerium in seiner VwV ➪ Datenschutz (Schulen) für die Schulen und Lehrkräfte bekanntgegeben hat; zur Verwendung von personenbezogenen Daten, die Mitglieder der Elternvertretung im Rahmen ihrer Aufgaben von der Schule erhalten haben, siehe Nr. 2.3.1.3., dritter Spiegelstrich der genannten VwV.

Demnach sind Elternvertretungen *„selbst datenschutzrechtlich verantwortliche Stellen"*. Damit kommt auf die Klassenelternvertreter*innen sowie die Vorstände der Elternbeiräte die Verpflichtung zur Wahrung des Datenschutzes bei den ihnen anvertrauten persönlichen Daten der Schüler*innen und der anderen Eltern zu. Der/die Datenschutzbeauftragte der Schule ist für diese Datenverarbeitung durch Elternvertretungen zuständig.

Klassenelternvertreter*innen oder Elternbeiratsvorsitzende dürfen auf ihren privaten Computern personenbezogene Daten der Schüler*innen, der Lehrkräfte oder der anderen Elternvertreter*innen nur dann verarbeiten, wenn das Einverständnis der Betroffenen vorliegt. Das KM bietet unter https://lehrerfortbildung-bw.de/st_recht/form/page/vertretung/ hierfür ein Formular an. Dabei müssen die technisch/organisatorischen Regeln eingehalten werden, die das KM in der Verwaltungsvorschrift ⇨ Datenschutz (Schulen) insbesondere unter Nr. 1.7. (Datengeheimnis, Belehrung zum Datenschutz, Datenschutzmaßnahmen) sowie unter Nr. 1.13. (Nutzung privater Datenverarbeitungsgeräte durch Lehrkräfte) und in der Anlage 1 (Datenschutzrechtliche Hinweise für den Gebrauch privater Datenverarbeitungsgeräte zur Verarbeitung personenbezogener Daten) für die Lehrkräfte aufgestellt hat.

Unter keinen Umständen dürfen Elternvertreter*innen die ihnen von der Schule überlassenen Kontaktdaten (beispielsweise eine Liste mit den Namen und Anschriften oder Mailadressen der Eltern der von ihnen vertretenen Klasse) ohne Einwilligung jedes/jeder einzelnen Betroffenen an Dritte weitergeben, auch nicht an den Schulförderverein. Zulässig ist es aber, auf dem Elternabend ein Werbeblatt dieses Vereins auszugeben, auf dem die Eltern ihre Adresse zur Weitergabe an den Förderverein eintragen.

Die Lehrkräfte erhalten von Amts wegen jeweils eine dienstliche Mailadresse und sollen nur diesen Account für dienstliche Zwecke benutzen. Es empfiehlt sich, an der einzelnen Schule auch für die Elternvertretung solche „dienstlichen" Accounts einzurichten. Der Elternbeirat sollte auch einen Verwaltungscomputer in der Schule für seine Korrespondenz nutzen dürfen – allerdings muss dieser „Elternbereich" technisch abgeschottet sein.

Den Mitgliedern der Elternvertretungen ist zu empfehlen, bei der Verwendung personenbezogener Daten im Internet (E-Mail-Verkehr) äußerste Vorsicht walten zu lassen. Die Nutzung dieser Daten in den sozialen Medien (Facebook, WhatsApp usw.) ist auf jeden Fall unzulässig. Aber auch anscheinend unverfängliche Informationen können einen Verstoß gegen die Regeln des Datenschutzes beinhalten: Der/Die Elternbeiratsvorsitzende darf beispielsweise nicht ohne Weiteres per Mail bekanntgeben, der Schüler Peter Müller habe am Schullandheimaufenthalt nicht teilnehmen können, weil die Eltern das Geld hierfür nicht aufbringen könnten, denn dies sind schützenswerte Personaldaten.

⇨ Amtshaftung; ⇨ Datenschutz (Schulen); ⇨ Internet und Schule

Datenschutz (Schulen)

Datenschutz an öffentlichen Schulen; Verwaltungsvorschrift des Kultusministeriums über den Datenschutz an öffentlichen Schulen vom 4. Juli 2019 (K.u.U. S. 111/2019)

1. Allgemeines, Geltungsbereich

Diese Verwaltungsvorschrift gilt für alle öffentlichen Schulen gemäß § 2 Absatz 1 Satz 2 ⇨ Schulgesetz (SchG). Für private Schulen gilt Nummer 2.6.5.

Der Schutz der oder des Einzelnen gegen unbegrenzte Erhebung, Speicherung, Verwendung und Weitergabe seiner persönlichen Daten in der modernen Datenverarbeitung ist im Grundgesetz verankert. Dieses Recht auf informationelle Selbstbestimmung gewährleistet die Befugnis des Einzelnen, grundsätzlich selbst über die Preisgabe und Verwendung seiner persönlichen Daten zu bestimmen. In Schulen und in der Schulverwaltung werden zur Erledigung dienstlicher Aufgaben personenbezogene Daten insbesondere von Schülerinnen und Schülern, Erziehungsberechtigten und Lehrkräften verarbeitet. Die Verarbeitung personenbezogener Daten ist in der Europäischen Datenschutzgrundverordnung (EU-DSGVO) und im Landesdatenschutzgesetz Baden-Württemberg (LDSG) sowie in weiteren Vorschriften, zum Beispiel dem Schulgesetz Baden-Württemberg (SchG), geregelt. Die nachfolgenden Regelungen sollen dazu beitragen, in Schulen eine datenschutzkonforme Verarbeitung personenbezogener Daten sicherzustellen. ⇨ Statistik (Schulen) ⇨ Datenschutz (Allgemeines / EU-DSGVO)

Schulen sind öffentliche Stellen gemäß § 2 Absatz 1 LDSG. Zuständig für die Wahrung datenschutzrechtlicher Vorgaben der einzelnen Schule ist die Schulleitung, die bei dieser Aufgabe durch eine behördliche Datenschutzbeauftragte oder einen behördlichen Datenschutzbeauftragten unterstützt wird.

Die Datenschutzaufsichtsbehörde ist gemäß § 20 Absatz 1 LDSG der Landesbeauftragte für den Datenschutz und die Informationsfreiheit Baden-Württemberg (LfDI). Im Intranet der Kultusverwaltung, auf der Seite www.it.kultus-bw.de sowie auf den Seiten der Lehrerfortbildung sind umfangreiche Hinweise zur Umsetzung der EU-DSGVO und des LDSG bereitgestellt. Dort finden sich auch Formulare zu den Themen Einwilligung zur Veröffentlichung von Fotos von Schülerinnen und Schülern sowie von Lehrkräften, Vertragsunterlagen zur Auftragsdatenverarbeitung, Nutzung privater Datenverarbeitungsgeräte und weitere Informationen.

⇨ Datenschutz (Allgemeines); ⇨ Internet und Schule

1.1. Zulässigkeit der Datenverarbeitung

Die Verarbeitung personenbezogener Daten durch Schulen ist nur zulässig, wenn die EU-DSGVO (Artikel 6 Absatz 1 Buchstabe b bis f und Artikel 9 EU-DSGVO), das LDSG (insbesondere § 4 LDSG) oder eine andere Rechtsvorschrift, zum Beispiel das Schulgesetz (§ 115 SchG), diese erlaubt oder die betroffene Person, deren Daten verarbeitet werden, eingewilligt hat (Artikel 6 Absatz 1 Buchstabe a in Verbindung mit Artikel 7 EU-DSGVO). Die Datenverarbeitung kann gemäß Artikel 28 EU-DSGVO auch durch andere öffentliche oder nichtöffentliche Stellen, Einrichtungen oder Personen im Wege einer Auftragsdatenverarbeitung erfolgen, siehe Nummer 1.14.

1.1.1. Datenverarbeitung aufgrund einer Rechtsvorschrift

Eine Verarbeitung personenbezogener Daten ist zulässig, wenn eine spezielle Rechtsvorschrift dies erlaubt; im Übrigen, wenn dies zur Erfüllung der Aufgaben der öffentlichen Stelle erforderlich ist (Artikel 6 Absatz 1 Buchstabe e EU-DSGVO in Verbindung mit § 4 LDSG). Diese Voraussetzung liegt in den Fällen vor, in denen die Schulen ohne die erhobenen Daten ihren Erziehungs-, Bildungs- oder Fürsorgeauftrag (§ 1 SchG) sowie ihre Aufgaben im Bereich der Personalverwaltung nicht oder nicht vollständig erfüllen können. Es genügt also nicht, wenn die Datenverarbeitung nur „nützlich" für die Verwirklichung des gesetzlichen Auftrags der Schule ist.

Rechtsgrundlage für die Erhebung und weitere Verarbeitung von personenbezogenen Daten durch die Schule ist in der Regel § 4 LDSG in Verbindung mit Artikel 6 Absatz 1 Buchstabe e EU-DSGVO. Die Datenerhebung hat dabei grundsätzlich bei der betroffenen Person mit deren Kenntnis zu erfolgen. Die Schule muss die betroffene Person bei der Datenerhebung nach Artikel 13 EU-DSGVO informieren, siehe Nummer 1.2.

Hinweis der Redaktion: So muss die Schule die Eltern über die Weitergabe von Schülerdaten an das Gesundheitsamt informieren (siehe auch Nr. 1.2). ⇨ Infektionsschutzgesetz

Eine bereichsspezifische Ausnahme von dem Grundsatz der Datenerhebung bei der betroffenen Person regelt § 115 Absatz 3 SchG. Dieser erlaubt einer Schule zum Zwecke des Schulwechsels und zu anderen schulübergreifenden Verwaltungszwecken, personenbezogene Daten von Schülerinnen und Schülern, deren Erziehungsberechtigten und denjenigen, denen Erziehung oder Pflege einer Schülerin oder eines Schülers anvertraut sind, bei einer anderen Schule zu erheben. In der Regel ist für diesen Zweck das Verfahren „Amtliche Schulverwaltung Baden-Württemberg" (ASV-BW) zu verwenden.

Bei der Verarbeitung von personenbezogenen Daten in den Verfahren „Amtliche Schuldaten Baden-Württemberg" (ASD-BW) und ASV-BW sind die Regelungen des § 115 SchG und der Verordnung des Kultusministeriums über die Datenverarbeitung für statistische Erhebungen und schulübergreifende Verwaltungszwecke an Schulen (SchulStatDVV BW) vom 10. Juli 2008 (GBl. S. 255), in der jeweils geltenden Fassung, zu beachten, siehe Nummer 2.3.6.

1.1.2. Datenverarbeitung aufgrund einer Einwilligung

Eine Verarbeitung personenbezogener Daten kann auch aufgrund einer Einwilligung erfolgen. Dabei sind die Vorgaben der Artikel 4 Nummer 11 und Artikel 7 EU-DSGVO zu beachten. Insbesondere ist vor dem Hintergrund des bestehenden Ungleichgewichts zwischen Schule und den betroffenen Personen (siehe Erwägungsgrund 43, EU-DSGVO) sicherzustellen, dass die Einwilligung tatsächlich freiwillig, ohne jeden (Gruppen-) Zwang erfolgt. Die Schule hat die Einwilligungserklärung aufzubewahren. Der Erklärende erhält eine Kopie.

Zur Wirksamkeit der Einwilligung, siehe Nummern 2.4.2. und 3.1.2. Für die Einwilligung Minderjähriger gelten besondere Bestimmungen, siehe Nummer 2.1.

1.2. Informationspflicht bei der Datenerhebung

Bei jeder Datenerhebung besteht eine Informationspflicht gegenüber der betroffenen Person nach Artikel 13 oder 14 EU-DSGVO, abhängig davon, ob die Erhebung bei der betroffenen Person selbst oder bei einem Dritten erfolgt. Demnach muss die Schule die betroffenen Personen informieren über

- Namen und Kontaktdaten des Verantwortlichen der Schule und über die Kontaktdaten des Datenschutzbeauftragten.
- Zwecke, für die die personenbezogenen Daten verarbeitet werden sollen und Rechtsgrundlage für die Verarbeitung,
- Empfänger oder Kategorien von Empfängern der personenbezogenen Daten.
- Speicherdauer (falls dies nicht möglich ist: Kriterien für die Festlegung dieser Dauer)
- Bestehen eines Rechts auf Auskunft über die betreffenden personenbezogenen Daten sowie auf Berichtigung oder Löschung oder auf Einschränkung der Verarbeitung und Widerspruchsrecht gegen die Verarbeitung sowie ggf. des Rechts auf Datenübertragbarkeit,
- Bestehen eines Widerrufsrechts, sofern die Verarbeitung aufgrund einer Einwilligung erfolgt,
- Bestehen eines Beschwerderechts bei einer Datenschutzaufsichtsbehörde,
- ob die Bereitstellung der personenbezogenen Daten gesetzlich vorgeschrieben ist,
- ob die betroffene Person verpflichtet ist, die personenbezogenen Daten bereitzustellen, und welche möglichen Folgen eine Nichtbereitstellung hätte.

Sofern die Schule zur Datenerhebung ein Formular verwendet, sind die obengenannten Informationen darauf abzudrucken (zur Schul-Aufnahme siehe Anlage 2).

1.3. Zweckänderung

1.3.1. Die EU-DSGVO stellt den Grundsatz der Zweckbindung bei der Verarbeitung personenbezogener Daten auf (Artikel 5 Absatz 1 Buchstabe b EU-DSGVO).

1.3.2. Die Verarbeitung personenbezogener Daten für andere Zwecke als zu denjenigen, zu denen sie erhoben wurde, ist nur in Ausnahmefällen zulässig, so unter anderem zur Gefahrenabwehr, bei Anhaltspunkten für Straftaten oder Ordnungswidrigkeiten erheblicher Bedeutung oder zum Schutz der betroffenen Person, sofern eine Verarbeitung notwendig und verhältnismäßig ist (§ 5 LDSG). Darüber ist die betroffene Person nach Artikel 13 Absatz 3 EU-DSGVO grundsätzlich zu informieren. Die Information unterbleibt jedoch, wenn dadurch der Zweck gefährdet würde und die Interessen der Schule an der Nichterteilung der Information die Interessen der betroffenen Person überwiegen.

1.3.3. Eine Übermittlung zu einem anderen als dem Erhebungszweck ist zulässig, wenn sie zur Aufgabenerfüllung der Schule oder einer anderen öffentlichen Stelle erforderlich ist (§ 6 LDSG). Die Verantwortung für eine Übermittlung trägt grundsätzlich die Schule. Erfolgt die Übermittlung auf Ersuchen einer öffentlichen Stelle, trägt diese Stelle die Verantwortung. Die Schule prüft dann lediglich, ob das Übermittlungsersuchen im Rahmen der Aufgabe der ersuchenden öffentlichen Stelle liegt, indem sie sich die Rechtsgrundlage und den Zweck nennen lässt.

1.4. Verarbeitung besonderer Kategorien personenbezogener Daten

Die EU-DSGVO stellt bestimmte personenbezogene Daten unter besonderen Schutz (siehe Erwägungsgrund 51 folgende). Nach Artikel 9 EU-DSGVO dürfen unter anderem Daten, aus denen insbesondere die ethnische Herkunft, die religiöse Überzeugung oder die Gesundheit hervorgehen, nur verarbeitet werden, wenn die Verarbeitung aufgrund einer Rechtsvorschrift erforderlich ist oder die betroffene Person ausdrücklich eingewilligt hat. Zu den Daten, aus denen die ethnische Herkunft oder die religiösen Überzeugungen hervorgehen, gehören auch Daten zur Verkehrssprache in der Familie beziehungsweise dem häuslichen Umfeld sowie Daten über die Religionszugehörigkeit. Die nach Artikel 9 EU-DSGVO erforderliche Vorschrift, die die Verarbeitung dieser Daten erlaubt, ist die aufgrund von § 115 SchG erlassene SchulStatDVV BW in der jeweils geltenden Fassung. Sie kann allerdings erst dann zur Anwendung kommen, wenn eine Bewerberin oder ein Bewerber tatsächlich in die Schule aufgenommen wird.

1.5. Datenlöschung und Einschränkung der Verarbeitung, Datenübertragbarkeit

1.5.1. Die EU-DSGVO stellt den Grundsatz der Speicherbegrenzung bei der Verarbeitung personenbezogene Daten auf (Artikel 5 Absatz 1 Buchstabe e). Eine Datenlöschung erfolgt durch das Entfernen beziehungsweise Vernichten der zu löschenden Daten in der Weise, dass danach der Inhalt der Daten von niemandem mehr wiederhergestellt oder zur Kenntnis genommen werden kann. Personenbezogene Daten sind zu löschen, wenn deren weitere Verarbeitung, insbesondere durch Speicherung, für die Schule zur Erfüllung ihrer Aufgaben nicht mehr erforderlich ist oder wenn die betroffene Person ihre Einwilligung widerrufen hat (Artikel 17 Absatz 1 Buchstabe a und b EU-DSGVO).

Die Datenlöschung unterbleibt, wenn die Schule feststellt, dass die betroffene Person ein schutzwürdiges Interesse an der weiteren Speicherung ihrer Daten hat (§ 10 Absatz 2 LDSG). Dann muss die Verarbeitung eingeschränkt werden (siehe 1.5.5). Die betroffene Person ist über das Absehen von der Löschung und die Einschränkung der Verarbeitung zu informieren.

1.5.2. Für die Speicherung personenbezogener Daten gelten bestimmte Fristen, nach deren Ablauf die Daten zu löschen sind (Löschungsfristen,

Hätten Sie's gewusst? – Eltern fragen, wir antworten.

Die Ferien durch Urlaub verlängern?

Frage: Ich habe ein außergewöhnlich günstiges Angebot für eine Urlaubsreise mit meiner Familie erhalten. Der Haken: Der Abflug muss zwei Tage vor Beginn der Sommerferien erfolgen. Kann ich für meine Tochter einen zweitägigen Sonderurlaub erhalten?

Antwort: Eine Beurlaubung vom Besuch der Schule ist lediglich in besonders begründeten Ausnahmefällen und nur auf rechtzeitigen schriftlichen Antrag möglich. ⇨ Schulbesuchsverordnung § 4

In der Schulbesuchsverordnung (§ 4 Abs. 2) sind die Fälle aufgeführt, in denen die Schule beurlauben muss (beispielsweise bestimmte religiöse Anlässe). In § 4 Abs. 3 ist eine Liste von Beurlaubungsgründen aufgeführt, die *„außerdem insbesondere anerkannt werden"* können (zum Beispiel Heilkuren, Sprachaufenthalte im Ausland, sportliche Wettkämpfe usw. oder *„wichtige persönliche Gründe"* wie Todesfall in der Familie, Wohnungswechsel usw.). Die Schulen besitzen also über die in dieser Liste aufgeführten Fälle hinaus einen Ermessensspielraum. ⇨ Ermessen; ⇨ Juristische Terminologie

Bei sachgerechter Auslegung dieser Bestimmungen zählt eine besonders günstige Urlaubsreise nicht zu den anerkennenswerten sonstigen Beurlaubungsgründen. Sonst könnten viele Schulen ihren Betrieb vor den Sommerferien gleich einstellen. Das KM hat die Schulen unmissverständlich wie folgt angewiesen: *„Entsprechende Anträge sind deshalb abschlägig zu bescheiden"*. (Quelle: Infodienst Schulleitung Nr. 277, 2018)

Übrigens: Bei Verstößen gegen die Schulbesuchspflicht können Bußgelder in einer Höhe verhängt werden, die den Vorteil des früheren Abflug- bzw. des späteren Rückflugtermins wieder aufzehren.

siehe Nummern 2.5. und 3.2). Dies gilt sowohl für papiergebundene als auch für elektronisch gespeicherte Daten.

1.5.3. Die zu löschenden Daten sind gemäß § 10 Absatz 1 und § 14 Absatz 5 LDSG in Verbindung mit § 3 Absatz 1 und 2, § 7 Absatz 1 und § 8 Absatz 2 Landesarchivgesetz (LArchivG) vor der Löschung grundsätzlich dem zuständigen Archiv zur Übernahme anzubieten.

1.5.4. Eine Einschränkung der Datenverarbeitung im Wege der Sperrung (Artikel 18 EU-DSGVO) erfolgt insbesondere, wenn die Richtigkeit der personenbezogenen Daten von der betroffenen Person bestritten wird und solange der Verantwortliche die Richtigkeit überprüft. Gleiches gilt, wenn die Verarbeitung unrechtmäßig ist, die betroffene Person aber statt einer Löschung eine Einschränkung der Verarbeitung fordert, oder wenn die Schule die Daten zwar nicht mehr benötigt, diese aber für die Umsetzung von Rechtsansprüchen der betroffenen Person erforderlich sind. Weiterhin muss eine Sperrung erfolgen, solange die Schule den Widerspruch einer betroffenen Person gegen die Verarbeitung prüft. Die Schule muss sicherstellen, dass in diesen Fällen die personenbezogenen Daten nur mit Einwilligung der betroffenen Person oder zur Umsetzung von Rechtsansprüchen verarbeitet werden können.

1.5.5. Eine Einschränkung der Datenverarbeitung erfolgt beispielsweise durch Trennung der zu sperrenden Daten vom übrigen Datenbestand, so dass die Daten für Nutzer gesperrt sind. Dies kann entweder durch gesonderte Aufbewahrung oder Speicherung der Daten in einem anderen System oder bei automatisierten Dateisystemen durch entsprechende technische Maßnahmen erfolgen. In automatisierten Dateisystemen muss dazu für den Nutzer erkennbar darauf hingewiesen werden, dass die Verarbeitung beschränkt wurde. Dateien in Akten können mit dem Vermerk „gesperrt" versehen werden. Die Schule muss die betroffene Person, die eine Einschränkung erwirkt hat, vor der Aufhebung der Einschränkung darüber unterrichten.

1.5.6. Die Schule muss allen Empfängern, denen sie personenbezogene Daten offengelegt, das heißt weitergeleitet oder verfügbar gemacht hat, jede Berichtigung, Löschung oder Einschränkung der Verarbeitung der personenbezogenen Daten mitteilen. Diese Mitteilung kann unterbleiben, wenn sie unmöglich oder mit einem unverhältnismäßigen Aufwand verbunden ist. Hierzu kann der behördliche Datenschutzbeauftragte der Schule beraten.

1.5.7. Sofern die Verarbeitung personenbezogener Daten auf einer Einwilligung oder einem Vertrag beruht und die Verarbeitung mit einem automatisierten Verfahren stattfindet, hat die betroffene Person das Recht, die sie betreffenden personenbezogenen Daten, die diese Person selbst der Schule bereitgestellt hat, in einem strukturierten, gängigen und maschinenlesbaren Format, wie beispielsweise einer csv-Datei zu erhalten (sogenanntes Recht auf Datenübertragbarkeit nach Artikel 20 EU-DSGVO). Dieses Recht gilt nicht für die Verarbeitung personenbezogener Daten im Rahmen der Erfüllung des der Schule übertragenen gesetzlichen Erziehungs- und Bildungsauftrags. Ferner hat die betroffene Person auch das Recht, zu verlangen, dass diese Daten einem anderen Verantwortlichen, beispielsweise einer anderen Schule übermittelt werden sollen.

1.6. Auskunftsrecht

Die betroffene Person hat das Recht, von der Schule eine Bestätigung darüber zu verlangen, ob personenbezogene Daten verarbeitet werden, die die Person selbst betreffen; bejahendenfalls kann Auskunft über die personenbezogenen Daten verlangt werden (Artikel 15 EU-DSGVO). Ist dies der Fall, hat die Person ein Recht auf Auskunft über folgende Informationen:

- verarbeitete personenbezogenen Daten der betreffenden Person,
- Verarbeitungszwecke,
- Kategorien der verarbeiteten personenbezogenen Daten,
- Empfänger oder Kategorien von Empfängern, die die Daten erhalten haben oder noch erhalten werden (jede Übermittlung personenbezogener Daten muss daher dokumentiert werden, siehe 2.3.6),
- geplante Speicherdauer oder falls dies nicht möglich ist, Kriterien für die Festlegung der Dauer,
- gegebenenfalls Informationen zur Herkunft der Daten,
- Bestehen eines Rechts auf Berichtigung oder Löschung ihrer personenbezogenen Daten oder auf Einschränkung der Verarbeitung und Widerspruchsrecht gegen die Verarbeitung,
- Bestehen eines Beschwerderechts bei einer Datenschutzaufsichtsbehörde.

Dieses Auskunftsrecht bezieht sich auch auf personenbezogene Daten, die auf privaten Datenverarbeitungsgeräten von Lehrkräften verarbeitet werden. Diese Auskünfte sind unentgeltlich zu erteilen. Wegen der Ausübung der Rechte bei minderjährigen Schülerinnen und Schülern wird auf Nummer 2.1 verwiesen.

Hinweis der Redaktion: Ein Anspruch auf Informationszugang kann nach § 3 Informationsfreiheitsgesetz nur dann abgelehnt werden, wenn das Bekanntwerden der Informationen nachteilige Auswirkungen z.B. auf die Vertraulichkeit von leistungsbezogenen Daten haben kann (beispielsweise Ergebnisse der Fremdevaluation, Vera, Lernstandserhebungen usw.) oder wenn dadurch die die öffentliche Sicherheit gefährdet würde. Hingegen ist z.B. eine Zeitungsredaktion antragsberechtigt, Informationen zum Unterrichtsausfall abzufragen. Informationspflichtige Stelle ist die einzelne Schule. Sie kann aber ablehnen, wenn der Verwaltungsaufwand zu groß wäre oder die Daten nicht vorhanden sind. (Quelle: Regierungspräsidium Stuttgart, 6.6.2018, ohne AZ). Zum Informationsrecht der Presse siehe: ⇨ Informationsfreiheitsgesetz.

1.7. Datengeheimnis, Belehrung zum Datenschutz, Datenschutzmaßnahmen

1.7.1. Alle Personen an der Schule, welche im Rahmen ihrer Tätigkeit an der Schule personenbezogene

Daten zur Kenntnis erhalten (neben Lehrkräften zum Beispiel Schülermitverantwortung oder externe Mitarbeiterinnen oder Mitarbeiter im Ganztagesbetrieb der Schule), sind auch nach Beendigung ihrer Tätigkeit verpflichtet, das Datengeheimnis zu wahren.

1.7.2. Belehrung über den Datenschutz

Die Schulleitung belehrt die an der Schule beschäftigten Personen, die personenbezogene Daten verarbeiten oder auf diese zugreifen können, mindestens einmal pro Schuljahr beispielsweise in einer Gesamtlehrerkonferenz oder in einer Dienstbesprechung über die Pflicht zur Beachtung des Datenschutzes. Diese Belehrung erfolgt mittels Anlage 3 *(nicht abgedruckt)*. Dabei ist insbesondere darauf hinzuweisen, dass die Verarbeitung personenbezogener Daten nur gestattet ist, wenn eine der in Artikel 6 Absatz 1 EU-DSGVO genannten Bedingungen in Verbindung mit Nummer 1.1. dieser Verwaltungsvorschrift erfüllt ist. Es ist auf die Pflicht hinzuweisen, sämtliche Unterlagen und Speichermedien mit personenbezogenen Daten so zu transportieren, aufzubewahren, zu bearbeiten und zu entsorgen, dass Unbefugte keine Einsicht nehmen können. Ferner müssen diese Personen über ihre Verpflichtung zur Wahrung des Datengeheimnisses belehrt werden.

Diese Belehrung ist zu dokumentieren beispielsweise durch Teilnehmerliste und Protokoll der Gesamtlehrerkonferenz oder Dienstbesprechung.

1.7.3. Die EU-DSGVO verfolgt einen risikobasierten Ansatz, welcher mit Blick auf die Verfahren zur Verarbeitung personenbezogener Daten zunächst eine Beurteilung des damit verbundenen Risikos für die Rechte und Freiheiten natürlicher Personen vorab stellt. Eine solche Beurteilung dient als Grundlage der Ermittlung der erforderlichen technischen und organisatorischen Maßnahmen, um das Risiko eindämmen zu können.

Durch die Gestaltung der Technik (Artikel 25 Absatz 1 EU-DSGVO) und insbesondere durch datenschutzfreundliche Voreinstellungen (Artikel 25 Absatz 2 EU-DSGVO) ist der Datenschutz zu gewährleisten. Dabei sind die Voreinstellungen beziehungsweise Konfiguration von Software so zu wählen, dass sichergestellt ist, dass nur die tatsächlich erforderlichen personenbezogenen Daten verarbeitet werden. Dies gilt auch für die Menge der Daten, den Umfang der Verarbeitung, die Speicherfristen und die Zugriffsmöglichkeiten auf die Daten. Wo immer es möglich ist, sind die Daten zu pseudonymisieren oder zu anonymisieren.

Bei jeder elektronischen Verarbeitung personenbezogener Daten sind die in Artikel 32 Absatz 1 EU-DSGVO und § 3 LDSG genannten technischen und organisatorischen Maßnahmen einzuhalten. Dabei ist insbesondere sicherzustellen, dass die gespeicherten personenbezogenen Daten jederzeit vor unbefugtem Zugriff geschützt werden. Befugt ist ein Zugriff, wenn ohne die Kenntnis der personenbezogenen Daten dienstliche Aufgaben nicht oder nur teilweise erfüllt werden könnten.

Die Vorlage eines Zertifikates gemäß Artikel 42 EU-DSGVO kann als Nachweis für die Einhaltung der genannten Anforderungen herangezogen werden.

1.7.4. Dies gilt auch für die Verarbeitung von personenbezogenen Daten in papiergebundenen Akten (zum Beispiel durch sorgfältige Auswahl, Schulung, Belehrung und Überwachung der damit Beschäftigten, Festlegung der Zugangsberechtigungen, Abschließen von Dienstzimmern und Registraturen bei Abwesenheit, Verwendung spezieller Versandformen, gesicherten Transport, gesicherte beziehungsweise DIN-gerechte Aktenvernichtung nach DIN 66399).

1.8.
Verzeichnis der Verarbeitungstätigkeiten

1.8.1. Jede Schule hat ein Verzeichnis aller Verarbeitungstätigkeiten zu führen. Darin sind alle Verarbeitungstätigkeiten aufzulisten, mit welchen personenbezogene Daten von Schülerinnen und Schülern, deren Erziehungsberechtigten, Lehrkräften oder sonstigen Personen verarbeitet werden, unabhängig davon, ob die Verarbeitung automatisiert, elektronisch oder auf andere Weise, zum Beispiel papiergebunden, erfolgt.

1.8.2. Verantwortlich für das Führen dieses Verzeichnisses ist die Schulleitung.

Das Verzeichnis dient unter anderem dazu, dass daraus Schülerinnen und Schüler oder deren Erziehungsberechtigte über die Verarbeitung ihrer personenbezogenen Daten an der Schule informiert werden können.

1.8.3. An einer Schule sind in der Regel folgende im Einsatz befindliche Computerprogramme in das Verzeichnis einzutragen:

- Schulverwaltungsprogramme, mit denen personenbezogene Daten von Schülerinnen und

Landesbeauftragter für Datenschutz und Informationsfreiheit BW

In Baden-Württemberg ist der Landesbeauftragte für Datenschutz und Informationsfreiheit (LfDI) zuständig. Er berät die Landesregierung, die Ministerien sowie die Behörden und sonstigen öffentlichen Stellen in Datenschutzfragen und gibt ihnen Empfehlungen zur Verbesserung des Datenschutzes.

Alle Bürger*innen haben das Recht, sich mit der Bitte um Auskunft oder auch bei Beanstandungen an den „LfDI“ zu wenden. Das gilt auch bei Beschwerden von Eltern und Elternvertretungen über Fehler und Missstände an Schulen (allerdings sollte stets zunächst vor Ort eine Lösung gesucht werden). Der LfDI ist zur Verschwiegenheit und zum Informantenschutz verpflichtet. Kontakt: Landesbeauftragter für Datenschutz und Informationsfreiheit, Lautenschlagerstr. 20, 70173 Stuttgart, (0711) 6155410, poststelle@lfdi.bwl.de. Mehr Informationen unter: https://www.baden-wuerttemberg.datenschutz.de

Schülern, von deren Erziehungsberechtigten sowie von Lehrkräften verwaltet werden,

- Stunden- und Vertretungsplanprogramme, mit denen personenbezogene Daten von Lehrkräften verarbeitet werden,
- Datenbank- oder Tabellenkalkulationsprogramme, wenn sie an Stelle eines im Handel erhältlichen Schulverwaltungsprogramms oder Stundenplanprogramms zur Verwaltung der Schule eingesetzt werden oder wenn damit personenbezogene Daten verwaltet werden,
- Apps auf mobilen Datenverarbeitungsgeräten, mit welchen personenbezogene Daten verarbeitet werden,
- web-basierte Verfahren, mit welchen personenbezogene Daten verarbeitet werden (Beispiele: paedML, Leseförderprogramme); für Schülerinnen und Schüler sollten möglichst anonyme Accounts eingerichtet werden.

Daneben sind auch alle Papierakten, wie beispielsweise Schülerakten, und ferner alle anderen elektronischen Verarbeitungen aufzunehmen, wenn in diesen personenbezogene Daten verarbeitet werden.

1.8.4. Der Inhalt und die Gliederung des Verzeichnisses der Verarbeitungstätigkeiten ergeben sich aus Artikel 30 Absatz 1 EU-DSGVO. Diese Vorgaben sind beim Erstellen und Führen des Verzeichnisses einzuhalten.

Weitere Informationen zur Erstellung des Verzeichnisses der Verarbeitungstätigkeiten sind im Intranet der Kultusverwaltung, auf it.kultus-bw.de und auf der Internet-Seite des LfDI dargestellt.

Schulen können das elektronische, onlinebasierte System VV-online zum Führen ihres Verzeichnisses der Verarbeitungstätigkeiten nutzen, dieses enthält Ausfüllhinweisen und Muster.

1.8.5. Die Schule stellt dem LfDI das Verzeichnis auf Anfrage zur Verfügung.

1.9. Datenschutz-Folgenabschätzung

1.9.1. Ergibt sich, insbesondere bei Verwendung neuer Technologien, aufgrund der Art, des Umfangs, der Umstände und der Zwecke der Verarbeitung voraussichtlich ein hohes Risiko für die Rechte und Freiheiten natürlicher Personen, müssen Schulen gemäß Artikel 35 EU-DSGVO vorab eine Abschätzung der Folgen der vorgesehenen Verarbeitungsvorgänge für den Schutz personenbezogener Daten durchführen.

Eine solche Datenschutz-Folgenabschätzung ist für Schulen vor Beginn der Verarbeitung personenbezogener Daten insbesondere erforderlich, sofern sie unter anderem automatisiert personenbezogene Daten von Minderjährigen verarbeiten oder automatisiert eine systematische und umfassende Bewertung persönlicher Aspekte natürlicher Personen durchführen, die als Grundlage für Entscheidungen dienen, die Rechtswirkung gegenüber natürlichen Personen entfalten (Systeme zur Leistungsbeurteilung von Schülerinnen und Schülern, Zeugniserstellung, dienstliche Beurteilungen von Lehrkräften und weitere). Ferner bei einer umfangreichen Verarbeitung besonderer Kategorien von personenbezogenen Daten im Sinne von 1.4 dieser Verwaltungsvorschrift.

1.9.2. Die Schule muss bei der Durchführung einer Datenschutz-Folgenabschätzung den Datenschutzbeauftragten der Schule beteiligen und sich bei diesem Rat einholen. Bei der Durchführung der Datenschutz-Folgenabschätzung kann die Schule gegebenenfalls den Standpunkt der betroffenen Personen oder ihrer Vertreter (Elternbeirat oder Personalrat) einholen.

1.9.3. Die Datenschutz-Folgenabschätzung muss schriftlich oder elektronisch erfolgen. Der Inhalt richtet sich nach Artikel 35 Absatz 7 EU-DSGVO.

1.9.4. Erkennt die Schule aufgrund der Datenschutz-Folgenabschätzung, dass die Verarbeitung ein hohes Risiko zur Folge hätte und trifft die Schule keine Maßnahmen zur Eindämmung des Risikos, konsultiert sie vor Beginn der Verarbeitung den LfDI nach Artikel 36 EU-DSGVO. Der LfDI kann dann die Schule weiter beraten und gegebenenfalls Empfehlungen zur Verbesserung des Datenschutzes aussprechen.

1.10. Meldung der Verletzung des Schutzes personenbezogener Daten an den LfDI und Benachrichtigung der betroffenen Personen

Die Schule wird bei einer Verletzung des Schutzes personenbezogener Daten und den in diesem Zusammenhang abzugebenden Meldungen beziehungsweise Benachrichtigungen durch ihren Datenschutzbeauftragten beraten.

1.10.1. Eine Meldung einer Verletzung des Schutzes personenbezogener Daten an den LfDI muss durch die Schule unverzüglich, möglichst innerhalb von 72 Stunden erfolgen, sofern diese Verletzung voraussichtlich zu einem Risiko für die Rechte und Freiheiten natürlicher Personen führt. Dies ist insbesondere immer dann der Fall, wenn personenbezogene Daten in die Hände unbefugter Dritter gelangt sein könnten. Die Schule hat bei der Entscheidung über eine Meldung an den LfDI die Umstände des Einzelfalls gegeneinander abzuwägen, insbesondere die Zahl der betroffenen Personen, die Kategorien personenbezogener Daten und die Auswirkungen der Datenschutzverletzung. Können bei einer Meldung nicht alle erforderlichen Informationen rechtzeitig bereitgestellt werden, sind diese Informationen schrittweise dem LfDI zu melden. Dem behördlichen Datenschutzbeauftragten der Schule und der zuständigen Schulaufsichtsbehörde ist eine Kopie der Meldung zuzuleiten. Der Inhalt der Meldung ergibt sich aus Artikel 33 Absatz 3 EU-DSGVO.

1.10.2. Eine Benachrichtigung der betroffenen Personen muss durch die Schule erfolgen, sofern eine Verletzung des Schutzes personenbezogener Daten stattgefunden hat und diese voraussichtlich zu einem hohen Risiko für die Rechte und Freiheiten natürlicher Personen führt (Artikel 34 EU-DSGVO). Dies ist unter anderem dann der Fall, wenn besondere Kategorien personenbezogener Daten gemäß Artikel 9 Absatz 1 EU-DSGVO (insbesondere Religionszugehörigkeit oder Gesundheitsdaten) oder Daten über schulische Leistungen (Noten, Kompetenzen, Beurteilungen) einer Schülerin oder eines Schülers betroffen sind. Dies gilt auch für entsprechende personenbezogene Daten von Beschäftigten. Keine Benachrichtigung ist erforderlich, wenn die verantwortliche Stelle geeignete technische und organisatorische Sicherheitsvorkehrungen getroffen hat, die den unbefugten Zugang auf die personenbezogenen Daten praktisch nicht ermöglichen (zum Beispiel durch Verschlüsselung) oder die verantwortliche Stelle durch nachfolgende Maßnahmen sichergestellt hat, dass das hohe Risiko beseitigt wurde (zum Beispiel durch Fernlöschung der Daten). Zudem kann eine Benachrichtigung unterbleiben, wenn diese mit einem unverhältnismäßigen Aufwand verbunden wäre, stattdessen muss jedoch eine öffentliche Bekanntmachung oder ähnliche Maßnahme erfolgen, durch die die betroffenen Personen vergleichbar wirksam informiert werden.

Die Benachrichtigung muss in klarer und einfacher Sprache verfasst sein. Der Inhalt der Benachrichtigung ergibt sich aus Artikel 33 Absatz 3 EU-DSGVO.

1.11. Behördlicher Datenschutzbeauftragter

1.11.1. Gemäß Artikel 37 Absatz 1 Buchstabe a EU-DSGVO muss für jede Schule ein Datenschutzbeauftragter benannt sein. Die Bestellung erfolgt schriftlich durch die Schulleitung. Der Personalrat hat nach § 75 Absatz 4 Nummer 1 Buchstabe b des Landespersonalvertretungsgesetzes (LPVG) mitzubestimmen.

1.11.2. Mehrere Schulen können auch gemeinsam einen behördlichen Datenschutzbeauftragten benennen.

1.11.3. Sofern keine aus der Schule stammende Person zum Datenschutzbeauftragten benannt wird, muss die Schule die von der jeweiligen Schulaufsichtsbehörde dafür vorgesehene Person benennen.

1.11.4. Der Datenschutzbeauftragte ist bei der Erfüllung seiner Aufgaben weisungsfrei.

1.11.5. Die Schule muss die Kontaktdaten des Datenschutzbeauftragten (nicht dessen Name) veröffentlichen. Dies erfolgt in der Regel auf der Homepage der Schule. Ferner muss sie die Kontaktdaten des Datenschutzbeauftragten dem LfDI mitteilen. Dies ist über einen Online-Service auf dessen Homepage möglich. Die Kontaktdaten sind auch der jeweils zuständigen Schulaufsichtsbehörde (Staatliches Schulamt beziehungsweise Abteilung 7 des Regierungspräsidiums) mitzuteilen.

1.12. Videoüberwachung in Schulen gemäß § 18 LDSG

1.12.1. § 18 LDSG stellt eine spezielle Rechtsgrundlage für die Videoüberwachung dar, die den erheblichen Eingriff in das Recht auf informationelle Selbstbestimmung unter sehr engen Voraussetzungen für zulässig erklärt. Bei öffentlichen Schulen entscheidet grundsätzlich der Schulträger für öffentlich zugängliche Bereiche und die Außenhaut des Gebäudes samt Stellflächen für Kraftfahrzeuge und Fahrräder, ob bei Vorliegen der gesetzlichen Voraussetzungen von der Videoüberwachung Gebrauch gemacht werden soll. Der Schulträger ist datenschutzrechtlich verantwortlich für diese Videoüberwachung und hat die Videoüberwachung als automatisiertes Verfahren in sein Verzeichnis der Verarbeitungstätigkeiten gemäß Artikel 30 EU-DSGVO einzutragen. Vor dem erstmaligen Einsatz einer Videoüberwachung muss der zuständige Datenschutzbeauftragte beteiligt werden und diesem Gelegenheit zur Stellungnahme gegeben werden. Ferner muss gemäß Artikel 35 EU-DSGVO eine Datenschutz-Folgenabschätzung durchgeführt werden.

1.12.2. Während des Schulbetriebs ist eine Videoüberwachung auf dem Schulhof sowie den sonstigen für den Schulbetrieb genutzten Räumlichkeiten in der Regel unzulässig. Die schutzwürdigen Interessen der betroffenen Schülerinnen und Schüler sowie der Lehrkräfte überwiegen dabei grundsätzlich das Interesse an der Videoüberwachung (§ 18 Absatz 1 LDSG).

1.13. Nutzung privater Datenverarbeitungsgeräte durch Lehrkräfte

1.13.1. Lehrkräfte, die sich schriftlich zur Beachtung der datenschutzrechtlichen Hinweise der Anlage 1 zu dieser Verwaltungsvorschrift verpflichtet haben, dürfen mit Genehmigung der Schulleitung zur Erfüllung ihrer Aufgaben private Datenverarbeitungsgeräte zur Verarbeitung personenbezogener Daten verwenden. Sie haben sicherzustellen, dass diese Daten vor dem Zugriff unberechtigter Dritter geschützt sind. Das Kultusministerium stellt für die Genehmigung ein Formular zur Verfügung.

1.13.2. Werden personenbezogene Daten auf Personal-Computern und anderen Datenverarbeitungsgeräten wie insbesondere Laptops, Tablets oder Smartphones verarbeitet, sind die erforderlichen technischen und organisatorischen Maßnahmen nach Artikel 32 Absatz 1 EU-DSGVO und § 3 Absatz 1 LDSG zu treffen und insbesondere folgende Voraussetzungen zu beachten:

- alle personenbezogenen Daten sind verschlüsselt zu speichern. Dies gilt auch für den Einsatz mobiler Speichermedien wie USB-Sticks, mobile Festplatten, CDs oder DVDs, Backups, sofern das Speichermedium nicht anderweitig (zum Beispiel durch Verschluss) gesichert ist.
- soweit möglich, sind die Daten zu pseudonymisieren.

1.13.3. Personenbezogene Daten, deren Kenntnis für die Lehrkraft nicht zur Aufgabenerfüllung erforderlich ist, dürfen nicht auf privaten Datenverarbeitungsgeräten verarbeitet werden. Besonders schutzwürdige Daten, etwa über Krankheiten oder Erziehungs- und Ordnungsmaßnahmen gegenüber Schülerinnen und Schülern, dürfen nicht auf dem privaten Datenverarbeitungsgerät verarbeitet werden.

Jedoch dürfen Lehrkräfte im Rahmen ihrer Aufgaben personenbezogene Daten für Gutachten, beispielsweise für sonderpädagogische Zwecke, verarbeiten. Diese personenbezogenen Daten sind nach Fertigstellung entweder auszudrucken und/ oder auf dienstliche Geräte zu übertragen und sodann auf den privaten Datenverarbeitungsgeräten unverzüglich zu löschen.

1.14. Verarbeitung personenbezogener Daten durch andere Personen oder Stellen (Auftragsdatenverarbeitung) gemäß Artikel 28 EU-DSGVO

1.14.1. Personenbezogene Daten der Schulen werden immer häufiger auf einem Server außerhalb der Schule verarbeitet (zum Beispiel beim Schulträger oder bei einem kommunalen Rechenzentrum). Beim Cloud-Computing werden IT-Infrastrukturen wie zum Beispiel Rechenleistung, Datenspeicher, Netzwerkkapazitäten oder auch komplette Anwendungssoftware sowie die Verarbeitung von Daten der Kunden mittels dieser Software von einem Dienstleister über das Internet zur Verfügung gestellt. Es handelt sich hier jeweils um eine Auftragsverarbeitung personenbezogener Daten (Artikel 28 EU-DSGVO), bei der die Schule als Auftraggeberin weiterhin für die Rechtmäßigkeit der Datenverarbeitung durch den Dienstleister die Verantwortung trägt. Der Dienstleister hat in Erfüllung des von der Schule erteilten schriftlichen Auftrags die technischen-organisatorischen Maßnahmen gemäß Artikel 25 Absatz 1 und 2 und Artikel 32 Absatz 1 EU-DSGVO zu treffen, deren Einhaltung von der Schule in geeigneter Weise zu kontrollieren ist und vom Dienstleister durch die Einhaltung genehmigter Verhaltensregeln oder eines genehmigten Zertifizierungsverfahrens nachgewiesen werden kann. Die erforderlichen Genehmigungen erfolgen durch den LfDI.

Es wird empfohlen, für eine Datenverarbeitung im Auftrag den vom Kultusministerium bereitgestellten Mustervertrag mit Ausfüllhinweisen zu verwenden, der mit dem LfDI abgestimmt wurde.

1.14.2. Die Speicherung personenbezogener Daten in einer „Cloud" beziehungsweise die dienstliche Nutzung von sogenannten „Cloud-Diensten" ist unzulässig, wenn die Voraussetzungen nach Artikel 28 EU-DSGVO nicht vorliegen oder wenn der Dienstleister oder die genutzten Server sich außerhalb des räumlichen Anwendungsbereichs der EU-DSGVO befinden. Zu verlangen sind also mindestens:

- offene, transparente und detaillierte Informationen der Cloud-Anbieter über die technischen, organisatorischen und rechtlichen Rahmenbedingungen der von ihnen angebotenen Dienstleistungen einschließlich der Sicherheitskonzeption, damit die Cloud-Anwender einerseits entscheiden können, ob Cloud-Computing überhaupt in Frage kommt und andererseits die notwendigen Informationen haben, um zwischen den Cloud-Anbietern wählen zu können,
- transparente, detaillierte und eindeutige vertragliche Regelungen der Cloud-gestützten Datenverarbeitung, insbesondere zum Ort der Datenverarbeitung und zur Benachrichtigung über eventuelle Ortswechsel, zu Unterauftragsverhältnissen, zur Portabilität (Plattformunabhängigkeit) und zur Interoperabilität (Fähigkeit der Zusammenarbeit unterschiedlicher Systeme),
- die Umsetzung der abgestimmten Sicherheits- und Datenschutzmaßnahmen auf Seiten von Cloud-Anbieter und Cloud-Anwender und
- aktuelle und aussagekräftige Nachweise (Zertifikate nach Artikel 42 EU-DSGVO von einer durch den LfDI zertifizierten Prüfungsorganisation) über die gesamte Infrastruktur, die bei der Auftragserfüllung in Anspruch genommen wird, die insbesondere den Datenschutz, die Informationssicherheit, die Portabilität und die Interoperabilität betreffen.

2. Verarbeitung personenbezogener Daten von Schülerinnen und Schülern sowie von deren Erziehungsberechtigten

2.1. Wahrnehmung von Rechten minderjähriger Schülerinnen und Schüler

2.1.1. Minderjährige Schülerinnen und Schüler üben alle Rechte aus der EU-DSGVO, wie zum Beispiel die Erteilung der Einwilligung in die Datenverarbeitung (Artikel 6 Absatz 1 Buchstabe a EU-DSGVO), das Auskunftsrecht (Artikel 15 EU-DSGVO), das Recht auf Berichtigung (Artikel 16 EU-DSGVO), auf Löschung (Artikel 17 EU-DSGVO), auf Einschränkung der Verarbeitung (Artikel 18 EU-DSGVO) oder auf Datenübertragbarkeit (Artikel 20 EU-DSGVO) selbst aus, sofern sie die nötige Einsichtsfähigkeit hierfür besitzen. Ansonsten werden diese Rechte durch deren Erziehungsberechtigte ausgeübt. Gleiches gilt auch für die Mitteilungspflicht (Artikel 19 EU-DSGVO).

2.1.2. Die Einsichtsfähigkeit ist nach der jeweiligen Reife der Schülerin beziehungsweise des Schülers und dem Verwendungszusammenhang der Daten zu beurteilen. Mit Vollendung des 16. Lebensjahres ist in der Regel vom Vorliegen der nötigen Einsichtsfähigkeit auszugehen. Dies gilt auch für den Widerruf der Einwilligung.

2.1.3. Eine Einwilligungsfähigkeit liegt nicht vor, wenn die Schülerin beziehungsweise der Schüler die Folgen einer Verarbeitung der jeweiligen Daten nicht erkennen oder nicht sachgerecht einschätzen kann. In Zweifelsfällen hat der Empfänger der Einwilligungserklärung zu prüfen, ob die Einsichtsfähigkeit tatsächlich vorliegt.

2.1.4. Vor der Veröffentlichung von Fotos, Filmen, Tonaufnahmen in digitalen Medien im Internet/ Intranet oder in Printmedien (z.B. Schülerzeitschriften), auf denen minderjährige Schülerinnen und Schüler abgebildet oder identifizierbar sind, ist zum Schutz der Persönlichkeitsrechte nicht nur eine schriftliche oder elektronische Einwilligung der

Erziehungsberechtigten einzuholen, sondern nach Vollendung des 14. Lebensjahres auch zusätzlich von den betroffenen Schülerinnen und Schülern, sofern die Veröffentlichung nicht zur Erfüllung des Bildungsauftrages zwingend erforderlich ist. Dies gilt auch, wenn Fotos, Filme, Tonaufnahmen und digitale Medien, auf denen minderjährige Schülerinnen und Schüler abgebildet oder identifizierbar sind, an andere Personen weitergegeben oder ausgetauscht werden sollen (siehe § 22 Gesetz betreffend das Urheberrecht an Werken der bildenden Künste und Photographien und Nummer 2.4).

Hinweis der Redaktion: § 22 KUG (Gesetz betreffend das Urheberrecht an Werken der bildenden Künste) lautet:

§ 22 (Recht am eigenen Bilde)

Bildnisse dürfen nur mit Einwilligung des Abgebildeten verbreitet oder öffentlich zur Schau gestellt werden. Die Einwilligung gilt im Zweifel als erteilt, wenn der Abgebildete dafür, dass er sich abbilden ließ, eine Entlohnung erhielt. Nach dem Tode des Abgebildeten bedarf es bis zum Ablaufe von 10 Jahren der Einwilligung der Angehörigen des Abgebildeten. Angehörige im Sinne dieses Gesetzes sind der überlebende Ehegatte oder Lebenspartner und die Kinder des Abgebildeten und, wenn weder ein Ehegatte oder Lebenspartner noch Kinder vorhanden sind, die Eltern des Abgebildeten.

2.2. Verarbeitung von personenbezogenen Daten von Schülerinnen und Schülern sowie von deren Erziehungsberechtigten

2.2.1. Die Schulen dürfen folgende personenbezogene Daten entsprechend den Erfordernissen der jeweiligen Schulart speichern und entsprechend weiterverarbeiten: *siehe Tabellen*

Die Schulen haben sich bei der Verwendung von Aufnahmebögen an dem Muster der Anlage 2 *(nicht abgedruckt)* zu orientieren. Sofern diese Daten mittels eines elektronischen Aufnahmeformulars *Fortsetzung nach den Tabellen*

Allgemeine Daten von Schülerinnen und Schülern

Merkmal	Erläuterungen
Name, Vornamen, ggf. Geburtsname	
Adresse	
Kontaktdaten	z.B. Telefonnummer, Faxnummer, E-Mail
Geschlecht	
Geburtsdatum	
Geburtsort und Geburtsland	
Staatsangehörigkeit	
Verkehrssprache in der Familie beziehungsweise im häuslichen Umfeld	
Jahr des Zuzugs nach Deutschland, Herkunftsland	soweit Geburtsort außerhalb der Bundesrepublik
Aussiedlereigenschaft	
Zugehörigkeit zu einer Religion / Konfession für die in Baden-Württemberg Religionsunterricht als ordentliches Lehrfach eingerichtet ist	Alevitisch, Altkatholisch, Evangelisch, Islamisch-sunnitisch, Jüdisch, Römisch-katholisch, Orthodox (bulgarisch-, georgisch-, russisch-, griechisch-, rumänisch-, serbisch-orthodox), Syrisch-orthodox
Gesundheitliche Beeinträchtigungen	soweit diese Informationen für die Sicherstellung des Schul besuchs erforderlich sind
Behinderungsart/ Förderschwerpunkt	
Internat- und Heimunterbringung	
Geschwister an der Schule	
Nutzung des ÖPNV	

Schulische Daten, Schullaufbahndaten

Merkmal	Erläuterungen
Teilnahme am Unterricht	insbesondere Klasse, Bildungsgang, Fach, Unterrichtsfächer, Anforderungsniveau/ Niveaustufen, Eigenschaft des Unterrichts, Kurse, Arbeitsgemeinschaften, Teilnahme an Stütz- und Fördermaßnahmen einschließlich LRS- und Sprachheilkurse, Beratung und Unterstützung im Rahmen des sonderpäda-gogischen Dienstes, Teilnahme am Religionsunterricht beziehungsweise am Ethikunterricht, Abmeldung vom Religionsunterricht
Schullaufbahn	vorzeitige Aufnahme, Eintritt in die Schule/ Austritt/Grund, bisher besuchte Schulen und Bildungsgänge, Jahr der Ersteinschulung, Schulwechsel, Name und Anschrift der aufnehmenden Schule, schulische Herkunft, schulische Vorbildung, Wiederholungen von Klassen, Art der Wiederholung, Überspringen von Klassen, Fremdsprachenfolge und -dauer

Schulpflicht	
Schulanfängerin / Schulanfänger	Nichteinschulung wegen Zurückstellung oder Befreiung
Außerunterrichtliche Praxiserfahrungen (Praktikum u.ä.)	
Grundschulempfehlung und ggf. weitere Bildungsempfehlungen	
Schulaufnahmeberechtigung	Art der Berechtigung, Aufnahmeprüfung, Datum
Teilnahme am besonderen Beratungsverfahren	
Unterrichtsversäumnisse	
Preise/ Belobigungen	
Erziehungs- und Ordnungsmaßnahmen	
Befreiungen vom Unterricht/ Beurlaubung	
Gastschüler/Zahl der teilnehmenden Schülerinnen und Schüler anderer Schulen	
Teilnahme an Betreuungsangeboten und Betreuungsumfang	zum Beispiel beim Besuch einer Ganztagesschule, verlässliche Grundschule oder Hortbesuch
Leistungsdaten, Prüfungsdaten	Noten, Punktzahl, verbale Beurteilungen
Zeitpunkt und Ergebnis von Prüfungen und Versetzungskonferenzen	auch Versetzungen und Probeversetzungen
Nichtzulassung zu Prüfungen	
Zeugnisbemerkungen	
Bildungsziel	höchster angestrebter Abschluss
Erworbener Schulabschluss Schulentlassener	auch Teilnahme an Schulfremdenprüfung
Teilnahme an Bundesjugendspielen	Sportart, Erwerb von Urkunden
Erfolgreiche Teilnahme an Mentoren-Ausbildungen	zum Beispiel Musik, Bildende Kunst
Preise bei Wettbewerben	z.B. Jugend musiziert, Jugendkunstpreis
Schulische Funktion der Schülerin / des Schülers	z.B. SMV, Schulsanitäter, Schülerhelfer bei Begegnungskonzerten

Zusatzdaten bei beruflichen Schulen

Merkmal	Erläuterungen
Berufsschulpflicht	
Schulische und berufliche Vorbildung	
Berufliche Abschlüsse nach Berufsbildungsrecht	
Voll- oder Teilzeitbeschulung	
Teilnahme an Blockunterricht	
Ausbildungsberuf, Beruf beziehungsweise berufliche Stellung	z.B. mit bzw. ohne Ausbildungsvertrag, Teilnahme an Praktikum, Förderungsmaßnahmen; Jungarbeiterin bzw. Jungarbeiter
Beginn und Ende des Ausbildungsverhältnisses	
Adresse und Kontaktdaten des Ausbildungs- oder Beschäftigungsbetriebes, der Praxis- oder Praktikumsstelle oder sonstiger Institutionen und der nach dem Berufsbildungsgesetz zuständigen Stelle, dortige Ansprechpartnerin oder Ansprechpartner	zum Beispiel Anschrift, Telefonnummer, Faxnummer, E-Mail
Teilnahme an Umschulungsmaßnahmen	

Zusatzdaten bei Schulen mit Internat oder Heim

Merkmal	Erläuterungen
Krankenkasse	
Vorerkrankungen	sofern diese Information für die Schule erforderlich ist
Gesundheitszeugnis	sofern für den Schulbesuch erforderlich

Daten der Erziehungsberechtigten

Merkmal	Erläuterungen
Name, Vornamen, Titel	
Adresse	z.B. Telefonnummer, Faxnummer, E-Mail
Kontaktdaten	z.B. Telefonnummer, Faxnummer, E-Mail
Geschlecht	
Staatsangehörigkeit	
Unterschrift Erziehungsberechtigte	
Schulische Funktion der Eltern	z.B. Elternvertreter

zum Beispiel auf der Schulhomepage erhoben werden, ist zwingend eine Transportverschlüsselung einzurichten.

2.2.2. Sofern weitere personenbezogene Daten verarbeitet werden sollen, sind die Voraussetzungen im Einzelnen besonders zu prüfen (siehe Nummer 1.1.) und zu dokumentieren.

2.3. Übermittlung personenbezogener Daten von Schülerinnen und Schülern sowie von deren Erziehungsberechtigten zu anderen Zwecken (§ 6 LDSG)

2.3.1. Es gelten unterschiedliche Voraussetzungen für die Übermittlung personenbezogener Daten an Stellen innerhalb des öffentlichen Bereichs (§ 6 Absatz 1 Nummer 1 LDSG), an Stellen der öffentlich-rechtlichen Religionsgemeinschaften und an Stellen außerhalb des öffentlichen Bereichs (§ 6 Absatz 1 Nummer 2 LDSG). Als Empfänger von personenbezogenen Daten können insbesondere folgende Stellen in Betracht kommen:

2.3.1.1. Öffentliche Stellen nach § 6 Absatz 1 Nummer 1 LDSG sind:

- andere öffentliche Schulen, (Einschränkungen siehe unter 2.3.6.),
- Schulaufsichtsbehörden,
- Gesundheitsämter,
- Stellen, die nach dem Berufsbildungsgesetz für die Berufsausbildung zuständig sind,
- Meldebehörden, Arbeits- und Ausländerämter nach Maßgabe der Gemeinsamen Verwaltungsvorschrift des Kultusministeriums und des Innenministeriums ⇨ Schulpflicht (Durchsetzung) [...],
- Schulträger,
- Jugendämter (siehe § 85 Absatz 2 und § 90 Absatz 8 SchG),
- Sozialämter,
- Ämter für Ausbildungsförderung und
- zuständige öffentliche Archive.

Eine Übermittlung personenbezogener Daten an Stellen innerhalb des öffentlichen Bereichs ist ohne Einwilligung der betroffenen Personen zulässig, wenn die Voraussetzungen des § 6 Absatz 1 Nummer 1 LDSG vorliegen. Die Schule hat vor jeder Übermittlung die Voraussetzungen gemäß 1.3.3. zu prüfen. Die Übermittlung ist zu dokumentieren.

2.3.1.2. Stellen der öffentlich-rechtlichen Religionsgemeinschaften

Eine Übermittlung der erforderlichen personenbezogenen Daten von Schülerinnen und Schülern und deren Erziehungsberechtigten an die katholische oder evangelische Kirche ist anlässlich der Kommunion oder Konfirmation sowie zur Erfüllung weiterer Aufgaben dieser Kirchen ohne Einwilligung der betroffenen Personen zulässig.

Eine Datenübermittlung von personenbezogenen Daten an weitere Religions- oder Weltanschauungsgemeinschaften ist nur mit Einwilligung der Betroffenen zulässig.

Hinweis der Redaktion: Die Meldebehörde teilt der Schule von Amts wegen nur die Zugehörigkeit zu einer öffentlich-rechtlichen Religionsgemeinschaft (RG) mit. Um die Verwirklichung des Rechts der Schüler*innen, Eltern und Religionsgemeinschaften auf Ein- bzw. Durchführung des Religionsunterrichts (RU) sowie die Einhaltung der Schulpflicht zu gewährleisten, ist es notwendig, die Religionszugehörigkeit der Schüler*innen durch Befragung festzustellen. Regelmäßig geschieht dies bei der Schulanmeldung durch entsprechende Angaben der Erziehungsberechtigten bzw. der religionsmündigen Schüler*innen. Diese Abfrage darf sich nicht nur auf den RU der Bekenntnisse beziehen, die an der jeweiligen Schule bereits stattfinden, sondern es muss die Zugehörigkeit hinsichtlich aller Bekenntnisse abgefragt werden, für die in Baden-Württemberg RU eingerichtet ist: alevitischer, altkatholischer, evangelischer, jüdischer, römisch-katholischer, orthodoxer sowie syrisch-orthodoxer RU. Ferner ist das Bekenntnis zum Islam sunnitischer Prägung abzufragen.

Auf Antrag ist den von der jeweiligen RG Bevollmächtigten unter Berücksichtigung der datenschutzrechtlichen Vorgaben der Zugang zu den Namen der Schüler*innen zu eröffnen, die am RU des jeweiligen Bekenntnisses teilnehmen oder teilnehmen wollen. Anders als bei evangelischen oder katholischen Schüler*innen, bedarf die Übermittlung entsprechender Namenslisten an die alevitische, die altkatholische, die jüdische, die orthodoxe sowie die syrisch-orthodoxe RG einer Einwilligung der Betroffenen. Da der islamische RU sunnitischer Prägung nicht in Trägerschaft einer anerkannten RG stattfindet, besteht ein Recht auf Zugang zu den Namen der teilnehmenden Schüler*innen vonseiten der islamischen Verbände bzw. von Moscheegemeinden nicht.

Die Abfrage der Religionszugehörigkeit und die Erhebung der entsprechenden Daten datenschutzrechtlich erst dann zulässig ist, wenn die Aufnahme an der konkreten Schule tatsächlich erfolgt ist. Die Erhebung der Daten darf folglich nicht bereits bei der Anmeldung der Schüler*innen erfolgen, sondern erst nach Durchführung des Aufnahmeverfahrens. Das KM hat den Schulleitungen ein einheitliches Formular für die Abfrage der Religionszugehörigkeit übersandt. Keinesfalls dürfen die Daten von Schüler*innen oder Erziehungsberechtigten weitergegeben werden, die der betreffenden RG nicht angehören. ⇨ Religion (Allgemeines)

(Quelle: KM, 16. März 2017, 31-6520.40/426/1)

Im Jahr 2023 hat das KM ergänzend mitgeteilt, dass die Schulen auch die Zugehörigkeit zu Bekenntnissen abfragen müssen, für die an der konkreten Schule bislang kein Religionsunterricht angeboten wird, und dass die Schulleitungen auf die Verantwortlichen der Kirchen und Religionsgemeinschaften zugehen müssen, wenn genügend Schüler*innen für die Bildung einer Gruppe für bekenntnisgebundenen Religionsunterricht vorhanden sind. Eine Gruppe kann grundsätzlich gebildet werden, wenn acht Schüler*innen des entsprechenden Bekenntnisses vorhanden sind. Eine klassen-, klassenstufenübergreifende und auch schulstandortübergreifende Gruppenbildung ist zulässig, sofern dies pädagogisch sinnvoll ist. Beim jüdischen Religionsunterricht kann unter bestimmten Voraussetzungen bereits ein Angebot gemacht werden, wenn mindestens zwei Schüler*innen eine Gruppe bilden.

Eine Abänderung des einheitlichen Formulars für die Abfrage der Religionszugehörigkeit ist nicht zulässig. Das KM hat ferner darauf hingewiesen, dass eine Weitergabe der Namen an die jeweilige Religionsgemeinschaft nur hinsichtlich der Schüler*innen erfolgen darf, die am Religionsunterricht des jeweiligen Bekenntnisses tatsächlich teilnehmen, und dass die Weitergabe der Namen von Schüler*innen, die zwar der Religionsgemeinschaft angehören, aber nicht an deren Religionsunterricht teilnehmen, nicht zulässig ist. (Quelle: KM, 17.2.2023; AZ: KMRA-7130-1/15/1)

Weitere Informationen zum Religionsunterricht sowie FAQ unter https://km-bw.de/,Lde/startseite/ministerium/kultus-religionsangelegenheiten-und-staatskirchenrecht

2.3.1.3. Nichtöffentliche Stellen nach § 6 Absatz 1 Nummer 2 LDSG

Die Schulen übermitteln ohne Einwilligung der betroffenen Personen grundsätzlich keine personenbezogenen Daten an Privatpersonen oder andere Stellen außerhalb des öffentlichen Bereichs. Soll ausnahmsweise dennoch eine Datenübermittlung ohne Einwilligung stattfinden, so ist dies nur zulässig, wenn es zur Abwehr einer Gefahr für Leib und Leben oder einer anderen schwerwiegenden Beeinträchtigung der Rechte der betroffenen oder einer anderen Person oder zur Aufgabenerfüllung der Schule erforderlich ist. Die Aufgaben der Schule ergeben sich aus ihrem Erziehungs-, Bildungs- und Fürsorgeauftrag. Demnach dürfen insbesondere folgende Übermittlungen erfolgen:

- Übermittlung an die für die Berufserziehung Mitverantwortlichen, insbesondere anlassbezogene Übermittlung von Fehlzeiten, Unterrichtsversäumnissen, Angaben zu entschuldigtem oder unentschuldigtem Fernbleiben vom Unterricht, Informationen zu schulischen Leistungen sowie Unterrichtsbefreiungen und Beurlaubungen nach der ⇨ Schulbesuchsverordnung [...], mit Vor- und Zuname sowie Geburtsdatum an den Ausbildungsbetrieb.
- Übermittlung nur der erforderlichen Daten zur Durchführung von außerunterrichtlichen und unterrichtlichen Veranstaltungen (zum Beispiel Meldedaten an Beherbergungsbetrieb) oder von schulischen Betreuungsangeboten Externer. Die Erziehungsberechtigten sowie die betroffenen Schülerinnen und Schüler selbst sind vor einer Datenübermittlung zu informieren.
- Übermittlung von Namen und Anschrift der einzelnen Erziehungsberechtigtenvertreter an die Elternvertretungen im Sinne der §§ 57 bis 60 SchG. Für die Verarbeitung sonstiger personenbezogener Daten sind Einwilligungen erforderlich. Elternvertretungen sind selbst datenschutzrechtlich verantwortliche Stellen.

Hinweis der Redaktion: In seiner Bekanntmachung „Aktualisierung der Hinweise zur Intensivierung der Zusammenarbeit zwischen den öffentlichen Schulen und dem muttersprachlichen Zusatzunterricht in Verantwortung der Generalkonsulate" vom 29. Juni 2017 (K.u.U. S, 1/2018) hat das KM u.a. mitgeteilt:

- Die Schulen übermitteln keine personenbezogenen Daten an die Konsulate und Botschaften oder an die muttersprachlich unterrichtenden Personen, es sei denn, die Betroffenen bzw. deren Sorgeberechtigten haben hierzu eingewilligt.
- Sofern eine Einwilligung vorliegt, dürfen nur der Name der Schülerin bzw. des Schülers, die Klassenzugehörigkeit, Namen der Lehrkräfte, deren Funktion (z.B. Klassenlehrerin bzw. Klassenlehrer) und die Bezeichnung der unterrichteten Klasse (z.B. Klasse 6a) übermittelt werden.
- Im Zusammenhang mit der Datenübermittlung ist die Schule gehalten, darauf hinzuweisen, dass die Daten nur zur Durchführung des muttersprachlichen Unterrichts verwendet werden dürfen und insbesondere nicht an weitere Stellen oder Personen übermittelt werden dürfen. Dies ist eine gesetzlich vorgegebene Pflicht.

⇨ Integration und Sprachförderung Nr. 8

2.3.2. Unverschlüsselter E-Mail-Verkehr zwischen Lehrkräften und Erziehungsberechtigten sollte lediglich zur Terminvereinbarung für ein persönliches Gespräch dienen, ohne jedoch dabei weitere personenbezogene Daten zu übermitteln.

Sonstiger dienstlicher E-Mail-Verkehr mit personenbezogenem Inhalt zwischen Schulen und Dritten soll nach Möglichkeit über das Landesverwaltungsnetz (LVN) beziehungsweise Kommunalverwaltungsnetz (KVN) erfolgen. Ist dies nicht möglich (zum Beispiel, weil der Dritte keinen Zugang zu diesen Netzen hat), müssen die personenbezogenen Daten bei der Übermittlung verschlüsselt sein. Alternativ kann auch eine Übermittlung in Briefform erfolgen.

2.3.3. Die dienstliche Nutzung von Sozialen Netzwerken ist für eine Kommunikation von Lehrkräften mit anderen Lehrkräften oder mit Schülerinnen und Schülern nicht zulässig, wenn dabei personenbezogene Daten verarbeitet werden. Dies gilt nicht, sofern ein Soziales Netzwerk den datenschutzrechtlichen Anforderungen genügt. Das Kultusministerium veröffentlicht hierzu Hinweise.

2.3.4. Einzelne Schulnoten dürfen nicht vor der gesamten Klasse, sondern nur gegenüber der betroffenen Schülerin oder dem betroffenen Schüler bekanntgegeben werden. Zur Orientierung der Schülerinnen und Schüler genügt ein Notenspiegel (zahlenmäßiger Überblick über die Notenverteilung ohne Namensnennung).

2.3.5. Für die Übermittlung von Daten volljähriger Schülerinnen und Schüler an deren Erziehungsberechtigte gilt § 55 Absatz 3 SchG. ⇨ Volljährigkeit

2.3.6. Die Schulen haben Übermittlungen an sämtliche Empfänger (Definition in Artikel 4 Nummer 9 EU-DSGVO) schriftlich oder elektronisch so zu dokumentieren, dass sie darüber Auskunft erteilen können, welche Daten an einen jeweiligen Empfänger übermittelt wurden.

2.3.7. Die in der Anlage 2 zur SchulStatDVV BW genannten Daten dürfen gemäß § 115 Absatz 3 SchG an andere Schulen weitergegeben werden. Die Übermittlung anderer personenbezogener Daten unterliegt folgenden Einschränkungen:

Beim Übergang von der Grundschule zur weiterführenden Schule werden ohne Einwilligung der Erziehungsberechtigten mit Ausnahme der Stammdaten keine personenbezogenen Daten weitergegeben. Zur Information der weiterführenden Schulen bietet die Grundschule den Erziehungsberechtigten an, auf einem Beiblatt zur Grundschulempfehlung gegebenenfalls eine Lese- oder Rechtschreibschwäche (LRS) einschließlich der durchgeführten Fördermaßnahmen zu dokumentieren. Bei einem Schulwechsel von der Grundschule zu einer weiterführenden Schule dürfen die Grundschulempfehlung und das Zeugnis nicht von der Grundschule an die weiterführende Schule übermittelt werden. ⇨ Aufnahmeverfahren

Hiervon unberührt bleiben die sonst schulrechtlich durch Verordnung oder Schulversuchsregelungen auf der Grundlage des Schulgesetzes erfolgten Festlegungen. Danach gilt Folgendes:

- Am Deutsch-Französischen Gymnasium kann bei der Anmeldung die Vorlage der Halbjahresinformation Klasse 4 gefordert werden.
- An Gymnasien können, soweit die Zahl der Anmeldungen die vorhandene Kapazität übersteigt, für die Aufnahme in einen bilingualen Zug die Noten in Deutsch und Mathematik erfragt und zur Grundlage der Aufnahmeentscheidung gemacht werden.

Wechselt eine Schülerin beziehungsweise ein Schüler während des laufenden Bildungsganges in eine andere Schule, so dürfen personenbezogene Daten (zum Beispiel Informationen zu besonderem Förderbedarf) weitergegeben werden, wenn sie zur Erfüllung der pädagogischen Aufgaben der aufnehmenden Schule erforderlich sind. Es reicht hierfür nicht aus, dass diese Daten für die Aufgabenerfüllung der aufnehmenden Schule lediglich nützlich sind. Insbesondere dürfen besondere Kategorien personenbezogener Daten der Schülerinnen und Schüler nach Nummer 1.4 lediglich im Ausnahmefall übermittelt werden, sofern der Erziehungs-, Bildungs- und Fürsorgeauftrag der aufnehmenden Schule ansonsten nicht oder nur teilweise erfüllt werden könnte.

Dies gilt sowohl für Informationen über Erziehungs- und Ordnungsmaßnahmen (mit Ausnahme des Schulausschlusses) als auch für die Weitergabe kompletter Schülerakten. Diese sind zur Aufgabenerfüllung der aufnehmenden Schule im Regelfall nicht erforderlich.

2.4. Veröffentlichung personenbezogener Daten von Schülerinnen und Schülern sowie von deren Erziehungsberechtigten

2.4.1. Die Veröffentlichung von personenbezogenen Daten, insbesondere von Fotos von Schülerinnen und Schülern sowie deren Erziehungsberechtigten in Druckwerken der Schule, in öffentlich- und privatrechtlichen Medien und auf der Homepage der Schule (Internet/Intranet) ist eine Datenverarbeitung im Sinne von Artikel 4 Nummer 2 EU-DSGVO. Veranlasst die Schule die Veröffentlichung, muss sie zuvor die schriftlichen oder elektronischen Einwilligungen der jeweils betroffenen Personen unter den Voraussetzungen des Artikels 7 EU-DSGVO einholen, ferner sind die betroffenen Personen nach Artikel 13 EU-DSGVO umfassend zu informieren. Die Einwilligungserklärung kann so formuliert sein, dass sie bis zum Ende des Schulbesuchs gilt. Sie kann jederzeit ohne Angabe von Gründen widerrufen werden.

2.4.2. Eine wirksame Einwilligung zur Veröffentlichung von personenbezogenen Daten im Internet liegt nur dann vor, wenn die Einwilligenden vor Erteilung der Einwilligung unter anderem über den beabsichtigten Zweck und über mögliche Gefahren beziehungsweise Risiken bei einer Veröffentlichung im Internet aufgeklärt wurden. Dabei ist darauf hinzuweisen, dass die Verwendung der im Internet veröffentlichten personenbezogenen Daten in keiner Weise einzugrenzen ist, dass auf diese Daten weltweit, auch über Suchmaschinen, zugegriffen werden kann und die Daten Bestandteil von Datensammlungen oder mit Daten aus anderen Zusammenhängen verknüpft werden können.

2.5. Löschung personenbezogener Daten von Schülerinnen und Schülern

2.5.1. Auf die Ausführungen zur Datenlöschung unter Nummer 1.5. wird verwiesen.

2.5.2. Ein schutzwürdiges Interesse von Schülerinnen und Schülern an der befristeten Aufbewahrung ihrer personenbezogenen Daten im Sinne von § 10 Absatz 2 LDSG besteht insbesondere für folgende Daten:

- Daten von betroffenen Personen, die für den Ersatz von abhanden gekommenen oder vernichteten Abschlusszeugnissen, Abgangszeugnissen beziehungsweise von Zeugnissen, die beim Verlassen einer Schule auch ohne Teilnahme an einer Prüfung erteilt wurden, notwendig sind,
- Daten von betroffenen Personen, die für Nachweise gegenüber den Rentenversicherungsträgern notwendig sind, zum Beispiel der Zeitpunkt der Beendigung der Schulausbildung oder der Zeiträume, in denen bestimmte Schulen und/oder Klassen besucht worden sind.

Stellt die Schule ein schutzwürdiges Interesse fest, tritt anstelle der Löschung eine Einschränkung der Verarbeitung nach Artikel 18 EU-DSGVO (siehe unter 1.5.). Die betroffenen Personen sind über das Absehen von der Löschung und der Einschränkung der Verarbeitung zu unterrichten. Durch Verwendung der Anlage 2 *(nicht abgedruckt)* dieser Verwaltungsvorschrift wird diese Anforderung erfüllt. Widerspricht eine betroffene Person dem Absehen von der Löschung, sind die Daten von der Schule zu löschen.

Die in Bezug auf eine Verarbeitung eingeschränkten Daten sind auch nach Ablauf bestimmter Fristen (Löschungsfristen) endgültig zu löschen.

2.5.3. Löschungsfristen:

- Schülerkarteikarten und Schülerlisten in Papierform sowie Abschluss- und Abgangszeugnisse sollen 60 Jahre, nachdem die betroffenen Personen die Schule verlassen haben, aufbewahrt werden und sind danach zu löschen.
- Schülerakten und sonderpädagogische Gutachten, einschließlich Lern- und Förderplänen, Schulübergangsempfehlungen sind zwei Jahre nach Verlassen der Schule zu vernichten beziehungsweise bei elektronischer Führung zu löschen.
- Klassen- und Kurstagebücher sind nach Ablauf der jeweils folgenden fünf Schuljahre zu löschen.
- Schriftliche Einwilligungserklärungen zur Veröffentlichung von Fotos in einem Druckwerk sind fünf Jahre, nachdem das Druckwerk in den Umlauf gebracht wurde, zu löschen.
- Schriftliche Einwilligungserklärungen zur Veröffentlichung von Fotos auf der Homepage sind fünf Jahre nach der Herausnahme aus der Homepage zu löschen.
- Notenlisten beziehungsweise Listen über Lernnachweise und Klassenarbeiten beziehungsweise Lernnachweise, Entschuldigungen oder Fehlzeitenlisten sind nach dem Ende des jeweils nächsten Schuljahres zu löschen, sofern keine Rechtsmittel eingelegt worden sind.
- Prüfungsunterlagen wie Prüfungsniederschriften und Prüfungsarbeiten sind fünf Jahre nach Feststellung des Prüfungsergebnisses zu löschen.
- Personenbezogene Daten von Schülerinnen und Schülern auf privaten Datenverarbeitungsgeräten

der Lehrkräfte nach 1. 13.1 sind spätestens nach dem Ende des jeweils nächsten Schuljahres auf dem privaten Datenverarbeitungsgerät zu löschen, sofern keine Rechtsbehelfe oder Rechtsmittel zum Beispiel gegen ein Abschlusszeugnis eingelegt worden sind. ⇨ Akten (Aufbewahrungsfristen)

2.6.
Einsichtnahme in schulische Prüfungsarbeiten, Prüfungsprotokolle und Aushändigung von Prüfungsunterlagen

2.6.1. Wer als Schülerin oder Schüler eine Prüfung abgelegt hat (einschließlich der Prüfungen für Schulfremde), kann nach Abschluss der Prüfung, beziehungsweise, soweit diese aus mehreren Teilprüfungen besteht, nach Abschluss der gesamten Prüfungen seine Prüfungsarbeiten einschließlich der Korrekturanmerkungen und gegebenenfalls einer Notenbegründung und die sie beziehungsweise ihn betreffenden Prüfungsprotokolle der mündlichen Prüfungen einsehen. Das gleiche Recht steht bei minderjährigen Schülerinnen und Schülern deren Erziehungsberechtigten zu. Diese und volljährige Schülerinnen und Schüler können mit der Einsichtnahme eine volljährige Person bevollmächtigten. Die Vollmacht muss schriftlich erteilt sein.

2.6.2. Die Prüfungsunterlagen sind an der Schule einzusehen, an der die Prüfung abgelegt wurde. Die Einsichtnahme ist nur unter Aufsicht zulässig. Die Schule bestimmt den Termin der Einsichtnahme unter Berücksichtigung ihrer räumlichen und organisatorischen Möglichkeiten. Vor der Einsichtnahme in die Prüfungsunterlagen sind die personenbezogenen Daten anderer betroffener Personen unkenntlich zu machen. Befinden sich die Prüfungsunterlagen bei einer anderen Stelle, sind sie von dieser möglichst rasch der Schule zurückzugeben.

2.6.3. Die Einsicht nehmenden Personen können Auszüge aus den Prüfungsunterlagen anfertigen, abfotografieren, einscannen oder von der Schule kostenpflichtige Kopien anfordern.

2.6.4. Auf Antrag können Prüfungsteilnehmerinnen und -teilnehmern die Prüfungsunterlagen drei Jahre nach Abschluss ihrer Prüfung von der Schule, an der die Prüfung abgelegt wurde, ausgehändigt werden. Sofern die Prüfungsunterlagen von einem staatlichen oder kommunalen Archiv im Rahmen der für die Auswahlarchivierung von Schulunterlagen getroffenen Regelung archiviert werden, können Antragsteller auf eigene Kosten Kopien ihrer Arbeiten erhalten.

2.6.5. Nummern 2.6.1. bis 2.6.4. gelten auch für Prüfungen, die an anerkannten Ersatzschulen nach staatlichen Vorschriften abgenommen werden.

Hinweis der Redaktion: Nr. 3 (Verarbeitung und Löschung personenbezogener Daten von Lehrkräften, Referendar*innen und Anwärter*innen) ist hier nicht abgedruckt.

4.
Verarbeitung personenbezogener Daten im Rahmen der Schulevaluation (§ 114 SchG)

4.1. Daten von Lehrkräften im Rahmen der Schulevaluation *(nicht abgedruckt)*

4.2.
Daten von Schülerinnen und Schülern, deren Erziehungsberechtigten und anderen am Schulleben beteiligten Personen im Rahmen der Schulevaluation

4.2.1. Die Mitarbeit von Schülerinnen und Schülern und deren Erziehungsberechtigten bei der Evaluation ist grundsätzlich freiwillig. Gleiches gilt für alle anderen am Schulleben beteiligten Personen wie Ausbilder oder das Personal des Schulträgers. Eine Verpflichtung von Schülerinnen und Schülern besteht allerdings bei einer Beobachtung des Unterrichts im Rahmen einer Evaluation. Hier ist die Teilnahme für Schülerinnen und Schüler – wie bei jedem anderen Unterricht auch – verpflichtend. Bei der Befragung der Schüler über Daten ihrer Erziehungsberechtigten (zum Beispiel Alter, Berufsausbildung) ist auch die Einwilligung der Erziehungsberechtigten in diese Datenerhebung einzuholen. Dies ist nicht notwendig, wenn kein Personenbezug hergestellt werden kann.

4.2.2. Von Personen, die nicht zur Mitwirkung verpflichtet sind, muss zur Verarbeitung ihrer personenbezogenen Daten deren schriftliche Einwilligungserklärung eingeholt werden.

4.2.3. Bei der Einholung der Einwilligung muss die betroffene Person unter anderem darüber informiert werden, dass sie nicht verpflichtet ist, personenbezogene Angaben zu machen und sie eine erteilte Einwilligung auch widerrufen kann, siehe Nummer 2.4.1. Es muss darauf hingewiesen werden, dass eine Verweigerung der Einwilligung zu keinerlei Nachteilen führt. Darüber hinaus sind bei der Datenerhebung die Informationspflichten nach Artikel 13 EU-DSGVO zu erfüllen (siehe Nummer 1.2). Zu informieren ist insbesondere darüber, zu welchem Zweck die Daten verarbeitet, wie, wo und wie lange die Daten in personenbezogener Form gespeichert, ob und gegebenenfalls an wen sie weitergegeben und wann sie gelöscht werden.

⇨ Schulentwicklung und Evaluation

4.3.
Umgang mit personenbezogenen Daten im Rahmen der Schulevaluation

4.3.1. Die EU-DSGVO stellt den Grundsatz der Datenminimierung auf (Artikel 5 Absatz 1 Buchstabe c). Die Schulen müssen deshalb sowohl bei der Erhebung von Daten wie bei ihrer weiteren Verarbeitung aus den grundsätzlich denkbaren Maßnahmen diejenige auswählen, die einerseits zu sinnvollen Ergebnissen der Evaluation führt, andererseits aber in möglichst geringem Umfang datenschutzrechtliche Belange berührt.

4.3.2. Um bei der Evaluation relevante Ergebnisse zu erzielen, ist es in der Regel nicht erforderlich, die gewonnenen Informationen bestimmten Lehrkräften, Schülerinnen und Schülern, deren Erziehungsberechtigten und anderen am Schulleben beteiligten Personen zuzuordnen oder Aussagen über Einzelpersonen zu treffen. Deshalb soll auch bereits der erste Schritt – die Erhebung der Daten – so erfolgen, dass keine Zuordnung zu bestimmten

Personen möglich ist. Dies kann zum Beispiel durch die folgenden Maßnahmen erreicht werden:

- Bei der Bildung von zu befragenden Gruppen sollte deren Teilnehmerzahl grundsätzlich nicht unter fünf Personen liegen.
- Auf Namensangaben in Fragebögen ist zu verzichten.
- Es ist auf solche Erhebungsmerkmale zu verzichten, die es ermöglichen, dass – auch ohne Namensangabe – Daten einer bestimmten Person zugeordnet werden können. Dies kann zum Beispiel mit dem Verzicht auf Angaben des genauen Alters (stattdessen zum Beispiel Altersgruppen „von… bis" bilden) oder des Geschlechts erreicht werden.
- Die Abgabe der Fragebögen ist so zu organisieren, dass die Anonymität bei der Abgabe gewährleistet ist (zum Beispiel Urnenabgabe).
- Erhebungsunterlagen sind so zu gestalten, dass zunächst notwendige personenbezogene Angaben (= Hilfsmerkmale) physisch abgetrennt werden können.
- Bei der Datenerhebung durch Interviews oder Beobachtungen ist das Protokoll so zu führen, dass eine Zuordnung zu einzelnen Befragten nicht mehr möglich ist.

4.3.3. Ist es nicht möglich, bereits im Zusammenhang mit der Datenerhebung einen Personenbezug zu vermeiden, sollte anschließend eine Anonymisierung erfolgen. Dazu gehört auch, dass personenbezogene Daten getrennt von den eigentlichen Daten aufbewahrt und sofort nach ihrer Auswertung vernichtet werden. Protokolle mit personenbezogenen Daten müssen für Unbefugte unzugänglich aufbewahrt werden und sind ebenfalls sofort nach ihrer Auswertung zu vernichten.

4.3.4. Die Verwendung von nicht personenbezogenen Daten, beispielsweise in schulinternen Qualitätsdokumentationen oder Berichten der Evaluation, auch deren Übermittlung an Dritte, zum Beispiel im Rahmen einer Gesamtlehrerkonferenz oder einer Schulkonferenz, ist datenschutzrechtlich ohne Relevanz.

4.3.5. Der Einsatz elektronischer Evaluationsinstrumente, bei denen personenbezogene Daten verarbeitet werden, ist in das Verzeichnis der Verarbeitungstätigkeiten gemäß Artikel 30 EU-DSGVO aufzunehmen. Sofern personenbezogene Daten im Auftrag der Schule durch andere Personen oder Stellen verarbeitet werden handelt es sich um eine Auftragsdatenverarbeitung, siehe Nummer 1.14.

4.3.6. Neben den datenschutzrechtlichen Regelungen sind beim Einsatz von elektronischen Verfahren im Rahmen der Evaluation, soweit diese zweckgerichtet für die Verarbeitung von personenbezogenen Daten eingesetzt werden, auch die Beteiligungsrechte der Personalvertretungen gemäß § 75 Absatz 4 Nummer 13 LPVG zu beachten. Dies ist dann der Fall, wenn elektronische Verfahren umfangreiche Auswertungs- und Datenverknüpfungen zulassen.

4.4.
Übermittlung von personenbezogenen Daten im Rahmen der Schulevaluation

4.4.1. Bei einer Übermittlung von Ergebnissen der Evaluation beispielsweise von schulinternen Qualitätsdokumentationen oder bei der Bekanntgabe zum Beispiel im Rahmen einer Gesamtlehrerkonferenz oder Schulkonferenz sind personenbezogene Daten grundsätzlich so zusammenzufassen, dass eine Zuordnung bestimmter Personen unmöglich gemacht wird.

4.4.2. Ist es unumgänglich, in die Dokumentation der Evaluation personenbezogene Daten aufzunehmen, sind bei der Entscheidung über die Datenübermittlung das Interesse der Schule an einer Qualitätsverbesserung und schutzwürdige Interessen Einzelner sorgfältig gegeneinander abzuwägen. Hiervon betroffene Personen sind zu informieren, ihre Zustimmung ist einzuholen.

4.4.3. Personenbezogene Daten von Lehrkräften, Schülerinnen und Schülern, Erziehungsberechtigten oder sonstigen einbezogenen Personen (insbesondere Personal des Schulträgers) dürfen nur mit deren Einwilligung an Dritte übermittelt werden. Dies gilt auch für personenbezogene Daten der Schulleitung und deren Stellvertretung. Dritte im datenschutzrechtlichen Sinn sind dabei auch sowohl die schulischen Gremien wie auch mittelbar am Schulleben Beteiligte (zum Beispiel Schulträger). Allein der Umstand, dass ein Gremium nicht öffentlich tagt, rechtfertigt für sich eine Datenübermittlung ohne Einwilligung davon betroffener Personen nicht.

4.4.4. Für die Übermittlung des Berichts der Evaluation an die Schulaufsicht bedarf es keiner Einwilligung.

Anlage 1
Datenschutzrechtliche Hinweise für den Gebrauch privater Datenverarbeitungsgeräte durch Lehrkräfte zur Verarbeitung personenbezogener Daten

Hinweis der Redaktion: Die Anlagen 2 (Aufnahmebogen), 3 (Belehrung zum Datenschutz, Datengeheimnis) und 4 (Merkblatt Betroffenenrechte) sind hier nicht abgedruckt.

Auf privaten Datenverarbeitungsgeräten dürfen lediglich die personenbezogenen Daten jener Schülerinnen und Schüler verarbeitet werden, die von der jeweiligen Lehrkraft selbst unterrichtet werden, also deren Klassenlehrerin oder Klassenlehrer, Lernbegleiterin oder Lernbegleiter beziehungsweise Tutorin oder Tutor sie ist. Art und Umfang der verarbeiteten Daten orientieren sich an den herkömmlich etwa in einem Notenbuch geführten oder bei der manuellen Zeugniserstellung benötigten Daten. Besonders schutzwürdige Daten, etwa über Krankheiten oder Erziehungs- und Ordnungsmaßnahmen von Schülerinnen und Schülern, dürfen nicht auf dem privaten Datenverarbeitungsgerät verarbeitet werden.

Jedoch dürfen Lehrkräfte im Rahmen ihrer Aufgaben personenbezogene Daten von Schülerinnen und Schülern für Gutachten, beispielsweise für sonderpädagogische Zwecke, verarbeiten. Diese personenbezogenen Daten sind nach Fertigstellung entweder auszudrucken und/oder auf dienstliche Geräte zu übertragen und sodann auf den privaten Datenverarbeitungsgeräten unverzüglich zu löschen.

Die personenbezogenen Daten müssen durchgängig verschlüsselt gespeichert und verschlüsselt über das Internet übermittelt werden. Diese Daten sind getrennt von privaten, persönlichen Daten zu speichern und gegen unbefugten Zugriff zu schützen. Empfohlen wird eine Speicherung dienstlicher personenbezogener Daten auf einem verschlüsselten USB-Stick, um eine Trennung von dienstlichen und privaten Daten zu gewährleisten. Der Datenträger ist sorgsam zu verwahren.

Die Daten müssen spätestens nach dem Ende des nächsten Schuljahres gelöscht werden. Jeder Verlust ist sofort der Schulleitung zu melden, gegebenenfalls sind zudem die Melde- und Benachrichtigungspflichten nach 1.10. der Verwaltungsvorschrift zu beachten.

Genehmigung

Die Schulleitung muss über Art und Umfang der vorgesehenen Verarbeitung personenbezogener Daten auf einem privaten Datenverarbeitungsgerät (PC, Laptop, Tablet, Wechseldatenträger wie DVD, USB-Stick, externe Festplatte usw.) einer Lehrkraft informiert sein und dieser Datenverarbeitung schriftlich zustimmen. Diese Anlage zur Verwaltungsvorschrift „Datenschutz an öffentlichen Schulen" ist der Lehrkraft auszuhändigen. Hierfür muss die Lehrkraft der Schulleitung eine Übersicht der verwendeten Hard- und Software sowie eine Bestätigung der getroffenen technischen und organisatorischen Maßnahmen (Artikel 32 EU-DSGVO und § 3 LDSG) vorlegen. Das Kultusministerium stellt hierfür eine Vorlage unter www.it.kultus-bw.de zur Verfügung, die von den Schulen zu verwenden ist.

Technische und organisatorische Datenschutzmaßnahmen

Diese Datenschutzmaßnahmen müssen insbesondere gewährleisten, dass ein unbefugter Zugriff auf die Daten wirksam unterbunden wird.

Es müssen geeignete technische und organisatorische Maßnahmen getroffen werden, um ein dem Risiko angemessenes Schutzniveau zu gewährleisten; diese Maßnahmen schließen unter anderem Folgendes ein:

- **die Pseudonymisierung und Verschlüsselung personenbezogener Daten**

Eine Pseudonymisierung muss nur dann durchgeführt werden, wenn dies für die Aufgabenerfüllung sinnvoll ist und die Aufgabenerfüllung damit möglich ist. Sollen zum Beispiel Schülernoten verwaltet werden, ist eine Pseudonymisierung nicht sinnvoll.

Die Daten müssen in jedem Fall **verschlüsselt** gespeichert werden. Die Verschlüsselung kann mittels der Software „VeraCrypt" durchgeführt werden.

Werden weitere Datenträger wie zum Beispiel USB-Sticks oder externe Festplatten verwendet, müssen die dienstlichen Daten auch dort verschlüsselt sein.

- **die Fähigkeit, die Vertraulichkeit, Integrität, Verfügbarkeit und Belastbarkeit der Systeme und Dienste im Zusammenhang mit der Verarbeitung auf Dauer sicherzustellen;**

Je nach Art der Informationen stehen unterschiedliche Schutzziele im Vordergrund: So muss sichergestellt werden können, dass Informationen vertraulich behandelt werden, dass sie nicht absichtlich oder versehentlich geändert werden und dass sie dann zur Verfügung stehen, wenn sie benötigt werden. Folgende Fragen sind hierbei unter anderem zu klären:

o Wo und wie werden die Geräte verwahrt? Sichere Verwahrung. Zum Beispiel abschließbarer Raum oder abschließbarer Schrank ...?

o Wie wird sichergestellt, dass das private Gerät nicht durch Unbefugte genutzt werden kann?

Zum Beispiel geheimes Passwort für den Gerätezugang.

o Wie wird gewährleistet, dass andere Benutzer des Gerätes, zum Beispiel Familienangehörige, nicht auf die dienstlichen Daten zugreifen können?

o Zum Beispiel durch Einrichtung verschiedener Benutzerprofile wird der Zugriff auf die dienstlichen Daten geschützt oder durch Ablage der Daten in einem speziellen Bereich des Dateisystems mit eingeschränkter Zugriffsberechtigung. Es wird empfohlen, dass das Benutzerkonto über keine administrativen Berechtigungen verfügt.

o Wenn Daten an andere Stellen oder Personen übermittelt oder transportiert werden, müssen die Daten verschlüsselt werden.

o Wohin werden welche Datenarten zu welchem Zweck übermittelt? Ist die Sicherheit der Übermittlungsmethode bekannt und angemessen?

o Wie und durch welche Software erfolgt die Verschlüsselung?

o Wie werden Daten gelöscht? Welche Software kommt zum Einsatz? Hinweise, welche Software eingesetzt werden kann, finden Sie auf der Homepage des BSI und auf dem Lehrerfortbildungsserver.

- **die Fähigkeit, die Verfügbarkeit der personenbezogenen Daten und den Zugang zu ihnen bei einem physischen oder technischen Zwischenfall rasch wiederherzustellen.**

Folgende Fragen sind hierbei unter anderem zu klären:

Auf welche Weise und wie häufig erfolgen Datensicherungen, sogenannte Backups?

Werden die Daten gespiegelt? Wird ein Speichernetzwerk (SAN oder NAS) eingesetzt?

- **Ferner ist Folgendes zu beachten:**

o Das eingesetzte Betriebssystem muss durch die Installation von Updates oder Patches regelmäßig auf dem aktuellen Stand gehalten werden.

o Es ist generell die Möglichkeit der Authentisierung (personalisierte Anmeldung) insbesondere beim Betriebssystem zu nutzen.

- o Es ist eine Firewall einzusetzen (für den Fall dass das Gerät sich im Internet befindet) sowie eine Virenschutzsoftware. Diese sind stets auf dem aktuellen Stand zu halten.
- o Empfohlen wird, sämtliche Updates (Betriebssystem, Firewall, Virenschutz) **automatisiert** erfolgen zu lassen, dies kann durch entsprechende Konfiguration der Software erfolgen.
- o Passwörter sind so zu wählen, dass sie dem Stand der Technik entsprechen. Infos hierzu erhalten Sie auf dem Lehrerfortbildungsserver.
- o Bei der Nutzung von Webportalen darf das eingegebene Passwort nicht im Browser für weitere Sitzungen gespeichert werden. Dies verhindert die unberechtigte Nutzung des Webportals durch andere Nutzer Ihres privaten Umfelds, zum Beispiel durch im Haushalt wohnende Kinder.
- o Das Löschen mit Betriebssystemmitteln reicht in der Regel nicht aus, weil Daten trotz dieser Löschung wiederhergestellt werden können.
- o Die Nutzung fremder Internetzugänge (zum Beispiel in Internet-Cafes oder Hot-Spots an öffentlichen Plätzen) ist grundsätzlich verboten, es sei denn, der Internetzugang verfügt über eine Verschlüsselung. Die Nutzung des eigenen WLAN darf nur erfolgen, wenn das WLAN sicher verschlüsselt ist (zum Beispiel aktuelle WPA2-Verschlüsselung).
- o Für die Speicherung und sonstige Verarbeitung auch verschlüsselter personenbezogener Daten von privaten Datenverarbeitungsgeräten aus Clouds gelten die Anforderungen nach 1.14.2. der VwV „Datenschutz an öffentlichen Schulen".

Auskunftsanspruch

Die Schulleitung und gegebenenfalls der Landesbeauftragte für den Datenschutz und die Informationsfreiheit Baden-Württemberg haben gegenüber der Lehrkraft einen Auskunftsanspruch über die auf den privaten Geräten gespeicherten **dienstlichen** personenbezogenen Daten. Die Lehrkraft muss daher schriftlich zusichern, dass sie die Datenverarbeitungsgeräte und Speichermedien nach Aufforderung in die Räume der Schule zu Kontrollzwecken bringen wird und eine Kontrolle der **dienstlich** verarbeiteten Daten durch dazu berechtigte Personen duldet. Dies erfolgt im Beisein der Lehrkraft.

Die Lehrkraft verpflichtet sich zudem, alle zukünftigen wesentlichen Änderungen (zum Beispiel Neubeschaffung von Hardware, Einsatz neuer Software zur Verarbeitung dienstlicher personenbezogener Daten) der Schulleitung unverzüglich mitzuteilen.

Weitere Informationen [...] finden Sie im Internet auf der Webseite des BSI für Privatpersonen, erreichbar unter http://www.bsi-fuer-buerger.de, und unter https://lehrerfortbildung-bw.de/st_recht/.

⇨ Amtshilfe; ⇨ Akten (Aufbewahrungsfristen und Archivierung); ⇨ Datenschutz (Allgemeines/EU-DSGVO); ⇨ Internet und Schule; ⇨ Klassen-/Kurstagebücher; ⇨ Meldepflichten (Schulen und Lehrkräfte); ⇨ Schulbesuchsverordnung; ⇨ Schulentwicklung und Evaluation; ⇨ Schulgesetz §§ 55, 90, 115; ⇨ Statistik (Schulen); ⇨ Urheberrecht; ⇨ Verschwiegenheitspflicht; ⇨ Werbung Nr. 4; ⇨ Zeugnisse

Einschulung und schulärztliche Untersuchung

Informationen der Redaktion zur Rechtslage und zur Verwaltungspraxis in Baden-Württemberg

A. Allgemeines

1. (Flexible) Einschulung

Kinder, die bis zum 30. Juni des Kalenderjahres das sechste Lebensjahr vollendet haben („Stichtag"), sind verpflichtet, die Grundschule zu besuchen.

Die Erziehungsberechtigten können ein Kind, das erst fünf Jahre alt ist, aber bis zum 30. Juni des folgenden Kalenderjahres das sechste Lebensjahr vollendet hat, in der Grundschule anmelden (sogenannter „*Einschulungskorridor*"). Dann unterliegt auch dieses Kind der Schulpflicht. ⇨ Schulgesetz §§ 73 ff.

Die Grundschulen fordern deshalb alle Eltern von schulpflichtig werdenden Kindern auf, die im „Schulbezirk" der jeweiligen Schule wohnen (SchG § 25 i.V.m. § 76 Abs. 2), ihr Kind in einem festgelegten Zeitraum dort anzumelden (in der Regel persönliche Vorstellung des Kindes in der Schule).

⇨ Grundschule (Verlässliche GS); ⇨ Schulgesetz § 25, § 73 Abs. 1, § 76 Abs. 2; ⇨ Schulpflicht (Durchsetzung)

Anlässlich der Anmeldung werden die Personaldaten des Kindes einschließlich der Religionszugehörigkeit erhoben. Zur Feststellung der „Bekenntniszugehörigkeit" der Schüler*innen sowie zur Weitergabe der entsprechenden Daten siehe ⇨ Datenschutz (Schulen) Nr. 2.3.1.2 sowie ⇨ Religion (Allgemeines) und ⇨ Schulpflicht (Meldeverordnung – Datenschutz).

2. Vorzeitige Aufnahme und Zurückstellung

Wenn aufgrund der geistigen und körperlichen Entwicklungsstandes zu erwarten ist, dass das Kind mit Erfolg am Unterricht teilnehmen wird, ist auf Antrag der Erziehungsberechtigten eine vorzeitige Aufnahme möglich (⇨ Schulgesetz § 74 Abs. 1). Die Entscheidung trifft die Schule; bestehen Zweifel am hinreichenden Entwicklungsstand des Kindes, zieht diese ein Gutachten des Gesundheitsamtes bei. Wird dem Antrag stattgegeben, beginnt die Schulpflicht mit der Aufnahme in die Schule.

Wenn der geistige Entwicklungsstand von Schülerinnen oder Schülern so überdurchschnittlich ist, dass eine Einschulung in Klasse 1 pädagogisch nicht sinnvoll erscheint, können sie sogar gleich in Klasse 2 eingeschult werden. Die Entscheidung trifft die Schulleitung; sie kann hierzu ein fachpsychologisches Gutachten einholen.

Die Schulen können den höchst unterschiedlichen individuellen Eingangsvoraussetzungen der Schüler*innen und ihrem ebenso unterschiedlichen Lern- und Entwicklungstempo dadurch entsprechen, dass die Einschulung bei entsprechenden persönlichen Voraussetzungen auch im laufenden Schuljahr erfolgt; auch das Überspringen einer Klasse wird flexibel gehandhabt. Da die beiden ersten Klassen der Grundschule eine zweijährige „Eingangsklasse" bilden (keine Versetzung zwischen Klasse 1 und 2) können sich hierin Schüler*innen aus drei und mehr Altersjahrgängen befinden.

Kinder, von denen aufgrund ihres geistigen oder körperlichen Entwicklungsstandes nicht erwartet werden kann, dass sie mit Erfolg am Unterricht teilnehmen, können um ein Jahr vom Schulbesuch zurückgestellt werden; mit Zustimmung der Eltern können auch Kinder zurückgestellt werden, bei denen sich dies im ersten Schulhalbjahr zeigt (⇨ Schulgesetz § 74 Abs. 2). Die Entscheidung trifft die Schule unter Beiziehung eines Gutachtens des Gesundheitsamtes. Die Zeit der Zurückstellung wird auf die Grundschulpflicht nicht angerechnet. Ggf. kommen eine Frühförderung oder der Besuch eines Schulkindergartens oder einer Grundschulförderklasse sowie einer sonderpädagischen Einrichtung in Betracht.

⇨ Behinderungen (Förderbedarf); ⇨ Grundschulförderklasse; ⇨ Schulgesetz §§ 15, 74; ⇨ Schulkindergärten; ⇨ Sonderpädagogik (SBBZ Bildungsangebote)

Kinder, die vorzeitig eingeschult oder zurückgestellt werden sollen, sind verpflichtet, sich auf Verlangen der Schule bzw. des Schulamts an einer pädagogisch-psychologischen Prüfung (Schuleignungsprüfung und Intelligenztest) zu beteiligen und vom Gesundheitsamt untersuchen zu lassen.

3. Kooperation Kindertagesstätten – Grundschule und Bildungshaus 3-10

Im letzten Kindergartenjahr wird eine enge Kooperation zwischen Kindertageseinrichtungen und Grundschulen gepflegt, um den individuellen Entwicklungsstand und Förderbedarf, pädagogische Konzepte, Methoden und Arbeitsweisen der Tageseinrichtungen und der Schulen, Wünsche und Erwartungen der Eltern, mögliche schulische Lernorte im Grund- und Sonderschulbereich und deren Fördermöglichkeiten zu kennen und zu berücksichtigen. Dazu gehören auch die Beobachtung der Lern- und Entwicklungsvoraussetzungen von Kindern sowie die Beratung mit Eltern. Zu Elterngesprächen über eine frühere Einschulung oder eine Zurückstellung sollten auch die Mitarbeiter*innen der vorschulischen Einrichtung hinzugezogen werden, da diese nicht nur den kognitiven Entwicklungsstand, sondern auch die emotionale und soziale Reife des Kindes („*Schulfähigkeit*") langfristig in der Gruppe beobachten konnten.

Die Eltern sind über die Ziele, Inhalte und Maßnahmen der Kooperation zu informieren. Sofern sich die Kooperation auf einzelne Kinder bezieht, ist dazu eine schriftliche Einwilligung ihrer Eltern einzuholen. Dies gilt auch für die Beteiligung anderer schulischer und außerschulischer Dienste und Institutionen (z.B. Frühförderung).

An einer Reihe von Standorten wird im „Bildungshaus 3-10" eine durchgängige Bildungseinrichtung für Drei- bis Zehnjährige erprobt. Der Orientierungsplan für die Kindergärten und der Bildungsplan der Grundschule sind aufeinander abgestimmt. Link: http://kindergaerten-bw.de/Bildungshaus.

⇨ Kooperation Kindertageseinrichtungen – Grundschule

4. Einschulungsuntersuchung

Alle Kinder werden 15 bis 24 Monate vor der Einschulung durch das Gesundheitsamt untersucht, um gesundheitliche Einschränkungen, die die Schulfähigkeit oder die Teilnahme am Unterricht gefährden können, festzustellen und um ggf. gezielte Fördermaßnahmen einzuleiten. ⇨ Schulgesetz § 91

Dazu gehören ein Screening des Entwicklungsstandes und der Fertigkeiten in Entwicklungsdimensionen, z.B. Seh- und Hörvermögen, Sprachkompetenz, Motorik, Körpergröße und Gewicht. Ergeben sich Hinweise auf eine Sprachentwicklungsverzögerung, sollen diese Kinder eingehender untersucht werden. Ausgewertet werden auch Eltern- und Erzieherinnenfragebögen sowie das Vorsorgeheft (ärztliche Früherkennungsuntersuchungen).

Die zweite Untersuchung soll drei Monate vor der Einschulung durchgeführt werden (bei unklaren oder auffälligen Befunden ggf. mehrfach). In der ärztlichen Zusammenschau aller Befunde sowie der Einschätzung der Kooperationslehrerkraft wird entschieden, welche Kinder aus medizinischer Sicht schulreif sind oder ob eine Rückstellung oder andere Maßnahmen sinnvoll wären.

⇨ Kooperation Kindertageseinrichtungen – Grundschulen

Zur obligatorischen Masernschutzimpfung siehe: ⇨ Infektionsschutzgesetz.

B. Schulärztliche Untersuchung

Verordnung des Sozialministeriums zur Durchführung schulärztlicher Untersuchungen sowie zielgruppenspezifischer Untersuchungen und Maßnahmen in Kindertageseinrichtungen und Schulen (Schuluntersuchungsverordnung) vom 8.12.2011 (GBl. S. 559); zul. geänd. 22.12.2021 (GBl. S. 1035, 1040/2021)

§ 1
Örtliche Zuständigkeit

Für die Durchführung der Maßnahmen nach § 8 Absatz 1 ÖGDG ist die untere Gesundheitsbehörde (Gesundheitsamt) zuständig, in deren örtlichem Zuständigkeitsbereich das Kind wohnt. Wird eine Kindertageseinrichtung oder Schule besucht, die sich außerhalb der wohnortbezogenen Zuständigkeit des Gesundheitsamtes befindet, ist für die Einschulungsuntersuchung sowie zielgruppenspezifische Untersuchungen und Maßnahmen in Kindertageseinrichtungen und Schulen das Gesundheitsamt zuständig, in dessen örtlicher Zuständigkeit sich die Kindertageseinrichtung oder Schule befindet. Nach Abschluss von Schritt 2 der Einschulungsuntersuchung werden die Unterlagen dem wohnortbezogen zuständigen Gesundheitsamt überlassen.

Hinweis der Redaktion: Die Kinder sind zur Teilnahme an diesen Untersuchungen verpflichtet. Siehe § 2 Abs. 2 und ➪ Schulgesetz § 91. In § 8 des Gesundheitsdienstgesetzes (ÖGDG) vom 12.12.2021 (GBl. S. 1035/ 2021) ist bestimmt:

(1) Die Gesundheitsämter beraten Kinder sowie Schülerinnen oder Schüler, die sorgeberechtigten Personen sowie die Kindertageseinrichtungen und die Schulen zu erforderlichen Maßnahmen der Gesundheitsförderung und Prävention sowie zu gesundheitlichen Fragen, die den Schulbesuch betreffen. Die Aufgaben der Gesundheitsämter nach den Vorschriften des Kinderschutzgesetzes Baden-Württemberg bleiben unberührt. Die Gesundheitsämter arbeiten im Rahmen ihrer Aufgaben insbesondere mit den Trägern der öffentlichen und freien Jugendhilfe sowie mit anderen Stellen, Trägern, Einrichtungen und Personen zusammen, die Verantwortung für die Gesundheit von Kindern und Jugendlichen tragen.

(2) Die Gesundheitsämter untersuchen zur Schule angemeldete Kinder sowie Kinder, die bis zu dem in § 73 des Schulgesetzes für Baden-Württemberg genannten maßgeblichen Stichtag des laufenden Schuljahres das vierte Lebensjahr vollendet haben (Einschulungsuntersuchung). Schülerinnen oder Schüler können untersucht werden. Die Untersuchung dient insbesondere der präventiven gesundheitlichen Beratung und der Veranlassung von gegebenenfalls erforderlichen Maßnahmen, die gesundheitlichen Einschränkungen und Entwicklungsverzögerungen entgegenwirken, die die Teilnahme am Unterricht gefährden können. [...]

(5) Schulen und Kindertageseinrichtungen sowie deren Träger sind verpflichtet, bei Maßnahmen im Rahmen der Kinder- und Jugendgesundheitspflege nach diesem Gesetz [...] mitzuwirken, insbesondere die erforderlichen Auskünfte zu geben und Räumlichkeiten zur Verfügung zu stellen. [...]

§ 2
Zweck, Umfang, Häufigkeit und Durchführung der schulärztlichen Untersuchungen

(1) Schulärztliche Untersuchungen dienen

1. der Untersuchung, Feststellung und Beurteilung vongesundheitlichen Einschränkungen und Entwicklungsverzögerungen, die die Schulfähigkeit oder die Teilnahme am Unterricht gefährden können sowie
2. der präventiven gesundheitlichen Beratung von Kindern und Jugendlichen.

(2) Die Einschulungsuntersuchung ist Pflicht für alle zur Schule angemeldeten Kinder. Dasselbe gilt nach Beginn des Schuljahres für die Kinder, die bis zum in § 73 des Schulgesetzes für Baden-Württemberg genannten maßgeblichen Stichtag *(dies ist der 30. Juni; Anm.d.Red.)* des laufenden Schuljahres das vierte Lebensjahr vollendet haben; für diese Kinder führt das Gesundheitsamt in begründeten Fällen außerdem eine verpflichtende Sprachstandsdiagnostik nach den einvernehmlich vom Kultusministerium und dem Sozialministerium festgelegten Kriterien durch. Die Untersuchung erfolgt einzeln bei jedem Kind.

(3) Die Einschulungsuntersuchung wird in zwei Schritten durchgeführt:

1. Schritt 1 erfolgt 24 bis 15 Monate vor der termingerechten Einschulung. Er umfasst die Anamneseerhebung durch einen freiwillig auszufüllenden Fragebogen für sorgeberechtigte Personen sowie mit Einverständnis einer sorgeberechtigten Person den Beobachtungsbogen für die Erzieherin oder den Erzieher zur Entwicklungsdokumentation des Kindes. Zur Anamnese zählen ferner die Eintragungen im Untersuchungsheft für Kinder (Früherkennungsheft) sowie die Impfdokumentation nach dem Impfausweis (Impfbuch). Die Vorlage dieser Dokumente ist Pflicht. Der Untersuchungsumfang für Schritt 1 besteht bei allen Kindern aus einer Basisuntersuchung, die in der Regel durch die medizinische Assistentin oder den medizinischen Assistenten unter ärztlicher Verantwortung entsprechend den Arbeitsrichtlinien [...] durchgeführt wird. Im Fall von auffälligen Befunden nach den Arbeitsrichtlinien für die Einschulungsuntersuchung und deren Dokumentation erfolgt nach ärztlichem Ermessen gegebenenfalls eine ergänzende ärztliche Untersuchung, eine Sprachstandsdiagnostik und eine Beratung durch die Ärztin oder den Arzt des Kinder- und Jugendgesundheitsdienstes.
2. In Schritt 2, der in den Monaten vor der Einschulung stattfindet, werden alle Kinder untersucht, die keine Kindertageseinrichtung besuchen. Bei Kindern, die eine Kindertageseinrichtung besuchen, werden zur Entscheidung über eine ärztliche Untersuchung in Schritt 2 herangezogen:
   a) die ärztliche Bewertung der Untersuchungsergebnisse aus Schritt 1,
   b) mit Einwilligung einer sorgeberechtigten Person die Entwicklungsbeobachtung in ausgewählten Dimensionen durch die Erzieherin oder den Erzieher und
   c) mit Einwilligung einer sorgeberechtigten Person die Beurteilung der Schulfähigkeit des Kindes durch die für die Kooperation zuständige Lehrkraft.

(4) Im Vorfeld oder im Verlauf der Einschulungsuntersuchung genügt die Unterschrift einer einzelnen sorgeberechtigten Person auf den jeweiligen Vordrucken.

(5) An sonderpädagogischen Einrichtungen der Frühförderung beziehungsweise bei Kindern, die behindert oder von Behinderung bedroht sind, können die Einschulungsuntersuchungen den jeweiligen Gegebenheiten angepasst werden.

(6) Während des Schuljahres können weitere schulärztliche Untersuchungen durchgeführt werden.

(7) Die Einschulungsuntersuchung umfasst in der Regel die Feststellung von Vorbefunden aus vorgelegten Dokumenten, den Fragebogen für sorgeberechtigte Personen und den Beobachtungsbogen für die Erzieherin oder den Erzieher sowie die Befunderhebung aus der aktuellen Untersuchung. Umfang und Durchführung weiterer Untersuchungen zur Abklärung gesundheitlicher Einschränkungen und Entwicklungsverzögerungen, die die Teilnahme am Unterricht betreffen, richten sich nach den Umständen des Einzelfalles. Die erhobenen Befunde und eine zusammenfassende ärztliche Beurteilung des gesamten Untersuchungsergebnisses sind zu dokumentieren und bei Auswirkungen auf den Schulbesuch in Schritt 2 mit Zustimmung einer sorgeberechtigten Person der Kooperationslehrkraft beziehungsweise der Schulleitung mitzuteilen.

(8) Mit Zustimmung einer sorgeberechtigten Person wird der Befundbogen der Leitung der Kindertageseinrichtung in einem verschlossenen Umschlag übermittelt. Wenn die Kindertageseinrichtung nicht selbst fördernde Stelle ist, kann der Befund mit Einwilligung einer sorgeberechtigten Person an die namentlich zu nennende fördernde Stelle (Schule, Grundschulförderklasse oder sonstige Förderstelle) durch die Kindertageseinrichtung verschlossen übermittelt werden, um in die weitere Planung pädagogischer Fördermaßnahmen einzugehen. Der Befundbogen für sorgeberechtigte Personen und zur Weitergabe, der zur Weitergabe an die behandelnde Haus- oder Kinderärztin beziehungsweise den Haus- oder Kinderarzt vorgesehen ist, wird einer sorgeberechtigten Person ausgehändigt. Ein Exemplar verbleibt im Gesundheitsamt.

(9) Die Leistungen sind unentgeltlich. [...]

§ 3
Zweck, Umfang, Häufigkeit und Durchführung der zielgruppenspezifischen Untersuchungen und Maßnahmen in Kindertageseinrichtungen und Schulen

(1) Zielgruppenspezifische Untersuchungen, Angebote und Maßnahmen dienen der Beratung von Schülerinnen und Schülern, Lehrkräften und sorgeberechtigten Personen zu gesundheitlichen Fragen, die den Schulbesuch betreffen. Gleiches gilt für Kinder in Kindertageseinrichtungen sowie für Erzieherinnen und Erzieher. Das Sozialministerium und die Gesundheitsämter können Untersuchungen, Angebote und Maßnahmen entwickeln, die auf die besondere gesundheitliche Situation der Kinder abgestimmt sind.

(2) Die Gesundheitsämter beziehen die sorgeberechtigten Personen sowie die Erzieherinnen und Erzieher und die Lehrkräfte in die zielgruppenspezifischen Untersuchungen, Angebote und Maßnahmen in Kindertageseinrichtungen und Schulen ein. Die Teilnahme an den zielgruppenspezifischen Untersuchungen ist freiwillig. Vor Beginn einer Untersuchung ist die Zustimmung einer sorgeberechtigten Person einzuholen.

(3) § 2 Absatz 9 gilt entsprechend.

§ 4
Zusammenwirken der Gesundheitsämter mit den Kindertageseinrichtungen und Schulen

(1) Einschulungsuntersuchungen sowie zielgruppenspezifische Untersuchungen und Maßnahmen werden im Einvernehmen mit der jeweiligen Kindertageseinrichtung beziehungsweise der Schule durchgeführt.

(2) Die Gesundheitsämter übermitteln den sorgeberechtigten Personen der zu untersuchenden Kinder die notwendigen Vordrucke. Sie wirken auf eine Rückgabe anlässlich der Einschulungsuntersuchung oder der zielgruppenspezifischen Untersuchung oder Maßnahme hin.

(3) Die Kindertageseinrichtungen und Schulen geben den Gesundheitsämtern die zur ordnungsgemäßen Durchführung der Untersuchung und Maßnahmen notwendigen Auskünfte und Informationen, die zu deren Zweckerfüllung nach § 2 Absatz 1 und § 3 Absatz 1 notwendig sind. Insbesondere teilen sie Familien- und Vornamen, Geburtsdaten und Adressen (Straße, Hausnummer, Postleitzahl, Ort) der einzuschulenden Kinder sowie der Kinder, die bis zum 30. September des laufenden Schuljahres das vierte Lebensjahr vollendet haben und Familien- und Vornamen der sorgeberechtigten Personen dieser Kinder mit. Diese Daten werden durch das Gesundheitsamt mit den namentlichen Meldungen der Meldebehörde verglichen, um Kinder, die keine Kindertageseinrichtung besuchen, zu erfassen und ebenfalls zur Untersuchung einzuladen. Für zielgruppenspezifische Untersuchungen werden Anzahl und Personalien der betroffenen Schülerinnen und Schüler beziehungsweise der betroffenen Kinder in Kindertageseinrichtungen mitgeteilt. Bei den von zielgruppenspezifischen Untersuchungen betroffenen Lehrkräften, Erzieherinnen und Erziehern und sorgeberechtigten Personen ist der Familien- und Vorname mitzuteilen. Die Kindertageseinrichtungen, die Schulen oder gegebenenfalls die Gemeinde stellen die erforderlichen Räumlichkeiten im Rahmen ihrer Möglichkeiten zur Verfügung.

⇨ Datenschutz (Schulen) Nr. 2

Hinweis der Redaktion: Die Kindertageseinrichtungen und Schulen können zur Übermittlung der Einladung zur Einschulungsuntersuchung an die Sorgeberechtigten herangezogen werden. „Erforderliche Räumlichkeiten" sind mindestens ein Untersuchungsraum und gegebenenfalls eine Wartezone. Warte- und Untersuchungsräume müssen für die Einschulungsuntersuchung geeignet und in den kalten Jahreszeiten ausreichend beheizt sein. Die Untersuchungsräume sollten von außen nicht einsehbar sein und die dort stattfindenden Gespräche dürfen von außen nicht mitgehört werden können.

(Quelle: Ziff. 2.3.4 und 2.3.5 der VwV zur Durchführung der Einschulungsuntersuchung [...] vom 2.7.2019; GABl. S. 252/2019)

C.
Sprachstandsdiagnose

Auszug aus der Verwaltungsvorschrift des Kultusministeriums zur Durchführung einer Sprachstandsdiagnose in Verknüpfung mit der Einschulungsuntersuchung vom 18. Dezember 2008 (K.u.U. S. 1/2009)

I. Basisuntersuchung zur Sprachstandsfeststellung

Im Rahmen von Schritt 1 der Einschulungsuntersuchung [...] führt der Kinder- und Jugendärztliche Dienst der Gesundheitsämter bei allen Kindern eine Basisuntersuchung zur Sprachstandsfeststellung (Sprachscreening) durch. Diese Basisuntersuchung [...] wird in einem dazugehörigen Erhebungsbogen gemeinsam mit den anamnestischen Daten, bereits vorhandenen Befunden und Informationen zur Sprachentwicklung und verschiedenen aktuellen Sprachbefunden (sprachliche Leistungsfähigkeit, semantische Strukturerfassung, auditives Arbeitsgedächtnis) festgehalten.

Hinweis der Redaktion: Von der Basisuntersuchung kann bei Kindern mit Behinderung oder besonderem Förderbedarf abgesehen werden, wenn diese im Blick auf die Art und Schwere der Behinderung nicht zur Anwendung geeignet ist oder anderweitige fachlich aussagekräftige Befunde vorliegen.

II.
Verpflichtende Sprachstandsdiagnose

1. Der Kinder- und Jugendärztliche Dienst der Gesundheitsämter führt [...] bei Kindern, die bei der Basisuntersuchung zur Sprachstandsfeststellung auffällige Befunde aufweisen, d.h. als potenziell sprachbeeinträchtigt identifiziert wurden, eine verpflichtende, auf Sprachverstehen, Sprachproduktion und Sprachgedächtnis bezogene Sprachstandsdiagnose durch. Hiermit werden ggf. auch Auffälligkeiten im Bereich Sprache diagnostiziert, welche die spätere Schulfähigkeit und erfolgreiche Teilnahme am Unterricht der Grundschule gefährden könnten. Sie ist – soweit geboten oder gewünscht – Grundlage für die Information und Beratung der Eltern sowie der pädagogischen Fachkräfte durch den Kinder- und Jugendärztlichen Dienst. [...]
3. Die ärztliche Bewertung erfolgt auf der Grundlage der Sprachstandsdiagnose unter Einbeziehung sonstiger relevanter Befunde der schulärztlichen Untersuchung wie Hörvermögen, Entwicklung der Feinmotorik sowie – mit Einverständnis der Eltern – der Beobachtungsergebnisse der sprachlichen Entwicklung durch die Erzieherin oder den Erzieher der Tageseinrichtung bzw. des Schulkindergartens [...].
4. Die ärztliche Bewertung wird in einem Befundbogen [...], der die Sprachentwicklung in verschiedenen Bereichen (Sprachverstehen, Sprachproduktion, Sprachgedächtnis) umfasst, festgehalten. Dieser Befundbogen wird den Eltern ausgehändigt. Mit ihrem Einverständnis werden eine Durchschrift der Leitung der Tages-einrichtung bzw. des Schulkindergartens, eine weitere Durchschrift der nach dem Wohnsitz des Kindes zuständigen Schule [...] übergeben. [...]. Auf der Grundlage des Befundbogens berät das Gesundheitsamt die Eltern und mit deren Einverständnis die pädagogischen Fachkräfte sowie die Schulleitung der zuständigen Schule. [...].
5. Die Sprachbewertung wird kategorisiert nach intensivem Förderbedarf, Förderbedarf, kein Förderbedarf. Wird ein altersgerechter Entwicklungsstand festgestellt, so ist die Sprachbewertung „ohne Befund". – Die Förderhinweise bei der Sprachbewertung erstrecken sich insbesondere auf
   - Förderung im Kindergarten im Rahmen des Orientierungsplans und der sonstigen Vorschulaktivitäten,
   - spezielle pädagogische Förderung mit zusätzlichen intensiven Fördermaßnahmen (zusätzlich zu den Maßnahmen im Rahmen der grundlegenden Sprachbildung und Sprachförderung),
   - Sprachheilpädagogische Maßnahmen im Rahmen der sonderpädagogischen Frühförderung bzw. im Rahmen ambulanter Sprachheilkurse,
   - Empfehlung zum Besuch eines Schulkindergartens,
   - Empfehlung zu sonstigen Maßnahmen, z.B. sprachtherapeutischen Maßnahmen in Form von Heilmitteln vorbehaltlich der Entscheidung und Verordnung durch den behandelnden Arzt (Sprachtherapie beim niedergelassenen Logopäden oder im Rahmen Interdisziplinärer Frühförderung). [...]

⇨ Behinderungen (Förderbedarf); ⇨ Datenschutz (Schulen); ⇨ Grundschule (Versetzungsordung); ⇨ Inklusion und Integration; ⇨ Kooperation Kindertageseinrichtungen – Grundschulen; ⇨ Schulgesetz § 15, § 25, § 73 Abs. 1, § 76 Abs. 2; ⇨ Schulkindergärten; ⇨ Schulpflicht (Durchsetzung); ⇨ Sonderpädagogik (SBBZ Bildungsangebote)

Hätten Sie's gewusst? – Eltern fragen, wir antworten.

Können Eltern beim Schulhaushalt mitreden?

Frage: An unserer Schule scheint es keinen Haushaltsplan zu geben. Alles Geld, das die Schule von der Gemeinde bekommt, wird vom Schulleiter zentral verwaltet (und ausgegeben) – niemand weiß richtig Bescheid. Haben wir als Eltern hier Informationsrechte?

Antwort: Die Eltern besitzen nicht nur Informationsrechte, sondern über die Schulkonferenz, in der sie gleichrangig vertreten sind, auch Beteiligungsrechte:

1. Das ⇨ Schulgesetz § 47 Abs. 3 Nr. 3 bestimmt: *„Die Schulkonferenz entscheidet nach Maßgabe dieses Gesetzes über [...] die Anforderung von Haushaltsmitteln gegenüber dem Schulträger"*. Deshalb muss (!!!) die Schulleitung dieses Thema auf die Tagesordnung der Schulkonferenz setzen und hierüber abstimmen lassen; die Schulleitung sollte diesem Gremium auch einen Beschlussvorschlag unterbreiten. Die Einzelheiten zum Verfahren stehen im Beitrag ⇨ Haushalt (Allgemeines).
2. *„Über die Verwendung der der Schule zur Verfügung gestellten Haushaltsmittel im Rahmen ihrer Zweckbestimmung"* entscheidet die Gesamtlehrerkonferenz (GLK), die Schulkonferenz muss hierzu angehört werden (⇨ Schulgesetz § 47 Abs. 4 Nr. 1b). Das heißt: Zuerst stellt die GLK einen schulinternen Haushalt auf. Danach setzt die Schulleitung diesen auf die Tagesordnung der Schulkonferenz; diese kann dann Einwände vorbringen oder Vorschläge machen. Erst danach tritt der Haushaltsplan in Kraft.
3. Unabhängig davon besitzt der Elternbeirat ein Informations- und Beratungsrecht: Die Schulleitung ist verpflichtet, ihn über *„alle Angelegenheiten, die für die Schule von allgemeiner Bedeutung sind"*, zu informieren (§ 57 Abs. 2 Schulgesetz). Und was ist von allgemeinerer Bedeutung als das liebe Geld?!?
4. Im Rahmen des Schuletats sollte auch ein Haushaltstitel für die Elternarbeit eingerichtet werden, damit die Elternvertretung nicht ständig als Bittsteller auftreten muss, wenn sie Auslagen für Porto, Papier usw. oder die (jedes Jahr erforderliche) Anschaffung des Eltern-Jahrbuchs hat.

Eltern (Allgemeines)

Informationen der Redaktion zur Rechtslage und zur Verwaltungspraxis in Baden-Württemberg

A. Elternrechte und Elternpflichten

1. Grundsätze des elterlichen Sorgerechts

Das Grundgesetz bestimmt in seinem Artikel 6:

„Pflege und Erziehung der Kinder sind das natürliche Recht der Eltern und die zuvörderst ihnen obliegende Pflicht. Über ihre Betätigung wacht die staatliche Gemeinschaft".

⇨ Grundgesetz Artikel 6 Absatz 2; ⇨ Kinderrechte

Damit sind die Eltern die ersten und wichtigsten *„Erziehungsberechtigten"*. Sie sind zugleich die ersten und wichtigsten Personen, die gegenüber den Kindern und Jugendlichen Pflichten besitzen.

Das allgemeine Sorgerecht und die daraus entspringenden Pflichten der Erziehungsberechtigten können hier nicht vollständig dargestellt werden. In diesem Beitrag wird hierauf nur eingegangen, soweit es um das Bildungsrecht des Kindes und um das Verhältnis zwischen Elternhaus und Schule geht.

Als *„Eltern"* im Sinne des Schulrechts gelten gemäß § 1 der Elternbeiratsverordnung

- entweder die *„Erziehungsberechtigten, denen die Sorge über die Person des Schülers zusteht"*,
- oder *„Personen, denen diese die Erziehung außerhalb der Schule anvertraut haben"*.

Nur diese beiden Gruppen von *„Personensorgeberechtigten"* können die in der Elternbeiratsverordnung (EltBVO) genannten *„Elternrechte"* ausüben.

⇨ Elternbeirat (EltBVO)

a) *Gemeinsames Sorgerecht der Eltern*

Beide Elternteile üben das Sorgerecht gemeinsam aus. Das gilt auch nach einer Scheidung; sie sind auch danach beide *„Erziehungsberechtigte"* im Sinne der EltBVO. Das Bürgerliche Gesetzbuch bestimmt:

„Die Eltern haben die elterliche Sorge in eigener Verantwortung und in gegenseitigem Einvernehmen zum Wohle des Kindes auszuüben. Bei Meinungsverschiedenheiten müssen sie versuchen, sich zu einigen." (BGB § 1627)

„Die Eltern vertreten das Kind gemeinschaftlich; ist eine Willenserklärung gegenüber dem Kind abzugeben, so genügt die Abgabe gegenüber einem Elternteil." (BGB § 1629)

Das gemeinsame Sorgerecht gilt auch bei getrennt lebenden Eltern. § 1687 Abs. 1 BGB bestimmt u.a.:

„Leben Eltern, denen die elterliche Sorge gemeinsam zusteht, nicht nur vorübergehend getrennt, so ist bei Entscheidungen in Angelegenheiten, deren Regelung für das Kind von erheblicher Bedeutung ist, ihr gegenseitiges Einvernehmen erforderlich. Der Elternteil, bei dem sich das Kind mit Einwilligung des anderen Elternteils oder aufgrund einer gerichtlichen Entscheidung gewöhnlich aufhält, hat die Befugnis zur alleinigen Entscheidung in Angelegenheiten des täglichen Lebens. Entscheidungen in Angelegenheiten des täglichen Lebens sind in der Regel solche, die häufig vorkommen und die keine schwer abzuändernden Auswirkungen auf die Entwicklung des Kindes haben. […]"

Es ist also zwischen Fragen zu unterscheiden, die *„für das Kind von erheblicher Bedeutung"* sind (beispielsweise einem Wechsel der Schulart) und *„Angelegenheiten des täglichen Lebens"* (beispielsweise der Zustimmung zur Teilnahme an einem Schulausflug).

Auch geschiedene Ehepartner bleiben in der Regel gemeinsam sorgeberechtigt. Eine abweichende Regelung durch das Familiengericht ergeht nur dann, wenn ein Elternteil dies ausdrücklich beantragt. Der geschiedene Vater, der längst woanders lebt und eine neue Familie gegründet hat, kann also an einer Sitzung der Klassenpflegschaft teilnehmen oder Elternvertreter werden.

Die Ausübung des gemeinsamen Sorgerechts setzt voraus, dass die Eltern zur Kooperation bereit sind. Eine Regelung, ob und wie Informationen über Angelegenheiten ihres Kindes weitergegeben werden, ist in erster Linie von ihnen selbst zu treffen. Nach § 1686 BGB kann jeder Elternteil vom anderen bei berechtigtem Interesse Auskunft über die persönlichen Verhältnisse des Kindes verlangen, soweit dies dem Wohl des Kindes entspricht.

Den Eltern eines nichtehelichen Kindes steht in der Regel das Sorgerecht gemeinsam zu (BGB § 1626a):

„(1) Sind die Eltern bei der Geburt des Kindes nicht miteinander verheiratet, so steht ihnen die elterliche Sorge dann gemeinsam zu, wenn sie

1. *erklären, dass sie die Sorge gemeinsam übernehmen wollen (Sorgeerklärungen), oder*
2. *einander heiraten,*
3. *soweit ihnen das Familiengericht die elterliche Sorge gemeinsam überträgt […]*

(3) Im Übrigen hat die Mutter die elterliche Sorge."

Das Familiengericht kann einen Antrag auf gemeinsame Sorge ablehnen, wenn die Erteilung dem Kindeswohl widerspricht. Der nicht sorgeberechtigte Elternteil kann in diesem Fall die elterlichen Rechte (z.B. Wahlrecht als Elternvertreter) nicht wahrnehmen und besitzt keinen Anspruch auf Informationen über den Leistungsstand des eigenen Kindes.

b) *Wahrnehmung des Sorgerechts durch Dritte*

Sind nicht die leiblichen Eltern sorgeberechtigt, sondern besteht eine Amtsvormundschaft, so nehmen die amtlich eingesetzten Pflegeeltern bzw. die vom Kinder- oder Jugendheim beauftragten Erziehungskräfte die Elternrechte in vollem Umfang wahr.

„Eltern" können sich zwar in *„Angelegenheiten des täglichen Lebens"* von Dritten vertreten lassen. So kann eine alleinerziehende Mutter beispielsweise ihren Partner oder die Oma des Kindes beauftragen, ihr Kind bei der Schule abzuholen; sie kann diese Personen auch legitimieren, bei der Klassenlehrerin Informationen über das Kind einzuholen oder am

Informationen zum Elternrecht

Elternabend teilzunehmen, weil sie an diesem Tag beruflich verhindert ist. Aber damit wird diese dritte Person auf dem Elternabend nicht stimm- oder wahlberechtigt; sie darf auch keine Entscheidungen treffen, die schwer abzuändernde Auswirkungen auf die Entwicklung des Kindes haben (z.B. Schulwechsel, Abmeldung vom Religionsunterricht, Widerspruch gegen eine Nichtversetzung).

Der Ehegatte eines allein Sorgeberechtigten, der nicht Elternteil des Kindes ist (beispielsweise ein sogenannter „Stiefvater"), darf demnach Elternrechte im Sinne des Schulrechts nicht wahrnehmen, er darf jedoch im Einvernehmen mit dem Sorgeberechtigten in Angelegenheiten des täglichen Lebens des Kindes mitentscheiden (§ 1687b BGB). Dies gilt auch bei eingetragenen Lebenspartnerschaften.

2. Pflichten der Erziehungsberechtigten

Die Pflichten der Eltern/Erziehungsberechtigten gegenüber der öffentlichen Schule sind in § 85 des Schulgesetzes statuiert: Die Erziehungsberechtigten und diejenigen, denen Erziehung oder Pflege eines Kindes anvertraut ist, haben u.a. die Anmeldung zur Schule vorzunehmen und dafür zu sorgen, dass der Schüler am Unterricht und an den übrigen verbindlichen Veranstaltungen der Schule regelmäßig teilnimmt und sich der Schulordnung fügt.

➪ Schulgesetz § 85; ➪ Verwaltungsrecht

Aus dem elterlichen Erziehungsrecht ergibt sich jedoch kein Freibrief für die Eltern, nach Belieben in die Rechte ihrer Kinder einzugreifen. Sie nehmen ihr Erziehungsrecht, das zugleich ein Grundrecht und eine Grundpflicht ist, sozusagen treuhänderisch für das Kind wahr. Die oberste Richtschnur der elterlichen Pflege und Erziehung ist deshalb das „Kindeswohl".

Das Gesetz verlangt von den Eltern, das Erziehungsbedürfnis des Kindes seiner Selbstbestimmungsfähigkeit auch in schulischen Angelegenheiten gegenüberzustellen. Sie müssen die wachsende Fähigkeit und das wachsende Bedürfnis des Kindes zu selbstständigem verantwortungsbewussten Handeln berücksichtigen, mit dem Kind, soweit es nach dessen Entwicklungsstand angezeigt ist, Fragen der elterlichen Sorge besprechen und dabei Einvernehmen anstreben (§ 1626 Abs. 2 BGB). So genügt es z.B. bei einem Grundschulkind nicht, dass die Eltern die künftige Schullaufbahn mit ihm nur besprechen, sondern sie müssen seine Meinung in ihre Entscheidung einbeziehen, denn nur so können sein eigenständiges Recht auf Bildung respektiert und zugleich sein Lern- und Leistungswille geweckt werden. Bei Jugendlichen müssen die Eltern deren gewachsener Beurteilungs- und Einsichtsfähigkeit weit mehr Raum geben und z.B. den erzieherischen Vorteil einer selbstständigen, jedoch möglicherweise fehlsamen Entscheidung ihres Kindes bei der Wahl einer Fremdsprache oder eines Leistungskurses mit den eventuellen Nachteilen abwägen, die aufgrund dieser Entscheidung eintreten könnten. In Angelegenheiten der Ausbildung haben die Eltern auch auf Eignung und Neigung des Kindes Rücksicht zu nehmen und sich im Zweifelsfall mit Lehrkräften oder anderen geeigneten Personen zu beraten (§ 1631 a BGB).

Dieser treuhänderische Charakter des Elternrechts wird durch die Bestimmung bestätigt, dass der Staat über die Betätigung der Eltern wacht. Er muss nicht nur bei einem Missbrauch des Erziehungsrechts durch die Eltern eingreifen (z.B. im Fall der Verwahrlosung oder der Misshandlung), sondern er hat auch sicherzustellen, dass die Kinder ihre Grundrechte ggf. auch gegen den Willen ihrer Eltern geltend machen können. Ein Beispiel ist die Entscheidung über die Teilnahme am Religionsunterricht: Zwar bestimmen grundsätzlich die Erziehungsberechtigten hierüber, aber nach dem Gesetz über die religiöse Kindererziehung können Kinder vom zwölften Lebensjahr an nicht mehr gegen ihren Willen zum Wechsel der Religion gezwungen werden und dürfen ab dem 14. Lebensjahr völlig frei über ihre Religionszugehörigkeit und damit auch über ihre Teilnahme am Religionsunterricht entscheiden.

➪ Religionsunterricht (Teilnahme)

Eine erhebliche Verletzung der Erziehungspflichten kann Anlass sein, den Eltern das Sorgerecht zu entziehen (z.B. bei beharrlicher Schulpflichtverletzung aus religiösen Gründen).

Hätten Sie's gewusst? – Eltern fragen, wir antworten.

Darf Post an den Elternbeirat liegenbleiben?

Frage: Durch Zufall habe ich festgestellt, dass Post, die mit der Anschrift „An den Vorsitzenden des Elternbeirats" an die Adresse unserer Schule gerichtet war, dort auf dem Sekretariat liegenblieb. Die Schule sei kein Postamt, sagte mir die Schulsekretärin.

Antwort: So geht es nicht! Die Elternvertretung an der Schule, von den Klassenelternvertreter*innen bis zum Elternbeirat, sind auf gesetzlicher Grundlage eingerichtete Gremien, die im Rahmen der für sie geltenden Vorschriften, nämlich der ➪ Verfassung, dem ➪ Schulgesetz sowie der Elternbeiratsverordnung selbstständig handeln und keiner staatlichen Aufsicht unterliegen. Die Schulen (Schulleitungen) sind verpflichtet, die Elternvertretung bei ihrer Arbeit zu unterstützen. ➪ Elternbeirat (EltBVO) § 55 Abs. 1

Post, die an den Elternbeirat adressiert ist, muss von der Schule an dieses Gremium (im Zweifel also an den Vorsitzenden bzw. die Vorsitzende des Elternbeirats) ohne Verzug weitergegeben werden. Dafür muss gegebenenfalls die Schulleitung sorgen. Der Schule steht auch nicht zu, solche Sendungen zu öffnen oder an die Absender zurückzuschicken.

Mehr dazu steht in den Beiträgen ➪ Datenschutz (Schulen) und ➪ Wahlkampf und Schule.

3.
Für die schulische Praxis heißt dies:

1.
Ausübung des Sorgerechts

Grundsätzlich kann die Schule davon ausgehen, dass beide Elternteile eines Kindes das Sorgerecht besitzen und es auch gemeinsam ausüben. Wenn ein Elternteil also gegenüber der Schule Erklärungen abgibt oder an einer Besprechung teilnimmt, darf die Schule davon ausgehen, dass dies im Einvernehmen mit dem anderen Elternteil geschieht. Ebenso kann die Schule im „Normalfall" voraussetzen, dass Mitteilungen, die an einen der beiden Erziehungsberechtigten gerichtet werden (z.B. mündliche Information über eine gefährdete Versetzung in der Elternsprechstunde) oder die über das Kind an die Eltern gelangen (z.B. Einladung zu einem Gesprächstermin oder zu einer Sitzung der Klassenpflegschaft/Elternabend), beide Erziehungsberechtigten erreichen. Dies gilt auch dann, wenn das Kind nicht in der gemeinsamen Wohnung der Eltern, sondern bei einem der beiden sorgeberechtigten Elternteile wohnt. Dann wendet die Schule sich an den Elternteil, bei dem das Kind regelmäßig wohnt und darf davon ausgehen, dass dieser den anderen verständigt.

2.
Fürsorgepflicht der Schule

Der oben genannte Normalfall ist – mit steigender Tendenz – nicht in jedem Fall gegeben. Zwar ist die Regelung der beiderseitigen Rechte von geschiedenen, getrennt lebenden oder nicht verheirateten Erziehungsberechtigten untereinander grundsätzlich deren Angelegenheit (bzw. im Konfliktfall Sache des Familiengerichts). Dies entbindet die Schule als staatliche Behörde jedoch nicht davon, im Interesse eines betroffenen Kindes auf die geordnete Wahrnehmung dieser Rechte und Pflichten zu achten bzw. diese zu ermöglichen. So muss sie beispielsweise bei Verwaltungsakten (Nichtversetzung, Aufnahme, Schulprüfungen, Erziehungs- und Ordnungsmaßnahmen) beide Erziehungsberechtigte verständigen bzw. einbeziehen, denn hierbei handelt es sich um Entscheidungen, die für das Kind von erheblicher Bedeutung sind, so dass die übereinstimmende Erklärung beider Elternteile erforderlich ist. Entscheidungen wie z.B. die Schulanmeldung oder -abmeldung eines Kindes können nicht rechtswirksam vollzogen werden, wenn ein Elternteil widerspricht. Das KM hat darauf aufmerksam gemacht, dass bei begründeten Zweifeln an der Sorgeberechtigung, insbesondere wenn nur ein Elternteil unterschreibt, eine Nachfrage der Schule erforderlich ist.

(Quelle: Infodienst Schulleitung, Ausgabe 262 / Januar 2017)

Die Schule muss dem Elternwillen Geltung verschaffen; es obliegt ihr jedoch nicht, in einen Konflikt der Erziehungsberechtigten ordnend oder gar regelnd einzugreifen. Hierfür ein konkretes Beispiel: Eine geschiedene Mutter meldet ein Kind mit entsprechender Bildungsempfehlung beim Gymnasium an. Der – ebenfalls sorgeberechtigte – Vater teilt dem Gymnasium einige Tage später mit, dies sei ohne sein Einverständnis geschehen; er wolle sein Kind lieber bei der Realschule anmelden. Maßnahmen, die im Fall einer „geteilten" Sorgeberechtigung von einem Elternteil ohne Einverständnis des anderen Teils getroffen werden, sind *„schwebend unwirksam"*. Das Gymnasium muss deshalb beide (!) Elternteile darüber informieren, dass die Anmeldung des Kindes erst wirksam wird, wenn sie mitteilen, auf was sie sich geeinigt haben. Wie die Erziehungsberechtigten sich einigen (ggf. unter Anrufung des Familiengerichts), geht die Schule nichts an.

Wenn das Kind nicht von den Eltern aufgezogen wird, sondern wenn beispielsweise das Kind einer alleinerziehenden Mutter dauerhaft bei den Großeltern lebt, so können entweder die Mutter oder die Großeltern in der Klassenpflegschaft das Stimmrecht sowie das aktive und passive Wahlrecht ausüben; es genügt eine einfache Erklärung gegenüber der Schule, wer diese Rechte wahrnimmt. Wichtige Entscheidungen stehen jedoch nach wie vor nur der personensorgeberechtigten Person zu (in diesem Fall also der Mutter), ob diese das Kind im Alltag erzieht, ist unerheblich. Die Schule muss also auch in diesem Fall bei wichtigen Angelegenheiten (Nichtversetzung, Aufnahme, Schulprüfungen, Erziehungs- und Ordnungsmaßnahmen usw.) sowohl die Großeltern als auch die Mutter verständigen bzw. einbeziehen.

Zu diesem Zweck ist es sinnvoll, jeweils bei der Schulanmeldung die Namen und Anschriften beider bzw. aller Erziehungsberechtigten zu erheben und gegebenenfalls (z.B. bei unterschiedlichen Namen oder Anschriften) nach dem Sorgerecht zu fragen und die Erziehungsberechtigung schriftlich festzuhalten. Da die Schule Elternteilen ohne Sorgeberechtigung ohne Zustimmung des sorgeberechtigten Elternteils keine Auskünfte über ein Kind erteilen darf (sie kann bzw. muss nicht sorgeberechtigten Elternteilen im Einzelfall sogar Hausverbot erteilen), ist es zweckmäßig, gegebenenfalls einen solchen Ausschlusstatbestand in den Schülerakten zu vermerken und der Klassenlehrkraft mitzuteilen.

Hierbei verbietet sich jedoch jede Form von bürokratischer Akribie oder auch von Parteinahme für einen Elternteil (Partei ergreift die Schule immer nur für das Kind): Kommen beispielsweise geschiedene Ehegatten gemeinsam in die Elternsprechstunde oder nehmen beide an einer Klassenpflegschaftssitzung teil, so sollte ihnen dies ohne weiteres gestattet werden, da vom Regelfall des gemeinsamen Sorgerechtes auszugehen ist. Ebenso sollte verfahren werden, wenn der sorgeberechtigte Elternteil ausdrücklich erklärt, dass er mit der Teilnahme des anderen (nicht sorge- und in der Klassenpflegschaft auch nicht stimmberechtigten) Elternteiles einverstanden ist. Dies gilt analog, wenn sowohl die Mutter des Kindes als auch die Großeltern, bei denen das Kind dauerhaft lebt, teilnehmen wollen.

Dabei sollte die Schule grundsätzlich die mündliche Aussage eines zweifelsfrei sorgeberechtigten Elternteils als ausreichende Legitimation zur Wahrnehmung von Elternrechten betrachten und auf die – oft als diskriminierend empfundene – Vorlage von notariellen Erklärungen oder gerichtlichen Entscheidungen über das Sorgerecht verzichten. Es kann aber hilfreich sein, dass der sorgeberechtigte Elternteil, der eine dritte Person (beispielsweise den nicht sorgeberechtigten Partner oder die Oma) mit seiner Vertretung in Angelegenheiten des täglichen Lebens beauftragen will, diese durch eine – formlose – schriftliche Vollmacht legitimiert. Bei Zweifeln der Schule oder sofern einer der Beteiligten die Legitimation des anderen in Zweifel stellt, muss gegebenenfalls auf der Vorlage der einschlägigen Urkunden bestanden werden. Will z.B. eine Mutter verhindern, dass der nicht sorgeberechtigte Vater Informationen über das Kind erhält oder gar in schulische Angelegenheiten eingreift, kann die Schule auf Vorlage der einschlägigen Dokumente (z.B. Scheidungsurteil) bestehen; notfalls kann die Schule das Familiengericht auf dem Wege der ➪ Amtshilfe um Auskunft bitten.

3. *Datenerhebung und Meldepflichten*

Zur Sicherstellung der Schulpflicht übermitteln die Meldebehörden den zuständigen Schulen automatisch u.a. Namen und Anschrift der gesetzlichen Vertreter der schulpflichtig werdenden Kinder sowie von Kindern und Jugendlichen, die nach der Einschulung sowie aus dem Ausland zugezogen sind.
➪ Schulpflicht (Durchsetzung) / (Meldeverordnung)

Bei der Anmeldung der Kinder und Jugendlichen an der Schule erhebt diese nach Maßgabe der VwV ➪ Datenschutz (Schulen) weitere persönliche Daten der Schüler*innen sowie ihrer Eltern. Das Erheben, Speichern und Nutzen dieser personenbezogenen Daten ist zulässig, wenn dies zur Erfüllung des Erziehungs-, Bildungs- und Fürsorgeauftrags der Schule erforderlich ist und für Zwecke erfolgt, für welche die Daten erhoben worden sind.

Zur Einvernahme von Schüler*innen durch die Polizei siehe ➪ Polizei und Schule; zur Meldung von Kindern und Jugendlichen ohne Aufenthaltsstatus siehe ➪ Schulpflicht (Ausländische Schüler*innen).

B. Eltern-, Schul- und Verwaltungsrecht

Das Recht (und die Pflicht) der Erziehungsberechtigten, an der Erziehung der Kinder und Jugendlichen im öffentlichen Schulwesen mitzuwirken, findet seine Grundlage im Grundgesetz sowie in der Landesverfassung (LV). ➪ Grundgesetz; ➪ Verfassung

Das Grundgesetz bestimmt: *„Das gesamte Schulwesen steht unter der Aufsicht des Staates"* (Art. 7 Abs. 1).

Dabei liegt die Betonung auf *„des Staates"*. Damit wird ausgeschlossen, dass – anders als früher – kirchliche Behörden, Parteien oder andere Instanzen über das Schulwesen bestimmen. Unter „Aufsicht" ist nicht nur die Schulaufsicht im engeren Sinne (Dienst- und Fachaufsicht über Lehrkräfte und Schulen) gemeint, sondern dies schließt die Gestaltungskompetenz des Parlaments und – unter dessen Aufsicht – der Schulverwaltung ein.

Eingriffe in die Grundrechte der Bürger bedürfen einer gesetzlichen Grundlage. Auch sonst hat das Parlament alle wesentlichen Entscheidungen selbst zu treffen. Daher darf auch die Ausgestaltung des Schulverhältnisses nicht den zuständigen Behörden überlassen bleiben (Wesentlichkeitsprinzip und Parlamentsvorbehalt). Dies gilt auch für staatliche Eingriffe in die Rechte Minderjähriger (z.B. durch die Schulpflicht). Die Schulen sind also keine „Anstalten" mehr, in denen die Direktion alles bestimmt, was zu geschehen hat.

Sein Gestaltungsrecht nimmt der Staat wahr, indem er allgemeine Grundsätze für das Schulwesen aufstellt, z.B. in Art. 11 Abs. 1 der Landesverfassung, wonach *„jeder junge Mensch ohne Rücksicht auf Herkunft oder wirtschaftliche Lage das Recht auf eine seiner Begabung entsprechende Erziehung und Ausbildung"* besitzt, oder in Art. 17 Abs. 1, wonach in allen (also nicht nur den öffentlichen) Schulen *„der Geist der Duldsamkeit und der sozialen Ethik"* waltet. ➪ Verfassung

An diesen Prinzipien hat sich jede Schule / jede Lehrkraft zu orientieren. Sie sind auch bestimmender Maßstab für die Regelungen, die das Parlament (der Landtag) im Einzelnen für das öffentliche Schulwesen im Schulgesetz des Landes erlässt, beziehungsweise für die Maßgaben und Handlungen des KM und der Schulverwaltung. ➪ Schulaufsicht.

Der Staat verpflichtet die Kinder und Jugendlichen zum Besuch der Schule (allgemeine Schulpflicht) und schränkt damit das Recht der Eltern auf die Erziehung ihrer Kinder ein. Dieses *„natürliche Erziehungsrecht"* der Eltern und der Bildungs- und Erziehungsanspruch der öffentlichen Schule stehen deshalb in einem unauflösbarenSpannungsverhältnis. Zwar lassen sich Bildung und Erziehung nicht völlig trennscharf voneinander abgrenzen. Dennoch ist davon auszugehen, dass der Staat weitgehend frei darüber entscheiden kann, welche Kenntnisse, Fähigkeiten und Fertigkeiten er in der Schule vermitteln will. Insbesondere haben die Eltern keinen Anspruch darauf, dass ihren Kindern in der Schule bestimmte Informationen (etwa über die Evolutionstheorie oder die menschliche Sexualität einschliesslich der Methoden zur Verhütung von Schwangerschaften und zum Schutz vor Geschlechtskrankheiten) vorenthalten werden.

Bei der Auswahl der Unterrichtsinhalte müssen sich die Schulen von den in der Landesverfassung festgeschriebenen Erziehungszielen leiten lassen (Artikel 12 und 21, im Bereich der christlichen Gemeinschaftsschulen sowie der Gemeinschaftsschulen auch Artikel 16; siehe hierzu ➪ Religion (Allgemeines) Nr. 2). Zugleich müssen die Schulen insofern auf das Erziehungsrecht der Eltern Rücksicht nehmen, als deren ethische und religiöse Überzeugungen nicht grundsätzlich infrage gestellt oder gar lächerlich gemacht werden dürfen, sofern die Ziele der Erziehung durch die Eltern nur mit den Vorgaben der Verfassung vereinbar sind; andernfalls besteht aufgrund des staatlichen Wächteramtes (Artikel 6 Abs. 2 GG) Anlass zum Einschreiten.

C. Individuelle Elternrechte

Soweit im Folgenden rechtliche Bestimmungen zitiert werden, so gelten diese unmittelbar nur für die staatlichen („öffentlichen") Schulen, die privaten „Ersatzschulen" haben diese Vorschriften zwar teilweise wörtlich übernommen und verhalten sich häufig analog oder ähnlich, sind aber nicht direkt daran gebunden. ➪ Elternvertretung (Privatschulen)

Nur gut informierte Eltern sind auch gute Partner der Schule sowie der Lehrkräfte. Deshalb hat der Gesetzgeber in einer Reihe von Bestimmungen verfügt, dass und wie Eltern bzw. Elternvertretungen von den Lehrkräften, den Schulen und den Schulaufsichtsbehörden zu informieren sind. 2015 hat der Gesetzgeber § 55 des Schulgesetzes um den Satz ergänzt: *„Die Schule fördert und unterstützt die Eltern bei der Wahrnehmung ihrer schulischen Elternrechte; dies gilt in besonderer Weise auch für Eltern mit Migrationshintergrund"*. Dies ist eine bindende und ständig wahrzunehmende Verpflichtung für alle Lehrkräfte und Schulleitungen. Im Einzelnen bedeutet dies:

1. Eltern-Lehrergespräch / Sprechstunden

Das Gespräch mit den Eltern sowie die Abhaltung von Sprechstunden gehören zu den Dienstpflichten aller Lehrkräfte. Sie müssen den Eltern je nach Anlass jeweils in angemessener Frist und in angemessenem Umfang hierfür zur Verfügung stehen. So bestimmt dies die Elternbeiratsverordnung § 3. An vielen Schulen wird jährlich eine Liste mit den Sprechstunden-Terminen der Lehrkräfte bekanntgegeben (z.B. durch Rundschreiben an die Eltern). Es sind – insbesondere bei berufstätigen Eltern, die sonst für ein solches Gespräch Urlaub nehmen müssen – auch Terminvereinbarungen außerhalb dieser Sprechstunden möglich.

Die Anmeldung zum Gespräch erfolgt über die Schüler*innen, durch telefonische Absprache mit der Lehrkraft bzw. über das Sekretariat der Schule, im Problemfall ggf. auch über die Schulleitung.

Die Schulen können auch *„Elternsprechtage"* durchführen, an denen die Lehrkräfte in der unterrichtsfreien Zeit während eines bestimmten Zeitraums in der Schule für Gespräche mit den Eltern anwesend sind. Ein Elternsprechtag erleichtert zwar die Kontaktaufnahme (insbesondere auch mit den Fachlehrkräften), er ersetzt aber nicht das regelmäßige „Eltern-Lehrergespräch" und vor allem nicht das individuelle Gespräch aus besonderem Anlass.

Vielfach geht es beim „Eltern-Lehrergespräch" um die Leistung und die Leistungsmessung in der Schule. In der ➪ Notenbildungsverordnung ist u.a. verfügt: *„Der gemeinsame Erziehungsauftrag von Elternhaus und Schule gebietet, dass Fragen der Leistungserhebung und -beurteilung zwischen den beiden Erziehungsträgern beraten werden. Soweit derartige Fragen die Schule insgesamt betreffen, sind sie in der Schulkonferenz (§ 47 SchG), soweit sie einzelne Klassen betreffen, in der Klassenpflegschaft (§ 56 SchG) zu behandeln. [...] Der gemeinsame Erziehungsauftrag von Elternhaus und Schule erfordert auch eine mögliche umfassende Information der Eltern über die schulische Entwicklung ihrer Kinder. [...]"*. Ausdrücklich nennt das Kultusministerium als Ort hierfür das *„Gespräch zwischen Lehrern und Eltern"*.

Bei der Information der Erziehungsberechtigten handelt es sich um eine Pflicht *„beider Erziehungsträger"*: Nicht nur die Schule bzw. die Lehrkräfte sind verpflichtet, die Eltern allgemein und im konkreten Anlass – z.B. Gefahr der Nichtversetzung oder gravierende Erziehungs- und Ordnungsmaßnahmen – zu unterrichten, sondern auch die Eltern sind gehalten, sich durch regelmäßigen Kontakt mit der Schule über Leistung und Verhalten ihrer Kinder auf dem Laufenden zu halten.

Mit Eintritt der Volljährigkeit enden die Informationsrechte der Eltern weitgehend, denn volljährige Schülerinnen und Schüler können alle sich aus dem Schulverhältnis ergebenden Rechte selbst ausüben und müssen alle sich daraus ergebenden Pflichten selbst übernehmen. So entfällt z.B. die bei bestimmten Erziehungs- und Ordnungsmaßnahmen vorgesehene Beteiligung (Anhörung) der Erziehungsberechtigten. Die Schule darf den Eltern jedoch auch personenbezogene Auskünfte erteilen oder Mitteilungen machen,

Hätten Sie's gewusst? – Eltern fragen, wir antworten.

Wer trägt die Kosten der Elternvertretung?

Frage: Mein Vorgänger als Vorsitzender des Elternbeirats hat alle Unkosten, die ihm entstanden sind (Telefon, Porto, Eltern-Jahrbuch, Papier usw.) aus eigener Tasche bezahlt. Muss ich das auch?

Antwort: Dann schenken Sie dem Schulträger Geld und setzen einen falschen Maßstab für andere, die vielleicht nicht so gut verdienen wie Sie. Sie üben ein öffentliches Ehrenamt auf gesetzlicher Grundlage aus. Das KM hat hierzu mitgeteilt: *„Die notwendigen Kosten des Elternbeirats (vor allem für Porto und Briefpapier) gehören zu den sächlichen Schulkosten, für die der Schulträger aufkommt"*. ➪ Schulträger

Sprechen Sie doch mit Ihrer Schulleitung einmal darüber und schlagen ihr vor, im Haushalt der Schule einen Etat-Titel für den Elternbeirat einzurichten. Dann können Sie Ihre Ausgaben (gegen Beleg) dort abrechnen. Das muss kein großer Betrag sein, denn in vielen Dingen ist die Schule Ihnen ja ohnehin behilflich (z.B. beim Druck und der Verteilung der Einladungen zu den Sitzungen des Elternbeirats oder zu den Elternabenden, bei der Vervielfältigung Ihrer Protokolle usw.).

Beim Haushaltsplan der Schule besitzen die Eltern übrigens verbriefte Beteiligungsrechte. Bei der Beratung über den Schuletat in der Schulkonferenz können Sie entsprechende Anträge stellen.

Mehr dazu finden Sie unter ➪ Eltern (Allgemeines) und ➪ Schulgesetz § 47 Abs. 4 Nr 1 b.

Viele Elternbeiräte finanzieren sich auch über Elternspenden und haben eine eigene Kasse. Lesen Sie dazu die Beiträge ➪ Elternbeirat (Kassenführung) und ➪ Haushalt (Allgemeines).

- wenn kein gegenteiliger Wille der volljährigen Schüler erkennbar ist oder
- wenn eine Gefahr für wesentlich überwiegende Rechtsgüter wie Leben, Leib, Freiheit oder Eigentum zu befürchten ist und die Auskunft oder Mitteilung angemessen ist, die Gefahr abzuwenden oder zu verringern.

Dies gilt auch, wenn der Ausschluss aus der Schule angedroht wird oder ein Schüler die Schule gegen seinen Willen verlassen muss.

Das kollektive Mitwirkungsrecht der Eltern, z.B. das aktive und passive Wahlrecht zu den Elternvertretungen, bleibt auch nach Eintritt der Volljährigkeit erhalten. ⇨ Schulgesetz § 55 Abs. 3; ⇨ Volljährigkeit

2.
Klassenpflegschaft (Elternabend)

Die zweite individuelle Informationsquelle für die Erziehungsberechtigten sind die Sitzungen der Klassen-, Kurs- bzw. Jahrgangsstufenpflegschaft (der sogenannte *„Elternabend"*). Mehr hierzu steht im Beitrag ⇨ Elternabend und Klassenpflegschaft.

⇨ Elternbeirat (EltBVO) § 5 ff.; ⇨ Schulgesetz § 56

3.
Informationen durch die Schulleitung

Eltern und die Mitglieder der Elternvertretung können sich mit allen Anliegen auch an die Schulleitung wenden. Es empfiehlt sich aber, zunächst (insbesondere beim Vorliegen von Missständen und bei Beschwerden auf der Ebene der einzelnen Klasse) das Gespräch mit der Klassenlehrkraft oder den Fachlehrkräften zu suchen. Vor allem dann, wenn dies nicht zum erwünschen Ergebnis führt, steht die Schulleitung als vorgesetzte Instanz der Lehrkräfte zu Informationen bzw. zur Klärung strittiger Fragen zur Verfügung.

⇨ Verwaltungsrecht (Allgemeines)

Die Erziehungsberechtigten sowie die Schüler*innen können bei der Schule (Rektorat/Sekretariat) das Amtsblatt sowie die Loseblatt-Ausgabe des Amtsblattes ⇨ Kultus und Unterricht einsehen. Auch in die Bildungspläne muss ihnen dort Einsicht gegeben werden. Die gültigen Bildungspläne sind aber auch unter https://km-bw.de/,Lde/startseite/service/ online abrufbar.

D.
Kollektive Rechte der Eltern

Nicht nur einzelne Eltern besitzen Beteiligungsrechte an der öffentlichen Erziehung, sondern auch die Elternschaft kollektiv. Das ist in Art. 17 der Landesverfassung bestimmt: *„Die Erziehungsberechtigten wirken durch gewählte Vertreter an der Gestaltung des Lebens und der Arbeit der Schule mit. Näheres regelt ein Gesetz".*"

⇨ Elternvertretung (Privatschulen); ⇨ Verfassung Artikel 17 Abs. 4

Das Schulgesetz (§ 55) bestimmt dazu im Einzelnen:

„(1) Die Eltern haben das Recht und die Pflicht, an der schulischen Erziehung mitzuwirken. Die gemeinsame Verantwortung der Eltern und der Schule für die Erziehung und Bildung der Jugend fordert die vertrauensvolle Zusammenarbeit beider Erziehungsträger. Schule und Elternhaus unterstützen sich bei der Erziehung und Bildung der Jugend und pflegen ihre Erziehungsgemeinschaft.

(2) Das Recht und die Aufgabe, die Erziehungsarbeit der Schule zu fördern und mitzugestalten, nehmen die Eltern
1. in der Klassenpflegschaft,
2. in den Elternvertretungen und
3. in der Schulkonferenz
wahr.

(3) Unbeschadet der Rechte volljähriger Schüler können deren Eltern die Aufgaben nach Absatz 2 wahrnehmen.

(4) Angelegenheiten einzelner Schüler können die Elternvertretungen nur mit der Zustimmung von deren Eltern behandeln. [...]

(5) Die Elternvertreter üben ein Ehrenamt aus."

⇨ Schulgesetz §§ 47 und 55; ⇨ Schulkonferenzordnung; ⇨ Volljährigkeit

Auch hier gilt die Einschränkung, dass private „Ersatzschulen" sich zwar häufig analog oder ähnlich verhalten, aber nicht direkt hieran gebunden sind, sondern teilweise der Elternschaft kaum formale Rechte einräumen. ⇨ Elternvertretung (Privatschulen)

Die Formulierung „Ehrenamt" bedeutet:

1. Die Elternvertreter erhalten keine Bezahlung, aber Kostenersatz. Das KM hierzu: *„Die notwendigen Kosten des Elternbeirats (vor allem für Porto und Briefpapier) gehören zu den sächlichen Schulkosten, für die der Schulträger aufkommt".* Der Schulträger wird hierbei durch die Schulleitung vertreten. Es empfiehlt sich, hierfür im Schuletat einen eigenen Titel auszubringen, über den der Elternbeirat selbstständig verfügt.
   ⇨ Elternbeirat (Kassenführung)
2. Die Elternvertreter sind bei ihrer Tätigkeit (auch beim Hin- und Rückweg) gesetzlich versichert.
3. Die Elternvertreter werden gewählt, damit sie vornehmlich die Interessen der anderen Eltern bzw. deren Kinder wahrnehmen.

„Elternvertretungen" im Sinne von § 55 SchG sind:

- Die bzw. der von den Eltern einer Klasse oder Jahrgangsstufe gewählte Klassenelternvertreter*in und dessen bzw. deren Stellvertreter*in,
  ⇨ Schulgesetz § 56; ⇨ ElternbeiratsVO § 11 ff.
- der Elternbeirat der Schule,
  ⇨ ElternbeiratsVO § 24 ff.; ⇨ Schulgesetz § 57;
- der Gesamtelternbeirat und Eltern-Arbeitskreise,
  ⇨ Schulgesetz § 58; ⇨ ElternbeiratsVO § 30 ff.
- der Landeselternbeirat.
  ⇨ Schulgesetz § 60 ff.; ⇨ ElternbeiratsVO § 36 ff.

Die Eltern sind durch gewählte Vertreter*innen im Landesschulbeirat vertreten. ⇨ Schulgesetz § 71

Die Gesamtelternbeiräte haben sich vielfach (regional bzw. schulartspezifisch) zu Arbeitskreisen zusammengeschlossen. Gesamtelternbeiräte und überörtliche Arbeitskreise der Elternvertretungen besitzen einen Informationsanspruch gegenüber der Schulverwaltung. ⇨ Elternbeirat (EltBVO) § 34

Die Schulleitung ist verpflichtet, den Elternbeirat von sich aus über *„alle Angelegenheiten, die für die Schule von allgemeiner Bedeutung sind"* zu informieren, und soll den Elternbeirat anhören, bevor sie *„Maßnahmen* *trifft, die für das Schulleben von allgemeiner Bedeutung sind".* ➪ Schulgesetz § 57 Abs. 2

Die Elternbeiratsverordnung bestimmt in § 4:

„Die Elternvertreter sind bei der Ausübung ihrer Rechte im schulischen Bereich frei von Weisungen durch Schule, Schulaufsichtsbehörde und sonstige Behörden. Andererseits sind auch sie nicht berechtigt, diesen Weisungen zu erteilen oder Untersuchungen gegen sie wegen ihres dienstlichen Verhaltens zu führen; unberührt hiervon bleibt das Informations- und Beschwerderecht der Eltern."

➪ Elternbeirat (EltBVO) § 4; ➪ Verwaltungsrecht

Eltern und Elternvertretungen können nur durch ihre kollektiven Beteiligungsrechte (dazu zählen auch ihre Rechte in der Schulkonferenz), durch Gespräche und Verhandlungen sowie durch die Wahrnehmung ihres Informations- und Beschwerderechts Einfluss auf die Schule nehmen. Führt dies nicht zu einem befriedigenden Ergebnis oder bleibt ein Konflikt ungelöst, so entscheidet – unbeschadet des Klagerechts bei den Verwaltungsgerichten – abschließend die Schulaufsichtsbehörde.

➪ Beschwerderecht; ➪ Schulgesetz § 32 ff.

Umgekehrt besitzen Schulen und Schulaufsichtsbehörden keine Aufsichts- oder Kontrollbefugnisse über die Elternvertretungen. Dies schließt deren Kontakte nach außen ein: Briefe von Dritten an den Elternbeirat oder einzelne Elternvertreter*innen müssen von der Schule ungeöffnet weitergeleitet werden. Schulleitungen und Schulbehörden sind zur Zusammenarbeit auch mit „unbequemen" Elternvertreter*innen verpflichtet. Über deren Wahl bzw. Abwahl entscheiden allein die Eltern selbst; siehe hierzu: ➪ Elternabend und Klassenpflegschaft.

Dem Elternbeirat obliegt u.a., *„an der Verbesserung der inneren und äußeren Schulverhältnisse mitzuarbeiten und das Verständnis der Öffentlichkeit für die Erziehungs- und Bildungsarbeit der Schule zu stärken"* (➪ Schulgesetz § 57). Er darf sich deshalb im Interesse der Schule (jedoch nicht namens der Schule als Institution!) an die Öffentlichkeit wenden – auch über die Presse.

➪ Elternvertretung (Presse und Öffentlichkeit)

E.
Rechte der „Elterngruppen"

1.
Teilnahme an der Gesamtlehrerkonferenz

Die vom Elternbeirat gewählten Mitglieder der Schulkonferenz können als „Elterngruppe" zu folgenden Beratungsgegenständen Anträge an die Gesamtlehrerkonferenz (GLK) richten:

1. Erlass der Schul- und ➪ Hausordnung,
2. Beschlüsse zu allgemeinen Fragen der Klassenarbeiten und Hausaufgaben,
3. Beschlüsse zur einheitlichen Durchführung der Rechts- und Verwaltungsvorschriften an der Schule,
4. Grundsätze über die Durchführung von besonderen Schulveranstaltungen, die die gesamte Schule berühren,
5. Grundsätze über die Durchführung von außerunterrichtlichen Veranstaltungen.

➪ Konferenzordung § 11 Abs. 4; ➪ Schulgesetz § 47 Abs. 5

Die Schulleitung muss dann in angemessener Frist eine GLK einberufen und die Mitglieder der „Elterngruppe" hierzu einladen. Bei der Behandlung ihres Antrags in der GLK besitzen diese beratendes Stimmrecht. Ihr Teilnahmerecht beschränkt sich auf den betreffenden Tagesordnungspunkt der Konferenz. An den übrigen Tagesordnungspunkten können sie im Einzelfall auf Beschluss der Konferenz teilnehmen. ➪ Konferenzordnung § 11 Abs. 5

Ferner ist der/die Schulleiter*in auf Antrag der „Elterngruppe" verpflichtet, eine Sitzung der Schulkonferenz einzuberufen. ➪ Schulgesetz § 47 Abs. 12

2.
Teilnahme an der Klassenkonferenz

Die Eltern einer Klasse können als „Elterngruppe" zusammentreten und zu folgenden Angelegenheiten Anträge an die Klassenkonferenz richten:

1. Entwicklungsstand der Klasse (z.B. Leistung, Verhalten, besondere Probleme);
2. Stundentafel und differenziert angebotene Unterrichtsveranstaltungen (z.B. Fächerwahl, Kurse, Arbeitsgemeinschaften);
3. Kriterien und Verfahren zur Leistungsbeurteilung;
4. Grundsätze für Klassenarbeiten und Hausaufgaben sowie die Versetzungsordnung und für Abschlussklassen die Prüfungsordnung;
5. in der Klasse verwendete Lernmittel einschließlich Arbeitsmittel;
6. Schullandheimaufenthalte, Schulausflüge, Wandertage, Betriebsbesichtigungen u.Ä. im Rahmen der beschlossenen Grundsätze der GLK sowie sonstige Veranstaltungen für die Klasse;
7. Förderung der Schülermitverantwortung der Klasse, Durchführung der Schülerbeförderung;
8. grundsätzliche Beschlüsse der Gesamtlehrerkonferenz, der Schulkonferenz, des Elternbeirats und des Schülerrats. ➪ Schulgesetz § 56 Abs. 6

Die Klassenelternvertreter*innen müssen von der Klassenlehrkraft nach Eingang eines solchen Antrags zu dem betreffenden Tagesordnungspunkt in die Konferenz eingeladen werden und besitzen bei der Behandlung ihrer Anträge beratendes Stimmrecht.

➪ Konferenzordnung § 11 Abs. 3 und 5

➪ Elternabend und Klassenpflegschaft; ➪ Elternbeirat (EltBVO); ➪ Elternvertretung (Presse und Öffentlichkeit); ➪ Elternvertretung (Privatschulen); ➪ Geschäftsordnung; ➪ Grundgesetz; ➪ Kinderrechte; ➪ Kultus und Unterricht (Amtsblatt); ➪ Notenbildungsverordnung; ➪ Religionsunterricht (Teilnahme); ➪ Schulgesetz; ➪ Schulkonferenzordnung; ➪ Verfassung; ➪ Verwaltungsrecht; ➪ Volljährigkeit

Wo finde ich den Hygieneplan der Schule? Hätten Sie's gewusst? Die Antwort steht auf Seite 267.

Elternabend und Klassenpflegschaft

Informationen der Redaktion zur Rechtslage und zur Verwaltungspraxis in Baden-Württemberg

1. Elterngruppe und Klassenpflegschaft

Die Klassenpflegschaft ist ein „gemischtes" Gremium; sie besteht nicht nur aus den Erziehungsberechtigten, sondern ihr gehören auch alle in der Klasse unterrichtenden Lehrkräfte mit vollem Stimmrecht an. Die Sitzungen der Klassenpflegschaft werden häufig als „Elternabende" bezeichnet.

An bestimmten Schularten bzw. Schulstufen tritt an ihre Stelle die Kurs- oder Jahrgangsstufenpflegschaft (im Folgenden wird zusammenfassend von „Klasse" bzw. „Klassenpflegschaft" gesprochen).

⇨ Elternbeirat (EltBVO) §§ 10 ff.

Unabhängig davon besitzen die Eltern (Erziehungsberechtigten) das gesetzliche Recht, sich auf der Ebene der Schulklasse (bzw. der Jahrgangsstufe oder des Kurses) als „Elterngruppe" zu versammeln.

⇨ Elternbeirat (EltBVO) § 8 Abs. 5

Diese „Elterngruppe" ist kein beliebiges, informelles Treffen von Eltern, sondern eine schulische Institution, der bestimmte, allerdings relativ beschränkte Beteiligungsrechte zustehen.

⇨ Eltern (Allgemeines) E; ⇨ Konferenzordung § 11 Abs. 3

Eine der wichtigsten Aufgaben der Elterngruppe ist die Wahl der beiden Elternvertreter*innen. Damit wird zugleich über die Zusammensetzung des Elternbeirats der Schule entschieden.

Zumeist vollzieht sich die Elternbeteiligung auf Ebene der Schulklasse jedoch nicht als reine „Elterngruppe" (also in einer Elternversammlung ohne Lehrkräfte), sondern anlässlich einer Sitzung der „Klassenpflegschaft". ⇨ Elternbeirat (EltBVO) §§ 10 ff.

2. Klassenelternvertreter

Die Eltern (Erziehungsberechtigten) einer Klasse – die Angehörigen der „Elterngruppe" – wählen aus ihrer Mitte zwei Personen als „Elternvertreter":

- einen bzw. eine Klassenelternvertreter*in und
- einen bzw. eine Stellvertreter*in.

Die Amtszeit dieser beiden Elternverteter*innen beträgt ein Jahr, sie kann durch eine Wahlordnung des Elternbeirats auf maximal drei Jahre ausgedehnt werden. ⇨ Elternbeirat (EltBVO) § 15 i.V.m. § 20

Diese beiden Elternvertreter bzw. -vertreterinnen haben u.a. folgende Rechte und Aufgaben:

1. Sie sind mit gleichen Rechten Mitglieder des Elternbeirats der Schule (deshalb können auch Klassenelternstellvertreter*innen als Vorsitzende des Elternbeirats gewählt werden).
2. Sie vertreten die „Elterngruppe" ihrer Klasse in der Klassenkonferenz. ⇨ Eltern (Allgemeines) Teil E
3. Im gegenseitigen Einvernehmen können sie gegenüber den Lehrkräften bzw. der Schulleitung die Interessen von anderen Eltern wahrnehmen (z.B. als Vermittler in Konfliktfällen oder zur Einholung von Informationen).

Hieraus ergibt sich zwangsläufig die Notwendigkeit, dass beide Elternvertreter*innen zusammenarbeiten, einander informieren und unterstützen.

Bestimmte Eltern können nicht zu Klassenelternvertreter*innen gewählt werden, z.B. Mitglieder der Leitung und des Lehrerkollegiums der Schule, Schulaufsichtsbeamte sowie z.B. der Schulbürgermeister einer Stadt. Es kann auch niemand an

Die Klassenpflegschaft – ein „gemischtes" Gremium

Sie muss mindestens einmal im Schulhalbjahr zusammentreten. Den Vorsitz hat der bzw. die Klassenelternvertreter*in, den stellvertretenden Vorsitz hat die Klassenlehrkraft.

Die Klassenpflegschaft besteht aus zwei Personengruppen:

„Elterngruppe"

Die Eltern (Erziehungsberechtigten) aller Schülerinnen und Schüler der Klasse haben je eine Stimme. Sie wählen:

- eine Klassenelternvertreterin bzw. einen Klassenelternvertreter sowie
- einen bzw. eine stellvertretende Klassenelternvertreter*in.

Beide sind Mitglieder im Elternbeirat.

+

„Lehrergruppe"

Der Klassenlehrer bzw. die Klassenlehrerin sowie alle anderen in der Klasse unterrichtenden Lehrkräfte haben in der Klassenpflegschaft je eine Stimme.

Die Klassenlehrkraft ist zur Teilnahme an der Sitzung verpflichtet, die übrigen Lehrkräfte, soweit ihre Teilnahme nach der Tagesordnung erforderlich ist.

Der bzw. die Elternbeiratsvorsitzende sowie der Schulleiter bzw. die Schulleiterin dürfen an allen Sitzungen der Klassenpflegschaft teilnehmen; sie müssen deshalb zu jeder Sitzung eingeladen werden; siehe ⇨ Elternbeirat (EltBVO) § 6 Abs. 2.

derselben Schule zum Klassenelternvertreter oder Stellvertreter mehrerer Klassen gewählt werden.

⇨ Elternbeirat (EltBVO) § 14

Es ist üblich, dass die Wahl der beiden Klassenelternvertreter*innen im Rahmen der ersten Klassenpflegschaftssitzung des Schuljahres vorgenommen und entsprechend auf der Tagesordnung angekündigt wird. Formal handelt es sich bei diesem Wahlakt jedoch um eine Sitzung der „Elterngruppe" der Klassenpflegschaft. Die Lehrkräfte sind an der Wahl nicht beteiligt. Um jeden Anschein einer Einflussnahme zu vermeiden, sollten die Lehrkräfte spätestens nach der Bestellung des Wahlvorstandes den Raum verlassen; ihre Anwesenheit ist nur dann zulässig, wenn die Eltern dies ausdrücklich wünschen und keiner der Anwesenden widerspricht. Auf jeden Fall müssen sich Lehrkräfte jeder Einwirkung auf die Wahlen enthalten. Insbesondere ist es unzulässig, selbst „geeignete" Kandidaten zu benennen.

Dabei sind die üblichen Regularien für demokratische Wahlen zu beachten: Zur Wahlleitung sollte eine Person bestimmt werden, die nicht selbst kandidiert; offene Wahl ist nur möglich, wenn niemand geheime Wahl wünscht. Es ist zu empfehlen, die geheime Wahl vorzusehen sowie den/die Klassenelternvertreter*in und den/die Stellvertreter*in in getrennten Wahlgängen zu wählen und die Sitzung entsprechend vorzubereiten (Stimmzettel). Der Elternbeirat kann eine Wahlordnung erlassen; darin kann dies für die ganze Schule geregelt werden.

⇨ Elternbeirat (EltBVO) § 15 Abs. 2 i.V.m. § 20

3. Teilnahme- und Stimmrecht

Es sind mindestens zwei Sitzungen der Klassenpflegschaft im Schuljahr vorgeschrieben. Die erste Sitzung hat innerhalb von sechs Wochen nach Beginn des Unterrichts stattzufinden.

⇨ Schulgesetz § 56; ⇨ ElternbeiratsVO § 14 Abs. 1

Auch der/die Klassensprecher*in und deren Stellvertreter*in können an *„geeigneten Tagesordnungspunkten"* teilnehmen: Sie werden vom Vorsitzenden der Klassenpflegschaft hierzu eingeladen; erweist sich ein Tagesordnungspunkt als nicht geeignet, setzt die Klassenpflegschaft die Behandlung ohne Schülervertreter*innen fort. ⇨ Schulgesetz § 56

Ferner sind der/die Schulleiter*in und der/die Elternbeiratsvorsitzende berechtigt, an der Klassenpflegschaftssitzung (ohne Stimme!) teilzunehmen; sie müssen deshalb stets eine Einladung erhalten.

⇨ Elternbeirat (EltBVO) § 5 ff.; ⇨ Schulgesetz § 56

Von den Lehrkräften nimmt häufig nur die Klassenlehrkraft an der Sitzung teil, denn nur sie ist stets hierzu verpflichtet. Zwar können alle anderen an der Klasse unterrichtenden Lehrkräfte teilnehmen, da sie stimmberechtigte Mitglieder der Klassenpflegschaft sind, sie müssen dies aber nur tun, *„soweit ihre Teilnahme entsprechend der Tagesordnung erforderlich ist"*. ⇨ ElternbeiratsVO § 8 Abs. 4

Stimmberechtigt ist jedes anwesende Mitglied der Klassenpflegschaft mit einer Stimme (also auch die an der Klasse unterrichtenden Lehrkräfte); Mutter und Vater haben je eine Stimme. Nur je eine Stimme haben Erziehungsberechtigte auch dann, wenn ihnen die Sorge für mehrere Schüler einer Klasse zusteht (z.B. bei Zwillingen). Kinder Alleinerziehender werden also stets nur durch eine Stimme, Kinder deren Vater und Mutter an der Sitzung teilnehmen, werden durch zwei Stimmen vertreten. Dies ist im Hinblick darauf, dass in der Klassenpflegschaft z.B. auch über finanzielle Angelegenheiten beraten und auch beschlossen wird (z.B. Kosten eines Schullandheimaufenthalts, Umlagen für Kopien oder Ausgestaltung eines Klassenfestes usw.) nicht unproblematisch. Die Übertragung des Stimmrechts und die Beschlussfassung im Wege der schriftlichen Umfrage sind nicht zulässig. ⇨ Elternbeirat (EltBVO) §§ 6 und 7

Zum Teilnahme- und Stimmrecht von Nicht-Eltern sowie von anderen Personen, die als Erziehungsberechtigte wirken, siehe: ⇨ Eltern (Allgemeines) Teil A

4. Stellvertretung, Sitzungs- und Wahlleitung

Der/die von den Eltern gewählte Klassenelternvertreter*in hat zwei unterschiedliche Stellvertreter*innen, was zu Verwechslungen führen kann:

- Erstens wählen die Erziehungsberechtigten einen bzw. eine *„stellvertretenden Klassenelternvertreter*in"* (siehe oben Nr. 2). Diese Person vertritt den/die Klassenelternvertreter*in in Angelegenheiten der Elterngruppe. Neben der vertretungsweisen Leitung reiner Treffen der Eltern als „Elterngruppe" gehören hierzu beispielsweise die Einrichtung und Führung einer Elternkasse, die Vertretung der Eltern nach außen oder die Beschlussfassung der Elterngruppe über Anträge an die Klassenkonferenz (siehe hierzu ⇨ Eltern (Allgemeines) Teil E).
  ⇨ ElternbeiratsVO § 14; ⇨ Schulgesetz § 57 Abs. 3
- Zweitens bestimmt das Schulgesetz (§ 56 Abs. 4): *„Vorsitzender der Klassenpflegschaft ist der Klassenelternvertreter, Stellvertreter der Klassenlehrer"*. Die Klassenlehrkraft muss also nicht gewählt werden, sondern übt diese Funktion automatisch („qua Amt") aus. Sie vertritt den/die Klassenelternvertreter*in nur bei der Leitung der Klassenpflegschaft, also des gemischten Gremiums, beispielsweise wenn der/die gewählte Klassenelternvertreter*in den Raum während einer Sitzung verlassen muss.

Insbesondere bei den elterninternen Wahlen hat die Klassenlehrkraft keine Funktion (allenfalls darf sie als Gast dabeisein (s.o. Nr. 2); zumeist nimmt bei Vakanz des/der Klassenelternvertreter*in der/die gewählte Klassenelternstellvertreter*in die Amtsgeschäfte wahr. Hierfür drei Beispiele:

a) Übergangszeit bis zur Neuwahl

Gemäß § 15 EltBVO versehen Klassenelternvertreter*innen, deren Amtszeit abgelaufen ist, ihr Amt auch dann, wenn sie selbst nicht mehr wählbar sind, geschäftsführend bis zur turnusmäßigen Wahl eines/einer Nachfolger*in weiter (solange sie die Wählbarkeit für das Amt besitzen, können sie selbst wieder kandidieren). Diese geschäftsführende Amtsführung dauert maximal bis zum Ablauf der sechsten Woche nach Unterrichtsbeginn; danach wird das Amt geschäftsführend durch den/die Klassenelternstellvertreter*in versehen, soweit und solange deren Wählbarkeit für das Amt besteht.

b) Rücktritt des/der Klassenelternvertreter*in

Gemäß § 16 EltBVO können Klassenelternvertreter*innen ihr Amt vor Ablauf der Amtszeit durch eine Erklärung gegenüber den Wahlberechtigten oder dem/der Klassenelternstellvertreter*in niederlegen; ihr Amt erlischt jedoch nicht sofort, sondern erst, nachdem die Eltern der Klasse für den Rest der Amtszeit eine/n Nachfolger*in gewählt haben und diese/r die Wahl angenommen hat. Für diese Wahl gilt die bisherige Klassenelternvertreterin als „verhindert" (§ 16 Abs. 2 Satz 3 EltBVO); die Einladung obliegt deshalb dem/der Klassenelternstellvertreter*in; die Wahl kann aber auch von einem „Wahlvorstand" geleitet werden, den die die anwesenden Eltern aus ihrer Mitte bestellen (das sollte insbesondere geschehen, wenn der/die Klassenelternstellvertreter*in kandidiert).

c) Nachwahl und „konstruktives" Misstrauensvotum

Verlieren Klassenelternvertreter*innen oder ihre Stellvertreter*innen während ihrer Amtszeit die Wählbarkeit (beispielsweise durch Ausscheiden ihres Kindes aus der Schule), so lädt der/die nicht betroffene Amtsinhaber*in zu einer Nachwahl ein.

Klassenelternvertreter*innen oder ihre Stellvertreter*innen können während ihrer Amtszeit nur dadurch abberufen werden, dass die Mehrheit der Wahlberechtigten einen/eine Nachfolger*in wählt (*„konstruktives Misstrauensvotum"*). Auf schriftlichen Antrag von mindestens einem Viertel der wahlberechtigten Eltern lädt der/die nicht betroffene Amtsinhaber*in zur Neuwahl ein; auch der/die Betroffene darf erneut kandidieren.

Bei einer solchen Nach- oder Neuwahl ist die zuständige Person für die Einladung beziehungsweise die Leitung der Klassenpflegschaftssitzung gegebenenfalls geschäftsführend tätig (⇨ Elternbeirat (EltBVO) § 14 ff.), längstens jedoch bis zum Ablauf von sechs Wochen nach den Sommerferien. Danach ist hierfür der/die stellvertretende Klassenelternvertreter*in zuständig, gegebenenfalls auch „geschäftsführend" über den Ablauf der eigenen Wählbarkeit hinaus. Sobald auch die stellvertretende Person das passive Wahlrecht verloren hat oder wenn es (z.B. bei neu gebildeten Klassen) noch gar keine Klassenelternvertreter*in gibt, obliegt diese Aufgabe dem/der Vorsitzenden des Elternbeirats, die ihrerseits Elternvertreter*innen anderer Klassen damit beauftragen darf. Nur wenn nicht einmal der/die Elternbeiratsvorsitzende einspringt, geht dieses originäre Elternrecht auf Lehrkräfte über: Dann lädt die Klassenlehrkraft (oder eine andere, von der Schulleitung bestimmte Lehrkraft) zur Klassenpflegschaftssitzung sowie zur Wahl von Klassenelternvertreter*innen ein; sie hat diese Sitzung bis zur Neuwahl zu leiten.

5. Vorbereitung der Sitzung

In der Elternbeiratsverordnung (§ 5 ff.) sind die Regularien für die Sitzungen der Klassenpflegschaft niedergelegt. Zu einer Sitzung ist einzuladen, wenn es der Förderung der Erziehungsarbeit in der Klasse dienlich scheint, mindestens jedoch einmal im Schulhalbjahr. Ferner ist eine Sitzung binnen zweier Wochen einzuberufen, wenn ein Viertel der Eltern, der Klassenlehrer, der Schulleiter oder der Elternbeiratsvorsitzende dies beantragen (§ 56 Abs. 5 Satz 2 SchG). Die Sitzungen der Klassenpflegschaft sind nicht öffentlich, es besteht aber für die Eltern – im Gegensatz zu den Lehrkräften! – keine Pflicht zur Verschwiegenheit über den Sitzungsinhalt/-verlauf.

⇨ Verschwiegenheitspflicht

Hätten Sie's gewusst? – Eltern fragen, wir antworten.

Können Eltern bei den Schulferien mitreden?

Frage: Unser Schulleiter hat die beweglichen Ferientage für das nächste Jahr bekanntgegeben. Der Elternbeirat hat hiervon durch ein Rundschreiben der Schule an die Eltern der Schule erfahren. Hätte der Schulleiter nicht wenigstens mich als Elternbeiratsvorsitzenden vorher fragen müssen?

Antwort: Das ist unmissverständlich in der ⇨ Ferienverordnung geregelt. Zwar legt das Kultusministerium die Schulferien zentral fest (und holt dazu vorher die Meinung des Landeselternbeirats ein), aber bei den *„beweglichen"* Ferientagen sprechen die Elternvertretungen vor Ort mit. In § 3 dieser Verordnung steht, dass diese höchstens fünf beweglichen Tage je „Ferienjahr" in Orten mit nur einer Schule von der Schulleitung *„mit Einverständnis"* des Elternbeirats festgesetzt werden. Wenn sich die Schulleitung und die Elternvertretung der Schule nicht einigen, entscheidet die Schulaufsichtsbehörde.

In größeren Orten, also bei den meisten Schule des Landes, entscheiden alle Schulleiter*innen gemeinsam – allerdings müssen sie dazu das Einverständnis des Gesamtelternbeirats einholen. Und da Sie als als Elternbeiratsvorsitzender dem Gesamtelternbeirat automatisch angehören, hätten Sie auf diese Weise vor der öffentlichen Bekanntgabe hiervon erfahren müssen und hätten mitentscheiden können.

Übrigens: In Baden-Württemberg erhalten Lehrkräfte aufgrund einer tarifvertraglichen Regelung in jedem Schuljahr drei *„unterrichtsfreie Tage"*. Für Schüler*innen sind diese Tage unterrichtsfrei. Das Kultusministerium hat in der Arbeitszeitverordnung für Lehrkräfte verfügt, dass auch diese drei freien Tage *„entsprechend § 3 der Ferienverordnung festzulegen"* sind. Sowohl über die Platzierung der *„beweglichen Ferientage"* als auch der drei *„unterrichtsfreien Tage"* bestimmen also die Eltern entscheidend mit.

Der/Die Klassenelternvertreter*in lädt zu den Sitzungen der Klassenpflegschaft ein, bereitet sie vor, leitet sie und bestimmt im Benehmen mit der Klassenlehrkraft Zeitpunkt, Tagungsort und Tagesordnung der Sitzung sowie jene Tagesordnungspunkte, zu denen gemäß § 56 Abs. 3 Satz 2 SchG der/die Klassensprecher*in und deren Stellvertreter*in einzuladen sind; das Gleiche gilt für die Einladung aller Schüler*innen einer Klasse und weiterer Personen. Für die Einladung zur Sitzung kann sich der/die Vorsitzende der Hilfe der Schule bedienen (z.B. Vervielfältigung, Austeilen der Einladungen an die Schüler*innen zur Weitergabe an die Eltern). Die Klassenlehrkraft ist an der Vorbereitung und Leitung zwar beteiligt, aber mehr als zurückhaltende Mithilfe ist nicht verlangt. Die Letztverantwortung liegt bei dem / der gewählten Elternvertreter*in.

Es ist vielerorts üblich, dass von der Schulleitung im Einvernehmen mit dem Elternbeirat zumindest für den ersten Elternabend nach Schuljahresbeginn ein oder mehrere Tage im Herbst reserviert werden. Dies ist sinnvoll, weil dann an diesen Tagen alle Lehrkräfte verfügbar sind. Außerdem kann man dann zum Anfang alle Klassen oder eine Klassenstufe (z.B. alle neu gebildeten 1. oder 5. Klassen) zu einer gemeinsamen Sitzung zusammenfassen, wo der Vorstand des Elternbeirats und die Schulleitung die „Neuen“ begrüßen und über die Schule informieren; anschließend finden dann getrennte Elternabende für die einzelnen Klassen statt. Grundsätzlich obliegt die Terminfestlegung jedoch dem bzw. der Klassenelternvertreter*in.

Die Einladungsfrist soll mindestens eine Woche betragen; da die Zustellung bei der üblichen Verteilung über die Schüler*innen immer mehrere Tage dauert, sollte die Verteilung spätestens vierzehn Tage vor dem Sitzungstermin erfolgen.

Bei der Aufstellung der Tagesordnung ist die Zweckbestimmung der Klassenpflegschaft zu beachten. Im ⇨ Schulgesetz § 56 ist hierzu bestimmt: „*Die Klassenpflegschaft dient der Pflege enger Verbindungen zwischen Eltern und Schule und hat die Aufgabe, das Zusammenwirken von Eltern und Lehrern in der gemeinsamen Verantwortung für die Erziehung der Jugend zu fördern. Eltern und Lehrer sollen sich in der Klassenpflegschaft gegenseitig beraten sowie Anregungen und Erfahrungen austauschen.*“ Auch die möglichen Beratungsthemen werden in dieser Bestimmung des Schulgesetzes aufgeführt.

In der Regel finden Elternabende in der Schule statt; die Schulleitung muss (nach Absprache) geeignete Räumlichkeiten zur Verfügung stellen. Jeder Elternabend muss deshalb vorher bei der Schulleitung (Sekretariat) angemeldet werden, damit die Schule zu gegebener Zeit auch geöffnet und beleuchtet sowie beheizt werden kann.

Sitzungen der Klassenpflegschaft oder der „Elterngruppe“ in privaten Räumen, einer Gaststätte, einem Vereinsheim o.ä können zu Missverständnissen über den Charakter der Veranstaltung führen und werden von manchen Eltern und Lehrkräften auch als unzumutbar empfunden. Wenn die Sitzung trotzdem in solchen Räumen stattfinden soll, ist vorher das Einverständnis aller Eltern und der eingeladenen Lehrkräfte einzuholen. Es muss sich wegen der vorgeschriebenen Nichtöffentlichkeit der Sitzung um einen getrennten Raum ohne Zugang für Dritte handeln.

Die Sitzungen sollten möglichst in Räumen mit für Erwachsene geeignetem Mobiliar stattfinden. Die Eltern sollten zwar auch das Klassenzimmer ihrer Kinder kennen (z.B. um sich über die Ausstattung, über dort ausgestellte Schülerarbeiten usw. einen Eindruck verschaffen zu können), aber das Sitzen auf Stühlchen, die für sieben- oder achtjährige Kinder gebaut sind, ist für Erwachsene recht beschwerlich.

⇨ Eltern (Allgemeines); ⇨ Elternabend (Checkliste); ⇨ Elternabend (Muster-Einladung); ⇨ Elternbeirat (EltBVO) § 5 ff.; ⇨ Elternvertretung (Kassenführung); ⇨ Elternvertretung (Presse und Öffentlichkeit); ⇨ Geschäftsordnung; ⇨ Grundgesetz; ⇨ Schulgesetz; ⇨ Verfassung

Hätten Sie's gewusst? – Eltern fragen, wir antworten.

Nicht-Erziehungsberechtigte auf dem Elternabend?

Frage: Bei der letzten Sitzung der Klassenpflegschaft begehrte ein Mann Zutritt (und Stimmrecht!), der zwar mit der Mutter des Kindes zusammenlebt, aber kein Sorgerecht besitzt. Muss ich ihm Zutritt gewähren? Die Mutter war übrigens auch da und mit seiner Anwesenheit einverstanden.

Antwort: Sie müssen nicht, aber Sie können ihn teilnehmen lassen, Sie sollten das sogar tun – jedoch ohne Stimmrecht! Und Sie sollten dabei unbürokratisch vorgehen: Wenn beispielsweise eine Mutter ihren Lebenspartner mitbringt und erklärt, dass sie das Kind mit ihm gemeinsam erzieht, dann sollte Ihnen das genügen, um ihn teilnehmen zu lassen. Maßstab ist dabei das Wohl des Kindes. Deshalb sollten Sie dieser Person auch gestatten, an der Beratung durch eigene Beiträge teilzunehmen. Wenn diese Person jedoch unsachlich wird oder den Verhandlungsablauf stört, können Sie sie nicht nur zu Zurückhaltung auffordern, sondern ihr sogar das Rederecht entziehen und sie notfalls von der Teilnahme an der Sitzung ausschließen. Das sind aber sehr seltene Ausnahmefälle.

Die Schule ist allerdings nicht verpflichtet (es ist ihr sogar verboten), Personen Auskunft über ein Kind oder dessen schulische Leistungen zu erteilen, die nicht „personensorgeberechtigt“ sind. Mehr zum Sorgerecht und der „Erziehungsberechtigung“ finden Sie unter ⇨ Eltern (Allgemeines).

Elternabend (Checkliste)

Informationen der Redaktion zur Rechtslage und zur Verwaltungspraxis in Baden-Württemberg

Vorbemerkung

Jährlich müssen mindestens zwei Sitzungen der Klassenpflegschaft stattfinden. Die Vorbereitung und die Leitung obliegen dem Klassenelternvertreter bzw. der Klassenelternvertreterin. Grundsätzlich ist diesen zu empfehlen, dass sie die Sitzungen gemeinsam mit ihren Stellvertreter*innen vorbereiten (vier Eltern-Augen sehen mehr als zwei!).

Ferner ist eine enge Abstimmung mit der Klassenlehrerin bzw. dem Klassenlehrer erforderlich: Ort, Zeit und Tagesordnung müssen im Benehmen mit ihm/ihr festgelegt werden und ihm/ihr obliegt automatisch die stellvertretende Sitzungsleitung.

Es ist deshalb zweckmäßig, dass sich zuerst die beiden gewählten Klassenelternvertreter*innen über Inhalte und Ablauf der geplanten Sitzung klar werden und einen Termin (oder mehrere zur Auswahl) ins Auge fassen; danach sind Tagesordnung, Termin und Ort mit der Klassenlehrkraft zu vereinbaren.

Diese Absprachen und die genaue Vorbereitung können gut auch in einem Gespräch zu dritt erfolgen; erfahrene Elternvertreter können dies natürlich auch alles telefonisch oder per Mail erledigen – aber man sollte jede Chance zum persönlichen Gespräch nutzen.

Vorbereitung der Sitzung

1.
Festlegung der Tagesordnung.

Dabei sind u.a. folgende Fragen zu klären:

O Sind Wahlen fällig? Sofern der Elternbeirat nicht gemäß § 15 Abs. 2 EltBVO durch eine Wahlordnung eine längere Amtszeit beschlossen hat, sind Neuwahlen stets bei der ersten Sitzung im Schuljahr fällig, die innerhalb von sechs Wochen nach den Sommerferien stattfinden muss.

Falls ja: Die Wahl des bzw. der Klassenelternvertreter*in und deren Stellvertreter*in sollte als Tagesordnungspunkt 1 vorgesehen werden. Überlegen, welche Person aufgrund ihrer Erfahrung die Wahlleitung übernehmen könnte und diese Person hierauf ansprechen (diese Person darf nicht selbst für eine der beiden Funktionen kandidieren).

Da die Wahlen innerhalb der Elterngruppe, also ohne Beteiligung der Lehrerseite, stattfinden, ist es sinnvoll, schon bei der Sitzungsvorbereitung darüber nachzudenken, ob Lehrkräfte bei diesem Tagesordnungspunkt anwesend sein sollen; ggf. müssen diese den Raum verlassen.

O Gibt es ein Schwerpunktthema? Welche Themen haben Eltern und/oder Lehrkräfte vorgeschlagen? Was hat sich seit der letzten Sitzung ereignet?

2.
Termin und Ort festlegen

O Fristen prüfen: Erreicht die Einladung die Empfänger*innen wenigstens eine Woche vor dem Termin? (§ 8 evtl. § 9 EltBVO beachten.) Bis wann muss die Klassenlehrkraft den Einladungstext haben, damit dieser rechtzeitig vervielfältigt und an die Schüler*innen zur Weitergabe an die Eltern ausgeteilt werden kann?

O Ist der Termin günstig? (Anreisezeit für auswärtige Eltern, Fahrzeiten öffentlicher Verkehrsmittel, konkurrierende Veranstaltungstermine – z.B. Fernsehprogramme, Fußballspiele – berücksichtigen). Falls Schüler*innen eingeladen werden sollen (z.B. Klassensprecher*in; vgl. Schulgesetz

Hätten Sie's gewusst? – Eltern fragen, wir antworten.

Müssen wir die Schulleitung immer einladen?

Frage: Ich bin gewählter Klassenelternvertreter. Mein Schulleiter will von mir immer eine Kopie der Einladung zum Elternabend bekommen. Auch dem Elternbeiratsvorsitzenden soll ich eine geben. Das ist doch reiner Bürokratismus! Muss ich dieser Aufforderung nachkommen?

Antwort: Unter *„Elternabend"* wird normalerweise die Sitzung der *„Klassenpflegschaft"* verstanden, also die Zusammenkunft aller Eltern mit den Lehrkräften, die an der Klasse unterrichten; siehe ⇨ Elternbeirat (EltBVO) § 6. Dabei ist die Klassenlehrkraft anwesenheitspflichtig (sie ist auch automatisch stellvertretende Vorsitzende dieses Gremiums), die anderen Lehrkräfte nur, wenn sich dies aus der Tagesordnung ergibt. Bei diesem Treffen besitzen die Schulleitung sowie der/die Elternbeiratsvorsitzende ein Anwesenheitsrecht (beratende Stimme). Sie müssen deshalb eingeladen werden (brauchen aber nicht zu kommen).

Wenn Sie sich als reine „Elterngruppe" treffen, können Sie ganz unter sich bleiben; siehe ⇨ Elternbeirat (EltBVO) § 8 Absatz 5. Dazu müssen Sie keine Nicht-Eltern einladen. Häufig wird auf dem ersten *„Elternabend"* des Schuljahres auch die Wahl des/der Klassenelternvertreter*in und deren Stellvertreter*in vorgenommen. Formal ist das zwar eine Sitzung der *„Klassenpflegschaft"*, es sind dann also auch Nicht-Eltern im Raum. Aber auch bei Wahlhandlungen müssen Sie sich nicht von Dritten stören lassen: Sie können die Lehrkräfte darum bitten, bei diesem Tagesordnungspunkt den Raum zu verlassen; die Nicht-Eltern können aber auch als (stumme!!!) Zuhörer*innen dabei bleiben.

§ 56 Abs. 3), die Uhrzeit entsprechend festlegen und ggf. die Modalitäten des Heimwegs klären.

- O Können alle Beteiligten kommen? Stellvertreter*in, Klassenlehrkraft, ggf. sonstige Personen fragen, die eingeladen werden sollen. Wenn weitere Lehrkräfte anwesend sein sollen, muss nicht nur der Termin mit ihnen abgestimmt werden – dies kann über die Klassenlehrkraft erfolgen –, sondern es muss sich auch aus der Tagesordnung ergeben, dass ihre Teilnahme erforderlich ist; beispielsweise: „Die Fachlehrerin für Mathematik, Frau Müller, berichtet über die Leistungsmessung in diesem Fach".
- O Raum reservieren. Dem Hausmeister mitteilen, von wann bis wann das Zimmer gebraucht wird; in den Wintermonaten klären, ob die Schule abends geheizt ist. Dies kann über die Klassenlehrkraft erfolgen, wenn die Sitzung in der Schule stattfindet (Normalfall); notfalls den (nicht für Dritte zugänglichen) Nebenraum eines Cafés oder einer Gaststätte belegen.

3.
Einladung herausgeben

- O Einladungstext schreiben und an die Klassenlehrkraft geben, damit dieser vervielfältigt werden (das ist Sache der Schule) und an die Schüler*innen zur Weitergabe an die Eltern ausgeteilt werden kann.
- O Sicherstellen, dass außer den Eltern auch die Schulleitung und der/die Elternbeiratsvorsitzende sowie ggf. die andere Personen (Fachlehrkräfte, Schüler*innen, sonstige Gäste) fristgerecht eine Einladung erhalten. An Berufsschulen, Berufskollegs in Teilzeitunterricht und entsprechenden Sonderschulen § 59 Schulgesetz berücksichtigen.
- O Rücklauf der Elternbestätigung überwachen und ggf. die darauf vermerkten Elternwünsche bei der endgültigen Festlegung der Tagesordung bzw. beim Punkt „Verschiedenes" berücksichtigen.

4.
(Persönliche) Sitzungsvorbereitung

- O Muss ich mich zu einem Thema noch genauer informieren (Betroffene befragen, Vorschriften einsehen ...)?
- O Sind Unterlagen notwendig (Anwesenheitsliste bzw. Liste zum Eintragen von Elternadressen, Informationsmaterial, ggf. Stimmzettel für Wahlen vorbereiten)?
- O Soll ein Protokoll angefertigt werden (nicht zwingend vorgeschrieben, aber vor allem bei Sitzungen mit Wahlen sinnvoll)? Gibt es jemand, der dazu bereit ist und den man hierfür am Sitzungsbeginn vorschlagen kann?
- O Wer hilft bei der Vorbereitung des Raumes, beim Aufräumen am Ende der Veranstaltung?
- O Für die langfristige Vorbereitung der nächsten Sitzung passenden Termin heraussuchen und auf der Sitzung zur Diskussion stellen.

5.
Nachbereitung der Sitzung

- O Mitteilung des Wahlergebnisses sowie von Vorkommnissen oder Informationen, die für den Elternbeirat wichtig sein können, an den/die Elternbeiratsvorsitzende*n.
- O Mit der Klassenlehrkraft absprechen, dass sie dies gegenüber der Schulleitung erledigt.
- O Der/die Klassenelternvertreter*in und deren Stellvertreter*in sollten gemeinsam Rückschau halten, um die Ergebnisse und Konsequenzen zu erörtern sowie gegebenenfalls das Protokoll auszufertigen (wichtig für Eltern, die nicht teilnehmen konnten); hierfür sollte man schon vor der Sitzung einen Termin ausmachen.

⇨ Elternbeirat (EltBVO) § 5 ff.

Hätten Sie's gewusst? – Eltern fragen, wir antworten.

Muss die Schulleitung von sich aus informieren?

Frage: Unser Schulleiter hat auf die Frage, warum er uns bei der letzten Elternbeiratssitzung nichts von der viermonatigen Schließung der Turnhalle und den schwerwiegenden Folgen für den Sportunterricht gesagt hat, einfach geantwortet, wir hätten ihn danach nicht gefragt.

Antwort: So geht es nicht! In ⇨ Schulgesetz § 57wird der Schulleitung eine Informationspflicht gegenüber dem Elternbeirat aufgegeben: *„Der Schulleiter unterrichtet den Elternbeirat über seine Rechte und Pflichten sowie alle Angelegenheiten, die für die Schule von allgemeiner Bedeutung sind, und erteilt die notwendigen Auskünfte. Der Elternbeirat soll gehört werden, bevor der Schulleiter Maßnahmen trifft, die für das Schulleben von allgemeiner Bedeutung sind."* Die Schließung der Turnhalle gehört ganz sicher zu diesen *„Angelegenheiten"*.

Dies ist eine „Bringschuld" der Schulleitung: Sobald eine *„Angelegenheit [...] für die Schule von allgemeiner Bedeutung"* ist, muss die Schulleitung auf den Elternbeirat (bzw. auf dessen Vorstand) zukommen. Sie muss diese Informationen also von sich aus erteilen und zwar unabhängig von der Sitzungsfrequenz des Elternbeirats. Der Vorstand gibt die Informationen dann an die Mitglieder des Elternbeirats weiter oder beruft gegebenenfalls eine Sitzung ein, auf der hierüber diskutiert und auch Beschlüsse hierzu gefasst werden können. Hierzu lädt man am besten die Schulleitung ein, damit diese die Detail-Fragen der Elternvertreter*innen beantworten kann. Mehr dazu finden Sie unter ⇨ Eltern (Allgemeines).

Elternabend (Muster-Einladung)

Vorschlag der Redaktion

Die unten abgedruckte Einladung für den zweiten Elternabend im Schuljahr (vorgeschrieben ist mindestens einer je Halbjahr) ist völlig „überfüllt", weil sie beispielhaft viele Themen darstellen soll. In der Praxis enthält die Tagesordnung weniger Punkte. Bei umfangreichen oder heiklen Themen ist es ohnehin besser, mehrere Klassenpflegschaftssitzungen zu veranstalten, als alles in eine hineinzupacken.

Bei der ersten Klassenpflegschaftssitzung im Schuljahr könnte Punkt 1 auch lauten: „Wahlen (Klassenelternvertreter*in und Stellvertreter*in)". Da diese Wahl eine reine Elternsache ist, können die Lehrkräfte zu den übrigen Tagesordnungspunkten etwas später (z.B. auf auf 19.30 Uhr) eingeladen werden.

Je eine Mehrfertigung der Einladung muss an die Schulleitung und an den/die Vorsitzende*n des Elternbeirats geschickt werden, denn diese besitzen ein Teilnahmerecht (jedoch kein Stimmrecht).

Das Thema mit den Schülervertreter*innen steht am Anfang, damit diese nicht den ganzen Abend dableiben müssen. Gleiches gilt für die Elternbeiratsvorsitzende (Punkt 2).

Auch bei Punkt 4 (Gespräch mit der Mathematiklehrerin) kann eine Zeitangabe (z.B. „ab 20.30 Uhr") sinnvoll sein, damit die Diskussion nicht ausufert. Wenn sich dahinter ein Konflikt mit der Lehrkraft verbirgt, kann es ratsam sein, ausdrücklich auch den/die Schulleiter*in zu diesem Punkt einzuladen.

Damit die Teilnehmenden verstehen, was bei Punkt 3 mit *„gemäß § 56 Abs. 1 des Schulgesetzes"* gemeint ist, ist es sinnvoll, den Text dieser Bestimmung auf der Rückseite der Einladung im Wortlaut abzudrucken.

Petra Musterfrau
Klassenelternvertreterin der Klasse 7a

Blumenstraße 5
71234 Schulstadt
Telefon: 0711/000000

An die Eltern und Lehrkräfte
der Klasse 7a

Schulstadt, den 31.1.20xx

Einladung zum Elternabend

Liebe Eltern (Erziehungsberechtigten), liebe Lehrerinnen und Lehrer der Klasse 7a,

hiermit lade ich Sie alle im Einvernehmen mit der Klassenlehrerin, Frau Müller, herzlich ein zur zweiten Sitzung unserer Klassenpflegschaft in diesem Schuljahr

am Donnerstag, 27. Februar 20xx,

in den Mehrzweckraum der Schiller-Realschule, Goethestr. 15 (Zimmer 17, I. Stock).
Beginn: 19.00 Uhr; geplantes Ende: 21.30 Uhr.

Tagesordnung:

1. Jahresausflug der Klasse 7a (Vorbereitung, Finanzierung, Beteiligung der Eltern); hierzu sind auch die Klassensprecherin und ihr Stellvertreter eingeladen.
2. Kurzbericht unserer Elternbeiratsvorsitzenden, Frau Maier, über Neues aus dem Elternbeirat.
3. Bericht unserer Klassenlehrerin gemäß § 56 Abs. 1 des Schulgesetzes, mit Aussprache.
4. Frau Riese, die Mathematiklehrerin unserer Klasse, informiert über den Leistungsstand und die Leistungsmessung im Mathematikunterricht.
5. Verschiedenes (hier sind alle Ihre Wünsche, Anregungen oder Fragen willkommen).

Mit freundlichen Grüßen
gez. Petra Musterfrau

Bitte geben Sie diesen Rücklaufzettel Ihrem Kind bis zum 21. Februar für die Klassenlehrerin mit.

- -

Ich habe / wir haben die Einladung zum Elternabend der Klasse 7a am 27. Februar 20xx erhalten.

O Ich werde / wir werden mit ___ Person/en teilnehmen.

O Ich kann / wir können leider nicht teilnehmen.

Zur Tagesordnung habe ich / haben wir noch folgende Wünsche:

____

____

____

Datum Unterschrift der Erziehungsberechtigten

Elternbeirat (Allgemeines)

Informationen der Redaktion zur Rechtslage und zur Verwaltungspraxis in Baden-Württemberg

Der Elternbeirat ist die gewählte Vertretung der Elternschaft einer Schule. Mitglieder des Elternbeirats sind mit gleichen Rechten und Pflichten die Klassenelternvertreterinnen und ihre Stellvertreterinnen und -vertreter. ➪ Elternbeirat (EltBVO) § 25

Die Aufgaben und Rechte des Elternbeirats ergeben sich aus dem ➪ Schulgesetz § 57. Die Verfahrensweisen (Tagesordnung, Wahlen, Abstimmungen usw.) sind näher in der Elternbeiratsverordnung konkretisiert. ➪ Elternbeirat (EltBVO) § 24 ff.;

Dem Elternbeirat obliegt es gemäß § 57 Schulgesetz u.a., *„das Interesse und die Verantwortung der Eltern für die Aufgaben der Erziehung zu wahren und pflegen, der Elternschaft Gelegenheit zur Information und Aussprache zu geben, Wünsche, Anregungen und Vorschläge der Eltern zu beraten und der Schule zu unterbreiten, an der Verbesserung der inneren und äußeren Schulverhältnisse mitzuarbeiten und das Verständnis der Öffentlichkeit für die Erziehungs- und Bildungsarbeit der Schule zu stärken. Er wird von Schule und Schulträger beraten und unterstützt"*.

➪ Elternvertretung (Privatschulen)

Geschäftsführung

In § 57 Abs. 4 Schulgesetz ist bestimmt: *„Der Elternbeirat gibt sich eine Geschäftsordnung."* Demnach muss jeder Elternbeirat eine Geschäftsordnung beschließen; an diese ist der Elternbeirat dann gebunden, bis er mit Mehrheit eine Änderung beschließt.

Durch diese Geschäftsordnung kann die Amtszeit des Vorstands um bis zu zwei Jahre verlängert werden (§ 26 i.V.m. § 15 Elternbeiratsverordnung), kann also ggf. bis zu drei Schuljahre umfassen.

Durch eine Wahlordnung kann der Elternbeirat auch die Amtszeit aller Elternvertreter der Schule um bis zu zwei Jahre verlängern (§ 15 Abs. 2 i.V.m. § 20 Elternbeiratsverordnung).

Der Landeselternbeirat hat eine Muster-Geschäftsordnung für Elternbeiräte herausgegeben. Sie stellt, da in ihr auch die internen Wahlen geregelt werden, gleichzeitig eine Wahlordnung dar.

➪ Elternbeirat (Geschäftsordnung); ➪ Geschäftsordnung

Falls ein Elternbeirat (noch) keine eigene Geschäftsordnung beschlossen haben sollte, sind die Sitzungen nach den in öffentlichen Angelegenheiten üblichen Grundsätzen durchzuführen und zu leiten (z.B. Einladung mit Tagesordnung in angemessener Frist, Verhandlung in der Reihenfolge der Tagesordnung, Führung einer Rednerliste in der Reihenfolge der Wortmeldungen, Vorziehen von Anträgen zur Geschäftsordnung, Zurückweisung eines ungebührlichen, z.B. beleidigenden Wortbeitrages, bei alternativen Anträgen zunächst Abstimmung über den weitergehenden Antrag, geheime Abstimmung auf Antrag eines stimmberechtigten Mitglieds, Niederschrift über Wahlen und Beschlüsse unter Protokollierung der Zahl der abgegebenen Stimmen).

Eine Leitlinie gibt die Mustergeschäftsordnung, des LEB. Es ist anzuraten, an jeder – auch an einer kleinen – Schule nach diesem Muster eine Geschäftsordnung zu beschließen. Ein Beispiel: Es gibt – im Unterschied zur Klassenpflegschaft, die mindestens einmal im Schulhalbjahr zusammentreten muss – keine amtlichen Vorschriften für die Häufigkeit der Sitzungen des Elternbeirats. Der Landeselternbeirat hat deshalb in seiner Muster-Geschäftsordnung die Bestimmung vorgeschlagen, dass die Sitzungen nach Bedarf stattfinden, mindestens aber zweimal in jedem Schuljahr (§ 14 Abs. 1 der Muster-Geschäftsordnung). Wenn der Elternbeirat an der einzelnen Schule sich keine Geschäftsordnung gibt, entscheidet der Vorsitzende des Elternbeirats, wie oft er zu einer Sitzung einlädt (das kann er solange frei entscheiden, bis die Mitglieder des Elternbeirats ihn durch einen Beschluss zu einem anderen Verhalten zwingen oder ihn abwählen).

Bei der Elternarbeit entstehen zahlreiche Akten (beispielsweise Protokolle, Rundschreiben, Schriftwechsel mit der Schule und den Schulbehörden, Elternkasse). Da es sich bei der Elternvertretung um Gremien auf gesetzlicher Grundlage handelt, dürfen sie vom Vorstand nicht als Privatangelegenheit behandelt werden. Sie sind bei Vorstandswechsel an den/die Nachfolger*in förmlich zu übergeben.

➪ Akten (Aufbewahrungsfristen und Archivierung);
➪ Protokolle und Niederschriften

Zusammenarbeit mit der Schulleitung

Die Schulleitung besitzt gegenüber dem Elternbeirat keine Kontroll-, Aufsichts- oder Beanstandungsrechte, ihr obliegt jedoch eine Informationspflicht gegenüber dem Elternbeirat (§ 57 Abs. 2 SchG): *„Der Schulleiter unterrichtet den Elternbeirat über seine Rechte und Pflichten sowie alle Angelegenheiten, die für die Schule von allgemeiner Bedeutung sind, und erteilt die notwendigen Auskünfte. Der Elternbeirat soll gehört werden, bevor der Schulleiter Maßnahmen trifft, die für das Schulleben von allgemeiner Bedeutung sind."*

Dies ist eine „Bringschuld" der Schulleitung: Sie muss diese Informationen von sich aus erteilen. Diese Pflicht ist auch unabhängig von der Sitzungsfrequenz des Elternbeirats: Sobald eine *„Angelegenheit"* eintritt, *„die für die Schule von allgemeiner Bedeutung"* ist, muss die Schulleitung auf den Elternbeirat zukommen und die erforderlichen Informationen anbieten. Die Information selbst kann dann im Gespräch mit dem Vorstand oder auf der nächsten Sitzung des Elternbeirats erteilt werden. Beispiele:

- An der Schule tritt eine ansteckende Krankheit auf, die zur zeitweisen Aussetzung bestimmter Unterrichtsveranstaltungen führt (z.B. Sport).
- Wegen längerfristigen Ausfalls von Lehrkräften müssen Klassen zusammengelegt werden.

Zu dieser Thematik bitte auch die Hinweise unter ➪ Datenschutz (Schule) sowie die Ausführungen zur

Informationen zum Elternrecht

Amtsverschwiegenheit unter ➪ Elternvertretung (Presse und Öffentlichkeit) beachten.

Es ist zu empfehlen, dass sich der/die Vorsitzende des Elternbeirats mehrfach im Jahr mit der Schulleitung trifft. Bei diesen Gesprächen kann u.a. die Tagesordnung der jeweils nächsten Elternbeiratssitzung vorbesprochen werden. Außerdem kann die Schulleitung auf diese Weise zwischen den Elternbeiratssitzungen ihrer Informationspflicht (s.u.) gegenüber dem Elternbeirat nachkommen.

Es ist sinnvoll, dass an solchen Gesprächen der/die stellvertretende Elternbeiratsvorsitzende teilnimmt. Es ist ferner sinnvoll, diese Gespräche in einem festen Turnus zu führen („Jour fixe").

Tagesordnung, Teilnahme Dritter und Verschwiegenheit

Der Schulleiter bzw. die Schulleiterin nimmt an der Sitzung des Elternbeirats nur dann teil, wenn er/sie hierzu eingeladen wird (§ 27 Elternbeiratsverordnung). Es ist jedoch allgemein üblich, die Schulleitung zur Sitzung einzuladen. Der Elternbeirat kann aber jederzeit auch ohne Anwesenheit der Schulleitung tagen; es ist zweckmäßig, ggf. in der Einladung anzugeben (dies sollte mit der Schulleitung vorher besprochen werden), zu welchen Punkten die Schulleiterin bzw. der Schulleiter in der Sitzung anwesend sein soll.

Es empfiehlt sich für alle Sitzungen des Elternbeirats, zu denen der Schulleiter/die Schulleiterin eingeladen wird, als Standard-Tagesordnungspunkt vorzusehen: *„Unterrichtung des Elternbeirats durch die Schulleitung über alle Angelegenheiten, die für die Schule von allgemeiner Bedeutung sind (§ 57 Schulgesetz)"*. Zwar müsste die Schulleitung diese Informationen auch von sich aus geben, ein solcher Standard-Tagesordnungspunkt ist aber eine sinnvolle Erinnerung hieran.

Der Elternbeirat kann zur Informationsbeschaffung auch Dritte zu seinen Sitzungen einladen. In § 27 Abs. 3 Elternbeiratsverordnung ist hierzu bestimmt:

„Der Elternbeirat kann weitere Personen ohne Stimmrecht zu Sitzungen zuziehen."

Solche zusätzlich Eingeladenen können z.B. sein:

- Der/Die erfahrene Vorsitzende des Elternbeirats einer benachbarten Schule oder der/die Vorsitzende des Gesamtelternbeirats (wichtig z.B. für Elternbeiräte, die erstmals gebildet werden); auch der/die nicht mehr amtierende frühere Vorsitzende des Elternbeirats kann hilfreich sein, wenn z.B. der gesamte Vorstand „neu" ist,
- der/die Schuldezernent*in der Stadt- bzw. Gemeindeverwaltung oder Mitglieder des kommunalen Schulausschusses (wichtig z.B. bei finanziellen Fragen oder bei Bau-Angelegenheiten),
- ein/e Vertreter*in der Schulaufsichtsbehörden,
- ein/e Vertreter*in der Schulpsychologischen Beratungsstelle oder der Polizei (wichtig z.B. bei Drogenfällen oder Gewaltproblemen).

Die Sitzungsteilnahme Dritter ist nicht auf eine Person beschränkt; je nach Anlass können dies auch mehrere Personen sein (z.B. Vertreter*innen mehrerer Gemeinderatsfraktionen).

Die Elternvertretungen können darüber hinaus die Informationsmöglichkeiten nutzen, die sich durch Gesamtelternbeiräte und Arbeitskreise der Elternvertretungen gemäß § 58 Schulgesetz ergeben. In § 34 der Elternbeiratsverordnung wird den Schulaufsichtsbehörden die Aufgabe übertragen, den Gesamtelternbeiräten und den überörtlichen Arbeitskreisen mindestens einmal im Schuljahr zur Aussprache zur Verfügung zu stehen. Auch dies dient dem Informationsaustausch und der Informationsgewinnung.

Da es keine Vorschriften über die Nichtöffentlichkeit der Sitzungen des Elternbeirats oder über die Verschwiegenheit gibt, können alle Gegenstände der Elternbeiratssitzung zumindest in der Klassenpflegschaft ebenfalls erörtert werden. Das Fehlen eines ausdrücklichen Schweigegebots darf jedoch nicht zu dem Fehlschluss führen, dass alles, was im Elternbeirat erörtert wird, auf dem „offenen Markt" verbreitet werden darf oder sollte: Die Zusammenarbeit zwischen dem Elternbeirat und der Schule / der Schulleitung basiert auf einem Mindestmaß an gegenseitigem Vertrauen. Dies schließt unabdingbar ein, dass die Inhalte vertraulicher Besprechungen nicht in die Öffentlichkeit getragen werden dürfen.

Zwar sind die Elternvertreter*innen sowie ihre Stellvertreter*innen keine „Amtsträger" der Behörde (Schulen sind im rechtlichen Sinne „Behörden"), sondern sie üben ein gesetzlich begründetes Ehrenamt aus. Dennoch sollten sie sich bei allen Informationen über persönliche Daten von Lehrkräften und Schüler*innen sowie von Erziehungsberechtigten an die Maßgaben halten, die das KM in seiner Verwaltungsvorschrift ➪ Datenschutz (Schulen) für die Behandlung von Personaldaten erlassen hat.

➪ Verschwiegenheitspflicht

Andererseits obliegt dem Elternbeirat nach § 57 Schulgesetz u.a., *„an der Verbesserung der inneren und äußeren Schulverhältnisse mitzuarbeiten und das Verständnis der Öffentlichkeit für die Erziehungs- und Bildungsarbeit der Schule zu stärken"*. Dies schließt das Recht und die Pflicht ein, die Öffentlichkeit über Sachverhalte und Meinungen zu informieren, die aus der Sicht der Elternvertretung von wesentlicher Bedeutung sind. Zu den Einzelheiten siehe: ➪ Elternvertretung (Presse und Öffentlichkeit).

Zur Zusammenarbeit der Elternbeiräte eines Ortes oder einer Region siehe ➪ Schulgesetz § 58 sowie den Beitrag: ➪ Elternbeirat (Gesamtelternbeirat).

➪ Akten (Aufbewahrungsfristen und Archivierung); ➪ Eltern (Allgemeines); ➪ Elternabend und Klassenpflegschaft; ➪ Elternabend (Kontrollliste zur Vorbereitung); ➪ Elternabend (Muster-Einladung); ➪ Elternbeirat (Allgemeines); ➪ Elternbeirat (EltBVO); ➪ Elternbeirat (Gesamtelternbeirat); ➪ Elternbeirat (Geschäftsordnung); ➪ Elternbeirat (Landeselternbeirat); ➪ Elternbeirat (Landeselternbeirat – Geschäftsordnung); ➪ Elternbeirat (Landeselternbeirat – Wahlordnung); ➪ Elternbeirat (Kassenführung); ➪ Elternvertretung (Presse und Öffentlichkeit); ➪ Elternvertretung (Privatschulen); ➪ Geschäftsordnung; ➪ Protokolle und Niederschriften; ➪ Verschwiegenheitspflicht

Elternbeirat (EltBVO)

Verordnung des Kultusministeriums für Elternvertretungen und Pflegschaften an öffentlichen Schulen (Elternbeiratsverordnung) vom 16. Juli 1985 (GBl. S. 234); zuletzt geändert 23.1.2023 (K.u.U. S. 42/2023)

Erster Teil – Eltern

§ 1
Eltern

(1) Eltern im Sinne dieser Verordnung sind alle Erziehungsberechtigten, denen die Sorge über die Person des Schülers zusteht, oder Personen, denen diese die Erziehung außerhalb der Schule anvertraut haben.

(2) Die Elternrechte bei volljährigen Schülern in Klassenpflegschaft, Elternvertretungen und Schulkonferenz gemäß § 55 Abs. 3 SchG können von Erziehungsberechtigten, denen die Sorge für die Person des Schülers im Zeitpunkt des Eintritts der Volljährigkeit zustand, wahrgenommen werden.

⇨ Eltern (Allgemeines); ⇨ Elternvertretung (Privatschulen); ⇨ Grundgesetz Art. 6; ⇨ Schulgesetz § 55; ⇨ Verwaltungsrecht; ⇨ Volljährigkeit

Hinweis der Redaktion: In Nr. 7 der Verwaltungsvorschrift ⇨ Integration und Sprachförderung ist u.a. verfügt: „Maßgeblichen Anteil am Gelingen der schulischen Eingliederung von Kindern und Jugendlichen mit nichtdeutscher Herkunftssprache und geringen Deutschkenntnissen haben die Erziehungsberechtigten. Der intensiven Zusammenarbeit zwischen Bildungseinrichtungen und Erziehungsberechtigten kommt daher eine hohe Bedeutung zu. Die Erziehungsberechtigten werden bereits von den Fachkräften der Tageseinrichtungen für Kinder und den Lehrkräften der Schulen im Rahmen der Kooperation dieser Tageseinrichtungen mit den Grundschulen über mögliche Bildungsgänge beraten (⇨ Kooperation Kindertageseinrichtungen-Grundschulen […]). In den Schulen übernehmen Lehrkräfte und Schulleitungen die Aufgabe der Information und Beratung der Erziehungsberechtigten […].“ ⇨ Migrationshintergrund

§ 2
Elternrechte

Die Rechte und Pflichten der einzelnen Eltern gegenüber ihren Kindern, gegenüber Schule und Schulverwaltung werden durch diese Verordnung nicht berührt. ⇨ Eltern (Allgemeines); ⇨ Schulgesetz § 85

§ 3
Eltern-Lehrergespräch, Elternsprechtag

(1) Unbeschadet dienstlicher Regelungen stehen die Lehrer den Eltern in Sprechstunden zur gegenseitigen persönlichen Aussprache und Beratung zur Verfügung.

(2) Darüber hinaus können die Schulen Elternsprechtage durchführen, an denen die Lehrer in der unterrichtsfreien Zeit während eines bestimmten Zeitraums in der Schule für Gespräche mit den Eltern anwesend sind. Auf Antrag des Elternbeirats kann die Schule nach Beschluss der Gesamtlehrerkonferenz den Elternsprechtag einmal im Schuljahr auf einen unterrichtsfreien Samstag legen.

⇨ Konferenzordnung § 2 Abs. 1 Nr. 12

Hinweis der Redaktion: Nach Auffassung des KM dürfen Eltern den Unterricht ihrer Kinder nicht besuchen. Dies wäre ein unzulässiger Eingriff in die Persönlichkeitssphäre der anderen Kinder und deren Eltern. Dies schließt nicht aus, dass Lehrkräfte die Eltern gezielt in den Unterricht einladen („Offene Stunden“). Ebenso können Eltern von den Lehrkräften bei unterrichtlichen und außerunterrichtlichen Veranstaltungen mit Hilfsfunktionen betraut werden; z.B. zusätzliche Aufsicht beim Schwimmen, Beteiligung an Eltern-Schüler-Bastelarbeiten in der Grundschule. Die Eltern nehmen dabei – wenn auch unter der grundsätzlichen Verantwortung und im Auftrag der Lehrkraft – eine Aufgabe des Staates mit allen Rechten und Pflichten wahr und stehen, falls ihnen z.B. ein Körper- oder Sachschaden zustößt, unter dem Schutz der Sozialversicherung. ⇨ Aufsichtspflichtspflicht

§ 4
Rechtsstellung der Elternvertreter

Die Elternvertreter sind bei der Ausübung ihrer Rechte im schulischen Bereich frei von Weisungen durch Schule, Schulaufsichtsbehörde und sonstige Behörden. Andererseits sind auch sie nicht berechtigt, diesen Weisungen zu erteilen oder Untersuchungen gegen sie wegen ihres dienstlichen Verhaltens zu führen; unberührt hiervon bleibt das Informations- und Beschwerderecht der Eltern.

⇨ Verwaltungsrecht; ⇨ Kultus und Unterricht Ziff. 3

Hinweis der Redaktion: Die Schulleitung ist verpflichtet, verschlossene persönliche Briefe, die an […] Eltern-Vertretungen, insbesondere Elternbeiratsvorsitzende […] gerichtet sind, weiterzuleiten. Dies gilt auch für Briefe von Abgeordneten. Die Pflicht zur Weiterleitung von Post gilt allerdings nicht für Postwurfsendungen, Drucksachen, Flugblätter und Ähnliches. (Quelle: Infodienst Schulleitung des KM, Dezember 2005) Den Schulleitungen steht allerdings kein Recht auf „Vorzensur“ zu: Sobald eine Sendung ausdrücklich an den Elternbeirat bzw. dessen Vorsitzende*n adressiert ist, darf die Schule sie nicht in den Papierkorb werfen, sondern muss sie zustellen.

Zweiter Teil – Pflegschaften

1. Abschnitt – Klassenpflegschaft

§ 5
Aufgaben

Aufgaben und Rechte der Klassenpflegschaft ergeben sich aus § 56 SchG.

§ 6
Mitglieder und Teilnahmeberechtigte

(1) Mitglieder der Klassenpflegschaft sind die Eltern der Schüler der Klasse sowie alle Lehrer, die an der Klasse regelmäßig unterrichten.

(2) Der Schulleiter und der Vorsitzende des Elternbeirats sind berechtigt, an den Sitzungen der Klassenpflegschaft teilzunehmen; sie sind hierzu einzuladen.

§ 7

Stimmberechtigt ist jedes anwesende Mitglied der Klassenpflegschaft mit einer Stimme. Das gilt auch für Mitglieder, denen die Sorge für mehrere Schüler der Klasse zusteht; Mutter und Vater haben je eine Stimme. Die Übertragung des Stimmrechts und die Beschlussfassung im Wege der schriftlichen Umfrage sind nicht zulässig.

§ 8
Sitzungen

(1) Der Vorsitzende der Klassenpflegschaft lädt zu den Sitzungen der Klassenpflegschaft ein, bereitet sie vor und leitet sie. Er bestimmt im Benehmen mit dem Klassenlehrer Zeitpunkt, Tagungsort und Tagesordnung der Sitzung sowie die Tagesordnungspunkte, zu denen gemäß § 56 Abs. 3 Satz 2 SchG der Klassensprecher und sein Stellvertreter

einzuladen sind; das Gleiche gilt für die Einladung aller Schüler einer Klasse und weiterer Personen. Die Einladungsfrist soll mindestens eine Woche betragen. Für die Einladung zur Sitzung kann sich der Vorsitzende der Hilfe der Schule bedienen.

Hinweis der Redaktion: Zur Stellvertretung bei der Leitung von Klassen- und Jahrgangspflegschaften bitte den Beitrag ⇨ Elternabend und Klassenpflegschaft beachten.

(2) Zu einer Sitzung ist einzuladen, wenn es der Förderung der Erziehungsarbeit in der Klasse dienlich scheint, mindestens jedoch einmal im Schulhalbjahr. Außerdem hat der Vorsitzende binnen zwei Wochen zu einer Sitzung einzuladen, wenn ein Viertel der Eltern, der Klassenlehrer, der Schulleiter oder der Elternbeiratsvorsitzende darum nachsuchen (§ 56 Abs. 5 Satz 2 SchG).

(3) Die Sitzungen der Klassenpflegschaft sind nicht öffentlich.

(4) Die Klassenlehrer sind zur Teilnahme an den Sitzungen verpflichtet, die Fachlehrer, soweit ihre Teilnahme entsprechend der Tagesordnung erforderlich ist.

(5) Das Recht der Eltern einer Klasse, außerhalb der Klassenpflegschaft zusammenzukommen, bleibt unberührt.

§ 9
Geschäftsordnung

Die Schulkonferenz kann für die Klassenpflegschaften eine ⇨ Geschäftsordnung erlassen, die insbesondere das Nähere regelt über:

1. Die Form und die Frist für die Einladungen; dabei kann bestimmt werden, dass die Einladung der Eltern über die Schüler erfolgen kann;
2. das Verfahren bei Abstimmungen, insbesondere darüber, ob geheim abzustimmen ist;
3. die Wahl des Schriftführers.

2. Abschnitt – Sonstige Pflegschaften

§ 10
Pflegschaften an
Berufsschulen und Berufskollegs in Teilzeitunterricht

(1) Für die Klassenpflegschaften an Berufsschulen und Berufkollegs in Teilzeitunterricht gelten die §§ 5 bis 9 mit der Maßgabe, dass der Klassenpflegschaft auch die für die Berufserziehung der Schüler Mitverantwortlichen angehören. Dasselbe gilt für Berufsschulen und Berufskollegs in Teilzeitunterricht, die organisatorisch mit anderen Schularten verbunden sind.

(2) Werden gemäß § 59 Abs. 1 SchG Berufsgruppen- oder Abteilungspflegschaften gebildet, so gelten die §§ 5 bis 9 entsprechend mit folgender Maßgabe:

1. zuständig für die Bildung ist die Schulkonferenz;
2. die Pflegschaften können für einzelne oder alle Jahrgangsstufen der Berufsgruppe oder Abteilung gebildet werden;
3. Mitglieder sind
   a) die Eltern der Schüler, die in der Jahrgangsstufe zu der jeweiligen Berufsgruppe oder Abteilung gehören,
   b) die Lehrer, die diese Schüler unterrichten,
   c) die für die Berufserziehung der Schüler Mitverantwortlichen;
4. Vorsitzender der Pflegschaft ist jeweils der Elternvertreter im Elternbeirat (§ 21);
5. stellvertretender Vorsitzender ist jeweils ein von den Lehrern aus ihrer Mitte gewählter Vertreter.

(3) Für die Berufserziehung der Schüler Mitverantwortliche sind

1. die Ausbilder, Dienstherren und Leiter von Betrieben oder deren Bevollmächtigte, solange zwischen ihnen und den Schülern ein Ausbildungs- oder Arbeitsverhältnis besteht;
2. je ein von der örtlich und sachlich zuständigen Handwerkskammer oder Industrie- und Handelskammer berufener Arbeitgeber- und Arbeitnehmervertreter; sind sowohl eine Handwerkskammer als auch eine Industrie- und Handelskammer zuständig, so können beide Kammern je einen Arbeitgeber- und Arbeitnehmervertreter berufen. Diese Vertreter sollen die Voraussetzungen gemäß Nummer 1 erfüllen und dem Berufsbildungsausschuss einer nach de Berufsbildungsgesetz zuständigen Stelle angehören. Sie müssen mit den besonderen Aufgaben der Berufsausbildung vertraut sein.

(4) Die Pflegschaften sind auch dann einzuberufen, wenn ein Viertel der Vertreter der für die Berufserziehung der Schüler Mitverantwortlichen darum nachsucht.

§ 11
Jahrgangsstufenpflegschaft

Für die Jahrgangsstufen des Gymnasiums wird jeweils eine Jahrgangsstufenpflegschaft gebildet. Für sie gelten die §§ 5 bis 9 mit folgender Maßgabe:

1. An die Stelle der Eltern der Schüler der Klasse, der Lehrer der Klasse und des Klassensprechers treten jeweils die Eltern der Schüler der Jahrgangsstufen, alle Lehrer, die regelmäßig in der Jahrgangsstufe unterrichten, die Vertreter der Schüler der Jahrgangsstufe im Schülerrat sowie deren Stellvertreter.
2. An die Stelle des Vorsitzenden der Klassenpflegschaft tritt der Vorsitzende der Jahrgangsstufenpflegschaft. Er wird von den Elternvertretern der Jahrgangsstufe (§ 22) aus ihrer Mitte gewählt. Für die Wahl und die Amtszeit gelten die §§ 14 bis 20 entsprechend.
3. An die Stelle des Klassenlehrers tritt ein Lehrer der Jahrgangsstufe. Er wird von der Jahrgangsstufenkonferenz aus ihrer Mitte entsprechend der Konferenzordnung gewählt.

Hinweis der Redaktion: Ähnliche Sonderregelungen gelten für die Oberstufe der Gemeinschaftsschule. Siehe hierzu: ⇨ Gemeinschaftsschule (Verordnung) § 9.

§ 12
Kurspflegschaft

Die Jahrgangsstufenpflegschaft kann für die Leistungskurse Kurspflegschaften bilden. Für diese gelten die §§ 5 bis 9 mit folgender Maßgabe:

1. An die Stelle der Eltern der Schüler der Klasse, der Lehrer der Klasse und des Klassensprechers treten jeweils die Eltern der Schüler des Kurses,

alle Lehrer, die regelmäßig im Kurs unterrichten, und der Kurssprecher sowie sein Stellvertreter.

2. Die Eltern der Kurspflegschaft wählen aus ihrer Mitte den Vorsitzenden der Kurspflegschaft. Für die Wahl und die Amtszeit gelten die §§ 14 bis 20 entsprechend. Stellvertreter ist der Kurslehrer, bei mehreren Kurslehrern wird er vom Schulleiter bestimmt.

§ 13

Pflegschaften an Heimschulen und Sonderschulen

Für die Pflegschaften an Gymnasien in Aufbauform mit Heim, Heimsonderschulen und Sonderschulen gelten die §§ 5 bis 12 entsprechend.

Dritter Teil
Elternvertreter

1. Abschnitt – Klassenelternvertreter

§ 14

Wahl und Wählbarkeit

(1) Die Eltern der Schüler der Klasse wählen den Klassenelternvertreter und seinen Stellvertreter (§ 57 Abs. 3 Satz 1 SchG). Die Wahl erfolgt in dem Schuljahr, das auf den Ablauf der Amtszeit des bisherigen Elternvertreters folgt, spätestens aber innerhalb von sechs Wochen nach Beginn des Unterrichts. Für die Stimmabgabe gilt § 7 entsprechend.

(2) Wählbar sind die Eltern jedes Schülers der Klasse, ausgenommen:

1. Der Schulleiter, der Stellvertretende Schulleiter und die Lehrer der Schule sowie sonstige Personen, die an der Schule unterrichten;
2. die Ehegatten oder Lebenspartner des Schulleiters, des Stellvertretenden Schulleiters und der Lehrer, die die Klasse unterrichten;
3. die in einer Schulaufsichtsbehörde des Landes tätigen Beamten des höheren Dienstes;
4. die Ehegatten oder Lebenspartner der für die Fach- und Dienstaufsicht über die Schule zuständigen Beamten;
5. die gesetzlichen Vertreter des Schulträgers, ihre allgemeinen Stellvertreter sowie die beim Schulträger für die Schulverwaltung zuständigen leitenden Beamten.

(3) Niemand kann an derselben Schule zum Klassenelternvertreter oder Stellvertreter mehrerer Klassen gewählt werden.

§ 15

Amtszeit und Fortführung der Geschäfte

(1) Die Amtszeit beginnt mit der Annahme der Wahl und dauert bis zum Ende des laufenden Schuljahres. Wiederwahl ist zulässig, solange die Wählbarkeit besteht.

(2) Die Amtszeit kann durch Wahlordnung für alle Elternvertreter der Schule verlängert werden, jedoch höchstens um zwei Schuljahre.

(3) Klassenelternvertreter, deren Amtszeit abgelaufen ist, versehen ihr Amt geschäftsführend bis zur Neuwahl der Klassenelternvertreter weiter. Innerhalb des Zeitraums, in dem spätestens die Neuwahl hätte erfolgt sein müssen, gilt dies auch dann, wenn sie nicht mehr wählbar sind; nach diesem Zeitraum wird das Amt geschäftsführend durch den stellvertretenden Klassenelternvertreter versehen, soweit und solange bei diesem die Wählbarkeit für das Amt besteht.

Hinweis der Redaktion: Beispielsweise bleiben die Elternvertreter*innen von Entlassklassen bis zum Schluss des Schuljahres (31. Juli) im Amt, also über die Entlassung der Schüler*innen hinaus. Selbst wenn sie danach persönlich nicht mehr wählbar sind, führen sie ihre Geschäfte bis zur Wahl des/der Nachfolger*in fort. Entsprechend nehmen Elternbeiratsvorsitzende, obwohl ihr Kind die Schule bereits verlassen hat, dieses Amt bis zur Wahl eine*r Nachfolger*in im neuen Schuljahr wahr.

Hätten Sie's gewusst? – Eltern fragen, wir antworten.

Mehrere stellvertretende Elternbeiratsvorsitzende?

Frage: Unsere Schule hat über 40 Klassen, also gehören dem Elternbeirat mehr als 80 gewählte Mitglieder an. Da taucht die Frage auf, ob der Elternbeiratsvorsitzende nicht nur einen, sondern mehrere Stellvertreter haben darf. Denn allein oder zu zweit ist die Arbeit gar nicht zu schaffen.

Antwort: Die Elternbeiratsverordnung gibt die Bestellung mehrerer Stellvertreter*innen nicht her. Zwar spricht § 26 Abs. 1 der EltBVO vom „Vorsitzenden und dessen Stellvertreter" und es ist auf den ersten Blick nicht klar, ob damit mehrere Personen gemeint sind, aber aus dem Gesamtzusammenhang wird deutlich: Es gibt es nur einen bzw. nur eine Stellvertreter*in. ⇨ Elternbeirat (EltBVO) § 26

Es ist aber möglich, dass weitere Personen Funktionen im Vorstand eines Elternbeirats übernehmen. Der Landeselternbeirat (LEB) schlägt den Elternbeiräten in seiner Muster-Geschäftsordnung vor, in ihre Geschäftsordnung unter „Sonstige Funktionsinhaber" aufzunehmen: „Der Elternbeirat bestellt durch Wahl einen Schriftführer und ggf. einen Kassenverwalter." ⇨ Elternbeirat (Geschäftsordnung) § 5

Vor allem an einer große Schule könnte der Elternbeirat in seiner Geschäftsordnung beispielsweise zusätzlich bestimmen: „Ferner kann der Elternbeirat zwei Beisitzer*innen wählen". Wenn dann noch in der Geschäftsordnung verankert wird: „Die Beisitzer dürfen den Vorstand in dessen Auftrag im Einzelfall vertreten", so kann ein Beisitzer den Vorstand entlasten, wenn weder der/die Vorsitzende noch der/die stellvertretende Vorsitzende Zeit haben, eine bestimmte Klassenpflegschaftssitzung („Elternabend") zu besuchen. Man muss das nur ordentlich beschließen – Wildwuchs und freihändige Delegation („Geh du mal für mich") dürfen bei diesen gesetzlichen Aufgaben nicht einreißen.

§ 16
Vorzeitige Beendigung

(1) Das Amt des Klassenelternvertreters erlischt vor Ablauf der Amtszeit mit dem Verlust der Wählbarkeit für dieses Amt.

(2) Klassenelternvertreter und Stellvertreter können vor Ablauf der Amtszeit dadurch abberufen werden, dass die Mehrheit der Wahlberechtigten einen Nachfolger für den Rest der laufenden Amtszeit wählt. Die Wahl muss erfolgen, wenn ein Viertel der Wahlberechtigten schriftlich darum nachsucht. Für die Einladung gilt § 17 Abs. 1 Satz 2 mit der Maßgabe, dass der betroffene Amtsinhaber als verhindert gilt, und § 17 Abs. 3.

(3) Der Klassenelternvertreter kann vor Ablauf der Amtszeit sein Amt durch Erklärung gegenüber den Wahlberechtigten oder dem stellvertretenden Klassenelternvertreter niederlegen. Für den Rest der laufenden Amtszeit wählt die Mehrheit der Wahlberechtigten einen Nachfolger; das Amt des Klassenelternvertreters erlischt in diesem Fall mit der Annahme der Wahl durch den Nachfolger. Für die Wahl des Nachfolgers findet Absatz 2 Satz 3 entsprechende Anwendung.

§ 17
Wahlverfahren

(1) Der geschäftsführende Amtsinhalber lädt die Wahlberechtigten zur Neuwahl ein und bereitet die Wahl vor. Soweit in den Fällen des § 15 Absatz 3 Satz 2 Halbsatz 2 bei der stellvertretenden Person der Verlust der Wählbarkeit eingetreten ist, findet Absatz 2 entsprechende Anwendung. Ist kein geschäftsführender Amtsinhaber vorhanden oder ist er verhindert, so sorgt dafür sein Stellvertreter.

(2) In neu gebildeten Klassen lädt der Vorsitzende des Elternbeirats oder ein von ihm bestimmter Klassenelternvertreter zur ersten Wahl ein und bereitet sie vor; für geschäftsführende Amtsinhaber gilt dies entsprechend. Nimmt der Vorsitzende des Elternbeirats diese Aufgabe nicht wahr, übernimmt sie der Klassenlehrer oder ein vom Schulleiter bestimmter Lehrer.

(3) Die Einladungsfrist beträgt eine Woche.

(4) Die Wahlordnung kann Abweichungen von den Absätzen 1 und 2 bestimmen; sie hat für den Fall, dass kein Stellvertreter vorhanden oder dass auch dieser verhindert ist, Vorsorge zu treffen.

§ 18
Abstimmungsgrundsätze

(1) Die Wahl findet auf Antrag geheim statt. Wird ein Antrag nicht gestellt, wird durch Handzeichen abgestimmt.

(2) Eine Übertragung des Stimmrechts ist nicht zulässig.

(3) Gewählt ist, wer die meisten gültigen Stimmen erhält. Bei Stimmengleichheit entscheidet das Los; die Wahlordnung kann etwas anderes bestimmen.

§ 19
Wahlanfechtung

(1) Über Einsprüche gegen die Wahl entscheidet der Elternbeirat, soweit die Wahlordnung nichts anderes bestimmt.

(2) Die Wahl kann nicht deshalb angefochten werden, weil sie später als sechs Wochen nach Beginn des Unterrichts (§ 14 Abs. 1 Satz 2) durchgeführt wurde.

§ 20
Wahlordnung

Der Elternbeirat kann durch Wahlordnung nähere Regelungen erlassen über:

1. Die Verlängerung der Amtszeit der Klassenelternvertreter und ihrer Stellvertreter;
2. die Form und die Frist für die Einladung, wobei bestimmt werden kann, dass die Einladung über die Schüler erfolgen kann;
3. eine Neuwahl für den Fall, dass der Klassenelternvertreter und sein Stellvertreter vor Ablauf ihrer Amtszeit aus ihren Ämtern ausscheiden;
4. das Wahlverfahren, insbesondere darüber, ob geheim abzustimmen und ob Briefwahl zulässig ist;
5. das Verfahren für Einsprüche gegen die Wahl.

2. Abschnitt
Sonstige Elternvertreter

§ 21
Elternvertreter an Berufsschulen und Berufskollegs in Teilzeitunterricht

(1) Sind Berufsgruppen- oder Abteilungspflegschaften gebildet (§ 10 Abs. 2), so werden, sofern der Klassenverband aufgelöst ist, für jede Jahrgangsstufe aller Berufsgruppen oder Abteilungen je ein Elternvertreter und ein Stellvertreter gewählt. Im Übrigen gelten die §§ 14 bis 20 entsprechend.

(2) Ist der Klassenverband nicht aufgelöst, werden gemäß § 14 Klassenelternvertreter und Stellvertreter gewählt.

§ 22
Elternvertreter für Jahrgangsstufen

Die Eltern der Jahrgangsstufen des Gymnasiums wählen jeweils in den Elternbeirat so viele Vertreter wie in der vorangegangenen Klasse Klassenelternvertreter und Stellvertreter. Für die Vertreter der Jahrgangsstufen gelten die §§ 14 bis 20 entsprechend.

§ 23
Elternvertreter an Heimschulen und Sonderschulen

Für die Elternvertreter an Gymnasien in Aufbauform mit Heim, Heimsonderschulen und Sonderschulen gelten die §§ 14 bis 22 entsprechend mit der Maßgabe, dass an Sonderschulen auf die Wahl des stellvertretenden Klassenelternvertreters verzichtet werden kann.

Vierter Teil – Elternvertretungen

1. Abschnitt – Elternbeirat

§ 24 Aufgaben

Aufgaben und Rechte des Elternbeirats ergeben sich aus § 57 SchG.

§ 25
Mitglieder

Mitglieder des Elternbeirats sind gemäß § 57 Abs. 3 Satz 2 SchG mit gleichen Rechten und Pflichten die Klassenelternvertreter und ihre Stellvertreter sowie die Elternvertreter und ihre Stellvertreter nach den §§ 21 bis 23.

§ 26
Wahl und Amtszeit des Vorsitzenden

(1) Der Elternbeirat wählt aus seiner Mitte den Vorsitzenden und dessen Stellvertreter (§ 57 Abs. 4 Satz 1 SchG).

Dabei sind nicht wählbar:

1. Schulleiter, Stellvertretender Schulleiter und Lehrer einer öffentlichen Schule des Landes;
2. Ehegatten oder Lebenspartner der Lehrer der Schule;
3. Ehegatten oder Lebenspartner der in § 14 Abs. 2 Nr. 5 genannten Vertreter des Schulträgers.

Hinweis der Redaktion: Beurlaubte Lehrkräfte sind passiv wahlberechtigt. (Quelle: KM, 30.1.1997 (AZ: IV/6680.0/78)

(2) Zum Vorsitzenden oder zum stellvertretenden Vorsitzenden des Elternbeirats kann nicht gewählt werden, wer bereits an einer anderen Schule desselben Schulträgers eines dieser Ämter innehat.

(3) Die Wahl des Vorsitzenden des Elternbeirats und seines Stellvertreters findet nach der Wahl der Mitglieder des Elternbeirats (§ 25), spätestens aber innerhalb von neun Wochen nach Beginn des Unterrichts in dem Schuljahr statt, das auf den Ablauf der Amtszeit der bisherigen Amtsinhaber erfolgt.

(4) Die Wahl ist nach erfolgter Wahl der Mitglieder des Elternbeirats, spätestens nach Ablauf der Frist für diese Wahl (§ 14 Abs. 1 Satz 2), zulässig. Das gilt auch dann, wenn zu diesem Zeitpunkt noch nicht alle Mitglieder gewählt sind.

(5) Bei Einklassenschulen gilt der Klassenelternvertreter als Vorsitzender und sein Stellvertreter als stellvertretender Vorsitzender des Elternbeirats.

Hätten Sie's gewusst? – Eltern fragen, wir antworten.

Wer leitet die Wahlen der Elternvertretung?

Frage: An unserer Schule ist es üblich, dass der Klassenlehrer die Wahl des Klassenelternvertreters leitet. Begründet wird dies erstens mit seiner Funktion als stellvertretender Vorsitzender der Klassenpflegschaft und zweitens damit, dass er als nicht wählbare Person „nicht befangen" sei. Der Klassenlehrer macht sogar Kandidatenvorschläge für die Wahlen. Ist das zulässig?

Antwort: Nein, ganz und gar nicht! Die Klassenlehrkraft übt nur den stellvertretenden Vorsitz der Klassenpflegschaft aus, also jenes Gremiums, dem Eltern und Lehrkräfte gleichberechtigt angehören.

Die Eltern haben aber das verbriefte Recht, auch ohne das Beisein von Lehrkräften zu tagen; siehe ⇨ Elternbeirat (EltBVO) § 8 Abs. 5, beispielsweise um den Klassenelternvertreter und dessen Stellvertreter zu wählen, um eine Elternkasse einzurichten, um ein Protestschreiben wegen des Lehrermangels an das Kultusministerium oder einen Brief wegen der Fahrkosten zur Schwimmhalle an den Bürgermeister zu beschließen, um eine Pressemitteilung für das Gemeindeblättle zu verfassen und und und. Das Schulgesetz (§ 56 Abs. 6 in Verbindung mit § 11 Abs. 3 der ⇨ Konferenzordnung) erlaubt der „Elterngruppe" ausdrücklich, in bestimmtem Rahmen Anträge an die Klassenkonferenz zu richten; bei der Behandlung in der Konferenz besitzen dann beide Klassenelternvertreter beratendes Stimmrecht.

Das Kultusministerium hat im Sommer 2017 in der Elternbeiratsverordnung klargestellt, dass bei solchen Eltern-Versammlungen mit Wahlhandlung nicht die Klassenlehrkraft, sondern der bzw. die von den Eltern gewählte stellvertretende Klassenelternvertreter*in den stellvertretenden Vorsitz ausübt. Dieser Wahlakt erfolgt zwar in aller Regel im Rahmen der ersten Klassenpflegschaftssitzung des Schuljahres („Elternabend"), aber formal handelt es sich dabei um eine separate Sitzung der „Elterngruppe" innerhalb der Klassenpflegschaft. Die Lehrkräfte sind an dieser Wahl nicht beteiligt.

Um jeden Anschein einer Einflussnahme zu vermeiden, sollten die Lehrkräfte deshalb den Raum verlassen; ihre Anwesenheit ist nur dann zulässig, wenn die Eltern dies ausdrücklich wünschen und keiner der Anwesenden widerspricht. Auf jeden Fall müssen sich Lehrkräfte jeder Einwirkung auf die Wahlen enthalten. Insbesondere ist es unzulässig, dass sie selbst „geeignete" Kandidaten benennen.

Bei dieser Wahl sind die üblichen Regularien für demokratische Wahlen zu beachten. Die Elternbeiratsverordnung schreibt zwar nicht vor, dass dafür ein „Wahlvorstand" berufen wird. Deshalb darf der bisherige Amtsinhaber die Wahl leiten; es ist in demokratischen Gremien aber üblich, dass die Versammlung zwar vom bisherigen Amtsinhaber einberufen wird, dass die Versammlung nach ihrer Konstituierung aber zunächst aus ihrer Mitte einen „Wahlvorstand" beruft, der den Wahlvorgang leitet, und dass der neue Amtsinhaber erst anschließend die Leitung übernimmt. Nur in neu gebildeten Klassen sieht § 17 Abs. 2 der Elternbeiratsverordnung vor, dass die Klassenlehrkraft die erste Sitzung vorbereitet und einberuft, wenn dies nicht vom Elternbeirat organisiert wird; auch hier muss diese Lehrkraft die Sitzungsleitung aber nach Bestellung eines Wahlvorstands abgeben.

Zur Wahlleitung sollte eine Person bestimmt werden, die nicht selbst kandidiert; offene Wahl ist nur möglich, wenn niemand geheime Wahl wünscht; der Klassenelternvertreter und der Stellvertreter sollten in getrennten Wahlgängen gewählt werden. Es ist zweckmäßig, dies in einer Wahlordnung zu regeln, die gemäß Elternbeiratsverordnung § 9 von der Schulkonferenz zu erlassen ist; in dieser Wahlordnung kann z.B. auch die normalerweise ein Schuljahr betragende Amtszeit der Klassenelternvertreter sowie deren Stellvertreter um bis zu zwei Jahre, also maximal auf drei Jahre, verlängert werden.

(6) Für Amtszeit und Wahl des Vorsitzenden und seines Stellvertreters gelten die §§ 15 Absatz 1 und 3, 16 Absatz 1, 17 Absatz 1 und 3 und § 18, für die vorzeitige Abberufung und Niederlegung des Amtes § 16 Absatz 2 und 3 und für die Wahlanfechtung § 19 entsprechend. Sofern die Amtszeit der Mitglieder verlängert ist (§ 15 Absatz 2), kann auch die Amtszeit des Vorsitzenden und seines Stellvertreters durch Geschäftsordnung entsprechend verlängert werden. In den Fällen einer entsprechenden Anwendung des § 15 Absatz 3 Satz 2 Halbsatz 2 in Verbindung mit § 17 Absatz 1 Satz 3 lädt der Schulleiter oder eine von diesem bestimmte Lehrkraft zur Neuwahl ein und bereitet die Wahl vor.

§ 27
Sitzungen

(1) Der Vorsitzende des Elternbeirats lädt zu den Sitzungen des Elternbeirats ein, bereitet sie vor und leitet sie.

(2) Wird der Schulleiter zu einer Sitzung des Elternbeirats mit gleicher Frist wie die Eltern und unter Mitteilung der Tagesordnung eingeladen, soll er, im Verhinderungsfall sein ständiger Vertreter, teilnehmen.

(3) Der Elternbeirat kann weitere Personen ohne Stimmrecht zu Sitzungen zuziehen.

Hinweis der Redaktion: Dem Elternbeirat der Grundschule wird empfohlen, den Elternbeirat der Grundschulförderklasse zu Sitzungen einzuladen, wenn Fragen besprochen werden, die diese berühren. ⇨ Grundschulförderklassen Nr. I.2.4

§ 28
Geschäftsordnung

Der Elternbeirat gibt sich eine ⇨ Geschäftsordnung. Diese regelt insbesondere das Nähere über:

1. Die Amtszeit des Vorsitzenden und seines Stellvertreters;
2. das Verfahren bei der Wahl des Vorsitzenden, seines Stellvertreters und der Vertreter der Eltern und ihrer Stellvertreter in der Schulkonferenz (§ 3 Abs. 1 Schulkonferenzordnung);

   Hinweis der Redaktion: Die Eltern in der Schulkonferenz dürfen als „Elterngruppe" gesondert zusammentreten und in bestimmtem Rahmen Anträge an die Gesamtlehrerkonferenz richten; bei der Behandlung dieser Anträge in der GLK besitzen diese Elternvertreter beratende Stimme.
   ⇨ Konferenzordnung § 11 Abs. 4
3. die Form und die Frist für die Einladung, wobei bestimmt werden kann, dass die Einladung über die Schüler erfolgen kann;
4. eine Neuwahl für den Fall, dass der Vorsitzende und sein Stellvertreter vor Ablauf der Amtszeit aus ihren Ämtern ausscheiden;
5. das Verfahren bei Abstimmungen, insbesondere darüber, ob geheim abzustimmen und ob eine Abstimmung im Wege der schriftlichen Umfrage zulässig ist;
6. die Voraussetzungen, unter denen der Vorsitzende verpflichtet ist, den Elternbeirat einzuberufen;
7. die Beschlussfähigkeit des Elternbeirats;
8. das Verfahren über Einsprüche gegen die Wahl des Vorsitzenden und seines Stellvertreters;
9. a) die Möglichkeit, zur Deckung notwendiger Unkosten freiwillige Beiträge zu erheben,
   b) die Möglichkeit, eine Elternkasse zu führen und die für eine geordnete Kassenführung notwendigen Grundsätze zu erlassen;
   ⇨ Haushalt (Kassenführung)
10. den Verzicht auf die Wahl des stellvertretenden Klassenelternvertreters an Sonderschulen gemäß § 23. ⇨ Elternbeirat (Geschäftsordnung)

Hinweise der Redaktion:

1. Bilden mehrere Schularten einen „Schulverbund" (⇨ Schulgesetz § 16), so sind sie rechtlich eine Schule mit einem Elternbeirat. Dann kann es sinnvoll sein, in der Geschäftsordnung schulartbezogene Ausschüsse vorzusehen oder bei Tagesordnungspunkten, die nur eine Schulart betreffen, die für die Beschlussfähigkeit erforderliche Mindestzahl der stimmberechtigten Anwesenden herabzusetzen. (Quelle: Elterninfo des KM 2021)
2. In diese Geschäftsordnung kann der Elternbeirat auch eine Regelung über die Wahl weiterer Funktionsträger*innen (beispielsweise Schriftführer*in, Kassenwart*in, Beisitzer*in) aufnehmen und zugleich bestimmen, dass diese den Vorstand in dessen Auftrag im Einzelfall vertreten dürfen.
3. Der Landeselternbeirat hat eine Muster-Geschäftsordnung herausgegeben. ⇨ Elternbeirat (Geschäftsordnung)

⇨ Protokolle und Niederschriften

§ 29 Fortgeltung der Wahl- und Geschäftsordnung

Wahl- und Geschäftsordnung des Elternbeirats gelten fort, bis sie aufgehoben oder geändert werden.

2. Abschnitt – Gesamtelternbeirat

§ 30
Aufgaben

Aufgaben und Rechte des Gesamtelternbeirats ergeben sich aus §§ 58 Abs. 1 Satz 2 SchG. Insbesondere obliegt es ihm,

1. die Fragen zu beraten, die alle Eltern an öffentlichen Schulen desselben Schulträgers berühren,
2. zum Verständnis der Eltern für die Entwicklung des örtlichen Schulwesens sowie für Fragen der Erziehung beizutragen,
3. Anregungen und Wünsche einzelner Vertreter der Eltern im Schulbeirat, soweit sie von allgemeiner Bedeutung sind, zu unterstützen.
4. Vorschläge, Anregungen und Empfehlungen an den Schulträger und an die Schulaufsichtsbehörde zu richten,
5. bei der Festlegung der beweglichen Ferientage gemäß § 3 Abs. 3 der Ferienverordnung mitzuwirken. ⇨ Ferienverordnung

§ 31
Mitglieder

(1) Mitglieder des Gesamtelternbeirats sind gemäß § 58 Abs. 1 Satz 1 SchG die Vorsitzenden und die stellvertretenden Vorsitzenden der Elternbeiräte aller Schulen desselben Schulträgers. Daneben können Vorsitzende und stellvertretende Vorsitzende der Elternbeiräte der staatlich anerkannten Ersatzschulen im Gebiet des Schulträgers Mitglieder werden, wenn sie in einem Wahlverfahren gewählt wurden, das den Vorgaben der §§ 14 bis 20, 22, 23, 26 und 29 entspricht, und eine allgemeinbildende Ersatzschule oder eine Ersatzschule vertreten, die einer beruflichen Schulart nach § 37 Satz 1 entspricht;

wenn dem Gesamtelternbeirat ausschließlich Elternvertreter von allgemeinbildenden oder von beruflichen Schulen angehören, können jeweils nur die Elternvertreter der entsprechenden Ersatzschulen Mitglieder werden. ⇨ Elternvertretung (Privatschulen)

(2) Der Gesamtelternbeirat kann weitere Personen ohne Stimmrecht zu Sitzungen zuziehen.

§ 32
Wahl und Amtszeit des Vorsitzenden

(1) Zur ersten Sitzung des Gesamtelternbeirats in der neuen Amtszeit lädt der Vorsitzende des bisherigen Gesamtelternbeirats, im Verhinderungsfall sein Stellvertreter, ein; die Geschäftsordnung hat für den Fall, dass auch dieser verhindert ist, Vorsorge zu treffen. Ist kein Gesamtelternbeirat gebildet, lädt der Vorsitzende des Elternbeirats der Schule mit der größten Schülerzahl ein. Die Einladungsfrist beträgt eine Woche.

(2) Die Mitglieder des Gesamtelternbeirats wählen aus ihrer Mitte den Vorsitzenden und dessen Stellvertreter.

(3) Die Wahl findet spätestens bis zum Ablauf der zwölften Woche nach Beginn des Unterrichts im neuen Schuljahr statt. § 26 Abs. 4 gilt entsprechend.

(4) Für Amtszeit und Wahl des Vorsitzenden und seines Stellvertreters gelten die §§ 15 Abs. 1 und 3, 17 Abs. 1 und 3 und § 18, für die vorzeitige Abberufung § 16 Abs. 2 und für die Wahlanfechtung § 19 entsprechend. Sofern die Amtszeit der Mitglieder verlängert ist (§ 26 Abs. 6), kann auch die Amtszeit des Vorsitzenden und seines Stellvertreters durch Geschäftsordnung entsprechend verlängert werden, jedoch nicht über die Dauer seiner Zugehörigkeit zum Gesamtelternbeirat hinaus.

§ 33
Arbeitskreise

Die Aufgaben überörtlicher Arbeitskreise, die von Elternvertretungen (Elternbeiräte, Gesamtelternbeiräte) gebildet werden, ergeben sich aus § 58 Abs. 2 SchG. § 32 gilt entsprechend, sofern der Arbeitskreis durch Geschäftsordnung nichts anderes bestimmt.

Hätten Sie's gewusst? – Eltern fragen, wir antworten.

Elternvertretungen: autonom, aber abwählbar

Frage: Die sympathische Mutter, die wir letztes Jahr mit großer Mehrheit zur Klassenelternvertreterin gewählt haben, entpuppt sich als echter Ausfall. „Elternarbeit" findet bei uns nicht mehr statt. Nur: Wie werden wir sie wieder los, denn zurücktreten möchte sie nicht und ihre Amtszeit dauert noch ein Jahr? Ist das ein Fall für die staatliche Schulaufsicht oder muss der Landeselternbeirat eingreifen?

Antwort: Weder noch! Die Elternvertretung arbeitet zwar auf gesetzlicher Grundlage und die Elterngremien, auch die Klassenelternvertretung, der Elternbeirat der Schule oder der Landeselternbeirat verwirklichen den Auftrag der Landesverfassung: *„Die Erziehungsberechtigten wirken durch gewählte Vertreter an der Gestaltung des Lebens und der Arbeit der Schule mit"* (⇨ Verfassung Art. 17 Abs. 4). Und es gilt auch für sie das ⇨ Grundgesetz Art. 7: *„Das gesamte Schulwesen steht unter der Aufsicht des Staates"*. Aber der Gesetzgeber hat ganz bewusst darauf verzichtet, sein Aufsichtsrecht über die gewählten Elternvertretungen in Gesetzesform zu gießen, und er hat auch unterlassen, die verschiedenen Stufen der Elterngremien einander über- oder unterzuordnen. Anders als bei den hierarchisch gegliederten und kontrollierten staatlichen Behörden, denen die Aufsicht über die Schulleitungen und die Lehrkräfte obliegt, genießen die Elterngremien beziehungsweise die Elternvertreter*innen ein hohes Maß an Autonomie: Da diese Gremien und Personen ja von den Erziehungsberechtigten in demokratischen Wahlen bestellt werden, besitzen sie so etwas wie ein basisdemokratisches Mandat. Sie können, solange sie sich im legalen, vom Schulgesetz und der Elternbeiratsverordnung gesetzten Rahmen bewegen, das machen, was sie wollen und womit ihre Wähler*innen, also die Eltern der Schulkinder, sie beauftragen. Höhere Instanzen können nicht eingreifen – zumindest nicht solange die Erziehungsberechtigten nicht selbst „Halt!" rufen. Auch der Landeselternbeirat kann dem Elternbeirat einer Schule oder der Elternvertretung einer Schulklasse nichts vorschreiben.

Das funktioniert auch recht gut: Es kommt sehr selten vor, dass der „Staat" sich zum Eingreifen genötigt fühlt (etwa wenn eine gewählte Elternvertretung eindeutig gegen Gesetze verstößt oder nur noch als verlängerter Arm einer politischen Partei fungiert). Aber auch dann sind die Schulbehörden in der Regel höchst zurückhaltend, denn solange die Mehrheit der Eltern einer Schulklasse oder die Mitglieder des Elternbeirats mehrheitlich dahinter stehen, lässt die Behörde die Dinge eher laufen und die gewählten Repräsentant*innen der Erziehungsberechtigten lieber gewähren, ohne aufsichtsrechtlich einzugreifen, als dass sie sich den Unwillen oder gar den Zorn der Eltern-Basis zuzieht.

Ihren Fall jedoch, die Frage also, ob gewählte Klassenelternvertreter*innen von ihren Wähler*innen selbst abberufen werden können, hat der Gesetzgeber geregelt. Das ist mithilfe eines „konstruktiven Misstrauensvotums" möglich. Ähnlich wie bei der Abwahl des Bundeskanzlers oder der Kanzlerin müssen die Wahlberechtigten in demokratischer Wahl eine/n Nachfolger*in bestellen, und damit verlieren die bisherigen Amtsinhaber*innen ihr Mandat. Das steht so in der Elternbeiratsverordnung, vgl. ⇨ Elternbeirat (EltBVO) § 16; siehe hierzu auch die Erläuterungen im Beitrag ⇨ Elternabend und Klassenpflegschaft Nr. 4 c.

Dieses Verfahren gilt auch für eine notwendig erscheinende Abwahl von Elternbeirats- oder gar Landeselternbeiratsvorsitzenden vgl. ⇨ Elternbeirat (EltBVO) § 26 Abs. 6 und 39 Abs. 2.

§ 34
Informationsrecht

(1) Die Schulaufsichtsbehörden beraten und unterstützen Gesamtelternbeiräte und überörtliche Arbeitskreise bei der Erfüllung ihrer Aufgaben; sie stehen ihnen mindestens einmal im Schuljahr zur Aussprache zur Verfügung.

(2) Die Schulträger sollen in gleicher Weise Gesamtelternbeiräte und überörtliche Arbeitskreise bei ihrer Arbeit unterstützen. ⇨ Schulträger

§ 35
Geschäftsordnung

(1) Der Gesamtelternbeirat gibt sich eine Geschäftsordnung. Für sie gelten § 28 Nr. 1, 3 bis 8 und Nr. 9 b sowie § 29 entsprechend mit der Maßgabe, dass

1. die Amtszeit des Vorsitzenden und seines Stellvertreters nicht über die Dauer ihrer Mitgliedschaft im Gesamtelternbeirat hinaus verlängert werden kann;
2. auch die Wahl des Elternvertreter im Schulbeirat (§ 49 letzter Satz SchG) geregelt werden kann.

(2) Für die Geschäftsordnung überörtlicher Arbeitskreise gelten Absatz 1 Satz 2 Nr. 1 sowie die §§ 30 und 31 entsprechend.

3. Abschnitt Landeselternbeirat

§ 36
Aufgaben

(1) Aufgaben und Rechte des Landeselternbeirats ergeben sich aus § 60 Abs. 1 und 2 SchG.

(2) Der Landeselternbeirat kann Ausschüsse bilden.
⇨ Elternbeirat (Landeselternbeirat – Geschäftsordnung)

§ 37
Mitglieder

Der Landeselternbeirat besteht aus 34 gewählten Mitgliedern, und zwar aus jeweils einem Vertreter für

die Grundschule
die Werkrealschule und Hauptschule
die Realschule
das Gymnasium
die Gemeinschaftsschule
die Berufsschule und die Berufsfachschule
das Berufskolleg mit Ausnahme des einjährigen Berufskollegs zum Erwerb der Fachhochschulreife und das berufliche Gymnasium
die Sonderschule

aus jedem Regierungsbezirk. Daneben gehören dem Landeselternbeirat zwei Vertreter der staatlich anerkannten Ersatzschulen an, die allgemeinbildend sind oder die den beruflichen Schularten nach Satz 1 entsprechen.

§ 38
Amtszeit und Fortführung der Geschäfte

(1) Die Amtszeit des Landeselternbeirats beginnt am 1. April des Jahres, in dem die Amtszeit des bisherigen Landeselternbeirats abläuft, und dauert drei Jahre. Er führt die Geschäfte bis zum Zusammentritt des neuen Landeselternbeirats fort.

(2) Die Mitgliedschaft im Landeselternbeirat endet nicht durch den Verlust der Wählbarkeit.

(3) Scheidet ein Mitglied vorzeitig aus dem Landeselternbeirat aus, rückt als Mitglied sein Stellvertreter nach und an dessen Stelle, wer bei der Wahl des Stellvertreters die nächsthöhere Stimmenzahl erreicht hat. Das Gleiche gilt für das Ausscheiden des jeweils Nachrückenden.

§ 39
Wahl des Vorsitzenden

(1) Der Vorsitzende und sein Stellvertreter (§ 60 Abs. 3 SchG) werden innerhalb von zwei Monaten nach Beginn der Amtszeit des Landeselternbeirats gewählt. Eine Übertragung des Stimmrechts ist nicht zulässig.

(2) Für die Wahl des Vorsitzenden und seiner Stellvertreter gelten § 17 Absatz 1 Sätze 1 und 2 und § 18, für deren vorzeitige Abberufung und Niederlegung des Amtes § 16 Absatz 2 und 3 entsprechend.
⇨ Elternbeirat (Landeselternbeirat – Wahlordnung)

§ 40
Geschäftsordnung

(1) Der Landeselternbeirat gibt sich gemäß § 60 Abs. 3 SchG eine ⇨ Geschäftsordnung. Diese regelt insbesondere das Nähere über:

1. Das Verfahren bei der Wahl des Vorsitzenden, der Stellvertreter und der Vertreter der Eltern im Landesschulbeirat (§ 4 Abs. 1 Nr. 1 Landesschulbeiratsverordnung);

Hätten Sie's gewusst? – Eltern fragen, wir antworten.

Wer verteilt die Post an die Eltern?

Frage: Ich habe als Klassenelternvertreter einen Brief an alle Eltern unserer Klasse gerichtet, um sie über Probleme bei der Schülerbeförderung zu informieren: Der Schulbus kommt häufig zu spät und wir Eltern wollen uns darum kümmern. Den Brief habe ich meinem Sohn mit einem freundlichen Anschreiben an die Klassenlehrerin zur Weitergabe an die Eltern mitgegeben. Die Klassenlehrerin hat meinem Sohn gesagt, das störe den Unterricht und außerdem sei das Sache der Gemeinde.

Antwort: In einem Schreiben an einen Landtagsabgeordneten hat das Kultusministerium schon vor 20 Jahren mitgeteilt, dass die Weitergabe von Post der Elternvertreter an die Eltern einer Klasse „in der Regel über die Schüler in den Klassen" erfolge. Als Grund nannte das Ministerium: „Kostenersparnis". Ausdrücklich hat das KM als Grenze für diese Art der Postverteilung genannt, dass diese Informationen „die gesetzlich definierte Grenze des Ehrenamtes überschreiten; z.B. Aufruf zu politischen Demonstrationen". Das ist bei diesem Brief sicher nicht der Fall. Übrigens: Soweit das datenschutzrechtlich zulässig ist, können Sie Mitteilungen an die Eltern auch per Mail versenden.

2. die Form und die Frist für die Einladungen;
3. eine Neuwahl für den Fall, dass der Vorsitzende und seine Stellvertreter vor Ablauf ihrer Amtszeit aus ihren Ämtern ausscheiden;
4. das Verfahren bei Abstimmungen, insbesondere darüber, ob geheim abzustimmen und ob eine Abstimmung im Wege der schriftlichen Umfrage zulässig ist;
5. die Voraussetzungen, unter denen der Vorsitzende verpflichtet ist, den Landeselternbeirat einzuberufen;
6. die Beschlussfähigkeit des Landeselternbeirats.

⇨ Elternbeirat (Landeselternbeirat – Geschäftsordnung)

(2) Für die Fortgeltung der Geschäftsordnung gilt § 29.

§ 41
Wahl und Wählbarkeit der Mitglieder

(1) Die Mitglieder des Landeselternbeirats für die öffentlichen Schulen nach § 37 Satz 1 und ihre Stellvertreter werden in den einzelnen Regierungsbezirken von Wahlausschüssen spätestens bis zum 1. April des Jahres gewählt, in dem die Amtszeit des bestehenden Landeselternbeirats abläuft. Das Mitglied für die Ersatzschulen nach § 37 Satz 2 wird von einem auf Landesebene gebildeten Wahlausschuss gewählt. Die Wahl erfolgt in geheimer Abstimmung; im Übrigen gilt § 18 Absatz 2 und 3.

(2) Wählbar als Mitglied für die öffentlichen Schulen nach § 37 Satz 1 sind die Eltern jedes Schülers, der zur Zeit der Wahl im jeweiligen Regierungsbezirk eine Schule der Schulart oder des Schultyps besucht, die der Gewählte im Landeselternbeirat vertreten soll. Als Mitglied für die Ersatzschulen nach § 37 Satz 2 sind wählbar die Eltern der Schüler, die zur Zeit der Wahl eine Ersatzschule nach § 37 Satz 2 besuchen. Ausgenommen von der Wählbarkeit sind Schulleiter, Stellvertretende Schulleiter und die in einer Schulaufsichtsbehörde des Landes tätigen Beamten des höheren Dienstes.

(3) Die Wahl eines Vertreters für mehrere Schularten/Schultypen ist nur zulässig, soweit diese nach § 37 zusammengefasst sind; dabei soll darauf geachtet werden, dass verschiedene Schularten/Schultypen bei der Wahl berücksichtigt werden.

§ 42
Wahlausschüsse

(1) In jedem Regierungsbezirk werden folgende Wahlausschüsse gebildet:

1. ein gemeinsamer Wahlausschuss für die Wahl der Vertreter für die Berufsschule und für die Berufsfachschule;
2. ein gemeinsamer Wahlausschuss für die Wahl der Vertreter für das Berufskolleg und die beruflichen Gymnasien;
3. je ein Wahlausschuss für die Wahl der Vertreter für die übrigen Schularten.

(2) Dem Wahlausschuss gemäß Absatz 1 Nummer 1 gehören jeweils die Vorsitzenden der Elternbeiräte von Schulen mit Berufsschule oder Berufsfachschule an.

(3) Dem Wahlausschuss gemäß Absatz 1 Nummer 2 gehören jeweils die Vorsitzenden der Elternbeiräte von Schulen mit Berufskolleg oder beruflichem Gymnasium an.

(4) Dem Wahlausschuss gemäß Absatz 1 Nummer 3 gehören jeweils die Vorsitzenden der Elternbeiräte der Grundschulen, Werkrealschulen/Hauptschulen, Realschulen, Gymnasien, Gemeinschaftsschulen und Sonderschulen an.

(5) Die Vorsitzenden der Elternbeiräte von Schulen, die als Schulversuch keiner Schulart nach § 37 Satz 1 zugerechnet werden können, gehören den Wahlausschüssen aller Schularten an, deren Abschlüsse im Schulversuch vorgesehen sind. Für Schulen besonderer Art (§ 107 SchG) gilt dies entsprechend.

(6) Dem Wahlausschuss nach § 41 Absatz 1 Satz 2 gehören die Vorsitzenden der Elternbeiräte der staatlich anerkannten Ersatzschulen an, die allgemeinbildend sind oder die den beruflichen Schularten nach § 37 Satz 1 entsprechen und in einem Wahlverfahren gewählt wurden, das den Vorgaben der §§ 14 bis 20, 22, 23, 26 und 29 entspricht.

§ 43
Durchführung der Wahl

(1) Der Landeselternbeirat sorgt für die rechtzeitige und ordnungsgemäße Durchführung der Wahlen. Er kann hiermit einzelne Mitglieder oder Ausschüsse beauftragen.

(2) Die Wahlausschüsse können wählen, sobald die Frist für die Wahl der Vorsitzenden der Elternbeiräte (§ 26 Absatz 3) abgelaufen ist.

§ 44
Wahlanfechtung

(1) Über Einsprüche gegen die Wahl entscheidet der Landeselternbeirat. *(Satz 2 wurde aufgehoben)*

⇨ Eltern (Allgemeines); ⇨ Elternbeirat (Allgemeines); ⇨ Elternbeirat (Geschäftsordnung); ⇨ Elternbeirat (Landeselternbeirat); ⇨ Elternbeirat (Landeselternbeirat – Wahlordnung); ⇨ Elternvertretung (Privatschulen); ⇨ Geschäftsordnung; ⇨ Grundgesetz Art. 6; ⇨ Protokolle; ⇨ Schulgesetz §§ 55-61; ⇨ Schulträger; ⇨ Volljährigkeit

Elternbeirat (Gesamtelternbeirat)

Informationen der Redaktion zur Rechtslage und zur Verwaltungspraxis in Baden-Württemberg

Die Vorsitzenden und stellvertretenden Vorsitzenden der Elternbeiräte aller Schulen eines Schulträgers bilden den Gesamtelternbeirat. Er ist im Rahmen der Aufgaben der Elternbeiräte für alle über den Bereich einer Schule hinausgehenden Angelegenheiten zuständig, z.B. ist seine Zustimmung zur Ferienregelung des Schulorts erforderlich. Die Elternschaft einer Gemeinde besitzt damit ein demokratisch legitimiertes, gemeinsames Organ zur Vertretung ihrer Interessen gegenüber der Stadtverwaltung, dem Stadt- oder Gemeinderat, der Schulverwaltung und der Öffentlichkeit.

Dieser Gesamtelternbeirat besteht automatisch im Gebiet eines jeden Schulträgers mit mehr als einer Schule. Es bedarf hierzu keines Beschlusses oder sonstigen Gründungsaktes. Wo – z.B. wegen bisheriger Untätigkeit der Elternbeiräte oder wegen Ausscheidens des bisherigen Vorstands – dieser Gesamtelternbeirat faktisch nicht „existent“ ist, lädt der/die Vorsitzende des Elternbeirats der Schule mit der größten Schülerzahl im Gebiet dieses Schulträgers zu einer konstituierenden Sitzung ein.

Die Gesamtelternbeiräte haben sich regional bzw. schulartspezifisch zu Arbeitskreisen zusammengeschlossen.

Außerdem können sich Elternvertretungen zu überörtlichen Arbeitskreisen zusammenschließen, um im Rahmen ihrer Zielsetzung Erfahrungen und Meinungen auszutauschen, gemeinsam Veranstaltungen durchzuführen und gemeinsame Stellungnahmen zu erarbeiten. Ausdrücklich ist bestimmt: „Die Schulaufsichtsbehörden beraten und unterstützen solche Arbeitskreise“. ⇨ Schulgesetz § 58 Abs. 2

⇨ Elternbeirat (EltBVO) § 30 ff.; ⇨ Schulgesetz § 58; ⇨ Schulträger

Elternbeirat (Geschäftsordnung)

Muster-Geschäftsordnung des Landeselternbeirats für Elternbeiräte

Vorbemerkungen der Redaktion

Nach ⇨ Elternbeirat (EltBVO) § 28 muss sich jeder Elternbeirat eine ⇨ Geschäftsordnung geben. Der Landeselternbeirat hat hierfür das unten abgedruckte Muster beschlossen; inhaltlich ist dies zugleich eine Wahlordnung. Wir empfehlen allen Elternbeiräten, sich an dieser Muster-Geschäftsordnung zu orientieren. (Quelle: https://leb-bw.de/infos-downloads/sonstiges)

Bilden mehrere Schularten einen „Schulverbund“ (⇨ Schulgesetz § 16), so sind sie rechtlich eine Schule mit einem Elternbeirat. Es kann sinnvoll sein, in der GO schulartbezogene Ausschüsse vorzusehen oder bei Fragen, die nur eine Schulart betreffen, die für die Beschlussfähigkeit erforderliche Mindestzahl der stimmberechtigten Anwesenden herabzusetzen.

Geschäftsordnung des Elternbeirats des/der ... (Name der Schule) vom ...

Aufgrund des § 57 Abs. 4 Satz 2 des Schulgesetzes für Baden-Württemberg (SchG) in der derzeit gültigen Fassung und des § 28 der Verordnung des Ministeriums für Kultus und Sport für Elternvertretungen und Pflegschaften an öffentlichen Schulen (Elternbeiratsverordnung) [...] gibt sich der Elternbeirat folgende Geschäftsordnung:

1. Abschnitt
Allgemeines

§ 1
Rechtsgrundlagen

Die Grundlagen dieser Geschäftsordnung bilden die §§ 55 und 57 SchG sowie die §§ 24 bis 29 Elternbeiratsverordnung, hinsichtlich der Wahl der Elternvertreter in der Schulkonferenz § 47 Abs. 7 SchG und § 3 Abs. 1 Schulkonferenzordnung.

§ 2
Mitglieder

Für die Zusammensetzung des Elternbeirats gilt § 57 Abs. 3 Satz 2 SchG und § 25 Elternbeiratsverordnung.

§ 3
Aufgaben

Für das Recht und die Aufgabe des Elternbeirats, die Erziehungsarbeit der Schule zu fördern und mitzugestalten, gelten die §§ 55 und 57 SchG mit der Maßgabe, dass § 55 Abs. 4 SchG auch auf die Behandlung von Angelegenheiten einzelner Schüler in Ausschüssen des Elternbeirats Anwendung findet.

2. Abschnitt
Wahl der Funktionsinhaber

§ 4
Wahl des Vorsitzenden und Stellvertreters

(1) Wahlberechtigt sind gemäß § 57 Abs. 4 Satz 1 SchG und § 25 Elternbeiratsverordnung die Klassenelternvertreter und ihre Stellvertreter.

(2) Wählbar als Vorsitzender und stellvertretender Vorsitzender sind die in Absatz 1 genannten Wahlberechtigten, ausgenommen die in § 26 Abs. 1 und 2 Elternbeiratsverordnung genannten Personen. § 26 Abs. 2 Elternbeiratsverordnung gilt auch für die Wahl des Stellvertreters.

(3) Für den Wahltermin gilt § 26 Abs. 3 und 4 Elternbeiratsverordnung.

§ 5
Sonstige Funktionsinhaber

Der Elternbeirat bestellt durch Wahl einen Schriftführer und ggf. einen Kassenverwalter. Beide Funktionen können durch die selbe Person ausgeführt werden. Für die Wahl gilt § 4 entsprechend.

Hinweis der Redaktion: Hier kann der Elternbeirat auch die Wahl von Beisitzer*innen regeln und zugleich bestimmen, dass die sonstigen Funktionsinhaber*innen den Vorstand in dessen Auftrag im Einzelfall vertreten dürfen.

§ 6
Vorbereitung der Wahl, Einladung

(1) Die Vorbereitung der Wahl obliegt gemäß § 26 Abs. 6 in Verbindung mit § 15 Abs. 3 Elternbeiratsverordnung dem geschäftsführenden Vorsitzenden des Elternbeirats, im Verhinderungsfalle seinem Stellvertreter. Sind beide verhindert, so beauftragt der geschäftsführende Vorsitzende des Elternbeirats ein Elternbeiratsmitglied mit der Wahlvorbereitung.

(2) Die Einladung muss schriftlich erfolgen. Sie kann durch Vermittlung des Schulleiters den Elternbeiratsmitgliedern über deren Kinder zugeleitet werden.

§ 7
Wahlleiter

(1) Wahlleiter ist, wem gemäß § 6 Abs. 1 die Wahlvorbereitung obliegt. Kandidiert der Wahlleiter zur Wahl des Vorsitzenden oder seines Stellvertreters, bestimmen die anwesenden Wahlberechtigten einen neuen Wahlleiter, der die Wahlleitung übernimmt.

(2) Der Wahlleiter ist dafür verantwortlich, dass die Wahl ordnungsgemäß durchgeführt wird und insbesondere die Bestimmungen über die Wahlberechtigung und die Wählbarkeit eingehalten werden. Er stellt zu Beginn der Sitzung die Wahlfähigkeit des Elternbeirats (§ 8) fest.

(3) Der Wahlleiter kann einen Wahlberechtigten zum Schriftführer für die Wahl bestellen.

(4) Der Wahlleiter hat

1. das Ergebnis der Wahl – ggf. gemeinsam mit dem Schriftführer – unter Feststellung der Wahlfähigkeit (§ 8) in einer Niederschrift festzuhalten;
2. einen Gewählten, der bei der Wahl nicht anwesend war, unverzüglich aufzufordern, die Erklärung über die Annahme der Wahl (§ 9 Abs. 1 Nr. 4) abzugeben;
3. nach erfolgter Annahme der Wahl die Namen und Anschriften der Gewählten allen Mitgliedern des Elternbeirats, dem Schulleiter und dem geschäftsführenden Gesamtelternbeirat schriftlich mitzuteilen. ⇨ Schulgesetz § 58

Hinweis der Redaktion: Bei neu gebildeten Elternbeiräten oder in Konfliktfällen kann es sinnvoll sein, erfahrene Elternbeiratsvorsitzende – z.B. von einer benachbarten Schule – oder den/die Vorsitzende des Gesamtelternbeirats zur konstituierenden Sitzung einzuladen und ggf. auch als Wahlleiter*in zu bestellen. Rechtsgrundlage: ⇨ Elternbeirat (EltBVO) § 27.

§ 8
Wahlfähigkeit

Der Elternbeirat ist wahlfähig, wenn mindestens die Hälfte seiner Mitglieder anwesend ist. Ist die Wahlfähigkeit nicht gegeben, so ist unverzüglich zu einem Wahlgang in einer zweiten Sitzung einzuladen. In dieser Sitzung ist der Elternbeirat auch dann wahlfähig, wenn weniger als die Hälfte der Wahlberechtigten anwesend ist. Hierauf ist in der Einladung hinzuweisen.

§ 9 Wahlverfahren

(1) Für die Abstimmung gelten gemäß § 26 Abs. 6 Elternbeiratsverordnung die Abstimmungsgrundsätze des § 18 Elternbeiratsverordnung mit folgender Maßgabe:

1. Briefwahl ist nicht zulässig;
2. der Vorsitzende und sein Stellvertreter sind in dieser Reihenfolge in getrennten Wahlgängen zu wählen;
3. bei Stimmengleichheit ist in der gleichen Sitzung ein zweiter Wahlgang durchzuführen; ergibt sich auch dabei keine Mehrheit, so entscheidet das Los;
4. die Gewählten haben dem Wahlleiter zu erklären, ob sie die Wahl annehmen; die Erklärung ist von einem bei der Wahl Anwesenden unverzüglich, von einem Abwesenden innerhalb einer Woche ab Aufforderung (§ 7 Abs. 4) abzugeben;
5. wird die Annahme der Wahl abgelehnt, so ist sie möglichst rasch zu wiederholen.

(2) Für die Wahl der sonstigen Funktionsinhaber gilt Absatz 1 entsprechend mit der Maßgabe, dass sie vom Vorsitzenden, im Verhinderungsfalle von seinem Stellvertreter, geleitet wird.

§ 10 Amtszeit

(1) Für die Amtszeit des Vorsitzenden des Elternbeirats und seines Stellvertreters gelten folgende Regelungen:

1. die Amtszeit dauert ein Schuljahr;
2. für Beginn und Ende der Amtszeit gelten gemäß § 26 Abs. 6 Elternbeiratsverordnung die Vorschriften des § 15 Abs. 1 Satz 1 und Abs. 3 Elternbeiratsverordnung entsprechend;
3. für die vorzeitige Beendigung der Amtszeit gelten gemäß § 26 Abs. 6 Elternbeiratsverordnung die Vorschriften des § 15 Abs. 1 Satz 1 und Abs. 3 Elternbeiratsverordnung entsprechend mit folgender Maßgabe:
   a) das Amt erlischt insbesondere dann vorzeitig, wenn das Kind die Schule vorzeitig verlässt;
   b) für den Rest der Amtszeit ist unverzüglich eine Neuwahl vorzunehmen, wenn der Vorsitzende und sein Stellvertreter vorzeitig aus ihrem Amt ausscheiden;
   c) für die Neuwahl gelten die §§ 4 bis 9 entsprechend.

(2) Für die Amtszeit der sonstigen Funktionsinhaber sowie ihre Neuwahl im Falle des vorzeitigen Ausscheidens gilt Absatz 1 entsprechend.

3. Abschnitt
Wahl der Elternvertreter in der Schulkonferenz

§ 11
Wahl der Vertreter in der Schulkonferenz

Die Wahl der Vertreter der Eltern und deren Stellvertreter in der Schulkonferenz gemäß § 3 Abs. 1 Schulkonferenzordnung erfolgt nach der Wahl des Vorsitzenden des Elternbeirats, seines Stellvertreters und der sonstigen Funktionsinhaber. Für die Wahl gelten die §§ 4 bis 9 entsprechend mit folgender Maßgabe:

1. die Wahl wird vom Vorsitzenden des Elternbeirats, im Verhinderungsfalle von seinem Stellvertreter, geleitet;
2. die Wahl kann in der gleichen Sitzung vorgenommen werden, in der Vorsitzender, Stellvertreter und sonstige Funktionsinhaber gewählt werden; Voraussetzung ist, dass in der Einladung auf die Durchführung dieser Wahl besonders hingewiesen wurde. Die Vertreter und ihre Stellvertreter können auch gemeinsam gewählt werden;
3. für die Zahl der zu wählenden Vertreter und Stellvertreter gilt § 2 Schulkonferenzordnung, dabei sollen alle Schularten vertreten sein;
4. die Namen und Anschriften der Gewählten sind in der Reihenfolge der erreichten Stimmenzahl unverzüglich dem Schulleiter und allen Elternbeiratsmitgliedern schriftlich mitzuteilen.

4. Abschnitt – Wahlanfechtung

§ 12

Anfechtungsverfahren

Für die Wahlanfechtung gilt § 19 Elternbeiratsverordnung mit folgender Maßgabe:

1. ein Einspruch gegen die Wahl ist nur begründet, wenn gegen die Vorschriften des § 26 Elternbeiratsverordnung oder die Vorschriften der §§ 4 bis 11 dieser Geschäftsordnung verstoßen worden und eine Berichtigung nicht rechtzeitig erfolgt ist, es sei denn, dass durch den Verstoß das Wahlergebnis nicht geändert oder beeinflusst werden konnte;
2. der Einspruch kann nur von einem Wahlberechtigten erhoben werden;
3. der Einspruch ist binnen einer Woche unter Darlegung der Gründe schriftlich beim Elternbeiratsvorsitzenden einzulegen;
4. über den Einspruch ist binnen zweier Wochen nach Eingang beim Vorsitzenden zu entscheiden. Dabei ist der Elternvertreter, dessen Wahl angefochten ist, nicht stimmberechtigt;
5. wird die Wahl sämtlicher Funktionsinhaber angefochten, beauftragt der Elternbeirat ein nicht betroffenes Mitglied mit dem Wahlanfechtungsverfahren;
6. die Entscheidung über den Einspruch ist von demjenigen, dem die Durchführung der Wahlanfechtung obliegt, dem Einsprecher sowie dem Elternvertreter, dessen Wahl angefochten wurde, unter Angabe der wesentlichen Gründe schriftlich bekanntzugeben;
7. wird die Wahl für ungültig erklärt, ist nach den Vorschriften dieser Geschäftsordnung eine Neuwahl vorzunehmen;
8. ein Elternvertreter dessen Wahl angefochten wird, übt sein Amt aus, solange die Wahl nicht für ungültig erklärt ist.

Hätten Sie's gewusst? – Eltern fragen, wir antworten.

Sind Wahl- und Geschäftsordnungen nötig?

Frage: Ich finde die Vorschriften über die Sitzungsleitung, das Wahlverfahren und die Abstimmungsgrundsätze in der Elternbeiratsverordnung ziemlich dürftig. Eine Geschäftsordnung gibt es an unserer Schule nicht, im Elternbeirat besteht „an solchem Formalkram" kein Interesse. Was tun?

Antwort: Das sollte nicht so bleiben! Die Elternbeiratsverordnung bestimmt in § 28: *„Der Elternbeirat gibt sich eine Geschäftsordnung"*. Das ist eine gesetzliche Pflicht! Die Muster-Geschäftsordnung des Landeselternbeirats für die Elternbeiräte im ganzen Land können Sie unbesorgt übernehmen (und nach Bedarf an die örtlichen Schulverhältnisse anpassen), aber wenn Ihr Elternbeirat partout keine Geschäftsordnung beschließen will, dann müssen Sie ohne förmlich beschlossene „Regularien" auskommen. ⇨ Elternbeirat (EltBVO) §§ 17-20 und §§ 27-29; ⇨ Elternbeirat (Geschäftsordnung)

In diesem Fall hat sich die Sitzungsleitung an den in öffentlichen Angelegenheiten üblichen Grundsätzen zu orientieren. Dazu das KM (10.1.2000; AZ: 43-6453.0/13): *„Damit sind die Verhandlungsgrundsätze angesprochen, die auch in anderen Gremien mit öffentlichen Aufgaben üblich sind und die dort in der Regel in der jeweiligen Geschäftsordnung konkretisiert werden. Hierzu zählen etwa: Eröffnung der Beratung durch den Vorsitzenden gemäß der Tagesordnung, Aufstellung einer Rednerliste entsprechend den Wortmeldungen, Vorziehen von Anträgen zur Geschäftsordnung, Zurückweisung eines ungebührlichen, z.B. beleidigenden Wortbeitrages, bei alternativen Anträgen zunächst Abstimmung über den weitergehenden Antrag"*. Damit gibt es schon ein paar Grundregeln, aber ohne richtige Geschäftsordnung lähmt sich die Elternvertretung selbst, denn dann kommt es (leider) bisweilen schnell zu einem unbefriedigenden, langwierigen Palaver.

Außerdem kann der Elternbeirat eine Wahlordnung beschließen (muss es also nicht), denn einige Wahlgrundsätze sind in der Elternbeiratsverordnung fixiert; siehe ⇨ Elternbeirat (EltBVO) §§ 17 ff.. Für Wahlen im öffentlichen Bereich (dazu zählt auch die durch Gesetz eingerichtete Elternvertretung) gilt üblicherweise: Die Wahl wird von einer Person geleitet, die selbst nicht kandidiert („Wahlleiter"). Es wird im Regelfall mit Stimmzetteln gewählt (sobald auch nur ein Wahlberechtigter geheime Wahl wünscht, ist auf jeden Fall geheim abzustimmen). Für jede Funktion (z.B. Vorsitzende*r und Stellvertreter*in) erfolgt ein gesonderter Wahlgang; bei Stimmengleichheit erfolgt ein neuer Wahlgang, sofern nicht vorher für diesen Fall ein Losentscheid beschlossen wurde.

Aber mit einer förmlichen Wahlordnung stehen Sie besser da; so wirkte es sich in der Corona-Pandemie positiv aus, wenn eine verlängerte Amtszeit festgelegt worden war. ⇨ Elternbeirat (EltBVO) § 15 Abs. 2

5. Abschnitt
Aufgaben der Funktionsinhaber, Sitzungen

§ 13
Aufgaben

(1) Der Vorsitzende vertritt den Elternbeirat. Ihm obliegen insbesondere die Aufgaben gemäß § 27 Abs. 1 Elternbeiratsverordnung. Im Verhinderungsfalle tritt an seine Stelle sein Stellvertreter.

Hinweis der Redaktion: Siehe hierzu den Hinweis bei § 5.

(2) Der Schriftführer hat die Aufgabe, den Gegenstand der Beratungen des Elternbeirats und dessen Beschlüsse schriftlich niederzulegen. Die Niederschrift ist vom Vorsitzenden und vom Schriftführer zu unterzeichnen. ⇨ Protokolle und Niederschriften

§ 14
Sitzungen, Einladung

(1) Der Elternbeirat tritt nach Bedarf, mindestens jedoch zweimal in jedem Schuljahr zusammen.

(2) Zu den Sitzungen des Elternbeirats sind die Mitglieder unter Beifügung der Tagesordnung schriftlich einzuladen. Die Einladung kann durch Vermittlung des Schulleiters den Mitgliedern über deren Kinder zugeleitet werden. Die Einladungsfrist beträgt eine Woche; sie kann in dringenden Fällen verkürzt werden.

(3) Der Elternbeirat ist binnen zweier Wochen einzuberufen, wenn dies

a) mindestens 3 Mitglieder oder

b) der Schulleiter,

unter Angabe des zu behandelnden Themas beantragen.

(4) Für die Teilnahme des Schulleiters und seines Stellvertreters und weiterer Personen (z.B. Schülervertreter der Schule) an den Sitzungen des Elternbeirats gilt § 27 Abs. 2 und 3 der Elternbeiratsverordnung.

§ 15
Beratung und Abstimmung

(1) Angelegenheiten, die nicht auf der Tagesordnung stehen, können in der Sitzung behandelt werden, wenn dies von der Mehrheit gewünscht wird.

(2) Der Elternbeirat ist beschlussfähig, wenn mindestens die Hälfte der Mitglieder anwesend ist. Ist die Beschlussfähigkeit nicht gegeben, so ist unverzüglich zu einer zweiten Sitzung einzuladen. In dieser Sitzung ist der Elternbeirat auch dann beschlussfähig, wenn weniger als die Hälfte seiner Mitglieder anwesend ist. Hierauf ist in der Einladung hinzuweisen.

(3) Der Elternbeirat fasst seine Beschlüsse mit einfacher Mehrheit; Stimmenthaltungen werden bei der Berechnung der Mehrheit nicht mitgezählt. Bei Stimmengleichheit gilt der Antrag als abgelehnt.

(4) Es wird offen abgestimmt (durch Zuruf oder Handzeichen). Die Abstimmung ist geheim durchzuführen, wenn dies mindestens drei Stimmberechtigte verlangen.

(5) Der Vorsitzende kann im Wege der schriftlichen Umfrage abstimmen lassen. Er hat hierbei allen Mitgliedern den Abstimmungsgegenstand schriftlich darzulegen und sie aufzufordern, sich innerhalb einer Frist von mindestens einer Woche zu äußern und über die gestellte Frage mit ja oder nein schriftlich abzustimmen. Stimmt ein Mitglied nicht rechtzeitig ab, so gilt dies als Stimmenthaltung.

(6) Der Gegenstand der Beratungen, die Beschlussfassung und das Abstimmungsergebnis sind vom Vorsitzenden bzw. Schriftführer in einer Niederschrift festzuhalten. Im Falle des Absatzes 5 ist den Mitgliedern das Abstimmungsergebnis innerhalb einer angemessenen Frist mitzuteilen.

§ 16
Ausschüsse

Der Elternbeirat kann Ausschüsse bilden, die aus dem Vorsitzenden oder / und seinem Stellvertreter und weiteren Mitgliedern des Elternbeirats bestehen. Für die Ausschüsse gelten § 13 Abs. 1 und § 14 Abs. 2 und 4 sowie § 15 Abs. 2 bis 4 entsprechend.

§ 17
Änderung der Wahl- und Geschäftsordnung

Für die Änderung dieser Geschäftsordnung und die Änderung der Wahlordnung für die Wahl der Klassenelternvertreter gelten zusätzlich folgende Bestimmungen:

1. eine Abstimmung im Wege der schriftlichen Umfrage ist nicht statthaft;
2. die Abstimmung ist nur zulässig, wenn die Beratung in der Tagesordnung vorgesehen war;
3. für eine Änderung bedarf es einer Mehrheit von zwei Dritteln der abgegebenen gültigen Stimmen.

6. Abschnitt – Beitragserhebung, Kassenführung

§ 18
Kostendeckung

Für die Deckung der notwendigen Kosten kann der Elternbeirat freiwillige Beiträge erheben.

⇨ Elternbeirat (Kassenführung)

§ 19
Elternkasse

(1) Der Kassenverwalter führt die laufenden Kassengeschäfte im Einvernehmen mit dem Vorsitzenden.

(2) Der Elternbeirat bestellt aus seiner Mitte durch Wahl mit einfacher Mehrheit der anwesenden Mitglieder zwei Kassenprüfer, die einmal im Schuljahr die Kassenführung prüfen und das Ergebnis dem Elternbeirat bekanntgeben.

Hinweis der Redaktion: Diese Muster-GO enthält keinen § 20.

7. Abschnitt – Inkrafttreten

§ 21

Diese Geschäftsordnung tritt am ... in Kraft. Gleichzeitig tritt eine eventuell bisher gültige Geschäftsordnung außer Kraft.

Datum

Vorsitzende/r des Elternbeirats

Stellvertretende/r Vorsitzende/r des Elternbeirats

Schriftführer*in

⇨ Elternbeirat (Allgemeines); ⇨ Elternbeirat (EltBVO); ⇨ Elternbeirat (Kassenführung); ⇨ Elternbeirat (Landeselternbeirat – Wahlordnung); ⇨ Geschäftsordnung; ⇨ Protokolle; ⇨ Schulgesetz; ⇨ Schulkonferenzordnung

Elternbeirat (Kassenführung)

Informationen der Redaktion zur Rechtslage und zur Verwaltungspraxis in Baden-Württemberg

Der Elternbeirat darf zur Deckung notwendiger Unkosten freiwillige Beiträge erheben, eine „Elternkasse" führen und die für eine geordnete Kassenführung notwendigen Grundsätze erlassen.
➪ Elternbeirat (EltBVO) § 28 Nr. 9

In der Muster-Geschäftsordnung des Landeselternbeirats sind hierfür unter § 19 Vorschläge gemacht.
➪ Elternbeirat (Geschäftsordnung) § 19

Der Elternbeirat kann aus diesen Einnahmen seine Geschäftsbedürfnisse bestreiten, soweit diese nicht von der Schule bzw. dem Schulträger übernommen werden, bzw. schulische Aufgaben unterstützen. Die Elternvertretung ist hierbei an keine speziellen Vorschriften des Kultusministeriums gebunden, sondern an die allgemeinen Gesetze.

Die folgenden Ausführungen beziehen sich auf die Arbeit des Elternbeirats, sie gelten aber prinzipiell auch für den Umgang anderer Eltern/-gremien mit ihnen anvertrauten Geldern (beispielsweise bei der Organisation eines „Klassenfestes" durch die gewählten Klassenelternvertreter*innen).

Sofern der Schulträger bzw. die Schule der Elternvertretung zur Erledigung ihrer Aufgaben im Rahmen des kommunalen Haushalts Mittel zur Verfügung stellt, handelt es sich um öffentliche Gelder, für deren Behandlung die im Beitrag ➪ Haushalt (Kassenführung) aufgeführten Regularien gelten.

Ansonsten handelt es sich bei den Mitteln der Elterngremien (z.B. den Einkünften aus freiwilligen Beiträgen der Eltern oder aus Schulfesten und sonstigen Veranstaltungen, die in Verantwortung des Elternbeirats durchgeführt werden) nicht um öffentliche Mittel, sondern um private Gelder, deren Verwaltung und Verwendung sich nach dem bürgerlichen Recht richtet: Sammeln Elternvertreter*innen im Auftrag des Elternbeirats Gelder ein, verwahren sie auf einem Konto und bezahlen daraus die Aufwendungen des Elternbeirats, so haben sie beim Umgang mit diesem fremden Eigentum nur für diejenige Sorgfalt einzustehen, welche sie in eigenen Angelegenheiten anzuwenden pflegen (BGB § 690). Außer bei Vorsatz oder Fahrlässigkeit ist z.B. im Fall von Verlust oder Diebstahl eine zivilrechtliche Haftung gegenüber den anderen Eltern nur schwer durchsetzbar. Wenn aber erst einmal durch unsorgfältigen oder gar kriminellen Umgang mit diesen Geldern ein Schaden entstanden ist, so lässt er sich kaum mehr beheben.

Deshalb ist dringend anzuraten, vor der erstmaligen Erhebung von Beiträgen oder der Einrichtung einer Elternkasse durch Beschluss des Elternbeirats

- die Zweckbestimmung allgemein bzw. im Einzelfall festlegen,
- einen „Kassenwart" oder eine „Kassenwartin" zu wählen, die die Kasse treuhänderisch für den Elternbeirat führen,
- eine regelmäßige Kassenprüfung vorzusehen und hierfür Kassenprüfer*innen zu bestellen,
- klar zu bestimmen, wo und wie die Gelder angelegt werden (Geldinstitut) und wer dafür eine Zeichnungsberechtigung besitzt.

Damit sich keine größeren Beträge ansammeln, sollte der Elternbeirat regelmäßig über eine sinnvolle Verwendung dieser Mittel beschließen, denn außer im Fall des Ansparens für eine bereits beschlossene größere Anschaffung o.ä. besteht keine Notwendigkeit zur Bildung von Rücklagen.

Bei der Entscheidung über die Verwendung der Mittel ist einerseits zu berücksichtigen, dass es nicht Aufgabe des Elternbeirats ist, Maßnahmen zu finanzieren, für die an sich der Schulträger zuständig ist. Andererseits müssen die Gelder aber für die Schule verwendet werden, z.B. Finanzierung von Schulveranstaltungen, Beschaffung von Geräten usw. Möglich ist aber auch die Aufteilung auf die einzelnen Klassen, damit die Gelder dort z.B. zugunsten bedürftiger Schüler*innen (Zuschuss zum Schullandheimaufenthalt usw.) verwendet werden können.

Da der Elternbeirat als internes Organ der Schule keinen körperschaftlichen Status besitzt, kann er keine Spendenbescheinigung ausstellen. Das können nur öffentliche oder gemeinnützige private Körperschaften tun, also beispiesweise der Schulleiter beziehungsweise. die Schulleiterin, die die Schule nach außen vertreten, oder der ➪ Schulträger.

Insbesondere wenn der Elternbeirat umfangreichere Aktivitäten entfaltet und größeren Einnahmen anfallen, z.B. bei der Gästebewirtung auf Schulfesten usw. oder bei der Durchführung von Tombolas kann eine Steuerpflicht entstehen. Allerdings tritt wegen der „Kleinunternehmerregelung" eine Umsatzsteuerpflicht nicht ein, wenn im vorherigen Geschäftsjahr maximal 22.000 Euro Umsatz erwirtschaftet wurde und im laufenden Kalenderjahr voraussichtlich maximal 50.000 Euro erwartet werden (Stand: Kalenderjahr 2022). Im Zweifel ist es ratsam, das örtliche Finanzamt um Beratung und Auskunft zu bitten.

Um diesen Problemen aus dem Weg zu gehen, ist es vielfach üblich, solche Veranstaltungen sowie den Zahlungsverkehr nicht über den Elternbeirat selbst, sondern über einen Schulförderverein abzuwickeln, dessen Vorstandschaft vom Elternbeirat getragen bzw. mitbestimmt wird. Bitte beachten Sie hierzu auch die Ausführungen in den Beiträgen ➪ Haushalt (Kassenführung und Schulkonten) und ➪ Schulfeste.

➪ Elternbeirat (EltBVO) § 28 Nr. 9; ➪ Elternbeirat (Geschäftsordnung) § 19; ➪ Haushalt (Kassenführung); ➪ Protokolle und Niederschriften; ➪ Schulfördervereine; ➪ Sponsoring; ➪ Werbung

Läuse in der Schule – was tun? Hätten Sie's gewusst? Die Antwort steht auf Seite 67.

Elternbeirat (Landeselternbeirat)

Informationen der Redaktion zur Rechtslage und zur Verwaltungspraxis in Baden-Württemberg

Der Landeselternbeirat (LEB) als oberstes, gewähltes Elterngremium das Landes ist dem Kultusministerium unmittelbar zugeordnet. Er berät das KM in allgemeinen Fragen des Erziehungs- und Unterrichtswesens, insbesondere bei der Gestaltung der Bildungs- und Lehrpläne und der Zulassung der Schulbücher und kann ihm Vorschläge und Anregungen unterbreiten. Das KM unterrichtet den LEB über die wichtigen allgemeinen Angelegenheiten und erteilt ihm die notwendigen Auskünfte. Das KM soll dem LEB allgemeine, die Gestaltung und Ordnung des Schulwesens betreffende Regelungen vor ihrem Inkrafttreten zuleiten. Die Einzelheiten sind im ➪ Schulgesetz § 60 ff. und der Elternbeiratsverordnung geregelt. ➪ Elternbeirat (EltBVO) § 42

Die Mitglieder des LEB werden alle drei Jahre von Wahlausschüssen (bestehend aus den Vorsitzenden der Elternbeiräte der jeweiligen Schulart) gewählt.

➪ Elternbeirat (Landeselternbeirat – Geschäftsordnung); ➪ Elternbeirat (Landeselternbeirat – Wahlordnung)

Mitglieder und Vorstand des LEB

1. Mitglieder des 20. Landeselternbeirats

Regierungsbezirk Freiburg

GS	Raban Kluger	kluger@leb-bw.de
GMS	Petra Rietzler	rietzler@leb-bw.de
WRS	Anne Mone Sahnwaldt	sahnwaldt@leb-bw.de
RS	Sabine Gerber-Schaub	gerber-schaub@leb-bw.de
GYM	Sebastian Kölsch	kölsch@leb-bw.de
SBBZ	Sabrina Schumann	schumann@leb-bw.de
BS	Heike Pekar	pekar@leb-bw.de
BG	Friedhelm Biene	biene@leb-bw.de

Regierungsbezirk Karlsruhe

GS	Anja Albrecht-Hrubesch	albrecht-hrubesch@leb-bw.de
GMS	Jeannette Tremmel	tremmel@leb-bw.de
WRS	Ulrich Becker	becker@leb-bw.de
RS	Nadine Sabra	sabra@leb-bw.de
GYM	Isa Ünver	uenver@leb-bw.de
SBBZ	Lars Pallasch	pallasch@leb-bw.de
BS	Sabrina Wetzel	wetzel@leb-bw.de
BG	Thomas Schmeckenbecher	schmeckenbecher@leb-bw.de

Regierungsbezirk Stuttgart

GS	Peter Buchmann	buchmann@leb-bw.de
GMS	Dr. Gebhard Mehrle	mehrle@leb-bw.de
WRS	Bernd Oberhäußer	oberhäußer@leb-bw.de
RS	Manja Reinholdt	reinholdt@leb-bw.de
GYM	Erika Macan	macan@leb-bw.de
SBBZ	Stephan Sander	sander@leb-bw.de
BS	Eveline Nemzowitsch	nemzowitsch@leb-bw.de
BG	Roland Mögerle	mögerle@leb-bw.de

Regierungsbezirk Tübingen

GS	Kai Thumm	thumm@leb-bw.de
GMS	Susanne Petermann-Mayer	petermann-mayer@leb-bw.de
WRS	Birgit Dimmler	dimmler@leb-bw.de
RS	Ina Schultz	schultz@leb-bw.de
GYM	Jörg Vettermann	vettermann@leb-bw.de
SBBZ	Alexandra Schnek	schnek@leb-bw.de
BS	Christoph Staib	staib@leb-bw.de
BG	Birgit Zauner	zauner@leb-bw.de

Schulen in freier Trägerschaft

Susanne Balzer	balzer@leb-bw.de
Petra Karus-Vecchio	vecchio@leb-bw.de

GS = Grundschule, WRS = Haupt-/Werkrealschule, GMS = Gemeinschaftsschule, RS = Realschule, GY = Gymnasium, SBBZ = Sonderpädagogisches Bildungs- und Beratungszentrum, BS = Berufliche Schule, BG = Berufliches Gymnasium

2. Vorstand des 20. Landeselternbeirats

Vorsitzender	Sebastian Kölsch	koelsch@leb-bw.de
Stellvertreter	Peter Buchmann	buchmann@leb-bw.de
Stellvertreterin	Erika Macan	macan@leb-bw.de
Stellvertreterin	Manja Reinholdt	reinholdt@leb-bw.de
Kassierer	Bernd Oberhäußer	oberhaeusser@leb-bw.de
Stellvertr. Kassierer	Friedheim Biene	biene@leb-bw.de
Schriftführer	Christoph Staib	staib@leb-bw.de

Geschäftsstelle und Zeitschrift

Die Geschäftsstelle des Landeselternbeirats, 70178 Stuttgart, Silberburgstr. 158, ist dienstags und donnerstags von 8:30 bis 12:00 Uhr geöffnet; in den Ferien unregelmäßig. FON: (0711) 7410–94, FAX: –96, E-Mail: info@leb-bw.de, Internet: www.leb-bw.de.

Die Zeitschrift des Landeselternbeirats *„Schule im Blickpunkt“* (6 Ausgaben jährlich) kann beim Neckar-Verlag, Klosterring 1, 78050 Villingen-Schwenningen, abonniert werden (07721/8987-0; info@neckar-verlag.de; www.neckar-verlag.de); Jahres-Abo: 15,50 Euro zzgl. Porto. Die Redaktion ist über die Geschäftsstelle des Landeselternbeirats (s.o.) und unter redaktion.sib@leb-bw.de erreichbar.

➪ Elternbeirat (EltBVO) § 36 ff.; ➪ Elternbeirat (Landeselternbeirat – Geschäftsordnung); ➪ Elternbeirat (Landeselternbeirat – Wahlordnung); ➪ Grundgesetz Art. 6; ➪ Schulgesetz § 60 ff.; ➪ Verfassung Art. 12, 17

Elternbeirat (Landeselternbeirat – Geschäftsordnung)

Geschäftsordnung des Landeselternbeirats Baden-Württemberg vom 22.10.1986 (K.u.U. N 124), zuletzt geändert in der Sitzung am 16.07.2014

1. Abschnitt
Allgemeines

§ 1
Rechtsgrundlagen

Die Grundlagen dieser ➪ Geschäftsordnung bilden § 60 SchG und die §§ 36 bis 40 Elternbeiratsverordnung, für die Wahl der Elternvertreter im Landesschulbeirat § 71 Abs. 2 SchG, § 2, § 3 und § 4 Abs. 1 Nr. 1 Landesschulbeiratsverordnung.

➪ Elternbeirat (EltBVO) § 36 ff.; ➪ Landsschulbeirat; ➪ Schulgesetz § 60

§ 2
Aufgaben

(1) Die Aufgaben und Rechte des Landeselternbeirats ergeben sich aus § 60 Abs.1 und 2 SchG. Dem Landeselternbeirat obliegt danach insbesondere die Beratung des Ministeriums für Kultus, Jugend- und Sport in den Fragen des Erziehungs- und Unterrichtswesens sowie des Ausbildungswesens. Ihm obliegt dabei besonders die Beratung bei der Gestaltung der Bildungs- und Lehrpläne und der Genehmigung der Schulbücher; er kann Vorschläge und Anregungen unterbreiten. Dem Landeselternbeirat steht im Rahmen seiner Aufgaben gegenüber diesem Ministerium ein Informationsrecht zu.

(2) Der Landeselternbeirat versteht sich als Interessenvertretung der Eltern in allen Angelegenheiten der Erziehungs- und Bildungspolitik. Als oberste Elternvertretung achtet er im Rahmen seiner Aufgaben insbesondere auf die Wahrung des verfassungsmäßigen Rechts der Eltern, die Erziehung und Ausbildung ihrer Kinder mitzubestimmen.

§ 3
Mitgliedschaft

(1) Der Landeselternbeirat besteht aus gewählten Vertretern der Eltern (§ 60 Abs.1 Satz 1 SchG).

(2) Die Zusammensetzung des Landeselternbeirats, die Wahl der einzelnen Mitglieder und die Wählbarkeit regeln § 37 und die §§ 41 bis 44 Elternbeiratsverordnung und die aufgrund des § 60 Abs. 3 SchG in Verbindung mit § 45 Elternbeiratsverordnung vom Landeselternbeirat erlassene Wahlordnung.

➪ Elternbeirat (Landeselternbeirat – Wahlordnung);

(3) Für die Amtszeit des Landeselternbeirats, die Fortführung der Geschäfte und das Nachrückenin den Landeselternbeirat gilt § 38 Elternbeiratsverordnung.

§ 4
Pflichten der Mitglieder

(1) Die Mitglieder des Landeselternbeirats arbeiten bei der Wahrnehmung der Aufgaben des Landeselternbeirats vertrauensvoll zusammen. Sie führen ihre Tätigkeit ehrenamtlich, uneigennützigund unparteiisch zum Wohle der Schüler und im Interesse der Eltern aus; sie sind dabei nicht an Weisungen gebunden.

(2) Die Mitglieder des Landeselternbeirats haben über die ihnen bei ihrer Tätigkeit bekannt gewordenen Angelegenheiten Verschwiegenheit zu wahren. Dies gilt auch nach Beendigung ihrer Amtszeit.Die Verschwiegenheitspflicht gilt nicht für offenkundige Tatsachen und Angelegenheiten. Es ist unzulässig, Ausführungen einzelner Mitglieder des Landeselternbeirats aus den Sitzungen dritten Personen mitzuteilen.

(3) Die Mitglieder des Landeselternbeirats dürfen keine Erklärungen und Stellungnahmen für den Landeselternbeirat abgeben. Für die Vertretung des Landeselternbeirats nach außen gilt § 15 Abs. 1 und 3.

(4) Die Mitglieder des Landeselternbeirats sind verpflichtet, an den Sitzungen teilzunehmen. Im Verhinderungsfall haben sie sich beim Vorsitzenden unter Angabe des Grundes zu entschuldigen und ihren Stellvertreter unverzüglich unter Übersendung der Tagesordnung und der übrigen Sitzungsunterlagen zur Teilnahme an der Sitzung aufzufordern. Bei wiederholten Versäumnissen kann der Vorsitzende die Elternvertretungen des Regierungsbezirks unterrichten, die das Landeselternbeiratsmitglied vertritt.

(5) Die Mitglieder des Landeselternbeirats sind zu Beginn der ersten Sitzung nach jeder Neuwahlvom einladenden geschäftsführenden Vorsitzenden auf ihre Pflichten ausdrücklich hinzuweisen.

(6) Für ein stellvertretendes Mitglied, das an einer Sitzung des Landeselternbeirats für ein verhindertes Mitglied erstmals teilnimmt oder für ein vorzeitig ausgeschiedenes Mitglied nachrückt, geltendie Absätze 1 bis 4 entsprechend. Das stellvertretende Mitglied ist vom Vorsitzenden zu Beginn der Sitzung auf seine Pflichten hinzuweisen.

2. Abschnitt
Vorstand, Wahl der Funktionsinhaber

§ 5
Vorstand

(1) Die Mitglieder des Landeselternbeirats wählen aus ihrer Mitte den Vorstand.

(2) Der Vorstand besteht aus dem Vorsitzenden, drei gleichberechtigten stellvertretenden Vorsitzenden, Schriftführer, Kassenwart und stellvertretendem Kassenwart.

§ 6
Wahl des Vorstands

(1) Wahlberechtigt ist, wer dem Landeselternbeirat als Mitglied (§ 3) angehört, im Verhinderungsfall sein Stellvertreter.

(2) Wählbar sind nur Mitglieder.

(3) Für den Wahltermin gilt § 39 Abs. 1 Satz 1 Elternbeiratsverordnung mit der zusätzlichen Maßgabe, dass vor der Wahl eines neuen Vorstandes zu Beginn der Amtszeit eines Landeselternbeirats eine zweitägige Klausur stattzufinden hat.

Informationen zum Elternrecht

§ 7
Vorbereitung der Wahl, Einladung

(1) Der Vorsitzende des bisherigen Landeselternbeirats lädt als geschäftsführender Vorsitzender die Wahlberechtigten zur Neuwahl ein. Ist er verhindert, lädt ein vom Vorstand bestimmtes Vorstandsmitglied zur Neuwahl ein. Der Vorstand des bisherigen Landeselternbeirats bereitet die Wahl vor. Sind alle Vorstandsmitglieder verhindert, so beauftragt der geschäftsführende Vorsitzende ein oder mehrere Mitglieder mit der Wahlvorbereitung.

(2) Die Einladung zur Neuwahl muss schriftlich erfolgen. Für die Einladungsfrist gilt § 21 Abs. 2, für die Ankündigung der Neuwahl § 22 Abs. 3.

§ 8
Wahlleiter

(1) Wahlleiter ist der geschäftsführende Vorsitzende. Ist der geschäftsführende Vorsitzende verhindert oder kandidiert er für den Vorstand, bestimmen die Wahlberechtigten gem. § 24 Abs. 4 und 5 durch Wahl aus ihrer Mitte einen Wahlleiter. § 22 Abs. 3 findet keine Anwendung.

(2) Der Wahlleiter ist dafür verantwortlich, dass die Wahl ordnungsgemäß durchgeführt wird und insbesondere die Bestimmungen über die Wahlberechtigung und Wählbarkeit (§ 6) eingehalten werden. Er stellt zu Beginn der Sitzung die Wahlfähigkeit des Landeselternbeirats (§ 9) fest.

(3) Der Wahlleiter kann einen Wahlberechtigten zum Protokollführer für die Wahl bestellen.

(4) Der Wahlleiter hat

1. die Feststellung der Wahlfähigkeit (§ 9) und das Ergebnis der Wahl – ggf. gemeinsam mit dem Protokollführer – in einer Niederschrift festzuhalten;
2. einen Gewählten unverzüglich aufzufordern, die Erklärung über die Annahme der Wahl (§ 10 Abs. 6) abzugeben;
3. nach erklärter Annahme der Wahl die Namen und Anschriften der Gewählten unverzüglich allen Mitgliedern und stellvertretenden Mitgliedern sowie dem Ministerium für Kultus, Jugend und Sport schriftlich mitzuteilen.

§ 9
Wahlfähigkeit

Der Landeselternbeirat ist wahlfähig, wenn mehr als die Hälfte der Wahlberechtigten (§ 6 Abs. 1) anwesend ist. Ist die Wahlfähigkeit nicht gegeben, so ist unverzüglich zu einem Wahlgang in einer zweiten Sitzung einzuladen. In dieser Sitzung ist der Landeselternbeirat auch dann wahlfähig, wenn weniger als die Hälfte der Mitglieder anwesend ist. Hierauf ist in der Einladung hinzuweisen.

§ 10
Wahlverfahren

(1) Die Mitglieder des Vorstands werden in getrennten Wahlgängen in geheimer Wahl gewählt. Die Wahlen sind in der sich aus § 5 Abs. 2 ergebenden Reihenfolge durchzuführen. Dabei werden die drei stellvertretenden Vorsitzenden gleichzeitig gewählt (§ 10 Abs. 4).

(2) Die Übertragung des Stimmrechts und Briefwahl sind nicht zulässig.

(3) Als Vorsitzender ist gewählt, wer im ersten Wahlgang mehr als die Hälfte der Stimmen der anwesenden Wahlberechtigten erhält. Wird ein zweiter Wahlgang erforderlich, ist gewählt, wer mehr als die Hälfte der abgegebenen Stimmen erhält. Wird ein dritter Wahlgang erforderlich, ist gewählt, wer die meisten Stimmen erhält; bei Stimmengleichheit entscheidet das Los.

(4) Bei der Wahl der stellvertretenden Vorsitzenden, können auf einem Stimmzettel höchstens so viele Kandidaten gewählt werden, wie insgesamt stellvertretende Vorsitzende zu wählen sind. Dabei sind in einem ersten Wahlgang nur die Kandidaten gewählt, die mehr als die Hälfte der gültigen Stimmen erreicht haben. Sind in einem ersten Wahlgang nicht alle Ämter besetzt worden, weil keine ausreichende Zahl von Kandidaten mehr als die Hälfte der gültigen Stimmen erreicht hat, so findet ein zweiter Wahlgang statt, bei dem die Kandidaten mit der höchsten Stimmenzahl gewählt sind. Die Sätze 1 bis 3 gelten sinngemäß mit der Maßgabe, dass erforderlichenfalls ein dritter Wahlgang stattzufinden hat. Bei Stimmengleichheit findet eine Stichwahl statt. Bei erneuter Stimmengleichheit entscheidet das Los.

(5) Zum Schriftführer, zum Kassenwart und zum stellvertretenden Kassenwart ist gewählt, wer die meisten Stimmen erhält. Bei Stimmengleichheit ist in der gleichen Sitzung ein zweiter Wahlgang durchzuführen; ergibt sich auch dabei keine Mehrheit, entscheidet das Los.

(6) Die Gewählten haben dem Wahlleiter zu erklären, ob sie die Wahl annehmen. Die Erklärung ist von einem bei der Wahl Anwesenden unverzüglich, von einem Abwesenden innerhalb einer Woche ab Aufforderung (§ 8 Abs. 4 Nr. 2) abzugeben. Schweigen gilt als Ablehnung.

(7) Wird die Annahme der Wahl abgelehnt, ist sie spätestens in der nächstfolgenden Sitzung zu wiederholen.

§ 11 Amtszeit

(1) Die Mitglieder des Vorstands werden für die Dauer der Amtszeit des Landeselternbeirats (§ 38 Abs. 1 Elternbeiratsverordnung) gewählt.

(2) Die Amtszeit der Vorstandsmitglieder beginnt mit der Annahme der Wahl und endet mit Ablauf des 31. März des Jahres, in dem die Amtszeit des Landeselternbeirats abläuft. Nach Ablauf der Amtszeit des Landeselternbeirats führt der Vorstand die Geschäfte bis zur Wahl eines neuen Vorstands fort.

(3) Bei vorzeitiger Beendigung der Amtszeit eines Vorstandsmitglieds ist unverzüglich für den Rest der Amtszeit eine Nachwahl für den vakanten Vorstandsposten durchzuführen. Sind mehrere stellvertretende Vorsitzende nachzuwählen, wird gemäß § 10 Abs. 4 gewählt.

(4) Im Falle grober Pflichtverletzungen, insbesondere wenn dadurch das Ansehendes Landeselternbeirats beeinträchtigt wird, kann ein Vorstandsmitglied vor Ablauf der Amtszeit dadurch abberufen werden, dass eine Zwei-Drittel-Mehrheit

der Mitglieder des Landeselternbeirats für den Rest der laufenden Amtszeit einen Nachfolger wählt. Die Wahl muss erfolgen, wenn ein Viertel der Wahlberechtigten schriftlich darum nachsucht. Für die Einladung gilt § 7 mit der Maßgabe, dass der betroffene Amtsinhaber als verhindert gilt.

3. Abschnitt
Wahl der Vertreter im Landesschulbeirat, im Bundeselternrat und in sonstigen Gremien und Verbänden

§ 12
Vertreter im Landesschulbeirat

(1) Die dem Ministerium für Kultus, Jugend und Sport vorzuschlagenden Vertreter im Landesschulbeirat werden vom Landeselternbeirat gewählt.

(2) Wählbar sind Mitglieder und stellvertretende Mitglieder des Landeselternbeirats, soweit sie für das jeweilige Gremium wählbar sind. Wahlvorschläge kann jedes Mitglied des Landeselternbeirats einbringen. Über die Wahlvorschläge wird für jede Schulart in getrennten Wahlgängen durch alle Mitglieder des Landeselternbeirats abgestimmt. Für die Wahl gelten § 22 Abs. 3 und § 24 Abs. 4 Satz 1; im Übrigen gilt § 10 Abs. 2 und Abs. 5 bis 7 entsprechend.

(3) Als Stellvertreter sind die Elternvertreter gewählt, die nach den gewählten Vertretern der Eltern die meisten Stimmen erhalten haben.

§ 13
Vertreter im Bundeselternrat und in sonstigen Gremien und Verbänden

Für die Entsendung von Vertretern des Landeselternbeirats in den Bundeselternrat und in sonstige Gremien und Verbände gelten die Bestimmungen des § 12 entsprechend.

4. Abschnitt – Wahlanfechtung

§ 14
Anfechtungsverfahren

(1) Über Einsprüche gegen die Wahl der Vorstandsmitglieder, der Vertreter im Landesschulbeirat, im Bundeselternrat oder in sonstigen Gremien und Verbänden und Ausschüssen entscheidet der Landeselternbeirat.

(2) Die Wahl kann nicht deshalb angefochten werden, weil sie zu einem verspäteten Wahltermin durchgeführt wurde.

(3) Ein Einspruch gegen die Wahl ist nur begründet, wenn gegen wesentliche Vorschriften über das Wahlrecht, die Wählbarkeit oder das Wahlverfahren verstoßen wurde und eine Berichtigung nicht rechtzeitig erfolgt ist, es sei denn, dass durch den Verstoß das Wahlergebnis nicht geändert oder beeinflusst werden konnte.

(4) Der Einspruch kann nur von einem Wahlberechtigten erhoben werden.

(5) Der Einspruch ist innerhalb einer Woche nach der Wahl unter Darlegung der Gründe schriftlich beim Wahlleiter einzulegen.

(6) Über den Einspruch ist innerhalb eines Monats nach Eingang beim Wahlleiter von den Mitgliedern zu entscheiden. Dabei ist das Landeselternbeiratsmitglied, dessen Wahl angefochten ist, nicht stimmberechtigt.

(7) Der Wahlleiter führt das Wahlanfechtungsverfahren durch, sofern der Landeselternbeirat kein anderes Mitglied mit dem Verfahren betraut. Das mit dem Wahlanfechtungsverfahren betraute Mitglied gibt die Entscheidung über den Einspruch dem Einsprecher sowie dem Landeselternbeiratsmitglied, dessen Wahl angefochten wurde, unter Angabe der wesentlichen Gründe schriftlich bekannt.

(8) Ein Landeselternbeiratsmitglied, dessen Wahl angefochten wird, übt sein Amt aus, solange die Wahl nicht für ungültig erklärt ist.

(9) Wird die Wahl für ungültig erklärt, ist nach den Vorschriften dieser Geschäftsordnung eine Nachwahl vorzunehmen; bis dahin führt das Landeselternbeiratsmitglied, dessen Wahl angefochten ist, sein Amt geschäftsführend fort.

5. Abschnitt
Aufgaben der Funktionsinhaber

§ 15
Aufgaben des Vorsitzenden

(1) Der Vorsitzende vertritt den Landeselternbeirat in Übereinstimmung mit den von ihm gefassten Beschlüsse nach außen.

(2) Dem Vorsitzenden obliegt insbesondere

1. die verantwortliche Führung der laufenden Geschäfte des Landeselternbeirats,
2. die Leitung der Sitzungen,
3. die Ausführung der Beschlüsse des Landeselternbeirats und Abgabe von Erklärungen und Stellungnahmen gegenüber dem Ministerium für Kultus, Jugend und Sport, anderen Ministerien und Behörden, den Medien und sonstigen Stellen in der Öffentlichkeit.

(3) Der Vorsitzende kann im Einzelfall einzelne Aufgaben auf ein anderes Mitglied des Vorstands oder ein Mitglied des Landeselternbeirats übertragen. Ebenso kann der Vorstand im Einzelfall per Mehrheitsentscheid einzelne Aufgaben auf ein anderes Mitglied des Vorstands oder ein Mitglied des Landeselternbeirats übertragen.

(4) Im Verhinderungsfall wird der Vorsitzende von einem stellvertretenden Vorsitzenden vertreten. Der Vorstand bestimmt diesen Vertreter per Mehrheitsentscheid.

§ 16
Aufgaben der stellvertretenden Vorsitzenden

Die stellvertretenden Vorsitzenden haben den Vorsitzenden bei der Wahrnehmung seiner Aufgaben zu unterstützen. Sie haben die ihnen durch die Geschäftsverteilung des Vorstandes zugewiesenen Aufgaben zu erfüllen.

§ 17
Aufgaben des Schriftführers

(1) Der Schriftführer hat über den wesentlichen Inhalt der Beratungen des Landeselternbeirats und über die von ihm gefassten Beschlüsse Niederschriften zu fertigen (§ 25).

(3) Zur Entlastung des Schriftführers können weitere Mitglieder gewählt werden, die dem Vorstand nicht angehören. Der Schriftführers oder die nach Absatz 2 oder Absatz 3 Satz 1 zuständige Person kann im Einvernehmen mit dem Vorsitzenden einen Mitarbeiter der Geschäftsstelle des Landeselternbeirats Baden-Württemberg für die Erstellung der Niederschrift hinzuziehen.

§ 18
Aufgaben des Kassenwarts
und des stellvertretenden Kassenwartes

(1) Der Kassenwart verwaltet die dem Landeselternbeirat vom Land Baden-Württemberg zur Verfügung gestellten Mittel nach den in der öffentlichen Verwaltung geltenden Grundsätzen und im Rahmen des vom Vorstand beschlossenen Budgets. Im Verhinderungsfall wird er durch den stellvertretenden Kassenwart vertreten. Im Übrigen gilt § 17 Abs. 2 entsprechend.

(2) Der Kassenwart berichtet dem Landeselternbeirat jährlich über die wesentlichen Einnahmen und Ausgaben im zurückliegenden Jahr sowie über die Höhe der im kommenden Jahr voraussichtlich zur Verfügung stehenden Mittel und über ihre vorgesehene Verwendung.

(3) Der stellvertretende Kassenwart hat den Kassenwart bei der Wahrnehmung seiner Aufgaben zu unterstützen.

§ 19
Aufgaben des Vorstandes

(1) Aufgaben des Vorstandes sind in Übereinstimmung mit den vom LEB gefassten Beschlüssen:

1. die Aufstellung der Tagesordnung, die Vorbereitung der Sitzungen und die Einladung zu Sitzungen,
2. die Ausarbeitung von Stellungnahmen,
3. die Erstellung eines Budgets im Rahmen der vom Ministerium für Kultus, Jugend und Sport zur Verfügung gestellten Mittel,
4. die Organisation und Koordination von Veranstaltungen des Landeselternbeirats,
5. sowie die Teilnahme an Veranstaltungen Dritter für den Landeselternbeirat.

(2) Der Vorstand regelt die vorstandsinterne Verteilung der Aufgaben per Mehrheitsentscheid.

(3) Der Vorstand kann im Einzelfall per Mehrheitsentscheid einzelne Aufgaben auf ein Mitglied des Landeselternbeirats übertragen.

(2) Im Verhinderungsfall wird er durch einen stellvertretenden Vorsitzenden vertreten.

§ 20
Ausschüsse

(1) Der Landeselternbeirat kann zur Bearbeitung bestimmter Aufgaben insbesondere zur Vorbereitung besonderer Themen aus seiner Mitte Ausschüsse einsetzen und sie jederzeit wieder auflösen.

(2) Die Mitglieder der Ausschüsse werden vom Landeselternbeirat gewählt. § 12 gilt entsprechend.

(3) Die Arbeitsergebnisse der Ausschüsse sind unverzüglich dem Vorstand zuzuleiten, der sie dem Landeselternbeirat bekanntzugeben hat. Der Landeselternbeirat ist an Empfehlungen der Ausschüsse nicht gebunden.

7. Abschnitt – Sitzungen

§ 21
Sitzung, Einladung

(1) Der Landeselternbeirat tritt regelmäßig, mindestens aber elfmal im Kalenderjahr zusammen. Die Termine sollen möglichst frühzeitig durch Aufstellung eines Terminplans für das ganze Kalenderjahr bekanntgegeben werden.

(2) Zu den Sitzungen des Landeselternbeirats sind die Mitglieder unter Angabe von Zeit, Ort und Tagesordnung mindestens eine Woche vorher schriftlich einzuladen.

(3) In dringenden Fällen kann der Vorsitzende des Landeselternbeirats auch ohne Einhaltung der Ladungsfrist den Landeselternbeirat einberufen.

(4) Der Vorsitzende muss den Landeselternbeirat innerhalb von zwei Wochen einberufen, wenn mindestens ein Viertel der Mitglieder oder das Ministerium für Kultus, Jugend und Sport dies unter Angabe eines vordringlichen Beratungsgegenstands schriftlich beantragt.

(5) Die Sitzungen des Landeselternbeirats sind nicht öffentlich. Die Öffentlichkeit kann im Einzelfall vom Landeselternbeirat beschlossen werden. Vertreter des Ministeriums für Kultus, Jugend und Sport können an den Sitzungen des Landeselternbeirats teilnehmen. Der Landeselternbeirat kann auf besonderen Beschluss ohne Vertreter dieses Ministeriums beraten.

(6) Der Vorstand kann zu nichtöffentlichen Sitzungen Vertreter von anderen Ministerien und Behörden sowie weitere Personen einladen und zulassen. Diese sind auf die Nichtöffentlichkeit der Sitzungen hinzuweisen.

(7) Der Landeselternbeirat gibt sich eine Sitzungsordnung. Änderungen der Sitzungsordnung bedürfen der Zwei-Drittel-Mehrheit.

§ 22
Beratung

(1) Über die Gegenstände der Tagesordnung wird in der sich aus der Tagesordnung ergebenden Reihenfolge verhandelt. Abweichungen, Änderungen und Ergänzungen bedürfen der Zustimmung der Mehrheit der anwesenden Mitglieder.

(2) Angelegenheiten, die nicht auf der Tagesordnung stehen, können in der Sitzung behandelt werden, wenn vor Eintritt in die Tagesordnung die Mehrheit der anwesenden Mitglieder dem zustimmt. § 26 Nr. 2 bleibt unberührt.

(3) Wahlen sind, soweit in dieser Geschäftsordnung nichts anderes bestimmt ist, nur zulässig, wenn sie in der Tagesordnung ausdrücklich angekündigt waren.

(4) Wünsche und Anträge der Mitglieder zur Tagesordnung sollen dem Vorsitzenden mindestens drei Wochen vor der Sitzung zugehen.

§ 23
Beschlussfähigkeit

(1) Der Landeselternbeirat ist beschlussfähig, wenn mehr als die Hälfte der Mitglieder anwesend ist.

(2) Zu Beginn jeder Sitzung hat der Vorsitzende die Beschlussfähigkeit festzustellen; sie ist in der Niederschrift festzuhalten. Ist die Beschlussfähigkeit zu diesem Zeitpunkt nicht gegeben, so ist die Sitzung unverzüglich zu schließen und zu einer zweiten Sitzung einzuladen. In dieser Sitzung ist der Landeselternbeirat auch dann beschlussfähig, wenn weniger als die Hälfte der Mitglieder anwesend ist. Hierauf ist in der Einladung besonders hinzuweisen.

§ 24
Abstimmung

(1) Der Landeselternbeirat fasst seine Beschlüsse durch Abstimmung. Jedes anwesende Mitglied, im Verhinderungsfall sein Stellvertreter, ist stimmberechtigt.

(2) Eine Übertragung des Stimmrechts ist nicht zulässig.

(3) Der Landeseltenbeirat stimmt, soweit in dieser Geschäftsordnung nichts anderes vorgeschrieben ist, durch Zuruf oder Handzeichen offen ab. Die Abstimmung ist geheim durchzuführen, wenn dies ein Stimmberechtigter beantragt.

(4) Wahlen sind in der Regel in geheimer Abstimmung durchzuführen. Soweit diese Geschäftsordnung nichts anderes bestimmt und kein Wahlberechtigter widerspricht, kann durch Handzeichen abgestimmt werden. Briefwahl ist nicht zulässig.

(5) Der Landeselternbeirat fasst seine Beschlüsse, soweit in dieser Geschäftsordnung nichts anderes bestimmt ist, mit einfacher Mehrheit. Stimmenthaltungen werden bei der Berechnung der Mehrheit nicht mitgezählt. Bei Stimmengleichheit gilt der Antrag als abgelehnt.

(6) Eine Abstimmung im Wege der schriftlichen Umfrage ist nur zulässig, wenn

1. die Entscheidung eilbedürftig ist und der Gegenstand bereits in einer Sitzung beraten worden ist oder
2. die Abstimmung im Wege der schriftlichen Umfrage beschlossen worden ist.

Der Vorsitzende hat hierbei allen Mitgliedern des Landeselternbeirats den Abstimmungsgegenstand nochmals schriftlich mitzuteilen und sie aufzufordern, innerhalb einer Frist von mindestens einer Woche über den gestellten Antrag schriftlich abzustimmen. Äußert sich ein Mitglied nicht, gilt dies als Zustimmung. Das Abstimmungsergebnis ist vom Vorsitzenden in der darauffolgenden Sitzung bekanntzugeben und in die Niederschrift über diese Sitzung aufzunehmen.

(7) Ein Geschäftsordnungsantrag ist jederzeit zulässig. Er ist vom Antragsteller zu begründen. Gegen ihn ist unmittelbar eine Widerrede zulässig; erfolgt keine Widerrede, ist der Geschäftsordnungsantrag angenommen. Nach erfolgter Widerrede ist unverzüglich über einen Geschäftsordnungsantrag abzustimmen.

§ 25
Niederschriften

(1) Über den wesentlichen Inhalt der Beratungen des Landeselternbeirats und über die von ihm gefassten Beschlüsse sind Niederschriften zu fertigen, die vom Protokollführer und dem Sitzungsleiter zu unterzeichnen sind.

(2) Die Niederschriften müssen insbesondere enthalten:

1. Ort, Datum und Dauer der Sitzung,
2. den Namen des Sitzungsleiters und die Namen der übrigen anwesenden Mitglieder bzw. ihrer Stellvertreter sowie sonstiger Personen, die an der Sitzung teilgenommen haben,
3. die Namen der entschuldigt abwesenden Mitglieder,
4. die Feststellung der Beschlussfähigkeit zu Beginn der Sitzung und
5. die Beratungsgegenstände, die Anträge, die Abstimmungs- und Wahlergebnisse und den Wortlaut der Beschlüsse.

(3) Bei Angelegenheiten, die nur eine Schulart betreffen, ist das einstimmige Votum dieser Schulartenvertretung in der Niederschrift gesondert zu vermerken, wenn es von dem Mehrheitsvotum abweicht.

(4) Die Niederschrift soll den Mitgliedern, ihren Stellvertretern und dem Ministerium für Kultus, Jugend und Sport rechtzeitig vor Beginn der nächsten Sitzung zugeleitet werden.

(5) Richtigstellungen und Ergänzungen sind auf Einwendung in die nächste Niederschrift aufzunehmen.

(6) Die Weitergabe der Niederschriften an andere als den in Absatz 4 genannten Personenkreis ist nicht zulässig.

8. Abschnitt Geschäftsordnung

§ 26
Änderung der Geschäftsordnung

Für die Änderung der Geschäftsordnung gelten zusätzlich folgende Bestimmungen:

1. Eine Abstimmung im Wege der schriftlichen Umfrage ist nicht statthaft;
2. die Abstimmung ist nur zulässig, wenn die Beratung in der Tagesordnung vorgesehen war;
3. Änderungen der Geschäftsordnung bedürfen der Zustimmung von zwei Dritteln der Mitglieder des Landeselternbeirats.

9. Abschnitt – Schlussvorschriften

§ 27
Sprachregelungen

In dieser Geschäftsordnung wird wegen der besseren Lesbarkeit die männliche Form verwendet. Die verwendete männliche Form schließt die weibliche Form mit ein.

⇨ Elternbeirat (EltBVO) § 36 ff.; ⇨ Elternbeirat (Landeselternbeirat – Wahlordnung); ⇨ Schulgesetz § 60

Elternbeirat (Landeselternbeirat – Wahlordnung)

Wahlordnung des Landeselternbeirats vom 16. Juli 2014 (K.u.U. S. 32/2014)

Vorbemerkung

Um die Gleichberechtigung von Frauen und Männern zum Ausdruck zu bringen, wird im Folgenden bei der erstmaligen Erwähnung eines Amtes oder einer Funktion in männlicher Form der Begriff durch eine Paarbildung von männlicher und weiblicher Form mit Schrägstrich ersetzt. Im weiteren Text wird aus Gründen der sprachlichen Klarheit und Kürze anstelle der Paarformel nur noch die männliche Form für die entsprechenden Begriffe verwendet.

Aufgrund von § 60 Abs. 3 des Schulgesetzes für Baden-Württemberg [...] in Verbindung mit § 45 der Elternbeiratsverordnung [...] gibt sich der Landeselternbeirat folgende Wahlordnung:

⇨ Elternbeirat (EltBVO); ⇨ Elternbeirat (Landeseltern-beirat – Geschäftsordnung); ⇨ Schulgesetz

§ 1
Vorbereitung der Wahl

(1) Für die Durchführung der Wahl der Mitglieder des Landeselternbeirats, die gem. § 43 Abs. 1 Elternbeiratsverordnung dem Landeselternbeirat obliegt, lädt der Vorsitzende / die Vorsitzende des Landeselternbeirats die Mitglieder der Wahlausschüsse (§ 42 Abs. 1 und 6 Elternbeiratsverordnung) rechtzeitig zur Wahl ein und bereitet diese vor.

(2) Der Vorsitzende des Landeselternbeirats kann sich bei der Einladung zur Wahl gemäß Absatz 1 der Hilfe der Regierungspräsidien bedienen; dies gilt insbesondere für die Übermittlung der Einladungen.

(3) Ist kein Vorsitzender des Landeselternbeirats vorhanden oder ist er verhindert, so benennen seine Stellvertreter einen Ansprechpartner für das Regierungspräsidium. Der Landeselternbeirat kann die Aufgaben des Vorsitzenden auch einem Wahlausschuss übertragen, dessen Mitglieder unter entsprechender Anwendung von § 10 Abs. 5 Geschäftsordnung des Landeselternbeirats bestimmt werden.

(4) Die Einladungen zu den Wahlen müssen schriftlich erfolgen. Die Einladungsfrist beträgt mindestens zwei Wochen.

§ 2
Wahlleiter / Wahlleiterin

(1) Der Landeselternbeirat bestimmt aus seiner Mitte für jeden Wahlausschuss (§ 42 Abs. 1 und 6 Elternbeiratsverordnung) einen Wahlleiter.

(2) Wird der Wahlleiter selbst für die Wahl vorgeschlagen, so übertragen die anwesenden Wahlberechtigten die Wahlleitung einem Anderen.

(3) Der Wahlleiter ist für die ordnungsgemäße Durchführung der Wahl verantwortlich. Das gilt insbesondere für die Einhaltung der Bestimmungen über die Wahlberechtigung (§ 42 Abs. 2 bis 6 Elternbeiratsverordnung) und die Wählbarkeit (§ 41 Abs. 2 und 3 Elternbeiratsverordnung). Die Wahlberechtigung und die Wählbarkeit sind nachzuweisen und können für die Wahrnehmung des aktiven Wahlrechts nicht nachgereicht werden. Der Wahlleiter kann einen Wahlberechtigten zum / zur Schriftführer / Schriftführerin für die Wahl bestimmen.

(4) Das Ergebnis der Wahl ist vom Wahlleiter – gegebenenfalls gemeinsam mit dem Schriftführer – in einer Niederschrift festzuhalten. Der Wahlleiter hat einen Gewählten, der bei der Wahl nicht anwesend war, unverzüglich aufzufordern, die Erklärung über die Annahme der Wahl gem. § 3 Abs. 1 Nr. 5 abzugeben. Er teilt die Namen und Anschriften der Gewählten sofort nach der Annahme der Wahl dem Vorsitzenden des Landeselternbeirats schriftlich mit. Dieser übermittelt dem Kultusministerium die Namen und die Anschriften der gewählten Mitglieder des neuen Landeselternbeirats.

§ 3
Wahlvorschläge, Abstimmniungsverfahren

Für die Wahl in den Wahlausschüssen gem. § 42 Abs. 1 und 6 Elternbeiratsverordnung gilt:

1. Die Wahlberechtigten können nur dann Wahlvorschläge machen und ihr Stimmrecht ausüben, wenn sie anwesend sind. Briefwahl und eine Übertragung des Stimmrechts sind nicht zulässig.
2. Die Wahlausschüsse wählen jeweils das Mitglied des Landeselternbeirats und seine beiden Stellvertreter in dieser Reihenfolge in getrennten Wahlgängen.
3. Die Wahl ist schriftlich und geheim durchzuführen.
4. Als Mitglied des Landeselternbeirats ist gewählt, wer die meisten gültigen Stimmen erhält. Bei Stimmengleichheit ist in derselben Sitzung ein zweiter Wahlgang durchzuführen. Ergibt sich auch dabei keine Mehrheit, so entscheidet das Los.
5. Die Gewählten haben dem Wahlleiter zu erklären, ob sie die Wahl annehmen. Die Erklärung ist von einem bei der Wahl Anwesenden unverzüglich, von einem bei der Wahl nicht Anwesenden spätestens innerhalb einer Woche nach Eingang der Aufforderung abzugeben. Lehnt der Gewählte die Wahl ab, so ist sie, wenn er bei der Wahl anwesend war, sofort zu wiederholen; war er nicht anwesend, so gilt sein Stellvertreter als gewählt.

Die Homepage des Landeselternbeirats ist unter www.leb-bw.de erreichbar.
Dort können auch die Ausgaben der LEB-Zeitschrift „Schule im Blickpunkt" abgerufen werden.

§ 4
Wahleinspruch

(1) Ein Einspruch gegen die Wahl ist nur zulässig, wenn gegen zwingende Vorschriften des Schulgesetzes, der Elternbeiratsverordnung oder dieser Wahlordnung für die Wahlberechtigung, die Wählbarkeit oder das Wahlverfahren verstoßen worden und eine Berichtigung nicht rechtzeitig erfolgt ist, es sei denn, dass durch den Verstoß das Wahlergebnis nicht geändert oder beeinflusst werden konnte. Der Einspruch kann von aktiven und passiven Wahlberechtigten erhoben werden.

(2) Der Einspruch ist binnen einer Woche unter Darlegung der Gründe beim Vorsitzenden des Landeselternbeirats schriftlich einzulegen.

(3) Über den Einspruch gegen die Wahl eines Mitglieds des Landeselternbeirats entscheidet der zum Zeitpunkt der Entscheidung amtierende Landeselternbeirat. Die Entscheidung über den Wahleinspruch ist auf die Tagesordnung der nächsten Sitzung des Landeselternbeirats zu nehmen, zu der dies fristgerecht möglich ist (nach § 21 Absatz 2 der Geschäftsordnung des Landeselternbeirats). Der Elternvertreter, dessen Wahl angefochten ist, hat bei der Entscheidung des Landeselternbeirats kein Stimmrecht. Er sowie der Einsprecher/die Einsprechende können sich in der Sitzung vor der Entscheidung des Landeselternbeirats zu dem Einspruch äußern; beide sind zu der Sitzung unter Einhaltung einer Frist von mindestens einer Woche einzuladen.

(4) Der Vorsitzende des Landeselternbeirats teilt die Entscheidung dem Einsprechenden sowie dem Elternvertreter, dessen Wahl angefochten wurde, unter Angabe der wesentlichen Gründe schriftlich mit.

(5) Ein Elternvertreter übt seine Rechte und Pflichten als Elternvertreter aus, solange nicht der Landeselternbeirat die Wahl für ungültig erklärt hat. Wird die Wahl auf den Einspruch hin für ungültig erklärt, so ist eine Neuwahl vorzunehmen. Für sie gelten die Bestimmungen dieser Wahlordnung entsprechend.

⇨ Elternbeirat (EltBVO); ⇨ Haushalt (Kassenführung); ⇨ Schulgesetz; ⇨ Verfassung

Hätten Sie's gewusst? – Eltern fragen, wir antworten.

Sind Elterndaten ein Staatsgeheimnis?

Frage: Ich bin gewählter Klassenelternvertreter und habe die Klassenlehrerin gebeten, mir die Namen, Anschriften und Geburtsdaten der Eltern in meiner Klasse zur Verfügung zu stellen, damit ich allen zum Geburtstag gratulieren kann. Sie hat das abgelehnt (*„Datenschutz"!*). Kann ich mich durchsetzen?

Antwort: Ja und nein. Um die umfangreiche und schwer zu lesende *„Datenschutzgrundverordnung"* der EU praktikabel zu machen, hat das Kultusministerium eine Vorschrift zur Verarbeitung personenbezogener Daten durch öffentliche Schulen erlassen; abgedruckt unter ⇨ Datenschutz (Schulen). Danach können die Schulen u.a. folgende Daten der Erziehungsberechtigten speichern: Name, Vornamen, Titel, Geschlecht, Adresse, Kommunikationsverbindungen (z.B. Telefonnummer, Faxnummer, E-Mail-Adresse); die Schulen dürfen diese Daten innerhalb des öffentlichen Bereichs übermitteln, wenn dies zur Erfüllung ihrer jeweiligen Aufgaben oder der Aufgaben der anfordernden Behörde oder sonstigen öffentlichen Stelle erforderlich ist. Als *„sonstige öffentliche Stelle"* gelten u.a. auch: *„Elternvertretungen im Sinne der §§ 57-60 des Schulgesetzes"*. ⇨ Datenschutz (Allgemeines / EU-DSGVO)

Gewählte Elternvertreter*innen haben deshalb selbstverständlich Anspruch auf eine Adressenliste der Eltern ihrer Klasse, denn sie müssen zur Erledigung Ihrer gesetzlichen Aufgaben mit allen Mit-Eltern Kontakt aufnehmen können und sie brauchen die Liste auch, um die Teilnahme- und Abstimmungsberechtigung der Anwesenden beim „Elternabend" (auf der Klassenpflegschaftssitzung) überprüfen zu können. Diese Adressenliste dürfen sie nur für ihre gesetzlich definierte Arbeit als Elternvertreter*in nutzen. Sie dürfen sie beispielsweise nicht an ihren Sportverein und erst recht nicht an außenstehende Personen oder Firmen für kommerzielle Zwecke weitergeben. Die Geburtstags-Daten ihrer Mit-Eltern darf die Schule ihnen aber nicht mitteilen, denn die sind für die Aufgabenerfüllung nicht erforderlich. Die gewählten Elternvertreter*innen müssen sich diese Daten also bei den Mit-Eltern selbst besorgen. Das KM hat hierfür ein Kontaktformular herausgegeben: *„Einwilligung EUDSGVO zur Weitergabe der Kontaktdaten der Erziehungsberechtigten an gewählte Klassenelternvertreter"*, im Internet abrufbar unter: https://it.kultus-bw.de/Datenschutz+an+Schulen > Formulare. Der Eintrag der Geburtsdaten ist in diesem Formular nicht vorgesehen. Diese Daten müssen Sie separat abfragen.

Wenn Sie mithilfe des Kontaktformulars eine Liste aller Eltern-Adressen erstellen, dürfen Sie diese nicht einfach an die anderen Eltern der Klasse weitergeben! Wollen Sie, um die die Kontaktaufnahme etwa für die Organisation von „Telefonketten" zu erleichtern, an alle Eltern eine „Klassenliste" mit den Elternadressen ausgeben, empfiehlt sich folgende Vorgehensweise: Sie teilen den Eltern im Rahmen der ersten Klassenpflegschaftssitzung mit, dass und für welchen Zweck eine solche Liste erstellt werden soll, und erweitern das amtliche Formular um eine ankreuzbare Zeile: *„☐ Ich bin/wir sind damit einverstanden, dass diese Daten an die anderen Eltern der Klasse zur Kontakaufnahme untereinander weitergegeben werden"*. Die Kontaktdaten von Eltern, die diese Zeile nicht ankreuzen, dürfen nicht an die anderen Eltern weitergegeben werden, also auch auf dieser Klassenliste nicht erscheinen. Gesetz ist Gesetz!

Elternstiftung

Hinweise der Redaktion

Die gemeinnützige „Elternstiftung" ist eine Stiftung des bürgerlichen Rechts. Sie ist verbunden mit dem Landeselternbeirat Baden-Württemberg (Link: www.leb-bw.de). Das primäre Ziel der Elternstiftung ist es, die Elternseite im Rahmen einer Erziehungspartnerschaft mit der Schule zu fördern und zu unterstützen. Hierfür bietet sie Fortbildungsmaßnahmen an, die sich direkt an die Elternvertretungen richten, und fördert die Erziehungs- und Bildungsarbeit insbesondere in Bereichen, in denen die Elternmitarbeit in besonderem Maße gefordert ist. Sie wird durch Haushaltsmittel des Landes und Spenden gefördert.

Das Fortbildungsangebot der Elternstiftung ist ausgerichtet auf eine bessere Zusammenarbeit von Elternhaus und Schule durch:

- Befähigung zur Partnerschaft durch Information und Kommunikation
- Wecken und Stärken der Motivation zur Elternmitwirkung
- Austausch über Erziehungs- und Bildungsfragen
- Betreuung von Projekten und Entwicklung eines Netzwerkes von Eltern
- Stärkere Einbindung fremdsprachiger und sozial schwacher Eltern in das Schulleben und in die Elternmitwirkung.

Weitere Informationen und Formulare für Projektanträge: Gemeinnützige Elternstiftung, Silberburgstraße158, 70178 Stuttgart, FON: (0711) 27 34 150, Mail: info@elternstiftung.de, Internet: www.elternstiftung.de

Elternvertretung (Presse und Öffentlichkeit)

Informationen der Redaktion zur Rechtslage und zur Verwaltungspraxis in Baden-Württemberg

Auskunftsrecht der Presse

Die Presse (Zeitungen, Zeitschriften, Funk und Fernsehen; rechtlich sind auch Schülerzeitungen „Presse") besitzt gegenüber Behörden besondere Informationsrechte. § 4 Landespressegesetz besagt:

(1) Die Behörden sind verpflichtet den Vertretern der Presse die der Erfüllung ihrer öffentlichen Aufgabe dienenden Auskünfte zu erteilen.

(2) Auskünfte können verweigert werden, soweit

1. *hierdurch die sachgemäße Durchführung eines schwebenden Verfahrens vereitelt, erschwert, verzögert oder gefährdet werden könnte oder*
2. *Vorschriften über die Geheimhaltung entgegenstehen oder*
3. *ein überwiegendes öffentliches oder schutzwürdiges privates Interesse verletzt würde oder*
4. *ihr Umfang ein zumutbares Maß überschreitet.*

(3) Anordnungen, die einer Behörde Auskünfte an die Presse allgemein verbieten, sind unzulässig.

Die öffentlichen Schulen – auch sehr kleine Schulen – sind im rechtlichen Sinne „Behörden" (vgl. ⇨ Schulgesetz § 23). Die Leitung einer einzelnen Schule ist deshalb berechtigt und verpflichtet, für ihren Bereich (und nur hierüber!) gegenüber der Presse Auskunft zu geben.

Zwar ermöglicht § 4 Abs. 2 Nr. 3 und 4 Landespressegesetz der Behörde, Auskunftsbegehren der Presse teilweise abzuwehren. Jedoch dürfen Behörden – anders z.B. als ein privates Wirtschaftsunternehmen – den Presseorganen Informationen nicht grundsätzlich vorenthalten. Sie sind verpflichtet, auf bestimmte Fragen zu antworten. Sie dürfen dabei jedoch nicht die Amtsverschwiegenheit verletzten.

Zuständigkeit der Schulleitung

Der Schulleitung obliegt *„insbesondere [...] die Vertretung der Schule nach außen und die Pflege ihrer Beziehungen zu(r) [...] Öffentlichkeit."* ⇨ Schulgesetz § 41

Nur die Schulleitung (oder eine von ihr ausdrücklich beauftragte Lehrkraft, z.B. der/die stellvertretende Schulleiter*in) darf deshalb namens der Schule Erklärungen abgeben oder Informationen an Außenstehende (z.B. die Presse) erteilen.

Verschwiegenheitspflichten

Für den Elternbeirat und seine Mitglieder gilt keine „Amtsverschwiegenheit". Dennoch sollte der Elternbeirat sorgfältig darauf achten, dass schutzwürdige Interessen von Personen nicht berührt werden; deshalb sollte er sich bei der Weitergabe von Informationen über die persönlichen Angelegenheiten einzelner Schülerinnen und Schüler, von Eltern oder Lehrkräften analog zur Verschwiegenheitspflicht im öffentlichen Dienst verhalten.

Elternvertreter*innen, die in dieser Funktion an Sitzungen der schulischen Gremien teilnehmen (beispielsweise als Mitglieder der Schulkonferenz),

Sitzungen der Schulkonferenz nur „nach Bedarf"? Hätten Sie's gewusst? Die Antwort steht auf Seite 392.

sind zur Einhaltung der dort geltenden Vorschriften über die Verschwiegenheit verpflichtet.

➪ Schulgesetz § 47 Abs. 11

Es gibt keine Vorschriften über die Nichtöffentlichkeit oder Vertraulichkeit der Elternbeiratssitzungen. Deshalb kann über alle Gegenstände dieser Elternbeiratssitzung in der Klassenpflegschaft berichtet werden, soweit keine schutzwürdigen Interessen berührt werden (für die Klassenpflegschaftssitzung selbst gilt allerdings Nichtöffentlichkeit). ➪ Elternbeirat (EltBVO) § 8 Abs. 3

Der Landeselternbeirat hat sich hingegen selbst eine Pflicht zur Verschwiegenheit auferlegt.

➪ Elternbeirat (Landeselternbeirat – GO) § 4 Abs. 2-3, § 15

Aber auch eine Verpflichtung zur Verschwiegenheit gilt nicht uneingeschränkt und für alle Sachverhalte. Zur Prüfung der Verschwiegenheitspflicht empfiehlt sich die Frage: Wird durch die (öffentliche bzw. interne) Wiedergabe oder Weitergabe einer bestimmten Information ein höherrangiges, schutzwürdiges Interesse verletzt? Dies ist mit hoher Sicherheit immer dann der Fall, wenn es sich um Informationen über Einzelpersonen handelt (also z.B. die Leistungen oder das Verhalten von Schülerinnen und Schülern oder die persönlichen Angelegenheiten der Lehrkräfte der Schule oder die persönlichen Anliegen von Eltern).

Außerhalb dieser personenbezogenen Sachverhalte gibt es im Schulbereich praktisch nichts, was nicht entweder offenkundig wäre (dass es einen Lehrermangel gibt, ist z.B. zweifellos „offenkundig") oder was aus sonstigen Gründen einer besonderen Vertraulichkeit bedürfte. Es gibt hier nur sehr wenige wirklich geheimhaltungsbedürftige Tatbestände, bei denen die Verschwiegenheit von der Sache her geboten oder durch Gesetz vorgeschrieben ist.

Insbesondere statistische Angaben ohne Bezug zu Personen (Schülerzahlen, Klassenstärke, verfügbare Unterrichtsstunden usw.) unterliegen keiner Geheimhaltungspflicht. Im Gegenteil: Ihre Kenntnis ist nicht nur im inneren Schulbereich für die Beteiligten (Schulleitung, Lehrer, Elternvertreter) notwendig, sondern sie sind – da Schule auch eine öffentliche Sache ist – legitime Inhalte der öffentlichen Diskussion und Auseinandersetzung.

Presse- und Öffentlichkeitsarbeit

Das Recht der Elternvertretung, sich im Interesse der Schule (jedoch nicht namens der Schule als Institution!) an die Öffentlichkeit zu wenden, ist davon unberührt. Denn nach § 57 Schulgesetz obliegt dem Elternbeirat u.a., „*an der Verbesserung der inneren und äußeren Schulverhältnisse mitzuarbeiten und das Verständnis der Öffentlichkeit für die Erziehungs- und Bildungsarbeit der Schule zu stärken*".

Der Elternbeirat darf also nicht nur an die Eltern der Schule, sondern er kann sich mit Anliegen der Schule an die Öffentlichkeit wenden, auch über die Presse (z.B. örtliche Tageszeitung, „Amtsblatt" der Stadt usw.). Er ist dabei an keinen „Dienstweg" gebunden, muss also derartige Informationen nicht über die Schulleitung leiten. Er kann sich z.B. bei Rundschreiben an alle Eltern auch des Transportwegs über die Schüler*innen bedienen (insofern ist die Schule verpflichtet, ein solches Rundschreiben über die Lehrkräfte an alle Schüler*innen mit der Bitte um Weitergabe an die Eltern auszugeben).

Es empfiehlt sich aber stets, um den Interessen der Schule nicht zu schaden, derartige Informationen nur nach sorgfältiger Prüfung des Sachverhalts herauszugeben. Der Elternbeirat sollte deshalb auch hierbei das vertrauensvolle Gespräch mit der Schulleitung suchen. Es ist bei jeder öffentlichen Mitteilung des Elternbeirats der Eindruck zu vermeiden, diese werde namens der Schule abgegeben. Es muss deutlich werden, dass dies der Elternbeirat tut und nicht die Schule als Behörde.

➪ Datenschutz (Schule); ➪ Elternbeirat (EltBVO) § 8 Abs. 3; ➪ Elternbeirat (Landeselternbeirat – Geschäftsordnung); ➪ Schulgesetz § 1, § 23, § 41, § 47 Abs. 11; ➪ Verschwiegenheitspflicht; ➪ Verwaltungsrecht; ➪ Wahlkampf und Schule

Hätten Sie's gewusst? – Eltern fragen, wir antworten.

Was sucht die Schulleitung auf dem Elternabend?

Frage: Auf unserem letzten Elternabend wollten wir über den Unterrichtsausfall an der Schule diskutieren und einen Beschwerdebrief an das Schulamt beschließen. Überraschend ist der Schulleiter aufgetaucht und hat sich eingemischt. Dabei hatten wir ihn überhaupt nicht eingeladen.

Antwort: Damit müssen Sie leben – zumindest dann, wenn Sie mit „Elternabend" eine Sitzung der „Klassenpflegschaft" meinen, also des Gremiums, dem alle Eltern und die Lehrkräfte angehören, die an der Klasse unterrichten. Der Schulleiter bzw. die Schulleiterin (und übrigens auch der bzw. die Vorsitzende des Elternbeirats) besitzen hieran nämlich ein Teilnahmerecht; Sie müssen deshalb beide dazu einladen, am einfachsten durch Übermittlung einer Kopie der Tagesordnung; siehe ➪ Elternbeirat (EltBVO) § 6 Abs. 2. Vor allem dann, wenn es um Konflikte oder um angebliche oder wirkliche Missstände geht, ist es sinnvoll, dass der Schulleiter bzw. die Schulleiterin oder der bzw. die Vorsitzende des Elternbeirats an der Klassenpflegschaftssitzung teilnimmt, zum Beispiel um Auskunft zu geben oder Stellung zu nehmen, um zu schlichten oder um mäßigend zu wirken.

Anders wäre es nur, wenn sich die Eltern außerhalb der Klassenpflegschaft als reine „Elterngruppe" treffen. Das dürfen Sie natürlich auch; siehe ➪ Elternbeirat (EltBVO) § 8 Abs. 5. Da kann Ihnen niemand dreinreden. Aber dann haben Sie auch keine Gesprächs- oder Verhandlungspartner*innen (mehr).

Elternvertretung (Privatschulen)

Informationen der Redaktion zur Rechtslage und zur Verwaltungspraxis in Baden-Württemberg

Das *„gesamte Schulwesen"* steht unter Aufsicht des Staates, die ➪ Schulaufsicht erstreckt sich also auf die öffentlichen sowie auf die privaten Schulen.

Während private „Ergänzungsschulen" (beispielsweise die Musikschulen) Bildungsgänge und Abschlüsse anbieten, die an öffentlichen Schulen so nicht vorhanden sind, erfüllen die Schüler*innen an den 477 von „freien Trägern" unterhaltenen, staatlich anerkannten „Ersatzschulen" die allgemeine Schulpflicht. Im Schuljahr 2022/23 besuchten 115.206 Schüler*innen in Baden-Württemberg eine private allgemeinbildende Schule. Gemessen an allen Schüler*innen der insgesamt 4.006 allgemeinbildenden Schulen, lag ihr Anteil bei etwa 11,4%; siehe hierzu: ➪ Statistik (Schulen).

➪ Grundgesetz Art. 7; ➪ Schulträger; ➪ Verfassung Art. 14

Für diese Ersatzschulen ist vor der Inbetriebnahme ein aufwendiges staatliches Genehmigungsverfahren vorgeschrieben. Dabei bleibt ein Sektor unberücksichtigt: die Mitwirkung der Erziehungsberechtigten. Die staatliche Schulaufsicht kümmert sich nur um die Einhaltung der Lehrpläne, die Abnahme von Prüfungen, die Einhaltung der Obergrenzen für Schulgebühren (Verbot einer „Sonderung" der Schüler*innen nach den Besitzverhältnissen der Eltern gem. GG Art. 7) und die Mindestausstattung mit qualifizierten Lehrkräften. Ob und wie Lehrkräfte, Schüler*innen und Eltern das Schulleben mitbestimmen, bleibt dem privaten Träger überlassen.

➪ Grundgesetz Art. 7 Abs. 4; ➪ Privatschulgesetz

Die Landesverfassung bestimmt zwar eindeutig und für alle (!) Schulen in Baden-Württemberg, nicht etwa nur für die öffentlichen, sondern auch für jene in privater Trägerschaft: *„Die Erziehungsberechtigten wirken durch gewählte Vertreter an der Gestaltung des Lebens und der Arbeit der Schule mit. Näheres regelt ein Gesetz."* ➪ Verfassung Art. 17 Abs. 4

Das *„Nähere"* für die Privatschulen, insbesondere für die *„Ersatzschulen"*, wurde jedoch bislang nicht hinreichend geregelt. Das ➪ Schulgesetz § 2 enthält zwar für die Elternmitwirkung an den öffentlichen Schulen zahlreiche Bestimmungen; siehe hierzu auch ➪ Eltern (Allgemeines) sowie die Elternbeiratsverordnung oder die ➪ Schulkonferenzordnung. Aber diese Vorschriften finden auf die privaten Schulen *„nur Anwendung, soweit dies ausdrücklich bestimmt ist; im Übrigen gilt für sie das Privatschulgesetz"*. ➪ Elternbeirat (EltBVO).

Im Privatschulgesetz wird die von der Verfassung vorgeschriebene Eltern-Mitwirkung jedoch nur an einer Stelle (§ 18a) erwähnt, nämlich dass die *„Kosten der Mitwirkung der Eltern und Schüler an Angelegenheiten der Schule und für den Landesschulbeirat"* vom Land zu tragen sind. Und im Schulgesetz (§ 58) wird lediglich geregelt, dass gewählte Elternvertreter*innen der privaten Ersatzschulen Mitglied in den Gesamtelternbeiräten der öffentlichen Schulen werden können, soweit sie nach den gleichen Verfahren wie an den öffentlichen Schulen gewählt wurden. Voraussetzung ist also, dass der private Schulträger überhaupt ein Elterngremium einrichtet und für dieses die staatlichen Wahl- und Geschäftsordnungsvorschriften übernimmt. Außerdem bestimmt das Schulgesetz (§ 37), dass die Elternschaft der staatlich anerkannten Ersatzschulen durch zwei Mitglieder im Landeselternbeirat repräsentiert ist.

➪ Elternbeirat (EltBVO) § 30 ff.; ➪ Schulgesetz §§ 37, 58

Hätten Sie's gewusst? – Eltern fragen, wir antworten.

Ist Gleichbehandlung „gerecht"?

Frage: Ein Vater hat auf dem Elternabend vehement dafür gestritten, bei der Notengebung den Gleichheitsgrundsatz anzuwenden. Eine Zeugnisnote sei nur dann gerecht, wenn man die Durchschnittsnote der Klassenarbeiten ermittle und dann mathematisch auf- oder abrunde. Basta. Mehr sei nicht nötig.

Antwort: Die Reduzierung auf die schriftlichen Klassenarbeiten ist pädagogischer Unfug. Das Kultusministerium hat dieses Verfahren zu Recht so kommentiert: Die Bildung der Jahresnote sei *„nicht das Ergebnis einer rein arithmetischen Rechnung, sondern eine ganzheitliche, pädagogisch-fachliche Gesamtwertung"*. Ein uralter juristischer Grundsatz lautet, Gleiches sei gleich und Ungleiches sei ungleich zu behandeln – denn jede schematische Gleichbehandlung ist ungerecht. In § 7 der ➪ Notenbildungsverordnung steht folgerichtig: *„Grundlage der Leistungsbewertung in einem Unterrichtsfach sind alle vom Schüler im Zusammenhang mit dem Unterricht erbrachten Leistungen (schriftliche, mündliche und praktische Leistungen)"*.

Mehr noch: Im Zeichen von ➪ Inklusion und Integration sind bei Vorliegen einer Behinderung ein *„Nachteilsausgleich"* sowie ein *„Notenschutz"* möglich. So darf beispielsweise bei Vorliegen einer Lese-Rechtschreibschwäche (LRS) *„im Hinblick auf die besonderen Probleme des Schriftspracherwerbs"* im Einzelfall vom Prinzip der gleichen Benotung bei gleichen Anforderungen beispielsweise durch eine Anpassung der Arbeitszeit oder durch die Nutzung von besonderen technischen oder didaktisch-methodischen Hilfen abgewichen werden. Unter „Notenschutz" ist zu verstehen, dass Ausnahmen von dem für alle Schüler*innen gleichermaßen geltenden Anforderungsprofil erlaubt werden. Mehr dazu steht in den Verwaltungsvorschriften ➪ Behinderungen (Förderbedarf und ➪ Sprachförderung (Integration). Zur sonderpädagogischen Beurteilung und Förderung siehe ➪ Sonderpädagogik (SBBZ – Bildungsangebote).

Unterschiedliche Verfahrensweisen

Ansonsten schweigen sich die Rechtsvorschriften des Landes zu diesem Thema aus. Keine Detailvorschrift verpflichtet die privaten Schulträger, Elternvertretungen, also beispielsweise einen „Elternbeirat" oder eine Klassenelternvertretung oder ein der Schulkonferenz vergleichbares Gremium einzurichten, die an jeder öffentlichen Schule bestehen und dort erhebliche Rechte besitzen; siehe hierzu den Beitrag ➪ Landesschulbeirat (Allgemeines). Die privaten Schulträger werden auch durch keine Vorschrift angehalten, die Eltern bei der Errichtung einer Elternvertretung zu unterstützen. Das alles ist trotz der eindeutigen, eingangs zitierten Verfassungsbestimmung völlig in das Belieben der privaten Schulträger gestellt.

Dies hat zur Folge, dass sich der Umfang, die Formen und die Inhalte der Elternmitwirkung an den privaten Schulen von Schule zu Schule massiv unterscheiden. Die Elternbeteiligung reicht vom völligen Gleichklang mit dem öffentlichen Schulwesen, bei dem die privaten Träger die landesrechtlichen Vorschriften eins zu eins übernehmen oder analoge beziehungsweise ähnliche Regelungen treffen, bis zur völligen Abwesenheit jeder Mitwirkung. Insbesondere die Schulen in der Regie von großen Verbänden oder Einrichtungen, beispielsweise die zahlreichen Privatschulen in kirchlicher Trägerschaft, haben ähnliche, umfangreiche Mitwirkungsrechte der Eltern wie an den staatlichen Schulen konstituiert. Aber viele kleine Schulen kleiner Träger und nicht zuletzt viele Waldorfschulen ziehen zwar die Eltern gerne zur Mitarbeit heran, räumen ihnen aber keine oder kaum institutionelle Mitwirkungsrechte ein. Soweit Privatschulträger die Rechtsform eines eingetragenen Vereins besitzen, können Eltern als Vereinsmitglieder dort zwar an Entscheidungen über die Schule beteiligt sein, dies ist aber keine *„Mitwirkung"* im Sinne der Verfassung.

An diesen Schulen müssen Eltern, die vergleichbare Mitwirkungsrechte wie an den öffentlichen Schulen wahrnehmen wollen, mit teilweise sehr erheblichen Widerständen rechnen. Da die Bereitschaft des Trägers, eine Elternvertretung förmlich einzurichten, nicht Bestandteil des Genehmigungsverfahrens ist, wird die Schulverwaltung, die über die Zulassung der Schule zu entscheiden hat, von sich aus nicht tätig. Die Regierungspräsidien beschränken sich nach unserer Kenntnis bislang allenfalls darauf, den Schulen (unverbindliche) Empfehlungen zu geben, beispielsweise anstelle von klassischen „Elternabenden" andere Gelegenheiten zu schaffen, bei denen die Eltern mit den Lehrkräften ins Gespräch kommen können. Eltern, die sich mit der Bitte um Unterstützung an das RP wenden, erhalten bisweilen den Rat, mit der Privatschule ins Gespräch zu gehen, und die Auskunft, sie könnten hierbei jedoch nicht die Erfüllung ihres Informationsanspruches in einer bestimmten Art und Weise verlangen.

Damit wird die oben zitierte Bestimmung der Landesverfassung (Art. 17 Abs. 4) missachtet, denn sie ist auch für den Privatschulbereich unmittelbar geltendes Recht. Im Klagefall könnte das Verwaltungsgericht den privaten Schulträger zwar verpflichten, die Erziehungsberechtigten *„durch gewählte Vertreter an der Gestaltung des Lebens und der Arbeit der Schule"* mitwirken zu lassen. Da *„Näheres"* durch ein Gesetz zu regeln ist, könnte das Gericht auch das Land auffordern, Ausführungsbestimmungen für den Privatschulbereich zu erlassen Nur: Welche Eltern gehen schon gegen die Schule vor Gericht, die von ihren Kindern besucht wird? Es bestätigt sich auch hier das Sprichwort: Wo kein Kläger, da kein Richter.

➪ Eltern (Allgemeines); ➪ Elternbeirat (EltBVO); ➪ Grundgesetz Art. 7; ➪ Privatschulgesetz; ➪ Schulaufsicht; ➪ Elternbeirat (Allgemeines); ➪ Schulgesetz; ➪ Schulkonferenzordnung; ➪ Schulträger; ➪ Statistik (Schulen); ➪ Verfassung Art. 14

Hätten Sie's gewusst? – Eltern fragen, wir antworten.

Müssen Lehrkräfte Sprechstunden anbieten?

Frage: An unserer Schule gibt es immer wieder Probleme mit den Sprechstunden: Manche Lehrkräfte verweisen die Eltern auf den „Elternsprechtag". Sie bieten sonst keine Termine an.

Antwort: In § 3 der Elternbeiratsverordnung steht unmissverständlich: *„Unbeschadet dienstlicher Regelungen stehen die Lehrer den Eltern in Sprechstunden zur gegenseitigen persönlichen Aussprache und Beratung zur Verfügung."* Dies ist also eine Dienstpflicht. An vielen Schulen ist es üblich, den Eltern durch Aushang, durch ein Merkblatt oder auf der Schul-Homepage die (in der Regel wöchentlichen) Sprechstundentermine der Lehrkräfte mitzuteilen. Dann kann man sich über das Sekretariat anmelden.

Übrigens: Wenn beispielsweise berufstätige Eltern für dieses Gespräch mit der Lehrkraft extra Urlaub nehmen müssten und deshalb nicht in die übliche Sprechstunde am Vormittag in die Schule kommen können, ist die Vereinbarung eines anderen, passenden Termins geboten. Sollte es hierbei Probleme geben, ist es das gute Recht der Eltern, sich an die Schulleitung zu wenden und um Abhilfe zu bitten.

Zwar können die Schulen darüber hinaus „Elternsprechtage" durchführen: Dann sind die Lehrkräfte in der unterrichtsfreien Zeit während eines bestimmten Zeitraums in der Schule für Gespräche mit den Eltern anwesend. Aber wenn die Eltern dies wünschen, müssen die Lehrkräfte unabhängig hiervon auch zu individuellen Gesprächen zur Verfügung stehen. Dabei sind jedoch die Hygiene-Vorschriften zu beachten.

Mehr dazu steht unter ➪ Eltern (Allgemeines) und ➪ Elternbeirat (EltBVO) § 3.

Ermessen

Informationen der Redaktion zur Rechtslage und zur Verwaltungspraxis in Baden-Württemberg

Im juristischen Sprachgebrauch ist vom (pflichtgemäßen dienstlichen) *Ermessen* die Rede, wenn zwischen verschiedenen Verhaltensweisen ausgewählt werden kann, wenn also eine Entscheidung getroffen werden muss, ob und gegebenenfalls welche Reaktion ein bestimmter Sachverhalt notwendig macht. Dabei ist zu unterscheiden zwischen

- der Feststellung eines **Sachverhaltes**,
- der Zuordnung dieses Sachverhaltes zu einem gesetzlichen **Tatbestand** und
- der Auswahl einer **Rechtsfolge**.

Nur die letzte Stufe ist die Ermessensentscheidung.

Bevor es zur Ausübung des Ermessens kommt, muss wahrgenommen werden, dass überhaupt eine Entscheidung notwendig ist. Im Schulbereich ist diese „Wahrnehmung" häufig stark formalisiert: Nachdem z.B. eine Klassenarbeit geschrieben worden ist, muss sie benotet werden, am Ende des Schuljahres ist über die Versetzung der Schüler in die nächsthöhere Klassenstufe zu entscheiden etc. Eine Entscheidung ist jedoch auch notwendig, wenn eine Lehrkraft bemerkt, dass ein*e Schüler*in sich auffällig verhält oder gegen Regeln verstößt.

Auf der nächsten Stufe des Verfahrens muss die Wahrnehmung bestimmten Normen zugeordnet werden: Die Leistungen einer Schülerin sind anhand der Notenbildungsverordnung zu bewerten oder das Verhalten eines Schülers muss darauf überprüft werden, ob es ein *„Fehlverhalten"* ist, das die Erfüllung der Aufgabe der Schule oder die Rechte anderer gefährdet. ➪ Schulgesetz § 90 Abs. 6

In diesen Normen werden Begriffe verwendet, deren Inhalt sich juristischen Laien (Lehrkräften, Schulleiter*innen und pädagogischen Schulaufsichtsbeamten) nicht ohne weiteres erschließt:

- Wann entspricht eine Leistung *„den Anforderungen in besonderem Maße"*, wann *„im Allgemeinen"*?
- Handelt es sich bei einem bestimmten Verhalten einer Schülerin um eine *„Gefährdung"* des Auftrages der Schule oder nur um eine – hinnehmbare – Störung des Unterrichts?

Normalerweise behält die Rechtsprechung sich das Recht vor, die Auslegung solcher *„unbestimmten Rechtsbegriffe"* durch die Norm-Anwender umfassend zu kontrollieren. Im Schulbereich gilt dieser Grundsatz aber nur eingeschränkt: Bei Prüfungs- und bei sonstigen pädagogischen Entscheidungen wurde den Lehrkräften ein *„Beurteilungsspielraum"* zugebilligt, innerhalb dessen sie frei entscheiden können. Ein solcher Beurteilungsspielraum ist allerdings jedenfalls dann kaum zu rechtfertigen, wenn es um Abschlusszeugnisse geht, die für den Zugang zu einem bestimmten Beruf entscheidend sind (Freiheit der Berufswahl gemäß ➪ Grundgesetz Art. 12). Dies hat zu einer weiteren Formalisierung der Verfahren geführt: Durch exakte Protokollierung und strikte Einhaltung der Verfahrensvorschriften müssen die schulischen Entscheidungen justiziabel gemacht werden. Hierzu bitte auch ➪ Verwaltungsrecht (Allgemeines) beachten.

Bei den eigentlichen pädagogischen Entscheidungen ist trotzdem nach wie vor davon auszugehen, dass den Lehrkräften ein Beurteilungsspielraum zusteht, da (nur) sie den zu beurteilenden Sachverhalt aus eigener Anschauung kennen. ➪ Pädagogische Freiheit

Ob eine Ermessensentscheidung getroffen werden muss, bestimmt sich nach der anzuwendenden Rechtsnorm. Dort ist nur selten ausdrücklich von der *„pflichtgemäßen Ermessensausübung"* die Rede. Die Verwendung der Begriffe *„kann"*, *„soll"*, *„darf"*, *„in der Regel"* etc. zeigt jedoch an, dass eine Ermessensentscheidung ansteht. ➪ Juristische Terminologie

Hierfür einige Beispiele:

- Genügen die Leistungen an sich den Anforderungen für die Versetzung in die nächsthöhere Klasse nicht, so *„kann"* die Versetzungskonferenz nach § 1 Abs. 3 der Versetzungsordnung dennoch mit 2/3-Mehrheit versetzen, es ist also eine Ermessensentscheidung möglich.
- Wurde ein bestimmtes Verhalten als Gefährdung des Erziehungsauftrags der Schule bewertet, so ist eine Ermessensentscheidung darüber notwendig, ob und ggf. welche der in ➪ Schulgesetz § 90 genannten Maßnahmen ergriffen werden sollte.
- **Kein** Ermessen besteht jedoch, wenn eine Lehrkraft unbestimmte Rechtsbegriffe ausfüllt, also wenn sie beispielsweise eine Leistung als *„den Anforderungen in besonderem Maße"* entsprechend beurteilt: Dann **muss** sie aufgrund der ➪ Notenbildungsverordnung die Note *„sehr gut"* erteilen.

Damit ist die Ausübung des Ermessens der gerichtlichen Überprüfung nicht entzogen. Jede Ermessensentscheidung kann darauf untersucht werden, ob die Grenzen des Ermessens gewahrt wurden; dabei überprüfen die Gerichte jedoch nur die *Recht*mäßigkeit der Amtshandlung, nicht aber deren *Zweck*mäßigkeit. Dennoch kann es vorkommen, dass in einer bestimmten Situation nur eine einzige Möglichkeit für eine ermessensfehlerfreie Entscheidung besteht.

Diese Ermessensbindung folgt aus dem Gleichbehandlungsgrundsatz. Juristische Laien leiten hieraus häufig ab, dass **alle** Sachverhalte oder Personen völlig gleich behandelt werden müssten. Tatsächlich verlangt dieser Grundsatz aber nur, dass nicht grundlos differenziert wird. So muss z.B. bei der Ermessensentscheidung über eine Erziehungs- und Ordnungsmaßnahme (§ 90 SchG) berücksichtigt werden, dass sich ein Schüler erst seit kurzem in Deutschland aufhält und daher mit den hiesigen Gebräuchen noch

Wo finde ich die geltenden Konferenzbeschlüsse? Hätten Sie's gewusst? Die Antwort steht auf Seite 374.

nicht vertraut ist. Zeigt sich, dass sein Fehlverhalten „kulturell bedingt" ist, kommt eventuell nicht eine Sanktion in Frage, wie sie bei hier aufgewachsenen Schüler*innen angemessen wäre, sondern es genügt eine *„pädagogische Erziehungsmaßnahme"* (Belehrung, Ermahnung), um ihm ein angemessenes Verhalten nahezubringen. Allerdings dürfen die Lehrkräfte sich nicht von (positiven wie negativen) Vorurteilen über fremde Kulturen leiten lassen. Vielmehr müssen sie die Beweggründe der Betroffenen erforschen.

Die Erziehungs- und Ordnungsmaßnahmen nach § 90 SchG sind auch ein gutes Beispiel dafür, dass sich besonders große Freiräume ergeben, wenn eine Ermessensentscheidung mit einem unbestimmten Rechtsbegriff gekoppelt wird, bei dessen Ausfüllung die Lehrkraft einen Beurteilungsspielraum hat. Weil die Gerichte die pädagogische Wertung nur bedingt überprüfen können, ist es ihnen auch nicht möglich, die aufgrund dieser Wertung getroffenen Maßnahmen zu kontrollieren. Zwar wird eine völlig unzweckmäßige Maßnahme kaum rechtmäßig sein. Es bleibt dennoch ein ausreichend großer pädagogischer Freiraum. Daher haben sich die Gerichte bisher beispielsweise noch nicht mit dem Nachsitzen beschäftigen müssen.

Dieser Freiraum sollte aber nicht zur Sorglosigkeit verführen: Kommt es zum Streit, prüft nämlich am Ende die Schulaufsichtsbehörde, der die *Fachaufsicht* obliegt, den strittigen Fall, und das geschieht sehr gründlich; siehe: ⇨ Verwaltungsrecht (Allgemeines). Bei Verwaltungsakten – z.B. der Entscheidung über eine Versetzung oder den Ausschluss aus der Schule – findet vor dem Gang zum Gericht stets ein Widerspruchsverfahren statt: Dabei überprüft die Schulaufsichtsbehörde die angegriffene Entscheidung umfassend, also auch auf ihre Zweckmäßigkeit hin. Gegenstand des gerichtlichen Verfahrens ist danach nicht mehr der ursprüngliche Verwaltungsakt der Schule, sondern die Fassung, die er durch den Widerspruchsbescheid der Schulaufsichtsbehörde erhalten hat. Allerdings ist auch die Fachaufsicht nicht grenzenlos, sondern sie setzt stets voraus, dass die Schulaufsichtsbehörde den strittigen Sachverhalt selbst beurteilen kann.

Schritte bei der Ermessenausübung

In der Praxis ist folgendermaßen zu verfahren:

1. **Wahrnehmung** eines Sachverhaltes.
2. **Zuordnung** dieses Sachverhaltes zu einer Rechtsvorschrift, gegebenenfalls durch Auslegung unbestimmter Rechtsbegriffe.
3. **Feststellung**, ob auf diesen Sachverhalt auf verschiedene Art reagiert werden kann (nur dann wird eine Ermessensentscheidung verlangt).
4. **Auswahl** einer der möglichen Maßnahmen.

Vorgesetzte beziehungsweise Gerichte können eine so getroffene Entscheidung nur revidieren, wenn wenigstens eine der folgenden Bedingungen vorliegt:

1. Der **Sachverhalt** wurde unrichtig festgestellt.
2. Es wurde die falsche **Rechtsnorm** angewandt.
3. Das **Ermessen** wurde fehlerhaft ausgeübt.

Fehlerhaft handelt die Behörde (Schule) beispielsweise, wenn

- die Maßnahme nicht im Rahmen der Ermessensvorschrift liegt (**Ermessensüberschreitung**),
- sie keine Ermessenserwägungen anstellte, sondern annahm, zu einer bestimmten Vorgehensweise verpflichtet zu sein (**Ermessensnichtgebrauch**).
- sie sich nicht ausschließlich vom Zweck der Ermessensvorschrift leiten ließ, sondern auch von sachfremden Erwägungen (**Ermessensmissbrauch**).
- die Maßnahme **unverhältnismäßig** ist oder gleiche Sachverhalte grundlos ungleich behandelt werden.

Nicht dem Verhältnismäßigkeitsgrundsatz entspricht eine Maßnahme, wenn

- sie nicht geeignet ist, den gewünschten Erfolg zu erzielen
- es mildere Mittel gibt, mit denen der Erfolg ebensogut erreicht werden könnte,
- sie Betroffene übermäßig belastet, Mittel und Zweck also außer Verhältnis stehen.

⇨ Juristische Terminologie; ⇨ Notenbildungsverordnung; ⇨ Pädagogische Freiheit; ⇨ Schulgesetz § 90; ⇨ Verwaltungsrecht; ⇨ Vorschriften

Hätten Sie's gewusst? – Eltern fragen, wir antworten.

Wer sorgt für den Brandschutz in der Schule?

Frage: Neulich hat es bei unseren Nachbarn gebrannt. Wir haben hautnah mitbekommen, was das für Kinder bedeutet. Jetzt wollen wir gerne wissen, ob in der Schule unserer Kinder gut genug für Katastrophenfälle vorgesorgt wird. Was können wir Eltern tun?

Antwort: Jede Schule muss in Absprache mit dem Schulträger und der Feuerwehr einen Rettungsplan erstellen, in dem z.B. die Fluchtwege für jeden Unterrichtsraum, die Sammelplätze außerhalb des Gebäudes, die Feuerlöscheinrichtungen sowie die Standorte der Notfalltelefone aufgeführt sind. Außerdem muss jährlich mindestens einmal eine Alarmprobe stattfinden. ⇨ Gewaltvorfälle

Lassen Sie sich bei der nächsten Elternbeiratssitzung von der Schulleitung über die vorbereitenden Maßnahmen der Schule unterrichten und bitten Sie die Schulleitung, den/die Elternbeiratsvorsitzende*n (und vielleicht auch andere Mitglieder des Elternbeirats) zur nächsten Alarmprobe oder zur nächsten Besprechung mit der Feuerwehr über den Alarmplan der Schule einzuladen.

Erste Hilfe in Schulen

Informationen der Redaktion zur Rechtslage und zur Verwaltungspraxis in Baden-Württemberg

Am besten und umfassendsten informiert die gesetzliche Unfallversicherung (DGUV) in ihrer Publikation „Erste Hilfe in Schulen" (Stand Juli 2022). Sie kann unter https://publikationen.dguv.de (webcode 202-059) heruntergeladen oder als Broschüre (Druckfassung) kostenpflichtig bestellt werden. Diese Publikation ist eine rechtlich verbindliche Richtlinie für die Schulträger, die für die Ausstattung der Schulen zuständig sind. Sie kann von Aufsichtspersonen und Präventionsfachkräften im Rahmen ihrer schulischen Beratungstätigkeit als gesicherte Fachmeinung herangezogen werden. Der für die Schulen des Landes zuständige Unfallversicherungsträger ist die Unfallkasse Baden-Württemberg (UKBW; www.ukbw.de); siehe hierzu: ⇨ Schulträger und ⇨ Unfallversicherung.

Der bzw. die Schulleiter*in ist „Unternehmer" des Betriebs „Schule" und hat den Schulträger zur Bereitstellung oder Beschaffung der erforderlichen Materialien beziehungsweise der notwendigen Einrichtung anzuhalten. Hierzu bitte den Beitrag ⇨ Schulbau (Bau und Ausstattung von Schulen) beachten. Bei Konflikten ist die Schulaufsichtsbehörde einzuschalten. ⇨ Schulgesetz § 32 Abs. 1 Nr. 5

Ersthelfer*innen

Nach den in Baden-Württemberg geltenden Prüfungsvorschriften müssen Lehrkräfte zwar in den letzten zwei Jahren vor ihrer Zulassung zum Vorbereitungsdienst an einer Ausbildung in Erster Hilfe im Umfang von mindestens neun Unterrichtseinheiten teilgenommen haben. Das reicht aber nicht aus. Die DGUV empfiehlt:

„Es ist anzustreben, dass jede Lehrkraft in Erster Hilfe aus- bzw. fortgebildet ist. Entsprechend den Empfehlungen der DGUV sollte die Aus- und Fortbildung mit einem Umfang von jeweils neun Unterrichtseinheiten und in einem zeitlichen Abstand von zwei Jahren durchgeführt werden. [...] Die Aus- und Fortbildung aller Lehrkräfte einer Schule in Erster Hilfe wird in vielen Fällen nicht umsetzbar sein. Um die Anzahl der notwendigen Ersthelferinnen und Ersthelfer ermitteln zu können, sollte eine Gefährdungsbeurteilung durchgeführt werden."
⇨ Gefährdungsbeurteilung

An allgemeinbildenden Schulen müssen mindestens fünf Prozent und an berufsbildenden Schulen mindestens zehn Prozent des Lehrpersonals zu Ersthelfenden ausgebildet werden. Ausgebildete Schülerinnen und Schüler können die Erste Hilfe in der Schule unterstützen. Viele zuständige Träger der gesetzlichen Unfallversicherung unterstützen die Einrichtung von Schulsanitätsdiensten. Der Schulsanitätsdienst ersetzt jedoch keinesfalls die Gewährleistung der wirksamen Ersten Hilfe durch regelmäßig aus- und fortgebildete Lehrkräfte.

Aufgrund einer Entscheidung des Bundesgerichtshofs vom 4. April 2019, wonach Sportlehrkräfte im Rahmen ihrer Amtspflicht „erforderliche und zumutbare Erste Hilfe rechtzeitig und in ordnungsgemäßer Weise zu leisten" haben, hat das KM 2022 das Zentrum für Schulqualität und Lehrerbildung (ZSL) beauftragt, eine Fortbildung für Sportlehrkräfte einzurichten, die die Bereiche Prävention, Erste Hilfe und Laiendiagnose aufgreift und sich klar von der gesetzlich geregelten Ersthelfer*innenausbildung abgrenzt.
(Quelle: KM, 16.3.2022; AZ: 17-6512-10/306)

Maßnahmen bei Eintritt eines Unfalls

(Auszug aus der DGUV-Information 202-059

Bei einem Unfall muss jeder Hilfe leisten. Die Erste-Hilfe-Maßnahmen richten sich nach der Art und Schwere der Verletzung.

Reichen Erste-Hilfe-Maßnahmen für die Versorgung von Verletzten nicht aus, müssen die Verletzten in ärztliche Behandlung gebracht werden.

Eine schnelle, sachgerechte Versorgung kann sichergestellt werden, wenn bereits vor Ort über die Wahl der Arztpraxen bzw. den Transport in ein Krankenhaus entschieden wird. Diese Entscheidung ist jeweils abhängig von Art und Schwere der Verletzung.

- Bei geringfügig erscheinenden Verletzungen, bei denen kein Arztbesuch notwendig ist, ist die Erstversorgung vor Ort ausreichend. Die Erziehungsberechtigten sind zu informieren.
- Personen mit leichten Verletzungen, die ärztlicher Versorgung bedürfen, bei denen aber voraussichtlich nur eine kurzfristige Behandlung erforderlich ist, sind der nächsten erreichbaren Arztpraxis zuzustellen beziehungsweise einer ärztlichen Versorgung zuzuführen.
- Bei schwereren Verletzungen sind die betroffenen Personen einer Durchgangsärztin bzw. einem Durchgangsarzt (fachlich besonders qualifizierte Ärztinnen und Ärzte, die von den Unfallversicherungsträgern zugelassen sind) vorzustellen. Die nächstgelegene D-Arzt-Praxis finden Sie unter www.dguv.de (Webcode: d2236). Auskünfte erteilt auch die Unfallkasse Baden-Württemberg.
- Liegt offensichtlich eine Augen- oder Hals-, Nasen-, Ohrenverletzung vor, sind Verletzte der nächsterreichbaren Arztpraxis des entsprechenden Fachgebietes zuzuführen.

Aus haftungsrechtlichen Gründen raten wir vom Transport von Schüler*innen durch Lehrkräfte oder auch Eltern in privateigenen Kraftfahrzeugen ab. In jeder Schule sollte ein Verzeichnis der für den Krankentransport zuständigen Stellen sowie der Taxizentrale vorliegen. Die Unfallkassen

Ist ein „Elternabend" ohne Lehrkräfte zulässig? Hätten Sie's gewusst? Die Antwort steht auf Seite 109

haben für die direkte Abrechnung Formulare entwickelt; der Fahrauftrag muss dann nur von der Schule unterschrieben werden (Link: https://www.ukbw.de/informationen-service/service/formulare/taxifahrauftrag/.). Bitte hierzu auch die landesspezifisch verbindlichen Maßgaben der Unfallkasse Baden-Württemberg im Beitrag ➪ Unfallversicherung beachten.

Veranstaltungen im freien Gelände

Die Unfallkassen haben darauf hingewiesen, dass die Schulleitung die zuständige Erste-Hilfe-Organisation über schulische Ski-Veranstaltungen, Ski-Schultage und Ski-Wettkämpfe informieren muss, um eine wirksame Erste Hilfe im freien Gelände sicherstellen zu können. ➪ Unfallversicherung Ziff. II.3.3

Zuständige Erste-Hilfe-Organisation für Ski-Veranstaltungen ist in den Regierungsbezirken Freiburg und Karlsruhe die Bergwacht Schwarzwald e.V., in den Regierungspräsidien Stuttgart und Tübingen das Deutsche Rote Kreuz – Bergwacht Württemberg,

Geplante Ski-Veranstaltungen sollten rechtzeitig (mindestens drei Wochen vorher) dort angemeldet werden, damit eine Betreuung dieser Veranstaltungen durch die Erste-Hilfe-Organisation erfolgen kann. Die Anwesenheit des Bergrettungsdienstes an Wochentagen ist kostenpflichtig! Die Bergwachten sowie die Unfallkassen helfen mit Auskünften auch bei der Vorbereitung von Ski-Veranstaltungen im Ausland weiter. Hinweise zu anderen Sportarten im Schnee, im und auf dem Wasser, beim Klettern oder Mountainbikefahren finden sich im Internet unter: https://zsl-bw.de/,Lde/Startseite/uebergreifende-themen/ratgeber-schulsport.

Dokumentation

Alle Unfälle im Schulbereich müssen dokumentiert werden. Dies ist nicht zuletzt deshalb erforderlich, dass eine „Unfall" keine „Erkrankung" ist (für Krankheitskosten sind die Krankenversicherungsträger zuständig, die Kosten von Unfallfolgen sind von der gesetzlichen Schülerunfallversicherung zu tragen, die gegebenenfalls den/die Schädiger*innen oder Verursacher*innen in Regress nimmt).

Bei allen Unfällen, bei denen ärztliche Behandlung in Anspruch genommen wird, ist binnen drei Tagen eine Unfallanzeige an den zuständigen Unfallversicherungsträger zu senden. Daraus müssen hervorgehen: Zeit / Ort (Gebäudeteil) / Hergang / Unfallfolgen / Zeitpunkt und Art der Erste-Hilfe-Maßnahmen / Namen der/des Verletzten, der Zeugen sowie der Personen, die Erste Hilfe leisteten.

Schwere Unfälle sind unverzüglich dem Unfallversicherungsträger zu melden! Alle anderen Unfälle müssen vermerkt werden, beispielsweise im Meldeblock (DGUV Information 204-021) oder in einer PC-Datei, damit bei Spätfolgen eines nicht durch Unfallanzeige angezeigten Unfalls der schulische Zusammenhang nachgewiesen werden kann.

Außerdem wird hierdurch dokumentiert, dass die Schulleitung bzw. die Lehrkräfte ihrer Verpflichtung zu Erster Hilfe nachgekommen sind.

Diese Aufzeichnungen müssen fünf Jahre nach der letzten Eintragung aufbewahrt werden. Aus Datenschutzgründen sind die Aufzeichnungen vertraulich zu behandeln und die Dokumente vor dem Zugriff Unbefugter zu sichern.

➪ Aufbewahrungsfristen und Archivierung; ➪ Datenschutz (Schulen); ➪ Gefährdungsbeurteilung; ➪ Medikamentenabgabe; ➪ Schulbau; ➪ Unfallversicherung (dort auch die Anschriften der Unfallkassen)

Hätten Sie's gewusst? – Eltern fragen, wir antworten.

Ist der Schulgottesdienst eine Pflichtveranstaltung?

Frage: Unsere Tochter brachte eine Information für die Eltern ihrer Grundschule mit. Auf dem Zettel stand: *„Schulbeginn nach den Ferien ist am 12. September um 8:00 Uhr. Wir treffen uns in der Schule und gehen gemeinsam in die Kirche zum Gottesdienst."* Das sieht arg nach einer Teilnahmepflicht aus.

Antwort: So geht das nicht! Es stimmt zwar: Alle öffentlichen Grund- und Hauptschulen in Baden-Württemberg sind „christliche Gemeinschaftsschulen". So steht es in unserer Landesverfassung (➪ Verfassung Art. 15). Und ob uns das gefällt oder nicht: An allen Schularten des Landes sind Schul- und Schülergottesdienste zulässig beziehungsweise sogar amtlich erwünscht. Das Kultusministerium hat zu den Einzelheiten sogar eine Verwaltungsvorschrift erlassen. ➪ Schul- und Schülergottesdienste

Aber darin steht zu den Schulgottesdiensten (und um eine solche Schulveranstaltung handelt es sich in Ihrem Fall ganz offenbar) sehr deutlich: *„Die Teilnahme für Lehrkräfte, Schülerinnen und Schüler ist freiwillig. Der Schulgottesdienst kann auch ökumenisch gestaltet werden."* Dieses Freiwilligkeitsgebot geht auf eine Grundgesetzbestimmung zurück: *„Niemand darf zu einer kirchlichen Handlung oder Feierlichkeit oder zur Teilnahme an religiösen Übungen oder zur Benutzung einer religiösen Eidesform gezwungen werden"*.

Die Formulierung auf dem Zettel lässt jedoch alle gebotenen Elemente einer nicht-missionarischen religiösen Zurückhaltung vermissen. Sie erweckt den Eindruck, es handle sich um eine Pflichtveranstaltung, der Charakter der Freiwilligkeit ist nicht erkennbar, die – amtlich erwünschte – Überkonfessionalität scheint Ihrer Schule fremd zu sein. Und was ist eigentlich mit den Schüler*innen, die um acht Uhr in die Schule kommen, aber am Schulgottesdienst nicht teilnehmen wollen? Wird für die Aufsicht gesorgt? Vielleicht sollte der Elternbeirat der Schule mal mit der Leitung reden und um eine der Rechtslage angemessene Formulierung und um eine Organisationsform bitten, die der Vielfalt und Verschiedenheit der Glaubensbekenntnisse sowie der Konfessionsfreiheit Rechnung trägt.

Erziehungsauftrag und politische Bildung

Informationen der Redaktion zur Rechtslage und zur Verwaltungspraxis in Baden-Württemberg

Allgemeines

Sowohl die öffentlichen als auch die privaten Schulen sind an den Auftrag des Grundgesetzes gebunden, die unantastbare Würde des Menschen zu achten und zu schützen. ⇨ Grundgesetz Art. 1+7

Die Landesverfassung (LV) bestimmt: *„Die Jugend ist in Ehrfurcht vor Gott, im Geiste der christlichen Nächstenliebe, zur Brüderlichkeit aller Menschen und zur Friedensliebe, in der Liebe zu Volk und Heimat, zu sittlicher und politischer Verantwortlichkeit, zu beruflicher und sozialer Bewährung und zu freiheitlicher demokratischer Gesinnung zu erziehen. [...]" (Art. 12 Abs. 1).* Artikel 17 Abs. 1 sieht vor: *„In allen Schulen waltet der Geist der Duldsamkeit und der sozialen Ethik. [...]"*.In Artikel 21 Abs. 1 heißt es: *„Die Jugend ist in den Schulen zu freien und verantwortungsfreudigen Bürgern zu erziehen und an der Gestaltung des Schullebens zu beteiligen."* In Artikel 21 Abs. 2 ist ferner festgelegt: *„In allen Schulen ist Gemeinschaftskunde ordentliches Lehrfach."* Im ⇨ Schulgesetzes § 1 ist der Erziehungsauftrag der Schulen im Einzelnen ausgeführt. ⇨ Verfassung Art. 12, 17, 21

Junge Menschen zum Respekt vor und zur Verteidigung der Menschenwürde zu erziehen, ist eine zentrale Aufgabe der Schule. Diese Erziehungsziele sind fächerübergreifendes Prinzip und Grundlage allen Unterrichts sowie aller sonstigen Schulveranstaltungen. Dies gebietet auch, im Unterricht und im sonstigen Schulleben jegliche Diskriminierung zu unterlassen beziehungsweise zu unterbinden.
⇨ Außerunterrichtliche Veranstaltungen; ⇨ Mobbing

Im Rahmen der für sie geltenden Bestimmungen, insbesondere auch der Lehr- und Bildungspläne, ist die Lehrkraft für die Umsetzung dieser Erziehungsziele unmittelbar verantwortlich. ⇨ Schulgesetz § 38

Die Ziele sind bei der Zulassung von Schulbüchern und Unterrichtsmaterialien zu beachten; auch bei der Herstellung eigener Materialien sind die Lehrkräfte hieran gebunden. ⇨ Lernmittel (Zulassung)

Diese Bindung an die Erziehungsziele gilt auch dann uneingeschränkt, wenn die Lehrkraft von Dritten bereitgestellte Unterrichtsmaterialien einsetzt oder andere Personen in den Unterricht einbezieht. Die Lehrkraft ist diesen gegenüber insoweit weisungsberechtigt bzw. hat deren Handeln gegebenenfalls zu unterbinden. Zum Einsatz nichtschulischer Personen siehe ⇨ Fachleute aus der Praxis; zur Einbeziehung von Personen aus der Politik siehe ⇨ Wahlkampf und Schule.

Demokratiebildung in der Schule

Das Kultusministerium hat 2019 einen für alle öffentlichen und privaten allgemeinbildenden und beruflichen Schulen verbindlichen *„Leitfaden Demokratiebildung"* veröffentlicht (Link: https://www.schule-bw.de/themen-und-impulse/ > Extremismuspraevention > Demokratiebildung). Der Leitfaden weist vier Handlungsfelder aus: Demokratiebildung im Fachunterricht, als fächerverbindender bzw. fächerübergreifender Ansatz, in der Schulkultur und mit externen Partner*innen.

Im einleitenden Kapitel „Bedeutung von Demokratiebildung" hat das KM zur Relevanz dieses Leitfadens bestimmt: *„Die Schulen des Landes stellen sicher, dass die Umsetzung der Kompetenzen in den vier Handlungsfeldern über die zuständigen Gremien (Fachkonferenzen, Gesamtlehrerkonferenz und Schulkonferenz) abgestimmt, koordiniert und evaluiert wird. Eine frühzeitige Einbeziehung der Eltern und der Schülerinnen und Schüler ist dabei unabdingbar".* ⇨ Konferenzordnung

Die Beschlüsse der Kultusministerkonferenz *„Demokratie als Ziel, Gegenstand und Praxis historisch-politischer Bildung und Erziehung in der Schule"* sowie *„Menschenrechtsbildung in der Schule"* sind abrufbar unter www.kmk.org/themen/allgemeinbildende-schulen/ > Weitere Unterrichtsinhalte.

Neutralitätspflicht und Code of Conduct

Kontroversen treten insbesondere dann auf, wenn es um strittige Fragen im politischen Raum geht (z.B. bei parteipolitisch besetzten Themen, sozialen Auseinandersetzungen, der sexuellen Orientierung, Krieg und Frieden usw.). Häufig wird von den Schulen dann eine „Neutralitätspflicht" eingefordert.

Das Kultusministerium hat 2015 seine Position hierzu in einem Verhaltenskodex (*„Code of Conduct"*) dargelegt und erklärt, es lege insbesondere großen Wert darauf, dass die Unterrichtsinhalte *„ausgewogen und multiperspektivisch"* dargestellt werden. Der Wortlaut einer vom KM veröffentlichten Handlungshilfe zu diesem *„Code of Conduct"* (Stand 23.11.2015) ist im Beitrag ⇨ Lernmittel (Zulassung) zitiert; diese Handlungshilfe enthält einen Katalog von Prüffragen, die Lehrkräfte bei der Auswahl von Unterrichtsmaterialien (Lernmitteln, Schulbüchern) zu beachten haben. Ausdrücklich bezieht sich das KM in diesem *„Code of Conduct"* auf den *„Beutelsbacher Konsens"* als anerkannte Grundlage für die politische Bildungsarbeit. Zu den Grundsätzen dieses Konsenses zählt das Überwältigungsverbot, wonach es nicht erlaubt ist, *„den Schüler – mit welchen Mitteln auch immer – im Sinne erwünschter Meinungen zu überrumpeln und damit an der Gewinnung eines selbstständigen Urteils zu hindern."* Zudem müsse, *„was in Wissenschaft und Politik kontrovers ist, […] auch im Unterricht kontrovers erscheinen"* (Kontroversitätsgebot). Link: www.bpb.de/die-bpb/51310/beutelsbacher-konsens

Lehrkräfte dürfen also die Schüler*innen nicht indoktrinieren, ihnen also ihre persönliche Meinung nicht aufdrängen. Aber sie dürfen, solange sie die ihnen anvertrauten jungen Menschen nicht „überwältigen", sondern die Sachverhalte im Unterricht sachlich behandeln und Kontroverses ebenso sachlich darstellen, ihre eigene Meinung erkennbar werden lassen. Sonst wären sie nicht glaubwürdig und taugten nicht als Vorbilder bei der Erziehung zur Mündigkeit und Selbstverantwortung.

Die Schulen sind also nicht zu einer totalen Abstinenz von „heiklen" Themen verpflichtet, sondern sie haben einen klaren Erziehungsauftrag. Blasse, inhaltslose „Neutralität" ist nicht gefragt, sondern gefordert ist ein klares Bekenntnis zu den tragenden Werten des demokratischen und sozialen Rechtsstaates.

Friedensbildung / Bundeswehr und Schule

Diese Prinzipien gelten auch für die Hinzuziehung von *„Fachleuten"* im Rahmen der politischen Bildung, beispielsweise der Friedenserziehung oder der Behandlung von Fragen der Sicherheitspolitik sowie der Bundeswehr. ➪ Fachleute

In der Vereinbarung des KM mit dem Landeskommando der Bundeswehr zur Zusammenarbeit (Link: www.km-bw.de > Schule > schulartübergreifend > Kooperation Schule/Bundeswehr) wird herausgestellt, dass die sicherheitspolitische Bil- dung in den Schulen unter Beteiligung der Jugendoffiziere der Bundeswehr ausgewogen angelegt sein muss.

Das Ministerium hat hierzu u.a. ausgeführt:

„Diese Vereinbarung stellt klar, dass Jugendoffiziere und -offizierinnen nicht für den Dienst in der Bundeswehr werben dürfen, sondern im Rahmen ihrer Tätigkeit der staatlichen Informationspflicht der Bundesregierung nachkommen (Urteil BVerfG von 1977).

Wenn Jugendoffiziere als Fachleute im Unterricht über Friedens- und Sicherheitspolitik berichten, ist dies Bestandteil der Schulbesuchspflicht. Die Teilnahme ist also für die Schülerinnen und Schüler verpflichtend, auch wenn die Information unterrichtsersetzend, aber klassenübergreifend durchgeführt wird. Es gilt das Überwältigungsverbot und Kontroversitätsgebot des Beutelsbacher Konsenses. Bei der Verwirklichung dieser Prinzipien wirken Jugendoffizier und Lehrkraft zusammen. Die Lehrkraft entscheidet, ob sie ein solches Informationsangebot annehmen will.

Abzugrenzen von den oben genannten Veranstaltungen ist ein Besuch der Karriereberatung. Die Bundeswehr kann durch ihre Karriereberater an Schulen über den Arbeitgeber Bundeswehr und die Karrierechancen informieren. Dies geschieht auf Einladung der Schule. Die Teilnahme der Schülerinnen und Schüler an einer solchen Veranstaltung ist freiwillig, das heißt die Schule muss die Rahmenbedingungen so ausgestalten, dass die Schülerinnen und Schüler, die nicht teilnehmen wollen, auch tatsächlich fernbleiben können. Das Grundgesetz bekennt sich in Artikel 87 a ausdrücklich zu einer Landesverteidigung durch die Bundeswehr. Die Bundeswehr darf deshalb nicht gegenüber anderen Arbeitgebern benachteiligt werden."

(Quelle: Infodienst Schulleitung Nr. 309 / April 2022)

➪ Berufliche Orientierung / Praxiserfahrungen Nr. 2.3, 4, 5.

Es ist Pflicht der Schulleitung bzw. der jeweils zuständigen Lehrkräfte, diese Maßgaben zu beachten.

Das KM hat am 30.10.2014 gemeinsam mit der GEW und zahlreichen weiteren Organisationen eine „Gemeinsame Erklärung zur Stärkung der Friedensbildung in Schulen" mit dem Ziel unterzeichnet, „die Bedeutung der Friedensbildung in baden-württembergischen Schulen zu betonen und sie in den Bildungsplänen als fächerübergrei- fendes Anliegen stärker zu verankern". Darin wird unter Bezugnahme auf Art. 12 LV betont:

„Das gewaltfreie Zusammenleben in Schule und Gesellschaft ist ein hohes Gut und keineswegs selbstverständlich. Es bedarf dafür der Auseinandersetzung mit den unterschiedlichen Formen von Gewalt, deren Ursachen und Entstehungsbedingungen. Es bedarf ebenso der Erarbeitung von Strategien gegen Gewalt und der Ent- wicklung eines Bewusstseins davon, wie Menschen in ihrer Umgebung, in Deutschland und weltweit in Frieden zusammenleben können. Das Ringen um Antworten, das Bewusstwerden der eigenen Verantwortung und der eigenen Möglichkeiten, zum Frieden beizutragen, sowie die Förderung der eigenständigen Meinungsbildung auf Basis des Beutelsbacher Konsenses haben in der Schule und in der außerschulischen Bildungsarbeit einen herausragenden Stellenwert. [...] – Die gemeinsame Erklärung beruht auf einem umfassenden Verständnis einer ‚Erziehung zur Friedensliebe'. Die daraus abgeleiteten Handlungsfelder der Friedensbildung an Schulen umfassen ein breites Spektrum: Es reicht von Maßnahmen der Gewaltprävention über die Beschäftigung mit friedens- und gewaltfördernden Strukturelementen in Politik, Wirtschaft und Gesellschaft bis hin zur Auseinandersetzung mit friedens- und sicherheitspolitischen Fragestellungen in einer globalisierten Welt. Die Diskussion verschiedener Ansätze für konstruktive Konfliktbearbeitung und internationale Friedensstiftung gehört ebenfalls dazu."

Landes- und Bundeszentrale für politische Bildung

Die *„Landeszentrale für politische Bildung"* (LpB) hat die Aufgabe, *„die politische Bildung in Baden-Württemberg auf überparteilicher Grundlage zu fördern und zu vertiefen. Sie dient hierbei der Festigung und Verbreitung des Gedankengutes der freiheitlich-demokratischen Ordnung".)*Link: www.lpb-bw.de/). Bei der LpB besteht eine „Servicestelle Friedensbildung". Link:https://www.friedensbildung-bw.de/. Der „Bundeszentrale für politische Bildung" (BpB) obliegt, „den demokratischen und europäischen Gedan- ken im deutschen Volk zu festigen und zu verbreiten". Sie berät und informiert insbesondere Lehrkräfte für das Fach Gemeinschaftskunde. Link: www.bpb.de/

➪ Außerunterrichtliche Jugendbildung; ➪ Außerunterrichtliche Veranstaltungen Ziff. 1.2; ➪ Fachleute aus der Praxis; ➪ Landtagsbesuche; ➪ Lernmittel (Zulassung); ➪ Menschenrechte; ➪ Mobbing; ➪ Nationalsozialismus und Antisemitismus; ➪ Schülermitverantwortung; ➪ Schulgesetz § 1; ➪ Stundentafeln (bei den einzelnen Schularten); ➪ Verfassung Art. 12, 17 und 21; ➪ Wahlkampf und Schule

Erziehungs- und Ordnungsmaßnahmen

Siehe hierzu das ➪ Schulgesetz § 90 mit zahlreichen Hinweisen der Redaktion sowie einer grafischen Übersicht.

Ethikunterricht

Ethikunterricht; Verwaltungsvorschrift des Kultusministeriums vom 21. November 2001 (K.u.U. S. 1/2002); zuletzt geändert 4. Juni 2019 (K.u.U. S. 91/2019)

1
Einrichtung

Nach § 100a SchG ist für Schülerinnen und Schüler, die nicht am Religionsunterricht als ordentlichem Unterrichtsfach teilnehmen, das Fach Ethik als ordentliches Unterrichtsfach einzurichten. Der Zeitpunkt, ab welchem der Unterricht im Fach Ethik in den einzelnen Schularten und Klassen zu besuchen ist, folgt aus den jeweils geltenden Stundentafeln.

⇨ Religion (Allgemeines); ⇨ Religionsunterricht (Teilnahme); ⇨ Schulgesetz § 100a

Hinweise der Redaktion:

1. Das Fach Ethik wurde 1983 eingeführt, um evangelische und katholische Schüler*innen von der Abmeldung vom Religionsunterricht abzuschrecken. Obwohl das Bundesverwaltungsgericht (BVerwG, 17.6.1998, AZ: 6 C 11.97) für eine formale Gleichwertigkeit mit dem Religionsunterricht gesorgt hat (z.B. Versetzungserheblichkeit), ist Ethik nach wie vor ein „Ersatzfach": Es ist nur in einem Teil der Schulen eingeführt und wurde anfangs nur in jenen Klassenstufen eingerichtet, wo das für die Abschreckung erforderlich zu sein schien: ab Klasse 7 bzw. 8 der allgemeinbildenden Schulen. Im beruflichen Bereich wird Ethik nur an beruflichen Gymnasien obligatorisch erteilt. Im Bereich der SBBZ, z.B. an den früheren „Förderschulen", wird konfessionsfreien, andersgläubigen oder vom Religionsunterricht abgemeldeten Schüler*innen nach wie vor keine Alternative zum Religionsunterricht angeboten (Stand: August 2023). ⇨ Sonderpädagogik (SBBZ Lernen – Stundentafel
2. In den Stundentafeln der allgemeinbildenden weiterführenden Schulen beginnt das Fach Ethik ab Schuljahr 2021/22 in Klasse 5. Das KM hat zwar angekündigt, das Fach Ethik auch an Grundschulen einzuführen, sobald der Ausbau in der Sekundarstufe I abgeschlossen ist. Die Änderung der Stundentafeln an der Primarstufe steht jedoch noch aus (Stand: August 2023).
3. Während die Erteilung des Religionsunterrichts gesetzlich garantiert ist (*„Für eine religiöse Minderheit von mindestens acht Schülern an einer Schule ist Religionsunterricht einzurichten"*; SchG § 96 Abs. 3), hat das KM die Erteilung des Ethikunterrichts faktisch in das Belieben der Schulleitungen gestellt. So ist beispielsweise für Gymnasien verfügt: „Wer keinen Kurs in Religionslehre besucht, hat stattdessen vorbehaltlich des schulischen Angebots Kurse im Fach Ethik zu besuchen". (Hervorhebung durch die Redaktion). ⇨ Gymnasium (Abitur – AGVO) § 13 Abs. 4
4. Religionslehrkräfte im Dienst des Landes dürfen an der gleichen Schule nicht gleichzeitig sowohl im Ethik- als auch im Religionsunterricht eingesetzt werden. (Quelle: K.u.U. S. 201/2008)

2
Gruppenbildung

Die Gruppenbildung im Fach Ethik erfolgt nach Maßgabe der Verwaltungsvorschrift über die Unterrichtsorganisation (Organisationserlass). Dabei können auch bei den Gymnasien über Parallelklassen und Klassen oder Jahrgangsstufen hinweg Gruppen gebildet werden. Gegebenenfalls können Gruppen auch zwischen benachbarten Schulen der gleichen Schulart gebildet werden. – Falls im Verlauf des ersten Schulhalbjahres die erforderliche Schülerzahl erreicht wird, ist das Fach Ethik zu Beginn des zweiten Schulhalbjahres einzurichten. Falls im Verlauf des Schuljahres die erforderliche Schülerzahl unterschritten wird, ist der Unterricht bis zum Ende des Schuljahres fortzusetzen.

3
Teilnahmepflicht

Zur Teilnahme am Ethikunterricht sind Schülerinnen und Schüler verpflichtet,

a) die keiner Religionsgemeinschaft angehören,
b) für die Religionsunterricht als ordentliches Unterrichtsfach nicht eingerichtet ist,
c) die sich vom Religionsunterricht abgemeldet haben.

In den Fällen der Buchstaben a) und b) entfällt die Teilnahmepflicht, wenn die Schülerin oder der Schüler am Religionsunterricht als ordentlichem Unterrichtsfach einer Religionsgemeinschaft mit deren Zustimmung teilnimmt. Ferner besteht für Schülerinnen und Schüler keine Teilnahmepflicht, wenn der Religionsunterricht ihres Bekenntnisses an der Schule eingerichtet ist, jedoch für die entsprechende Klassenstufe ausnahmsweise nicht erteilt wird. ⇨ Religionsunterricht (Teilnahme)

Hinweis der Redaktion: Als ordentliches Unterrichtsfach „eingerichtet" ist in Baden-Württemberg alevitischer, altkatholischer, evangelischer, islamisch-sunnitischer, jüdischer, römisch-katholischer, syrisch-orthodoxer sowie (bulgarisch-, georgisch-, russisch-, griechisch-, rumänisch-, serbisch-) orthodoxer Religionsunterricht.

⇨ Religion (Allgemeines) Nr. 6; ⇨ Schulgesetz § 96

4
Austritt aus dem Ethikunterricht

Der Austritt aus dem Ethikunterricht ist nur zu Beginn eines Schulhalbjahres und nur, wenn anschließend Religionsunterricht als ordentliches Unterrichtsfach besucht wird, zulässig.

5
Leistungserhebung und Leistungsbeurteilung

Das Fach Ethik ist ordentliches Unterrichtsfach. Es gelten die allgemeinen Bestimmungen zur Leistungserhebung und Leistungsbeurteilung. Das Fach Ethik ist ein für die Versetzung maßgebendes Fach im Sinne der Versetzungsordnungen. Dies gilt auch dann, wenn der Ethikunterricht erst zu Beginn des zweiten Schulhalbjahres besucht wird.

⇨ Notenbildungsverordnung

Für den Ethikunterricht in den Jahrgangsstufen gelten die Bestimmungen der Verordnungen über die Jahrgangsstufen sowie die Abiturprüfung der allgemeinbildenden und der beruflichen Gymnasien; für die gymnasiale Oberstufe der Gemeinschaftsschule gelten die Bestimmungen der ⇨ Gemeinschaftsschule (Verordnung). ⇨ Gymnasium (Abitur – AGVO)

⇨ Gemeinschaftsschule (Verordnung); ⇨ Gymnasium (Abitur – AGVO); ⇨ NotenbildungsVO; ⇨ Religion (Allgemeines); ⇨ Religionsunterricht (Teilnahme); ⇨ Schulgesetz § 100 a; ⇨ Unterrichtsorganisation (Organisationserlass)

Fachfremder Unterricht

Informationen der Redaktion zur Rechtslage und zur Verwaltungspraxis in Baden-Württemberg

Grundsätze

Zu den Aufgaben des Schulleiters bzw. der Schulleiterin gemäß ➪ Schulgesetz § 41 Abs. 1 gehört die Verteilung der Lehraufträge und damit die Entscheidung über den Einsatz der Lehrkräfte in den Stufen, Klassen und Fächern der Schule.

Für den *„fachfremden"* Einsatz von Lehrkräften gibt es keine übergreifenden amtlichen Regelungen, sondern nur gelegentliche Äußerungen aus dem Kultusministerium bzw. der Schulverwaltung. Unter *„fachfremdem Unterricht"* ist im Folgenden der stundenplanmäßige, reguläre Einsatz einer Lehrkraft zu verstehen, nicht jedoch (vorübergehender) Vertretungsunterricht.

Grundsätzlich ist bei der Verteilung der Lehraufträge die jeweilige formale Lehrbefähigung der Lehrkraft bzw. ihre spezifische (beispielsweise auf dem Wege der Fort- und/oder Weiterbildung erworbene) Qualifikation zu beachten. Der Auftrag zur Erteilung *„fachfremden Unterrichts"*, also der Einsatz von Lehrkräften außerhalb der studierten Fächer bzw. Ausbildungs-Schwerpunkte ist deshalb nur in Ausnahmefällen zu geben, soweit auf Lehrkräfte mit entsprechender Lehrbefähigung nicht zurückgegriffen werden kann. Die Grenzen bei der Vergabe ergeben sich aus den gesetzlichen Bestimmungen und deren Zielsetzungen. Diesbezüglich trifft das Schulgesetz in den §§ 96 ff. explizit lediglich Aussagen zum Religionsunterricht und regelt auch, wer als Religionslehrkraft unterrichten darf.

(Quelle: Landtags-Drucksache 16/1707 vom 24.2.2017)

Diese auf Äußerungen des Kultusministeriums gegenüber dem Landtag beruhenden Informationen gelten grundsätzlich für alle auf der Grundschule aufbauenden Schularten. An den im Folgenden genannten Schularten bzw. Lehrämtern gelten besondere Bedingungen:

Grundschulen

An Grundschulen gilt das Klassenlehrerprinzip, der Unterricht in den einzelnen Fächern wird nach Möglichkeit nicht von verschiedenen Fachlehrkräften, sondern von der Klassenlehrkraft erteilt. Seit der Umstrukturierung der Lehrämter (Prüfungsordnungen von 2011) müssen die Lehramtsbewerber*innen zwischen den Kompetenzbereichen Deutsch (einschließlich Deutsch als Zweitsprache) und Mathematik wählen. Es ist demzufolge zu erwarten, dass der Anteil fachfremden Unterrichts in Deutsch und Mathematik im Laufe der Zeit abnehmen wird.

Gymnasien

An Gymnasien dürfen Lehrkräfte grundsätzlich nur Fächer unterrichten, für die sie aufgrund von Studium und Referendariat oder aufgrund späterer Fortbildungsmaßnahmen qualifiziert sind. Fachfremder Unterricht ist nur dann zulässig, wenn ein akuter fachspezifischer Mangel an der Schule nicht von anderen Lehrkräften der Schule oder durch Abordnungen von benachbarten Schulen ausgeglichen werden kann. (Quelle: Info BPR-GYM RP TÜ 2/2012)

Berufliche Schulen

An den beruflichen Schulen existieren zahlreiche Unterrichtsbereiche und -fächer, für die es wegen des relativ geringen Bedarfs keine Lehramtsausbildungen gibt. Hier kann auf fachfremd unterrichtende Lehrkräfte, die sich auch mithilfe von Fortbildungsmaßnahmen einarbeiten, nicht verzichtet werden. Diese Lehrkräfte werden nach einigen Jahren im Hinblick auf die zwischenzeitlich erfolgte Spezialisierung nicht mehr als *„fachfremd"* angesehen.

Fachlehrkräfte

Neben den *„wissenschaftlichen Lehrkräften"* unterrichten an den Schulen auch *„Fachlehrkräfte"* sowie *„Technische Lehrkräfte"*.

Die „Fachlehrkräfte" (gehobener Dienst) werden in den Fächern Sport, Bildende Kunst, Technik, Musik sowie Alltagskultur und Gesundheit ausgebildet und in der Ausbildung bereits für den Unterricht in den Fächerverbünden qualifiziert. Ein Einsatz auch in anderen Fächern erscheint rechtlich möglich, sofern diese Lehrkräfte über die erforderlichen fachlichen und didaktischen Kompetenzen der anderen Fächer des Fächerverbundes verfügen. Die Entscheidung wird von der Schulleitung getroffen; diese bestimmt auch das Zusammenwirken der Fachlehrkräfte mit anderen Lehrkräften an den Schulen. Der Unterricht der Fächerverbünde in Haupt- und Werkrealschulen kann sowohl in Verantwortung einer oder mehrerer Lehrkräfte liegen. Entscheidend ist die Unterrichtsqualität, garantiert wird diese durch die Schulleitung. (Quelle: KM, 12.10.2004; AZ. 33–6715.0/133/1)

Die an bestimmten Sonderpädagogischen Bildungs- und Beratungszentren sowie im beruflichen Bereich tätigen Technischen Lehrkräfte sowie die sonstigen nicht-wissenschaftlichen Lehrkräfte (beispielsweise Ein-Fach-Sportlehrkräfte) dürfen ausschließlich in ihren Ausbildungsfächern eingesetzt werden.

➪ Aufsichtspflicht (Schwimmunterricht); ➪ Klassenlehrkraft; ➪ Religionsunterricht (Allgemeines); ➪ Schulgesetz § 41

Wer leitet die Wahlen der Elternvertretung? Hätten Sie's gewusst? Die Antwort steht auf Seite 113.

Fachhochschulreife

Verordnung des Kultusministeriums über den Erwerb der Fachhochschulreife in der gymnasialen Oberstufe (FHSRGymVO) vom 17. Mai 2009 (K.u.U. S. 86/2009); zuletzt geändert 27. August 2021 (GBl. S. 777/2021)

§ 1
Allgemeine Voraussetzungen

Wer ein Gymnasium der Normalform, Aufbaugymnasium mit Heim, berufliches Gymnasium der dreijährigen oder sechsjährigen Aufbauform, Kolleg, staatlich anerkanntes Abendgymnasium, die gymnasiale Oberstufe einer Gemeinschaftsschule oder das Deutsch-Französische Gymnasium Freiburg durchlaufen hat und nach Abschluss des zweiten Halbjahres der ersten Jahrgangsstufe des Kurssystems, der Klasse III oder am Deutsch-Französischen Gymnasium der Klasse 11 (Première) ohne allgemeine Hochschulreife verlässt, erwirbt das Zeugnis der Fachhochschulreife, wenn

1. die erforderlichen schulischen Leistungen nach § 2 (schulischer Teil der Fachhochschulreife) erbracht sind und
2. praktische Leistungen nach § 3 (berufsbezogener Teil der Fachhochschulreife) nachgewiesen sind.

Hinweis der Redaktion: Die Fachhochschulreife kann auch an Berufskollegs, Berufsoberschulen und Fachschulen erworben werden. Die Anerkennung der Fachhochschulreife (auch „Fachabitur") als Voraussetzung für ein (Fach-)Hochschulstudium ist in den Bundesländern unterschiedlich geregelt. Einen Überblick gibt http://www.studieren-ohne-abitur.de/web/laender/.

§ 2
Schulischer Teil der Fachhochschulreife

(1) Für den schulischen Teil der Fachhochschulreife sind folgende Leistungen nachzuweisen:

1. im allgemeinbildenden Gymnasium und der gymnasialen Oberstufe einer Gemeinschaftsschule müssen
   a) in zwei Leistungsfächern, darunter mindestens in einem der Fächer Deutsch, Mathematik oder einer Fremdsprache, je zwei Kurse belegt und bei einfacher Wertung mindestens 20 Punkte erreicht sein,
   b) in weiteren Fächern elf Kurse belegt sein und
   c) in mindestens 60 Prozent der insgesamt anzurechnenden Kurse mindestens jeweils fünf Punkte erreicht sein, hierunter zwei Kurse aus Leistungsfächern;
2. im beruflichen Gymnasium müssen
   a) im berufsbezogenen Schwerpunktfach sowie in dem auf erhöhtem Anforderungsniveau gewählten Kernkompetenzfach (Deutsch oder Mathematik) je zwei Kurse belegt und bei einfacher Wertung mindestens 20 Punkte erreicht sein,
   b) in weiteren Fächern elf Kurse belegt sein und
   c) in mindestens 60 Prozent der insgesamt anzurechnenden Kurse mindestens jeweils fünf Punkte erreicht sein, hierunter zwei Kurse aus Absatz 1 Nummer 2 Buchstabe a;
3. im Kolleg müssen
   a) in zwei Leistungsfächern je zwei Kurse belegt und bei einfacher Wertung mindestens 20 Punkte erreicht sein,
   b) im Übrigen die Voraussetzungen der Nummer 1 Buchstabe b und c erfüllt sein;
4. im staatlich anerkannten Abendgymnasium müssen
   a) in zwei Leistungsfächern je zwei Kurse belegt und bei einfacher Wertung in drei Kursen insgesamt mindestens 15 Punkte erreicht sein,
   b) in weiteren Fächern vier Kurse belegt sein und
   c) in mindestens fünf Kursen der insgesamt anzurechnenden Kurse mindestens jeweils fünf Punkte erreicht sein, hierunter zwei Kurse aus Leistungsfächern.

Am Deutsch-Französischen Gymnasium Freiburg werden die Voraussetzungen für den schulischen Teil der Fachhochschulreife mit der Versetzung von der Klasse 11 (Première) in die Klasse 12 (Terminale) erfüllt.

(2) Unter den nach Absatz 1 anzurechnenden Kursen müssen vorbehaltlich der Regelung in Satz 4 folgende Fächer oder Fächergruppen mit je zwei Halbjahreskursen aus einem Fach enthalten sein:

1. Deutsch;
2. Englisch, Französisch, Latein oder eine andere Fremdsprache; die Kurse müssen zur Erfüllung

Hätten Sie's gewusst? – Eltern fragen, wir antworten.

Wer kümmert sich um die Schwimm-Aufsicht?

Frage: Beim Elternabend habe ich von der Klassenlehrerin erfahren, dass sie selbst den Schwimmunterricht übernommen hat, weil die Sportlehrerin wegen Krankheit ausgefallen ist. Allerdings besitzt sie hierfür keine Ausbildung. Kann der Schulleiter sie trotzdem hierzu einteilen?

Antwort: Das Kultusministerium hat hierzu u.a. mitgeteilt: *„Die Schulleitung hat darauf zu achten, dass grundsätzlich nur Lehrkräfte mit der Erteilung von Schwimmunterricht beauftragt werden, die folgende Bedingungen erfüllen: 1. Nachweis über eine Aus- oder Fortbildung zum Thema Didaktik und Methodik des Schwimmunterrichts […]. 2. Nachweis über eine Aus- oder Fortbildung zum Thema Rettungsfähigkeit […]. 3. Die Lehrkräfte müssen der Schulleitung zudem bestätigen, dass sie […] unter den örtlichen Gegebenheiten für ihren Unterricht (Wassertiefe, Beckengröße) jederzeit rettungsfähig sind."* ⇨ Aufsichtspflicht (Schwimmunterricht)

Falls keine derartige Lehrkraft zur Verfügung steht, kann leider kein Schwimmunterricht stattfinden.

der Mindestverpflichtung in der Fremdsprache dienen können;
3. Mathematik;
4. Geschichte, Gemeinschaftskunde oder Geschichte als Kombinationsfach;
5. Biologie, Chemie oder Physik.

Außer den in Satz 1 genannten Fächern und Kursen können nach Wahl aus weiteren Fächern höchstens je zwei Halbjahreskurse angerechnet werden. Die in Satz 1 und 2 genannten Kurse sind einfach zu werten, soweit in den nachfolgenden Sätzen keine abweichenden Regelungen getroffen sind. Satz 1 gilt für die staatlich anerkannten Abendgymnasien mit der Maßgabe, dass entweder zwei Kurse eines Fachs nach Satz 1 Nummer 4 oder zwei Kurse eines Fachs nach Satz 1 Nummer 5 angerechnet werden müssen. Am allgemeinbildenden Gymnasium, der Gemeinschaftsschule und dem Kolleg werden die Ergebnisse der Kurse in zwei Leistungsfächern doppelt gewichtet; am Abendgymnasium die Ergebnisse aus drei Kursen in zwei Leistungsfächern dreifach, im Übrigen sämtliche Kurse zweifach.

(3) Jede Schülerin und jeder Schüler legt für alle anzurechnenden Kurse nach Absatz 1 und 2 einheitlich die zwei aufeinanderfolgenden Schulhalbjahre fest, aus denen die Kurse angerechnet werden, und entscheidet in den Fällen von Absatz 2 Satz 5 über die beiden Leistungsfächer, deren Kurse doppelt beziehungsweise von denen drei Kurse dreifach gewichtet werden sollen. Kein Kurs darf mit „ungenügend" (0 Punkte) bewertet sein.

(4) Die im schulischen Teil der Fachhochschulreife erreichte Gesamtpunktzahl von mindestens 95 und höchstens 285 Punkten, die sich auf der Grundlage der in den anzurechnenden Kursen erreichten Punkte ergibt, wird nach der in Anlage 1 beigefügten Formel errechnet; die erzielte Durchschnittsnote wird nach der in Anlage 2 beigefügten Tabelle ermittelt. Für die Festlegung der Durchschnittsnote des am Deutsch-Französischen Gymnasium erworbenen schulischen Teils der Fachhochschulreife wird der im Versetzungszeugnis nach Absatz 1 Satz 2 ausgewiesene allgemeine Durchschnitt von mindestens 6,0 und höchstens 10,0 Punkten nach der in Anlage 3 beigefügten Tabelle in eine Durchschnittsnote übertragen.

Hinweis der Redaktion: Übergangsbestimmungen gemäß § 5:
1. § 2 der Vorgängerverordnung findet weiterhin Anwendung
   a) in seiner bis zum 30. Juni 2003 geltenden Fassung auf Schüler*innen, die nach der NGVO vom 20.4.1983 (GBl. S. 323, K.u.U. S.367), der BGVO vom 20.4.1983 (GBl. S. 323, K.u.U. S. 378), der VO über die allgemeinbildenden Abendgymnasien vom 14.2.1984 (GBl. S. 186, K.u.U. S. 76) oder der VO über den Bildungsgang und die Abiturprüfung an den Kollegs vom 14.2.1984 (GBl. S. 193, K.u.U. S.71) in ihrer jeweils geltenden Fassung die 12. oder 13. Klasse oder die Klasse III oder IV besucht haben,
   b) in seiner ab dem 1.7.2003 geltenden Fassung auf Schüler*innen, die nach der NGVO vom 24.7.2001 (K.u.U. S. 295) sowie der BGVO vom 5.12.2002 (GBl. S. 2003, S.25, K.u.U. 2003 S. 18) in ihrer jeweiligen, jedoch spätestens am 31.7.2008 geltenden Fassung oder der KollegVO vom 13.10.2001 (K.u.U. S. 381) die erste oder zweite Jahrgangsstufe des Kurssystems oder die Klasse III oder IV besucht haben.
2. § 2 Absatz 3 findet weiterhin Anwendung
   a) in seiner bis zum 30.6.2003 geltenden Fassung auf Schüler*innen, die nach der Verordnung über allgemeinbildende Abendgymnasien vom 14.2.1984 (GBl. S. 186) in ihrer jeweils geltenden Fassung die Klasse III oder IV besucht haben,

Anlage 1 (zu § 2 Absatz 4 Satz 1)

Berechnung der Punktezahl für den schulischen Teil der Fachhochschulreife

(gilt nicht für das Deutsch-Französische Gymnasium)

Die erreichte Punktezahl für den schulischen Teil der Fachhochschulreife (E) wird nach folgender Formel ermittelt:

$$E = \frac{P}{S} \times 19$$

Dabei sind:

E = Errechnete Punktzahl für den schulischen Teil der Fachhochschulreife

P = Erreichte Punktzahl in den eingebrachten Fächern

S = Anzahl der zugehörigen Schulhalbjahresergebnisse (doppelt gewichtete Fächer zählen auch hier doppelt, dreifach gewichtete Fächer dreifach)

Es wird auf eine ganzzahlige Punktzahl gerundet; ab n,5 wird aufgerundet.

Anlage 2 (zu § 2 Absatz 4 Satz 1)

Tabelle zur Ermittlung der Durchschnittsnote für die Fachhochschulreife (schulischer Teil)

(gilt nicht für das Deutsch-Französische Gymnasum)

Punkte	Durchschnittsnote	Punkte	Durchschnittsnote	Punkte	Durchschnittsnote
285–261	1,0	209–204	2,0	152–147	3,0
260–255	1,1	203–198	2,1	146–141	3,1
254–249	1,2	197–192	2,2	140–135	3,2
248–244	1,3	191–187	2,3	134–130	3,3
243–238	1,4	186–181	2,4	129–124	3,4
237–232	1,5	180–175	2,5	123–118	3,5
231–227	1,6	174–170	2,6	117–113	3,6
226–221	1,7	169–164	2,7	112–107	3,7
220–215	1,8	163–158	2,8	106–101	3,8
214–210	1,9	157–153	2,9	100–96	3,9
				95	4,0

Anlage 3 (zu § 2 Absatz 4 Satz 2)

Tabelle zur Ermittlung der Durchschnittsnote für die Fachhochschulreife (schulischer Teil) am Deutsch-Französischen Gymnasium

Allgemeiner Durchschnitt im Zeugnis (Punkte)	Durchschnittsnote	Allgemeiner Durchschnitt im Zeugnis (Punkte)	Durchschnittsnote
8,5 bis 10	1,0	7,2	2,3
8,4	1,1	7,1	2,4
8,3	1,2	7,0	2,5
8,2	1,3	6,9	2,6
8,1	1,4	6,8	2,7
8,0	1,5	6,7	2,8
7,9	1,6	6,6	2,9
7,8	1,7	6,5	3,0
7,7	1,8	6,4	3,1
7,6	1,9	6,3	3,2
7,5	2,0	6,2	3,3
7,4	2,1	6,1	3,4
7,3	2,2	6,0	3,5

b) in seiner vom 1.7.2009 bis zum 30.9.2012 geltenden Fassung auf Schüler*innen, die nach der Abendgymnasien-Verordnung vom 21.9.2001 (GBl. S. 575) die jeweilige Klasse III oder IV besucht haben.

3. § 2 in der am 31.7.2019 geltenden Fassung findet weiterhin Anwendung auf Schüler*innen, die nach der
   a) Abiturverordnung Gymnasien der Normalform vom 24.7. 2001 (GBl. S. 518) in ihrer jeweiligen, jedoch spätestens am 31.7.2018 geltenden Fassung die erste oder zweite Jahrgangsstufe des Kurssystems besucht haben,
   b) Abendgymnasien-Verordnung vom 25.11.2010 (GBl. S. 1038) in ihrer jeweiligen, jedoch spätestens am 31.7.2018 geltenden Fassung die Klassen III und IV besucht haben oder
   c) VO über den Bildungsgang und die Abiturprüfung an den Kollegs vom 10.3.2010 (GBl. S. 345) in ihrer jeweiligen, jedoch spätestens am 31.7.2018 geltenden Fassung die vier Schulhalbjahre des Kurssystems besucht haben.
4. Auf Schüler*innen, die nach der Verordnung des KM über die Jahrgangsstufen sowie über die Abiturprüfung an beruflichen Gymnasien in der bis zum 31.07.2021 geltenden Fassung die erste oder zweite Jahrgangsstufe des Kurssystems besucht haben, findet jeweils § 2 Absatz 1 Nummer 2 in der am 31. Juli 2021 geltenden Fassung weiterhin Anwendung.

§ 3
Berufsbezogener Teil der Fachhochschulreife

(1) Der berufsbezogene Teil der Fachhochschulreife wird nachgewiesen durch

1. eine mindestens zweijährige Berufsausbildung in einem anerkannten Ausbildungsberuf nach dem Berufsbildungsgesetz oder der Handwerksordnung oder in einem gleichwertig geregelten Ausbildungsberuf oder
2. eine mindestens zweijährige schulische Berufsausbildung, gegebenenfalls in Verbindung mit einem Berufspraktikum oder
3. eine mindestens zweijährige Berufsausbildung in einem öffentlich-rechtlichen Dienstverhältnis oder
4. ein mindestens einjähriges Praktikum nach Absatz 2 oder
5. ein freiwillig abgeleistetes soziales oder ökologisches Jahr, den Wehr- oder Wehrersatzdienst oder den Bundesfreiwilligendienst.

Dem Praktikum nach Nummer 4 ist eine einjährige durchgehende Teilnahme an einer Berufsausbildung nach Nummer 1 bis 3 gleichgestellt. Abgeleistete Dienste im Rahmen eines freiwilligen sozialen oder ökologischen Jahres, des Wehr- oder Wehrersatzdienstes oder des Bundesfreiwilligendienstes von unter einem Jahr werden auf die Dauer des Praktikums nach Nummer 4 angerechnet.

(2) Das Praktikum nach Absatz 1 Nr. 4 dient dem Kennenlernen der Arbeitswelt. Es wird in einem Betrieb der Wirtschaft oder in einer vergleichbaren außerschulischen Einrichtung durchgeführt. Das Praktikum soll Einblicke in unterschiedliche Arbeitsbereiche und Arbeitsmethoden, in den Aufbau und die Organisation der Praktikumsstelle sowie in Personal- und Sozialfragen geben. Die Durchführung des Praktikums ist der Schule durch eine Bescheinigung des Betriebs oder der Einrichtung im Sinne von Satz 2 nachzuweisen, aus der die Dauer der Beschäftigung, der zugewiesene Aufgabenbereich oder die zugewiesenen Aufgabenbereiche und die Fehltage hervorgehen müssen.

Hinweise der Redaktion:

1. Das KM hat am 10.3.2011 (K.u.U. S. 106/2011) Hinweise zur Durchführung des Praktikums gegeben. Darin heißt es u.a.:

„1. Ziel und Inhalt des Praktikums

Das Praktikum dient dem Kennenlernen der Arbeitswelt. Es hat Ausbildungscharakter. Die Praktikantinnen und Praktikanten sollen einen möglichst umfassenden Überblick über betriebliche Abläufe erhalten und mit den Anforderungen der Arbeitswelt in einem Beruf bekanntgemacht werden. Sie sollen in verschiedene Arbeitsbereiche des Betriebes, in dessen Aufbau und die Organisation sowie in Personal- und Sozialfragen eingeführt werden. Um dieses Praktikumsziel zu verwirklichen, sollen sie in unterschiedlichen Arbeitsfeldern des Betriebes eingesetzt werden. Das Ausbildungsziel des Praktikums wird insbesondere dadurch erreicht, dass die Praktikantinnen und Praktikanten einen Einblick in die Inhalte einer ihrem Tätigkeitsfeld entsprechenden Berufsausbildung erhalten. Nicht ausreichend ist hingegen, wenn sich das Praktikum faktisch lediglich in einer einfachen Berufstätigkeit erschöpft. Der Betrieb, an dem das Praktikum durchgeführt wird, kann das Praktikum innerhalb des beschriebenen Rahmens inhaltlich selbst ausgestalten. Insbesondere bei Zweifeln über die Anerkennungsfähigkeit des Praktikums sollte im Vorfeld eine Abstimmung zwischen Schule und Betrieb stattfinden. Diese kann z.B. auch dadurch erfolgen, dass der Schule, die später über die Zuerkennung der Fachhochschulreife entscheiden wird, vor Aufnahme des Praktikums ein Praktikumsplan vorgelegt wird.

2. Geeignete Praktikumsstellen

Geignet für die Durchführung eines Praktikums sind Betriebe und Unternehmen der Wirtschaft einschließlich staatlicher Unternehmen sowie sonstige vergleichbare private oder staatliche Einrichtungen, wie z.B. soziale Einrichtungen (Alten-/Pflegeheime, Krankenhäuser, Kindertagesstätten usw.), bei denen jeweils aufgrund ihres Tätigkeitsfeldes davon ausgegangen werden kann, dass die inhaltlichen Vorgaben nach Ziffer 1 erfüllt werden. Hierzu zählen auch Büros Freier Berufe, wie z.B. Werbeagenturen, Anwaltskanzleien, Steuerberaterbüros, Ingenieurbüros, Architekturbüros u.ä. Keine geeigneten Einrichtungen sind Übungsfirmen der Schulen; dies gilt nicht für Juniorfirmen der Wirtschaft, soweit Praktikantinnen und Praktikanten im Rahmen eines Ausbildungsprogramms ihres Praktikumsbetriebs dort vorübergehend eingesetzt werden. [...]

4. Wechsel der Praktikumsstelle

Das Praktikum ist als einjähriges Praktikum in einem ununterbrochenen Zeitraum durchzuführen. Eine Unterbrechung von wenigen Tagen, die durch einen Wechsel der Praktikumsstelle bedingt ist, ist unschädlich, soweit der gesamtheitliche Charakter des Praktikums erhalten bleibt. Auch wenn ein Wechsel der Praktikumsstelle nicht gänzlich ausgeschlossen ist, sollte das Praktikum nach Möglichkeit an einer Praktikumsstelle durchgeführt werden. Wegen der Erfahrungen, die die Praktikantinnen und Praktikanten auch bezüglich des Sozialgefüges des Betriebes sammeln sollen, sollte ein Wechsel der Praktikumsstelle grundsätzlich höchstens einmal während des Praktikumszeitraums erfolgen.

5. Freiwilliges Soziales Jahr/Freiwilliges Ökologisches Jahr

Die Zeiten eines Freiwilligen Sozialen Jahres oder eines Freiwilligen Ökologischen Jahres erfüllen die Voraussetzungen für die Anerkennung als Praktikum, wenn die unter 1. genannten Voraussetzungen erfüllt sind. Auch hier empfiehlt sich vor Aufnahme des Freiwilligen Sozialen Jahres oder des Freiwilligen Ökologischen Jahres eine Abstimmung mit der Schule, die das Zeugnis der

Fachhochschulreife erteilt, um eine spätere Anerkennung sicherzustellen. Eine Anerkennung als Praktikum dürfte jedoch in der Regel keinen Schwierigkeiten begegnen. [...]

7. Auslandspraktika

Das Praktikum dient vorrangig dem Kennenlernen der Verhältnisse des Arbeitslebens in Deutschland. Die Anerkennung eines im Ausland durchgeführten Praktikums ist jedoch möglich, wenn die nach Ziffer 1 genannten Voraussetzungen erfüllt sind. Bei der Bewertung eines Auslandpraktikums ist zu beachten, dass eine inhaltliche Bezugnahme auf eine konkrete Berufsausbildung hier nicht immer möglich sein wird. [...]"

2. Das KM hat mitgeteilt (27.7.2015, AZ: 44-6412.00/275/1), dass in solchen Praktika kein Mindestlohn gezahlt werden muss (vgl. § 22 Absatz 1 Satz 2 Nr. 1 Mindestlohngesetz).

§ 4
Bescheinigung, Zeugnis

(1) Wer die Voraussetzungen für den schulischen Teil der Fachhochschulreife nach § 2 erfüllt und die Schule verlassen hat, den berufsbezogenen Teil der Fachhochschulreife nach § 3 aber noch nicht nachweisen kann, erhält auf Antrag eine Bescheinigung über die Durchschnittsnote, die Gesamtpunktzahl und die für ihre Errechnung notwendigen Fächer und Kursleistungen. In der Bescheinigung des Deutsch-Französischen Gymnasiums werden die Durchschnittsnote, die besuchten Fächer und die in ihnen erreichten Punktzahlen ausgewiesen.

(2) Wer die Voraussetzungen für den schulischen Teil und für den berufsbezogenen Teil der Fachhochschulreife nach den §§ 2 und 3 erfüllt und die Schule verlassen hat, erhält auf Antrag das Zeugnis der Fachhochschulreife, in dem die Durchschnittsnote, die Gesamtpunktzahl und die für ihre Errechnung notwendigen Fächer und Kursleistungen auszuweisen sind. Absatz 1 Satz 2 gilt entsprechend.

(3) Zuständig für die Ausstellung der Bescheinigung und des Zeugnisses ist die Schule, an der die gymnasiale Oberstufe zuletzt besucht wurde.

⇨ Abschlüsse und Bildungswege; ⇨ Aufbaugymnasium; ⇨ Berufliches Gymnasium; ⇨ Gymnasium (Abitur); ⇨ Gymnasium (Schultypen); ⇨ Hochschulreife (Zugangsberechtigungen)

Fachleute aus der Praxis

Mitwirkung von Fachleuten aus der Praxis im Unterricht; Bekanntmachung des KM vom 29.10.1999 (K.u.U. S. 252/1999); zuletzt geändert 14.12.2004 (K.u.U. S. 5/2005)

Der Erziehungs- und Bildungsauftrag der Schule macht es erforderlich, dass der Unterricht in lebendigem Kontakt mit der Wirklichkeit steht. Dazu trägt bei, wenn bei geeigneten Anlässen Fachleute aus der Praxis in den Unterricht einbezogen werden.

Bei der Mitwirkung von Vertreterinnen und Vertretern der im Bundestag und im Landtag vertretenen Parteien dürfen die Schulen keine einseitige Auswahl vornehmen. Von der Mitwirkung von Abgeordneten und anderen Personen des politischen Lebens im Rahmen des Unterrichts an den Schulen ist in den letzten acht Wochen vor Landtagswahlen in Baden-Württemberg, Bundestagswahlen sowie Wahlen zum Europaparlament abzusehen.

⇨ Wahlkampf und Schule

Hinweise der Redaktion zu dieser Bekanntmachung

1. Unmittelbar verantwortlich für den Einsatz von „Fachleuten" ist die unterrichtende Lehrkraft. ⇨ Schulgesetz § 38
2. Zur Hinzuziehung von „Fachleuten" im Rahmen der politischen Bildung, beispielsweise der Friedenserziehung oder der Behandlung von Fragen der Sicherheitspolitik sowie der Bundeswehr siehe: ⇨ Erziehungsauftrag und politische Bildung.
3. Zur Verpflichtung der Schulen, bei der Zusammenarbeit mit außerschulischen Partnern/Anbietern und der Auswahl von Unterrichtsmaterialien politische Neutralität zu wahren, siehe den Beitrag ⇨ Lernmittel (Zulassung).
5. Das KM geht davon aus, dass die „außerschulischen Fachleute" bei der Aids-Aufklärung im Unterricht in der Regel Ärzte sein werden, weil nur diese über die notwendigen medizinisch-wissenschaftlichen Kenntnisse und praktisch-ärztlichen Erfahrungen verfügen, die eine Ergänzung des schulischen Unterrichtsauftrags gewährleisten können. In Einzelfällen stimmt das KM der Mitwirkung nichtärztlicher Fachleute dann zu, wenn zuvor deren Beitrag mit dem verantwortlichen Lehrer so abgeklärt wurde, dass sämtliche Ausführungen im Einklang mit den einschlägigen Rechtsvorschriften (insbesondere Schulgesetz und Bildungspläne) stehen. Das KM geht davon aus, dass der unterrichtende und verantwortliche Lehrer selbst an diesen Veranstaltungen teilnimmt und der Schulleiter dem Vorhaben zugestimmt hat. Insbesondere kann diese Ausnahmeregelung zur Anwendung kommen, wenn
   - die Aufklärung mehr unter psychosozialen Gesichtspunkten erfolgt, nachdem medizinisch-biologische sowie sozialethische Aspekte bereits berücksichtigt wurden,
   - sie sich vornehmlich an ältere Schüler richtet (Gymnasiale Oberstufe, Berufliche Schulen, Schulentlass-Jahrgänge) und entsprechend nachbereitet wird,
   - ergänzende Veranstaltungen zum Regelunterricht zum Thema Aids durchgeführt werden.

   Gegebenenfalls sind die Eltern von der Veranstaltung zu informieren. (Quelle: KM, 10.6.1994, Nr. VI/4-6520.1-080/709)
6. Der Einsatz von Expert*innen (Ärzt*innen, Mitarbeiter*innen von Pro Familia) bei der Geschlechtserziehung wird bezuschusst. (Quelle: LT-Drucksache 14 / 2737)

⇨ Außerunterrichtliche Jugendbildung; ⇨ Erziehungsauftrag und politische Bildung; ⇨ Geschlechtserziehung; ⇨ Lernmittel (Zulassung); ⇨ Menschenrechte; ⇨ Nationalsozialismus und Antisemitismus; ⇨ Schülermitverantwortung; ⇨ Schulgesetz §§ 1 und 38; ⇨ Verfassung Art. 12; ⇨ Wahlkampf und Schule; ⇨ Werbung

Fachschulen

Informationen der Redaktion zur Rechtslage und zur Verwaltungspraxis in Baden-Württemberg

1. Allgemeines

Die Fachschule hat die Aufgabe, nach abgeschlossener Berufsausbildung und praktischer Bewährung oder nach einer geeigneten beruflichen Tätigkeit von mindestens fünf Jahren eine weitergehende fachliche Ausbildung im Beruf zu vermitteln. Der Besuch der Fachschule als Vollzeitschule dauert in der Regel ein Jahr, bei Abend- oder Wochenendunterricht entsprechend länger. ⇨ Schulgesetz § 14

Die ein- und zweijährigen Fachschulen bieten für Berufstätige mit abgeschlossener Berufausbildung die Möglichkeit, sich auf eine Tätigkeit im mittleren Management vorzubereiten oder sich für die berufliche Selbstständigkeit zu qualifizieren. Der Besuch der Fachschule ist über BAföG oder das Aufstiegsfortbildungsförderungsgesetz (AFBG) förderungsfähig.

2. Fachschulen für Technik und Gestaltung

Zugangsvoraussetzung in die zweijährigen Fachschulen für Technik und Gestaltung sind eine für die angestrebte Fachrichtung einschlägige Berufsausbildung und eine anschließende einschlägige Berufstätigkeit. Während der Ausbildung muss in der Fachstufe der Ausbildung eine eigenständige Projektarbeit angefertigt und präsentiert werden. Mit der Abschlussprüfung werden die Fachhochschulreife sowie die Berufsbezeichnung „Staatlich geprüfte/r Techniker*in“ bzw. „Staatlich geprüfte/r Gestalter*in“ erworben. An zahlreichen Fachschulen wird der Unterricht auch in Teilzeitform angeboten.

3. Fachschulen für Wirtschaft

Die Ausbildung an der zweijährigen Fachschule für Wirtschaft (Fachrichtungen Betriebswirtschaft, Wirtschaftsinformatik sowie Hotel- und Gaststättengewerbe) befähigt die Absolventen*innen, als gehobene Fachkräfte leitende kaufmännische Tätigkeiten in Wirtschaft und Verwaltung selbstständig und verantwortlich wahrzunehmen. Schwerpunkt ist die Vermittlung kaufmännischer Qualifikationen und profilbezogener Kenntnisse. Während der Ausbildung muss eine Betriebswirtarbeit angefertigt und präsentiert werden. Zugangsvoraussetzung ist eine für die angestrebte Fachrichtung einschlägige Berufsausbildung sowie eine einschlägige berufliche Tätigkeit von in der Regel mindestens zwei Jahren (bei Bewerbern mit Hoch- oder Fachhochschulreife mindestens ein Jahr). Mit der Abschlussprüfung werden der Abschluss *„Staatlich geprüfte/r Betriebswirt*in“* sowie die Fachhochschulreife erworben (in der Fachrichtung Hotel- und Gaststättengewerbe nach Zusatzprogramm und -prüfung).

4. Meisterschulen

Die Meisterausbildung eröffnet die Möglichkeit, sich selbstständig zu machen oder in verantwortlicher Stellung im Handwerk oder der Industrie tätig zu sein. Die Meisterschule dauert in der Regel ein Jahr, im Teilzeitunterricht entsprechend länger. Aufnahmevoraussetzung ist eine einschlägige abgeschlossene Berufsausbildung und eine einschlägige Berufstätigkeit.

5. Akademien

Die Akademien für Betriebsmanagement im Handwerk vermitteln in zwei Jahren die Vorbereitung auf die Meisterprüfung sowie weitergehende Qualifikationen im technischen und vor allem auch betriebswirtschaftlichen Bereich. Voraussetzung ist eine einschlägige Berufstätigkeit von in der Regel mindestens zwei Jahren. Bewerber*innen mit Meisterprüfung können in allen Fachrichtungen ins zweite Jahr der Akademie einsteigen. Mit der Abschlussprüfung wird die Fachhochschulreife zuerkannt.

6. Fachschule für Weiterbildung in der Pflege

Zugangsvoraussetzungen für die zweijährige Fachschule für Weiterbildung in der Pflege in Teilzeitform sind eine abgeschlossene Berufsausbildung als Altenpfleger*in, Krankenschwester/-pfleger, Kinderkrankenschwester/-pfleger oder Heilerziehungspfleger*in sowie eine einschlägige berufliche Tätigkeit von mindestens zwei Jahren. Zudem sind während der Weiterbildung insgesamt mindestens 400 Stunden ausbildungsbezogener Praxis abzuleisten. Mit der Abschlussprüfung wird die Berufsbezeichnung „Staatlich geprüfte Fachkraft zur Leitung einer Pflege- und Funktionseinheit“ oder „Staatlich geprüfte Fachkraft für Gerontopsychiatrie“ erworben. Durch Besuch eines Zusatzprogrammes und eine Zusatzprüfung kann die Fachhochschulreife erworben werden.

7. Fachschule für Organisation und Führung

Die Weiterbildung in der zweijährigen Fachschule für Organisation und Führung in Teilzeitform dient der Qualifizierung zur Wahrnehmung leitender Aufgaben vor allem in sozialpädagogischen Einrichtungen. Nach erfolgreichem Abschluss wird die Berufsbezeichnung „Staatlich geprüfter Fachwirt für Organisation und Führung Schwerpunkt Sozialwesen“ erworben. Zugangsvoraussetzungen sind neben einem einschlägigen Berufsabschluss eine in der Regel zweijährige einschlägige Berufstätigkeit. Bewerber mit Hoch- oder Fachhochschulreife müssen eine mindestens einjährige einschlägige Berufstätigkeit nachweisen.

⇨ Abschlüsse und Bildungswege; ⇨ Schulgesetz § 14

Feiertage

Hinweise der Redaktion auf in der Anlage zur ➪ Schulbesuchsverordnung erwähnte Fest- und Feiertage; beim Bundesamt für Migration und Flüchtlinge ist ein interkultureller Kalender abrufbar: https://www.bamf.de/SharedDocs/Anlagen/DE/Behoerde/interkultureller-kalender-2023-A3.pdf

Jüdische Feiertage

Schuljahr	2023/2024	2024/25
Neujahrsfest *(Rosch ha-Schana)*	16.-17.9.2023	3./4. Oktober 2024
Versöhnungsfest *(Jom Kippur)*	25.9.2023	12. Oktober 2024
Laubhüttenfest *(Sukkot)*	30.9.-1.10.2023	17. bis 23. Oktober 2024
Beschlussfest *(Schemini Azeret* und *Simchat Tora)*	7.-8.10.2023	24.-25. Oktober 2024
Chanukka	8.12./15.12.2023	26.12.2024 bis 2.1.2025
Purim	24.3.2024	14. März 2025
Passahfest *(Pessach)*	23./24. + 29./30.4.2024	13. bis 20. April 2025
Jüdisches Pfingstfest *(Schawuot)*	12.-13.6.2024	2.-3. Juni 2025

Jüdische Feste beginnen stets am Abend des Vortages. Wir führen sie hier mit den Bezeichnungen auf, die in der Anlage zur ➪ Schulbesuchsverordnung verwandt werden. Unverständlicherweise benutzt das KM dort eine in den jüdischen Gemeinden ungebräuchliche Nomenklatur; so bezeichnet es das Wochenfest (*Schawuot*) als *„jüdisches Pfingstfest“* und fasst die Feiertage *Schemini Azeret* und *Simchat Tora* zum *„Beschlussfest“* zusammen (richtig wären *„Schlussfest“* und *„Fest der Torafreude“*). Wir fügen deshalb jeweils in Klammern und in kursiver Schrift den hebräischen Namen hinzu. Die obige Aufstellung enthält auch die Feste *Chanukka* und *Purim*; diese beiden Feste gelten nicht als *„kirchliche Feiertage“* (Feiertagsgesetz § 2). Es ist also für diese beiden Feste keine Beurlaubung möglich.
➪ Feiertage (Gesetzliche Regelungen)

Griechische und griechisch-orthodoxe Feiertage

Das griechisch-orthodoxe Oster-, Pfingst- und Weihnachtsfest fällt stets auf den gleichen Termin wie in der evangelischen und der katholischen Kirche (siehe Schuljahreskalender auf den folgenden Seiten). **Gleichbleibende Feiertage** sind in Griechenland: Dreikönigsfest (Theophanie): 6. Januar / Drei Hierarchen (Schulfeiertag): 30. Januar / Mariä Verkündigung (Nationalfeiertag): 25. März / Mariä Entschlafung: 15. August / Kreuzerhöhung: 14. September / Nationalfeiertag: 28. Oktober.

Islamische und türkische Feiertage[1)]

Jahr	1. Tag Ramadan	Zuckerfest[2)]	Opferfest[3)]	Neujahr[4)]	Ashura[5)]	Mevlid[6)]
2024	11.3.2024	10.-12.4.2024	16.-18.6.2024	7.7.2024 (1446 nH)	16.7.2024	15.9.2024
2025	1.3.2025	30.3.-1.4.2025	6.-8.6.2025	26.6.2025 (1447 nH)	5.7.2025	4.9.2025

1) Da die religiösen Feiertags-Termine im Islam von der realen Sichtung des Neumondes abhängen, kann es zu regionalen beziehungsweise konfessionellen Termin-Abweichungen kommen. Der Koordinierungsrat der Muslime und der Zentralrat der Muslime in Deutschland haben sich auf den hier zitierten, einheitlichen Zeitrahmen verständigt.

2) Der Fastenmonat Ramadan (türkisch: Ramazan) endet mit dem Zuckerfest (türkisch: Şeker Bayramı; arabisch: Idul Fitr).

3) türkisch: Kurban Bayramı; arabisch: Idul Adha.

4) in Klammern das entsprechende Jahr nach dem islamischen Kalender (nH = nach der Hidschra); das Jahr 1446 nH beginnt am 7. Juli 2024, das Jahr 1447 am 26. Juni 2025.

5) Fasten- und Rettungstag des Propheten Moses.

6) Geburtstag des Propheten Muhammad 2026: 25. August 2026

Im Fastenmonat Ramadan sind Muslim*innen durch die religiösen Fastengebräuche (verkürzte Nachtruhe, keine Getränke- und Nahrungsaufnahme zwischen Morgendämmerung und Sonnenuntergang) häufig psychisch und physisch stark belastet. Hierauf sollte die Schule Rücksicht nehmen. Das Fasten entbindet jedoch grundsätzlich nicht von der Teilnahme an schulischen Pflichtveranstaltungen (z.B. vom Sport). Es stellt auch keinen wichtigen Grund dar, um an Prüfungen nicht teilzunehmen.

Die religiöse Fastenpflicht beginnt ab der Geschlechtsreife (erste Monatsblutung bzw. erster Samenerguss); vorher ist das freiwillige Fasten erwünscht. Nach Ziff. VI. der Anlage zur ➪ Schulbesuchsverordnung werden Schüler*innen, die der islamischen Religion angehören, am Zuckerfest und am Opferfest jeweils einen Tag beurlaubt. Als Nachweis der Religionszugehörigkeit wird auch eine einfache mündliche Erklärung der Erziehungsberechtigten über die Zugehörigkeit ihres Kindes zum Islam als ausreichend akzeptiert. (Quelle: KM, 15.10.1997 Nr. IV/1-6601.520/87)

Nationale türkische Feiertage sind der 23.4. (*„Tag der nationalen Souveränität und der Kinder“*), der 19.5. (Gedenktag an Atatürk; Jugend- und Sportfest), der 30.8. (*„Tag der Befreiung“*) sowie der 29.10. (*„Tag der Republik“*). An diesen Tagen finden in türkischen muttersprachlichen Klassen und Kursen Schulveranstaltungen statt. ➪ Integration und Sprachförderung

➪ Aufsicht (Schwimmunterricht); ➪ Ermessen; ➪ Feiertage (Gesetzliche Regelungen); ➪ Ferien und unterrichtsfreie Samstage; ➪ Integration und Sprachförderung; ➪ Juristische Terminologie; ➪ Schulbesuchsverordnung (Anlage)

Feiertage (Gesetzliche Regelungen)

Informationen der Redaktion zur Rechtslage und zur Verwaltungspraxis in Baden-Württemberg

1. Feiertagsgesetz

Auszug aus dem Gesetz über die Sonntage und Feiertage i.d.F. vom 8.5.1995 (GBl. S. 450/1995); zuletzt geändert 1.12.2015 (GBl. S. 1034/2015)

§ 1

Gesetzliche Feiertage sind: Neujahr, Erscheinungsfest (6. Januar), Karfreitag, Ostermontag, 1. Mai, Christi Himmelfahrt, Pfingstmontag, Fronleichnam, Allerheiligen (1. November), Erster Weihnachtstag, Zweiter Weihnachtstag.

Hinweis der Redaktion: Nach dem Gesetz über die deutsche Einheit (Einigungsvertrag) ist auch der 3. Oktober („Tag der deutschen Einheit") gesetzlicher Feiertag.

§ 2

Kirchliche Feiertage sind: Gründonnerstag, Reformationsfest (31. Oktober), Allgemeiner Buß- und Bettag (Mittwoch vor dem letzten Sonntag des Kirchenjahres). [...]

Hinweis der Redaktion: Als *„kirchliche Feiertage"* im Sinne von § 2 und § 4 Abs. 2 gelten gemäß Staatsvertrag vom 18.1.2010 mit Ausnahme der Feste „Purim" und „Chanukka" auch alle im Beitrag ➪ Feiertage aufgeführten jüdischen Feiertage.

§ 4

(1) Am Allgemeinen Buß- und Bettag steht den bekenntniszugehörigen Beschäftigten und Auszubildenden das Recht zu, von der Arbeit fernzubleiben, soweit nicht betriebliche Notwendigkeiten entgegenstehen. Weitere Nachteile als ein etwaiger Entgeltausfall für versäumte Arbeitszeit dürfen diesen aus ihrem Fernbleiben nicht erwachsen.

Hinweis der Redaktion: Es besteht demnach kein Anspruch auf eine Freistellung mit Bezügen; es ist aber eine Freistellung gegen Vorarbeiten bzw. Nachholen des Unterrichts oder sonstiger Dienstpflichten möglich.

(2) An den übrigen in § 2 genannten kirchlichen Feiertagen haben die in einem Beschäftigungs- oder Ausbildungsverhältnis stehenden Angehörigen der Kirchen und anerkannten Religionsgemeinschaften das Recht, zum Besuch des Gottesdienstes ihres Bekenntnisses von der Arbeit fernzubleiben, soweit nicht betriebliche Notwendigkeiten entgegenstehen.

(3) Schüler haben an den kirchlichen Feiertagen Gründonnerstag und Reformationsfest schulfrei.

Hinweis der Redaktion: Zur Unterrichtsbefreiung für Schüler*innen siehe: ➪ Schul- und Schülergottesdienst Nr. 3

2. Islamische Feiertage

Nach dem Partizipations- und Integrationsgesetz (1.12.2015; GBl. S 1047/2015) haben Beschäftigte islamischen Glaubens an jeweils einem Tag der religiösen Feiertage Opferfest, Fest des Fastenbrechens und Aschura das Recht, zum Besuch des Gottesdienstes vom Dienst oder von der Arbeit fernzubleiben; ihnen dürfen keine weiteren Nachteile als ein etwaiger Entgeltausfall für versäumte Dienst- oder Arbeitszeit erwachsen. Für alevitische Beschäftigte gilt dies an jeweils einem Tag der Feiertage Aschura, Hizir-Lokmasi und Nevruz entsprechend.

➪ Feiertage; ➪ Ferien (Ferienverordnung); ➪ Schulbesuchsverordnung; ➪ Schul- / Schülergottesdienste

Ferien (Ferienverordnung)

Verordnung des Kultusministeriums über die Schulferien (Ferienverordnung) vom 20. November 1986 (K.u.U. S. 1/1987); zuletzt geändert 31.3.2005 (K.u.U. S. 49/2005)

§ 1
Ferientage

(1) Ein Ferienjahr umfasst 75 Ferientage.

Hinweis der Redaktion: Die Ferien werden in erster Linie nach pädagogischen Gesichtspunkten festgesetzt. Ihre Gesamtdauer während eines Schuljahres beträgt, einschließlich von zwölf Samstagen, 75 Werktage. Dazu zählen auch einzelne bewegliche Ferientage (KMK-Ländervereinbarung vom 15.10.2020). An öffentlichen Schulen des Landes Baden-Württemberg stehen tatsächlich 78 Tage zur Verfügung, denn Lehrkräfte des Landes erhalten aufgrund einer tariflichen Arbeitszeitregelung jährlich drei „unterrichtsfreie Tage", die auch für die Schüler*innen schulfrei sind. Diese drei Tage werden wie bewegliche Ferientage festgelegt (vgl. § 3). ➪ Konferenzordnung § 2 Abs. 1 Nr. 16

(2) Als Ferienjahr gilt die Zeit vom Beginn der Sommerferien bis zum Tag vor Beginn der Sommerferien des folgenden Jahres.

(3) Als Ferientage zählen alle schulfreien Tage, mit Ausnahme von

1. Sonntagen und gesetzlichen Feiertagen,
2. den kirchlichen Feiertagen Gründonnerstag und Reformationsfest, soweit sie außerhalb eines zusammenhängenden Ferienabschnitts oder innerhalb eines zusammenhängenden Ferienabschnitts von nicht mehr als einer Woche liegen,

   Hinweis der Redaktion: Als „zusammenhängende Ferienabschnitte" gelten nur die landeseinheitlich festgelegten Ferien (vgl. § 2). Werden an einen solchen Ferienabschnitt andere schulfreie Tage (beispielsweise bewegliche Ferientage) angegliedert, so verschmelzen sie mit diesem nicht. Die kirchlichen Feiertage Gründonnerstag beziehungsweise Reformationsfest bleiben deshalb „schulfreie Tage" und werden nicht zu „Ferien", selbst wenn sie vor einem „zusammenhängenden Ferienabschnitt" liegen und ihnen bewegliche Ferientage vorgeschaltet werden.

3. vom Kultusministerium aus besonderen Gründen für schulfrei erklärten Tagen,
4. sonstigen, aus zwingenden Gründen schulfreien Tagen, soweit nicht eine Sonderregelung nach § 4 getroffen wird.

§ 2
Zusammenhängende Ferienabschnitte

(1) Für jedes Ferienjahr werden vom Kultusministerium einheitlich für alle Schulen folgende zusammenhängende Ferienabschnitte festgesetzt und rechtzeitig bekanntgegeben:

1. Sommerferien

Sie sollen im Zeitraum vom 1. Juli bis 10. September liegen und dauern sechs bis sieben Wochen.

2. Herbstferien

Sie liegen im Zeitraum von Mitte Oktober bis Anfang November und dauern in der Regel eine Woche.

3. Weihnachtsferien

Sie beginnen spätestens am 23. Dezember und dauern zwei bis drei Wochen; der Unterricht beginnt in der Regel an dem auf den 6. Januar des nächsten Jahres folgenden Montag. Fällt der 23. Dezember auf einen Samstag oder Sonntag, so können sie am danach folgenden ersten Werktag beginnen.

4. Osterferien

Sie liegen um die Osterfeiertage und dauern ein bis zwei Wochen.

5. Pfingstferien

Sie liegen um die Pfingstfeiertage und dauern mindestens eine Woche. Sie können bis zu zwei Wochen dauern, wenn zwischen ihrem Ende und dem Beginn der Sommerferien mindestens fünf Wochen liegen.

(2) Für berufliche Schulen mit landwirtschaftlicher Fachrichtung oder einzelne ihrer Klassen können die vom Kultusministerium festgelegten Herbstferien abweichend von Absatz 1 Nr. 2 innerhalb der Herbstzeit ganz oder teilweise verlegt und unter Verwendung von beweglichen Ferientagen verlängert werden. § 3 Abs. 2 bis 5 gilt entsprechend.

(3) Der Leiter einer beruflichen Schule kann mit Einverständnis der Schulkonferenz für die Schule oder einzelne ihrer Klassen den Beginn der Weihnachtsferien bis zu einer Woche vorverlegen. Neben beweglichen Ferientagen können dafür die Ferientage verwendet werden, die dadurch frei werden, dass die Herbstferien ganz oder teilweise entfallen. § 3 Abs. 2 Satz 2 gilt entsprechend.

(4) Für Schulen mit Heim kann der Schulleiter mit Einverständnis des Elternbeirats Beginn und Ende der zusammenhängenden Ferienabschnitte geringfügig ändern. Dabei darf die Gesamtzahl der Ferientage nicht überschritten werden.

(5) Am letzten Unterrichtstag vor den Sommerferien endet der Unterricht nach der vierten Unterrichtsstunde. Am letzten Unterrichtstag vor den Weihnachtsferien kann der Schulleiter den Unterricht nach der vierten Unterrichtsstunde beenden; dies soll er in der Regel nur tun, wenn dies nach einer Weihnachtsfeier oder sonstigen besonderen schulischen Veranstaltungen aus pädagogischen Gründen angezeigt ist.

§ 3
Bewegliche Ferientage

(1) Für jedes Ferienjahr sind höchstens fünf bewegliche Ferientage vorgesehen. Diese Ferientage dienen, vorbehaltlich einer Anordnung des Kultusministeriums der Berücksichtigung besonderer örtlicher Verhältnisse. Sie können auch zur Verlängerung der zusammenhängenden Ferienabschnitte verwendet werden.

Hinweis der Redaktion: Die Gesamtlehrerkonferenz besitzt ein Vorschlagsrecht. ⇨ Konferenzordnung § 2 Abs. 1 Ziff. 16

(2) In Gemeinden mit einer Schule und für Schulen mit Heim setzt der Schulleiter mit Einverständnis des Elternbeirats die beweglichen Ferientage fest. Verweigert der Elternbeirat sein Einverständnis und kommt eine Einigung nicht zustande, entscheidet die Schulaufsicht.

(3) In Gemeinden mit mehreren Schulen werden die beweglichen Ferientage für alle Schulen, mit Ausnahme der Schulen mit Heim, einheitlich festgesetzt. Über die Festsetzung entscheiden die Schulleiter mehrheitlich mit Einverständnis des Gesamtelternbeirats. Die Vorsitzenden und stellvertretenden Vorsitzenden der Elternbeiräte der öffentlichen Schulen, die im Gesamtelternbeirat nicht vertreten sind, nehmen an der Beschlussfassung des Gesamtelternbeirats über das Einverständnis teil. Sie sind insoweit vollberechtigte Mitglieder und zu der Sitzung einzuladen. Die Entscheidung wird von den Geschäftsführenden Schulleitern herbeigeführt; soweit für eine Schulart keiner vorhanden ist, tritt an seine Stelle der Leiter der Schule dieser Schulart mit den meisten Schülern. Verweigert der Gesamtelternbeirat sein Einverständnis und kommt eine Einigung nicht zustande, entscheidet die gemeinsame Schulaufsichtsbehörde. Auf Antrag einer Schule, der des Einverständnisses des Elternbeirats bedarf, kann die zuständige Schulaufsichtsbehörde aus besonders wichtigem Grund eine von der beschlossenen einheitlichen Festsetzung abweichende Regelung treffen.

(4) Im Einzugsbereich von Nachbarschaftsschulen soll eine einheitliche Regelung herbeigeführt werden.

(5) Die Entscheidung über die Verwendung der beweglichen Ferientage ist für jedes Ferienjahr bis zum Ende der Sommerferien zu treffen. Können bis zu diesem Zeitpunkt die für landwirtschaftliche Zwecke vorgesehenen beweglichen Ferientage noch nicht endgültig festgelegt werden, genügt zunächst die Entscheidung über ihre Zahl und den vorgesehenen Zeitraum; in diesem Fall können sie später kurzfristig festgesetzt werden. Die Entscheidungen nach Satz 1 und 2 sind den zuständigen Schulaufsichtsbehörden mitzuteilen.

Hinweis der Redaktion: Bitte den Hinweis bei § 1 beachten.

§ 4
Unvorhergesehener Unterrichtsausfall

Durch Unterrichtsausfall aus zwingenden Gründen (z.B. Katastrophen, Seuchengefahr) schulfreie Tage können, soweit es sich um mehr als sechs Tage in einem Ferienjahr handelt, auf die Ferientage angerechnet werden. Die Entscheidung trifft die obere Schulaufsichtsbehörde.

⇨ Feiertage; ⇨ Ferien 2023/24 und 2024/25 (Schuljahreskalender); ⇨ Ferien (Sommerferien der Bundesländer); ⇨ Hitzefrei; ⇨ Konferenzordung § 2 Abs. 1 Ziff. 16; ⇨ SchulbesuchsVO(Anlage); ⇨ Schul- und Schülergottesdienste

Ferien und unterrichtsfreie Samstage

Ferienverteilung und unterrichtsfreie Samstage in den Schuljahren [...] bis 2029/2030;
Auszug aus der Verwaltungsvorschrift des Kultusministeriums vom 11. Januar 2023 (K.u.U. S. 13/2023)

I.
Ferienverteilung

Schuljahr 2023/2024:

Sommerferien: 27. Juli 2023 bis einschließlich 9. September 2023
Herbstferien: 30. Oktober 2023 bis einschließlich 3. November 2023[1)]
Weihnachtsferien: 23. Dezember 2023 bis einschließlich 5. Januar 2024
Osterferien: 23. März 2024 bis einschließlich 5 . April 2024
Pfingstferien: 21. Mai 2024 bis einschließlich 31. Mai 2024
Den Schulen stehen noch fünf bewegliche Ferientage zur Verfügung.[3)]

Schuljahr 2024/2025:

Sommerferien: 25. Juli 2024 bis einschließlich 7. September 2024
Herbstferien: 28. Oktober 2024 bis einschließlich 30. Oktober 2024[1)]
Weihnachtsferien: 23. Dezember 2024 bis einschließlich 4. Januar 2025
Osterferien: 14. April 2025 bis einschließlich 26. April 2025
Pfingstferien: 10. Juni 2025 bis einschließlich 20. Juni 2025
Den Schulen stehen noch fünf bewegliche Ferientage zur Verfügung.[3)]

Schuljahr 2025/2026:

Sommerferien: 31. Juli 2025 bis einschließlich 13. September 2025
Herbstferien: 27. Oktober 2025 bis einschließlich 30. Oktober 2025[1)]
Weihnachtsferien: 22. Dezember 2025 bis einschließlich 5. Januar 2026
Osterferien: 30. März 2026 bis einschließlich 11. April 2026
Pfingstferien: 26. Mai 2026 bis einschließlich 5. Juni 2026
Den Schulen stehen noch drei bewegliche Ferientage zur Verfügung.[3)]

Schuljahr 2026/2027:

Sommerferien: 30. Juli 2026 bis einschließlich 12. September 2026
Herbstferien: 26. Oktober 2026 bis einschließlich 30. Oktober 2026[1)]
Weihnachtsferien: 23. Dezember 2026 bis einschließlich 9. Januar 2027
Osterferien: 30. März 2027 bis einschließlich 3. April 2027[2)]
Pfingstferien: 18. Mai 2027 bis einschließlich 29. Mai 2027
Den Schulen stehen noch vier bewegliche Ferientage zur Verfügung.[3)]

Schuljahr 2027/2028:

Sommerferien: 29. Juli 2027 bis einschließlich 11. September 2027
Herbstferien: 2. November 2027 bis einschließlich 6. November 2027
Weihnachtsferien: 23. Dezember 2027 bis einschließlich 8. Januar 2028
Osterferien: 18. April 2028 bis einschließlich 22. April 2028[2)]
Pfingstferien: 6. Juni 2028 bis einschließlich 17. Juni 2028
Den Schulen stehen noch vier bewegliche Ferientage zur Verfügung.[3)]

Schuljahr 2028/2029:

Sommerferien: 27. Juli 2028 bis einschließlich 9. September 2028
Herbstferien: 30. Oktober 2028 bis einschließlich 3. November 2028[1)]
Weihnachtsferien: 23. Dezember 2028 bis einschließlich 5. Januar 2029
Osterferien: 26. März 2029 bis einschließlich 7. April 2029
Pfingstferien: 22. Mai 2029 bis einschließlich 1. Juni 2029
Den Schulen stehen noch fünf bewegliche Ferientage zur Verfügung.[3)]

Schuljahr 2029/2030:

Sommerferien: 26. Juli 2029 bis einschließlich 8. September 2029
Herbstferien: 29. Oktober 2029 bis einschließlich 2. November 2029[1)]
Weihnachtsferien: 22. Dezember 2029 bis einschließlich 5. Januar 2030
Osterferien: 15. April 2030 bis einschließlich 26. April 2030
Pfingstferien: 11. Juni 2030 bis einschließlich 21. Juni 2030
Den Schulen stehen noch fünf bewegliche Ferientage zur Verfügung.[3)]

1) Am 31. Oktober 2023, 31. Oktober 2024, 31. Oktober 2025, 31. Oktober 2026, 31. Oktober 2028 und 31. Oktober 2029 (Reformationsfest) ist schulfrei.

2) Am 25. März 2027 und 13. April 2028 (Gründonnerstag) ist schulfrei.

3) Zu den beweglichen Ferientagen erhalten die Lehrkräfte an öffentlichen Schulen in Baden-Württemberg nach § 6 der Lehrkräfte-ArbeitszeitVO [...] in jedem Schuljahr drei unterrichtsfreie Tage, die entsprechend der Regelung für bewegliche Ferientage festzulegen sind.

II.
Unterrichtsfreie Samstage

1
Allgemeines

1.1 An einer öffentlichen Schule ist jeder Samstag unterrichtsfrei, wenn dies die Schulkonferenz beschließt. An beruflichen Schulen können hiervon einzelne Schularten oder Bildungsgänge durch Beschluss der Schulkonferenz ausgenommen werden.

⇨ Schulgesetz § 47 Abs. 3 Nr. 2

Es wird empfohlen, dass benachbarte Schulen sich gegenseitig abstimmen. Bei Angelegenheiten, die den Schulträger berühren, ist ihm Gelegenheit zu geben, beratend mitzuwirken.

1.2 Wird ein Beschluss nach Nummer 1.1 nicht gefasst, ist in der Regel jeder zweite Samstag, beginnend mit dem zweiten Samstag nach dem Ende der Sommerferien, unterrichtsfrei. Diese unterrichtsfreien Samstage werden vom Kultusministerium vor Schuljahresbeginn landeseinheitlich festgelegt und bekanntgegeben.

1.3 Soweit nach den Stundentafeln Wochenstundenzahlen vorgeschrieben sind, werden diese durch einen unterrichtsfreien Samstag nicht verringert; die unterrichtsfreien Samstage sind bei der Stundenplangestaltung zu berücksichtigen.

2
Sonderregelungen

2.1 Abweichend von den Nummern 1.1 und 1.2 kann an beruflichen Schulen folgender Unterricht an Samstagen abgehalten werden:

2.1.1 gerätebezogener Unterricht, insbesondere Labor- und Werkstattunterricht, sofern dieser Unterricht aus schulorganisatorischen Gründen, vor allem wegen Mangel an Fachräumen, nicht an anderen Werktagen erteilt werden kann,

2.1.2 Unterricht zum Erwerb von Zusatzqualifikationen, insbesondere der Fachhochschulreife,

2.1.3 Unterricht zum Erwerb von Abschlüssen vollzeitschulischer Bildungsgänge, der in Teilzeitform angeboten wird.

2.2 Abweichend von Nr. 1.1 können mündliche Abschlussprüfungen sowie Arbeitsgemeinschaften, insbesondere Chor und Orchester, am Samstag stattfinden.

Hinweis der Redaktion: Außer in diesen Sonderfällen dürfen demnach schulische Veranstaltungen mit Unterrichtscharakter (z.B. der teilnahmepflichtige Teil eines Schulsportfestes oder Nachholtermine für Klassenarbeiten) nur an Samstagen stattfinden, die nicht vom KM landesweit als „unterrichtsfrei" erklärt wurden. Ausnahmen hiervon bedürfen stets eines Beschlusses der Schulkonferenz. ⇨ Schulgesetz § 47 Abs. 3 Nr. 2

3
Festlegung der unterrichtsfreien Samstage

Schuljahr 2023/2024

23. September 2023
7. Oktober 2023
21. Oktober 2023
4. November 2023
18. November 2023
2. Dezember 2023
16. Dezember 2023
13. Januar 2024
27. Januar 2024
10. Februar 2024
24. Februar 2024
9. März 2024
6. April 2024
20. April 2024
20. April 2024
4. Mai 2024
18. Mai 2024
1. Juni 2024
15. Juni 2024
29. Juni 2024
13. Juli 2024

Schuljahr 2024/2025

21. September 2024
5. Oktober 2024
19. Oktober 2024
2. November 2024
16. November 2024
30. November 2024
14. Dezember 2024
11. Januar 2025
25. Januar 2025
8. Februar 2025
22. Februar 2025
8. März 2025
22. März 2025
5. April 2025
10. Mai 2025
24. Mai 2025
7. Juni 2025
21. Juni 2025
5. Juli 2025
19. Juli 2025

Schuljahr 2025/2026

27. September 2025
11. Oktober 2025
25. Oktober 2025
15. November 2025
29. November 2025
13. Dezember 2025
10. Januar 2026
24. Januar 2026
7. Februar 2026
21. Februar 2026
7. März 2026
21. März 2026
25. April 2026
9. Mai 2026
23. Mai 2026
6. Juni 2026
20. Juni 2026
4. Juli 2026
18. Juli 2026

Schuljahr 2026/2027

26. September 2026
10. Oktober 2026
24. Oktober 2026
14. November 2026
8. November 2026
12. Dezember 2026
16. Januar 2027
30. Januar 2027
13. Februar 2027
27. Februar 2027
13. März 2027
27. März 2027
17. April 2027
15. Mai 2027
12. Juni 2027
26. Juni 2027
10. Juli 2027
24. Juli 2027

Schuljahr 2027/2028

25. September 2027
9. Oktober 2027
23. Oktober 2027
20. November 2027
4. Dezember 2027
18. Dezember 2027
22. Januar 2028
19. Februar 2028
4. März 2028
18. März 2028
1. April 2028
15. April 2028
6. Mai 2028
20. Mai 2028
3. Juni 2028
1. Juli 2028
15. Juli 2028

Schuljahr 2028/2029

23. September 2028
7. Oktober 2028
21. Oktober 2028
4. November 2028
18. November 2028
2. Dezember 2028
20. Januar 2029
3. Februar 2029
17. Februar 2029
3. März 2029
17. März 2029
21. April 2029
5. Mai 2029
19. Mai 2029
2. Juni 2029
16. Juni 2029
30. Juni 2029

Schuljahr 2029/2030

22. September 2029
6. Oktober 2029
20. Oktober 2029
3. November 2029
17. November 2029
1. Dezember 2029
15. Dezember 2029
19. Januar 2030
2. Februar 2030
16. Februar 2030
2. März 2030
16. März 2030
30. März 2030
13. April 2030
27. April 2030
11. Mai 2030
25. Mai 2030
8. Juni 2030
22. Juni 2030
6. Juli 2030
20. Juli 2030

⇨ Ferien (Ferienverordnung); ⇨ Ferien 2023/24 und 2024/25 (Schuljahreskalender); ⇨ Ferien (Sommerferien der Länder bis 2030); ⇨ Konferenzordnung § 2 Abs. 1 Nr. 16

Ferien 2023/24 (Schuljahreskalender)

Von der Redaktion erstellter Kalender auf Grundlage der VwV des KM vom 11. Januar 2023 (K.u.U. S. 13/2023)

2023					2024						
Aug	**Sep**	**Okt**	**Nov**	**Dez**	**Jan**	**Feb**	**März**	**April**	**Mai**	**Juni**	**Juli**
1 Di	1 Fr	**1 So**	**1 Mi**	1 Fr	**1 Mo**	1 Do	1 Fr	**1 Mo**	**1 Mi**	1 Sa*	1 Mo
2 Mi	2 Sa	2 Mo	2 Do	2 Sa*	2 Di	2 Fr	2 Sa	2 Di	2 Do	**2 So**	2 Di
3 Do	**3 So**	**3 Di**	3 Fr	**3 So**	3 Mi	3 Sa	**3 So**	3 Mi	3 Fr	3 Mo	3 Mi
4 Fr	4 Mo	4 Mi	4 Sa*	4 Mo	4 Do	**4 So**	4 Mo	4 Do	4 Sa*	4 Di	4 Do
5 Sa	5 Di	5 Do	**5 So**	5 Di	5 Fr	5 Mo	5 Di	5 Fr	**5 So**	5 Mi	5 Fr
6 So	6 Mi	6 Fr	6 Mo	6 Mi	**6 Sa**	6 Di	6 Mi	6 Sa*	6 Mo	6 Do	6 Sa
7 Mo	7 Do	7 Sa*	7 Di	7 Do	**7 So**	7 Mi	7 Do	**7 So**	7 Di	7 Fr	**7 So**
8 Di	8 Fr	**8 So**	8 Mi	8 Fr	8 Mo	8 Do	8 Fr	8 Mo	8 Mi	8 Sa	8 Mo
9 Mi	9 Sa	9 Mo	9 Do	9 Sa	9 Di	9 Fr	9 Sa*	9 Di	**9 Do**	**9 So**	9 Di
10 Do	**10 So**	10 Di	10 Fr	**10 So**	10 Mi	10 Sa*	**10 So**	10 Mi	10 Fr	10 Mo	10 Mi
11 Fr	11 Mo	11 Mi	11 Sa	11 Mo	11 Do	**11 So**	11 Mo	11 Do	11 Sa	11 Di	11 Do
12 Sa	12 Di	12 Do	**12 So**	12 Di	12 Fr	12 Mo	12 Di	12 Fr	**12 So**	12 Mi	12 Fr
13 So	13 Mi	13 Fr	13 Mo	13 Mi	13 Sa*	13 Di	13 Mi	13 Sa	13 Mo	13 Do	13 Sa*
14 Mo	14 Do	14 Sa	14 Di	14 Do	**14 So**	14 Mi	14 Do	**14 So**	14 Di	14 Fr	**14 So**
15 Di	15 Fr	**15 So**	15 Mi	15 Fr	15 Mo	15 Do	15 Fr	15 Mo	15 Mi	15 Sa*	15 Mo
16 Mi	16 Sa	16 Mo	16 Do	16 Sa*	16 Di	16 Fr	16 Sa	16 Di	16 Do	**16 So**	16 Di
17 Do	**17 So**	17 Di	17 Fr	**17 So**	17 Mi	17 Sa	**17 So**	17 Mi	17 Fr	17 Mo	17 Mi
18 Fr	18 Mo	18 Mi	18 Sa*	18 Mo	18 Do	**18 So**	18 Mo	18 Do	18 Sa*	18 Di	18 Do
19 Sa	19 Di	19 Do	**19 So**	19 Di	19 Fr	19 Mo	19 Di	19 Fr	**19 So**	19 Mi	19 Fr
20 So	20 Mi	20 Fr	20 Mo	20 Mi	20 Sa	20 Di	20 Mi	20 Sa*	**20 Mo**	20 Do	20 Sa
21 Mo	21 Do	21 Sa*	21 Di	21 Do	**21 So**	21 Mi	21 Do	**21 So**	21 Di	21 Fr	**21 So**
22 Di	22 Fr	**22 So**	22 Mi	22 Fr	22 Mo	22 Do	22 Fr	22 Mo	22 Mi	22 Sa	22 Mo
23 Mi	23 Sa*	23 Mo	23 Do	23 Sa	23 Di	23 Fr	23 Sa	23 Di	23 Do	**23 So**	23 Di
24 Do	**24 So**	24 Di	24 Fr	**24 So**	24 Mi	24 Sa*	**24 So**	24 Mi	24 Fr	24 Mo	24 Mi
25 Fr	25 Mo	25 Mi	25 Sa	**25 Mo**	25 Do	**25 So**	25 Mo	25 Do	25 Sa	25 Di	25 Do
26 Sa	26 Di	26 Do	**26 So**	**26 Di**	26 Fr	26 Mo	26 Di	26 Fr	**26 So**	26 Mi	26 Fr
27 So	27 Mi	27 Fr	27 Mo	27 Mi	27 Sa*	27 Di	27 Mi	27 Sa	27 Mo	27 Do	27 Sa
28 Mo	28 Do	28 Sa	28 Di	28 Do	**28 So**	28 Mi	28 Do	**28 So**	28 Di	28 Fr	**28 So**
29 Di	29 Fr	**29 So**	29 Mi	29 Fr	29 Mo	29 Do	**29 Fr**	29 Mo	29 Mi	29 Sa*	29 Mo
30 Mi	30 Sa	30 Mo	30 Do	30 Sa	30 Di		30 Sa	30 Di	**30 Do**	**30 So**	30 Di
31 Do		31 Di		**31 So**	31 Mi		**31 So**		31 Fr		31 Mi

* An einer öffentlichen Schule ist jeder Samstag unterrichtsfrei, wenn dies die Schulkonferenz beschließt (SchG § 47 Abs. 3 Nr. 2). An Schulen, die keinen derartigen Beschluss gefasst haben, sind nur die mit * gekennzeichneten Samstage unterrichtsfrei.

Feiertage, Gedenktage und schulfreie Tage 2023: Antikriegstag: 1.9. – Tag der älteren Menschen: 1.10. – Tag der deutschen Einheit: 3.10. – Weltlehrertag: 5.10. – Reformationsfest: 31.10. – Allerheiligen: 1.11. – Buß- und Bettag: 22.11. – Tag der Menschenrechte: 10.12. – Weihnachten: 25./26.12.2023. Feiertage, Gedenktage und schulfreie Tage 2024: Neujahr: 1.1. – Hl. 3 Könige: 6.1. – Auschwitz-Gedenktag: 27.1. – Int. Frauentag: 8.3. – Rosenmontag: 12.2. – Karfreitag: 29.3. – Ostern: 31.3./1.4. – Tag der Arbeit: 1.5. – Himmelfahrt: 9.5. – Pfingsten: 19./20.5. – Fronleichnam: 30.5.2024. Im Schuljahr 2023/24 stehen ferner 5 bewegliche Ferientage sowie 3 zusätzliche unterrichtsfreie Tage gem. § 8 der Arbeitszeitverordnung für Lehrkräfte zur Verfügung. Über die Platzierung dieser 8 Tage wird örtlich entschieden. Sie sind deshalb in dem Schuljahreskalender noch nicht markiert. Erster Schultag nach den Sommerferien 2024: 9.9.2024. Am 31.10.2023 (Reformationsfest) sowie am 28.3.2024 (Gründonnerstag) ist schulfrei.

fett rot = Sonn- und Feiertage ▭ = Ferien und schulfreie Tage

⇨ Ferien (Ferienverordnung); ⇨ Ferien und unterrichtsfreie Samstage; ⇨ Konferenzordnung § 2 Abs. 1 Nr. 16;
⇨ Nationalsozialismus (Gedenktag)

Ferien 2024/25 (Schuljahreskalender)

Von der Redaktion erstellter Kalender auf Grundlage der VwV des KM vom 11. Januar 2023 (K.u.U. S. 13/2023)

2024					2025						
Aug	**Sep**	**Okt**	**Nov**	**Dez**	**Jan**	**Feb**	**März**	**April**	**Mai**	**Juni**	**Juli**
1 Do	**1 So**	1 Di	**1 Fr**	**1 So**	**1 Mi**	1 Sa	1 Sa	1 Di	**1 Do**	**1 So**	1 Di
2 Fr	2 Mo	2 Mi	2 Sa*	2 Mo	2 Do	**2 So**	**2 So**	2 Mi	2 Fr	2 Mo	2 Mi
3 Sa	3 Di	**3 Do**	**3 So**	3 Di	3 Fr	3 Mo	3 Mo	3 Do	3 Sa	3 Di	3 Do
4 So	4 Mi	4 Fr	4 Mo	4 Mi	4 Sa	4 Di	4 Di	4 Fr	**4 So**	4 Mi	4 Fr
5 Mo	5 Do	5 Sa*	5 Di	5 Do	**5 So**	5 Mi	5 Mi	5 Sa*	5 Mo	5 Do	5 Sa*
6 Di	6 Fr	**6 So**	6 Mi	6 Fr	**6 Mo**	6 Do	6 Do	**6 So**	6 Di	6 Fr	**6 So**
7 Mi	7 Sa	7 Mo	7 Do	7 Sa	7 Di	7 Fr	7 Fr	7 Mo	7 Mi	7 Sa*	7 Mo
8 Do	**8 So**	8 Di	8 Fr	**8 So**	8 Mi	8 Sa*	8 Sa*	8 Di	8 Do	**8 So**	8 Di
9 Fr	9 Mo	9 Mi	9 Sa	9 Mo	9 Do	**9 So**	**9 So**	9 Mi	9 Fr	**9 Mo**	9 Mi
10 Sa	10 Di	10 Do	**10 So**	10 Di	10 Fr	10 Mo	10 Mo	10 Do	10 Sa*	10 Di	10 Do
11 So	11 Mi	11 Fr	11 Mo	11 Mi	11 Sa*	11 Di	11 Di	11 Fr	**11 So**	11 Mi	11 Fr
12 Mo	12 Do	12 Sa	12 Di	12 Do	**12 So**	12 Mi	12 Mi	12 Sa	12 Mo	12 Do	12 Sa
13 Di	13 Fr	**13 So**	13 Mi	13 Fr	13 Mo	13 Do	13 Do	**13 So**	13 Di	13 Fr	**13 So**
14 Mi	14 Sa	14 Mo	14 Do	14 Sa*	14 Di	14 Fr	14 Fr	14 Mo	14 Mi	14 Sa	14 Mo
15 Do	**15 So**	15 Di	15 Fr	**15 So**	15 Mi	15 Sa	15 Sa	15 Di	15 Do	**15 So**	15 Di
16 Fr	16 Mo	16 Mi	16 Sa*	16 Mo	16 Do	**16 So**	**16 So**	16 Mi	16 Fr	16 Mo	16 Mi
17 Sa	17 Di	17 Do	**17 So**	17 Di	17 Fr	17 Mo	17 Mo	17 Do	17 Sa	17 Di	17 Do
18 So	18 Mi	18 Fr	18 Mo	18 Mi	18 Sa	18 Di	18 Di	**18 Fr**	**18 So**	18 Mi	18 Fr
19 Mo	19 Do	19 Sa*	19 Di	19 Do	**19 So**	19 Mi	19 Mi	19 Sa	19 Mo	**19 Do**	19 Sa*
20 Di	20 Fr	**20 So**	20 Mi	20 Fr	20 Mo	20 Do	20 Do	**20 So**	20 Di	20 Fr	**20 So**
21 Mi	21 Sa*	21 Mo	21 Do	21 Sa	21 Di	21 Fr	21 Fr	**21 Mo**	21 Mi	21 Sa*	21 Mo
22 Do	**22 So**	22 Di	22 Fr	**22 So**	22 Mi	22 Sa*	22 Sa*	22 Di	22 Do	**22 So**	22 Di
23 Fr	23 Mo	23 Mi	23 Sa	23 Mo	23 Do	**23 So**	**23 So**	23 Mi	23 Fr	23 Mo	23 Mi
24 Sa	24 Di	24 Do	**24 So**	24 Di	24 Fr	24 Mo	24 Mo	24 Do	24 Sa*	24 Di	24 Do
25 So	25 Mi	25 Fr	25 Mo	**25 Mi**	25 Sa*	25 Di	25 Di	25 Fr	**25 So**	25 Mi	25 Fr
26 Mo	26 Do	26 Sa	26 Di	**26 Do**	**26 So**	26 Mi	26 Mi	26 Sa	26 Mo	26 Do	26 Sa
27 Di	27 Fr	**27 So**	27 Mi	27 Fr	27 Mo	27 Do	27 Do	**27 So**	27 Di	27 Fr	**27 So**
28 Mi	28 Sa	28 Mo	28 Do	28 Sa	28 Di	28 Fr	28 Fr	28 Mo	28 Mi	28 Sa	28 Mo
29 Do	**29 So**	29 Di	29 Fr	**29 So**	29 Mi		29 Sa	29 Di	**29 Do**	**29 So**	29 Di
30 Fr	30 Mo	30 Mi	30 Sa*	30 Mo	30 Do		**30 So**	30 Mi	30 Fr	30 Mo	30 Mi
31 Sa		31 Do		31 Di	31 Fr		31 Mo		31 Sa		31 Do

* An einer öffentlichen Schule ist jeder Samstag unterrichtsfrei, wenn dies die Schulkonferenz beschließt (SchG § 47 Abs. 3 Nr. 2). An Schulen, die keinen derartigen Beschluss gefasst haben, sind nur die mit * gekennzeichneten Samstage unterrichtsfrei.

Feiertage, Gedenktage und schulfreie Tage 2024: Antikriegstag: 1. 9. – Tag der älteren Menschen: 1.10. – Tag der deutschen Einheit: 3.10. – Weltlehrertag: 5.10. – Reformationsfest: 31.10. – Allerheiligen: 1.11. – Buß- und Bettag: 20.11. – Tag der Menschenrechte: 10.12. – Weihnachten: 25./26.12.2024. **Feiertage, Gedenktage und schulfreie Tage 2025:** Neujahr: 1.1. – Hl. 3 Könige: 6.1. – Auschwitz-Gedenktag: 27.1. – Rosenmontag: 3.3. – Internationaler Frauentag: 8.3. – Karfreitag: 18.4. – Ostern: 20./21.4. – Tag der Arbeit: 1.5. – Himmelfahrt: 29.5. – Pfingsten: 8./9.6. – Fronleichnam: 9.6.2025. Im Schuljahr 2024/25 stehen ferner 5 bewegliche Ferientage sowie 3 zusätzliche unterrichtsfreie Tage gem. § 8 der Lehrkräfte-AZVO zur Verfügung. Über die Platzierung dieser 8 Tage wird örtlich entschieden. Sie sind deshalb in dem Schuljahreskalender noch nicht markiert. Erster Schultag nach den Sommerferien 2025: 15.9.2025. Am 31.10.2024 (Reformationsfest) ist schulfrei.

fett rot = Sonn- und Feiertage ▭ = Ferien und schulfreie Tage

⇨ Ferien (Ferienverordnung); ⇨ Ferien und unterrichtsfreie Samstage; ⇨ Konferenzordnung § 2 Abs. 1 Nr. 16;
⇨ Nationalsozialismus (Gedenktag)

Ferien (Sommerferien der Länder bis 2030)

Hinweis der Redaktion auf die Beschlüsse der KMK vom 12.6.2014 und vom 9.12.2021

Land	2024	2025	2026	2027	2028	2029	2030
Baden-Württemberg	25.7.-7.9.	31.7.-13.9.	30.7.-12.9.	29.7.-11.9.	27.7.-9.9.	26.7.-8.9.	25.7.-7.9.
Bayern	29.7.-9.9.	4.8.-15.9.	3.8.-14.9.	2.8.-13.9.	31.7.-11.9.	30.7.-1.9.	29.7.-9.9.
Berlin	18.7.-30.8.	24.7.-6.9.	9.7.-22.8.	1.7.-14.8.	1.7.-12.8.	1.7.-11.8	4.7.-17.8.
Brandenburg	18.7.-31.8.	24.7.-6.9.	9.7.-22.8.	1.7.-14.8.	29.6.-12.8.	28.6.-11.8.	4.7.-17.8.
Bremen	24.6.-2.8.	3.7.-13.8.	2.7.-12.8.	8.7.-18.8.	20.7.-30.8.	19.7.-29.8.	11.7.-21.8.
Hamburg	18.7.-28.8.	24.7.-3.9.	9.7.-19.8.	1.7.-11.8.	1.7.-11.8.	1.7.-10.8.	4.7.-14.8.
Hessen	15.7.-23.8.	7.7.-15.8.	29.6.-7.8.	28.6.-6.8.	3.7.-11.8.	16.7.-24.8.	22.7.-30.8.
Mecklenburg-Vorpommern	22.7.-31.8.	28.7.-6.9.	13.7.-22.8.	5.7.-14.8.	26.6.-5.8.	18.6.-28.7.	1.7.-10.8.
Niedersachsen[1]	24.6.-2.8.	3.7.-13.8.	2.7.-12.8.	8.7.-18.8.	20.7.-30.8.	19.7.-29.8.	11.7.-21.8.
NordrheinWestfalen	8.7.-20.8.	14.7.-26.8.	20.7.-1.9.	19.7.-31.8.	10.7.-22.8.	2.7.-14.8.	24.6.-6.8.
Rheinland-Pfalz	15.7.-23.8.	7.7.-15.8.	29.6.-7.8.	28.6.-6.8.	3.7.-11.8.	16.7.-24.8.	22.7.-30.8.
Saarland	15.7.-23.8.	7.7.-15.8	29.6.-7.8.	28.6.-6.8.	3.7.-11.8.	16.7.-24.8.	22.7.-30.8
Sachsen	20.6.-2.8.	28.6.-8.8.	4.7.-14.8.	10.7.-20.8.	22.7.-1.9.	21.7.-31.8.	13.7.-23.8.
Sachsen-Anhalt	24.6.-3.8.	28.6.-8.8.	4.7.-14.8.	10.7.-20.8.	22.7.-1.9.	21.7.-31.8.	13.7.-23.8.
Schleswig-Holstein[2]	22.7.-31.8.	28.7.-6.9.	6.7.-15.8.	5.7.-14.8.	24.6.-5.8.	23.6.-8.8.	8.7.-17.8.
Thüringen	20.6.-31.7.	28.6.-8.8.	4.7.-14.8.	10.7.-20.8.	22.7.-1.9.	21.7.-31.8.	13.7.-23.8.

Hinweis: Angegeben ist jeweils der erste und letzte Ferientag. Den Ländern, deren sechswöchiger Ferienzeitraum in der Wochenmitte endet, bleibt es freigestellt, die Ferien bis zum folgenden Wochenende zu verlängern.

1 Auf den niedersächsischen Nordseeinseln gelten Sonderregelungen.

2 Auf den Inseln Sylt, Föhr, Amrum und Helgoland sowie auf den Halligen gelten Sonderregelungen.

Die übrigen Ferientermine der Bundesländer sind abrufbar unter: https://www.kmk.org/service/ferien.html.

Die Schuljahreskalender bis zum Schuljahr 2029/30 samt weiteren Informationen sind in der Broschüre der GEW „Ferien und Feiertage 2023 bis 2030“ enthalten; online abrufbar unter: https://www.gew-bw.de/publikationen

Fundsachen

Informationen der Redaktion zur Rechtslage und zur Verwaltungspraxis in Baden-Württemberg

Jede Behörde, also auch jede Schule, ist selbst „Fundbehörde". In der Schule gefundene Sachen müssen also nicht im Fundbüro der Gemeinde, sondern in der Schule abgegeben werden.

Bei geringwertigen Sachen, die nicht zu verwerten sind, genügt es, wenn sie einige Zeit so aufbewahrt werden, dass Personen, die etwas verloren haben, ihr Eigentum zurückerhalten können. Andere Gegenstände können nach ca. 3 Monaten öffentlich versteigert werden (§ 979 BGB), allerdings erst nachdem der Fund öffentlich bekanntgemacht und die Verlierer zur Anmeldung ihrer Rechte aufgefordert wurden.

Ist die Sache nicht weniger als 50 Euro wert, erhält der Finder oder die Finderin einen Finderlohn (normalerweise 5 % des Wertes, bei einem „Verkehrsfund" – Fund in einer Behörde – die Hälfte). Lehrkräfte oder andere Mitarbeiter*innen haben als „Behördenbedienstete" grundsätzlich keinen Anspruch auf Finderlohn.

Muster für eine öffentliche Bekanntmachung

Öffentliche Fundsachenbekanntmachung

In unserer Schule haben sich in den letzten Monaten wieder viele Gegenstände angesammelt, die von Schülerinnen oder Schülern verloren oder vergessen wurden. Diese Gegenstände liegen am … von 14 bis 18 Uhr im Hausmeisterbüro zur Ansicht und Abholung aus.

Die Empfangsberechtigten werden hiermit gemäß §§ 980, 981, 983, 384 BGB aufgefordert, diese Gegenstände dort abzuholen bzw. ihre Rechte im Sekretariat der Schule (Telefon: ..., Fax: …, Mail: ...) bis spätestens zum ... wahrzunehmen.

Danach werden alle bis … in der Schule gefundenen und nicht abgeholten Gegenstände am … ab … Uhr im Musiksaal (1. OG) der Schule versteigert.

*gez. Schulleiter*in*

Hätten Sie's gewusst? – Eltern fragen, wir antworten.

Klassenarbeiten montags oder nach den Ferien?

Frage: Stimmt es, dass an Montagen keine Klassenarbeiten geschrieben werden dürfen? Und auch am ersten Schultag nach den Ferien nicht? Wer entscheidet darüber? Gibt es Vorschriften des Kultusministeriums?

Antwort: Das stimmt nur teilweise. Nur für die Klassen 1 bis 4 hat das KM ausdrücklich verfügt, dass Klassenarbeiten nach Sonn- und Feiertagen und am ersten Schultag nach einem zusammenhängenden Ferienabschnitt unzulässig sind. ⇨ Grundschule (Leistungsbeurteilung GS und SBBZ) § 2

Für die anderen Schularten/-stufen gilt die ⇨ Notenbildungsverordnung. Im einschlägigen § 8 steht über ein Verbot von Klassenarbeiten oder schriftlichen Wiederholungsarbeiten an Montagen nichts.

Aus § 8 Abs. 1 der Notenbildungsverordnung ergibt sich auch bei den übrigen Schularten und Schulstufen aber ein faktisches Verbot für Klassenarbeiten nach den Ferien. Dort ist verfügt: *„Klassenarbeiten geben Aufschluss über Unterrichtserfolg und Kenntnisstand einer Klasse und einzelner Schüler und weisen auf notwendige Fördermaßnahmen hin. Sie können daher in der Regel nur nach Abschluss einer Unterrichtseinheit, d.h. nach den Phasen der Erarbeitung, Vertiefung, Übung und Anwendung angesetzt werden."* Demnach müssen diese Arbeiten in aller Regel vor den Ferien geschrieben werden, denn die Unterrichtseinheit ist entweder vor den Ferien abgeschlossen (dann ist eine Pause bis zur Überprüfung pädagogisch fragwürdig) oder sie erstreckt sich bis in die Zeit nach den Ferien (dann kann am ersten Tag danach noch kein „Abschluss" erreicht sein).

Unser Rat: Wenn's mit den Terminen von Klassen- und Wiederholungsarbeiten Probleme gibt, sollte dies mit dem Klassenlehrer bzw. der Klassenlehrerin besprochen werden. Diesen obliegt eine Koordinierungsfunktion – übrigens auch bei der Umsetzung der Vorgabe der Notenbildungsverordnung, dass Klassenarbeiten über das Jahr hinweg gleichmäßig verteilt werden sollen. Außerdem kann dieses Problem auf einer Sitzung der Klassenpflegschaft erörtert werden. Dazu kann auch die Schulleitung eingeladen werden. Die Elterngruppe in der Klassenpflegschaft kann zu diesem Thema auch einen Antrag an die Klassenkonferenz richten; Klassenelternvertreter- sowie Stellvertreter*innen besitzen dann hierzu in dieser Lehrerkonferenz beratendes Stimmrecht; sie sind von der Klassenlehrkraft zu dieser Sitzung förmlich einzuladen.

⇨ Eltern (Allgemeines) Teil E; ⇨ Elternbeirat (EltBVO) § 6; ⇨ Schulgesetz § 56 Abs. 1 Nr. 3 und 4

Zu diesen Fragen kann im Übrigen die Gesamtlehrerkonferenz *„ergänzende Regelungen"* (mit bindender Wirkung für alle Lehrkräfte der Schule) beschließen. Über die Schulkonferenz, deren Zustimmung ein solcher Beschluss bedarf, sind an diesen Regelungen auch die Eltern beteiligt.

⇨ Notenbildungsverordnung § 2 Abs. 1

Ganztagsschulen (Allgemeines)

Informationen der Redaktion zur Rechtslage und zur Verwaltungspraxis in Baden-Württemberg

Gesetzliche Grundlagen

In Baden-Württemberg wird die Sekundarstufe der Gemeinschaftsschule als obligatorische Ganztagsschule (GTS) geführt. ⇨ Schulgesetz § 8a Abs. 3

Eine gesetzliche Grundlage besteht ferner für den Ganztagsbetrieb an Grundschulen sowie an den Grundstufen der Förderschulen. In der verbindlichen Form nehmen dort alle Schüler*innen am Ganztagsbetrieb teil. In der Wahlform entscheiden die Erziehungsberechtigten über die Teilnahme; danach ist die Teilnahme für mindestens ein Schuljahr verbindlich. ⇨ Schulgesetz § 4a

Die Einzelheiten zur Beantragung, zur Gestaltung und Finanzierung im Primarbereich sind in der VO ⇨ Grundschule (GanztagsgrundschulVO) geregelt.

Der Ganztagsbetrieb an den anderen allgemeinbildenden Schularten sowie in Ganztagsklassen an beruflichen Schulen erfolgt jeweils als Schulversuch durch Einzelerlass. ⇨ Schulgesetz § 22

Aufgrund von ⇨ Schulgesetz § 8a Abs. 3 besteht Schulpflicht in der Mittagspause nur in der Sekundarstufe der Gemeinschaftsschulen. An den übrigen Ganztagsschulen besteht in der Mittagspause keine Schulpflicht. Dies kann z.B. für einen Verbund von Gemeinschaftsschule und Grundschule dazu führen, dass die Grundschüler*innen, anders als die Schüler*innen der Sekundarstufe, die Mittagspause auch im häuslichen Bereich verbringen können.

(Quelle: KM, 10.3.2015, AZ: 53-6503.1)

Ganztagsschulmodelle als Schulversuch

Im Folgenden geben wir einen Überblick über Aufgaben und Struktur der Ganztags-Schulversuche auf Basis des Leitfadens *„Ganztagsschulen in Baden-Württemberg"*, Stuttgart 2012. Mehr dazu steht im Internet unter www.ganztagsschule-bw.de.

Es existieren zwei Schulversuchsmodelle:

1.
GTS in offener Angebotsform

Diese Ganztagsschulen können an öffentlichen allgemeinbildenden Schulen in der Grundschule und der Sekundarstufe I der weiterführenden Schulen (Hauptschulen, Werkrealschulen, Realschulen, Gymnasien, Sonderschulen) eingerichtet werden.

2.
GTS mit besonderer pädagogischer und sozialer Aufgabenstellung

Diese Ganztagsschulen werden an Grund-, Haupt- und Werkrealschulen mit besonderer pädagogischer und sozialer Aufgabenstellung eingerichtet, die ihren Bildungs- und Erziehungsauftrag unter erschwerten Bedingungen erfüllen, ferner an Förderschulen in enger räumlicher Nähe zu einer solchen Schule.

In beiden Programmen entscheiden die Erziehungsberechtigten über die Teilnahme am Ganztagsbetrieb.

Rahmenbedingungen und Genehmigungsvoraussetzungen

Für beide Modelle gelten folgende Voraussetzungen:

- An der Schule ist ein dauerhafter Ganztagsbetrieb an mindestens vier Tagen mit täglich mindestens sieben Zeitstunden eingerichtet.
- An allen Tagen mit Ganztagsbetrieb muss ein vom Schulträger beaufsichtigtes Mittagessen bereitgestellt werden.
- Die Organisation der Ganztagsangebote steht unter Mitwirkung und Aufsicht der Schulleitung.
- Einzügige Grund- und Hauptschulen können jahrgangsübergreifende Ganztagsgruppen mit mindestens 20 Schüler*innen einrichten.
- Der Unterrichtsvormittag soll entzerrt und rhythmisiert werden. An Grundschulen bzw. der Grundstufe der Förderschulen sollen daher täglich maximal vier, an weiterführenden Schulen maximal fünf Unterrichtsstunden am Vormittag erteilt und längere (Bewegungs-)Pausen eingerichtet werden. Ggf. beginnt der Unterricht später (z.B. um 8:30 Uhr). Wenn die vorgenannte Rhythmisierung nicht umgesetzt werden kann, muss dies im Antrag auf Einrichtung der Ganztagsschule begründet und belegt werden (z.B. Schülerbeförderung, Fachraumbelegung, dezidierter Elternwunsch).

Die Modelle unterscheiden sich in folgenden Punkten:

1.
GTS in offener Angebotsform

- Der Ganztagsbetrieb umfasst täglich mindestens sieben Zeitstunden.
- Die Schüler*innen müssen angemeldet werden, danach ist die Teilnahme am Ganztagsbetrieb für ein Schuljahr verbindlich (Planungssicherheit für die Schule und den Schulträger).
- Ein sukzessiver Ausbau ist möglich. Im Endausbau soll der Ganztagsbetrieb in einem Zug oder in mehreren Klassen(-stufen) eingerichtet sein.
- Eine Ganztagsklasse entspricht der durchschnittlichen Klassenstärke pro Klassenstufe. Dies muss dauerhaft an vier Ganztagen erreicht werden. Je Klassenstufe müssen mindestens 20 Schüler*innen an vier bzw. drei Tagen zum Ganztagsbetrieb verbindlich angemeldet sein.

Das KM hat einen „Qualitätsrahmen Ganztagsschule" veröffentlicht. Der Ratgeber (38 Seiten) kann unter https:/km-bw.de > Qualitätsrahmen Ganztagsschule abgerufen werden.

- Eltern können innerhalb der vier angebotenen Ganztage drei Tage auswählen, jedoch nicht, wenn es sich um Unterricht nach Kontingentstundentafel handelt.
- Ausnahmsweise können in Schulzentren mit mehreren Schularten in der Sekundarstufe I schulartübergreifende Jahrgangsstufengruppen mit mindestens 25 Schüler*innen gebildet werden.

2.
GTS mit besonderer pädagogischer und sozialer Aufgabenstellung

- Der Ganztagsbetrieb umfasst täglich mindestens acht Zeitstunden (z.B. 8:00 Uhr bis 16:00 Uhr).
- Die Schülerinnen und Schüler nehmen an vier Tagen am Ganztagsbetrieb teil.
- Die ganze Schule oder ein Zug bzw. mehrere Klassen(-stufen) ist im Ganztagsbetrieb eingerichtet. Der sukzessive Ausbau zur Ganztagsschule ist möglich.
- Eine Ganztagsklasse entspricht der durchschnittlichen Klassenstärke pro Klassenstufe.
- Förderschulen in enger räumlicher Nähe zu einer Haupt- oder Werkrealschule mit besonderer pädagogischer und sozialer Aufgabenstellung („Kleiner-Pausen-Abstand“) können auf der Basis eines gemeinsamen pädagogischen Konzepts als Ganztagsschule eingerichtet werden.

Ressourcen und Management

Das Land und der Schulträger tragen gemeinsam die Kosten für die Ganztagsschule. Das Land trägt die anfallenden Lehrerkosten für die gemäß Organisationserlass zugewiesenen Lehrerwochenstunden.

⇨ Unterrichtsorganisation (Organisationserlass)

Der kommunale Schulträger trägt alle übrigen Personalkosten, insbesondere die Kosten für die Betreuung beim Mittagessen, in der (Mittags-) Freizeit, für das Nachmittagsangebot und ggf. vor dem Unterricht. Die Betreuung kann der Schulträger anderen außerschulischen Kooperationspartnern übertragen. Der Schulträger trägt ferner die sächlichen Mehrkosten. ⇨ Aufsichtspflicht

Hinweis der Redaktion: In den Richtlinien des KM über die Gewährung von Zuwendungen an die Träger von [...] Angeboten der flexiblen Nachmittagsbetreuung (18.12.2007; K.u.U. S. 51; zul. geändert 11.12.2008; K.u.U. S. 33/2009); ist u.a. verfügt: „Zuwendungen werden nur für die tatsächlich am Nachmittag geleistete Betreuungszeit an Schultagen gewährt. Die Zeiten des Mittagessens können im Sinne dieser Richtlinien bezuschusst werden. Der Nachmittag im Sinne von Satz 1 beginnt frühestens um 12.00 Uhr und endet spätestens um 17.30 Uhr.“

⇨ Hausordnung / Pausenordnung

Lehrerzuweisung und sonstiges Personal für Ganztagsangebote

Für beide Ganztagsschulmodelle gilt:

Den Bedarf an Lehrerwochenstunden für den Ganztagsbetrieb fordert die Schule jährlich an. Sie muss den Bedarf anhand von Ganztagsklassen und -schülern belegen.

Ganztagsschulen erhalten eine zusätzliche Lehrerzuweisung für schulische Ganztagsangebote. Für Schulleitungsaufgaben im Zusammenhang mit dem Ganztagsbetrieb erhält die Schule eine Lehrerwochenstunde als Anrechnung (je Verwaltungseinheit).

Zur Unterstützung der Lehrkräfte werden an Grund-, Haupt-/Werkrealschulen ⇨ Pädagogische Assistent*innen eingesetzt. Ganztagsschulen bestreiten das außerunterrichtliche Programm in starkem Maße auch mithilfe von ⇨ Lehrbeauftragten sowie außerschulischer Träger und Unterstützungsprogramme (⇨ Jugendbegleiter) sowie von ⇨ Schulfördervereinen.

Ab 41 Wochenstunden Jugendbegleitung erhält die Schule eine Deputatsstunde für die Programmkoordinierung. Informationen zum Jugendbegleiter-Programm bietet www.jugendbegleiter.de.

Eine unterschiedliche Lehrerzuweisung gilt für die beiden Modelle in folgenden Fällen:

1.
Ganztagsschulen in offener Angebotsform

- Grundschule 6 LWS je Ganztagsklasse
- Haupt-/Werkreal-/Realschule 2 LWS je Ganztagsklasse
- Gymnasium/Sonderschule 1 LWS je Ganztagsklasse
- Schulzentren mit schulartübergreifenden Jahrgangsgruppen 2 LWS je Ganztagsgruppe mit mindestens 25 Schüler*innen

Eine Ganztagsklasse entspricht der durchschnittlichen Klassenstärke je Klassenstufe. Sie erreicht diese Stärke dauerhaft an vier Tagen. Darüber hinaus gilt: Mindestens 20 Schüler*innen je Klassenstufe müssen an vier (oder drei) Tagen zum Ganztagsbetrieb verbindlich angemeldet sein. Um die durchschnittliche Klassenstärke täglich zu erreichen, kann die Ganztagsklasse mit Schüler*innen „aufgefüllt“ werden, die einen geringeren Betreuungsbedarf haben (z.B. nur zwei Tage). Maßgeblich für die Zuweisung von Lehrerwochenstunden ist jedoch nur die Zahl der Schüler*innen mit einem Betreuungsbedarf an vier oder drei Tagen.

2.
Ganztagsschulen mit besonderer pädagogischer und sozialer Aufgabenstellung

- Grundschule 8 LWS je Ganztagsklasse
- Haupt-/Werkrealschule 5 LWS je Ganztagsklasse
- Förderschule in enger räumlicher Nähe zu einer solchen Haupt-/Werkrealschule bis zu 0,75 Deputate

Eine Ganztagsklasse entspricht der durchschnittlichen Klassenstärke je Klassenstufe.

Räumlichkeiten und Sachausstattung

Erweiterte pädagogische Aufgaben der Ganztagsschule und eine längere Verweildauer der Schülerinnen und Schüler in der Schule erfordern ggf. Umbau-, Erweiterungs- oder Neubaumaßnahmen. Zu den wesentlichen Raumbestandteilen der Ganztagsschule gehören die Mensa sowie Bereiche für Freizeitaktivitäten und Ruhe. Die Raumplanung und -gestaltung basiert auf dem pädagogischen Konzept der Ganztagsschule, der Zahl der am Ganztagsbetrieb bzw. Mittagessen teilnehmenden Schüler*innen sowie den vorhandenen Räumen. ⇨ Schulbau

Vorbereitung der Antragsstellung

Folgende Personen bzw. Institutionen sollten zwingend rechtzeitig informiert und in die Planung bzw. in die Vorbereitung des Antrags auf Einrichtung einer Ganztagsschule eingebunden werden:

- Der Schulträger beantragt die Einrichtung einer Ganztagsschule und verpflichtet sich, die sächlichen Mehrkosten sowie die zusätzlichen Personalkosten für die Betreuung, insbesondere beim Mittagessen und in der (Mittags-)Freizeit zu tragen. Unter Umständen sind zusätzlich Baumaßnahmen erforderlich (z.B. Mensa, Betreuungsräume), die einen entsprechenden Zeitvorlauf brauchen und für die zusätzliche Mittel im Haushalt bereitgestellt werden müssen.
- Das Lehrerkollegium muss die pädagogische Konzeption entwickeln und umsetzen. Es ist daher frühzeitig in die Planungen zur Weiterentwicklung der Schule in eine Ganztagsschule einzubeziehen. Nur wenn die Mehrheit des Kollegiums hinter der Konzeption der Ganztagsschule steht, kann die Umsetzung erfolgreich sein.
- Die Eltern sind Partner der Schule. Neben Eltern, die von der Ganztagsschule überzeugt sind, wird es immer auch Eltern geben, die ihr skeptisch oder gar ablehnend gegenüberstehen. Es ist daher sinnvoll, mit Unterstützung des Elternbeirats die Eltern über die geplanten Veränderungen an der Schule zu informieren und mit dem Konzept der Ganztagsschule vertraut zu machen.
- Die Schülerinnen und Schüler haben grundlegende alters- und geschlechtstypische Lebensbedürfnisse, die sich in den Ganztagsangeboten widerspiegeln sollten. Es ist daher sinnvoll, Schüler*innen in die Planung einzubinden und ihre Ideen und Wünsche zu beachten. So können sie beispielsweise an der Gestaltung von Spielräumen oder Schulhöfen beteiligt werden oder eigene Angebote in Form von Schüler-AGs (z.B. Hiphop-Kurs, Multimedia, Spieletreff) machen.

Die Umsetzung und der Erfolg der Ganztagsschule sind ohne einen breiten Konsens der am Schulleben Beteiligten fraglich. Daher müssen die Gesamtlehrerkonferenz gemäß § 44 SchG und die Schulkonferenz (§ 47 SchG) der Einrichtung der Ganztagsschule und dem pädagogischen Konzept zustimmen. Der Elternbeirat ist anzuhören (§ 57 SchG). Sollte eines dieser Gremien die Einrichtung der Ganztagsschule nicht befürworten, kann keine Zustimmung zur Einrichtung einer Ganztagsschule erteilt werden.

➪ Konferenzordnung § 2 Abs. 1 Nr. 8b; ➪ Schulgesetz §§ 22, 44, 47 Abs. 4, 57

Es empfiehlt sich, an der Schule eine Steuergruppe einzusetzen, die von der Schulleitung und dem Lehrerkollegium den Auftrag für die Planung eines pädagogischen Ganztagskonzepts erhält. In der Steuergruppe sollten möglichst alle am Schulleben beteiligten Gruppen mitwirken. Das Kollegium, die Eltern, die SMV, der Schulträger und die Schulaufsicht sollten von Anfang an in regelmäßigen Abständen über den Entwicklungsprozess informiert werden. Ferner sollten die außerschulischen Kooperationspartner, die sich bereits in das Schulleben einbringen und künftig im Ganztagsbetrieb mitarbeiten werden, rechtzeitig über die geplanten Veränderungen in Kenntnis gesetzt werden.

➪ Aufsichtspflicht; ➪ Grundschule (Ganztagsgrundschul-VwV); ➪ Grundschule (GanztagsgrundschulVO); ➪ Hausordnung / Pausenordnung; ➪ Jugendbegleiter*innen; ➪ Konferenzordnung § 2 Abs. 1 Nr. 8b; ➪ Lehrbeauftragte; ➪ Pädagogische Assistent*innen; ➪ Schulbau; ➪ Schulfördervereine; ➪ Schulgesetz §§ 4a, 22, 47 Abs. 4 und 107; ➪ Stundentafel-Öffnungsverordnung; ➪ Unterrichtsorganisation (Organisationserlass)

Gebühren

Informationen der Redaktion zur Rechtslage und zur Verwaltungspraxis in Baden-Württemberg

Vorbemerkung der Redaktion

Auf Grundlage des Landesgebührengesetzes hat das Kultusministerium eine Gebührenverordnung erlassen (s.u. Nr. 1); in dieser sind die Gebühren aufgeführt, die im Geschäftsbereich des KM, also auch von den einzelnen Schulen, für amtliche Handlungen zu erheben sind.

Die einzelne Behörde (Schule) kann nach § 11 Abs. 2 die Gebühren niedriger festsetzen oder von Gebühren ganz absehen, wenn diese nach Lage des einzelnen Falles unbillig wären. In der Praxis fallen bei den Amtshandlungen der Schulen eher die niedrigeren Sätze an; die Schulen stellen außerdem den Antragsteller*innen bei offensichtlicher Aussichtslosigkeit häufig auch anheim, einen Widerspruch – gebührenfrei – zurückzuziehen.

Ferner hat das KM getrennte Gebührenordnungen für die Aufbaugymnasien mit Internat sowie die SBBZ mit Internat (die früheren „Heimsonderschulen") erlassen.

1.
Gebührenverordnung des Kultusministeriums

Auszug aus der Anlage zu § 1 der Gebührenverordnung des Kultusministeriums (GebVO KM) vom 14.5.2012 (K.u.U. S. 125/2012); zuletzt geändert 5. Juli 2023 (GBl. S.264/2023)

Nr. Gegenstand **Gebühr Euro**

2 Ablehnung eines Antrags –
Wird ein Antrag auf Erbringen einer öffentlichen Leistung abgelehnt, wird eine Gebühr in Höhe von 1/10 bis zur vollen Gebühr, mindestens 2,50 Euro, erhoben. Wird der Antrag ausschließlich wegen Unzuständigkeit der Behörde abgelehnt, wird keine Gebühr erhoben.

Nr.	Gegenstand	Gebühr Euro
3	Zurücknahme eines Antrags Wird ein Antrag auf Erbringen einer öffentlichen Leistung zurückgenommen oder unterbleibt diese aus sonstigen Gründen, wird eine Gebühr in Höhe von 1/10 bis zur vollen Gebühr, mindestens 2,50 Euro, erhoben, wenn mit der Bearbeitung des Antrags begonnen, die Leistung aber noch nicht erbracht war.	
4	Verfahrensgebühren	
4.1	Zurückweisung eines Rechtsbehelfs (insbesondere Widerspruch)	50 – 2500
4.2	Zurücknahme eines Rechtsbehelfs, wenn mit der sachlichen Bearbeitung begonnen war	25 –1250
5	Beglaubigungen	
5.1	Beglaubigung von Abschriften, Fotokopien und dergleichen [...]	3–150
5.1.1	Schulzeugnisse (bei Abgangs- oder Abschlusszeugnissen sind die ersten fünf Beglaubigungen gebührenfrei)	3
5.2	Beglaubigung von Unterschriften, Handzeichen und Siegeln [...]	3–150
6	Abschriften und Fotokopien	
6.1	Abschriften, Ausfertigungen, Auszüge	6–30
6.1.1	Schulzeugnisse (bei Abgangs- oder Abschlusszeugnissen sind die ersten fünf Abschriften bzw. Fotokopien gebührenfrei)	3
6.2	Fotokopien (je Seite)	1
7	Schülerausweise	
7.1	Ersatzweise Ausstellung eines Schülerausweises	3
8	Ausstellung von Ersatzzeugnissen	50 –175
9	Feststellung der Gleichwertigkeit von Bildungsnachweisen (je Bildungsabschluss)	100-630
11	Feststellung der Gleichwertigkeit nach § 2 Abs. 2 des Bundesausbildungsförderungsgesetzes	150 – 500
15	Aufnahmeverfahren für das Landesgymnasium für Hochbegabte	50
16	Adressauskünfte an gewerbliche Unternehmen	25 – 100

Hinweis der Redaktion: Die (hier nicht abgedruckte) Ziff. 19 regelt die Gebühren für Leistungen nach dem ⇨ Informationfreiheitsgesetz. Wir empfehlen den Schulen, bei dessen Anwendung Rat und Unterstützung bei der Schulaufsichtsbehörde einzuholen.

2. Gebühren (Aufbaugymnasien mit Internat)

Auszug aus der Verordnung des KM über die Gebühren in den staatlichen Gymnasien in Aufbauform mit Internat vom 9. Juli 2012; zuletzt geändert am 30.11.2022 (GBl. S. 635/2022); mit den ab 1. August 2023 geltenden Sätzen

§ 1 *Gebührenpflicht*

(1) Gebühren werden erhoben:

1. für die Unterkunft und Verpflegung von Schülerinnen und Schülern in den staatlichen Gymnasien in Aufbauform mit Internat,
2. für die Verpflegung externer Schülerinnen und Schülern einschließlich solcher des Landesschulzentrums für Umwelterziehung am Staatlichen Gymnasium in Aufbauform Adelsheim,
3. für die Unterkunft und Verpflegung von Gästen der staatlichen Gymnasien in Aufbauform mit Internat.

(2) Diese Verordnung gilt nicht für Gäste bei Veranstaltungen durch Dritte in diesen Schulen.

§ 2 *Gebührenbemessung*

(1) Für Schülerinnen und Schüler der staatlichen Gymnasien in Aufbauform mit Internat gilt:

1. Die Gebühr beträgt [...] jährlich [...] 9 900 EUR,
   davon entfallen auf: Unterkunft 2 184 EUR,
   Verpflegung 7 716 EUR.
2. Die Gebühr nach Nummer 1 ermäßigt sich auf Antrag, wenn das zu versteuernde Einkommen der Eltern im vorletzten Kalenderjahr
   a) zwischen 52 100 Euro und 66 399 Euro betragen hat, auf [...] jährlich 9 000 EUR,
   davon entfallen auf:
   Unterkunft [...] 1 968 EUR,
   Verpflegung [...] 7 032 EUR;
   b) zwischen 44 900 Euro und 52 099 Euro betragen hat, auf [...] jährlich 8 100 EUR,
   davon entfallen auf:
   Unterkunft 1 752 EUR,
   Verpflegung 6 348 EUR;
3. Für Schülerinnen und Schüler mit Kaderstatus in den vom Landessportverband Baden-Württemberg e.V. geförderten Sportfachverbänden verringern sich die Gebühren nach den Nummern 1 und 2 um jeweils ein Drittel. Mit Beendigung des Kaderstatus entfällt ab dem jeweils folgenden Schuljahr die Gebührenermäßigung.

(2) Für die Gebührenermäßigung nach Absatz 1 Nummer 2 gilt:

1. Der Antrag auf Gebührenermäßigung ist jeweils spätestens bis zum 1. August oder bei Eintritt in das Internat während des regelmäßigen Unterbringungszeitraums innerhalb von vier Wochen nach dem Eintrittstag bei der Schulleitung zu stellen. Dem Antrag ist der Einkommensteuerbescheid für das vorletzte Kalenderjahr oder ein anderer geeigneter Nachweis beizufügen. Wird glaubhaft gemacht, dass im Zeitpunkt des Schuljahresbeginns kein oder ein wesentlich geringeres Einkommen als im vorletzten Kalenderjahr erzielt wird, kann die Schulleitung im Einzelfall für höchstens zwei Schuljahre die Zuordnung zu einer niedrigeren Einkommensgruppe vornehmen und die Jahresgebühr entsprechend festsetzen. Liegen nachweislich die Voraussetzungen für eine Gebührenermäßigung nicht mehr vor, kann die Schulleitung diese aufheben.

2. Unterliegt das maßgebliche Einkommen für eine Gebührenermäßigung dem ausländischen Steuerrecht und kann dieses Einkommen nicht mit einer vergleichbaren Bewertung, die sich aus dem inländischen Steuerrecht ergäbe, dargestellt werden, so wird eine Gebühr nach Absatz 1 Nummer 1 erhoben.

(3) Für Schülerinnen und Schüler des Landesschulzentrums für Umwelterziehung am Staatlichen Gymnasium in Aufbauform Adelsheim gilt:
Die Gebühr für die Verpflegung beträgt täglich 12,30 EUR.
Die Tage der An- und Abreise werden zusammen als ein Tag gezählt. Unterkunft und Verpflegung sind für die begleitenden Lehrkräfte gebührenfrei. Die Schülerinnen und Schüler erhalten die Unterkunft gebührenfrei.

§ 3
Verpflegung für externe Schülerinnen und Schüler sowie für Mitarbeitende und Beschäftigte der staatlichen Gymnasien in Aufbauform mit Internat

Externe Schülerinnen und Schüler sowie Mitarbeitende und Beschäftigte der staatlichen Gymnasien in Aufbauform mit Internat entrichten folgende Gebühren:

für ein Frühstück	2,95 EUR,
für ein Pausenfrühstück	1,70 EUR,
für ein Mittagessen	4,80 EUR,
für ein Abendessen	3,95 EUR.

§ 4
Unterkunft und Verpflegung von Gästen

Die Gebühr beträgt bei Gästen für

a) Unterkunft	27,30 EUR,
b) Verpflegung (Tagessatz) davon entfallen auf	32,15 EUR,
Frühstück	8,85 EUR,
Mittagessen	12,90 EUR,
Abendessen	10,40 EUR.

Für Tee und Kaffee wird zudem folgende Gebühr erhoben: Tee oder Kaffee 2,85 EUR.

§ 5
Berechnung der Gebühren

(1) Die in § 2 Absatz 1 festgesetzten Jahresgebühren sind für das gesamte Schuljahr (vom 1. August bis einschließlich 31. Juli des folgenden Jahres) zu entrichten. Sie umfassen den regelmäßigen Unterbringungszeitraum vom ersten Schultag nach den Sommerferien bis zum letzten Schultag vor den folgenden Sommerferien. Bei der Bemessung der Höhe der Gebühren sind alle Ferienzeiten und sonstige Fehlzeiten unbeschadet von Absatz 2 und 3 berücksichtigt. [...]

(2) Bei erstmaliger Aufnahme in das Internat nach Beginn oder bei Austritt aus dem Internat vor Ende des Schuljahres beginnt oder endet die Gebührenpflicht mit Beginn oder Ende des Monats, in dem die Aufnahme oder der Austritt liegt. Die Jahresgebühr ermäßigt sich pro Kalendermonat der Abwesenheit um jeweils ein Zwölftel.

(3) Während des regelmäßigen Unterbringungszeitraums ermäßigt sich die Gebühr für Verpflegung bei einer Abwesenheit wegen Krankheit, Beurlaubung oder aus sonstigen dringenden Gründen von mehr als fünfzehn aufeinanderfolgenden Kalendertagen pro Schultag um den 240. Teil der Jahresgebühr, höchstens jedoch um ein Zwölftel der Jahresgebühr pro Kalendermonat. Bei der Berechnung des Ermäßigungsbetrages ist der Tagessatz auf fünf Cent abzurunden.

§ 6 Umsatzsteuer

Die in der Gebührenverordnung ausgewiesenen Gebühren sind zuzüglich der gesetzlichen Umsatzsteuer zu entrichten, sofern die zugrundeliegende öffentliche Leistung der Umsatzsteuerpflicht unterliegt.

§ 7 Fälligkeit

(1) Gebühren im Sinne des § 2 Absatz 1 sind in zwölf gleichen Monatsraten jeweils auf den Ersten eines Monats zur Zahlung fällig. Im Übrigen werden Gebühren mit der Inanspruchnahme einer Leistung zur Zahlung fällig.

(2) Die Schulleitung kann andere Zahlungstermine bestimmen.

3.
Gebühren (SBBZ mit Internat)

Auszug aus der Verordnung des Kultusministeriums über die Gebühren in den staatlichen sonderpädagogischen Bildungs- und Beratungszentren mit Internat (SBBZ mit Internat) vom 9. Juli 2012, zuletzt geändert am 30.11.2022 (GBl. S. 635/2022); mit den ab 1. August 2023 geltenden Sätzen

§ 1
Gebührenpflicht

(1) Gebühren sind zu entrichten für die Verpflegung von externen Schülerinnen und Schülern, von Kindern und Lehramtsanwärterinnen und -anwärtern sowie für die Unterkunft und Verpflegung von Gästen.

(2) Diese Regelung gilt nicht für Teilnehmende an Ferienveranstaltungen.

(3) Für die Unterbringung (Unterkunft, Verpflegung, Körperpflege, Reinigung und Instandsetzung von Kleidung) von Schülerinnen und Schülern der staatlichen sonderpädagogischen Bildungs- und Beratungszentren mit Internat sowie von Kindern der angegliederten Schulkindergärten werden Vergütungen nach Maßgabe der mit den Leistungsträgern abgeschlossenen Vereinbarung nach § 75 Absatz 3 Sozialgesetzbuch (SGB) Zwölftes Buch (XII) erhoben.

Hinweis der Redaktion: Die §§ 2-5 sind inhaltlich identisch mit den §§ 3-4 (Verpflegung Externer, Unterkunft und Verpflegung von Gästen) sowie 6-7 (Umsatzsteuer und Fälligkeit der Gebühren) der Gebührenordnung für Aufbaugymnasien mit Heim (siehe oben Nr. 2).

⇨ Ausweise; ⇨ Haushalt (Kassenführung); ⇨ Informationsfreiheitsgesetz; ⇨ Verwaltungsrecht; ⇨ Zeugnisse (Ersatz)

Gefährdungsbeurteilung

Informationen der Redaktion zur Rechtslage und zur Verwaltungspraxis in Baden-Württemberg

Das Arbeitsschutzgesetz verpflichtet den „Unternehmer" bzw. Arbeitgeber zur Durchführung einer Beurteilung der Arbeitsbedingungen und in deren Rahmen auch zu einer Beurteilung der Gefährdungen. Der Unternehmer muss dabei die Gefährdungen der Beschäftigten bei der Arbeit beurteilen, entsprechende Maßnahmen ableiten, diese auf ihre Wirksamkeit kontrollieren und ggf. anpassen, und den Prozess der Gefährdungsbeurteilung sowie die Ergebnisse angemessen dokumentieren.

Im Bereich der öffentlichen Schulen nehmen die Schulleiter*innen für den „Personalkostenträger" (das Land) in Zusammenarbeit mit dem „Sachkostenträger" (in der Regel die Kommune) die Funktion des „Unternehmers" wahr. Ihnen obliegt die Verantwortung für die Organisation und Gewährleistung eines sicheren Schulbetriebes (und damit nicht nur die Fürsorge für die Beschäftigten, sondern auch für die Schüler*innen sowie die an der Schule ehrenamtlich Tätigen). ➪ Schulträger

Dabei haben sie die Maßgaben der gesetzlichen Unfallversicherung zu beachten, die durch Gesetz berechtigt ist, ein autonomes Regelwerk zu erlassen. ➪ Unfallversicherung

Zu den Aufgaben der „Unfallkassen" als Träger der gesetzlichen Schülerunfallversicherung gehören die Verhütung von Arbeits- und (Schul-)unfällen sowie die Gewährleistung der Ersten Hilfe. ➪ Erste Hilfe

Für den Bereich der Schulen und Schulkindergärten stellen die „Grundsätze der Prävention" (DGUV A1) und die „Unfallverhütungsvorschrift Schulen" (DGUV 81, beide abrufbar unter www.ukbw.de) unmittelbar zwingendes Recht dar. Aus der Vorschrift DGUV A1, nach der die in staatlichem Recht bestimmten Maßnahmen auch zum Schutz von Versicherten gelten, die keine Beschäftigten sind, ergibt sich eine Verpflichtung der Schulen zur Gefährdungsbeurteilung auch für die Schüler*innen. Siehe hierzu auch: ➪ Gefahrstoffverordnung.

Im Rahmen seiner Aufgabe, an der *„Verbesserung der inneren und äußeren Schulverhältnisse mitzuarbeiten"* (➪ Schulgesetz § 57 Abs. 1), ist dies auch ein Thema für den Elternbeirat. Er sollte sich gegenüber der Schulleitung sowie dem Schulträger dafür einsetzen, dass alle Schutzvorschriften eingehalten werden. Da es sich hierbei um eine Angelegenheit *„von allgemeiner Bedeutung für die Schule"* handelt (➪ Schulgesetz § 57 Abs. 2), muss die Schulleitung den Elternbeirat von sich aus (unaufgefordert) über die Maßnahmen zur Gefährdungsbeurteilung in Bezug auf die Schüler*innen unterrichten.

➪ Aufsichtspflicht; ➪ Gefahrstoffverordnung; ➪ Schulgesetz § 57; ➪ Unfallversicherung Nr. II

Gefahrstoffverordnung

Hinweise der Redaktion auf die Verordnung zum Schutz vor Gefahrstoffen (Gefahrstoffverordnung – GefStoffV) vom 26. November 2010 (BGBl. I S. 1643, 1644), zuletzt geändert 21. Juli 2021 (BGBl. I S. 3115)

Die Gefahrstoffverordnung schreibt in § 6 u.a. vor: *„Im Rahmen einer Gefährdungsbeurteilung als Bestandteil der Beurteilung der Arbeitsbedingungen nach § 5 des Arbeitsschutzgesetzes hat der Arbeitgeber festzustellen, ob die Beschäftigten Tätigkeiten mit Gefahrstoffen ausüben oder ob bei Tätigkeiten Gefahrstoffe entstehen oder freigesetzt werden können. Ist dies der Fall, so hat er alle hiervon ausgehenden Gefährdungen der Gesundheit und Sicherheit der Beschäftigten […] zu beurteilen".*

➪ Gefährdungsbeurteilung; ➪ Unfallversicherung Nr. II

Von den Bestimmungen zum Schutz vor Gefahren durch gesundheitsschädliche Stoffe sind nicht nur die Arbeitsplätze der Lehrkräfte betroffen, sondern auch die Schüler*innen. „Arbeitgeber" ist im Schulbereich die Schulleiterin bzw. der Schulleiter. Sie können bestimmte Aufgaben, die sich aus dieser Verantwortung ergeben, auf fachkundige Lehrkräfte schriftlich übertragen (vgl. § 13 Abs. 2 ArbSchG;). So können sie beispielsweise die Durchführung der Gefährdungsbeurteilung nach § 6 GefStoffV an eine oder mehrere fachkundige Personen delegieren oder sich fachkundig beraten lassen.

Fachkundig ist, wer zur Ausübung einer in dieser Verordnung bestimmten Aufgabe über die erforderlichen Fachkenntnisse verfügt. Die Anforderungen an die Fachkunde sind abhängig von der jeweiligen Art der Aufgabe. Zu den Anforderungen zählen eine entsprechende Berufsausbildung, Berufserfahrung oder eine zeitnah ausgeübte entsprechende berufliche Tätigkeit sowie die Teilnahme an spezifischen Fortbildungsmaßnahmen (GefStoffV § 2 Abs. 16). Sie/er muss sicherstellen, dass die für sie/ihn tätig werdenden Personen über die notwendigen Kenntnisse verfügen. Die Übertragung entbindet die Schulleiter*innen jedoch nicht von ihrer Aufsichts- und Organisationsverantwortung.

Nach § 7 ArbSchG muss die Schulleiterin/der Schulleiter dafür Sorge tragen, dass grundsätzlich nur befähigte und nach Gefahrstoffverordnung fachkundig unterwiesene Lehrkräfte mit gefährlichen Stoffen umgehen. Die Lehrkräfte sind für Tätigkeiten mit Gefahrstoffen bei der Vorbereitung,

Durchführung und Nachbereitung des Unterrichts selbst verantwortlich. Dies schließt bei Vorliegen der Fachkunde die Durchführung einer tätigkeitsbezogenen (unterrichtsbezogenen) Gefährdungsbeurteilung und deren Dokumentation ein. Dazu gehört, dass sie durch eine fachkundige Person speziell für diese Tätigkeit (Experimente) geschult und in diesem Zusammenhang nach Gefahrstoffverordnung unterwiesen wurden.

Das KM bietet unter www.gefahrstoffe-schule-bw.de zahlreiche Materialen, FAQ's sowie eine Vielzahl von Mustergefährdungsbeurteilungen und Handlungshilfen zur Umsetzung der geltenden rechtlichen Vorgaben an. Gleichzeitig verweist das KM auf die verbindlichen Regeln der gesetzlichen Unfallversicherung *„Unterricht in Schulen mit gefährlichen Stoffen"* (DGUV Regel 113-018) und die zugehörige Stoffliste (DGUV Regel 113-019) als Arbeitshilfen. Obwohl die *„Richtlinie zur Sicherheit im Unterricht"* (RiSU) in Baden-Württemberg vom KM nicht als für die Schulen verbindlich erklärt wurde, kann diese als Arbeits- und Orientierungshilfe herangezogen werden. Ein Rechtsanspruch ist hieraus jedoch nicht abzuleiten.

➪ Gefährdungsbeurteilung; ➪ Unfallversicherung Nr. II

Die Informationen des Infoportals gelten vorrangig für allgemeinbildende Schulen sowie für vergleichbare Fächer an beruflichen Schulen. Für berufliche Schulen in Vollzeitform, z.B. der chemischen, biologischen, medizinischen und pharmazeutischen Berufe, gelten die Regeln für Sicherheit und Gesundheitsschutz beim Umgang mit Gefahrstoffen in Hochschulen (Tätigkeiten mit Gefahrstoffen in Hochschulen; DGUV Information 213-039 bisher: BGI/GUV-I 8666), sofern an diesen Schulen – vergleichbar wie an den Hochschulen – mit Gefahrstoffen umgegangen wird.

Die Materialien der Unfallkassen sind unter http://publikationen.dguv.de/dguv/ online verfügbar. Das Online-Portal „Gefahrstoffinformationssystem für den naturwissenschaftlich-technischen Unterricht der Gesetzlichen Unfallversicherung (DEGINTU)" kann die Schulleiterinnen und Schulleiter, Sammlungsleiter*innen sowie Lehrkräfte bei der sicheren Vorbereitung und Durchführung des Unterrichts unterstützen. DEGINTU wird von der DGUV kostenfrei unter https://degintu.dguv.de allen Schulen und Institutionen der Lehramtsausbildung zur Verfügung gestellt.

Gemeinschaftsschule (Allgemeines)

Informationen der Redaktion zur Rechtslage und zur Verwaltungspraxis in Baden-Württemberg

Die „Gemeinschaftsschule" (GMS) soll längeres gemeinsames Lernen verwirklichen, Chancengleichheit und bestmögliche individuelle Förderung gewährleisten sowie ein breites Angebot an Schulabschlüssen eröffnen. Sie wird als „christliche Gemeinschaftsschule" geführt.

➪ Schulgesetz § 8a; ➪ Verfassung Art. 15 und 16

Struktur und pädagogisches Konzept

Die GMS ist zwei- oder mehrzügig, kann aber ausnahmsweise auch einzügig geführt werden. Sie besteht aus der Sekundarstufe I (Klassen 5-10), ihr können eine Primarstufe (Kl. 1-4) und – mindestens Zweizügigkeit vorausgesetzt – eine dreijährige Sekundarstufe II angegliedert sein. In der Sekundarstufe I (Klassen 5-10) ist die GMS eine verpflichtende Ganztagesschule mit rhythmisierten Lernangeboten.

Die GMS arbeitet in der Sekundarstufe I auf der Grundlage der Bildungsstandards von Hauptschule, Realschule und Gymnasium. Klassenverbände sind durch Lerngruppen ersetzt. Die Heterogenität einer Lerngruppe ist ein Ausgangspunkt für das Lernen. Wenn dies aus pädagogischer Sicht sinnvoll ist, können vorübergehend auch Lerngruppen nach Leistungsgesichtspunkten gebildet werden; in den Abschlussklassen ist auch eine längerfristige Zusammensetzung von Schüler*innen möglich, die auf gleichem Niveau lernen.

Die GMS ermöglicht eine inklusive Beschulung von Behinderten. Alle Schüler*innen lernen nach ihren individuellen Voraussetzungen. Mit dem „Lernentwicklungsbericht" wird eine besondere Form der Leistungsrückmeldung umgesetzt. Es gibt keine Versetzung/Nichtversetzung und keine Wiederholung im bisherigen Sinn.

Nach Klasse 9 kann der Hauptschulabschluss, nach Klasse 10 der Realschulabschluss und sofern eine Sekundarstufe II eingerichtet ist, das Abitur nach Klassenstufe 13 erreicht werden. Durch die Orientierung an den Bildungsstandards von Hauptschule, Realschule und Gymnasium wird die Anschlussmöglichkeit an andere Schulen sichergestellt.

Einrichtung einer Gemeinschaftsschule

Alle allgemeinbildenden Schulen können sich zur GMS weiterentwickeln. Antragsteller ist der Schulträger mit Zustimmung der schulischen Gremien. Entsteht eine GMS durch eine Schulartänderung bestehender weiterführender Schulen, bedarf dies der Zustimmung der Schulkonferenzen aller beteiligten Schulen.

➪ Schulgesetz § 8a Abs. 5, § 16, § 30 und § 47 Abs. 5 Nr. 7

An der Gemeinschaftsschule unterrichten im Endausbau Lehrkräfte aller Schularten (*„Lernbegleiter*innen"*). Alle Lehrkräfte können in allen Lerngruppen eingesetzt werden.

➪ Gemeinschaftsschule (Schullaufbahnentscheidung); ➪ Gemeinschaftsschule (Verordnung); ➪ Gesamtschulen; ➪ Schulgesetz § 8a, § 17; § 30 und § 47 Abs. 5 Nr. 7

Gemeinschaftsschule (Schullaufbahnentscheidung)

VwV des KM zur Schullaufbahnentscheidung an der Gemeinschaftsschule in Klasse 8 und 9 (VwV GMS Schullaufbahnentscheidung) vom 29.10.2019 (K.u.U. S. 187/2019); Anlagen nicht abgedruckt

1. Beratung während der Schullaufbahn, Informationsveranstaltungen

1.1 Die Lehrkräfte der Gemeinschaftsschulen beraten die Erziehungsberechtigten während der Schullaufbahn kontinuierlich über die Lern- und Leistungsentwicklung ihres Kindes.

1.2 Zwischen Oktober und Dezember erhalten die Schülerinnen und Schüler der Klassenstufen 8 und 9 sowie deren Erziehungsberechtigte in Informationsveranstaltungen der Gemeinschaftsschulen Auskünfte über die möglichen Schulabschlüsse und Anschlussmöglichkeiten (schulische Anschlussmöglichkeiten, Möglichkeiten einer dualen Ausbildung und die damit verbundenen Aufstiegsmöglichkeiten sowie zur Studienwahl). Diese Informationsveranstaltungen und die Informationsveranstaltungen gemäß Nummer 4 der VwV ⇨ Berufliche Orientierung können zusammengefasst werden.

2. Schullaufbahnempfehlung, Beratung und Entscheidung in Klassenstufe 8

2.1 Im zweiten Schulhalbjahr der Klassenstufe 8 beraten sich die Lerngruppenbegleiterin oder der Lerngruppenbegleiter sowie der Lerncoach gemeinsam mit den Erziehungsberechtigten sowie der Schülerin oder dem Schüler auf Basis des Lernentwicklungsberichtes des ersten Halbjahres, welcher schulische Abschluss dem Begabungsprofil und Leistungsvermögen der Schülerin oder des Schülers nach ihrer Einschätzung entspricht. Sie berücksichtigen dabei auch die Aspekte der beruflichen Orientierung. Über das Ergebnis dieser Besprechung unterrichten sie die Lerngruppenkonferenz.

Hinweis der Redaktion: Auch wenn Beratungsgespräche fernmündlich oder über ein Videokonferenzsystem geführt werden, sind sie zu dokumentieren. Grundlage dafür kann die Protokollvorlage sein (im Intranet zu finden).
(Quelle: Infobrief Gemeinschaftsschule Nr. 2, 2021)

2.2 Die Lerngruppenkonferenz unter Vorsitz der Schulleiterin oder des Schulleiters spricht nach der Beratung der Erziehungsberechtigten bis zum 15. März der Klassenstufe 8 ihre Empfehlung darüber aus, ob die Schülerin oder der Schüler die Hauptschulabschlussprüfung in Klassenstufe 9 ablegen soll oder nicht (Anlage 1, *nicht abgedruckt)*. Die Empfehlung beinhaltet eine Aussage, ob aufgrund der Lern- und Leistungsentwicklung der Schülerin oder des Schülers die Hauptschulabschlussprüfung in Klasse 9 abgelegt werden sollte (Anlage 1).

2.3 Sehen die Erziehungsberechtigten nach der Beratung durch die Lerngruppenbegleiterin oder den Lerngruppenbegleiter und den Lerncoach sowie nach der Schullaufbahnempfehlung für ihre Entscheidungsfindung noch weiteren Beratungsbedarf, können sie die Beratung durch eine gemäß der Richtlinien für die Bildungsberatung qualifizierte Beratungslehrkraft in Anspruch nehmen. Sie erklären diesen Wunsch gegenüber der Schule bis zum 1. April (Anlage 1, Blatt 4).

2.4 Die Erziehungsberechtigten teilen der Schule bis zum 1. April ihre Entscheidung mit (Anlage 1, Blatt 3). Nehmen sie ein zusätzliches Beratungsangebot durch eine Beratungslehrkraft nach Nummer 2.3 in Anspruch, müssen sie der Schule ihre Entscheidung bis spätestens zum 15. Juni mitteilen.

3. Schullaufbahnempfehlung, Beratung und Entscheidung in Klassenstufe 9

3.1 Im zweiten Schulhalbjahr der Klassenstufe 9 beraten sich die Lerngruppenbegleiterin oder der Lerngruppenbegleiter sowie der Lerncoach gemeinsam mit den Erziehungsberechtigten sowie der Schülerin oder dem Schüler auf Basis des Lernentwicklungsberichtes des ersten Halbjahres, welcher schulische Abschluss dem Begabungsprofil und Leistungsvermögen der Schülerin oder des Schülers nach ihrer Einschätzung entspricht. Sie berücksichtigen dabei auch Aspekte der beruflichen Orientierung. Über das Ergebnis dieser Besprechung berichten sie der Lerngruppenkonferenz.

3.2 Die Lerngruppenkonferenz unter Vorsitz der Schulleiterin oder des Schulleiters spricht nach

Hätten Sie's gewusst? – Eltern fragen, wir antworten.

Wo finde ich Daten zur Schulstatistik?

Frage: Ich möchte gerne allgemeine Daten über das Schulwesen (Klassengröße usw.) erhalten, denen ich vertrauen und mit denen ich argumentieren kann. Woher nehmen und nicht stehlen?

Antwort: Jährlich gibt das Statistische Landesamt BW eine CD „Das Bildungswesen" heraus – zuletzt 2023 mit bildungspolitischen Daten des Schuljahrs 2021/22. Die CD gibt einen umfassenden Überblick, kostet allerdings 51 Euro. Bezug beim Statistischen Landesamt, Postfach 10 60 33, 70049 Stuttgart, E-Mail: vertrieb@stala.bwl.de. Viele dieser Daten sind im Internet aber auch kostenfrei verfügbar: https://www.statistik-bw.de/ (dort auch Bestellformular für die CD). ⇨ Statistik

der Beratung der Erziehungsberechtigten bis zum 15. März der Klassenstufe 9 ihre Empfehlung darüber aus, welche weitere Schullaufbahn nach Klassenstufe 9 angestrebt werden sollte (Anlage 2) und zwar:

a) nach erfolgreichem Hauptschulabschluss die Schullaufbahn an der Gemeinschaftsschule abzuschließen;
b) nach erfolgreichem Hauptschulabschluss in Klassenstufe 9 die Klassenstufe 9 erneut zu besuchen, mit dem Ziel, die Realschulabschlussprüfung oder die Versetzung nach der gymnasialen Versetzungsordnung in Klasse 10 anzustreben;
c) in Klassenstufe 10 die Hauptschulabschlussprüfung anzustreben;
d) in Klassenstufe 10 die die Realschulabschlussprüfung anzustreben;
e) in Klassenstufe 10 die nach den Regelungen der gymnasialen Versetzungsordnung erfolgende Versetzung anzustreben.

3.3. Sehen die Erziehungsberechtigten nach der Beratung durch die Lerngruppenbegleiterin oder den Lerngruppenbegleiter und dem Lerncoach sowie nach der Schullaufbahnempfehlung für ihre Entscheidungsfindung noch weiteren Beratungsbedarf, können sie die Beratung durch eine gemäß der Richtlinien für die Bildungsberatung qualifizierte Beratungslehrkraft in Anspruch nehmen. Sie erklären diesen Wunsch gegenüber der Schule bis zum 1. April (Anlage 2, Blatt 4). ⇨ Bildungsberatung

3.4 Die Erziehungsberechtigten teilen der Schulleitung bis zum 1. April ihre Entscheidung mit (Anlage 2, Blatt 3). Nehmen sie ein zusätzliches Beratungsangebot durch eine Beratungslehrkraft nach Nummer 3.3 in Anspruch, müssen sie der Schule ihre Entscheidung bis spätestens zum 15. Juni mitteilen.

4.
Beratung bei bestehendem Anspruch auf ein sonderpädagogisches Bildungsangebot

4.1 Schülerinnen und Schüler mit einem Anspruch auf ein sonderpädagogisches Bildungsangebot werden unter der Beteiligung einer Lehrkraft für Sonderpädagogik und der Fachdienste beraten.
⇨ Sonderpädagogik (SBBZ Bildungsangebote)

4.2 Die Nummern 2 und 3 dieser Verwaltungsvorschrift gelten nicht für Schülerinnen und Schüler mit einem Anspruch auf ein sonderpädagogisches Bildungsangebot, die zieldifferent (Bildungsgang Förderschwerpunkt Lernen und Bildungsgang Förderschwerpunkt geistige Entwicklung) unterrichtet werden. Die Erziehungsberechtigten dieser Schülerinnen und Schüler werden gezielt über die dem individuellen Leistungsvermögen und dem jeweiligen Begabungsprofil entsprechenden Bildungsabschlüsse sowie über mögliche Anschlüsse informiert.

4.3 Unberührt von den Ziffern 4.1 und 4.2 bleibt die Berufswegekonferenz nach § 83 Absatz 7 des Schulgesetzes, die vor dem Übergang auf eine berufliche Schule, in eine Berufsausbildung oder eine Berufsvorbereitung durchgeführt wird.

⇨ Berufliche Orientierung / Praxiserfahrungen; ⇨ Bildungsberatung; ⇨ Gemeinschaftsschule (Allgemeines); ⇨ Gemeinschaftsschule (Stundentafel); ⇨ Gemeinschaftsschule (Verordnung); ⇨ Schulgesetz § 8a; ⇨ Sonderpädagogik (SBBZ Bildungsangebote)

Hätten Sie's gewusst? – Eltern fragen, wir antworten.

Schulbuch-Zulassung – Ist das nicht Zensur?

Frage: Mir ist ein wenig unheimlich, dass die in der Schule eingesetzten Schulbücher vom Kultusministerium zugelassen werden müssen. Selbst wenn der Landselternbeirat seinen Senf dazugeben darf, stellt sich die Frage, ob das nicht eine (verfassungsrechtlich verbotene) Zensurmaßnahme ist.

Antwort: Das Grundgesetz bestimmt zwar (in Art. 5): *„Eine Zensur findet nicht statt"*. Dieser Begriff *„Zensur"* bezeichnet die Unterdrückung einer Meinungsäußerung durch staatliche Gesetze oder Organe. Bei der Zulassung der Schulbücher handelt es sich um einen anderen Sachverhalt: Die Schulen, nicht nur die öffentlichen, sondern auch die privaten, vom Staat zugelassenen (Ersatz-)Schulen, sind Einrichtungen zur Erziehung und Bildung der Kinder und Jugendlichen, die über die gesetzliche Schulpflicht zum Schulbesuch verpflichtet werden. Der Schulträger (bei den öffentlichen Schulen das Kultusministerium, das die im Grundgesetz festgeschriebene Schulaufsicht auch über die Privatschulen ausübt) bestimmt durch die Herausgabe der amtlichen Bildungspläne die Lerninhalte. Zwar besitzen die an den Schulen tätigen Lehrpersonen eine ⇨ Pädagogische Freiheit, sie können deshalb in bestimmtem Umfang insbesondere die Methoden der Bildungsvermittlung eigenständig gestalten, aber nur im Rahmen der für sie geltenden Vorschriften und Anordnungen. ⇨ Schulgesetz § 38 Abs. 6

Hierzu gehört auch die vom KM erlassene Schulbuchzulassungsverordnung. Die Lehrkräfte dürfen in ihrem Unterricht nur unter den vom KM freigegebenen Schulbüchern wählen. Zwar können sie, wenn sie statt eines Schulbuches oder in dessen Ergänzung selbst gestaltete Lernmittel einsetzen, hierüber eigenständig entscheiden, aber auch dann sind sie an den oben genannten „Rahmen" gebunden. In dem *„Code of Conduct"*, den wir im Beitrag ⇨ Lernmittel (Zulassung) zitieren, hat das KM sehr übersichtlich die Prüfkriterien beschrieben, welche die einzelne Lehrkraft hierbei zu beachten hat. Das hat nichts mit *„Zensur"* zu tun, sondern ist Teil staatlichen Schulaufsicht, die auch eine *„Gestaltungsaufsicht"* ist.

Gemeinschaftsschule (Schullaufbahn – Termine)

Auszug aus der Terminübersicht für die allgemeinbildenden Schulen im Schuljahr 2023/2024; Bekanntmachung des KM vom 21. April 2021 (K.u.U. S. 79/2021) und 13. April 2022 (k.u.U. 51/2022)

2.1 Erstellung der Schullaufbahnempfehlung für die Klassenstufen 8 und 9 an Gemeinschaftsschule

2.1.1 Durchführung von Informationsveranstaltungen Oktober - Dezember 2023

2.1.2 Beratung von Erziehungsberechtigten und Schülerin / Schüler durch Lerncoach und Lerngruppenbegleiterin/ Lerngruppenbegleiter
bis Ende Februar 2024

2.1.3 Entscheidung der Lerngruppenkonferenz über die Schullaufbahnempfehlung
bis Freitag, 15. März 2024

2.1.4 Entscheidung der Erziehungsberechtigten, ob ein weiterer Beratungsbedarf besteht,
bis Montag, 1. April 2024

2.1.5 Entscheidung der Erziehungsberechtigten, welcher Bildungsabschluss in Klassenstufe 9 bzw. in Klassenstufe 10 angestrebt wird,
bis Montag, 1. April 2024

2.2
Besonderes Beratungsverfahren an Gemeinschaftsschulen

Entscheidung der Erziehungsberechtigten, nach vertiefter Beratung über den anzustrebenden Bildungsabschluss in Klassenstufe 9 bzw. in Klassenstufe 10 bis Samstag, 15. Juni 2024

➪Gemeinschaftsschule (Schullaufbahnentscheidung); ➪ Gemeinschaftsschule (Verordnung)

Gemeinschaftsschule (Verordnung)

VO des KM über die Sekundarstufe I und die gymnasiale Oberstufe der Gemeinschaftsschule (Gemeinschaftsschulverordnung – GMSVO) vom 22.6.2012 (K.u.U. S. 117/2012); zul. geändert 18.6.2020 (K.u.U. S. 577/2020)

Abschnitt 1
Sekundarstufe I

§ 1
Allgemeines

Für die Gemeinschaftsschulen gelten die Notenbildungsverordnung, die Schulbesuchsverordnung, die Konferenzordnung, die Elternbeiratsverordnung und die SMV-Verordnung mit den nachfolgenden Besonderheiten.

➪ Elternbeirat (EltBVO); ➪ Konferenzordnung, ➪ Notenbildungsverordnung; ➪ Schulbesuchsverordnung; ➪ Schülermitverantwortung (SMV); ➪ Schulgesetz § 8a

§ 2
Stundentafel

Für die Sekundarstufe I der Gemeinschaftsschule gilt die als Anlage 1 beigefügte Stundentafel.

➪ Gemeinschaftsschule (Verordnung / Stundentafel)

§ 3
Lerngruppenbildung

(1) Die Schüler werden in einem gemeinsamen Bildungsgang je nach ihren individuellen Leistungsmöglichkeiten entsprechend den Bildungsstandards der Hauptschule, der Realschule, des Gymnasiums oder des Sonderpädagogischen Bildungs- und Beratungszentrums unterrichtet. Der Schulleiter bildet hierfür Lerngruppen nach pädagogischen Gesichtspunkten; Basis ist das der Schule nach Maßgabe der Verwaltungsvorschrift [...] ➪ Unterrichtsorganisation für das jeweilige Schuljahr zur Verfügung stehende Budget.

(2) An die Stelle des in den jeweiligen Regelungen vorgesehenen Klassenlehrers tritt der Lerngruppenbegleiter; er wird vom Schulleiter bestimmt.

§ 4
Lernentwicklung und Bildungsstandards

(1) Ausgehend vom individuellen Leistungsstand des Kindes und vor dem Hintergrund der geltenden Bildungsstandards bietet die Fachlehrkraft, im Benehmen mit dem Schüler und den Erziehungsberechtigten, in dem jeweiligen Fach und Fächerverbund Lernangebote an, die dem Schüler die Möglichkeit geben, sein maximales Lern- und Leistungspotenzial auszuschöpfen.

(2) Jeder Schüler wird von einer Lehrkraft der Schule als Lerncoach betreut, der ihn regelmäßig in Fragen seiner individuellen Lernentwicklung berät. Die individuelle Lernentwicklung ist in geeigneter Weise zu dokumentieren, etwa durch ein Lerntagebuch.

(3) Im Abschlussjahr wird der einzelne Schüler in allen Fächern nach den Bildungsstandards des angestrebten Bildungsabschlusses unterrichtet. Die Schule berät die einzelnen Erziehungsberechtigten sowie die Schülerinnen und Schüler im zweiten

„Doppelte Mitgliedschaft" in der Schulkonferenz? Hätten Sie's gewusst? Die Antwort steht auf Seite 419.

Schulhalbjahr der Klasse 8 sowie der Klasse 9, welcher Bildungsabschluss erreichbar erscheint. Die Lerngruppenkonferenz gibt eine entsprechende Empfehlung ab; dabei legt sie die Kriterien der jeweiligen Prüfungsordnung, Versetzungsordnung oder der multilateralen Versetzungsordnung zugrunde. Die Erziehungsberechtigten entscheiden abschließend.

⇨ Gemeinschaftsschule (Schullaufbahnentscheidung); ⇨ Multilaterale Versetzungsordnung

(4) Schüler, die einen Anspruch auf ein sonderpädagogisches Bildungsangebot haben, werden auf der Basis einer individuellen Lernentwicklungsbegleitung in einem gemeinsamen Bildungsgang mit den nichtbehinderten Schülern nach den für das jeweilige sonderpädagogische Bildungs- und Beratungszentrum geltenden Bildungsstandards unterrichtet. Neben den in Absatz 1 genannten Lernangeboten werden auch die im Bildungsplan des jeweiligen sonderpädagogischen Bildungs- und Beratungszentrums aufgeführten Lernangebote berücksichtigt.

§ 5
Dauer des Bildungsganges

Der Bildungsgang dauert nach Maßgabe von § 8a Absatz 4 SchG fünf oder sechs Schuljahre. In Ausnahmefällen kann er, außer im Abschlussjahr, auf Beschluss der Lerngruppenkonferenz und im Einverständnis mit den Erziehungsberechtigten um ein Jahr verkürzt oder verlängert werden. Für Schüler mit dem Anspruch auf ein sonderpädagogisches Bildungsangebot gelten die jeweils vorgesehenen Regelungen zur Dauer des Bildungsganges.

§ 6
Leistungsmessung

(1) Die Leistungsmessung erfolgt durch differenzierende Beurteilungen über den individuellen Entwicklungs- und Leistungsstand. Dazu werden regelmäßig schriftliche, mündliche oder praktische Leistungserhebungen durchgeführt.

(2) Soweit Noten gebildet werden, werden sie auf der Grundlage der im jeweiligen Fach beziehungsweise Fächerverbund überwiegend zugrunde liegenden Bildungsstandards ermittelt.

(3) Zum Schulhalbjahr und am Ende des Schuljahres erhalten die Schüler eine schriftliche Information über ihre Leistungen in den einzelnen Fächern und Fächerverbünden. Dabei wird kenntlich gemacht, auf welcher Anforderungsebene die Leistungen erbracht wurden. Auf Wunsch der Erziehungsberechtigten sind dabei zusätzlich Noten oder Notentendenzen auszubringen. Unabhängig davon informiert sie die Schule auf ihren Wunsch hin im Rahmen von Beratungsgesprächen über den Notenstand.

Hinweis der Redaktion: Seit 2019 werden die Leistungen in den Fächern Sport, Musik und Bildende Kunst – außer in den Profilfächern und in den Abschlussklassen – nicht einer Ebene zugeordnet, sondern als Niveauangabe steht G/M/E im Lernentwicklungsbericht. (Quelle: Infobrief GMS Nr. 4, Dezember 2018)

(3a) Die schriftliche Information im Sinne des Absatzes 3 Satz 1 enthält auch Aussagen über das Lernverhalten und das Sozialverhalten. Ab Klassenstufe 7 und mit Ausnahme des individuellen Abschlussjahres sind zum Schuljahresende auf Wunsch der Erziehungsberechtigten jeweils auch Noten im Lernverhalten und Sozialverhalten auszubringen; die Regelungen der ⇨ Notenbildungsverordnung über die Noten für Verhalten und Mitarbeit finden entsprechende Anwendung.

(3b) Eine Ausbringung von Noten nach den Absätzen 3 und 3a kann nur in der Weise erfolgen, dass dies für alle Fächer, Fächerverbünde sowie für das Lernverhalten und Sozialverhalten erfolgt

(4) Schüler, die in Klassenstufe 9 durchgängig in allen Fächern und Fächerverbünden ihre Leistungen nach den Bildungsstandards der Realschule oder des Gymnasiums erbracht haben und nach der entsprechenden Versetzungsordnung in die Klasse 10 versetzt werden könnten, haben einen dem Hauptschulabschluss gleichwertigen Bildungsstand. Schüler, die in Klasse 10 durchgängig in allen Fächern und Fächerverbünden ihre Leistungen nach den Bildungsstandards des Gymnasiums erbracht haben und nach der Versetzungsordnung des Gymnasiums in die erste Jahrgangsstufe versetzt werden könnten, haben einen dem Realschulabschluss gleichwertigen Bildungsstand.

(5) Im Abschlussjahr der Sekundarstufe I gelten die ⇨ Notenbildungsverordnung sowie entsprechend dem gewählten Abschlussziel die Realschulabschlussprüfungsordnung, die Hauptschulabschlussprüfungsordnung oder die Regelungen der Versetzungsordnung Gymnasien. Für die Feststellung der Jahresleistung sowie im Abschlusszeugnis für die Hauptschulabschlussprüfung und die Realschulabschlussprüfung sind die Fächer der Gemeinschaftsschule mit Ausnahme des Profilfachs maßgeblich. Für Schülerinnen und Schüler mit Anspruch auf ein sonderpädagogisches Bildungsangebot gelten die hierfür jeweils vorgesehenen Regelungen zum Schulabschluss. Für die Versetzungsentscheidung auf dem erweiterten Niveau sind die Fächer Deutsch, Mathematik, Englisch sowie das Wahlpflichtfach und das Profilfach Kernfächer.

(6) Wer den Hauptschulabschluss nach Klasse 9 erworben hat, kann diese Klasse erneut besuchen, um in Klasse 10 den Realschulabschluss zu erwerben oder die Versetzung in die Einführungsphase der gymnasialen Oberstufe nach den Regelungen der gymnasialen Versetzungsordnung anzustreben.

(7) Wird die Hauptschulabschlussprüfung in Klasse 9 nicht bestanden, kann sie nach erneutem Besuch der Klasse 9 oder nach Besuch der Klasse 10 einmal wiederholt werden. Wird die Prüfung in Klasse 10 nicht bestanden, kann sie nach erneutem Besuch der Klasse 10 einmal wiederholt werden, sofern an ihr nicht bereits in Klasse 9 erfolglos teilgenommen wurde.

(8) Wird die Realschulabschlussprüfung nicht bestanden, so kann sie nach erneutem Besuch der Klasse 10 einmal wiederholt werden oder der Hauptschulabschluss angestrebt werden. Die Hauptschulabschlussprüfung kann einmal wiederholt werden.

(9) Kann eine Versetzung in Klasse 10 bei Unterricht auf Niveau E nach den Regelungen der Versetzungsordnung Gymnasien in die Einführungsphase der gymnasialen Oberstufe nicht erfolgen, so kann diese Klasse wiederholt werden, um die Versetzung auf

Niveau E oder bei gleichzeitigem Wechsel auf das entsprechende Niveau den Realschulabschluss oder den Hauptschulabschluss anzustreben. Die Realschulabschlussprüfung und die Hauptschulabschlussprüfung können dabei jeweils einmal wiederholt werden. Eine entsprechende Wiederholungsmöglichkeit besteht nicht für Schüler, die die Klasse 10 wiederholt haben, um die Versetzung auf Niveau E anzustreben.

§ 7
Schulaufgaben

Hausaufgaben werden unter Wahrung der in § 10 der ⇨ Notenbildungsverordnung vorgesehenen Ziele als Schulaufgaben durch individuelles und kooperatives Lernen im Ganztagsschulkonzept der Gemeinschaftsschule ersetzt.

§ 8
Konferenzen

(1) An die Stelle der Klassenkonferenz tritt die Lerngruppenkonferenz. Ihr gehören alle Lehrkräfte an, die in der Lerngruppe selbstständig unterrichten.

(2) Die Gesamtlehrerkonferenz kann Jahrgangsstufenkonferenzen bilden; die Regelungen der Konferenzordnung zu weiteren Teilkonferenzen bleiben im Übrigen unberührt. ⇨ Konferenzordnung

§ 9
Elternvertretung

(1) Für die Jahrgangsstufen wird jeweils eine Jahrgangsstufenpflegschaft gebildet. Für sie gelten die §§ 5 bis 9 der Elternbeiratsverordnung mit folgender Maßgabe: ⇨ Elternbeirat (EltBVO)

1. An die Stelle der Eltern der Schüler der Lerngruppe, der Lehrkräfte der Lerngruppe und des Lerngruppensprechers treten jeweils die Eltern der Schüler der Jahrgangsstufen, alle Lehrkräfte, die regelmäßig in der Jahrgangsstufe selbstständig unterrichten, die Vertreter der Schüler der Jahrgangsstufe im Schülerrat sowie deren Stellvertreter.
2. An die Stelle des Vorsitzenden der Klassenpflegschaft tritt der Vorsitzende der Jahrgangsstufenpflegschaft. Er wird von den Elternvertretern der Jahrgangsstufe aus ihrer Mitte gewählt. Für die Wahl und die Amtszeit gelten die §§ 14 bis 20 der Elternbeiratsverordnung entsprechend.

(2) Die Jahrgangsstufenpflegschaft kann für die Lerngruppen Lerngruppenpflegschaften bilden. Für diese gelten die §§ 5 bis 9 der Elternbeiratsverordnung mit folgender Maßgabe:

1. An die Stelle der Eltern der Schüler der Klasse, der Lehrkräfte der Klasse und des Klassensprechers treten jeweils die Eltern der Schüler der Lerngruppe, alle Lehrkräfte, die regelmäßig in der Lerngruppe selbstständig unterrichten, und der Lerngruppensprecher sowie sein Stellvertreter.
2. Die Eltern der Lerngruppenpflegschaft wählen aus ihrer Mitte den Vorsitzenden der Lerngruppenpflegschaft. Für die Wahl und die Amtszeit gelten die §§ 14 bis 20 der Elternbeiratsverordnung entsprechend. Stellvertreter ist der Lerngruppenbegleiter.

(3) Die Jahrgangsstufenpflegschaften wählen jeweils in den Elternbeirat so viele Vertreter wie bei Klassenbildungen entsprechend dem vom Organisationserlass vorgegebenen Teiler Klassenelternvertreter und Stellvertreter gewählt werden könnten. Entspricht die Zahl der Lerngruppen eines Jahrganges der Zahl der nach Satz 1 möglichen Klassen, kann die Jahrgangsstufenpflegschaft beschließen, dass statt der Wahl nach Satz 1 der Lerngruppenelternvertreter und ein Stellvertreter Mitglieder des Elternbeirates sind.

§ 10
Schülermitverantwortung

(1) An die Stelle der Klassenschülerversammlung und der Klassensprecher treten die Lerngruppenversammlung und die Lerngruppensprecher und ihre Stellvertreter. ⇨ Schülermitverantwortung

Wege zum Abitur für Schüler*innen der Gemeinschaftsschule nach Klasse 10

Hinweis der Redaktion

	Voraussetzungen	Fremdsprache
Oberstufe der Gemeinschaftsschule	1. Versetzung auf E-Niveau in entsprechender Anwendung der Versetzungsordnung Gymnasien. ⇨ Gemeinschaftsschule (Verordnung) § 11 Nr. 1 2. Erfolgreich abgeschlossene Realschulabschlussprüfung. Durchschnitt von mindestens 3,0 in allen für die Versetzung maßgebenden Fächern. In zwei der Fächer Deutsch, Mathematik und in der Pflichtfremdsprache mindestens die Note „gut" und im dritten dieser Fächer mindestens die Note „befriedigend". ⇨ Gemeinschaftsschule (Verordnung) § 11 Nr. 2	Zweite Fremdsprache ist nicht Voraussetzung. Sie kann ab Kl. 11 neu begonnen werden.
Oberstufe des allgemeinbildenden Gymnasiums	1. Versetzung auf E-Niveau in entsprechender Anwendung der Versetzungsordnung Gymnasien. ⇨ Gymnasium (Versetzungsordnung) § 1 2. Durchschnitt von mindestens 3,0 in allen für die Versetzung maßgeblichen Fächern. In zwei der Fächer Deutsch, Mathematik und in der Pflichtfremdsprache (Englisch) mindestens die Note „gut" und im dritten dieser Fächer mindestens die Note „befriedigend". ⇨ Gemeinschaftsschule (Verordnung) § 16 Nr. 2.	Französischunterricht ab Klasse 6. In Klasse 10 mindestens Note „befriedigend".
Wechsel an ein dreijähriges berufliches Gymnasium	1. Versetzungszeugnis einer GMS auf E-Niveau nach den Anforderungen der Versetzungsordnung Gymnasien. *(AufnahmeVO berufliche Gymnasien § 1 Abs. 1 Nr. 3).* 2. Realschulabschluss mit Notendurchschnitt mindestens 3,0 in den Fächern Deutsch, Mathematik und der am BG weiterzuführenden ersten Pflichtsprache (Englisch oder Französisch) und in jedem dieser Fächer mindestens die Note „ausreichend". *(AufnahmeVO berufliche Gymnasien § 1 Abs. 1 Nr. 1).*	Zweite Fremdsprache ist nicht Voraussetzung. Sie kann ab Kl. 11 neu begonnen werden.

(2) In jeder Lerngruppe werden ein Lerngruppensprecher und ein Stellvertreter gewählt.

(3) Die Lerngruppensprecher und ihre Stellvertreter wählen aus ihrer Mitte jeweils in den Schülerrat so viele Vertreter und Stellvertreter wie bei Klassenbildungen entsprechend dem vom Organisationserlass vorgegebenen Teiler Klassensprecher und Stellvertreter gewählt werden könnten. Entspricht die Zahl der Lerngruppen eines Jahrganges der Zahl der nach Satz 1 möglichen Klassen, sind alle Lerngruppensprecher und ihre Stellvertreter Mitglieder des Schülerrats.

Abschnitt 2
Gymnasiale Oberstufe

§ 11
Voraussetzungen für die Aufnahme

In die gymnasiale Oberstufe der Gemeinschaftsschule kann aufgenommen werden, wer

1. an der Gemeinschaftsschule am Ende der Klasse 10 auf dem Niveau E in entsprechender Anwendung der Versetzungsordnung Gymnasien versetzt wurde oder
2. die Realschulabschlussprüfung erfolgreich abgelegt und in zwei der Fächer Deutsch, Mathematik und in der Pflichtfremdsprache mindestens die Note gut und im dritten dieser Fächer mindestens die Note befriedigend sowie in allen für die Versetzung maßgebenden Fächern mindestens einen Durchschnitt von 3.0 erreicht hat.

Die Möglichkeiten des Wechsels in die gymnasiale Oberstufe nach den besonderen Aufnahmebestimmungen für die Gymnasien der dreijährigen Aufbauform und der Multilateralen Versetzungsordnung bleiben unberührt.

§ 12
Aufnahmeantrag

(1) Der Aufnahmeantrag ist bis zum 1. März an die Gemeinschaftsschule zu richten, die der Bewerber besuchen möchte. Dem Aufnahmeantrag sind eine beglaubigte Abschrift des Zeugnisses, das die Voraussetzung für die Aufnahme nachweist, beizufügen; sofern das Zeugnis zum Anmeldetermin noch nicht vorliegt, ist die Abschrift unverzüglich nachzureichen und dem Aufnahmeantrag einstweilen eine beglaubigte Abschrift des letzten Schulzeugnisses beizufügen.

(2) Über den Aufnahmeantrag entscheidet die Schulleitung. Sie kann eine angemessene Frist setzen, innerhalb der sich der Bewerber erklären muss, ob er die zugesagte Aufnahme annimmt.

§ 13
Auswahlverfahren

(1) Können bei voller Ausschöpfung der vorhandenen personellen, räumlichen und sächlichen Gegebenheiten sowie bei Abstimmung der Aufnahmefähigkeit benachbarter Schulen und entsprechender Zuweisung der Bewerber gemäß § 18 Absatz 1 und § 88 Absatz 4 SchG nicht alle Bewerber in die gymnasiale Oberstufe der Gemeinschaftsschule aufgenommen werden, werden die zur Verfügung stehenden Plätze an die Bewerber mit Werkrealschulabschluss, mit Realschulabschluss sowie an die Bewerber vergeben, die an einer Gemeinschaftsschule am Ende der Klasse 10 auf dem Niveau E in entsprechender Anwendung der Versetzungsordnung Gymnasien versetzt wurden; die zur Verfügung stehenden Plätze werden entsprechend dem jeweiligen Bewerberanteil auf diese Bewerbergruppen verteilt. Die von diesen Bewerbergruppen nicht beanspruchten Plätze werden an die Gruppe der Bewerber vergeben, die die Aufnahmevoraussetzungen an einem Gymnasium erworben haben.

(2) Die für die Vergabe nach Eignung und Leistung innerhalb der Bewerbergruppen nach Absatz 1 zur Verfügung stehenden Plätze werden nach dem auf eine Dezimale errechneten Durchschnitt aus den Noten der maßgeblichen Fächer des Zeugnisses ermittelt.

(3) Bis zu maximal 5 Prozent der Plätze sind für außergewöhnliche Härtefälle vorbehalten. Ein außergewöhnlicher Härtefall im Auswahlverfahren liegt vor, wenn ein Bewerber nicht ausgewählt worden ist und die Nichtaufnahme für ihn mit Nachteilen verbunden wäre, die bei Anlegung eines strengen Maßstabes über das Maß der mit der Nichtaufnahme üblicherweise verbundenen Nachteile erheblich hinausgehen. Für die Berücksichtigung als außergewöhnliche Härtefälle kommen insbesondere familiäre oder soziale Umstände oder andere von dem Bewerber nicht zu vertretende Gründe in Betracht. Über das Vorliegen eines außergewöhnlichen Härtefalles und die sich nach dem Grad der Härte ergebende Rangfolge des Bewerbers entscheidet ein Auswahlausschuss, dem die Schulleiterin oder der Schulleiter als Vorsitzende und vier von ihm beauftragte Lehrkräfte angehören.

(4) § 11 Absatz 1 Multilaterale Versetzungsordnung findet auf Schüler, die nach den Absätzen 1 bis 3 an dem Auswahlverfahren teilnehmen, keine Anwendung. ⇨ Multilaterale Versetzungsordnung

§ 14
Besondere Regelungen für die gymnasiale Oberstufe der Gemeinschaftsschulen

(1) Für die Klasse 11 der Gemeinschaftsschule gilt die als Anlage 2 beigefügte Stundentafel.

(2) Wer in mindestens vier aufeinanderfolgenden Schuljahren Unterricht in der zweiten Fremdsprache besucht hat, kann in der Einführungsphase der gymnasialen Oberstufe entweder diese Fremdsprache fortführen oder eine neue Fremdsprache beginnen, die dann durchgehend in der gymnasialen Oberstufe belegt werden muss.

(3) Wer die Voraussetzungen des Absatzes 2 nicht erfüllt, muss in der gymnasialen Oberstufe durchgehend Unterricht in einer neu beginnenden zweiten Fremdsprache mit einem Volumen von 12 Jahreswochenstunden belegen. Die Ergebnisse aus zwei Schulhalbjahren dieses Fremdsprachenunterrichts in den Jahrgangsstufen 1 und 2 müssen in die Gesamtqualifikation eingebracht werden.

(4) Im Übrigen finden die für die gymnasiale Oberstufe an Gymnasien der Normalform geltenden Bestimmungen entsprechende Anwendung.

Abschnitt 3 – Schlussbestimmungen

Hinweis der Redaktion: In § 15 (Übergangsbestimmungen) ist verfügt: (2) Ethik wird erstmals im Schuljahr 2021/2022 in Klassenstufe 5 unterrichtet.

§ 16

Abschlüsse, Übergang in die Oberstufe des Gymnasiums

Für den Erwerb des Hauptschul-, Werkrealschul- und des Realschulabschlusses und für den Übergang in die Eingangsklasse der Oberstufe (Klasse 10 oder 11 des Gymnasiums) gelten die allgemeinen Bestimmungen mit folgenden Maßgaben:

1. Der Vorsitzende des Prüfungsausschusses bei der Hauptschulabschlussprüfung sowie der Werkrealschulabschlussprüfung und der stellvertretende Vorsitzende des Prüfungsausschusses bei der Realschulabschlussprüfung ist der Abteilungsleiter der Mittelstufe.
2. Voraussetzung für den Übergang von der realschulbezogenen Klasse 10 in eine besondere Eingangsklasse der Oberstufe ist der Realschulabschluss, wobei ein Durchschnitt von mindestens 3,0 aus den Noten der Fächer Deutsch, Mathematik sowie der beiden als Pflicht- oder Wahlpflichtfremdsprache belegten Fremdsprachen und in jedem dieser Fächer mindestens die Note »ausreichend« erreicht sein müssen.

⇨ Elternbeirat (EltBVO); ⇨Gemeinschaftsschule (Schullaufbahnentscheidung); ⇨ GemeinschaftsschulVO (Stundentafel); ⇨ Konferenzordnung, ⇨ Multilaterale Versetzungsordnung; ⇨ Notenbildungsverordnung; ⇨ Schulbesuchsverordnung; ⇨ Schülermitverantwortung; ⇨ Schulgesetz § 8a; ⇨ Unterrichtsorganisation (Organisationserlass)

Gemeinschaftsschule (Verordnung / Stundentafeln)

Anlage 1 (zu § 2 Absatz 1)

Stundenkontingent für die Gemeinschaftsschule – Sekundarstufe I

Vorbemerkungen zur Stundentafel (Anlage 1):

In Klasse 5 wird ein Basiskurs Medienbildung im Umfang von 35 Unterrichtsstunden durchgeführt, die aus dem Stundenvolumen der beteiligten Fächer entnommen werden. Die Gesamtlehrerkonferenz und die Schulkonferenz entscheiden über die am Basiskurs Medienbildung beteiligten Fächer und deren zeitlichen Anteil.

In den Klassen 5 bis 10 werden für Schülerinnen und Schüler, die nicht am Religionsunterricht teilnehmen, elf Kontingentstunden Ethik vorgesehen. Die Verteilung der Kontingentstunden in Religionslehre wird unter Beteiligung der zuständigen kirchlichen Beauftragten festgelegt.

Die sieben Kontingentstunden des Fächerverbunds Biologie, Naturphänomene und Technik (BNT) werden wie folgt verteilt: Biologie 4 Stunden, Physik 1 Stunde, Chemie 1 Stunde, Technik 1 Stunde.

Die acht Kontingentstunden des Profilfachs Informatik, Mathematik und Physik (IMP) werden wie folgt verteilt: jeweils im Umfang von einer Stunde in den Klassen 8 und 9 Informatik, Mathematik und Physik sowie in Klasse 10 Informatik und Physik.

Die Pflichtfremdsprache ist Englisch und beginnt in Klasse 5.

Die 2. Fremdsprache ist Französisch und beginnt für die Schülerinnen und Schüler, die die 2. Fremdsprache wählen, in Klasse 6 mit 4 Kontingentstunden. Die 3. Fremdsprache ist Spanisch und kann, bei entsprechendem Angebot durch die Schule, in Klasse 8 begonnen werden. Spanisch als dritte Fremdsprache können nur die Schüler wählen, die seit Beginn der Klasse 6 Französisch als zweite Fremdsprache gewählt haben.

Wahlpflichtbereich Klasse 7 bis 10: Technik beziehungsweise Alltagskultur, Ernährung, Soziales mit 12 Kontingentstunden oder 2. Fremdsprache mit 14 Kontingentstunden von Kl. 7-10. (2. Fremdsprache insgesamt 18 Kontingentstunden ab Klasse 6).

Aus den Fächern des Wahlpflichtbereichs wählen die Schülerinnen und Schüler ein Fach aus, das bis zum Abschluss der Sekundarstufe I zu besuchen ist. Abweichend davon kann zum Ende des zweiten Schulhalbjahres der Klasse 6 anstelle der zweiten Fremdsprache eines der beiden anderen Wahlpflichtfächer gewählt werden.

Der Fächerverbund BNT wird in den Klassen 5 und 6 unterrichtet. Die Fächer Biologie und Physik beginnen in Klasse 7. Die Fächer Chemie, Gemeinschaftskunde und Wirtschaft / Berufs- und Studienorientierung beginnen in Klasse 7 oder 8. Geschichte beginnt in Klasse 5 oder 6. Die übrigen Fächer beginnen in Klasse 5. Der Aufbaukurs Informatik wird in Klasse 7 unterrichtet.

Beim Übergang von Grundschülerinnen und Grundschüler mit vier Jahren Französischunterricht soll die Überbrückung bis zur möglichen Weiterführung von Französisch in Klasse 6 mit einem zweistündigen Kurs ermöglicht werden.

Das Profilfach an der Gemeinschaftsschule beginnt in Klasse 8.

Die Schule bietet als Profilfach Naturwissenschaft und Technik an. Alternativ oder in Ergänzung kann das Profilfach Informatik, Mathematik und Physik (IMP) eingeführt werden. Daneben wird eines der Fächer Musik, Bildende Kunst oder Sport angeboten; ist die Schule mindestens vierzügig, können auch zwei dieser Fächer angeboten werden. Bei ausreichender Nachfrage durch die Schülerinnen und Schüler kann die Schule zusätzlich das Fach Spanisch als dritte Fremdsprache anbieten.

Die Kompetenzanalyse wird verpflichtend in Klasse 8 durchgeführt. Die individuelle Förderung schließt sich unmittelbar an.

⇨ Kompetenzanalyse

In den Klassen 9 und 10 sind alle Fächer zu unterrichten.

Gemeinschaftsschulen, die sich aus Realschulen mit genehmigtem bilingualem Zug entwickelt haben, können einen Antrag auf ein ergänzendes bilinguales Angebot stellen. Als Gemeinschaftsschule mit ergänzendem bilingualem Angebot erhalten sie für die Klassenstufen 5-10 zusätzlich neun Lehrerwochenstunden.

Unterrichtsfach	Stundenkontingent
I. Pflichtbereich	
Religionslehre	11
Ethik	(11)
Deutsch	24
Pflichtfremdsprache (Englisch)	23
Mathematik	24
Gesellschaftswissenschaftliches Fächerfeld	
Geschichte	8
Geographie	7
Gemeinschaftskunde	5
Wirtschaft/Berufs- und Studienorientierung	5
Naturwissenschaftliches Fächerfeld	
Fächerverbund Biologie, Naturphänomene und Technik	7
Physik	7
Chemie	6
Biologie	5
Aufbaukurs Informatik	1
Musik	9
Bildende Kunst	9
Sport	17
Kompetenzanalyse mit individueller Förderung	2
II. Wahlpflichtbereich	
Technik	12
Alltagskultur, Ernährung, Soziales	
zweite Fremdsprache (Französisch)	18
III. Profilfach	
dritte Fremdsprache (Spanisch)	8
Naturwissenschaft und Technik	
Informatik, Mathematik und Physik (IMP)	
Musik, Kunst, Sport	
Pool für Maßnahmen zur Differenzierung und Förderung	20

Anlage 2 (zu § 14 Absatz 1)

Stundentafel Klasse 11 Gemeinschaftsschule

Vorbemerkung zur Stundentafel (Anlage 2):

Die vier Kontingentstunden des Profilfachs Informatik, Mathematik und Physik (IMP) werden wie folgt verteilt:
Informatik eine Stunde, Mathematik zwei Stunden, Physik eine Stunde.
Das Fach Wirtschaft/Berufs- und Studienorientierung beginnt erstmals im Schuljahr 2021/2022.

Unterrichtsfach	Klasse 11
Religionslehre	2
Ethik	
Deutsch	4
Pflichtfremdsprache (Englisch)	3
2. Pflichtfremdsprache (Französisch)	3
Neu beginnende Fremdsprache (Französisch oder Spanisch)	4
Mathematik	4
Geschichte	2
Geographie	1
Gemeinschaftskunde	1
Wirtschaft/Berufs- und Studienorientierung	1
Physik	2
Chemie	2
Biologie	1
Musik	1
Bildende Kunst	1
Sport	2
Profilfach: NwT, IMP, Musik, Bildende Kunst, Sport, Spanisch	4
Physik (zusätzlich, nur wenn kein Profilfach fortgeführt werden kann)	1
Pool für Maßnahmen zur Differenzierung und Förderung	2

⇨ Gemeinschaftsschule (Verordnung) §§ 2 und 14

Gesamtschulen (Schulen besonderer Art)

Verordnung des Kultusministeriums über die Schulen besonderer Art vom 4. Juni 2009 (K.u.U. S. 93/2009); zuletzt geändert 28. Juli 2023 (GBl. S. 305/2023)

§ 1
Allgemeines

Für die Schulen besonderer Art gelten die allgemeinen Bestimmungen, soweit nicht ausdrücklich Abweichendes geregelt ist. ⇨ Schulgesetz § 107

§ 2
Äußere Gliederung

(1) Die Schulen besonderer Art werden anstelle nach Schularten nach Abteilungen gegliedert, und zwar in die Abteilung Orientierungsstufe (Klassen 5 und 6) und in die Abteilung Mittelstufe (Klassen 7 bis 10). In gymnasialbezogenen Klassen umfasst die Mittelstufe die Klassen 7 bis 9 im achtjährigen Bildungsgang sowie 7 bis 10 im neunjährigen Bildungsgang. In der integrierten Gesamtschule Mannheim-Herzogenried und der Staudinger-Gesamtschule Freiburg i.Br. umfasst die Orientierungsstufe die Klassen 5 bis 7; auch in den gymnasialbezogenen Klassen umfasst an dieser Schule die Mittelstufe die Klassen 8 bis 10.

(2) Soweit die Schulen weitere Abteilungen haben, haben diese nicht den Status einer Schule besonderer Art. ⇨ Orientierungsstufe

§ 3
Unterrichtsorganisation

(1) An den Schulen besonderer Art wird der Unterricht im Klassenverband erteilt; während der Orientierungsstufe kann er in den Fächern Deutsch, Mathematik und erste und zweite Fremdsprache nach dem Prinzip der äußeren Differenzierung sowie auf verschiedenen Leistungsebenen (A-Niveau, B-Niveau, C-Niveau) erteilt werden.

(2) Ab Beginn der Klasse 7 können schulartbezogene Klassen gebildet werden.

(3) In Klassen, die nicht schulartbezogen gebildet wurden, wird der einzelne Schüler im Abschlussjahr der Sekundarstufe I in allen Fächern nach den Bildungsstandards des angestrebten Bildungsabschlusses unterrichtet. Die Schule berät die einzelnen Erziehungsberechtigten und Schüler im zweiten Schulhalbjahr der Klasse 8 sowie der Klasse 9, für die Erreichung welchen Bildungsabschlusses sie den einzelnen Schüler geeignet hält; die Klassenkonferenz gibt aufgrund der jeweiligen Prüfungsordnung, Versetzungsordnung oder der Multilateralen Versetzungsordnung eine entsprechende Empfehlung ab.

(4) Das Fach Sport kann auch dann schulartübergreifend erteilt werden, wenn schulartbezogene Klassen gebildet wurden.

§ 4
Stundentafeln

Für die Orientierungsstufe und die Mittelstufe einschließlich der Klasse 10 oder 11 gelten insgesamt die jeweiligen Kontingentstundentafeln für die Hauptschule, Werkrealschule, Realschule und das Gymnasium nach den Maßgaben der Anlagen 1 bis 9 *(hier nicht abgedruckt; online abrufbar unter https://www.landesrecht-bw.de/ >* BesSchulV*)*.

§ 5
Bildungs- und Lehrpläne

Dem Unterricht in der Orientierungsstufe und der Mittelstufe wird der gemeinsame Bildungsplan für die Sekundarstufe I zugrunde gelegt. Soweit schulartbezogene Gymnasialklassen gebildet werden oder soweit Fächer im gemeinsamen Bildungsplan für die Sekundarstufe nicht enthalten sind, ist der Bildungsplan für das Gymnasium maßgeblich.

§ 6
Aufnahme der Schüler

(1) In die Klasse 5 der Schulen besonderer Art können Schüler aufgenommen werden, die das Ziel der Grundschule erreicht haben. Werden mehr Schüler angemeldet, als aufgenommen werden können, hat die Schule mit Zustimmung der Schulaufsichtsbehörde ein Auswahlverfahren festzulegen.

(2) Falls noch Plätze frei sind, können Schüler auch in höhere Klassen aufgenommen werden. Bis zur Bildung der schulartbezogenen Klassen entscheidet der Abteilungsleiter über die Zuordnung zu den verschiedenen Leistungsebenen in Deutsch, Fremdsprachen und Mathematik. Bei Aufnahme in die schulartbezogenen Klassen muss der Schüler in die entsprechende Klasse der entsprechenden Schulart versetzt worden sein; im Übrigen gilt die ⇨ Multilaterale Versetzungsordnung [...].

§ 7
Einstufung, Umstufung

(1) Über die Zuordnung der Schüler zu den verschiedenen Leistungsebenen oder Lerngruppen im Sinne des § 3 Absatz 1 in Deutsch, Fremdsprachen und Mathematik entscheidet die Klassenkonferenz aufgrund der bisher gezeigten Leistungen und der voraussichtlichen Leistungsentwicklung. Kein Schüler darf gegen den Willen der Erziehungsberechtigten einem höheren Niveau zugeordnet werden.

(2) Eine Umstufung in eine andere Leistungsebene erfolgt, wenn der Schüler erhöhten Anforderungen gewachsen erscheint oder ein erfolgreiches Mitarbeiten in der bisher besuchten Leistungsebene nicht mehr gewährleistet ist. Die Umstufungen erfolgen in der Regel zum Ende eines Schulhalbjahres. Die Entscheidung trifft die Klassenkonferenz. Absatz 1 Satz 2 gilt entsprechend.

§ 8
Notengebung, Zeugnisse

(1) Soweit keine schulartspezifischen Klassen gebildet sind, kann anstelle oder neben der Leistungsbeurteilung mit den herkömmlichen Notenstufen eine verbale Beurteilung der Leistungen in den einzelnen Fächern erfolgen. Auf Wunsch der Erziehungsberechtigten sind dabei zusätzlich Noten oder Notentendenzen auszubringen und kenntlich zu machen, auf welcher Anforderungsebene die Leistungen erbracht wurden.

(2) In der Orientierungsstufe der Internationalen Gesamtschule Heidelberg erfolgt in allen Fächern die Notengebung nach einer Zehn-Punkte-Tabelle.

(3) Die Zeugnisse sind den abweichenden Regelungen für die Schulen besonderer Art anzupassen, insbesondere ist bei Fächern mit verschiedenen Leistungsebenen das Niveau kenntlich zu machen.

§ 9

Bildung der schulartbezogenen Klassen

(1) Integrierte Gesamtschule Mannheim-Herzogenried

1. Ein Schüler kann in die schulartbezogene Klasse aufgenommen werden, nach deren Versetzungsordnung er unter den nachfolgenden Maßgaben am Ende der vorhergehenden Klasse versetzt worden wäre.
   a) Zum Besuch der gymnasialbezogenen Klasse ist ferner erforderlich, dass der Schüler am Ende der vorhergehenden Klasse in mindestens zwei Fächern mit verschiedenen Leistungsebenen im A-Niveau war und dass er in Klasse 7 den Unterricht in der zweiten Fremdsprache besuchte.
   b) Zum Besuch der realschulbezogenen Klasse ist ferner erforderlich, dass der Schüler am Ende der vorhergehenden Klasse in mindestens zwei Fächern mit verschiedenen Leistungsebenen im B-Niveau war.
2. In den Fächern mit verschiedenen Leistungsebenen ist die Note erforderlichenfalls dem entsprechenden Niveau zuzuordnen.
3. Für die Versetzungsordnungen gelten folgende Maßgaben: Das Fach Arbeitslehre ist ein für die Versetzung maßgebendes Fach. Im Übrigen richtet sich die Maßgeblichkeit der Fächer nach den Anlagen 7 bis 9.

(2) Internationale Gesamtschule Heidelberg

1. Ein Schüler kann in die gymnasialbezogene Klasse aufgenommen werden, wenn er am Ende der Klasse 6 in mindestens zwei der Fächer Deutsch, erste Fremdsprache und Mathematik jeweils mindestens 8 Punkte und in dem dritten Fach und der zweiten Fremdsprache mindestens 7 Punkte erreicht hat, sowie der Durchschnitt aus den Leistungen in den nach der Anlage 6 maßgeblichen Fächern mindestens 8 Punkte beträgt.
2. Ein Schüler kann in die realschulbezogene Klasse aufgenommen werden, wenn er am Ende der Klasse 6 in mindestens zwei der Fächer Deutsch, Englisch und Mathematik jeweils mindestens 6 Punkte und im dritten Fach mindestens 5 Punkte erreicht hat, sowie der Durchschnitt aus den Leistungen in den nach der Anlage 5 maßgeblichen Fächern mindestens 6 Punkte beträgt.
3. Wird der Durchschnitt von 8 oder 6 Punkten wegen der Leistungen in Sport, Musik und Bildende Kunst nicht erreicht, ist von diesen Fächern nur das mit der besten Note in die Durchschnittsberechnung einzubeziehen. Die Regelungen zum untypischen Leistungsabfall und zur Aufnahme auf Probe nach der Realschulversetzungsordnung und der Versetzungsordnung Gymnasien gelten entsprechend.

(3) Die Entscheidung trifft die Klassenkonferenz unter Vorsitz des Abteilungsleiters. Der Vorsitzende ist stimmberechtigt; bei Stimmengleichheit gibt seine Stimme den Ausschlag.

§ 10

Versetzungen

(1) In den schulartbezogenen Klassen steigen die Schüler durch Versetzungsentscheidung in die nächsthöhere Klasse auf. Soweit keine schulartbezogenen Klassen gebildet sind, rücken die Schüler ohne Versetzungsentscheidung in die nächsthöhere Klasse auf.

(2) In den schulartbezogenen Klassen gilt die Versetzungsordnung der entsprechenden Schularten mit folgenden Maßgaben:

1. Für die Staudinger-Gesamtschule Freiburg i. Br. gilt:
   a) Die Fächer des Wahlpflichtbereichs nach Anlage 3 sind jeweils ein für die Versetzung maßgebendes Kernfach im Sinne der Versetzungsordnung Gymnasien.
   b) Sind die Fächer Sport, Musik oder Bildende Kunst Kernfächer, sind sie in jedem Fall für die Versetzung maßgebende Fächer.
2. Für die Integrierte Gesamtschule Mannheim-Herzogenried gilt:
   a) Werkrealschulverordnung
      Das Fach Arbeitslehre mit dem jeweiligen Schwerpunkt Elektrotechnik, Metalltechnik oder Hauswirtschaft ist ein für die Versetzung maßgebendes Fach.
   b) Realschulversetzungsordnung
      Das vom Schüler gewählte Wahlpflichtfach ist ein für die Versetzung maßgebendes Kernfach. Für Schüler, die Arbeitslehre nicht als Wahlpflichtfach gewählt haben, ist dieses Fach ein für die Versetzung maßgebendes Fach.
   c) Versetzungsordnung Gymnasien
      Das Fach Arbeitslehre ist in den Klassen 7 bis 10 ein für die Versetzung maßgebendes Fach.

§ 11

Abschlüsse, Übergang in die Oberstufe des Gymnasiums

Für den Erwerb des Hauptschul-, Werkrealschul- und des Realschulabschlusses und für den Übergang in die Eingangsklasse der Oberstufe (Klasse 10 oder 11 des Gymnasiums) gelten die allgemeinen Bestimmungen mit folgenden Maßgaben:

1. Die oder der stellvertretende Vorsitzende des Prüfungsausschusses bei der Hauptschulabschlussprüfung, Werkrealschulabschlussprüfung und Realschulabschlussprüfung ist die Abteilungsleiterin oder der Abteilungsleiter der Mittelstufe.
2. Voraussetzung für den Übergang von der realschulbezogenen Klasse 10 in eine besondere Eingangsklasse der Oberstufe ist der Realschulabschluss, wobei ein Durchschnitt von mindestens 3,0 aus den Noten der Fächer Deutsch, Mathematik sowie der beiden als Pflicht- oder Wahlpflichtfremdsprache belegten Fremdsprachen und in jedem dieser Fächer mindestens die Note »ausreichend« erreicht sein müssen;

3. Soweit keine schulartbezogenen Klassen gebildet wurden, gilt Nummer 2 für die Schüler entsprechend, deren Leistungsfeststellungen im Abschlussjahr auf dem Niveau M erfolgten; Schüler, die auf Niveau E in Klasse 10 in entsprechender Anwendung der Versetzungsordnung Gymnasien versetzt wurden, können in die Eingangsklasse der gymnasialen Oberstufe wechseln.

§ 12

Schulwechsel

(1) Während der Orientierungsstufe stellt die Klassenkonferenz unter Vorsitz der Abteilungsleitung aufgrund der gezeigten Leistungen des Schülers fest, für welche Schulart beziehungsweise Schularten er geeignet ist. Diese Feststellung berechtigt zum Übertritt in die entsprechende Schulart. Stimmen die Feststellung der Schule und der Elternwunsch nicht überein, kann der Schüler an einer Schule der gewünschten Schulart eine Aufnahmeprüfung nach der multilateralen Versetzungsordnung ablegen.

(2) Nach Abschluss der Orientierungsstufe findet für den Wechsel eines Schülers einer Schule besonderer Art in eine andere Schulart die Multilaterale Versetzungsordnung entsprechende Anwendung.

(3) Soweit keine schulartspezifischen Klassen eingerichtet sind, ist für den Wechsel auf eine andere Schulart ein Zeugnis zu erstellen, in dem die Noten in allen Fächern einheitlich auf einer Niveaustufe ausgewiesen sind. Es wird die Niveaustufe ausgewiesen, die überwiegend für die Leistungsfeststellungen maßgeblich war. ➪ Multilaterale Versetzungsordnung

§ 13

Schulaufsicht

Die Schulen besonderer Art unterstehen der unmittelbaren Schulaufsicht des Regierungspräsidiums.

§ 13 a

(3) Ethik wird erstmals im Schuljahr 2021/2022 in Klassenstufe 5 unterrichtet.

(4) In Schulen besonderer Art in den Verbünden der Eliteschulen des Sports, der Eliteschulen des Fußballs und der Partnerschulen der Olympiastützpunkte kann das Wahlpflichtfach Sport erstmals für Schülerinnen und Schüler, die im Schuljahr 2023/2024 an werkrealschul- oder realschulbezogenen Klassen in die Klasse 7 eintreten, angeboten werden. Satz 1 gilt entsprechend für Schülerinnen und Schüler, die im Schuljahr 2023/2024 an realschulbezogenen Klassen der Integrierten Gesamtschule Mannheim-Herzogenried in Klasse 8 eintreten

Hinweis der Redaktion: Gemäß § 13a gilt § 5 für Schüler*innen, die 2016/17 eine Klasse 7 bis 12 besuchten, in der am 31.7.2016 geltenden Fassung bis zu deren Abschluss an der Schule besonderer Art weiter. Für Schüler*innen, die 2018/19 eine Klasse 9 bis 12 besuchen, gilt sie in der am 31.7.2018 geltenden Fassung bis zu deren Abschluss an der Schule besonderer Art weiter. Dies gilt nicht für Schüler*innen, die aufgrund einer Klassenwiederholung in eine Klasse wechseln, die sich 2016/17 in Klassenstufe 5 oder 6 befand.

➪ Gymnasium (Abitur – AGVO); ➪ Multilaterale Versetzungsordnung; ➪ Realschule (Abschlussprüfung); ➪ Schulgesetz § 107; ➪ Versetzungsordnungen (bei den Schularten); ➪ Werkrealschule (Verordnung)

Geschäftsordnung

Informationen der Redaktion zur Rechtslage und zur Verwaltungspraxis in Baden-Württemberg

Im Schulbereich gibt es eine Vielzahl von Gremien, die jeweils eine Geschäftsordnung benötigen.
➪ Konferenzen (Allgemeines)

Zentrale Regelungen hat das Kultusministerium insbesondere für folgende schulische Gremien erlassen:

1. die Schulkonferenz
   ➪ Schulgesetz § 47; ➪ Schulkonferenzordnung §§ 5-9
2. die Gesamtlehrerkonferenz;
   ➪ Schulgesetz § 44 ff.; ➪ Konferenzordnung §§ 12 ff.
3. die Klassenpflegschaft („Elternabend“);
   ➪ Schulgesetz § 57 ff.; ➪ ElternbeiratsVO §§ 5 ff.
4. den Elternbeirat und den Gesamtelternbeirat;
   ➪ Schulgesetz § 57 ff.; ➪ ElternbeiratsVO §§ 27 ff.
5. die Schülermitverantwortung;
   ➪ Schulgesetz § 57 ff.; ➪ Schülermitverantwortung

Da es wegen der sehr unterschiedlichen Größe und Art der Schulen nicht möglich ist, alle Regularien zentral und einheitlich festzulegen, beschränkt sich das Kultusministerium dabei auf relativ wenige Bestimmungen und überlässt den Schulen die Ausformulierung der Einzelheiten durch eigene Geschäftsordnungen:

- Für den Erlass von Geschäftsordnungen der „gemischten“ Gremien (Klassenpflegschaft, Schulkonferenz) ist die Schulkonferenz zuständig; so ist z.B in § 12 der Elternbeiratsverordnung bestimmt, dass die Schulkonferenz für die Klassenpflegschaften eine Geschäftsordnung erlassen kann.
- Für reine Elterngremien (Elternbeirat) liegt die Zuständigkeit bei diesen selbst: In § 28 der Elternbeiratsverordnung ist bestimmt: *„Der Elternbeirat gibt sich eine Geschäftsordnung“*.
- In der SMV-Verordnung (§ 1) ist der Erlass einer Satzung vorgeschrieben, die durch weitere Bestimmungen ergänzt werden kann (§ 13).

Das KM hat in seine zentralen Bestimmungen für die verschiedenen Gremien beispielsweise Regelungen über die Einberufung und Leitung der Sitzung, die Teilnahmepflicht und das Teilnahmerecht oder die Stellung von Anträgen aufgenommen.

Bei der Schulkonferenz ist der Vorsitz im Schulgesetz (§ 47) abschließend geklärt: Vorsitzender ist der bzw. die Schulleiter*in; die Stellvertretung obliegt der bzw. dem Elternbeiratsvorsitzenden. Ist die Schulleiterin bzw. der Schulleiter verhindert, nimmt zwar als deren Vertreter der bzw. die stellvertretende Schulleiter*in an der Sitzung teil (bzw. falls diese gewählte Mitglieder der Schulkonferenz sind, ein gewählter Stellvertreter; vgl. SchG § 47 Abs. 10), die

Leitung der Sitzung erfolgt in diesem Fall jedoch durch den bzw. die Elternbeiratsvorsitzende/n.

Zu Verfahrensfragen schweigt sich das Kultusministerium in seinen Verordnungen jedoch weitgehend aus. Lediglich in § 12 Abs. 3 der Konferenzordnung gibt es für die Lehrerkonferenzen eine allgemeine Äußerung:

„Der Vorsitzende der Lehrerkonferenz bereitet ihre Sitzungen vor, beruft dazu – wenn er nicht Schulleiter ist, im Benehmen mit diesem – ein und leitet sie nach den in öffentlichen Angelegenheiten üblichen Grundsätzen."

Auf Anfrage der Redaktion des GEW-Jahrbuchs hat das KM die Formulierung *„in öffentlichen Angelegenheiten üblichen Grundsätze"* wie folgt erläutert:

„Damit sind die Verhandlungsgrundsätze angesprochen, die auch in anderen Gremien mit öffentlichen Aufgaben üblich sind und die dort in der Regel in der jeweiligen Geschäftsordnung konkretisiert werden. Hierzu zählen etwa: Eröffnung der Beratung durch den Vorsitzenden gemäß der Tagesordnung, Aufstellung einer Rednerliste entsprechend den Wortmeldungen, Vorziehen von Anträgen zur Geschäftsordnung, Zurückweisung eines ungebührlichen, z.B. beleidigenden Wortbeitrages, bei alternativen Anträgen zunächst Abstimmung über den weitergehenden Antrag."

(Quelle: KM, 10.1.2000; AZ: 43-6453.0/13)

Es ist auch den übrigen Gremien (Schulkonferenz, Elternbeirat usw.) beim Erlass eigener Geschäftsordnungen zu empfehlen, sich an diese Grundsätze zu halten und in diese ggf. entsprechende Regelungen aufzunehmen.

Zu den Wahlen in den Elterngremien enthält die Elternbeiratsverordnung eine Reihe von grundsätzlichen Vorgaben, die durch eine Wahlordnung im Einzelnen ergänzt werden kann.

⇨ Elternbeirat (EltBVO) § 20

Der Landeselternbeirat hat für die Elternvertretungen eine (empfehlenswerte) Muster-Geschäftsordnung erlassen, die von vielen Elternbeiräten übernommen wurde, und sich selbst eine Geschäftsordnung sowie eine Wahlordnung gegeben.

⇨ Elternbeirat (Geschäftsordnung); ⇨ Elternbeirat (Landeselternbeirat – Geschäftsordnung)

Sind in einem Wahlgang mehrere Personen zu wählen, ist es zweckmäßig ein Wahlverfahren wie bei den Kommunalwahlen vorzuschreiben (ein Wahlgang, jede/r Stimmberechtigte hat so viele Stimmen, wie Personen zu wählen sind; bei Stimmengleichheit erfolgt eine Stichwahl, bleibt diese ohne Ergebnis, entscheidet das Los).

⇨ Akten (Aufbewahrungsfristen und Archivierung); ⇨ Elternbeirat (EltBVO); ⇨ Elternbeirat (Geschäftsordnung); ⇨ Elternbeirat (Landeselternbeirat – Geschäftsordnung); ⇨ Konferenzen (Allgemeines); ⇨ Protokolle und Niederschriften; ⇨ Schülermitverantwortung; ⇨ Schulgesetz §§ 44, 47, 57 ff.; ⇨ Schulkonferenzordnung

Geschlechtserziehung

Richtlinien zur Familien- und Geschlechtserziehung in der Schule; Verwaltungsvorschrift des Kultusministeriums vom 12.5.2001 (K.u.U. S. 247/2001)

Vorbemerkung

Pflege und Erziehung der Kinder sind gemäß Artikel 6 Abs. 2 Grundgesetz das natürliche Recht der Eltern und die zuvörderst ihnen obliegende Pflicht. Daneben hat die Schule einen durch Grundgesetz, Landesverfassung und Schulgesetz begründeten Erziehungs- und Bildungsauftrag, der auch die Familien- und Geschlechtserziehung umfasst. Nach § 100 b Schulgesetz (SchG) haben deshalb die Schulen den ausdrücklichen Auftrag zur Familien- und Geschlechtserziehung erhalten.

Hinweis der Redaktion: Das KM hat in: „Schulintern" Nr. 7/1995 bekanntgegeben: „Sollte sich [...] aus religiösen Gründen ein Dissens zwischen Elternhaus und Schule ergeben, muss ein klärendes Gespräch zwischen den betroffenen Eltern, dem Klassenlehrer bzw. der Klassenlehrerin und der Schulleitung geführt werden. Kommt es [...] nicht zu einer einvernehmlichen Lösung, so ist ein Fernbleiben einzelner Kinder von den Unterrichtsstunden bzw. Unterrichtssequenzen, in denen Inhalte der Geschlechtserziehung behandelt werden, seitens der Schule nicht zu ahnden. [...]."

Diese Nachgiebigkeit des KM steht in einem gewissen Spannungsverhältnis zu einer 2014 ergangenen Entscheidung des Bundesverwaltungsgerichts: Angehörigen der „Zeugen Jehovas" sei es zumutbar, dass ihre Kinder in der Schule an der Vorführung eines Spielfilms teilnehmen, in dem das Praktizieren schwarzer Magie dargestellt wird (BVerwG 6 C 12.12.). Eine Befreiung von einzelnen Unterrichtseinheiten komme nur bei einer *„besonders gravierenden Beeinträchtigung"* des elterlichen Erziehungsrechts in Frage. Eine solche *„besonders gravierende Beeinträchtigung"* ist aber bei einer angemessenen Ausgestaltung der Geschlechtserziehung gerade nicht anzunehmen.

1. Familien- und Geschlechtserziehung in der Schule

1.1 Ziel der Familien- und Geschlechtserziehung in der Schule ist es, die Schülerinnen und Schüler altersgemäß mit den biologischen, ethischen, kulturellen und sozialen Tatsachen und Bezügen der Geschlechtlichkeit des Menschen vertraut zu machen. Die Familien- und Geschlechtserziehung soll das Bewusstsein für eine persönliche Intimsphäre und für ein verantwortungsvolles partnerschaftliches Verhalten in persönlichen Beziehungen und insbesondere in Ehe und Familie entwickeln und fördern.

1.2 Die Familien- und Geschlechtserziehung wird unter Wahrung der Toleranz für unterschiedliche Wertauffassungen fächerübergreifend durchgeführt. Die Unterrichtsinhalte ergeben sich aus den Bildungsplänen für die einzelnen Schularten; sie finden ihre Grundlage vor allem in den Lehrplänen der Fächer Heimat- und Sachunterricht, Religionslehre, Ethik, Biologie und Biologie/Chemie sowie in beruflichen Schulen auch in den Lehrplänen des Faches Gesundheitslehre.

Spontane Schülerfragen zur Geschlechtserziehung in der Schule können in allen Fächern im stofflichen Rahmen und in den durch die Unterrichtssituation gesetzten Grenzen beantwortet werden, ohne dass diese jedoch zum Anlass für eine weitergehende, über die Einzelfragen hinausreichende Behandlung der Thematik genommen werden.

1.3 Die Lehrkraft gestaltet den Unterricht mit Takt und Einfühlungsvermögen und vermeidet jede Form der Indoktrination. Sie behandelt die Themen zurückhaltend, berücksichtigt die menschlich-personalen Aspekte der Geschlechtlichkeit ebenso wie die Intimsphäre der Schülerinnen und Schüler und vermeidet Empfehlungen für das geschlechtliche Verhalten.

Bei geeigneten Anlässen können in den Unterricht Fachleute aus der Praxis einbezogen werden (vgl. ➪ Fachleute aus der Praxis [...]).

1.4 Unterrichtsinhalte, die dem Bereich der Geschlechtserziehung angehören und die Intimsphäre berühren, dürfen nicht Gegenstand von Leistungserhebungen sein; dies gilt nicht für die Fächer der beruflichen Schulen, die entsprechende Inhalte im Rahmen der beruflichen Ausbildung vermitteln.

2.
Lehr- und Lernmittel

Im Rahmen der Familien- und Geschlechtserziehung sind nur die vom Kultusministerium zugelassenen Schulbücher zu verwenden. Bei der Verwendung von Lernmitteln, für die eine Zulassung nicht erforderlich ist, ist die Lehrkraft zur besonders sorgfältigen Auswahl in analoger Anwendung von § 4 Schulbuchzulassungsverordnung verpflichtet. Für die verwendeten Lehrmittel gilt dies entsprechend. ➪ Lernmittel (Zulassung)

3.
Zusammenarbeit von Schule und Erziehungsberechtigten bei der Familien- und Geschlechtserziehung in der Schule

Die Erziehungsberechtigten sind in einer Klassenpflegschaftssitzung gemäß § 56 SchG rechtzeitig und umfassend über Ziel, Inhalt, Form und Zeitpunkt der Geschlechtserziehung im Rahmen der Familien- und Geschlechtserziehung in der Schule sowie über die hierbei verwendeten Lehr- und Lernmittel zu informieren. Die Erziehungsberechtigten erhalten dabei gleichzeitig die Möglichkeit, ihre Wünsche und Anregungen sowie Erfahrungen einzubringen, damit die Familien- und Geschlechtserziehung in Elternhaus und Schule so weit wie möglich abgestimmt werden kann. Zu den Klassenpflegschaften können Fachleute wie z.B. Ärzte, Pfarrer und Psychologen hinzugezogen werden. ➪ Schulgesetz § 56

➪ Elternbeirat (EltBVO) § 5 ff.; ➪ Fachleute aus der Praxis; ➪ Grundgesetz Art. 6; ➪ Lernmittel (Zulassung); ➪ Schulgesetz §§ 56, 100 b; ➪ Verfassung Art. 12

Gewaltvorfälle und Schadensereignisse

Gemeinsame Verwaltungsvorschrift des Kultusministeriums, des Innenministeriums und des Umweltministeriums über das Verhalten an Schulen bei Gewaltvorfällen und Schadensereignissen (VwV Gewaltvorfälle, Schadensereignisse an Schulen – VerhaltensVwV) vom 15. Februar 2012 (K.u.U. S. 45/2012)

Die Schulleitung, die Lehrkräfte, die sonstigen Bediensteten der Schule und die Schülerinnen und Schüler müssen vorbereitet werden, Gewaltvorfälle wie Amok(drohungen), Bombendrohungen, Geiselnahmen usw. und Schadensereignisse wie Brände, Unglücksfälle oder Katastrophen richtig einzuschätzen und unter Einbeziehung der dafür fachlich zuständigen Stellen zu bewältigen.

Die Lehrkräfte und die sonstigen Bediensteten an Schulen sind verpflichtet, sich zu Beginn eines jeden Schuljahres mit den dargelegten Verhaltensregeln vertraut zu machen und sie im Ernstfall zu beachten.

Für die Bediensteten der Gemeinden und Landkreise an den Schulen sind diese Verhaltensregeln nicht verbindlich. Ungeachtet dessen wird den Schulträgern zur einheitlichen Handhabung der Verhaltensregeln für Gewaltvorfälle und Schadensereignisse an Schulen empfohlen, ihre Bediensteten an der Schule ebenfalls zu verpflichten, diese Verhaltensregeln zu beachten.

➪ Polizei und Schule; ➪ Schulgesetz §§ 23 und 41; ➪ Schulpsychologische Beratungsstellen

1
Allgemeine Bestimmungen

1.1 Die Schulleitung ist für die Durchführung der erforderlichen Schutzmaßnahmen bei Gewaltvorfällen und Schadensereignissen verantwortlich. Die Erreichbarkeit der Schulleitung mittels Pager (oder im Verhinderungsfall die Erreichbarkeit einer von der Schulleitung autorisierten Lehrkraft) ist während des Schulbetriebes zu gewährleisten. Sie bestimmt zu ihrer Unterstützung geeignete Lehrkräfte als Mitglieder eines schulinternen Krisenteams.

1.2 Bei Gewaltvorfällen oder Schadensereignissen hat die Schulleitung unverzüglich die notwendigen Schutzmaßnahmen durchzuführen oder anzuordnen, soweit nicht bereits der Polizeivollzugsdienst, die Feuerwehr oder eine befugte Behörde die notwendigen Anordnungen getroffen hat.

1.3 Erfordern Gewaltvorfälle oder Schadensereignisse die Räumung des Schulgebäudes, ist unverzüglich Alarm auszulösen und die Räumung anzuordnen. Bei einer Amoklage ist von diesem Grundsatz abzuweichen und in geschlossenen Räumen der Verbleib in diesen und ein Aufenthalt in einem möglichst einwirkungsgeschützten Bereich anzuordnen. Zum besseren Schutz sind Türen zu verschließen oder – wenn diese nicht verschließbar sind – zu verbarrikadieren. Die entsprechende Anordnung trifft in der Regel die Schulleitung, bei Gefahr im Verzug auch eine Lehrkraft oder sonstige Bedienstete der Schule.

1.4 Nach Auslösung des Katastrophenvor- oder Katastrophenalarms durch die zuständige Katastrophenschutzbehörde hat die Schulleitung die von der Katastrophenschutzbehörde oder die von dieser beauftragten Einsatzleitung angewiesenen Anordnungen zu treffen.

2 Vorbereitende Maßnahmen zur Bewältigung von Gewaltvorfällen und Schadensereignissen

2.1 Die Schulleitung beruft zu Beginn eines jeden Schuljahres und bei Bedarf das schulinterne Krisenteam ein, um die notwendigen Vorkehrungen (Vorsorge, Bewältigung von Gewaltvorfällen und Schadensereignissen, Nachsorge, Umgang mit Medien) zu treffen. Das schulinterne Krisenteam berät sich dabei mit Feuerwehr und Polizei.

2.1.1 Die Schulleitung erstellt in Abstimmung mit dem Schulträger auf der Grundlage eines von Innenministerium und Kultusministerium gemeinsam herausgegebenen Rahmenkrisenplans unter Berücksichtigung der örtlichen Verhältnisse einen Krisenplan für das Verhalten bei Gewaltvorfällen. Mit Blick auf polizeiliche Maßnahmen muss dieser mit der örtlich zuständigen Polizeidienststelle abgestimmt werden. Der Krisenplan ist der Polizei und der Feuerwehr zu übersenden.

Hinweis der Redaktion: Im Amtsblatt Nr. 7a/2012 wurde ein Rahmenkrisenplan veröffentlicht; er ist online abrufbar (https://www.landesrecht-bw.de; > Verwaltungsvorschriften > Rahmenkrisenplan).

2.1.2 Die Schulleitung erstellt in Abstimmung mit dem Schulträger und der örtlichen Feuerwehr einen Rettungsplan für das Verhalten bei Schadensereignissen.

Der Rettungsplan enthält mindestens:
- die Fluchtwege für jeden Unterrichtsraum,
- den Lageplan der Sammelplätze außerhalb des Gebäudes,
- die Lage und Anzahl der Feuerlöscheinrichtungen,
- den Lageplan der gefährlichen Stoffe und Behälter (z.B. brennbare Flüssigkeiten, Chemikalien, Druckgasflaschen),
- geeignete Räume für die Aufnahme von Schülerinnen und Schülern, Lehrkräften und sonstigen Bediensteten der Schule im Falle kerntechnischer Unfälle (vgl. Nummer 4.5.1),
- die Standorte der Notfalltelefone und Anleitungen zu deren Bedienung,
- die sanitären Anlagen.

2.1.3 Der Krisenplan oder der Rettungsplan sind bei Änderungen unverzüglich zu aktualisieren und die Schulkonferenz ist zu unterrichten. Änderungen im Krisenplan sind der Polizei, der Feuerwehr und dem Schulträger mitzuteilen. Änderungen im Rettungsplan sind der Feuerwehr und dem Schulträger mitzuteilen.

2.1.4 Die Schulträger übersenden der Polizei möglichst in digitalisierter Form die Grundrisspläne der schulischen Gebäude. Änderungen sind zeitnah mitzuteilen.

2.2 Die Alarmsignale müssen den Lehrkräften, den sonstigen Bediensteten der Schule und den Schülerinnen und Schülern bekannt sein. Das Alarmsignal bei einer Amoklage muss sich deutlich von den sonstigen Alarmierungsanlässen unterscheiden, um ein Fehlverhalten zu vermeiden. Sofern eine Lautsprecheranlage vorhanden ist, wird bei einer Amoklage eine Durchsage im Klartext unter Angabe konkreter Verhaltensmaßregeln empfohlen.

2.3 Dem Schulträger wird empfohlen, in den Schulen neben den elektrischen Alarmeinrichtungen eine Lautsprecheranlage und eine netzunabhängige Einrichtung (z.B. handbetätigte Feuerglocke, Megaphon oder Gong) und ein netzunabhängiges Rundfunkgerät bereitzuhalten.

2.4 Es muss sichergestellt sein, dass eine Alarmierungseinrichtung (z.B. Notfalltelefon) vorhanden und für die Lehrkräfte jederzeit zugänglich ist.

2.5 Die Telefonnummern der Schulverwaltung, die Notrufnummer von Feuerwehr (112) und Rettungsdienst, und der Polizei (110) sowie ein Hinweis auf den nächsten Feuermelder (soweit vorhanden) sind an geeigneten Stellen gut sichtbar anzubringen.

2.6 Die Lehrkräfte und die sonstigen Bediensteten der Schule müssen durch die Schulleitung über den Standort der Alarm-, Feuerlösch- und Rettungseinrichtungen informiert werden und mit deren Handhabung vertraut sein.

2.7 Die Fluchtwege und Notausgänge sind freizuhalten. Die Gebäudeausgangstüren dürfen nicht versperrt und müssen gekennzeichnet sein. Sie müssen in Fluchtrichtung aufschlagen und sich während der Dienstzeit ohne Hilfsmittel ins Freie öffnen lassen (z.B. durch Klinke innen, Knauf außen). Es wird empfohlen, in jedem Unterrichtsraum ein Merkblatt über das Verhalten im Brandfall und eine Fluchtwegeskizze für den Brandfall auszuhängen.

Der Fluchtweg soll durch Sicherheitskennzeichnung nach DIN 23601 gekennzeichnet sein.

2.8 Die Lehrkräfte und die sonstigen Bediensteten der Schule sind durch die Schulleitung jährlich über das bei Gewaltvorfällen und Schadensereignissen geeignete Verhalten zu unterrichten, wobei auf die Besonderheiten bei Amoklagen einzugehen ist.

2.9 Mindestens einmal im Jahr ist eine Alarmübung für den Brandfall durchzuführen. Die Alarmübung sollte zu Beginn eines Schuljahres stattfinden; ihr hat eine Unterweisung der Schülerinnen und Schüler über das Verhalten bei einem Alarm vorauszugehen. Diese muss auch Verhaltensanweisungen für Schülerinnen und Schüler umfassen, die sich nicht im Klassenverband aufhalten.

Zur Alarmübung gehören:
- die Auslösung des Alarms,
- die Räumung der Schule,
- das Sammeln der Schülerinnen und Schüler an den Sammelplätzen außerhalb des Schulgebäudes,
- die Rückführung der Schülerinnen und Schüler in die Klassenräume.

Der örtlichen Feuerwehr und Polizeidienststelle ist der Termin der Alarmübung jeweils vorher mitzuteilen.

2.10 Eine Übung für richtiges Verhalten im Fall einer Amoklage mit dem Kollegium wird empfohlen. Sie sollte auf keinen Fall mit Schülerinnen und Schülern, sondern nur mit dem Kollegium, ggf. in Kooperation mit der Polizei, stattfinden.

3
Räumung der Schule

3.1 Nach Auslösen des Alarms und Anordnung der Räumung haben die Schülerinnen und Schüler das Gebäude, grundsätzlich unter Zurücklassung aller Gegenstände, klassenweise unter Aufsicht der Lehrkräfte zu verlassen und die vorgegebenen bzw. die von der Einsatzleitung vor Ort zugewiesenen Sammelplätze aufzusuchen.

3.2 Jede Lehrkraft hat sich beim Verlassen des Unterrichtsraumes zu überzeugen, dass keine Schülerinnen und Schüler – auch nicht in den Nebenräumen – zurückgeblieben sind. Die Fenster und Türen aller Räume sind zu schließen, jedoch nicht abzuschließen.

3.3 Am Sammelplatz stellt jede Lehrkraft sofort fest, ob ihre Klasse vollzählig ist. Sie meldet fehlende Schülerinnen und Schüler unverzüglich der Schulleitung und der Einsatzleitung. Über die Auflösung der Sammelplätze und über die Möglichkeit einer Rückkehr in das Schulgebäude oder einen anderen Ort entscheidet die Einsatzleitung. Die Schulleitung ordnet die Auflösung oder die Rückkehr in das Schulgebäude oder einen anderen Ort an.

3.4 Bei der Räumung, an Sammelplätzen und bei der Evakuierung sind die Schülerinnen und Schüler durch Aufsichtspersonen vor Kontakten mit dazu nicht berechtigten Dritten zu schützen. Sind solche Kontaktversuche nicht zu unterbinden, ist die Einsatzleitung zu unterrichten.

4
Verhalten zur Bewältigung von Gewaltvorfällen und Schadensereignissen

4.1
Verhalten bei Gewaltvorfällen an Schulen

4.1.1 Die Entscheidungen über erforderliche Maßnahmen des Krisenplanes (Nr. 2.1.1) liegen bei der Schulleitung. Wenn zeitlich möglich, soll das schulinterne Krisenteam mit einbezogen werden. Bei Gefahr im Verzug sind die erforderlichen Schritte durch eine Lehrkraft oder sonstige Bedienstete der Schule in die Wege zu leiten. – Im Wesentlichen geht es darum
- Hilfe herbeizurufen (Polizei) und Erste Hilfe zu leisten,
- Schülerinnen und Schüler und Schulpersonal zu schützen.

Gegebenenfalls sind
- Fakten zu sichern und weiterzugeben,
- Betroffene, Schulaufsicht und das Kriseninterventionsteam beim Regierungspräsidium (Abteilung 7 Schule und Bildung) zu informieren.

Unbeschadet der vorstehenden Zuständigkeiten hat die Schulleitung zu gewährleisten, dass bei Einsätzen der Polizei aus Anlass von Straftaten oder zur Gefahrenabwehr Maßnahmen nur im Einvernehmen mit der Polizei erfolgen. Dies gilt insbesondere für Räumungs-, Evakuierungs- und Verbarrikadierungsmaßnahmen sowie für die Öffentlichkeitsarbeit und die Information der Eltern. Bei Gewaltvorfällen bzw. Bedrohungslagen ist den Anweisungen der Polizei umgehend Folge zu leisten.

4.1.2 Entsprechend dem Krisenplan der Schule ist die Betreuung von Schülerinnen und Schülern, Lehrkräften und Betroffenen im Anschluss an einen Gewaltvorfall einzuleiten.

4.1.3 Medienvertreter werden an die Pressestelle der Polizei und an die Pressestelle der Schulaufsicht verwiesen, soweit sich keine andere Behörde Presseauskünfte vorbehalten hat. Nach Einschaltung des Kriseninterventionsteams beim Regierungspräsidium (Abteilung 7 Schule und Bildung) kann dieses die Pressearbeit bei Bedarf begleiten. Die Pressearbeit ist stets im Hinblick auf die einsatztaktischen Belange mit der Polizei abzustimmen.

4.1.4 Sofern Schulleitungen oder Lehrkräften ernst zu nehmende Androhungen von Gewalt im schulischen Kontext bekannt werden, ist die örtlich zuständige Polizeidienststelle unverzüglich zu unterrichten. Von dort erfolgt eine sofortige Erstbewertung der Gefahrenlage. Räumungen von Schulen sind grundsätzlich nur in Abstimmung mit der Polizei zu veranlassen.

4.1.5 Bei Amoktaten wird der Krisenstab des Kultusministeriums aufgerufen. Ein Verbindungsbeamter wird zum Lagezentrum der Landesregierung im Innenministerium entsandt. Das zuständige Regierungspräsidium stellt sicher, dass ein Verbindungsbeamter der Abteilung 6 (Landespolizeidirektion) zur einzurichtenden Krisenhotline der Abteilung 7 (Schule und Bildung) entsandt wird.

4.2
Verhalten bei Bombendrohungen

Bei Bombendrohungen an der Schule hat die Schulleitung unverzüglich die Polizei zu verständigen. Auf Anweisung der Polizei ist der Schulbetrieb unverzüglich einzustellen und das Schulgebäude zu räumen; den sonstigen Anweisungen der Polizei ist umgehend Folge zu leisten. Im Übrigen gelten die Nummern 1 bis 3 entsprechend.

Hält die Polizei eine Gefahr nicht für gegeben, so braucht die Schulleitung keine Maßnahmen zu ergreifen. Ist sie jedoch der Auffassung, dass sie die Verantwortung für die Fortführung des Schulbetriebs nicht übernehmen kann, kann sie die Räumung der Schule anordnen.

4.3
Verhalten bei Bränden

4.3.1 Bei Schadenfeuer ist, ohne den Erfolg eigener Löschversuche abzuwarten, unverzüglich Alarm auszulösen, die Feuerwehr und die Polizei zu verständigen und gegebenenfalls die Räumung anzuordnen (vgl. Nummer 3).

4.3.2 Ist die Benutzung der Fluchtwege nicht mehr möglich, haben die Lehrkräfte sowie die Schülerinnen und Schüler im Unterrichtsraum oder in einem anderen Raum, der mehr Sicherheit bietet, zu bleiben. In den Räumen sind die Fenster und die Türen erforderlichenfalls zu schließen.

4.3.3 Bei Bränden mit Schadstofffreisetzung in der Umgebung der Schule bleiben die Schülerinnen und Schüler zunächst in ihren Unterrichtsräumen oder im Schulgebäude und warten auf die Anweisungen der Schulleitung oder der Einsatzleitung.

Die Fenster und die Türen sind zu schließen, die vorhandenen Lüftungs- und Klimaanlagen sind abzuschalten.

4.4
Verhalten bei Katastrophen

4.4.1 Bei Katastrophenvor- und Katastrophenalarm gelten für Schulen die an die Bevölkerung gerichteten Anordnungen der Katastrophenschutzbehörde. Nummer 1.4 bleibt unberührt.

4.4.2 Die Schulleitung hat sicherzustellen, dass entsprechende Rundfunkdurchsagen in der Schule auch bei einem Stromausfall empfangen und dass Anordnungen und Hinweise der Katastrophenschutzbehörde beachtet werden.

4.4.3 Die Pressearbeit ist stets mit der Katastrophen-Schutzbehörde abzustimmen.

4.5
Besondere Verhaltenshinweise bei kerntechnischen Unfällen

4.5.1 Fordert die zuständige Katastrophenschutzbehörde die Bevölkerung auf, zu ihrem Schutz feste Gebäude aufzusuchen, darf niemand mehr die Schule verlassen, auch dann nicht, wenn der Unterricht schon beendet ist. Die Schülerinnen und Schüler, Lehrkräfte und sonstige Bedienstete der Schule sollen dann Räume aufsuchen, die Strahleneinwirkungen minimieren. Dies sind z.B. innenliegende Räume oder Räume im Untergeschoss.

Außerdem ist dafür zu sorgen, dass zur Vermeidung der Aufnahme der Radioaktivität aus der Luft die Fenster und die Türen geschlossen und die Lüftungs- und Klimaanlagen abgeschaltet werden.

4.5.2 Im Übrigen ist gemäß Nummer 4.4 zu verfahren.

Hinweis der Redaktion: Unter https://zsl-bw.de/ im Menü „im Fokus" stellt das ZSL eine Fülle von Materialien Verfügung.

⇨ Polizei und Schule; ⇨ Schulgesetz §§ 23 und 41; ⇨ Schulpsychologische Beratungsstellen; ⇨ Unfallversicherung

Hätten Sie's gewusst? – Eltern fragen, wir antworten.

Was und wem nützen Warnwesten?

Frage: Meine Tochter kam kürzlich vom Wandertag mit einer Warnweste zurück, groß und breit mit dem Logo und dem Propagandaspruch einer großen Firma verziert. Das ist doch verbotene Werbung, oder?

Antwort: Wenn Schüler*innen beispielsweise bei Schulausflügen usw. außerhalb des Schulgeländes unterwegs sind, sollten sie zur Vermeidung von Gefährdungen im Straßenverkehr sowie ganz allgemein zur besseren Kenntlichkeit mit gelben, reflektierenden Warnwesten ausgestattet werden.

Automobilclubs und ähnliche Organisationen stellen solche Westen oder Signalbänder teilweise kostenlos zur Verfügung. Allerdings: Sie sollten keine Werbe-Aufdrucke tragen – die Schüler*innen dürfen nicht als lebende Reklametafeln durchs Gelände laufen! Das gilt auch für scheinbar neutrale Institutionen wie den ADAC (das ist ein kommerziell tätiges Großunternehmen). Warn-Utensilien der (neutralen) Verkehrswacht hingegen sind in dieser Hinsicht unbedenklich. ⇨ Werbung

Am besten, die Schule hält einen Klassensatz vorrätig. Häufig werden zur Einschulung von Grundschüler*innen auch reflektierende Mützen oder Signalbänder ausgegeben. Man sollte sie nach der Eingewöhnungsphase nicht wegwerfen, sondern in der Schule für solche Zwecke sammeln und aufbewahren.

Grundgesetz

Auszug aus dem Grundgesetz für die Bundesrepublik Deutschland vom 10. Mai 1949; zuletzt geändert 28.6.2022 (BGBl. I S. 968/2022)

Artikel 1

(1) Die Würde des Menschen ist unantastbar. Sie zu achten und zu schützen ist Verpflichtung aller staatlichen Gewalt.

(2) Das Deutsche Volk bekennt sich darum zu unverletzlichen und unveräußerlichen Menschenrechten als Grundlage jeder menschlichen Gemeinschaft, des Friedens und der Gerechtigkeit in der Welt.

(3) Die nachfolgenden Grundrechte binden Gesetzgebung, vollziehende Gewalt und Rechtsprechung als unmittelbar geltendes Recht.

Artikel 2

(1) Jeder hat das Recht auf die freie Entfaltung seiner Persönlichkeit, soweit er nicht die Rechte anderer verletzt und nicht gegen die verfassungsmäßige Ordnung oder das Sittengesetz verstößt.

(2) Jeder hat das Recht auf Leben und körperliche Unversehrtheit. Die Freiheit der Person ist unverletzlich. In diese Rechte darf nur aufgrund eines Gesetzes eingegriffen werden.

Artikel 3

(1) Alle Menschen sind vor dem Gesetz gleich.

(2) Männer und Frauen sind gleichberechtigt. Der Staat fördert die tatsächliche Durchsetzung der Gleichberechtigung von Frauen und Männern und wirkt auf die Beseitigung bestehender Nachteile hin.

(3) Niemand darf wegen seines Geschlechtes, seiner Abstammung, seiner Rasse, seiner Sprache, seiner Heimat und Herkunft, seines Glaubens, seiner religiösen oder politischen Anschauungen benachteiligt oder bevorzugt werden. Niemand darf wegen seiner Behinderung benachteiligt werden.

⇨ Behinderungen (Förderbedarf); ⇨ Schulbesuch (Rechte und Pflichten); ⇨ Schulpflicht (Ausländische Schüler*-innen); ⇨ Sonderpädagogik (SBBZ); ⇨ Sprachförderung

Artikel 4

(1) Die Freiheit des Glaubens, des Gewissens und die Freiheit des religiösen und weltanschaulichen Bekenntnisses sind unverletzlich.

(2) Die ungestörte Religionsausübung wird gewährleistet. [...]

Hinweis der Redaktion: In Artikel 136 der Weimarer Reichsverfassung (WRV) ist zur Freiheit der Religionsausübung bestimmt:

(1) Die bürgerlichen und staatsbürgerlichen Rechte und Pflichten werden durch die Ausübung der Religionsfreiheit weder bedingt noch beschränkt.

(2) Der Genuss bürgerlicher und staatsbürgerlicher Rechte sowie die Zulassung zu öffentlichen Ämtern sind unabhängig von dem religiösen Bekenntnis.

(3) Niemand ist verpflichtet, seine religiöse Überzeugung zu offenbaren. Die Behörden haben nur soweit das Recht, nach der Zugehörigkeit zu einer Religionsgemeinschaft zu fragen, als davon Rechte und Pflichten abhängen oder eine gesetzlich angeordnete statistische Erhebung dies erfordert.

(4) Niemand darf zu einer kirchlichen Handlung oder Feierlichkeit oder zur Teilnahme an religiösen Übungen oder zur Benutzung einer religiösen Eidesform gezwungen werden.

Artikel 136 WRV ist gemäß Artikel 140 GG Bestandteil des Grundgesetzes.

⇨ Religion (Allgemeines)

Artikel 6

(1) Ehe und Familie stehen unter dem besonderen Schutze der staatlichen Ordnung.

(2) Pflege und Erziehung der Kinder sind das natürliche Recht der Eltern und die zuvörderst ihnen obliegende Pflicht. Über ihre Betätigung wacht die staatliche Gemeinschaft.

⇨ Eltern (Allgemeines); ⇨ Geschlechtserziehung

(3) Gegen den Willen der Erziehungsberechtigten dürfen Kinder nur aufgrund eines Gesetzes von der Familie getrennt werden, wenn die Erziehungsberechtigten versagen oder wenn die Kinder aus anderen Gründen zu verwahrlosen drohen.

(4) Jede Mutter hat Anspruch auf den Schutz und die Fürsorge der Gemeinschaft.

(5) Den unehelichen Kindern sind durch die Gesetzgebung die gleichen Bedingungen für ihre leibliche und seelische Entwicklung und ihre Stellung in der Gesellschaft zu schaffen wie den ehelichen Kindern.

Artikel 7

(1) Das gesamte Schulwesen steht unter der Aufsicht des Staates.

⇨ Erziehungsauftrag und politische Bildung; ⇨ Schulaufsicht; ⇨ Schulbesuch (Rechte und Pflichten); ⇨ Schulgesetz § 32 ff.;

(2) Die Erziehungsberechtigten haben das Recht, über die Teilnahme des Kindes am Religionsunterricht zu bestimmen.

⇨ Religionsunterricht (Teilnahme)

(3) Der Religionsunterricht ist in den öffentlichen Schulen mit Ausnahme der bekenntnisfreien Schulen ordentliches Lehrfach. Unbeschadet des staatlichen Aufsichtsrechtes wird der Religionsunterricht in Übereinstimmung mit den Grundsätzen der Religionsgemeinschaften erteilt. Kein Lehrer darf gegen seinen Willen verpflichtet werden, Religionsunterricht zu erteilen.

⇨ Schulgesetz § 100; ⇨ Verfassung Art. 18

(4) Das Recht zur Errichtung von privaten Schulen wird gewährleistet. Private Schulen als Ersatz für öffentliche Schulen bedürfen der Genehmigung des Staates und unterstehen den Landesgesetzen. Die Genehmigung ist zu erteilen, wenn die privaten Schulen in ihren Lehrzielen und Einrichtungen sowie in der wissenschaftlichen Ausbildung ihrer Lehrkräfte nicht hinter den öffentlichen Schulen zurückstehen und eine Sonderung der Schüler nach den Besitzverhältnissen der Eltern nicht gefördert wird. Die Genehmigung ist zu versagen, wenn die wirtschaftliche und rechtliche Stellung der Lehrkräfte nicht genügend gesichert ist.

(5) Eine private Volksschule ist nur zuzulassen, wenn die Unterrichtsverwaltung ein besonderes pädagogisches Interesse anerkennt oder, auf Antrag von Erziehungsberechtigten, wenn sie als Gemeinschaftsschule, als Bekenntnis- oder Weltanschauungsschule errichtet werden soll und eine öffentliche Volksschule dieser Art in der Gemeinde nicht besteht. ➪ Privatschulgesetz

(6) Vorschulen bleiben aufgehoben.

Artikel 9

(1) Alle Deutschen haben das Recht, Vereine und Gesellschaften zu bilden.

(2) Vereinigungen, deren Zwecke oder deren Tätigkeit den Strafgesetzen zuwiderlaufen oder die sich gegen die verfassungsmäßige Ordnung oder gegen den Gedanken der Völkerverständigung richten, sind verboten.

(3) Das Recht, zur Wahrung und Förderung der Arbeits- und Wirtschaftsbedingungen Vereinigungen zu bilden, ist für jedermann und für alle Berufe gewährleistet. Abreden, die dieses Recht einschränken oder zu behindern suchen, sind nichtig, hierauf gerichtete Maßnahmen sind rechtswidrig. Maßnahmen nach den Artikeln 12a, 35 Abs. 2 und 3, Artikel 87a Abs. 4 und Artikel 91 dürfen sich nicht gegen Arbeitskämpfe richten, die zur Wahrung und Förderung der Arbeits- und Wirtschaftsbedingungen von Vereinigungen im Sinne des Satzes 1 geführt werden.

Artikel 12

(1) Alle Deutschen haben das Recht, Beruf, Arbeitsplatz und Ausbildungsstätte frei zu wählen. Die Berufsausübung kann durch Gesetz oder aufgrund eines Gesetzes geregelt werden. [...]

Artikel 17

Jedermann hat das Recht, sich einzeln oder in Gemeinschaft mit anderen schriftlich mit Bitten oder Beschwerden an die zuständigen Stellen und an die Volksvertretung zu wenden. ➪ Beschwerden

Artikel 34

Verletzt jemand in Ausübung eines ihm anvertrauten öffentlichen Amtes die ihm einem Dritten gegenüber obliegende Amtspflicht, so trifft die Verantwortlichkeit grundsätzlich den Staat oder die Körperschaft, in deren Dienst er steht. Bei Vorsatz oder grober Fahrlässigkeit bleibt der Rückgriff vorbehalten. Für den Anspruch auf Schadensersatz und für den Rückgriff darf der ordentliche Rechtsweg nicht ausgeschlossen werden. ➪ Amtshaftung

Artikel 140

Die Bestimmungen der Artikel 136, 137, 138, 139 und 141 der Deutschen Verfassung vom 11. August 1919 sind Bestandteil dieses Grundgesetzes.

Hinweis der Redaktion: Siehe hierzu den Hinweis bei Artikel 4.

➪ Amtshaftung; ➪ Eltern (Allgemeines); ➪ Erziehungsauftrag und politische Bildung; ➪ Geschlechtserziehung; ➪ Religion (Allgemeines); ➪ Religionsunterricht (Teilnahme); ➪ Schulbesuch (Rechte und Pflichten); ➪ Schulbesuchsverordnung; ➪ Schulgesetz § 32 ff.; ➪ Schulpflicht (Ausländische Schüler*innen); ➪ Verfassung Art. 18

Grundschule (Fremdsprachen)

Verwaltungsvorschrift des Kultusministeriums vom 11.3.2003 (K.u.U. S. 60/2003)

1. An allen Grundschulen, im Bildungsgang Grundschule an SBBZ und in der Primarstufe der SBBZ Lernen wird in allen Klassenstufen im Umfang von zwei Wochenstunden Fremdsprachenunterricht erteilt. Der Unterricht soll abweichend von der Dauer einer Unterrichtsstunde in kleinere Zeiteinheiten aufgeteilt werden. In den SBBZ mit Förderschwerpunkt Lernen kann die Fremdsprache zu Beginn eines Schulhalbjahres mit Zustimmung der Eltern abgewählt werden.
   ➪ Sonderpädagogik (SBBZ Lernen)

   Hinweise der Redaktion:
   1. Der Fremdsprachenunterricht beginnt seit dem Schuljahr 2020/21 in Klasse 3. ➪ Grundschule (Stundentafel)
   2. In den Klassenstufen 3 und 4 wird die besondere Situation der mehrsprachig aufwachsenden Kinder und der noch zu unterstützende Sprachkompetenzerwerb in Englisch beziehungsweise Französisch bei der Notengebung pädagogisch angemessen berücksichtigt. In pädagogisch begründeten Einzelfällen kann die Note ausgesetzt und durch eine verbale Beurteilung ersetzt werden. Siehe hierzu: ➪ Integration und Sprachförderung 5.1.
2. Hierbei ist in Grenznähe zu Frankreich die Fremdsprache Französisch, und zwar in folgenden Landesteilen:
   - im Landkreis Lörrach, mit Ausnahme der Gemeinden Hasel und Schwörstadt,
   - im Landkreis Breisgau-Hochschwarzwald mit Ausnahme folgender Städte und Gemeinden: Breitnau, Hinterzarten, Feldberg, Titisee-Neustadt, Eisenbach, Friedenweiler, Lenzkirch, Schluchsee, Löffingen,
   - im Stadtkreis Freiburg,
   - im Landkreis Emmendingen,
   - im Ortenaukreis mit Ausnahme der Stadt Hornberg,
   - im Landkreis Rastatt,
   - im Stadtkreis Baden-Baden,
   - im Landkreis Karlsruhe in den nachfolgend genannten Städten und Gemeinden: Rheinstetten, Ettlingen, Malsch, Waldbronn, Karlsbad, Marxzell, Eggenstein-Leopoldshafen, Linkenheim/ Hochstetten, Dettenheim, Stutensee, Weingarten, Pfinztal,
   - im Stadtkreis Karlsruhe.
3. In den übrigen Landesteilen ist die Fremdsprache Englisch.

➪ Grundschule (Stundentafel); ➪ Grundschule (Versetzungsordnung); ➪ Integration und Sprachförderung

Grundschule (Ganztagsgrundschulverordnung)

Verordnung des Kultusministeriums über die Ganztagsschulen an Grundschulen und Grundstufen von Sonderpädagogischen Bildungs- und Beratungszentren mit Förderschwerpunkt Lernen (Ganztagsgrundschulverordnung – GTVO); zuletzt geändert 26.7.2019 (K.u.U. S. 168/2019)

§ 1
Genehmigungsverfahren

(1) Den Antrag auf Einrichtung einer Ganztagsschule an Grundschulen und in der Grundstufe von sonderpädagogischen Bildungs- und Beratungszentren mit Förderschwerpunkt Lernen (SBBZ mit Förderschwerpunkt Lernen) stellt der Schulträger.

⇨ Grundschule (GanztagsgrundschulVwV)

(2) Der Antrag ist über das Staatliche Schulamt, das den Antrag prüft und dazu eine Stellungnahme abgibt, an das Regierungspräsidium zu richten.

(3) Für den Antrag ist das vom Kultusministerium zur Verfügung gestellte Antragsformular zu verwenden. Dem Antrag des Schulträgers sind beizufügen:

1. Eine Bestätigung des Schulträgers, dass er die Kosten für die Bereitstellung des Mittagessens sowie für die Aufsichtsführung und Betreuung der Schülerinnen und Schüler beim Mittagessen trägt, ⇨ Aufsichtspflicht
2. das am Qualitätsrahmen Ganztagsschule Baden-Württemberg ausgerichtete pädagogische Konzept der Schule im Hinblick auf die Umsetzung des Ganztagsbetriebs,

   Hinweis der Redaktion: Der „Qualitätsrahmen Ganztagsschule Baden-Württemberg" (siehe unten § 2) ist online abrufbar unter http://ganztagsschule-bw.de/ > Qualitätsrahmen. Ihm liegt der wissenschaftliche Erkenntnisstand zu lernwirksamen und entwicklungsförderlichen Lernumgebungen und zur Schule als lernender Organisation zugrunde. Der Qualitätsrahmen visualisiert die kokonstruktive Zusammenarbeit aller Beteiligten, benennt die drei Qualitätsstufen von Ganztagsschule; und gibt Anregungen und Hinweise zur Gestaltung der Ganztagsschule. Er soll Orientierung bei schulinternen Qualitätsprozessen im Ganztag bieten, Grundlage für Fortbildung und Beratung sein und die Schulaufsicht unterstützen.
3. eine Darstellung der räumlichen Voraussetzungen für den Ganztagsbetrieb und
4. der zustimmende Beschluss der Schulkonferenz.

(4) Der Antrag für das nächste Schuljahr ist bis zum 1. Oktober eines Jahres dem Staatlichen Schulamt vorzulegen, das den Antrag bis zum 1. November eines Jahres dem zuständigen Regierungspräsidium vorlegt.

(5) *(Verfahren auf Ebene RP/KM; nicht abgedruckt)*

(6) Die mit der Antragstellung verbundene Wahl für eines der vier gemäß § 4 a Absatz 1 Satz 2 SchG vorgesehenen Zeitmodelle kann keine Ablehnung des Antrags unter Berufung auf den Haushaltsvorbehalt begründen.

(7) Bei einer gemäß § 4 a SchG genehmigten Schule gelten die Absätze 1 bis 6 entsprechend für einen Antrag,

1. auf Änderung des Ganztagsbetriebs von sieben auf acht Zeitstunden oder von acht auf sieben Zeitstunden,
2. auf Änderung des Ganztagsbetriebs von drei auf vier Tagen oder von vier auf drei Tagen oder
3. auf Änderung des Ganztagsbetriebs von Wahlform auf verbindliche Form oder umgekehrt.

(8) Eine Aufhebung des Ganztagsbetriebs bedarf eines wichtigen Grundes. Der Antrag auf Aufhebung zum nächsten Schuljahr ist dem Staatlichen Schulamt bis spätestens 1. Oktober eines Jahres vorzulegen, das den Antrag dem zuständigen Regierungspräsidium spätestens zum 1. November eines Jahres zur Entscheidung vorlegt.

§ 2
Pädagogisches Konzept

(1) Grundlage für die Entwicklung des pädagogischen Konzepts ist der Qualitätsrahmen Ganztagsschule Baden-Württemberg. Die Pflichtelemente der Basisstufe sind zu berücksichtigen und umzusetzen. Das pädagogische Konzept der Ganztagsschule beinhaltet eine rhythmisierte Tages- und Unterrichtsgestaltung möglichst unter Einbeziehung von außerschulischen Kooperationspartnern. Als Teil des gesamten Schulkonzepts wird es gemäß § 45 Absatz 2 SchG von der Gesamtlehrerkonferenz nach Anhörung der Schulkonferenz gemäß § 47 Absatz 1 und 4 Nummer 1 Buchstabe a SchG beschlossen.

⇨ Konferenzordnung § 2; ⇨ Schulgesetz §§ 45, 47

(2) Grundlagen und pädagogische Gestaltungselemente für die Rhythmisierung sind die Kontingentstundentafeln der Grundschulen und SBBZ mit Förderschwerpunkt Lernen sowie die Stundentafel-Öffnungsverordnung in der jeweils geltenden Fassung. Sie eröffnen unter anderem die Möglichkeit, von der Dauer der Unterrichtsstunden von 45 Minuten bei der Stundenplanung und Unterrichtsgestaltung abzuweichen und damit auch Unterrichtsblöcke zu bilden sowie innerhalb dieser Unterrichtsblöcke zu rhythmisieren.

⇨ Stundentafel-Öffnungsverordnung

(3) Anforderungen an die Rhythmisierung sind:

1. Die Unterrichtseinheiten sollen einschließlich der auf den Ganztagsbetrieb abgestimmten längeren Pausen ausgewogen auf den Vor- und Nachmittag verteilt sein;
2. die Pausen werden zeitlich und inhaltlich variabel gestaltet; dabei sollen täglich eine gemeinsame Frühstückspause und mindestens eine Bewegungspause am Vormittag angeboten werden; die Pausenzeiten sollen so gestaltet sein, dass sie für die gesamte Schule gelten;
3. die rhythmisierte Unterrichts- und Tagesgestaltung berücksichtigt Maßnahmen der individuellen Förderung, Lern-, Übungs- und Vertiefungseinheiten sowie die Erweiterung sozialer und personaler Kompetenzen und individueller Neigungen; das Lernen und die Entwicklung der Schülerinnen und Schüler sollen ganzheitlich und umfassend gefördert werden;

4. bei der Umsetzung der Rhythmisierung sind die örtlichen Besonderheiten zu berücksichtigen wie auch die räumlichen Möglichkeiten und die Fahrzeiten des öffentlichen Personennahverkehrs beziehungsweise die Organisation der ⇨ Schülerbeförderung; die Rhythmisierung ist auch an Ganztagsschulen in der Wahlform für alle Schülerinnen und Schüler, welche am Ganztagsbetrieb teilnehmen, zu gewährleisten;
5. an der Ganztagsschule eingesetzte außerschulische Partner sind Teil des pädagogischen Konzepts; als außerschulische Partner kommen insbesondere gemeinnützige Vereine, Körperschaften des öffentlichen Rechts, Kirchen, Religionsgemeinschaften, Verbände, Organisationen, Jugendhilfe sowie Einzelpersonen aus Bereichen wie Sport, Musik, Kunst, Kultur, Jugendarbeit, Umwelt und Weiterbildung in Betracht; das Angebot der außerschulischen Partner kann auch außerhalb des Schulgeländes stattfinden, sofern damit insbesondere ein besonderer Mehrwert verbunden ist und die Gesamtverantwortung weiterhin bei der Schule liegt.

⇨ Jugendbegleiter*innen; ⇨ Lehrbeauftragte

§ 3
Durchführung des Ganztagsbetriebs

(1) Ganztagsgrundschulen und Grundstufen an SBBZ mit Förderschwerpunkt Lernen arbeiten an drei oder vier der Schultage pro Woche mit einem Umfang von sieben oder acht Zeitstunden. An einer Schule kann nur eines dieser vier Zeitmodelle stattfinden.

(2) Die Anmeldung einer Schülerin oder eines Schülers für den Ganztagsbetrieb in Wahlform gemäß § 4 a Absatz 2 SchG umfasst mindestens ein Schuljahr. Eine vorzeitige Abmeldung vom Ganztagsbetrieb während des laufenden Schuljahres ist nicht möglich. Über Ausnahmen in besonders gelagerten Einzelfällen entscheidet die Schulleitung.

(3) Der Ganztagsbetrieb kann an Grundschulen ab einer Mindestgruppengröße von 25 Schülerinnen und Schülern und an Grundstufen von SBBZ mit Förderschwerpunkt Lernen ab einer Mindestgruppengröße von zwölf Schülerinnen und Schülern eingerichtet werden. Eine Gruppe kann auch klassen- beziehungsweise jahrgangsübergreifend gebildet werden.

§ 4
Monetarisierung

(1) Schulen können zur Einbindung außerschulischer Partner bis zu 50 Prozent ihrer Lehrerwochenstunden-Zuweisung, die sie für den Ganztagsbetrieb erhalten, monetarisieren. Im Wege der Monetarisierung können die Schulen statt Lehrerwochenstunden Geldmittel erhalten, um Leistungen außerschulischer Partner für den Ganztagsbetrieb außerhalb der Mittagspause zu vergüten.

Hinweis der Redaktion: Der „Monetarisierungsbetrag" einer Lehrerwochenstunde nach § 4a Schulgesetz beläuft sich ab dem Schuljahr 2022/23 auf 2.142 Euro.

(Quelle: KM, 16.5.2022, AZ: 53-6503.10/206)

(2) Für jede gemäß § 4 a SchG eingerichtete Ganztagsgrundschule und Grundstufe der SBBZ mit Förderschwerpunkt Lernen mit Ganztagsbetrieb wird bei ihrem Schulträger ein Schulbudget für den Ganztagsbetrieb eingerichtet. Die Schule bewirtschaftet dieses Budget, das der Zweckbestimmung des Absatz 1 unterliegt, selbstständig.

⇨ Haushalt (Allgemeines)

(3) Die Schule teilt jährlich bis spätestens zum 1. April für das folgende Schuljahr dem Staatlichen Schulamt mit, ob und in welchem Umfang sie von der Monetarisierung Gebrauch machen will. Das Staatliche Schulamt erfasst die Meldung der Schule im Rahmen der Bedarfsmitteilungen und meldet diese Daten bis spätestens zum 15. April jeden Jahres dem Regierungspräsidium weiter, welches das Kultusministerium unverzüglich, spätestens aber bis zum 30. April jeden Jahres, in Kenntnis setzt.

(4) Das Regierungspräsidium weist die Lehrerwochenstunden zu. Das Kultusministerium teilt der Landeskreditbank Baden-Württemberg mit, welche durch die Monetarisierung geschöpften Geldmittel an welchen Schulträger für welche Schule zu zahlen sind.

(5) Das jeweilige Jahresbudget wird auf ein beim Schulträger geführtes Konto in vier Raten zum 15. Oktober, 1. Dezember, 1. März sowie zum 1. Juni überwiesen. Die ersten beiden Raten umfassen fünf zwölftel, die zweiten beiden Raten umfassen sieben zwölftel des Jahresbudgets.

(6) Die Schulen haben die Grundsätze der Landeshaushaltsordnung zu beachten. Nicht verwendete Mittel sind jährlich bis spätestens zum 15. November an die Landeskreditbank Baden-Württemberg zurückzuzahlen.

(7) Die Schulen dürfen die Zuweisungen des Landes für den Ganztagsbetrieb, das heißt Lehrerwochenstunden und gegebenenfalls monetarisierte Mittel, nur für Angebote einsetzen, die für die Schüler unentgeltlich sind. Für die Teilnahme an entgeltpflichtigen gruppenbezogenen Angeboten außerhalb des Ganztagsbetriebs können Schüler von der in § 4 a Absatz 3 Satz 1 SchG bestimmten Schulpflicht befreit werden, sofern der besondere pädagogische Wert des Angebots dies rechtfertigt und die Befreiung mit dem Ganztagsbetrieb der Schule zu vereinbaren ist.

⇨ Arbeitszeit (Lehrkräfte); ⇨ Aufsichtspflicht; ⇨ Ganztagsschulen; ⇨ Grundschule (Ganztagsgrundschul-VwV); ⇨ Jugendbegleiter*innen; ⇨ Konferenzordung § 2 Abs. 1 Nr. 8b; ⇨ Lehrbeauftragte; ⇨ Päd. Assistent*innen; ⇨ Schulbau; ⇨ Schulfördervereine; ⇨ Schulgesetz; ⇨ Stundentafel-ÖffnungsVO; ⇨ Unterrichtsorganisation (Organisationserlass)

Was tun gegen Schülerfotos in sozialen Medien? Hätten Sie's gewusst? Die Antwort steht auf Seite 485.

Grundschule (Ganztagsgrundschul-VwV)

VwV des KM zur Ganztagsgrundschule und zum Ganztagsbetrieb an Grundstufen von sonderpädagogischen Bildungs- und Beratungszentren mit Förderschwerpunkt Lernen vom 21. Juni 2022 (K.u.U. S. 62/2022)

1
Entscheidung über den Antrag auf Einrichtung des Ganztagsbetriebs

Gehen mehr Anträge auf ·Einrichtung eines Ganztagsbetriebs gemäß § 4a des Schulgesetzes für Baden-Württemberg (SchG) ein als Haushaltsmittel zur Verfügung stehen, entscheidet das Regierungspräsidium nach pflichtgemäßem Ermessen. Insbesondere können dabei eine räumlich ausgewogene Verteilung, das pädagogische Konzept auf Grundlage des Qualitätsrahmens Ganztagsschule Baden-Württemberg, die Verbindung einer Grundschule mit einer bereits als Ganztagsschule genehmigten weiterführenden Schule und die bisherige Erfahrung einer Schule im Ganztagsbetrieb, die als Schulversuch gemäß § 22 SchG geführt wurde, berücksichtigt werden.

⇨ Grundschule (GanztagsgrundschulVO); ⇨ Schulgesetz

2
Mittagspause

2.1 Die Mittagspause besteht aus der Zeit des Mittagessens und der übrigen Mittagspausenzeit.

2.2 Schülerinnen und Schüler, die eine verbindliche Ganztagsschule besuchen oder die in der Wahlform am Ganztagsbetrieb angemeldet wurden, unterliegen in den Zeiten des Ganztagsbetriebs der Schulpflicht gemäß § 72 Absatz 3 SchG. Dies gilt nicht für die Zeit der Mittagspause.

⇨ Ganztagsschulen (Allgemeines); ⇨ Schulgesetz § 4

2.3 Während des Mittagessens im Speiseraum erfolgt an denjenigen Tagen, an denen ein Ganztagsbetrieb gemäß § 4aSchG stattfindet, die Aufsichtsführung sowie die Betreuung der Schülerinnen und Schüler durch den Schulträger. Im Übrigen obliegt an diesen Tagen dem Land die Aufsichtsführung und Betreuung innerhalb des Ganztagsbetriebs; sie wird gemäß § 41 Absatz 1 SchG von der Schulleitung organisiert. Die Schule erhält hierfür seitens des Landes eine gesonderte Ressourcenzuweisung, die sich gemäß § 4a Absatz 4 SchG errechnet. Damit sind keine Vorgaben verbunden, wie viele Aufsichtspersonen auf Grund der konkreten räumlichen Verhältnisse an der einzelnen Schule einzusetzen sind. Lehrerwochenstunden, welche die Schulen für die Durchführung des Ganztagsbetriebs gemäß der nachfolgenden Ziffer 3 dieser Verwaltungsvorschrift erhalten haben, dürfen nicht für die Aufsichtsführung außerhalb des Speiseraums verwendet werden. ⇨ Aufsichtspflicht

3
Ressourcen des Ganztagsbetriebs

3.1 Die Ganztagsschulen erhalten für die Durchführung des Ganztagsbetriebs eine zusätzliche Ressourcenzuweisung.

3.2 Die Berechnungsgrundlage für die zusätzliche Lehrerwochenstundenzuweisung für Ganztagsschulen sind Gruppen. Die Gruppen können auch klassenübergreifend beziehungsweise jahrgangsübergreifend gebildet werden. Sie sind die rechnerische Grundlage für die Zuweisung von Lehrerwochenstunden für den Ganztagsbetrieb.

3.3 Die erste Gruppe wird rechnerisch für 25 Schülerinnen und Schüler gebildet. Ab vier weiteren Schülerinnen und Schülern, also ab insgesamt 29 Schülerinnen und Schülern, erhält die Ganztagsschule rechnerisch zwei Gruppen. Sodann gilt, dass rechnerisch in 25er-Schritten Gruppen gebildet werden (ab 54 drei Gruppen, ab 79 vier Gruppen und so weiter).

3.4 Dabei steht der Schule die Organisation im Einzelnen frei, solange sichergestellt ist, dass die Lehrerwochenstundenzuweisung den gesamten Zeitrahmen für alle angemeldeten Schülerinnen und Schüler ohne ein Entgelt abdeckt. Sinkt die Anzahl der am Ganztagsbetrieb teilnehmenden Schülerinnen und Schüler zu einem späteren Schuljahr unter die Mindestgröße von 25 Schülerinnen und Schülern ab, hat dies zwar keinen Einfluss auf die bereits ausgesprochene Genehmigung des Ganztagsbetriebs, aber es entfällt die betreffende Ressourcenzuweisung.

3.5 Für die Grundstufen an sonderpädagogischen Bildungs- und Beratungszentren mit Förderschwerpunkt Lernen finden Ziffer 3.1 bis 3.4 mit der Maßgabe Anwendung, dass eine Gruppe zwölf Schülerinnen und Schüler umfasst. Ab vier weiteren Schülerinnen und Schülern, also ab insgesamt 16 Schülerinnen und Schülern, erhält die Grundstufe des sonderpädagogischen Bildungs- und Bratungszentrums mit Förderschwerpunkt Lernen rechnerisch zwei Gruppen. Sodann gilt, dass rechnerisch in 12er-Schritten Gruppen gebildet werden (ab 28 drei Gruppen, ab 40 vier Gruppen und so weiter).

3.6 Die Lehrerwochenstunden-Zuweisung pro Gruppe ist abhängig davon, an wie vielen Tagen und mit welchem zeitlichen Umfang dieGanztagsschule an der jeweiligen Grundschule oder Grundstufe des sonderpädagogischen Bildungs- und Beratungszentrums mit Förderschwerpunkt Lernen umgesetzt wird. Die Schulen erhalten pro Gruppe die nachfolgend bestimmte Anzahl von Lehrerwochenstunden *(abgekürzt: LWStd.)*:

drei Tage à sieben Zeitstunden:	sechs LWStd.
drei Tage à acht Zeitstunden:	neun LWStd.
vier Tage à sieben Zeitstunden:	acht LWStd.
vier Tage à acht Zeitstunden:	zwölf LWStd.

Basis der Ressourcenzuweisung ist eine Meldung der voraussichtlichen Anzahl der Gruppen, die bis spätestens zum 1. April jeden Jahres dem Staatlichen Schulamt gemeldet werden muss. Das Staatliche Schulamt meldet diese voraussichtliche Gruppenanzahl bis spätestens zum

15. April jeden Jahres dem Regierungspräsidium weiter, welches seinerseits das Kultusministerium bis zum 30. April jeden Jahres informiert. Sofern der Umfang der Monetarisierung mindestens zehn Lehrerwochenstunden beträgt, kann die Schulleitung für den zusätzlichen Aufwand im Zusammenhang mit der Monetarisierung aus dem für die Monetarisierung möglichen Budget eine Entlastungsstunde in Anspruch nehmen oder in diesem Umfang auch Mittel für eine Unterstützung durch Dritte einsetzen.

3.7 Im Übrigen gelten für die Arbeitszeit der Lehrkräfte die Bestimmungen der [...] Lehrkräfte-ArbeitszeitVO) und die hierzu ergangenen Ausführungsbestimmungen.

3.8 Gemäß § 4a SchG genehmigte Schulen haben jedes Jahr bis zum 1. Dezember den Staatlichen Schulämtern eine Rückmeldung über die im laufenden Schuljahr im Ganztagsbetrieb befindlichen Schülerinnen und Schülern zu geben.

4
Verträge mit außerschulischen Partnern im Rahmen des Ganztagsbetriebs und zur Aufsichtsführung in der Mittagspause

4.1 Außerschulische Partner werden im Rahmen des Ganztagsbetriebs auf der Grundlage einer Kooperationsvereinbarung (Ziffer 4.2) oder auf der Grundlage einer ehrenamtlichen Beauftragung (Ziffer 4.3) tätig.

4.2 Die Zusammenarbeit mit gemeinnützigen Vereinen, Körperschaften, Kirchen, Religionsgemeinschaften, Verbänden und Organisationen als außerschulischen Partnern erfolgt auf der Basis einer schriftlichen Kooperationsvereinbarung. Entsprechende Formulare und Vorlagen für eine Kooperationsvereinbarung werden den Schulleitungen vom Kultusministerium zur Verfügung gestellt.

4.3 Schulen können mit einzelnen Personen zusammenarbeiten, die Angebote für die Ausgestaltung des Ganztagsbetriebes machen. Grundlage ist eine schriftliche ehrenamtliche Beauftragung. Die ehrenamtlich beauftragte Person erklärt, dass sie in der Summe ihrer Einkünfte die Grenzen des § 3 Nr. 26 EStG nicht überschreitet. Eine Vorlage für eine Beauftragung wird den Schulleitungen vom Kultusministerium zur Verfügung gestellt.

4.4 Vereinbarungen mit den in Ziffer 4.1 bis Ziffer 4.3 genannten außerschulischen Partnern und den einzelnen Personen schließen die Schulleiterin oder der Schulleiter namens und in Vertretung des Landes.

4.5 Für die Aufsichtsführung in der Mittagspause außerhalb des Speiseraums dürfen aus sozialversicherungsrechtlichen Gründen Einzelpersonen im Sinne der Ziffer 4.3 nicht eingesetzt werden. Im Übrigen gelten für Angebote in der Mittagspause außerhalb des Speiseraums die Ziffern 4.1 bis 4.4 entsprechend.

5
Evaluation

5.1 Schulen, die nach den vorliegenden Regelungen Lehrerwochenstunden erhalten, sind verpflichtet, jedes erste Schulhalbjahr an einer Auswertung der durch die Monetarisierung finanzierten Tätigkeiten teilzunehmen und Angaben über die Verwendung der Mittel und die damit bezahlten Leistungen zu machen (Evaluation). Bei der Evaluation werden gegebenenfalls auch Daten erhoben über Schülerzahlen, Gruppenzahlen, Zusammenarbeit mit außerschulischen Partnern und die Höhe der Monetarisierung. ⇨ Datenschutz (Schulen)

5.2 Die Evaluation erfolgt durch das Kultusministerium beziehungsweise durch einen beauftragten Projektträger.

6
Schulbezirkswechsel

Wenn für einen Schüler oder eine Schülerin der Wechsel aus dem Bezirk einer verbindlichen Ganztagsschule an eine Schule ohne verbindlichen Ganztagsbetrieb beantragt wird, stellt dies einen wichtigen Grund im Sinne des § 76 Absatz 2 Nummer 3 SchG dar. Das gleiche gilt für den Wechsel aus dem Schulbezirk einer Grundschule ohne Ganztagsbetrieb oder aus dem Bezirk einer Grundstufe eines sonderpädagogischen Bildungs- und Beratungszentrums mit Förderschwerpunkt Lernen in den Schulbezirk einer Ganztagsschule. Für einen Wechsel an eine Grundschule im Verbund mit einer Gemeinschaftsschule gilt § 76 Absatz 2 Satz 2 SchG.

7
Überführung von bestehenden Schulversuchen gemäß § 22 SchG

Soweit eine Grundschule bisher als Schulversuch über § 22 SchG als sogenannte Ganztagsschule mit besonderer pädagogischer und sozialer Aufgabenstellung oder als sogenannte Ganztagsschule in offener Form betrieben wird, kann der kommunale Schulträger für diese unter Beachtung der Anforderungen des § 1 Ganztagsgrundschulverordnung einen Antrag auf Umwandlung in eine Ganztagsgrundschule gemäß § 4a SchG stellen. Sobald der Antrag auf Umwandlung in eine Ganztagsgrundschule gemäß§ 4a SchG wirksam genehmigt ist, gelten für den Ganztagsbetrieb die Bestimmungen des § 4a SchG und die hierzu ergangenen Ausführungsbestimmungen; die Konditionen über den Ganztagsbetrieb im Schulversuch aus dem Einrichtungserlass gelten nicht mehr. Sofern der Schulträger für eine als Schulversuch bestehende Ganztagsgrundschule gemäß § 22 SchG keinen Antrag auf Umwandlung in eine Ganztagsgrundschule gemäß § 4a SchG stellt, wird der Ganztagsbetrieb mit den im Einrichtungserlass des Schulversuchs genannten Konditionen fortgeführt.

⇨ Arbeitszeit (Lehrkräfte); ⇨ Datenschutz (Schulen); ⇨ Ganztagsschulen (Allgemeines); ⇨ Grundschule (Ganztagsgrundschulverordnung); ⇨ Grundschule (Leistungsbeurteilung GS und SBBZ); ⇨ Grundschule (Verlässliche); ⇨ Schulentwicklung und Evaluation; ⇨ Schulgesetz §§ 4, 4a, 22, 76, 114

Grundschule (Leistungsbeurteilung GS und SBBZ)

VO des KM über die Leistungsbeurteilung in Grundschulen und sonderpädagogischen Bildungs- und Beratungszentren vom 19.4.2016 (K.u.U. S. 183/2016)

§ 1
Grundlagen der Leistungsbeurteilung

Kompetenzorientierung des Lernens verlangt entsprechende Formen der Leistungsbeurteilung. Kompetenzorientierte Rückmeldungen im Verlauf des Lernprozesses, z.B. auf der Grundlage von kompetenzbasierten Berichten, Beobachtungsbögen, Lernentwicklungsberichten, Lerntagebüchern, Portfolios geben Aufschluss darüber, wie weit das einzelne Kind auf dem Weg zu den anzustrebenden Kompetenzen am Ende eines Lernabschnitts bzw. bis zum Ende der Grundschulzeit fortgeschritten ist und sind Grundlage für die Leistungsbeurteilung. In Beratungs- und Lernentwicklungsgesprächen erhalten Kinder und Eltern regelmäßig Informationen, worin die nächsten Lernschritte bestehen sollten. Die Rückmeldungen an die Eltern und Kinder erfolgen nach transparenten Kriterien und verdeutlichen die individuellen Fortschritte und das erreichte Kompetenzniveau der Standards. Lehrkräfte machen Schülerinnen und Schüler altersentsprechend mit Instrumenten zur Selbsteinschätzung vertraut und stärken sie sukzessive in ihrer Selbstbeurteilungskompetenz. Die Gesamtlehrerkonferenz entwickelt ein motivationsförderliches Leistungsbeurteilungskonzept und befindet unter Beachtung von § 3 Absatz 5 und 7 nach Zustimmung der Schulkonferenz und nach Anhörung des Elternbeirats über die Anzahl der schriftlichen Arbeiten.

Hinweis der Redaktion: Ab Schuljahr 2022/23 wird der Schulversuch ‚Lernförderliche Leistungsrückmeldung in der Grundschule' („Grundschule ohne Noten") fortgesetzt. Eine Teilnahme ab dem Schuljahr 2023/2024 ist noch möglich, dann muss mit dem Schulversuch in den Klassen 1 und 2 begonnen werden. Voraussetzung für die Teilnahme sind ein Antrag der Schule, die Zustimmung der Gesamtlehrerkonferenz und der Schulkonferenz sowie die Beratung des Schulversuchs im Elternbeirat.

§ 2
Schulbericht in Klassen 1 und 2

(1) In den Klassen 1 und 2 wird ein Schulbericht erstellt. Der Schulbericht dient vor allem der Förderung der Schülerin oder des Schülers. Um das Zutrauen des Kindes in die eigenen Fähigkeiten zu erhalten und zu fördern, orientiert sich der Schulbericht in erster Linie an den Möglichkeiten der einzelnen Schülerin oder des einzelnen Schülers und nicht an denen anderer Schülerinnen und Schüler und deren Leistungen.

(2) Im Schulbericht werden sachliche Feststellungen zum Verhaltensbereich, zum Arbeitsbereich und zum Lernbereich getroffen, zum Ende des zweiten Schulhalbjahres der Klasse 2 unter Berücksichtigung der Projektpräsentation.

1. Im Verhaltensbereich werden Aussagen zum Verhalten gegenüber Mitschülerinnen und Mitschülern, gegenüber Lehrkräften und zum Umgang mit Sachen getroffen,
2. im Arbeitsbereich werden Aussagen zum Arbeitsverhalten in der Klasse, in der Gruppe und bei Einzelarbeit, zum Beispiel über Ausdauer, Engagement, Eigeninitiative, Aufmerksamkeit und Sorgfalt getroffen,
3. im Lernbereich werden Aussagen zur Leistungsfähigkeit, zum Beispiel bezüglich Sprachverständnis, Leseverständnis, Zuhören, Ausdruck und schriftlicher Darstellung, zu motorischen Kompetenzen, zu kreativen und kognitiven Leistungen getroffen. Einzelheiten zum Lernstand in den einzelnen Fächern ergänzen diesen Bereich. Weiter können ergänzende Hinweise zum individuellen Bereich der Schülerin oder des Schülers gemacht werden. Im Schulbericht zum Ende des zweiten Schulhalbjahres der Klasse 2 sind für die Fächer Deutsch und Mathematik ganze Noten nach § 5 der ⇨ Notenbildungsverordnung im Lernbereich auszubringen.

(3) Zur Abfassung des Schulberichts sollen die von der Schülerin oder dem Schüler im Unterricht und als Hausaufgabe gefertigten schriftlichen und praktischen Arbeiten sowie die mündlichen Beiträge, Portfolios und Präsentationen sorgfältig beobachtet werden. Präsentationsergebnisse, Lern- und Entwicklungsdokumentationen oder kompetenzbasierte Berichte sind einzubeziehen.

(4) Die Schülerinnen und Schüler erhalten zum Ende der Klasse 1 sowie zum Ende des ersten und zweiten Schulhalbjahres der Klasse 2 einen Schulbericht. Die Gesamtlehrerkonferenz kann mit Zustimmung der Schulkonferenz und nach Anhörung des Elternbeirats beschließen, dass der Schulbericht zum Ende des ersten Schulhalbjahres der Klassenstufe 2 durch ein dokumentiertes Lernentwicklungsgespräch ersetzt wird, das die Klassenlehrkraft nach Beratung in der Klassenkonferenz mit den Erziehungsberechtigten und der Schülerin oder dem Schüler führt. Lehnen die Erziehungsberechtigten ein dokumentiertes Lernentwicklungsgespräch ab, wird ein Schulbericht erstellt.

(5) Der Schulbericht wird von der Klassenkonferenz erarbeitet und beschlossen. Die Klassenlehrkraft kann beauftragt werden, einen Entwurf zu fertigen.

§ 3
Leistungsfeststellung, Lernentwicklungsgespräche und Halbjahresinformation in den Klassen 3 und 4

(1) Halbjahresinformationen und Zeugnisse geben ein Bild von der individuellen Leistungsentwicklung sowie den Kompetenzen und eröffnen gleichzeitig eine ermutigende Perspektive für die weitere

Welche Befugnisse haben Hilfskräfte an Schulen? Hätten Sie's gewusst? Die Antwort steht auf Seite 520.

Entwicklung. Sie stützen sich auf sorgfältige Beobachtungen, mündliche Beiträge, schriftliche und praktische Arbeiten sowie Präsentationsergebnisse, Lern- und Entwicklungsdokumentationen oder kompetenzbasierte Berichte. Es werden der Verlauf und die gesamte Lernentwicklung berücksichtigt. Die Leistungsbewertung erfolgt in der pädagogischen Verantwortung der Lehrkraft.

(2) Zum Ende des ersten Schulhalbjahres der Klassen 3 und 4 erhalten die Schülerinnen und Schüler eine Halbjahresinformation. Die Gesamtlehrerkonferenz kann mit Zustimmung der Schulkonferenz und nach Anhörung des Elternbeirats beschließen, dass die Halbjahresinformation zum Ende des ersten Schulhalbjahres der Klasse 3 durch ein dokumentiertes Lernentwicklungsgespräch ersetzt wird, das die Klassenlehrerin oder der Klassenlehrer nach Beratung in der Klassenkonferenz mit den Erziehungsberechtigten und der Schülerin oder dem Schüler führt. Lehnen die Erziehungsberechtigten ein dokumentiertes Lernentwicklungsgespräch ab, wird eine Halbjahresinformation erstellt.

(3) In den Klassen 3 und 4 werden in Deutsch und Mathematik schriftliche Arbeiten auch für die Lernkontrolle und den Leistungsnachweis angefertigt. Beim Umfang und bei der Beurteilung § 5 der Notenbildungsverordnung ist auf die Ausdauer und die Konzentrationsfähigkeit von Schülerinnen und Schülern dieses Alters besonders Rücksicht zu nehmen.

(4) Schriftliche Arbeiten sollen in den Klassen 3 und 4 in angemessenem Umfang bei der Leistungsbewertung einbezogen werden. Zu beachten sind die Besonderheiten der individuellen Förderung und eine motivationsförderliche Besprechung der Ergebnisse.

(5) In den Klassen 3 und 4 sind pro Schuljahr im Fach Deutsch nicht mehr als acht schriftliche Arbeiten und im Fach Mathematik nicht mehr als sechs schriftliche Arbeiten, die der Lernkontrolle und dem Leistungsnachweis dienen, anzufertigen. Sie sind gleichmäßig auf das gesamte Schuljahr zu verteilen. Bei allen schriftlichen Arbeiten sind Abweichungen von der Rechtschreibung sowie Ausdrucksmängel zu beachten und zur individuellen Förderung heranzuziehen.

(6) Am ersten Schultag nach einem zusammenhängenden Ferienabschnitt sowie an Montagen und dem auf einen gesetzlichen Feiertag folgenden Tag dürfen keine schriftlichen Arbeiten geschrieben werden, die der Lernkontrolle und dem Leistungsnachweis dienen. An einem Tag darf nur eine solche schriftliche Arbeit angefertigt werden.

(7) Mit Ausnahme der Fremdsprache können in allen Fächern praktische Arbeiten und Lerntagebücher sowie schriftliche Arbeiten, die Übungs- und Wiederholungscharakter haben, gefertigt werden. Diese können zur Sicherung der Notengebung herangezogen werden.

(8) Aus pädagogischen Gründen kann in besonders gelagerten Einzelfällen die Klassenkonferenz entscheiden, auf eine Leistungsbewertung durch Noten vorübergehend zu verzichten; die Erziehungsberechtigten sind vorher anzuhören.

(9) In der Fremdsprache sind schriftliche Arbeiten wie Nachschriften, Diktate, schriftliche Vokabeltests oder Übersetzungen ausgeschlossen. Die Notengebung beruht überwiegend auf der kriteriengestützten Beobachtung der Schülerleistung und der individuellen Lernfortschritte; die Feststellung des Leistungsstandes im Hör-Leseverstehen fließt in die Notengebung ein.

Hinweis der Redaktion: Nach dem Bildungsplan für Klasse 3/4 Ziff. 3.2.1.3 sollen die Schüler*innen „einfache isolierte Wendungen und Sätze" in der Fremdsprache schreiben und „einzelne, auch unbekannte Wörter, einfache Wendungen und Sätze weitgehend fehlerfrei abschreiben; nach vorgegebenen Mustern kurze Mitteilungen schreiben; in kurze Texte Wörter oder Satzteile einfügen" können. Schriftliche Arbeiten sollen also angefertigt und auch korrigiert werden, sie werden aber nicht benotet.

(10) Zum Ende des Schuljahres der Klasse 3 werden in den Fächern Deutsch und Mathematik zentrale Diagnosearbeiten gestellt, die nicht benotet werden.

⇨ Lernstandserhebungen

§ 4
Präsentation, Lern- und Entwicklungsdokumentation

(1) Im zweiten Schulhalbjahr der Klasse 2 und im ersten Schulhalbjahr der Klasse 4 wird jeweils eine Präsentation abgehalten. Eine der Präsentationen erfolgt im Fach Deutsch, die andere in der Regel in den Fächern Sachunterricht oder Mathematik. Die Präsentationen können in der Gruppe durchgeführt werden.

(2) Präsentationsergebnisse, Lern- und Entwicklungsdokumentationen oder kompetenzbasierte Berichte sind in die Leistungsbewertung einzubeziehen. Sie geben Aufschluss über die erreichten Kompetenzen.

§ 5
Schrift und Gestaltung in Klassen 3 und 4

In den Klassen 3 und 4 der Grundschule erhalten die Schülerinnen und Schüler in der Halbjahresinformation eine schriftliche Information und im Jahreszeugnis sowie im Abschlusszeugnis eine Note nach § 5 der Notenbildungsverordnung für Schrift und Gestaltung. Die Note ist nicht für die Versetzung maßgebend.

Hinweis der Redaktion: Gemäß § 6 wird diese VO auf Schüler *innen der SBBZ mit einem festgestellten Anspruch auf ein sonderpädagogisches Bildungsangebot mit dem Förderschwerpunkt Lernen oder geistige Entwicklung nicht angewandt.

⇨ Aufnahmeverfahren; ⇨ Aufnahmeverordnung; ⇨ Schulpflicht (Ausländische Schüler*innen); ⇨ Behinderungen (Förderbedarf) Nr. 2.3.2; ⇨ Grundschule (Versetzungsordnung); ⇨ Lernstandserhebungen; ⇨ Notenbildungsverordnung §§ 3, 11; ⇨ Zeugnisse

Ist der Schulgottesdienst eine Pflichtveranstaltung? Hättet Sie's gewusst? Die Antwort steht auf Seite 136.

Grundschule (Stundentafel)

§ 1 der Verordnung des Kultusministeriums über die Stundentafel der Grundschule vom 28. April 1994 (GBl. S. 283; K.u.U. S. 409/1994); zuletzt geändert 26.7.2018 (GBl. S. 280/2018)

§ 1
Stundentafel

Für die Grundschule gilt die als Anlage beigefügte Stundentafel.

Vorbemerkungen zur Stundentafel

Die Wochenstunden im Fach Religionslehre werden im Einvernehmen mit den obersten Kirchenbehörden unbeschadet der Rechtslage erteilt. Die Wochenstundenzahl im Fach Religionslehre wird unter Beteiligung der zuständigen kirchlichen Beauftragten festgelegt

Der Unterricht in der Fremdsprache beginnt in Klasse 3. Die genehmigten bilingualen Standorte können den Unterricht in der Fremdsprache im Rahmen der hierfür zur Verfügung gestellten Ressourcen ab Klasse 1 anbieten. Nach Entscheidung des Kultusministeriums ist die Fremdsprache in Grenznähe zu Frankreich in der Regel Französisch und im Übrigen in der Regel Englisch.

Hinweis der Redaktion: Die Einzelheiten stehen im Beitrag ➪ Grundschule (Fremdsprachen).

Die vorgesehenen Richtwerte, für Musik sechs Stunden und Kunst / Werken sieben Stunden, dienen der Orientierung, die konkrete Verteilung obliegt der Schule.

Die Stunden für Förderung und Vertiefung sind vorrangig in den Fächern Deutsch und Mathematik einzusetzen (verpflichtend für alle Schülerinnen und Schüler der Klassenstufe 1 und 2). Abweichungen davon setzen den Beschluss der Gesamtlehrerkonferenz, das Einverständnis der Schulkonferenz sowie eine Beratung durch das zuständige Staatliche Schulamt voraus und können nur für ein Schuljahr festgesetzt werden.

Hinweis der Redaktion: Das KM hat hierzu mitgeteilt: „Um der Schule eine Profilierung zu ermöglichen, sind maßvolle Abweichungen von den Richtwerten möglich." (Infodienst Schulleitung 257/Juni 2016) ➪ Konferenzordnung § 2 Abs, 1 Nr. 1a

Anlage (zu § 1)

Kontingentstundentafel für die Grundschule

	Klasse 1 - 4
Religionslehre	8
Deutsch	28
Fremdsprache	4
Mathematik	21
Sachunterricht	12
Musik	6
Kunst / Werken	7
Bewegung, Spiel und Sport	12
Stunden für Förderung und Vertiefung vorrangig in den Fächern Deutsch und Mathematik (für alle Schülerinnen und Schüler der Klassenstufe 1 und 2 verpflichtend)	4
Themenorientierte Projekte	integrativ innerhalb der Fächer
Gesamtkontingent	102

➪ Einschulung und schulärztliche Untersuchung; ➪ Grundschule (Fremdsprachen); ➪ Grundschule (Leistungsbeurteilung); ➪ Grundschule (Verlässliche); ➪ Grundschule (VersetzungsVO); ➪ Konferenzordnung § 2 Abs. 1 Nr. 1a

Hätten Sie's gewusst? – Eltern fragen, wir antworten.

Ist Nachhilfe bei schlechten Noten sinnvoll?

Frage: Der neue Mathematiklehrer hat den Eltern unserer Klasse empfohlen, doch privaten Nachhilfeunterricht zu organisieren. Die ersten beiden Klassenarbeiten hätten einen Durchschnitt unter 4,5 gehabt und er habe den Eindruck gewonnen, dass in den vorhergehenden Klassen viel Stoff versäumt wurde. Er selbst sei weder in der Lage noch verpflichtet, diese Lücken zu schließen.

Antwort: Lassen Sie sich nicht mit solchen Sprüchen abfertigen! Wenn das mit den Lücken stimmt, müssen die Eltern sich nicht allein mit der Lehrkraft auseinandersetzen oder allein für Abhilfe sorgen, sondern dann sollte die Schulleitung hinzugezogen werden. Denn nach § 41 Schulgesetz ist diese verantwortlich für eine geordnete und sachgemäße Schularbeit, sie ist in Erfüllung ihrer Aufgaben weisungsberechtigt gegenüber den Lehrkräften und verantwortlich für die Einhaltung der Bildungs- und Lehrpläne und der für die Notengebung allgemein geltenden Grundsätze. Laden Sie die Schulleitung und den Mathelehrer zum Elternabend (in die Sitzung der Klassenpflegschaft) ein.

Außerdem: Die Schule muss (die Lehrkräfte müssen) den Unterricht grundsätzlich so organisieren und gestalten, dass die Schüler*innen ohne Nachhilfe auskommen. Übrigens: Wenn es tatsächlich nicht ohne Nachhilfe geht, weil ein Kind es ohne diese Unterstützung nicht packt, besitzen bedürftige Schüler*innen Anspruch auf staatliche Transferleistungen aus dem ➪ Bildungspaket.

Siehe auch: ➪ Nachhilfe; ➪ Notenbildungsverordnung § 2 Abs. 1; ➪ Schulgesetz § 41.

Grundschule (Verlässliche Grundschule)

Verlässliche Grundschule in Baden-Württemberg; Auszug aus den Vorgaben des Kultusministeriums (Schreiben an die Schulleitungen vom 15.12.1999; III/2-6662.01/325)

Hinweis der Redaktion: Die hier abgedruckten „Vorgaben" sind zwar schon recht alt, aber nach wie vor gültig.

1. Optimierung des Stundenplans

Der Unterricht soll regelmäßig am Vormittag stattfinden. Nachmittagsunterricht soll weitgehend vermieden werden. Der Grundschule wird in diesem Zusammenhang bei der Hallenbelegung, dem Fachunterricht, den Lehraufträgen usw. Priorität eingeräumt. Die Staatlichen Schulämter unterstützen die Grundschulen hierbei. Die Grundschule öffnet 15 Minuten vor Unterrichtsbeginn (Aufsicht durch Lehrkräfte). Der Unterricht soll jeden Tag gleichmäßig beginnen (z.B. 8.30 Uhr) und möglichst gleichlange Unterrichtsblöcke umfassen.

➪ Aufsichtspflicht

Die Klassen 1 und 2 beginnen spätestens zur 2. Stunde, die Klassen 3 und 4 zur 1. Stunde. Von diesen Vorgaben darf nur aus zwingenden Gründen abgewichen werden. Dies gilt in besonderem Maße für die Klassen 1 und 2.

Hinweise der Redaktion:

1. Über den Unterrichtsbeginn entscheidet die Schulkonferenz. Die Gesamtlehrerkonferenz besitzt hierzu ein Beratungs- und Antragsrecht. ➪ Schulgesetz § 47 Abs. 3 Nr. 2
2. Für Ganztagesgrundschulen hat das KM andere Hinweise gegeben; siehe: ➪ Ganztagesschulen

2. Verlässlichkeit der Unterrichtszeiten

Die Sicherung verlässlicher Unterrichtszeiten hat oberste Priorität. [...] Bei einem kurzzeitigen Ausfall einer Lehrkraft ist die Vertretung des Unterrichts durch die Lehrkräfte der Schule sicherzustellen bzw. mit anderen vorhandenen Möglichkeiten der Schule zu reagieren. [...]

➪ Konferenzordnung § 2 Absatz 1, Nr. 9

Bei längerzeitigen Ausfällen von Lehrkräften muss die Vertretung durch die Schulverwaltung sichergestellt werden.

Hinweis der Redaktion: Den Grundschulen steht neben der Vertretungsreserve nach Maßgabe der Verwaltungsvorschrift ➪ Unterrichtsorganisation (Organisationserlass) ein „Zeitkontingent" im Umfang von 70 Unterrichtsstunden pro Schuljahr zur Verfügung, um kurzzeitige Unterrichtsausfälle zu vermeiden.

3. Aktivpausen

Die Rhythmisierung zwischen Unterricht und Pausen muss ausgewogen und auf die Bedürfnislage der Kinder abgestimmt sein. Den Grundschulen wird empfohlen, als Element zur Rhythmisierung des Unterrichts am Vormittag eine zweite große Pause einzuführen. Die Kindheitsbedingungen haben sich auch im Hinblick auf die Bewegungs-, Sport- und Spielmöglichkeiten geändert. Deshalb sollten die bereits bestehenden Pausenzeiten zu Aktivpausen/ Bewegungspausen weiterentwickelt werden. Die Grundschulen erhalten hierzu Empfehlungen. [...]

[...] Zu dem dargestellten Mindeststandard kommt dann ggf. – entsprechend dem örtlichen Bedarf – ein Betreuungsangebot des Schulträgers oder eines privaten Trägers (z.B. Elternverein) hinzu. Damit kann den Kindern und Eltern eine verlässliche Öffnungszeit der Grundschule am Vormittag von bis zu 5 1/2 Stunden angeboten werden, Die Betreuungszeit kann vor oder nach dem Unterricht liegen oder den Unterricht als Gürtel umschließen. Bei Bedarf sollte eine Frühbetreuung z.B. ab 7.00 Uhr weitergeführt bzw. eingerichtet werden. Die Betreuung findet in der Regel in den Räumen der Schule statt.

Hinweis der Redaktion: In den Förderrichtlinien des KM über Zuwendungen an die Träger von Betreuungsangeboten (K.u.U. S. 51/2008; zuletzt geändert 11.12.2008, Ku.U. S. 33/2009) ist u.a. verfügt, dass der Zeitrahmen bis zu sechs Stunden einschließlich Unterricht und Pausen beträgt (Ziff. 4.2.1) und dass die Betreuungszeit spätestens um 14.00 Uhr endet (Ziff. 4.2.2).

Das Land bezuschusst die konkrete Betreuungszeit im Rahmen von durchschnittlich 5 1/2 Stunden (abzüglich der Unterrichtszeit und der Pausenzeit) am Vormittag mit 50% der pauschal festgelegten Personalkosten. Eine Mindestgruppengröße wird zunächst nicht mehr vorgegeben. Die Betreuungszeit wird in der Regel von Erzieherinnen oder anderen in der Erziehung erfahrenen Kräften, die beim Schulträger angestellt sind, abgedeckt. Die Betreuung kann jedoch auch von einem Elternverein oder Förderverein organisiert werden. Die bisher bereits in der Kernzeitenbetreuung erfolgreich tätigen Betreuungskräfte sollen in das Betreuungsangebot im Rahmen der verlässlichen Grundschule integriert werden. [...]

Eine Beteiligung der Schule bei der Auswahl der Betreuungskräfte und eine enge Kooperation bei der Umsetzung der Betreuungsphase zwischen Schule und Schulträger ist anzustreben. Die Erfahrungen aus der Kernzeitenbetreuung zeigen, dass die Betreuungskräfte noch stärker in das schulische Leben einbezogen werden müssen, da deren pädagogische Kompetenz eine Bereicherung für die Schule darstellt. Die Verlässliche Grundschule erfordert ein neu strukturiertes pädagogisches Team. Die Schulleitung trägt Sorge dafür, dass sich Betreuung und Unterricht zu einem Gesamtkonzept ergänzen, das in einem pädagogischen Team entwickelt, umgesetzt und weiterentwickelt wird.

Die Schulleitungen werden gebeten, die schulischen Gremien über das Projekt zu informieren und frühzeitig in die Umsetzung einzubinden. In enger Kooperation mit dem Schulträger bzw. einem privaten Träger ist die Frage des ergänzenden Betreuungsangebotes zu klären. [...]

➪ Aufsichtspflicht; ➪ Grundschule (Ganztagsgrundschul-VwV); ➪ Grundschule (GanztagsgrundschulVO); ➪ Grundschulförderklasse; ➪ Lehrbeauftragte

Grundschule (Versetzungsordnung)

Verordnung des Kultusministeriums über die Versetzung an Grundschulen (Grundschulversetzungsordnung) vom 30. Januar 1984 (K.u.U. S. 59); zuletzt geändert 21.6.2017 (K.u.U. S. 152/2017)

Hinweise der Redaktion:

1. Alle Entscheidungen nach dieser VO werden von der Klassenkonferenz unter Vorsitz des/der Schulleiter*in getroffen. ⇨ Konferenzordnung § 4 Abs. 1 Nr. 4, § 12 Abs. 2 Ziff. 1
2. Zur Lese-Rechtschreib- und zur Rechenschwäche siehe: ⇨ Behinderungen (Förderbedarf) Nr. 2.2 und 2.3

§ 1
Versetzungsanforderungen

(1) Von Klasse 1 nach Klasse 2 steigt ein Schüler ohne Versetzungsentscheidung auf. Im Übrigen werden nur die Schüler in die nächsthöhere Klasse versetzt, die aufgrund ihrer Leistungen den Anforderungen im laufenden Schuljahr im Ganzen entsprochen haben und die deshalb erwarten lassen, dass sie den Anforderungen der nächsthöheren Klasse gewachsen sind. Ein Schüler wird auch dann versetzt, wenn die Klassenkonferenz zu der Auffassung gelangt, dass seine Leistungen nur vorübergehend nicht für die Versetzung ausreichen, dass er aber nach einer Übergangszeit den Anforderungen der nächsthöheren Klasse voraussichtlich gewachsen sein wird.

(2) Die Voraussetzungen für eine Versetzung gemäß Absatz 1 Satz 2 liegen vor

1. von Klasse 2 nach Klasse 3, wenn der Schüler im Jahreszeugnis in keinem der Fächer Deutsch und Mathematik die Note „ungenügend" und in nicht mehr als einem dieser Fächer die Note „mangelhaft" erreicht hat;
2. von Klasse 3 nach Klasse 4, wenn der Schüler im Jahreszeugnis in den Fächern Deutsch und Mathematik sowie im Sachunterricht zweimal mindestens „ausreichend" und einmal mindestens „mangelhaft" erreicht hat.

(3) Die Versetzung oder Nichtversetzung eines Schülers ist im Zeugnis wie folgt zu vermerken: „Versetzt" oder „Nicht versetzt".

§ 2
Meldung versetzungsgefährdeter Schüler

(1) Wird in den Klassen 2 bis 4 eine Klasse in den Fächern Deutsch, Mathematik sowie ab Klasse 3 im Sachunterricht nur von einem Lehrer unterrichtet, hat dieser sechs Wochen vor Aushändigung der Jahreszeugnisse alle Schüler, bei denen die Versetzung gefährdet erscheint, dem Schulleiter schriftlich zu melden. Der Schulleiter oder ein von ihm beauftragter Lehrer hat sich von den Leistungen dieser Schüler im Unterricht einen ausreichenden Eindruck zu verschaffen, über den die Klassenkonferenz vor der Beschlussfassung zu unterrichten ist.

(2) An ein- und zweiklassigen Schulen ist die Meldung an das Staatliche Schulamt zu richten. Dieses oder ein von ihm Beauftragter verschafft sich von den Leistungen der Schüler im Unterricht einen ausreichenden Eindruck. Die Entscheidung über die Nichtversetzung ist erst nach Beratung mit dem Staatlichen Schulamt oder dessen Beauftragten zu treffen.

§ 3
Aussetzung der Versetzungsentscheidung

Die Klassenkonferenz kann die Entscheidung über die Versetzung längstens bis zum Ende des nächsten Schulhalbjahres aussetzen und von der Erteilung eines Zeugnisses absehen, wenn hinreichende Entscheidungsgrundlagen fehlen, weil die Leistungen des Schülers dadurch abgesunken sind, dass er im zweiten Schulhalbjahr

1. aus von ihm nicht zu vertretenden Umständen die Schule wechseln musste oder
2. wegen Krankheit länger als acht Wochen den Unterricht nicht besuchen konnte oder
3. durch sonstige besonders schwerwiegende von ihm nicht zu vertretende Gründe in seinem Leistungsvermögen erheblich beeinträchtigt war.

Auf dem Zeugnisformular ist anstelle der Noten der Vermerk anzubringen: „Versetzung ausgesetzt gemäß § 3 der Versetzungsordnung". Bis zur endgültigen Entscheidung über die Versetzung nimmt der Schüler am Unterricht der nächsthöheren Klasse teil.

§ 4
Überspringen einer Klasse

In Ausnahmefällen können Schüler mit Einverständnis der Erziehungsberechtigten nach folgenden Maßgaben bis zu zwei Klassen überspringen:

1. Schüler, deren geistiger Entwicklungsstand so überdurchschnittlich ist, dass eine Einschulung in Klasse 1 pädagogisch nicht sinnvoll erscheint, können in Klasse 2 eingeschult werden. Die Entscheidung trifft der Schulleiter; er kann hierzu ein fachpsychologisches Gutachten einholen.
2. Schüler, deren Gesamtleistungen so überdurchschnittlich sind, dass ein Verbleiben in der bisherigen Klasse pädagogisch nicht sinnvoll erscheint, können in der Regel am Ende des ersten Schulhalbjahres der Klassen 1 bis 3 in die nächsthöhere Klasse oder zum Schuljahresende der Klassen 1 bis 2 in die übernächste Klasse überwechseln. Die Entscheidung trifft die Klassenkonferenz. An der Klassenkonferenz nehmen die Lehrer der Klasse, in die der Schüler übertreten soll, mit beratender Stimme teil.
3. Bei Schülern, deren Gesamtleistungen so überdurchschnittlich sind, dass ein Verbleiben in der Grundschule pädagogisch nicht sinnvoll erscheint, kann am Ende der Klasse 3 festgestellt werden, dass das Ziel der Abschlussklasse der Grundschule erreicht ist, und eine Grundschulempfehlung ausgesprochen werden. Die Entscheidung trifft die Klassenkonferenz. Die Regelungen der Aufnahmeverordnung gelten entsprechend.

§ 5
Freiwillige Wiederholung einer Klasse

(1) Schülerinnen und Schülern der Klassen 1 bis 4 wird auf Antrag der Erziehungsberechtigten einmal

während des Besuchs dieser Klassen gestattet, eine Klasse freiwillig zu wiederholen. Die freiwillige Wiederholung ist zulässig am Ende der Klasse 1, während der Klasse 2, in den Klassen 3 und 4 in der Regel nur zum Ende eines Schulhalbjahres; über Ausnahmen entscheidet der Schulleiter.

(2) Die freiwillige Wiederholung hat zur Folge, dass die zuletzt ausgesprochene Versetzung rückwirkend als nicht mehr getroffen gilt. Die freiwillige Wiederholung ist im Zeugnis mit „wiederholt freiwillig" zu vermerken.

§ 6

Ziel der Abschlussklasse

Am Ende der Klasse 4 ist festzustellen, ob das Ziel der Abschlussklasse der Grundschule erreicht ist. Das Ziel der Grundschule haben Schüler erreicht, die aufgrund von § 1 Abs. 2 Nr. 2 dieser Versetzungsordnung versetzt werden können.

➩ Abschlüsse und Bildungswege; ➩ Aufnahmeverordnung; ➩ Befangenheit; ➩ Behinderungen (Förderbedarf) Nr. 2.3.2; ➩ Grundschule (Leistungsbeurteilung GS und SBBZ); ➩ Integration und Sprachförderung; ➩ Multilaterale Versetzungsordnung; ➩ Notenbildungsverordnung; ➩ Schulgesetz § 73 Abs. 1; ➩ Schulpflicht (Ausländische Schüler*innen); ➩ Zeugnisse

Grundschulförderklassen

Öffentliche Grundschulförderklassen; Verwaltungsvorschrift des Kultusministeriums vom 16. August 1991 (K.u.U. S. 399/1991); neu erlassen am 6.7.1998 (K.u.U. S. 208/1998)

I. Allgemeines

1.

Begriff der öffentlichen Grundschulförderklasse

Öffentliche Grundschulförderklassen werden als organisatorisch und pädagogisch eigenständige Einrichtungen von einer Gemeinde, einem Landkreis oder einem Zweckverband gemeinsam mit dem Land unterhalten. Die Lehrer und Erziehungskräfte (Erzieher und Fachlehrer) stehen im Dienst des Landes [...]. – Die übrigen Grundschulförderklassen sind Grundschulförderklassen in freier Trägerschaft (private Grundschulförderklassen).

2.

Verfahren bei der Einrichtung

2.1 Grundsatz

Für die Einrichtung von Grundschulförderklassen gilt § 30 Abs. 1 SchG entsprechend.

2.2 Zuweisung von Erziehungskräften

Das Land weist Erziehungskräfte nur zu, wenn die Grundschulförderklasse die Bestimmungen dieser Verwaltungsvorschrift erfüllt und die haushaltsmäßigen Voraussetzungen vorliegen. Jede Förderklasse der Grundschulförderklasse wird von einer fachlich vorgebildeten Erziehungskraft betreut.

2.3 Größe

Eine Förderklasse kann in der Regel eingerichtet werden, wenn zu erwarten ist, dass sie auf Dauer von mindestens 15 vom Schulbesuch zurückgestellten Kindern besucht wird.

2.4 Elternbeirat

Ein Elternbeirat kann eingerichtet werden. Dem Elternbeirat der Grundschule wird empfohlen, den Elternbeirat der Grundschulförderklasse zu Sitzungen einzuladen, wenn Fragen besprochen werden, die die Grundschulförderklasse berühren.

II. Aufgabe und Ausgestaltung der Grundschulförderklasse

1.

Aufgabe

Die Grundschulförderklasse hat die Aufgabe, schulpflichtige, aber gemäß § 74 Abs. 2 SchG vom Schulbesuch zurückgestellte Kinder zur Grundschulfähigkeit zu führen. Durch gezielte Förderung und freies Spiel sollen diese Kinder in ihrer geistigen, seelischen und körperlichen Entwicklung so gefördert werden, dass eine Aufnahme in die Grundschule möglich wird. Hierbei kommt dem sozialen Lernen innerhalb der Gruppe besondere Bedeutung zu. Es gehört jedoch nicht zu den Aufgaben der Grundschulförderklasse, die Lerninhalte des Anfangsunterrichts der Grundschule vorwegzunehmen.

Für zurückgestellte Kinder mit leichten sprachlichen Behinderungen können in der Grundschulförderklasse entsprechende sprachheilpädagogische Maßnahmen von besonders dafür ausgebildeten Lehrkräften (Zusammenarbeit mit sonderpädagogischen Beratungsstellen) durchgeführt werden.

Kinder mit Behinderungen, für die aufgrund ihres pädagogischen Förderbedarfs bei Schuleintritt voraussichtlich der Besuch der Sonderschule nach § 15 Abs. 1 SchG geeignet erscheint, werden nicht in die Grundschulförderklasse aufgenommen. Dasselbe gilt für Kinder, die Defizite ausschließlich im Beherrschen der deutschen Sprache haben. Für diese Kinder sind andere Fördermaßnahmen vorgesehen.

➩ Einschulung und schulärztliche Untersuchung

2.

Organisation und Arbeit

2.1 Aufgaben des Leiters

Grundschulförderklassen werden an Grundschulen geführt. Der Leiter der Grundschule ist zugleich

Sind Wahl- und Geschäftsordnungen nötig? Hätten Sie's gewusst? Die Antwort steht auf Seite 118.

Leiter der Grundschulförderklasse. Er leitet und verwaltet die Grundschulförderklasse und vertritt sie nach außen.

Zu seinem Aufgabenbereich gehören insbesondere:

die Aufnahme der Kinder,

die Mitwirkung bei der Organisation der Beförderung der Kinder,

die Festlegung der Öffnungs- und Betreuungszeit sowie

die Anordnung der Vertretung von Erziehungskräften im Verhinderungsfall.

Die vom Schulträger für die Grundschulförderklassen bereitgestellten Mittel sind ausschließlich für diese zu verwenden (Ausgestaltung der Räume, Ausstattung, Materialien usw.).

Der Schulleiter nimmt diese Aufgaben in Abstimmung mit der Erziehungskraft der Förderklasse und den dort eingesetzten Lehrern wahr. [...]

Der Schulleiter kann einzelne Leitungsfunktionen auf eine Erziehungskraft der Grundschulförderklasse übertragen. [...]

2.2 Aufgabe der Erziehungskraft

Die Erziehungskraft trägt die pädagogische Verantwortung für die Förderung und Betreuung der Kinder.

Sie wirkt bei der Aufnahme der Kinder mit.

Sie sorgt für deren ganzheitliche Förderung und leitet erforderlichenfalls sonderpädagogische Maßnahmen ein.

Sie erstellt einen Förder- und Wochenplan.

Am Ende des Schuljahres erteilt sie auf Wunsch der aufnehmenden Schule Auskunft über den Entwicklungsstand der Kinder und gibt gegebenenfalls Empfehlungen zur weiteren Förderung der Kinder.

Die Erziehungskräfte arbeiten eng mit den Erziehungsberechtigten zusammen, insbesondere durch Elternsprechstunden und Elternabende. Die Erziehungskräfte sollen die Erziehungsberechtigten beraten, mit welchen Hilfen sie zur Förderung der Kinder beitragen können. Erforderlichenfalls können Hausbesuche durchgeführt werden. Die Erziehungskräfte arbeiten auch mit entsprechenden Institutionen (Kindergarten, Beratungsstellen u.a.) zusammen.

Die Erziehungskräfte nehmen an den Lehrerkonferenzen der Grundschule teil, wenn Fragen besprochen werden, die die Arbeit der Grundschulförderklasse berühren. [...].

2.3 Mitarbeit der Lehrer

Aus pädagogischen und organisatorischen Gründen arbeiten Lehrer von Grundschulen stundenweise an der Grundschulförderklasse mit. Die Zuweisung der Lehrerstunden erfolgt durch das Staatliche Schulamt. Die Mitwirkung der Grundschullehrer an der Grundschulförderklasse gehört zu den ordentlichen Dienstaufgaben der Lehrer. Bei der Mitarbeit der Lehrer an der Grundschulförderklasse soll möglichst auf Kontinuität geachtet werden. Die Mitarbeit der Lehrer ist in regelmäßiger Absprache mit den Erziehungskräften den jeweiligen Erfordernissen der Grundschulförderklasse anzupassen und kann Einzel- und Gruppenförderung umfassen.

Die Erziehungskräfte der Grundschulförderklassen und die Lehrer, die bei der Betreuung und Förderung der Kinder mitwirken, sollen sich in regelmäßigen Besprechungen mit den Fortschritten sowie mit den Förder- und Betreuungsschwierigkeiten der einzelnen Kinder befassen und gemeinsame Vorschläge zur wirksamen Förderung dieser Kinder erarbeiten.

2.4 Klassengröße – Die Kinder sollen in Klassen von 15 bis 20 Kindern betreut werden.

3.

Förderungs- und Betreuungszeit

Die Förderungs- und Betreuungszeit für jedes Kind soll 22 Wochenstunden betragen. Die Grundschulförderklasse kann in einzelnen Stunden geteilt werden. Die gemeinsame Förderungs- und Betreuungszeit soll jedoch mindestens 13 bis 15 Stunden betragen.

Erforderlichenfalls können Kinder parallel zur Gruppenbetreuung durch Lehrer oder Erzieher zusätzlich noch einzeln gefördert werden. Die Einzelförderung sollte eine zeitlich begrenzte Maßnahme sein und für das einzelne Kind nicht mehr als 2 Wochenstunden betragen.

Für den Beginn der Betreuung am Vormittag sind die jeweils geltenden Regelungen über die Festsetzung der Unterrichtsstunden für die 1. Klasse der Grundschule maßgebend. Die Betreuung in der 6. Unterrichtsstunde soll möglichst vermieden werden.

Eine pädagogisch angemessene Stundenverteilung macht in der Regel eine Betreuung an mindestens zwei Nachmittagen erforderlich. Bei der Gestaltung des Stundenplans sind örtliche Gegebenheiten (z.B. Fahrwege für die Kinder) zu berücksichtigen.

Samstags werden die Kinder nicht betreut.

⇨ Grundschule (Verlässliche GS); ⇨ Unterrichtsorganisation (Organisationserlass) Nr. 1.3

4.

Räumliche Unterbringung

Jede Grundschulförderklasse benötigt einen Raum. Daneben sollte ein Mehrzweckraum zur Verfügung stehen, z.B. durch Mitbenutzung eines Mehrzweckraumes der Grundschule. Ferner ist auf die altersgemäße Spielmöglichkeiten im Freien und ausreichende Benutzungsmöglichkeiten vorhandener Sportstätten zu achten.

III.
Besondere Fördermaßnahmen

Für zurückgestellte Kinder, die in zumutbarer Entfernung keine Grundschulförderklasse erreichen können, können an ausgewählten Grundschulen besondere Förderangebote durch Grundschullehrer erfolgen. Bei Kindern, die noch ein weiteres Jahr den Kindergarten besuchen, kann diese Förderung innerhalb des Kindergartens im Rahmen der Kooperation von Kindergarten und Grundschule erfolgen. [...]

⇨ Einschulung und schulärztliche Untersuchung; ⇨ Haushalt (Kommunaler Finanzausgleich § 18a; ⇨ Kooperation Kindertageseinrichtungen und Grundschule; ⇨ Schulgesetz §§ 2 Abs. 1, 5a und 38; ⇨ Schulkindergärten

Gymnasium (Abitur – AGVO)

Verordnung des Kultusministeriums über die Jahrgangsstufen sowie die Abiturprüfung an Gymnasien der Normalform und Gymnasien in Aufbauform (Abiturverordnung Gymnasien der Normalform – AGVO) vom 19.10.2018 (K.u.U. S. 194), zuletzt geändert 5.4.2023 (K.u.U. S. 63/2023)

Abschnitt 1 Allgemeines

§ 1

Geltungsbereich

Diese Verordnung gilt für die Gymnasien der Normalform und die Gymnasien in Aufbauform.

Hinweis der Redaktion: Für Schüler*innen, die im Schuljahr 2022/2023 in die erste oder zweite Jahrgangsstufe eingetreten sind oder die Abiturprüfung wiederholen, gelten gem. § 42 Sonderregelungen.

§ 2

Gliederung der gymnasialen Oberstufe

(1) Die gymnasiale Oberstufe umfasst gemäß § 8 Absatz 5 Nummer 1 des Schulgesetzes für Baden-Württemberg die Klasse 10 als Einführungsphase und die Jahrgangsstufen 11 und 12. Die beiden Jahrgangsstufen bilden die Qualifikationsphase.

➪ Gymnasium (Schulversuch G 9); ➪ Schulgesetz § 8

(2) In der Einführungsphase, der bei dem Übergang in die Qualifikationsphase eine Überleitungsfunktion zukommt, finden die allgemeinen Regelungen für Schülerinnen und Schüler des allgemeinbildenden Gymnasiums Anwendung; für die Qualifikationsphase, in der auf die Abiturprüfung vorbereitet wird, gilt dies vorbehaltlich der Regelungen dieser Verordnung.

(3) Bei den Gymnasien in Aufbauform bilden die Klasse 11 die Einführungsphase und die Jahrgangsstufen 12 und 13 die Qualifikationsphase der gymnasialen Oberstufe.

§ 3

Organisation der Qualifikationsphase

(1) Die Qualifikationsphase umfasst insgesamt vier Schulhalbjahre und bildet eine pädagogische Einheit. Eine Versetzung zwischen den Jahrgangsstufen findet nicht statt. Die einzelnen Fächer werden in jeweils halbjährigen Kursen als Basis- und Leistungsfächer unterrichtet. Die Kurse sind in der Regel an die Jahrgangsstufe gebunden; übergreifende Kurse sind möglich.

(2) Der Unterricht in der Qualifikationsphase vermittelt eine breite und vertiefte Allgemeinbildung und führt zur allgemeinen Studierfähigkeit. Er führt dazu in wissenschaftliche Methoden, Fragestellungen und Denkweisen ein. Die Kurse in den Basisfächern des Unterrichtsangebotes im Pflichtbereich sind auf eine allgemeine Orientierung im Bereich des Faches und auf die Sicherung einer breiten Grundbildung ausgerichtet; in den Leistungsfächern darüber hinaus auf die Vermittlung erweiterter und exemplarisch vertiefter Kenntnisse und Kompetenzen.

§ 4

Information und Beratung

Über das Kurssystem in den Jahrgangsstufen findet eine Beratung durch die Schule statt. Die Beratung umfasst insbesondere

1. die Arbeitsweise in den Kursen,
2. die Bildungs und Lehrpläne,
3. das voraussichtliche Kursangebot der Schule,
4. die verbindliche Kursbelegung und
5. die grundsätzlichen Regelungen für die Abiturprüfung und für die Feststellung der Gesamtqualifikation, die für die Zuerkennung der allgemeinen Hochschulreife maßgebend ist.

Eine angemessene Information über die Hochschulen, über Berufsfelder sowie Strukturen und Anforderungen des Studiums und der Berufs- und Arbeitswelt sind Teil der Beratung.

§ 5

Die Stellung der Tutorin und des Tutors

Jeder Schülerin und jedem Schüler steht in der Qualifikationsphase eine Lehrkraft als Tutorin oder Tutor zur Verfügung. Diese Lehrkraft erfüllt die Aufgaben, die bei einem Unterricht im Klassenverband der Klassenlehrerin oder dem Klassenlehrer obliegen. Sie nimmt an allen Konferenzen, die eine zu betreuende Schülerin oder einen zu betreuenden Schüler individuell betreffen, mit beratender Stimme teil, wenn nicht eine Mitgliedschaft in der jeweiligen Konferenz gegeben ist.

§ 6

Notengebung und Punktesystem

(1) In der Qualifikationsphase sowie in der Abiturprüfung werden die Leistungen mit den Noten nach der Skala von „sehr gut“ bis „ungenügend“ und den ihnen je nach Notentendenz zugeordneten Punkten bewertet. Dabei entspricht

die Note „sehr gut“	15/14/13 Punkten je nach Notentendenz
die Note „gut“	12/11/10 Punkten je nach Notentendenz
die Note „befriedigend“	9/8/7 Punkten je nach Notentendenz
die Note „ausreichend“	6/5/4 Punkten je nach Notentendenz
die Note „mangelhaft“	3/2/1 Punkten je nach Notentendenz
die Note „ungenügend“	0 Punkten.

Es werden nur ganze Noten und volle Punkte gegeben.

(2) Werden in Ausnahmefällen Teilbereiche eines Kurses von verschiedenen Lehrkräften unterrichtet, einigen diese sich über die gemeinsam zu bildende Zeugnisnote und die entsprechende Punktzahl.

(3) Im Fach Musik können besondere Leistungen in den Arbeitsgemeinschaften Chor und Orchester bei der Leistungsbewertung in den Kursen auf Antrag mitberücksichtigt werden; im Fach Sport gilt dies für Leistungen im Rahmen der Schulsportwettbewerbe

„Jugend trainiert für Olympia“ und „Jugend trainiert für Paralympics“, wenn eine Leistungsbewertung durch eine Sportlehrkraft der Schule nach Maßgabe der Anforderungen der fachpraktischen Abiturprüfung im Fach Sport erfolgt ist.

§ 7
Klassenarbeiten und gleichwertige Feststellung von Leistungen

(1) In den Kursen der Leistungsfächer, außer im Fach Sport, sind in den ersten drei Schulhalbjahren jeweils mindestens je zwei Klassenarbeiten und im vierten Schulhalbjahr mindestens je eine Klassenarbeit anzufertigen. Im Kurs des Leistungsfaches Sport sind in allen Schulhalbjahren jeweils mindestens eine und in den beiden ersten Schulhalbjahren zusammen mindestens drei Klassenarbeiten anzufertigen.

(2) In den Kursen der Basisfächer, außer im Fach Sport, ist in allen Schulhalbjahren jeweils mindestens je eine Klassenarbeit anzufertigen. Die Klassenarbeit kann im Kurs des Faches Literatur und Theater im dritten und vierten Schulhalbjahr jeweils durch eine fachpraktische Arbeit und im Kurs des Vertiefungskurses Sprache im dritten Kurshalbjahr durch mehrere, höchsten jedoch fünf, schriftliche Hausarbeiten geringeren Umfangs ersetzt werden; im vierten Kurshalbjahr des Vertiefungskurses Sprache ist sie durch eine schriftliche Hausarbeit im Sinne von Absatz 3 Satz 1 zu ersetzen.

(3) Neben den Klassenarbeiten sind gleichwertige Feststellungen von Leistungen vorgesehen, die sich insbesondere auf schriftliche Hausarbeiten, Projekte, darunter auch experimentelle Arbeiten im naturwissenschaftlichen Bereich, Referate, mündliche, gegebenenfalls auch außerhalb der stundenplanmäßigen Unterrichtszeit terminierte Prüfungen oder andere Präsentationen beziehen. Diese Leistungen sind von jeder Schülerin und jedem Schüler in den ersten drei Schulhalbjahren in drei zu wählenden Fächern zu erbringen. Die Wahl der Fächer erfolgt spätestens innerhalb von sechs Wochen nach Beginn des Unterrichts im ersten Schulhalbjahr. Die Fachlehrkräfte sorgen für eine Koordination dieser Leistungsfeststellungen; sie bestimmen im Anschluss an die Wahl unter Beachtung pädagogischer und organisatorischer Gesichtspunkte über die Verteilung der zu erbringenden Leistungen auf die einzelnen Schulhalbjahre und teilen dies den Schülerinnen und Schülern unverzüglich mit. Darüber hinaus besteht das Recht zu einer gleichwertigen Leistungsfeststellung in einem weiteren Fach; die Wahl des Fachs erfolgt spätestens mit dem Eintritt in das vierte Schulhalbjahr.

§ 8
Zeugnisse

(1) Für jedes Schulhalbjahr wird ein Zeugnis über die in den einzelnen Kursen erreichten Bewertungen und über Verhalten und Mitarbeit erteilt.

(2) Die Zeugnisse werden am Ende des jeweiligen Schulhalbjahres, für das vierte Schulhalbjahr spätestens mit der Bekanntgabe der Ergebnisse der schriftlichen Abiturprüfung ausgegeben.

⇨ Zeugnisse

Abschnitt 2
Kurssystem

§ 9
Unterrichtsangebot, Aufgabenfelder

(1) Das Unterrichtsangebot gliedert sich in einen Pflichtbereich und einen Wahlbereich.

(2) Das Unterrichtsangebot im Pflichtbereich umfasst

1. das sprachlich-literarisch-künstlerische Aufgabenfeld mit den Fächern Deutsch, Englisch, Französisch, Latein, Griechisch, Russisch, Italienisch, Spanisch, Portugiesisch, Chinesisch, Bildende Kunst und Musik,
2. das gesellschaftswissenschaftliche Aufgabenfeld mit den Fächern Geschichte, Geographie, Gemeinschaftskunde, Wirtschaft sowie den Fächern Religionslehre und Ethik,
3. das mathematisch-naturwissenschaftlich-technische Aufgabenfeld mit dem Fach Mathematik und den Fächern der Naturwissenschaften (Physik, Chemie, Biologie) sowie dem Fach Naturwissenschaft und Technik (NwT),
4. das Fach Sport.

(3) Das Unterrichtsangebot im Wahlbereich umfasst die Fächer Astronomie, Darstellende Geometrie, Vertiefungskurs Mathematik, Vertiefungskurs Sprache, Geologie, Informatik, Digitale mathematische Werkzeuge (DmW), Literatur, Literatur und Theater, Philosophie und Psychologie sowie die spät beginnenden Fremdsprachen; letztere setzen einen Unterricht spätestens ab dem Eintritt in die Einführungsphase zumindest als Arbeitsgemeinschaft voraus.

(4) Das Kultusministerium kann weitere Fächer für den Pflicht- und Wahlbereich zulassen.

§ 10
Kursangebot

(1) Den Rahmen für das Angebot an Kursen bildet das der Schule nach Maßgabe der Verwaltungsvorschrift des Kultusministeriums zur Unterrichtsorganisation und Eigenständigkeit der Schulen (Organisationserlass) des jeweiligen Schuljahrs für die Qualifikationsphase zur Verfügung stehende Budget. Das Kursangebot wird von der Schulleitung unter Berücksichtigung der an der Schule geführten Profile, insbesondere nach den personellen, räumlichen und sächlichen Voraussetzungen der Schule gestaltet. Dabei haben die besuchs- und anrechnungspflichtigen Kurse Vorrang. Es wird eine größtmögliche Kontinuität angestrebt.

⇨ Unterrichtsorganisation (Organisationserlass)

(2) Die Kurse sind vorbehaltlich der Sätze 2 und 3

1. in den Leistungsfächern fünfstündig,
2. in den Basisfächern Deutsch, Mathematik, der Fremdsprachen, der Naturwissenschaften sowie Naturwissenschaft und Technik dreistündig und
3. in den übrigen Basisfächern zweistündig.

Die Kurse in der neu begonnenen zweiten Fremdsprache am Gymnasium in der dreijährigen Aufbauform sind vierstündig.

Die Kurse in der spät beginnenden Fremdsprache sind nach Entscheidung der Schulleitung zwei-, drei- oder vierstündig; die Vorgaben für die besondere Lernleistung bleiben unberührt.

(3) Die Kurse in den Leistungsfächern werden getrennt neben den gegebenenfalls drei- oder zweistündigen Kursen des jeweiligen Basisfaches angeboten. In Ausnahmefällen können sie auch durch Zusatzkurse zu den Kursen eines Basisfaches gebildet werden. Kurse im Fach Wirtschaft werden nur als solche in einem Leistungsfach angeboten. Kurse im Fach Naturwissenschaft und Technik werden nur als Basisfach angeboten.

(4) In den Basisfächern Geographie und Gemeinschaftskunde können in Ergänzung zu den belegpflichtigen Kursen nach § 13 Absatz 1 Satz 1 Nummer 6 jeweils zwei weitere Kurse angeboten werden.

(5) Das Angebot an Kursen wird rechtzeitig bekanntgegeben. Ein Anspruch auf das Angebot eines bestimmten Faches oder eines bestimmten Kurses besteht nicht.

§ 11
Allgemeine Hinweise zur Kurswahl; Kurswahl in Religionslehre

(1) Im Rahmen des Kursangebotes der Schule wählen die Schülerinnen und Schüler neben den zwölf Kursen in den Leistungsfächern mindestens 30 weitere Kurse in den Basisfächern, wobei der Seminarkurs im Umfang von zwei Kursen berücksichtigt werden kann. Es besteht die Pflicht, an den gewählten Kursen und Arbeitsgemeinschaften regelmäßig teilzunehmen. Kurse werden jeweils für eine Jahrgangsstufe belegt; §§ 12 bis 14 bleiben unberührt.

(2) Die Kurse in Religionslehre sind grundsätzlich entsprechend der jeweiligen Religionszugehörigkeit zu besuchen. Liegt eine Religionszugehörigkeit nicht vor oder wird an der jeweils besuchten Schule in dem betreffenden Schulhalbjahr keine der Religionszugehörigkeit entsprechende Religionslehre angeboten, ist der Besuch von Kursen in Religionslehre mit Zustimmung der hierfür verantwortlichen Religionsgemeinschaft möglich.

⇨ Religionsunterricht (Teilnahme)

(3) Werden Kurse im Sinne von Absatz 2 Satz 1 angeboten, können im Verlauf der Qualifikationsphase höchstens zwei Kurse in Religionslehre einer anderen Religionsgemeinschaft besucht werden, soweit nicht bereits in der Einführungsphase der Unterricht in Religionslehre einer anderen Religionsgemeinschaft besucht wurde. Voraussetzung ist die Zustimmung der eigenen sowie der Religionsgemeinschaft, welche für die Kurse, die besucht werden sollen, verantwortlich ist. Unter dieser Voraussetzung können im Übrigen in Härtefällen auch Kurse in Religionslehre einer anderen Religionsgemeinschaft besucht werden.

(4) Soweit nach dieser Verordnung in einer Fremdsprache Pflichtunterricht spätestens ab Klasse 8 vorausgesetzt wird, kann die obere Schulaufsichtsbehörde in besonders begründeten Einzelfällen hiervon Ausnahmen zulassen. Kurse werden jeweils für eine Jahrgangsstufe belegt; §§ 12 bis 14 bleiben unberührt.

§ 12
Belegungspflicht für die Kurse in den Leistungsfächern

(1) In drei Leistungsfächern sind Kurse zu belegen. Die Belegung von Kursen in weiteren Leistungsfächern ist nicht möglich.

(2) Die Kombination der Kurse in den Leistungsfächern erfolgt

1. im Rahmen des schulischen Angebots und
2. unter der Maßgabe, dass
   a) zwei der drei Leistungsfächer die Fächer Deutsch, Mathematik, eine Fremdsprache oder eine Naturwissenschaft umfassen,
   b) als drittes Leistungsfach ein weiteres Fach aus dem Unterrichtsangebot im Pflichtbereich zu wählen ist und
   c) bei der Abiturprüfung die drei Aufgabenfelder des Unterrichtsangebots im Pflichtbereich und die Fächer Deutsch und Mathematik abgedeckt sind.

(3) In den Leistungsfächern sind in den vier Schulhalbjahren die aufeinanderfolgenden Kurse zu besuchen. Ein Wechsel im Verlauf der Qualifikationsphase ist nicht zulässig; § 14 Absatz 4 bleibt unberührt. Die Kurse in der Fremdsprache setzen hierbei jeweils Pflichtunterricht spätestens ab Klasse 8 voraus. Ein Kurs in Religionslehre oder Ethik kann als Leistungsfach nur gewählt werden, wenn in der Einführungsphase Unterricht im jeweiligen Fach im Umfang von mindestens einem Schulhalbjahr besucht wurde. Wer vom Sportunterricht im Zeitpunkt der Kurswahl auch lediglich teilweise dauerhaft befreit ist, kann einen Kurs in diesem Fach nicht als Leistungsfach wählen.

§ 13
Belegungspflicht für die Kurse in den Basisfächern

(1) In den vier Schulhalbjahren der Qualifikationsphase sind neben den Kursen in den Leistungsfächern folgende Kurse in den Basisfächern zu belegen:

1. in Deutsch die vier Kurse,
2. in Mathematik die vier Kurse,
3. in mindestens einer Fremdsprache, die jeweils mindestens Pflichtunterricht ab Klasse 8 voraussetzt, die vier Kurse,
4. in einem der Fächer Bildende Kunst oder Musik die vier Kurse,
5. in Geschichte die vier Kurse,
6. in Geographie und Gemeinschaftskunde die jeweils zwei belegpflichtigen Kurse,
7. in Religionslehre oder Ethik die vier Kurse,
8. in mindestens einer der Naturwissenschaften die vier Kurse,
9. in Sport die vier Kurse;

darunter entweder in zwei Fremdsprachen oder in zwei Naturwissenschaften jeweils vier Kurse. Anstelle der Belegung von vier Kursen in einer zweiten Naturwissenschaft können nach Maßgabe von Absatz 6 auch vier Kurse in Naturwissenschaft und Technik belegt werden.

(1a) Wer in der Einführungsphase am Gymnasium in der dreijährigen Aufbauform den Unterricht in der zweiten Fremdsprache neu begonnen hat, hat vier Kurse in der zweiten Fremdsprache zu belegen. Absatz 1 Nummer 3 Satz 1 bleibt unberührt.

(2) Der Verpflichtung zur Belegung von Kursen in den Basisfächern wird auch durch den Besuch von Kursen dieser Fächer in den Leistungsfächern entsprochen. In diesen Fällen kann das Fach nicht zusätzlich als Basisfach besucht werden. Wird das Leistungsfach Wirtschaft belegt, so ist abweichend von Absatz 1 Satz 1 Nummer 6 in den Basisfächern Geographie und Gemeinschaftskunde von den belegpflichtigen Kursen jeweils nur der erste unterrichtete Kurs zu belegen.

(3) In den Fächern Astronomie, Darstellende Geometrie, Digitale mathematische Werkzeuge, Geologie, Literatur, Philosophie und Psychologie können im Verlauf der Qualifikationsphase nur zwei zweistündige Kurse besucht werden; der Besuch solcher Kurse in unterschiedlichen Schuljahren ist in der Regel nicht möglich.

(4) Wer keinen Kurs in Religionslehre besucht, hat stattdessen vorbehaltlich des schulischen Angebots Kurse im Fach Ethik zu besuchen.

(5) Wer die Belegungspflicht nach Absatz 1 aufgrund einer Befreiung im Basisfach Sport nicht erfüllt, hat an Stelle der in diesem Fach zu besuchenden Kurse zusätzlich in entsprechender Anzahl Kurse in anderen Basisfächern.

(6) Die Belegung von Kursen in Naturwissenschaft und Technik setzt Unterricht im Profilfach Naturwissenschaft und Technik spätestens ab Klasse 8 voraus.

§ 14
Kurswahl

(1) Vor Eintritt in die Qualifikationsphase ist eine vollständige und korrekte Kurswahl vorzulegen. Für die zweite Jahrgangsstufe ist eine Nachwahl im Rahmen der Regelungen dieser Verordnung möglich. Der Zeitpunkt für Beginn und Abschluss der Wahl wird durch die Schulleitung festgesetzt. Der Zeitpunkt für den Abschluss der Wahl darf nicht früher als acht Wochen vor Ende des Unterrichts in der Einführungsphase liegen. Die vier Kurse im Basisfach Sport, die nach den von der Schule festgelegten Unterrichtsangeboten durchgeführt werden, sind vor Eintritt in die Qualifikationsphase zu wählen.

(2) Die Wahl bezieht sich nur auf das Fach und die Art des Kurses. Die Wahl eines Kurses in einem bestimmten Fach begründet keinen Anspruch auf Einrichtung dieses Kurses.

(3) Aufgrund der Wahl weist die Schulleitung die Schülerinnen und Schüler den einzelnen Kursen zu. Kommt ein angebotener Kurs nicht zustande oder ist die Teilnahme an einem gewählten Kurs aus organisatorischen Gründen nicht möglich, ist innerhalb einer von der Schulleitung bestimmten angemessenen Frist eine Ersatzwahl zu treffen.

(4) Nach Abschluss der Wahl oder der Ersatzwahl ist ein Wechsel der Kurse oder ein Austritt aus einem Kurs nur in besonders begründeten Ausnahmefällen zu Beginn des Schuljahres innerhalb von zwei Wochen nach Unterrichtsbeginn auf Antrag mit Zustimmung der Schulleitung zulässig, wenn dies aus pädagogischen und organisatorischen Gründen möglich ist.

§ 15
Besondere Lernleistung

(1) Nach Wahl ist im Rahmen des schulischen Unterrichtsangebotes eine besondere Lernleistung möglich. Die besondere Lernleistung besteht als Seminarkurs aus

1. der regelmäßigen Teilnahme an zwei halbjährigen, in der Regel dreistündigen Kursen mit fächerübergreifender Themenstellung,
2. einem Kolloquium, das pro Schülerin oder Schüler etwa 20 bis 30 Minuten dauert, und
3. einer schriftlichen Dokumentation.

Statt der Teilnahme an den Kursen kann auch eine den Anforderungen der Oberstufe und der Abiturprüfung genügende, geeignete Arbeit aus einem Wettbewerb, einem Schülerstudium sowie einem Praktikum oder aus einem gesellschaftlichen Engagement in Gremien eingebracht werden, die schulischen Referenzfächern zugeordnet werden kann. Beiträge zu Gruppenarbeiten können als besondere Lernleistung nur dann berücksichtigt werden, wenn Einzelleistungen zugeordnet und bewertet werden können.

(2) Für das Kolloquium bildet die Schulleitung einen Fachausschuss, dem die Schulleiterin oder der Schulleiter oder eine an der besonderen Lernleistung vorher nicht beteiligte Lehrkraft als Leiterin oder Leiter und die an der besonderen Lernleistung beteiligten Lehrkräfte angehören. Die Regelungen zur Festsetzung des Ergebnisses und zur Protokollierung der mündlichen Abiturprüfung finden entsprechende Anwendung. Die Dokumentation und das Kolloquium sind keine Prüfungsleistungen im Sinne von § 30; auf die Dokumentation findet § 8 Absatz 6 der Notenbildungsverordnung entsprechende Anwendung.

(3) Für die besondere Lernleistung wird eine Gesamtnote ermittelt, für welche die beiden halbjährigen Kurse des Seminarkurses zusammen zur Hälfte, das Kolloquium und die Dokumentation zu je einem Viertel gewichtet werden. Dies gilt in den Fällen nach Absatz 1 Satz 3 entsprechend.

(4) Die in der besonderen Lernleistung erreichten Bewertungen werden in das Zeugnis des Schulhalbjahres aufgenommen, in dem die besondere Lernleistung abgeschlossen wird.

(5) Die besondere Lernleistung wird entsprechend ihrem inhaltlichen Schwerpunkt nach Entscheidung der beteiligten Fachlehrkräfte einem Aufgabenfeld nach § 9 Absatz 2 Nummer 1 bis 3 zugeordnet. Die Zuordnung setzt voraus, dass eine hierfür qualifizierte Fachlehrkraft beteiligt war.

(6) § 14 Absatz 4 findet auf die besondere Lernleistung als Seminarkurs entsprechende Anwendung.

Abschnitt 3
Gesamtqualifikation
und ordentliche Abiturprüfung

§ 16
Allgemeines

Die Gesamtqualifikation, die für die Zuerkennung der allgemeinen Hochschulreife maßgebend ist, wird aus den Leistungen in den Kursen (Block I) und in der Abiturprüfung (Block II) ermittelt.

§ 17
Gesamtqualifikation

(1) Im Block I der Gesamtqualifikation können bis zu 600 Punkte erreicht werden. Hierzu müssen 40 Kurse angerechnet werden. Höchstens acht der angerechneten Kurse, darunter höchstens drei Kurse in den Leistungsfächern, dürfen mit jeweils weniger als 5 Punkten in einfacher Wertung und kein Kurs darf mit 0 Punkten bewertet sein. Die im Block I erreichte Punktzahl ist entsprechend der Anlage 1 zu ermitteln; für die besondere Lernleistung werden hierbei zwei Kurse zugrunde gelegt. Unabhängig von den Belegungspflichten in der Qualifikationsphase müssen sich unter den angerechneten Kursen befinden:

1. die zwölf Kurse in den Leistungsfächern, wobei die Ergebnisse der Kurse in zwei Leistungsfächern doppelt gewichtet werden,
2. soweit nicht als Leistungsfach einzubringen,
   a) die vier Kurse in Deutsch,
   b) die vier Kurse in Mathematik,
   c) mindestens vier Kurse in einer Fremdsprache, die jeweils mindestens Pflichtunterricht ab Klasse 8 voraussetzt,
   d) mindestens vier Kurse in einer Naturwissenschaft,
   e) zwei Kurse in einem der Fächer Bildende Kunst oder Musik,
   f) die vier Kurse in Geschichte,
   g) die belegungspflichtigen Kurse in Geographie und Gemeinschaftskunde,
3. soweit nicht bereits nach Nummer 1 und 2 einzubringen, die Kurse in den mündlichen Prüfungsfächern.

Unter den angerechneten Kursen müssen sich entweder in zwei Fremdsprachen oder in zwei Naturwissenschaften jeweils vier Kurse befinden, wobei die zweite Naturwissenschaft auch durch vier Kurse in Naturwissenschaft und Technik ersetzt werden kann; über die anzurechnenden Kurse haben die Schülerinnen und Schüler spätestens am nächsten auf die Ausgabe des Zeugnisses für das vierte Schulhalbjahr folgenden Schultag zu entscheiden.

Anlage 1 (zu § 17 Absatz 1)

Ermittlung des Ergebnisses im Block I der Gesamtqualifikation

Im Block I werden 40 Kurse zur Anrechnung gebracht. Die Zahl 40 ist aufgrund der Doppelgewichtung der Kurse in zwei Leistungsfächern als Faktor zu benutzen. Somit ergibt sich folgende Formel für die Berechnung der Gesamtpunktzahl in Block I:

E I = (P : S) x 40

Dabei sind:

E I = (Gesamt-)Ergebnis Block I

P = Summe der Punkte in den eingebrachten Fächern in vier Kurshalbjahren

S = Anzahl der eingebrachten Kurshalbjahresergebnisse (doppelt gewichtete Fächer zählen auch hier doppelt)

Es wird in üblicher Weise auf eine volle Punktzahl gerundet.

Anlage 2 (Zu § 17 Absatz 2 Nummer 2 Halbsatz 4)

Tabelle zur Ermittlung des Ergebnisses in Block II der Gesamtqualifikation bei schriftlicher und mündlicher Prüfung in einem Fach

			Schriftliche Prüfung															
		Noten	6	5			4			3			2			1		
				-		+	-		+	-		+	-		+	-		+
Mündliche Prüfung: Noten		Punkte	0	1	2	3	4	5	6	7	8	9	10	11	12	13	14	15
6		0	0	3	5	8	11	13	16	19	21	24	27	29	32	35	37	40
	-	1	1	4	7	9	12	15	17	20	23	25	28	31	33	36	39	41
5		2	3	5	8	11	13	16	19	21	24	27	29	32	35	37	40	43
	+	3	4	7	9	12	15	17	20	23	25	28	31	33	36	39	41	44
	-	4	5	8	11	13	16	19	21	24	27	29	32	35	37	40	43	45
4		5	7	9	12	15	17	20	23	25	28	31	33	36	39	41	44	47
	+	6	8	11	13	16	19	21	24	27	29	32	35	37	40	43	45	48
	-	7	9	12	15	17	20	23	25	28	31	33	36	39	41	44	47	49
3		8	11	13	16	19	21	24	27	29	32	35	37	40	43	45	48	51
	+	9	12	15	17	20	23	25	28	31	33	36	39	41	44	47	49	52
	-	10	13	16	19	21	24	27	29	32	35	37	40	43	45	48	51	53
2		11	15	17	20	23	25	28	31	33	36	39	41	44	47	49	52	55
	+	12	16	19	21	24	27	29	32	35	37	40	43	45	48	51	53	56
	-	13	17	20	23	25	28	31	33	36	39	41	44	47	49	52	55	57
1		14	19	21	24	27	29	32	35	37	40	43	45	48	51	53	56	59
	+	15	20	23	25	28	31	33	36	39	41	44	47	49	52	55	57	60

vierfach gewertetes Prüfungsergebnis

Der Tabelle liegt folgender Rechenvorgang zugrunde:

$$p = \frac{2s + m}{3} \cdot 4$$

Ergeben sich für P nicht ganzzahlige Werte, wird auf eine volle Punktzahl gerundet (Beispiel: 41,33 auf 41 Punkte; 42,66 Punkte auf 43 Punkte). Dabei sind:

P = vierfach gewertetes Prüfungsergebnis,

s = Punktzahl der schriftlichen Prüfung im Fach,

m = Punktzahl der mündlichen Prüfung im Fach.

Bis zu diesem Zeitpunkt ist auch über die gegebenenfalls weiteren anzurechnenden Kurse und über die beiden Leistungsfächer, deren Kurse im Block I doppelt gewichtet werden sollen, zu entscheiden sowie darüber, ob die Gesamtnote einer besonderen Lernleistung als zwei Kurse angerechnet werden soll.

(1a) In den Fällen des § 13 Absatz 1 a findet Absatz 1 mit der Maßgabe Anwendung, dass zusätzlich zwei Kurse in der neu begonnenen zweiten Fremdsprache angerechnet werden müssen.

(2) Im Block II der Gesamtqualifikation können bis zu 300 Punkte erreicht werden. Er besteht aus der Summe der in der Abiturprüfung erreichten Punkte. Dabei sind die Punkte der Abiturprüfung unbeschadet §§ 24 und 26 Absatz 6 wie folgt zu ermitteln:

1. wurde in einem Fach nur schriftlich oder nur mündlich geprüft, ist die in der Prüfung erreichte Punktzahl vierfach zu werten;
2. wurde in einem Fach schriftlich und mündlich geprüft, werden das zweifach gewertete Ergebnis der schriftlichen Prüfung und das einfach gewertete Ergebnis der mündlichen Prüfung addiert und die Summe durch drei geteilt; es wird nicht gerundet; das so ermittelte Ergebnis wird mit vier multipliziert, ein nicht ganzzahliges Ergebnis auf eine volle Punktzahl gerundet (siehe Tabelle in Anlage 2).

Die besondere Lernleistung kann nach Wahl statt der Anrechnung in Block I ein mündliches Prüfungsfach, das nicht Deutsch oder Mathematik ist, ersetzen und wird dann vierfach gewertet.

§ 18
Teile der Abiturprüfung

Die Abiturprüfung besteht aus der schriftlichen und der mündlichen Prüfung. Dabei wird in zwei Prüfungsfächern ausschließlich mündlich geprüft (mündliche Prüfungsfächer). In den übrigen drei Prüfungsfächern (schriftliche Prüfungsfächer) wird nur schriftlich oder schriftlich und mündlich geprüft. In den Fächern Bildende Kunst, Musik und Sport werden die schriftlichen und gegebenenfalls mündlichen Prüfungen durch fachpraktische Prüfungen, in den modernen Fremdsprachen die schriftlichen Prüfungen durch Kommunikationsprüfungen ergänzt.

§ 19
Ort und Termine der Abiturprüfung

(1) Die Abiturprüfung wird an den öffentlichen und an den staatlich anerkannten privaten Gymnasien abgehalten. ⇨ Gymnasium (Abitur – Termine)

(2) Die Abiturprüfung findet einmal jährlich statt; die Regelungen dieser Verordnung zur Durchführung einer Nachprüfung in Einzelfällen bleiben unberührt. Die Termine der schriftlichen Prüfung werden vom Kultusministerium, die der mündlichen oder fachpraktischen Prüfung von der oberen Schulaufsichtsbehörde und die der Kommunikationsprüfung von der Schulleitung festgesetzt.

(3) Falls die Sportstättensituation oder die Witterungsabhängigkeit einer Sportart es erfordern, kann mit der praktischen Prüfung im Fach Sport bereits im dritten Schulhalbjahr begonnen werden (vorgezogene praktische Prüfung). Die Teilnahme an der vorgezogenen praktischen Prüfung impliziert die Entscheidung über eines der beiden mündlichen Prüfungsfächer nach § 21 Absatz 3.

§ 20
Prüfungsausschuss, Fachausschüsse

(1) Für die Abiturprüfung wird an jedem Gymnasium ein Prüfungsausschuss gebildet. Diesem gehören an:

1. als vorsitzendes Mitglied eine Vertreterin oder ein Vertreter oder eine beauftragte Person der oberen Schulaufsichtsbehörde,
2. als stellvertretend vorsitzendes Mitglied die Schulleiterin oder der Schulleiter,
3. sämtliche Fachlehrkräfte der Schule, welche die an der Abiturprüfung teilnehmenden Schülerinnen und Schüler (Prüflinge) in den letzten beiden Schulhalbjahren unterrichtet haben,
4. gegebenenfalls weitere von der oberen Schulaufsichtsbehörde oder von dem vorsitzenden Mitglied des Prüfungsausschusses beauftragte Personen oder von dem stellvertretend vorsitzenden Mitglied des Prüfungsausschusses mit der Führung des Protokolls beauftragte fachkundige Lehrkräfte.

Das vorsitzende Mitglied muss beide Staatsprüfungen für das gymnasiale Lehramt abgelegt haben oder über eine entsprechende Lehrbefähigung verfügen; in beiden Fällen muss die Lehrbefähigung für die gymnasiale Oberstufe vorliegen.

(2) Die Mitglieder des Prüfungsausschusses sind bei ihrer Prüfungstätigkeit unabhängig. Sie sind zur Amtsverschwiegenheit über alle Prüfungsangelegenheiten verpflichtet und vor Beginn der Prüfung hierüber zu belehren.

(3) Für die mündliche oder fachpraktische Prüfung in den einzelnen Fächern bildet das vorsitzende Mitglied des Prüfungsausschusses die erforderlichen Fachausschüsse. Jedem Fachausschuss gehören die nachfolgenden Personen an, die in dem jeweiligen Fach über die Lehrbefähigung für die gymnasiale Oberstufe verfügen oder das Fach in der Oberstufe unterrichtet haben sollen:

1. das vorsitzende Mitglied des Prüfungsausschusses oder ein von diesem bestimmtes Mitglied des Prüfungsausschusses als leitendes Mitglied, sofern die obere Schulaufsichtsbehörde nichts anderes bestimmt,
2. die Fachlehrkraft, welche den Prüfling im vierten Schulhalbjahr unterrichtet oder in den Fächern Geographie und Gemeinschaftskunde jeweils zuletzt unterrichtet hat, als prüfendes Mitglied,
3. ein weiteres fachkundiges Mitglied des Prüfungsausschusses, zugleich mit der Aufgabe, das Protokoll zu führen.

In Kursen, in denen von verschiedenen Fachlehrkräften für einzelne Fächer oder Teilbereiche unterrichtet wurde, gehören dem Fachausschuss die Fachlehrkräfte an, die in den zu prüfenden Fächern zuletzt unterrichtet haben. Sie sind jeweils für ihr Fach prüfendes Mitglied nach Satz 2 Nummer 2, im Übrigen weiteres Mitglied nach Satz 2 Nummer 3. Ist ein prüfendes Mitglied verhindert, wird vom vorsitzenden Mitglied des Prüfungsausschusses eine in dem betreffenden Fach in der Qualifikationsphase unterrichtende Lehrkraft als Ersatz bestellt.

(4) Das vorsitzende Mitglied des Prüfungsausschusses und die leitenden Mitglieder der Fachausschüsse sorgen für die ordnungsgemäße Durchführung der mündlichen oder fachpraktischen Prüfung. Dabei wird insbesondere darauf geachtet, dass die Bestimmungen dieser Verordnung eingehalten werden, nicht von unrichtigen Voraussetzungen oder sachfremden Erwägungen ausgegangen und nicht gegen allgemeine Bewertungsgrundsätze oder den Grundsatz der Gleichbehandlung aller Prüflinge verstoßen wird. Die Personen nach Absatz 1 Satz 2 Nummer 1 und 2 können bei allen Prüfungen und Beratungen der Fachausschüsse anwesend sein. Das vorsitzende Mitglied des Prüfungsausschusses kann darüber hinaus weitere Lehrkräfte oder Referendarinnen und Referendare als Zuhörerschaft bei der Prüfung und Beratung zulassen, sofern das Einverständnis des Prüflings vorliegt.

§ 21
Fächer der Abiturprüfung

(1) Schriftliche Prüfungsfächer sind die drei Leistungsfächer, mündliche Prüfungsfächer durch den Prüfling zu wählen. In den Fällen des § 26 Absatz 1 Satz 2 und 3 erstreckt sich die mündliche Prüfung auch auf die schriftlichen Prüfungsfächer.

(2) Für die Prüfungsfächer gelten folgende Bestimmungen:

1. die drei Aufgabenfelder des Unterrichtsangebots im Pflichtbereich und die Fächer Deutsch und Mathematik müssen abgedeckt sein,
2. in den Prüfungsfächern werden die vier Kurse durchgängig besucht; wird das Leistungsfach Wirtschaft belegt und werden die Basisfächer Geographie oder Gemeinschaftskunde als mündliches Prüfungsfach gewählt, sind abweichend davon im jeweiligen Basisfach nur der belegpflichtige Kurs nach § 13 Absatz 2 Satz 3 und die beiden Kurse nach § 10 Absatz 4 zu besuchen,
3. die Anzahl von 40 im Block I anzurechnenden Kursen darf durch die Wahl der mündlichen Prüfungsfächer nicht überschritten werden,
4. Religionslehre kann als mündliches Prüfungsfach nur gewählt werden, wenn in der Einführungsphase Unterricht im Umfang von mindestens einem Schulhalbjahr besucht wurde oder in einer Überprüfung zu Beginn des ersten Schulhalbjahres durch die Fachlehrkraft entsprechende Kenntnisse nachgewiesen wurden; es sind die vier Kurse in Religionslehre entsprechend der eigenen Religionszugehörigkeit zu besuchen oder in den Ausnahmefällen nach dieser Verordnung vier Kurse in Religionslehre ein und derselben Religionsgemeinschaft,
5. Ethik kann nur dann als mündliches Prüfungsfach gewählt werden, wenn in der Einführungsphase Ethikunterricht im Umfang von mindestens einem Schulhalbjahr besucht wurde oder in einer Überprüfung zu Beginn des ersten Schulhalbjahres durch die Fachlehrkraft des Kurses entsprechende Kenntnisse nachgewiesen wurden,
6. bei der Wahl des Faches Sport als mündliches Prüfungsfach sind die gewählten Prüfungsteile zu benennen; bei einer auch lediglich teilweisen Befreiung vom Sportunterricht kommt die Wahl dieses Faches als mündliches Prüfungsfach nicht in Betracht,
7. liegen die Voraussetzungen der Nummern 1 bis 6 vor, kann auch eine spät beginnende Fremdsprache, Literatur und Theater, der Vertiefungskurs Mathematik, Vertiefungskurs Sprache oder Informatik sowie in den Fällen des § 13 Absatz 1a die neu begonnene zweite Fremdsprache jeweils eines der mündlichen Prüfungsfächer sein; Informatik setzt hierbei Unterricht spätestens ab dem Eintritt in die Einführungsphase zumindest als Arbeitsgemeinschaft voraus, soweit nicht das Profilfach Informatik, Mathematik und Physik (IMP) besucht worden ist.

(3) Die Wahl der mündlichen Prüfungsfächer ist schriftlich spätestens einen Schultag nach Ausgabe des Zeugnisses für das dritte Schulhalbjahr verbindlich zu treffen. Die Möglichkeit, ein mündliches Prüfungsfach durch eine besondere Lernleistung zu ersetzen, bleibt unberührt. Bei einer Teilnahme an der vorgezogenen praktischen Prüfung bestimmt die Schulleitung oder eine von dieser beauftragte Lehrkraft den Wahltermin.

§ 22
Zulassung zur schriftlichen Prüfung

(1) An der schriftlichen Prüfung kann nur teilnehmen, wer zugelassen wurde.

(2) Für die Zulassung müssen folgende Voraussetzungen erfüllt sein oder durch den Besuch von Kursen im vierten Schulhalbjahr noch erfüllt werden können:

1. Besuch der belegungspflichtigen Kurse in den Leistungs- und Basisfächern, wobei kein Kurs mit 0 Punkten bewertet sein darf,
2. Einhaltung der Regelungen nach § 11 Absatz 1,
3. Einhaltung der für die Anrechnung nach § 17 Absatz 1 Satz 2 und 3 und für die Prüfungsfächer nach § 21 geltenden Regelungen,
4. Erreichbarkeit von mindestens 200 Punkten im Block I der Gesamtqualifikation.

(3) Über die Versagung der Zulassung entscheidet die Schulleitung nach Abschluss der Wahl der mündlichen Prüfungsfächer. Sie gilt als Nichtzuerkennung der allgemeinen Hochschulreife und ist unter Angabe der Gründe unverzüglich schriftlich mitzuteilen.

(4) An der vorgezogenen praktischen Prüfung kann unbeschadet der später erforderlichen Zulassung teilgenommen werden.

§ 23
Durchführung der schriftlichen Prüfung

(1) In der schriftlichen Prüfung werden eine oder mehrere Aufgaben aus verschiedenen Stoffgebieten gestellt. Die Bearbeitungszeit beträgt mindestens 240 Minuten und höchstens 315 Minuten.

Die Regelungen für die Prüfung in den Fächern Bildende Kunst, Musik und Sport und moderne Fremdsprachen bleiben unberührt.

(2) Die Prüfungsaufgaben werden vom Kultusministerium im Rahmen der Bildungs- und Lehrpläne für die Jahrgangsstufen der Qualifikationsphase landeseinheitlich gestellt.

(3) Die Leitung der schriftlichen Prüfung obliegt dem stellvertretend vorsitzenden Mitglied des Prüfungsausschusses, soweit die obere Schulaufsichtsbehörde nichts anderes bestimmt. Die Leitung umfasst die Verantwortung für die ordnungsgemäße Durchführung der Prüfung, insbesondere hinsichtlich der Prüfungsaufsicht.

(4) Über jede schriftliche Prüfung ist ein Protokoll zu fertigen, das von der Leiterin oder dem Leiter der Prüfung und den aufsichtführenden Lehrkräften zu unterschreiben ist. In dem Protokoll sind insbesondere die Prüfungszeit, die Namen der aufsichtführenden Lehrkräfte und besondere Vorkommnisse (wie Täuschungshandlungen) festzuhalten.

(5) Jede schriftliche Arbeit wird von der Fachlehrkraft der Schülerin oder des Schülers und von einer Fachlehrkraft einer anderen von der oberen Schulaufsichtsbehörde bestimmten Schule mit gymnasialer Oberstufe korrigiert und nach § 6 Absatz 1 bewertet. Ist die für die Korrektur zuständige Fachlehrkraft verhindert, bestimmt die Leiterin oder der Leiter der Prüfung die Lehrkraft, die an deren Stelle tritt. Weichen die Bewertungen um mehr als drei Punkte voneinander ab, muss eine von der oberen Schulaufsichtsbehörde beauftragte Person die beiden vorangegangenen Bewertungen überprüfen und die endgültige Bewertung für die schriftliche Prüfung festsetzen; dabei dürfen die vorangegangenen Bewertungen in der Regel nicht über oder unterschritten werden. In der Regel gilt bei Abweichungen von bis zu drei Punkten der Durchschnittswert der beiden Bewertungen, der bei nicht ganzzahligem Mittelwert auf die volle Punktzahl aufzurunden ist, als endgültige Bewertung für die schriftliche Prüfung. Von den Regeln der Sätze 3 und 4 kann abgewichen werden, wenn bei den vorangegangenen Bewertungen der Beurteilungsspielraum durch rechtlich relevante Fehler überschritten wurde.

(6) Die in der schriftlichen Prüfung in den einzelnen Fächern erreichten Punkte werden etwa vier Kalendertage vor der mündlichen Prüfung bekanntgegeben.

Hinweis der Redaktion: Tritt am 1.8.2024 in Kraft. Beim Abitur 2023 und 2024 werden die in der schriftlichen Prüfung in den einzelnen Fächern erreichten Punkte etwa eine Woche vor der mündlichen Prüfung bekanntgegeben.

§ 24
Fachpraktische Prüfung, Kommunikationsprüfung

(1) In den Fächern Bildende Kunst, Musik und Sport besteht die schriftliche Prüfung aus einer besonderen Fachprüfung, welche schriftliche und fachpraktische Teile enthält, die gleich gewichtet werden. Die Bearbeitungszeit für die schriftlichen Teile beträgt mindestens 240 Minuten und höchstens 300 Minuten.

(2) In den modernen Fremdsprachen besteht die schriftliche Prüfung aus einem schriftlichen Teil und einer Kommunikationsprüfung, wobei die im schriftlichen Teil erreichte Punktzahl dreifach und die in der Kommunikationsprüfung erreichte Punktzahl einfach gewichtet werden. Die Bearbeitungszeit für den schriftlichen Teil beträgt mindestens 240 Minuten und höchstens 300 Minuten. Für die Kommunikationsprüfung gibt das Kultusministerium zentrale Prüfungsmaßstäbe vor. Sie wird im vierten Schulhalbjahr von der Fachlehrkraft der Schülerin oder des Schülers und einer weiteren von dem stellvertretend vorsitzenden Mitglied des Prüfungsausschusses bestimmten Fachlehrkraft abgenommen und dauert etwa 15 Minuten pro Prüfling. Die Prüflinge werden einzeln oder zu zweit geprüft.

(3) Für die fachpraktische Prüfung und die Kommunikationsprüfung gelten die Regelungen zur Festsetzung des Ergebnisses und zur Protokollierung der mündlichen Abiturprüfung entsprechend. Die beiden Prüfungen müssen jeweils vor der Bekanntgabe des Ergebnisses der schriftlichen Prüfung abgeschlossen sein.

§ 25
Zulassung zur mündlichen Prüfung

(1) An der mündlichen Prüfung kann nur teilnehmen, wer zugelassen wurde.

(2) Für die Zulassung müssen folgende Voraussetzungen erfüllt sein:

1. die Voraussetzungen nach § 22 Absatz 2 müssen unter Berücksichtigung der Kurse des vierten Schulhalbjahres nunmehr gegeben sein,
2. in Block I der Gesamtqualifikation müssen mindestens 200 Punkte erreicht sein.

(3) An der vorgezogenen praktischen Prüfung kann unbeschadet der später erforderlichen Zulassung teilgenommen werden.

(4) Über die Versagung der Zulassung entscheidet die Schulleitung; sie gilt als Nichtzuerkennung der allgemeinen Hochschulreife und ist unter Angabe der Gründe unverzüglich schriftlich mitzuteilen.

§ 26
Durchführung der mündlichen Prüfung

(1) Die Prüflinge werden in den beiden gewählten mündlichen Prüfungsfächern mündlich geprüft. Sie können in den schriftlichen Prüfungsfächern auch mündlich geprüft werden; die Entscheidung trifft das vorsitzende Mitglied des Prüfungsausschusses. Soweit nicht bereits nach Satz 2 eine mündliche Prüfung erfolgt, werden die Prüflinge in schriftlichen Prüfungsfächern mündlich geprüft, insbesondere zur Vermeidung der Bewertung einzelner Teile der Abiturprüfung mit 0 Punkten, wenn sie diese Fächer spätestens am nächsten auf die Bekanntgabe der Ergebnisse der schriftlichen

Prüfung folgenden Schultag schriftlich gegenüber dem stellvertretend vorsitzenden Mitglied des Prüfungsausschusses benennen. Benennt der Prüfling Fächer der schriftlichen Prüfung, die mit 0 Punkten bewertet worden sind, nicht oder nicht innerhalb der Frist nach Satz 3 und steht damit bereits fest, dass die Mindestqualifikation wegen § 27 Absatz 2 Nummer 3 nicht mehr erreicht werden kann, findet § 27 Absatz 3 entsprechende Anwendung.

(2) Innerhalb der Frist nach Absatz 1 Satz 3 hat der Prüfling zu entscheiden, ob statt der Teilnahme an der Prüfung in einem mündlichen Prüfungsfach, das nicht Deutsch oder Mathematik ist, eine besondere Lernleistung anzurechnen ist.

(2a) Wird eine mündliche Prüfung nach Absatz 1 Satz 1 mit 0 Punkten abgeschlossen, findet in dem jeweiligen Fach eine mündliche Zusatzprüfung statt. Die in der mündlichen Zusatzprüfung erreichte Punktzahl ist abweichend von § 17 Absatz 2 Satz 3 Nummer 1 zunächst durch zwei zu teilen und danach das ungerundete Ergebnis vierfach zu werten. Für die Durchführung der mündlichen Zusatzprüfung finden die Absätze 3 bis 8 entsprechende Anwendung.

(3) Für die mündliche Prüfung werden Prüfungsaufgaben im Rahmen der Bildungs- und Lehrpläne für die Jahrgangsstufen der Qualifikationsphase ohne Beschränkung auf die Sachgebiete eines Schulhalbjahres vom leitenden Mitglied des Fachausschusses aufgrund von Vorschlägen des prüfenden Mitglieds des Fachausschusses gestellt; die Prüfungsaufgaben werden schriftlich vorgelegt, wobei eine Zeit von in der Regel 20 Minuten zur Vorbereitung unter Aufsicht eingeräumt wird.

(4) Das leitende Mitglied des Fachausschusses bestimmt den Gang der Prüfung und kann selbst prüfen. Die mündlichen Prüfungen werden als Einzelprüfungen durchgeführt und dauern in der Regel 20 Minuten je Prüfungsfach und Prüfling.

(5) In der mündlichen Prüfung soll der Prüfling die Prüfungsaufgaben und deren Lösung in zusammenhängender Rede darstellen und in einem anschließenden Prüfungsgespräch zu weiteren Themen der Bildungs- und Lehrpläne geprüft werden. Im Prüfungsgespräch kann die Einordnung der Aufgabenstellung in größere fachliche Zusammenhänge verlangt werden. Eine mündliche Prüfung in einem schriftlichen Prüfungsfach darf darüber hinaus keine Wiederholung, sondern muss Ergänzung der schriftlichen Prüfung sein.

(6) Die mündliche Prüfung in den Fächern Bildende Kunst und Musik kann fachpraktische Elemente enthalten. Ist Sport oder Literatur und Theater mündliches Prüfungsfach, so besteht die Prüfung aus einem etwa 20 Minuten umfassenden mündlichen und einem fachpraktischen Teil, wobei die im mündlichen Teil erreichte Punktzahl einfach und die im fachpraktischen Teil erreichte Punktzahl zweifach gewichtet werden.

(7) Im Anschluss an die mündliche Prüfung des einzelnen Prüflings setzt der Fachausschuss das Ergebnis der mündlichen Prüfung nach § 6 Absatz 1 auf Vorschlag des prüfenden Mitglieds des Fachausschusses fest und teilt es dem Prüfling mit. Kann sich der Fachausschuss auf keine bestimmte Punktzahl einigen oder mehrheitlich mit der Stimme des leitenden Mitglieds für keine Punktzahl entscheiden, wird das Ergebnis aus dem auf die erste Dezimale errechneten Durchschnitt der Bewertungen aller Mitglieder gebildet, der in der üblichen Weise auf eine volle Punktzahl zu runden ist.

(8) Über die mündliche Prüfung des einzelnen Prüflings ist ein Protokoll zu fertigen, das die Zusammensetzung des Fachausschusses, die Prüfungsthemen und -aufgaben, die Dauer und den wesentlichen Verlauf der Prüfung sowie das Prüfungsergebnis festhält. Das Protokoll ist von allen Mitgliedern des Fachausschusses zu unterschreiben.

§ 27
Ergebnis der Abiturprüfung

(1) Im Anschluss an die mündliche Prüfung ermittelt das vorsitzende Mitglied des Prüfungsausschusses das Ergebnis der Abiturprüfung und stellt fest, wer die Mindestqualifikation erreicht hat.

(2) Die Mindestqualifikation der Abiturprüfung ist erreicht, wenn

1. in den fünf Prüfungsfächern zusammen mindestens 100 Punkte,
2. in drei Prüfungsfächern, darunter zwei schriftliche Prüfungsfächer, jeweils mindestens 20 Punkte und
3. in keinem der Prüfungsfächer weniger als vier Punkte

bei jeweils vierfacher Wertung erreicht wurden.

(3) Das Nichterreichen der Mindestqualifikation gilt als Nichtzuerkennung der allgemeinen Hochschulreife. Sie ist unter Angabe der Gründe unverzüglich schriftlich mitzuteilen.

§ 28
Feststellung der Gesamtqualifikation, Zeugnis der allgemeinen Hochschulreife

(1) Das vorsitzende Mitglied des Prüfungsausschusses stellt die Gesamtqualifikation sowie nach der als Anlage 3 *(siehe nächste Seitte)* beigefügten Tabelle die Gesamtnote fest und erkennt den Prüflingen, die im Block I der Gesamtqualifikation mindestens 200 Punkte und in Block II mindestens 100 Punkte erreicht und auch die übrigen Voraussetzungen erfüllt haben, die allgemeine Hochschulreife zu.

(2) Über die Feststellung der Ergebnisse der Prüfung ist ein Protokoll zu fertigen, das vom vorsitzenden Mitglied des Prüfungsausschusses und dem Mitglied, von dem das Protokoll angefertigt wurde, zu unterschreiben ist.

(3) Die Protokolle über die einzelnen Prüfungsteile und die Feststellung der Ergebnisse der Prüfung sowie die Prüfungsarbeiten sind bei den Schulakten aufzubewahren. Die Prüfungsarbeiten sind nach Ablauf von fünf Jahren seit der Feststellung der Ergebnisse der Prüfung zu vernichten, sofern kein Antrag auf Aushändigung gestellt wurde.

Anlage 3 (zu §§ 28 Absatz 1, 41 Absatz 3)

Umrechnung der Gesamtpunktzahl in eine Gesamtnote

Die Punktzahl der Gesamtqualifikation ist nach folgender Tabelle in eine Gesamtnote umzurechnen:

Gesamt-punktezahl	Gesamt-note	Gesamt-punktezahl	Gesamt-note	Gesamt-punktezahl	Gesamt-note	Gesamt-punktezahl	Gesamt-note
900 - 823	1,0	696 - 679	1,8	552 - 535	2,6	408 - 391	3,4
822 - 805	1,1	678 - 661	1,9	534 - 517	2,7	390 - 373	3,5
804 - 787	1,2	660 - 643	2,0	516 - 499	2,8	372 - 355	3,6
786 - 769	1,3	642 - 625	2,1	498 - 481	2,9	354 - 337	3,7
768 - 751	1,4	624 - 607	2,1	480 - 463	3,0	336 - 319	3,8
750 - 733	1,5	606 - 589	2,3	462 - 445	3,1	318 - 301	3,9
732 - 715	1,6	588 - 571	2,4	444 - 427	3,2	300	4,0
714 – 697	1,7	570 - 553	2,5	426 - 409	3,3		

§ 28a

Erwerb der französischen Hochschulzugangsberechtigung neben der allgemeinen Hochschulreife an Gymnasien mit deutsch-französischer Abteilung (Abibac)

(1) Nach Maßgabe der folgenden Absätze kann an Gymnasien mit deutsch-französischer Abteilung (Abibac) neben der allgemeinen Hochschulreife gleichzeitig die französische Hochschulzugangsberechtigung erworben werden. Auf Schülerinnen und Schüler, die diese Abteilung nicht besuchen, finden diese Bestimmungen keine Anwendung.

(2) Für die Belegungspflichten gelten die Besonderheiten, dass entweder

1. Französisch und das bilinguale Fach Geschichte auf Französisch als Leistungsfächer oder
2. Französisch als Leistungsfach und das Fach Geschichte auf Französisch als dreistündiges bilinguales Basisfach

und jeweils die zwei belegpflichtigen Kurse nach § 13 Absatz 1 Satz 1 Nummer 6 in den bilingualen Fächern Geographie und Gemeinschaftskunde auf Französisch zu belegen sind. Im Falle des Satz 1 Nummer 1 ist als drittes Leistungsfach eines der Fächer Deutsch, Mathematik oder eine Naturwissenschaft zu wählen.

(3) Für den Erwerb der französischen Hochschulzugangsberechtigung im Rahmen der Abiturprüfung wird für die jeweilige Schule ein Prüfungsausschuss gebildet, dem angehören

1. als vorsitzendes Mitglied eine beauftragte Person der zuständigen französischen Behörde oder dessen Stellvertreterin oder Stellvertreter,
2. die Schulleiterin oder der Schulleiter oder eine beauftragte Person der oberen Schulaufsichtsbehörde und
3. die Fachlehrkräfte der Schülerinnen und Schüler der jeweiligen in Absatz 2 Satz 1 genannten Fächer.

Im Übrigen gelten die Besonderheiten, dass

1. bei der schriftlichen Prüfung in Französisch
   a) die im schriftlichen Teil erreichte Punktzahl nach Beratung im Prüfungsausschuss durch das vorsitzende Mitglied in das französische Notensystem überführt wird; eine Korrektur des Ergebnisses für die Wertung bei der französischen Hochschulzugangsberechtigung ist zulässig; das vorsitzende Mitglied des Prüfungsausschusses legt die Note in Absprache mit der Fachlehrkraft der Schülerin oder des Schülers fest;
   b) der mündliche Prüfungsteil, der als Einzelprüfung durchgeführt wird, 30 Minuten pro Prüfling dauert und hierbei
   aa) 15 Minuten auf die Kommunikationsprüfung entfallen, die sich aus einem monologischen Sprechen und einem dialogischen Sprechen mit der Fachlehrkraft zusammensetzt, deren zeitliche Anteile im Verhältnis von einem Drittel zu zwei Dritteln stehen,
   bb) in den weiteren 15 Minuten das vorsitzende Mitglied des Prüfungsausschusses prüft und
   cc) das vorsitzende Mitglied des Prüfungsausschusses ohne Bindung an die Ergebnisse der Kommunikationsprüfung die Note für die französische Hochschulzugangsberechtigung auf der Grundlage des gesamten mündlichen Prüfungsteils nach Beratung des Prüfungsausschusses bestimmt;
2. bei der schriftlichen Prüfung im bilingualen Fach Geschichte auf Französisch die Note durch das vorsitzende Mitglied des Prüfungsausschusses in das französische Notensystem überführt wird und das vorsitzende Mitglied des Prüfungsausschusses die Note in Absprache mit der Fachlehrkraft der Schülerin oder des Schülers festlegt; die Möglichkeit einer zusätzlichen mündlichen Prüfung bleibt unberührt;
3. im Falle des Absatz 2 Satz 1 Nummer 2 im Fach Geschichte an einer zusätzlichen schriftlichen Prüfung im zeitlichen Zusammenhang mit der Abiturprüfung, deren Bearbeitungszeit 210 Minuten beträgt und vom Kultusministerium gestellt wird, teilzunehmen ist, wobei
   a) die in entsprechender Anwendung des § 23 Absatz 5 ermittelte Note durch das vorsitzende Mitglied des Prüfungsausschusses in das französische Notensystem überführt wird und das vorsitzende Mitglied des Prüfungsausschusses die Note in Absprache mit der Fachlehrkraft der Schülerin oder des Schülers festlegt; und

b) das Ergebnis ausschließlich für den Erwerb der französischen Hochschulzugangsberechtigung von Bedeutung ist;

die Möglichkeit einer mündlichen Prüfung im Fach Geschichte auf Französisch als dreistündiges bilinguales Basisfach bleibt unberührt; §§ 29 und 30 finden auf die zusätzliche mündliche Prüfung entsprechende Anwendung;

4. die Prüfungssprache in dem bilingualen Fach Geschichte auf Französisch ausschließlich die französische Sprache ist;
5. der Prüfling in den bilingualen Fächern Geographie auf Französisch und Gemeinschaftskunde auf Französisch die Prüfungssprache Deutsch oder Französisch für eine mündliche Prüfung wählt;
6. die Beratungen durch den Prüfungsausschuss, die Überführung von Ergebnissen in das französische Notensystem und die endgültige Notenfestlegung zu protokollieren sind; sonstige Protokollierungspflichten nach dieser Verordnung bleiben unberührt.

(4) Für den Erwerb der französischen Hochschulzugangsberechtigung sind neben der Erlangung der allgemeinen Hochschulreife jeweils die in das französische Notensystem überführten Ergebnisse des schriftlichen und des mündlichen Teils des schriftlichen Abiturs in Französisch, des schriftlichen Abiturs oder der zusätzlichen schriftlichen Prüfung im bilingualen Fach Geschichte auf Französisch sowie die Noten in den bilingualen Fächern Geographie und Gemeinschaftskunde auf Französisch jeweils im zuletzt besuchten Kurshalbjahr zu je gleichen Teilen maßgeblich.

(5) Für die Verleihung besonderer Auszeichnungen sind über die Ergebnisse im Sinne des Absatz 4 hinaus das jeweils in das französische Notensystem überführte Ergebnis der schriftlichen oder mündlichen Abiturprüfung im Fach Deutsch oder Mathematik, wobei die höhere Note zählt, und das Ergebnis eines weiteren Abiturprüfungsfachs maßgeblich.

§ 28b

Gleichwertigkeit der allgemeinen Hochschulreife mit der italienischen Reifeprüfung an Gymnasien mit bilingualem Profil Deutsch-Italienisch (AbiStat)

(1) An Gymnasien mit bilingualem Profil Deutsch-Italienisch (AbiStat) kann eine allgemeine Hochschulreife zuerkannt werden, die unmittelbar auch zum Studium an einer Hochschule in der Republik Italien berechtigt. Es gelten die allgemeinen Bestimmungen dieser Verordnung mit den Besonderheiten der folgenden Absätze. Auf Schülerinnen und Schüler, die die Abteilung nicht besuchen, finden diese Bestimmungen keine Anwendung.

(2) Für die Belegungspflichten gelten die Besonderheiten, dass

1. Italienisch als Leistungsfach,
2. das Fach Geschichte auf Italienisch als dreistündiges bilinguales Basisfach und
3. das Fach Geographie auf Italienisch als einstündiges bilinguales Basisfach

zu belegen sind. Das Fach Geschichte gemäß Satz 1 Nummer 2 baut auf dem zweistündigen Basisfach Geschichte auf und umfasst eine zusätzliche Stunde in italienischer Sprache.

(3) Für die Gesamtqualifikation und die Abiturprüfung gelten die Besonderheiten, dass

1. der Seminarkurs auch bilingual auf Italienisch abgehalten werden kann und dabei eine auf Italien bezogene gesellschaftswissenschaftliche Themenstellung umfassen muss; Kolloquium und Dokumentation erfolgen in italienischer Sprache;
2. das Fach Italienisch schriftliches Prüfungsfach ist, das auch mündlich geprüft wird; § 27 Absatz 2 Satz 3 Nummer 2 findet Anwendung;
3. das Fach Geschichte auf Italienisch als mündliches Prüfungsfach zu wählen ist, wenn nicht der Seminarkurs gemäß Nummer 1 statt der Anrechnung im Block I der Gesamtqualifikation das mündliche Prüfungsfach Geschichte auf Italienisch ersetzt;
4. eine von der zuständigen italienischen Behörde beauftragte Person bei der Durchführung der schriftlichen und mündlichen Prüfung im Leistungsfach Italienisch sowie bei der Durchführung der mündlichen Prüfungen und Beratungen des Fachausschusses im Fach Geschichte auf Italienisch anwesend sein darf;
5. Lehrkräfte, die im Dienst der der Italienischen Republik stehen und die unter Absatz 2 genannten Fächer unterrichten, Mitglieder des Prüfungsausschusses und bei einer mündlichen Prüfung Mitglieder des Fachausschusses sind und
6. dem Zeugnis der allgemeinen Hochschulreife eine Erklärung der zuständigen italienischen Behörde beigefügt wird, die die Gleichwertigkeit der allgemeinen Hochschulreife mit der italienischen Reifeprüfung bescheinigt.

§ 28c

Internationales Abitur Baden-Württemberg, Bilinguales Zertifikat Kursstufe

(1) Für die Erlangung des Zertifikats »Internationales Abitur Baden-Württemberg« oder des »Bilingualen Zertifikats Kursstufe« an Gymnasien mit deutsch-englischer Abteilung gelten die Bestimmungen dieser Verordnung mit den nachfolgenden Besonderheiten.

(2) Die Fächer Biologie, Geschichte und Geographie können als dreistündige bilinguale Basisfächer auf Englisch und als bilinguale Leistungsfächer auf Englisch angeboten werden (bilinguale Sachfächer). Die Belegung bilingualer Sachfächer setzt bilingualen Pflichtunterricht in diesen Fächern ab Klasse 5 voraus.

(3) Der Seminarkurs kann auch bilingual auf Englisch abgehalten werden.

(4) Die Aufgaben der schriftlichen Prüfung in einem bilingualen Sachfach werden in englischer Sprache gestellt.

(5) Die Voraussetzungen für die Erlangung des Zertifikats »Internationales Abitur Baden-Württemberg« richten sich nach Anlage 4, die für die Erlangung des »Bilingualen Zertifikats Kursstufe« nach Anlage 5.

Anlage 4 (zu § 28c)

Voraussetzungen für die Erlangung des Zertifikats »Internationales Abitur Baden-Württemberg«*

		Kombinationen	
Anforderungen (jeweils einfache Wertung)	1.	Belegung von vier Kursen eines bilingualen Leistungsfachs: - Durchschnitt von mindestens 5 Punkten in den letzten beiden Kurshalbjahren und mindestens 5 Punkte in der Abiturprüfung	
	2. (alternativ)	Belegung einer modernen Fremdsprache als Leistungsfach: - Durchschnitt von mindestens 5 Punkten in den letzten beiden Kurshalbjahren und - mindestens 5 Punkte in der Abiturprüfung	Belegung von zwei modernen Fremdsprachen (darunter Englisch) als Basisfächer: - Durchschnitt von mindestens 5 Punkten in den letzten beiden Kurshalbjahren beider Fremdsprachen
	3.	Besuch einer bilingualen deutsch-englischen Abteilung ab Klasse 5 und Besuch des bilingualen Sachfachunterrichts ab Klasse 5 (einschließlich Einführungsphase)	

Anlage 5 (zu § 28c)

Voraussetzungen für die Erlangung des „Bilingualen Zertifikats Kursstufe“*

		Kombinationen		
Anforderungen (jeweils einfache Wertung)	1.	Besuch des bilingualen Seminarkurses - Durchschnitt von mindestens 5 Punkten in beiden Kurshalbjahren	Belegung von mindestens zwei Kursen eines bilingualen Basisfachs - Durchschnitt von mindestens 5 Punkten in beiden Kurshalbjahren	Belegung von vier Kursen eines bilingualen Leistungsfachs: - Durchschnitt von mindestens 5 Punkten in den letzten beiden Kurshalbjahren und - mindestens 5 Punkte in der Abiturprüfung
	2.	Belegung der Fremdsprache Englisch als Leistungsfach: - Durchschnitt von mindestens 5 Punkten in den letzten beiden Kurshalbjahren und - mindestens 5 Punkte in der Abiturprüfung		Belegung von vier Kursen im Fach Englisch - Durchschnitt von mindestens 5 Punkten in den letzten beiden Kurshalbjahren
	3.	Besuch einer bilingualen deutsch-englischen Abteilung ab Klasse 5		Besuch der bilingualen deutsch-englischen Abteilung ab Klasse 5, Besuch des bilingualen Sachfaches in der Einführungsphase

* Niveau der erworbenen Kenntnisse im Fach Englisch entsprechend dem Gemeinsamen Europäischen Referenzrahmen für Sprachen (GER): C1

§ 29
Nichtteilnahme, Rücktritt

(1) Wird ohne wichtigen Grund an einem der Prüfungsteile ganz oder teilweise nicht teilgenommen, gilt dies als Nichtzuerkennung der allgemeinen Hochschulreife; § 27 Absatz 3 Satz 2 gilt entsprechend. Über das Vorliegen eines wichtigen Grundes entscheidet bei der schriftlichen Prüfung und der Kommunikationsprüfung das stellvertretend vorsitzende Mitglied des Prüfungsausschusses, bei der mündlichen Prüfung das vorsitzende Mitglied des Prüfungsausschusses und bei der fachpraktischen Prüfung im Fach Sport das leitende Mitglied des Fachausschusses.

(2) Als wichtiger Grund gilt insbesondere eine krankheitsbedingte Prüfungsunfähigkeit. Ist eine prüfungsrelevante gesundheitliche Beeinträchtigung nicht offenkundig, kann das vorsitzende Mitglied des Prüfungsausschusses die Vorlage eines ärztlichen Zeugnisses verlangen, das eine konkrete Beschreibung dieser Beeinträchtigung beinhaltet. Lassen sich Zweifel am Vorliegen einer prüfungsrelevanten gesundheitlichen Beeinträchtigung auf andere Weise nicht ausräumen, kann das vorsitzende Mitglied des Prüfungsausschusses auch die Vorlage eines Satz 2 entsprechenden amtsärztlichen Zeugnisses verlangen. Wer sich in Kenntnis einer gesundheitlichen Beeinträchtigung oder eines anderen wichtigen Grundes der Prüfung unterzogen hat, kann dies nachträglich nicht mehr geltend machen. Der Kenntnis steht die fahrlässige Unkenntnis gleich; fahrlässige Unkenntnis liegt insbesondere dann vor, wenn beim Vorliegen einer gesundheitlichen Beeinträchtigung nicht unverzüglich eine Klärung herbeigeführt wird.

(3) Sofern und insoweit ein wichtiger Grund vorliegt, gilt die Prüfung als nicht unternommen. Die Teilnahme an einer Nachprüfung ist möglich. Hierbei bleiben die bereits erbrachten Prüfungsleistungen bestehen.

(4) Vor Beginn der Abiturprüfung ist auf diese Bestimmungen hinzuweisen.

§ 30
Täuschungshandlungen, Ordnungsverstöße

(1) Wer es unternimmt, das Prüfungsergebnis durch Täuschung oder Benutzung nicht zugelassener Hilfsmittel zu beeinflussen, oder nicht zugelassene Hilfsmittel nach Bekanntgabe der Prüfungsaufgaben mitführt oder Beihilfe zu einer Täuschung oder einem Täuschungsversuch leistet, begeht eine Täuschungshandlung.

(2) Wird während der Prüfung eine Täuschungshandlung oder ein entsprechender Verdacht festgestellt, ist der Sachverhalt von einer aufsichtführenden Lehrkraft zu protokollieren. Der Prüfling setzt die Prüfung bis zur Entscheidung über die Täuschungshandlung vorläufig fort.

(3) Liegt eine Täuschungshandlung vor, wird der Prüfling von der weiteren Teilnahme an der Prüfung ausgeschlossen; dies gilt als Nichtzuerkennung der allgemeinen Hochschulreife. § 27 Absatz 3 Satz 2 gilt entsprechend. In leichten Fällen kann stattdessen die Prüfungsleistung mit der Note „ungenügend" (0 Punkte) bewertet werden. Die Entscheidung trifft bei der schriftlichen Prüfung und der Kommunikationsprüfung das stellvertretend vorsitzende Mitglied des Prüfungsausschusses, bei der mündlichen Prüfung das vorsitzende Mitglied des Prüfungsausschusses und bei der fachpraktischen Prüfung in den Fächern Bildende Kunst, Musik und Sport das leitende Mitglied des Fachausschusses.

(4) Stellt sich eine Täuschungshandlung erst nach Aushändigung des Zeugnisses heraus, kann die obere Schulaufsichtsbehörde das Zeugnis einziehen und entweder ein anderes Zeugnis erteilen oder die Zuerkennung der allgemeinen Hochschulreife zurücknehmen, sofern seit der Ausstellung des Zeugnisses nicht mehr als zwei Jahre vergangen sind.

(5) Wer durch sein Verhalten die Prüfung so schwer behindert, dass es nicht möglich ist, die Prüfung ordnungsgemäß durchzuführen, wird von der Prüfung ausgeschlossen; dies gilt als Nichtzuerkennung der allgemeinen Hochschulreife. Absatz 3 Satz 3 und § 27 Absatz 3 Satz 2 gelten entsprechend.

(6) Vor Beginn der Abiturprüfung ist auf diese Bestimmungen hinzuweisen.

⇨ Handy-Nutzung

Abschnitt 4
Wiederholung, Entlassung

§ 31
Voraussetzungen für die Wiederholung

(1) Die Jahrgangsstufen der Qualifikationsphase können außer in den Fällen der Absätze 2 bis 4 nicht wiederholt werden.

(2) Die erste Jahrgangsstufe kann einmal wiederholen, wer nicht bereits die vorangehende Klasse wiederholt hat und eine entsprechende schriftliche Erklärung innerhalb einer Woche nach Erhalt des Zeugnisses für das zweite Schulhalbjahr abgibt.

(3) Wem die allgemeine Hochschulreife zum ersten Mal nicht zuerkannt wurde, kann einmal wiederholen, und zwar

1. bei Nichtzulassung zur schriftlichen Abiturprüfung
   a) das zweite und das dritte Schulhalbjahr oder
   b) die zweite Jahrgangsstufe insgesamt nach weiterem Besuch der zweiten Jahrgangsstufe bis zum Ende des Schuljahres oder
   c) das dritte Schulhalbjahr nach halbjähriger Unterbrechung des Schulbesuchs,
2. in den übrigen Fällen das dritte und vierte Schulhalbjahr.

(4) Wer das vierte Schulhalbjahr besucht und bei der oder dem zu erwarten ist, dass zum Ende des Schulhalbjahres die im Block I der Gesamtqualifikation erforderlichen Leistungen nicht erbracht werden, kann auf Antrag mit Zustimmung der Schulleitung nach Absatz 3 Nummer 1 einmal wiederholen. Dies gilt als Nichtzuerkennung der allgemeinen Hochschulreife; § 27 Absatz 3 Satz 2 gilt entsprechend.

(5) Die Wiederholung lediglich einzelner Kurse ist nicht zulässig.

(6) Bei Zuerkennung der allgemeinen Hochschulreife ist weder eine Wiederholung der gymnasialen Oberstufe noch eine Wiederholung der Abiturprüfung zulässig.

§ 32
Kurswahl bei Wiederholung

(1) Bei einer Wiederholung sind im Rahmen des Kursangebots der Schule die Kurse neu zu wählen; für die Wahl der belegungspflichtigen Kurse in den Basis und Leistungsfächern gilt dies nur, wenn die beiden ersten Schulhalbjahre wiederholt werden. Es besteht kein Anspruch darauf, dass Kurse angeboten werden, die der früheren Wahl entsprechen.

(2) Die beim ersten Durchgang besuchten Kurse werden nicht mehr berücksichtigt. Dies gilt auch für die im Rahmen des Seminarkurses besuchten Kurse einschließlich der Dokumentation und des Kolloquiums; wird bei der Wiederholung bestimmter Schulhalbjahre der Seminarkurs nur teilweise wiederholt, bleiben die in dem nicht wiederholten Teil erbrachten Leistungen erhalten und fließen in die für die besondere Lernleistung neu zu bildende Gesamtnote ein.

(3) Wer Kurse, die zum Erreichen der Mindestqualifikation erforderlich sind, nicht besuchen kann, hat sich ohne den Besuch von Unterrichtsveranstaltungen am Ende des Schulhalbjahres einer schriftlichen und mündlichen Leistungsfeststellung über den Unterrichtsstoff des betreffenden Kurses zu unterziehen, wobei die schriftlichen und mündlichen Leistungen je einfach zählen. In den Fächern Bildende Kunst, Musik, Sport sowie Literatur und Theater ist zusätzlich eine fachpraktische Leistungsfeststellung zu erbringen, sofern im Rahmen der Abiturprüfung fachpraktische Teile verbindlich vorgesehen sind; in diesem Fall sind die schriftlichen und mündlichen Leistungen jeweils einfach und die fachpraktischen Leistungen zweifach zu werten. Das Ergebnis der Leistungsfeststellung gilt

als Ergebnis des entsprechenden Kurses. Die Leistungsfeststellung wird von einer von der Schulleitung beauftragten Fachlehrkraft vorgenommen, die die Schülerin oder den Schüler auch schon während der Selbstvorbereitung berät.

(4) Ergeben sich aus sonstigen Gründen von der Schule nicht behebbare Schwierigkeiten bei der Wiederholung, kann die obere Schulaufsichtsbehörde Sonderregelungen treffen.

§ 33
Entlassung

Das Gymnasium muss endgültig verlassen, bei wem am Ende des ersten oder zweiten Schulhalbjahres bereits feststeht, dass eine Zulassung zur schriftlichen Abiturprüfung nicht erfolgen könnte und die erste Jahrgangsstufe nicht wiederholt werden kann, oder wem zweimal die allgemeine Hochschulreife nicht zuerkannt worden ist.

Hinweis der Redaktion: Siehe Hinweis bei § 31 Abs. 1.

Abschnitt 5
Abiturprüfung für Schulfremde

§ 34
Teilnahmeberechtigte

Wer das Zeugnis der allgemeinen Hochschulreife erwerben will, ohne Schülerin oder Schüler eines öffentlichen oder staatlich anerkannten privaten Gymnasiums zu sein, kann die Abiturprüfung als außerordentliche Teilnehmerin oder außerordentlicher Teilnehmer (Schulfremde) ablegen.

§ 35
Termin der Prüfung

Die Abiturprüfung für Schulfremde findet einmal jährlich zusammen mit der Abiturprüfung an den öffentlichen Gymnasien statt.

§ 36
Form der Prüfung, Prüfungsfächer

(1) Die Prüfung gliedert sich in zwei Teile. Der erste Teil umfasst vier Fächer, die schriftlich und mündlich geprüft werden. Der zweite Teil umfasst vier Fächer, die ausschließlich mündlich geprüft werden. Drei Fächer des ersten Teils der Prüfung werden nach den Anforderungen eines schriftlichen Prüfungsfaches, die Fächer des zweiten Teils der Prüfung nach den Anforderungen eines mündlichen Prüfungsfaches in der ordentlichen Abiturprüfung geprüft. Nach Wahl der oder des Schulfremden wird entweder das Fach Mathematik oder das Fach Deutsch schriftlich nach den Anforderungen eines mündlichen Prüfungsfaches in der ordentlichen Abiturprüfung geprüft.

(2) Prüfungsfächer können die Fächer des Unterrichtsangebotes im Pflichtbereich Deutsch, Englisch, Französisch, Latein, Griechisch, Russisch, Italienisch, Spanisch, Geschichte, Evangelische oder Katholische Religionslehre oder Ethik, Mathematik, die Fächer der Naturwissenschaften (Physik, Chemie, Biologie), Bildende Kunst, Musik, Wirtschaft sowie die Fächer Geographie und Gemeinschaftskunde sein. Die obere Schulaufsichtsbehörde kann im Einzelfall weitere Fächer, außer dem Fach Sport, zulassen. Sie soll sie zulassen, falls im Zeitpunkt der Entscheidung feststeht, dass sie in dem betreffenden Prüfungstermin mit den entsprechenden Anforderungen Gegenstand der ordentlichen Abiturprüfung sein werden.

(3) Aus den möglichen Prüfungsfächern sind bei der Bewerbung die jeweils vier Fächer der beiden Teile der Prüfung zu wählen.

Für die Wahl gelten folgende Bestimmungen:

1. Fächer des ersten Prüfungsteils sind
   a) Mathematik,
   b) Deutsch,
   c) eine Fremdsprache des Unterrichtsangebotes im Pflichtbereich,
   d) ein weiteres Fach nach Absatz 2, wobei die Wahl einer weiteren Fremdsprache im Einzelfall aus Gründen der Prüfungsorganisation ausgeschlossen sein kann;
2. unter den Fächern des ersten und des zweiten Prüfungsteils müssen zwei Fremdsprachen des Unterrichtsangebotes im Pflichtbereich, eine Naturwissenschaft und eines der Fächer Geschichte, Geographie, Gemeinschaftskunde oder Wirtschaft sein. Wirtschaft kann ausschließlich als weiteres Fach im Sinne der Nummer 1 Buchstabe d gewählt werden.

§ 37
Meldung zur Prüfung

(1) Die Meldung ist bis zum 1. Oktober für die Prüfung im darauf folgenden Jahr an die obere Schulaufsichtsbehörde zu richten. Zuständig ist die obere Schulaufsichtsbehörde, in deren Bezirk

1. die Bewerberin oder der Bewerber den Wohnsitz hat,
2. bei einem Besuch eines staatlich genehmigten privaten Gymnasiums die Schule liegt oder
3. bei einer Teilnahme an einem Fernlehrgang zur Vorbereitung auf die Prüfung sich der Sitz der Veranstalterin oder des Veranstalters des Fernlehrgangs befindet; alternativ ist auch eine Bewerbung an der für den Wohnsitz nach Nummer 1 zuständigen oberen Schulaufsichtsbehörde zulässig.

(2) Der Meldung sind beizufügen:

1. ein Lebenslauf in tabellarischer Form mit Angaben über den bisherigen Bildungsweg und gegebenenfalls über die ausgeübte Berufstätigkeit,
2. die Geburtsurkunde (beglaubigte Abschrift oder Ablichtung) und ein Lichtbild in Passbildgröße,
3. die Abschluss oder Abgangszeugnisse der besuchten Schulen (beglaubigte Abschriften oder Ablichtungen), darunter der Nachweis über einen Realschulabschluss oder einem diesem Abschluss gleichwertigen Bildungsstand,
   ⇨ Abschlüsse (HS/RS – Gleichwertiger Bildungsstand)
4. eine Erklärung darüber, ob und gegebenenfalls mit welchem Ergebnis schon einmal an einer Prüfung zum Erwerb der allgemeinen oder fachgebundenen Hochschulreife teilgenommen wurde,
5. eine Erklärung über die Wahl der Prüfungsfächer nach § 36 Absatz 3 einschließlich des gewählten

Anforderungsniveaus für die Fächer Deutsch und Mathematik und

6. eine Darlegung und Nachweise über die Vorbereitung auf die Prüfung.

(3) Für Schulfremde, die ein staatlich genehmigtes privates Gymnasium besuchen, kann anstelle einzelner Meldungen die Sammelmeldung des Gymnasiums treten, die jeweils Vor- und Zuname, Geburtstag, Geburtsort und Anschrift enthalten muss. Der Sammelmeldung sind die Unterlagen nach Absatz 2 beizufügen. Dies gilt für Schulfremde, die an einem Fernlehrgang teilnehmen oder eine Ergänzungsschule besuchen, entsprechend.

(4) Die Abmeldung von der Abiturprüfung für Schulfremde kann bis spätestens 1. Februar schriftlich gegenüber der zuständigen oberen Schulaufsichtsbehörde erklärt werden. Die Prüfung gilt bei fristgerechter Abmeldung als nicht unternommen. Für eine Teilnahme an der Schulfremdenprüfung zu einem späteren Zeitpunkt ist eine erneute Anmeldung erforderlich.

§ 38
Voraussetzungen für die Zulassung

(1) Zur Prüfung wird nur zugelassen,

1. wer die Prüfung nicht eher ablegen wird, als es ihr oder ihm bei normalem Schulbesuch möglich wäre,
2. wem nicht bereits zweimal die Zuerkennung der allgemeinen oder fachgebundenen Hochschulreife versagt worden ist,
3. wer den Realschulabschluss oder einen diesem Abschluss gleichwertigen Bildungsstand erreicht hat,
4. wer nicht bereits anderweitig das Zeugnis der allgemeinen Hochschulreife erworben hat und
5. wer in dem Schuljahr, in dem die Prüfung abgenommen wird, nicht Schülerin oder Schüler eines öffentlichen oder eines staatlich anerkannten privaten Gymnasiums beziehungsweise einer Gemeinschaftsschule mit gymnasialer Oberstufe, eines Abendgymnasiums oder Kollegs war; dies gilt nicht im Fall der Schwangerschaft oder der Mutterschaft einer Bewerberin.

(2) Zur Prüfung wird in der Regel nur zugelassen, wer in BadenWürttemberg den ständigen Wohnsitz hat oder an einem staatlich genehmigten privaten Gymnasium oder an einer sonstigen Unterrichtseinrichtung in Baden-Württemberg auf die Abiturprüfung für Schulfremde vorbereitet wurde.

§ 39
Entscheidung über die Zulassung

Die obere Schulaufsichtsbehörde entscheidet über die Zulassung und weist die Bewerberin oder den Bewerber einem öffentlichen Gymnasium zur Ablegung der Prüfung zu. Die obere Schulaufsichtsbehörde kann die Entscheidung dem Gymnasium übertragen.

§ 40
Durchführung der Prüfung

(1) Für die Prüfung der zugelassenen Schulfremden gelten im Übrigen §§ 20, 23, 24 Absatz 1 und 3, §§ 25, 26 Absatz 2a bis 8, §§ 29 und 30 entsprechend mit folgender Maßgabe:

1. am zweiten Teil darf nur teilnehmen, wer den ersten Teil bestanden hat,
2. § 20 Absatz 1 Satz 3 findet auch auf sämtliche Mitglieder des Prüfungsausschusses Anwendung,
3. § 20 Absatz 3 Satz 2 findet keine Anwendung; das leitende Mitglied eines Fachausschusses muss, die übrigen Mitglieder sollen die beiden Staatsprüfungen für das gymnasiale Lehramt abgelegt haben oder über eine entsprechende Lehrbefähigung verfügen und die Lehrbefähigung für die gymnasiale Oberstufe und für das betreffende Fach besitzen,
4. Fachlehrkräfte im Sinne von § 20 Absatz 1 Satz 2 Nummer 3 und Absatz 3 Satz 2 Nummer 2 sind die vom vorsitzenden Mitglied des Prüfungsausschusses und im Sinne von § 23 Absatz 5 Satz 1 die von der oberen Schulaufsichtsbehörde bestimmten Fachlehrkräfte eines öffentlichen Gymnasiums, in der Regel des Gymnasiums, dem die oder der Schulfremde zur Ablegung der Prüfung zugewiesen ist,
5. bei Schulfremden, die ein staatlich genehmigtes privates Gymnasium besuchen, kann die obere Schulaufsichtsbehörde zulassen, dass die Prüfung ganz oder teilweise im Gebäude der betreffenden Schule abgenommen wird; die Leitung und Beaufsichtigung regelt in diesem Fall die obere Schulaufsichtsbehörde,
6. bei der Prüfung einer Fremdsprache im ersten Prüfungsteil wird die mündliche Prüfung nach den für die Kommunikationsprüfung der ordentlichen Abiturprüfung geltenden zentralen Maßstäben durchgeführt; die Zusammensetzung des Fachausschusses nach § 20 bleibt unberührt.

(2) Die Schulfremden haben sich bei Beginn der Prüfung mit einem mit Lichtbild versehenen amtlichen Ausweis auszuweisen und diesen während der gesamten Prüfung bei sich zu führen und auf Verlangen vorzuzeigen.

§ 41
Ergebnis der Prüfung, Zeugnis der allgemeinen Hochschulreife

(1) Nach Abschluss des ersten Teils der Prüfung stellt das vorsitzende Mitglied des Prüfungsausschusses fest, wer diesen Teil bestanden hat und am zweiten Teil teilnehmen darf. Das Nichtbestehen des ersten Teils gilt als Nichtzuerkennung der allgemeinen Hochschulreife.

(2) Nach Abschluss des zweiten Teils der Prüfung stellt das vorsitzende Mitglied des Prüfungsausschusses fest, wer diesen Teil bestanden hat. Das Nichtbestehen des zweiten Teils gilt als Nichtzuerkennung der allgemeinen Hochschulreife.

(3) Das vorsitzende Mitglied des Prüfungsausschusses stellt für diejenigen Schulfremden, die beide Teile der Prüfung bestanden haben, das Gesamtergebnis sowie die Gesamtnote nach der als Anlage 3 beigefügten Tabelle fest und erkennt die allgemeine Hochschulreife zu.

(4) Das Ergebnis der beiden Teile der Prüfung wird wie folgt ermittelt:

1. der erste Teil ist bestanden, wenn kein Fach mit 0 Punkten bewertet wurde und insgesamt in allen vier Prüfungsfächern mindestens 220 Punkte, darunter jeweils fünf Punkte bei einfacher Wertung in mindestens zwei Fächern, erreicht wurden; dabei werden die Punktzahlen der schriftlichen und mündlichen Prüfung jeweils mit 5,5 multipliziert und addiert; ergibt sich danach eine halbzahlige Punktzahl, wird das Gesamtergebnis im jeweiligen Prüfungsfach in üblicher Weise gerundet,
2. der zweite Teil ist bestanden, wenn kein Fach mit 0 Punkten und mindestens zwei Fächer mit jeweils fünf Punkten in einfacher Wertung bewertet, sowie insgesamt in allen vier Prüfungsfächern mindestens 80 Punkte erreicht wurden; dabei werden die Punktzahlen in den einzelnen Fächern jeweils mit vier multipliziert.

(5) § 28 Absatz 2 und 3 gilt entsprechend.

(6) Schulfremde, denen die allgemeine Hochschulreife nicht zuerkannt wurde, können die Abiturprüfung einmal wiederholen. § 38 Absatz 1 Nummer 2 bleibt unberührt.

§ 42
Fortgeltung bisherigen Rechts

(1) Für Schülerinnen und Schüler, die im Schuljahr 2022/2023 in die erste oder zweite Jahrgangsstufe eingetreten sind oder die Abiturprüfung wiederholen, gelten § 9 Absatz 2 Nummer 3, § 10 Absatz 2 Satz 1 Nummer 2, Absatz 3 und 4, § 11 Absatz 1 Satz 3, § 13 mit Ausnahme von Absatz 3, § 17 Absatz 1 Satz 6 und Absatz 2 Satz 3, § 21 Absatz 2 Nummer 2, § 26 Absatz 3 bis 9, § 28a Absatz 3 Satz 2 Nummer 5 und § 28b Absatz 3 Nummer 4 bis 7 in der am 31. Juli 2022 geltenden Fassung bis zu deren Abschluss am Gymnasium fort. Satz 1 gilt nicht für Schülerinnen und Schüler, die aufgrund einer Wiederholung der ersten oder zweiten Jahrgangsstufe, einzelner Schulhalbjahre der Qualifikationsphase oder der Abiturprüfung in die Jahrgangsstufe wechseln, die sich im Schuljahr 2022/2023 in der Einführungsphase befand. §§ 31 bis 33 bleiben unberührt.

(2) Für Schulfremde, die sich bis zum 1. Oktober 2023 zur Abiturprüfung für Schulfremde melden, zur Prüfung zugelassen werden und sich nicht nach § 37 Absatz 4 von der Prüfung abgemeldet haben, gilt abweichend von § 40 Absatz 1 der § 26 Absatz 3 bis 9 in der am 31. Juli 2022 geltenden Fassung bis zum Abschluss der Abiturprüfung im Schuljahr 2023/2024 fort.

⇨ Abschlüsse und Bildungswege; ⇨ Abschlüsse (HS/RS – Gleichwertiger Bildungsstand); ⇨ Aufbaugymnasium; ⇨ Fachhochschulreife; ⇨ Gymnasium (Abitur – Termine); ⇨ Gymnasium (Schulversuch G 9); ⇨ Gymnasium (Schultypen); ⇨ Gymnasium (Stundentafeln); ⇨ Gymnasium (Versetzungsordnung); ⇨ Handy-Nutzung; ⇨ Hochschulreife (Zugangsberechtigungen); ⇨ Latinum, Graecum, Hebraicum; ⇨ Schulbesuchsverordnung § 2 Abs. 3; ⇨ Zeugnisse

Hätten Sie's gewusst? – Eltern fragen, wir antworten.

Klassenpflegschaftssitzung oder „Elternabend"?

Frage: Ich verstehe nicht, warum manchmal vom *„Elternabend"* gesprochen wird und manchmal ganz formal von einer *„Sitzung der Klassenpflegschaft"*. Ist das nicht das Gleiche?

Antwort: Nein, die Sitzung der Klassenpflegschaft wird zwar häufig als *„Elternabend"* bezeichnet, aber das ist ein gemischtes Gremium aus Erziehungsberechtigten und Lehrkräften, die stellvertretende Leitung obliegt der Klassenlehrkraft und die Schulleitung hat ein Teilnahmerecht (sie muss deshalb eine Einladung erhalten). Siehe dazu das Schaubild bei ⇨ Elternabend und Klassenpflegschaft. Die Aufgaben und Rechte dieses Gremiums werden im ⇨ Schulgesetz § 56 beschrieben, die Einzelheiten stehen in der Elternbeiratsverordnung. ⇨ Elternbeirat (EltBVO) § 5 ff.

Den Erziehungsberechtigten steht es aber frei, sich auch ohne Anwesenheit der Schulleitung oder der Lehrkräfte zu treffen, beispielsweise um kritische Punkte vor der nächsten Sitzung der Klassenpflegschaft vorzubesprechen. In ⇨ Elternbeirat (EltBVO) § 8 Abs. 5 heißt es dazu: *„Das Recht der Eltern einer Klasse, außerhalb der Klassenpflegschaft zusammenzukommen, bleibt unberührt"*. Eigentlich wäre nur das dann ein echter *„Elternabend"*. Und auch während der Klassenpflegschaftssitzung kann die „Elterngruppe" separat verhandeln und beschließen: So sind beispielsweise die Schulleitung und die Lehrkräfte nicht an der Wahl der Klassenelternvertretung beteiligt; sie sollten deshalb den Raum verlassen, denn das geht sie nichts an. Die „Elterngruppe" in der Klassenpflegschaft darf (ohne Mitspracherecht der Lehrkräfte) Vorschläge zu den im ⇨ Schulgesetz § 56 Abs. 1 Nr. 1-8 aufgeführten Themen beschließen und an die Klassenkonferenz einreichen, zur Beratung in der Konferenz sind die beiden Elternvertreter*innen einzuladen; sie wirken dort mit (⇨ Konferenzordnung § 11 Abs. 3 und 5).

Gymnasium (Abitur – Termine)

Auszug aus Nr. 4 (Abiturprüfung) der Terminübersicht für die allgemeinbildenden Schulen im Schuljahr 2023/2024; Bekanntmachung des KM vom 13. April 2022 (K.u.U. S. 51/2022)

Abiturprüfung an den allgemeinbildenden Gymnasien und Gemeinschaftsschulen mit gymnasialer Oberstufe

4.1 Zulassung zur Abiturprüfung

Späteste Ausgabe der Zeugnisse für das 3. Schulhalbjahr — Freitag, 2. Februar 2024

Beginn des Unterrichts des 4. Schulhalbjahres — Montag, 5. Februar 2024

Wahl der mündlichen Prüfungsfächer — Montag, 5. Februar 2024

Späteste Zustellung der Nichtzulassung zur schriftlichen Abiturprüfung — Montag, 5. Februar 2024

4.2 Schriftliche Prüfung (Haupttermin)

Beginn der schriftlichen Prüfung — Freitag, 19. April 2024

Ende der schriftlichen Prüfung — Dienstag, 7. Mai 2024

Wiederbeginn des Unterrichts — Mittwoch, 8. Mai 2024

4.3 Schriftliche Prüfung (Nachtermin)

Beginn der schriftlichen Prüfung — Mittwoch, 8. Mai 2024

Ende der schriftlichen Prüfung — Freitag, 7. Juni 2024

4.4 Der Unterricht endet am jeweiligen Tag der Bekanntgabe der Ergebnisse der schriftlichen Abiturprüfung.

4.5 Bekanntgabe der Ergebnisse

⇨ Gymnasium (Abitur – AGVO) § 17

Erste Bekanntgabe der Ergebnisse der schriftlichen Prüfung — Mittwoch, 19. Juni 2024

Letzte Bekanntgabe der Ergebnisse der schriftlichen Prüfung — Montag, 1. Juli 2024

4.6 Mündliche Prüfungen

Erste mündliche Prüfung — Mittwoch, 26. Juni 2024

Letzte mündliche Prüfung — Montag, 8. Juli 2024

4.7 Ausgabe der Zeugnisse

Letzte Ausgabe der Zeugnisse der allgemeinen Hochschulreife — Montag, 8. Juli 2024

4.8 Fachpraktische Prüfungen

Der Zeitraum, in dem die fachpraktische Prüfung in den Fächern Musik und Bildende Kunst durchgeführt wird, wird von den Regierungspräsidien festgelegt. Der erstmögliche Termin ist Montag, 5. Februar 2024.

Für die Terminierung der fachpraktischen Prüfung im Fach Sport wird auf § 19 Abs. 2 und 3 AGVO hingewiesen. ⇨ Gymnasium (Abitur – AGVOV)

4.9 Kommunikationsprüfung in den modernen Fremdsprachen

Der Zeitraum, in dem die Kommunikationsprüfung in den modernen Fremdsprachen durchgeführt wird, wird von den Schulen festgelegt. Der erstmögliche Termin ist Montag, 5. Februar 2024.

4.10 Fachpraktischer Teil der mündlichen Prüfung in Literatur und Theater

Zeitraum, in dem der fachpraktische Teil der mündlichen Prüfung im Basisfach Literatur und Theater durchgeführt wird: Montag, 18. März bis Freitag, 22. März 2024

Gymnasium (Schulversuch G 9)

Schulversuch „Zwei Geschwindigkeiten zum Abitur am allgemeinbildenden Gymnasium“; Auszug aus der Bekanntmachung des Kultusministeriums (ohne Aktenzeichen und Datum; veröffentlicht in K.u.U. S. 121/2012)

Hinweis der Redaktion: Schulen der ersten Staffel (Beginn: 2012/13) konnten letztmals zum Schuljahr 2023/24, Schulen der zweiten Staffel (Beginn: Schuljahr 2013/14) letztmals zum Schuljahr 2024/25 neue Fünftklässler*innen aufnehmen. Das KM hat am 13.9.2022 beschlossen, den Schulversuch für die Schulen der 1. Staffel um weitere fünf Jahre, für die Schulen der 2. Staffel um weitere vier Jahre zu verlängern. Für den Schulversuch gilt der allgemeine rechtliche Rahmen mit den folgenden Maßgaben:

1. Aufnahme der Schülerinnen und Schüler

Die Entscheidung für den achtjährigen oder für den neunjährigen Bildungsgang am allgemeinbildenden Gymnasium treffen die Eltern bei der Anmeldung zur Klasse 5; diese Entscheidung ist verbindlich. Sie sind über die Schwierigkeit eines gegebenenfalls später notwendig werdenden Schulwechsels in geeigneter Weise zu informieren. Melden sich an der Schule mehr Schülerinnen und Schüler für den neunjährigen Zug als Kapazitäten vorhanden sind, werden für die Zuweisung in den achtjährigen Zug die Kriterien für den Klassenausgleich (vgl. § 88 Abs. 4 Satz 2 und 3 SchG) entsprechend angewendet.

2. Bildungsgang

Der neunjährige Bildungsgang umfasst die Klassenstufen 5 bis 11. Die Klasse 10 gehört im G9-Bildungsgang zur Sekundarstufe I; der mittlere Bildungsabschluss wird mit der Versetzung von der Klasse 10 in die Klasse 11 erworben. An die Einführungsphase der gymnasialen Oberstufe in Klasse 11 schließen sich die erste und zweite Jahrgangstufe (zweijährige Kursstufe) an. Für die Jahrgangsstufen des achtjährigen und des neunjährigen Bildungsgang am allgemeinbildenden Gymnasium gelten die gleichen Regelungen.

3.
Bildungsplan

Inhaltliche Grundlage des neunjährigen Bildungsgangs am Gymnasium ist wie im achtjährigen Bildungsgang der Bildungsplan 2004 bzw. der jeweils gültige Bildungsplan mit allen Grundelementen der Bildungsplanreform (Kompetenzorientierung, Standards, Lernstandserhebungen).

Mögliche Modelle sind entweder eine Dehnung der Standards 6, 8,10 über den gesamten Bildungsgang der Klassen 5 bis 11, also eine durchgängige Entschleunigung, oder eine Dehnung der Standards 8 und 10 auf die Klassen 7 bis 11, also vorwiegend eine Entlastung der Mittelstufe. Das Kultusministerium kann weitere Modelle genehmigen. Fächer, mit denen im achtjährigen Bildungsgang ab Klasse 6 oder in einer höheren Klasse begonnen wird, können je nach Modell auch um ein Jahr versetzt eingeführt werden; dies gilt insbesondere für die zweite Fremdsprache (Klasse 7) und die Profilfächer (Klassen 9). Die Umsetzung der notwendigen Dehnung der Standards je nach Modell liegt in der Verantwortung der Schulen; hierüber entscheidet die Gesamtlehrerkonferenz nach Anhörung des Elternbeirates und mit Zustimmung der Schulkonferenz.

4.
Stundentafel

Der neunjährige Bildungsgang am Gymnasium bietet durch das zusätzliche Schuljahr mehr schulische Lernzeit. Für Zusatzstunden, insbesondere in Deutsch, Mathematik und Fremdsprachen, werden zusätzliche Ressourcen im Umfang von zwölf Lehrerwochenstunden pro Zug bereitgestellt. Damit erhöht sich der Umfang der Kontingentstundentafel von 194 auf 206 Jahreswochenstunden.

Über die Verteilung dieser zusätzlichen Wochenstunden auf die einzelnen Fächer entscheidet die Gesamtlehrerkonferenz nach Anhörung des Elternbeirates und mit Zustimmung der Schulkonferenz.
⇨ Konferenzordnung

Zusätzlich werden die Möglichkeiten zur individuellen Förderung der Schülerinnen und Schüler in der Unterstufe gestärkt. Dafür werden die Poolstunden generell, sowohl im neunjährigen als auch im achtjährigen Bildungsgang von zehn auf elf Poolstunden erhöht. Diese zusätzliche Poolstunde darf ausschließlich für individuelle Förder- und Differenzierungsmaßnahmen in den Klassen 5 und 6 eingesetzt werden. Eine Erhöhung der Unterrichtsbelastung der Schülerinnen und Schüler in G8- und G9-Zügen darf dadurch nicht erfolgen.

Alle übrigen 10 Poolstunden können in den G9-Zügen, abweichend von den Regelungen für das achtjährige Gymnasium, auch für Fachunterricht eingesetzt werden.

5.
Versetzung

Es gilt die Versetzungsordnung Gymnasium mit den Maßgaben, dass eine Aussetzung der Versetzungsentscheidung nach § 3 und ein Überspringen einer Klasse nach § 5 für Schülerinnen und Schüler der Klassen 5 bis 10 möglich ist und dass Fächer um ein Jahr versetzt eingeführt werden können (siehe oben [...] Nr. 3).

Hinweis der Redaktion: Für Schüler*innen des allgemeinbildenden Gymnasiums besteht noch eine weitere Möglichkeit, das Abitur in neun Jahren zu absolvieren: Mit dem erfolgreichen Abschluss der Klasse 10 des allgemeinbildenden Gymnasiums erwerben sie nach sechs gymnasialen Schuljahren zunächst den Mittleren Schulabschluss. Danach wechseln sie in ein dreijähriges berufliches Gymnasium (BG). Der Besuch von dessen Eingangsklasse gilt in diesem Fall nicht als „Sitzenbleiben" beziehungsweise Wiederholung der Klasse. Dieser gesplittete Bildungsgang zum Abitur umfasst insgesamt sechs plus drei = neun Schuljahre. Dieses Verfahren ist jedoch nur Im Rahmen der am jeweiligen BG zur Verfügung stehenden Kapazitäten möglich (vgl. Aufnahme- und Auswahlverfahren gem. §§ 4-5 der VO des KM über die beruflichen Gymnasien).

⇨ Gymnasium (Abitur – AGVO); ⇨ Gymnasium (Schultypen); ⇨ Gymnasium (Stundentafeln); ⇨ Gymnasium (Versetzungsordnung); ⇨ Schulgesetz §§ 8, 22

Gymnasium (Schultypen)

§ 1 der Verordnung des KM über die Schultypen des Gymnasiums vom 12. Juli 2000 (GBl. S. 551; K.u.U. S. 191); zuletzt geändert 12.3.2014 (GBl. S. 178; K.u.U. S. 53/2014)

§ 1
Schultypen des Gymnasiums

(1) Das allgemeinbildende Gymnasium der Normalform und der Aufbauform mit Heim gliedert sich in den naturwissenschaftlichen und den sprachlich-musischen Schultyp. In den Bildungsplänen sind in den beiden Schultypen entsprechende Differenzierungen spätestens ab Klasse 9 bis zum Beginn der Jahrgangsstufen erforderlich; in dem auf der 10. Klasse der Realschule aufbauenden Gymnasium sind entsprechende Differenzierungen in Klasse 11 erforderlich. Die altsprachliche Prägung eines Gymnasiums gilt dann als eigenständiger Schultyp, wenn als erste Fremdsprache ausschließlich Latein und als dritte Fremdsprache Altgriechisch angeboten werden.

(2) Das berufliche Gymnasium gliedert sich in den agrarwissenschaftlichen, biotechnologischen, ernährungswissenschaftlichen, sozial- und gesundheitswissenschaftlichen, technischen und wirtschaftswissenschaftlichen Schultyp.

(3) In allen Schultypen kann Unterricht in bilingualer Form und im sprachlich-musischen Schultyp ein verstärkter Unterricht in den Fächern Musik, Bildende Kunst und Sport erteilt werden.

⇨ Abschlüsse und Bildungswege; ⇨ Aufbaugymnasium; ⇨ Gymnasium (Abitur – AGVO); ⇨ Gymnasium (Schulversuch G 9); ⇨ Gymnasium (Stundentafel); ⇨ Gymnasium (Versetzungsordnung); ⇨ Schulgesetz § 4

Gymnasium (Stundentafeln)

VO des KM über die Stundentafeln der Klassen 5 bis 10 der Gymnasien der Normalform und der Klassen 7 bis 11 der Gymnasien in Aufbauform mit Internat vom 23.6.1999 (K.u.U. S. 179); zul. geänd. 15.4.2023 (K.u.U. S. 63/2023)

§ 1 Stundentafeln

(1) Für die Klassen 5 bis 10 der Gymnasien der Normalform gilt die als Anlage 1 beigefügte Stundentafel.

(2) Für die Klassen 7 bis 11 der Gymnasien in Aufbauform mit Internat gelten die als Anlage 2, 3 und 4 beigefügten Stundentafeln.

§ 2 Poolstunden, Pflichtwochenstunden, Nachmittagsunterricht

(1) In den Gymnasien der Normalform werden vier Poolstunden für alle Schüler verpflichtend ausgewiesen. Darüber hinaus werden sechs Poolstunden in den Klassen 5 bis 10 und nach Maßgabe der Abiturverordnung Gymnasien der Normalform auch in den Jahrgangsstufen für fachspezifische Förderungen eingesetzt, insbesondere für Fachunterricht in geteilten Klassen oder Kursen. 1,7 Poolstunden werden für zusätzliche individuelle Förder- und Differenzierungsmaßnahmen in den Klassen 5 und 6 ausgewiesen, zwei Poolstunden werden für zusätzliche individuelle Förder- und Differenzierungsmaßnahmen zur Vertiefung in den Fächern Deutsch, Mathematik und Fremdsprachen in der Klasse 10 eingesetzt. Die Stundenzahl in der Klasse 10 wird dadurch für die Schülerinnenund Schüler nicht erhöht.

Anlage 1 (zu § 1 Absatz 1)

Kontingentstundentafel für die Klassen 5 bis 10 der Gymnasien der Normalform

Unterrichtsfach	Stunden-kontingent
Religionslehre	11
Ethik	(11)
Deutsch	24
Erste Pflichtsprache	22
Zweite Pflichtsprache	18
Mathematik	24
Gesellschaftswissenschaftliches Fächerfeld	
Geschichte	10
Geographie	7
Gemeinschaftskunde	4
Wirtschaft/Berufs- und Studienorientierung	3
Naturwissenschaftliches Fächerfeld	
Fächerverbund Biologie, Naturphänomene und Technik	6
Physik	8
Chemie	6
Biologie	5
Aufbaukurs Informatik	1
Musik	9
Bildende Kunst	9
Sport	16
Profile (dritte Fremdsprache, Naturwissenschaft und Technik, IMP, gegebenenfalls Musik, Bildende Kunst oder Sport)	12
Physik (zusätzlich, nur wenn kein Profilfach in der Einführungsphase der gymnasialen Oberstufe fortgeführt werden kann)	1
Poolstunden (für alle Schüler verpflichtend)	4
Pool für Maßnahmen zur Differenzierung und Förderung	9,7

Anlage 2 (zu § 1 Absatz 2)

Kontingentstundentafel für die Klassen 7 bis 11 der Gymnasien in Aufbauform

Unterrichtsfach	Stunden-kontingent
Religionslehre	9
Ethik	7
Deutsch	20
erste Pflichtsprache	16
zweite Pflichtsprache	18
Mathematik	20
Gesellschaftswissenschaftliches Fächerfeld	
Geschichte	10
Geographie	5
Gemeinschaftskunde	4
Wirtschaft/Berufs- und Studienorientierung	3
Naturwissenschaftliches Fächerfeld	
Physik	9
Chemie	6
Biologie	6
Aufbaukurs Informatik	1
Musik	7
Bildende Kunst	8
Sport	12
Profile (dritte Fremdsprache, Naturwissenschaft und Technik, IMT, gegebenenfalls Musik, Bildende Kunst oder Sport)	12
Physik (zusätzlich, nur wenn kein Profilfach in der Einführungsphase der gymnasialen Oberstufe fortgeführt werden kann)	1
Poolstunden	10

(2) Auf Antrag der Schule kann das zuständige Regierungspräsidium in begründeten Einzelfällen auf Grundlage eines mit Zustimmung der Schulkonferenz und nach Anhörung des Elternbeirates gefassten Beschlusses der Gesamtlehrerkonferenz eine Ausnahme von den Regelungen des Absatzes 1 genehmigen.

(3) In den Gymnasien der Normalform sollen in den Klassen 5 und 6 in der Zeit von Montag bis Freitag mindestens drei, in den Klassen 7 bis 9 mindestens zwei Nachmittage in der Woche von Pflichtunterricht freigehalten werden. In den Klassen 5 und 6 soll der Pflichtunterricht auf jeweils 32 Wochenstunden begrenzt sein.

(4) Die Regelungen der Absätze 1 und 3 gelten nicht für Schülerinnen und Schüler, die auf die Profilfächer Kunst, Sport oder Musik hingeführt werden oder diese Profilfächer gewählt haben, die bilingual in dafür eingerichteten Abteilungen unterrichtet werden oder die ganztägig betreut werden.

(5) Soweit erforderlich, treffen für die Aufbaugymnasien die Regierungspräsidien Regelungen, die den Besonderheiten des jeweiligen Standortes angepasst sind und eine ausgewogene Stundenplanung sicherstellen.

⇨ Aufbaugymnasium

§ 2 a
Übergangsbestimmungen

(1) Für Schülerinnen und Schüler, die im Schuljahr 2016/2017 die Klassen 7 bis 12 besuchen, gelten die Anlagen 1 bis 4 der Stundentafelverordnung Gymnasien in der am 31. Juli 2016 geltenden Fassung (abgedruckt im GEW-Jahrbuch 2016) bis zu deren Abschluss am Gymnasium weiter. Satz 1 gilt nicht für Schülerinnen und Schüler, die aufgrund einer Klassenwiederholung in eine Klasse wechseln, die sich im Schuljahr 2016/2017 in der Klassenstufe 5 oder 6 befand.

Hinweis der Redaktion: Das Profilfach IMP setzt den Besuch des Aufbaukurses Informatik voraus.

(2) Ethik wird erstmals im Schuljahr 2021/2022 in Klassenstufe 5 unterrichtet.

Vorbemerkung zu den Anlagen:

Für die folgende Beschreibung von Stundenanteilen (Gesamtkontingente) ist zwischen einzeln genannten Fächern, Fächerfeldern und Profilen zu unterscheiden.

Einzeln genannte Fächer sind: Deutsch, Mathematik, erste Pflichtfremdsprache, zweite Pflichtfremdsprache, Religionslehre, Ethik, Musik, Bildende Kunst, Sport, Aufbaukurs Informatik.

Dem gesellschaftswissenschaftlichen Fächerfeld gehören an: Geographie, Gemeinschaftskunde,

Anlage 3 (zu § 1 Absatz 2) **Kontingentstundentafel für die Klassen 8 bis 11 der Gymnasien in Aufbauform Sechsjähriger Aufbauzug**

Unterrichtsfach	Stundenkontingent
Religionslehre	7
Ethik	7
Deutsch	15
erste Pflichtsprache	14
zweite Pflichtsprache	15
Mathematik	16
Gesellschaftswissenschaftliches Fächerfeld	
Geschichte	6
Geographie	3
Gemeinschaftskunde	4
Wirtschaft/Berufs- und Studienorientierung	3
Naturwissenschaftliches Fächerfeld	
Physik	7
Chemie	6
Biologie	4
Musik	5
Bildende Kunst	6
Sport	9
Profile (dritte Fremdsprache, Naturwissenschaft und Technik, IMP, gegebenenfalls Musik, Bildende Kunst oder Sport)	12
Physik (zusätzlich, nur wenn kein Profilfach in der Einführungsphase der gymnasialen Oberstufe fortgeführt werden kann)	1
Poolstunden	8

Anlage 4 (zu § 1 Absatz 2)

Kontingentstundentafel für die Klasse 11 der Gymnasien in Aufbauform

Unterrichtsfach	Stundenkontingent
Religionslehre	2
Ethik	2
Deutsch	4
Englisch	4
Französisch	4
Mathematik	4
Gesellschaftswissenschaftliches Fächerfeld	
Geschichte	2
Geographie	1
Gemeinschaftskunde	1
Wirtschaft/Berufs- und Studienorientierung	1
Naturwissenschaftliches Fächerfeld	
Physik	2
Chemie	2
Biologie	2
Musik	1
Bildende Kunst	1
Sport	2
Profile	2
Physik (zusätzlich, nur wenn kein Profilfach in der Einführungsphase der gymnasialen Oberstufe fortgeführt werden kann)	1
Poolstunden	0

⇨ Aufbaugymnasium

Geschichte, Wirtschaft/Berufs- und Studienorientierung (WBS).

Dem naturwissenschaftlichen Fächerfeld gehören an: Physik, Chemie, Biologie, Fächerverbund: Biologie, Naturphänomene und Technik (BNT).

Profile (ab Klasse 8): Sprachliches Profil (dritte Fremdsprache), naturwissenschaftliches Profil (Naturwissenschaft und Technik [NwT]oder Informatik, Mathematik und Physik [IMP]), künstlerisches Profil (Musik oder Bildende Kunst), sportliches Profil (Sport).

In den Klassen 5 bis 10 werden für Schüler, die nicht am Religionsunterricht teilnehmen, elf Kontingentstunden Ethik vorgesehen. Die Verteilung der Kontingentstunden in Religionslehre wird unter Beteiligung der zuständigen kirchlichen Beauftragten festgelegt.

Von den in den Klassen 5 und 6 zu unterrichtenden Fremdsprachen beginnt die erste zu Beginn der Klasse 5 und die zweite zu Beginn der Klasse 6. Ausnahmen sind die altsprachlichen Gymnasien und die Gymnasien mit deutsch-französischer Abteilung (Abibac), die weiterhin parallel mit zwei Fremdsprachen in der 5. Klasse beginnen können. Beim Übergang von Grundschülerinnen und Grundschülern mit vier Jahren Französischunterricht soll die Überbrückung bis zur möglichen Weiterführung von Französich in Klasse 6 ermöglicht werden.

Sind Latein und Französisch erste und zweite Fremdsprache, so beginnt der Unterricht in Englisch nach Entscheidung der Schule in Klasse 7 oder 8. Der Unterricht im Fach Französisch wird frühestens am Ende der Klasse 7 abgeschlossen.

Die sechs Kontingentstunden des Fächerverbunds BNT werden wie folgt verteilt: Biologie vier Stunden, Physik eine Stunde, Chemie eine Stunde. Der Fächerverbund BNT wird in den Klassen 5 und 6 unterrichtet.

Die Naturwissenschaften, die im Fächerverbund BNT enthalten sind, werden als eigenständige Fächer wie folgt fortgesetzt: Biologie und Physik in Klasse 7, Chemie in Klasse 8.

Geschichte beginnt in Klasse 5 oder 6, Gemeinschaftskunde und Wirtschaft / Berufs- und Studienorientierung in Klasse 8. Der Aufbaukurs Informatik wird in Klasse 7 unterrichtet. Die übrigen Fächer beginnen in Klasse 5.

In Klasse 5 wird ein Basiskurs Medienbildung im Umfang von 35 Unterrichtsstunden durchgeführt, die aus dem Stundenvolumen der beteiligten Fächer entnommen werden. Die Gesamtlehrerkonferenz und die Schulkonferenz entscheiden über die am Basiskurs Medienbildung beteiligten Fächer und deren zeitlichen Anteil.

Die Kontingentstunden des Profilfachs IMP werden an Gymnasien der Normalform wie folgt verteilt: in Klasse 8 Informatik zwei Stunden, Mathematik und Physik jeweils eine Stunde; in Klasse 9 Physik zwei Stunden, Informatik und Mathematik jeweils eine Stunde; Klasse 10 Mathematik zwei Stunden, Informatik und Physik jeweils eine Stunde. An Gymnasien in Aufbauform mit Ausnahme des dreijährigen Aufbauzuges richtet sich die Verteilung der Kontingentstunden nach dem jeweiligen Dehnungsmodell der Schule.

Das Profilfach Sport, Musik oder Bildende Kunst setzt in den Klassen 5 bis 7 einen verstärkten Fachunterricht voraus; zur Hinführung auf das Profilfach stehen die in der Kontingentstundentafel ausgewiesenen Stunden für die Klassen 5 bis 7 zur Verfügung.

In Gymnasien, in denen der Unterricht in dafür eingerichteten Abteilungen in bilingualer Form erteilt wird, werden für deutsch-englische Abteilungen zusätzlich sechs Stunden und für deutsch-französische Abteilungen (Abibac) zusätzlich 15 Stunden zugewiesen; zudem werden für den bilingualen Unterricht der deutsch-englischen Abteilungen drei und der deutsch-französischen Abteilungen (AbiBac) vier Stunden aus den Poolstunden verwendet.

An Gymnasien mit deutsch-englischer Abteilung belegen Schülerinnen und Schüler, die das von der Schule angebotene »Internationale Abitur Baden-Württemberg« ablegen oder das »Bilinguale Zertifikat Kursstufe« erlangen wollen, eines der Fächer Biologie, Geschichte oder Geographie in der Einführungsphase der Oberstufe als bilinguales Sachfach.

An Gymnasien mit deutsch-französischer Abteilung (Abibac) kann neben der allgemeinen Hochschulreife gleichzeitig die französische Hochschulzugangsberechtigung erworben werden. Schülerinnen und Schüler, die die französische Hochschulzugangsberechtigung erwerben wollen, besuchen

- in Klasse 7 das Fach Geographie, in Klasse 8 das Fach Geschichte und in Klasse 9 das Fach Gemeinschaftskunde jeweils bilingual in französischer Sprache und
- in der Einführungsphase der gymnasialen Oberstufe das Fach Französisch, das bilinguale Fach Geschichte auf Französisch sowie eines der bilingualen Fächer Gemeinschaftskunde oder Geographie auf Französisch.

Der Besuch des bilingualen Profils Deutsch-Italienisch (AbiStat) ab Klasse 8 setzt die Teilnahme an einem zweistündigen Vorbereitungskurs in der Form einer Italienisch-Arbeitsgemeinschaft in Klasse 7 voraus. In den Klassen 8 bis 10 unterschreitet der Unterricht in italienischer Sprache insgesamt nicht die Anzahl von sechs Wochenstunden; neben den regulären Stundenkontingenten entfallen jeweils zwei Stunden auf das bilinguale Fach Geographie auf Italienisch sowie in der Klasse 9 und 10 auf das Fach Geschichte auf Italienisch.

Am dreijährigen Aufbaugymnasium ist Unterricht in Französisch als zweite Fremdsprache fortzuführen, wenn in mindestens vier aufeinanderfolgenden Schuljahren Unterricht in dieser zweiten Fremdsprache besucht wurde, anderenfalls wird Unterricht in Französisch oder Spanisch als zweite Fremdsprache neu begonnen.

⇨ Abschlüsse (Allgemeines); ⇨ Aufbaugymnasium; ⇨ Gymnasium (Abitur – AGVO); ⇨ Gymnasium (Schultypen); ⇨ Gymnasium (Schulversuch G 9); ⇨ Konferenzordnung

Gymnasium (Versetzungsordnung)

Verordnung des Kultusministeriums über die Versetzung an Gymnasien der Normalform und an Gymnasien in Aufbauform mit Internat (Versetzungsordnung Gymnasien) vom 30.1.1984 (K.u.U. S. 63); zuletzt geändert 18.6.2020 (K.u.U. S. 577/2020)

Hinweis der Redaktion: Alle Entscheidungen nach dieser VO werden von der Klassenkonferenz unter Vorsitz des/der Schulleiter*in getroffen. ➪ KonfVO § 4 Abs. 1 Nr. 4, § 12 Abs. 2 Ziff. 1

§ 1
Versetzungsanforderungen

(1) In die nächsthöhere Klasse werden nach Maßgabe der nachfolgenden Bestimmungen solche Schüler versetzt, die aufgrund ihrer Leistungen in den für die Versetzung maßgebenden Fächern den Anforderungen im laufenden Schuljahr im Ganzen entsprochen haben und die deshalb erwarten lassen, dass sie den Anforderungen der nächsthöheren Klasse gewachsen sind.

(2) Die Voraussetzungen nach Absatz 1 liegen vor, wenn im Jahreszeugnis

1. der Durchschnitt aus den Noten aller für die Versetzung maßgebenden Fächer 4,0 oder besser ist und
2. der Durchschnitt aus den Noten der Kernfächer 4,0 oder besser ist und
3. die Leistungen in keinem Kernfach mit der Note „ungenügend“ bewertet sind und
4. die Leistungen in nicht mehr als einem für die Versetzung maßgebenden Fach geringer als mit der Note „ausreichend“ bewertet sind; trifft dies in zwei Fächern zu, so ist der Schüler zu versetzen, wenn für beide Fächer ein sinnvoller Ausgleich gegeben ist. Ausgeglichen werden können
   a) die Note „ungenügend“ in einem Fach, das nicht Kernfach ist, durch die Note „sehr gut“ in einem anderen maßgebenden Fach oder die Note „gut“ in zwei anderen maßgebenden Fächern,
   b) die Note „mangelhaft“ in einem Kernfach durch mindestens die Note „gut“ in einem anderen Kernfach,
   c) die Note „mangelhaft“ in einem Fach, das nicht Kernfach ist, durch mindestens die Note „gut“ in einem anderen maßgebenden Fach oder die Note „befriedigend“ in zwei anderen maßgebenden Fächern.

Hinweis der Redaktion: Bei Eintritt in die Klassen 7-10 kann die Herkunftssprache eine vorgeschriebene Pflichtfremdsprache ersetzen, wenn es möglich ist, den Kenntnisstand der Schüler*innen in jedem Schuljahr schriftlich zu überprüfen. Das Ergebnis ist als versetzungserhebliche Note in das Zeugnis aufzunehmen. ➪ Integration und Sprachförderung Nr. 5.2 i.V.m. Nr. 5.3

(3) Ausnahmsweise kann die Klassenkonferenz einen Schüler, der nach Absatz 2 nicht zu versetzen wäre, mit Zweidrittelmehrheit versetzen, wenn sie zu der Auffassung gelangt, dass seine Leistungen nur vorübergehend nicht für die Versetzung ausreichen und dass er nach einer Übergangszeit den Anforderungen der nächsthöheren Klasse voraussichtlich gewachsen sein wird. Diese Bestimmung darf nicht zwei Schuljahre hintereinander angewendet werden.

(4) Die Versetzung oder Nichtversetzung eines Schülers ist im Zeugnis mit „versetzt“ oder „nicht versetzt“ zu vermerken. Bei einer Versetzung nach Absatz 3 ist folgender Vermerk anzubringen: „Versetzt nach § 1 Abs. 3 der Versetzungsordnung“.

(5) Wird ein Schüler am Ende der Klasse 5 oder 6 nicht versetzt, hat die Klassenkonferenz die Empfehlung auszusprechen, dass der Schüler in die Realschule oder in die Hauptschule überwechseln soll, es sei denn, sie gelangt zu der Auffassung, dass der Schüler nach der Wiederholung der Klasse voraussichtlich den Anforderungen des Gymnasiums gewachsen sein wird. Die Empfehlung ist im Jahreszeugnis zu vermerken. Für das Überwechseln gelten die Bestimmungen der multilateralen Versetzungsordnung.

(6) Die Klassenkonferenz kann im Einvernehmen mit dem Schulleiter nicht versetzten Schülern, welche die Klasse wiederholen können, für den Zeitraum von etwa vier Wochen die Aufnahme auf Probe in die nächsthöhere Klasse gestatten, wenn sie zu der Auffassung gelangt, dass die Schüler die Mängel in den unter ausreichend bewerteten Fächern in absehbarer Zeit beheben werden; dies gilt nicht für die Aufnahme in die Jahrgangsstufe. Die Aufnahme setzt eine Zielvereinbarung voraus. Zum Ende der Probezeit werden die Schüler in den für die Versetzung maßgebenden Fächern, in denen die Leistungen im vorausgegangenen Schuljahr geringer als mit der Note „ausreichend“ bewertet worden sind, jeweils von einem vom Schulleiter beauftragten Lehrer schriftlich und mündlich geprüft. Die Prüfung erstreckt sich auf Unterrichtsinhalte der Probezeit und des vorangegangenen Schuljahres. Das Ergebnis ersetzt in dem entsprechenden Fach die Note des vorangegangenen Jahreszeugnisses. Wenn dieses Zeugnis unter Berücksichtigung der neuen Noten den Anforderungen nach Absatz 2 entspricht, ist der Schüler versetzt und die am Ende des vorangegangenen Schuljahres ausgesprochene Nichtversetzung gilt rückwirkend als nicht getroffen.

Hinweis der Redaktion: Bei dieser „rückwirkenden Versetzung“ erstellt die Lehrkraft eine neue Beurteilung (ganze Noten) in den betroffenen Fächern; diese ersetzen die Zeugnisnoten des Vorjahres. Danach stimmt die Klassenkonferenz des zurückliegenden Schuljahres erneut über die Versetzung ab. Es wird ein neues Zeugnis (Bemerkung: „versetzt“ oder „nicht versetzt“) mit aktuellem Datum ausgestellt. (Quelle: RP Stuttgart; Oktober 2018)

➪ Klassenlehrkraft (Nr. 2); ➪ Multilaterale VersetzungsVO

§ 2
Maßgebende Fächer

(1) Maßgebende Fächer für die Versetzung sind, sofern sie in der schuleigenen Stundentafel für die jeweilige Klasse als Unterrichtsfächer ausgewiesen sind, Religionslehre, Ethik, Deutsch, Geographie, Geschichte, Gemeinschaftskunde, die Pflichtfremdsprachen, Mathematik, der Fächerverbund: Biologie, Naturphänomene und Technik, Biologie, Physik, Chemie, der Aufbaukurs Informatik, Natur-

wissenschaft und Technik, Informatik, Mathematik und Physik (IMP), Wirtschaft / Berufs- und Studienorientierung, Sport, Musik und Bildende Kunst; dies gilt für bilingual unterrichtete Sachfächer entsprechend. Wäre eine Versetzung wegen der Fächer Sport, Musik und Bildende Kunst nicht möglich, ist von diesen Fächern nur das mit der besten Note für die Versetzung maßgebend; ist eines dieser Fächer Kernfach, gilt Halbsatz 1 nur für die beiden übrigen Fächer. Für Schüler, die während der Klasse 4 der Grundschule keinen Fremdsprachenunterricht in der in Klasse 5 fortgeführten Fremdsprache hatten, wird die Versetzungserheblichkeit dieses Faches in dieser Klassenstufe ausgesetzt, wenn andernfalls eine Versetzung nicht möglich wäre.

(2) An den Gymnasien der Normalform sind unter den für die Versetzung maßgebenden Fächern Deutsch, die Pflichtfremdsprachen und Mathematik Kernfächer. Außerdem sind Kernfächer

1. im sprachlichen Profil ab Klasse 8 die dritte Fremdsprache,
2. im naturwissenschaftlichen Profil ab Klasse 8 Naturwissenschaft und Technik oder Informatik, Mathematik und Physik (IMP),
3. im künstlerischen Profil ab Klasse 8 Musik oder Bildende Kunst,
4. im Sportprofil ab Klasse 8 Sport,
5. Physik in der Einführungsphase der gymnasialen Oberstufe, soweit es anstelle des Profilfachs dreistündig belegt wird.

Im naturwissenschaftlichen Profil ist eine zusätzlich gewählte dritte Fremdsprache (Additum) kein Kernfach; werden die Leistungen geringer als mit der Note „ausreichend“ bewertet, bleiben sie bei der Versetzungsentscheidung außer Betracht und die Klassenkonferenz kann den Schüler vom Unterricht in diesem Fach ausschließen.Wird in Klasse 5 die zweite Fremdsprache entsprechend der Jahrgangsstundentafel der Schule mit nicht mehr als zwei Wochenstunden unterrichtet, so ist sie nicht für die Versetzung maßgebend und nicht Kernfach.

(3) An den Gymnasien der Aufbauform mit Internat sind unter den für die Versetzung maßgebenden Fächern Deutsch, die Pflichtfremdsprachen und Mathematik Kernfächer. Außerdem sind Kernfächer

1. im naturwissenschaftlichen Profil ab Klasse 7 Naturwissenschaft und Technik oder Informatik, Mathematik und Physik (IMP),
2. im künstlerischen Profil ab Klasse 7 Musik, ab Klasse 9 Musik oder Bildende Kunst,
3. im Sportprofil ab Klasse 7 Sport,
4. im Realschulaufsetzer Musik oder Physik,
5. Physik in der Einführungsphase der gymnasialen Oberstufe, soweit es anstelle des Profilfachs dreistündig belegt wird.

Hinweis der Redaktion: Das Profilfach IMP setzt den Besuch des Aufbaukurses Informatik voraus.

Sind Elterndaten ein Staatsgeheimnis?
Hätten Sie‘ gewusst?
Die Antwort steht auf Seite 128.

§ 3
Aussetzung der Versetzungsentscheidung

(1) Die Klassenkonferenz kann bei Schülern der Klassen 5 bis 9 die Entscheidung über die Versetzung längstens bis zum Ende des nächsten Schulhalbjahres aussetzen und von der Erteilung eines Zeugnisses absehen, wenn hinreichende Entscheidungsgrundlagen fehlen, weil die Leistungen des Schülers dadurch abgesunken sind, dass er im zweiten Schulhalbjahr

1. aus von ihm nicht zu vertretenden Umständen die Schule wechseln musste oder
2. wegen Krankheit länger als acht Wochen den Unterricht nicht besuchen konnte.

Auf dem Zeugnisformular ist anstelle der Noten der Vermerk anzubringen: „Versetzung ausgesetzt gemäß § 3 der Versetzungsordnung“. Bis zur endgültigen Entscheidung über die Versetzung nimmt der Schüler am Unterricht der nächsthöheren Klasse teil.

(2) Schüler der Klasse 10, bei denen die Voraussetzungen von Absatz 1 vorliegen, können nach Bestehen einer Aufnahmeprüfung in die Jahrgangsstufe 11 aufgenommen werden. Für die Prüfung gilt § 8 Abs. 3 entsprechend mit der Maßgabe, dass die Prüfung zu Beginn der Jahrgangsstufe 11 stattfindet.

(3) Ein Schüler, für den zum Ende der Klassen 5 bis 10 kein Zeugnis erteilt und damit keine Versetzungsentscheidung getroffen werden kann, weil er an einem längerfristigen Einzelschüleraustausch mit dem Ausland teilgenommen und dort die Schule besucht hat, wird auf Antrag der Erziehungsberechtigten, bei Volljährigkeit auf seinen Antrag ohne Versetzungsentscheidung in die nächsthöhere Klasse bzw. in die Jahrgangsstufe 11 aufgenommen. Abweichend von Satz 1 kann ein Schüler, bei dem die Voraussetzungen von Satz 1 am Ende der Klasse 10 vorliegen und der nicht die dem Unterricht in den Klassen 7 bis 9 entsprechenden Kenntnisse in einer zweiten Pflichtfremdsprache besitzt, nur nach Bestehen einer Feststellungsprüfung in der zweiten Pflichtfremdsprache in die Jahrgangsstufe 11 aufgenommen werden. Für diese Feststellungsprüfung gilt § 8 Abs. 3 entsprechend. ⇨ Schüleraustausch

§ 4
Versetzungsentscheidung bei Schulwechsel

Verlässt ein Schüler innerhalb von acht Wochen vor Beginn der Sommerferien die Schule und geht er auf ein anderes Gymnasium über, sind der Versetzungsentscheidung die an der früher besuchten Schule erteilten Noten zugrunde zu legen.

§ 5
Überspringen einer Klasse

(1) In Ausnahmefällen kann ein Schüler der Klassen 5 bis 9, dessen Gesamtleistungen so überdurchschnittlich sind, dass sein Verbleiben in der bisherigen Klasse pädagogisch nicht sinnvoll erscheint, auf Beschluss der Klassenkonferenz und mit Einverständnis der Erziehungsberechtigten zum Ende des ersten Schulhalbjahres in die nächsthöhere Klasse überwechseln oder zum Schuljahresende eine Klasse überspringen. An der Klassenkonferenz nehmen die Lehrer der Kernfächer der Klasse, in die der

Schüler übertreten soll, mit beratender Stimme teil.

(2) Wird der Schüler aus der neuen Klasse nicht versetzt oder wiederholt er freiwillig eine Klasse innerhalb eines Jahres nach dem Überwechseln in die nächsthöhere Klasse bzw. dem Überspringen, bleibt dies bei einer Entscheidung nach § 6 Abs. 1 außer Betracht.

§ 6

Mehrmalige Nichtversetzung

(1) Ein Schüler muss das Gymnasium verlassen, wenn er

1. aus einer Klasse des Gymnasiums, die er wiederholt hat, nicht versetzt wird,
2. nach Wiederholung einer Klasse des Gymnasiums auch aus der nachfolgenden nicht versetzt wird,
3. bereits zweimal eine Klasse des Gymnasiums wiederholt hat und wiederum nicht versetzt wird.

(2) Ein Schüler, der

1. mindestens 12 Unterrichtswochen beim ersten bzw. zweiten Besuch der Klasse wegen Krankheit den Unterricht nicht besuchen konnte, oder
2. mindestens 80% schwerbehindert und dadurch hinsichtlich seiner schulischen Lern- und Leistungsfähigkeit erheblich beeinträchtigt ist, oder
3. bei der endgültigen Entscheidung gemäß § 3 nicht versetzt wurde und deshalb die Klasse wiederholt,

kann die Klasse ausnahmsweise ein weiteres Mal besuchen, wenn die Klassenkonferenz mit Zweidrittelmehrheit zu der Auffassung gelangt, dass er nach einem weiteren Besuch der Klasse voraussichtlich versetzt werden kann.

(3) Eine Klasse gilt als besucht, wenn der Schüler ihr länger als acht Wochen angehörte. Dies gilt nicht

1. für den Besuch der nächsthöheren Klasse, wenn er diese verlassen musste, weil er bei der endgültigen Entscheidung gemäß § 3 nicht versetzt wurde,
2. für den Besuch der Klasse, die der Schüler bei einer freiwilligen Wiederholung während eines Schuljahres verlassen hat.

§ 7

Freiwillige Wiederholung einer Klasse

Die freiwillige Wiederholung einer Klasse ist grundsätzlich nur zu Beginn eines Schulhalbjahres möglich; über Ausnahmen entscheidet der Schulleiter. Sie gilt als Wiederholung wegen Nichtversetzung der Klasse, die bereits zuvor erfolgreich besucht worden war mit der Folge, dass die am Ende dieser Klasse ausgesprochene Versetzung rückwirkend als nicht getroffen gilt. Die freiwillige Wiederholung ist im Zeugnis mit „wiederholt freiwillig" zu vermerken.

§ 8

Wiederaufnahme

(1) Ein Schüler, der das Gymnasium freiwillig verlassen hat und keine Hauptschule, Werkrealschule, Realschule oder Gemeinschaftsschule besucht, kann in die Klassen 5 bis 10 und in die Jahrgangsstufe 11 wieder aufgenommen werden

1. in die Klasse, die er zuletzt mit Erfolg besucht hat, während des ersten Schulhalbjahres und in den ersten acht Unterrichtswochen des zweiten Schulhalbjahres ohne Prüfung.
2. in die Klasse, in die er zuletzt versetzt wurde und die er noch nicht mit Erfolg besucht hat
   a) während des ersten Schulhalbjahres ohne Prüfung
   b) während der ersten acht Unterrichtswochen des zweiten Schulhalbjahres nach Bestehen einer Aufnahmeprüfung,
3. in eine höhere Klasse als in die, in die er zuletzt versetzt wurde, nach Bestehen einer Aufnahmeprüfung, jedoch nur zu Beginn eines Schulhalbjahres und frühestens ein Jahr nach dem Verlassen des Gymnasiums. Die Aufnahme ist höchstens in die Klasse möglich, die der Schüler erreicht hätte, wenn er mit den anderen Schülern seiner Klasse regelmäßig weiterversetzt worden wäre.
4. Die erneute Aufnahme in eine bereits besuchte Klasse gilt als Wiederholung im Sinne von § 6 dieser Verordnung.
5. Abweichend von Nr. 1, 2 und 3 ist
   a) die Aufnahme in die Jahrgangsstufe 11 nur zu Beginn des Schuljahres,
   b) eine Wiederholung der Jahrgangsstufe 11 nur unter den Voraussetzungen von § 31 Abiturverordnung Gymnasien der Normalform

zulässig.

(2) Ein Schüler, der das Gymnasium gemäß § 6 dieser Verordnung verlassen musste und keine Hauptschule, Werkrealschule, Realschule oder Gemeinschaftsschule besucht, kann frühestens nach einem Jahr und nur nach Bestehen einer Aufnahmeprüfung wieder in das Gymnasium aufgenommen werden. Die Aufnahme ist nur zum Schuljahresbeginn und nur in eine höhere, als die zuletzt besuchte Klasse möglich; Absatz 1 Nr. 3 letzter Satz findet Anwendung.

(3) Die Aufnahmeprüfung, die von der Schule abgenommen wird, richtet sich bei der Aufnahme in die Klassen 5 bis 10 nach den Anforderungen der Klasse, in die der Schüler aufgenommen werden soll, bei einer Aufnahme in die Jahrgangsstufe 11 danach, ob der Schüler nach seinen Leistungen den Anforderungen einer Versetzung am Ende der Klasse 10 entsprochen hätte. Der Schüler wird in den Kernfächern der entsprechenden Klasse schriftlich und mündlich geprüft; er kann zusätzlich in anderen maßgebenden Fächern dieser Klasse mündlich geprüft werden. Bei der Entscheidung über das Bestehen der Aufnahmeprüfung sind die Bestimmungen dieser Verordnung über die Versetzung sinngemäß anzuwenden.

(4) Die Aufnahme von Schülern, die das Gymnasium verlassen haben und eine Hauptschule, Werkrealschule, Realschule oder Gemeinschaftsschule besuchen, richtet sich nach der Multilateralen Versetzungsordnung [...]. ⇨ Multilaterale VersetzungsVO

⇨ Abschlüsse und Bildungswege; ⇨ Aufbaugymnasium; ⇨ Gymnasium (Abitur – AGVO); ⇨ Gymnasium (Schulversuch G 9); ⇨ Gymnasium (Schultypen); ⇨ Multilaterale Versetzungsordnung; ⇨ Schüleraustausch

Handy-Nutzung in der Schule

Informationen der Redaktion zur Rechtslage und zur Verwaltungspraxis in Baden-Württemberg

Schüler*innen kann nicht generell verboten werden, ein Handy in der Schule mitzuführen, da die Eltern ein berechtigtes Interesse daran haben können, ihre Kinder vor oder nach dem Unterricht zu erreichen. (Quelle: Infodienst Schulleitung, April 2006)

Die Schule kann jedoch verlangen, dass das Handy während des Unterrichts ausgeschaltet bleibt, um eine Störung des Unterrichts zu vermeiden; sie kann ferner die Handybenutzung während der Pausen auf dem Schulhof zumindest einschränken (u.a. um zu vermeiden, dass zum Beispiel Horror- oder Gewaltszenen angesehen werden). Das Ansehen oder Vorführen von Gewalt- oder Pornovideos auf dem Pausenhof kann als Fehlverhalten mit Erziehungs- und Ordnungsmaßnahmen sanktioniert werden (➪ Schulgesetz § 90). Hier sind auch strafrechtliche Konsequenzen zu erwarten! Demnach kann nicht das Mitführen von Handys oder auch sogenannten „Smartwatches", mit denen man telefonieren oder fotografieren kann, sondern nur deren Nutzung während der Unterrichtszeit untersagt werden. Wenn die Schule ein Schüler-Handy einbehält, muss sie sich an den Verhältnismäßigkeitsgrundsatz halten: Die Wegnahme darf nur so lange dauern, wie sie erforderlich und angemessen ist, um die Störung des Schulunterrichts durch das Mobiltelefon zu unterbinden. In der Regel wird die Schule das Handy also spätestens nach dem Ende des Unterrichts herausgeben müssen.

Ein Handyverbot bzw. der Einzug des Geräts stellt einen Eingriff in Grundrechte dar (freie Entfaltung der Persönlichkeit und Eigentumsrecht). Die erforderliche gesetzliche Rechtsgrundlage bietet das ➪ Schulgesetz (§ 23 Abs. 2): Die Schule ist berechtigt, die zur Aufrechterhaltung der Ordnung des Schulbetriebs und zur Erfüllung der ihr übertragenen unterrichtlichen und erzieherischen Aufgaben erforderlichen Maßnahmen zu treffen, Schulordnungen und weitere Anordnungen zu erlassen und von Schüler*innen *„schulordnungswidrig mitgeführte oder verwendete Sachen einzuziehen"*.

Zweckmäßigerweise wird das Verfahren an der einzelnen Schule durch eine Schul- oder Hausordnung geregelt.

➪ Hausordnung / Pausenordnung; ➪ Konferenzordnung § 2 Abs. 1 Nr. 3 i.V.m. ➪ Schulgesetz § 47 Abs. 5

Die Benutzung von Handys und anderen kommunikationselektronischen Medien bei Prüfungen ist unzulässig. Bei Abschlussprüfungen stellt bereits das Mitführen eines Handys nach Bekanntgabe der Prüfungsaufgaben eine Täuschungshandlung dar. Die Schüler*innen müssen hierüber und über die nach der Prüfungsordnung vorgesehenen Folgen informiert werden. (Quelle: KM, 21.3.2000; 41-6610.0/17)

Auch in sonstigen Prüfungssituationen ist das Handy als „elektronischer Spickzettel" ein nicht zugelassenes Hilfsmittel. Die Notenbildungsverordnung sieht in § 8 Abs. 6 die Möglichkeit vor, eine Notensanktion auszusprechen, wenn bei schriftlichen Arbeiten Täuschungen oder Täuschungsversuche begangen werden. Auch bei Klassenarbeiten ist denkbar, dass den Schüler*innen verboten wird, beim Gang zur Toilette das Handy mitzuführen.

Zur schulinternen Nutzung von sozialen Netzwerken (social media) sowie „Mobilen Endgeräten" siehe: ➪ Internet und Schule.

➪ Internet und Schule; ➪ Konferenzordnung § 2 Abs. 1 Nr. 3; ➪ Notenbildungsverordnung; ➪ Schulgesetz § 23 Abs. 2, § 47 Abs. 5, § 90

Hauptschule (Abschlussprüfung)

VO des KM über die Hauptschulabschlussprüfung (Hauptschulabschlussprüfungsordnung – HSAPO) vom 4. Juni 2019 (K.u.U. S. 141/2019); zuletzt geändert 28. Juli 2023 (GBl. S. 305/2023)

Abschnitt 1
Allgemeine Bestimmungen

§ 1
Zweck der Prüfung

Mit der Hauptschulabschlussprüfung soll nachgewiesen werden, dass das Ziel des Bildungsgangs erreicht und eine grundlegende Bildung erworben wurde.

§ 2
Teile der Prüfung

Die Abschlussprüfung besteht aus der schriftlichen Prüfung, der Kommunikationsprüfung, der Projektarbeit und nach Maßgabe von § 12 Absatz 1 der mündlichen Prüfung.

§ 3
Ort und Zeit der Prüfung

(1) Die Abschlussprüfung wird an den öffentlichen Schulen und an den staatlich anerkannten Schulen in freier Trägerschaft abgehalten, die zum Hauptschulabschluss führen.

(2) Die Abschlussprüfung findet einmal jährlich statt.

(3) Die Termine der schriftlichen Prüfung sowie der Zeitraum der Projektarbeit, der Kommunikationsprüfung und der mündlichen Prüfung werden vom Kultusministerium festgesetzt.

➪ Werkreal-/Hauptschulabschlussprüfung (Termine)

(4) Die mündliche Prüfung findet nach der schriftlichen Prüfung statt.

§ 4
Prüfungsausschuss, Fachausschüsse

(1) Für die Durchführung der Prüfung wird ein Prüfungsausschuss gebildet, der für die ordnungsgemäße Durchführung der Prüfung verantwortlich ist. Diesem gehören an:

1. als Vorsitzende oder Vorsitzender eine Beauftragte oder ein Beauftragter der unteren Schulaufsichtsbehörde,
2. als stellvertretende Vorsitzende oder stellvertretender Vorsitzender die Schulleiterin oder der Schulleiter,
3. die in den Prüfungsklassen unterrichtenden Lehrkräfte und weitere von der unteren Schulaufsichtsbehörde oder der oder dem Vorsitzenden bestellte Lehrkräfte.

(2) Für mündliche Prüfungen bildet die oder der Vorsitzende aus den Mitgliedern des Prüfungsausschusses Fachausschüsse. Jedem Fachausschuss gehören an:

1. die oder der Vorsitzende oder ein von ihr oder ihm bestelltes Mitglied des Prüfungsausschusses als Leiterin oder Leiter
2. die Fachlehrkraft als Prüferin oder Prüfer,
3. ein weiteres fachkundiges Mitglied des Prüfungsausschusses, zugleich mit der Aufgabe, das Protokoll zu führen.

(3) Für die Kommunikationsprüfung und für die Präsentation und das Prüfungsgespräch zum Abschluss der Projektarbeit wird von der Schulleiterin oder dem Schulleiter ein Fachausschuss gebildet, dem neben der Fachlehrkraft als Leiterin oder Leiter eine weitere Lehrkraft angehört, letztere zugleich mit der Aufgabe, das Protokoll zu führen.

(4) Die oder der Vorsitzende und stellvertretende Vorsitzende des Prüfungsausschusses können bei allen Prüfungen und Beratungen der Fachausschüsse anwesend sein. Die oder der Prüfungsvorsitzende kann darüber hinaus weitere Lehrkräfte oder Lehramtsanwärterinnen oder Lehramtsanwärter als Zuhörer bei der Prüfung und Beratung zulassen, wenn der Prüfling sein Einverständnis erteilt hat.

§ 5
Teilnahme an der Prüfung

(1) In Klasse 9 und 10 der Werkrealschule oder Klasse 9 der Hauptschule nehmen jeweils die Schülerinnen und Schüler an der Hauptschulabschlussprüfung teil, die dieses Abschlussziel nach den Bestimmungen der Werkrealschulverordnung gewählt haben; die Projektarbeit wird in jedem Fall in Klasse 9 durchgeführt. Schülerinnen und Schüler, die den Werkrealschulabschluss am Ende von Klasse 10 anstreben, können in Klasse 9 an der Hauptschulabschlussprüfung teilnehmen.

(2) In Klasse 9 der Realschule nehmen die Schülerinnen und Schüler an der Hauptschulabschlussprüfung teil, die nach den Bestimmungen der Realschulversetzungsordnung dem grundlegenden, zum Hauptschulabschluss führenden Niveau zugewiesen sind.

(3) In Klasse 9 und 10 der Gemeinschaftsschule nehmen jeweils die Schülerinnen und Schüler an der Hauptschulabschlussprüfung teil, die dieses Abschlussziel nach den Bestimmungen der Gemeinschaftsschulverordnung gewählt haben; die Projektarbeit wird in jedem Fall in Klasse 9 durchgeführt.

§ 6
Nichtteilnahme, Rücktritt

(1) Die Teile der Prüfung, an denen der Prüfling ohne wichtigen Grund nicht teilnimmt, werden jeweils mit »ungenügend« bewertet. Über das Vorliegen eines wichtigen Grundes entscheidet die oder der Vorsitzende des Prüfungsausschusses, bei der schriftlichen Prüfung die Leiterin oder der Leiter. Der wichtige Grund ist der Schule unverzüglich mitzuteilen.

(2) Als wichtiger Grund gilt insbesondere eine krankheitsbedingte Prüfungsunfähigkeit. Ist eine prüfungsrelevante gesundheitliche Beeinträchtigung nicht offenkundig, kann die oder der Vorsitzende des Prüfungsausschusses die Vorlage eines ärztlichen Zeugnisses verlangen, das eine konkrete Beschreibung dieser Beeinträchtigung beinhaltet. Lassen sich Zweifel am Vorliegen einer prüfungsrelevanten gesundheitlichen Beeinträchtigung auf andere Weise nicht ausräumen, kann die oder der Vorsitzende des Prüfungsausschusses auch die Vorlage eines Satz 2 entsprechenden amtsärztlichen Zeugnisses verlangen. Wer sich in Kenntnis einer gesundheitlichen Beeinträchtigung oder eines anderen wichtigen Grundes der Prüfung unterzogen hat, kann diese Gründe nachträglich nicht mehr geltend machen. Der Kenntnis steht die fahrlässige Unkenntnis gleich; fahrlässige Unkenntnis liegt insbesondere dann vor, wenn bei Vorliegen einer gesundheitlichen Beeinträchtigung nicht unverzüglich eine Klärung herbeigeführt wurde.

(3) Sofern und soweit ein wichtiger Grund vorliegt, gilt die Prüfung als nicht unternommen. Die nicht abgelegten Prüfungsteile können in einem Nachtermin nachgeholt werden. Kann der Prüfling an der Nachprüfung aus wichtigem Grund ganz oder teilweise nicht teilnehmen, gilt die Prüfung als nicht unternommen; Absatz 1 Sätze 2 und 3 sowie Absatz 2 gelten entsprechend.

(4) Vor Beginn der Abschlussprüfung ist auf diese Bestimmungen hinzuweisen.

§ 7
Protokollführung

(1) Über die jeweilige Prüfung wird eine Niederschrift gefertigt.

(2) Die Niederschrift über die schriftliche Prüfung enthält insbesondere Angaben über

1. die aufsichtführenden Lehrkräfte,
2. den Beginn und das Ende der Prüfung,
3. das Verlassen des Prüfungsraums durch Prüflinge sowie
4. besondere Vorkommnisse.

Sie ist von der Leiterin oder dem Leiter der Prüfung und den aufsichtführenden Lehrkräften zu unterzeichnen.

(3) Die Niederschrift über die mündliche Prüfung des einzelnen Prüflings enthält insbesondere Angaben über

1. die Zusammensetzung des Fachausschusses,
2. die Prüfungsthemen und -aufgaben,
3. den Beginn, den wesentlichen Verlauf und das Ende der Prüfung sowie
4. das Prüfungsergebnis.

Sie ist von den Mitgliedern des Fachausschusses zu unterzeichnen.

(4) Für die Niederschrift über die Präsentation und das Prüfungsgespräch zum Abschluss der Projektarbeit sowie die Kommunikationsprüfung gilt Absatz 3 entsprechend.

§ 8
Täuschungshandlungen, Ordnungsverstöße

(1) Wer es unternimmt, das Prüfungsergebnis durch Täuschung oder Benutzung nicht zugelassener Hilfsmittel zu beeinflussen, oder wer nicht zugelassene Hilfsmittel nach Bekanntgabe der Prüfungsaufgaben mit sich führt oder Beihilfe zu einer Täuschung oder einem Täuschungsversuch leistet, begeht eine Täuschungshandlung. ⇨ Handy-Nutzung

(2) Wird während der Prüfung eine Täuschungshandlung oder ein entsprechender Verdacht festgestellt, ist der Sachverhalt von einer aufsichtführenden Lehrkraft zu protokollieren. Der Prüfling setzt die Prüfung bis zur Entscheidung über die Täuschungshandlung vorläufig fort.

(3) Stellt die oder der Vorsitzende des Prüfungsausschusses, bei der schriftlichen Prüfung die Leiterin oder der Leiter fest, dass eine Täuschungshandlung vorliegt, wird der Prüfling von der weiteren Teilnahme an der Prüfung ausgeschlossen; dies gilt als Nichtbestehen der Abschlussprüfung. In leichten Fällen kann stattdessen die Prüfungsleistung mit der Note »ungenügend« bewertet werden.

(4) Stellt sich eine Täuschungshandlung erst nach Aushändigung des Zeugnisses heraus, kann die untere Schulaufsichtsbehörde das Zeugnis einziehen und entweder ein anderes Zeugnis erteilen oder die Prüfung für nicht bestanden erklären, wenn seit der Ausstellung des Zeugnisses nicht mehr als zwei Jahre vergangen sind.

(5) Wer durch sein Verhalten die Prüfung so schwer stört, dass es nicht möglich ist, die Prüfung ordnungsgemäß durchzuführen, wird von der Prüfung ausgeschlossen; dies gilt als Nichtbestehen der Abschlussprüfung. Für die Zuständigkeit für die Entscheidung gilt Absatz 3 Satz 1, in leichten Fällen Absatz 3 Satz 2 entsprechend.

(6) Vor Beginn der Abschlussprüfung ist auf diese Bestimmungen hinzuweisen.

Abschnitt 2
Ordentliche Hauptschulabschlussprüfung

§ 9
Schriftliche Prüfung

(1) Die schriftliche Prüfung erstreckt sich auf die Fächer Deutsch, Mathematik und Englisch.

(2) Die Prüfungsinhalte folgen den Vorgaben des Bildungsplans für das zum Hauptschulabschluss führende Niveau. Sie umfassen die Bildungsstandards der Klassen 7 bis 9 sowie das erforderliche Grundlagenwissen. Die Aufgaben werden vom Kultusministerium landeseinheitlich gestellt.

(3) Als Prüfungsaufgaben sind eine oder mehrere Aufgaben aus verschiedenen Kompetenzbereichen zu fertigen. Die Bearbeitungszeit beträgt in Deutsch und Mathematik jeweils mindestens 135 Minuten und höchstens 180 Minuten, im Fach Englisch mindestens 90 Minuten und höchstens 120 Minuten.

(4) Die Leitung der schriftlichen Prüfung obliegt der oder dem stellvertretenden Vorsitzenden des Prüfungsausschusses, soweit die untere Schulaufsichtsbehörde nichts anderes bestimmt. Die Leitung umfasst die Verantwortung für die ordnungsgemäße Durchführung der Prüfung, insbesondere hinsichtlich der Prüfungsaufsicht.

(5) Jede Prüfungsarbeit wird von der Fachlehrkraft der Klasse und anschließend von einer Fachlehrkraft einer anderen Schule (Zweitkorrektorin oder Zweitkorrektor) beurteilt und bewertet; hierbei kennt die Zweitkorrektorin oder der Zweitkorrektor die vorangegangene Beurteilung und Bewertung. Weichen die Bewertungen bis zu zwei Noten voneinander ab, gilt der Durchschnitt. Weichen die Bewertungen um mehr als zwei Noten voneinander ab und können sich die Fachlehrkraft und die Zweitkorrektorin oder der Zweitkorrektor nicht einigen, wird die Note von der oder dem Vorsitzenden des Prüfungsausschusses im Rahmen der Bewertungen festgelegt.

(6) Die Noten der schriftlichen Prüfung in den einzelnen Fächern werden der Schülerin oder dem Schüler in der Regel etwa eine Woche vor der mündlichen Prüfung in diesem Fach bekanntgegeben.

§ 10
Kommunikationsprüfung

(1) Im Fach Englisch wird eine mündliche Prüfung durchgeführt, für die das Kultusministerium zentrale Prüfungsmaßstäbe vorgibt (Kommunikationsprüfung).

(2) Die Schülerinnen und Schüler werden vom Fachausschuss einzeln oder zu zweit geprüft. Die Kommunikationsprüfung dauert etwa 15 Minuten je Schülerin oder Schüler.

(3) Im Anschluss an die Kommunikationsprüfung setzt der Fachausschuss die Note fest und teilt sie der Schülerin oder dem Schüler auf Wunsch mit. Können sich die beiden beteiligten Fachlehrkräfte auf keine Note einigen, so wird die Note aus dem auf die erste Dezimale errechneten Durchschnitt der Bewertungen beider Mitglieder gebildet.

§ 11
Projektarbeit

(1) Die Projektarbeit umfasst

1. die Vorbereitung mit der Themenfindung, Gruppenbildung und Projektbeschreibung,
2. die Durchführung in der Schule im Umfang von mindestens 16 Unterrichtsstunden sowie
3. die Präsentation des Projektergebnisses durch die Gruppe sowie ein daran anschließendes Prüfungsgespräch; Präsentation und Prüfungsgespräch dauern insgesamt für jeden Prüfling

etwa 15 Minuten, wobei die zeitlichen Anteile von Präsentation und Prüfungsgespräch annähernd gleich sind.

(2) Die Schülerinnen und Schüler schlagen das Thema der Projektarbeit vor, das die Schulleiterin oder der Schulleiter nach Vorlage der Projektbeschreibung im Benehmen mit den beiden beteiligten Lehrkräften genehmigt. Die Projektarbeit ist dem Fach Wirtschaft/Berufs- und Studienorientierung zugeordnet und muss einen mehrperspektivischen Ansatz mit Bezug zu einem weiteren Fach aufweisen; dabei soll eine Leitperspektive berücksichtigt werden.

(3) Die Projektarbeit ist als Gruppenarbeit durchzuführen, wobei jede Schülerin oder jeder Schüler eine individuelle Note erhält. Eine Schülergruppe umfasst in der Regel drei bis fünf Schülerinnen und Schüler. In begründeten Ausnahmefällen kann mit Genehmigung der Schulleiterin oder des Schulleiters die Projektarbeit auch als Einzelarbeit durchgeführt werden.

(4) Im Anschluss an das Prüfungsgespräch setzt der Fachausschuss die Note für die Projektarbeit fest und teilt sie der Schülerin oder dem Schüler auf Wunsch mit. Können sich die beiden beteiligten Fachlehrkräfte auf keine Note einigen, so wird die Note aus dem auf die erste Dezimale errechneten Durchschnitt der Bewertungen gebildet. Die Gesamtleistung für die Projektarbeit wird vom Fachausschuss ergänzend verbal beschrieben.

§ 12
Mündliche Prüfung

(1) Die mündliche Prüfung erstreckt sich auf die Fächer der schriftlichen Prüfung mit Ausnahme des Faches Englisch, welche

1. von der Schülerin oder dem Schüler spätestens am zweiten Unterrichtstag nach der Bekanntgabe der Noten der schriftlichen Prüfung gegenüber der Schulleiterin oder dem Schulleiter benannt oder
2. von der oder dem Vorsitzenden des Prüfungsausschusses festgelegt

wurden. Die nach Satz 1 Nummer 2 festgelegten Prüfungsfächer werden der Schülerin oder dem Schüler in der Regel etwa eine Woche vor der mündlichen Prüfung bekanntgegeben.

(2) Die Aufgaben der mündlichen Prüfung werden von der Fachlehrkraft gestellt; die Leiterin oder der Leiter des Fachausschusses kann die Aufgaben erweitern oder einschränken.

(3) Die mündliche Prüfung kann als Einzel- oder Gruppenprüfung durchgeführt werden. Die Entscheidung trifft die oder der Vorsitzende des Prüfungsausschusses. Der Schülerin oder dem Schüler wird vor Beginn der Prüfung die Möglichkeit gegeben, ein Schwerpunktthema zu benennen. Das Schwerpunktthema wird in die mündliche Prüfung des jeweiligen Faches einbezogen. Jede Schülerin oder jeder Schüler wird je Fach etwa fünfzehn Minuten geprüft.

(4) Im Anschluss an die Prüfung setzt der Fachausschuss das Ergebnis der mündlichen Prüfung fest und teilt es dem Schüler oder der Schülerin auf Wunsch mit. Der Fachausschuss entscheidet mit Stimmenmehrheit. Kann sich der Fachausschuss auf keine Note einigen, so wird die Note aus dem auf die erste Dezimale errechneten Durchschnitt der Bewertungen der Mitglieder gebildet.

§ 13
Ermittlung des Prüfungsergebnisses, Zeugnis

(1) Die Jahresleistungen in den Prüfungsfächern sowie die Leistungen in sämtlichen Prüfungsteilen werden mit Zehntelnoten bewertet und gehen ungerundet in die Berechnung der Endergebnisse in den Prüfungsfächern ein.

(2) Die Endergebnisse in den Prüfungsfächern errechnen sich jeweils aus dem Durchschnitt der Jahres- und der Prüfungsleistung. Der Durchschnitt wird bis zu einem Zehntel berechnet, wobei in der üblichen Weise gerundet wird (Beispiel: 2,5 bis 3,4 befriedigend).

(3) Für die Berechnung der Prüfungsleistung in den Prüfungsfächern werden die Prüfungsteile wie folgt gewichtet.

1. die schriftliche Prüfung dreifach,
2. die Kommunikationsprüfung zweifach,
3. die mündliche Prüfung einfach.

(4) In den Fächern, in denen nicht geprüft wurde, gelten die Jahresleistungen als Endergebnisse. Das Gleiche gilt für die Note für die Projektarbeit, auch dann, wenn die Prüfung in Klasse 10 abgelegt wird.

(5) Die Endergebnisse in den einzelnen Prüfungsfächern ermittelt die oder der Vorsitzende des Prüfungsausschusses. Sie oder er stellt fest, wer die Prüfung bestanden hat. Die Prüfung ist bestanden, wenn

1. der Durchschnitt der Gesamtleistungen der maßgebenden Fächer besser als 4,5 ist,
2. die Gesamtleistungen in nicht mehr als einem Prüfungsfach geringer als mit der Note »ausreichend« bewertet sind; sind die Gesamtleistungen in zwei Prüfungsfächern geringer als mit der Note »ausreichend« bewertet, ist die Prüfung bestanden, wenn für eines dieser Fächer ein Ausgleich gegeben ist; ausgeglichen werden können
   a) die Note »ungenügend« in einem Prüfungsfach durch die Note »sehr gut« in einem Prüfungsfach oder die Note »gut« in zwei Prüfungsfächern,
   b) die Note »mangelhaft« in einem Prüfungsfach durch die Note »gut« in einem Prüfungsfach oder die Note »befriedigend« in zwei Prüfungsfächern, und
3. die Gesamtleistungen neben

a) der Note »ungenügend« in einem oder
b) der Note »mangelhaft« in zwei der maßgebenden Fächer

in keinen weiteren maßgebenden Fächern geringer als mit der Note »ausreichend« bewertet sind oder für diese weiteren Fächer ein sinnvoller Ausgleich gegeben ist; ausgeglichen werden können

aa) die Note »ungenügend« durch die Note »sehr gut« in einem anderen maßgebenden Fach oder durch die Note »gut« in zwei anderen maßgebenden Fächern, bb) die Note »mangelhaft« durch mindestens die Note »gut« in einem anderen maßgebenden Fach.

Für die Feststellung nach Satz 2 gilt die Projektarbeit als maßgebendes Fach und als Prüfungsfach; dies gilt auch, wenn die Prüfung in Klasse 10 abgelegt wird. Ist das Bestehen der Prüfung auf Grund der Gesamtleistung im Fach Englisch, in der gewählten Wahlpflichtfremdsprache oder im Wahlfach Informatik nicht möglich, bleibt die Gesamtleistung in diesem Fach bei der Feststellung nach Satz 2 unberücksichtigt; erforderlichenfalls legt die Schülerin oder der Schüler fest, welche Gesamtleistung unberücksichtigt bleibt. Auf Wunsch der Schülerin oder des Schülers wird für das nach Satz 5 nicht berücksichtigte Fach im Abschlusszeugnis keine Note ausgebracht. Ist das Bestehen der Prüfung aufgrund der Gesamtleistung im Fach Sport, Musik oder Bildende Kunst nicht möglich, wird von diesen Fächern nur das mit der besten Note bei der Feststellung nach Satz 2 berücksichtigt; dies gilt nicht für das Wahlpflichtfach Sport. ⇨ Zeugnisse

(6) Über die Feststellung der Ergebnisse ist von der oder dem Vorsitzenden des Prüfungsausschusses eine Niederschrift zu fertigen.

(7) Wer die Abschlussprüfung bestanden hat, erhält ein Abschlusszeugnis mit den nach Absatz 4 und Absatz 5 Satz 1 ermittelten Endnoten. In das Abschlusszeugnis sind der Durchschnitt der Gesamtleistungen, soweit diese bei der Feststellung nach Absatz 5 Satz 2 berücksichtigt werden, und die Gesamtnote aufzunehmen; die Gesamtleistung im Wahlfach Informatik wird im Übrigen nur berücksichtigt, wenn dies die Schülerin oder der Schüler spätestens am zweiten Unterrichtstag nach der Bekanntgabe der Noten der schriftlichen Prüfung gegenüber der Schulleiterin oder dem Schulleiter verlangt. Im Zeugnis wird vermerkt, welche Gesamtleistungen für die Feststellung nach Absatz 5 Satz 2 oder den Durchschnitt nach Satz 2 nicht berücksichtigt werden. Die Gesamtnote lautet

bei einem Durchschnitt bis 1,4 sehr gut,
bei einem Durchschnitt von 1,5 bis 2,4 gut,
bei einem Durchschnitt von 2,5 bis 3,4 befriedigend,
bei einem Durchschnitt von 3,5 bis 4,4 ausreichend.

§ 14
Wiederholung der Prüfung

Wird die Prüfung nicht bestanden, kann sie nach dem Besuch einer Klasse, in der die Prüfung abgelegt wird, einmal wiederholt werden.

Abschnitt 3
Hauptschulabschlussprüfung für Schulfremde

§ 15
Zweck der Prüfung

(1) Die Prüfung dient dem Erwerb des Zeugnisses über den Hauptschulabschluss für Bewerber und Bewerberinnen, die keine öffentliche oder staatlich anerkannte allgemeinbildende allgemeine Schule oder kein öffentliches oder staatlich anerkanntes sonderpädagogisches Bildungs und Beratungszentrum mit entsprechendem Bildungsgang besuchen.

(2) Wer den Hauptschulabschluss ohne Note in der Fremdsprache Englisch erworben hat, kann sich im Fach Englisch einer Prüfung unterziehen.

§ 16
Zeitpunkt der Prüfung

Die Abschlussprüfung für Schulfremde findet in der Regel einmal jährlich zusammen mit der ordentlichen Abschlussprüfung statt.

§ 17
Meldung zur Prüfung

(1) Die Meldung zur Abschlussprüfung ist bis zum 1. März jeden Jahres an die für den Wohnsitz des Bewerbers oder der Bewerberin zuständige untere Schulaufsichtsbehörde zu richten.

(2) Zur Prüfung wird zugelassen, wer

1. in Baden-Württemberg den ständigen Wohnsitz hat,
2. die Abschlussprüfung nicht eher ablegt, als es bei normalem Schulbesuch möglich wäre,
3. nicht bereits die ordentliche Hauptschulabschlussprüfung oder die entsprechende Abschlussprüfung für Schulfremde mit Erfolg abgelegt hat,
4. nicht mehr als einmal erfolglos an der ordentlichen Hauptschulabschlussprüfung oder der entsprechenden Abschlussprüfung für Schulfremde teilgenommen hat und
5. keine öffentliche oder staatlich anerkannte Hauptschule, Werkrealschule, Realschule oder Gemeinschaftsschule und kein öffentliches oder staatlich anerkanntes Gymnasium oder sonderpädagogisches Bildungs und Beratungszentrum mit entsprechendem Bildungsgang besucht.

Abweichend von Satz 1 Nummer 1 kann in besonders begründeten Einzelfällen zugelassen werden, wer an einer genehmigten Ersatzschule oder an einer sonstigen Unterrichtseinrichtung in Baden-Württemberg auf die Hauptschulabschlussprüfung für Schulfremde vorbereitet wurde. Abweichend von Satz 1 Nummer 5 werden Schülerinnen und Schüler der Klasse 9 des Gymnasiums zugelassen, wenn ihre Versetzung gefährdet ist und sie im Falle einer Nichtversetzung ihre bisherige Schule verlassen müssten.

(3) Der Meldung sind beizufügen

1. ein Lebenslauf mit Angaben über den bisherigen Bildungsgang und gegebenenfalls über die ausgeübte Berufstätigkeit,
2. ein von einer öffentlichen Stelle ausgestellter Identitätsnachweis, etwa ein Personalausweis, Reisepass oder eine Geburtsurkunde (beglaubigte Abschrift oder Ablichtung),
3. die Abgangs- oder Abschlusszeugnisse der besuchten Schulen (beglaubigte Abschriften oder Ablichtungen),
4. eine Erklärung darüber, ob und gegebenenfalls mit welchem Erfolg schon einmal an der Hauptschulabschlussprüfung teilgenommen wurde,

5. die Benennung des Wahlfachs der mündlichen Prüfung sowie die Benennung und Beschreibung des Themas der Präsentationsprüfung,
6. Angaben über die Art der Vorbereitung auf die Prüfung und
7. in Fällen des Absatzes 2 Satz 2 die letzte Halbjahresinformation und eine Bescheinigung der Schulleitung über die Versetzungsgefährdung.

§ 18
Zulassung zur Prüfung

(1) Die untere Schulaufsichtsbehörde entscheidet über die Zulassung zur Prüfung und unterrichtet die Bewerberin oder den Bewerber über die getroffene Entscheidung. Die Versagung der Zulassung ist schriftlich zu begründen.

(2) Wer zugelassen wurde, wird einer öffentlichen Schule zur Ablegung der Prüfung zugewiesen.

§ 19
Prüfungsgegenstände

(1) Die schriftliche Prüfung erstreckt sich auf die Fächer Deutsch, Mathematik und Englisch.

(2) Die mündliche Prüfung erstreckt sich auf die Fächer der schriftlichen Prüfung, im Fach Englisch in Form der Kommunikationsprüfung, sowie nach Wahl des Prüflings auf ein Fach aus den Naturwissenschaften (Biologie, Chemie oder Physik) oder ein gesellschaftswissenschaftliches Fach (Geschichte, Gemeinschaftskunde oder Geographie).

(3) Eine Präsentationsprüfung ersetzt die Projektarbeit und besteht aus folgenden Prüfungsteilen:
1. Hausarbeit,
2. Präsentation und
3. Prüfungsgespräch.

Das gewählte Thema der Hausarbeit reichen die Bewerberinnen und Bewerber über das Staatliche Schulamt ein. Das Fach Wirtschaft / Berufs- und Studienorientierung ist hierzu Leitfach. Das Thema muss einen mehrperspektivischen Ansatz mit Bezug zu einem weiteren Fach aufweisen und den Bildungsstandards der Klassen 7 bis 9 entnommen werden; dabei soll eine Leitperspektive berücksichtigt werden.

(4) Die Kommunikationsprüfung findet in der Schulfremdenprüfung nach der schriftlichen Prüfung statt. Die Prüflinge werden in der Regel einzeln geprüft. Die Kommunikationsprüfung dauert etwa 15 Minuten je Prüfling. Wer die Prüfung nur im Fach Englisch ablegt (§ 15 Absatz 2), wird in diesem Fach schriftlich und mündlich in Form der Kommunikationsprüfung geprüft.

(5) Vor Beginn der mündlichen Prüfungen wird den Prüflingen das Ergebnis der schriftlichen Prüfung im jeweiligen Fach mitgeteilt.

§ 20
Durchführung der Prüfung

(1) Für die Prüfung gelten die Regelungen für die ordentliche Hauptschulabschlussprüfung, soweit im Folgenden keine abweichenden Regelungen getroffen werden.

(2) Fachlehrkraft im Sinne dieser Regelungen ist die von der Leiterin oder dem Leiter der beauftragten Schule bestimmte Lehrkraft. Bei Schülerinnen und Schülern des sonderpädagogischen Bildungs- und Beratungszentrums wird der Fachausschuss für die Präsentationsprüfung und die mündlichen Prüfungen um eine vom sonderpädagogischen Bildungs- und Beratungszentrum zu benennende Lehrkraft erweitert.

(3) Bei der Festlegung des Prüfungsergebnisses zählen allein die Prüfungsleistungen nach § 19. Die Note in den Prüfungsfächern, in denen schriftlich und mündlich geprüft wurde, wird aus dem Durchschnitt der Noten für die schriftlichen und mündlichen Prüfungsleistungen gebildet.

(4) Die Prüfung ist bestanden, wenn
1. der Durchschnitt der Gesamtleistungen der geprüften Fächer sowie der Präsentationsprüfung besser als 4,5 ist und
2. die Gesamtleistungen in keinem der geprüften Fächer oder der Präsentationsprüfung mit der Note »ungenügend« bewertet sind und
3. die Gesamtleistungen in nicht mehr als einem der Fächer Deutsch, Mathematik und Englisch mit der Note »mangelhaft« bewertet sind.

Ist das Bestehen der Prüfung auf Grund der Gesamtleistung im Fach Englisch nicht möglich, bleibt die Gesamtleistung in diesem Fach bei der Feststellung nach Satz 1 unberücksichtigt; auf Wunsch der Schülerin oder des Schülers wird für das Fach im Abschlusszeugnis keine Note ausgebracht.

(5) Die Prüfung im Fach Englisch nach § 15 Absatz 2 ist bestanden, wenn aufgrund der schriftlichen und mündlichen Prüfung mindestens die Note »ausreichend« erreicht wurde, wobei diese aus dem Durchschnitt der Noten für die schriftliche und mündliche Prüfungsleistung gebildet wird.

(6) Wer die Prüfung nicht bestanden hat, kann sie einmal, frühestens nach einem Jahr, wiederholen. § 17 Absatz 2 Satz 1 Nummer 4 bleibt unberührt.

(7) Nehmen Schülerinnen und Schüler des sonderpädagogischen Bildungs- und Beratungszentrums an der Prüfung teil, hat der Fachausschuss vor der Präsentationsprüfung und der mündlichen Prüfung ein Informationsgespräch mit der Klassenlehrerin oder dem Klassenlehrer zu führen.

Abschnitt 4 – Sonderbestimmungen

§ 21
Realschulen mit Französisch als Pflichtfremdsprache

Für Schülerinnen und Schüler, die in der Realschule ab Klasse 5 Französisch als Pflichtfremdsprache haben, tritt in der ordentlichen Hauptschulabschlussprüfung das Fach Französisch an die Stelle des Fachs Englisch; für die schriftliche Prüfung und die Kommunikationsprüfung im Fach Französisch gelten in diesem Fall die Bestimmungen für das Fach Englisch in Abschnitt 1 und 2 entsprechend. Satz 1 gilt nicht, falls die Schülerin oder Schüler in Klasse 9 innerhalb einer von der Schule bestimmten Frist erklärt, die Prüfung mit dem Fach Englisch abzulegen. [...]

⇨ Handy-Nutzung ; ⇨ Schulgesetz § 6; ⇨ Werkrealschule (Aabschlussprüfung); ⇨ Werkreal-/Hauptschule (Abschlussprüfung – Termine); ⇨ Zeugnisse

Hauptschule (Abschlussprüfung – Termine)

Auszug aus Nr. 3 (Abschlussprüfungen in der Sekundarstufe I) der Terminübersicht für die allgemeinbildenden Schulen im Schuljahr 2023/2024; Bekanntmachung des KM vom 13. April 2022 (K.u.U. S. 51/2022)

3.1 Hauptschulabschlussprüfung und Hauptschulabschlussprüfung für Schulfremde (HSAPO)

3.1.1 Schriftliche Prüfung

Haupttermin

Deutsch:	Dienstag, 14. Mai 2024
Englisch:	Donnerstag, 16. Mai 2024
Mathematik:	Dienstag, 4. Juni 2024

Nachtermin

Deutsch:	Donnerstag, 20. Juni 2024
Englisch:	Freitag, 21. Juni 2024
Mathematik:	Montag, 24. Juni 2024

⇨ Hauptschule (Abschlussprüfung)

3.1.2 Projektarbeit und Kommunikationsprüfung im Fach Englisch

Der Termin für die Projektarbeit wird von der Schule festgelegt. Die Kommunikationsprüfung soll im Zeitraum von Montag, 26. Februar 2024, bis Montag, 4. März 2024, stattfinden.

3.1.3 Mündliche Prüfung

Der Prüfungszeitraum für die mündliche Prüfung soll am Dienstag, 2. Juli 2024, beginnen und am Dienstag, 9. Juli 2024, beendet sein.

3.1.4 Entlassung der Schülerinnen und Schüler

Die Schülerinnen und Schüler, die die Schule verlassen, werden in der Regel am Freitag, 12. Juli 2024, entlassen.

Hausaufgaben

Informationen der Redaktion zur Rechtslage und zur Verwaltungspraxis in Baden-Württemberg

1. Allgemeines

Das Kultusministerium hat in der ⇨ Notenbildungsverordnung (§§ 2 und 10) definiert, dass Hausaufgaben *„zur Festigung der im Unterricht vermittelten Kenntnisse, zur Übung, Vertiefung und Anwendung der erworbenen Fähigkeiten und Fertigkeiten sowie zur Förderung des selbstständigen und eigenverantwortlichen Arbeitens erforderlich"* seien. Sie müssen in innerem Zusammenhang mit dem Unterricht stehen und sind so zu stellen, dass die Schüler*innen sie ohne fremde Hilfe in angemessener Zeit erledigen kann.

Die Gesamtlehrerkonferenz kann mit Zustimmung der Schulkonferenz Beschlüsse zu den Hausaufgaben fassen, insbesondere zu deren zeitlichem Umfang sowie zur Anfertigung übers Wochenende, über Feiertage und an Tagen mit Nachmittagsunterricht; in den Klassen 5-10 ist es an Tagen mit verpflichtendem Nachmittagsunterricht unzulässig, schriftliche Hausaufgaben auf den nächsten Tag aufzugeben. Nach ihrem Beschluss sind solche „ergänzenden Regelungen" für alle Lehrkräfte und die Schulleitung verbindlich. Sie sind den Eltern sowie den Schüler*innen bekanntzugeben.

Besteht an der Schule kein solcher Beschluss, sind Hausaufgaben übers Wochenende oder über die Ferien zwar nicht verboten, sie müssen aber pädagogisch begründet sein – etwa um sicherzustellen, dass die Schüler*innen etwas, das sie unmittelbar zuvor gelernt haben, nicht gleich wieder vergessen. Besser wäre es jedoch, wenn die Unterrichtseinheiten einschließlich der für den Lernerfolg unerlässlichen Übung und Wiederholung vor den Ferien abgeschlossen wären. Zudem dürfen die Hausaufgaben nicht so bemessen sein, dass die Erholungsfunktion der Ferien gefährdet wird. ⇨ Schulgesetz § 47 Abs. 5 Nr. 2

Die Klassenlehrkraft bzw. der/die Tutor*in hat für eine zeitliche Abstimmung der Hausaufgaben der einzelnen Fachlehrkräfte zu sorgen und auf die Einhaltung der bestehenden Regelungen zu achten.

An den Gemeinschaftsschulen gibt es keine *„Hausaufgaben"*, sondern *„Schulaufgaben"*.
⇨ Gemeinschaftsschule (Verordnung) § 7

Auch an den übrigen Ganztagsschulen sollten die Arbeiten im Unterricht erledigt werden.

2. Schulbegleitende Hausaufgaben-, Sprach- und Lernhilfen (HSL-Richtlinie)

Auszug aus der VwV des KM über Zuwendungen zur Förderung von Maßnahmen der außerschulischen und außerunterrichtlichen (schulbegleitenden) Hausaufgaben-, Sprach- und Lernhilfe vom 25.7.2021 (K.u.U. S. 108 / 2021)

1 Zuwendungszweck, Zuwendungsziel, Rechtsgrundlage

1.1 Das Land Baden-Württemberg gewährt Zuwendungen für Sprachfördermaßnahmen im Rahmen von schulbegleitenden Hausaufgaben-, Sprach- und Lernhilfen für Schülerinnen und Schüler mit Bedarf an zusätzlicher Sprachförderung, insbesondere für Schülerinnen und Schüler mit ⇨ Migrationshintergrund.

1.2 Die Maßnahmen ermöglichen und erleichtern den Schülerinnen und Schülern die Integration in das deutsche Schul- und Bildungssystem sowie das Einüben sozialen Verhaltens und ergänzen die schulischen Maßnahmen. Gefördert werden Schülerinnen und Schüler der Grundschulen sowie der Klassenstufen 5 und 6 der Werkreal- / Hauptschulen, der Gemeinschaftsschulen, der Sonderpädagogischen Bildungs- und Beratungszentren mit den entsprechenden Bildungsgängen sowie der Klassenstufen 5 und 6 der Sonderpädagogischen Bildungs- und Beratungszentren mit dem Förderschwerpunkt bzw. dem Bildungsgang Lernen. Schülerinnen und Schüler anderer Klassenstufen können nur gefördert werden, wenn sie in eine Vorbereitungsklasse oder einen Vorbereitungskurs aufgenommen (Nummer 3.5) oder Seiteneinsteiger sind (Nummer 3.6). Schülerinnen und Schüler anderer Schularten können nur gefördert werden, sofern sie Seiteneinsteiger sind (Nummer 3.6).

1.3 Zuwendungen werden im Rahmen der im Staatshaushaltsplan verfügbaren Mittel [...] gewährt. Ein Rechtsanspruch auf Förderung besteht nicht.

2
Zuwendungsempfänger

2.1 Zuwendungsempfänger können sein

2.1.1 geeignete juristische Personen (z.B. Gemeinden, Kirchengemeinden, gemeinnützige Einrichtungen der Wohlfahrtspflege, eingetragene Vereine),

2.1.2 geeignete natürliche Personen (Privatpersonen).

Hinweis der Redaktion: Die Abschnitte 3 bis 7 sind hier nicht abgedruckt. Die vollständigen Richtlinien sowie Antragsformulare und aktuelle Informationen des KM für die Träger können von der Internetseite der für die Finanzierung zuständigen L-Bank heruntergeladen werden (www.l-bank.de, Suchbegriff „HSL" eingeben). Hier einige Hinweise auf die Inhalte: Bei der Planung, Organisation und Durchführung der Sprachfördermaßnahmen ist eine enge Zusammenarbeit des Trägers mit der Schule erforderlich. Sprachfördermaßnahmen müssen grundsätzlich in den Räumen der Schule oder in ihrer räumlichen Nähe erfolgen. Die Förderung muss auf den Bildungsplan und den speziellen Sprachförderbedarf der Schülerin beziehungsweise des Schülers abgestimmt sein. Sie erfolgt überwiegend im Fach Deutsch nach einem ganzheitlichen Ansatz bzw. in den Fächern und Fächerverbünden zum Erwerb sprachlicher Kompetenz in Deutsch. Möglich ist auch die Anbindung der HSLFörderung an ein schulisches Unterrichtsthema; Fremdsprachen sind von einer Förderung ausgeschlossen. HSL darf nicht anstelle oder während des regulären, stundenplanmäßig vorgeschriebenen Schulunterrichts erteilt werden. Die Schüler*innen dürfen nicht aus dem Unterricht herausgenommen werden.

Die Sprachfördermaßnahme erfolgen in Fördergruppen von drei bis sieben förderberechtigten Schüler*innen, die grundsätzlich dieselbe Schule besuchen; eine Maßnahme umfasst im Bewilligungszeitraum (Schuljahr) in der Regel mindestens 80 Zeitstunden. In Ausnahmefällen sind Förderumfänge ab 54 Zeitstunden förderfähig. Können Fördergruppen aufgrund der Besonderheiten in den Eingangsklassen 1 und 5 oder wegen neu hinzukommender Schüler*innen nicht während der Regelantragsfrist (bis 30. November) gebildet und beantragt werden, so ist eine nachträgliche Gruppenbildung möglich und Förderumfänge ab 27 Zeitstunden förderfähig. Wegen des besonders hohen Sprachförderbedarfs von Schüler*innen aus Vorbereitungsklassen oder Vorbereitungskursen können an der betreffenden Schule für diese eigene Fördergruppen gebildet werden. Für Schüler*innen und Schüler, die in schulpflichtigem Alter aus dem Ausland zugezogen sind (Seiteneinsteiger), gelten Sonderregelungen.

Aufgrund der hohen Zahl an Geflüchteten, Asylbewerber*innen und Zuwandererkinder passt das KM die HSL-Richtlinie laufend den sich verändernden Gegebenheiten an. So finden die Regelungen der HSL-Richtlinie zu den Vorbereitungsklassen und -kursen analog auch auf die Realschulen und Gymnasien Anwendung.

⇨ Gemeinschaftsschule (Verordnung) § 7; ⇨ Integration und Sprachförderung; ⇨ Migrationshintergrund; ⇨ Notenbildungsverordnung §§ 2 und 10

Hausbesuche

Informationen der Redaktion zur Rechtslage und zur Verwaltungspraxis in Baden-Württemberg

Der Besuch von Lehrkräften im Haushalt der Erziehungsberechtigten („*Hausbesuch*") liegt im ⇨ Ermessen der einzelnen Lehrkraft und ist jeweils von der Einwilligung der Besuchten abhängig: Hausbesuche sind mit den Erziehungsberechtigten zu vereinbaren (ein selbstständiges Zutrittsrecht von Lehrkräften in den elterlichen Haushalt gibt es nicht).

Hausbesuche können sich z.B. als sinnvoll bzw. notwendig erweisen, wenn ein Zugang zu den Erziehungsberechtigten anderweitig nicht möglich ist oder eine sonstige Kontaktaufnahme nicht erfolgt, wenn also die Eltern weder in den „Elternabend" (Klassenpflegschaft) noch in die angebotene Sprechstunde kommen, im Interesse des Kindes jedoch ein Kontakt zwischen Schule und Elternhaus dringend erforderlich erscheint. Dies kann z.B. bei Erziehungs- bzw. Disziplinarproblemen oder bei Lern- und Leistungsstörungen geboten sein.

In den amtlichen Bildungsplänen sind Hausbesuche nicht vorgeschrieben. Lediglich in den SBBZ wird die Durchführung von Hausbesuchen teilweise vorausgesetzt, so wird beispielsweise im Bildungsplan der Förderschule (S. 11) ausgeführt: *„Eltern erhalten regelmäßig Gelegenheit mit Mitarbeiterinnen und Mitarbeitern der Schule, auch im Zusammenhang mit Hausbesuchen, ihre Erfahrungen zu Fragen von Erziehung und Bildung auszutauschen."*

In den Bildungsplänen für die übrigen Schularten kommen Hausbesuche nicht (mehr) vor. Die Lehrkräfte sind unabhängig hiervon nach wie vor in ihrem ⇨ Ermessen frei, Hausbesuche durchzuführen.

Warum vereinbaren Sie keinen „Jour fixe"? Hätten Sie's gewusst? Die Antwort steht auf Seite 435.

Haushalt (Allgemeines – Budgetierung)

Informationen der Redaktion zur Rechtslage und zur Verwaltungspraxis in Baden-Württemberg

1. Grundsätze

In Baden-Württemberg werden die Kosten für das pädagogische Personal (Lehr- und Erziehungskräfte) der öffentlichen Schulen gemäß ➪ Schulgesetz § 48 vom Land getragen, die ➪ Schulträger (Stadt oder Gemeinde, Kreis oder Land) sind für die „Sachkosten" (einschließlich des nicht-pädagogischen Personals wie Hausmeisterdienste, Schulsekretariat, Sozialarbeiter*innen, Putzkräfte usw.) zuständig.
➪ Haushalt (Kommunaler Finanzausgleich) § 15.

Um unabhängig von der Finanzkraft des einzelnen Schulträgers in allen Teilen des Landes eine ausreichende und gleichwertige materielle Ausstattung der Schulen sicherzustellen, erhalten die Schulträger vom Land jährlich einen festen Betrag je Schüler*in zur Finanzierung der Sachkosten. Die Sachkosten für die Grundschulen und die Fachschulen sind von den Schulträgern allein zu tragen.

Der Schulträger entscheidet in seinem Haushaltsplan über die Zuweisung der Finanzmittel für den Sachbedarf (Lern- und Lehrmittel, Bau und Unterhaltung, Mobiliar und Geräte) sowie für das nicht-pädagogische Personal jeder einzelnen Schule.
➪ Haushalt (Sachkostenbeiträge); ➪ Schulträger

Die Aufstellung der kommunalen Haushalte erfolgt nach einheitlichen Richtlinien. Der Einzelhaushalt für die Schule kann bei der Gemeinde- bzw. Stadtverwaltung eingesehen werden; in der Regel stellt der Schulträger auf Anfrage auch Kopien zur Verfügung. Schulleitungen, Lehrkräfte und auch der Elternbeirat sollten den „Einzelplan" ihrer Schule kennen. Da diese Zuweisungen des Landes nicht streng zweckgebunden sind, sollten sie darauf achten, dass der Schulträger diese Mittel nicht für nichtschulische Zwecke verwendet.

2. Budgetierung

a) Sachkosten

Viele Schulträger überlassen auf Grundlage von ➪ Schulgesetz § 48 Abs. 2 einen Teil dieser Mittel der Schule zur eigenen Bewirtschaftung („Budgetierung"). Die Schule kann in diesem Rahmen selbstständig Leistungen oder Waren bestellen und zur Zahlung anweisen. Mit Ausnahme einer Handkasse („Portokasse") erfolgen Zahlungen jedoch in der Regel über die Kasse des Schulträgers.
➪ Haushalt (Kassenführung); ➪ Schulträger

Das Kultusministerium hat hierzu u.a. mitgeteilt:

„Die Zuständigkeit des Schulleiters soll auf die Beschaffung und Unterhaltung der mit dem Unterricht zusammenhängenden Gegenstände sowie auf Vorgänge des laufenden Schulbetriebs begrenzt bleiben. Hingegen soll sich die Budgetverantwortung nicht auf Baumaßnahmen und -unterhaltung sowie auf Personalbewirtschaftung erstrecken. Weitergehende Zuständigkeitsübertragungen sollen nur im Einzelfall versuchsweise erfolgen. Die Absprache über den Umfang erfolgt vor Ort zwischen Schulleiter und Schulträger. – Der Schulleiter handelt bei der Bewirtschaftung der Mittel für den Schulträger. Gegenüber dem Schulträger ist der Schulleiter verantwortlich. Es bedarf einer konkreten Ermächtigung des Schulleiters. – Seitens des Schulträgers können im Rahmen der kommunalen Organisationshoheit vor Ort Kontrollmechanismen geschaffen werden; die für den Schulträger geltenden haushaltsrechtlichen Prüfungsbestimmungen finden Anwendung."

Quelle: KM, 25. Juli 1997 (AZ: III/2-6432.20/15)

Zur Beschaffung der Lehr- und Lernmittel sowie zur Verwendung von Drittmitteln bitte auch die Beiträge ➪ Lehrmittel und Schuleinrichtung sowie ➪ Lernmittelfreiheit (Allgemeines) Teil B und ➪ Sponsoring beachten.

b) Personalkosten

Die Schulen können einen Teil der ihnen zustehenden Lehrerwochenstunden verwenden, um z.B. zusätzliche Lehrkräfte oder sonstiges geeignetes Personal einzustellen oder Dienstleistungs- oder Werkverträge abzuschließen („Personalausgabenbudgetierung"). Damit dürfen aber nur „Landesaufgaben" finanziert werden, Wartungsverträge für Unterrichtscomputer bzw. schulische Netzwerke zählen zu den „Sachkosten". Ferner sind den Schulleitungen durch die „Monetarisierung" von Lehrerstellen zur Beschäftigung von Hilfskräften z.B. an der „verlässlichen Grundschule" oder an Ganztagsschulen Zuständigkeiten bei der Personaleinstellung übertragen worden.
➪ Ganztagsschulen; ➪ Grundschule (Verlässliche);
➪ Haushalt (Personalausgabenbudgetierung)

3. Beteiligungsrechte der Konferenzen und der Elternvertretung

a) Anforderung der Haushaltsmittel

Jede Schule sollte ihr Recht wahrnehmen, beim Schulträger die Aufnahme der von ihr benötigten Mittel in dessen Haushaltsplan zu beantragen. Diesen Antrag muss die Schule rechtzeitig vor der Haushaltsberatung im Beschlussgremium (Stadt- oder Gemeinderat) einreichen. Dabei sollten vor allem Abweichungen von vorhergehenden Haushaltsplänen begründet werden, insbesondere wenn zusätzliche oder höhere Mittel als üblich notwendig sind.

In Orten mit mehreren Schulen sollten sich die Schulen untereinander abstimmen, um zu verhindern, dass die verschiedenen Schulen bzw. Schularten gegeneinander ausgespielt werden.

Auch der Elternbeirat kann (sollte!) sich mit dem

Haushalt des Schulträgers für die Schule befassen und kann dem Schulträger Vorschläge machen.

Über diese *„Anforderung von Haushaltsmitteln gegenüber dem Schulträger"* entscheidet die Schulkonferenz. Die Schulleitung muss also einen Beschluss der Schulkonferenz herbeiführen, bevor sie einen Antrag an den Schulträger richtet. Dies muss in einer regulären Sitzung erfolgen (schriftliche Abstimmungen im Umlaufverfahren sind nicht zulässig).

➪ Schulgesetz § 47 Abs. 3 Nr. 7; ➪ Schulkonf.VO § 7

Die Gesamtlehrerkonferenz kann der Schulkonferenz hierzu Anregungen und Empfehlungen geben.

➪ Konferenzordnung § 2 Abs. 2

Es ist deshalb folgendes Verfahren sinnvoll:

Erster Schritt: Erhebung des Bedarfs

Die Schulleitung holt bei den Lehrkräften bzw. den Fachkonferenzen deren Wünsche und Vorschläge für die Mittel-Anforderung ein. Die Fachkonferenzen besitzen gegenüber der Schulleitung und der GLK ein Vorschlagsrecht. ➪ Konferenzordung § 5 Abs. 2 Nr. 6

Zweiter Schritt: Entwurf eines Haushaltsantragss

Die Schulleitung, gegebenenfalls unterstützt durch einen von der GLK eingesetzten „Haushaltsausschuss", entwirft unter Berücksichtigung dieser Vorschläge einen Entwurf und bringt ihn in die GLK ein.

Dritter Schritt; Empfehlung der Gesamtlehrerkonferenz

Die Gesamtlehrerkonferenz beschließt auf dieser Basis eine Empfehlung an die Schulkonferenz.

Vierter Schritt: Beschluss des Schulkonferenz und Antrag an den Schulträger

Die Schulkonferenz beschließt den Haushaltsantrag, danach übermittelt ihn die Schulleitung an den Schulträger. Es ist geboten, den Entwurf den Mitgliedern der GLK bzw. der Schulkonferenz mindestens eine Woche vor der Sitzung zu übermitteln.

➪ Konferenzordung § 12; ➪ Schulkonferenzordnung § 5

b) „Schulinterner Haushalt"

Nach dem Beschluss über seinen Haushalt (ggf. auch im Vorgriff) weist der Schulträger der Schule jene Mittel zu, über welche die Schulleitung selbstständig entscheiden darf. ➪ Schulgesetz § 48 Abs. 2

Es gehört zu den originären Aufgaben der Schulleitung, die Verwendung der vom Schulträger zugewiesenen Mittel zu organisieren (Planung und Ausführung). Sie muss dabei jedoch die Beteiligungsrechte der schulischen Gremien beachten; sie kann hierüber also erst verfügen, nachdem diese Gremien Stellung genommen haben und die Gesamtlehrerkonferenz eine Entscheidung getroffen hat: Denn laut § 2 Abs. 1 Nr. 7 der Konferenzordnung *„berät und beschließt"* (!) die GLK über die *„Verwendung der der Schule zur Verfügung gestellten Haushaltsmittel im Rahmen ihrer Zweckbestimmung"* und entscheidet damit über den *„schulinternen Haushaltsplan"*. Es ist Dienstpflicht der Schulleitung, die Verwendung der der Schule zur Verfügung gestellten Haushaltsmittel unaufgefordert auf die Tagesordnung der GLK zu setzen. (Quelle: Landtagsdrucksache 10/5777)

Die Gesamtlehrerkonferenz muss sich bei ihrem Beschluss an die vom Schulträger verfügte Zweckbestimmung der Mittel halten. Wenn der Schulträger eine *„gegenseitige Deckungsfähigkeit"* der einzelnen Haushaltsposten genehmigt hat, erlischt damit diese grundsätzliche Zweckbindung nicht; es wird aber für die Bewirtschaftung der Mittel eine größere Flexibilität ermöglicht (z.B. wenn sich Haushaltsreste ergeben). (Quelle: LT-Drucksache 12/2643)

Zu diesem Beschluss der GLK ist die Schulkonferenz anzuhören. ➪ Schulgesetz § 47 Abs. 4 Nr. 1 b

Hieraus ergibt sich zwingend folgendes Verfahren:

Erster Schritt: Erste Beratung in der GLK

Die Gesamtlehrerkonferenz berät über den Entwurf des „schulinternen" Haushalts. Die Fachkonferenzen können Vorschläge einbringen.

➪ Konferenzordnung § 5 Abs. 2 Nr. 6

Zweiter Schritt: Anhörung der Schulkonferenz

Die Schulleitung beruft die Schulkonferenz ein und informiert sie über das Beratungsergebnis der GLK. Die Schulkonferenz kann eine Stellungnahme abgeben (muss dies aber nicht). Bei der Beratung können die Elternvertreter*innen in der Schulkonferenz ihre Position einbringen (analog die Vertreter*innen der Schülerschaft). Sie sind befugt, den Entwurf zuvor in ihren Gremien (Elternbeirat bzw. Schülerrat) zu besprechen und deren Votum einzuholen.

Dritter Schritt: Gegebenenfalls zweite Beratung und Schlussabstimmung in der Gesamtlehrerkonferenz

Die Schulleitung informiert die GLK über die Stellungnahme der Schulkonferenz. Danach entscheidet die GLK abschließend über *„die Verwendung der der Schule zur Verfügung gestellten Haushaltsmittel im Rahmen ihrer Zweckbestimmung"*. Wenn die GLK beim ersten Schritt einen Vorbehaltsbeschluss fasst (*„vorbehaltlich der Anhörung der Schulkonferenz"*) und die Schulkonferenz beim zweiten Schritt keine Einwände erhebt, kann dieser dritte Schritt entfallen.

Delegation an der Schule

Insbesondere an größeren Schulen erfolgt im von der GLK gesetzten Rahmen eine Delegation von schulinternen Haushaltsentscheidungen auf die Ebene der Schulstufen, Abteilungen oder Fachbereiche. Dann wird der jeweiligen Ebene ein bestimmtes Budget zur Verfügung gestellt, über dessen Verwendung sie – unter Beteiligung der Stufen-, Abteilungs- oder Fachkonferenz und unbeschadet der Letztverantwortung der Schulleitung gemäß § 41 Schulgesetz – selbstständig entscheidet (z.B. Einführung neuer Lernmittel oder Beschaffung von Lehrmitteln bzw. Arbeitsmaterialien durch die Fachkonferenz).

➪ Elternbeirat (Allgemeines); ➪ Gebühren; ➪ Haushalt (Kassenführung und Schulkonten); ➪ Haushalt (Kommunaler Finanzausgleich); ➪ Haushalt (Personalausgabenbudgetierung); ➪ Haushalt (Sachkostenbeiträge); ➪ Konferenzordnung § 2 Abs. 1 Nr. 7; ➪ Schülermitverantwortung (SMV-Verordnung); ➪ Schulgesetz §§ 41, 47 Abs. 4 Nr. 1 b, 48; ➪ Schulträger; ➪ Sponsoring

Haushalt (Kassenführung und Schulkonten)

Informationen der Redaktion zur Rechtslage und zur Verwaltungspraxis in Baden-Württemberg

1. Einleitung

An den Schulen kommt es vielfach zum Umgang mit Geld (bar oder unbar). Aus der Vielzahl von möglichen Fallkonstellationen einige Beispiele:

1. Der ⇨ Schulträger überlässt der Schule einen Teil der Haushaltsmittel für die Beschaffung von Inventar oder Materialien zur selbstständigen Bewirtschaftung (*„Budgetierung“*).
   ⇨ Haushalt (Allgemeines); ⇨ Schulgesetz § 48 Abs. 2
2. Auf dem Schulsekretariat wird eine *„Portokasse“* geführt. Hier werden auch Einnahmen aus der Herstellung von Beglaubigungen und Zeugnis-Kopien verbucht. ⇨ Gebühren
3. Einer Schule fließen Sach- oder Bar-Mittel von Dritten zu (z.B. Spende des Schulfördervereins).
   ⇨ Schulfördervereine; ⇨ Sponsoring
4. Bei von der Schule veranstalteten Schulfesten oder Schüler-Discos der SMV entstehen Einnahmen und Ausgaben (z.B. Kauf und Verkauf von Speisen und Getränken, Eintrittsgelder, Erlös einer Tombola; Gebühr an die GEMA).
   ⇨ Schülermitverantwortung §§ 19-20; ⇨ Urheberrecht (GEMA); zu Tombolas siehe: ⇨ Werbung Nr. 2.2
5. In einer *„Klassenkasse“* wird Geld für klasseninterne Unternehmungen gesammelt (z.B. Ansparen für den Schullandheimaufenthalt, Einnahmen aus dem Klassenfest, Zuschuss des Fördervereins). ⇨ Außerunterrichtliche Veranstaltungen
6. Im Lehrerzimmer steht ein Kaffeeautomat, auf dem Schulhof ein Getränkeautomat; die Nutzer*innen (Lehrkräfte beziehungsweise Schüler*innen) bezahlen hierfür ein Entgelt.
7. Über eine *„Freud- und Leidkasse“*, werden nicht nur Blumensträuße zum Dienstjubiläum oder Traueranzeigen finanziert, sondern auch der Jahresausflug des Lehrerkollegiums abgewickelt.

Bei der (dienstlichen) Verwendung oder Verwaltung öffentlicher Mittel oder der Gelder von Dritten sollten folgende Regeln beachtet werden.

2. Äußere Schulangelegenheiten

Für *„äußere Schulangelegenheiten“* (Fälle 1 und 2) ist der ⇨ Schulträger zuständig. Ihm obliegen die Kassengeschäfte im Zusammenhang mit

- der Bewirtschaftung der Schulgebäude und sonstigen Schuleinrichtungen, der Vermietung von Schulräumen, der Beschaffung von Lehr- und Lernmitteln, dem Ersatz für Lernmittel, Verwaltungs- und Beglaubigungsgebühren oder Schulgeld, Stiftungen oder Schenkungen,
- der Organisation und Kostenabwicklung für die ⇨ Schülerbeförderung
- den Aufwendungen des Schulträgers bei Schulveranstaltungen außerhalb des Lehrplans, z.B. bei Sportfesten, Theater- und Konzertaufführungen, Ausstellungen u.Ä. sowie Ersätze dafür.

Die Schulen sind bei der Verwaltung der Mittel, die ihnen vom Schulträger im Rahmen der *„Budgetierung“* überlassen werden, an die Gemeindekassenverordnung sowie die Ausführungsbestimmungen des Schulträgers gebunden. Dieser muss hierfür das erforderliche Personal zur Verfügung stellen (Schulsekretariat) bzw. die Schulleitung bei der Abwicklung technisch/organisatorisch und personell unterstützen. ⇨ Verwaltungskräfte

Zur Abwicklung können bei den Schulen Zahlstellen eingerichtet und der Schule „Handvorschüsse“ gewährt werden (z.B. eine „Portokasse“). In diesem Fall sollten die Einzelheiten in einer Dienstanweisung für das Schulsekretariat geregelt werden. Da diese Zahlstellen Teil der Gemeinde- bzw. Stadtkasse sind, gelten hier alle kassenrechtlichen Vorschriften über die Abwicklung des Zahlungsverkehrs. Einnahmen können dem praktischen Bedürfnis entsprechend bar oder unbar bewirkt werden; die Erteilung einer Quittung ist zwingend vorgeschrieben.

Finanzielle Zuwendungen an die Schule von Dritten (*„Sponsoring“*) oder Zuwendungen eines Schulfördervereins (Fall 3) sind als *„Stiftungen“* oder *„Schenkungen“* anzusehen und über die Kasse des Schulträgers abzuwickeln. Im Rahmen der Budgetierung ist es grundsätzlich möglich, hierfür ein gesondertes (Schul-)Konto einzurichten. Dies sollte – auch wegen der haushaltsrechlich notwendigen Kassenprüfung – nur im Einvernehmen mit dem Schulträger geschehen.

Über die Verwendung dieser Mittel entscheidet die Schule durch Beschluss der Gesamtlehrerkonferenz nach Anhörung der Schulkonferenz. Dies gilt auch dann, wenn eine Schule dem Spender eine „Wunschliste“ von Anschaffungen oder Vorhaben übermittelt, die aus den Spendenmitteln finanziert werden sollen. Soweit Spenden zweckgebunden sind, ist diese Zweckbindung zu beachten; ggf. muss eine Spende von der Schule abgelehnt werden.

⇨ Konferenzordnung § 2 Abs. 1 Nr. 7; ⇨ Schulfördervereine; ⇨ Sponsoring; ⇨ Werbung

3. Innere Schulangelegenheiten

Zu den *„inneren Schulangelegenheiten“* gehören alle lehrplanmäßigen sowie die außerunterrichtlichen Veranstaltungen der Schule (Schullandheimaufenthalte, Studienfahrten, Exkursionen usw.). Kassengeschäfte im Zusammenhang mit solchen Veranstaltungen gehören zum Verantwortungsbereich des Landes (also nicht des kommunalen Schulträgers).

Obwohl in Fall 4 die Schülermitverantwortung als Organisator der Schüler-Disco auftritt, handelt es sich doch um eine Schulveranstaltung, bei der die Schule, vertreten durch die Schulleitung, z.B. für die Gebührenzahlung an die GEMA haftet.

In Fall 6 generiert die Schule eigene Einnahmen, wird also unternehmerisch tätig, in Fall 7 handelt es sich in der Regel um private Initiativen der Lehrkräfte.

Sammelt und verwahrt eine Lehrkraft die Gelder (Fälle 5-7), so hat sie beim Umgang mit diesem fremden Eigentum *„nur für diejenige Sorgfalt einzustehen, welche sie in eigenen Angelegenheiten anzuwenden pflegt"* (BGB § 690). Bei Verlust oder Diebstahl tritt eine Amtshaftung nur bei Vorsatz oder Fahrlässigkeit ein. ⇨ Amtshaftung; ⇨ Urheberrecht (GEMA)

4.
Kontoführung der Schulen

Schulen als rechtlich unselbstständige Anstalten können Kassengeschäfte, die zu den *„inneren Schulangelegenheiten"* gezählt werden,

- entweder über zweckgebundene Konten der Schule
- oder über ein „Schulkonto" bei der Stadt- bzw. Gemeindekasse ⇨ Schulträger

abwickeln. Wir empfehlen den Schulen, für die Abwicklung solcher Finanzvorgänge in Absprache mit dem Schulträger ein sogenanntes „Schulkonto" bei der Stadt- bzw. Gemeindekasse zu verwenden (§ 2 der Gemeindekassenverordnung). Durch die Einrichtung von Unterkonten kann eine saubere Trennung und Abwicklung der verschiedenen Fälle erfolgen. Mit einer Erledigung durch die Gemeindekasse sind keine über die Vorschrift der GemKVO hinausgehenden Verpflichtungen der Kommune (z.B. Abdeckung von Fehlbeträgen) verbunden.

Zumindest bei allen Schulveranstaltungen, bei denen der Schulträger durch Aufwendungen mitbeteiligt ist, z.B. Sportfeste, Theater- und Konzertaufführungen, Ausstellungen u.Ä.) wird dies in vielen Fällen problemlos möglich sein. Dies empfiehlt sich auch für die Abwicklung der Erlöse von Schulfesten oder einer Tombola sowie bei Spendeneinnahmen.

Ist dies nicht möglich, können *„Treuhandkonten"* benutzt werden (siehe unten Nr. 5). Dabei tragen allerdings die Lehrkräfte bzw. Schulleiter*innen das private Risiko und – soweit diese nicht umgelegt werden können – die Kosten (Gebühren usw.).

5.
Kontoführung durch Lehrkräfte

Überwiegend werden *„außerunterrichtliche Veranstaltungen"* von den einzelnen Lehrkräften durchgeführt. Es handelt sich zwar um schulische Veranstaltungen (die deshalb auch der Genehmigung durch die Schulleitung bedürfen), aber die Organisation einschließlich der finanziellen Abwicklung obliegt der Lehrkraft.

Das Kultusministerium hat hierzu bestimmt: *„Die Kostenbeiträge der Schülerinnen und Schüler sowie der Eltern und die sonstigen Einnahmen im Zusammenhang mit außerunterrichtlichen Veranstaltungen werden von der verantwortlichen Lehrkraft verwaltet. Die Einnahmen und Ausgaben sollen bei größeren Geldbeträgen über ein zweckgebundenes Treuhandkonto abgewickelt werden. Eine zeitnahe Prüfung des Nachweises über die ordnungsgemäße Mittelverwendung ist durch die Schulleitung sicherzustellen."* ⇨ Außerunterrichtliche Veranstaltungen Ziff. 2.9

Mehr wollte das KM erklärtermaßen nicht regeln. Zwar bewege sich, so das KM, die Praxis an den Schulen zum Teil in einem gewachsenen, rechtlich allerdings nicht geregelten Bereich; diese von Schule zu Schule verschiedene Praxis werde von den Beteiligten jedoch akzeptiert und habe sich alles in allem bewährt. Das KM räumt ein, dass eine klare Lösung der Probleme am ehesten durch die Einrichtung einer staatlichen Zahlstelle an den Schulen erreicht werden könnte. Dies hätte aber mit Blick auf die formalen Erfordernisse des staatlichen Haushalts- und Kassenrechts weitgehende Konsequenzen sowohl in verwaltungsmäßiger als auch personeller Hinsicht. Dies erscheine vor allem im Interesse der Schulen und ihrer Aktivitäten weder sinnvoll noch praktikabel. (Quelle: KM, 7.3.2000, AZ: 12-0442.21/20)

Bei der Einrichtung von derartigen „Treuhandkonten" muss u.a. gekärt werden, wer die Gebühren für die Kontoführung trägt, wie eventuelle Zinserträge zu behandeln sind und wie die Abgeltungssteuer von den privaten Verpflichtungen des/der Kontoinhaber*in zu trennen ist. Ferner ist die Zeichnungsberechtigung zu regeln. Dies muss von der Schule „praxisnah" in eigener Verantwortung gelöst werden. „Schwarze Kassen" darf es nicht geben.

Häufig werden die Mittel für außerunterrichtliche Veranstaltungen auf einem „Klassenkonto" angespart, das von der Lehrkraft bei einem Kreditinstitut eingerichtet wird. Dabei ist die Weitergabe der Namen und Anschriften der Schüler*innen nur mit Einwilligung der Erziehungsberechtigten statthaft.

Eine Vermischung mit dem privaten Bereich der Lehrkraft muss konsequent vermieden werden; keinesfalls sollten deshalb Zahlungen über private Konten der Lehrkraft laufen. Wer mit seiner Kreditkarte Zahlungen für die Klasse leistet und das Geld später wieder der Klassenkasse entnimmt, schafft einen finanziellen Transfer-Vorgang, der im Streitfall später problematisch erscheinen kann.

Alternativ kann das Konto von der Elternvertretung der Klasse eingerichtet und verwaltet werden. Dann braucht die Lehrkraft nur die Belege für alle getätigten Auslagen dort einzureichen (bzw. erhält für die Reise einen Kassenvorschuss) und hat darüber hinaus mit der Kontoführung und Rechnungslegung nichts zu tun. Wo immer Eltern(vertreter*innen) vorhanden sind, die eine solche Aufgabe übernehmen wollen, sollte dieser Weg gewählt werden. Allerdings sollte auch hier konsequent das „Vier-Augen-Prinzip" beachtet und eine gemeinsame Zeichnungsberechtigung vorgesehen werden.

Zur Verwaltung von Finanzen im Rahmen der Elternvertretung siehe ⇨ Elternbeirat (Kassenführung).

Da es sich hierbei um Gelder der Erziehungsberechtigten – bzw. bei volljährigen Schüler*innen um deren Eigentum – handelt, ist den Erziehungsberechtigten/Eigentümer*innen hierüber nach Abschluss der Reise Rechenschaft zu legen. Dies kann beispielsweise anlässlich einer Klassenpflegschaftssitzung (Elternabend) oder durch einen schriftlichen Bericht erfolgen. Es empfiehlt sich, schon zu Beginn der Planungsarbeiten im ersten Rundschreiben an die Eltern festzulegen, was mit einem eventuellen Überschuss geschehen soll (z.B. Überführung in die normale „Klassenklasse" oder Zuwendung an den Schulförderverein).

Es sollte stets ein Elternteil bzw. ein volljähriger Schüler bzw. eine Schülerin als „Rechnungsprüfer" bestimmt und mit diesen die Schlussabrechnung durchgesprochen werden. Diese Person sollte auch von Anfang an mit einer Zeichnungsberechtigung für das Klassenkonto ausgestattet werden.

Bisweilen finden – auch längere Zeit nach Abschluss einer Reise – Auseinandersetzungen mit Beherbungsbetrieben, Verkehrsunternehmen, einzelnen Eltern usw. statt und auch die Endabrechnung des Klassenkontos erfolgt (z.B. wegen der Zinsabrechnungen) mit Verzögerung. Es ist deshalb dringend anzuraten, alle Unterlagen mindestens fünf Jahre nach Abschluss der Reise aufzubewahren (zweckmäßigerweise in der Schule / Sekretariat; dies gilt auch dann, wenn das Konto von Eltern geführt wird).

Steuerliche Vorschriften

Seit 2023 fallen unternehmerisch tätige „juristische Personen des öffentlichen Rechts", also auch Behörden und Schulen, unter die Umsatz-/Mehrwertsteuerpflicht (UStG § 2b). „Unternehmerisches Handeln" setzt eine nachhaltige Tätigkeit voraus, mit der Leistungen gegen Entgelt erbracht werden; nicht erforderlich ist eine Gewinnerzielungsabsicht.

Soweit bei den einleitend aufgeführten Fällen die Schule (vertreten durch die Schulleitung, Lehrkräfte oder durch schulische Gremien wie den Elternbeirat oder den Personalrat) als Behörde/Dienststelle handelt, wird sie als „Organisationseinheit des Landes" unternehmerisch tätig. Die Umsätze sind von dieser Organisationseinheit in deren Umsatzsteuer-Voranmeldung/-Jahreserklärung zu deklarieren.

Aber auch wenn im Zusammenhang mit der Schule „privatwirtschaftliche" Betätigungen erfolgen, können steuerlich relevante Umsätze entstehen, beispielsweise wenn eine Schüler- oder Elterngruppe Speisen und Getränke verkauft, Lehrkräfte einen Kaffeeeautomaten im Lehrerzimmer betreiben, sich der Schulförderverein beim Schulsportfest engagiert oder der Hausmeister auf dem Schulhof einen Getränkeautomaten aufstellt. Dies hat die Finanzverwaltung Ende 2022 am Beispiel des Kuchenverkaufs auf Schulfesten usw. in dem hier wiedergegebenen Schaubild erläutert.

Umsatzsteuerliche Behandlung von Kuchenverkäufen an baden-württembergischen Schulen

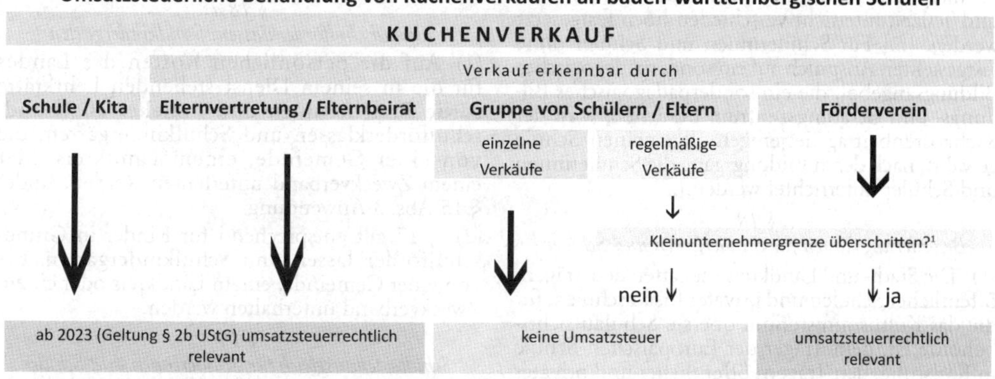

[1] Bezogen auf die gesamte unternehmerische Tätigkeit beträgt der Umsatz zuzüglich Umsatzsteuer nicht mehr als 22.000 Euro im Jahr der Gründung oder im vorangegangenen Kalenderjahr und voraussichtlich nicht mehr als 50.000Euro im laufenden Kalenderjahr

(Quelle: Ministerium für Finanzen, Oktober 2022; AZ: FM3-S 7107-1/86; Anlage 2)

Zwar sind sind „*Kleinunternehmer*" von den steuerlichen Melde- und Ablieferungspflichten befreit, solange ihr auf die gesamte unternehmerische Tätigkeit bezogener Umsatz bestimmte Grenzen nicht überschreitet (siehe Fußnote zum Schaubild). Aber manche „Veranstalter" (auch Elternvertreter*innen) sind unternehmerisch höchst einfalls- und erfolgreich – fallen beispielsweise bei bei einem Schulfest Verkaufserlöse an oder soll eine Verlosung von gespendeten Waren stattfinden, ist stets sinnvoll, rechtzeitig mit dem örtlich zuständigen Finanzamt die steuerlichen Vorschriften zu klären; siehe hierzu auch die Beiträge ⇨ Sponsoring sowie ⇨ Werbung, Wettbewerbe, Erhebungen und ⇨ Elternbeirat (Kassenführung).

⇨ Akten (Aufbewahrungsfristen und Archivierung); ⇨ Amtshaftung; ⇨ Außerunterrichtliche Veranstaltungen; ⇨ Gebühren; ⇨ Elternbeirat (EltBVO) § 28 Nr. 9b; ⇨ Haushalt (Allgemeines); ⇨ Haushalt (Kommunaler Finanzausgleich); ⇨ Haushalt (Personalausgabenbudgetierung); ⇨ Schulgesetz § 48 Abs. 2; ⇨ Schulträger; ⇨ Schulfördervereine; ⇨ Sponsoring; ⇨ Urheberrecht (GEMA/Musik); ⇨ Verwaltungskräfte; ⇨ Werbung (dort Hinweise auf Tombolas)

Haushalt (Kommunaler Finanzausgleich)

Auszug aus dem Gesetz über den kommunalen Finanzausgleich (Finanzausgleichsgesetz – FAG) in der Fassung vom 1. Januar 2000 (GBl. S. 14/2000); zuletzt geändert 21. Dezember 2022 (GBl. S. 649, 653)

§ 15
Schullastenverteilung

(1) Das Land trägt die persönlichen Kosten für die in seinem Dienst stehenden Lehrer an den öffentlichen Schulen nach § 2 Abs. 1 Nummer 1 des Schulgesetzes für Baden-Württemberg.

(2) Die ⇨ Schulträger tragen die übrigen Schulkosten; ihnen verbleiben die Schulgeldeinnahmen. [...]

Hinweis der Redaktion: Die persönlichen Kosten der Lehrkräfte an öffentlichen Schulen sowie der Lehrkräfte und Erziehungskräfte an Grundschulförderklassen und Schulkindergärten sind in § 1 der Schullastenverordnung abschließend definiert.

§ 17
Sachkostenbeitrag

(1) Die Schulträger der unter § 4 Absatz 1 des Schulgesetzes für Baden-Württemberg fallenden öffentlichen Schulen erhalten für jede Schülerin und jeden Schüler einen Beitrag zu den laufenden Schulkosten (Sachkostenbeitrag). Dies gilt nicht für Schülerinnen und Schüler, die eine Grundschule, eine Fachschule oder eine Pflegeschule [...] besuchen.

(2) Die Höhe des Sachkostenbeitrags wird [...] so bestimmt, dass ein angemessener Ausgleich der laufenden Schulkosten geschaffen wird. Der Sachkostenbeitrag kann für jede Schulart, jeden Schultyp, jede Schulstufe sowie für Schulen mit Voll- und Teilzeitunterricht verschieden hoch festgesetzt werden. [...] Für Schülerinnen und Schüler ohne festgestellten Anspruch auf ein sonderpädagogisches Bildungsangebot, die ein sonderpädagogisches Bildungs- und Beratungszentrum besuchen, wird der Sachkostenbeitrag derjenigen allgemeinen Schule gewährt, nach deren Bildungsgang die Schülerinnen und Schüler unterrichtet werden.[...]

§ 18
Beförderungskosten für Schülerinnen und Schüler

(1) Die Stadt- und Landkreise erstatten den Trägern öffentlicher Schulen und privater Ersatzschulen, für die das Kultusministerium oberste Schulaufsichtsbehörde ist, dem Träger der Europäischen Schule in Karlsruhe, den Trägern öffentlicher und privater Grundschulförderklassen und Schulkindergärten sowie den Wohngemeinden, wenn Schülerinnen und Schüler öffentliche oder private Schulen außerhalb Baden-Württembergs besuchen, die notwendigen Beförderungskosten. Satz 1 gilt nicht für Träger von Fachschulen. Maßgebend für die Zuordnung einer Schule zu einem Stadt- oder Landkreis ist der Schulort. Abweichend hiervon tragen die Stadt- und Landkreise die ihnen als Schulträger entstehenden Beförderungskosten selbst. ⇨ Schülerbeförderung

(2) Die Stadt- und Landkreise können durch Satzung bestimmen

1. Umfang und Abgrenzung der notwendigen Beförderungskosten einschließlich der Festsetzung von Mindestentfernungen;
2. Höhe und Verfahren der Erhebung eines Eigenanteils oder der Gewährung eines Zuschusses;
3. Pauschalen oder Höchstbeträge für die Kostenerstattung sowie Ausschlussfristen für die Geltendmachung von Erstattungsansprüchen;
4. Verfahren der Kostenerstattung zwischen Schülerinnen und Schülern beziehungsweise Eltern und Schulträger sowie zwischen Schulträger und Stadt- beziehungsweise Landkreis.

Abweichend von Nummer 3 können bei Schülerinnen und Schülern von sonderpädagogischen Bildungs- und Beratungszentren keine Höchstbeträge bestimmt werden. Übersteigen bei diesen Schülerinnen und Schülern die Beförderungskosten 2.600 Euro im Schuljahr, kann der Stadt- oder Landkreis den übersteigenden Betrag zu 75 Prozent von dem Stadt- oder Landkreis geltend machen, in dem die Schülerin oder der Schüler wohnt.

(3) Die Stadt- und Landkreise erhalten für die Kostenerstattung nach Absatz 1 pauschale Zuweisungen. Die Zuweisungen betragen jährlich 193,8 Millionen Euro [...]

§ 18 a
Grundschulförderklassen, Schulkindergärten

(1) Auf die persönlichen Kosten des Landes für die in seinem Dienst stehenden Lehrkräfte sowie Erzieherinnen und Erzieher an Grundschulförderklassen und Schulkindergärten, die von einer Gemeinde, einem Landkreis oder einem Zweckverband unterhalten werden, findet § 15 Abs. 3 Anwendung.

(2) § 17 gilt entsprechend für Kinder in Grundschulförderklassen und Schulkindergärten, die von einer Gemeinde, einem Landkreis oder einem Zweckverband unterhalten werden.

§ 19
Schullastenausgleich für Schülerinnen und Schüler der Grundschulen und der Gemeinschaftsschulen

(1) Besucht eine Schulpflichtige oder ein Schulpflichtiger aufgrund von § 76 Absatz 2 Sätze 2 und 3 des Schulgesetzes für Baden-Württemberg oder deshalb, weil die Wohnsitzgemeinde nur Träger einer Gemeinschaftsschule ist, die Grundschule eines anderen Schulträgers als desjenigen, in dessen Gebiet sie oder er wohnt, so hat der für den Wohnort zuständige Schulträger einen Beitrag zu den laufenden Schulkosten zu leisten, sofern die Schulträger nichts Abweichendes vereinbaren.. [...].

Hinweis der Redaktion: Dieser Beitrag beläuft sich laut § 4 ⇨ Haushalt (Sachkostenbeiträge) auf 200 Euro jährlich.

⇨ Haushalt (Allgemeines – Budgetierung); ⇨ Haushalt (Personalausgabenbudgetierung); ⇨ Haushalt (Sachkostenbeiträge); ⇨ Lernmittelfreiheit; ⇨ Schülerbeförderung; ⇨ Schulgesetz §§ 27-31, § 48, § 76; §§ 93-94; ⇨ Schulträger; ⇨ Verfassung Art. 14 Abs. 2

Haushalt (Personalausgabenbudgetierung)

Informationen der Redaktion zur Rechtslage und zur Verwaltungspraxis in Baden-Württemberg

Öffentliche Schulen können anstelle der ihnen nach dem Organisationserlass zugewiesenen Lehrerwochenstunden Haushaltsmittel erhalten („Personalausgabenbudgetierung" – PAB). Damit können sie befristet Lehr- und Leitungspersonal und sonstiges Personal einstellen sowie Sachausgaben für Landesaufgaben bestreiten und Dienstleistungs- und Werkverträge abschließen. Die Verwendung für Investitionsausgaben ist ausgeschlossen.

Über die Teilnahme einer Schule an der PAB beschließt die Gesamtlehrerkonferenz; der Antrag ist zuvor in der Schulkonferenz zu beraten. Über die Verwendung der Mittel entscheidet die Gesamtlehrerkonferenz nach Anhörung der Schulkonferenz.
⇨ Konferenzordnung § 2 Abs. 1 Nr. 7

Die Einzelheiten sind in der VwV des KM zur Personalausgabenbudgetierung (VwV-PAB) geregelt; Fundstelle: Loseblattsammlung K.u.U. Nr. 6740-53.

⇨ Haushalt (Allgemeines – Budgetierung) Nr. 2; ⇨ Konferenzordnung § 2 Abs. 1 Nr. 7; ⇨ Schulträger; ⇨ Unterrichtsorganisation (Organisationserlass)

Haushalt (Sachkostenbeiträge)

§ 2 der Schullastenverordnung (zu § 17 Abs. 2, § 18 a Abs. 2 FAG) vom 21. Februar 2000 (GBl. S.181), zuletzt geändert 14. November 2022 (GBl. S. 609/2022), gültig ab 1. Januar 2023; alle Beträge in Euro

Der Sachkostenbeitrag beträgt jährlich für jede Schülerin, für jeden Schüler oder für jedes Kind der

1. Hauptschulen, Werkrealschulen und der Klassen 5 bis 10 der Gemeinschaftsschulen 1.312,
2. Realschulen 1.107,
3. a) Gymnasien mit Ausnahme der Progymnasien und der beruflichen Gymnasien sowie der Klassen 11 bis 13 der Gemeinschaftsschulen 1.156,
   b) Progymnasien 1.124,
4. Schulen besonderer Art 1.107,
5. Berufsschulen, Berufsfachschulen und Berufskollegs in Teilzeitunterricht 769,
6. Berufsschulen, Berufsfachschulen und Berufskollegs in Vollzeitunterricht, Mittel- und Oberstufe der Berufsoberschulen, beruflichen Gymnasien 1.928,
7. Grundschulförderklassen 375,
8. Sonderpädagogischen Bildungs- und Beratungszentren
   a) mit Förderschwerpunkt Lernen und der dem Förderschwerpunkt entsprechenden Schulkindergärten 2.779,
   b) mit Förderschwerpunkt geistige Entwicklung und der dem Förderschwerpunkt entsprechenden Schulkindergärten 6.415,
   c) mit Förderschwerpunkt Sehen und der dem Förderschwerpunkt entsprechenden Schulkindergärten 7.814,
   d) mit Förderschwerpunkt Hören und der dem Förderschwerpunkt entsprechenden Schulkindergärten 7.037,
   e) mit Förderschwerpunkt Sprache und der dem Förderschwerpunkt entsprechenden Schulkindergärten 2.799,
   f) mit Förderschwerpunkt körperliche und motorische Entwicklung und der dem Förderschwerpunkt entsprechenden Schulkindergärten 7.327,
   g) mit Förderschwerpunkt emotionale und soziale Entwicklung und der dem Förderschwerpunkt entsprechenden Schulkindergärten 4.775,
   h) mit dem Förderschwerpunkt Schüler in längerer Krankenhausbehandlung 2.289.

Hinweise der Redaktion:

1. Zu den Zuwendungen für die Grundschulen siehe ⇨ Haushalt (Kommunaler Finanzausgleich) § 19.
2. Die Sachkostenbeiträge sind pauschale Zuwendungen an die Schulträger; sie sind nicht unmittelbar für den Sachkosten- und Personalbedarf der Schulen zweckgebunden.
3. Die im Vergleich zu den Realschulen und Gymnasien relativ hohen pro-Kopf-Beträge für die (oft kleineren) Haupt-, Werkreal- und Gemeinschaftsschulen resultieren daraus, dass der größte Teil der Sachausgaben Fixkosten sind (Unterhaltung der Gebäude und Außenanlagen, Heizung, Reinigung sowie Personalkosten, beispielsweise Hausmeister, Schulsekretariat usw.).

⇨ Haushalt (Allgemeines – Budgetierung); ⇨ Haushalt (Kommunaler Finanzausgleich); ⇨ Lernmittelfreiheit (Allgemeines); ⇨ Lernmittelverordnung; ⇨ Lernmittelverzeichnisse; ⇨ Schulgesetz §§ 2, 104 und 105; ⇨ Schulträger

Den Urlaub nacharbeiten? Hätten Sie's gewusst? Die Antwort steht auf Seite 517.

Hausordnung / Pausenordnung

Informationen der Redaktion zur Rechtslage und zur Verwaltungspraxis in Baden-Württemberg

Rechtsgrundlagen

Zu den Angelegenheiten von wesentlicher Bedeutung für die Schule, über die gemäß ➪ Schulgesetz § 45 Abs. 2 die Gesamtlehrerkonferenz unbeschadet der Zuständigkeit der Schulkonferenz berät und beschließt, gehören insbesondere auch der Erlass der *„Schul- und Hausordnung"* sowie der *„Pausenordnung"*. ➪ Konferenzordnung § 2 Abs. 1 Nr. 3

Das Schulgesetz (§ 89) ermächtigt das KM zwar, *„durch Rechtsverordnung Schulordnungen über Einzelheiten des Schulverhältnisses, Prüfungsordnungen und Internatsordnungen für die den Schulen angegliederten Schülerinternate zu erlassen"*, im Gegensatz zu anderen Bundesländern, die solche Fragen zentral regeln, überlässt Baden-Württemberg den Erlass von *„Schul- und Hausordnungen"* sowie der *„Pausenordnung"* also der einzelnen Schule. Dies ist durchaus sinnvoll, denn wegen der unterschiedlichen Art und Größe der Schulen, der notwendigen Altersangemessenheit der Bestimmungen sowie vor allem deswegen, weil nur beachtet wird, was vom gemeinsamen Willen der Beteiligten getragen wird, sollte jede Schule ihre individuellen Regelungen selbst definieren. In der Praxis erlassen die Schulen in aller Regel nur eine Hausordnung und ergänzen diese entweder um eine gesonderte Pausenordnung oder integrieren die Pausenregelungen in ihre Hausordnung.

In einer Hausordnung sowie in einer Pausenordnung überlagern sich drei Aufgabenbereiche:

- der Bildungs- und Erziehungsauftrag der Schule, ➪ Schulgesetz § 1; ➪ Verfassung Artikel 12
- die Obhutspflicht der Schule, ➪ Aufsichtspflicht
- der Schutz der Schülerinnen und Schüler durch die gesetzliche ➪ Unfallversicherung.

Hausordnung

Die Hausordnung wird von der Gesamtlehrerkonferenz erlassen. ➪ Konferenzordnung § 2 Abs. 1 Nr. 3

Dieser Beschluss bedarf der Zustimmung der Schulkonferenz. ➪ Schulgesetz § 47 Abs. 5 Nr. 1

Es ist sinnvoll, die ➪ Schülermitverantwortung in die Formulierung der Hausordnung einzubeziehen und die geltende Fassung immer wieder einmal mit der Schülervertretung zu erörtern.

Die Elternschaft der Schule besitzt über ihre gewählten Vertreter*innen ein Initiativrecht: Die Elternvertreter*innen in der Schulkonferenz können als „Elterngruppe" zusammentreten und zum Erlass der Hausordnung sowie zu ihrem Inhalt Anträge an die Gesamtlehrerkonferenz (GLK) richten; sie müssen dann zur GLK eingeladen werden und sind zu diesem Tagesordnungspunkt rede-, jedoch nicht stimmberechtigt. ➪ Konferenzordnung § 11 Abs. 4

Inhalte einer Hausordnung

In der Regel werden in der Hausordnung grundlegende Verhaltensnormen definiert (beispielsweise gewaltfreier, friedlicher, höflicher Umgang von Schüler*innen und Lehrkräften sowie der übrigen am Schulleben Beteiligten untereinander). Häufig geschieht das durch die Beschreibung eines die Schule prägenden „Leitbilds" in Form einer Präambel zu den Detailbestimmungen. Es empfiehlt sich, hierbei nicht nur das erwünschte Verhalten der Schüler*innen zu beschreiben, sondern auch die entsprechenden Verhaltensweisen der Lehrkräfte darzulegen. Nicht selten verpflichten sich auch die Eltern, die über die Schulkonferenz an der Beschlussfassung mitwirken und die Hausordnung im Elternbeirat sowie auf den Sitzungen der Klassenpflegschaft erörtern können bzw. sollten, in der Hausordnung zu einer positiven Beteiligung an der Erfüllung dieses Leitbilds.
➪ Schulgesetz § 56 Abs. 1 Nr 8, § 57 Abs. Nr. 3

Im Einzelnen werden in der Hausordnung in der Regel die gewünschten Umgangsformen an der Schule beschrieben, beispielsweise Konfliktvermeidung und Konfliktlösung, sorgsamer Umgang mit Menschen und Sachen (Lernmitteln), Erfüllung der schulischen Pflichten wie Pünktlichkeit des Schulbesuchs und Verfahren bei „Entschuldigungen" und Urlaubsanträgen, Erledigung der Hausaufgaben, Sauberkeit der Schulgebäude und des Schulgeländes, Umweltverträglichkeit, Behandlung von ➪ Fundsachen, Verhalten bei Unfällen sowie bei Alarm usw. ➪ Schulbesuchsverordnung

In der Hausordnung können auch so heikle Fragen wie die Angemessenheit und Art der Bekleidung oder eines bestimmten Verhaltens geregelt werden (beispielsweise „Schuluniform", Verbot oder Gestattung von Kopfbedeckungen oder einer bestimmten Sport- bzw. Schwimmbekleidung, „Verkehrssprache" auf dem Pausenhof, Verbot von beleidigenden, verletzenden oder rassistischen Aufschriften und Symbolen auf der Kleidung). Dabei kommt es nicht nur auf die Gewährleistung von Toleranz und Vielfalt an, sondern auch auf die Beachtung der grundgesetzlich geschützten Meinungs- und Religionsfreiheit. Deshalb ist beispielsweise ein generelles Verbot von religiös begründeten Kopfbedeckungen wie Kopftüchern bei muslimischen Schülerinnen oder „Kipas" bei jüdischen Schülern unzulässig, während Baseballkappen im Unterricht abgenommen werden müssen. Es ist zweckmäßig, auch das Rauchverbot sowie das Verbot festzuhalten, gefährliche Gegenstände (Baseballschläger, Fahrtenmesser usw.) mitzubringen.

Die Landesverfassung bestimmt ausdrücklich, dass Kinder und Jugendliche als eigenständige Persönlichkeiten ein Recht auf Achtung ihrer Würde haben (Art. 2a). Das KM hat mitgeteilt, dass eine Verpflichtung, die deutsche Sprache z.B. in einer Hausordnung auch außerhalb des Unterrichts als verpflichtende Umgangssprache einzuführen (*„Deutsch auf dem Pausenhof"*), gegen diesen Grundsatz verstieße. (Quelle: LT-Drucksache 16 / 1526)

➪ Rauchen in der Schule; ➪ Waffen in der Schule

Zum Mitbringen von Wertgegenständen, insbesondere von elektronischen Geräten (Laptops, Handys, Tablets) und zur Handy-Nutzung in der Schule bitte auch die Beiträge ⇨ Amtshaftung sowie ⇨ Handy-Nutzung beachten.

Es können auch die entsprechenden Sanktionen („Erziehungs- und Ordnungsmaßnahmen") aufgeführt werden, es verbietet sich aber jeder Automatismus; siehe ⇨ Schulgesetz § 90; Hinweis zu Abs. 3 Nr. 3.

Pausenordnung

Während die Schul- und Hausordnung der Schule des Einverständnisses der Schulkonferenz bedürfen (Schulgesetz § 47 Abs. 5), bestimmt über die Pausenordnung die Gesamtlehrerkonferenz allein. Diese in der Konferenzordnung vorgegebene Trennung der Zuständigkeiten ist insofern sachfremd, als die Bestimmungen für beide Bereiche miteinander korrespondieren und die Schulen deshalb häufig gar keine getrennten Regelungen erlassen.

Die Schulkonferenz, der Elternbeirat und die SMV besitzen gegenüber der Gesamtlehrerkonferenz ein Vorschlagsrecht. Außerdem werden Vorschriften in der Regel nur akzeptiert, wenn sie vom Konsens der Beteiligten/Betroffenen getragen werden. Daher ist Schulen, die eine getrennte Pausenordnung erlassen wollen, anzuraten, unabhängig von der Allein-Zuständigkeit der GLK das Gespräch mit diesen Gremien zu suchen und ihre Zustimmung einzuholen.

In der Pausenordnung sollten insbesondere folgende Fragen geregelt werden:

- Festlegung der Öffnungszeiten der Schule sowie der Pausenzeiten („Große" und „kleine" Pausen, „Hofpausen", Mittagspause).
  ⇨ Stundenpläne, Pausen, Unterrichtsbeginn
- Definition des „Schulgeländes" und Beschreibung der Pausenbereiche.
- Aufenthalt im Schulgebäude sowie gegebenenfalls Verlassen des Schulgeländes während der „großen" Pausen („Hofpausen").
- Verhalten während der Pausen, Ordnungsdienste.
- Gegebenenfalls Festlegung von Sanktionen bei Verstößen (siehe hierzu auch die Ausführungen am Ende des vorhergehenden Abschnitts).

Volljährige Schüler*innen dürfen das Schulgelände während der Pausen oder in Hohlstunden verlassen. Gesetzlicher Versicherungsschutz besteht auch im „Nahbereich" der Schule. Entfernen sich Schüler*innen vom Schulgelände oder vom „Nahbereich", so besteht nur dann Unfallversicherungsschutz, wenn sie Nahrungsmittel zum sofortigen Verzehr einkaufen. Verlassen sie diesen Bereich jedoch, um z.B. Süßigkeiten einzukaufen, oder zu einem Stadtbummel o.Ä., so besteht auf diesen Wegen kein Unfallversicherungsschutz. (Quelle: Württ. Unfallkasse, 9.4.2002; AZ: 311.1421) ⇨Volljährigkeit

Minderjährigen Schüler*innen darf wegen der Obhutspflicht der Schule das Verlassen der Pausenbereiche bzw. des Schulgeländes während der Schulpausen grundsätzlich nicht gestattet werden. Abweichungen hiervon sollten in der Pausenordnung eindeutig geregelt werden (beispielsweise Festlegung einer Altersgrenze, schriftliches Einverständnis der Erziehungsberechtigten, Ausweispflicht).

Sonderfall Mittagspause und Fahrschüler*innen

Die Regelungskompetenz der Schule beschränkt sich auf jene Phasen, in denen sich die Schüler*innen in ihrer Obhut befinden. So gehört die „Mittagspause" nur dann zum Zuständigkeitsbereich der Schule, wenn sie Teil des geregelten Schulbetriebs ist, beispielsweise an Ganztagsschulen (hier fällt ggf. ein Teil der Aufsichtspflicht der Schule, ein anderer dem Schulträger zu; siehe „Sonderfall Mittagessen und Betreuung" im Beitrag ⇨Aufsichtspflicht).

Findet jedoch an einer herkömmlichen „Halbtagsschule" vormittags und nachmittags Unterricht statt und verlassen die Schüler*innen in der Zeit dazwischen das Schulgelände, beispielsweise um daheim zu Mittag zu essen, so ist dies keine „Schulpause", sondern Teil des Schulwegs, auf dem sie zwar gesetzlich unfallversichert sind, aber die Aufsicht grundsätzlich ihren Erziehungsberechtigten obliegt.

Dies gilt im Grundsatz auch für „Fahrschüler*innen", die nicht (sofort) nach Hause zurückkehren können, sondern die Phase bis zum Beginn des Unterrichts oder die Wartezeit auf den Schulbus in der Schule (oder an einem Kiosk oder in einer Gaststätte) verbringen. Für sie muss die Schule zwar eine Aufenthaltsmöglichkeit anbieten (und dort auch mindestens eine stichprobenweise Aufsicht gewährleisten), aber rechtlich befinden sich die Schüler*innen in dieser Zeit nicht in der Obhut der Schule, sondern hierfür sind die Eltern zuständig. Schulen mit Fahrschüler*innen sollten in ihrer Pausenordnung jedoch zumindest die Aufenthaltsmöglichkeiten regeln.

Bekanntgabe und Aufbewahrung

Die Hausordnung sowie die Pausenordnung gehören zu den Beschlüssen der Gesamtlehrerkonferenz, die auf Dauer angelegt und für einen ordentlichen Schulbetrieb so wichtig sind, dass sie nicht nur dokumentiert werden, sondern im Wortsinne „präsent" sein müssen. In § 15 Abs. 7 der ⇨ Konferenzordnung ist dazu bestimmt: *„Eine Sammlung der gültigen Konferenzbeschlüsse ist in der für die Schule üblichen Weise zur Einsichtnahme für alle zur Teilnahme an der Gesamtlehrerkonferenz Berechtigten auszulegen"*.

Zweckmäßigerweise werden die Hausordnung sowie die Pausenordnung an geeigneter Stelle ausgehängt (beispielsweise an „Schwarzen Brettern" im Eingangsbereich der Schule sowie in den Klassen- und Fachräumen). Ferner werden sie den Erziehungsberechtigten von Schulneulingen ausgehändigt.

Die Bestimmungen der Hausordnung sowie der Pausenordnung sollten zu Beginn eines jeden Schuljahrs von der Klassenlehrkraft mit den Schüler*innen besprochen werden. ⇨ Klassenlehrkraft

⇨ Aufsichtspflicht; ⇨ Handy-Nutzung; ⇨ Klassenlehrkraft; ⇨ Konferenzordnung § 2; ⇨ Schülermitverantwortung; ⇨ SchulbesuchsVO; ⇨ Schulgesetz; ⇨ Stundenpläne, Pausen, Unterrichtsbeginn; ⇨ Waffen in der Schule

Hausrecht

Informationen der Redaktion zur Rechtslage und zur Verwaltungspraxis in Baden-Württemberg

Die Schule (Schulgelände und Schulgebäude) ist kein für jedermann zugänglicher, sondern ein geschützter Raum. Er ist dem Zweck der Schule vorbehalten: der *„Erfüllung der ihr übertragenen unterrichtlichen und erzieherischen Aufgaben"* (§ 23 SchG).

Die Befugnis, über die Benutzung eines geschützten Raums zu verfügen (das *„Hausrecht"*) steht dem Eigentümer zu; dies ist der Schulträger (in der Regel die Stadt oder Gemeinde). Das Bürgerliche Gesetzbuch (BGB) bestimmt hierzu in § 903:

„Der Eigentümer einer Sache kann, soweit nicht das Gesetz oder Rechte Dritter entgegenstehen, mit der Sache nach Belieben verfahren und andere von jeder Einwirkung ausschließen. [...]".

In § 1004 BGB ist zu dieser Frage ferner festgelegt:

„(1) Wird das Eigentum in anderer Weise als durch Entziehung oder Vorenthaltung des Besitzes beeinträchtigt, so kann der Eigentümer von dem Störer die Beseitigung der Beeinträchtigung verlangen. Sind weitere Beeinträchtigungen zu besorgen, so kann der Eigentümer auf Unterlassung klagen.

(2) Der Anspruch ist ausgeschlossen, wenn der Eigentümer zur Duldung verpflichtet ist."

Ohne dass es hierzu einer gesonderten Vorschrift bedarf (z.B. ⇨ Hausordnung / Pausenordnung oder Schulordnung), ist also das Betreten bzw. die sonstige Benutzung des Schulhofs und erst recht der Schulräume nur *„Befugten"* gestattet. Das sind die Schüler*innen, die Lehrkräfte und die übrigen Schulbediensteten sowie Eltern und sonstige Personen, die ein berechtigtes Anliegen verfolgen (z.B. bei einer Lehrkraft oder der Schulleitung vorsprechen wollen, eine Reparatur auszuführen haben usw.). Wer kein „berechtigtes Interesse" besitzt, ist „unbefugt". Er hat auf dem Schulhof nichts zu suchen, außer er holt hierfür vorher beim Eigentümer oder dessen Vertreter eine Genehmigung ein.

Vertreter des Eigentümers ist der bzw. die Schulleiter*in. Bei der Entscheidung über die bestimmungsgemäße Benützung von Schulräumen und der entsprechenden *„Ausübung des Hausrechts"* (§ 41 SchG) sind diese an § 51 SchG gebunden:

„Räume und Plätze öffentlicher Schulen dürfen nicht für Zwecke verwendet werden, die den Belangen der Schule widersprechen. Über die Verwendung für andere als schulische Zwecke entscheidet der Schulträger im Benehmen mit dem Schulleiter. Ist der Schulleiter der Auffassung, dass die andere Verwendung schulischen Belangen widerspricht, entscheidet die Rechtsaufsichtsbehörde."

⇨ Schulgesetz § 41 und 51

Aktivitäten, die *„den Belangen der Schule widersprechen"*, darf die Schulleitung weder dulden noch gestatten. In der Verwaltungsvorschrift ⇨ Werbung, Wettbewerbe und Erhebungen ist hierzu u.a. verfügt:

„Der Erziehungs- und Bildungsauftrag der Schule verbietet [...], dass in den Schulen Werbung für wirtschaftliche, politische, weltanschauliche oder sonstige Interessen betrieben, Waren vertrieben oder Sammlungen, Wettbewerbe und Erhebungen durchgeführt werden, soweit nachstehend nichts Abweichendes bestimmt ist. Für Einzelentscheidungen ist der Schulleiter zuständig, soweit keine anderweitige Regelung getroffen ist."

Den Belangen der Schule widerspricht z.B. auch, wenn erwachsene Besucher auf dem Gelände oder in den Räumen der Schule rauchen oder Alkohol trinken. Auch dies ist zu unterbinden.

Das Hausrecht gibt der Schulleitung als Behördenleitung und Vertretung des Eigentümers die Befugnis, ein *„Hausverbot"* auszusprechen: Die öffentlichen Schulen sind berechtigt, die zur Aufrechterhaltung der Ordnung des Schulbetriebs und zur Erfüllung der ihr übertragenen unterrichtlichen und erzieherischen Aufgaben erforderlichen Maßnahmen zu treffen und allgemeine sowie Einzelanordnungen zu erlassen. ⇨ Schulgesetz § 23

Wer eine solche Anweisung nicht unverzüglich befolgt, macht sich des Hausfriedensbruchs schuldig und kann strafrechtlich belangt werden. Das Strafgesetzbuch bestimmt hierzu in § 123 Abs. 1:

„Wer in die Wohnung, in die Geschäftsräume oder in das befriedete Besitztum eines anderen oder in abgeschlossene Räume, welche zum öffentlichen Dienst oder Verkehr bestimmt sind, widerrechtlich eindringt, oder wer, wenn er ohne Befugnis darin verweilt, auf die Aufforderung des Berechtigten sich nicht entfernt, wird mit Freiheitsstrafe bis zu einem Jahr oder mit Geldstrafe bestraft."

Unmittelbar reicht zur Wirksamkeit eine mündliche Äußerung: *„Hiermit erteile ich Ihnen Hausverbot und fordere Sie auf, das Schulgelände zu verlassen"*.

Hierzu ist nicht nur die Schulleitung berechtigt und ggf. verpflichtet, sondern in ihrer Vertretung auch jede Lehrkraft, z.B. die auf dem Schulhof aufsichtführende Lehrerin, die Autofahrer vom Pausenhof oder Flugblattverteiler vom Schulgrundstückweist, der Verbindungslehrer, der Fremde zum Verlassen einer SMV-Veranstaltung auffordert, oder im Auftrag der Schulleitung auch der Hausmeisterdienst.

Das Hausrecht üben auch Personen aus, die mit Genehmigung der Schulleitung auf dem Schulgelände oder in Schulräumen Veranstaltungen durchführen, beispielsweise gewählte Elternvertreter*innen, die am Abend in einem Klassenzimmer eine Sitzung der Klassenpflegschaft („Elternabend") oder der Elterngruppe leiten. Sie können Nicht-Berechtigte oder Störer zum Verlassen der Veranstaltung bzw. der Schule auffordern. Solange die Schulleitung oder eine Lehrkraft anwesend oder erreichbar sind, sollten sie dies nur im Benehmen mit diesen tun.

Kommen die nicht berechtigten Personen einer solchen Aufforderung nicht unverzüglich nach, so sollte man keine Selbsthilfemaßnahmen ergreifen, sondern die Polizei rufen und bei dieser Anzeige wegen Hausfriedensbruch erstatten. Die Polizei nimmt die Personalien der Störer auf. Diesen kann die Schule dann förmlich (schriftlich) ein Hausverbot erteilen. Bei Störungen außerhalb des Schulgeländes (z.B. unerwünschte Flugblattverteilung vor dem Schulhof) greift das Hausrecht der Schule nicht, es ist aber ein Platzverweis durch die Gemeinde (Ordnungsamt) möglich. Die Polizei kann Hausverbote und Platzverweise durch Zwangsmaßnahmen durchsetzen.

Bei außerunterrichtlichen Veranstaltungen außerhalb des Schulgeländes gilt: Werden einer Klasse z.B. von einem Beherbergungsbetrieb (Schullandheim, Jugendherberge usw.) Aufenthalts-, Unterrichts-, Speise- oder Schlafräume oder ein Gelände (Sportplatz usw.) zur Verfügung gestellt, so übt kraft des Beherbergungsvertrags die verantwortliche Lehrkraft oder auch Begleitperson im Bedarfsfall, also bei Gefahr im Verzuge, das Hausrecht unmittelbar aus (z.B. Verweis von Fremden vom Gelände).

Da man in der Regel die örtlichen Gegebenheiten und Personen nicht kennt, sollte man jedoch stets so schnell wie möglich den/die Eigentümer*in bzw. deren Vertretung, also die Heimleitung, den Hausmeisterdienst oder sonstiges Personal, hinzuziehen, die dann das Hausrecht wahrnehmen können. Dies gilt in gleicher Weise auch, wenn man regulären Unterricht auf fremdem Gelände hält (z.B. Sport auf einem Vereins-Sportplatz) oder in einem öffentlichen Bad Schwimmunterricht erteilt.

⇨ Hausordnung / Pausenordnung; ⇨ Schulgesetz §§ 23 und 41; ⇨ Werbung, Wettbewerbe und Erhebungen

Hausunterricht

Auszug aus der VO des KM über den Hausunterricht (HausunterrichtsVO) vom 8.8.1983 (K.u.U. S. 625/1983)

§ 1
Voraussetzungen

(1) Hausunterricht anstelle des Unterrichts in der Schule sollen auf Antrag erhalten:

1. Kinder und Jugendliche, die in Baden-Württemberg wohnen und zum Besuch einer Sonderschule verpflichtet sind (§ 82 Abs. 2 SchG), für die jedoch die Pflicht zum Besuch einer Sonderschule aufgrund einer Entscheidung nach § 82 Abs. 3 SchG ruht.
2. Schulpflichtige Schüler einer öffentlichen Schule oder einer Schule in freier Trägerschaft, die in Baden-Württemberg wohnen und aufgrund einer Krankheit bereits länger als acht Wochen gehindert waren, die Schule zu besuchen. Ist absehbar, dass der Schüler mehr als acht Wochen der Schule fernbleiben muss, kann Hausunterricht schon vor Ablauf dieser Zeitspanne erteilt werden. Ein Schulbesuch an einzelnen Tagen während dieser Frist bleibt außer Betracht.

   Hinw.d.Red.: Gilt auch für Schwangere, die die Schule nicht besuchen können oder wollen. ⇨ SchulbesuchsVO § 2 Abs. 3
3. Schulpflichtige, die in Baden-Württemberg wohnen und deren Krankheit bereits länger als acht Wochen dauert, wenn ihr Schulverhältnis durch Zeitablauf während der Krankheit geendet hat und die anschließend in eine andere Schulart bzw. einen anderen Schultyp aufgenommen worden wären. Nr. 2 Satz 2 und 3 gilt entsprechend.
4. Schulpflichtige Schüler einer öffentlichen Schule oder einer Schule in freier Trägerschaft, die in Baden-Württemberg wohnen und die wegen einer langdauernden Erkrankung, z.B. an fortgeschrittener chronischer Niereninsuffizienz (Präurämie bzw. Urämie), Leukämie oder malignen Tumoren, schwerer Hämophilie und schweren Blutungsübeln, den Unterricht an einzelnen Tagen versäumen müssen.

(2) Hausunterricht wird nur erteilt, wenn der Berechtigte aufgrund seines Gesundheitszustandes dazu in der Lage ist und wenn die Gesundheit des Lehrers dadurch nicht gefährdet wird.

(3) Hausunterricht nach dieser Verordnung ist ausgeschlossen, wenn Anspruch auf Hausunterricht nach anderen gesetzlichen oder privatrechtlichen Vorschriften (z.B. gesetzliche Schülerunfallversicherung) besteht. Solange ein solcher Anspruch nicht erfüllt wird, soll der Berechtigte Hausunterricht nach dieser Verordnung erhalten, falls er entsprechende Ersatzleistungen verfolgt und sich verpflichtet, diese an das Land Baden-Württemberg abzuführen, oder falls er auf Verlangen den Anspruch an das Land Baden-Württemberg abtritt.

§ 2
Ziel und Inhalt

Ziel des Hausunterrichts ist es, eine Erziehung und Ausbildung zu vermitteln, die in angemessenem Umfang an die Stelle des Schulunterrichts tritt. Der Hausunterricht orientiert sich grundsätzlich an den Lehrplänen der Schule, zu deren Besuch der Berechtigte verpflichtet ist oder die er besucht oder besuchen würde.

§ 3
Umfang

Beim Hausunterricht dürfen entsprechend seinem Ziel die nachfolgenden Wochenstunden nicht überschritten werden:

1. Grundschulen sowie entsprechende Sonderschulen
   Klassen 1 und 2 — 6 Wochenstunden
   Klassen 3 und 4 — 8 Wochenstunden
2. Hauptschulen, Realschulen, Gymnasien bis einschließlich Klasse 10 und Berufsfachschulen sowie entsprechende Sonderschulen — 10 Wochenstunden
3. Oberstufe der Gymnasien und Berufskollegs sowie entsprechende Sonderschulen — 12 Wochenstunden
4. Berufsschulen sowie entsprechende Sonderschulen — 6 Wochenstunden.

§ 4 Ort

Der Hausunterricht wird nur am Aufenthaltsort des Berechtigten erteilt. Hausunterricht in Krankenhäusern ist nur zulässig, wenn eine Verlegung des Berechtigten in ein Krankenhaus mit einer Schule in längerer Krankenhausbehandlung nicht möglich oder nicht zumutbar ist. Hausunterricht im Krankenhaus kann auch als Gruppenunterricht durchgeführt werden.

§ 5
Genehmigungsverfahren

(1) Die Entscheidung über die Erteilung des Hausunterrichts trifft im Rahmen der zur Verfügung stehenden Deputate und Mittel

1. der Schulleiter bei Schülern von Schulen, für die das Oberschulamt *(jetzt: RP)* unmittelbar zuständige Schulaufsichtsbehörde ist. Bei Schülern einer Schule in freier Trägerschaft entscheidet anstelle des Schulleiters das Oberschulamt.
2. das Oberschulamt, in dessen Bezirk der Schulpflichtige wohnt, bei Schulpflichtigen, die nur durch eine Krankheit an einem Wechsel an eine der in Nr. 1 genannten Schulen gehindert sind.
3. das Staatliche Schulamt in den übrigen Fällen.

Zusammen mit der Genehmigung sind die Lehrer zu beauftragen, die den Hausunterricht erteilen. Der Hausunterricht wird von beamteten und angestellten Lehrern des öffentlichen Dienstes im Rahmen des Regelstundenmaßes oder als Mehrarbeit und von sonst geeigneten Personen nebenberuflich erteilt.

(2) Die Erteilung von Hausunterricht setzt einen Antrag der Erziehungsberechtigten, bei Volljährigen des Berechtigten selbst, voraus. Dem Antrag sind folgende Unterlagen beizufügen:

1. Name, Vorname und Geburtsdatum, Adresse und ggf. besuchte Schule und Klasse des Schulpflichtigen.
2. Ein ärztliches Zeugnis über Art und voraussichtliche Dauer der Erkrankung, wegen der der Schüler die Schule nicht besuchen kann, sowie mit Aussagen darüber, ob Hausunterricht bei der vorliegenden Erkrankung im Hinblick auf den Berechtigten und den Lehrer möglich ist und bis zu welchem Umfang (§ 1 Abs. 2).
3. Im Falle des § 1 Abs. 1 Nr. 1 die Entscheidung der zuständigen Schulaufsichtsbehörde gemäß § 82 Abs. 2 und 3 SchG.
4. Ggf. die Benennung eines Lehrers, der bereit und geeignet ist, den Hausunterricht zu übernehmen.
5. Im Falle des § 1 Abs. 3 Satz 2 die Verpflichtungserklärung oder auf Verlangen die Abtretungserklärung.

⇨ Schulbesuchsverordnung § 2 Abs. 3; ⇨ Schulgesetz § 21

Hitzefrei

Empfehlungen des Kultusministeriums zum Thema „Hitzefrei" (Quelle: Infodienst Schulleitung Nr. 267/2017); ergänzt *in kursiver Schrift* durch Schreiben des KM an die Schulleitungen vom 20.6.2018 (AZ: 31-6501.0/34)

Auch wenn vereinzelt landesweit zwingende Regelungen gefordert werden, werden wir weiterhin aus guten Gründen von einer generellen Vorgabe absehen: Denn Sie müssen je nach Situation vor Ort unter anderem Betreuungsfragen klären, die etwa Schülerinnen und Schüler betreffen, die aus dem Umland kommen und bei „Hitzefrei" nicht einfach nach Hause fahren können. Deshalb entscheiden die Schulleitungen nach wie vor in eigener Zuständigkeit, ob und unter welchen Voraussetzungen sie „Hitzefrei" geben. Entscheidend ist das körperliche Wohl der Schülerinnen und Schüler entsprechend der konkreten örtlichen Verhältnisse. *Hierbei sind die Schulen an die Rahmenvorgaben des Programms „Verlässliche Grundschule" bzw. der Zeiten für Ganztagsschulen gebunden, da es gerade für berufstätige Eltern wichtig ist, ihr Kind während des Zeitrahmens der Ganztagsschule in der Schule bzw. einer Betreuung zu wissen. Einvernehmliche Regelungen vor Ort sind zwingend.*

Wir empfehlen Ihnen dabei ausdrücklich, sich bei Ihrer Entscheidung an den aufgestellten Kriterien der Bekantmachung des Kultusministeriums aus dem Jahr 1975 zum „Ausfall des Unterrichts an besonders heißen Sommertagen" zu orientieren. Diese sind im Einzelnen:

- Die Außentemperatur beträgt um 11 Uhr mindestens 25 Grad Celsius im Schatten. (In der urprünglichen Bekanntmachung von 1975 ist als Uhrzeit 10 Uhr genannt, hier gilt es jedoch die 1980 eingeführte Sommerzeit zu berücksichtigen.)
- „Hitzefrei" gibt es frühestens nach der vierten Stunde vom allgemeinen Unterrichtsbeginn der Schule an gerechnet.
- Benachbarte Schulen stimmen sich ab und entscheiden möglichst gleichmäßig.
- Die Entscheidung an der einzelnen Schule obliegt dem Schulleiter.
- Fahrschülerinnen und Fahrschülern müssen auch bei „Hitzefrei" bis zur Gelegenheit der Heimfahrt Aufenthaltsräume zur Verfügung stehen; solange müssen sie auch beaufsichtigt werden.
- Hitzefrei gibt es nicht für die beruflichen Schulen und nicht für die gymnasiale Oberstufe.

Wir empfehlen Ihnen außerdem, den Umgang an Ihrer Schule mit dem Thema „Hitzefrei" mit dem Elternbeirat und auch in der Schulkonferenz zu beraten, um die gewichtigen Interessen der Eltern zu berücksichtigen.

⇨ Aufsichtspflicht; ⇨ Ermessen; ⇨ Grundschule (Verlässliche GS); ⇨ Juristische Terminologie; ⇨ Konferenzordnung; ⇨ Schulgesetz § 47 Abs. 5; ⇨ Vorschriften

Hochbegabung

Informationen der Redaktion zur Rechtslage und zur Verwaltungspraxis in Baden-Württemberg

Schüler*innen mit Spezial- und/oder Hochbegabung sollen nach Möglichkeit in den Regelschulen im Rahmen der inneren und äußeren Differenzierung gefördert und bei ihrer Entwicklung unterstützt werden. In den Versetzungsordnungen ist die Möglichkeit vorgesehen, die Regelschulen durch Überspringen von Klassen schneller zu durchlaufen. Neben der vorzeitigen Aufnahme ist in der Grundschule auch das schnellere Absolvieren der *„Eingangsklasse"* aus Klasse 1 und 2 möglich. Es gibt eine Reihe von Schulen mit besonderer Ausprägung (z.B. Gymnasien und Realschulen mit musischem oder sportlichem Schwerpunkt) sowie besondere Klassen für Hochbegabte an ausgewählten Gymnasien.

Hector-Kinderakademien

Die Hector-Kinderakademien (https://hector-kinderakademie.de) bieten besonders begabten und hochbegabten Grundschulkindern zusätzlich zum regulären Schulunterricht ein für sie entwickeltes Förderprogramm an. Rund 24.000 Grundschulkinder nehmen jährlich an den Kursangeboten an 66 Standorten teil. Die Hector-Kinderakademien werden von der Hector-Stiftung II finanziert, vom Kultusministerium unterstützt und vom Hector-Insitut für Empirische Bildungsforschung an der Universität Tübingen und vom Leibniz-Institut für Bildungsforschung und Bildungsinformation in Frankfurt wissenschaftlich begleitet.

Landesgymnasium für Hochbegabte

In Schwäbisch Gmünd unterhält das Land ein „Landesgymnasium für Hochbegabte" mit Internat und Kompetenzzentrum. Diese öffentliche Schule nimmt auch externe Schüler*innen in den Klassen 7 bis 12 auf. Aktuelle Unterlagen und Informationen zum Auswahlverfahren sind unter www.lgh-gmuend.de zu erhalten.

➪ Schulgesetz § 107d

Diese Schule steht auch für alle Fragen im Zusammenhang mit Hochbegabung zur Verfügung: Landesgymnasium, Universitätspark 21, 73525 Schwäbisch Gmünd, FON: (07171) 10438-100.

Weitere Informationen

Das Kultusministerium bietet unter der Adresse https://km-bw.de/startseite/schule/ > Begabtenförderung einen guten Überblick über die vielfältigen Angebote und Einrichtungen sowie Links zu den beteiligten Schulen und sonstigen Institutionen.

Bei der Diagnostik und der Beratung sowie bei der Schulwahl sind die Beratungslehrkräfte sowie die ➪ Schulpsychologischen Beratungsstellen behilflich.

Ferner ist auf folgende Institutionen hinzuweisen:

- Landesverband Hochbegabung Baden-Württemberg e.V., www.lvh-bw.de
- Deutsche Gesellschaft für das hochbegabte Kind e.V. (DghK), https://www.dghk.de/

➪ Aufnahmeverfahren Nr. 3.5; ➪ Bildungsberatung; ➪ Schulgesetz § 107d; ➪ Schulpsychologische Beratungsstellen

Hochschulreife (Zugangsberechtigungen)

Auszug aus dem Gesetz über die Hochschulen in Baden-Württemberg; (Landeshochschulgesetz - LHG) vom 1. Januar 2005; zuletzt geändert 21. Dezember 2021 (GBl. S. 1, 2/ 2022)

§ 58

Zugang zu grundständigen Studiengängen

(1) Zu einem Studium in einem grundständigen Studiengang ist berechtigt, wer die dafür erforderliche Qualifikation besitzt, sofern keine Immatrikulationshindernisse vorliegen. Angehörige ausländischer Staaten und Staatenlose haben außerdem die für den Studiengang erforderlichen Sprachkenntnisse nachzuweisen.

(2) Die Qualifikation für ein Studium in einem grundständigen Studiengang wird nachgewiesen durch

1. die allgemeine Hochschulreife;
   sie berechtigt zu einem Studium aller Fachrichtungen an allen Hochschulen; sie wird nach den Bestimmungen des Schulgesetzes für Baden-Württemberg erworben,
2. die fachgebundene Hochschulreife;
   sie berechtigt zu einem Studium der entsprechenden Fachrichtung an einer Universität, einer Pädagogischen Hochschule, einer Kunsthochschule und an der DHBW sowie zum Studium aller Fachrichtungen an einer Hochschule für angewandte Wissenschaften; sie wird nach den Bestimmungen des Schulgesetzes für Baden-Württemberg erworben,
3. die Fachhochschulreife;
   sie berechtigt zu einem Studium an einer Hochschule für angewandte Wissenschaften und des Studiengangs Frühe Bildung und Erziehung (Elementarpädagogik) an einer Pädagogischen Hochschule; sie wird nach den Bestimmungen des Schulgesetzes für Baden-Württemberg erworben; der erfolgreiche Abschluss der letzten Klasse einer Fachoberschule vermittelt die gleichen Berechtigungen,

4. eine schulische Qualifikation und eine Aufbauprüfung (Deltaprüfung);
sie berechtigt zum Studium eines Bachelorstudiengangs an allen Hochschulen; zur Deltaprüfung wird zugelassen, wer eine fachgebundene Hochschulreife oder die Fachhochschulreife besitzt und die Aufnahme eines Studiums in einem Bachelorstudiengang anstrebt, zu dem die erworbene Hochschulreife nicht berechtigt; das Nähere zur Deltaprüfung regeln die Hochschulen durch Satzung nach Maßgabe des Absatzes 3,

Hinweis der Redaktion: Absolvent*innen der beruflichen Gymnasien, der Oberstufe der Berufsoberschulen und der Aufbauzüge an Gymnasien und Aufbaugymnasien mit Internat, die in Baden-Württemberg eine fachgebundene Hochschulreife erworben haben, erwerben durch eine Prüfung in einer zweiten Fremdsprache die allgemeine Hochschulreife, die zum Studium aller Fächer an den Hochschulen in Baden-Württemberg berechtigt.

5. eine anerkannte berufliche Aufstiegsfortbildungsprüfung;
sie berechtigt zu einem Studium aller Fachrichtungen an allen Hochschulen; als Qualifikation anerkannt ist eine Meisterprüfung oder eine andere öffentlich-rechtlich geregelte berufliche Aufstiegsfortbildung, insbesondere nach dem Berufsbildungsgesetz, nach der Handwerksordnung oder nach § 14 des Schulgesetzes für Baden-Württemberg, die grundsätzlich auf einer mindestens zweijährigen Berufsausbildung aufbaut und deren Lehrgang mindestens 400 Unterrichtsstunden umfasst, oder ein Abschluss entsprechend der Rahmenvereinbarung über Fachschulen der Kultusministerkonferenz vom 7. November 2002 in der jeweils geltenden Fassung; daneben ist ein schriftlicher Nachweis über ein Beratungsgespräch an einer Hochschule nach § 2 Absatz 2 zu erbringen; das Wissenschaftsministerium kann im Einvernehmen mit dem Kultusministerium, dem Wirtschaftsministerium, dem Ministerium Ländlicher Raum sowie dem Sozialministerium durch Rechtsverordnung weitere Voraussetzungen für die Feststellung der Gleichwertigkeit festlegen sowie sonstige berufliche Fortbildungen gleichstellen,

6. eine berufliche Qualifikation und eine Eignungsprüfung;
sie berechtigt zu einem Studium eines der Berufsausbildung und Berufserfahrung fachlich entsprechenden Studiengangs; zur Eignungsprüfung wird zugelassen, wer eine mindestens zweijährige, dem angestrebten Studiengang fachlich entsprechende Berufsausbildung abgeschlossen hat und einen schriftlichen Nachweis über ein Beratungsgespräch an einer Hochschule nach § 2 Absatz 2 erbringt; zur Zulassung zur Eignungsprüfung soll eine Berufserfahrung von bis zu drei Jahren in einem dem angestrebten Studiengang fachlich entsprechenden Bereich verlangt werden; in besonders begründeten Einzelfällen kann auch beim Nachweis einer mehrjährigen herausgehobenen oder inhaltlich besonders anspruchsvollen Tätigkeit zur Eignungsprüfung für ein Studium in einem dieser Tätigkeit fachlich entsprechenden Studiengang zugelassen werden; Einzelheiten über die Eignungsprüfung regeln die Hochschulen durch Satzung nach Maßgabe des Absatzes 3,

7. eine erfolgreiche Begabtenprüfung in geeigneten künstlerischen Studiengängen;
sie berechtigt zu einem Studium künstlerischer Studiengänge an Kunsthochschulen und Hochschulen für angewandte Wissenschaften, mit Ausnahme von wissenschaftlichen Studiengängen und von Studiengängen, die mit einer Prüfung für ein staatliches Lehramt abschließen; Zulassungsvoraussetzungen für die Begabtenprüfung können die Hochschulen durch Satzung regeln; Einzelheiten über die Begabtenprüfung regeln sie durch Satzung nach Maßgabe des Absatzes 3,

8. ein erfolgreich abgeschlossenes grundständiges Hochschulstudium;
es berechtigt zu einem Studium aller Fachrichtungen an allen Hochschulen; ein erfolgreicher Abschluss eines künstlerischen Studiengangs berechtigt zu einem dem bisherigen Studium fachlich entsprechenden Studiengang an allen Hochschulen, darüber hinaus auch zu einem Studium aller Fachrichtungen an allen Hochschulen, wenn nach der jeweiligen Studien- und Prüfungsordnung wissenschaftliche oder nicht rein künstlerische Studienanteile erbracht wurden, die mindestens 45 Leistungspunkten entsprechen,

9. ein Jahr erfolgreiches Studium an einer Hochschule eines anderen Bundeslandes;
es berechtigt zu einem Studium in dem gleichen oder in einem fachlich entsprechenden Studiengang an einer Hochschule derselben Hochschulart in Baden-Württemberg; ein Probestudium aufgrund beruflicher Qualifikation in anderen Ländern, zu dem abweichend von den Voraussetzungen zur Zulassung zur Eignungsprüfung nach Nummer 6 Teilsätze 3 und 4 zugelassen wurde, wird auf die Dauer des Studiums nicht angerechnet,

10. eine anerkannte ausländische Vorbildung;
eine ausländische Vorbildung wird als Qualifikation für ein Hochschulstudium anerkannt, wenn kein wesentlicher Unterschied zu den anderen Qualifikationsnachweisen dieses Absatzes besteht; § 35 Absatz 1 Sätze 4 bis 6 gilt entsprechend; bei ausländischen oder staatenlosen Bewerberinnen und Bewerbern mit ausländischen Bildungsnachweisen entscheidet über die Anerkennung die Hochschule, bei deutschen Bewerberinnen und Bewerbern mit ausländischen Bildungsnachweisen kann das Kultusministerium im Einvernehmen mit dem Wissenschaftsministerium die Zuständigkeit für die Anerkennung auf die Hochschulen übertragen; eine Hochschule kann eine andere Hochschule damit beauftragen, über die Anerkennung ausländischer Bildungsnachweise zu entscheiden,

11. eine erfolgreiche Feststellungsprüfung an einem Studienkolleg nach Maßgabe des § 73 Absatz 2 Satz 2,

12. weitere in- und ausländische Vorbildungen, die das Kultusministerium anerkannt hat.

(3) Die Prüfungen nach Absatz 2 Nummern 4 und 6 dienen der Feststellung, ob die Person aufgrund ihrer Persönlichkeit, ihrer Vorkenntnisse, ihrer geistigen Fähigkeiten und Motivation für das Studium in dem gewählten Studiengang geeignet ist; die Prüfung nach Absatz 2 Nummer 7 dient dem Nachweis einer besonderen künstlerischen Begabung und einer für das Studium hinreichenden Allgemeinbildung. Das Nähere, insbesondere die Zulassung zur Prüfung, die Anforderungen in der Prüfung, die Art und den Umfang der Prüfungsleistungen, die Zusammensetzung der Prüfungskommission, das Prüfungsverfahren sowie die Folgen von Verstößen gegen Prüfungsvorschriften regeln die Hochschulen durch Satzung. Eine Hochschule kann eine andere Hochschule mit der Durchführung der Prüfung beauftragen oder vereinbaren, dass eine Hochschule mit Wirkung für alle an der Vereinbarung beteiligten Hochschulen die Eignungsprüfung abnimmt; § 6 Absatz 3 Satz 2 gilt entsprechend für die gemeinsame Durchführung der Prüfung. Die Prüfung nach Absatz 2 Nummer 6 besteht aus schriftlichen und mündlichen Prüfungsteilen und umfasst sowohl allgemeine als auch fachspezifische Prüfungsanteile. Auf die Berufserfahrung nach Absatz 2 Nummer 6 wird Familienarbeit mit selbstständiger Führung eines Haushalts und Verantwortung für mindestens eine erziehungs- oder pflegebedürftige Person bei fachlicher Entsprechung mit bis zu zwei Jahren angerechnet.

(4) In Studiengängen, die neben der Qualifikation nach Absatz 2 die Feststellung der fachspezifischen Studierfähigkeit erfordern, können die Hochschulen die erfolgreiche Teilnahme an einer Aufnahmeprüfung verlangen. Die Hochschule stellt die fachspezifische Studierfähigkeit anhand von mindestens zwei der folgenden Merkmale fest:

1. die Einzelnoten der Hochschulzugangsberechtigung, die über die Studierfähigkeit für den gewählten Studiengang besonderen Aufschluss geben,
2. die Art einer Berufsausbildung und Berufstätigkeit, die besonderen Vorbildungen, praktischen Tätigkeiten sowie außerschulischen Leistungen und Qualifikationen, die über die Studierfähigkeit für den gewählten Studiengang besonderen Aufschluss geben,
3. das Ergebnis eines fachspezifischen Studierfähigkeitstests oder

Hätten Sie's gewusst? – Eltern fragen, wir antworten.

Sponsoring von staatlichen Pflichtaufgaben?

Frage: Endlich haben wir für den Schwimmunterricht unserer Schüler*innen in der Schwimmhalle des Nachbarorts einen Termin bekommen. Jetzt sollen wir Eltern den Transport organisieren (Fahrgemeinschaften oder gemieteter Kleinbus). Die Schule sei hierzu nicht in der Lage, sagt der Schulleiter.

Antwort: Großartig, wenn sich die Eltern zugunsten ihrer Schule engagieren. Aber dabei gibt es eine klare Grenze: Eltern sollten keinesfalls *„Pflichtaufgaben"* des Staates übernehmen oder privat bezahlen (sonst können sich nämlich Schulen in bessergestellten Vierteln dank des Eltern-Engagements alles leisten, während jene in sogenannten Brennpunkten vor sich hinkümmern müssen). In der *„Anordnung [...] zur Förderung von Tätigkeiten des Landes durch Leistungen Privater"* vom 13.1.2015 ist übrigens verfügt: *„3.2.5 Öffentliche Aufgaben sind grundsätzlich durch öffentliche Mittel über den Haushaltsgesetzgeber zu finanzieren. Sponsoring kommt daher nur ergänzend in Betracht."*

Rechtlich sieht das so aus: Der Weg von der Wohnung bis zur Schule fällt grundsätzlich in die Zuständigkeit der Eltern. Aber die Schule ist für die Aufsicht über die Wege (und damit in Zusammenarbeit mit dem ⇨ Schulträger für die Organisation des Transports) zuständig, die ihre Schüler*innen während der Unterrichtszeit zurücklegen müssen, also auch zu weiter entfernten Sportstätten usw.

Nach Auffassung des Kultusministeriums handelt es sich hierbei nicht um ⇨ Schülerbeförderung im eigentlichen Sinne, sondern um die Frage der sächlichen Ausstattung der Schulen bzw. um *„Fahrten im inneren Schulbetrieb"*. Die Kostenübernahme habe, so das KM, demnach durch den Schulträger zu erfolgen. Gegebenenfalls sei die Schulaufsicht einzuschalten. ⇨ Aufsichtspflicht (Schwimmunterricht)

Kehren die Schüler*innen nach dem Unterricht zunächst nach Hause zurück und begeben sich nach der Mittagspause zur Schwimmhalle, so liegt auch dieser Schulweg zwar in Verantwortung der Eltern. Dies setzt jedoch voraus, dass sich die Sportstätte in zumutbarer Entfernung befindet, also zu Fuß und ohne unvertretbare Gefährdungen und zumindest ohne einen nennenswerten finanziellen Aufwand erreichbar ist. Andernfalls muss der Schulträger – in Zusammenarbeit mit der Schule – die Organisation übernehmen und die Kosten tragen.

Deshalb sollte die Schule – nach Beratung in den schulischen Gremien (Gesamtlehrerkonferenz, Schulkonferenz, Elternbeirat) – beim Schulträger die Einrichtung eines „Schwimmbusses" bzw. bei einer guten Nahverkehrsverbindung die Übernahme der Fahrkosten beantragen. Gibt der Schulträger diesem Antrag nicht statt, so kann der Schwimmunterricht im Nachbarort leider nicht stattfinden – es sei denn, die Schulleitung (oder gegebenenfalls auch der Elternbeirat, der sich selbstverständlich auch selbst die Behörde anrufen kann), nehmen das Kultusministerium beim Wort und wenden sich mit der Bitte um Abhilfe an die Aufsichsbehörde, also das Schulamt bzw. das Regierungspräsidium.

4. das Ergebnis eines Auswahlgesprächs, in dem die Studierfähigkeit für das gewählte Studium und für den angestrebten Beruf festgestellt wird.

Führt die Hochschule Studierfähigkeitstests oder Auswahlgespräche durch, kann sie eine Vorauswahl anhand der Durchschnittsnote der Hochschulzugangsberechtigung, eines Merkmals nach Satz 2 oder einer geeigneten Kombination dieser Vorauswahlkriterien vornehmen. Die Vorbereitung und die Durchführung der Aufnahmeprüfung obliegen einem Ausschuss, der an der jeweiligen Hochschule zu bilden ist. Die Entscheidung über das Vorliegen der fachspezifischen Studierfähigkeit trifft das Rektorat der Hochschule auf der Grundlage des vom Ausschuss festgestellten Ergebnisses der Aufnahmeprüfung; das Rektorat kann seine Zuständigkeit auf das Dekanat der Fakultät, welcher der Studiengang hauptsächlich zugeordnet ist, oder auf die Rektorin oder den Rektor der Studienakademie übertragen. Die Hochschulen regeln die weiteren Einzelheiten der Aufnahmeprüfung durch Satzung; in dieser kann auch festgelegt werden, dass der Studierfähigkeitstest nur einmal wiederholt werden darf. Zur Weiterentwicklung und Erprobung neuer Modelle der Feststellung der fachspezifischen Studierfähigkeit kann das Wissenschaftsministerium auf Antrag der Hochschule für einzelne Studiengänge in einer Satzung der jeweiligen Hochschule zu regelnde Abweichungen von den Sätzen 2 und 3 zulassen.

(5) Für das Studium im Fach Sport ist neben der Qualifikation nach Absatz 2 in einer Aufnahmeprüfung die Studierfähigkeit für den gewählten Studiengang nachzuweisen. Die Vorbereitung und die Durchführung der Aufnahmeprüfung obliegen einem Ausschuss, der an der jeweiligen Hochschule zu bilden ist. Das Nähere über die Zusammensetzung des Ausschusses, die Art und das Verfahren der Aufnahmeprüfung regeln die Hochschulen durch Satzung.

(6) Für das Studium in Studiengängen, die eine besondere künstlerische Begabung voraussetzen, ist neben der Qualifikation nach Absatz 2 Nummern 1 bis 6 und 8 bis 12 in einer Aufnahmeprüfung die Studierfähigkeit für den gewählten Studiengang nachzuweisen. Die Vorbereitung und die Durchführung der Aufnahmeprüfung obliegen einem Ausschuss, der an der jeweiligen Hochschule zu bilden ist. Das Nähere über die Zusammensetzung des Ausschusses, die Art und das Verfahren der Aufnahmeprüfung regeln die Hochschulen durch Satzung.

(7) Die Hochschulen können für einzelne Studiengänge durch Satzung bestimmen, dass neben der Qualifikation nach Absatz 2 eine abgeschlossene Ausbildung in einem Ausbildungsberuf und eine praktische Tätigkeit von bis zu zwei Jahren nachzuweisen sind, wenn diese praktische Tätigkeit im Hinblick auf das Studienziel erforderlich ist.

(8) Bei ausländischen Studierenden, die nur während eines bestimmten Abschnitts ihres Studiums an einer deutschen Hochschule studieren wollen, kann die Rektorin oder der Rektor in begründeten Fällen Ausnahmen von den Absätzen 2, 4 und 6 zulassen. Dies gilt insbesondere für Studierende von ausländischen Hochschulen, mit denen Kooperationen über einen Studierendenaustausch bestehen.

Hinweis der Redaktion: Zusätzlich sind folgende, im Gültigkeitsverzeichnis des KM enthaltene Vorschriften einschlägig:

1. VwV des KM über die Zuerkennung von Studienberechtigungen vom 4. Juli 2012, Loseblattsammlung K.u.U. Nr. 6632-51,
2. VO des KM über die Ergänzungsprüfung zum Erwerb der allgemeinen Hochschulreife für Inhaber einer fachgebundenen Hochschulreife vom 21.7.1983, Loseblattsammlung Nr. 6615-30,
3. VO des KM über die Prüfung für den Hochschulzugang von besonders befähigten Berufstätigen (Begabtenprüfung) vom 16.10.1984; in der Loseblattsammlung K.u.U. Nr. 6615-28.

⇨ Abschlüsse (Gleichwertigkeit); ⇨ Abschlüsse (HS/RS – Gleichwertigkeit); ⇨ Abschlüsse und Bildungswege; ⇨ Berufliches Gymnasium; ⇨ Berufsaufbau- und Berufsoberschule; ⇨ Fachhochschulreife; ⇨ Gymnasium (Abitur – AGVO)

Hygiene (Schulen)

Informationen der Redaktion zur Rechtslage und zur Verwaltungspraxis in Baden-Württemberg

Schulen sind nach § 36 i.V.m. § 33 ⇨ Infektionsschutzgesetz (IfSG) in der Regel verpflichtet, einen einrichtungsspezifischen Hygieneplan zu erstellen, in dem die wichtigsten Verfahrensweisen zur Infektionshygiene festgelegt sind, um durch ein hygieneorientiertes Verhalten und ein gesundheitsförderliches Umfeld zur Gesundheit der Schülerinnen und Schüler und aller an der Schule Beteiligten beizutragen.

Das Kultusministerium hatte am Beginn der Corona-Pandemie „Hygienehinweise“ bekanntgegeben, abgedruckt im Eltern-Jahrbuch 2021 unter „Hygiene (Schulen)“. Diese Hinweise sind auf die damalige Lage bezogen und inhaltlich in weiten Teilen überholt. Aktuell können die Schulen sich bei der Aufstellung des „einrichtungsspezifischen Hygieneplans“ an dem vom Landesgesundheitsamt herausgegebenen „Musterhygieneplan“ orientieren; Link: www.gesundheitsamt-bw.de > Hygieneplan.

Über die Hygienemaßnahmen sind das Personal, die Schüler*innen und die Erziehungsberechtigten jeweils auf geeignete Weise zu unterrichten.

⇨ Corona (Allgemeines); ⇨ Hausordnung; ⇨ Infektionsschutzgesetz § 36

Muss die Schule „neutral“ sein? Darf sie es sein? Hätten Sie’s gewusst? Die Antwort steht auf Seite 262.

Infektionsschutzgesetz

Auszug aus dem Infektionsschutzgesetz vom 20. Juli 2000 (BGBl. I S. 1045/2000); zuletzt geändert 20. Dezember 2022 (BGBl. I S. 2793/2022)

§ 20 a
Immunitätsnachweis gegen COVID-19

(1) Folgende Personen müssen ab dem 15. März 2022 über einen Impf- oder Genesenennachweis nach § 22a Absatz 1 oder Absatz 2 verfügen: [...]

2. Personen, die in voll- oder teilstationären Einrichtungen zur Betreuung und Unterbringung älterer, behinderter oder pflegebedürftiger Menschen oder in vergleichbaren Einrichtungen tätig sind, [...].

Satz 1 gilt nicht für Personen, die aufgrund einer medizinischen Kontraindikation nicht gegen das Coronavirus SARS-CoV-2 geimpft werden können, und für Schwangere, die sich im ersten Schwangerschaftsdrittel befinden.

Hinweis der Redaktion: Diese einrichtungsbezogene Impfnachweispflicht gilt nicht für Schulen, SBBZ und Schulkindergärten. Abweichend hiervon unterliegen dieser Pflicht nach § 20a Abs. 1 Satz 1 Nr. 2 IfSG jedoch voll- oder teilstationäre Einrichtungen zur Betreuung und Unterbringung von Menschen mit Behinderungen wie Internate oder Heime (SBBZ mit Internat sowie Schulen am Heim): Wird das schulische Personal regelmäßig und nicht nur vorübergehend in diesem Bereich tätig, unterfällt es der Impfpflicht. Da diese Pflicht für alle Personen gilt, die sich regelmäßig an Kliniken aufhalten bzw. dort tätig sind, unterliegen ihr auch die Lehrkräfte der SBBZ SILK; siehe: ⇨ Sonderpädagogik (SBBZ Krankenhausbehandlung).
(Quelle: KM 14.3.2022; AZ: 34-5421/1464/2). Die §§ 22a sowie 30 sind im Eltern-Jahrbuch aus Platzgründen nicht abgedruckt; der Text ist online abrufbar unter: https://www.gesetze-im-internet.de/ifsg/.)

§ 33
Gemeinschaftseinrichtungen

Gemeinschaftseinrichtungen im Sinne dieses Gesetzes sind Einrichtungen, in denen überwiegend minderjährige Personen betreut werden; dazu gehören insbesondere:

1. Kindertageseinrichtungen und Kinderhorte,
2. die nach § 43 Absatz 1 des Achten Buches Sozialgesetzbuch erlaubnispflichtige Kindertagespflege,
3. Schulen und sonstige Ausbildungseinrichtungen,
4. Heime und
5. Ferienlager.

⇨ Corona (Allgemeines)

§ 34
Gesundheitliche Anforderungen, Mitwirkungspflichten, Aufgaben des Gesundheitsamtes

(1) Personen, die an

1. Cholera
2. Coronavirus-Krankheit-2019 (COVID-19)
3. Diphtherie
4. Enteritis durch enterohämorrhagische E. coli (EHEC)
5. virusbedingtem hämorrhagischen Fieber
6. Haemophilus influenzae Typ b-Meningitis
7. Impetigo contagiosa (ansteckende Borkenflechte)
8. Keuchhusten
9. ansteckungsfähiger Lungentuberkulose
10. Masern
11. Meningokokken-Infektion
12. Mumps
13. durch Orthopockenviren verursachte Krankheiten
14. Paratyphus
15. Pest
16. Poliomyelitis
17. Röteln
18. Scharlach oder sonstigen Streptococcus pyogenes-Infektionen
19. Shigellose
20. Skabies (Krätze)
21. Typhus abdominalis
22. Virushepatitis A oder E
23. Windpocken

erkrankt oder dessen verdächtig oder die verlaust sind, dürfen in den in § 33 genannten Gemeinschaftseinrichtungen keine Lehr-, Erziehungs-, Pflege-, Aufsichts- oder sonstige Tätigkeiten ausüben, bei denen sie Kontakt zu den dort Betreuten haben, bis nach ärztlichem Urteil eine Weiterverbreitung der Krankheit oder der Verlausung durch sie nicht mehr zu befürchten ist oder sie in Bezug auf die Coronavirus-Krankheit-2019 (COVID-19) einen Testnachweis nach § 22a Absatz 3 vorlegen. Satz 1 gilt entsprechend für die in der Gemeinschaftseinrichtung Betreuten mit der Maßgabe, dass sie die dem Betrieb der Gemeinschaftseinrichtung dienenden Räume nicht betreten, Einrichtungen der Gemeinschafteinrichtung nicht benutzen und an Veranstaltungen der Gemeinschaftseinrichtung nicht teilnehmen dürfen. Satz 2 gilt auch für Kinder, die das 6. Lebensjahr noch nicht vollendet haben und an infektiöser Gastroenteritis erkrankt oder dessen verdächtig sind.

Hinweise der Redaktion:

1. Zum Befall durch Kopfläuse sind beim Landesgesundheitsamt Merkblätter für Eltern und Schulleitungen abrufbar unter: www.gesundheitsamt-bw.de/lga/de/fachinformationen/fachpublikationen/seiten/hygiene
2. § 28 Abs. 2 dieses Gesetzes bestimmt: „Wird festgestellt, dass eine Person in einer Gemeinschaftseinrichtung an Masern erkrankt, dessen verdächtig oder ansteckungsverdächtig ist, kann die zuständige Behörde Personen, die weder einen Impfschutz, der den Empfehlungen der Ständigen Impfkommission entspricht, noch eine Immunität gegen Masern durch ärztliche Bescheinigung nachweisen können, die in § 34 Absatz 1 Satz 1 und 2 genannten Verbote erteilen, bis eine Weiterverbreitung der Krankheit in der Gemeinschaftseinrichtung nicht mehr zu befürchten ist."
3. Zur verpflichtenden Masernschutzimpfung siehe die redaktionellen Hinweise am Ende des Beitrags.
4. Informationen zu den einzelnen Erkrankungen können im Mitarbeiterportal des KM abgerufen werden.

(2) Ausscheider von

1. Vibrio cholerae O 1 und O 139
2. Corynebacterium spp., Toxin bildend
3. Salmonella Typhi
4. Salmonella Paratyphi
5. Shigella sp.
6. enterohämorrhagischen E. coli (EHEC)

dürfen nur mit Zustimmung des Gesundheitsamtes und unter Beachtung der gegenüber dem Ausscheider und der Gemeinschaftseinrichtung verfügten Schutzmaßnahmen die dem Betrieb der Gemeinschaftseinrichtung dienenden Räume betreten, Einrichtungen der Gemeinschaftseinrichtung benutzen und an Veranstaltungen der Gemeinschaftseinrichtung teilnehmen.

(3) Absatz 1 Satz 1 und 2 gilt entsprechend für Personen, in deren Wohngemeinschaft nach ärztlichem Urteil eine Erkrankung an oder ein Verdacht auf

1. Cholera
2. Diphtherie
3. Enteritis durch enterohämorrhagische E. coli (EHEC)
4. virusbedingtem hämorrhagischem Fieber
5. Haemophilus influenzae Typ b-Meningitis
6. ansteckungsfähige Lungentuberkulose
7. Masern
8. Meningokokken-Infektion
9. Mumps
10. Paratyphus
11. Pest
12. Poliomyelitis

12a. Röteln

13. Shigellose
14. Typhus abdominalis
15. Virushepatitis A oder E
16. Windpocken

aufgetreten ist.

(4) Wenn die nach den Absätzen 1 bis 3 verpflichteten Personen geschäftsunfähig oder in der Geschäftsfähigkeit beschränkt sind, so hat derjenige für die Einhaltung der diese Personen nach den Absätzen 1 bis 3 treffenden Verpflichtungen zu sorgen, dem die Sorge für diese Person zusteht. Die gleiche Verpflichtung trifft den Betreuer einer von Verpflichtungen nach den Absätzen 1 bis 3 verpflichteten Person, soweit die Sorge für die Person des Verpflichteten zu seinem Aufgabenkreis gehört.

(5) Wenn einer der in den Absätzen 1, 2 oder 3 genannten Tatbestände bei den in Absatz 1 genannten Personen auftritt, so haben diese Personen oder in den Fällen des Absatzes 4 der Sorgeinhaber der Gemeinschaftseinrichtung hiervon unverzüglich Mitteilung zu machen. Die Leitung der Gemeinschaftseinrichtung hat jede Person, die in der Gemeinschaftseinrichtung neu betreut wird, oder deren Sorgeberechtigte über die Pflichten nach Satz 1 zu belehren.

(5a) Personen, die in den in § 33 genannten Gemeinschaftseinrichtungen Lehr-, Erziehungs-, Pflege-, Aufsichts- oder sonstige regelmäßige Tätigkeiten ausüben und Kontakt mit den dort Betreuten haben, sind vor erstmaliger Aufnahme ihrer Tätigkeit und im Weiteren mindestens im Abstand von zwei Jahren von ihrem Arbeitgeber über die gesundheitlichen Anforderungen und Mitwirkungsverpflichtungen nach den Absätzen 1 bis 5 zu belehren. Über die Belehrung ist ein Protokoll zu erstellen, das beim Arbeitgeber für die Dauer von drei Jahren aufzubewahren ist. Die Sätze 1 und 2 finden für Dienstherren entsprechende Anwendung

Hinweis der Redaktion: Für die Belehrung und deren Protokollierung sind die Schulleitungen zuständig; Schulleiter*innen werden durch die Schulaufsicht belehrt. Das KM hat in K.u.U. S. 62/2001 ein Merkblatt hierzu veröffentlicht. Das Protokoll der Belehrung wird als „Teilakte" im Sinne von § 88 LBG an der Schule geführt. (Quelle: KM, 23.2.2001; AZ: 15-zu 5421/28)

(6) Werden Tatsachen bekannt, die das Vorliegen einer der in den Absätzen 1, 2 oder 3 aufgeführten Tatbestände annehmen lassen, so hat die Leitung der Gemeinschaftseinrichtung das Gesundheitsamt, in dessen Bezirk sich die Gemeinschaftseinrichtung befindet, unverzüglich zu benachrichtigen und krankheits- und personenbezogene Angaben zu machen. Dies gilt auch beim Auftreten von zwei oder mehr gleichartigen, schwerwiegenden Erkrankungen, wenn als deren Ursache Krankheitserreger anzunehmen sind. Eine Benachrichtigungspflicht besteht nicht, wenn der Leitung ein Nachweis darüber vorliegt, dass die Meldung des Sachverhalts nach § 6 bereits erfolgt ist.

(7) Die zuständige Behörde kann im Einvernehmen mit dem Gesundheitsamt für die in § 33 genannten Einrichtungen Ausnahmen von dem Verbot nach Absatz 1, auch in Verbindung mit Absatz 3, zulassen, wenn Maßnahmen durchgeführt werden oder wurden, mit denen eine Übertragung der aufgeführten Erkrankungen oder der Verlausung verhütet werden kann.

(8) Das Gesundheitsamt kann gegenüber der Leitung der Gemeinschaftseinrichtung anordnen, dass das Auftreten einer Erkrankung oder eines hierauf gerichteten Verdachtes ohne Hinweis auf die Person in der Gemeinschaftseinrichtung bekanntgegeben wird.

(9) Wenn in Gemeinschaftseinrichtungen betreute Personen Krankheitserreger so in oder an sich tragen, dass im Einzelfall die Gefahr einer Weiterverbreitung besteht, kann die zuständige Behörde die notwendigen Schutzmaßnahmen anordnen.

(10) Die Gesundheitsämter und die in § 33 genannten Gemeinschaftseinrichtungen sollen die betreuten Personen oder deren Sorgeberechtigte gemeinsam über die Bedeutung eines vollständigen, altersgemäßen, nach den Empfehlungen der Ständigen Impfkommission ausreichenden Impfschutzes und über die Prävention übertragbarer Krankheiten aufklären.

(10a) *(Erstaufnahme in Kindertageseinrichtungen; hier nicht abgedruckt)*

(11) Bei Erstaufnahme in die erste Klasse einer allgemeinbildenden Schule hat das Gesundheitsamt oder der von ihm beauftragte Arzt den Impfstatus zu erheben und die hierbei gewonnenen aggregierten und anonymisierten Daten über die oberste Landesgesundheitsbehörde dem Robert Koch-Institut zu übermitteln.

➪ Einschulung

Hinweis der Redaktion: Zur verpflichtenden Masernschutzimpfung siehe die redaktionellen Hinweise am Ende des Beitrags.

§ 35
Infektionsschutz in Einrichtungen und Unternehmen der Pflege und Eingliederungshilfe, Verordnungsermächtigung

(1) Folgende Einrichtungen und Unternehmen haben sicherzustellen, dass die nach dem Stand der medizinischen Wissenschaft und der Pflegewissen-

schaft erforderlichen Maßnahmen getroffen werden, um Infektionen zu verhüten und die Weiterverbreitung von Krankheitserregern zu vermeiden:

1. vollstationäre Einrichtungen zur Betreuung und Unterbringung älterer, behinderter oder pflegebedürftiger Menschen oder vergleichbare Einrichtungen,
2. teilstationäre Einrichtungen zur Betreuung und Unterbringung älterer, behinderter oder pflegebedürftiger Menschen oder vergleichbare Einrichtungen [...]

§ 36
Infektionsschutz bei bestimmten Einrichtungen, Unternehmen und Personen; Verordnungsermächtigung

(1) Folgende Einrichtungen und Unternehmen müssen in Hygieneplänen innerbetriebliche Verfahrensweisen zur Infektionshygiene festlegen und unterliegen der infektionshygienischen Überwachung durch das Gesundheitsamt:

1. die in § 33 genannten Gemeinschaftseinrichtungen [...]

Hinweise der Redaktion zu ansteckenden Krankheiten und Impfungen

1. Ansteckende Krankheiten

Wir raten grundsätzlich, bei jeder „Ersten Hilfe" Schutzhandschuhe zu tragen (sind in jedem Verbandskasten enthalten). ⇨ Erste Hilfe

Die Schulen müssen beim Auftreten von ansteckenden Krankheiten die Persönlichkeitsrechte der Betroffenen wahren (Datenschutz, Pflicht zur Diskretion, Schutz vor Bloßstellung) und jede „Panikmache" vermeiden. ⇨ Datenschutz (Schulen)

Das Lehrerkollegium ist durch die Schulleitung in geeigneter Weise zu informieren. Zwei Beispiele:

Hepatitis-B

Bei den in Schulen üblichen sozialen Kontakten und unter Beachtung der allgemeinen Hygienevorschriften geht durch Schülerinnen oder Schüler, die Träger nach einer Hepatitis B-Erkrankung sind, keine erhöhte Ansteckungsgefahr aus.

Es ist je nach den Umständen des Einzelfalls eine Information der unterrichtenden Lehrkräfte erforderlich. Wenn – insbesondere an kleinen Schulen – jede Lehrkraft damit rechnen muss, den betreffenden Schüler*innen als Unterrichtende oder Erziehende gegenüberzutreten, können auch alle Lehrkräfte der Schule informiert werden.
Quelle: KM; 2.7.1999; VI/4-6520.1-080/892

AIDS

Die Immunschwächekrankheit HIV (AIDS) ist keine ansteckende Krankheit im Sinne des Infektionsschutzgesetzes und deshalb nicht meldepflichtig. Die Schulen erfahren hiervon in der Regel nur, wenn die Erziehungsberechtigten sie informieren.

Auch bei einer AIDS-Erkrankung haben die Persönlichkeitsrechte der Betroffenen Vorrang. Das KM hält, *„nachdem von einem solchen Schüler keine Ansteckungsgefahr ausgeht, solange die üblichen hygienischen Regeln beachtet werden und soweit das Zusammenleben auf normale soziale Kontakte beschränkt bleibt,* [...] *eine Information der Eltern weiterhin nicht für notwendig* [...], *wohl aber der unterrichtenden Lehrer."*
(Quelle: KM, 10.11.1993; AZ: IV/6-6520.1-080)

2. Masern-Schutzimpfung

a)
Schülerinnen und Schüler

Schüler*innen bzw. deren Erziehungsberechtigte haben vor der Aufnahme in die Schule einen Nachweis darüber vorzulegen, dass sie ausreichend gegen Masern geimpft oder gegen Masern immun sind.

Der Nachweis kann erbracht werden durch

- einen Impfausweis („Impfpass") oder ein ärztliches Zeugnis (auch in Form einer Anlage zum Untersuchungsheft für Kinder) darüber, dass bei dem Kind ein ausreichender Impfschutz gegen Masern besteht, oder
- ein ärztliches Zeugnis darüber, dass bei dem Kind eine Immunität gegen Masern vorliegt, oder
- ein ärztliches Zeugnis darüber, dass das Kind aus medizinischen Gründen nicht geimpft werden kann (Kontraindikation), oder
- eine Bestätigung einer staatlichen Stelle oder der Leitung einer anderen vom Gesetz betroffenen Einrichtung darüber, dass ein Nachweis bereits vorgelegen hat.

Erstklässler*innen erhalten eine Bescheinigung des Gesundheitsamts über den Masern-Impfstatus, der im Rahmen der Einschulungsuntersuchung kontrolliert wird.

Wird der erforderliche Nachweis nicht vorgelegt, sind die Kinder oder Jugendlichen aber schulpflichtig, müssen sie von der Schule dennoch aufgenommen werden. Die Schulleitung muss unverzüglich das Gesundheitsamt benachrichtigen und diesem die personenbezogenen Angaben übermitteln. Das Gesundheitsamt kann die Erziehungsberechtigten zu einer Beratung einladen und entscheiden, ob eine Geldbuße ausgesprochen wird.

b)
Beschäftigte

Alle Beschäftigten haben einen Nachweis über den bestehenden Masernschutz vorzulegen. Außer für die Lehrkräfte, die Schulleitung, Referendar*innen, Lehramtsanwärter*innen sowie Studierende in der Praxisphase gilt diese Pflicht auch für alle Personen, die in der Schule regelmäßig (nicht nur für wenige Tage) und nicht nur vorübergehend (nicht nur jeweils wenige Minuten, sondern über einen längeren Zeitraum) tätig sind, also Sekretariatskräfte, Jugendbegleiter*innen, Lehrbeauftragte, ehrenamtlich tätige Personen, Eingliederungshelfer*innen und Hausmeister*innen, Reinigungskräfte, Praktikant*innen, im Ganztagsbereich eingesetzte (beispielsweise in der Organisationshoheit der Schule mit der Essensausgabe oder der Aufsicht im Speiseraum betraute) Betreuungspersonen. Wer den Nachweis nicht vorlegt, darf in der Schule nicht beschäftigt bzw. tätig werden (⇨ Infektionsschutzgesetz). Bei Personen, die beim Schulträger oder einem anderen Arbeitgeber beschäftigt sind, obliegt die Überprüfung dem Arbeitgeber.

c)
Dokumentation und Archivierung

Das Nachweisdokument (z.B. der Impfpass), wird an der Schule nicht archiviert; es wird den nachweispflichtigen Personen bzw. den Erziehungsberechtigten nach erfolgreicher Prüfung wieder ausgehändigt. Die Schule hat lediglich für jede Person die Art des Nachweises sowie das Datum der Vorlage zu dokumentieren. Für schülerbezogene Nachweise kann die Klassenlehrkraft damit beauftragt werden. Für jede nachweispflichtige Person ist die Dokumentation so lange aufzubewahren bzw. zur Schülerakte zu nehmen, bis sie die Schule verlässt.

Sofern Impfausweise oder andere (z.B. fremdsprachige) Dokumente nicht bewertet werden können, kann die Schule das Gesundheitsamt um Unterstützung bitten und diesem ggf. eine Kopie des Nachweises zur Abklärung schicken. Alternativ kann die Schule eine Bescheinigung eines niedergelassenen Arztes erbitten (in der Regel kostenpflichtig). Ein Merkblatt des Bundesgesundheitsministeriums ist hier abrufbar: https://www.masernschutz.de/ > Masernschutzgesetz > Merkblatt. Weitere Infos unter: www.bundesgesundheitsministerium.de/ > Impfpflicht > Masern.

3.
Corona / Covid-19

Bitte zur aktuellen Lage die Informationen des Robert-Koch-Instituts und die Corona-Sonderseiten des KM beachten: www.rki.de/ > FAQ > COVID > Impfen und https://km-bw.de/Coronavirus.

⇨ Corona (Allgemeines); ⇨ Einschulung und schulärztliche Untersuchung; ⇨ Hygiene (Schulen); ⇨ Lehrbeauftragte; ⇨ Schulgesetz § 117

Informationsfreiheitsgesetz

Informationen der Redaktion zur Rechtslage und zur Verwaltungspraxis in Baden-Württemberg

Um die Transparenz der Verwaltung zu vergrößern und damit die demokratische Meinungs- und Willensbildung zu fördern, wird *„Antragsberechtigten"* durch das Landesinformationsfreiheitsgesetz (LIFG) freier Zugang zu amtlichen Informationen sowie die Verbreitung dieser Informationen gewährleistet.

(Quelle: Landesinformationsfreiheitsgesetz vom 17.12.2015, GBl. S. 1201/2015, zul. geänd. 12.6.2018, GBl. S. 173, 185/2018).

Als *„amtliche Information"* gilt jede bei einer informationspflichtigen Stelle bereits vorhandene, amtlichen Zwecken dienende Aufzeichnung, unabhängig von der Art ihrer Speicherung, außer Entwürfen und Notizen, die nicht Bestandteil eines Vorgangs werden sollen. Bei der Herausgabe von Informationen muss die amtliche Stelle die Persönlichkeitsrechte Dritter nach der Datenschutz-Grundverordnung beachten. *„Antragstellende Personen"*, beispielsweise Eltern, können also nur Auskünfte über sich selbst oder ihre nicht volljährigen Kinder verlangen.

⇨ Datenschutz (EU-DSGVO); ⇨ Datenschutz (Schulen)

„Antragsberechtigt" sind beispielsweise Lehrkräfte und ihre Berufsorganisationen, Eltern und Elternvertretungen. Auch Zeitungsredaktionen sind berechtigt, z.B. Informationen zum Unterrichtsausfall bei der einzelnen Schule abzufragen; diese kann die Erteilung der Auskunft aber ablehnen, wenn der Verwaltungsaufwand zu groß wäre oder bei ihr keine Daten vorhanden sind. Die antragstellende Person kann sich Notizen machen oder Kopien fertigen lassen, soweit und solange nicht der Schutz geistigen Eigentums nach § 6 Satz 1 LIFG entgegensteht.

⇨ Datenschutz (Schulen); Hinweis bei Nr.1.6;
⇨ Urhebrerrecht (Allgemeines)

„Informationspflichtig" sind auch die öffentlichen Schulen (⇨ Schulgesetz § 2) sowie Ausbildungs- und Prüfungsbehörden; diese Pflicht besteht nicht, soweit Forschung, Kunst, Lehre, Leistungsbeurteilungen und Prüfungen betroffen sind. Kein Anspruch auf Informationszugang besteht u.a., wenn das Bekanntwerden nachteilige Auswirkungen auf die Vertraulichkeit von leistungsbezogenen Daten einzelner öffentlicher Schulen haben kann (beispielsweise Ergebnisse der Fremdevaluation, Vera, Lernstandserhebungen usw.). Bei Informationen über Gefahrenlagen an der Schule muss diese die Verwaltungsvorschrift ⇨ Gewaltvorfälle und Schadensereignisse Nr. 4.1.3 beachten, wonach Auskünfte an die Presse in bestimmten Fällen (Katastrophen, Amoktaten usw.) nicht von der Schule selbst, sondern von der Schulaufsicht erteilt werden.

Nach § 12 LIFG können sich sowohl *„Antragsberechtigte"* als auch *„informationspflichtige Stellen"* an den Landesbeauftragten für Datenschutz und Informationsfreiheit wenden und *„sich über sie selbst betreffende Rechte und Pflichten nach diesem Gesetz beraten lassen"* (Link: www.baden-wuerttemberg.datenschutz.de/).

Für individuell zurechenbare öffentliche Leistungen nach diesem Gesetz können ⇨ Gebühren und Auslagen erhoben werden. Da öffentliche Schulen aufgrund der bisher schon für sie geltenden Vorschriften beispielsweise gegenüber den Eltern und ihren Vertretungen bereits auskunftspflichtig sind, kommt es in der Praxis kaum vor, dass Letztere formale Anfragen unter Berufung auf dieses Gesetz an Schulen richten; entsprechend fallen auch keine Gebühren für die Erteilung solcher Auskünfte an.

⇨ Akten (Aufbewahrungsfristen und Archivierung); ⇨ Elternbeirat (EltBVO) §§ 3 und 4; ⇨ Gebühren; ⇨ Gewaltvorfälle und Schadensereignisse Nr. 4.1.3; ⇨ NotenbildungsVO; ⇨ Protokolle und Niederschriften; ⇨ Schulgesetz § 57 Abs. 3

Inklusion und Integration

Informationen der Redaktion zur Rechtslage und zur Verwaltungspraxis in Baden-Württemberg

Allgemeines

Im allgemeinen Sprachgebrauch und (leider auch) im pädagogischen Bereich werden die Begriffe *„Integration"* und *„Inklusion"* häufig synonym verwendet. Dabei sollen damit zwei unterschiedliche Voraussetzungen und Verfahrensweisen beschrieben werden.

- *„Integration"* bezeichnet die Zugehörigkeit eines Menschen zu einer Gruppe oder Umgebung, die mit einer Anpassung an die Gegebenheiten einhergeht. In der Pädagogik führte die *„Integration"* von der Ausgliederung der Betroffenen (bis 1964 waren beispielsweise geistig behinderte Kinder in Baden-Württemberg als *„bildungsunfähig"* von der Schulpflicht befreit) zu ihrer Separierung in „Sonderschulen" (faktisch zu einer Segregation).
- Der (neuere) Terminus *„Inklusion"* bedeutet hingegen die Pflicht des Staates/der Gesellschaft zur Schaffung einer Umgebung, die allen Menschen trotz ihrer „Diversität" eine gleichberechtigte Teilhabe am Leben ermöglicht.

Rechtliche Grundlagen

Durch ihre Zustimmung zur UN-Behindertenrechtskonvention hat sich die Bundesrepublik bereits 2006 zur Verwirklichung eines „inklusiven" Unterrichts verpflichtet (www.behindertenrechtskonvention.info/).

Aber erst Jahre später, 2015, hat Baden-Württemberg das Landesrecht dieser Selbstverpflichtung angepasst. Das ⇨ Schulgesetz (§ 3 Absatz 3) bestimmt seitdem:

„In den Schulen wird allen Schülern ein barrierefreier und gleichberechtigter Zugang zu Bildung und Erziehung ermöglicht. Schüler mit und ohne Behinderung werden gemeinsam erzogen und unterrichtet (inklusive Bildung)."

In der Regel sollen sie also eine allgemeinbildende Schule mit „zielgleichem" Unterricht besuchen.

Nach wie vor wird in Baden-Württemberg jedoch der „Integration" von behinderten Menschen Vorrang vor ihrer „Inklusion" gegeben. Das KM hat zwar seit Einführung der Inklusion eine Verordnung über sonderpädagogische Bildungsangebote erlassen und die organisatorischen Voraussetzungen für die Inklusion definiert; siehe hierzu ⇨ Sonderpädagogik (SBBZ Bildungsangebote) und ⇨ Sonderpädagogik (SBBZ Schulentwicklung).

Seitdem stellt die Schulaufsichtsbehörde auf Grundlage der Ergebnisse einer sonderpädagogischen Diagnostik fest, ob und für welchen Förderschwerpunkt Schulpflichtige ein sonderpädagogisches Bildungsangebot benötigen. Das Feststellungsverfahren wird auf Antrag der Erziehungsberechtigten durchgeführt. Insbesondere wenn die allgemeine Schule dem individuellen Anspruch von Schulpflichtigen nicht ohne sonderpädagogische Bildung entsprechen kann oder wenn Bildungsrechte von Mitschüler*innen beeinträchtigt werden, kann das Verfahren auch von der Schulaufsichtsbehörde eingeleitet werden.

Wird ein Anspruch auf ein sonderpädagogisches Bildungsangebot festgestellt, besitzen die Erziehungsberechtigten im Anschluss an eine Beratung durch die Schulaufsichtsbehörde ein Wahlrecht, ob ihr Kind dieses Bildungsangebot an einer allgemeinen Schule erhalten oder ein sonderpädagogisches Bildungs- und Beratungszentrum besuchen soll.

Entscheiden sich die Erziehungsberechtigten für ein sonderpädagogisches Bildungsangebot an einer allgemeinen Schule, führt die Schulaufsichtsbehörde eine Bildungswegekonferenz durch und schlägt ein Bildungsangebot an einer allgemeinen Schule vor, ggf. mit zieldifferentem Unterricht. Die Behörde kann auch eine andere als die von den Eltern gewünschte Schule bestimmen oder den Besuch eines sonderpädagogischen Bildungs- und Beratungszentrums anordnen. ⇨ Schulgesetz §§ 3, 15 und 82 ff.

Für die Umschulung in die „Sonderschule" gilt jedoch amtlich weiterhin die (inzwischen veraltete) VwV ⇨ Behinderungen (Förderbedarf). Bitte hierzu auch ⇨ Integration und Sprachförderung beachten.

Beschulung von geflüchteten Kindern und Jugendlichen

Das Kultusministerium hat am 19.5.2022 in einem Schreiben an alle öffentlichen und privaten Schulen auf die *„Rahmeninformation für die Beschulung geflüchteter Kinder und Jugendlicher"* hingewiesen, die es anlässlich der Massenflucht aus der Ukraine erarbeitet hat. Dieser Überblick über die Grundlagen und Möglichkeiten ist online unter https://km-bw.de/,Lde/10023993 abrufbar. Als digitales Nachschlagewerk bündelt die *„Rahmeninformation"* Hinweise, Hilfestellungen und Unterstützungsinstrumente, um die Arbeit vor Ort zu erleichtern. Themen sind: I. Ankommen in der Schule / II. Schulbesuch und Beschulungsformate / III. Deutsch lernen und fördern / IV. Rechtlicher Rahmen / V. Personal sowie VI. Unterstützung, Angebote und Materialien. Aufgrund von Veränderungen und der dynamischen Gesamtsituation werden die Informationen fortlaufend aktualisiert und ergänzt.

Ausdrücklich betont das Kultusministerium: *„Wenngleich die Rahmeninformation aus aktuellem Anlass ausdrücklich von Kindern und Jugendlichen aus der Ukraine spricht, ist es mir ein wichtiges Anliegen darauf hinzuweisen, dass die Informationen grundsätzlich auch für geflüchtete Schülerinnen und Schüler anderer Nationen gelten."*

Bitte zu dieser Thematik auch ⇨ Schulbesuch (Rechte und Pflichten) sowie den Beitrag ⇨ Schulpflicht (Ausländische Schüler*innen) beachten.

Organisatorische Umsetzung

Aufgrund des Gesetzes zum Ausgleich kommunaler Aufwendungen (GBl. S. 654/2015) sowie der VwV des KM über den Aufwendungsersatz für Umbauten infolge inklusiver Bildungsangebote (K.u.U. S. 152/2016) trägt das Land die vollständigen Kosten für Baumaßnahmen, sofern diese für die Inklusion von Schüler*innen erforderlich und angemessen sind, beispielsweise von Umbauten, die der Barrierefreiheit dienen (Rampen, Aufzüge, Hebebühnen, Handläufe, aber auch hörakustische Raumausstattungen wie Schallschutzdecken oder speziell auf die Bedürfnisse von Menschen mit Behinderungen zugeschnittene Sanitärräume usw.).

➪ Behinderungen (Allgemeines); ➪ Behinderungen (Förderbedarf); ➪ Integration und Sprachförderung; ➪ Notenbildungsverordnung § 7 Hinweis Nr. 5; ➪ Schulgesetz §§ 3, 15, 72 ff., 83 Nr. 2, 84; ➪ Sonderpädagogik (SBBZ Bildungsangebote); ➪ Sonderpädagogik (SBBZ Schulentwicklung)

Integration und Sprachförderung

Grundsätze zum Unterricht für Kinder und Jugendliche mit nichtdeutscher Herkunftssprache und geringen Deutschkenntnissen an allgemeinbildenden und beruflichen Schulen; VwV des KM vom 31.5.2017 (K.u.U. S. 95)

1. Vorbemerkung

Sprache ist das wesentliche Kommunikationsmittel und eine wichtige Voraussetzung zur Teilnahme in Gesellschaft und Schule. Ihre Beherrschung ist die Grundlage für den schulischen Erfolg und damit auch dafür, sich nachhaltig für das Leben in Gesellschaft und Beruf zu qualifizieren. Der Erwerb und die Beherrschung der deutschen Sprache bilden das Fundament zur Integration von Kindern und Jugendlichen mit nichtdeutscher Herkunftssprache und geringen Deutschkenntnissen.

Sprachkenntnisse zu vermitteln ist ein zentrales Aufgabenfeld der Tageseinrichtungen für Kinder, aller Schularten sowie Auftrag aller am Erziehungs- und Bildungsprozess Beteiligten. Kinder und Jugendliche mit verschiedenen Herkunftssprachen bringen unterschiedliche kulturelle und sprachliche Erfahrungen mit, die Bereicherung und Herausforderung zugleich darstellen und differenzierende Maßnahmen erfordern. Über eine abgestimmte sprachliche Förderung wird die Möglichkeit eröffnet, die Gesamtpersönlichkeit von Kindern und Jugendlichen in ihrer aktuellen Lebens- und Lernwirklichkeit zu berücksichtigen. Voraussetzung hierfür ist ein schulisches Förderkonzept, das den Bildungsplan zur Grundlage hat und sich flexibel an der Bedürfnislage der Schülerinnen und Schüler orientiert. Ziel ist dabei die volle schulische und berufliche Integration aller Kinder und Jugendlichen. ➪ Migrationshintergrund; ➪ Nachhilfe

Die Koordination der Sprachfördermaßnahmen für Kinder und Jugendliche mit nichtdeutscher Herkunftssprache und geringen Deutschkenntnissen gehört zum Aufgabenbereich der Schulleitung; mit der Wahrnehmung der Koordination kann eine Lehrkraft beauftragt werden. Die Koordination umfasst insbesondere die Erarbeitung und Weiterentwicklung einer entsprechenden Förderkonzeption sowie eine differenzierte Sprachstandserhebung und Feststellung des individuellen Sprachförderbedarfs.

Soweit die Schulen bei der Sprachförderung personenbezogene Daten verarbeiten, sind die datenschutzrechtlichen Regelungen (insbesondere [...] ➪ Datenschutz (Schulen)) zu beachten.

2. Geltungsbereich

Diese Verwaltungsvorschrift gilt unbeschadet Nummer 8 für Kinder und Jugendliche mit nichtdeutscher Herkunftssprache und geringen Deutschkenntnissen, unabhängig von ihrer Staatsangehörigkeit und ihrem aufenthaltsrechtlichen Status. Fehlende Deutschkenntnisse stehen geringen Deutschkenntnissen im Sinne dieser Verwaltungsvorschrift gleich. Geringe Deutschkenntnisse im Sinne dieser Verwaltungsvorschrift sind solche, die nicht auf einen sonderpädagogischen Förderbedarf zurückzuführen sind.

3. Aufnahme und Schulpflicht

Gemäß § 72 Absatz 1 des Schulgesetzes für Baden-Württemberg (SchG) besteht Schulpflicht für Kinder und Jugendliche, die in Baden-Württemberg ihren Wohnsitz oder gewöhnlichen Aufenthalt oder ihre Ausbildungs- oder Arbeitsstätte haben. – Schulpflichtig ist auch, wem aufgrund eines Asylantrags der Aufenthalt in Baden-Württemberg gestattet ist oder wer hier geduldet wird. Die Schulpflicht beginnt sechs Monate nach dem Zuzug aus dem Ausland und besteht bis zur Erfüllung der Ausreisepflicht.

Hinweis der Redaktion: Bitte beachten Sie zum Grundrecht auf Schulbesuch, das bereits vor dem Eintritt der Schulpflicht besteht, die Beiträge ➪ Schulbesuch (Rechte und Pflichten) und ➪ Schulpflicht (Ausländische Schüler*innen).

➪ Einschulung / Sprachstand; ➪ Schulgesetz § 72; ➪ Verfassung Art. 11

3.1 *Allgemeinbildende Schulen*

Kinder und Jugendliche mit nichtdeutscher Herkunftssprache und geringen Deutschkenntnissen besuchen im Bereich der allgemeinbildenden Schulen die ihrem Alter und ihrer Leistung entsprechende Klasse der in Betracht kommenden Schulart. Sofern dies aufgrund mangelnder Kenntnisse der deutschen Sprache nicht möglich ist, nehmen sie an besonderen Sprachfördermaßnahmen teil. Sprachförderung kann dabei stattfinden in eigens gebildeten Klassen (Vorbereitungsklassen), in einem Kurssystem oder durch sonstige organisatorische Maßnahmen (zum Beispiel Teilungsstunden, Förderunterricht) der Schule (siehe Nummer 4).

Eine Aufnahme in die Regelklasse eines Gymnasiums und das Niveau M einer Realschule ist ohne den vorherigen Besuch einer Vorbereitungsklasse auf Probe möglich, wenn die Schule zur Auffassung gelangt, dass die Schülerin oder der Schüler in absehbarer Zeit die Anforderungen des Bildungsgangs in Bezug auf einen ausreichenden Kenntnisstand der deutschen Sprache erfüllen wird. Die Probezeit dauert längstens ein Jahr. An deren Ende entscheidet die Klassenkonferenz unter Vorsitz der Schulleiterin oder des Schulleiters über den Verbleib in der Regelklasse nach Maßgabe der Anforderungen des Bildungsgangs. Ist nach Entscheidung der Klassenkonferenz die vollständige Integration in eine Regelklasse zunächst noch nicht möglich, richtet sich die weitere schulische Sprachförderung nach Nummer 4. Für die Realschulen gilt dies entsprechend für solche Klassenstufen, die ausschließlich auf den mittleren Abschluss vorbereiten. Die Verbindung zu Sprache und Kultur des Herkunftslands soll gewahrt werden (siehe Nummer 8).

3.2
Berufliche Schulen

Gemäß § 77 SchG sind Jugendliche, die ihre allgemeine Schulpflicht gemäß § 75 SchG erfüllt haben und keine weiterführende allgemeinbildende Schule besuchen, berufsschulpflichtig. Dies ist in der Regel ab einem Alter von 15 beziehungsweise 16 Jahren der Fall. Die Berufsschulpflicht besteht bis zur Vollendung des 18. Lebensjahrs. Schülerinnen und Schüler ohne Ausbildungsplatz, die im Alter von 18 oder 19 Jahren sind, können die Berufsschule freiwillig mit den Rechten und Pflichten eines Berufsschulpflichtigen bis zum Endes des Schuljahrs besuchen, in dem das 20. Lebensjahr vollendet wird (§ 78 Absatz 1 Satz 3 SchG).

Der Anspruch kann durch eine Anfrage nach einem Schulplatz geltend gemacht werden. Im Rahmen der Pflicht beziehungsweise des Rechts, die Berufsschule zu besuchen, wird, sofern kein Ausbildungsverhältnis besteht, in der Regel eine der hierfür vorgesehenen Klassen des Vorqualifizierungsjahres Arbeit / Beruf mit Schwerpunkt Erwerb von Deutschkenntnissen besucht.

Die Regelungen zur Aufnahme in die weiteren Bildungsgänge beruflicher Schulen bleiben hiervon unberührt. – Berufsschulpflichtige und berufsschulberechtigte junge Menschen können zum Spracherwerb auch in eine allgemeinbildende Schule aufgenommen werden, insofern dort keine zusätzlichen Klassen entstehen.

4.
Fördermaßnahmen

Vorrangiges Ziel der schulischen Sprachförderung ist, Schülerinnen und Schülern ausreichende deutsche Sprachkenntnisse zu vermitteln, um sie in die Klassen der verschiedenen Schularten und Bildungsgänge einzugliedern, damit sie einen schulischen Abschluss beziehungsweise einen Berufsabschluss erreichen und ein selbstständiges Leben als aktives Mitglied in der Gesellschaft führen können. Bei der Eingliederung in die Regelklassen sollen grundsätzlich gemeinsame Klassen mit Schülerinnen und Schülern deutscher und nichtdeutscher Herkunftssprache gebildet werden.

Die Ergebnisse der Potenzialanalyse für neu Zugewanderte zur Erhebung der fachlichen und überfachlichen Kompetenzen der Schülerinnen und Schüler geben Hinweise zum Lern- und Leistungsstand der beziehungsweise des Einzelnen und zur Steuerung des weiteren schulischen beziehungsweise beruflichen Integrationsprozesses.

Folgende Fördermaßnahmen sind vorgesehen: [...]

4.1 Schulorganisatorische Maßnahmen

Ein integratives Förderkonzept im Bereich Sprache und Spracherwerb, das Kinder und Jugendliche mit nichtdeutscher Herkunftssprache und geringen Deutschkenntnissen beim Besuch der Regelklasse in der sprachlichen Entwicklung unterstützt, nutzt die schulischen Gestaltungsmöglichkeiten von Bildungsplan oder Lehrplan, Stundentafeln und Schulcurriculum. Den Schulen im Rahmen des zugewiesenen Gesamtbudgets zur Verfügung stehende Lehrerstunden sollen auch für Maßnahmen der Sprachförderung von Kindern und Jugendlichen mit nichtdeutscher Herkunftssprache und geringen Deutschkenntnissen verwendet werden.

Über flexible Organisationsmodelle (zum Beispiel zeitweilige differenzierende Angebote, Sprachförderangebote im Rahmen des Ganztagesrhythmus, innere und äußere Differenzierungen) kann der Freiraum vor Ort gestaltet werden. Der Wechsel zwischen der Teilnahme am Unterricht der Regelklasse und einer Fördermaßnahme soll dabei organisatorisch flexibel erfolgen und orientiert sich am jeweiligen Sprachstand und dem individuellen Förderbedarf. Benachbarte Schulen arbeiten nach Möglichkeit im Rahmen der Sprachförderung für Kinder und Jugendliche mit nichtdeutscher Herkunftssprache und geringen Deutschkenntnissen bei Bedarf zusammen.

4.2 Vorbereitungsklassen

4.2.1 Einrichtung von Vorbereitungsklassen

Für Kinder und Jugendliche mit nichtdeutscher Herkunftssprache und geringen Deutschkenntnissen ist in den allgemeinbildenden Schularten bereits ab Klasse 1 (Grund-, Haupt- und Werkrealschulen, Realschulen, Gemeinschaftsschulen, Gymnasien) die Einrichtung einer Vorbereitungsklasse möglich. Maßgebend für die Einrichtung und Klassenbildung ist der Organisationserlass in der jeweiligen Fassung. Die Vorbereitungsklasse wird als Jahrgangsklasse oder als jahrgangsübergreifende Klasse geführt. Ausgangspunkt für die Arbeit in Vorbereitungsklassen sind individuelle, altersstufengemäße Sprachstandserhebungen, die unter anderem die Bereiche Wortschatz, Satzbau, Ausdrucksfähigkeit und Leseverständnis umfassen.

⇨ Unterrichtsorganisation (Organisationserlass);
⇨ Vorbereitungsklassen (Stundentafeln VKL)

Der Unterricht in der Vorbereitungsklasse dient vorwiegend dem Erlernen der deutschen Sprache, des Fachwortschatzes sowie schulischer Techniken und Arbeitsweisen. Er bereitet auf den Unterricht und die Integration in die Regelklasse vor und ist mit diesem eng verzahnt. Es sollen in Bezug auf die Bundesrepublik Deutschland auch Kompetenzen in Landeskunde und Gemeinschaftskunde erworben werden, sowie lebensweltbezogene Kompetenzen und Handlungskompetenzen zur Alltagsbewältigung.

Die sprachlichen Fortschritte der Schülerinnen und Schüler werden in geeigneter Form erhoben und insbesondere für den Wechsel in die Regelklasse dokumentiert. Der Wechsel in die Regelklasse soll nach Möglichkeit im ersten Jahr erfolgen, andernfalls nach längstens zwei Jahren. Er ist innerhalb dieses Zeitraums an keinen festen Zeitpunkt gebunden und kann gestuft mit sich erhöhenden Stundenanteilen in der Regelklasse entsprechend dem Zuwachs der Sprachkompetenz erfolgen.

Zur Koordination der Sprachförder- und Integrationsmaßnahmen erhält die Schule je gebildeter Vorbereitungsklasse eine Entlastungsstunde. Das schulische Leben wird unabhängig davon so gestaltet, dass gegenseitige Kontakte von Schülerinnen und Schülern verschiedener Herkunftssprachen regelmäßig gepflegt werden können.

Die Unterrichtsorganisation soll dabei flexibel und nicht ausschließlich im Klassenverband erfolgen, damit den Kindern und Jugendlichen mit nichtdeutscher Herkunftssprache und geringen Deutschkenntnissen eine zeitweilige Teilnahme am Unterricht der Regelklasse möglich ist. Dabei muss die Regelklasse nicht identisch mit der Regelklasse sein, die für eine spätere Zuweisung infrage kommt.

Die Vorbereitungsklassen an Grundschulen können mit Zustimmung der Schulaufsichtsbehörde auch für Schülerinnen und Schüler benachbarter Schulbezirke eingerichtet werden. In diesem Fall entscheidet die Schulaufsichtsbehörde nach Anhörung der Erziehungsberechtigten der betroffenen Schülerinnen und Schüler und nach Rücksprache mit den Schulleitungen über die Aufnahme in eine Vorbereitungsklasse.

4.2.2 Integration in eine Regelklasse

Der Zeitpunkt der Integration in eine Regelklasse wird von den unterrichtenden Lehrkräften mit Zustimmung der Schulleitung der aufnehmenden Schule flexibel und individuell im Rahmen der Regel- beziehungsweise Ausnahmefristen von einem Jahr beziehungsweise zwei Jahren festgelegt. Eine unterjährige Integration in eine Regelklasse ist dabei ausdrücklich in den Blick zu nehmen, wenn die Voraussetzungen hierfür gegeben sind. Leistungsstand, Leistungsvermögen und Motivation entscheiden über die Zuweisung in die jeweilige Klassenstufe und Schulart. Hierbei kann auch berücksichtigt werden, welche Schulart im Herkunftsland zuletzt besucht worden ist.

Entspricht die Zuweisung zu einer bestimmten Schulart nicht dem Willen der Erziehungsberechtigten, entscheidet die Schulleitung der gewünschten Schule auf der Grundlage einer Feststellungsprüfung über die Aufnahme.

Dem Wechsel von der Vorbereitungsklasse in die Regelklasse können, nach dem jeweiligen Umfang der sprachlichen Fortschritte, Probephasen von unterschiedlicher Dauer und in unterschiedlichen Fächern und Schularten beziehungsweise Bildungsgängen vorgeschaltet werden.

4.3
Vorbereitungskurse im Bereich der allgemeinbildenden Schulen

An den Grund-, Haupt- und Werkrealschulen, Realschulen, Gemeinschaftsschulen und Gymnasien kann für mindestens vier Kinder und Jugendliche mit nichtdeutscher Herkunftssprache und geringen Deutschkenntnissen ein zeitlich befristeter zusätzlicher Sprachförderunterricht (Vorbereitungskurs) mit bis zu acht Wochenstunden eingerichtet werden, wenn die Schülerinnen und Schüler noch größere Sprachschwierigkeiten beziehungsweise Verständnisschwierigkeiten in einzelnen Fächern haben, die auf die geringen Deutschkenntnisse zurückzuführen sind. Dieses Kursangebot dient vorrangig dem Erlernen der deutschen Sprache.

Verbunden damit wird auch gezielt sachbezogener Unterricht zum Erwerb eines Fachwortschatzes und von Basiskompetenzen erteilt.

4.4 Vorqualifizierungsjahr Arbeit/ Beruf mit Schwerpunkt Erwerb von Deutschkenntnissen (VABO)

Berufsschulpflichtige und zum Besuch der Berufsschule berechtigte Jugendliche und junge Erwachsene mit nicht deutscher Herkunftssprache und geringen Deutschkenntnissen besuchen Klassen des Vorqualifizierungsjahrs Arbeit / Beruf mit Schwerpunkt Erwerb von Deutschkenntnissen (VABO) mit dem Ziel, ausreichende Deutschkenntnisse zu erwerben, um anschließend schnellstmöglich eine Ausbildung aufnehmen oder andere Schularten besuchen zu können. Schülerinnen und Schüler des VABO sollen stundenweise den Unterricht anderer Bildungsgänge besuchen oder weitere Angebote zur Integration nutzen. ⇨ Vorqualifizierungsjahr Arbeit und /Beruf

Die Schulen können für VABO-Klassen Lehrerwochenstunden für erhöhten Organisations- und Koordinationsaufwand einsetzen im Rahmen der Vorgaben der Stundentafel.

4.5
Sprachförderkurse an beruflichen Schulen

Zur sprachlichen Förderung von Jugendlichen und jungen Erwachsenen mit nichtdeutscher Herkunftssprache und geringen Deutschkenntnissen in Klassen außerhalb des VABO entwickeln die beruflichen Schulen eigene Konzepte zur integrierten Sprachförderung, die auf die Prinzipien der individuellen Förderung ausgerichtet sind.

Hinweis der Redaktion: Für die Aufnahme und den Unterricht an beruflichen Schulen für Schüler*innen mit Migrationshintergrund, deren Muttersprache oder Herkunftssprache nicht Deutsch ist, sowie die Leistungsfeststellung und Leistungsbeurteilung in den ersten Jahren des Aufenthalts in Deutschland hat das KM am 19.12.2016 Schulversuchsbestimmungen erlassen. Sie ergänzen die Aufnahmebestimmungen in den jeweiligen Ausbildungs- und Prüfungsordnungen sowie die hier abgedruckte Verwaltungsvorschrift. Ihr Wortlaut ist bei den beruflichen Schulen einsehbar (K.u.U. S. 39/2017).

Hierauf aufbauend setzen sie im Rahmen der Stundentafeln oder von Förderkursen zusätzliche Sprachförderung um. Die Förderkurse sind gegebenenfalls klassen- und schulartübergreifend zu organisieren. Die Sprachförderung wird in enger Zusammenarbeit aller betroffenen Fachlehrkräfte gemeinsam entwickelt und umgesetzt. Für die

Förderkurse gelten die vom Kultusministerium festgelegten Vorgaben für den Einsatz an Schüler- und Lehrerwochenstunden und Gruppengrößen.

Die Förderkurse unterstützen den notwendigen weiteren Spracherwerb der zugewanderten Jugendlichen und jungen Erwachsenen, die eine berufliche Regelklasse besuchen. Sie können in begründeten Einzelfällen auch für VABO-Schülerinnen und -Schüler mit besonderen Problemlagen wie beispielsweise Analphabetismus zeitlich befristet eingesetzt werden.

Zur sprachlichen Förderung von Jugendlichen und jungen Erwachsenen mit nichtdeutscher Herkunftssprache und geringen Deutschkenntnissen in Berufsschulklassen und Berufsfachschulklassen können außerdem gemäß dem Organisationserlass in der jeweils geltenden Fassung die vom Kultusministerium gesondert festgelegten Mindestschülerzahlen und Klassenteiler angewandt werden.

4.6
Sonstige Maßnahmen

Für eine eventuelle Feststellung des Anspruchs auf ein sonderpädagogisches Bildungsangebot gelten die allgemeinen Bestimmungen, insbesondere die Verordnung über sonderpädagogische Bildungsangebote […]. Dabei ist zu beachten, dass mangelnde Kenntnisse in der deutschen Sprache allein kein Kriterium für den Anspruch auf ein sonderpädagogisches Bildungsangebot sind. Bei den entsprechenden Überprüfungen kann auf Wunsch der Erziehungsberechtigten eine geeignete Lehrkraft oder eine andere geeignete Person der jeweiligen Herkunftssprache hinzugezogen werden; auf diese Möglichkeit sollen die Erziehungsberechtigten durch die meldende Schule beziehungsweise bei Antrag der Erziehungsberechtigten vom Staatlichen Schulamt hingewiesen werden.

⇨ Sonderpädagogik (SBBZ Bildungsangebote)

Über Formen der sonderpädagogischen Förderung von Schülerinnen und Schülern mit nichtdeutscher Herkunftssprache und geringen Deutschkenntnissen an allgemeinen Schulen wird gemäß der Verwaltungsvorschrift „Kinder und Jugendliche mit besonderem Förderbedarf und Behinderungen" […] entschieden. ⇨ Behinderungen (Förderbedarf)

5.
Fremdsprachenregelung

An den Schulen sind die besondere Situation der mehrsprachig aufwachsenden Kinder und Jugendlichen und der noch zu unterstützende Sprachkompetenzerwerb zu würdigen. Für Kinder und Jugendliche mit nichtdeutscher Herkunftssprache und geringen Deutschkenntnissen, die erstmals im Seiteneinstieg in die Regelklasse einer Grundschule oder einer weiterführenden Schulart aufgenommen werden, gelten im Einzelnen die nachfolgenden Regelungen (unabhängig davon, ob zuvor eine Vorbereitungsklasse besucht worden ist oder nicht):

5.1
Grundschule

In den Klassenstufen 3 und 4 wird die besondere Situation der mehrsprachig aufwachsenden Kinder und der noch zu unterstützende Sprachkompetenzerwerb in Englisch beziehungsweise Französisch bei der Notengebung pädagogisch angemessen berücksichtigt. In pädagogisch begründeten Einzelfällen kann die Note ausgesetzt und durch eine verbale Beurteilung ersetzt werden.

5.2
Hauptschule, Werkrealschule, Realschule, Gemeinschaftsschule

Die Schülerinnen und Schüler sollen durch individuelle Förderung in der Pflichtfremdsprache auf einen Kenntnisstand gebracht werden, der es ihnen ermöglicht, am Unterricht der von ihnen besuchten Klasse teilzunehmen. – Bezüglich der Jahrgangsstufen der gymnasialen Oberstufe an der Gemeinschaftsschule wird auf die Regelung für das Gymnasium in Nummer 5.3 verwiesen.

5.3
Gymnasium

Bei Eintritt in die Klassen 7 bis 10 des Gymnasiums kann die Herkunftssprache eine der vorgeschriebenen Pflichtfremdsprachen ersetzen, wenn es aus organisatorischen und personellen Gründen möglich ist, den Kenntnisstand der Schülerinnen und Schüler in jedem Schuljahr schriftlich zu überprüfen. Das Ergebnis der Überprüfung ist als versetzungserhebliche Note in das Zeugnis aufzunehmen. Die Schülerinnen und Schüler sind im Hinblick auf die Prüfungsvorbereitung in geeigneter Form über die Prüfungsanforderungen zu unterrichten.

In den Jahrgangsstufen der gymnasialen Oberstufe ist der Ersatz einer Fremdsprache durch die Herkunftssprache ausgeschlossen; dies gilt auch in der Abiturprüfung.

6.
Zeugnisse und Leistungsbeurteilungen

6.1
Bei Besuch der Vorbereitungsklasse

Schülerinnen und Schüler, die eine Vorbereitungsklasse an einer allgemeinbildenden Schule besuchen, erhalten Halbjahresinformationen und Zeugnisse nach den für die jeweilige Klassenstufe und Schulart geltenden Vorgaben. Noten werden nur erteilt, sofern der Kenntnisstand der Schülerinnen und Schüler dies in Bezug auf die Bildungsziele beziehungsweise erreichten Kompetenzen zulässt. Eine verbale Beurteilung mit Ausführungen zu den erworbenen Kompetenzen unter anderem etwa im Sprechen, Schreiben, Lesen kann die Notengebung ergänzen oder ersetzen. ⇨ Notenbildungsverordnung

6.2
Bei erstmaligem Besuch der Regelklasse

Bei dem erstmaligen Besuch der Regelklasse einer allgemeinbildenden Schule nehmen die Schulen in der Leistungsbeurteilung auf die sprachlich bedingten Erschwernisse des Lernens bei Kindern und Jugendlichen mit nichtdeutscher Herkunftssprache und geringen Deutschkenntnissen Rücksicht.

Noten können durch eine Verbalbeurteilung ersetzt werden. Halbjahresinformationen und Zeugnissen kann eine Leistungsbeschreibung mit Hinweisen

zur Lernentwicklung und einer Aussage (Verbalbeurteilung) über die mündliche und schriftliche Ausdrucks- und Verständigungsfähigkeit beigelegt werden. ⇨ Zeugnisse (Allgemeinbildende Schulen)
Nicht ausreichende Leistungen im Fach Deutsch und den Fremdsprachen können bei der ersten und zweiten Versetzungsentscheidung außer Betracht bleiben. Die jeweiligen schulartspezifischen Regelungen zur Versetzung in Ausnahmefällen bleiben unberührt.

6.3
Bei Besuch der Vorbereitungsklasse oder der Regelklasse einer Gemeinschaftsschule

Für die Gemeinschaftsschulen gelten die vorgenannten Ausführungen unter Berücksichtigung der Vorgaben der Verordnung des Kultusministeriums über die Sekundarstufe I und die gymnasiale Oberstufe der Gemeinschaftsschule […] entsprechend. Dies betrifft insbesondere die schriftliche Information über die Leistungen der Schülerinnen und Schüler zum Schulhalbjahr und am Ende des Schuljahres (Lernentwicklungsbericht). ⇨ GemeinschaftsschulVO

6.4
Bei Besuch einer beruflichen Schule

Für die beruflichen Schulen gelten die jeweiligen Ausbildungs- und Prüfungsordnungen. Zur Leistungsfeststellung und zur Leistungsbeurteilung sowie zur Verwendung von Wörterbüchern werden für die beruflichen Schulen gesonderte Bestimmungen erlassen.

7. Zusammenarbeit mit den Erziehungsberechtigten

Maßgeblichen Anteil am Gelingen der schulischen Eingliederung von Kindern und Jugendlichen mit nichtdeutscher Herkunftssprache und geringen Deutschkenntnissen haben die Erziehungsberechtigten. Der intensiven Zusammenarbeit zwischen Bildungseinrichtungen und Erziehungsberechtigten kommt daher eine hohe Bedeutung zu. Die Erziehungsberechtigten werden bereits von den Fachkräften der Tageseinrichtungen für Kinder und den Lehrkräften der Schulen im Rahmen der Kooperation dieser Tageseinrichtungen mit den Grundschulen über mögliche Bildungsgänge beraten (siehe VwV ⇨ Kooperation Kindertageseinrichtungen-Grundschulen) […].

In den Schulen übernehmen Lehrkräfte und Schulleitungen die Aufgabe der Information und Beratung der Erziehungsberechtigten von Kindern und Jugendlichen mit nichtdeutscher Herkunftssprache und geringen Deutschkenntnissen.

8. Muttersprachlicher Zusatzunterricht und Zertifizierungen durch die Generalkonsulate und Konsulate

Zur Förderung der Kinder und Jugendlichen in der nichtdeutschen Herkunftssprache kann das jeweilige Generalkonsulat beziehungsweise Konsulat Unterrichtskurse in eigener Verantwortung durchführen (Muttersprache, Geschichte, Landeskunde). Diese Kurse werden im Rahmen des Möglichen von der Schulverwaltung organisatorisch unterstützt, unterliegen aber nicht deren Aufsicht.

Eine enge Zusammenarbeit der deutschen Schulbehörden und Schulen mit den Vertretungen und Lehrkräften der Herkunftsländer ist anzustreben.

Die Erziehungsberechtigten entscheiden in eigener Verantwortung über die Teilnahme ihrer Kinder an den freiwilligen Angeboten zur muttersprachlichen Bildung in der Herkunftssprache.

Die muttersprachlichen Unterrichtskurse umfassen in der Regel bis zu fünf Wochenstunden; die Teilnahme ist freiwillig. Vor ihrer Einrichtung sind die Kurse dem Kultusministerium mitzuteilen, möglichst in elektronischer Form. Die Schulträger werden gebeten, Schulräume für den muttersprachlichen Zusatzunterricht kostenlos zur Verfügung zu stellen. Die Schulen und die Generalkonsulate bzw. Konsulate stimmen sich im Rahmen des Möglichen mit dem Ziel ab, zeitliche Kollisionen von muttersprachlichem Unterricht und schulischen Angeboten zu vermeiden. Dies gilt auch im Hinblick auf die Ausgestaltung von Ganztagsangeboten. Vom Land können im Rahmen der verfügbaren Haushaltsmittel Zuschüsse für die muttersprachlichen Unterrichtskurse an die Generalkonsulate beziehungsweise Konsulate gewährt werden, sofern mindestens zwölf Schülerinnen und Schüler am Unterricht teilnehmen.

Soweit Schülerinnen und Schüler den von den Generalkonsulaten beziehungsweise Konsulaten veranstalteten muttersprachlichen Zusatzunterricht besuchen, wird im Zeugnis beziehungsweise Lernentwicklungsbericht unter „Bemerkungen" oder durch eine Anlage folgender Hinweis aufgenommen, sofern der Schule ein entsprechender Nachweis vorliegt: „Nach Mitteilung des ... Generalkonsulats beziehungsweise Konsulats in ... hat die Schülerin beziehungsweise der Schüler an dem vom Generalkonsulat beziehungsweise Konsulat veranstalteten muttersprachlichen Zusatzunterricht teilgenommen und dabei in den nachfolgenden Fächern die folgenden Noten beziehungsweise Punktzahlen erzielt: ...". Dieser Hinweis auf den Besuch des muttersprachlichen Zusatzunterrichts beziehungsweise auf die Benotung hat auf Wunsch der Erziehungsberechtigten beziehungsweise der volljährigen Schülerinnen und Schüler zu unterbleiben. Auf die Ausbringung der Fächer und Noten beziehungsweise Punktzahlen kann verzichtet werden. Stattdessen kann auch ein Zeugnis oder eine Bescheinigung des Generalkonsulats beziehungsweise Konsulats beigefügt werden.

Zertifizierungsangebote der Generalkonsulate beziehungsweise Konsulate, die das Sprachniveau ausweisen, werden von der Schulverwaltung im Rahmen des Möglichen organisatorisch unterstützt (zum Beispiel durch Beratung, Bereitstellung von Räumlichkeiten). Nehmen Schülerinnen und Schüler solche Zertifizierungsangebote der Generalkonsulate beziehungsweise Konsulate wahr, besteht die Möglichkeit, im Zeugnis beziehungsweise im Lernentwicklungsbericht unter „Bemerkungen" folgenden Hinweis aufzunehmen: „Nach Mitteilung des ... Generalkonsulats beziehungsweise Konsulats in ... ist das Sprachniveau der Schülerin beziehungsweise des Schülers in deren beziehungsweise dessen Herkunftssprache ... gemäß beziehungsweise analog dem Gemeinsamen europäischen Referenzrahmen für Sprachen durch das Generalkonsulat beziehungsweise Konsulat geprüft und zertifiziert worden. Die Schülerin beziehungsweise der Schüler hat dabei folgende Punktzahl erzielt: ...".

➪ Einschulung und schulärztliche Untersuchung; ➪ Migrationshintergrund; ➪ Nachhilfe; ➪ Notenbildungsverordnung; ➪ Schulbesuchsverordnung; ➪ Schulgesetz § 72; ➪ Schulpflicht (Ausländische Schüler*innen); ➪ Schulpflicht (Berufliche Schulen); ➪ Sonderpädagogik (SBBZ Sprache – Stundentafeln); ➪ Unterrichtsorganisation (Organisationserlass); ➪ Verfassung Art. 11

Internet und Schule

Informationen der Redaktion zur Rechtslage und zur Verwaltungspraxis in Baden-Württemberg

Urheber- und Strafrecht

Schulen müssen davon ausgehen, dass alle herkömmlichen Publikationen (auch Schulbücher) sowie Internetangebote urheberrechtlich geschützt sind und Urheber*innen vor der Nutzung ihre Zustimmung erteilen müssen. ➪ Urheberrecht (Allgemeines)

Auch bei der Nutzung von Lern-, Informations- und Kommunikationsplattformen wie „Moodle" muss das Urheberrecht beachtet werden.

Zur Verwendung von Bildern auf Internetseiten gibt es eine Handreichung auf der Intranetseite der Kultusverwaltung kvintra.kultus.bwl.de/kww/ mit Hinweisen zu Vorgaben sowie Ausnahmen des Urheberrechts. Ferner sei auf die Website www.lehrerfortbildung-bw.de/sueb/recht/urh/ verwiesen (insbesondere Checkliste im Hauptmenü).

Bei der Nutzung des Internets durch Schulen ist daneben das Strafrecht zu beachten. Das Strafgesetzbuch enthält Straftatbestände, die die Verbreitung bestimmter Inhalte jedermann untersagen, beispielsweise Verbreiten von Propagandamitteln oder Verwenden von Kennzeichen verfassungswidriger Organisationen (§§ 86, 86a StGB), Billigen von oder Aufrufung zu Straftaten (§ 130a StGB), Anleitung zu Straftaten (§§ 111, 140 StGB), Gewaltdarstellungen (§ 131 StGB), Gewalt-, Tier- und Kinderpornografie (§ 184a, b StGB). Auch das Versenden pornografischer *„Selfies"* oder von Nacktaufnahmen der Mitschüler*innen kann strafbar sein.

➪ Datenschutz (Schulen); ➪ Jugendschutzgesetz

Bei der Nutzung der elektronischen Post ist auf die Einhaltung des Postgeheimnisses zu achten.

Fernunterricht und „Streaming"

Das „Streamen" von Unterricht sowie Mitschnitte sind rechtlich problematisch: Zwar ist der Einsatz digitaler Verfahren z.B. beim pandemiebedingt erforderlichen „Fernunterricht" oder in Form von Videokonferenzen zulässig. ➪ Schulgesetz § 38 Abs. 6

Hierfür trägte die jeweilige Lehrkraft die unmittelbare pädagogische Verantwortung; dieses Recht schließt jedoch eine technische Übertragung von Präsenzunterricht (beispielsweise zur Beschulung einzelner Personen, die hieran nicht teilnehmen können) mittels Videostream nicht ein. Beim Streamen von Unterricht darf es nicht zur unberechtigten Einsichtnahme durch Dritte kommen (z.B. Mitverfolgung des Videostreams durch Erziehungsberechtigte), ferner müssen ggf. gültige Einwilligungserklärungen der Beteiligten vorliegen (freiwillig, widerrufbar, ohne Nachteile bei Verweigerung). Die Datenverbindung und alle Verfahren der Datenverarbeitung müssen überprüfbar hohen technischen Sicherheitsstandards genügen; die Nutzung von Servern außerhalb der EU ist grundsätzlich nicht erlaubt. Es müssen auch pädagogisch tragfähige Verhaltensregeln mit den Schüler*innen vereinbart werden („digitale Hausordnung" und Sprachetikette). Bei schwerwiegenden Verstößen können, wie im Präsenzunterricht auch, Maßnahmen nach § 90 SchG notwendig werden. Weitere Beratungsangebote bietet die Medienpädagogische Beratungsstelle des Landesmedienzentrums (LMZ) an.

Soziale Netze und Datenschutz

Aufgrund datenschutzrechtlicher Bestimmungen ist die Verwendung von Sozialen Netzwerken für die dienstliche Verarbeitung personenbezogener Daten generell verboten. Hierunter fällt jegliche dienstlichen Zwecken dienende Kommunikation zwischen Schüler*innen und Lehrkräften sowie zwischen Lehrkräften untereinander, ferner das (Zwischen-) Speichern von personenbezogenen Daten jeder Art auf Sozialen Netzwerken. Im Rahmen des Unterrichts dürfen Soziale Netzwerke jedoch dazu genutzt werden, um Funktionsweise, Vorteile, Nachteile, Risiken usw. pädagogisch aufzuarbeiten.

(Quelle: https://it.kultus-bw.de/ > Soziale Netzwerke)

Der Einsatz von MS365 als Informations- und Kommunikationsplattform sowie als cloudbasierter Arbeitsplatz für Lehrkräfte wurde untersagt. Eine Nutzung installierter MS-Office-Pakete auf schulischen Computern in Computerräumen ist nicht untersagt. Problematisch können aber Installationen sein, bei denen Apps Zugriffe auf Clouddienste unter Weitergabe personenbezogener Daten durchführen. Schulen, die solche Installationsversionen der Office-Apps auf Schulcomputern nutzen, müssen darauf achten, dass sichere Ablageorte bzw. Verschlüsselungen gewählt werden und dass keine personenbezogenen Daten übermittelt werden.

(Quelle: KM 11.5.2022, AZ: 23-0271.2/126/1)

Für alle digitalen Verfahren an einer Schule, bei welchen personenbezogene Daten verarbeitet werden, ist ein Verzeichnis der Verarbeitungstätigkeiten durch die Schulleitung zu führen. Werden hierfür IT-Dienstleitungen von Dritten erbracht, z.B. Server beim Schulträger, Cloud-Dienste oder Wartung der IT durch Dienstleister oder den Schulträger, so muss weiterhin grundsätzlich ein Vertrag zur Datenverarbeitung im Auftrag abgeschlossen werden. Das Land stellt Handreichungen und Hinweise zur Verfügung: https://lehrerfortbildung-bw.de/st_recht/ sowie https://it.kultus-bw.de. Weiterhin können Schulen für das Verzeichnis der Verarbeitungstätigkeiten die Vorlagen im Intranet (https://vvbw.kultus-bw.de) nutzen. Infos zum Jugendmedienschutz gibt es unter: https://www.kjm-online.de/themen/jugendmedienschutz und unter MediaCulture-Online (https://www.lmz-bw.de/medien-und-bildung/mediaculture-online).

⇨ Datenschutz (Schulen); ⇨ Jugendschutzgesetz;
⇨ Urheberrecht (Allgemeines)

Bei der Vernetzung an einer Schule ist zwingend der „Netzbrief" zu beachten (https://it.kultus-bw.de/,Lde/Startseite/IT-Sicherheit/Datenschutz+an+Schulen > Netzbrief).

(Quelle: Arbeitshilfe des KM unter Beteiligung der Kommunalen Landesverbände für Schulen in öffentlicher Trägerschaft in Baden-Württemberg Stand: Juli 2019)

Sorgfaltspflichten

Schulen, die eigene Angebote ins Internet stellen, sind formal „Teledienste". Sie müssen die journalistische Sorgfaltspflicht, das Gegendarstellungsrecht und die Impressumspflicht beachten: Name, Adresse und der/die Verantwortliche sind anzugeben. Nach dem Landesbehindertengleichstellungsgesetz (§ 2) müssen *„öffentliche Stellen"* (also auch Schulen) ihre Webauftritte so gestalten, *„dass sie von Menschen mit Behinderungen grundsätzlich uneingeschränkt genutzt werden können"* (vgl. „Barrierefreie-Informationstechnik-Verordnung"; online abrufbar unter: www.gesetze-im-internet.de/bitv_2_0/).

Für die Inhalte ist die Schulleitung verantwortlich (ggf. auch der/die beauftragte Webmaster*in). Eigene Inhalte sind nicht nur die selbst erstellten, sondern auch fremde Daten, wenn sie in Kenntnis ihres Inhalts übernommen werden oder wenn die Schule sich mit dem Inhalt identifiziert. Fremde Inhalte sollten daher als solche gekennzeichnet und unverfälscht dargestellt, Hyperlinks nicht ungeprüft gesetzt werden. Beim Setzen von Links auf Schul-Homepages sollte ein Haftungsausschluss vermerkt werden (unter der Internetadresse www.disclaimer.de/disclaimer.htm wird hierfür eine praktikable Hilfsfunktion angeboten).

Schulen, die personenbezogene Daten (Texte, Fotos usw.) in ihr Internetangebot einstellen, haben grundsätzlich zuvor die Einwilligung der Betroffenen (bzw. der Erziehungsberechtigen) einzuholen. Dies gilt auch für Schüler- und Lehrkräftelisten oder Vertretungspläne. ⇨ Datenschutz (Schulen)

Das Landesbehindertengleichstellungsgesetz enthält u.a. Vorschriften zur Barrierefreiheit bei amtlichen Internetauftritten. Nach § 2 müssen *„öffentliche Stellen"* (also auch Schulen) ihre Webseiten einschließlich Apps und sonstigen Anwendungen für mobile Endgeräte sowie die von ihnen zur Verfügung gestellten grafischen Programmoberflächen, die mit Mitteln der Informationstechnik dargestellt werden, so gestalten, *„dass sie von Menschen mit Behinderungen grundsätzlich uneingeschränkt genutzt werden können"*. (vgl. „Barrierefreie-Informationstechnik-VO": https://www.gesetze-im-internet.de/bitv_2_0/index.html). Die Erklärung zur Barrierefreiheit ist auf der Webseite zu veröffentlichen. Ein Link zu dieser Erklärung soll an einer hervorgehobenen Stelle auf der Startseite oder auf jeder Unterseite der Webseite anzeigt werden. (Quelle: § 7 der VO zur Durchführung des Landesbehindertengleichstellungsgesetzes, 11.12.2019, GBl. S. 551)

Jugendschutz

Schulen sind im Rahmen ihrer Aufsichtspflicht gehalten, Gefahren zu vermeiden:

- Schulleitung und Lehrkräfte haben die Schüler*innen auf Gefahren und den verantwortungsvollen Umgang mit dem Internet hinzuweisen, eine ausreichende Aufsicht sicherzustellen und bei Missbrauch angemessen zu reagieren.
- Die Schule hat Sicherheitsvorkehrungen zu treffen, z.B. Nutzung eines wirksamen Jugendschutzfilters; eine Auswahl steht unter: https://support.belwue.de/FAQ/jugendschutzfilter/.

Cyber-Mobbing

Lehrkräfte und Schüler*innen können Opfer verleumderischer Angriffe oder einer öffentlichen Bloßstellung im Internet werden (*„Cyber-Mobbing"*).

Der Schutz der Person vor beleidigenden oder verleumderischen Äußerungen muss stets gegen das Recht auf freie Meinungsäußerung abgewogen werden. Zwar kann sich eine – ggf. unsachliche, aber noch hinzunehmende – Kritik an einer Lehrkraft durch die Verbreitung im Internet in gewisser Weise potenzieren, sodass die Veröffentlichung von den Betroffenen nicht hingenommen werden muss. Andererseits kann auch eine zugespitzte, polemisch formulierte Kritik an einer Lehrkraft noch vom Recht auf freie Meinungsäußerung umfasst sein. Die Veröffentlichung ist dann nach der Entscheidung des Bundesgerichtshofs vom 23.6.2009 (VI ZR 196/08) trotz fehlender Einwilligung der Lehrkraft zulässig.

Mögliche Maßnahmen bei Persönlichkeitsverletzungen sind die Einschaltung der Strafverfolgungsbehörden, das Recht auf Gegendarstellung und Unterlassung sowie die Geltendmachung von Schadensersatzansprüchen. ⇨ Mobbing

Im Schulbereich sind Erziehungs- und Ordnungsmaßnahmen möglich (⇨ Schulgesetz § 90). § 23 Abs. 2 SchG berechtigt die Schule (Schulleitung), die zur Aufrechterhaltung der Ordnung des Schulbetriebes erforderlichen Maßnahmen zu treffen (z.B Anordnungen und Verbote im Einzelfall). Siehe auch: ⇨ Sexuelle Gewalt, Missbrauch und Belästigung.

⇨ Datenschutz (Schulen) Anlage 1; ⇨ Haushalt; ⇨ Jugendschutzgesetz; ⇨ Mobbing; ⇨ Schulgesetz §§ 23, 90, 93, 94; ⇨ Sexuelle Gewalt, Missbrauch und Belästigung; ⇨ Urheberrecht (Allgemeines); ⇨ Urheberrecht (GEMA / Musik)

Jugendarbeit und Schule

Informationen der Redaktion zur Rechtslage und zur Verwaltungspraxis in Baden-Württemberg

Die Jugendarbeit soll junge Menschen zu eigenverantwortlichem, gesellschaftlichem und politischem Handeln befähigen sowie jugendspezifische Formen von Lebens- und Freizeitgestaltung ermöglichen. Sie soll dazu beitragen, dass die Jugendlichen ihre persönlichen Lebensbedingungen und die zugrunde liegenden sozialen, ökonomischen und ökologischen Zusammenhänge erkennen und mitgestalten sowie kulturelle, soziale und politische Erfahrungen, Kenntnisse und Vorstellungen kritisch verarbeiten und einbringen. ⇨ Jugendhilfe (Landesrecht) § 14

Die Landesarbeitsstelle Kooperation (LAK) sorgt gemeinsam mit regionalen Arbeitsstellen bei den Schulämtern für eine landesweite Förderung und Weiterentwicklung der Zusammenarbeit von allgemeinen Schulen und Sonderschulen sowie von Schulen und den Trägern der verbandlichen und offenen Jugendarbeit. Ziel ist, die schulische Förderung und soziale Teilhabe von Kindern und Jugendlichen mit einer Behinderung, einer Erkrankung oder mit sozialen Problemen sicherzustellen und zu verbessern. Links: https://km-bw.de/Arbeitsstellen+Kooperation und www.jugend-bw.de

In der VwV zur Förderung der Jugendbildung sind vielfältige Fördermöglichkeiten der außerschulischen Jugendarbeit beschrieben. Ein Auszug ist abgedruckt unter ⇨ Außerunterrichtliche Jugendbildung.

Der Landesjugendring (LJR) ist eine landesweite Kooperationsfachstelle für die Weiterentwicklung der Kooperationen von Jugendarbeit und Schule. Link: www.ljrbw.de

⇨ Außerunterrichtliche Jugendbildung; ⇨ Außerunterrichtliche Veranstaltungen; ⇨ Jugendhilfe

Jugendarbeitsschutz (Kinderarbeit)

Informationen der Redaktion zur Rechtslage und zur Verwaltungspraxis in Baden-Württemberg

Nach § 5 Jugendarbeitsschutzgesetz ist die Beschäftigung von Kindern verboten. Kind im Sinne dieses Gesetzes ist, wer noch nicht 15 Jahre alt ist. Das Verbot gilt nicht für Zwecke der Beschäftigungs- und Arbeitstherapie, im Rahmen des Betriebspraktikums während der Vollzeitschulpflicht sowie in Erfüllung einer richterlichen Weisung.

⇨ Berufliche Orientierung / Praxiserfahrungen

Zulässig ist die Beschäftigung von Kindern über 13 Jahren, wenn die Personensorgeberechtigten einwilligen, soweit sie leicht und für Kinder geeignet ist. Die Beschäftigung ist ist „leicht“, wenn sie aufgrund ihrer Beschaffenheit und der besonderen Bedingungen, unter denen sie ausgeführt wird,

1. die Sicherheit, Gesundheit und Entwicklung der Kinder,
2. ihren Schulbesuch, ihre Beteiligung an von der zuständigen Stelle anerkannten Maßnahmen zur Berufswahlvorbereitung oder -ausbildung und
3. ihre Fähigkeit, dem Unterricht mit Nutzen zu folgen,

nicht nachteilig beeinflusst. Die Kinder dürfen nicht mehr als zwei Stunden täglich, in landwirtschaftlichen Familienbetrieben nicht mehr als drei Stunden täglich, nicht zwischen 18 und 8 Uhr, nicht vor dem Schulunterricht und nicht während des Schulunterrichts beschäftigt werden.

Das Verbot gilt ferner nicht für die Beschäftigung von Jugendlichen (das sind 15, aber noch nicht 18 Jahre alte Personen) während der Schulferien für höchstens vier Wochen im Kalenderjahr.

Der Ausführung des Gesetzes dient diese Verordnung.

Kinderarbeitsschutzverordnung

Verordnung der Bundesregierung über den Kinderarbeitsschutz (Kinderarbeitsschutzverordnung – KindArbSchV) vom 23. Juni 1998 (BGBl. I S. 1508/1998)

§ 1
Beschäftigungsverbot

Kinder über 13 Jahre und vollzeitschulpflichtige Jugendliche dürfen nicht beschäftigt werden, soweit nicht das Jugendarbeitsschutzgesetz und § 2 dieser Verordnung Ausnahmen vorsehen.

§ 2
Zulässige Beschäftigungen

(1) Kinder über 13 Jahre und vollzeitschulpflichtige Jugendliche dürfen nur beschäftigt werden

1. mit dem Austragen von Zeitungen, Zeitschriften, Anzeigenblättern und Werbeprospekten,

Schwere Ranzen – krummer Rücken? Hätten Sie's gewusst? Die Antwort steht auf Seite 534.

2. in privaten und landwirtschaftlichen Haushalten mit
   a) Tätigkeiten im Haushalt und Garten,
   b) Botengängen,
   c) der Betreuung von Kindern und anderen zum Haushalt gehörenden Personen,
   d) Nachhilfeunterricht,
   e) der Betreuung von Haustieren,
   f) Einkaufstätigkeiten mit Ausnahme des Einkaufs von alkoholischen Getränken und Tabakwaren,
3. in landwirtschaftlichen Betrieben mit Tätigkeiten bei
   a) der Ernte und der Feldbestellung,
   b) der Selbstvermarktung landwirtschaftlicher Erzeugnisse,
   c) der Versorgung von Tieren,
4. mit Handreichungen beim Sport,
5. mit Tätigkeiten bei nichtgewerblichen Aktionen und Veranstaltungen der Kirchen, Religionsgemeinschaften, Verbände, Vereine und Parteien,

wenn die Beschäftigung nach § 5 Abs. 3 des Jugendarbeitsschutzgesetzes leicht und für sie geeignet ist.

(2) Eine Beschäftigung mit Arbeiten nach Absatz 1 ist nicht leicht und für Kinder über 13 Jahre und vollzeitschulpflichtige Jugendliche nicht geeignet, wenn sie insbesondere

1. mit einer manuellen Handhabung von Lasten verbunden ist, die regelmäßig das maximale Lastgewicht von 7,5 kg oder gelegentlich das maximale Lastgewicht von 10 kg überschreiten; manuelle Handhabung in diesem Sinne ist jedes Befördern oder Abstützen einer Last durch menschliche Kraft, unter anderem das Heben, Absetzen, Schieben, Ziehen, Tragen und Bewegen einer Last,
2. infolge einer ungünstigen Körperhaltung physisch belastend ist oder
3. mit Unfallgefahren, insbesondere bei Arbeiten an Maschinen und bei der Betreuung von Tieren, verbunden ist, von denen anzunehmen ist, dass Kinder über 13 Jahre und vollzeitschulpflichtige Jugendliche sie wegen mangelnden Sicherheitsbewusstseins oder mangelnder Erfahrung nicht erkennen oder nicht abwenden können.

Satz 1 Nr. 1 gilt nicht für vollzeitschulpflichtige Jugendliche.

(3) Die zulässigen Beschäftigungen müssen im Übrigen den Schutzvorschriften des Jugendarbeitsschutzgesetzes entsprechen.

⇨ Berufliche Orientierung / Praxiserfahrung; ⇨ Jugendhilfe (Bundesrecht) / (Landesrecht); ⇨ Kinderrechte

Jugendbegleiter*innen

Informationen der Redaktion zur Rechtslage und zur Verwaltungspraxis in Baden-Württemberg

Aufgabengebiete

Jugendbegleiter*innen (JB) sind an ⇨ Ganztagsschulen (auch an beruflichen Schulen) *„im Sinne offener, von den Schülern freiwillig wahrgenommener Angebote"* für unterrichtsergänzende Bildungs- und Betreuungsaufgaben tätig. Sie werden in der Regel von der Schule in Kooperation mit dem Schulträger sowie mit Vereinen, Kirchengemeinden, Schulfördervereinen, Weiterbildungsorganisationen usw. eingesetzt und geben Hilfestellung bei der Verwirklichung von Eigeninitiativen der Schüler*innen (z.B. Schulsportinitiativen, Schülerbands, Bibelkreise, Theaterspiel etc.);

Es können unterschiedliche inhaltliche Themenbereiche erschlossen werden: z.B. Sport, Musik (Gesang, Chor, Instrumentalmusik, Orchester), kulturelle Aktivitäten (Kunst, Medien, Theater, Tanz, Literatur, Heimat und Geschichte), Wirtschaft, Umwelt, Naturwissenschaften. Die JB können auch wertebezogene Angebote machen, sich hinsichtlich sozialer Tätigkeiten in die Schule einbringen, klassische Betreuungsaufgaben übernehmen sowie Themen aus der Arbeitswelt oder aus Umwelt- und Naturschutz zu ihrem Wirkungsfeld erklären. Beispiele: kirchliche Jugendarbeit, Streitschlichterschulung, Erste-Hilfe-Kurse, direktes soziales Engagement, interkulturelle Arbeit mit Kindern mit Migrationshintergrund, Hausaufgabenbetreuung, Betreuung während der Mittagspause/des Mittagessens usw.

Status und Fortbildung

JB kann werden, wer sich für Schüler*innen engagieren möchte, insbesondere pädagogisch bereits qualifizierte Personen wie ausgebildete Übungsleiter-, Jugendgruppenleiter-, Musikschulpädagog*innen, Schüler- und Bürgermentor*innen, aber auch Fachleute aus der Wirtschaft und qualifizierte Einzelpersonen wie Eltern, Senior*innen oder Geschäftsleute aus dem schulischen Umfeld. Auch Schüler*innen können als „Junior-Jugendbegleiter*in" an der eigenen oder an anderen Schulen tätig werden, z.B. können Gymnasiast*innen Erfahrungen an SBBZ sammeln und zur eigenen Berufsorientierung verwenden.

Die Tätigkeit erfordert eine Grundqualifikation, die neben pädagogischen Grundkenntnissen auch

Ist Nachhilfe bei schlechten Noten sinnvoll? Hätten Sie's gewusst? Die Antwort steht auf Seite 186.

organisatorische und administrative Kompetenz umfasst. Jugendbegleiter*innen sollen kooperationsbereit und konfliktfähig sein.

Die JB sind ehrenamtlich tätig. Eine ehrenamtliche Vergütung kann vereinbart werden. Eine vereinbarte Vergütung wird von den Schulträgern ausgezahlt und von der Schulleitung dokumentiert.

Jugendbegleiter*innen sind, falls kein anderer Unfallversicherungs- oder Haftpflichtversicherungsschutz besteht, durch die Sammelversicherungsverträge des Landes für bürgerschaftlich und ehrenamtlich engagierte Menschen geschützt.

Finanzierung

Für jede teilnehmende Schule wird beim Schulträger ein Schulbudget eingerichtet und verwaltet, über das die Schulleitung letztverantwortlich entscheidet. In dieses Schulbudget fließen der Landeszuschuss, ggf. Mittel des Schulträgers, eventuell Elternbeiträge sowie mögliche Sponsorengelder. Die Schulen erhalten, abhängig von der Zahl der wöchentlichen Jugendbegleiter-Stunden, ein Förderbudget zwischen 2.500 und 7.000 Euro; abhängig von der Höhe ihres Grundbudgets können sie zusätzlich ein Kooperationsbudget zwischen 500 und 1.500 Euro zur Förderung von Jugendbegleiter-Angeboten in Zusammenarbeit mit außerschulischen gemeinnützigen Vereinen und Organisationen erhalten. Die Schulen können bis zu 20 % ihres Grundbudgets für die Qualifizierung und Programmkoordinierung verwenden. Die Ausgaben für diesen Bereich sind nun in das Grundbudget integriert. Außerdem erhalten die Schulen ab 21 Jugendbegleiter-Wochenstunden eine Deputatsstunde zur Programmverwaltung.

Einsatz an der Schule

Die JB sollen keine Lehrkräfte ersetzen, sondern nur außerhalb des Unterrichts zur Betreuung eingesetzt werden, sie machen ein über den klassischen Unterricht hinausgehendes Angebot. Die Jugendbegleitung soll nicht vorrangig auf den Erwerb rein inhaltlichen Wissens abzielen, sondern durch vielfältige, teilweise ganzheitliche oder erlebnisorientierte Lernformen die gesunde Entwicklung von Kindern und Jugendlichen unterstützen. Das Angebot darf auch Freizeitcharakter haben, Spaß machen und entspannen.

Es wird den Schulen empfohlen, eine kleine Planungs- und Koordinierungsgruppe zu bilden, in die Vertreter*innen der Schule, der Elternschaft, der außerschulischen Partner und des Schulträgers einbezogen werden. Diese Gruppe sollte möglichst dem Schulprofil entsprechende Vorschläge für Angebote, personelle Besetzung sowie Nutzung von Räumen und anderen Lernorten innerhalb und außerhalb der Schule erarbeiten. Handlungsgrundlage für die Koordinierungsgruppe ist die landesweite Rahmenvereinbarung. Die letzte Verantwortung für den Einsatz der Jugendbegleiter*innen wie auch die pädagogische, fachliche und organisatorische Aufsicht liegt bei der Schulleitung; diese trifft die Absprachen mit den Jugendbegleiter*innen (Formulare und Muster sind unter www.jugendbegleiter.de > Downloads & FAQs > Formulare im Internet abrufbar). Die Schule erstellt einen Wochenplan, aus dem die betreuten Gruppen, die Stunden, die Themenbereiche und die Betreuungspersonen ersichtlich sind. In der Aufbauphase umfasst die Planung mindestens einen ganzen Schultag.

Die JB garantieren zusammen mit der entsendenden lokalen Institution, dass das Betreuungsangebot zuverlässig über ein Schulhalbjahr stattfinden wird. Dies kann auch durch Team- oder durch Vertretungslösungen sichergestellt werden. Es ist auch möglich, dass sich mehrere JB für ein Angebot in diesem Zeitraum absprechen. Die wöchentliche Einsatzzeit richtet sich nach dem vereinbarten Wochenplan. Um ein zuverlässiges Angebot sicherzustellen, verpflichten sie sich für mindestens ein Schulhalbjahr.

Die Eltern werden an den Elternabenden über die JB-Betreuung informiert. Sie wählen mit ihrem Kind Betreuungsangebote aus, an denen das Kind dann konsequent mindestens ein Schulhalbjahr lang teilnimmt.

Wie die Lehrkräfte können die Jugendbegleiter*innen ein Kurstagebuch führen, in dem sie Themen und Teilnehmende aufführen und das von der Schulleitung abgezeichnet wird. Bei Nichtteilnahme von Schülerinnen und Schüler sollte eine schriftliche Entschuldigung erfolgen.

Das Kultusministerium empfiehlt, dass die Jugendbegleiter*innen an einigen Lehrerkonferenzen teilnehmen dürfen: *„Sie sollten keinen Exotenstatus haben, sondern so weit wie möglich in das Schulleben integriert werden.“* Das KM betont ferner die Notwendigkeit *„einer deutlichen Wertschätzung der Jugendbegleiterinnen und Jugendbegleiter, die sich in Dank und in der Präsentation der Betreuungsarbeit nach außen und gegenüber den Eltern zeigen sollte“*. ⇨ Konferenzordnung § 11 Abs. 5

Schulen können neben Jugendbegleiter*innen auch ⇨ Lehrbeauftragte für Betreuungsaufgaben einsetzen, wenn die Kriterien des Jugendbegleiter-Programms gewährleistet sind.

Weiterführende Informationen

Unter https://www.jugendbegleiter.de/ sind Infos zur Rahmenvereinbarung sowie Anregungen und praktische Arbeits- und Planungshilfen abrufbar.

⇨ Ganztagsschulen; ⇨ Haushalt; ⇨ Konferenzordnung; ⇨ Lehrbeauftragte; ⇨ Pädagogische Assistent*innen

Das richtige Sitzen – ein Thema für Eltern? Hätten Sie's gewusst? Die Antwort steht auf Seite 539.

Jugendhilfe (Bundesrecht – SGB VIII)

Auszug aus dem Sozialgesetzbuch (SGB) VIII; neu gefasst am 11.9.2012 (BGBl. I S. 2022/2012); zuletzt geändert 21.12.2022 (BGBl I S. 2824/2023)

§ 1
Recht auf Erziehung, Elternverantwortung, Jugendhilfe

(1) Jeder junge Mensch hat ein Recht auf Förderung seiner Entwicklung und auf Erziehung zu einer eigenverantwortlichen und gemeinschaftsfähigen Persönlichkeit. ⇨ Behinderungen (Allgemeines)

(2) Pflege und Erziehung der Kinder sind das natürliche Recht der Eltern und die zuvörderst ihnen obliegende Pflicht. Über ihre Betätigung wacht die staatliche Gemeinschaft. ⇨ Grundgesetz Art. 6

(3) Jugendhilfe soll zur Verwirklichung des Rechts nach Absatz 1 insbesondere

1. junge Menschen in ihrer individuellen und sozialen Entwicklung fördern und dazu beitragen, Benachteiligungen zu vermeiden oder abzubauen,
2. jungen Menschen ermöglichen oder erleichtern, entsprechend ihrem Alter und ihrer individuellen Fähigkeiten in allen sie betreffenden Lebensbereichen selbstbestimmt zu interagieren und damit gleichberechtigt am Leben in der Gesellschaft teilhaben zu können,
3. Eltern und andere Erziehungsberechtigte bei der Erziehung beraten und unterstützen,
4. Kinder und Jugendliche vor Gefahren für ihr Wohl schützen,
5. dazu beitragen, positive Lebensbedingungen für junge Menschen und ihre Familien sowie eine kinder- und familienfreundliche Umwelt zu erhalten oder zu schaffen.

§ 2
Aufgaben der Jugendhilfe

(1) Die Jugendhilfe umfasst Leistungen und andere Aufgaben zugunsten junger Menschen und Familien.

(2) Leistungen der Jugendhilfe sind:

1. Angebote der ⇨ Jugendarbeit, der Jugendsozialarbeit und des erzieherischen Kinder- und Jugendschutzes (§§ 11 bis 14),
2. Angebote zur Förderung der Erziehung in der Familie (§§ 16 bis 21),
3. Angebote zur Förderung von Kindern in Tageseinrichtungen und in Tagespflege (§§ 22 bis 25),
4. Hilfe zur Erziehung und ergänzende Leistungen (§§ 27 bis 35, 36, 37, 39, 40),
5. Hilfe für seelisch behinderte Kinder und Jugendliche und ergänzende Leistungen (§§ 35a bis 37, 39, 40),
6. Hilfe für junge Volljährige und Nachbetreuung (den §§ 41 und 41a). [...]

§ 4
Zusammenarbeit der öffentlichen Jugendhilfe mit der freien Jugendhilfe

(1) Die öffentliche Jugendhilfe soll mit der freien Jugendhilfe zum Wohl junger Menschen und ihrer Familien partnerschaftlich zusammenarbeiten. Sie hat dabei die Selbstständigkeit der freien Jugendhilfe in Zielsetzung und Durchführung ihrer Aufgaben sowie in der Gestaltung ihrer Organisationsstruktur zu achten.

(2) Soweit geeignete Einrichtungen, Dienste und Veranstaltungen von anerkannten Trägern der freien Jugendhilfe betrieben werden oder rechtzeitig geschaffen werden können, soll die öffentliche Jugendhilfe von eigenen Maßnahmen absehen. [...]

§ 5
Wunsch- und Wahlrecht

(1) Die Leistungsberechtigten haben das Recht, zwischen Einrichtungen und Diensten verschiedener Träger zu wählen und Wünsche hinsichtlich der Gestaltung der Hilfe zu äußern. Sie sind auf dieses Recht hinzuweisen.

(2) Der Wahl und den Wünschen soll entsprochen werden, sofern dies nicht mit unverhältnismäßigen Mehrkosten verbunden ist. Wünscht der Leistungsberechtigte die Erbringung einer in § 78a genannten Leistung in einer Einrichtung, mit deren Träger keine Vereinbarungen nach § 78b bestehen, so soll der Wahl nur entsprochen werden, wenn die Erbringung der Leistung in dieser Einrichtung im Einzelfall oder nach Maßgabe des Hilfeplans (§ 36) geboten ist.

Hinweis der Redaktion: § 36 ist abgedruckt bei: ⇨ Behinderungen (Allgemeines).

§ 6
Geltungsbereich

(1) Leistungen nach diesem Buch werden jungen Menschen, Müttern, Vätern und Personensorgeberechtigten von Kindern und Jugendlichen gewährt, die ihren tatsächlichen Aufenthalt im Inland haben. [...] Umgangsberechtigte haben unabhängig von ihrem tatsächlichen Aufenthalt Anspruch auf Beratung und Unterstützung bei der Ausübung des Umgangsrechts, wenn das Kind oder der Jugendliche seinen gewöhnlichen Aufenthalt im Inland hat.

(2) Ausländer können Leistungen nach diesem Buch nur beanspruchen, wenn sie rechtmäßig oder aufgrund einer ausländerrechtlichen Duldung ihren gewöhnlichen Aufenthalt im Inland haben. Absatz 1 Satz 2 bleibt unberührt.

(3) Deutschen können Leistungen nach diesem Buch auch gewährt werden, wenn sie ihren Aufenthalt im Ausland haben und soweit sie nicht Hilfe vom Aufenthaltsland erhalten. [...]

§ 7
Begriffsbestimmungen

(1) Im Sinne dieses Buches ist

1. Kind, wer noch nicht 14 Jahre alt ist, soweit nicht die Absätze 2 bis 4 etwas anderes bestimmen,
2. Jugendlicher, wer 14, aber noch nicht 18 Jahre alt ist,
3. junger Volljähriger, wer 18, aber noch nicht 27 Jahre alt ist,

4. junger Mensch, wer noch nicht 27 Jahre alt ist,
5. Personensorgeberechtigter, wem allein oder gemeinsam mit einer anderen Person nach den Vorschriften des Bürgerlichen Gesetzbuchs die Personensorge zusteht,
6. Erziehungsberechtigter, der Personensorgeberechtigte und jede sonstige Person über 18 Jahre, soweit sie aufgrund einer Vereinbarung mit dem Personensorgeberechtigten nicht nur vorübergehend und nicht nur für einzelne Verrichtungen Aufgaben der Personensorge wahrnimmt.

(2) Kinder, Jugendliche, junge Volljährige und junge Menschen mit Behinderungen im Sinne dieses Buches sind Menschen, die körperliche, seelische, geistige oder Sinnesbeeinträchtigungen haben, die sie in Wechselwirkung mit einstellungs- und umweltbedingten Barrieren an der gleichberechtigten Teilhabe an der Gesellschaft mit hoher Wahrscheinlichkeit länger als sechs Monate hindern können. Eine Beeinträchtigung nach Satz 1 liegt vor, wenn der Körper- und Gesundheitszustand von dem für das Lebensalter typischen Zustand abweicht. Kinder, Jugendliche, junge Volljährige und junge Menschen sind von Behinderung bedroht, wenn eine Beeinträchtigung nach Satz 1 zu erwarten ist.

(3) Kind im Sinne des § 1 Abs. 2 ist, wer noch nicht 18 Jahre alt ist.

(4) Werktage im Sinne der §§ 42a bis 42c sind die Wochentage Montag bis Freitag; ausgenommen sind gesetzliche Feiertage.

(5) Die Bestimmungen dieses Buches, die sich auf die Annahme als Kind beziehen, gelten nur für Personen, die das 18. Lebensjahr noch nicht vollendet haben.

§ 8
Beteiligung von Kindern und Jugendlichen

(1) Kinder und Jugendliche sind entsprechend ihrem Entwicklungsstand an allen sie betreffenden Entscheidungen der öffentlichen Jugendhilfe zu beteiligen. Sie sind in geeigneter Weise auf ihre Rechte im Verwaltungsverfahren sowie im Verfahren vor dem Familiengericht und dem Verwaltungsgericht hinzuweisen.

(2) Kinder und Jugendliche haben das Recht, sich in allen Angelegenheiten der Erziehung und Entwicklung an das Jugendamt zu wenden.

(3) Kinder und Jugendliche haben Anspruch auf Beratung ohne Kenntnis des Personensorgeberechtigten, wenn die Beratung aufgrund einer Not- und Konfliktlage erforderlich ist und solange durch die Mitteilung an den Personensorgeberechtigten der Beratungszweck vereitelt würde. § 36 des Ersten Buches bleibt unberührt. Die Beratung kann auch durch einen Träger der freien Jugendhilfe erbracht werden; [...].

⇨ Sexuelle Gewalt, Missbrauch und Belästigung

Hinweis der Redaktion: Nach § 36 SGB I kann Anträge auf Sozialleistungen stellen und verfolgen sowie Sozialleistungen entgegennehmen, wer das fünfzehnte Lebensjahr vollendet hat. Der Leistungsträger soll zwar den gesetzlichen Vertreter über die Antragstellung und die erbrachten Sozialleistungen unterrichten. Die Ansprüche entstehen jedoch gemäß § 40 SGB I unabhängig vom Antrag. Es reicht demnach an sich aus, wenn die zuständige Behörde vom Bedarf erfährt – etwa im Rahmen der Kooperation zwischen Jugendhilfe und Schule; dabei ist der Datenschutz zu beachten. Insofern können betroffene Jugendliche auch Leistungen empfangen, ohne dass die Sorgeberechtigten hiervon erfahren müssen.

(4) Beteiligung und Beratung von Kindern und Jugendlichen nach diesem Buch erfolgen in einer für sie verständlichen, nachvollziehbaren und wahrnehmbaren Form.

§ 8a
Schutzauftrag bei Kindeswohlgefährdung

(1) Werden dem Jugendamt gewichtige Anhaltspunkte für die Gefährdung des Wohls eines Kindes oder Jugendlichen bekannt, so hat es das Gefährdungsrisiko im Zusammenwirken mehrerer Fachkräfte einzuschätzen. Soweit der wirksame Schutz dieses Kindes oder dieses Jugendlichen nicht in Frage gestellt wird, hat das Jugendamt die Erziehungsberechtigten sowie das Kind oder den Jugendlichen in die Gefährdungseinschätzung einzubeziehen und, sofern dies nach fachlicher Einschätzung erforderlich ist,

1. sich dabei einen unmittelbaren Eindruck von dem Kind und von seiner persönlichen Umgebung zu verschaffen sowie
2. Personen, die gemäß § 4 Absatz 3 des Gesetzes zur Kooperation und Information im Kinderschutz dem Jugendamt Daten übermittelt haben, in geeigneter Weise an der Gefährdungseinschätzung zu beteiligen.

Hält das Jugendamt zur Abwendung der Gefährdung die Gewährung von Hilfen für geeignet und notwendig, so hat es diese den Erziehungsberechtigten anzubieten.

⇨ Jugendschutz/Kinderschutz (Information – KKG)

(2) Hält das Jugendamt das Tätigwerden des Familiengerichts für erforderlich, so hat es das Gericht anzurufen; dies gilt auch, wenn die Erziehungsberechtigten nicht bereit oder in der Lage sind, bei der Abschätzung des Gefährdungsrisikos mitzuwirken. Besteht eine dringende Gefahr und kann die Entscheidung des Gerichts nicht abgewartet werden, so ist das Jugendamt verpflichtet, das Kind oder den Jugendlichen in Obhut zu nehmen.

(3) Soweit zur Abwendung der Gefährdung das Tätigwerden anderer Leistungsträger, der Einrichtungen der Gesundheitshilfe oder der Polizei notwendig ist, hat das Jugendamt auf die Inanspruchnahme durch die Erziehungsberechtigten hinzuwirken. Ist ein sofortiges Tätigwerden erforderlich und wirken die Personensorgeberechtigten oder die Erziehungsberechtigten nicht mit, so schaltet das Jugendamt die anderen zur Abwendung der Gefährdung zuständigen Stellen selbst ein. [...]

⇨ Schulgesetz §§ 85-86, 90

Was tun gegen Störenfriede auf dem Schulhof? Hätten Sie's gewusst? Die Antwort steht auf Seite 28.

§ 8b
Fachliche Beratung und Begleitung zum Schutz von Kindern und Jugendlichen

(1) Personen, die beruflich in Kontakt mit Kindern oder Jugendlichen stehen, haben bei der Einschätzung einer Kindeswohlgefährdung im Einzelfall gegenüber dem örtlichen Träger der Jugendhilfe Anspruch auf Beratung durch eine insoweit erfahrene Fachkraft. [...]

⇨ Jugendschutz/Kinderschutz (Information – KKG)

§ 9
Grundrichtung der Erziehung, Gleichberechtigung von jungen Menschen

Bei der Ausgestaltung der Leistungen und der Erfüllung der Aufgaben sind

1. die von den Personensorgeberechtigten bestimmte Grundrichtung der Erziehung sowie die Rechte der Personensorgeberechtigten und des Kindes oder des Jugendlichen bei der Bestimmung der religiösen Erziehung zu beachten, ⇨ Religion (Allgemeines)
2. die wachsende Fähigkeit und das wachsende Bedürfnis des Kindes oder des Jugendlichen zu selbstständigem, verantwortungsbewusstem Handeln sowie die jeweiligen besonderen sozialen und kulturellen Bedürfnisse und Eigenarten junger Menschen und ihrer Familien zu berücksichtigen,
3. die unterschiedlichen Lebenslagen von Mädchen und Jungen sowie transidenten, nichtbinären und intergeschlechtlichen jungen Menschen zu berücksichtigen, Benachteiligungen abzubauen und die Gleichberechtigung der Geschlechter zu fördern.
4. die gleichberechtigte Teilhabe von jungen Menschen mit und ohne Behinderungen umzusetzen und vorhandene Barrieren abzubauen.

§ 13
Jugendsozialarbeit

(1) Jungen Menschen, die zum Ausgleich sozialer Benachteiligungen oder zur Überwindung individueller Beeinträchtigungen in erhöhtem Maße auf Unterstützung angewiesen sind, sollen im Rahmen der Jugendhilfe sozialpädagogische Hilfen angeboten werden, die ihre schulische und berufliche Ausbildung, Eingliederung in die Arbeitswelt und ihre soziale Integration fördern.

(2) Soweit die Ausbildung dieser jungen Menschen nicht durch Maßnahmen und Programme anderer Träger und Organisationen sichergestellt wird, können geeignete sozialpädagogisch begleitete Ausbildungs- und Beschäftigungsmaßnahmen angeboten werden, die den Fähigkeiten und dem Entwicklungsstand dieser jungen Menschen Rechnung tragen.

(3) Jungen Menschen kann während der Teilnahme an schulischen oder beruflichen Bildungsmaßnahmen oder bei der beruflichen Eingliederung Unterkunft in sozialpädagogisch begleiteten Wohnformen angeboten werden. [...]

(4) Die Angebote sollen mit den Maßnahmen der Schulverwaltung, der Bundesagentur für Arbeit, der Träger betrieblicher und außerbetrieblicher Ausbildung sowie der Träger von Beschäftigungsangeboten abgestimmt werden.

§ 13a
Schulsozialarbeit

Hinweis der Redaktion: Zu § 13a (Schulsozialarbeit) bitte den Beitrag ⇨ Schulsozialarbeit beachten.

§ 14
Erzieherischer Kinder- und Jugendschutz

(1) Jungen Menschen und Erziehungsberechtigten sollen Angebote des erzieherischen Kinder- und Jugendschutzes gemacht werden.

(2) Die Maßnahmen sollen

1. junge Menschen befähigen, sich vor gefährdenden Einflüssen zu schützen und sie zu Kritikfähigkeit, Entscheidungsfähigkeit und Eigenverantwortlichkeit sowie zur Verantwortung gegenüber ihren Mitmenschen führen,
2. Eltern und andere Erziehungsberechtigte besser befähigen, Kinder und Jugendliche vor gefährdenden Einflüssen zu schützen

Hinweis der Redaktion: Gemäß § 17 regelt das Landesrecht das Nähere. ⇨ Jugendhilfe (Landesrecht)

§ 36
Mitwirkung, Hilfeplan

Hinweis der Redaktion: § 36 ist abgedruckt bei: ⇨ Behinderungen (Allgemeines).

⇨ Behinderungen (Allgemeines); ⇨ Behinderungen (Förderbedarf); ⇨ Grundgesetz Art. 6; ⇨ Jugendarbeit und Schule; ⇨ Jugendarbeitsschutz (Kinderarbeit); ⇨ Jugendhilfe (Landesrecht); ⇨ Jugendschutz/Kinderschutz (Information – KKG); ⇨ Jugendschutzgesetz; ⇨ Kinderrechte; ⇨ Polizei und Schule; ⇨ Schulgesetz §§ 85-86, 90; ⇨ Schulpflicht (Durchsetzung); ⇨ Schulsozialarbeit

Aktion Jugendschutz – ajs

Die Aktion Jugendschutz (ajs), der neben Wohlfahrtsverbänden, Kommunalen Spitzenverbänden, Kirchen usw. auch die GEW angehört, setzt sich für die Stärkung, den Schutz und die Rechte von Kindern und Jugendlichen ein. Schwerpunkte sind die Suchtprävention, Jugendmedienschutz und Medienpädagogik, Sexualerziehung, Gewaltprävention und gesetzliche Regelungen zum Schutz von Kindern und Jugendlichen.

Mit Informationsbroschüren, Arbeitsmaterialien und Fachliteratur sowie Fortbildungen, Tagungen und Projekten zu den genannten Themen unterstützt die ajs pädagogische Fachkräfte. Ihre Fachzeitschrift „ajs-informationen" (zweimal jährlich) greift aktuelle Themen aus der pädagogischen Praxis auf und gibt Literaturtipps, Nachrichten und Veranstaltungshinweise (online unter: www.ajs-bw.de/unsere-fachzeitschrift-ajs-informationen.html). Auch Eltern können sich mit ihren Fragen und Anliegen an die ajs wenden. Die ajs im Internet: www.ajs-bw.de.

Jugendhilfe (Landesrecht – LKJHG)

Auszug aus dem Kinder- und Jugendhilfegesetz für Baden-Württemberg (LKJHG) in der Fassung vom 14.4.2005 (GBl. S. 376/2005); zuletzt geändert 21. Dezember 2022 (GBl. S. 673, 674/ 2023)

§ 1

Örtliche Träger der öffentlichen Jugendhilfe

(1) Örtliche Träger der öffentlichen Jugendhilfe sind die Landkreise, die Stadtkreise und die nach § 5 zu örtlichen Trägern bestimmten kreisangehörigen Gemeinden. [...]

§ 12

Vorrangige Ziele der Jugendhilfe

(1) Jugendhilfe dient der Verwirklichung des Rechts der jungen Menschen auf Förderung ihrer Entwicklung und auf Erziehung zu einer eigenverantwortlichen und gemeinschaftsfähigen Persönlichkeit. Sie erbringt die Leistungen und erfüllt die anderen Aufgaben zugunsten von jungen Menschen und Familien nach § 2 SGB VIII.

(2) Jugendhilfe ist berechtigt und verpflichtet, sich für die Gestaltung einer positiven Lebenswelt für junge Menschen und ihre Familien, insbesondere für ein familien-, jugend- und kinderfreundliches Gemeinwesen, einzusetzen; Beeinträchtigungen und Gefahren für das Wohl junger Menschen und Familien wirkt Jugendhilfe entgegen.

(3) Die Träger der öffentlichen Jugendhilfe sollen als Träger öffentlicher Belange oder als Beteiligte bei Planungen und sonstigen Vorhaben anderer Träger die Belange von Kindern und Jugendlichen geltend machen.

(4) Unbeschadet der Rechtsstellung der Eltern achtet und stärkt Jugendhilfe das Recht auf Selbstbestimmung der jungen Menschen und beteiligt sie entsprechend ihrem Entwicklungsstand an allen sie betreffenden Entscheidungen.

(5) Jugendhilfe fördert Entwicklung und Integration behinderter, individuell beeinträchtigter oder sozial benachteiligter junger Menschen.

(6) Jugendhilfe trägt dazu bei, dass die besonderen sozialen und kulturellen Bedürfnisse ausländischer junger Menschen und ihrer Familien berücksichtigt werden.

(7) Jugendhilfe fördert die Gleichberechtigung von Mädchen und Jungen sowie von jungen Frauen und jungen Männern. Leistungen der Jugendhilfe berücksichtigen unterschiedliche Lebenszusammenhänge und bauen Benachteiligungen zwischen den Geschlechtern ab. Jugendhilfe stellt spezifische Angebote für Mädchen und Jungen bereit, unterstützt die jungen Menschen bei der ganzheitlichen Entfaltung ihrer Persönlichkeit und bereitet sie auf die partnerschaftliche Lösung der Aufgaben im Erwachsenenleben vor. Dazu gehören mädchen- und jungenbezogene Angebote zu einer Berufs- und Lebensplanung, die für beide Geschlechter grundsätzlich Erwerbstätigkeit und Familienaufgaben umfasst. Jugendhilfe trägt dazu bei, Gefährdungen und Schädigungen durch Misshandlung und sexuelle Gewalt mit differenzierten Hilfen für die betroffenen Mädchen und Jungen abzuwenden.

(8) Jugendhilfe wirkt darauf hin, dass Hemmschwellen abgebaut werden, die der Inanspruchnahme der Leistungen durch Kinder und Jugendliche sowie ihre Familien entgegenstehen, und setzt sich dafür ein, dass Kinder und Jugendliche sich an allen sie betreffenden Planungen und Entscheidungen beteiligen und sich in ihren Angelegenheiten an das Jugendamt oder an Jugendhilfedienste wenden können.

(9) Ziel der Jugendhilfe ist es, durch Stärkung des differenzierten außerstationären Hilfeangebots, wie Erziehungsberatung, sozialpädagogische Familienhilfe, Tagesgruppen, Vollzeitpflege und Maßnahmen der Suchtprophylaxe, stationäre Unterbringung auf das fachlich Erforderliche zu begrenzen. Im Verfahren nach dem Jugendgerichtsgesetz sorgt sie dafür, dass Leistungen, die ein Absehen von der Verfolgung oder eine Einstellung des Verfahrens ermöglichen (§§ 45 und 47 des Jugendgerichtsgesetzes [...]), rechtzeitig gewährt werden. ⇨ Behinderungen (Allgemeines)

§ 13

Vernetzung und Gemeinwesenbezug von Diensten und Einrichtungen

(1) Die örtlichen Träger der öffentlichen Jugendhilfe sollen im Zusammenwirken mit anderen öffentlichen und freien Trägern der Jugendhilfe, insbesondere in Arbeitsgemeinschaften, anstreben, dass Leistungen und sonstige Angebote aufeinander abgestimmt werden und sich gegenseitig ergänzen.

(2) Jugendhilfe soll darauf hinwirken, dass die Hilfen nach dem Bedarf im Einzelfall umfassend ganzheitlich geleistet werden und das Lebensumfeld der jungen Menschen und ihrer Familien während und auch nach Beendigung der Hilfegewährung einbezogen bleibt.

(3) Dem Auftrag der Jugendhilfe dient der möglichst enge Bezug zum Gemeinwesen. Insbesondere Aktivitäten und Angebote zur Familienbildung, zum erzieherischen Kinder- und Jugendschutz, zur Begegnung junger Menschen untereinander und zur Förderung benachteiligter junger Menschen sollen möglichst aus dem Gemeinwesen heraus und in ihm verwurzelt entwickelt werden. Selbsthilfeaktivitäten sollen angeregt und gefördert werden.

(4) Jugendhilfe soll ihre Veranstaltungen, Dienste und Einrichtungen auf das Gemeinwesen hin vernetzen, für eine enge Zusammenarbeit untereinander sorgen und berührte Partner, insbesondere die Schulen, einbeziehen, um die Integration der jungen Menschen zu erleichtern und ihre Selbsthilfekräfte zu stärken.

(5) Zur Bereitstellung von ganzheitlichen, ins Gemeinwesen integrierten Projekten der Jugendhilfe können Leistungen für Hilfen im Einzelfall zusammengefasst werden.

§ 14

Jugendarbeit

(1) Die Jugendarbeit soll junge Menschen zu eigenverantwortlichem, gesellschaftlichem und politischem Handeln befähigen sowie jugendspezifische Formen von Lebens- und Freizeitgestaltung ermög-

lichen. Sie soll dazu beitragen, dass die Jugendlichen ihre persönlichen Lebensbedingungen und die ihnen zugrunde liegenden sozialen, ökonomischen und ökologischen Zusammenhänge erkennen und mitgestalten sowie kulturelle, soziale und politische Erfahrungen, Kenntnisse und Vorstellungen kritisch verarbeiten und einbringen. ⇨ Jugendarbeit und Schule

(2) Die Jugendarbeit wendet sich als gleichrangiger Bildungs- und Erziehungsbereich in der Jugendhilfe mit ihren Angeboten in der Regel an alle jungen Menschen bis zum 27. Lebensjahr. Sie ist neben Familie, Schule und Beruf ein eigenständiges Sozialisationsfeld.

(3) Jugendarbeit ist durch Freiwilligkeit, Selbstorganisation, Ganzheitlichkeit, Wertorientierung und Ehrenamtlichkeit, durch demokratische Gliederung ihrer Verbände, Pluralität ihrer Träger und deren Eigenverantwortlichkeit gekennzeichnet.

(4) Jugendarbeit findet statt in Veranstaltungen, Diensten, Einrichtungen und Aktivitäten freier und öffentlicher Träger, insbesondere in örtlichen, regionalen und überregionalen Gruppen, Initiativen und Verbänden der Jugend und ihren Zusammenschlüssen.

(5) Eine wesentliche Verpflichtung der Jugendarbeit ist die Unterstützung und Förderung ehrenamtlicher Tätigkeiten, insbesondere bei den freien Trägern. Berufliche und ehrenamtliche Tätigkeiten der Jugendarbeit sind unverzichtbar und ergänzen einander.

(6) Die Träger der Jugendarbeit vertreten Bedürfnisse und Interessen der jungen Menschen in der Öffentlichkeit, wirken bei der Schaffung jugendfreundlicher Lebensbedingungen mit und wirken auf den Abbau von Benachteiligungen hin.

§ 15
Jugendsozialarbeit

(1) Jugendsozialarbeit wendet sich an sozial benachteiligte oder in ihrer individuellen Entwicklung beeinträchtigte junge Menschen, unabhängig davon, ob die Voraussetzungen für eine Hilfe zur Erziehung nach § 27 SGB VIII vorliegen. Aufgabe ist die Unterstützung beim Übergang von der Schule zum Beruf und die soziale Integration durch möglichst ortsnahe und lebensweltbezogene sozialpädagogische Hilfen, die dort ansetzen, wo sich die jungen Menschen aufhalten. Dazu gehört die Förderung ihrer schulischen und beruflichen Ausbildung und ihre Eingliederung in die Arbeitswelt.

(2) Über die Abstimmung mit der Schulverwaltung, der Bundesanstalt für Arbeit und den Trägern betrieblicher und außerbetrieblicher Ausbildung sowie von Beschäftigungsangeboten hinaus sollen Angebote im Verbund angestrebt werden.

(3) *(Zuschüsse des Landes, Ermächtigung; nicht abgedruckt)*

§ 16
Erzieherischer Kinder- und Jugendschutz

(1) Jungen Menschen und Erziehungsberechtigten sollen die erforderlichen und geeigneten Angebote des erzieherischen Kinder- und Jugendschutzes gemacht werden. Angebote sollen unter Berücksichtigung der unterschiedlichen Lebenslagen und Bedürfnisse von Mädchen und Jungen

1. junge Menschen befähigen, sich vor gefährdenden Einflüssen zu schützen und sie zur Kritikfähigkeit, Entscheidungsfähigkeit und Eigenverantwortlichkeit sowie zur Verantwortung gegenüber ihren Mitmenschen führen,
2. die Abwehrkräfte der jungen Menschen stärken gegen extremistische und rassistische Ideologien, destruktive Kulte, süchtiges Verhalten und gefährdende Anreize durch Werbung und Medien,
3. Eltern und andere Erziehungsberechtigte besser befähigen, Kinder und Jugendliche vor gefährdenden Einflüssen zu schützen und
4. zur Beseitigung gefährdender Einflüsse beitragen.

(2) Unbeschadet der Gesamtverantwortung der Träger der öffentlichen Jugendhilfe kann das Land im Rahmen seiner Aufgaben nach § 82 SGB VIII Trägern und Zusammenschlüssen von Trägern des Kinder- und Jugendschutzes sowie Elterninitiativen nach Maßgabe des Staatshaushaltsplans Zuschüsse zu den Personal- und Sachkosten gewähren.

§ 26
Zusammenarbeit von Jugendamt und Polizei

(1) Das Jugendamt berät und unterstützt die Polizeibehörden und den Polizeivollzugsdienst (Polizei) bei der Wahrnehmung von Aufgaben zum Schutze Minderjähriger und bei der vorbeugenden Bekämpfung der Suchtmittelabhängigkeit und der Jugendkriminalität. Die Polizei unterrichtet das Jugendamt in allen Fällen, in denen Maßnahmen zum Schutze Minderjähriger erforderlich erscheinen. Jugendamt und Polizei sollen dabei partnerschaftlich zusammenarbeiten. [...]

⇨ Polizei und Schule; ⇨ Schulpflicht (Durchsetzung)

§ 27
Überwachung der Vorschriften zum Schutze der Jugend

(1) Die zuständigen Behörden und der Polizeivollzugsdienst haben die Einhaltung der Vorschriften des Jugendschutzgesetzes zu überwachen. Die Bediensteten dieser Stellen sind befugt, die Räume der in Absatz 3 näher bezeichneten Betriebe während der Arbeits-, Betriebs- oder Geschäftszeit zu betreten, dort Prüfungen und Besichtigungen vorzunehmen und in die geschäftlichen Unterlagen Einsicht zu nehmen. Das Grundrecht der Unverletzlichkeit der Wohnung (Artikel 13 Abs. 1 des Grundgesetzes) wird insoweit eingeschränkt. [...]

Hinweis der Redaktion: Der Überwachung unterliegen Betriebe, die geschäftsmäßig Trägermedien verbreiten, öffentlich ausstellen, anschlagen, vorführen oder sonst zugänglich machen oder herstellen, beziehen, liefern, vorrätig halten, anbieten, ankündigen oder anpreisen.

⇨ Jugendarbeit und Schule; ⇨ Jugendarbeitsschutz (Kinderarbeit); ⇨ Jugendhilfe (Bundesrecht); ⇨ Jugendschutzgesetz; ⇨ Jugendschutz/Kinderschutz (Information – KKG); ⇨ Kinderrechte; ⇨ Schulgesetz §§ 85-86, 90; ⇨ Schulpflicht (Durchsetzung); ⇨ Schulsozialarbeit

Jugendschutz / Kinderschutz (Information – KKG)

Auszug aus dem Gesetz zur Kooperation und Information im Kinderschutz (KKG) vom 22.12.2011 (BGBl. I S. 2975/2012); zuletzt geändert 3. Juni 2021 (BGBl. I S. 1444/2021)

§ 1

Kinderschutz und staatliche Mitverantwortung

(1) Ziel des Gesetzes ist es, das Wohl von Kindern und Jugendlichen zu schützen und ihre körperliche, geistige und seelische Entwicklung zu fördern.

(2) Pflege und Erziehung der Kinder und Jugendlichen sind das natürliche Recht der Eltern und die zuvörderst ihnen obliegende Pflicht. Über ihre Betätigung wacht die staatliche Gemeinschaft.

(3) Aufgabe der staatlichen Gemeinschaft ist es, soweit erforderlich, Eltern bei der Wahrnehmung ihres Erziehungsrechts und ihrer Erziehungsverantwortung zu unterstützen, damit

1. sie im Einzelfall dieser Verantwortung besser gerecht werden können,
2. im Einzelfall Risiken für die Entwicklung von Kindern und Jugendlichen frühzeitig erkannt werden und
3. im Einzelfall eine Gefährdung des Wohls eines Kindes oder eines Jugendlichen vermieden oder, falls dies im Einzelfall nicht mehr möglich ist, eine weitere Gefährdung oder Schädigung abgewendet werden kann.

(4) Zu diesem Zweck umfasst die Unterstützung der Eltern bei der Wahrnehmung ihres Erziehungsrechts und ihrer Erziehungsverantwortung durch die staatliche Gemeinschaft insbesondere auch Information, Beratung und Hilfe. Kern ist die Vorhaltung eines möglichst frühzeitigen, koordinierten und multiprofessionellen Angebots im Hinblick auf die Entwicklung von Kindern vor allem in den ersten Lebensjahren für Mütter und Väter sowie schwangere Frauen und werdende Väter (Frühe Hilfen).

Hinweis der Redaktion: Die §§ 2 (Information der Eltern über Unterstützungsangebote in Fragen der Kindesentwicklung) und 3 (Rahmenbedingungen für verbindliche Netzwerkstrukturen im Kinderschutz) sind hier nicht abgedruckt)

§ 4

Beratung und Übermittlung von Informationen durch Geheimnisträger bei Kindeswohlgefährdung

(1) Werden […]

3. Ehe-, Familien-, Erziehungs- oder Jugendberaterinnen oder -beratern …
6. staatlich anerkannten Sozialarbeiterinnen oder -arbeitern oder staatlich anerkannten Sozialpädagoginnen oder -pädagogen oder
7. Lehrerinnen oder Lehrern an öffentlichen und an staatlich anerkannten privaten Schulen

in Ausübung ihrer beruflichen Tätigkeit gewichtige Anhaltspunkte für die Gefährdung des Wohls eines Kindes oder eines Jugendlichen bekannt, so sollen sie mit dem Kind oder Jugendlichen und den Personensorgeberechtigten die Situation erörtern und, soweit erforderlich, bei den Personensorgeberechtigten auf die Inanspruchnahme von Hilfen hinwirken, soweit hierdurch der wirksame Schutz des Kindes oder des Jugendlichen nicht in Frage gestellt wird.

(2) Die Personen nach Absatz 1 haben zur Einschätzung der Kindeswohlgefährdung gegenüber dem Träger der öffentlichen Jugendhilfe Anspruch auf Beratung durch eine insoweit erfahrene Fachkraft. Sie sind zu diesem Zweck befugt, dieser Person die dafür erforderlichen Daten zu übermitteln; vor einer Übermittlung der Daten sind diese zu pseudonymisieren.

(3) Scheidet eine Abwendung der Gefährdung nach Absatz 1 aus oder ist ein Vorgehen nach Absatz 1 erfolglos und halten die in Absatz 1 genannten Personen ein Tätigwerden des Jugendamtes für erforderlich, um eine Gefährdung des Wohls eines Kindes oder eines Jugendlichen abzuwenden, so sind sie befugt, das Jugendamt zu informieren; hierauf sind die Betroffenen vorab hinzuweisen, es sei denn, dass damit der wirksame Schutz des Kindes oder des Jugendlichen in Frage gestellt wird. Zu diesem Zweck sind die Personen nach Satz 1 befugt, dem Jugendamt die erforderlichen Daten mitzuteilen.

Hinweise der Redaktion:

1. Die Lehrkräfte werden vom Gesetz als „Geheimnisträger" angesprochen. Sie sind sowohl zur – pädagogisch stets gebotenen – Diskretion als auch zur Beachtung der Datenschutzvorschriften verpflichtet. Da sie bei einer Kindeswohlgefährdung weder diagnostisch noch therapeutisch tätig werden dürfen, sondern lediglich „Anhaltspunkte" an die zuständigen Institutionen weitergeben müssen, ist das Gebot der Erforderlichkeit bei der Erhebung, Speicherung und Weitergabe von Personaldaten zu beachten und auch schulintern – beispielsweise gegenüber nicht unmittelbar beteiligten Lehrkräften oder dem Schulsekretariat, dem/der Hausmeister*in usw. – äußerste Zurückhaltung geboten.
2. Das Gesetz konstituiert eine unmittelbare Handlungs- bzw. Meldepflicht der Lehrkräfte, also nicht der Institution Schule bzw. – für diese handelnd – der Schulleitung. Insofern kann sich die einzelne Lehrkraft direkt an das Jugendamt wenden; sie sollte jedoch im Regelfall die allgemeine Verantwortung der Schulleitung für alle Angelegenheiten der Schule beachten und diese vor der Information des Jugendamts unterrichten / einbeziehen. Die Einschaltung anderer Stellen (beispielsweise der Polizei) obliegt der Schulleitung.
3. Die einschlägigen Behörden (z.B. das Jugendamt und die Schulaufsichtsbehörden) sind verpflichtet die „Geheimnisträger" zu beraten. Lehrkräfte und Schulleitungen sollten diese Beratung in Anspruch nehmen, bevor sie handeln.
4. Es reicht zur Information des Jugendamts nicht aus, eine nicht zu dieser Behörde unmittelbar gehörende Person (z.B. eine/n Schulsozialarbeiter*in) zu unterrichten, sondern es muss eine Meldung direkt an das Jugendamt bzw. eine dort tätige Fachkraft erfolgen.

⇨ Amtshilfe; ⇨ Datenschutz (Schule); ⇨ Jugendarbeitsschutz (Kinderarbeit); ⇨ Jugendhilfe (Bundesrecht) § 8a; ⇨ Jugendschutzgesetz; ⇨ Kinderrechte; ⇨ Schulgesetz §§ 85-86, 90; ⇨ Schulpflicht (Durchsetzung); ⇨ Verschwiegenheitspflicht

Jugendschutzgesetz

Auszug aus dem Jugendschutzgesetz (JuSchG) vom 23. Juli 2002 (BGBl. I S. 2730), zuletzt geändert 9. April 2021 (BGBl. I S. 742)

Abschnitt 1 Allgemeines

§ 1
Begriffsbestimmungen

(1) Im Sinne dieses Gesetzes

1. sind Kinder Personen, die noch nicht 14 Jahre alt sind,
2. sind Jugendliche Personen, die 14, aber noch nicht 18 Jahre alt sind,
3. ist personensorgeberechtigte Person, wem allein oder gemeinsam mit einer anderen Person nach den Vorschriften des Bürgerlichen Gesetzbuchs die Personensorge zusteht,
4. ist erziehungsbeauftragte Person, jede Person über 18 Jahren, soweit sie auf Dauer oder zeitweise aufgrund einer Vereinbarung mit der personensorgeberechtigten Person Erziehungsaufgaben wahrnimmt oder soweit sie ein Kind oder eine jugendliche Person im Rahmen der Ausbildung oder der Jugendhilfe betreut.

⇨ Aufsichtspflicht

(1a) Medien im Sinne dieses Gesetzes sind Trägermedien und Telemedien.

(2) Trägermedien im Sinne dieses Gesetzes sind Medien mit Texten, Bildern oder Tönen auf gegenständlichen Trägern, die zur Weitergabe geeignet, zur unmittelbaren Wahrnehmung bestimmt oder in einem Vorführ- oder Spielgerät eingebaut sind. Dem gegenständlichen Verbreiten, Überlassen, Anbieten oder Zugänglichmachen von Trägermedien steht das elektronische Verbreiten, Überlassen, Anbieten oder Zugänglichmachen gleich, soweit es sich nicht um Rundfunk im Sinne des § 2 des Rundfunkstaatsvertrages handelt.

(3) Telemedien im Sinne dieses Gesetzes sind Medien, die nach dem Telemediengesetz übermittelt oder zugänglich gemacht werden. Als Übermitteln oder Zugänglichmachen im Sinne von Satz 1 gilt das Bereithalten eigener oder fremder Inhalte.

(4) Versandhandel im Sinne dieses Gesetzes ist jedes entgeltliche Geschäft, das im Wege der Bestellung und Übersendung einer Ware durch Postversand oder elektronischen Versand ohne persönlichen Kontakt zwischen Lieferant und Besteller oder ohne dass durch technische oder sonstige Vorkehrungen sichergestellt ist, dass kein Versand an Kinder und Jugendliche erfolgt, vollzogen wird.

(5) Die Vorschriften der §§ 2 bis 14 dieses Gesetzes gelten nicht für verheiratete Jugendliche.

(6) Diensteanbieter im Sinne dieses Gesetzes sind Diensteanbieter nach dem Telemediengesetz [...].

§ 2
Prüfungs- und Nachweispflicht

(1) Soweit es nach diesem Gesetz auf die Begleitung durch eine erziehungsbeauftragte Person ankommt, haben die in § 1 Abs. 1 Nr. 4 genannten Personen ihre Berechtigung auf Verlangen darzulegen. Veranstalter und Gewerbetreibende haben in Zweifelsfällen die Berechtigung zu überprüfen.

(2) Personen, bei denen nach diesem Gesetz Altersgrenzen zu beachten sind, haben ihr Lebensalter auf Verlangen in geeigneter Weise nachzuweisen. Veranstalter und Gewerbetreibende haben in Zweifelsfällen das Lebensalter zu überprüfen.

§ 3
Bekanntmachung der Vorschriften (nicht abgedruckt)

Abschnitt 2 Jugendschutz in der Öffentlichkeit

§ 4
Gaststätten

(1) Der Aufenthalt in Gaststätten darf Kindern und Jugendlichen unter 16 Jahren nur gestattet werden, wenn eine personensorgeberechtigte oder erziehungsbeauftragte Person sie begleitet oder wenn sie in der Zeit zwischen 5 Uhr und 23 Uhr eine Mahlzeit oder ein Getränk einnehmen. Jugendlichen ab 16 Jahren darf der Aufenthalt in Gaststätten ohne Begleitung einer personensorgeberechtigten oder erziehungsbeauftragten Person in der Zeit von 24 Uhr und 5 Uhr morgens nicht gestattet werden.

(2) Absatz 1 gilt nicht, wenn Kinder oder Jugendliche an einer Veranstaltung eines anerkannten Trägers der Jugendhilfe teilnehmen oder sich auf Reisen befinden.

(3) Der Aufenthalt in Gaststätten, die als Nachtbar oder Nachtclub geführt werden, und in vergleichbaren Vergnügungsbetrieben darf Kindern und Jugendlichen nicht gestattet werden.

(4) Die zuständige Behörde kann Ausnahmen von Absatz 1 genehmigen.

§ 5
Tanzveranstaltungen

(1) Die Anwesenheit bei öffentlichen Tanzveranstaltungen ohne Begleitung einer personensorgeberechtigten oder erziehungsbeauftragten Person darf Kindern und Jugendlichen unter 16 Jahren nicht und Jugendlichen ab 16 Jahren längstens bis 24 Uhr gestattet werden.

(2) Abweichend von Absatz 1 darf die Anwesenheit Kindern bis 22 Uhr und Jugendlichen unter 16 Jahren bis 24 Uhr gestattet werden, wenn die Tanzveranstaltung von einem anerkannten Träger der Jugendhilfe durchgeführt wird oder der künstlerischen Betätigung oder der Brauchtumspflege dient.

(3) Die zuständige Behörde kann Ausnahmen genehmigen.

§ 6
Spielhallen, Glücksspiele

(1) Die Anwesenheit in öffentlichen Spielhallen oder ähnlichen vorwiegend dem Spielbetrieb die-

nenden Räumen darf Kindern und Jugendlichen nicht gestattet werden.

(2) Die Teilnahme an Spielen mit Gewinnmöglichkeit in der Öffentlichkeit darf Kindern und Jugendlichen nur auf Volksfesten, Schützenfesten, Jahrmärkten, Spezialmärkten oder ähnlichen Veranstaltungen und nur unter der Voraussetzung gestattet werden, dass der Gewinn in Waren von geringem Wert besteht.

§ 7
Jugendgefährdende Veranstaltungen und Betriebe

Geht von einer öffentlichen Veranstaltung oder einem Gewerbebetrieb eine Gefährdung für das körperliche, geistige oder seelische Wohl von Kindern oder Jugendlichen aus, so kann die zuständige Behörde anordnen, dass der Veranstalter oder Gewerbetreibende Kindern und Jugendlichen die Anwesenheit nicht gestatten darf. Die Anordnung kann Altersbegrenzungen, Zeitbegrenzungen oder andere Auflagen enthalten, wenn dadurch die Gefährdung ausgeschlossen oder wesentlich gemindert wird.

§ 8
Jugendgefährdende Orte

Hält sich ein Kind oder eine jugendliche Person an einem Ort auf, an dem ihm oder ihr eine unmittelbare Gefahr für das körperliche, geistige oder seelische Wohl droht, so hat die zuständige Behörde oder Stelle die zur Abwendung der Gefahr erforderlichen Maßnahmen zu treffen. Wenn nötig, hat sie das Kind oder die jugendliche Person

1. zum Verlassen des Ortes anzuhalten,
2. der erziehungsberechtigten Person im Sinne des § 7 Abs. 1 Nr. 6 des Achten Buches Sozialgesetzbuch zuzuführen oder, wenn keine erziehungsberechtigte Person erreichbar ist, in die Obhut des Jugendamtes zu bringen.

In schwierigen Fällen hat die zuständige Behörde oder Stelle das Jugendamt über den jugendgefährdenden Ort zu unterrichten.

§ 9
Alkoholische Getränke

(1) In Gaststätten, Verkaufsstellen oder sonst in der Öffentlichkeit dürfen

1. Bier, Wein, weinähnliche Getränke oder Schaumwein oder Mischungen von Bier, Wein, weinähnlichen Getränken oder Schaumwein mit nichtalkoholischen Getränken an Kinder und Jugendliche unter 16 Jahren,
2. andere alkoholische Getränke oder Lebensmittel, die andere alkoholische Getränke in nicht nur geringfügiger Menge enthalten, an Kinder und Jugendliche

weder abgegeben noch darf ihnen der Verzehr gestattet werden.

(2) Absatz 1 Nr. 1 gilt nicht, wenn Jugendliche von einer personensorgeberechtigten Person begleitet werden.

(3) In der Öffentlichkeit dürfen alkoholische Getränke nicht in Automaten angeboten werden. Dies gilt nicht, wenn ein Automat

1. an einem für Kinder und Jugendliche unzugänglichen Ort aufgestellt ist oder
2. in einem gewerblich genutzten Raum aufgestellt und durch technische Vorrichtungen oder durch ständige Aufsicht sichergestellt ist, dass Kinder und Jugendliche alkoholische Getränke nicht entnehmen können.

§ 20 Nr. 1 des Gaststättengesetzes bleibt unberührt.

(4) Alkoholhaltige Süßgetränke im Sinne des § 1 Abs. 2 und 3 des Alkopopsteuergesetzes dürfen gewerbsmäßig nur mit dem Hinweis *„Abgabe an Personen unter 18 Jahren verboten, § 9 Jugendschutzgesetz"* in den Verkehr gebracht werden. Dieser Hinweis ist auf der Fertigpackung in der gleichen Schriftart und in der gleichen Größe und Farbe wie die Marken- oder Phantasienamen oder, soweit nicht vorhanden, wie die Verkehrsbezeichnung zu halten und bei Flaschen auf dem Frontetikett anzubringen. ⇨ Prävention

§ 10
Rauchen in der Öffentlichkeit, Tabakwaren

(1) In Gaststätten, Verkaufsstellen oder sonst in der Öffentlichkeit dürfen Tabakwaren und andere nikotinhaltige Erzeugnisse und deren Behältnisse an Kinder oder Jugendliche weder abgegeben noch darf ihnen das Rauchen oder der Konsum nikotinhaltiger Produkte gestattet werden.

⇨ Rauchen in der Schule

(2) In der Öffentlichkeit dürfen Tabakwaren und andere nikotinhaltige Erzeugnisse und deren Behältnisse nicht in Automaten angeboten werden. Dies gilt nicht, wenn ein Automat

1. an einem Kindern und Jugendlichen unzugänglichen Ort aufgestellt ist oder
2. durch technische Vorrichtungen oder durch ständige Aufsicht sichergestellt ist, dass Kinder und Jugendliche Tabakwaren und andere nikotinhaltige Erzeugnisse und deren Behältnisse nicht entnehmen können.

(3) Tabakwaren und andere nikotinhaltige Erzeugnisse und deren Behältnisse dürfen Kindern und Jugendlichen weder im Versandhandel angeboten noch an Kinder und Jugendliche im Wege des Versandhandels abgegeben werden.

(4) Die Absätze 1 bis 3 gelten auch für nikotinfreie Erzeugnisse, wie elektronische Zigaretten oder elektronische Shishas, in denen Flüssigkeit durch ein elektronisches Heizelement verdampft und die entstehenden Aerosole mit dem Mund eingeatmet werden, sowie für deren Behältnisse.

Abschnitt 3
Jugendschutz im Bereich der Medien

§ 10a
Schutzziele des Kinder- und Jugendmedienschutzes

Zum Schutz im Bereich der Medien gehören

1. der Schutz vor Medien, die geeignet sind, die Entwicklung von Kindern oder Jugendlichen oder ihre Erziehung zu einer eigenverantwortlichen und gemeinschaftsfähigen Persönlichkeit zu beeinträchtigen (entwicklungsbeeinträchtigende Medien),

2. der Schutz vor Medien, die geeignet sind, die Entwicklung von Kindern oder Jugendlichen oder ihre Erziehung zu einer eigenverantwortlichen und gemeinschaftsfähigen Persönlichkeit zu gefährden (jugendgefährdende Medien),
3. der Schutz der persönlichen Integrität von Kindern und Jugendlichen bei der Mediennutzung und
4. die Förderung von Orientierung für Kinder, Jugendliche, personensorgeberechtigte Personen sowie pädagogische Fachkräfte bei der Mediennutzung und Medienerziehung; die Vorschriften des Achten Buches Sozialgesetzbuch bleiben unberührt.

§ 10b
Entwicklungsbeeinträchtigende Medien

(1) Zu den entwicklungsbeeinträchtigenden Medien nach § 10a Nummer 1 zählen insbesondere übermäßig ängstigende, Gewalt befürwortende oder das sozialethische Wertebild beeinträchtigende Medien.

(2) Bei der Beurteilung der Entwicklungsbeeinträchtigung können auch außerhalb der medieninhaltlichen Wirkung liegende Umstände der jeweiligen Nutzung des Mediums berücksichtigt werden, wenn diese auf Dauer angelegter Bestandteil des Mediums sind und eine abweichende Gesamtbeurteilung über eine Kennzeichnung nach § 14 Absatz 2a hinaus rechtfertigen.

(3) Insbesondere sind nach konkreter Gefahrenprognose als erheblich einzustufende Risiken für die persönliche Integrität von Kindern und Jugendlichen, die im Rahmen der Nutzung des Mediums auftreten können, unter Einbeziehung etwaiger Vorsorgemaßnahmen im Sinne des § 24a Absatz 1 und 2 angemessen zu berücksichtigen. Hierzu zählen insbesondere Risiken durch Kommunikations- und Kontaktfunktionen, durch Kauffunktionen, durch glücksspielähnliche Mechanismen, durch Mechanismen zur Förderung eines exzessiven Mediennutzungsverhaltens, durch die Weitergabe von Bestands- und Nutzungsdaten ohne Einwilligung an Dritte sowie durch nicht altersgerechte Kaufappelle insbesondere durch werbende Verweise auf andere Medien.

§ 11
Filmveranstaltungen

(1) Die Anwesenheit bei öffentlichen Filmveranstaltungen darf Kindern und Jugendlichen nur gestattet werden, wenn die Filme von der obersten Landesbehörde oder einer Organisation der freiwilligen Selbstkontrolle im Rahmen des Verfahrens nach § 14 Abs. 6 zur Vorführung vor ihnen freigegeben worden sind oder wenn es sich um Informations-, Instruktions- und Lehrfilme handelt, die vom Anbieter mit „Infoprogramm“ oder „Lehrprogramm“ gekennzeichnet sind.

(2) Abweichend von Absatz 1 darf die Anwesenheit bei öffentlichen Filmveranstaltungen mit Filmen, die für Kinder und Jugendliche ab zwölf Jahren freigegeben und gekennzeichnet sind, auch Kindern ab sechs Jahren gestattet werden, wenn sie von einer personensorgeberechtigten oder erziehungsbeauftragten Person begleitet sind.

(3) Unbeschadet der Voraussetzungen des Absatzes 1 darf die Anwesenheit bei öffentlichen Filmveranstaltungen nur mit Begleitung einer personensorgeberechtigten oder erziehungsbeauftragten Person gestattet werden

Hätten Sie's gewusst? – Eltern fragen, wir antworten.

Muss die Schule „neutral“ sein? Darf sie es sein?

Frage: Ein Elternpaar hat auf dem Elternabend verlangt, dass die Schule „neutral“ sein solle. Die Lehrkräfte dürften in politischen oder sonstigen „heiklen“ Fragen (Sexualität) keine Stellung beziehen. Sie fänden auch gut, dass Lehrkräfte, die sich kritisch zur AfD äußern, im Internet *„gemeldet“* würden.

Antwort: Das stimmt nur insofern, dass die Lehrkräfte ihre Schüler*innen nicht indoktrinieren, ihnen also ihre persönliche, private Meinung nicht aufdrängen dürfen. Das ist kar und deutlich im sogenannten *„Beutelsbacher Konsens“* niedergelegt, der anerkannten Grundlage für die politische Bildungsarbeit. Zu den Grundsätzen dieses Beutelsbacher Konsenses zählt das Überwältigungsverbot, wonach es nicht erlaubt ist, *„den Schüler – mit welchen Mitteln auch immer – im Sinne erwünschter Meinungen zu überrumpeln und damit an der Gewinnung eines selbstständigen Urteils zu hindern.“* Zudem müsse, *„was in Wissenschaft und Politik kontrovers ist, […] auch im Unterricht kontrovers erscheinen“* (Kontroversitätsgebot).

Die Schulen sind also nicht zu einer *„Neutralität“* im Sinne totaler Abstinenz von *„heiklen“* Themen verpflichtet, sondern sie haben einen klaren, durch die ⇨ Verfassung (Art. 12) und das ⇨ Schulgesetz (§ 1) definierten Auftrag: Sie haben die jungen Menschen u.a. *„zu sittlicher und politischer Verantwortlichkeit, zu beruflicher und sozialer Bewährung und zu freiheitlicher demokratischer Gesinnung zu erziehen“*. Gefordert ist nicht blasse, inhaltslose *„Neutralität“*, sondern ein klares Bekenntnis zu den tragenden Werten des demokratischen und sozialen Rechtsstaates. ⇨ Erziehungsauftrag und politische Bildung

Deshalb dürfen die Lehrkräfte, solange sie die Sachverhalte im Unterricht sachlich behandeln und Kontroverses ebenso sachlich darstellen, selbstverständlich ihre eigene, private Meinung erkennbar werden lassen. Sonst wären sie ja persönlich nicht glaubwürdig und taugten nicht als Vorbilder bei der Erziehung der jungen Menschen zur Mündigkeit und Selbstverantwortung. Und deshalb dürfen sich Lehrkräfte auch sachlich/kritisch zur Politik der AfD äußern (das denunziatorische „Meldeportal“ im Internet wurde übrigens per richterlicher Verfügung geschlossen).

1. Kindern unter sechs Jahren,
2. Kindern ab sechs Jahren, wenn die Vorführung nach 20 Uhr beendet ist,
3. Jugendlichen unter 16 Jahren, wenn die Vorführung nach 22 Uhr beendet ist,
4. Jugendlichen ab 16 Jahren, wenn die Vorführung nach 24 Uhr beendet ist.

(4) Die Absätze 1 bis 3 gelten für die öffentliche Vorführung von Filmen unabhängig von der Art der Aufzeichnung und Wiedergabe. Sie gelten auch für Werbevorspanne und Beiprogramme. Sie gelten nicht für Filme, die zu nichtgewerblichen Zwecken hergestellt werden, solange die Filme nicht gewerblich genutzt werden.

(5) Werbefilme oder Werbeprogramme, die für alkoholische Getränke werben, dürfen unbeschadet der Voraussetzungen der Absätze 1 bis 4 nur nach 18 Uhr vorgeführt werden.

§ 12
Bildträger mit Filmen oder Spielen

(1) Zur Weitergabe geeignete, für die Wiedergabe auf oder das Spiel an Bildschirmgeräten mit Filmen oder Spielen programmierte Datenträger (Bildträger) dürfen einem Kind oder einer jugendlichen Person in der Öffentlichkeit nur zugänglich gemacht werden, wenn die Programme von der obersten Landesbehörde oder einer Organisation der freiwilligen Selbstkontrolle im Rahmen des Verfahrens nach § 14 Abs. 6 für ihre Altersstufe freigegeben und gekennzeichnet worden sind oder wenn es sich um Informations-, Instruktions- und Lehrprogramme handelt, die vom Anbieter mit „Infoprogramm" oder „Lehrprogramm" gekennzeichnet sind.

(2) Auf die Kennzeichnungen nach Absatz 1 ist auf dem Bildträger und der Hülle mit einem deutlich sichtbaren Zeichen hinzuweisen. [...]

Anbieter von Telemedien, die Filme und Spielprogramme verbreiten, müssen auf eine vorhandene Kennzeichnung in ihrem Angebot deutlich hinweisen.

(3) Bildträger, die nicht oder mit „Keine Jugendfreigabe" nach § 14 Abs. 2 von der obersten Landesbehörde oder einer Organisation der freiwilligen Selbstkontrolle im Rahmen des Verfahrens nach § 14 Abs. 6 oder nach § 14 Abs. 7 vom Anbieter gekennzeichnet sind, dürfen

1. einem Kind oder einer jugendlichen Person nicht angeboten, überlassen oder sonst zugänglich gemacht werden,
2. nicht im Einzelhandel außerhalb von Geschäftsräumen, in Kiosken oder anderen Verkaufsstellen, die Kunden nicht zu betreten pflegen, oder im Versandhandel angeboten oder überlassen werden.

(4) Automaten zur Abgabe bespielter Bildträger dürfen

1. auf Kindern oder Jugendlichen zugänglichen öffentlichen Verkehrsflächen,
2. außerhalb von gewerblich oder in sonstiger Weise beruflich oder geschäftlich genutzten Räumen oder
3. in deren unbeaufsichtigten Zugängen, Vorräumen oder Fluren

nur aufgestellt werden, wenn ausschließlich nach § 14 Abs. 2 Nr. 1 bis 4 gekennzeichnete Bildträger angeboten werden und durch technische Vorkehrungen gesichert ist, dass sie von Kindern und Jugendlichen, für deren Altersgruppe ihre Programme nicht nach § 14 Abs. 2 Nr. 1 bis 4 freigegeben sind, nicht bedient werden können.

(5) Bildträger, die Auszüge von Filme und Spielprogrammen enthalten, dürfen abweichend von den Absätzen 1 und 3 im Verbund mit periodischen Druckschriften nur vertrieben werden, wenn sie mit einem Hinweis des Anbieters versehen sind, der deutlich macht, dass eine Organisation der freiwilligen Selbstkontrolle festgestellt hat, dass diese Auszüge keine Jugendbeeinträchtigungen enthalten. Der Hinweis ist sowohl auf der periodischen Druckschrift als auch auf dem Bildträger vor dem Vertrieb mit einem deutlich sichtbaren Zeichen anzubringen. § 12 Abs. 2 Satz 1 und 2 gilt entsprechend. [...]

§ 13
Bildschirmspielgeräte

(1) Das Spielen an elektronischen Bildschirmspielgeräten ohne Gewinnmöglichkeit, die öffentlich aufgestellt sind, darf Kindern und Jugendlichen ohne Begleitung einer personensorgeberechtigten oder erziehungsbeauftragten Person nur gestattet werden, wenn die Programme von der obersten Landesbehörde oder einer Organisation der freiwilligen Selbstkontrolle im Rahmen des Verfahrens nach § 14 Abs. 6 für ihre Altersstufe freigegeben und gekennzeichnet worden sind oder wenn es sich um Informations-, Instruktions- oder Lehrprogramme handelt, die vom Anbieter mit „Infoprogramm" oder „Lehrprogramm" gekennzeichnet sind.

(2) Elektronische Bildschirmspielgeräte dürfen

1. auf Kindern oder Jugendlichen zugänglichen öffentlichen Verkehrsflächen,
2. außerhalb von gewerblich oder in sonstiger Weise beruflich oder geschäftlich genutzten Räumen oder
3. in deren unbeaufsichtigten Zugängen, Vorräumen oder Fluren

nur aufgestellt werden, wenn ihre Programme für Kinder ab sechs Jahren freigegeben und gekennzeichnet oder nach § 14 Abs. 7 mit „Infoprogramm" oder „Lehrprogramm" gekennzeichnet sind.

(3) Auf das Anbringen der Kennzeichnungen auf Bildschirmspielgeräten findet § 12 Abs. 2 Satz 1 und 2 entsprechende Anwendung.

§ 14
Kennzeichnung von Filmen und Spielprogrammen

(1) FFilme und Spielprogramme dürfen nicht für Kinder und Jugendliche freigegeben werden, wenn sie für Kinder und Jugendliche in der jeweiligen Altersstufe entwicklungsbeeinträchtigend sind.

(2) Die oberste Landesbehörde oder eine Organisation der freiwilligen Selbstkontrolle im Rahmen des Verfahrens nach Absatz 6 *(nicht abgedruckt)* kennzeich-

net die Filme und die Film- und Spielprogramme mit
1. „Freigegeben ohne Altersbeschränkung",
2. „Freigegeben ab sechs Jahren",
3. „Freigegeben ab zwölf Jahren",
4. „Freigegeben ab sechzehn Jahren",
5. „Keine Jugendfreigabe".

(2a) Die oberste Landesbehörde oder eine Organisation der freiwilligen Selbstkontrolle soll im Rahmen des Verfahrens nach Absatz 6 über die Altersstufen des Absatzes 2 hinaus Filme und Spielprogramme mit Symbolen und weiteren Mitteln kennzeichnen, mit denen die wesentlichen Gründe für die Altersfreigabe des Mediums und dessen potenzielle Beeinträchtigung der persönlichen Integrität angegeben werden. [...]

(7) Filme, Film- und Spielprogramme zu Informations-, Instruktions- oder Lehrzwecken dürfen vom Anbieter mit „Infoprogramm" oder „Lehrprogramm" nur gekennzeichnet werden, wenn sie offensichtlich nicht die Entwicklung oder Erziehung von Kindern und Jugendlichen beeinträchtigen. Die Absätze 1 bis 5 finden keine Anwendung. [...]

(8) Enthalten Filme, Bildträger oder Bildschirmspielgeräte neben den zu kennzeichnenden Film- oder Spielprogrammen Titel, Zusätze oder weitere Darstellungen in Texten, Bildern oder Tönen, bei denen in Betracht kommt, dass sie die Entwicklung oder Erziehung von Kindern oder Jugendlichen beeinträchtigen, so sind diese bei der Entscheidung über die Kennzeichnung mit zu berücksichtigen.

§ 15
Jugendgefährdende Medien

(1) Medien, deren Aufnahme in die Liste jugendgefährdender Medien nach § 24 Abs. 3 Satz 1 bekanntgemacht ist, dürfen als Trägermedien nicht
1. einem Kind oder einer jugendlichen Person angeboten, überlassen oder sonst zugänglich gemacht werden,
2. an einem Ort, der Kindern oder Jugendlichen zugänglich ist oder von ihnen eingesehen werden kann, ausgestellt, angeschlagen, vorgeführt oder sonst zugänglich gemacht werden,
3. im Einzelhandel außerhalb von Geschäftsräumen, in Kiosken oder anderen Verkaufsstellen, die Kunden nicht zu betreten pflegen, im Versandhandel oder in gewerblichen Leihbüchereien oder Lesezirkeln einer anderen Person angeboten oder überlassen werden,
4. im Wege gewerblicher Vermietung oder vergleichbarer gewerblicher Gewährung des Gebrauchs, ausgenommen in Ladengeschäften, die Kindern und Jugendlichen nicht zugänglich sind und von ihnen nicht eingesehen werden können, einer anderen Person angeboten oder überlassen werden,
5. im Wege des Versandhandels eingeführt werden,
6. öffentlich an einem Ort, der Kindern oder Jugendlichen zugänglich ist oder von ihnen eingesehen werden kann, oder durch Verbreiten von Träger- oder Telemedien außerhalb des Geschäftsverkehrs mit dem einschlägigen Handel angeboten, angekündigt oder angepriesen werden,
7. hergestellt, bezogen, geliefert, vorrätig gehalten oder eingeführt werden, um sie oder aus ihnen gewonnene Stücke im Sinne der Nummern 1 bis 6 zu verwenden oder einer anderen Person eine solche Verwendung zu ermöglichen.

(1a) Medien, deren Aufnahme in die Liste jugendgefährdender Medien nach § 24 Absatz 3 Satz 1 bekanntgemacht ist, dürfen als Telemedien nicht an einem Ort, der Kindern oder Jugendlichen zugänglich ist oder von ihnen eingesehen werden kann, vorgeführt werden.

(2) Den Beschränkungen des Absatzes 1 unterliegen, ohne dass es einer Aufnahme in die Liste und einer Bekanntmachung bedarf, schwer jugendgefährdende Trägermedien, die
1. einen der in § 86, § 130, § 130a, § 131, § 184, § 184a oder § 184b des Strafgesetzbuches bezeichneten Inhalte haben,
2. den Krieg verherrlichen,
3. Menschen, die sterben oder schweren körperlichen oder seelischen Leiden ausgesetzt sind oder waren, in einer die Menschenwürde verletzenden Weise darstellen und ein tatsächliches Geschehen wiedergeben, ohne dass ein überwiegendes berechtigtes Interesse gerade an dieser Form der Berichterstattung vorliegt,
4. Kinder oder Jugendliche in unnatürlicher, geschlechtsbetonter Körperhaltung darstellen oder
5. offensichtlich geeignet sind, die Entwicklung von Kindern oder Jugendlichen oder ihre Erziehung zu einer eigenverantwortlichen und gemeinschaftsfähigen Persönlichkeit schwer zu gefährden.

(3) Den Beschränkungen des Absatzes 1 unterliegen auch, ohne dass es einer Aufnahme in die Liste und einer Bekanntmachung bedarf, Trägermedien, die mit einem Medium, dessen Aufnahme in die Liste bekanntgemacht ist, ganz oder im Wesentlichen inhaltsgleich sind.

(4) Die Liste der jugendgefährdenden Medien darf nicht zum Zweck der geschäftlichen Werbung für Trägermedien abgedruckt oder veröffentlicht werden.

(5) Bei geschäftlicher Werbung darf nicht darauf hingewiesen werden, dass ein Verfahren zur Aufnahme des Trägermediums oder eines inhaltsgleichen Telemediums in die Liste anhängig ist oder gewesen ist.

(6) Soweit die Lieferung erfolgen darf, haben Gewerbetreibende vor Abgabe an den Handel die Händler auf die Vertriebsbeschränkungen des Absatzes 1 Nr. 1 bis 6 hinzuweisen.

§ 16
Sonderregelung für Telemedien

Regelungen zu Telemedien, die in die Liste jugendgefährdender Medien nach § 18 aufgenommen sind, bleiben Landesrecht vorbehalten. [...]

Hinweise der Redaktion:

1. Bei Verstößen gegen das Jugendschutzgesetz können gemäß §§ 27 und 28 Freiheitsstrafen bis zu einem Jahr oder Geldstrafen bzw. Geldbußen bis zu 50.000 EUR verhängt werden.
2. Den umfangreichen Katalog der Straf- und Bußgeldvorschriften haben wir hier nicht abgedruckt. Wir weisen aber ausdrücklich auf § 28 hin, wonach ordnungswidrig handelt, wer als „Veranstalter" Kindern oder Jugendlichen den Verstoß gegen die Jugendschutzvorschriften erlaubt oder diesen gar fördert, beispielsweise das Rauchen, den Genuss alkoholhaltiger Getränke, den Aufenthalt in öffentlichen Gaststätten oder Spielhallen. Diese Bußgeldvorschriften sind beispielsweise für das Verhalten von Schulleitungen, Lehrkräften und Begleitpersonen (auch mithelfenden Eltern) anlässlich von außerunterrichtlichen Veranstaltungen, SMV-Veranstaltungen oder Schulfesten relevant. diese Personen können nicht nur dienstrechtlich wegen Verletzung ihrer Obhutspflicht zur Rechenschaft gezogen werden, sondern als „Veranstalter" auch wegen Verstoßes gegen das JSchG zur Zahlung eines Bußgelds verpflichtet werden.

⇨ Jugendhilfe (LKJHG) § 27; ⇨ Jugendschutz/Kinderschutz (Information – KKG); ⇨ Kinderrechte; ⇨ Rauchen in der Schule; ⇨ Prävention

Jugendzahnpflege

Auszug aus der Verordnung des Sozialmisteriums zur Durchführung der Jugendzahnpflege vom 8. Dezember 2011 (GBl. S. 559/2011)

§ 2

Zweck, Umfang, Durchführung und Häufigkeit der Jugendzahnpflege

(1) Die Jugendzahnpflege dient der Förderung der Zahngesundheit sowie der Vorbeugung und Erkennung von Zahnerkrankungen.

(2) Die Maßnahmen zur Jugendzahnpflege werden bei Kindern und Jugendlichen durchgeführt und erfolgen vorrangig in Gruppen (Gruppenprophylaxe). Sie erstrecken sich insbesondere auf die Untersuchung der Mundhöhle, Erhebung des Zahnstatus, Zahnschmelzhärtung, Ernährungsinformation und Mundhygiene.

(3) Die Erziehungs- und Lehrkräfte sowie die sorgeberechtigten Personen der Kinder und Jugendlichen sollen in die Maßnahmen zur Jugendzahnpflege einbezogen, informiert und beraten werden. [...]

(5) In Einrichtungen, in denen Untersuchungen [...] nicht durchgeführt werden können, kann den Kindern und Jugendlichen nach Ermessen des zuständigen Gesundheitsamtes eine zahnärztliche Vorsorgeuntersuchung bei einer niedergelassenen Zahnärztin oder einem niedergelassenen Zahnarzt empfohlen werden (Verweisungsverfahren).

(6) Für Kinder und Jugendliche mit besonders hohem Kariesrisiko werden Programme mit intensiverer Betreuung durchgeführt.

(7) Die Leistungen sind unentgeltlich.

§ 3

Mitwirkung der Kindertageseinrichtungen und Schulen

(1) Die Kindertageseinrichtungen und Schulen übermitteln den sorgeberechtigten Personen der Kinder und Jugendlichen, die ihre Einrichtungen besuchen, die ihnen von den in § 1 genannten Stellen zur Verfügung gestellten Vordrucke. Sie wirken auf eine rechtzeitige Rückgabe hin und leiten die Vordrucke soweit vorgesehen zu den festgesetzten Terminen an die in § 1 genannten Stellen zurück.

(2) Die Kindertageseinrichtungen und Schulen geben die zur ordnungsgemäßen Durchführung der Jugendzahnpflege notwendigen Auskünfte und Informationen; sie stellen die erforderlichen Räumlichkeiten zur Verfügung.

Hinweise der Redaktion:

1. Rechtsgrundlage für diese Verordnung ist § 8 des Gesundheitsdienstgesetzes (ÖGDG) vom 17.12.2015 (GBl. S. 1210/2015) zul. geänd. 22.12.2021 (GBl. S. 1035). Darin ist u.a. bestimmt:

   (3) Den Gesundheitsämtern obliegen Maßnahmen zur Erkennung und Verhütung von Zahnerkrankungen bei Kindern und Jugendlichen im Alter von null bis achtzehn Jahren, soweit diese nicht von anderen Stellen für die Gesundheitsämter oder aufgrund von Vereinbarungen durchgeführt werden (§ 21 des Fünften Buches Sozialgesetzbuch).

2. Die Einzelheiten sind in Nr. 3.6 der Verwaltungsvorschrift des Sozialministeriums zur Durchführung der Einschulungsuntersuchung und der Jugendzahnpflege (VwV ESU und Jugendzahnpflege) vom 2.7.2019 geregelt (GABl. S. 252/2019); online abrufbar im Landesrecht Baden-Württemberg.

   Darin ist u.a. bestimmt, dass die Kindertageseinrichtungen und Schulen (im Folgenden: „Einrichtungen") für jedes Schuljahr einen Arbeits- und Organisationsplan für die Durchführung der Maßnahmen zur Jugendzahnpflege und die Termine dafür rechtzeitig festlegen sowie den durchführenden Stellen die zur ordnungsgemäßen Durchführung der Jugendzahnpflege notwendigen Auskünfte und Informationen insbesondere hinsichtlich der Zahl der Gruppen und Klassen sowie deren jeweiligen Kinder- und Schülerzahlen geben und dass die sorgeberechtigten Personen von den Erziehungs- und Lehrkräften rechtzeitig über bevorstehende Maßnahmen zur Jugendzahnpflege informiert werden.

   Für Untersuchungen in Schulen besteht Teilnahmepflicht; die Teilnahme an Maßnahmen zur Zahnschmelzhärtung und die Teilnahme an den Untersuchungen in Kindertageseinrichtungen erfolgt freiwillig. Die Einrichtungen leiten die Einwilligungserklärungsvordrucke, gegebenenfalls über die Kinder, an die Sorgeberechtigten weiter und überprüfen den Rücklauf. Die Untersuchungsergebnisse werden den Sorgeberechtigten in der Regel schriftlich (Vordruck) in einem namentlich gekennzeichneten und verschlossenen Umschlag, gegebenenfalls über die Kinder und Jugendlichen, mitgeteilt. Die Einrichtungen überprüfen den Rücklauf der von den Sorgeberechtigten unterzeichneten Bestätigungsabschnitte und vernichten sie danach unmittelbar.

⇨ Datenschutz (Schulen); ⇨ Einschulung und schulärztliche Untersuchung

Sind Durchschnittsnoten sinnvoll? Hätten Sie's gewusst? Die Antwort steht auf Seite 43.

Juristische Terminologie

Informationen der Redaktion zur Rechtslage und zur Verwaltungspraxis in Baden-Württemberg

1.
„Grundsätzlich"

Der allgemeine und der juristische Sprachgebrauch unterscheiden sich häufig sehr stark. So bedeutet z.B. im allgemeinen Sprachgebrauch: *„Ich wünsche grundsätzlich nicht, dass jemand seinen Schulranzen auf den Gang stellt!"* ein abschließendes, endgültiges Verbot. Wer dagegen verstößt, muss mit Sanktionen rechnen. Im juristischen Sprachgebrauch bedeutet „grundsätzlich" hingegen: Im Normalfall ist so zu verfahren. Wenn jedoch besondere Umstände vorliegen, die ein Abweichen rechtfertigen, kann nach pflichtgemäßem dienstlichen Ermessen auch anders gehandelt werden. ➪ Ermessen

2.
Offene und enumerative Aufzählung

In Gesetzen und sonstigen Vorschriften ist zwischen „offenen" (erweiterbaren) und „enumerativen" (inhaltlich abschließenden) Aufzählungen zu unterscheiden. Hierfür zwei Beispiele:

a)
Ein Beispiel für die „enumerative" Aufzählung

§ 3 Abs. 4 der ➪ Notenbildungsverordnung lautet:

(4) Die Zeugnisse sind in der Regel auszugeben:

1. das Halbjahreszeugnis in der Zeit vom 1. bis 10. Februar,

2. das Jahreszeugnis an einem der letzten sieben Unterrichtstage.

Diese Punkte sind vollständig und abschließend. Die Zeugnisse müssen an einem dieser Tage ausgegeben werden, weder vorher noch nachher.

b)
Ein Beispiel für die „offene" Aufzählung

§ 9 der Elternbeiratsverordnung lautet:

Die Schulkonferenz kann für die Klassenpflegschaften eine Geschäftsordnung erlassen, die insbesondere das Nähere regelt über:

1. Die Form und die Frist für die Einladungen; dabei kann bestimmt werden, dass die Einladung der Eltern über die Schüler erfolgen kann;

2. das Verfahren bei Abstimmungen, insbesondere darüber, ob geheim abzustimmen ist;

3. die Wahl des Schriftführers. ➪ Elternbeirat (EltBVO)

Das einleitende Wörtchen *„insbesondere"* bewirkt, dass diese Aufzählung erweiterbar ist, die drei Punkte sind also unvollständig und beispielhaft; die Schulkonferenz darf in der Geschäftsordnung auch mehr regeln.

3.
Schlüsselbegriffe für das Ermessen

Bei allen berechtigten Klagen über die Juristensprache, ist es doch einsichtig, dass Rechtsnormen nur dann sinnvoll ausgelegt werden können, wenn man sich darauf verständigt, dass bestimmten Schlüsselbegriffen eine ganz bestimmte Bedeutung zukommt – auch wenn diese Begriffe im Alltag teilweise mit einer weiteren Bedeutung verwendet werden. Von besonderer Bedeutung sind diejenigen Schlüsselbegriffe, die den Rechtsanwendern deutlich machen sollen, ob sie einen Spielraum haben und wie weit dieser reicht. So bedeutet

- *„ist"*, *„muss"*, *„darf nicht"*, dass ausnahmslos in der beschriebenen Art und Weise zu verfahren ist,
- *„kann"*, *„darf"*, *„ist befugt"*, *„braucht nicht"*, *„in der Regel"*, dass ein Ermessensspielraum sachgerecht auszufüllen ist; es gibt also keine einfache „Wenn-Dann-Regel", sondern eine mehr oder weniger verbindliche Leitlinie oder eine Palette von Entscheidungsmöglichkeiten, aus denen die passende Alternative ausgewählt werden muss – es sei denn, dass im Einzelfall nur eine einzige ermessensfehlerfreie Entscheidung möglich ist. Ist Letzteres nicht der Fall, dann entscheidet die Verwaltung (die Lehrkraft, die Schulleitung) abschließend darüber, welche von mehreren rechtlich zulässigen Möglichkeiten dem vom Gesetz- oder Verordnungsgeber verfolgten Zweck am besten entspricht,
- *„sollen"* oder eben auch *„grundsätzlich"*, dass, falls irgend möglich, so zu verfahren ist; es sind also nur plausibel begründete Ausnahmen möglich, der Ermessensspielraum ist hier also enger.

Wenn es heißt: *„Es wird gebeten, künftig so zu verfahren"*, dann ist dies keine unverbindliche Äußerung, sondern es **muss** so verfahren werden.

Auch die Verwendung des Indikativs in juristischen Texten unterscheidet sich vom alltäglichen Gebrauch. So schreibt beispielsweise das Schulgesetz in § 57 Abs. 2 vor: *„Der Schulleiter unterrichtet den Elternbeirat über seine Rechte und Pflichten sowie alle Angelegenheiten, die für die Schule von allgemeiner Bedeutung sind, und erteilt die notwendigen Auskünfte. Der Elternbeirat soll gehört werden, bevor der Schulleiter Maßnahmen trifft, die für das Schulleben von allgemeiner Bedeutung sind."*

Der erste Satz lässt der Schulleitung keinen Spielraum: Sobald sie erkennt, dass eine Angelegenheit *„für die Schule von allgemeiner Bedeutung"* ist, muss sie den Elternbeirat hiervon unterrichten; sie darf also nicht warten, bis der Elternbeirat sich nach dieser Angelegenheit erkundigt. Der zweite Satz hingegen (*„Der Elternbeirat soll gehört werden …"*) erlaubt der Schulleitung, nach pflichtgemäßem dienstlichen Ermessen und nach sorgfältiger Abwägung des Für und Wider auf eine Anhörung zu verzichten.

Die Ermessensausübung kann von den Gerichten umfassend überprüft werden. Mehr hierzu steht im Beitrag ➪ Ermessen.

➪ Elternbeirat (EltBVO); ➪ Ermessen; ➪ NotenbildungsVO; ➪ Verwaltungsrecht (Allgemeines); ➪ Vorschriften

Kinderrechte (UN-Konvention)

Informationen der Redaktion zur Rechtslage und zur Verwaltungspraxis in Baden-Württemberg

Das Übereinkommen der Vereinten Nationen über die Rechte des Kindes ist am 5.4.1992 für Deutschland in Kraft getreten (BGBl. II S. 990).

Jeder Mensch, der das achtzehnte Lebensjahr noch nicht vollendet hat, besitzt danach ein angeborenes Recht auf Leben. Die Konvention erklärt das *„Wohl des Kindes"* zu einem *„Gesichtspunkt, der vorrangig zu berücksichtigen ist"*. Kinder haben ein Recht auf Bildung auf der Grundlage der Chancengleichheit sowie auf Schutz vor jeder Form körperlicher oder geistiger Gewaltanwendung, Schadenzufügung oder Misshandlung, vor Verwahrlosung oder Vernachlässigung, vor schlechter Behandlung oder Ausbeutung einschließlich des sexuellen Missbrauchs ohne jede Diskriminierung unabhängig von der Rasse, der Hautfarbe, dem Geschlecht, der Sprache, der Religion, der politischen oder sonstigen Anschauung, der nationalen, ethnischen oder sozialen Herkunft, des Vermögens, einer Behinderung, der Geburt oder des sonstigen Status des Kindes, seiner Eltern oder seines Vormunds.

⇨ Schulbesuch (Rechte und Pflichten)

Der Wahrung und Durchsetzung der Kinderrechte beziehungsweise der Umsetzung der UN-Kinderrechtskonvention in nationales Recht dienen zahlreiche Gesetze und Vorschriften, siehe hierzu beispielsweise folgende Beiträge im Jahrbuch:

⇨ Datenschutz (Schulen); ⇨ Jugendarbeitsschutz (Kinderarbeit); ⇨ Jugendhilfe (Bundesrecht); ⇨ Jugendhilfe (Landesrecht) § 8a; ⇨ Jugendschutz / Kinderschutz (Information – KKG); ⇨ Jugendschutzgesetz; ⇨ Menschenrechte; ⇨ Migrationshintergrund; ⇨ Schulpflicht (Ausländische Schüler*innen); ⇨ Schulpflicht (Kinder von Reisenden)

Klassenlehrkraft

Informationen der Redaktion zur Rechtslage und zur Verwaltungspraxis in Baden-Württemberg

1.
Begriffsbestimmung und Aufgaben

Im Schulgesetz, fehlt eine Legaldefinition der Begriffe *„Klassenlehrerin"* bzw. *„Klassenlehrer"* oder *„Klassenlehrkraft"*. Amtlich ist lediglich eine Broschüre des KM „Klassenführung – Eine Handreichung für Lehrerinnen und Lehrer" abrufbar unter: https://km-bw.de/,Lde/Startseite/Service/Publikationen.

Was unter *Klassenlehrkraft* zu verstehen ist, muss deshalb aus den Funktionszuschreibungen erschlossen werden. In zahlreichen Vorschriften des KM werden *„Klassenlehrerinnen"* bzw. *„Klassenlehrer"* erwähnt; ihnen werden dabei regelmäßig Betreuungs- und Koordinierungsfunktionen gegenüber den Schüler*innen sowie den in der Klasse unterrichtenden Lehrkräften zugeordnet. Es ist deshalb allgemeine Praxis, dass für jede Klasse eine *„Klassenlehrerkraft"* bestellt wird; teilweise werden auch mehrere Lehrkräfte als Team mit dieser Aufgabe betraut. Bei der Bestellung durch die Schulleitung besitzt die Gesamtlehrerkonferenz ein allgemeines Empfehlungsrecht.

⇨ Konferenzordnung § 2 Abs. 1 Ziff. 9; ⇨ Schulgesetz § 41

Üblicherweise werden mit dieser Funktion „wissenschaftliche" Lehrkräfte beauftragt. An Schulen für Geistig- und Körperbehinderte sind in der Regel die Fachlehrkräfte G bzw. K hierfür eingesetzt; auch an anderen SBBZ werden musisch-technische Fachlehrkräfte oder Technische Lehrkräfte mit dieser Aufgabe betraut. ⇨ Fachfremder Unterricht

Im Folgenden sind die wesentlichen Bestimmungen des KM aufgeführt, in denen die Funktion der *„Klassenlehrerin"* bzw. des *„Klassenlehrers"* genannt wird:

1. Die Klassenlehrkraft ist *Vorsitzende der Klassenkonferenz* (außer bei Zeugnis- und Versetzungsentscheidungen, bei der Beschlussfassung über

Hätten Sie's gewusst? – Eltern fragen, wir antworten.

Wo finde ich den Hygieneplan der Schule?

Frage: Die nächste Grippewelle (oder Schlimmeres: die nächste weltweite Pandemie) kommt bestimmt. Muss die Schule dafür sorgen, dass die Kinder vor Ansteckungsgefahren geschützt werden?

Antwort: Aufgrund der Corona-Pandemie hat das KM Hygiene-Richtlinien für die Schulen erlassen; sie sind inzwischen überholt; siehe ⇨ Hygiene (Schulen). Nach dem ⇨ Infektionsschutzgesetz § 36 muss jede Schule in einem „Hygieneplan" innerbetriebliche Verfahrensweisen zur Infektionshygiene festlegen. Die Schulleitung muss Ihnen Einblick in diesen Plan geben und ihn auch mit dem Elternbeirat erörtern.

Das Landesgesundheitsamt Baden-Württemberg hat einen Musterhygieneplan für Schulen und ähnliche Gemeinschaftseinrichtungen erarbeitet. Die aktuelle Auflage steht online unter www.gesundheitsamt-bw.de > Hygieneplan zur Verfügung.

den Schulbericht, die Halbjahresinformation und die Grundschulempfehlung, bei der Entscheidung über LRS-Förderbedürftigkeit sowie bei bestimmten Erziehungs- und Ordnungsmaßnahmen – hier führt die Schulleitung den Vorsitz) und insofern auch verantwortlich für die Umsetzung der Beschlüsse dieser Konferenz.

2. Unbeschadet der Verantwortung der Schulleitung für die Einhaltung der hierfür allgemein geltenden Grundsätze obliegt der Klassenlehrkraft die Koordination der Lehrkräfte bei der Zeugnis- und Notengebung. Sie hat den Kontakt mit den Erziehungsberechtigten im Fall einer drohenden Nichtversetzung zu halten (➪ Verwaltungsrecht Nr. II beachten). Die die Klassenlehrkraft macht einen Vorschlag für die *„Allgemeine Beurteilung"* in den Klassen 3-6; sie kann beauftragt werden, einen Entwurf für den Schulbericht zu fertigen.
   ➪ Aufnahmeverordnung § 4,5; ➪ Behinderungen und Förderbedarf 2.3.2; ➪ Grundschule (Leistungsbeurteilung)); ➪ Konferenzordnung § 12,2; ➪ Notenbildungsverordnung; ➪ Schulgesetz § 41 Abs. 2

3. Der Klassenlehrkraft *„obliegen [...] besonders wichtige Aufgaben"* in der Orientierungsstufe.
   ➪ Aufnahmeverfahren Ziff. IV.1; ➪ Orientierungsstufe

4. Die Klassenlehrkraft hat für *„eine zeitliche Abstimmung der Hausaufgaben der einzelnen Fachlehrer zu sorgen und auf die Einhaltung der bestehenden Regelungen zu achten"*.
   ➪ Notenbildungsverordnung § 10, 4

5. Die Klassenlehrkraft ist *„verantwortlich"* für die Vorbereitung der Betriebs- und Sozialpraktika.
   ➪ Berufliche Orientierung (Praxiserfahrungen)

6. Die Klassenlehrkraft kann bis zu zwei Stunden Nachsitzen als Ordnungsmaßnahme verhängen. Sie muss vor bestimmten Erziehungs- und Ordnungsmaßnahmen gehört werden.
   ➪ Schulgesetz § 90

7. Die Klassenlehrkraft ist zuständig für die Beurlaubung von Schüler*innen bis zu zwei Unterrichtstagen. ➪ Schulbesuchsverordnung § 4 Abs. 5

8. Der Klassenlehrkraft obliegt der stellvertretende Vorsitz der Klassenpflegschaft. Sie ist deshalb (mit-)verantwortlich für die Vorbereitung der „Elternabende" (z.B. Einladung der Fachlehrkräfte), für die erstmalige Einberufung sowie für die Umsetzung der Beschlüsse.
   ➪ Elternbeirat (EltBVO) § 8 Abs. 4 und § 17 Abs. 2; ➪ Schulgesetz § 56 Abs. 4

9. Die Klassenlehrkraft unterstützt die Klassenschülervertretung. ➪ Schülermitverantwortung § 6

10. Durch das *„Klassenlehrerprinzip"* sollen in der Primarstufe ein *„fächerverbindender, verzahnter Unterricht"* begünstigt sowie *„eine sichere und vertrauensvolle Bindung zwischen Kind und Bezugspersonen ermöglicht"* werden.
    (Quelle: Lehrkräftebegleitheft des KM zu den Bildungsplänen 2016 für allgemeinbildende Schulen)

➪ Aufnahmeverfahren; ➪ Elternbeirat (EltBVO) § 8 Abs. 4 und § 17 Abs. 2; ➪ Fachfremder Unterricht; ➪ Grundschule (Leistungsbeurteilung GS und SBBZ); ➪ Konferenzordnung (§§ 2 und 12); ➪ Notenbildungsverordnung; ➪ Schulbesuchsverordnung ➪ Schülermitverantwortung (§ 8); ➪ Schulgesetz §§ 41, 56, 90; ➪ Versetzungsordnungen (bei den Schularten)

Klassentagebücher

Führen von Klassen- und Kurstagebüchern; Verwaltungsvorschrift des Kultusministeriums vom 10. Februar 1999 (K.u.U. S. 19/1999); zuletzt geändert 14.6.2001 (K.u.U. S. 273/2001)

1. Für jede Klasse der Grund-, Haupt-, Real- und Sonderschulen sowie der beruflichen Schulen sowie für die Klassen 5 bis 11 der Gymnasien ist ein Klassenbuch zu führen. In den Jahrgangsstufen 12 und 13 der Gymnasien ist für jeden Grund- und Leistungskurs ein Kurstagebuch zu führen.

2. In das Klassenbuch sind [...] für jeden Unterrichtstag einzutragen
   2.1 das Unterrichtsfach (Abkürzung)
   2.2 der Name des unterrichtenden Lehrers (Kurzzeichen)
   2.3 der Unterrichtsgegenstand
   2.4 die Hausaufgaben
   2.5 Unterrichtsversäumnisse der Schüler
   2.6 etwaige Bemerkungen.

Abweichend von Satz 1 können in den Förderschulen und den Schulen für Geistigbehinderte auch Klassenbücher verwendet werden, in die die Eintragungen wochenweise erfolgen.

3. In das Kurstagebuch sind einzutragen
   3.1 der Name des unterrichtenden Lehrers und die Namen der Schüler, die den Kurs besuchen
   3.2 der Unterrichtsgegenstand
   3.3 Unterrichtsversäumnisse der Schüler
   3.4 etwaige Bemerkungen.

4. Die Schulen können weitere Angaben aufnehmen. Falls in das Klassen- oder Kurstagebuch Schülerlisten aufgenommen werden, dürfen sie nur Name, Vorname, Geburtsdatum und Konfession des Schülers sowie bei beruflichen Schulen die Anschrift des Ausbildungs- oder Beschäftigungsbetriebes bzw. der Praxisstelle enthalten. ➪ Grundgesetz (Hinweis bei Art. 4)

5. Die Schulleitung hat durch geeignete Maßnahmen sicherzustellen, dass Unbefugte keinen Zugriff auf die Klassen- und Kurstagebücher erhalten.

6. Klassen- und Kurstagebücher werden nach Ablauf der folgenden fünf Schuljahre vernichtet.

Hinweise der Redaktion:

1. Das Regierungspräsidium Stuttgart hat hierzu mitgeteilt: „Es wird [...] gebeten, bei der Anlage neuer Tagebücher darauf zu achten, dass so wenig personenbezogene Daten wie möglich im Tagebuch Eingang finden. Nach Auffassung des Regierungspräsidiums ist für die Kontrolle der Anwesenheit der Schüler mittels Tagebuch ausreichend, dass dort der Name der Schüler enthalten ist, so dass sich dadurch zweifelsfrei die Anzahl und die namentliche Unterscheidbarkeit der Schülerinnen und Schüler einer Klasse für die jeweils unterrichtende Lehrkraft entnehmen lässt. Für **nicht** erforderlich halten wir deshalb die Wohnanschrift, Geburtsort und Geburtstag, Konfession, Name der Eltern bzw. Name des gesetzlichen Vertreters der Schüler. Auch Telefonnummern und Schülerfotos sehen wir dort kritisch." (Quelle: RP Stuttgart, 24. Juni 2010; AZ: 7 –0551.0/62)
2. Es dürfen keine schriftlichen Entschuldigungen im Klassentagebuch aufbewahrt werden. Sie gehören wegen der darin enthaltenen Angaben über die Art der Erkrankung oder über ärztliche Diagnosen unter Verschluss.
3. Unter Ziff. 2.6 „Bemerkungen" sind auch sogenannte „Einträge" zu verstehen (schriftliche Dokumentation eines schulisch relevanten Vorgangs, z.B. des Fehlverhaltens von Schüler*innen). ➪ Schulgesetz § 90 Abs. 2
4. Kinder von beruflich Reisenden (z.B. Schausteller-, Binnenschiffer*innen) haben ein Schultagebuch zu führen; siehe hierzu: ➪ Schulpflicht (Kinder von Reisenden).
5. Das KM hat „Datenschutzrechtliche Hinweise zur Nutzung eines elektronischen Tage- oder Klassenbuchs (ETB)" herausgegeben. Link: https://it.kultus-bw.de/,Lde/Startseite/ > IT-Sicherheit/ Datenschutz+an+Schulen > Hinweise zur Umsetzung der EU-DSGVO durch Schulen. Das KM macht in dieser Handreichung darauf aufmerksam, dass aufgrund der umfangreichen Funktionen der Anwendungen und des komplexen Rollen- und Rechtekonzepts insbesondere die Ersteinstellung ein umfangreiches Wissen über die Konfiguration und Bedienung des jeweiligen Programms erfordert. Stehe an der Schule für die Funktion des Administrators, der nicht Mitglied der Schulleitung sein solle, keine geeignete Lehrkraft zur Verfügung, „sollte die Einführung eines ETB kritisch geprüft werden". Die Einführung an der einzelnen Schule kann nur nach Anhörung von Gesamtlehrer- und Schulkonferenz erfolgen und bedarf der Zustimmung des Personalrats.

➪ Akten (Aufbewahrungsfristen und Archivierung); ➪ Datenschutz (Schulen); ➪ Grundgesetz Art 4 (dort Art. 136 Abs. 3 WRV); ➪ Schulgesetz § 90; ➪ Schulpflicht (Kinder von Reisenden)

Koedukation

Informationen der Redaktion zur Rechtslage und zur Verwaltungspraxis in Baden-Württemberg

Bis weit in die Mitte des 20. Jahrhunderts hinein wurden Jungen und Mädchen in den öffentlichen Schulen ganz oder überwiegend getrennt unterrichtet. Seitdem hat sich der gemeinsame Unterricht beider Geschlechter (Koedukation) durchgesetzt. Dieser Wandel erfolgte weitgehend ohne gesetzliche Regelungen oder behördliche Anordnungen. Die Öffentlichkeit, der Landtag und das Kultusministerium gehen ohne Weiteres davon aus, dass der Unterricht grundsätzlich in allen Fächern gemeinsam erteilt wird. Es existiert bislang keine ausdrückliche Regelung zu der Frage, ob Schüler*innen gemeinsam unterrichtet werden, und unter welchen Umständen ein koedukativer Unterricht ausscheidet.

Eine Ausnahme bildet der Sportunterricht; allerdings gibt es hierzu keine generelle Regelung, sondern je nach den äußeren Bedingungen und den pädagogischen Zielen wird er in der Regel ab der Pubertät (spätestens ab Klasse 7) nicht mehr koedukativ erteilt. Im Bildungsplan 2016 für Gymnasien wird beispielsweise zum Fach Sport in den Klassen 5/6 ausgeführt: *„Der Unterricht wird je nach pädagogischer Zielsetzung koedukativ oder in getrennten Sportgruppen erteilt."* Zu Klasse 7/8 heißt es dort, der Sportunterricht werde so gestaltet, *„dass Mädchen und Jungen ihre Fähigkeiten ohne Benachteiligung entwickeln"* und dass *„die pädagogischen Chancen, die eine koedukative Erziehung bietet,"* im Rahmen von Projekten, Schullandheimaufenthalten und geeigneten Unterrichtsvorhaben genutzt werden könnten.

Es bleibt demnach den Schulen überlassen, die pädagogische Entscheidung zu treffen, ob und in welchen Fällen sie den Sportunterricht getrennt oder koedukativ erteilen. Wir empfehlen, den Sport- und Schwimmunterricht spätestens ab der 5. Klasse nach Geschlechtern getrennt organisieren. Diese Organisationsform ist auch zur Vermeidung von Konflikten mit Eltern zu empfehlen, die ihre Töchter aus religiösen Gründen vom Schwimmunterricht fernhalten wollen.

➪ Schulbesuchsverordnung (Hinweise)

Das Fehlen von ausdrücklichen Vorgaben eröffnet den Schulen einen Spielraum, um auch in anderen Fächern vom Regelfall der Koedukation abzuweichen. So kann beispielsweise der Unterricht in den Naturwissenschaften – etwa im Rahmen der Profilbildung oder zur besseren Heranführung von Mädchen an typische „Jungenfächer" – nach Geschlechtern getrennt erfolgen. Es bedarf hierzu stets einer Entscheidung der Gesamtlehrerkonferenz nach Anhörung der Schulkonferenz.

➪ Konferenzordnung § 2 Abs. 1 Nr. 1

So erfreulich diese Entscheidungsfreiheit der einzelnen Schule auch sein mag, so handelt es sich bei der grundsätzlichen Frage, ob an den öffentlichen Schulen koedukativ unterrichtet wird, doch um eine Angelegenheit von so wesentlicher Bedeutung, dass der Gesetzgeber dies regeln müsste. Solange der Landtag bzw. das KM sich jedoch dieser Aufgabe entziehen, bleibt es bei der oben dargestellten (Rechts-)Lage.

➪ Aufsichtspflicht (Schwimmunterricht); ➪ Konferenzordnung § 2 Abs. 1 Nr. 1; ➪ Schulbesuchsverordnung (Hinweise); ➪ Schulgesetz § 47 Abs. 4

Kompetenzanalyse

Informationen der Redaktion zur Rechtslage und zur Verwaltungspraxis in Baden-Württemberg

Die „Kompetenzanalyse Profil AC“ ist ein schulartübergreifendes Konzept zur Erhebung von überfachlichen, berufsrelevanten Kompetenzen; sie bildet die Grundlage für ein System zur individuellen Förderung an allgemeinbildenden sowie an den beruflichen Schulen mit den Bildungsgängen Berufseinstiegsjahr und Vorqualifizierungsjahr Arbeit / Beruf. Die Abkürzung „AC“ bezieht sich auf die in der Wirtschaft zur Personalauswahl und -führung eingesetzten „Assessment-Center“ (das sind „systematische und flexible Verfahren zur kontrollierten und qualifizierten Feststellung von Verhaltensleistungen und Verhaltensdefiziten).

Die Kompetenzanalyse und die anschließende individuelle Förderung unterstützen die Schülerinnen und Schüler bei ihrer Berufsorientierung und ihrem Weg zur Ausbildungsreife durch eine stetige Auseinandersetzung mit ihrem Potential und die Erweiterung ihrer Kompetenzen, die Wahrnehmung ihrer Stärken sowie den Einbezug ihrer Selbst- und Fremdeinschätzung.

In der Haupt-/Werkrealschule wird die Kompetenzanalyse nach § 3 Absatz 2 der Werkrealschulverordnung in Klasse 7 durchgeführt. Die individuelle Förderung schließt sich unmittelbar an. Hierfür sind zwei Stunden im Stundenkontingent ausgewiesen.

An den Realschulen sowie den Gemeinschaftsschulen ist die Kompetenzanalyse in der Stundentafel mit zwei Stunden in der Klasse 8 ausgewiesen.

An den SBBZ sieht das KM keine besondere Regelung vor, da es sich um eine berufsvorbereitende Maßnahme handle, die in hohem Maße der sonderpädagogischen Förderung entspreche.

⇨ Berufseinstiegsjahr/Vorqualifizierungsjahr; ⇨ Datenschutz (Schulen) Teil 1, insbesondere Nr. 1.8; ⇨ Gemeinschaftsschule (Stundentafel); ⇨ Realschule (Stundentafel); ⇨ Werkrealschule (Verordnung – Stundentafel)

Hätten Sie's gewusst? – Eltern fragen, wir antworten.

Was tun bei Mängeln an Gebäuden oder Inventar?

Frage: Zu diesem Thema liegen der Redaktion Fragen aus verschiedenen Schulen vor; hier eine Auswahl: *„In einigen Klassenzimmern fehlt es an ausreichendem Schallschutz; es wird unerträglich laut.“* – *„Es gibt den Verdacht, in den Fachräumen könnten vor vielen Jahren Schadstoffe wie Asbest verbaut worden sein.“* – *„In der Turnhalle fehlt immer noch ein für alle zugängliches Telefon für Unfallmeldungen und der Erste-Hilfe-Schrank ist fast leer; es gibt in der Schule auch keinen Defibrillator.“* – *„Der Zustand der Klassenzimmer und Toiletten ist desolat.“* – Und seit der Corona-Pandemie sind immer mehr Fragen hinzugekommen.

Antwort: Rechtlich ist die Schulleitung *„Unternehmer“* eines Betriebs, aber für die Bereitstellung der Materialien und die Durchführung der notwendigen Maßnahmen ist der ⇨ Schulträger verantwortlich. Beide – Schulleitung und Schulträger – sind auch für die ⇨ Gefährdungsbeurteilung zuständig. Im Konfliktfall muss die Schulleitung die Schulaufsicht einschalten. ⇨ Schulgesetz § 32 Abs. 1 Nr. 5

Da der Elternbeirat die Aufgabe hat, *„Anregungen und Vorschläge der Eltern zu beraten und der Schule zu unterbreiten“*, sowie *„an der Verbesserung der inneren und äußeren Schulverhältnisse mitzuarbeiten“* (⇨ Schulgesetz § 57), sollte er diese Probleme zunächst direkt mit der Schulleitung besprechen. Führt das zu keinem Erfolg, kann sich der Elternbeirat an den Schulträger und/oder die Schulaufsichtsbehörde wenden (bisweilen ist die Schulleitung sogar dankbar dafür – das würde sie aber ungern offen sagen).

Neben konkreten Vorfällen gibt es mehrere gute Anknüpfungspunkte für ein Gespräch: In der Verwaltungsvorschrift über das Verhalten an Schulen bei Gewaltvorfällen und Schadensereignissen (abgedruckt unter ⇨ Gewaltvorfälle und Schadensereignisse) ist u.a. vorgeschrieben, dass jede Schule mindestens einmal im Jahr eine Alarmübung für den Brandfall durchzuführen hat. Das geschieht in Zusammenarbeit mit der örtlichen Feuerwehr und oft ist auch jemand vom ⇨ Schulträger dabei. Der Elternbeirat kann darum bitten, zu dieser Übung und der anschließenden Besprechung hinzugezogen zu werden. Da kann man viele der genannten Beanstandungen einbringen. Außerdem stehen alle Schüler*innen unter dem Schutz der gesetzlichen Unfallversicherung. Die Unfallkassen haben ein Merkblatt zur Ersten Hilfe herausgegeben (Best.-Nr. 202-059; abgedruckt unter ⇨ Erste Hilfe); es besitzt den Charakter einer Richtlinie für die Schulträger, die für die Ausstattung der Schulen zuständig sind. ⇨ Unfallversicherung

Da der Elternbeirat an keinen „Dienstweg“ gebunden ist, kann er sich beim Verdacht auf Gesundheitsschäden oder Unfallgefahren auch direkt an das Gewerbeaufsichtsamt sowie das Gesundheitsamt oder auch unmittelbar an die Unfallkasse wenden. Diese sind dafür dankbar, denn rechtzeitige Abhilfe ist billiger als die nachträgliche Regulierung von Gesundheitsschäden. Die Fachleute der Unfallkasse kommen auch in die Schulen und sorgen gegebenenfalls für Abhilfe. Notfalls schicken sie dem Schulträger einen Bußgeldbescheid. Aber nie sollte der Elternbeirat das tun, ohne vorher mit der Schulleitung ernsthaft verhandelt zu haben. Sonst ist das Vertrauen futsch – auf Dauer.

Konferenzen und Gremien (Übersicht)

Informationen der Redaktion zur Rechtslage und zur Verwaltungspraxis in Baden-Württemberg

Art des Gremiums Fundstelle (dort auch Zuständigkeiten)	**Schulkonferenz** Schulgesetz §§ 45,2 + 47 **Schaubild bei SchulKonfO beachten!**	**Gesamtlehrerkonferenz** Schulgesetz §§ 45, 2 + 47 KonferenzO §§ 2 + 10-17	**Schulart-/ Stufen-/ Abteilungskonferenz** SchG § 45, 2 KonferenzO §§ 3+6+10-17	**Klassen-/ Jahrgangsstufenkonferenz** SchG § 45, 2 KonferenzO §§ 3+4+10-17	**Fachkonferenz** Schulgesetz § 45, 2 KonferenzO §§ 3+5+10-17	**Klassenpflegschaft** Schulgesetz § 56 EltBVO §§ 21-25	**Elternbeirat** Schulgesetz § 57 EltBVO §§ 21-25
Wer gehört dem Gremium als Mitglied mit Stimmrecht an?	*Regelfall*[1]: Schulleiter*in, Elternbeiratsvorsitzende*r, Schülersprecher*in, 3 Lehrkräfte, 3 Eltern, 3 Schüler*innen (ab Kl. 7)	Schulleiter*in Lehrkräfte Erziehungskräfte Referendar*innen bzw. Anwärter*innen	Lehrkräfte Erziehungskräfte Referendar*innen bzw. Anwärter*innen der Schulart/ Stufe/Abteilung	Lehrkräfte Erziehungskräfte Referendar*innen bzw. Anwärter*innen der Klasse / Jahrgangsstufe	Lehrkräfte, Referendar- bzw. Anwärter*innen, die das Fach unterrichten bzw. die Lehrbefähigung hierfür besitzen	Eltern der Schüler*innen Lehrkräfte, Referendar*innen bzw. Anwärter*innen, die an der Klasse unterrichten	Klassenelternvertreter*innen und ihre Stellvertreter*innen
		Nebenamt-/-berufliche Lehrkräfte sowie Anwärter- / Referendar*innen (sofern diese selbstständig Unterricht erteilen), nur wenn der Verhandlungsgegenstand ihre Teilnahme erfordert					
Ist Schulleiter*in teilnahmepflichtig?	ja	ja	ja, falls er/sie an der Schulart / Stufe / Abteilung unterrichtet	ja bei Entscheidung über Versetzung oder Grundschulempfehlung	ja, falls Unterricht im Fach oder Besitz der Lehrbefähigung	ja, falls als Klassen- oder Fachlehrkraft in der Klasse tätig	ja, sofern Einladung fristgerecht erfolgt ist
Wer ist außerdem teilnahmepflichtig?[2]	alle Mitglieder (s.o.)	alle Mitglieder (s.o.)	alle Mitglieder (s.o.)	alle Mitglieder (s.o.)	Nebenamt-/-berufliche Lehrkräfte, falls die TO Teilnahme erfordert	Klassenlehrer*in Übrige Lehrkräfte, falls TO Teilnahme erfordert	niemand
Wer ist außerdem (ohne Stimme) teilnahmeberechtigt?	Verbindungslehrer*in SMV (beratende Stimme) bei allg. Angelegenheiten der SMV	Schulaufsicht „Elterngruppe" Konferenzordnung § 11,4	Schulleiter*in Vertreter*in der Schulaufsicht	Schulleiter*in Schulaufsicht „Elterngruppe" KonfO § 11,3	Schulleiter*in Vertreter*in der Schulaufsicht	Schulleiter*in Elternbeiratsvorsitzende Klassensprecher*in (bei geeigneter TO)	niemand
Wer kann zusätzlich (ohne Stimmrecht) eingeladen werden?	Schulträger (beratend) Gäste Schulkonferenzordnung § 9 Nr. 4	Sachverständige, Elternvertreter*innen, Schüler*innen, Schulträger	alle Lehrkräfte der Schule	Klassensprecher*in in 1. Klasse Grundschule auch Kindergärten	alle Lehrkräfte der Schule, SMV, in 1. Klasse Grundschule auch KiGä	Absprache zwischen Elternvertreter*in und Klassenlehrer*in	liegt im Ermessen der Elternbeiratsvorsitzenden
Wer führt den Vorsitz? (Stellvertreter in Klammern)	Schulleiter*in (Elternbeiratsvorsitzende*r vgl. SchG § 47,9,2)	Schulleiter*in (Stellvertretende*r Schulleiter*in)	Schulart- / Stufen- / Abteilungssprecher/in	Klassenlehrkraft; vgl. KonfO § 12 und SchG § 90	Gewählte Fachvertreter*in; vgl. § 12, 2 KonferenzO	Klasseneltern-vertreter/*in (Klassenlehrerkraft)	Elternbeiratsvorsitzende*r (Stv. Elternbeiratsvorsitzende*r)
Tagt das Gremium öffentlich?	Nicht öffentlich[3] und <u>vertraulich</u> § 47, 11 SchG	Nicht öffentlich[4] und <u>vertraulich</u> KonfO § 14	Nicht öffentlich[4] und <u>vertraulich</u> KonfO § 14	Nicht öffentlich[4] und <u>vertraulich</u> KonfO § 14	Nicht öffentlich[4] und <u>vertraulich</u> KonfO § 14	Nicht öffentlich[4] EltBVO § 8, 3	Keine Vorschrift
Wie häufig tagt das Gremium?	Mindestens einmal im Schulhalbjahr	Mindestens viermal im Schuljahr	Nach Bedarf	Mindestens einmal im Schulhalbjahr	Nach Bedarf	Mindestens einmal im Schulhalbjahr	Mindestens einmal im Schulhalbjahr

1 Bei mind.14 Lehrerstellen (das sind gem. § 2 Abs. 2 SchulKonfO der/die Schulleiter*in + wenigstens 13 Lehrkräfte mit je mindestens einem halben Lehrauftrag); zur Zusammensetzung der Schulkonferenz bei kleineren Schulen: ⇨ Schulgesetz § 47 und ⇨ Schulkonferenzordnung § 2 Abs. 3-5.

2 Teilnahmepflicht für Erziehungskräfte der Grundschulförderklasse bzw. des Schulkindergartens je nach Tagesordnung.

3 Die Geschäftsordnung kann die Einladung von Nichtmitgliedern zulassen (⇨ Schulkonferenzordnung § 9).

4 Die Hinzuziehung von Nichtmitgliedern zur Beratung ist möglich (⇨ Elternbeirat (EltBVO) § 8 Abs. 1; ⇨ Konferenzordnung § 11 Abs. 5).

Konferenzordnung

Konferenzordnung des Kultusministeriums; Verordnung vom 5. Juni 1984 (K.u.U. S. 375/1984); zuletzt geändert 11.4.2012 (K.u.U. S. 69/2012)

Sachverhalte, zu denen die ➪ Schulkonferenz **anzuhören** ist, sind in *kursiver Schrift* gedruckt, ➪ Schulgesetz § 47 Abs. 4

Sachverhalte, die des **Einverständnisses** der ➪ Schulkonferenz bedürfen, sind unterstrichen. ➪ Schulgesetz § 47 Abs. 5

I. Abschnitt – Allgemeines

§ 1
Grundsätze

(1) Die Lehrerkonferenzen erfüllen ihre Aufgaben als Organe der Schule im Rahmen der dieser übertragenen Eigenverantwortung.

(2) Personale und soziale Angelegenheiten der Lehrer im Sinne des Landesbeamtengesetzes und des Landespersonalvertretungsgesetzes dürfen von den Lehrerkonferenzen nicht erörtert werden.

(3) Die Abhaltung von Dienstbesprechungen wird durch diese Konferenzordnung nicht berührt.

➪ Schulgesetz §§ 44, 46,47

II. Abschnitt

1. Bildung und Aufgaben der Lehrerkonferenzen

§ 2
Aufgaben

(1) Zu den Angelegenheiten von wesentlicher Bedeutung für die Schule, über die gemäß § 45 Abs. 2 des Schulgesetzes die Gesamtlehrerkonferenz unbeschadet der Zuständigkeit der Schulkonferenz berät und beschließt, gehören insbesondere

1. *allgemeine Fragen der Erziehung und des Unterrichts an der Schule;*

1a. die Festlegung der schuleigenen Stundentafel im Rahmen der Kontingentstundentafel und die Entwicklung schuleigener Curricula im Rahmen der jeweiligen Bildungspläne nach Anhörung des Elternbeirates und nach Zustimmung der Schulkonferenz,

Hinw. d. Redaktion: § 16 Abs.1, letzter Satz beachten.

2. Fragen der Fortbildung der Lehrer sowie Maßnahmen, die ihre Zusammenarbeit fördern und der gegenseitigen Unterstützung der Lehrer dienen;

3. Erlass der Schul- und Hausordnung sowie der Pausenordnung;

➪ Hausordnung / Pausenordnung; ➪ Rauchen in der Schule; ➪ Waffen in der Schule

4. allgemeine Fragen der Klassenarbeiten und Hausaufgaben;

➪ Notenbildungsverordnung § 2 und § 10

5. Empfehlungen für einheitliche Maßstäbe bei Notengebung und Versetzung;

➪ Notenbildungsverordnung § 2

6. einheitliche Durchführung der Rechts- und Verwaltungsvorschriften an der Schule;

7. *Verwendung der der Schule zur Verfügung gestellten Haushaltsmittel im Rahmen ihrer Zweckbestimmung;*

➪ Haushalt (Allgemeines) Nr. 3; ➪ Haushalt (Kassenführung); ➪ Haushalt (Personalausgabenbudgetierung); ➪ Lernmittelfreiheit; ➪ Lernmittel (Zulassung); ➪ Schulgesetz § 48; ➪ Sponsoring

Hinweis der Redaktion: Es ist Dienstpflicht der Schulleitung, dieses Thema in der Gesamtlehrerkonferenz zu behandeln (Quelle: KM auf LT-Drucksache 10/5777).

8. *Stellungnahmen zur*
   a) *Ausstattung und Einrichtung der Schule sowie zu Baumaßnahmen gegenüber dem Schulträger,*
   b) *Einrichtung oder Beendigung eines Schulversuchs,*

   Hinw.d.Red.: Die Einrichtung einer Ganztagsschule – mit Ausnahme der in § 4a SchG genannten Grundschulen – zählt als Schulversuch gem. § 22 SchG.

   c) *Änderung der Schulart, der Schulform oder des Schultyps sowie der dauernden Teilung oder Zusammenlegung und der Erweiterung der Schule;*

   Hinweis der Redaktion: Die Schließung einer Schule unterliegt der Mitwirkung des zuständigen Personalrats (Bundesverwaltungsgericht, 24.2.2006; BVerG 6 P 4.05)

➪ Ganztagsschulen; ➪ Schulgesetz § 22, § 30 (dort weitere Hinweise der Redaktion)

9. allgemeine Empfehlungen für die Verteilung der Lehraufträge und sonstiger dienstlicher Aufgaben, für die Aufstellung der Stunden- und Aufsichtspläne sowie für die Anordnung von Vertretungen, unbeschadet § 41 Abs. 1 Schulgesetz;

➪ Aufsicht; ➪ Klassenlehrkraft; ➪ Stundenpläne

10. Aufstellung der Grundsätze über die Durchführung von besonderen Schulveranstaltungen, die die gesamte Schule berühren (z.B. Schulfeste);

11. Aufstellung der Grundsätze über die Durchführung von außerunterrichtlichen Veranstaltungen (z.B. Klassenfahrten, Schullandheimaufenthalte);

➪ Außerunt. Veranstaltungen; ➪ Schulpartnerschaften

12. Zusammenarbeit mit den Erziehungsberechtigten und den für die Berufserziehung der Schüler Mitverantwortlichen im Rahmen der Schule;

➪ Elternbeirat (EltBVO) § 3

13. Beratung des Schulleiters bei der Zusammenarbeit mit dem Schulträger, den Religionsgemeinschaften, den Berufsausbildungsstätten sowie sonstigen außerschulischen Institutionen mit Erziehungsauftrag;

14. Geschäftsordnungen für die Lehrerkonferenzen der Schulen ➪ Geschäftsordnung

15. Wahl der Vertreter der Lehrer in der Schulkonferenz; dabei sind wählbar alle in der Gesamtlehrerkonferenz stimmberechtigten Lehrer;

➪ Schulgesetz § 47; ➪ Schulkonferenzordnung

16. Vorschläge für die Festsetzung der beweglichen Ferientage ➪ Ferienverordnung § 3
17. sonstige Angelegenheiten, die der Gesamtlehrerkonferenz aufgrund von Rechts- oder Verwaltungsvorschriften übertragen sind.

(2) Die Gesamtlehrerkonferenz kann Angelegenheiten, über die die Schulkonferenz entscheidet, beraten und der Schulkonferenz Anregungen und Empfehlungen geben.

(3) Die Gesamtlehrerkonferenz ist ferner zuständig für Aufgaben der Teilkonferenzen, sofern diese nicht eingerichtet sind, und für die Bildung der in § 3 Abs. 3 bis 7 genannten Teilkonferenzen, soweit diese nicht bindend vorgeschrieben sind. Sie kann mit Zustimmung der Schulaufsichtsbehörde bei Bedarf andere als die in § 3 Abs. 1 genannten Teilkonferenzen einsetzen und diesen im Rahmen ihrer Zuständigkeiten Aufgaben übertragen sowie die Zusammensetzung und den Vorsitz regeln.

(4) Die Gesamtlehrerkonferenz kann über Angelegenheiten bestehender Teilkonferenzen von sich aus oder auf deren Antrag entscheiden und auch deren Beschlüsse aufheben, wenn die Belange der Schule dies erfordern; dies gilt nicht für Zeugnis-, Versetzungs- und sonstige Entscheidungen, für die durch Rechts- oder Verwaltungsvorschriften ausdrücklich der Teilkonferenz die Zuständigkeit zugewiesen ist.

2. Teilkonferenzen

§ 3
Bildung von Teilkonferenzen

(1) Teilkonferenzen sind insbesondere die Klassenkonferenz, die Fachkonferenz, die Abteilungskonferenz, die Berufsgruppenkonferenz, die Schulartkonferenz und die Stufenkonferenz.

(2) An allen Schulen besteht für jede Klasse eine Klassenkonferenz. Für die Jahrgangsstufen 12 und 13 der Gymnasien wird jeweils eine Jahrgangsstufenkonferenz gebildet.

(3) Fachkonferenzen sind an allen Schulen zu bilden, mit Ausnahme der Grund- und Sonderschulen, für die der Gesamtlehrerkonferenz die Entscheidung überlassen bleibt, ob sie zu bilden sind.

(4) Abteilungskonferenzen können für Schulen gebildet werden, die in Abteilungen gegliedert sind.

(5) Berufsgruppenkonferenzen können für Berufsschulen gebildet werden, an denen Berufsgruppen bestehen.

(6) Schulartkonferenzen können für Schulen gebildet werden, in denen gemäß § 16 des Schulgesetzes mehrere Schularten organisatorisch verbunden sind, für die nicht bereits gemäß Abs. 4 Abteilungskonferenzen gebildet werden können.

(7) Stufenkonferenzen können für Schulen gebildet werden, die mehrere Schulstufen, für die nicht bereits gemäß Abs. 4 Abteilungskonferenzen oder gemäß Abs. 6 Schulartkonferenzen gebildet werden können, umfassen.

(8) An Schulen mit weniger als drei hauptamtlichen Lehrern können Teilkonferenzen bei Bedarf eingerichtet werden.

§ 4
Klassenkonferenzen, Jahrgangsstufenkonferenzen

(1) Zu den Fragen von allgemeiner Bedeutung für die Erziehungs- und Unterrichtsarbeit der Klasse, über die gemäß § 45 Abs. 2 des Schulgesetzes die Klassenkonferenz berät und beschließt, gehören insbesondere

1. das Zusammenwirken der Lehrer der Klasse;
2. Koordinierung der Hausaufgaben und Klassenarbeiten im Rahmen der Grundsätze der Gesamtlehrerkonferenz;
3. gegenseitige Information über den Leistungsstand der Schüler;
4. Zeugnis- und Versetzungsentscheidungen;
5. Erziehungs- und Ordnungsmaßnahmen, soweit die Klassenkonferenz dafür zuständig ist;
6. Zuweisung von Schülern zu differenziert angebotenen Unterrichtsveranstaltungen unbeschadet eines Entscheidungsrechts der Erziehungsberechtigten und der Schüler;
7. Durchführung von Studienfahrten, Schullandheimaufenthalten, Schulausflügen, Wandertagen, Betriebsbesichtigungen u.Ä. im Rahmen der Grundsätze der Gesamtlehrerkonferenz sowie sonstiger Veranstaltungen für die Klasse;
8. Förderung der Schülermitverantwortung der Klasse;
9. Zusammenarbeit mit den Erziehungsberechtigten und den für die Berufserziehung der Schüler Mitverantwortlichen im Rahmen der Klassenpflegschaft;
10. sonstige Angelegenheiten, die der Klassenkonferenz aufgrund von Rechts- und Verwaltungsvorschriften übertragen sind.

(2) Für Jahrgangsstufenkonferenzen gilt Abs. 1 Nr. 1 bis 5 und Nr. 7 bis 10 entsprechend.

➪ Aufnahmeverfahren Ziff. III.2.5; ➪ Elternbeirat (EltBVO) § 5 ff.; ➪ Klassenlehrkraft; ➪ Schulgesetz § 56 Abs. 1

§ 5
Fachkonferenzen

(1) Die Gesamtlehrerkonferenz legt fest, für welche Fächer und Fächergruppen jeweils die Fachkonferenzen zuständig sind.

(2) Zu den besonderen Angelegenheiten, die ein Fach oder eine Fächergruppe betreffen, über die gemäß § 45 Abs. 2 des Schulgesetzes die Fachkonferenz berät und beschließt, gehören insbesondere

1. methodische und didaktische Fragen;
2. Verwendung von neuen Lehr- und Lernmitteln;

   Hinweis der Redaktion: Ein Beschluss der Fachkonferenz über die Verwendung eines bestimmten Schulbuches verpflichtet alle hiervon betroffenen Lehrkräfte, dieses im Fachunterricht als „hauptsächliches Arbeitsmittel" einzusetzen. Daneben kann die einzelne Lehrkraft ergänzend weitere Lernmittel (z.B. selbst gefertigte Arbeitsblätter usw.) einsetzen (vgl. Beschluss des Bundesverwaltungsgerichts vom 28.1.1994 (AZ: 6 B 24/93)

3. Beratung über die Verwirklichung der Lehr- und Bildungspläne, die Abstimmung der Stoffverteilungspläne sowie die Zusammenarbeit sich ergänzender Fächer;

4. Vorschläge für die Einrichtung von Arbeitsgemeinschaften und sonstigen freiwilligen Unterrichtsveranstaltungen;
5. Vorschläge für die Fortbildung der Lehrer;
6. Beratung des Schulleiters und der Gesamtlehrerkonferenz für die Anforderung und Verteilung der Haushaltsmittel sowie für die Ausstattung und Einrichtung der Schule, insbesondere für Sammlungen, Büchereien, Fach-, Übungs- und Werkräume;
7. fachspezifische Fragen der Notengebung;
8. sonstige Angelegenheiten, die der Fachkonferenz aufgrund von Rechts- oder Verwaltungsvorschriften übertragen sind. ⇨ Lernmittelverordnung

§ 6
Abteilungskonferenzen

(1) Zu den Fragen von allgemeiner Bedeutung für die Abteilung, über die gemäß § 45 Abs. 2 des Schulgesetzes die Abteilungskonferenz berät und beschließt, gehören insbesondere

1. die Koordinierung der pädagogischen Arbeit der Abteilung;
2. organisatorische Angelegenheiten der Abteilung;
3. sonstige Angelegenheiten, die der Abteilungskonferenz aufgrund von Rechts- und Verwaltungsvorschriften übertragen sind.

(2) Bei den Beratungen und Beschlüssen der Abteilungskonferenzen sind die Belange der gesamten Schule zu wahren. Beschlüsse über Angelegenheiten, die über die Abteilung hinauswirken, sind der Gesamtlehrerkonferenz zur weiteren Veranlassung vorzulegen.

(3) Das Nähere regelt die Gesamtlehrerkonferenz.

§ 7
Berufsgruppen-, Schulart- und Stufenkonferenzen

Für Berufsgruppen-, Schulart- und Stufenkonferenzen gilt § 6 entsprechend.

§ 8
Gesamtkonferenz

(1) Für jedes Bildungszentrum kann mit Zustimmung aller Gesamtlehrerkonferenzen der in ihm zusammengefassten Schulen eine Gesamtkonferenz gebildet werden.

(2) Die Gesamtkonferenz berät und beschließt über die gemeinsame Erledigung von Verwaltungs angelegenheiten, die gemeinsame Nutzung von schulischen Einrichtungen sowie sonstige Angelegenheiten der äußeren Schulorganisation, die zur Zuständigkeit der Gesamtlehrerkonferenzen gehören und für die eine gegenseitige Abstimmung angezeigt erscheint, insbesondere über

1. einheitliche Bestimmungen in den Schul-, Haus- und Pausenordnungen;
⇨ Hausordnung / Pausenordnung
2. einheitliche Grundsätze für die Aufstellung der Aufsichtspläne;
3. grundsätzliche Fragen der Schülerbeförderung.

Die Zuständigkeit der Organe der in dem Bildungszentrum zusammengefassten Schulen bleibt unberührt.

(3) Mitglieder der Gesamtkonferenz sind die Schulleiter der in dem Bildungszentrum zusammengefassten Schulen sowie die Lehrer, die jeweils Mitglieder der Schulkonferenz ihrer Schule sind.

⇨ Schulgesetz § 17

§ 9
Sonstige Konferenzen

(1) Die Vorsitzenden der sich jeweils entsprechenden Fachkonferenzen der in Bildungszentren zusammengefassten Schulen informieren sich gegenseitig und erörtern regelmäßig – wenigstens einmal im Schulhalbjahr – insbesondere folgende fachliche Fragen des Unterrichts an ihren Schulen:

1. Auswahl von Lehr- und Lernmitteln;
⇨ Lernmittel (Zulassung)
2. gemeinsame Nutzung von Fachräumen;
3. Ausstattung von Fachräumen.

Die Schulleiter und die betreffenden Fachkonferenzen der im Bildungszentrum zugesammengefassten Schulen werden über Gegenstand und Ergebnis der Besprechungen in geeigneter Weise unterrichtet.

(2) Bei Entscheidungen einer Klassenkonferenz über den Schulartwechsel eines Schülers durch Übergang in eine der anderen im Bildungszentrum zusammengefassten Schulen nehmen wenigstens zwei Lehrer der Schule beratend teil, die für die Aufnahme des Schülers in Betracht kommt. Sie werden hierzu von ihrem Schulleiter beauftragt. Dieser wird vom Vorsitzenden der Klassenkonferenz, von der die Entscheidung zu treffen ist, rechtzeitig über Gegenstand und Zeitpunkt der Beratung unterrichtet.

III. Abschnitt
Zusammensetzung, Verfahren

§ 10
Teilnahmepflicht

(1) Zur Teilnahme an den Gesamtlehrerkonferenzen, Klassenkonferenzen, Jahrgangsstufenkonferenzen, Abteilungskonferenzen, Berufsgruppenkonferenzen, Schulartkonferenzen und Stufenkonferenzen sind alle Lehrer, Erziehungskräfte mit überwiegender Lehrtätigkeit und der Schule zur Ausbildung für eine Lehrtätigkeit zugewiesenen Personen verpflichtet, die jeweils an der Schule, Klasse, Jahrgangsstufe bzw. innerhalb der betreffenden Abteilung, Berufsgruppe, Schulart oder Schulstufe selbstständig unterrichten. Zur Teilnahme an Fachkonferenzen sind sie verpflichtet, wenn sie die Lehrbefähigung in den betreffenden Fächern besitzen oder in ihnen unterrichten. Dies gilt auch grundsätzlich für Lehrer, die schulartübergreifend an einer anderen Schule nur in begrenztem Umfang unterrichten. Jedoch besteht die Teilnahmepflicht für die nebenamtlichen und nebenberuflichen Lehrer sowie für die der Schule zur Ausbildung für eine Lehrtätigkeit zugewiesenen Personen nur insoweit, als der Verhandlungsgegenstand ihre Teilnahme erfordert. In Zweifelsfällen entscheidet darüber der Vorsitzende der Lehrerkonferenz.

(2) Fachlich vorgebildete Erziehungskräfte einer Grundschulförderklasse sind zur Teilnahme an den Lehrerkonferenzen der Grundschule, an der die

Grundschulförderklasse geführt wird, bei Verhandlungsgegenständen verpflichtet, die die Arbeit der Grundschulförderklasse berühren; in Zweifelsfällen entscheidet darüber der Schulleiter. Fachlich vorgebildete Erziehungskräfte eines öffentlichen Schulkindergartens sind zur Teilnahme an den Lehrerkonferenzen der in ihrem Bezirk liegenden Sonderschulen bei Verhandlungsgegenständen verpflichtet, die die Arbeit des Schulkindergartens berühren; Satz 1 Halbsatz 2 gilt entsprechend. Der Schulleiter kann Erziehungskräfte, die an der Schule oder an einem mit der Schule verbundenen Heim beschäftigt sind, zur Teilnahme an der Beratung einzelner Verhandlungsgegenstände der Lehrerkonferenz verpflichten.

(3) Zur Teilnahme an den Gesamtkonferenzen verpflichtet sind ihre Mitglieder.

(4) Über die vorstehenden Bestimmungen hinausgehende Verpflichtungen zur Teilnahme an Lehrerkonferenzen aufgrund von Ausbildungs- oder Verwaltungsvorschriften bleiben unberührt.

Hinweis der Redaktion: Die Schulleitung kann ➪ Pädagogische Assistent*innen zur Teilnahme an der Beratung einzelner Verhandlungsgegenstände verpflichten. Alle Lehrerkonferenzen können sie im Einzelfall zur Beratung hinzuziehen; sie sind dann teilnahmeberechtigt, aber nicht verpflichtet (§ 11 Abs. 5) sowie nicht stimmberechtigt (§ 13 Abs. 1). Sie können nicht in die Schulkonferenz oder als Verbindungslehrkräfte gewählt werden.

§ 11
Teilnahmerecht

(1) Der Schulleiter sowie die Vertreter der Schulaufsichtsbehörden haben das Recht, an allen Lehrerkonferenzen teilzunehmen. Die in § 10 Abs. 1 Satz 4 genannten Personen sind berechtigt, an der betreffenden Lehrerkonferenz auch bei den Verhandlungsgegenständen teilzunehmen, bei denen sie dazu nicht verpflichtet sind. Im Übrigen steht allen in § 10 Abs. 1 genannten Personen ein Recht zur Teilnahme an sämtlichen Teilkonferenzen mit Ausnahme der Klassenkonferenz und der Jahrgangsstufenkonferenz auch dann zu, wenn sie nicht zum Kreis der dazu Verpflichteten gehören. Das Gleiche gilt für die der Schule zur Ausbildung für eine Lehrtätigkeit zugewiesenen Personen, die dort nicht selbstständig unterrichten. ➪ Schulkindergärten

(2) Fachkonferenzen sollen bei der Beratung von Verhandlungsgegenständen, die zum Aufgabengebiet der Schülermitverantwortung gemäß § 7 der Verordnung über die Einrichtung und Aufgaben der Schülermitverantwortung gehören, den danach zuständigen Schülervertretern Gelegenheit zur Teilnahme geben.

(3) Die Elterngruppe in der Klassenpflegschaft kann in den Angelegenheiten des § 56 Abs. 1 Nr. 1 bis 8 des Schulgesetzes der Klassenkonferenz Vorschläge zur Beratung und Beschlussfassung vorlegen, die auf die Tagesordnung der Klassenkonferenz zu setzen sind. Der Klassenelternvertreter und sein Stellvertreter haben das Recht, an der Beratung dieser Vorschläge in der Klassenkonferenz mitzuwirken. Entsprechendes gilt für Jahrgangsstufen.

(4) Die Elterngruppe in der Schulkonferenz kann in den Angelegenheiten des § 47 Abs. 5 des Schulgesetzes der Gesamtlehrerkonferenz Vorschläge zur Beratung und Beschlussfassung vorlegen, die auf die Tagesordnung der Gesamtlehrerkonferenz zu setzen sind. Die Elterngruppe hat das Recht, an der Beratung dieser Vorschläge in der Gesamtlehrerkonferenz mitzuwirken. ➪ Schulgesetz § 47 Abs. 5

(5) Im Übrigen können alle Lehrerkonferenzen im Einzelfall andere als die in den vorstehenden Bestimmungen genannten Personen (z.B. Sachverständige, Vertreter der Eltern, Schüler, Vertreter der für die Berufserziehung der Schüler Mitverantwortlichen oder des Schulträgers) zur Beratung hinzuziehen.

§ 12
Leitung, Einberufung, Tagesordnung

(1) Die Lehrerkonferenzen treten nach Bedarf zusammen; die Gesamtlehrerkonferenz soll mindestens viermal – bei Schulen mit Abteilungs-, Schulart- oder Stufenkonferenz mindestens zweimal – im Schuljahr, die Klassenkonferenz und die Jahrgangsstufenkonferenz mindestens einmal im Schulhalbjahr zusammentreten. Die Sitzungen finden zu Zeiten statt, in denen keine für Schüler verbindliche Veranstaltungen der Schule angesetzt sind, wenn nicht zwingende Gründe dem entgegenstehen. ➪ Geschäftsordnung

(2) Vorsitzender der Gesamtlehrerkonferenz und der Jahrgangsstufenkonferenzen ist der Schulleiter, Vorsitzender der Klassenkonferenz der Klassenlehrer. Bei anderen Teilkonferenzen obliegt der Vorsitz dem Lehrer, der durch Verwaltungsvorschriften dazu bestimmt ist; ist kein solcher Lehrer vorhanden, wählt die Teilkonferenz durch Abstimmung den Vorsitzenden aus dem Kreis der zur ständigen Teilnahme Verpflichteten. Der Schulleiter kann im Einzelfall in den Teilkonferenzen den Vorsitz übernehmen, wenn Bedarf für eine Sitzung einer Teilkonferenz besteht und kein Vorsitzender und kein stellvertretender Vorsitzender zur Verfügung steht. Abweichend von Satz 1 ist bei Zeugnis- und Versetzungsentscheidungen, bei der Beschlussfassung über den Schulbericht, über die Empfehlung zum Schulartwechsel zum Ende des zweiten Schulhalbjahres der Klassen 5 und 6 sowie bei der Beratung der Halbjahresinformation der Schulleiter Vorsitzender der Klassenkonferenz; er ist stimmberechtigt, bei Stimmengleichheit gibt seine Stimme den Ausschlag. In Konferenzen gemäß § 90 Abs. 3 des Schulgesetzes für Baden-Württemberg ist der Schulleiter Vorsitzender mit Stimmrecht.

➪ Versetzungsordnungen (bei den Schularten)

Hinweis der Redaktion: Der vorletzte Satz gilt auch für die Grundschulempfehlung. ➪ Aufnahmeverordnung § 1 Abs. 5

(3) Der Vorsitzende der Lehrerkonferenz bereitet ihre Sitzungen vor, beruft dazu – wenn er nicht Schulleiter ist, im Benehmen mit diesem – ein und leitet sie nach den in öffentlichen Angelegenheiten üblichen Grundsätzen.

Hinweis der Redaktion: Gemeint sind die Verhandlungsgrundsätze, die auch in anderen Gremien mit öffentlichen Aufgaben üblich sind und die dort in der Regel in der jeweiligen ➪ Geschäftsordnung konkretisiert werden. Hierzu zählen etwa: Eröffnung der Beratung durch den/die Vorsitzende*n gemäß der Tagesordnung, Aufstellung einer Rednerliste entsprechend den Wortmeldungen, Vorziehen von Anträgen zur Geschäftsordnung, Zurückweisung eines ungebührlichen, z.B. beleidigenden Wortbeitrages, bei alternativen Anträgen zunächst Abstimmung über den weitergehenden Antrag. (Quelle: KM, 10.1.2000; AZ: 43-6453.0/13)

(4) Ist für die in einem Bildungszentrum zusammengefassten Schulen ein Schulleiter mit Koordinierungsaufgaben betraut, führt dieser den Vorsitz in der Gesamtkonferenz. Sonst wählt die Gesamtkonferenz aus der Mitte der ihr angehörenden Schulleiter den Vorsitzenden; die Amtszeit dauert in diesem Fall zwei Jahre, Wiederwahl ist zulässig.

(5) Die Lehrerkonferenz ist innerhalb von sieben Unterrichtstagen einzuberufen, wenn ein Viertel der Stimmberechtigten dies unter Angabe der Verhandlungsgegenstände schriftlich verlangt. Außerdem sind Teilkonferenzen auf Verlangen der Gesamtlehrerkonferenz oder des Schulleiters und alle Lehrerkonferenzen auf Verlangen der Schulaufsichtsbehörde einzuberufen.

(6) Die Einberufung ist in der für die Schule üblichen Weise unter Angabe von Zeit, Ort und Tagesordnung allen zur Teilnahme Verpflichteten und Berechtigten mindestens sechs Unterrichtstage vor dem Sitzungstermin bekanntzumachen. In dringenden Fällen, die der jeweilige Vorsitzende den Mitgliedern der Lehrerkonferenz gegenüber begründen muss, kann diese Frist verkürzt werden oder entfallen. Unterlagen für die Beratung sollen den Teilnehmern an der Lehrerkonferenz so rechtzeitig bekanntgegeben werden, dass sie sich mit ihnen vertraut machen können.

(7) Der Vorsitzende der Lehrerkonferenz setzt die Tagesordnung fest. Er ist verpflichtet, Anträge, die von einem Stimmberechtigten oder den Teilnahmeberechtigten nach § 11 Abs. 3 und 4 mindestens drei Unterrichtstage vor dem Sitzungstermin schriftlich bei ihm eingereicht werden, auf die Tagesordnung zu setzen und zu Beginn der Sitzung bekanntzugeben. Für später eingehende Anträge gilt Absatz 8 Satz 2 entsprechend.

(8) Jeder Teilnehmer an der Sitzung kann sich an der Beratung der Tagesordnungspunkte, für die ihm das Teilnahmerecht zusteht, beteiligen und nach Erledigen der Tagesordnung Angelegenheiten zur Sprache bringen, die zum Aufgabenbereich der Lehrerkonferenz gehören. Beschlüsse darüber sind in dieser Sitzung nicht zulässig, die Beratung muss unterbleiben, wenn die Mehrheit der anwesenden Stimmberechtigten widerspricht.

§ 13
Abstimmungen

(1) In der Lehrerkonferenz ist stimmberechtigt, wer zur Teilnahme an dem betreffenden Verhandlungsgegenstand gemäß § 10 Abs. 1 und Abs. 2 Satz 1 verpflichtet ist; bei Zeugnis- und Versetzungsentscheidungen, bei der Beschlussfassung über den Schulbericht, über die Empfehlung zum Schulartwechsel zum Ende des zweiten Schulhalbjahres der Klassen 5 und 6 sowie bei der Beratung über die Halbjahresinformation sind nur die Mitglieder der Klassenkonferenz stimmberechtigt, die den Schüler unterrichten.

(2) Eine Übertragung des Stimmrechts ist nicht zulässig. Die Lehrerkonferenz ist beschlussfähig, wenn mehr als die Hälfte der Stimmberechtigten anwesend ist.

(3) Bei Abstimmungen entscheidet die einfache Mehrheit der abgegebenen gültigen Stimmen, sofern im Einzelfall nicht andere Vorschriften ein hiervon abweichendes Mehrheitsverhältnis vorschreiben. Stimmenthaltungen und ungültige Stimmen zählen bei der Berechnung der Mehrheit nicht mit. Bei Stimmengleichheit gilt der Antrag als abgelehnt.

(4) Auf Verlangen von mindestens einem Fünftel der anwesenden Stimmberechtigten ist geheim abzustimmen.

§ 14
Nichtöffentlichkeit

Die Verhandlungen der Lehrerkonferenzen sind nicht öffentlich. Sie unterliegen grundsätzlich der Pflicht zur Verschwiegenheit, insbesondere in Angelegenheiten, die einzelne Lehrer, Erziehungsberechtigte, Schüler oder sonstige an der Schule beschäftigte Bedienstete unmittelbar betreffen. Dies gilt nicht für den dienstlichen Verkehr und die Mitteilung von Tatsachen, die offenkundig sind oder ihrer Bedeutung nach keiner Geheimhaltung bedürfen. ➪ Verschwiegenheitspflicht

§ 15
Niederschrift

(1) Über jede Sitzung einer Lehrerkonferenz fertigt der Schriftführer eine Niederschrift. Er wird von der Lehrerkonferenz bestimmt. Seine Aufgabe soll in angemessenem Wechsel mit Ausnahme des Vorsitzenden von allen zu ständiger Teilnahme an der Lehrerkonferenz Verpflichteten übernommen werden.

(2) Aus der Niederschrift müssen sich mindestens Zeit und Ort der Sitzung, die Teilnehmer, die Verhandlungsgegenstände sowie die Beschlüsse in ihrem Wortlaut ergeben. Bei Beschlüssen soll ferner die Beschlussfähigkeit und das Abstimmungsergebnis festgehalten werden.

(3) Jeder Stimmberechtigte kann nach offenen Abstimmungen dem Schriftführer eine Begründung seiner Stimmabgabe oder seiner abweichenden Meinung schriftlich zur Beifügung an die Niederschrift übergeben.

(4) Die Niederschrift ist vom Schriftführer und vom Vorsitzenden zu unterzeichnen. Der Schulleiter bestätigt durch Unterschrift die Kenntnisnahme der Niederschrift der Lehrerkonferenzen, an denen er nicht teilgenommen hat.

(5) Die Niederschrift ist in geeigneter Weise jedem insoweit zugänglich zu machen, als er an den Verhandlungsgegenständen teilzunehmen berechtigt war. Einwendungen sind dem Schriftführer schriftlich vorzulegen, der darüber im Einvernehmen mit dem Vorsitzenden entscheidet. Wird der Einwendung nicht stattgegeben, entscheidet die Lehrerkonferenz bei ihrer nächsten Sitzung.

(6) Die Niederschrift ist bei den Akten der Schule aufzubewahren. ➪ Akten (Aufbewahrungsfristen)

(7) Eine Sammlung der gültigen Konferenzbeschlüsse ist in der für die Schule üblichen Weise zur Einsichtnahme für alle zur Teilnahme an der Gesamtlehrerkonferenz Berechtigten auszulegen. Dies gilt nicht für Beschlüsse der Klassenkonferenzen gemäß § 4 Nr. 4 und 6.

➪ Protokolle und Niederschriften

§ 16
Ausführung der Beschlüsse

(1) Beschlüsse, mit denen eine Lehrerkonferenz im Rahmen ihrer Zuständigkeit Entscheidungen trifft, sind bindend für den Schulleiter, die Lehrer und alle anderen zur Teilnahme an der Lehrerkonferenz Verpflichteten unbeschadet ihrer Rechtswirkung für weitere Personen. Für die Ausführung der Beschlüsse der Lehrerkonferenzen ist der Schulleiter, für die Ausführung der Beschlüsse einer Teilkonferenz auch deren Vorsitzender verantwortlich. Beschlüsse zur Festlegung der schuleigenen Stundentafel (§ 2 Nr. 1 a) einschließlich der Poolstunden und des Beginns der zweiten Fremdsprache (§ 2 und Vorbemerkung zu den Anlagen der Stundentafelverordnung Gymnasien) treten nach drei Jahren zum jeweiligen Schuljahresende außer Kraft.

(2) Ist der Schulleiter der Auffassung, dass ein Beschluss der Gesamtlehrerkonferenz gegen eine Rechtsvorschrift oder eine Verwaltungsanordnung verstößt oder dass er für die Ausführung des Beschlusses nicht die Verantwortung übernehmen kann (§ 44 Abs. 3 Satz 2 des Schulgesetzes), hat er die Gesamtlehrerkonferenz innerhalb von sieben Unterrichtstagen erneut einzuberufen. Für die Einberufung gilt § 12 Abs. 6 entsprechend mit der Maßgabe, dass die zweite Sitzung frühestens an dem auf die erste Sitzung folgenden Tag stattfinden darf. Hält die Gesamtlehrerkonferenz in der zweiten Sitzung den Beschluss nach nochmaliger Beratung aufrecht und bleibt der Schulleiter bei seiner Auffassung, hat er unverzüglich die Entscheidung der Schulaufsichtsbehörde einzuholen. Über deren Entscheidung, bis zu deren Ergehen der Beschluss nicht ausgeführt werden darf (§ 44 Abs. 3 letzter Satz des Schulgesetzes), sind die zur Teilnahme an der Gesamtlehrerkonferenz Berechtigten unverzüglich zu unterrichten.

(3) Für Beschlüsse der Teilkonferenz gilt Abs. 2 Satz 1 und 2 entsprechend mit der Maßnahme, dass an die Stelle des Schulleiters der Vorsitzende der Teilkonferenz tritt und dass es daneben dem Schulleiter obliegt, die erneute Einberufung binnen einer Woche nach Kenntnisnahme zu verlangen. Hält die Teilkonferenz in der zweiten Sitzung den Beschluss nach nochmaliger Beratung aufrecht und bleiben der Vorsitzende oder der Schulleiter bei ihrer Auffassung, ist der Beschluss unverzüglich der Gesamtlehrerkonferenz, sofern diese für seine Aufhebung zuständig ist, sonst der Schulaufsichtsbehörde zur Entscheidung vorzulegen. Abs. 2 Satz 4 gilt entsprechend.

§ 17
Ausschüsse

Jede Lehrerkonferenz kann zur Beratung bestimmter Fragen aus ihrem Aufgabenbereich ständige und nichtständige Ausschüsse einsetzen. Diese sind der betreffenden Lehrerkonferenz gegenüber zur Berichterstattung verpflichtet.

IV. Abschnitt

§ 18
Schlussbestimmungen

(1) Von dieser Konferenzordnung abweichende Bestimmungen über Versetzungen, Prüfungen sowie Erziehungs- und Ordnungsmaßnahmen bleiben unberührt. Dazu gehören auch die Vorschriften, die den Vorsitz in den entsprechenden Konferenzen regeln. [...]

⇨ Akten (Aufbewahrungsfristen und Archivierung); ⇨ Aufnahmeverfahren Ziff. III.2.5; ⇨ Aufsicht; ⇨ Außerunterrichtliche Veranstaltungen; ⇨ Datenschutz (Schulen); ⇨ Elternbeirat (EltBVO); ⇨ Ganztagsschulen; ⇨ Geschäftsordnung; ⇨ Haushalt (Allgemeines); ⇨ Haushalt (Kassenführung); ⇨ Klassenlehrkraft; ⇨ Lernmittel (Zulassung); ⇨ Lernmittelfreiheit (Allgemeines); ⇨ Protokolle und Niederschriften; ⇨ Schulgesetz; ⇨ Schulkonferenz (Allgemeines); ⇨ Schulkonferenzordnung; ⇨ Schulpartnerschaften, ⇨ Sponsoring; ⇨ Stundenpläne; ⇨ Verschwiegenheitspflicht; ⇨ Versetzungsordnungen (bei den Schularten)

Kooperation Kindertageseinrichtungen – Grundschulen

VwV des Kultusministeriums über die Kooperation zwischen Tageseinrichtungen für Kinder und Grundschulen (VwV Kooperation Kindertageseinrichtungen – Grundschulen) vom 15. Juli 2019 (K.u.U. S. 171/2019)

1.
Grundlagen und Ziele

Kinder durchlaufen individuelle Entwicklungs- und Bildungsprozesse, die in der Familie beginnen und sich in den Einrichtungen der frühkindlichen Bildung und in der Schule fortsetzen. Die Einrichtungen wirken durch die pädagogische Begleitung und Förderung der Kinder auf eine Kontinuität der individuellen Entwicklungs- und Bildungsprozesse hin. Dabei ist der Auftrag zur gemeinsamen Bildung und Erziehung von Schülerinnen und Schülern mit und ohne Behinderung in den Schulen zu berücksichtigen. Gemeinsam mit den Eltern tragen die Kindertageseinrichtungen gemäß § 1 Absatz 2 bis 4 Kindertagesbetreuungsgesetz (KiTaG) und die Schulen die Verantwortung für einen erfolgreichen Übergang von der Kindertageseinrichtung in die Schule. Kindertageseinrichtungen und Schulen haben gemeinsame pädagogische Grundlagen, die in der Förderung der Gesamtpersönlichkeit des Kindes, seiner Selbsttätigkeit und Selbstständigkeit sowie im Aufbau tragfähiger sozialer Beziehungen liegen. Die Gesundheitsämter stellen im Rahmen der verbindli-chen Einschulungsuntersuchungen sicher, dass frühzeitig Förderempfehlungen und medizinische Bedarfe ausgesprochen werden, so dass präventive und gesundheitsförderliche Maßnahmen eingeleitet werden können. Die Zusammenarbeit von öffentlichem Gesundheitsdienst, pädagogischen Fachkräften und den für die Kooperation zuständigen Lehrkräften der Grundschulen (Kooperationslehrkräften) soll eine ganzheitliche Sicht auf die Entwicklung des einzelnen Kindes ermöglichen. Eine Unterstützung von elterlicher, pädagogischer und medizinischer Seite ist unverzichtbar, damit das Kind die erforderlichen Fähigkeiten, Fertigkeiten und Einstellungen für einen guten Start in die Schule erwirbt. Der Übergang von der Kindertageseinrichtung in die Schule wird so gestaltet und koordiniert, dass er die individuellen und familiären Voraussetzungen des Kindes berücksichtigt.

Die pädagogischen Grundsätze für die Kooperation zwischen Kindertageseinrichtung und Grundschule und für die Förderung der Kinder beim Übergang von der Kindertageseinrichtung in die Grundschule ergeben sich aus dem Orientierungsplan für Bildung und Erziehung für die baden-württembergischen Kindergärten und weiteren Kindertageseinrichtungen sowie aus dem Bildungsplan der Grundschule. Aufgrund ihrer aufeinander abgestimmten Bildungsinhalte ermöglichen sie anschlussfähige Bildungsprozesse. [...]

2.
Erziehungs- und Bildungspartnerschaft mit den Eltern

In der Verantwortung für die Entwicklung der Kinder tragen Eltern und pädagogische Fachkräfte sowie Lehrkräfte gemeinsam dafür Sorge, dass alle Kinder optimale Bedingungen für ihre Entwicklung bekommen. Eltern bringen ihr Wissen über die Entwicklung ihres Kindes im familiären Umfeld als Erziehungs- und Bildungspartner in die Kooperation zwischen Kindertageseinrichtung und Grundschule ein. Sie tauschen sich mit den pädagogischen Fachkräften und den Lehrkräften über die jeweiligen Perspektiven für die Entwicklung ihres Kindes aus.

Die Eltern werden über die Ziele, Inhalte und Maßnahmen der Kooperation informiert. Die Kindertageseinrichtung erläutert den Eltern insbesondere das Konzept gemäß Nummer 4.1.

Allgemeine und spezifische Fragen des Übergangs werden im Rahmen einer gemeinsamen Veranstaltung von Kindertageseinrichtung und Grundschule, die im Kindergartenjahr vor der Einschulung stattfindet, erörtert.

3.
Die Mitwirkung der Gesundheitsämter

Die Gesundheitsämter untersuchen zur Schule angemeldete Kinder sowie Kinder, die bis zum 30. September des laufenden Schuljahrs das vierte Lebensjahr vollendet haben (Einschulungsuntersuchung). Die Untersuchung dient insbesondere der präventiven gesundheitlichen Beratung und der Veranlassung von gegebenenfalls erforderlichen Maßnahmen, die gesundheitlichen Einschränkungen und Entwicklungsverzögerungen entgegenwirken, die die Teilnahme am Unterricht gefährden können.

Die Kindertageseinrichtungen und Schulen geben den Gesundheitsämtern die zur ordnungsgemäßen Durchführung der Untersuchung und Maßnahmen notwendigen Auskünfte und Informationen, die zu deren Zweckerfüllung nach § 2 Absatz 1 und § 3 Absatz 1 Schuluntersuchungsverordnung notwendig sind.

Die Einschulungsuntersuchung wird in zwei Schritten durchgeführt. Schritt 1 erfolgt 24 bis 15 Monate vor der termingerechten Einschulung. In Schritt 2, der in den Monaten vor der Einschulung stattfindet, werden alle Kinder untersucht, die keine Kindertageseinrichtung besuchen. Bei Kindern, die eine Kindertageseinrichtung besuchen, werden zur Entscheidung über eine ärztliche Untersuchung in Schritt 2 herangezogen:

- die ärztliche Bewertung der Untersuchungsergebnisse aus Schritt 1,
- mit Einwilligung einer sorgeberechtigten Person die Entwicklungsbeobachtung in ausgewählten Dimensionen durch die Erzieherin oder den Erzieher und
- mit Einwilligung einer sorgeberechtigten Person die Beurteilung der Schulfähigkeit des Kindes durch die Kooperationslehrkraft.

Die Möglichkeit für die pädagogische Fachkraft und die Grundschule, einen Antrag auf eine ärztliche Untersuchung in Schritt 2 zu stellen, richtet sich nach der Verwaltungsvorschrift des Sozialministeriums zur Durchführung der Einschulungsuntersuchung und der Jugendzahnpflege (VwV ESU und Jugendzahnpflege).

Die Ärztinnen und Ärzte des Kinder- und Jugendgesundheitsdienstes beraten nach Maßgabe der VwV ESU und Jugendzahnpflege sowohl die Eltern als auch die Einrichtungen.

⇨ Einschulung und schulärztliche Untersuchung;
⇨ Jugendzahnpflege

4.
Bereiche der Zusammenarbeit zwischen Kindertageseinrichtung und Grundschule

Die Zusammenarbeit von Kindertageseinrichtung und Grundschule umfasst insbesondere folgende Bereiche:

4.1
Einrichtungsbezogene Zusammenarbeit

Die Kindertageseinrichtung und die Grundschule

- tauschen sich regelmäßig gegenseitig über die im elementaren und primären Bildungsbereich geltenden Regelungen sowie über die pädagogischen Grundlagen einschließlich der Förderangebote, Methoden und Arbeitsweisen der Kindertageseinrichtung und der Grundschule aus,
- verständigen sich auf ein in der Regel mehrjähriges Konzept, in dem die Ziele und die Schwerpunkte der Kooperation unter Berücksichtigung der örtlichen Gegebenheiten einschließlich der vor Ort umgesetzten Fördermaßnahmen beschrieben werden und
- erstellen jährlich auf der Grundlage dieses Konzepts einen gemeinsamen Arbeitsplan, der die einzelnen Termine für die in den Nummern 4.1 und 4.2 genannten Maßnahmen sowie die Zuständigkeiten festlegt; dieser wird jährlich gemeinsam reflektiert und bei Bedarf weiterentwickelt.

Die pädagogischen Fachkräfte und die Kooperationslehrkräfte erweitern ihre fachlichen Kenntnisse und beruflichen Erfahrungen zum Beispiel dadurch, dass sie

- gegenseitig in ihren Einrichtungen hospitieren,
- sich anhand von Fallbeispielen unter Beachtung der datenschutzrechlichen Bestimmungen fachlich austauschen und
- an gemeinsamen Fortbildungsveranstaltungen teilnehmen.

Die Kooperationslehrkraft nimmt an den Dienstbesprechungen der regionalen Ansprechpersonen für Kooperation teil.

4.2 Kindbezogene Zusammenarbeit

Die kindbezogene Zusammenarbeit beginnt in der Regel ein Jahr vor der Einschulung des Kindes.

Voraussetzung für die Maßnahmen gemäß Nummer 4.2.1 bis Nummer 4.2.3 ist sowohl die Einwilligung der Eltern in die Maßnahmen als auch die datenschutzrechtliche Einwilligung. Hierzu kann ein auf der Internetseite des Kultusministeriums abrufbares Muster verwendet werden.

Auf Wunsch ist den Eltern Gelegenheit zu geben, Fragen zu Ziel und Inhalt der Kooperation sowie zu Art und Umfang der zur Verarbeitung anstehenden personenbezogenen Daten zu stellen.

Auf die Anwendbarkeit der Verwaltungsvorschrift Datenschutz an öffentlichen Schulen sowie auf die Ausführungen in der Broschüre „Datenschutz in Kindertageseinrichtungen – zum Schutz des Kindes“ wird hingewiesen. ⇨ Datenschutz (Schulen)

Hinweis der Redaktion: Die Broschüre ist abrufbar unter: http://kindergaerten-bw.de/ >Service > Datenschutz+in+Kitas

4.2.1 Pädagogische Angebote

Kooperationslehrkräfte, pädagogische Fachkräfte oder ein Team, das aus einer Kooperationslehrkraft und einer pädagogischen Fachkraft besteht, führen pädagogische Angebote für die künftigen Schulanfängerinnen und Schulanfänger durch, um den jeweiligen Entwicklungsstand zu erfassen.

Pädagogische Angebote sind Lernanlässe, die geeignet sind, den Entwicklungsstand des Kindes im Hinblick darauf einzuschätzen, ob es bereit für die Schule ist. Dazu können Spiele, Bücher oder andere altersentsprechende Materialien eingesetzt werden.

Den Kindern wird ein Besuch in der Grundschule, der eine Teilnahme am Unterricht einschließt, ermöglicht.

4.2.2
Einschätzung des Entwicklungsstands und der Entwicklungsfortschritte

Die pädagogische Fachkraft und die Kooperationslehrkraft tauschen sich auf der Grundlage der Entwicklungseinschätzung und der Beobachtungen der pädagogischen Fachkraft zum Entwicklungsstand und den Entwicklungsfortschritten darüber aus, ob das jeweilige Kind bereit für die Schule ist. Gegebenenfalls beziehen sie die Ergebnisse der Einschulungsuntersuchung in ihre Abwägung ein; hierfür muss die datenschutzrechtliche Einwilligung der Eltern vorliegen. Die pädagogische Fachkraft und die Kooperationslehrkraft entscheiden gemeinsam, ob ein Beratungsgespräch mit den Eltern für erforderlich erachtet wird.

Die Kooperationslehrkraft schätzt den Entwicklungsstand des Kindes während der Durchführung der pädagogischen Angebote ein. Sie dokumentiert auf einem Einschätzungsbogen den Entwicklungsstand des Kindes im Hinblick auf seine Schulbereitschaft und erteilt der pädagogischen Fachkraft Einblick in die auf dem Reflexionsbogen dokumentierten Daten. Eine Vorlage zum Einschätzungsbogen des Entwicklungsstandes in Bezug auf die Schulbereitschaft wird auf der Internetseite des Kultusministeriums zur Verfügung gestellt.

Der ausgefüllte Einschätzungsbogen wird im Rahmen der Schulanmeldung an die aufnehmende Schule weiter geleitet; eine Kopie davon wird den Eltern zusammen mit einem Begleitschreiben ausgehändigt. Ein Muster für ein Begleitschreiben wird auf der Internetseite des Kultusministeriums zur Verfügung gestellt.

4.2.3. Beratungsgespräch mit den Eltern

Ein Beratungsgespräch zum Entwicklungsstand und den Entwicklungsfortschritten des Kindes wird auf Wunsch der Eltern oder nach Entscheidung der pädagogischen Fachkraft und der Kooperationslehrkraft (Nummer 4.2.2 Satz 5) den Eltern des Kindes angeboten. Gegenstand dieses Gesprächs kann auch die kindbezogene Wirksamkeit der vom Kindergarten eingeleiteten Fördermaßnahmen sein. Gemeinsam mit den Eltern wird eine mögliche weitere Unterstützung des Kindes bis zum Schuleintritt einschließlich der Einbeziehung von Fachstellen erörtert. Die pädagogische Fachkraft und die Kooperationslehrkraft unterstützen die Eltern darin, Zugang zu weiteren Hilfen zu finden.

⇨ Behinderungen (Förderbedarf)

Das Beratungsgespräch wird von der Kindertageseinrichtung dokumentiert und von den teilnehmenden Personen unterzeichnet. Die Dokumentation über das Beratungsgespräch wird im Rahmen der Schulanmeldung an die aufnehmende Schule übermittelt. Auf Wunsch wird den Eltern eine Mehrfertigung der Dokumentation über das Beratungsgespräch ausgehändigt.

Ein Muster für die Dokumentation des Beratungsgesprächs wird auf der Internetseite des Kultusministeriums zur Verfügung gestellt.

4.3 Verantwortung

Die Schulleitung trägt Verantwortung für die Gestaltung und Durchführung der Kooperation auf schulischer Seite. Die Mitwirkung der Leitung der Tageseinrichtung obliegt dem Träger.

5.
Einleitung des Verfahrens zur Prüfung und Feststellung des Anspruchs auf ein sonderpädagogisches Bildungsangebot

Sofern konkrete Hinweise darauf bestehen, dass die Einleitung des Verfahrens zur Prüfung und Feststellung des Anspruchs auf ein sonderpädagogisches

Bildungsangebotes gemäß § 82 Absatz 2 Schulgesetz (SchG) erforderlich ist, wirkt die Grundschule rechtzeitig vor der Einschulung darauf hin, dass dieser Antrag über sie beim Staatlichen Schulamt gestellt wird. Die Grundschule weist die Eltern darauf hin, dass der Antrag auch über die sonderpädagogischen Beratungsstellen für Frühförderung oder den Schulkindergarten gestellt werden kann.

⇨ Sonderpädagogik (SBBZ Bildungsangebote)

6.
Regionale Ansprechpersonen

Zur Förderung der Kooperation zwischen den Kindertageseinrichtungen und Grundschulen sowie zur Beratung der Grundschulförderklassen werden regionale Ansprechpersonen bestellt (Kooperationsbeauftragte). – Zu ihren Aufgaben gehören insbesondere

- die Beratung der Grundschulen einschließlich der Kooperationslehrkräfte und die Entwicklung von geeigneten Handlungsformen und Abläufen zur Umsetzung der Zusammenarbeit gemäß Nummer 4,
- die Koordinierung der örtlichen Kooperationsverbünde,
- die Mitwirkung an Fortbildungsveranstaltungen für Kooperationslehrkräfte und für die in ⇨ Grundschulförderklassen tätigen Personen sowie für pädagogische Fachkräfte aus Kindertageseinrichtungen, soweit die Zustimmung des Einrichtungsträgers vorliegt,
- die Zusammenarbeit mit den von den kommunalen, kirchlichen und freien Trägern bestellten sowie mit den für die Jugendämter tätigen Fachberaterinnen und Fachberatern. Diese dient der gegenseitigen Unterrichtung und Beratung und der gemeinsamen Planung und Durchfüh-rung von Fortbildungsveranstaltungen für die Kooperationslehrkräfte und die pädagogischen Fachkräfte,
- die Zusammenarbeit mit weiteren für die Kooperation zuständigen Stellen aus dem schulischen und frühkindlichen Bereich,
- das Erstellen einer jährlichen Arbeitsplanung sowie eines jährlichen Berichts zu den Tätigkeiten auf dem Dienstweg an das Kultusministerium,
- die Zusammenarbeit mit den für die Feststellung des Anspruchs auf ein sonderpädagogisches Bildungsangebots zuständigen Personen des Staatlichen Schulamts sowie mit der Regionalen Arbeitsstelle Frühförderung und
- die Teilnahme an mindestens einer jährlichen Dienstbesprechung mit der zuständigen Stelle; dazu können weitere Partner der frühkindlichen Bildung, wie zum Beispiel die Vertreterinnen und Vertreter der Gesundheitsämter und der Trägerverbände, eingeladen werden; es können themenbezogen auch von den Trägern beziehungsweise den Trägerverbänden bestellte Fachberaterinnen und Fachberater teilnehmen.

Die regionalen Ansprechpersonen tragen dafür Sorge, dass Arbeitskreise zur Kooperation zwischen den Kindertageseinrichtungen, den Grundschulen und gegebenenfalls den Gesundheitsämtern eingerichtet beziehungsweise weitergeführt werden.

7.
Unfallversicherung

Kindergarten- und Schulkinder genießen bei der Teilnahme an den Maßnahmen Unfallversicherungsschutz. Beamtete Kooperationslehrkräfte erhalten im Rahmen der vorgesehenen Aufgaben und der Mitarbeit nach Maßgabe des Beamtenrechts Unfallfürsorgeschutz. Kooperationslehrkräfte und pädagogische Fachkräfte als Angestellte sind gesetzlich unfallversichert. ⇨ Unfallversicherung

8.
Vorschriften für die Zusammenarbeit

Auf die Anwendbarkeit insbesondere folgender Regelungen wird hingewiesen:

- KiTaG, **Hinweis der Redaktion:** Kindertagesbetreuungsgesetz in der Loseblattsammlung von K.u.U. unter Nr. 6930-1,
- §§ 72 bis 76, 82, 83 und § 91 ⇨ Schulgesetz,
- Schuluntersuchungsverordnung [...] ⇨ Einschulung und schulärztliche Untersuchung Teil B,
- VwV ⇨ Jugendzahnpflege,
- VwV ⇨ Einschulung und schulärztl. Untersuchung Teil C,
- VwV ⇨ Integration und Sprachförderung,
- VwV ⇨ Grundschulförderklassen und Verordnung ⇨ Sonderpädagogik (SBBZ Bildungsangebote).

Hinweis der Redaktion: Materialien zur Kooperation online unter: http://kindergaerten-bw.de/,Lde/Startseite/ > Kooperationen > Material > Kooperation

„Bildungshaus 3-10" und „Schulreifes Kind"

Ergänzende Hinweise der Redaktion

Das *„Bildungshaus 3-10"* ist eine durchgängige Einrichtung mit flexibler Einschulung und jahrgangsübergreifendem Lernen für Drei- bis Zehnjährige. Der Orientierungsplan für Kindergärten und der Grundschul-Bildungsplan sind aufeinander abgestimmt. Link: http://kindergaerten-bw.de/,Lde/Startseite > Fruehe+Bildung > Bildungshaus.

Im Projekt *„Schulreifes Kind"* sollen Entwicklungsverzögerungen frühzeitig erkannt und durch gezielte Fördermaßnahmen ausgeglichen werden, die über die Möglichkeiten des Orientierungsplans für Kindergärten hinausgehen. Die Förderung kann in der Grundschule oder im Kindergarten durch Lehrkräfte, Erzieher*innen oder in Zusammenarbeit beider pädagogischer Fachkräfte erfolgen. Die Erprobungsmodelle beginnen ein Jahr bzw. ein halbes Jahr vor der Einschulung und variieren im Förderumfang von sechs bis höchstens 18 Wochenstunden. Infos unter: http://kindergaerten-bw.de > Schulreifes Kind.

⇨ Behinderungen (Förderbedarf); ⇨ Datenschutz (Allgemeines); ⇨ Einschulung und schulärztliche Untersuchung; ⇨ Grundschule (Verlässliche); ⇨ Grundschulförderklassen; ⇨ Schulgesetz § 74; ⇨ Sonderpädagogik (SBBZ Bildungsangebote); ⇨ Integration / Sprachförderung; ⇨ Unfallversicherung; ⇨ Unterrichtsorganisation (Organisationserlass)

Kooperation (Schule – Außerschulische Partner)

Informationen der Redaktion zur Rechtslage und zur Verwaltungspraxis in Baden-Württemberg

Allgemeines

Herkömmlich steht im Zentrum der schulischen Bildung und Erziehung der Unterricht durch hierfür ausgebildete – und im Bereich der öffentlichen Schulen beim Land beschäftigte – Lehrkräfte. Überwiegend stehen diese in Baden-Württemberg im Beamten-, teilweise auch im Arbeitnehmerverhältnis. Neben den hauptberuflichen (voll- oder teilzeitbeschäftigten) Lehrkräften werden an den Schulen auch nebenberufliche Lehrkräfte eingesetzt.

Die öffentlichen Schulen arbeiten auf vielfältige Weise auch mit außerschulischen Partnern (Institutionen und Einzelpersonen) zusammen. Das Spektrum reicht von der Beteiligung von Eltern oder anderen geeigneten Personen als Begleiter*innen bei außerunterrichtlichen Veranstaltungen bis zum Einsatz von „Fachleuten" im Unterricht oder zur Zusammenarbeit mit Betrieben im Rahmen von Praktika.

⇨ Außerunterrichtliche Jugendbildung; ⇨ Außerunterrichtliche Veranstaltungen; ⇨ Außerunterrichtliche Veranstaltungen (Hinweise); ⇨ Berufliche Orientierung / Praxiserfahrungen; ⇨ Fachleute

Insbesondere der Ausbau des Ganztagsbetriebs wäre ohne die institutionelle Kooperation mit außerschulischen Partnern nicht möglich. Siehe hierzu: ⇨ Ganztagsschulen (Allgemeines); ⇨ Grundschule (GanztagsgrundschulVO); ⇨ Jugendarbeit und Schule; ⇨ Jugendbegleiter*innen; ⇨ Lehrbeauftragte; ⇨ Schulfördervereine; ⇨ Schulsozialarbeit

Zur Kooperation von Schule und Bundeswehr siehe auch: ⇨ Erziehungsauftrag und politische Bildung, zur Kooperation mit den einschlägigen Institutionen bei der Drogenprävention sowie von Schule und Polizei siehe: ⇨ Prävention und ⇨ Polizei und Schule. Zur Kooperation mit vorschulischen Einrichtungen siehe: ⇨ Kooperation Kindertageseinrichtungen – Grundschulen.

Die „Landesarbeitsstelle Kooperation" (LASKO) im Zentrum für Schulqualität und Lehrerbildung ist vor allem mit der Organisation und Ausgestaltung der schulischen Bildung sowie inklusiver Bildungsangebote von Kindern und Jugendlichen mit besonderem Förderbedarf, chronischer Erkrankung oder Behinderung befasst. Die Arbeitsstellen (ASKOs) informieren und beraten Schulen aller Schularten und beteiligen sich an der Vernetzung schulischer und außerschulischer Partner. Link: https://km-bw.de/schule/Arbeitsstellen+Kooperation

Für die Zusammenarbeit mit Organisationen und Einzelpersonen im Programm „Lernen mit Rückenwind" siehe: https://km-bw.de/lernen-mit-rueckenwind/.

Kooperation Schule – Verein

Das Land fördert die Kooperation von Schulen mit Vereinen (z.B. in den Bereichen Sport und Musik; musikalische „Dauer-Kooperationen" wurden in das Programm ⇨ Jugendbegleiter*innen übergeleitet).

Das Kooperationsprogramm Schule/Sportverein fördert gemeinsam von Schule bzw. Kita und Sportverein durchgeführte, langfristig angelegte Spiel-, Übungs- und Trainingsgruppen. Zuschüsse werden zu breitensport- und zu leistungssportorientierten Maßnahmen (Talentförderung) geleistet. In den Sportförderrichtlinien (Loseblattsammlung K.u.U. Nr. 6811-51) ist unter Nr. 2.5 u.a. verfügt, dass auf Schuljahresdauer angelegte Maßnahmen mit bis zu 500 Euro pro Maßnahme/Jahr gefördert werden können. Für Modellprogramme, z.B. innovative und integrative Maßnahmen, können höhere Zuschüsse gewährt werden. Aktuell (Stand: 2022) werden Kooperationsmaßnahmen im Umfang von 20 bis 29 Schulstunden à 45 Minuten mit 250 € bzw. ab einem Umfang von 30 Schulstunden mit 500 € bezuschusst.

Schulen und Sportvereine können auch Zuschüsse für gemeinsame Projekte beantragen, die eine Unterstützung der schulischen und sozialen Integration geflüchteter Kinder und Jugendlicher anstreben: Schüler*innen mit und ohne Fluchterfahrung nehmen gemeinsam an regelmäßigen außerunterrichtlichen Bewegungs- und Sportangeboten teil.

Alle gemeldeten, grundsätzlich zuschussfähigen Kooperationsmaßnahmen (auch solche ohne Zuschuss) erhalten Versicherungsschutz. Träger und Zuschussempfänger ist der Sportverein, Antragsteller sind Schule und Verein gemeinsam. Anträge können innerhalb des Bewerbungszeitraums auf den Internetseiten der Landessportbünde (s.u.) gestellt werden.

Aktivitäten im Rahmen der Kooperation fallen nicht unter die Schulgeldfreiheit; hierfür werden teilweise Eigenbeiträge erhoben. Wie bei außerunterrichtlichen Veranstaltungen ist die Schule gehalten, die finanzielle Belastung der Schüler*innen bzw. ihrer Eltern so niedrig wie möglich zu halten. Das sollte vor der Einleitung von Kooperationen in der Gesamtlehrerkonferenz besprochen und auch beschlossen werden. ⇨ Konferenzordnung § 2 Abs. 1 Nr. 11

Über die Förderung von Sport-Kooperationsgruppen informieren Merkblätter der Sportbünde, z.B.
www.badischer-sportbund.de/zuschuesse/koop-schule-verein/
www.wlsb.de/zuschuesse-foerderung-landesjugendplan/kooperation-schule-verein.

Weitere Informationen sind hier online abrufbar: www.km-bw.de > Kooperation Schule-Sportverein.

⇨ Außerunterrichtliche Veranstaltungen Ziff. 2.8; ⇨ Konferenzordnung § 2 Abs. 1 Nr. 11

Kultus und Unterricht (Amtsblatt)

Amtsblatt „Kultus und Unterricht"; Verwaltungsvorschrift des Kultusministeriums vom 22. Mai 2008 (K.u.U. S. 141/2008); zuletzt geändert 6.11.2018 (K.u.U. S. 194/2018)

1.

Das Amtsblatt „Kultus und Unterricht" *(amtliche Abkürzung: K.u.U.)* erscheint in drei Ausgaben:

Ausgabe A: Bei dieser Ausgabe handelt es sich um das regelmäßig erscheinende Amtsblatt.

Ausgabe B: Diese Ausgabe erscheint als Loseblattausgabe. Sie enthält das Vorschriften- und das Bekanntmachungsverzeichnis des Kultusressorts sowie eine Textsammlung der Rechts- und Verwaltungsvorschriften des Kultusministeriums. Diese Ausgabe wird durch Ergänzungslieferungen laufend aktualisiert.

Ausgabe C: In dieser Ausgabe werden Bildungs- und Lehrpläne veröffentlicht. Die Lieferung erfolgt nach einem gesonderten Verteiler.

2.

Die Erfüllung des Bildungs- und Erziehungsauftrags durch die Schulen und eine ordnungsgemäße Verwaltungsführung setzen voraus, dass sich alle daran Beteiligten unverzüglich über die Rechts- und Verwaltungsvorschriften sowie die sonstigen Bekanntmachungen des Kultusministeriums informieren. Die nachgeordneten Behörden und Anstalten sowie die Schulen sind gehalten, sowohl die Ausgabe A als auch die Ausgabe B des Amtsblatts zu beziehen. Der Bezug der Ausgabe B kann auch in elektronischer Form, z.B. über den Rechtsinformationsdienst „Landesrecht BW" der juris GmbH, erfolgen. Der Bezug der Ausgabe C ist dann verpflichtend, wenn die betreffende Schule im Verteiler vorgesehen ist.

⇨ Vorschriften

3.

Den Erziehungsberechtigten und den Schülerinnen und Schülern ist auf Nachfrage die Möglichkeit zu geben, die Ausgaben des Amtsblattes einzusehen. Den Schulen obliegt eine Aufbewahrungspflicht für das Amtsblatt von 10 Jahren. Noch ältere Ausgaben des Amtsblattes Kultus und Unterricht Ausgabe A stehen elektronisch im „Landesrecht BW" zur Verfügung.

Hinweis der Redaktion: Unter www.landesrecht-bw.de > Verkündungsblätter sind alle Ausgaben von K.u.U. abrufbar.

Landeselternbeirat

Informationen zum Landeselternbeirat finden Sie in diesem Buch unter

Elternbeirat (Landeselternbeirat)

Landesschulbeirat

Informationen der Redaktion zur Rechtslage und zur Verwaltungspraxis in Baden-Württemberg

Zur Beratung des Kultusministeriums bei der Vorbereitung grundsätzlicher Maßnahmen auf dem Gebiet des Schulwesens wurde der Landesschulbeirat eingerichtet. Ihm gehören vom Kultusministerium berufene Vertreter der Eltern, der Lehrkräfte, der für die Berufserziehung der Schüler Mitverantwortlichen, der Schüler, der kommunalen Landesverbände, der Kirchen und anerkannten Religionsgemeinschaften, der Arbeitgeber- und Arbeitnehmerverbände sowie Personen an, die durch ihre Erfahrung in Bildungs- und Erziehungsfragen die Arbeit des Beirats besonders zu fördern vermögen. Das Gremium ist berechtigt, dem KM Vorschläge und Anregungen zu unterbreiten. ⇨ Schulgesetz § 71

Vorstand des Landesschulbeirats

(Stand: 1.8.2022)

Vorsitzende: Ingeborge Schöffel-Tschinke, Weingartenstraße 21, 77948 Friesenheim, FON: (07808) 9131727, FAX: (07808) 9142951

Stellvertretende Vorsitzende: Karl-Heinz Wagner, Leon Muhammad und Rita Haller.

Geschäftsstelle: Sekretariat Landesschulbeirat BW, Weingartenstraße 21, 77948 Friesenheim, FON: (07808) 9131727, FAX: (07808) 9142951, Mail: kontakt@lsb-bw.de (Geschäftsführerin: Petra Störkle-Kümmert). Internet: https://lsb-bw.de/

Landesschulbeiratsverordnung

VO des KM über den Landesschulbeirat vom 24.2.1999 (GBl. S. 121); zul. geändert 21.6.2017 (K.u.U. S. 152/2017)

§ 1
Aufgaben des Landesschulbeirats

Der Landesschulbeirat berät das Kultusministerium bei der Vorbereitung grundsätzlicher Maßnahmen auf dem Gebiete des Schulwesens. Er ist berechtigt, dem Kultusministerium Vorschläge und Anregungen zu unterbreiten.

§ 2
Mitglieder

(1) In den Landesschulbeirat werden vom Kultusministerium berufen

9 Vertreter oder Vertreterinnen (im Folgenden: Vertreter) der Eltern,

9 Vertreter der Lehrer oder Lehrerinnen (im Folgenden: Lehrer),

6 Vertreter der für die Berufserziehung der Schüler oder Schülerinnen (im Folgenden: Schüler) Mitverantwortlichen,

9 Vertreter der Schüler,

3 Vertreter der kommunalen Landesverbände,

3 Vertreter der Kirchen und anerkannten Religionsgemeinschaften, in deren Auftrag im Land an öffentlichen Schulen Religionsunterricht erteilt wird,

6 Vertreter der Arbeitgeber- und Arbeitnehmerverbände sowie Personen, die durch ihre Erfahrung in Bildungs- und Erziehungsfragen die Arbeit des Landesschulbeirats besonders zu fördern vermögen.

§ 3
Berufungen nach Schularten

(1) Die Vertreter der Eltern werden für die einzelnen Schularten berufen, und zwar für

die Grundschule,
die Werkrealschule und Hauptschule,
die Realschule,
das Gymnasium,
die Gemeinschaftsschule,
die Berufsschule,
die Berufsfachschule,
das Berufskolleg mit Ausnahme des einjährigen Berufskollegs zum Erwerb der Fachhochschulreife und das berufliche Gymnasium,
die Sonderschule.

Die Elternvertreter müssen im Zeitpunkt der Berufung in den Landesschulbeirat zum Elternbeirat in der Schulart wählbar sein, für die ihre Berufung in den Landesschulbeirat erfolgt.

(2) Die Vertreter der Lehrer werden für die einzelnen Schularten berufen, und zwar je ein Vertreter für

die Grundschule,
die Werkrealschule und Hauptschule,
die Realschule,
das Gymnasium,
die Gemeinschaftsschule,
die Gemeinschaftsschule,
die Berufsschule,
die Berufsfachschule und die Berufsoberschule,
das Berufskolleg und das berufliche Gymnasium,
die Sonderschule.

(3) Die Vertreter der Schüler werden für die einzelnen Schularten berufen, und zwar für

die Werkrealschule und Hauptschule,
die Realschule,
das Gymnasium,
die Berufsschule, die Berufsfachschule und die Fachschule,
das Berufskolleg, die Berufsoberschule und das berufliche Gymnasium,
die Sonderschule.

Die Vertreter müssen im Zeitpunkt der Berufung in den Landesschulbeirat Mitglieder des Schülerrats einer Schule der Schulart sein, für die ihre Berufung in den Landesschulbeirat erfolgt.

(4) Die Berufung eines Vertreters für mehrere Schularten ist nur zulässig, soweit diese nach den Absätzen 1, 2 oder 3 zusammengefasst sind.

§ 4
Vorschlagsrecht

(1) Die Berufung der Vertreter der Eltern, der Lehrer, der für die Berufserziehung der Schüler Mitverantwortlichen, der Schüler, der kommunalen Landesverbände, der Kirchen und anerkannten Religionsgemeinschaften und der Arbeitgeber- und Arbeitnehmerverbände erfolgt auf Vorschlag. Es schlagen vor:

1. die Vertreter der Eltern der Landeselternbeirat;
2. die Vertreter der Lehrer die Spitzenorganisationen der Gewerkschaften und Berufsverbände der Lehrer;
3. die Vertreter der für die Berufserziehung der Schüler Mitverantwortlichen
   a) die Industrie- und Handelskammern zwei Vertreter,
   b) die Handwerkskammern zwei Vertreter, davon soll je ein Vertreter ein Arbeitnehmer sein, der einem Berufsbildungsausschuss dieser Körperschaften angehört,
   c) das Ministerium Ländlicher Raum gemeinsam mit den Regierungspräsidien als die nach dem Berufsbildungsgesetz zuständige Stelle einen Vertreter für die Hauswirtschaft,
   d) das Ministerium Ländlicher Raum als die nach dem Berufsbildungsgesetz zuständige Stelle einen Vertreter für die Landwirtschaft;
4. die Vertreter der Schüler der Landesschülerbeirat;
5. die Vertreter der kommunalen Landesverbände
   a) der Landkreistag Baden-Württemberg,
   b) der Städtetag Baden-Württemberg,
   c) der Gemeindetag Baden-Württemberg

   je einen Vertreter;
6. die Vertreter der Kirchen und anerkannten Religionsgemeinschaften
   a) die evangelischen Oberkirchenbehörden des Landes,
   b) die römisch-katholischen Oberkirchenbehörden des Landes,
   c) die übrigen anerkannten Religionsgemeinschaften, in deren Auftrag im Land an öffentlichen Schulen Religionsunterricht erteilt wird, je einen Vertreter;
7. die Vertreter der Arbeitgeber- und Arbeitnehmerverbände
   a) die Landesarbeitsgemeinschaft der Arbeitgeberverbände drei Vertreter,
   b) der Deutsche Gewerkschaftsbund, die Deutsche Angestelltengewerkschaft, der Deutsche Beamtenbund je einen Vertreter.

(2) Sind mehrere Institutionen gemeinsam vorschlagsberechtigt und können sie sich nicht auf einen gemeinsamen Vorschlag einigen, so beruft

das Kultusministerium die Vertreter aus den Einzelvorschlägen.

§ 5
Amtszeit und Mitgliedschaft

(1) Die Amtszeit des Landesschulbeirats beginnt jeweils am 1. August des Jahres, in dem die Amtszeit des bisherigen Landesschulbeirats abläuft, und dauert drei Jahre. Abweichend von Satz 1 werden die Vertreter der Schüler für die Dauer der Amtszeit des Landesschülerbeirats berufen.

(2) Das Kultusministerium kann die Vorsitzende oder den Vorsitzenden (im Folgenden: der Vorsitzende), dessen Amtszeit abgelaufen ist, beauftragen, Aufgaben geschäftsführend bis zum Zusammentritt des neuen Landesschulbeirats fortzuführen.

(3) In den Landesschulbeirat kann nur berufen werden, wer in Baden-Württemberg seinen ständigen Aufenthalt (Wohnsitz) hat.

(4) Die Mitgliedschaft beginnt mit der Berufung, frühestens mit der Amtszeit des Landesschulbeirats. Sie erlischt vorzeitig, wenn ein Mitglied seinen Wohnsitz in Baden-Württemberg aufgibt oder aus dem Amt oder der Funktion, die für den Berufungsvorschlag maßgeblich war, ausscheidet.

(5) Die Mitgliedschaft der Vertreter der Schüler erlischt nur dann vorzeitig, wenn sie ihren Wohnsitz in Baden- Württemberg aufgeben und keine Schule in Baden-Württemberg mehr besuchen.

§ 6
Ehrenamtliche Tätigkeit

(1) Die Tätigkeit des Landesschulbeirats ist ehrenamtlich.

(2) Die Mitglieder erhalten auf Anforderung für die Teilnahme an Sitzungen des Landesschulbeirats oder seiner Ausschüsse Reisekosten nach den Vorschriften über die Reisekostenvergütung der Beamten.

§ 7
Stellvertretung

(1) Für jedes Mitglied wird ein Stellvertreter oder eine Stellvertreterin (im Folgenden: Stellvertreter) berufen.

Der Stellvertreter tritt im Falle der Verhinderung oder des vorzeitigen Ausscheidens des Mitglieds aus dem Landesschulbeirat an dessen Stelle.

➪ Schulgesetz § 71

(2) Scheidet das Mitglied oder sein Stellvertreter vorzeitig aus dem Landesschulbeirat aus, so wird jeweils für den Rest der Amtszeit des Landesschulbeirats ein neuer Stellvertreter berufen

(3) Für das Berufungsverfahren, die Amtszeit und die ehrenamtliche Tätigkeit gelten die Vorschriften der §§ 2 bis 6 entsprechend.

§ 8
Vorsitz

Der Landesschulbeirat wählt aus seiner Mitte den Vorsitzenden und dessen Stellvertreter. Gewählt ist, wer in geheimer Wahl die Mehrheit der abgegebenen Stimmen erhält; bei Stimmengleichheit entscheidet das Los.

§ 9
Sitzungen

(1) Das Kultusministerium beruft den Landesschulbeirat jeweils zu seiner ersten Sitzung ein. Im Übrigen beruft der Vorsitzende den Landesschulbeirat schriftlich unter Bekanntgabe der Tagesordnung mit angemessener Frist ein. Zeit, Ort und Tagesordnung stimmt er mit dem Kultusministerium ab; das Gleiche gilt für die Abhaltung von öffentlichen Sitzungen und Pressekonferenzen.

(2) Der Vorsitzende muss den Landesschulbeirat binnen drei Wochen einberufen, wenn dies ein Drittel der Mitglieder des Landesschulbeirats oder das Kultusministerium unter Bekanntgabe der Verhandlungsgegenstände verlangen.

(3) Das Kultusministerium und die von ihm Beauftragten sind berechtigt, an allen Sitzungen des Landesschulbeirats teilzunehmen.

§ 10
Niederschrift

Über jede Sitzung des Landesschulbeirats ist eine Niederschrift zu fertigen, von der das Kultusministerium eine Ausfertigung erhält. ➪ Protokolle

§ 11
Ausschüsse

Für Ausschüsse, die der Landesschulbeirat bildet, gelten § 9 Abs. 1 Satz 3, Abs. 3 und § 10 entsprechend.

§ 12 Geschäftsordnung

Der Landesschulbeirat gibt sich eine ➪ Geschäftsordnung.

Landtagsbesuche

Auszug aus den Richtlinien des Landtags über die Einführung von Schülern und anderen Jugendgruppen in die Parlamentsarbeit; Bekanntmachung des Kultusministeriums vom 22. November 2001 (K.u.U. S. 66/2002)

1
Gestaltung der Besuchsprogramme

Das Besuchsprogramm sieht eine Einführung in die Aufgaben und die Arbeitsweise des Landesparlaments vor; dabei werden audiovisuelle Medien – Diareihe, Tonbildschau und Filme – eingesetzt. Außerdem findet nach Möglichkeit ein Gespräch mit Abgeordneten oder mit Vertretern der Fraktionen statt. An Plenarsitzungstagen ist der Besuch der Landtagssitzung vorgesehen.

Das Besuchsprogramm [...] dauert etwa 2 Stunden.

Die Besuchergruppen melden sich bei ihrem Eintreffen im Landtag an der Pforte. Die Gruppen kommen und gehen gemeinsam unter Führung der Begleitperson; sie bleiben auch während ihres Aufenthalts im Landtagsgebäude unter der Leitung der Aufsichtsperson beieinander. – Informationsmaterial [...] wird an der Pforte ausgegeben.

Hinweis der Redaktion: Es ist auch möglich, den Landtag sowie die Aufgaben und Arbeitsweise der Abgeordneten bei einem virtuellen Besuch kennenzulernen. Kontakt: bsd@landtag.de. Link: https://www.landtag-bw.de/home/besucher/digitale-angebote.html > Digitaler Plenartagsbesuch für Schulklassen.

2
Zuschussempfänger

a) Haupt- und Sonderschulen (ab dem zweiten Schulhalbjahr der 8. Klasse);
Realschulen (Klassen 9 und 10);
Gymnasien (ab Klasse 10);
ferner Schüler an beruflichen Schulen;

b) Studierende an Universitäten, an Pädagogischen Hochschulen, an Kunst- und Musikhochschulen, an Fachhochschulen, an Berufsakademien sowie Studierende an Einrichtungen für die Ausbildung der Lehrer;

c) Auszubildende und Anwärter;

d) sonstige Jugendgruppen. [...]

Ein Zuschuss wird für die genannten Gruppen gewährt, soweit das Einkommen der Teilnehmer regelmäßig den Betrag von 511 Euro monatlich (brutto) nicht überschreitet.

3
Fahrkostenzuschuss

Die unter Ziffer 2 genannten Besuchergruppen einschließlich der Begleitpersonen erhalten als Zuschuss die Fahrtkosten der Eisenbahn 2. Klasse nach Stuttgart und zurück ersetzt unter Berücksichtigung der von der Bundesbahn zugestandenen Fahrpreisermäßigungen für Schul- und Gesellschaftsfahrten. Die Teilnehmer (mit Ausnahme der Begleitpersonen) sind an den Fahrtkosten mit 3 Euro je Besucher zu beteiligen; Besucher, deren Fahrtkosten unter 3 Euro liegen, erhalten keinen Fahrtkostenzuschuss.

Bei Benutzung von Omnibussen können als Zuschuss nur die tatsächlichen Kosten erstattet werden, in der Regel höchstens jedoch in Höhe der Eisenbahnfahrtkosten. – Bezuschusst werden nur die aufgrund des Landtagsbesuchs anfallenden Kosten, im Falle eines Schullandheimaufenthalts also die Fahrtkosten ab dem Schullandheim.

Soweit für den Besuch des Landtags gegebenenfalls noch andere Zuwendungen aus Mitteln des Landes in Anspruch genommen werden (z.B. aus dem Jugendplan), wird der Zuschuss des Landtags entsprechend gekürzt. – Bei Vorliegen berechtigter Gründe kann von einer Kürzung Abstand genommen werden. Es wird empfohlen, den Zuschussantrag am Besuchstag persönlich beim Besuchertag des Landtags unter Vorlage eines Nachweises über die entstandenen Fahrtkosten zu stellen.

4
Anmeldung eines Landtagsbesuchs

Der Besuch des Landtags sollte möglichst frühzeitig beim Landtag, Konrad-Adenauer-Str. 3, 70173 Stuttgart, angemeldet werden.

Für Schulklassen ist die Anmeldung in den ersten vier Wochen des laufenden Schuljahres vorzunehmen. Der Anmeldung sollte zu entnehmen sein, ob der Besuch an einem Plenarsitzungstag oder an einem anderen Tag gewünscht wird; die Entscheidung (Plenarsitzungstag, sonstiger Sitzungstag oder sitzungsfreier Tag) kann auch in das Ermessen der Landtagsverwaltung gestellt werden.

Bei der Anmeldung ist die Besuchergruppe näher zu bezeichnen und die voraussichtliche Besucherzahl sowie Name und Beruf des Leiters der Besuchergruppe anzugeben. Die politischen Arbeitskreise der Schüler haben ihrer Anmeldung ferner eine Bestätigung des Schulleiters beizufügen, aus der sich ergibt, dass an der Schule ein politischer Arbeitskreis besteht und wer den Vorsitz führt. Wenn die Besuchergruppe nicht von einem Lehrer begleitet wird, soll sie unter der Führung einer anderen geeigneten Person – möglichst eines Erwachsenen – stehen, die die Verantwortung für die gründliche Vor- und Nachbereitung des Besuchs trägt. Die schriftliche Zusage für den Besuch des Landtags ist in jedem Fall abzuwarten.

Wenn die tatsächliche Besucherzahl um voraussichtlich 5 Personen oder mehr von der angemeldeten Personenzahl abweicht, muss dies der Landtagsverwaltung spätestens eine Woche vor dem Besuchstermin mitgeteilt werden.

5
Vor- und Nachbereitung des LT-Besuchs

Der Besuch des Landtags ist nur sinnvoll, wenn er vom Lehrer oder dem Leiter der Besuchergruppe gründlich vorbereitet wird. Insbesondere sollte hierbei die Bedeutung der Arbeit der Volksvertretung im Vordergrund stehen. Es wird erwartet, dass die Gruppen vor der Einführung in die Parlamentsarbeit mit den Grundbegriffen des Abschnittes I des Zweiten Hauptteils der Landesverfassung (Die Grundlagen des Staates) vertraut gemacht worden sind.

Nach dem Besuch des Landtags sollte das Erlebte im Unterricht oder in sonstigen Veranstaltungen besprochen und ausgewertet werden. [...]

Besuch von Bundestag und Bundesrat

Hinweis der Redaktion

Auch der Bundesrat gewährt Schüler- und Jugendgruppen, die den Bundesrat im Rahmen der politischen Bildung besuchen, Zuschüsse zu den Fahrkosten. Die Verteilung richtet sich nach festgelegten Länderquoten. Gehen mehr Anmeldungen ein, als dem Land nach der Quote Plätze zustehen, entscheidet ein Zufallsgenerator. Infos stehen im Internet unter: www.bundesrat.de > Besuch beim Bundesrat.

Verschiedene Reiseveranstalter (z.B. die Bahn AG) bieten bezuschusste Schüler-Pauschalreisen an.

Für (bezuschusste) Besuche des Bundestags (Link: www.bundestag.de/besucher) empfiehlt sich die Kontaktaufnahme mit örtlichen Abgeordneten.

⇨ Außerunterrichtliche Veranstaltungen

Latinum, Graecum, Hebraicum

Informationen der Redaktion zur Rechtslage und zur Verwaltungspraxis in Baden-Württemberg

Die Begriffe „Latinum", „Graecum" und „Hebraicum" bezeichnen den Nachweis von lateinischen, altgriechischen bzw. hebräischen Sprachkenntnissen, die für das Studium bestimmter Fächer/Fachrichtungen erforderlich sind. Das Latinum ist teilweise Voraussetzung für das Studium moderner Fremdsprachen, von Philosophie, Geschichte, Theologie und Archäologie, das Graecum zum Studium der evangelischen und katholischen Theologie sowie in allen altertumswissenschaftlichen Studienfächern, das Hebraicum für Theologie und Judaistik.

In Baden-Württemberg kann an den allgemeinbildenden Gymnasien neben dem „einfachen" Latinum auch das „Große Latinum" erworben werden. Die Voraussetzungen für den Erwerb des „Latinums", des „Graecums" und des „Hebraicums" an den Gymnasien sind in einer Verwaltungsvorschrift des KM definiert; abgedruckt in der Loseblattsammlung des Amtsblattes K.u.U. unter Nr. 6615-51. Wer diese Befähigungen nicht während der Schulzeit erwerben konnte, kann sie nachträglich auf Grundlage der VO des KM über die Ergänzungsprüfungen zum Erwerb des Latinums, des Großen Latinums, des Graecums und des Hebraicums erreichen; abgedruckt in der Loseblattsammlung des Amtsblattes K.u.U. unter Nr. 6615-29.

Lehrbeauftragte

Informationen der Redaktion zur Rechtslage und zur Verwaltungspraxis in Baden-Württemberg

An öffentlichen Schulen können neben der Erteilung von Unterricht durch reguläre Lehrkräfte auch *„Lehraufträge"* an sonstige Personen vergeben werden. Dabei werden zwei Gruppen unterschieden:

- Ehrenamtlich tätige Lehrbeauftragte, die eine Aufwandsentschädigung erhalten.
- Lehrbeauftragte mit befristeten Verträgen und einer Pauschalvergütung je Unterrichtsstunde.

Die Erteilung eines Lehrauftrages an ehrenamtlich tätige Lehrbeauftragte erfolgt durch die Schulleitung, der Abschluss von befristeten Arbeitsverträgen durch das RP. Wer ehrenamtlich an der Schule regelmäßig tätig und über 18 Jahre alt ist, muss ein erweitertes Führungszeugnis vorlegen und gegen Masern geimpft sein. Der Tätigkeitsbereich ist auf eng begrenzte Aufgaben eingeschränkt. Für den Einsatz an der Schule ist die Schulleitung zuständig.

Grundsätze und Gegenstand von Lehraufträgen

Auszug aus den Handreichungen des KM für Schulleitungen zur Vergabe von Lehraufträgen an Lehrbeauftragte an Schulen (Stand: März 2021)

Lehraufträge dienen der Bereicherung des über den Pflichtbereich nach der jeweiligen Stundentafel hinausgehenden Unterrichtsangebots. Der Unterricht im Pflichtbereich bleibt den hauptamtlichen Lehrkräften im öffentlichen Schuldienst vorbehalten.

Die Vergabe von Lehraufträgen in Eigenverantwortung der Schulen gibt diesen vielfältige Chancen zur Ausformung eines individuellen pädagogischen Leistungs- und Angebotsprofils und neue Perspektiven zur Öffnung der Schule gegenüber der gesellschaftlichen Wirklichkeit. Auf diesem Weg können Erfahrungen sowie Kompetenzen, die außerhalb der Schule vorhanden sind, für die schulische Erziehung nutzbar gemacht werden.

Lehraufträge kommen insbesondere für folgende freiwillige Unterrichtsangebote in Betracht:

- Arbeitsgemeinschaften (z.B. Schultheater, Sport, Computer, Sprachen)
- Chor, Orchester und Instrumentalgruppen
- Stütz- und Förderkurse
- Förderkurse im Rahmen der Fördermaßnahmen zur Eingliederung von ausländischen und ausgesiedelten Schülern, wenn eine gezielte Abstimmung mit dem Regelunterricht gewährleistet ist
- Erweitertes Bildungsangebot
- Einzelprojekte wie etwa Workshop „Ballett", Kurse über Grafik, Design, PC-Software und Sport.

Eine Integration dieser Unterrichtsangebote in den Pflichtbereich ist ebenso unzulässig wie eine ergänzende Unterrichtserteilung anderer Lehrkräfte in diesen Veranstaltungen. Im Bereich der sonderpädagogischen Bildungs- und Beratungszentren ist aufgrund der besonderen strukturellen Verhältnisse auch der Einsatz eines Lehrbeauftragten neben einer Lehrkraft zulässig. Ein Lehrbeauftragter darf keinesfalls – auch nicht für kurze Vertretungen – im Pflichtunterricht eingesetzt werden. Die Eingrenzung auf freiwillige Unterrichtsangebote schließt sonstige schulische Tätigkeiten wie etwa die Verwaltung von Lehr- und Lernmitteln, Beratungsaufgaben sowie reine Betreuungsfunktionen, die Begleitung im Rahmen von Schullandheimaufenthalten, Hausaufgabenbetreuung, Betreuung von Theaterfahrten etc. aus. [...]

⇨ Amtshaftung; ⇨ Elternbeirat (EltBVO); ⇨ Grundgesetz Art. 34; ⇨ Infektionsschutzgesetz; ⇨ Jugendbegleiter*innen; ⇨ Pädagogische Assistent*innen; ⇨ Konferenzordnung; ⇨ Unterrichtsorganisation (Allgemeines)

Lehrmittel und Schuleinrichtung

Informationen der Redaktion zur Rechtslage und zur Verwaltungspraxis in Baden-Württemberg

Von den „**Lern**mitteln" (siehe ⇨ Lernmittelfreiheit – Allgemeine Informationen) sind die „**Lehr**mittel" zu unterscheiden. Während die „**Lern**mittel" den Schülerinnen und Schülern im Rahmen der Lernmittelfreiheit unentgeltlich zur Verfügung gestellt werden müssen, gehören die „**Lehr**mittel" (z.B. Landkarten, Schautafeln, Foliensätze und sonstige Medien, Spiele, Computer-Software) zur Ausstattung der Schule und fallen unter die Schulgeldfreiheit. Im Gegensatz zu den „**Lern**mitteln" bedürfen **Lehr**mittel keiner Zulassung. ⇨ Verfassung Art. 14 Abs. 2

Nicht als Lernmittel zählen ferner alle Gegenstände, die zur Einrichtung der Schule gehören, insbesondere der Fachräume, Werkräume, Werkstätten und Schulküchen (z.B. Kopiergeräte, EDV-Hardware, Musikinstrumente, naturwissenschaftliche Geräte und Versuchseinrichtungen, Werkzeuge, Maschinen, Bügeleisen, Scheren u.a.). Auch sie sind aufgrund der Schulgeldfreiheit vom Schulträger zu beschaffen. Eine Beteiligung der Schüler*innen bzw. der Eltern an den Kosten für Beschaffung oder Unterhaltung ist unzulässig.

In § 48 Abs. 2 und 3 ⇨ Schulgesetz ist vorgeschrieben, dass der Schulträger die für die Schule erforderlichen Einrichtungen und Gegenstände zur Verfügung stellt, die Lehrmittel beschafft und dem Schulleiter die zur Deckung des laufenden Lehrmittelbedarfs erforderlichen Mittel zur selbstständigen Bewirtschaftung überlassen soll („Budgetierung").

⇨ Haushalt (Allgemeines)

Über die „Verwendung" von Lehr- und Lernmitteln entscheidet die Fachkonferenz (⇨ Konferenzordnung § 5 Abs. 2). Die Entscheidung über die Anschaffung wird von der Gesamtlehrerkonferenz getroffen (⇨ Konferenzordnung § 2 Abs. 1 Nr. 7).

Bei der Beschaffung von Lehr- und Lernmitteln bzw. der Schuleinrichtung besteht ggf. eine Ausschreibungspflicht (siehe auch ⇨ Lernmittelfreiheit – Allgemeines Teil B).

Die Schulträger bzw. die Schulen im Rahmen ihres Budgets müssen bei jeder Auftragserteilung die VwV über die Vergabe öffentlicher Aufträge vom 24.7.2018 (GABl. S. 494/2018) beachten. Diese VwV gilt für die entgeltliche Beschaffung von Liefer- und Dienstleistungen z.B. aufgrund von Kauf-, Werk-, Werklieferungs- und Leasingverträgen. Beispielsweise muss bei der Beschaffung von Sportbekleidung und -artikeln (T-Shirts, Hosen, Schuhen, Bälle, Schläger usw.) und Spielwaren oder Billigprodukten aus Holz darauf geachtet werden, dass bei der Herstellung die „Kernarbeitsnormen" der Internationalen Arbeitsorganisation (ILO) eingehalten wurden: keine Zwangsarbeit, Sicherung der Vereinigungsfreiheit, keine Unterscheidung, Ausschließung oder Bevorzugung aufgrund der Rasse, der Hautfarbe, des Geschlechts, des Glaubensbekenntnisses, der politischen Meinung, der nationalen Abstammung oder der sozialen Herkunft, Gleichheit des Entgelts männlicher und weiblicher Arbeitskräfte für gleichwertige Arbeit, keine Kinderarbeit in ihren schlimmsten Formen.

⇨ Gebühren; ⇨ Haushalt (Allgemeines); ⇨ Konferenzordnung; ⇨ Lernmittelfreiheit; ⇨ Schulgesetz §§ 48 und 93; ⇨ Schulträger; ⇨ Verfassung Art. 14 Abs. 2

Hätten Sie's gewusst? – Eltern fragen, wir antworten.

Sind Tests ohne Eltern-Zustimmung zulässig?

Frage: Eine Mutter hat sich bei mir beschwert, dass man ihre Tochter in der Schule auf Lese-Rechtschreibschwäche getestet hat, ohne die Eltern nach ihrem Einverständnis zu fragen.

Antwort: Vor einer Detail-Antwort ist auf die grundlegende Pflicht von Schule und Elternhaus zur Zusammenarbeit hinzuweisen: Nur wenn die Eltern rechtzeitig und ausführlich erfahren, was die Schule aus welchem Grund mit ihrem Kind anstellen will, werden sie einverstanden sein und im besten Sinne „mitziehen". ⇨ Grundgesetz Artikel 6 Abs. 2; ⇨ Schulgesetz § 1 Abs. 3 und § 55

Es gehört zu den ganz selbstverständlichen Aufgaben der Schule bzw. der Lehrkräfte, bei jedem Schüler bzw. jeder Schülerin die individuellen Lernvoraussetzungen festzustellen, den Lernstand zu ermitteln, die Leistungen zu erheben und zu bewerten. Das vollzieht sich in der Schule z.B. durch mündliche oder schriftliche Lernstandserhebungen ohne direkte Beteiligung der Erziehungsberechtigten. Diese haben aber einen Anspruch darauf, über die Ergebnisse informiert zu werden, z.B. durch Noten und Zeugnisse oder im Eltern-Lehrer-Gespräch in der Sprechstunde.

Sobald sich so erhebliche Besonderheiten beim Lernen oder Verhalten zeigen oder Lerndefizite festgestellt werden, dass weitergehende Untersuchungen, Tests oder Messungen erforderlich erscheinen oder gar ein Wechsel der Klasse oder Schulart oder spezielle Betreuungsmaßnahmen in Erwägung gezogen werden, muss die Schule auf die Eltern zugehen und sie einbeziehen. Die Durchführung von psychologischen Testverfahren (z.B. Intelligenztests) bedarf sogar des förmlichen Einverständnisses der Eltern, da sie einen Eingriff in die körperliche Unversehrtheit des Kindes darstellen.

⇨ Behinderungen und Förderbedarf Nr. 2.3.2

Lernmittel (Zulassung)

Informationen der Redaktion zur Rechtslage und zur Verwaltungspraxis in Baden-Württemberg

1. Allgemeines

Aufgrund von ➪ Schulgesetz § 38 tragen die Lehrkräfte *„im Rahmen der in Grundgesetz, Verfassung des Landes Baden-Württemberg und § 1 des Schulgesetzes niedergelegten Erziehungsziele und der Bildungspläne sowie der übrigen für sie geltenden Vorschriften und Anordnungen die unmittelbare pädagogische Verantwortung für die Erziehung und Bildung der Schüler"*.

Sie sind deshalb auch unmittelbar für die Auswahl und den Einsatz der Lehr- und Lernmittel zuständig und verantwortlich, die sie im Unterricht verwenden. Dies gilt in gleicher Weise auch für die Beteiligung weiterer Personen am Unterricht, beispielsweise bei der Beteiligung von ➪ Fachleuten aus der Praxis an Unterrichtsveranstaltungen. Stets liegt die Letztverantwortung bei der Lehrkraft. Diese besitzt jedoch keine absolute Verfügungsgewalt, sondern ihre ➪ Pädagogische Freiheit ist an die in Verfassung und Gesetz niedergelegten Erziehungsziele, die Bildungspläne sowie an die *„übrigen für sie geltenden Vorschriften und Anordnungen"* gebunden.

In der Schulbuchzulassungsverordnung (s.u. Nr. 2) hat das Kultusministerium bestimmt, dass Schulbücher und ihnen gleichgestellte Druckwerke die in der ➪ Lernmittelverordnung vorgesehen sind, an öffentlichen Schulen nur verwendet werden dürfen, wenn sie zum Gebrauch zugelassen wurden.

Die Lehrkraft darf ein vom KM „zugelassenes" Schulbuch jedoch nicht bedenkenlos einsetzen, sondern sie muss u.a. prüfen, ob es dem Entwicklungsstand der Klasse angemessen ist, ob die konkret angestrebten Unterrichtsziele hiermit erreicht werden können, ob nicht andere Lernmittel besser geeignet sind oder ob an der Schule ein bestimmtes Lehrwerk eingeführt ist (z.B. im Fremdsprachenunterricht). Ein Beschluss der Fachkonferenz über die Verwendung eines bestimmten Schulbuches bindet alle Lehrkräfte der Schule; sie sind verpflichtet, dieses Buch im Fachunterricht als „hauptsächliches Arbeitsmittel" einzusetzen. Die einzelne Lehrkraft hat jedoch das Recht, ergänzend weitere Lernmittel (z.B. selbst gefertigte Arbeitsblätter usw.) einzusetzen.
(Vgl. Bundesverwaltungsgericht 28.1.1994 (AZ: 6 B 24/93)

Zu den *„weiteren Lernmitteln"* gehören auch Materialien, die von Dritten (z.B. von Interessenverbänden) zur Verfügung gestellt werden. Diese Materialien sind nicht selten sehr attraktiv: Sie sind methodisch gut aufbereitet, erleichtern oder ersparen also die eigene Unterrichtsvorbereitung und sie werden kostenfrei angeboten, entlasten also den Schuletat.

Bei der Prüfung solcher Angebote, die in der Regel aus handfestem Eigeninteresse in die Schulen drängen, obliegt den Lehrkräften eine besondere Sorgfaltspflicht: Die öffentliche Schule darf sich nicht zum Handlanger von Interessengruppen oder Lobbyisten machen. Welche Maßstäbe dabei anzulegen sind, hat das Kultusministerium 2015 in einem „Code of Conduct" dargelegt; die Handlungshilfe des KM zu diesem *„Code of Conduct"* lautet:

Mithilfe der folgenden Fragen kann überprüft werden, ob die Angebote (Materialien, Projekte, Kooperationen) dem Code of Conduct entsprechen:

- *Steht das Angebot mit dem Bildungs- und Erziehungsauftrag im Einklang?*
- *Stimmen die Angebote mit den durch Grundgesetz, Landesverfassung und Schulgesetz vorgegebenen Bildungs- und Erziehungszielen überein?*
- *Stehen die Angebote in Einklang mit den Zielen, Kompetenzen und Inhalten des Bildungsplans?*
- *Basiert das Angebot auf fachwissenschaftlichen Erkenntnissen?*
- *Ist das Angebot altersangemessen aufbereitet und nimmt es Bezug auf die Lebenswelt der Schülerinnen und Schüler?*
- *Bietet das Angebot didaktische, methodische oder strukturelle Hilfestellungen für die Lehrkräfte?*
- *Ist deutlich ersichtlich, welche Autoren, Herausgeber und Unterstützer das Angebot machen und welcher Organisation sie ggf. angehören?*
- *Sind im Impressum oder einem direkten Link der Herausgeber sowie die sie unterstützenden Organisationen angegeben?*
- *Sind auch Informationen zu verbundenen Organisationen bzw. Trägerorganisationen leicht erkennbar, unmittelbar erreichbar und ständig verfügbar?*
- *Sind die Autorinnen und Autoren bzw. die redaktionell Verantwortlichen namentlich genannt?*
- *Beachtet das Angebot die Grundsätze des Beutelsbacher Konsenses?**

  * Kurz gefasst lauten die drei Elemente des Beutelsbacher Konsenses: Überwältigungsverbot (keine Indoktrination), Beachtung kontroverser Positionen im Unterricht (Kontroversitätsgebot) und Schülerorientierung; Link: https://www.bpb.de/die-bpb/51310/beutelsbacher-konsens
- *Ermöglicht das Angebot, den Lerngegenstand plural, kontrovers, multiperspektivisch, vergleichend, unparteiisch und im gesamtgesellschaftlichen Kontext darzustellen?*
- *Versetzt das Angebot die Schülerinnen und Schüler in die Lage, ihre eigenen Interessen zu analysieren und daraus Handlungsmöglichkeiten abzuleiten?*
- *Hält das Angebot die Regeln für* ➪ Sponsoring *und* ➪ Werbung *an Schulen ein?*

Wer kümmert sich um die Schwimm-Aufsicht? Hätten Sie's gewusst? Die Antwort steht auf Seite 141.

- *Stehen die pädagogischen Ziele der Schule und der Bildungs- und Erziehungsauftrag der Schule im Vordergrund?*
- *Enthält das Angebot keine (Produkt-)Werbung oder tendenziöse Darstellungen?*

Diese Maßgaben des Kultusministeriums müssen von den Lehrkräften bei der Auswahl von Lehr- und Lernmitteln für den Unterricht in allen Schularten und in allen Fächern beachtet werden.

⇨ Erziehungsauftrag und politische Bildung

2.
Schulbuchzulassungsverordnung des KM

Auszug aus der Verordnung des KM über die Zulassung von Schulbüchern (Schulbuchzulassungsverordnung) vom 11. Januar 2007 (K.u.U.U S. 41/2007); zuletzt geändert 19.2.2019 (K.u.U. S. 50/2019)

§ 1
Zulassung von Schulbüchern

(1) Schulbücher und ihnen gleichgestellte Druckwerke (§ 2 Abs. 2), die in der Lernmittelverordnung [...] vorgesehen sind, dürfen an öffentlichen Schulen nur verwendet werden, wenn sie zum Gebrauch zugelassen wurden und soweit in dieser Verordnung nichts anderes bestimmt ist.

(2) Zuständige Stelle für das Zulassungsverfahren und die Zulassung ist das Zentrum für Schulqualität und Lehrerbildung (ZSL).

(3) Diese Verordnung gilt nicht für die Zulassung von Schulbüchern für die Fächer *(sic!)* Religionslehre. Diese werden von den zuständigen Religionsgemeinschaften zugelassen. ⇨ Lernmittelverordnung

§ 2
Schulbuch

(1) Schulbücher sind Druckwerke für die Hand der Schülerin oder des Schülers, die dazu dienen, die Bildungsstandards, die Niveaustufen, oder den Lehrplan eines Faches oder eines Fächerverbundes einer bestimmten Schulart oder eines bestimmten Schultyps nach dort benannten Zielen, Kompetenzen und Inhalten zu erfüllen. Schulbücher müssen in der Regel gebunden sein.

(2) Folgende Druckwerke sind den Schulbüchern gleichgestellt:

1. Textsammlungen,
2. für die Hand der Schülerinnen und Schüler bestimmte Materialien, die Schulbücher begleiten, ergänzen oder ersetzen,
3. Atlanten.

(3) Digitale Medien sind Druckwerken nach Absatz 1 und 2 gleichgestellt.

§ 3
Zulassungsfreiheit

(1) Der Zulassung bedürfen nicht

1. Schulbücher für die Schulen für Blinde, für Sehbehinderte, für Hörgeschädigte und für Geistigbehinderte;
2. Schulbücher für berufliche Schulen
   a) für den fachtheoretischen und fachpraktischen Unterricht an den beruflichen Schulen; ausgenommen die erziehungskundlichen Fächer bzw. Lern- oder Handlungsfelder mit pädagogischen, psychologischen und soziologischen Inhalten der Kinder- und Jugenderziehung sowie deren Didaktik und Methodik,
   b) für die Fremdsprachen,
   c) für die Fächer Mathematik, Physik, Chemie, Biologie, Datenverarbeitung, Musik, Bildende Kunst, Sport,
   d) für die wirtschaftskundlichen Fächer,
   e) für das Fach Deutsch in Bildungsgängen, deren Besuch einen mittleren Bildungsabschluss voraussetzt oder, falls dies nicht der Fall ist, insoweit, als dort die Fachhochschulreife vermittelt wird;
3. Schulbücher für die Oberstufe des 9-jährigen Bildungsgangs und der Jahrgangsstufen 11 und 12 des 8-jährigen Bildungsgangs der allgemeinbildenden Gymnasien für die Fächer Deutsch, Fremdsprachen, Mathematik, Biologie, Chemie, Physik, Musik, Bildende Kunst und Sport sowie für die Fächer im Wahlbereich gemäß § 9 Abs. 3 der Abiturverordnung der Gymnasien der Normalform;
4. Arbeitshefte, soweit sie ein Lehrbuch begleiten;
5. Ganzschriften und für den Schulbereich aufbereitete (gekürzte oder kommentierte) Ganzschriften;
6. Textsammlungen mit literarischen Texten für das Fach Deutsch und die Fremdsprachen, sofern es sich nicht um Lesebücher handelt, die bestimmten Bildungsstandards, Klassenstufen oder Jahrgangsstufen zugeordnet sind;
7. Lernmittel, die im Lernmittelverzeichnis als Klassensätze ausgewiesen sind, mit Ausnahme von Lesebüchern oder Leseheften, Atlanten, nichtliterarischen Textsammlungen, literaturgeschichtlichen Werken und Arbeitsbüchern für das Fach Geschichte;
8. themenorientierte Hefte für die Förderschule;
9. ein- und zweisprachige Wörterbücher;
10. Aufgabensammlungen, Gesetzessammlungen, Formelsammlungen, Tafelwerke.

(2) Bei einzelnen Schularten oder Schultypen kann widerruflich aufgrund geringer Schülerzahlen auf ein Zulassungsverfahren verzichtet werden.

(3) Sofern Schulbücher oder Arbeitshefte, die nach den Absätzen 1 und 2 dem Zulassungsverfahren nicht unterworfen sind, oder Arbeitsmaterialien, die in der Lernmittelverordnung nicht enthalten sind (wie Unterrichtswerke für das schulische Curriculum), im Unterricht verwendet werden, müssen sie den in § 5 Abs. 1 genannten Voraussetzungen entsprechen; hierfür ist neben der Fachkonferenz auch die Schulleitung verantwortlich. Die in § 5 Abs. 1 genannten Voraussetzungen gelten auch, soweit die Lehrkraft weitere, darunter auch selbst entwickelte Unterrichtsmaterialien verwendet.

§ 4
Zulassungspflicht

(1) Schulbücher nach § 2, die nicht nach § 3 zulassungsfrei sind, bedürfen der Zulassung. Die Zulassung erfolgt, soweit nicht in Absatz 2 abweichend geregelt, im vereinfachten Verfahren aufgrund einer Erklärung des Verlages, mit der versichert wird, dass

1. das Schulbuch den Anforderungen des Bildungsplans für den jeweiligen Bildungsstandard, der Niveaustufe oder dem Lehrplan für die jeweilige Klasse oder für die jeweilige Jahrgangsstufe entspricht,
2. das Schulbuch vom Verlag sorgfältig geprüft worden ist und alle Zulassungsvoraussetzungen nach § 5 erfüllt und
3. die Regelungen zur Zulassung nach § 6 beachtet sind.

(2) Nachfolgende Schulbücher werden nach Begutachtung zugelassen:

1. Schulbücher der Werkrealschule und Hauptschule im Fächerverbund Welt – Zeit – Gesellschaft, in den Fächern Geschichte und Gemeinschaftskunde sowie im Fach Ethik;
2. Schulbücher der Realschule im Fächerverbund Erdkunde – Wirtschaftskunde – Gemeinschaftskunde sowie in den Fächern Geschichte, Gemeinschaftskunde und Ethik;
3. Schulbücher der Gemeinschaftsschule im Fächerverbund Erdkunde-Wirtschaftskunde-Gemeinschaftskunde sowie den Fächern Geschichte, Gemeinschaftskunde und Ethik;
4. Schulbücher der Förderschule im Fach Geschichte/Gemeinschaftskunde;
5. Schulbücher der Schule für Sprachbehinderte in den Fächern Geschichte/Gemeinschaftskunde und Ethik;
6. Schulbücher der Schule für Erziehungshilfe in den Fächern Geschichte/Gemeinschaftskunde und Ethik;
7. Schulbücher des Gymnasiums im Fächerverbund Geographie – Wirtschaft – Gemeinschaftskunde sowie in den Fächern Geschichte, Gemeinschaftskunde und Ethik;
8. Schulbücher an beruflichen Schulen in den Fächern Geschichte, Gemeinschaftskunde, Ethik, Pädagogik einschließlich Erziehungslehre, Psychologie, Soziologie sowie Didaktik und Methodik der Kinder- und Jugenderziehung (erziehungskundliche Fächer).

(3) Für Schulbücher in einem die Fächer Gemeinschaftskunde oder Geschichte beinhaltenden Fächerverbund gilt, dass der Verlag für das Schulbuch insgesamt eine Zusage nach Absatz 1 abgibt. Zusätzlich wird bezogen auf das Fach Gemeinschaftskunde oder Geschichte eine Begutachtung nach Absatz 2 durchgeführt.

(4) *(Ermächtigung; nicht abgedruckt)*

§ 5
Zulassungsvoraussetzungen

(1) Zulassungsvoraussetzungen sind:

1. Übereinstimmung mit den durch Grundgesetz, Landesverfassung und Schulgesetz vorgegebenen Erziehungszielen;
2. Übereinstimmung mit den Zielen, Kompetenzen und Inhalten des jeweiligen Bildungsstandards und der Niveaustufe oder des Lehrplans sowie angemessene didaktische Aufbereitung der Stoffe;
3. altersgemäße und dem Prinzip des Gender Mainstreaming Rechnung tragende Aufbereitung der Inhalte sowie Gestaltung der äußeren Form;
4. Einbindung von Druckbild, graphischer Gestaltung und Ausstattung in die jeweilige didaktische Zielsetzung;

Hätten Sie's gewusst? – Eltern fragen, wir antworten.

Alte und vergammelte Schulbücher ertragen?

Frage: In unserer Schule sind manche Schulbücher schon seit acht oder zehn Jahren im Gebrauch. Manche Bücher fallen echt auseinander und stinken. Außerdem sind manche Bücher inhaltlich völlig überholt. Wir Eltern meinen: Nach spätestens fünf Jahren muss Schluss sein.

Antwort: In der Lernmittelverordnung steht, dass die Entscheidung der Lehrerkonferenz über die Verwendung eines bestimmten Buches *„grundsätzlich für mindestens fünf Jahre"* gilt. Nach der Zulassungsverordnung müssen Schulbücher für einen *„in der Regel fünfjährigen Gebrauch geeignet sein"*.

⇨ Lernmittelverordnung § 2 Abs. 3; ⇨ Lernmittel-Zulassungsverordnung § 5 Abs. 3

Wenn ein normaler Mensch sagt: *„Ich wünsche grundsätzlich nicht, dass jemand seinen Schulranzen auf den Gang stellt!"*, dann ist das ein eindeutiges Verbot. Die ⇨ Juristische Terminologie versteht unter *„grundsätzlich"* hingegen: Im Normalfall ist so zu verfahren. Wenn besondere Umstände vorliegen, die ein Abweichen rechtfertigen, kann (muss manchmal sogar) anders gehandelt werden. Die Wörtchen *„grundsätzlich"* oder *„in der Regel"* bedeuten demnach, dass Abweichungen nach oben oder unten möglich sind. Also:

1. Wird an der Schule ein neues Lehrbuch eingeführt, dann kann es normalerweise frühestens nach fünf Jahren durch ein anderes Lehrbuch ersetzt werden.
2. Ein Schulbuch muss normalerweise fünf Jahre (also gegebenenfalls viermaligen Besitzerwechsel) überstehen. Wenn gebrauchte Schulbücher allerdings verdreckt oder zerrissen sind oder inhaltlich nicht mehr stimmen (z.B. der Atlas Europa immer noch in den Grenzen von 1989 zeigt), müssen sie schon früher ersetzt werden. Übrigens: Wer Bücher beschädigt, muss hierfür Ersatz leisten.

5. Orientierung an gesicherten Erkenntnissen der Fachwissenschaft.

(2) Schulbücher müssen den Bildungsstandards, den Niveaustufen oder dem Lehrplan eines Faches oder Fächerverbundes entsprechen und sollen sich im Wesentlichen auf die dort ausgewiesenen verbindlichen Vorgaben (Kerncurriculum) beschränken. Inhalte des Schulbuches, die wesentlich über diese verbindlichen Vorgaben hinausgehen, sind kenntlich zu machen. Ist ein Lehrbuch für einen Bildungsstandard, eine Niveaustufe oder einen Lehrplan zu umfangreich, können mehrere Teilbände hergestellt werden, sofern ein verbindliches Konzept nach § 6 Abs. 2 Nr. 3 vorliegt. Soweit im Lernmittelverzeichnis vorgesehen, können anstatt eines Lehrbuches auch Themenhefte zugelassen werden, die zusammen genommen den Anforderungen des betreffenden Bildungsstandards oder Lehrplans genügen müssen. Im Bereich der beruflichen Schulen, mit Ausnahme der beruflichen Gymnasien, sollen Schulbücher dem Lehrplan eines Faches oder eines Bildungsgangs für alle Klassenstufen entsprechen.

(3) Schulbücher müssen nach ihrer äußeren Beschaffenheit für einen mehrjährigen, in der Regel fünfjährigen Gebrauch geeignet sein.

§ 6
Zulassungsverfahren

(Absätze 1 bis 4 und 7 sind hier nicht abgedruckt)

(5) Der Landeselternbeirat kann durch Stellungnahme an der Zulassung von Schulbüchern mitwirken.

(6) Für die Zulassung im Bereich der beruflichen Schulen gilt:

1. In den Fächern, in denen gleiche Lehrpläne für verschiedene Bildungsgänge zugrunde liegen, wird nur ein Zulassungsverfahren durchgeführt.
2. In den allgemeinbildenden Fächern dürfen Schulbücher, die
   a) für eine der drei Schularten Berufsschule, Berufsfachschule oder Berufsoberschule (Mittelstufe) zugelassen sind, auch in den beiden anderen Schularten,
   b) für das berufliche Gymnasium oder für das Berufskolleg oder für die Berufsoberschule (Oberstufe) oder für die Fachschule zugelassen sind, auch in den anderen hier genannten Schularten verwendet werden.
3. In erziehungskundlichen Fächern dürfen Schulbücher, die für eine berufliche Schulart zugelassen sind, auch in den übrigen Schularten des beruflichen Bereichs verwendet werden.
4. Die unter die Nummern 2 und 3 fallenden Bücher dürfen in allen Zusatz-, Erweiterungs- und Stützprogrammen verwendet werden, unabhängig von der Schulart, an der diese Programme angeboten werden. Bei diesen Programmen ist das jeweilige Bildungsziel (zum Beispiel Fachhochschulreife) maßgebend.

Hinweis der Redaktion: Gemäß Abs. 8 werden zugelassene Schulbücher über den Landesbildungsserver bekanntgemacht (Link: https://www.schule-bw.de/service-und-tools/listen-der-zugelassenen-schulbuecher)

⇨ Erziehungsauftrag und politische Bildung; ⇨ Konferenzordnung § 5 Abs. 2 Ziff. 2; ⇨ Lehrmittel und Schuleinrichtung; ⇨ Lernmittelfreiheit (Allgemeines); ⇨ Lernmittelverordnung; ⇨ Lernmittelverzeichnisse; ⇨ Schulgesetz §§ 35 a, 56 Abs. 1 Ziff. 5, 60, 94 und 98

Lernmittelfreiheit (Allgemeines)

Informationen der Redaktion zur Rechtslage und zur Verwaltungspraxis in Baden-Württemberg

Unentgeltlichkeit der Lernmittel

Die Lernmittelfreiheit hat in unserem Land Verfassungsrang: „*Unterricht und Lernmittel an den öffentlichen Schulen sind unentgeltlich*". ⇨ Verfassung Art. 14 Abs. 2

Konkretisiert wird dies im ⇨ Schulgesetz §§ 93, 94: „*In den öffentlichen Grundschulen, Hauptschulen, Realschulen, Gymnasien, Gemeinschaftsschulen, Kollegs, Berufsschulen, Berufsfachschulen, Berufskollegs, Berufsoberschulen und sonderpädagogischen Bildungs- und Beratungszentren hat der Schulträger den Schülern alle notwendigen Lernmittel mit Ausnahme von Gegenständen geringen Wertes leihweise zu überlassen, sofern die Lernmittel nicht von den Erziehungsberechtigten oder den Schülern selbst beschafft werden; ausnahmsweise werden sie zum Verbrauch überlassen, wenn Art oder Zweckbestimmung des Lernmittels eine Leihe ausschließen. Gegenstände, die auch außerhalb des Unterrichts gebräuchlich sind, gelten nicht als Lernmittel.*"

Dadurch ist aber nur die Unentgeltlichkeit des Unterrichts und damit der Lehr- und Lernmittel garantiert. Hingegen sind z.B. die Kosten für außerunterrichtliche Veranstaltungen (Unterkunft, Verpflegung, Eintrittsgelder usw.) von den Erziehungsberechtigten zu tragen; dazu gehören auch die Beförderungskosten zu solchen Veranstaltungen. Die Fahrkosten zur Schule werden von den Schulträgern – unter Anrechnung von Eigenanteilen oder bis zu bestimmten Höchstgrenzen – mitfinanziert. ⇨ Schülerbeförderung

Der Verwaltungsgerichtshof Baden-Württemberg hat 2001 die maßgebende Auslegung von Art. 14 der Verfassung vorgenommen (23.01.2001, AZ: 9 S 331/00):

„*1. Lernmittel im Sinne des Schulgesetzes für Baden-Württemberg sind Gegenstände, die für den Unterricht nach Anordnung der Unterrichtsverwaltung notwendig und zur Nutzung durch den einzelnen Schüler bestimmt sind.*

2. Das Kultusministerium ist ermächtigt, durch Rechtsverordnung den Begriff des Lernmittels näher abzugrenzen sowie abstrakt festzulegen, welche Lernmittel je nach Schulart und -form, nach Typ und Zug (Profil) sowie in jeder Klassen- oder Jahrgangsstufe vorgesehen

sind. Die für jeden Schüler konkret notwendigen Lernmittel zu bestimmen, obliegt – im Rahmen der Beschlüsse der Fachkonferenz sowie unter mitwirkender Beratung der Klassenpflegschaft – dem Fachlehrer.
➪ Konferenzordnung § 2 Abs. 1 Nr. 7

3. *Der Schulträger ist verpflichtet, die notwendigen Lernmittel zu beschaffen, ohne dass ihm das Recht zustünde, über die Notwendigkeit einzelner Lernmittel zu bestimmen oder mitzubestimmen. Durch die Regelungen der Lernmittelverordnung wird die Pflicht des Schulträgers hinsichtlich der „kleinen" Lernmittel nicht auf bestimmte Pauschbeträge begrenzt.*
4. *Das Gebot der Landesverfassung, dass Lernmittel unentgeltlich sind, umfasst nicht nur Schulbücher, sondern grundsätzlich alle Lernmittel.*
5. *Die Lernmittelfreiheit gilt nicht unmittelbar kraft Verfassung sofort; vielmehr ist der Gesetzgeber aufgerufen, sie stufenweise zu verwirklichen. Jedoch darf der Gesetzgeber eine einmal erreichte Stufe der Unentgeltlichkeit nicht wieder zurücknehmen. Das ließe sich auch nicht mit dem Hinweis auf immanente Grundrechtsschranken rechtfertigen.*
6. *Die Lernmittelfreiheit unterliegt nur einer Bagatellgrenze. Hiernach können Gegenstände auch ausgenommen werden, um einem Missbrauch vorzubeugen oder wenn ihre Beschaffung einen unverhältnismäßigen Verwaltungsaufwand verursachen würde."*

Um diese Grundsätze landesweit ohne Rücksicht auf die Finanzlage der ➪ Schulträger (Städte und Gemeinden) sicherzustellen, erhalten diese vom Land pauschale Zuweisungen je Schüler*in (mit Ausnahme der Grundschulen). In der Begründung zum oben zitierten Urteil führte das oberste baden-württembergische Verwaltungsgericht hierzu u.a. aus:

„Nach Art. 11 Abs. 1 LVerf hat jeder junge Mensch das Recht auf eine seiner Begabung entsprechende Erziehung und Ausbildung, und zwar ohne Rücksicht auf Herkunft oder wirtschaftliche Lage. Dieser Grundsatz leitet das gesamte öffentliche Schulwesen (vgl. Art. 11 Abs. 2 LVerf) und bestimmt damit Sinn und Zweck auch der Lernmittelfreiheit: Die wirtschaftliche Lage des einzelnen Schülers soll vor allem dadurch bedeutungslos werden, dass Unterricht und Lernmittel an den öffentlichen Schulen möglichst völlig unentgeltlich sind. Die Regelung der Kosten weist Art. 14 Abs. 3 LVerf einem besonderen Schullastenausgleich zwischen den kommunalen Schulträgern und dem Land zu. Damit zeigt die Verfassung selbst den Ausweg auf, sollten die Kosten für Schulbau, Schulausstattung und Lernmittel die kommunalen Schulträger überfordern: Eine Entlastung der Kommunen hat durch das Land zu erfolgen, nicht durch die Schüler oder deren Eltern."
➪ Haushalt (Kommunaler Finanzausgleich); ➪ Haushalt (Sachkostenbeiträge); ➪ Verfassung Art. 11 und 14

Die Modalitäten für die unentgeltliche Bereitstellung der Lernmittel sind in der ➪ Lernmittelverordnung (LMVO) ausgeführt. Was im Einzelnen *„notwendige Lernmittel"* sind, war bis 2016 in einem *„Lernmittelverzeichnis"* detailliert aufgelistet. Die aktuelle LMVO enthält kein Lernmittelverzeichnis mehr. Bitte hierzu den Beitrag ➪ Lernmittelverzeichnisse beachten.

Nicht als *„Lernmittel"* zählt, was der *„gewöhnlichen Eigenausstattung der Schüler"* zuzuordnen und demnach von ihnen selbst bzw. den Eltern zu beschaffen ist (das sind alle Gegenstände, deren Verwendung die Schule den Schüler*innen freistellt oder die sie ohnehin besitzen, z.B. Schulranzen, Mäppchen, Sport- oder Schwimmbekleidung). Hingegen zählen z.B. Zirkel und Taschenrechner oder auch Wörterbücher zu den unentgeltlich zu stellenden „Lernmitteln". ➪ Schulgesetz § 94 Abs. 1 letzter Satz

Die Corona-Pandemie mit der Folge des vermehrten digitalen Unterrichts hat deutlich gemacht, dass die erforderlichen Geräte (beispielsweise Tablets) lernmittelfrei zur Verfügung gestellt werden müssen.

Die Fachkonferenz entscheidet über die Einführung von Lernmitteln (besteht keine Fachkonferenz, entscheidet die Schulleitung nach Anhörung der Fachlehrkräfte). Diese Entscheidung muss für mindestens fünf Jahre gelten. Es dürfen nur zugelassene Lernmittel angeschafft werden, es sei denn, dass bestimmte Lernmittel keiner Zulassung bedürfen. Die Klassenpflegschaft besitzt ein Recht auf Unterrichtung und Aussprache über die in der Klasse verwendeten Lernmittel.
➪ Konferenzordnung § 5; ➪ Lernmittel (Zulassung); ➪ Lernmittelverordnung § 1; ➪ Schulgesetz § 56 Abs. 1

Dem Schulträger steht kein Recht zu, über die Notwendigkeit einzelner Lernmittel zu bestimmen oder mitzubestimmen. Er kann jedoch durch Auslegung des Begriffs *„Gegenstände geringen Werts"* (SchG § 94) bestimmte Gegenstände von der Lernmittelfreiheit ausnehmen. Der Städtetag hat empfohlen, als Wertgrenze für solche Gegenstände einen Euro anzusetzen. Das KM zählt hierzu, ohne eine Wertgrenze zu benennen, *„insbesondere Papier, Hefte, Ordner, Schreib- und Malgeräte, also auch Blei- und Buntstifte sowie Farbkasten".* (Quelle:.KM, 13.12.2001 (AZ: 32-6434.0/122)

„Büchergeld" und „Kopiergeld"

Verbrauchs- und Arbeitsmaterialien (Arbeitshefte, die durch Einträge der Schüler*innen verbraucht werden, usw.) sind unentgeltlich zu überlassen. Dies gilt auch für „Ganzschriften", also Bücher und Broschüren mit literarischen Texten und auch dann, wenn zu erwarten ist, dass die Schüler*innen darin Notizen machen. Die Lernmittelfreiheit wird in diesem Bereich teilweise unterlaufen, indem die Schulen von den Eltern „freiwillige" Kostenanteile einziehen oder ihnen die Beschaffung ganz überlassen. Diese Entwicklung wird dadurch verstärkt, dass die Schulträger von der Budgetierung Gebrauch machen und damit den Einsparungsdruck an die Schulen weitergeben. ➪ Haushalt (Allgemeines)

Die Anfertigung von Randnotizen in Ganzschriften ist selbstverständliche Praxis; bei Prüfungen lassen die Schulen den Gebrauch der Ganzschrift einschließlich der persönlichen Randnotizen zu. Die Lernmittelverordnung sagt eindeutig (§ 3 letzter Satz): *„Soweit Lernmittel nach dem Gebrauch durch die Schülerin oder den Schüler nicht mehr durch andere Schülerinnen und Schüler weiterverwendet werden können, sind sie zum Verbrauch zu überlassen."* Eine Ganzschrift ist in der Regel bereits nach einmaliger Nutzung „verbraucht" und kann nicht mehr weitergegeben werden.

Für den Fall, dass die Kosten für Schulbau, Schulausstattung und Lernmittel die kommunalen Schulträger überfordern, stellt der Verwaltungsgerichtshof in der oben zitierten Entscheidung fest: *„Eine Entlastung der Kommunen hat durch das Land zu erfolgen, nicht durch die Schüler oder deren Eltern."*

Der Einzug pauschaler Eigenbeiträge bei den Eltern (sogenanntes *„Büchergeld"*) ist demnach unzulässig; dies gilt auch dann, wenn die Eltern auf dem Elternabend dies mehrheitlich billigen sollten, denn damit werden jene Erziehungsberechtigten, die sich diese Ausgabe nicht leisten können oder wollen, unzulässig unter Druck gesetzt.

Vervielfältigungen für Unterrichts- oder Prüfungszwecke (z.B. „Arbeitsblätter", Testblätter) sowie für Verwaltungszwecke (z.B. Schülerlisten, Prüfungsaufgaben) fallen nicht unter die Lernmittel-, sondern unter die Schulgeldfreiheit. Auch sie müssen also unentgeltlich, jedoch aus einem anderen rechtlichen Grund zur Verfügung gestellt werden. Auch die Erhebung von *„Kopiergeldern"* ist deshalb unzulässig.

Das KM hat jedoch zugelassen, dass Lernmittel, die nicht kostenfrei zur Verfügung gestellt werden müssen (also von Gegenständen, die der *„gewöhnlichen Eigenausstattung der Schüler"* zuzuordnen sind oder von *„Gegenständen geringen Werts"*), von der Schule über Sammelbestellungen beschafft werden dürfen. Dies (und das damit verbundene Inkasso bei den Schüler*innen bzw. Eltern) ist zulässig, soweit es von der Natur der Sache her notwendig ist (z.B. wenn der Kauf bestimmter Arbeitsmittel beim örtlichen Handel nicht möglich ist). ⇨ Werbung Ziff. 5.2

Auf dieser Grundlage stellen manche Schulen beispielsweise Arbeitsblätter für Klassenarbeiten, Tests usw. zur Verfügung und erheben hierfür ein *„Papiergeld"*. Wenn dadurch den Erziehungsberechtigten der Kauf (teurerer!) Klassenarbeitshefte erspart wird, ist unseres Erachtens ein solches Verfahren vertretbar, wenn ein Beschluss der Schulkonferenz vorliegt und eine „Deckelung" dieses Eigenbeitrags erfolgt (im Jahr nicht mehr als zwei Euro).

Leihe und Bonus-System

Im Regelfall wird die Lernmittelfreiheit in Form der Leihe verwirklicht. Die Schulbücher haben deshalb eine mehrjährige Nutzungsdauer. Das Kultusministerium hat hierzu verfügt: *„Schulbücher müssen nach ihrer äußeren Beschaffenheit für einen mehrjährigen, in aller Regel fünfjährigen, Gebrauch geeignet sein"*.

⇨ Lernmittel (Zulassung) § 4

Daneben wird teilweise ein „Bonus-System" praktiziert: Dabei übernimmt der Schulträger einen Teil der Kosten, wenn die Eltern die Schulbücher selbst anschaffen. Da diese Schulbücher nach Gebrauch an nachfolgende Schüler-Generationen verkauft werden können, wird dem Grundsatz der Lernmittelfreiheit im Ergebnis Rechnung getragen. Allerdings tragen die Schüler bzw. ihre Eltern die volle Haftung bei Beschädigungen und Verlust. Zudem müssen sie in Vorleistung gehen und können – selbst bei Sammelbestellungen! – keine Rabatte in Anspruch nehmen.

Das Regierungspräsidium Stuttgart hat hierzu u.a. mitgeteilt (14.5. 2008; AZ: 7-6434.0/18-1): *Diese Kostenbeteiligung (auch „Bonus-System" genannt) erfordert aber als unabdingbare Voraussetzung, dass die Kostenbeteiligung freiwillig erfolgt. Darauf sind die Eltern und Schüler hinzuweisen. Insoweit ist auch sicherzustellen, dass weder von Seiten der Schule insgesamt noch von einzelnen Lehrkräften der Eindruck erweckt wird, dass ohne die Kostenbeteiligung der Eltern bzw. Schüler ein sachgerechter Unterricht nicht möglich sei. [...] In diesem Zusammenhang wird auch auf § 47 Abs. 4 Nr. 1 b) Schulgesetz hingewiesen. Danach ist die Schulkonferenz anzuhören „zu Beschlüssen der Gesamtlehrerkonferenz über die Verwendung der der Schule zur Verfügung gestellten Haushaltsmittel im Rahmen ihrer Zweckbestimmung".*

Existenzsicherungsleistungen („Bildungspaket")

Bedürftige Familien oder Alleinerziehende mit schulpflichtigen Kindern erhalten im Regelfall Transferleistungen, die „Grundsicherung für Arbeitssuchende" (Arbeitslosengeld II) sowie für ihre Kinder das „Sozialgeld".

Für diese Familien wird die finanzielle Belastung durch die Beschaffung des Schulbedarfs, der nicht unter die Lernmittelfreiheit fällt, über das „Bildungspaket" ausgeglichen (§ 28 Abs. 3 SGB II; für Kinder von Sozialhilfeempfängern wurde in § 34 Abs. 3 SGB XII eine analoge Regelung getroffen): Bedürftige Schüler*innen, die das 25. Lebensjahr noch nicht vollendet haben und die eine allgemein- oder berufsbildende Schule besuchen, erhalten jährlich zum Schuljahresbeginn und zum 1. Februar pauschale Zuschüsse, wenn sie oder mindestens ein im Haushalt lebender Elternteil am 1. August des jeweiligen Jahres Anspruch auf Leistungen zur Sicherung des Lebensunterhalts haben. Dies gilt nicht, wenn sie einen Anspruch auf Ausbildungsvergütung besitzen. Die Einzelheiten stehen im Beitrag ⇨ Bildungspaket.

Im begründeten Einzelfall kann ein Nachweis über eine zweckentsprechende Verwendung der Leistung verlangt werden. Wenn die Betroffenen nachweisen, dass die Pauschalen nicht ausreichen, könnten sie zusätzliche Leistungen verlangen. Das wird die Rechtsprechung noch klären müssen.

Gute Hinweise, was man für bedürftige Kinder tun kann, finden sich auf der von allen Gewerkschaften, auch von der Gewerkschaft Erziehung und Wissenschaft unterstützten Homepage www.erwerbslos.de.

Beschaffung und Preisbindung

Die Beschaffung der unentgeltlich zur Verfügung gestellten Lernmittel ist grundsätzlich Sache des Schulträgers. Im Rahmen der Budgetierung übernimmt dies teilweise – insbesondere in kleineren Kommunen – auch die einzelne Schule. Je nach dem finanziellen Volumen muss die Bestellung ggf.

Ist ein Ausschluss von der Klassenfahrt zulässig? Hätten Sie's gewusst? Die Antwort steht auf Seite 464.

europaweit ausgeschrieben werden; insofern ist eine „stille Subventionierung" des örtlichen Fachhandels nicht möglich. Aufgrund des Buchpreisbindungsgesetzes müssen die Verlage verbindliche Ladenpreise für Schulbücher (auch für Musikalien, kartografische Produkte wie Atlanten oder Wandkarten und für elektronische Verlagserzeugnisse, soweit sie überwiegend textorientiert sind) festlegen. Auch Arbeitshefte (z.B. für Fremdsprachen), in welche Einträge vorgenommen werden, sind „Bücher".

Schulbuchnachlässe sind nur erlaubt, wenn die öffentliche Hand Eigentum erwirbt. Deshalb dürfen z.B. Kaufexemplare im Rahmen eines Bonus-Systems oder Arbeitsmaterialien, die von den Schülern oder Eltern erworben werden, nicht rabattiert werden. Ein Rabatt ist auch unzulässig, wenn ein Förderverein Schulbücher kauft und sie der Schule schenkt, denn hierbei erfolgt zunächst ein Eigentumserwerb seitens des Fördervereins. Das KM hat folgende Alternative aufgezeigt (Infodienst Eltern Nr. 29, März/April 2007): „*Möglich ist aber, dass der Förderverein dem Schulträger (bzw. der selbstständigen Schule) die für die Anschaffung erforderlichen finanziellen Mittel zur Verfügung stellt und dieser damit die Bücher zu Eigentum der Schule anschafft.*"

Die Preisbindung gilt nicht für gebrauchte Bücher. Ein privater Bücher-Flohmarkt ist also problemlos möglich.

➪ Gebühren; ➪ Haushalt (Allgemeines); ➪ Haushalt (Kommunaler Finanzausgleich); ➪ Haushalt (Sachkostenbeiträge); ➪ Konferenzordnung § 5; ➪ Lehrmittel und Schuleinrichtung; ➪ Lernmittel (Zulassung); ➪ Lernmittelverordnung; ➪ Lernmittelverzeichnisse; ➪ Schulentwicklung und Evaluation; ➪ Schulgesetz § 35 a, § 56 Abs. 1 Ziff. 5, § 60, § 94, § 98; ➪ Schulträger; ➪ Urheberrecht (Allgemeines); ➪ Verfassung Art. 14

Lernmittelverordnung

§ 1 der Verordnung des Kultusministeriums über die notwendigen Lernmittel (Lernmittelverordnung – LMVO) vom 19.4.2016 (K.u.U. S. 183/2016)

§ 1
Notwendige Lernmittel

(1) Lernmittel sind Schulbücher und andere Sachen, die dazu bestimmt sind, von Schülerinnen und Schülern zum schulischen Lernen genutzt zu werden. ➪ Lernmittelfreiheit (Allgemeines)

(2) Ausstattungsgegenstände der Schülerinnen und Schüler im Sinne von § 85 Absatz 1 Satz 2 des Schulgesetzes für Baden-Württemberg (SchG) sowie Lehrmittel als Unterrichtsmittel, die von den Lehrkräften für die Vorbereitung und Durchführung des Unterrichts benötigt werden, sind keine Lernmittel. Keine Lernmittel sind ferner Gegenstände, die zur Einrichtung der Schule, insbesondere der Fachräume, Werkräume, Werkstätten und Schulküchen gehören.

(3) Notwendige Lernmittel sind Lernmittel, die zur Erreichung der Bildungs- und Erziehungsziele des für den jeweiligen Bildungsgang gültigen Bildungs- bzw. Lehrplans sowie des Schulcurriculums erforderlich sind. Die Schulträger der in § 94 Absatz 1 SchG genannten Schulen statten die Schülerinnen und Schüler mit den notwendigen Lernmitteln aus, soweit diese nicht von den Erziehungsberechtigten oder den Schülerinnen und Schülern selbst beschafft werden. Soweit Lernmittel nach dem Gebrauch durch die Schülerin oder den Schüler nicht mehr durch andere Schülerinnen und Schüler weiterverwendet werden können, sind sie zum Verbrauch zu überlassen.

(4) Die Fachkonferenz bestimmt, ob und gegebenenfalls welche notwendigen Lernmittel für das jeweilige Unterrichtsfach verwendet werden. Besteht keine Fachkonferenz, entscheidet die Schulleiterin oder der Schulleiter nach Anhörung der Fachlehrerinnen und Fachlehrer. Die Entscheidung gilt bei Lehrbüchern grundsätzlich für mindestens fünf Jahre. Die Fachkonferenz und die Schulleiterin oder der Schulleiter haben bei ihrer Entscheidung Lernmethode, Bedürfnisse des Unterrichts im jeweiligen Fach, Art und Zweckbestimmung des Lernmittels sowie den Grundsatz der Wirtschaftlichkeit und Sparsamkeit zu berücksichtigen. ➪ Konferenzordung § 5 Abs. 2 Nr. 2

Hinweise der Redaktion

1. Bei der Entscheidung über die Auswahl der geeigneten Lermittel sind die einzelnen Lehrkräfte sowie die Fachkonferenzen als Gremien an den „Code of Conduct" gebunden; siehe hierzu den Beitrag ➪ Lernmittel (Zulassung) Teil 1.
2. Bitte beachten Sie auch den Beitrag ➪ Lernmittelverzeichnisse.
3. Ein Beschluss der Fachkonferenz über die Verwendung eines bestimmten Schulbuches bindet alle hiervon betroffenen Lehrkräfte; sie sind verpflichtet, dieses Buch im Fachunterricht als „hauptsächliches Arbeitsmittel" einzusetzen. Die einzelne Lehrkraft hat das Recht, ergänzend weitere Lernmittel (z.B. selbst gefertigte Arbeitsblätter) einzusetzen. (Quelle: Bundesverwaltungsgericht 28.1.1994; AZ: 6 B 24/93)

(5) Lernmittel, bei denen die Möglichkeit des nicht zweckentsprechenden Gebrauchs besteht oder deren Beschaffung oder Kostenerstattung einen Verwaltungsaufwand verursacht, der in keinem Verhältnis zu dem Zweck der Lernmittelfreiheit steht, können vom Schulträger von der Lernmittelfreiheit ausgenommen werden.

(6) Die zum ständigen Gebrauch notwendigen Lernmittel sind in der Regel mindestens fünf Jahre zu verwenden. Dies gilt vor allem für Schulbücher und sonstige Druckwerke mit Ausnahme von Atlanten, die regelmäßig während der gesamten Schulzeit zu verwenden sind.

➪ Konferenzordnung § 5 Abs. 2 Nr. 2; ➪ Lehrmittel und Schuleinrichtung; ➪ Lernmittel (Zulassung); ➪ Lernmittelfreiheit (Allgemeines); ➪ Lernmittelverzeichnisse; ➪ Schulgesetz § 94

Lernmittelverzeichnisse

Informationen der Redaktion zur Rechtslage und zur Verwaltungspraxis in Baden-Württemberg

Das Kultusministerium hat zur Umsetzung der verfassungsrechtlich garantierten Lernmittelfreiheit eine Lernmittelverordnung (LMVO) erlassen.

⇨ Lernmittelfreiheit (Allgemeines); ⇨ Schulgesetz § 94; ⇨ Verfassung Art. 14

In einem Anhang, dem sogenannten „Lernmittelverzeichnis", hatte das KM ursprünglich auf 81 Druckseiten detailliert aufgeschlüsselt, welche *„notwendigen Lernmittel"* (LMVO (§ 1 Abs. 3) den Schüler*innen kostenlos zur Verfügung gestellt werden müssen. Dies steht also nicht im Belieben des Schulträgers, der einzelnen Schule oder der einzelnen Lehrkraft, sondern hierauf besitzen die Schüler*innen beziehungsweise ihre Eltern einen rechtlichen Anspruch.

DieLMVO wurde 2016 durch eine neue Fassung ersetzt, in der jedoch das Lernmittelverzeichnis fehlte. Die „alte" Fassung blieb zwar für einige Schularten und Klassenstufen noch weiter in Kraft, aber 2022 endeten diese Übergangsbestimmungen. Seitdem gilt nur noch die unter ⇨ Lernmittelverordnung abgedruckte Fassung ohne Lernmittelverzeichnis.

Ein Lernmittelverzeichnis ist hilfreich

Das „Lernmittelverzeichnis" war und ist eine wertvolle Verständnis- und Interpretationshilfe für alle Beteiligten. Denn juristische Laien, beispielsweise die Erziehungsberechtigten, aber auch manche Lehrkräfte oder Schulleitungen oder auch ⇨ Schulträger, haben bisweilen Mühe zu verstehen, was *„notwendige Lernmittel"* (LMVO (§ 1 Abs. 3) sind.

Dies sei hier an einem konkreten Beispiel, dem Englischunterricht (Pflichtfremdsprache) in den Realsowie den Haupt- und Werkrealschulen erläutert:

1. Die Lernziele (Einsichten, Kenntnisse, Fähigkeiten und Fertigkeiten) sind im amtlichen Bildungsplan verbindlich vorgegeben.
2. Grundsätzlich entscheidet die einzelne Lehrkraft, wie und mit welchen Lernmitteln sie diese Zielvorgaben umsetzt (*„Methodenfreiheit"*); siehe auch ⇨ Pädagogische Freiheit.
3. Im Lernmittelverzeichnis ist im einzelnen aufgeführt, welche dieser Bücher, Hefte usw. *„notwendig"* sind, also den Schüler*innen zweifelsfrei unentgeltlich – in der Regel leihweise – zur Verfügung gestellt werden müssen. Bei der Pflichtfremdsprache sind dies in den genannten Schularten beispielsweise ein Lehrbuch oder Themenhefte, Arbeitsmittel zur Spracherwerbsförderung, ein Wörterbuch Fremdsprache–Deutsch/Deutsch–Fremdsprache sowie sogenannte „Ganzschriften" (beispielsweise Taschenbücher mit Kurzgeschichten oder einem Roman in der Fremdsprache). Teilweise ist je ein Exemplar während des gesamten Schuljahres zur Verfügung zu stellen; diese Bücher/Hefte können die Schüler*innen nicht nur im Unterricht benutzen, sondern auch nach Hause mitnehmen, teilweise sind das auch „Klassensätze" zur Benutzung in der Schule.
4. Die Lehrkraft kann die Lernziele auch mit anderen Mitteln und Methoden erreichen, z.B. analog über Arbeitsblätter oder digital über Lernprogramme, die Anleitung zur selbstständigen Internetrecherche usw. Auch in diesem Fall haben die Schüler*innen Anspruch auf kostenfreie Bereitstellung der Materialien und Geräte, denn auch dies sind dann *„notwendige Lernmittel"*; siehe hierzu auch: ⇨ Lernmittelfreiheit (Allgemeines).
5. Wichtig war und ist deshalb auch die am Ende der jeweiligen Schulart-Tabelle stehende Bestimmung, wonach der Schule *„für die im Verzeichnis nicht einzeln aufgeführten Lernmittel"* jährlich ein Pauschbetrag je Schüler*in zusteht. Daraus sind beispielsweise die im Englischunterricht verwendeten Arbeitshefte (Workbooks) lernmittelfrei zur Verfügung zu stellen.
6. Da sich der Englischunterricht über die gesamte Realschulzeit erstreckt und der Lehrgang aus aufeinander aufbauenden Elementen besteht, ist es zweckmäßig, dass sich die Schule einheitlich für das Schulbuchwerk eines Verlags oder ein bestimmtes digitales Lernprogramm entscheidet. Sonst käme es von Klasse zu Klasse und Jahrgang für Jahrgang zu einem abträglichen Wirrwarr der Systeme. Deshalb haben die Fachkonferenz beziehungsweise die Schulleitung (nach Anhörung der Fachlehrkräfte) zu entscheiden, welches dieser *„notwendigen Lernmittel"* an der Schule konkret verwendet und also auch lernmittelfrei beschafft wird. ⇨ Lernmittelverordnung § 1 Abs. 4.

Neufassung der Lernmittelverzeichnisse

2019 hat das Kultusministerium das Zentrum für Schulqualität und Lehrerbildung (ZSL) eingerichtet und dieser Landesoberbehörde u.a. die Zuständigkeit für die Schulbuchzulassung übertragen.

⇨ Lernmittel (Zulassung); ⇨ Schulentwicklung und Evaluation

Das ZSL hat auf seiner Homepage inzwischen überarbeitete Neufassungen der früheren Lernmittelverzeichnisse als PDF-Dateien veröffentlicht. Dazu gehören vor allem die wichtigen Verzeichnisse für die allgemeinbildenden Schularten, die nach den Bildungsplänen ab 2016 arbeiten:

- Grundschule
- Realschule, Werkrealschule, Hauptschule,
- Gemeinschaftsschule samt Hinweis zur gymnasialen Oberstufe dieser Schulart,
- Gymnasium,
- Vorbereitungsklassen.

Ferner hat das ZSL dort „Allgemeine Informationen zum Lernmittelverzeichnis 2016" veröffentlicht. Link: https://zsl-bw.de/,Lde/Startseite/uebergreifendes/sbz-rechtliche-grundlagen

Diese „neuen“ Fassungen unterscheiden sich teilweise positiv von den früheren Lernmittelverzeichnissen“, denn da die Unentgeltlichkeit der Lernmittel *„stufenweise verwirklicht“* wird (so formuliert es die ➪ Verfassung in Artikel 14 Abs. 2) darf der erreichte Standard nicht mehr unterschritten, sondern muss allenfalls aufgrund neuerer Entwicklungen ausgebaut werden.

So war im „alten“ Verzeichnis für die Realschulen lediglich von einfachen „Taschenrechnern“ die Rede, in der Neufassung des ZSL, die einheitlich für die Hauptschule, die Werkrealschule und die Realschule gilt, wird hingegen von „wissenschaftlichen“ Taschenrechnern gesprochen. Auch Tablets sind heute zweifelsfrei*„notwendige Lernmittel“*, denn sie sind im Zeichen von Fernunterricht *„zur Erreichung der Bildungs- und Erziehungsziele des für den jeweiligen Bildungsgang gültigen Bildungs- bzw. Lehrplans sowie des Schulcurriculums erforderlich“*(LMVO § 1 Abs. 3). Zwar folgt diesem Satz die Einschränkung: *„soweit diese nicht von den Erziehungsberechtigten oder den Schülerinnen und Schülern selbst beschafft werden“* – wer also sein Kind damit selbst ausstatten will und sich das auch leisten kann, darf das tun. Aber auf die anderen Eltern und ihre Kinder darf kein Druck ausgeübt werden, sich ganz oder auch nur teilweise an diesen Kosten zu beteiligen. Das wäre ein klarer Verfassungsbruch.

Auch die Pauschbeträge sind in den „neuen“ Fassungen – wenn auch in unzureichendem Umfang – angehoben worden, bei den HS/WRS/RS sind sie beispielsweise von früher 20 bis 30 Euro auf jetzt 24 bis 40 Euro angestiegen. Das Land hat dies übrigens bei den sogenannten *„Sachkostenbeiträgen“* berücksichtigt, mit denen es im Rahmen des *„Kommunalen Finanzausgleichs“* alle Schulträger finanziell gleichstellt: Diese Zuweisungen sind bei den Realschulen von 750 Euro im Jahr 2016 auf 1027 Euro im Jahr 2022, also um 37%, angehoben worden.

➪ Haushalt (Kommunaler Finanzausgleich; ➪ Haushalt (Sachkostenbeiträge)

Leider nur unverbindlich

Allerdings: Diese „neuen“ Fassungen der früheren Lernmittelverzeichnisse sind nicht mehr unmittelbar wirksam. Das KM hat hierzu auf eine Anfrage des SPD-Abgeordneten Dr. Stefan Fulst-Blei u. a. (*„Lernmittelfreiheit an den Schulen in Baden-Württemberg“*; LT-Drucksache 17/4258) u.a. ausgeführt: *„Die vom ZSL herausgegebenen Lernmittelverzeichnisse sind nicht unmittelbar Teil der Lernmittelverordnung und insofern im Wortlaut rechtlich nicht verbindlich. Inhaltlich bilden sie ab, welche Lernmittel aus pädagogischer Sicht als notwendig angesehen werden können.“*

Die Schulen (die Schulleitungen und Lehrkräfte) können die aktuellen ZSL-Lernmittelverzeichnisse trotzdem als klare Aussagen der für diese Fragen „zuständigen“ KM-Behörde verwenden, also gegenüber den Schulträgern darauf pochen, dass mindestens das hierfür notwendige Geld bereitgestellt wird. Das könnte auch jenen Lehrkräften (und Elternbeiräten) helfen, die mit Schulleitungen oder Lehrkräften zu tun haben, die sich als Hilfsbeamt*innen des Finanzministeriums aufspielen.

Ein Beispiel: Das Verzeichnis für HS/WRS/RS

Wir drucken im Folgenden die „Allgemeinen Informationen“ des ZSL sowie als Beispiel das (inhaltlich unveränderte, aber von der Redaktion komprimierte) aktuelle Lernmittelverzeichnis für die Haupt-, Werkreal- und Realschulen ab. Der Abdruck der Verzeichnisse für sonstige Schularten würde den Umfang dieses Buches sprengen; sie sind auf der Hompage des ZSL online als PDF-Dateien abrufbar. Link: https://zsl-bw.de/,Lde/Startseite/uebergreifendes/sbz-rechtliche-grundlagen.

Hinweise und Erläuterungen zu den Lernmittelverzeichnissen

Allgemeine Informationen des ZSL zum Lernmittelverzeichnis 2016

I. Allgemeines

In den Lernmittelverzeichnissen für die einzelnen Schularten und ggf. -typen sind als notwendig anzusehende Lernmittel zur Umsetzung des Kerncurriculums, bei den beruflichen Schulen der Lehr- und Bildungspläne, enthalten. Soweit die Inhalte nicht aus den im Lernmittelverzeichnis aufgeführten Lernmitteln vermittelt werden können, sollen bei den allgemeinbildenden Schulen darüber hinaus die zur Vertiefung und Erweiterung im Rahmen des Schulcurriculums weiter erforderlichen Lernmittel in angemessenem Umfang zur Verfügung zu gestellt werden. Die ➪ Schulträger sollen den Schulen ferner für die Beschaffung von nicht einzeln im Lernmittelverzeichnis aufgeführten Lernmitteln und anderen Gegenständen je Schüler einen angemessenen Pauschbetrag zur selbstständigen Bewirtschaftung gemäß § 48 Abs. 2 SchG zur Verfügung stellen. Über die Verwendung des ihnen zur Verfügung stehenden Betrags entscheiden die Schulen nach pflichtgemäßem Ermessen selbstständig. ➪ Schulgesetz § 94

II. Abgrenzung Lernmittel – Eigenausstattung; Gegenstände geringen Werts

Nach § 1 Abs. 2 LMVO sind gewöhnliche Eigenausstattungsgegenstände der Schüler keine Lernmittel. Hierunter fallen insbesondere solche Gegenstände, deren Verwendung die Schule den Schülern freistellt oder die sie ohnehin besitzen, z. B. Schulranzen, Mäppchen, Sport- oder Schwimmbekleidung. Auf die Ausstattungspflicht der Eltern nach § 85 Abs. 1 Satz 2 SchG wird ergänzend hingewiesen.

Zur Gewährleistung eines zweckentsprechenden Gesetzesvollzugs können Lernmittel, bei denen die Möglichkeit des nicht zweckentsprechenden Gebrauchs besteht, sowie Gegenstände, deren Beschaffung bzw. Kostenerstattung einen Verwaltungsaufwand verursacht, der in keinem Verhältnis zu dem Zweck der Lernmittelfreiheit steht, im Rahmen der Auslegung des Begriffs „Gegenstände geringen Werts" vom Schulträger von der Lernmittelfreiheit ausgenommen werden. Hierzu gehören insbesondere Papier, Hefte, Ordner, Schreib- und Malgeräte, also auch Blei- und Buntstifte sowie Farbkasten. Lehrmittel (Mittel zum Lehren, also solche Unterrichtsmittel, die von den Lehrkräften für die Vorbereitung und Durchführung des Unterrichts benötigt werden), sind keine Lernmittel, ebenso Einrichtungsgegenstände der Schule.

III. Teilbände

Lehr- und andere Bücher, die in Fächern und Fächerverbünden über mehrere Klassen notwendiges Lernmittel sind, können in mehreren Teilbänden beschafft werden.

IV. Digitale Medien

Digitale Medien sind Druckwerken gleichgestellt.

V. Hinweise zu den Verzeichnissen

1.

Begriffsbestimmungen

Es bedeuten

a) Themenhefte: Schriften, die sich mit einzelnen, im Lehrplan vorgesehenen Themen schwerpunktmäßig befassen und wie Lehrbücher verwendet werden, also nicht zum Verbrauch bestimmt sind.
b) Arbeitshefte (oft auch als „Workbook" oder „Cahier" bezeichnet): Druckwerke, die Aufgaben oder sonstige Arbeitsaufforderungen enthalten und vom Schüler bearbeitet werden. In der Regel sind Arbeitshefte nach Verwendung durch den Schüler verbraucht. Mit Ausnahme des Berufsvorbereitungsjahrs und der Vorbereitungsklassen sind Arbeitshefte keine notwendigen Lernmittel.
c) Arbeitsbücher: Druckwerke, die Aufgabenstellungen und Übungen enthalten, die jedoch nicht im Arbeitsbuch selbst gelöst werden; Arbeitsbücher können mehrfach verwendet werden.
d) Arbeitsmittel: Unterrichtsmaterialien, die Aufgaben oder sonstige Arbeitsaufforderungen enthalten und für die Hand der Schüler bestimmt sind.
e) Materialien/Materialsätze: Bei den im Lernmittelverzeichnis genannten Materialien und Materialsätzen handelt es sich nur um solche Gegenstände, die die Schüler im Unterricht verwenden und die nicht zum Verbrauch bestimmt sind (z.B. Thermometer).
f) Materialien und Materialsätze, die zum Verbrauch bestimmt sind, fallen unter § 1 Abs. 2 LMVO; sie sind im Pauschbetrag berücksichtigt.
g) Wissenschaftliche Taschenrechner: Das Kultusministerium kann in Abstimmung mit den kommunalen Landesverbänden Empfehlungen zur Beschaffenheit der wissenschaftlichen Taschenrechner herausgeben.

2.

Bezeichnungen in den einzelnen Verzeichnissen

In die für die einzelnen Klassen/Jahrgangsstufen vorgesehenen Spalten sind einfache Kreuze, doppelte Kreuze oder Zahlen eingetragen. Dabei bedeuten:

a) das einfache Kreuz (x): In dieser Klasse/Jahrgangsstufe ist das angegebene Lernmittel für jeden Schüler während des gesamten Schuljahres zum ständigen Gebrauch notwendig;
b) das doppelte Kreuz (xx): In dieser Klasse/Jahrgangsstufe ist das angegebene Lernmittel für den Schüler während des Schuljahres in der Regel nur zum vorübergehenden Gebrauch bestimmt (Klassensätze). Bei der Zahl der an der Schule vorzuhaltenden Klassensätze sind die Zahl der Klassen (Parallelklassen/Züge bzw. Klassenstufen, in denen das Lernmittel benötigt wird) sowie die organisatorischen Möglichkeiten der Mehrfachnutzung zu berücksichtigen;
c) eine Zahl: notwendige Anzahl des angegebenen Lernmittels in der betreffenden Klasse/Jahrgangsstufe je Schüler. Eine Zahl in Klammern gesetzt bezieht sich auf die Anzahl der Klassensätze. Bei der Anzahl der insgesamt vorzuhaltenden Klassensätze pro Ganzschrift sind organisatorische und unterrichtliche Rahmenbedingungen zu berücksichtigen. In der Regel sind pro Ganzschrift mindestens halb so viele Klassensätze zur Verfügung zu stellen, wie die Schule Parallelklassen bzw. Kurse in den betreffenden Klassen- bzw. Jahrgangsstufen führt.
d) 2-st. = zweistündiger Kurs, 4-st. = vierstündiger Kurs

VI. Sonstiges

Bei einer Änderung der Bezeichnung eines Unterrichtsfachs sowie für Schulversuche gilt das Lernmittelverzeichnis entsprechend. Fächerübergreifende Themen oder Bezeichnungen gelten als Unterrichtsfach.

⇨ Haushalt (Kommunaler Finanzausgleich; ⇨ Haushalt (Sachkostenbeiträge); ⇨ Lernmittel (Zulassung); ⇨ Lernmittelfreiheit (Allgemeines); ⇨ Lernmittelverordnung; ⇨ Schulentwicklung und Evaluation, ⇨ Schulgesetz § 94; ⇨ Schulträger; ⇨ Verfassung Art. 14 Abs. 2

Als Beispiel für die aktuellen Lernmittelverzeichnisse des ZSL geben wir auf der nächsten Seite die Liste für die Haupt-, Werkreal- und Realschulen wieder. Die Verzeichnisse für die Gemeinschaftsschulen, die Gymnasien und die Grundschulen sowie für die sonstigen Schularten sind online abrufbar unter: https://zsl-bw.de/,Lde/Startseite/uebergreifendes/sbz-rechtliche-grundlagen.

Lernmittelverzeichnis Haupt-, Werkreal- und Realschulen

Lernmittelverzeichnis des ZSL für Realschulen, Werkrealschulen und Hauptschulen

Unterrichtsfach und Art des Lernmittels	Klasse 5	6	7	8	9	10
Evangelische und katholische Religionslehre (analog auch alevitische, altkatholische, orthodoxe, syrisch-orthodoxe Religionslehre)						
Bibel	xx	xx	xx	xx	xx	xx
Gebets- und Liedersammlung	xx	xx	xx	xx	xx	xx
Lehrbuch	x	x	x	x	x	x
Themenhefte	2	2	2	2	2	2
Materialsätze	(2)	(2)	(2)	(2)	(2)	(2)
Jüdische Religionslehre						
Bibel	x	x	x	x	x	x
Gebets- und Liedersammlung	x	x	x	x	x	x
Lehrbuch	x	x	x	x	x	x
Themenhefte	x	x	x	x	x	x
Materialsätze	xx	xx	xx	xx	xx	xx
Ethik						
Lehrbuch	x	x	x	x	x	x
Themenhefte	(2)	(2)	(2)	(2)	(2)	(2)
Deutsch						
Lehrbuch (Sprachlesebuch)	x	x	x	x	x	x
Wörterbuch	xx	xx	xx	xx	xx	xx
Arbeitsmittel zur Rechtschreibförderung	x	x	x	x	x	x
Rechtschreibwörterbuch	xx	xx	xx	xx	xx	xx
Ganzschriften	xx	xx	xx	xx	x	x
Geschichte						
Lehrbuch oder Themenhefte	x	x	x	x	x	x
Geschichtsatlas oder Universalatlas	xx	xx	xx	xx	xx	xx
Gemeinschaftskunde						
Lehrbuch oder Themenhefte			x	x	x	x
Grundgesetz und Landesverfassung			x	x	x	x
Jugendschutzgesetz, Jugendarbeitsschutzgesetz			x	x	x	x
Geographie						
Lehrbuch oder Themenhefte	x	x	x	x	x	x
Weltatlas mit Landesteil oder Universalatlas	xx	xx	xx	xx	xx	xx
Pflichtfremdsprache						
Lehrbuch oder Themenhefte	x	x	x	x	x	x
Arbeitsmittel zur Spracherwerbsförderung	x	x	x	x		
Wörterbuch Fremdsprache – Deutsch/ Deutsch – Fremdsprache	xx	xx	xx	xx	xx	xx
Ganzschriften	xx		xx		(2)	
Wahlpflichtfremdsprache (nur Realschule)						
Lehrbuch oder Themenhefte		x	x	x	x	x
Arbeitsmittel zur Spracherwerbsförderung		x	x	x		
Wörterbuch Fremdsprache – Deutsch / Deutsch – Fremdsprache		xx	xx	xx	xx	xx
Ganzschriften		xx	(2)		(2)	

Der Pauschbetrag für die im Verzeichnis nicht einzeln aufgeführten Lernmittel beträgt je Schüler und Schuljahr 24 Euro bis 40 Euro.

Unterrichtsfach und Art des Lernmittels	Klasse 5	6	7	8	9	10
Französisch als ergänzendes Angebot an Standortschulen entlang der Rheinschiene (WRS)						
Lehrbuch oder Themenhefte	x	x	x	x	x	x
Arbeitsmittel zur Spracherwerbsförderung	x	x	x	x		
Wörterbuch Französisch – Deutsch / Deutsch – Französisch	xx	xx	xx	xx	xx	xx
Ganzschriften		xx	(2)		(2)	
Mathematik						
Lehrbuch	x	x	x	x	x	x
Formelsammlung oder Merkhilfe				xx	x	x
Zirkel	xx	xx	xx	xx	xx	xx
Wissenschaftlicher Taschenrechner			x	x	x	x
Arbeitsmittel zum Mathematisieren	xx	xx	xx	xx	xx	xx
Biologie – Naturphänomene – Technik						
Lehrbuch oder Themenhefte	x	x				
Bestimmungsbuch für Pflanzen	xx	xx				
Bestimmungsbuch für Tiere	xx	xx				
Experimentierbuch	xx	xx				
Biologie						
Lehrbuch oder Themenhefte			x	x	x	x
Bestimmungsbuch für Pflanzen			xx	xx	xx	xx
Bestimmungsbuch für Tiere			xx	xx	xx	xx
Experimentierbuch			xx	xx	xx	xx
Chemie						
Lehrbuch oder Themenhefte			x	x	x	x
Experimentierbuch			xx	xx	xx	xx
Physik						
Lehrbuch oder Themenhefte			x	x	x	x
Experimentierbuch			xx	xx	xx	xx
Aufbaukurs Informatik						
Lehrbuch			x			
Informatik (Wahlfach)						
Lehrbuch oder Themenhefte				x	x	x
Musik						
Lehrbuch oder Themenhefte	x	x	x	x	x	x
Liederbuch	xx	xx	xx	xx	xx	xx
Instrumentalsätze	xx	xx	xx	xx	xx	xx
Bildende Kunst						
Lehrbuch oder Themenhefte	xx	xx	xx	xx	xx	xx
Wirtschaft/Berufs- und Studienorientierung						
Lehrbuch oder Themenhefte			x	x	x	x
Alltagskultur – Ernährung – Soziales						
Lehrbuch oder Themenhefte			x	x	x	x
Technik						
Lehrbuch oder Themenhefte			x	x	x	x
Chor/Orchester (AG)						
Chorsätze und Instrumentalsätze	xx	xx	xx	xx	xx	xx
Basiskurs Medienbildung						
Lehrbuch oder Themenhefte	x					

Lernstandserhebungen

Ziff. 1-3 der Verwaltungsvorschrift des Kultusministeriums zu den zentral angefertigten Lernstandserhebungen vom 20.5.2016 (K.u.U. S. 181/2016)

1. Die zentral angefertigte Lernstandserhebung ist ein diagnostisches Instrument, das der Ermittlung des Lernstands von Klassen und von einzelnen Schülerinnen und Schülern in Bezug auf die Bildungsstandards dient und sich an den Anforderungen der länderübergreifend verbindlichen Bildungsstandards orientiert. Lernstandserhebungen werden nicht benotet und sind nicht Teil der Leistungsbewertung.
2. Zentrale Lernstandserhebungen werden durchgeführt
   a) in Klasse 3 der Grundschule in Deutsch und Mathematik mit dem bundesweiten Verfahren VERA 3,
   b) in Klasse 5 der auf der Grundschule aufbauenden Schularten in Deutsch und Mathematik mit dem Verfahren Lernstand 5,
   c) in Klasse 8 der auf der Grundschule aufbauenden Schularten in Deutsch und Mathematik sowie in einer Fremdsprache mit dem bundesweiten Verfahren VERA 8. Die Gesamtlehrerkonferenz entscheidet, in welcher Fremdsprache die Lernstandserhebung durchgeführt wird. Die Hauptschulen / Werkrealschulen, Realschulen und Gemeinschaftsschulen setzen die Testheftversion I und die Gymnasien die Testheftversion II ein.
3. Die Ergebnisse der Lernstandserhebungen werden mit den Schülerinnen und Schülern, Erziehungsberechtigten und in den zuständigen Lehrer- bzw. Lerngruppenkonferenzen besprochen. Auf Wunsch werden die Lernstandserhebungen nach ihrer Auswertung den Schüler*innen zum Verbleib mitgegeben.

Hinweis der Redaktion: Ab dem Schuljahr 2023/2024 werden – zunächst auf freiwilliger Basis, da es noch keine entsprechenden Verwaltungsvorschriften gibt – neue Lernstandsmessungen eingeführt:

1. In der Grundschule in Klasse 2 das Verfahren „Lernstand 2" Bereich „Deutsch-Lesen".
   Termin: 16. bis 27. Oktober 2023.
2. In der Grundschule in Klasse 4 „Zentrale Arbeiten in Deutsch und Mathematik", der sogenannte „Kompass 4".
   Termin: 27. November bis 8. Dezember 2023
3. In Klassenstufe 5 der „Rechtschreib-Check" als zusätzliches, auf freiwilliger Basis nutzbares Modul im Rahmen von Lernstand 5.
   Termin: vom 18. September bis 6. Oktober 2023 parallel zu den anderen Bereichen von Lernstand 5.

⇨ Grundschule (Leistungsbeurteilung GS und SBBZ); ⇨ Lernstandserhebungen (Termine); ⇨ NotenbildungsVO

Lernstandserhebungen (Termine 2024)

Terminübersicht für die allgemeinbildenden Schulen im Schuljahr 2022/2023 und 2023/24; Bekanntmachung des KM vom 11. Mai 2022 (K.u.U. S. 61/2022) und vom 28. Dezember 2022 (K.u.U. S. 13/2023)

Grundschule (VERA 3 - Klasse 3)

Testzeitraum der Fächer Deutsch – Lesen, Deutsch – Zuhören sowie Mathematik:

Montag, 15. April 2024 - Dienstag, 30. April 2024

Sekundarstufe I (VERA 8): Hauptschule/Werkrealschule, Realschule, Gemeinschaftsschule, Gymnasium

Testzeitraum der Fächer
Deutsch, Fremdsprache, Mathematik:

Freitag, 1. März 2024
bis Dienstag, 12. März 2024

Lernstand 5 (Klasse 5, Deutsch und Mathematik) in der Sekundarstufe I (Werkrealschule/Hauptschule, Realschule, Gemeinschaftsschule, Gymnasium)

Zeitfenster für die Durchführung (zweite, dritte und vierte Schulwoche nach den Sommerferien):

Montag, 18. September 2023
bis Freitag, 6. Oktober 2023

Hinweis der Redaktion: Bitte die zusätzlichen Termine im Hinweis der Redaktion bei ⇨ Lernstandserhebungen Nr. 3 beachten

⇨ Lernstandserhebungen; ⇨ Notenbildungsverordnung § 9 Abs. 5

Hätten Sie's gewusst? – Eltern fragen, wir antworten.

ChatGPT im Unterricht?

Künstliche Intelligenz muss aktiv im Schulunterricht behandelt werden, da die Schüler*innen lernen müssen, mit dieser neuen Technologie umzugehen und verstehen sollen, wie die Algorithmen dahinter funktionieren. Es ist auch essenziell, sie darüber aufzuklären, welche Gefahren, aber auch welche Chancen und Vorteile künstliche Intelligenz bietet. [...] Deshalb sind die Themenfelder Digitalisierung, Einsatz von KI und Algorithmen auch Inhalt des aktuellen Bildungsplans. Zudem werden Text-KI-Tools von Lehrkräften als methodisch-didaktische Werkzeuge verwendet.

Weitere Infos unter: https://km-bw.de/,Lde/startseite/schule/ChatGPT-Informationen-fuer-Lehrkraefte

Lese-Rechtschreibschwäche / Rechenschwäche

Informationen der Redaktion zur Rechtslage und zur Verwaltungspraxis in Baden-Württemberg

Für die schulische Förderung sowie für den „Nachteilsausgleich" bei einer Lese-Rechtschreibschwäche (LRS / Legasthenie) bzw. einer Rechenschwäche (Dyskalkulie) hat das KM in der VwV ➪ Behinderungen (Förderbedarf) unter Ziff. 2.2 und Ziff. 2.3.2 Regelungen getroffen. Bei einem verzögerten Schriftsprachenerwerb in den unteren Klassen im Lesen und Rechtschreiben – auch in den Fremdsprachen – kann von dem für alle geltenden Anforderungsprofil in Grenzen abgesehen und mehr auf die individuellen Fortschritte des/der einzelnen Schüler*in abgestellt werden. Außerdem ist – auch bei einer Rechenschwäche – ein Nachteilsausgleich möglich, z.B. Anpassung der Arbeitszeit, die Nutzung von besonderen technischen oder didaktisch-methodischen Hilfen, veränderte Gewichtung der schriftlichen, mündlichen und praktischen Leistungen im Einzelfall usw.

Förderprogramme

Mit dem Programms „Lernen mit Rückenwind" sollen pandemiebedingte Lernrückstände ausgeglichen und Schüler*innen im sozial-emotionalen Bereich gestärkt werden. Die Förderangebote können dabei integrativ, d. h. innerhalb der Unterrichtszeit bzw. des Ganztagsangebots oder additiv, also außerhalb der Unterrichtszeit stattfinden. Die inhaltlichen Schwerpunkte der Förderung sind

- die Fächer Deutsch, Mathematik und Englisch,
- an den beruflichen Schulen zusätzlich die beruflichen Profilfächer, Kompetenzbereiche, Lern- und Handlungsfelder,
- an den Sonderpädagogischen Bildungs- und Beratungszentren die weiteren Bildungsbereiche.

Die Förderung in weiteren maßgeblichen Fächern ist möglich. Soziale und emotionale Kompetenzen können gefördert werden, wenn sie in einem engen Zusammenhang zum Lernen und zum Abbau von Lernrückständen stehen. Es können auch Prüfungsvorbereitungskurse angeboten werden. Für entstehende Kosten können von den Schulen Bildungsgutscheine direkt mit den Kommunen abgerechnet werden.

Mit dem Modell „Bildung durch Sprache und Schrift" (BiSS) soll ein einheitliches und systematisches Leseförderkonzept mit wöchentlichen „Förderbändern" in den Grundschulen von Klasse 1 bis 4 verankert werden (https://www.biss-sprachbildung.de/). Voraussetzung für die Teilnahme einer Schule ist die Bereitschaft von Schulleitung und Kollegium, das Leseförderkonzept als gemeinsame Schulentwicklungsaufgabe anzusehen. Deshalb ist ein Gesamtlehrerkonferenz-Beschluss notwendig, die Schulkonferenz ist anzuhören.

➪ Schulgesetz § 47 Abs. 4 und 5

Die Förderung im Rahmen der Programme „Lesen macht stark" (LMS), „Mathe macht stark" (MMS) an Haupt-/Werkrealschulen, Realschulen und Gemeinschaftsschulen in den Klassenstufen 5 bis 7 findet im Fachunterricht integrativ statt. Die Kosten werden vom Land Baden-Württemberg getragen. (https://km-bw.de/,Lde/startseite/schule/LMS-MMS)

➪ Behinderungen (Förderbedarf); ➪ Notenbildungsverordnung § 7 Hinweis Nr. 5

Medikamentenabgabe an Schulen

Verabreichung von Medikamenten bei chronischen Krankheiten in Schulen;
Verwaltungsvorschrift des Kultusministeriums vom 4. Februar 2013 (K.u.U. S. 35/2013)

I. Allgemeine Grundsätze

1.

Die Schule hat aufgrund ihres Erziehungs- und Bildungsauftrages eine Fürsorgepflicht gegenüber den Schülern, so dass sie bei Unfällen oder in Notfällen auch ohne Rücksprache mit den Eltern eine erste Hilfe leisten und eine medizinische Versorgung veranlassen muss.

Es wird von medizinischer Seite darauf hingewiesen, dass manche Krankheiten zu einer Bewusstlosigkeit führen können, die ein schnelles Eingreifen noch vor Eintreffen des Notarztes notwendig werden lässt, so bei Diabetes, manchen Allergien oder bei Epilepsie. In solchen Fällen gilt das Prinzip, dass die Schule die Verantwortung übernehmen kann, die auch den Eltern als medizinischen Laien übertragen wird. Voraussetzung ist aber hier eine genaue schriftliche Anweisung seitens der Eltern und des Arztes, die auch die Aussage enthält, dass das Eintreffen des Notarztes nicht abgewartet werden kann.

2.

Eine in Einzelfällen notwendige ständige medizinische Versorgung mit Medikamenten, eine Überwachung der Medikamenteneinnahme oder eine ständige Kontrolle, ob eine Medikamentenverabreichung nötig ist, ist keine eigenständige Aufgabe der Schule. Soweit die Schule außerhalb von Unfällen oder Notfällen im medizinischen Bereich tätig wird, handelt sie nicht kraft ihres eigenständigen Erziehungs- und Bildungsauftrages, sondern im Auftrag der Eltern. Die Erfüllung eines solchen elterlichen Auftrages steht aber im Zusammenhang mit dem Erziehungs- und Betreuungsauftrag der Schule.

Im Gesundheitsrecht gilt der Grundsatz, dass Medikamente nur von medizinischen Fachkräften oder von den Personensorgeberechtigten verabreicht werden dürfen. Letztere können allerdings ihr Sorgerecht delegieren, so auch an die Schule. Daher ist eine Medikamentenverabreichung, eine Überwachung der Medikamenteneinnahme oder eine ständige Kontrolle, ob eine Medikamenteneinnahme nötig ist, durch die Schule zwar möglich, aber nur unter der Voraussetzung, dass der Auftrag der Eltern und eine Anweisung des Arztes vorliegen. Aus Gründen der Rechtssicherheit sieht die Schule hierfür die Schriftform vor.

3.

Die Schulen verfügen in der Regel nicht über medizinische Fachkräfte. Als medizinische Laien können die Lehrkräfte nur in den nachstehend beschriebenen Grenzen entsprechende Aufträge der Eltern annehmen:

a. Die Schule wird nur subsidiär tätig, d.h. nur, soweit die Medikamentenverabreichung durch die Eltern vor Unterrichtsbeginn oder nach Unterrichtsende nicht ausreicht und soweit die Schüler wegen ihres Alters oder wegen einer körperlichen oder geistigen Behinderung hierzu nicht selbst in der Lage sind. Für die Beschaffung der Medikamente bleiben die Eltern verantwortlich.

b. Die Schule wird nur im Rahmen der Zumutbarkeit tätig. Hierzu gehört, dass die Schüler selbst die Medikamentenverabreichung durch die Lehrkraft akzeptieren.

c. Die Schule wird nur im Rahmen der Möglichkeiten von medizinischen Laien tätig. Hier muss die Schule auf die unterschiedlichen Fähigkeiten der Lehrkräfte Rücksicht nehmen, auch auf das unterschiedliche Maß dessen, was sich die Lehrkräfte im medizinischen Bereich ggf. nach einer Fortbildung persönlich zutrauen.

4.

Unter Berücksichtigung der in den Nummern 1 bis 3 formulierten Hinweise und Grenzen gilt unbeschadet der besonderen Regelung in Fällen von Diabetes (siehe unten II.) für die Medikamentenverabreichung Folgendes:

a. Generell kann von der Schule erwartet werden, dass sie Medikamente in Form von Tabletten, von Tropfen oder von einer Flüssigkeit oral verabreicht, wenn die Dosierung vom Arzt festgelegt und immer die gleiche ist.

b. Wenn mit der Verabreichung eine kleine medizinische Verrichtung verbunden ist (z.B. Augentropfen, Ohrentropfen), kann dies von einer einzelnen Lehrkraft gegen ihren Willen nicht verlangt werden.

c. Medikamentenverabreichungen, die in der Regel von Ärzten oder ärztlichem Hilfspersonal vorgenommen werden (z.B. das Verabreichen von Spritzen, außer in Notfällen, vgl. oben Ziff. 1 Absatz 2), dürfen von der Schule nicht durchgeführt werden. Es kann von der Schule auch nicht gefordert werden, dass umfangreiche oder sich nach dem akuten Gesundheitszustand des Schülers richtende Dosierungen vorgenommen werden. Hat die Schule Zweifel, ob sie eine schwierige Medikamentenverabreichung vornehmen kann, lässt sie sich eine Bestätigung des behandelnden Arztes vorlegen.

d. Der Schulleiter legt fest, wer von den Lehrkräften für die Verabreichung der Medikamente im Einzelfall verantwortlich ist, und regelt hierfür die Vertretung.

e. Sieht sich die Schule nicht in der Lage, im Einzelfall eine Medikamentenverabreichung weiterzuführen oder weiterhin zu überwachen, unterrichtet sie unverzüglich die Eltern.

II.
Besonderheiten bei Diabetes

1.
Medizinische Ausgangslage

Im Falle eines Diabetes produziert der Körper zu wenig Insulin. Insulin ist ein in der Bauchspeicheldrüse hergestelltes Hormon, ein chemischer Schlüssel, der den Blutzucker reguliert.

Eine Unterzuckerung liegt vor, wenn der Blutzuckerspiegel unter den Normalwerten liegt. In solchen Fällen muss der Diabetiker Nahrung aufnehmen, Traubenzucker oder süßer Fruchtsaft verschaffen eine schnelle Abhilfe. Ist wegen Unterzuckerung Bewusstlosigkeit eingetreten, kann eine in der Regel vom Notarzt zu gebende Glukagonspritze Abhilfe schaffen. Eine Unterzuckerung ist für den Diabetiker gefährlich, in seltenen Ausnahmen auch lebensgefährlich.

Eine Überzuckerung liegt vor, wenn der Blutzuckerspiegel über den Normalwerten liegt. Sie ist ebenfalls, vor allem in Bezug auf die Langzeitfolgen, gefährlich, bei sehr hohen Blutzuckerspiegeln lebensgefährlich. Diabetiker müssen daher nach einem vom Arzt aufzustellenden und in bestimmten zeitlichen Abständen zu überprüfenden Plan dem Körper regelmäßig Insulin zuführen. Die jeweils notwendige Insulinmenge kann dabei auch stark von der konkreten Situation abhängen, vor allem von den körperlichen Aktivitäten. Auch eine infektiöse Krankheit kann einen Mehrbedarf an Insulin auslösen. Daher sind Blutzuckermessungen notwendig. Hierzu wird mittels eines besonderen Gerätes („Stechhilfe") aus dem Finger ein Tropfen Blut entnommen, der auf ein Teststäbchen aufgetragen wird, an Hand dessen mittels des Blutzuckertestgerätes der Blutzuckergehalt bestimmt wird.

Die notwendige Menge an Insulin setzt wegen ihrer Abhängigkeit von der konkreten Situation eine Einschätzung voraus und kann nicht rein arithmetisch an Hand der gemessenen Blutzuckerhöhe bestimmt werden. Eine überhöhte Zufuhr von Insulin löst beim Diabetiker eine (massive) Unterzuckerung aus. Um das notwendige Insulin dem Körper zuzuführen werden in der modernen Praxis zwei Methoden angewandt:

a.
Insulinpumpe

Die Insulinpumpe führt dem Körper über eine subkutan (unter der Haut) angebrachte Kanüle kontinuierlich Mengen an Insulin zu und ist insofern gegenüber den herkömmlichen mehrfachen Injektionen pro Tag praktikabler. Ihre sachgerechte Anwendung setzt Folgendes voraus:

- Eine Blutzuckermessung, die von Kindern und Jugendlichen mit Diabetes bei Schuleintritt selbst oder von Lehrkräften durchgeführt werden kann. Bei Einhaltung der Hygieneanforderungen ist sie ungefährlich. Auf der Grundlage des Ergebnisses wird dann die abzugebende Insulinmenge an der Insulinpumpe eingestellt. Die Pumpe selbst kann dies nicht leisten, weil es um eine Einschätzungsfrage, nicht um eine Umrechnung des Blutzuckertestergebnisses in die dem Körper zuzuführende Menge an Insulin geht. Die Einschätzung hängt von der Person des Kindes oder Jugendlichen und von den in der Schule geplanten Aktivitäten (Sport, Wandertag, Stress usw.) ab und setzt Erfahrung z.B. auf der Grundlage einer Fortbildung voraus.
- In der Regel können die Schüler diese Einschätzung selbst leisten. Dies gilt aber nicht für jüngere Grundschüler (ohne Zahlenkenntnis) und für Schüler mit eingeschränkten intellektuellen Fähigkeiten. Auch kann es in Fällen der Unterzukkerung zu Notfällen, ggf. auch Bewusstlosigkeit kommen, so dass sich der betroffene, ansonsten nicht hilfebedürftige Schüler nicht selbst helfen kann (vgl. hierzu oben I. Ziff. 1 Absatz 2).

b.

Mehrfache tägliche Injektionen

Nach der herkömmlichen Methode erhalten die Schüler vor dem Schulbesuch zu Hause von ihren Eltern oder von sich selbst eine Injektion, die sich nach dem von dem behandelnden Facharzt aufgestellten Plan richtet. In der Schule sind dann Blutzuckermessungen notwendig, um zu entscheiden, ob die Zuführung von Traubenzucker, anderen Nahrungsmitteln oder von Insulin notwendig ist.

Für die Zuführung von Insulin sind sog. „Pens“ entwickelt worden, die einer Spritze nicht mehr ähnlich sehen, sondern einem Füller mit Insulinpatrone. Das macht die Verabreichung von Insulin weniger „spektakulär“. Die „Pens“ sind aber Spritzen gleichzusetzen.

2.
Folgerungen

a. Ein an Diabetes erkrankter Schüler hat einen verfassungsrechtlichen Anspruch auf Aufnahme in eine seiner Begabung entsprechende Schule.

b. Alle Lehrkräfte müssen informiert werden, wenn ein an Diabetes erkrankter Schüler in die Schule aufgenommen wurde und sie müssen wissen, dass es Anzeichen einer Unterzuckerung gibt, die individuell unterschiedlich sein können (Schwitzen, Blässe, Zittern, Müdigkeit, Schwäche, Heißhunger, ungewohnte Unaufmerksamkeit und Zerstreutheit, krakelige Schrift, plötzliche Wesensänderung wie Aggressivität, Weinerlichkeit, Alberei, besonders starke Anhänglichkeit). Die Schulen werden gebeten, dass sich im Falle eines Diabetes zumindest zwei Lehrkräfte des Kollegiums fortbilden. Dies gilt insbesondere für Lehrkräfte, welche die Verantwortung für körperliche Tätigkeiten der Schüler haben. Die Fortbildung dauert mindestens 3 Stunden, bei Pumpentherapie ist ein längerer Zeitraum anzusetzen.

c. Mit den Eltern muss eine Rufbereitschaft vereinbart werden. Auch muss insbesondere bei außerunterrichtlichen Veranstaltungen gewährleistet sein, dass jederzeit der Notarzt angerufen werden kann.

d. Diabetische Schüler dürfen jederzeit, auch während des Unterrichts, eine Blutzuckermessung durchführen und Nahrung aufnehmen.

e. Wie auch sonst in Fällen des Nachteilsausgleichs kann die Lehrkraft die Probleme von Diabetes und die damit notwendigen besonderen Ausnahmen für die betroffenen Schüler mit der Klasse besprechen.

f. Wenn Eltern ihre Kinder mit Insulinpumpe in die Schule schicken, gehört es grundsätzlich zu ihrer Ausstattungspflicht nach § 85 SchG, dafür zu sorgen, dass das Gerät auch sachgemäß bedient wird. Hierzu bietet sich an:
   - der Schüler lernt selbst, das Gerät zu bedienen,
   - die Eltern kommen regelmäßig in die Schule, um das Gerät situationsangemessen einzustellen,
   - der Arzt verordnet insoweit eine Behandlungspflege nach Nr. 11 der Richtlinien des Bundesausschusses der Ärzte und Krankenkassen über die Verordnung von „häuslicher Krankenpflege.“

g. Es kann keiner Lehrkraft gegen ihren Willen zugemutet werden, mittels der Stechhilfe Blut aus dem Finger (vgl. oben Ziff. 1) abzunehmen. In aller Regel können dies die Schüler allerdings selbst leisten.

h. Es kann auch keiner Lehrkraft gegen ihren Willen zugemutet werden, die Insulinpumpe zu bedienen. Auch auf freiwilliger Grundlage kann eine Lehrkraft die Verantwortung für die sachgerechte Bedienung der Insulinpumpe nur dann übernehmen, wenn sie die hierfür notwendige Sachkunde hat, die sie in der Regel durch eine entsprechende Fortbildung erhält. Die Schule klärt mit den Eltern, wer diese Fortbildung anbieten kann. Gegebenenfalls kommt auch eine Vermittlung durch eine fachlich geeignete Krankenhausschule in Betracht.

i. Um bei der Bedienung der Insulinpumpe einem Schüler die Menge der zuzuführenden Menge als zutreffend zu bestätigen, müssen die oben in Buchstabe h aufgeführten Voraussetzungen erfüllt sein. Allerdings kann die Lehrkraft auch ohne diese Voraussetzungen eine Teilverantwortung insoweit übernehmen, indem sie den Schüler daran erinnert, den Blutzucker zu messen und die Insulinpumpe zur Abgabe von Insulin zu veranlassen.

III.
Haftungsregeln

Lehrkräfte, welche entsprechend den Maßgaben nach Abschnitt I und II Medikamente verabreichen oder die Insulinpumpe bedienen sind gemäß §§ 104 SGB VII vor Schadensersatzansprüchen wegen eines Personenschadens geschützt. Erleiden hierbei Schüler einen weiteren neuen Körperschaden, sind sie durch die gesetzliche Unfallversicherung gemäß § 2 Abs. 1 Nr. 8 b SGB VII abgesichert. Die Lehrkräfte sind in solchen Fällen von der direkten Haftung gegenüber dem Geschädigten freigestellt. Durch das sog. „Haftungsprivileg" in der gesetzlichen Unfallversicherung nach §§ 104 ff. SGB VII sind Ansprüche von Schülern gegen Lehrkräfte für Körperschäden ausgeschlossen, die während des Besuchs der Schule verursacht werden. Auch Schmerzensgeldansprüche nach § 253 Abs. 2 BGB (neu) sind durch die Regelungen der §§ 104 ff SGB VII ebenso ausgeschlossen wie Amtshaftungsansprüche gegen das Land. ➪ Amtshaftung

Das „Haftungsprivileg" wirkt nicht bei vorsätzlichen Handlungen und ist abhängig von der Anerkennung des schädigenden Vorfalls als Arbeitsunfall im Sinne des § 8 SGB VII durch den gesetzlichen Unfallversicherungsträger.

Bei vorsätzlichem und grob fahrlässigem Handeln der Lehrkraft besteht zudem ein Ersatzanspruch des Trägers der gesetzlichen Unfallversicherung nach § 110 SGB VII gegen die Schadensverursacher. Der Träger der gesetzlichen Unfallversicherung kann auf den Ersatzanspruch ganz oder teilweise verzichten (§ 110 Abs. 2 SGB VII).

Hinweis der Redaktion: Die gesetzliche Unfallversicherung hat eine Broschüre „Medikamentengabe in Schulen" herausgegeben (abrufbar unter https://publikationen.dguv.de/regelwerk/dguv-informationen > DGUV 202-091. Darin heißt es hierzu u.a.: „Erleidet ein Kind einen Gesundheitsschaden, weil die gebotene und vereinbarte Medikamentengabe unterlassen wurde, besteht kein Anspruch auf Leistung durch die gesetzliche Unfallversicherung. Die Behandlungskosten des Kindes übernimmt in diesem Fall die für das Kind zuständige Krankenkasse."

➪ Amtshaftung; ➪ Aufsichtspflicht; ➪ Erste Hilfe; ➪ Schulgesetz § 85; ➪ Unfallversicherung

Meldepflichten (Schulen und Lehrkräfte)

Informationen der Redaktion zur Rechtslage und zur Verwaltungspraxis in Baden-Württemberg

1. Diskriminierung / Antisemitismus

Öffentliche Schulen müssen antisemitische oder andere religiös oder ethnisch begründete diskriminierende Vorfälle an Schulen der Schulaufsichtsbehörde melden. Hat die Schule auf rassistisch, antisemitisch und anderweitig bedingte Diskriminierungen mit Maßnahmen nach ➪ Schulgesetz § 90 reagiert (Erziehungs- und Ordnungsmaßnahmen) oder die Strafverfolgungsbehörden informiert oder wird sie dies voraussichtlich tun, muss sie die zuständigen Schulaufsichtsbehörden hiervon in Kenntnis setzen. Bei schwerwiegenden Fällen muss die Schulleitung vor Ergreifen von schulischen Maßnahmen Rücksprache mit der Schulaufsicht halten.

(Quellen: https://stm.baden-wuerttemberg.de/de/themen/beauftragter-gegen-antisemitismus und Schreiben des KM vom 26.11.2020, AZ: RA-7162.0/267)

Eine Handreichung zum Umgang mit Antisemitismus an Schulen ist über den Landesbildungsserver abrufbar: www.schule-bw.de/themen-und-impulse/ > Extremismuspraevention.

➪ Mobbing

2. Infektionsschutz, Masern-Impfpflicht und Corona-Infektion

Tritt in einer Schule eine der im ➪ Infektionsschutzgesetz (IfSG) § 34 aufgeführten ansteckenden Krankheiten auf, muss die Schulleitung das zuständige Gesundheitsamt verständigen und krankheits- sowie personenbezogene Angaben machen.

Die Schulleitung muss alle Schüler*innen, die keinen Masernschutz nachweisen können, dem Gesundheitsamt melden. ➪ Einschulung

Meldepflichtig gemäß § 6 Abs. 1 Nr. 1 Buchst. t IfSG sind der Verdacht einer Erkrankung, die Erkrankung sowie der Tod in Bezug auf die Coronavirus-Krankheit.

3. Jugendschutz/Kinderschutz

Beim Verdacht auf Kindeswohlgefährdung soll die Schule das Jugendamt unterrichten; in der Regel werden die Eltern vorher angehört. Ein zeitweiliger Ausschluss vom Unterricht kann, ein wiederholter zeitweiliger Ausschluss vom Unterricht soll dem Jugendamt von der Schule mitgeteilt werden; ein Ausschluss aus der Schule wird ihm mitgeteilt.

➪ Jugendschutz/Kinderschutz § 4 Abs. 3; ➪ Schulgesetz § 85 Abs. 3 und § 90 Abs. 5 und 8

4. Katastrophen und Gewaltvorfälle

Die Schulleitung muss bei Gewaltvorfällen an Schulen sowie bei ernst zu nehmenden Androhungen von Gewalt im schulischen Kontext die Schulaufsichtsbehörde sowie das Kriseninterventionsteam beim RP sowie die Polizei verständigen. In solchen Fällen obliegt die Vertretung der Schule nach außen (Information der Presse; „Zusammenarbeit mit Medienvertretern") nicht der Schulleitung, sondern der Polizei und der Pressestelle der Schulaufsicht.

➪ Gewaltvorfälle und Schadensereignisse

5. Schulunfälle und Gesundheitsschutz

Die Schulleitung muss der Unfallkasse alle Schulunfälle, bei denen ärztliche Behandlung in Anspruch genommen werden musste, sowie unfallbedingte Todesfälle innerhalb von drei Tagen, nachdem sie davon erfahren hat, anzeigen. Da die Unfallkasse entscheidet, ob im Einzelfall ein Schulunfall vorliegt und welche Leistungen zu gewähren sind, muss die Schule die Anzeige über jeden Unfall erstatten, der ein Schulunfall sein kann und bei dem Versicherungsleistungen infrage kommen können.

Die Schulleitung gilt bezüglich der Unfallverhütung und des Gesundheitsschutzes im inneren Schulbetrieb als „Unternehmer“. Sie hat dem Schulträger Mängel an der Schulanlage oder einer sonstigen Einrichtung, die die Sicherheit des Unterrichtsbetriebs oder die Gesundheit der Schüler*innen gefährden können, unverzüglich anzuzeigen und auf deren Beseitigung hinzuwirken bzw. bei entsprechender Mittelbereitstellung durch den Sachkostenträger die Mängel zu beseitigen. ➪ Unfallversicherung

6. Schulpflicht und Schulbesuchsrecht

Die Schulleitung ist verpflichtet, die Schüler*innen, die ihre Schule verlassen, aber weiterhin der Schulpflicht unterliegen, der jeweiligen „neuen“ Schule zu melden. Für den Übergang aus den allgemeinbildenden Schulen in den Berufsschulbereich gilt die Vorschrift ➪ Schulpflicht (Berufliche Schulen – Übergabe). Für die übrigen Übergänge zwischen den Schulen gilt die VwV ➪ Schulpflicht (Durchsetzung).

Unabhängig von der Schulpflicht besteht ein „Schulbesuchsrecht“ (➪ Verfassung Art. 11). Um sicherzustellen, dass dieses Recht beispielsweise von ausländischen Geflüchteten auch vor der erst nach sechs Monaten des Aufenthalts in Baden-Württemberg einsetzenden Pflicht zum Schulbesuch wahrgenommen werden kann, ist in der VwV ➪ Schulpflicht (Durchsetzung) festgelegt: Die Meldebehörden müssen den Schulen die Daten der schulpflichtigen Kinder und Jugendlichen ohne Rücksicht auf die Staatsangehörigkeit übermitteln. Die Schulen müssen die Erziehungsberechtigten über das Recht ihres derart gemeldeten Kindes auf Schulbesuch informieren, wenn dieses wegen eines laufenden Asylverfahrens oder eines geduldeten Aufenthalts vor Ablauf von sechs Monaten nach dem Zuzug noch nicht schulpflichtig ist.

Umgekehrt besteht keine Meldepflicht: Schulen sind von der Verpflichtung ausgenommen, die Ausländerbehörde zu unterrichten, wenn sie „im Zusammenhang mit der Erfüllung ihrer Aufgaben“, also dem Schulbesuch dieser Kinder, von deren illegalem Aufenthalt erfahren (Aufenthaltsgesetz § 87).
➪ Schulpflicht (Ausländische Schüler*innen)

7. Pflichten der Lehrkräfte

Lehrkräfte müssen die Schulleitung informieren, wenn sie in ihrer beruflichen Tätigkeit Kenntnis von einem der unter Nr. 1 bis 5 aufgeführten Tatbestände erhalten, denn nur dann kann die Schulleitung die ihr gegebenenfalls obliegenden Meldepflichten erfüllen beziehungsweise die notwendigen Maßnahmen zur Gefahrenabwehr ergreifen.

Beim Suchtmittelmissbrauch durch Schüler*innen besteht eine Meldepflicht gegenüber der Schulleitung nur dann, wenn eine Gefährdung anderer, z.B. anderer Schüler*innen, anzunehmen ist. Dies liegt vor, wenn Schüler*innen mit hoher Wahrscheinlichkeit andere – aktiv oder passiv – zum Suchtmittelkonsum oder zu suchtgefährdendem Verhalten verleiten werden oder verleitet haben.
➪ Prävention und Gesundheitsförderung

➪ Datenschutz (Schulen); ➪ Gewaltvorfälle und Schadensereignisse; ➪ Infektionsschutzgesetz; ➪ Jugend-/Kinderschutz; ➪ Mobbing; ➪ Prävention und Gesundheitsförderung; ➪ Schulbesuch (Rechte und Pflichten); ➪ Schulgesetz § 85 Abs. 3, § 90 Abs. 5 und 8; ➪ Schulpflicht (Ausländische Schüler*innen); ➪ Schulpflicht (Berufliche Schulen – Übergabe); ➪ Schulpflicht (Durchsetzung); ➪ Verfassung Art. 11

Menschenrechte

Auszug aus der „Allgemeinen Erklärung der Menschenrechte“ der Vereinten Nationen vom 10.12.1948

Hinweise der Redaktion:
1. Die „Allgemeine Erklärung der Menschenrechte“ ist unter www.un.org/depts/german/menschenrechte/aemr.pdf im Volltext abrufbar. In Erinnerung an den 10.12.1948 wird der 10. Dezember als Tag der Menschenrechte begangen.
2. Die Beschlüsse der Kultusministerkonferenz zur *„Demokratieerziehung“ sowie zur „Menschenrechtsbildung“* sind abrufbar unter www.kmk.org/ > Empfehlungen > Demokratie > Menschenrechtsbildung.

Artikel 1

Alle Menschen sind frei und gleich an Würde und Rechten geboren. Sie sind mit Vernunft und Gewissen begabt und sollen einander im Geiste der Brüderlichkeit begegnen.

Artikel 2

Jeder hat Anspruch auf alle in dieser Erklärung verkündeten Rechte und Freiheiten, ohne irgendeinen Unterschied, etwa nach Rasse, Hautfarbe, Geschlecht, Sprache, Religion, politischer oder sonstiger Anschauung, nationaler oder sozialer Herkunft, Vermögen, Geburt oder sonstigem Stand. [...]

Artikel 3

Jeder hat das Recht auf Leben, Freiheit und Sicherheit der Person.

Artikel 7

Alle Menschen sind vor dem Gesetz gleich und haben ohne Unterschied Anspruch auf gleichen Schutz durch das Gesetz. Alle haben Anspruch auf gleichen Schutz gegen jede Diskriminierung, die gegen diese Erklärung verstößt, und gegen jede Aufhetzung zu einer derartigen Diskriminierung.

Artikel 18

Jeder hat das Recht auf Gedanken-, Gewissens- und Religionsfreiheit; dieses Recht schließt die Freiheit ein, seine Religion oder seine Weltanschauung zu wechseln, sowie die Freiheit, seine Religion oder seine Weltanschauung allein oder in Gemeinschaft mit anderen, öffentlich oder privat durch Lehre, Ausübung, Gottesdienst und Kulthandlungen zu bekennen.

Artikel 19

Jeder hat das Recht auf Meinungsfreiheit und freie Meinungsäußerung; dieses Recht schließt die Freiheit ein, Meinungen ungehindert anzuhängen sowie über Medien jeder Art und ohne Rücksicht auf Grenzen Informationen und Gedankengut zu suchen, zu empfangen und zu verbreiten.

Artikel 20

1. Alle Menschen haben das Recht, sich friedlich zu versammeln und zu Vereinigungen zusammenzuschließen.
2. Niemand darf gezwungen werden, einer Vereinigung anzugehören.

Artikel 21

1. Jeder hat das Recht, an der Gestaltung der öffentlichen Angelegenheiten seines Landes unmittelbar oder durch frei gewählte Vertreter mitzuwirken.
2. Jeder hat das Recht auf gleichen Zugang zu öffentlichen Ämtern in seinem Lande.
3. Der Wille des Volkes bildet die Grundlage für die Autorität der öffentlichen Gewalt; dieser Wille muss durch regelmäßige, unverfälschte, allgemeine und gleiche Wahlen mit geheimer Stimmabgabe oder einem gleichwertigen freien Wahlverfahren zum Ausdruck kommen.

Artikel 22

Jeder hat als Mitglied der Gesellschaft das Recht auf soziale Sicherheit und Anspruch darauf, durch innerstaatliche Maßnahmen und internationale Zusammenarbeit sowie unter Berücksichtigung der Organisation und der Mittel jedes Staates in den Genuss der wirtschaftlichen, sozialen und kulturellen Rechte zu gelangen, die für seine Würde und die freie Entwicklung seiner Persönlichkeit unentbehrlich sind.

Artikel 23

1. Jeder hat das Recht auf Arbeit, auf freie Berufswahl, auf gerechte und befriedigende Arbeitsbedingungen sowie auf Schutz vor Arbeitslosigkeit.
2. Jeder, ohne Unterschied, hat das Recht auf gleichen Lohn für gleiche Arbeit.
3. Jeder, der arbeitet, hat das Recht auf gerechte und befriedigende Entlohnung, die ihm und seiner Familie eine der menschlichen Würde entsprechende Existenz sichert, gegebenenfalls ergänzt durch andere soziale Schutzmaßnahmen.
4. Jeder hat das Recht, zum Schutze seiner Interessen Gewerkschaften zu bilden und solchen beizutreten. ⇨ Grundgesetz Art. 9

Artikel 26

1. Jeder hat das Recht auf Bildung. Die Bildung ist unentgeltlich, zum mindesten der Grundschulunterricht und die grundlegende Bildung. Der Grundschulunterricht ist obligatorisch. Fach- und Berufsschulunterricht müssen allgemein verfügbar gemacht werden, und der Hochschulunterricht muss allen gleichermaßen entsprechend ihren Fähigkeiten offenstehen.
2. Die Bildung muss auf die volle Entfaltung der menschlichen Persönlichkeit und auf die Stärkung der Achtung vor den Menschenrechten und Grundfreiheiten gerichtet sein. Sie muss zu Verständnis, Toleranz und Freundschaft zwischen allen Nationen und allen rassischen oder religiösen Gruppen beitragen und der Tätigkeit der Vereinten Nationen für die Wahrung des Friedens förderlich sein.
3. Die Eltern haben ein vorrangiges Recht, die Art der Bildung zu wählen, die ihren Kindern zuteil werden soll.

⇨ Schulbesuch (Rechte und Pflichten)

⇨ Erziehungsauftrag und politische Bildung; ⇨ Fachleute; ⇨ Grundgesetz; ⇨ Kinderrechte; ⇨ Schulbesuch (Rechte und Pflichten); ⇨ Verfassung

Migrationshintergrund (Integration)

Informationen der Redaktion zur Rechtslage und zur Verwaltungspraxis in Baden-Württemberg

Begriffsbestimmung und Grundsätze

Mit dem Partizipations- und Integrationsgesetz vom 1.12.2015 (GBl. S 1047/2015) will das Land dazu beitragen, die gleichberechtigte Teilhabe von Menschen mit und ohne Migrationshintergrund in allen Bereichen des gesellschaftlichen Lebens über soziale und ethnische Grenzen hinweg zu verwirklichen und auf diese Weise das friedliche Zusammenleben von Menschen aus unterschiedlichen Kulturen sowie den Zusammenhalt der Gesellschaft zu sichern (§ 2).

Als Menschen mit Migrationshintergrund definiert das Gesetz in § 4

1. alle zugewanderten und nicht zugewanderten Ausländerinnen oder Ausländer,
2. alle nach 1955 auf das heutige Gebiet der Bundesrepublik zugewanderten Deutschen und
3. alle Deutschen mit zumindest einem nach 1955 auf das heutige Gebiet der Bundesrepublik Deutschland zugewanderten Elternteil.

Die Regelungen dieses Gesetzes, die sich auf Menschen mit Migrationshintergrund beziehen, gelten für Deutsche mit zumindest einem nach 1955 auf das heutige Gebiet der Bundesrepublik zugewanderten Großelternteil entsprechend, soweit sie in einzelnen Bereichen des gesellschaftlichen Lebens aus integrations- oder migrationsspezifischen Gründen noch nicht über gleiche Teilhabechancen verfügen.

Bei Maßnahmen zur Erreichung der Ziele sind gemäß § 3 folgende Grundsätze zu beachten:

1. Integration ist ein gesamtgesellschaftlicher Prozess, dessen Gelingen von der Mitwirkung aller Menschen abhängt. Anerkennung und gegenseitiger Respekt aller Menschen unterschiedlicher Herkunft sowie Offenheit für andere Kulturen wirken integrationsfördernd.
2. Das Land sieht in der Vielfalt der Kulturen, Ethnien, Sprachen und Religionen eine Bereicherung und erkennt die sozialen, kulturellen und ökonomischen Potenziale und Leistungen der in Baden-Württemberg lebenden Menschen mit Migrationshintergrund an. Es berücksichtigt die kulturellen Identitäten der hier lebenden Menschen.
3. Von allen hier lebenden Menschen wird neben der Einhaltung der Gesetze die Anerkennung der durch das Grundgesetz und die Landesverfassung geschützten gemeinsamen Grundwerte erwartet.
4. Die Einbürgerung von Ausländerinnen oder Ausländern, die die Voraussetzungen hierfür erfüllen, liegt prinzipiell im Interesse des Landes.
5. Art und Umfang der Teilhabemöglichkeiten und der Integrationsförderung richten sich nach dem persönlichen Bedarf der Menschen mit Migrationshintergrund und ihrem rechtlichen Status.
6. Die Möglichkeit, sich auf Deutsch verständigen zu können, ist für das Gelingen der Integration von zentraler Bedeutung. Das eigene Engagement beim Spracherwerb ist dabei unerlässlich. [...]

⇨ Schulbesuch (Rechte und Pflichten)

Aufgaben und Maßnahmen des Landes

Aufgabe des Landes ist nach § 5 dieses Gesetzes u.a.,

1. Menschen mit Migrationshintergrund beim Erlernen der deutschen Sprache zu fördern, [...]
3. die Entwicklung und Stärkung nachhaltiger Strukturen der Elternbeteiligung am Bildungsweg der Kinder und Jugendlichen mit Migrationshintergrund sowie die Zusammenarbeit der Eltern mit Akteuren und Einrichtungen im Bildungsbereich zu fördern,
4. Menschen mit Migrationshintergrund beim Zugang zu Ausbildung und Beschäftigung im Rahmen der geltenden Gesetze und des Grundgesetzes zu unterstützen.

Das Land soll ferner Maßnahmen zur Bekämpfung von Diskriminierung, Rassismus und anderen Formen gruppenbezogener Menschenfeindlichkeit ergreifen; dies soll insbesondere durch Sensibilisierung der Bevölkerung für diese Themen und die Förderung der Arbeit von Vernetzungsstellen und Antidiskriminierungsnetzwerken geschehen. Außerdem verpflichtet sich das Land, Bildung für Akzeptanz und Toleranz von kultureller und ethnischer Vielfalt an Schulen und im frühkindlichen Bereich zu unterstützen.

In § 6 verpflichtet sich das Land u.a., in der Landesverwaltung unter Beachtung des Vorrangs der in Artikel 33 Absatz 2 des Grundgesetzes festgelegten Grundsätze einen Anteil von Beschäftigten mit Migrationshintergrund zu erreichen, der dem Anteil der Menschen mit Migrationshintergrund an der Gesamtzahl der Erwerbstätigen im Land entspricht.

In § 8 wird Beschäftigten islamischen Glaubens das Recht eingeräumt, an bestimmten Feiertagen zum Besuch des Gottesdienstes von der Arbeit fernzubleiben; siehe: ⇨ Feiertage (Gesetzliche Regelungen). Zur Beurlaubung von Schüler*innen siehe: ⇨ Schulbesuchsverordnung.

Umsetzung in den Schulen

Zur Umsetzung der in den §§ 2 und 3 postulierten Ziele und Grundsätze wurde u.a. in § 3 Absatz 4 des Schulgesetzes bestimmt: *„Die Verwirklichung gleicher Bildungschancen für alle Schüler unabhängig von ihren sozialen Verhältnissen oder einem Migrationshintergrund ist Aufgabe aller Schulen"*. Ferner wurde in § 55 Absatz 1 vorgeschrieben: *„Die Schule fördert und unterstützt die Eltern bei der Wahrnehmung ihrer schulischen Elternrechte; dies gilt in besonderer Weise auch für Eltern mit Migrationshintergrund."* ⇨ Eltern (Allgemeines)

Der Migrationshintergrund der Schülerschaft an den öffentlichen Schulen in Baden-Württemberg wird im Rahmen der amtlichen Schulstatistik erhoben. Die Erhebung und Verarbeitung dieser Schülerdaten ist nach der Verordnung über die Datenverarbeitung für statistische Erhebungen und schulübergreifende Verwaltungszwecke an Schulen (Loseblattsammlung K.u.U. Nr. 9530) zulässig. ⇨ Datenschutz (Schule) II.3

Die gesetzliche Definition des *„Migrationshintergrunds"* in § 4 des PartIntG BW orientiert sich ausschließlich an der Staatsangehörigkeit bzw. der Herkunft oder Abstammung der Schüler*innen und wird damit dem Umstand nicht gerecht, dass ein zentraler Faktor für die Förderungsbedürftigkeit von Kindern aus ausländischen und ausgesiedelten Familien sowie für die Kinder von Asylbewerbern oder Flüchtlingen häufig der fehlende familiäre Spracherwerb in der deutschen Sprache ist. Es ist deshalb in der schulischen Praxis zweckmäßig, sich nicht schematisch an der Herkunft der Schüler*innen zu orientieren, sondern auch die bisherige Definition der Kultusministerkonferenz heranzuziehen, wonach *„Schüler*in mit Migrationshintergrund"* ist, wer mindestens eines der folgenden Merkmale erfüllt:

- Keine deutsche Staatsangehörigkeit
- Nichtdeutsches Geburtsland
- Nichtdeutsche Verkehrssprache in der Familie bzw. im häuslichen Umfeld (auch wenn der/die Schüler*in die deutsche Sprache beherrscht).

Zur schulischen Förderung dieser Schüler*innen hat das KM die VwV ⇨ Integration und Sprachförderung erlassen. Richtschnur ist die volle schulische Integration aller Kinder und Jugendlichen.

Für die Aufnahme und den Unterricht der betroffenen Jugendlichen an beruflichen Schulen hat das KM am 19.12.2016 Schulversuchsbestimmungen erlassen (K.u.U. S. 39/2017). Siehe hierzu ⇨ Schulpflicht

(Ausländische Schüler*innen) und ⇨ Vorqualifizierungsjahr Arbeit und Beruf.

Zur Hausaufgabenhilfe für Schülerinnen und Schüler mit Migrationshintergrund siehe ⇨ Hausaufgaben.

Die Beratung von Eltern und Lehrkräften sowie die Berücksichtigung von *„Besonderheiten in der Beratung ausländischer Schüler und Eltern"* gehören zum Auftrag der ⇨ Schulpsychologischen Beratungsstellen.

Bildungsbiographische Erfassung

Mit der „bildungsbiographischen Erfassung" („Potenzialanalyse") werden bei bis zu 20-jährigen Geflüchteten neben persönlichen Angaben beispielsweise Kenntnisse im Lesen und Schreiben (Alphabetisierung), die Beherrschung von Sprachen, die Dauer des bisherigen Schulbesuchs sowie besonderer Unterstützungsbedarf (Sehen, Hören, Bewegung) erfasst. Damit sollen die Schulen entscheiden können, an welcher konkreten Schule, in welcher Vorbereitungsklasse (VKL) bzw. VABO-Klasse und mit welchen Fördermaßnahmen die Personen, die ihnen von der Meldebehörde als zugezogen benannt werden bzw. die in den Schulen ankommen, ihren Bildungsweg in Baden-Württemberg fortsetzen können.

⇨ Datenschutz (Schule) II.3; ⇨ Ermessen; ⇨ Hausaufgaben; ⇨ Jugendhilfe (Landesrecht) § 12; ⇨ Schulbesuch (Rechte und Pflichten); ⇨ Schulpflicht (Ausländische Schüler*innen); ⇨ Schulpflicht (Durchsetzung); ⇨ Schulpsychologische Beratungsstellen; ⇨ Integration und Sprachförderung; ⇨ Unterrichtsorganisation (Organisationserlass); ⇨ Vorbereitungsklassen (Stundentafeln); ⇨ Vorbereitungsklassen; ⇨ Vorqualifizierungsjahr Arbeit und Beruf

Mobbing

Informationen der Redaktion zur Rechtslage und zur Verwaltungspraxis in Baden-Württemberg

Einleitung

Der Begriff *„Mobbing"* umfasst vielfältige Formen der Schikane bis hin zum Psychoterror. Von „Mobbing" spricht man nicht bei gelegentlichen, einzelnen Handlungen, sondern bei andauernden und systematischen Aktionen gegen Einzelne innerhalb einer Organisation oder Institution.

Das Allgemeine Gleichbehandlungsgesetz spricht in § 3 von *„Belästigung"* und führt eine Vielzahl von *„unerwünschten Verhaltensweisen"* auf, durch welche die Würde der betreffenden Person verletzt und ein von Einschüchterungen, Anfeindungen, Erniedrigungen, Entwürdigungen oder Beleidigungen gekennzeichnetes Umfeld geschaffen wird.

Mobbing ist häufig schwer greif- bzw. beweisbar, da in der Regel Zeugen fehlen und/oder die Opfer bzw. Zeugen von den Tätern abhängig und/oder eingeschüchtert und deshalb nicht aussagebereit sind. Mögliche Zeugen sind nicht selten durch vorheriges Wegsehen und Hinnehmen selbst indirekt an der Tat beteiligt. Zudem erscheinen die einzelnen Mobbing-Aktionen oft zunächst als relativ geringfügig; erst in der Summierung oder in der Kombination verschiedener Aktionen entsteht der für die Opfer unerträgliche Druck.

„Gemobbte" Personen fühlen sich einem – oft als unerträglich empfundenen – Leidensdruck ausgesetzt, dem sie häufig nicht allein, sondern nur durch persönliche Hilfe von Dritten oder durch institutionelle Maßnahmen entgehen oder begegnen können. Dieser Druck kann bei den „Gemobbten" zu Flucht- oder Ausweichverhalten, aber auch zu einer (Gegen-)Aggression führen.

Mobbing in der Schule

Auch in Schulklassen bzw. gegenüber einzelnen Schüler*innen kommt Mobbing vor, da hier aufsichtsfreie Räume bestehen bzw. Instanzen fehlen, die angerufen werden können oder durch ihre bloße Existenz bzw. durch konkretes Eingreifen Abhilfe schaffen können.

Im Folgenden befassen wir uns mit den institutionellen und rechtlichen Bedingungen und Maßnahmen, nicht jedoch mit den pädagogischen und zwischenmenschlichen Bedingungen im System „Schule". Es sei hier jedoch angemerkt, dass ein von gegenseitiger Wertschätzung geprägtes, pädagogisch orientiertes Klima, in dem alle Beteiligten (Schüler*innen, Lehrkräfte, Eltern, Schulleitung, nicht-pädagogisches Personal ...) einander respektieren und wo man sich um jeden einzelnen Menschen kümmert, die beste Mobbing-Prävention darstellt.

Mobbing in der Schule kann sich sowohl horizontal, also unter rechtlich bzw. hierarchisch Gleichgestellten (im Schulbereich z.B. Schüler gegen Schüler oder Lehrer gegen Lehrer) vollziehen als auch vertikal, also unter rechtlich bzw. hierarchisch Über- oder Untergeordneten (im Schulbereich z.B. Lehrer gegen Schüler). Dabei kann das Verhältnis auch umgekehrt sein, im Schulbereich z.B. Schüler gegen Lehrer. Insofern kann jede/r ein Mobbing-Opfer werden. „Täter" und „Opfer" können beim Mobbing sowohl Einzelne als auch Gruppen sein.

Zur Anprangerung von Lehrkräften im Internet hat der Bundesgerichtshof am 23.6.2009 (VI ZR 196/08) entschieden. Das Gericht hat die Veröffentlichung des Namens einer Lehrkraft und der Schule sowie der unterrichteten Fächer im Zusammenhang mit einer Gesamt- und Einzelbewertung trotz der fehlenden Einwilligung der Lehrkraft für zulässig gehalten. Die Bewertungen stellten Meinungsäußerungen dar, die die berufliche Tätigkeit der Lehrkraft betreffen, bei der der Einzelne grundsätzlich nicht den gleichen Schutz wie in der Privatsphäre genieße; die Äußerungen seien zudem weder schmähend noch der Form nach beleidigend gewesen. Dass die Bewertungen anonym abgegeben werden, mache sie nicht unzulässig, weil das Recht auf Meinungsfreiheit nicht an die Zuordnung der Äußerung an ein bestimmtes Individuum gebunden sei. Die Meinungsfreiheit umfasse grundsätzlich das Recht, das Verbreitungsmedium frei zu bestimmen.

Es gibt Anzeichen dafür, dass Mobbing-Attacken, auch über soziale Medien („Cyber-Mobbing"), im Schulbereich zunehmen und auch aggressiver werden; im Verhältnis der Schüler*innen untereinander kommt es teilweise zu schwerwiegenden Persönlichkeitsrechteverletzungen.

Schulische Maßnahmen

Die Schule muss zunächst regulierend tätig werden und beispielsweise zur Verhinderung von „Cyber-Mobbing" die Benutzung von Handys einschränken beziehungsweise verbieten. ➪ Handy-Nutzung

Auf Fehlverhalten von Schüler*innen muss sie je nach Schwere der Rechtsverletzung pädagogisch angemessen reagieren. Sie kann beziehungsweise muss auch Sanktionen verhängen. Dabei sind die *„alltäglichen pädagogischen Erziehungsmaßnahmen"* auf der Basis von § 23 Abs. 2 ➪ Schulgesetz von den in § 90 Schulgesetz aufgeführten förmlichen Erziehungs- und Ordnungsmaßnahmen zu unterscheiden, da diese in die individuelle Rechtssphäre der Schüler*innen eingreifen und aus rechtsstaatlichen Gründen an bestimmte Voraussetzungen und an ein förmliches Verfahren gebunden sind.

Bei der Anwendung von § 90 SchG muss es sich um schulbezogenes Fehlverhalten handeln. „Schulbezogen" ist jedes Fehlverhalten von Schüler*innen, das in den Schulbetrieb konkret feststellbar störend hineinwirkt; es ist daher nicht ausschließlich räumlich und zeitlich, sondern auch inhaltlich bestimmt. Damit fallen z.B. auch Internet-Mobbing oder Drohanrufe gegen einzelne Schüler*innen oder Lehrkräfte unter § 90 Schulgesetz.

Jede Erziehungs- und Ordnungsmaßnahme muss in einem angemessenen Verhältnis zum Gewicht des Fehlverhaltens stehen. Bei der Beleidigung von Lehrkräften durch Schüler*innen hat die Rechtsprechung deshalb auch schon *„Überreaktionen"* von Schulen in Form eines endgültigen Schulausschlusses als unverhältnismäßig korrigiert: *„Wenn Flegeleien oder ein Ausrasten von Schülern pubertätsbedingt sind, wenn der Schüler kurz vor der Abschlussprüfung steht oder wenn seine Ausbildung gefährdet wird, kann ein Schulausschluss unverhältnismäßig sein, solange es sich nicht um einen Wiederholungsfall handelt."* Dieser Grundsatz ist auch bei Reaktionen auf minderschwere Persönlichkeitsrechteverletzungen im Internet zu beachten.

➪ Erziehungsauftrag und politische Bildung; ➪ Grundgesetz; ➪ Handy-Nutzung; ➪ Internet und Schule; ➪ Meldepflichten (Schulen und Lehrkräfte); ➪ Schulpsychologische Beratungsstellen; ➪ Verwaltungsrecht

Multilaterale Versetzungsordnung

Verordnung des KM über den Übergang zwischen Werkrealschulen/Hauptschulen, Realschulen, Gemeinschaftsschulen und Gymnasien der Normalform (Multilaterale Versetzungsordnung) vom 19.4.2016 (K.u.U. S. 308/2016); zuletzt geändert 9.4.2018 (K.u.U. S. 129/2018)

Abschnitt 1

§ 1

Anwendungsbereich und Grundlagen des Wechsels

(1) Die Verordnung regelt den Wechsel der Schülerinnen und Schüler zwischen den allgemeinbildenden Schularten der Sekundarstufe I sowie aus der Sekundarstufe I in die Oberstufe des allgemeinbildenden Gymnasiums der Normalform sowie der Gemeinschaftsschule. Sie ist nicht anwendbar für den Wechsel der Niveaustufe innerhalb einer Schulart.

Hinweis der Redaktion: Diese Verordnung bezieht sich auf den Wechsel innerhalb des öffentlichen Regelschulwesens. Zum Wechsel aus Gesamtschulen („Schulen besonderer Art"; ➪ Schulgesetz § 107) siehe ➪ Gesamtschulen § 12. Bei anerkannten Ersatzschulen mit einem den öffentlichen Schulen vergleichbaren Zeugnis- und Beurteilungssystem sowie bei vergleichbaren Regelschulen anderer Bundesländer wird das Versetzungszeugnis der abgebenden Schule anerkannt. Beim Wechsel aus anderen Bildungssystemen – z.B. aus dem Ausland oder aus Waldorfschulen ohne vergleichbares Zeugnis- und Beurteilungssystem – muss eine individuelle Leistungsbesichtigung bzw. -überprüfung durch die aufnehmende Schule erfolgen. Bitte hierzu auch den Beitrag ➪ Schulpflicht (Ausländische Schüler*innen) beachten.

(2) Für den Wechsel nach Absatz 1 sind die Schularten und Niveaustufen folgenden Ebenen zugeordnet:

a) Ebene 1: Grundlegendes Niveau (G) an der Gemeinschaftsschule, Realschule, Werkrealschule oder Hauptschule
b) Ebene 2: Mittleres Niveau (M) an der Gemeinschafsschule oder Realschule
c) Ebene 3: Erweitertes Niveau (E) an der Gemeinschaftsschule sowie am Gymnasium.

§ 2

Zeitpunkte innerhalb des Schuljahres

(1) Der Übergang zwischen den Schularten ist möglich zum Ende eines Schulhalbjahres oder Schuljahres. Abweichend hiervon ist der Wechsel in der Klasse 5 nur zum Ende des Schuljahres, der Wechsel in die Abschlussklassen einer Schulart nur zum Beginn des Schuljahres möglich.

(2) Abschlussklassen im Sinne dieser Verordnung sind für die Werkrealschule/Hauptschule, die Realschule sowie die Gemeinschaftsschule die Klassen 9 und 10, für das Gymnasium die Klasse 10.

§ 3

Klassenstufen

Der Wechsel zwischen den Ebenen ist innerhalb der Sekundarstufe I sowie nach Maßgabe des § 6 Absatz 2

Nummer 2 oder nach § 9 Absatz 3 Satz 2 von der Klasse 10 in die Einführungsphase der gymnasialen Oberstufe möglich. Die Einschränkungen für den Wechsel in die Abschlussklassen einer niedrigeren Ebene nach § 8 bleiben hiervon unberührt.

§ 4

Arten des Wechsels

(1) Zum Ende eines Schuljahres ist der Wechsel nach § 1 Absatz 1 Satz 1 in die nächsthöhere Klasse möglich, sofern die Schülerin oder der Schüler in die nächsthöhere Klasse versetzt wurde. Im Falle des Wechsels in eine niedrigere Ebene gilt dies auch dann, wenn nach der Versetzungsordnung der abgebenden Schulart oder Niveaustufe kein Wechsel in die nächsthöhere Klasse erfolgen konnte, die Versetzungsanforderungen der aufnehmenden Schulart oder Niveaustufe jedoch erfüllt würden. Zum Ende des Schuljahres ist der Wechsel nach § 1 Absatz 1 Satz 1 auch mit Wiederholung der bereits besuchten Klassenstufe möglich.

(2) Zum Schulhalbjahr ist der Wechsel in die bisher besuchte Klassenstufe möglich.

Abschnitt 2 – Wechsel der Schulart ohne Wechsel der Ebene

§ 5

Voraussetzungen für den Wechsel

Der Wechsel der Schulart ohne Wechsel der Ebene nach § 1 Absatz 2 ist dann möglich, wenn die Ebene an der bisherigen Schulart weiterhin besucht werden könnte. Für den Wechsel in das Gymnasium ist ab Klasse 7 zudem Voraussetzung, dass eine zweite Fremdsprache besucht wurde. Der Wechsel in die gymnasiale Oberstufe erfolgt in die Einführungsphase, für Schülerinnen und Schüler, die bereits eine Einführungsphase besucht haben, in die entsprechende Jahrgangsstufe.

Abschnitt 3 Wechsel in eine höhere Ebene

§ 6

Voraussetzungen für den Wechsel um eine Ebene

(1) Der Wechsel von der Ebene 1 in die Ebene 2 nach § 1 Absatz 2 ist möglich

1. in den Klassen 5 und 6, wenn in zwei der Fächer Deutsch, Mathematik und in der Pflichtfremdsprache mindestens die Note „gut“ und im dritten dieser Fächer mindestens die Note „befriedigend“ sowie in allen für die Versetzung maßgebenden Fächern und dem Fächerverbund Biologie, Naturphänomene und Technik mindestens ein Durchschnitt von 3,0 erreicht wurde,
2. ab Klasse 7, wenn in den Fächern Deutsch, Mathematik und in allen an der Zielschulart oder Niveaustufe unterrichteten Pflichtfremdsprachen mindestens jeweils die Note „gut“ sowie in allen für die Versetzung maßgebenden Fächern mindestens ein Durchschnitt von 3,0 erreicht wurde.

(2) Der Wechsel von der Ebene 2 in die Ebene 3 nach § 1 Absatz 2 ist möglich,

1. in den Klassen 5 und 6, wenn in den Fächern Deutsch, Mathematik und in einer Pflichtfremdsprache mindestens die Note „befriedigend“ sowie in allen für die Versetzung maßgebenden Fächern und dem Fächerverbund Biologie, Naturphänomene und Technik mindestens ein Durchschnitt von 3,0 erreicht wurde,
2. in den Klassen 7 bis 10, wenn in zwei der Fächer Deutsch, Mathematik und in einer Pflichtfremdsprache mindestens die Note „gut“ und im dritten dieser Fächer mindestens die Note „befriedigend“ sowie in allen für die Versetzung maßgebenden Fächern mindestens ein Durchschnitt von 3,0 sowie mindestens die Note „befriedigend“ in jeder Fremdsprache erreicht wurde, die in der Klasse der aufnehmenden Schulart ein für die Versetzung maßgebendes Fach ist. *(Satz 2 aufgehoben)*

(3) Sind die Notenvoraussetzungen nach Absatz 1 und 2 nicht erreicht, kann die Klassenkonferenz der abgebenden Schule ausnahmsweise mit Zweidrittelmehrheit eine Bildungsempfehlung für die Aufnahme auf Probe in die gewünschte Ebene aussprechen, wenn das Lern- und Arbeitsverhalten sowie die Art und Ausprägung der Leistungen in den übrigen Fächern und dem Fächerverbund erwarten lassen, dass die Schülerin oder der Schüler den Anforderungen der Schulart oder Niveaustufe gewachsen sein wird.

(4) Der Wechsel ist zudem nach Bestehen einer Aufnahmeprüfung möglich, die in den Klassen 5 und 6 nur zum Ende des Schuljahres an zentralen, von der zuständigen Schulaufsichtsbehörde bestimmten Schulen, im Übrigen an der aufnehmenden Schule abgelegt wird. Die Prüfung umfasst eine schriftliche Prüfung in Deutsch, Mathematik und den Pflichtfremdsprachen der aufnehmenden Schulart; auf Wunsch der Erziehungsberechtigten kann zusätzlich zur schriftlichen Prüfung auch mündlich geprüft werden. Für das Bestehen sind die nach der Versetzungsordnung der aufnehmenden Schulart für die Kernfächer geltenden Anforderungen maßgebend.

§ 7

Voraussetzungen für den Wechsel um zwei Ebenen

(1) Der Wechsel von der Ebene 1 in die Ebene 3 im Sinne von § 1 Absatz 2 ist in den Klassen 5 und 6 möglich, wenn die Schülerin oder der Schüler in den Fächern Deutsch, Mathematik und in den Pflichtfremdsprachen mindestens die Note „gut“ sowie in allen für die Versetzung maßgebenden Fächern und dem Fächerverbund Biologie, Naturphänomene und Technik mindestens einen Durchschnitt von 2,5 erreicht hat.

(2) Ab der Klasse 7 oder wenn in den Klassen 5 und 6 die Notenvoraussetzungen nach Absatz 1 nicht erfüllt sind, kann die Klassenkonferenz der abgebenden Schule ausnahmsweise mit Zweidrittelmehrheit eine Bildungsempfehlung für die Aufnahme auf Probe aussprechen, wenn das Lern- und Arbeitsverhalten sowie die Art und Ausprägung der Leistungen in den übrigen Fächern und dem Fächerverbund erwarten lassen, dass die Schülerin oder der Schüler die Anforderungen der angestrebten Ebene erfüllen kann.

(3) Der Wechsel ist zudem nach Bestehen einer Aufnahmeprüfung möglich, die in den Klassen 5 und 6

nur zum Ende des Schuljahres an zentralen, von der zuständigen Schulaufsichtsbehörde bestimmten Schulen, im Übrigen an der aufnehmenden Schule abgelegt wird. Die Prüfung umfasst eine schriftliche Prüfung in Deutsch, Mathematik und einer Pflichtfremdsprache, die in der aufnehmenden Schule zum Zeitpunkt des Überganges versetzungserheblich ist; auf Wunsch der Eltern kann zusätzlich zur schriftlichen Prüfung auch mündlich geprüft werden. Ab Klasse 7 erstreckt sich die Prüfung zusätzlich auf eine zweite, an der aufnehmenden Schule versetzungserhebliche Fremdsprache. Für das Bestehen sind die nach der Versetzungsordnung der aufnehmenden Schulart für die Kernfächer geltenden Anforderungen maßgebend.

Abschnitt 4 Voraussetzungen für den Wechsel in eine niedrigere Ebene

§ 8

Voraussetzungen für den Wechsel

(1) Wer auf seiner bisherigen Ebene nach § 1 Absatz 2 in die nächsthöhere Klassenstufe versetzt wurde, kann diese Klassenstufe auch auf einer niedrigeren Ebene besuchen.

(2) Eine Klasse kann auf einer niedrigeren Ebene auch dann wiederholt werden, wenn eine Wiederholung dieser Klasse auf der bisher besuchten Ebene nicht möglich wäre.

(3) Abweichend von Absatz 2 kann in die Klassen 9 oder 10 nur wechseln, wer diese Klasse auf dem bisherigen Niveau beziehungsweise in der bisherigen Schulart wiederholen könnte. Liegen diese Voraussetzungen nicht vor, ist eine Aufnahme nur im Einverständnis mit der aufnehmenden Schule möglich. Ein Anspruch auf Aufnahme besteht in diesem Fall nicht.

Abschnitt 5 – Besondere Regeln für die Gemeinschaftsschule

§ 9

(1) An den Gemeinschaftsschulen werden für den Zweck des Wechsels auf eine andere Schulart Noten in allen Fächern einheitlich auf einer Niveaustufe ausgewiesen. Es wird die Niveaustufe ausgewiesen, die überwiegend für die Leistungsfeststellungen maßgeblich war.

(2) Soweit diese Verordnung für den Wechsel der Schulart und der danach zu besuchenden Klassenstufe darauf abstellt, ob eine Versetzung in die nächsthöhere Klasse an der bisher besuchten Schulart erfolgte, ist in den Fällen des Absatz 1 auf der Grundlage der festgelegten einheitlichen Niveaustufe eine fiktive Versetzungsentscheidung zu treffen. Bei dieser Entscheidung ist

1. für die Niveaustufe G die Werkrealschulverordnung,
2. für die Niveaustufe M die Realschulversetzungsordnung (Niveaustufe M),
3. für die Niveaustufe E die Versetzungsordnung Gymnasien

entsprechend anzuwenden. Die maßgebliche Feststellung, ob die Versetzungsvoraussetzungen erfüllt sind, trifft die Lerngruppenkonferenz der abgebenden Gemeinschaftsschule.

(3) Der Wechsel in die Sekundarstufe I einer Gemeinschaftsschule ist unter den gleichen Voraussetzungen möglich wie der Wechsel in die Ebene 1 nach § 1 Absatz 2 Nummer 1. Für Schülerinnen und Schüler mit einem Realschulabschluss oder einem gleichwertigen Bildungsstand ist der Wechsel in die gymnasiale Oberstufe einer Gemeinschaftsschule in entsprechender Anwendung des § 11 Satz 1 Nummer 2 der Gemeinschaftsschulverordnung möglich.

⇨ Gemeinschaftsschule (Verordnung); ⇨ Versetzungsordnungen (bei den Schularten)

Abschnitt 6 – Allgemeines

§ 10

Elternberatung und Kooperation

Der Übergang zwischen den Schularten erfordert eine Beratung der Erziehungsberechtigten und ein rechtzeitiges Zusammenwirken der abgebenden und der aufnehmenden Schule.

§ 11

Ergänzende Regelungen

(1) Liegen die Voraussetzungen für einen Wechsel nach den §§ 5 bis 8 vor, hat die Schülerin oder der Schüler das Recht zu wechseln. § 8 Absatz 3 Satz 3 bleibt unberührt.

(2) Für die Entscheidung, ob die Anforderungen der jeweiligen Versetzungsordnung erfüllt sind, sind die Noten im zuletzt besuchten Schuljahr maßgebend. Eine Prüfung richtet sich für Schülerinnen und Schüler der Klassen 5 und 6 hinsichtlich der Anforderungen nach der nächsthöheren Klasse der gewünschten Schulart und Niveaustufe, für Schülerinnen und Schüler ab Klasse 7 nach der Klasse, in die sie überwechseln wollen.

(3) Bildungsempfehlungen werden von der Klassenkonferenz oder Lerngruppenkonferenz unter Vorsitz der Schulleiterin oder des Schulleiters ausgesprochen. Bei Stimmengleichheit entscheidet die Stimme der Schulleiterin oder des Schulleiters

(4) Bei einer Bildungsempfehlung für eine Aufnahme auf Probe dauert die Probezeit höchstens ein Schulhalbjahr. Über das Bestehen der Probezeit entscheidet die Klassenkonferenz der aufnehmenden Schule nach Maßgabe der jeweiligen Versetzungsordnung; dabei bleibt eine Fremdsprache, in der die Schülerin oder der Schüler in der abgebenden Schule nicht oder erst beginnendin einer späteren Klassenstufe unterrichtet worden ist, außer Betracht.

(5) Wenn die Pflichtfremdsprache der abgebenden Schule nicht mit derjenigen der aufnehmenden Schule übereinstimmt oder erst beginnend in einer späteren Klassenstufe unterrichtet worden ist, legt die Fachlehrkraft der aufnehmenden Schule im Benehmen mit der Klassenlehrerin oder dem Klassenlehrer in diesem Fach eine Nachlernfrist fest, innerhalb derer die Schülerin oder der Schüler an der Leistungsmessung durch mündliche Prüfungen und schriftliche Arbeiten nur zur Probe teilnimmt. Die Länge dieser Frist trägt den Unterschieden der Schularten sowie Niveaustufen Rechnung und dauert

bis zu einem Jahr. Während der Nachlernfrist ist die Versetzungserheblichkeit des Faches ausgesetzt.

(6) Beim Wechsel zum Schuljahresende sind die Noten des Jahreszeugnisses maßgebend. Beim Wechsel zum Schulhalbjahr wird für den Übergang ein Zeugnis mit ganzen Noten gebildet, das maßgebend ist.

(7) Beim Wechsel einer Schulart zum Schulhalbjahr werden die Noten des Jahreszeugnisses nur aus den Leistungen im zweiten Schulhalbjahr gebildet.

§ 12
Empfehlung für den Übergang

Wird eine Schülerin oder ein Schüler der Klassen 7 bis 10 des Gymnasiums nicht versetzt und gelangt die Klassenkonferenz zu der Überzeugung, dass sie oder er auch bei einer Wiederholung der Klasse voraussichtlich nicht zu versetzen wäre, kann sie die schriftliche Empfehlung aussprechen, in die Werkrealschule, Hauptschule, die Realschule oder die Gemeinschaftsschule zu wechseln.

⇨ Abschlüsse und Bildungswege; ⇨ Aufbaugymnasium; ⇨ Aufnahmeverordnung; ⇨ Aufnahmeverfahren; ⇨ Befangenheit; ⇨ Behinderungen (Förderbedarf) 2.3.2; ⇨ Gemeinschaftsschule (Verordnung); ⇨ Gesamtschulen; ⇨ Notenbildungsverordnung; ⇨ Versetzungsordnungen (bei den Schularten)

Nachhilfe

Informationen der Redaktion zur Rechtslage und zur Verwaltungspraxis in Baden-Württemberg

Das deutsche Bildungssystem ist nach wie vor stark selektiv. Zahlreiche wissenschaftliche Untersuchungen haben festgestellt, dass in kaum einem anderen vergleichbaren Land der Bildungserfolg so stark vom sozialen Status der Eltern abhängt wie hierzulande.

Diese eklatante Schwäche unseres Bildungssystems manifestiert sich auch darin, dass neben den öffentlichen Schulen ein breites Angebot von privaten Lern- und Nachhilfeeinrichtungen besteht: Wer will, dass sein Kind besser lernt als die konkurrierenden Mitschüler*innen, beziehungsweise wer die Mängel der öffentlichen Schulbildung ausgleichen will, kauft auf dem privaten Bildungsmarkt Nachhilfe ein.

Auch die Schulen orientieren sich zumindest teilweise an diesem System: Sie erwarten von den Eltern, dass sie die schulischen Defizite auf eigene Faust und eigene Kosten durch Nachilfe ausgleichen.

Wir halten dies für einen Irrweg. Wir verlangen vielmehr, dass die öffentliche Schule so organisiert ist, dass eine private, kommerzielle Nachhilfe unnötig ist. Dazu können eine verbesserte Personalausstattung der Schulen sowie eine echte Ganztagesschule (also nicht nur eine nachmittägliche „Betreuung") beitragen.

Bildungspaket

Da die für das Schulwesen zuständigen Bundesländer bislang keinen chancengleichen Zugang aller Schüler*innen zur Bildung gewährleisten, hat das Bundesverfassungsgericht im Rahmen seiner Entscheidung zu „Hartz IV" sozusagen ein Grundrecht auf Nachhilfe statuiert. Der Bundesgesetzgeber hat daraufhin ein *„Bildungspaket"* beschlossen: Danach wird bei Schüler*innen, deren Eltern ein Recht auf Leistungen nach dem Sozialgesetzbuch II („Hartz IV") oder dem Asylbewerberleistungsgesetz haben oder deren Eltern den Kinderzuschlag oder Wohngeld beziehen, bis zum 25. Lebensjahr auf Antrag *„eine schulische Angebote ergänzende angemessene Lernförderung berücksichtigt, soweit diese geeignet und zusätzlich erforderlich ist, um die nach den schulrechtlichen Bestimmungen festgelegten wesentlichen Lernziele zu erreichen"* (§ 28 Abs. 5 Sozialgesetzbuch II).

Die Übernahme der Kosten für Nachhilfeunterricht durch die Leistungsträger (Stadt- bzw. Landkreise, Jobcenter) ist nur möglich, wenn keine vergleichbaren schulischen Angebote bestehen und die Schule bestätigt, dass dadurch die Versetzung in die nächste Klassenstufe bzw. das Bestehen der Abschlussprüfung erreicht werden können. Seit 2019 kann eine Lernförderung auch beansprucht werden, wenn die Versetzung nicht unmittelbar gefährdet ist.

Auf dem Formular zur Bestätigung des zusätzlichen Lernförderbedarfs muss die Schule u.a. angeben, ob die Leistungsschwäche auf unentschuldigte Fehlzeiten, anhaltendendes Fehlverhalten oder die Nichtteilnahme an außerschulischen Angeboten der Schule zurückzuführen ist. Ferner kann die Schule, falls erforderlich, besondere Anforderungen an die Art der Nachhilfe (z.B. Einzelunterricht) oder die Qualifikation der Nachhilfe erteilenden Person (z.B. besondere pädagogische oder didaktische Kompetenz) empfehlen und beschreiben.

Die Nachhilfe erteilende Person kann von den Eltern (bzw. volljährigen Schüler*innen) oder vom Leistungsträger vorgeschlagen werden. Auch die Schule selbst kann Angebote machen (etwa Nachhilfe durch ältere Schüler*innen). Das kann über den Elternbeirat bzw. durch die Schulkonferenz angeregt werden. Damit kann gegebenenfalls auch eine bessere Förderung für alle Schüler*innen erreicht werden.

Informationen zum „Bildungspaket" sind abrufbar: https://www.bmas.de/DE/Arbeit/Grundsicherung-Buergergeld/Bildungspaket/bildungspaket.html und https://www.bmas.de/DE/Arbeit/Grundsicherung-Buergergeld/Bildungspaket/Anlaufstellen/Baden-Wuerttemberg/baden-wuerttemberg.html. Zu den Maßnahmen im Zusammenhang mit der Coronapandemie siehe: https://km-bw.de/lernen-mit-rueckenwind/.

⇨ Bildungspaket; ⇨ Ganztagesschule; ⇨ Migrationshintergrund (Integration); ⇨ Notenbildungsverordnung § 10

Nationalsozialismus und Antisemitismus

Informationen der Redaktion zur Rechtslage und zur Verwaltungspraxis in Baden-Württemberg

Gedenktag 27. Januar

Der Bundespräsident hat den 27. Januar (Datum der Befreiung des KZ Auschwitz durch die Rote Armee im Jahr 1945) zum Tag des Gedenkens an die Opfer des Nationalsozialimus erklärt. Am 27. Januar sind öffentliche Gebäude halbmast zu beflaggen.

Zuletzt hat das Kultusministerium in K.u.U Nr. 1/2020 alle am Schulleben Beteiligten aufgefordert, den Tag zum Anlass zu nehmen, an die Verbrechen der Naziherrschaft zu erinnern und sich mit deren Vorgeschichte, Verlauf und Folgen auseinanderzusetzen. Gerade angesichts der Bedrohungen durch politischen und religiösen Extremismus, der Angst und des Schreckens durch internationalen Terrorismus sei es wichtig, die Frage nach unserer Verantwortung für die Gegenwart zu stellen. Wir dürften nicht zulassen, dass Menschen ausgegrenzt oder gegeneinander aufgebracht werden. Vielmehr müssten wir zusammenstehen und gemeinsam eintreten für Freiheit und Menschenrechte, für Rechtsstaatlichkeit und Demokratie, für Toleranz und Solidarität in einer offenen Gesellschaft.

Meldung antisemitischer Vorfälle

Öffentliche Schulen müssen antisemitische oder andere religiös oder ethnisch begründete, diskriminierende Vorfälle an Schulen der Schulaufsichtsbehörde melden. Siehe hierzu im Einzelnen: ➪ Meldepflichten (Schulen und Lehrkräfte).

➪ Außerunterrichtliche Jugendbildung – dort Hinweise auf Gedenkstätten der NS-Zeit; ➪ Beflaggung; ➪ Meldepflichten (Schulen und Lehrkräfte)

Notenbildungsverordnung

Verordnung des Kultusministeriums über die Notenbildung (Notenbildungsverordnung, NVO) vom 5. Mai 1983 (K.u.U. S. 449/1983); zuletzt geändert 28.7.2023 (GBl. S. 305/2023)

Vorbemerkungen

Der Erziehungs- und Bildungsauftrag der Schule erfordert neben der Vermittlung von Kenntnissen, Fähigkeiten und Fertigkeiten auch die Vermittlung von Werten und Wertvorstellungen, wie sie im Grundgesetz, in der Landesverfassung und in § 1 des Schulgesetzes niedergelegt sind. Der Lehrer als Erzieher benötigt zur Verwirklichung seiner Aufgaben einen pädagogischen Freiraum, bei der Leistungsbeurteilung einen pädagogischen Beurteilungsspielraum. Dem tragen die nachfolgenden Regelungen zur Notenbildung dadurch Rechnung, dass sie sich auf ein Mindestmaß beschränken und insbesondere regeln, worauf im Interesse der Chancengerechtigkeit der Schüler nicht verzichtet werden kann. Dies erfordert andererseits, dass der Lehrer seinen pädagogischen Beurteilungsspielraum, den er im Interesse des Schülers hat, verantwortungsvoll nutzt.

Der gemeinsame Erziehungsauftrag von Elternhaus und Schule gebietet, dass Fragen der Leistungserhebung und -beurteilung zwischen den beiden Erziehungsträgern beraten werden. Soweit derartige Fragen die Schule insgesamt betreffen, sind sie in der Schulkonferenz (§ 47 SchG), soweit sie einzelne Klassen betreffen, in der Klassenpflegschaft (§ 56 SchG) zu behandeln. Falls die Gesamtlehrerkonferenz ergänzende Regelungen trifft, bedürfen sie der Zustimmung der Schulkonferenz.

Der gemeinsame Erziehungsauftrag von Elternhaus und Schule erfordert auch eine möglichst umfassende Information der Eltern über die schulische Entwicklung ihrer Kinder. Neben dem Gespräch zwischen Lehrern und Eltern dient dem insbesondere die Information der Eltern über die Leistungen ihrer Kinder im ersten Schulhalbjahr. Durch die Möglichkeit, die Notentendenz anzugeben und die Beurteilung durch zusätzliche Ausführungen zu erläutern, kann diese Information den Eltern wertvolle Hinweise für ihre Erziehungsarbeit geben. Entsprechendes gilt für die Möglichkeit, die Noten für Verhalten und Mitarbeit zu erläutern.

Hinweise der Redaktion:

1. Zu den Hausaufgaben und ihrer Bewertung bitte den Hinweis Nr. 1 bei § 10 beachten.
2. An Gemeinschaftsschulen gilt die NotenbildungsVO nur eingeschränkt. ➪ Gemeinschaftsschule (Verordnung) § 6
3. Zur Elterninformation auch § 4 Abs. 2 (Hinweis) beachten.
4. Schülerleistungen aus Unterrichtszeiträumen, in denen kein regulärer Unterricht stattfindet, z.B. wegen Schulschließung, dürfen nicht zur Leistungsbeurteilung herangezogen werden.

1. Abschnitt – Grundsätze

§ 1
Allgemeines

Der Erziehungs- und Bildungsauftrag der Schule erfordert neben der Vermittlung von Kenntnissen, Fähigkeiten und Fertigkeiten auch deren Feststellung zur Kontrolle des Lernfortschritts zum Leistungsnachweis. Als Kontrolle des Lernfortschritts soll sie Lehrern, Schülern, Erziehungsberechtigten und ggf. den für die Berufserziehung der Schüler Mitverantwortlichen den erzielten Erfolg bestätigen, ihnen Hinweise für den weiteren Lernfortgang geben und damit die Motivation des Schülers fördern. Als Leistungsnachweis stellt sie eine Entscheidungsgrundlage für den weiteren Bildungsgang des Schülers darf.

§ 2
Konferenzen, Klassenpflegschaft

(1) Die nachfolgenden Regelungen stellen einen Rahmen dar, innerhalb dessen die Gesamtlehrerkonferenz mit Zustimmung der Schulkonferenz ergänzende Regelungen treffen kann (§ 45 Abs. 2 SchG i.V.m. § 2 Abs. 1 Konferenzordnung und § 47 Abs. 5 SchG). Darüber hinaus kann die Schulkonferenz zu allgemeinen Fragen der Leistungserhebung und -beurteilung Vorschläge gegenüber dem Schulleiter und den Lehrerkonferenzen machen (§ 47 Abs. 2 SchG). ⇨ Pädagogische Freiheit

Hinweise der Redaktion: Die Notenbildungsverordnung bildet für die Leistungserhebung und -beurteilung einen verbindlichen Rahmen, dessen Ausfüllung der Gesamtlehrerkonferenz mit Zustimmung der Schulkonferenz obliegt.

Die in § 2 Abs. 1 erwähnten „ergänzenden Regelungen" können z.B. folgende Fragen der Leistungserhebung betreffen:

- Darf an einem Tag neben einer Klassenarbeit auch eine schriftliche Wiederholungsarbeit geschrieben werden?
- Wie viele Klassenarbeiten dürfen in einer Woche / je Fach / in einem Schuljahr geschrieben werden?
- Muss eine Klassenarbeit wegen eines schlechten Ergebnisses (Gesamtdurchschnitt oder überproportionaler Anteil von mangelhaften und ungenügenden Ergebnissen) der Schulleitung vorgelegt werden?
- Muss bei Klassenarbeiten bzw. schriftliche Wiederholungsarbeiten neben der Note auch der Klassendurchschnitt oder ein Notenspiegel mitgeteilt werden?

Dies gilt auch für die Regelung von „näheren Einzelheiten" bei den Hausaufgaben, „insbesondere den zeitlichen Umfang sowie die Anfertigung von Hausaufgaben übers Wochenende und über Feiertage" oder auch für die Frage, ob Hausaufgaben über die Ferien aufgegeben werden dürfen. ⇨ siehe unten § 10 Abs. 3

Nach dem Beschluss der GLK und der Zustimmung der Schulkonferenz sind solche „ergänzenden Regelungen" für alle Lehrkräfte der Schule verbindlich. Soweit die Notenbildungsverordnung in solchen Fragen keine Festlegungen trifft und von der GLK der Schule hierzu kein Beschluss gefasst wurde, können die einzelnen Lehrkräfte im Rahmen ihres pflichtgemäßen dienstlichen Ermessens und unter Beachtung der übrigen für sie geltenden Bestimmungen (§ 38 Schulgesetz) frei entscheiden.

In der Frage der Leistungsbewertung selbst kann die GLK hingegen lediglich (nicht verbindliche) „Empfehlungen für einheitliche Maßstäbe bei Notengebung und Versetzung" geben; vgl. ⇨ Konferenzordnung § 2 Abs. 1 Nr. 5.

(2) Die Klassenpflegschaft soll ihrer Aufgabe, der Unterrichtung der Eltern über den Entwicklungsstand der Klasse und die Grundsätze für Klassenarbeiten und Hausaufgaben sowie der Aussprache darüber, besondere Beachtung schenken (§ 56 Abs. 1 SchG). ⇨ Elternbeirat (EltBVO); ⇨ Konferenzordnung

2. Abschnitt
Zeugnisse, Halbjahresinformation, Noten

§ 3
Zeugnisse

(1) Für jedes Schuljahr erhalten die Schüler, soweit nichts Abweichendes bestimmt ist, ein Zeugnis über ihre Leistungen in den einzelnen Unterrichtsfächern während des ganzen Schuljahres (Jahreszeugnis). Zusätzlich enthalten

a) das Jahreszeugnis der Klasse 3 der Grundschule, die Jahreszeugnisse der Klassen 5 und 6 der Werkrealschule und Hauptschule, der Realschule und des Gymnasiums, das Abschlusszeugnis der Grundschule sowie die Zeugnisse der entsprechenden Klassen der allgemeinbildenden Sonderschulen mit Ausnahme der Schulen für Geistigbehinderte eine allgemeine Beurteilung,

b) die übrigen Jahreszeugnisse Noten für Verhalten und Mitarbeit; abweichend davon werden in den Kollegs, den einjährigen zur Fachhochschulreife führenden Berufskollegs, in der Mittel- und Oberstufe der Berufsoberschulen und in den Fachschulen mit Ausnahme der Fachschulen für Sozialpädagogik sowie in den Abgangs-, Abschluss- und Prüfungszeugnissen keine Noten für Verhalten und Mitarbeit erteilt.

(2) In den Abschlussklassen erhalten die Schüler, soweit nichts Abweichendes bestimmt ist, außerdem ein Zeugnis über ihre Leistungen in den einzelnen Unterrichtsfächern im ersten Schulhalbjahr (Halbjahreszeugnis). Die Schüler der Klasse 4 der Grundschulen erhalten für das erste Schulhalbjahr eine Halbjahresinformation. ⇨ Zeugnisse

(3) Das erste Schulhalbjahr dauert bis zum 31. Januar, das zweite Schulhalbjahr bis zum 31. Juli.

(4) Die Zeugnisse sind in der Regel auszugeben:

1. das Halbjahreszeugnis in der Zeit vom 1. bis 10. Februar,
2. das Jahreszeugnis an einem der letzten sieben Unterrichtstage.

Die für die Ausgabe der Abgangs-, Abschluss- und Prüfungszeugnisse geltenden Bestimmungen bleiben unberührt. Dasselbe gilt, wenn in Prüfungsanforderungen Sonderbestimmungen für das Halbjahreszeugnis getroffen sind.

(5) Die für einzelne Schularten oder -typen der beruflichen Schulen aufgrund des § 26 Schulgesetz getroffenen abweichenden Regelungen über Beginn und Ende des Schuljahres und der Schulhalbjahre bleiben unberührt; die Zeugnisse sind an solchen Schulen abweichend von Absatz 4 in der Regel an einem der letzten sieben Unterrichtstage des Schulhalbjahres auszugeben. Bei beruflichen Schulen mit Teilzeitunterricht sind die Halbjahreszeugnisse abweichend von Absatz 4 Nr. 1 in der Regel am letzten Unterrichtstag des ersten Schulhalbjahres oder am ersten Unterrichtstag des zweiten Schulhalbjahres auszugeben.

(6) In den Klassen 7 und 8 der Werkrealschule und Hauptschule werden im Jahreszeugnis die Noten durch eine verbale Leistungsbeschreibung ergänzt, wenn dies insbesondere im Hinblick auf den späteren Übergang des Schülers in weitere Bildungs- oder Ausbildungsgänge notwendig ist.

§ 4
Halbjahresinformation

(1) Für das erste Schulhalbjahr erhalten die Schüler, soweit nichts Abweichendes bestimmt ist, eine schriftliche Information über ihre Leistungen in den einzelnen Unterrichtsfächern, wobei ganze Noten, ganze Noten mit Notentendenz (Plus oder Minus) und halbe Noten zulässig sind. ⇨ Zeugnisse

(2) Bei wesentlichen Veränderungen des Leis-

tungsbildes und besonderen Vorkommnissen können ergänzende Aussagen gemacht werden. Falls ein Gespräch zwischen einzelnen Lehrern und den Erziehungsberechtigten angebracht erscheint, ist ein entsprechender Hinweis in die Halbjahresinformation aufzunehmen.

Hinweis der Redaktion: Ist die Versetzung nach Auffassung der Klassenkonferenz gefährdet, hat die Schule die Eltern bzw. volljährige Schüler*innen selbst durch einen Vermerk im vorausgehenden Halbjahreszeugnis zu benachrichtigen, bei späterem Leistungsabfall unverzüglich durch schriftliche Mitteilung („blauer Brief"). Die Nichtbeachtung dieser Formvorschriften hat jedoch keinen Anspruch auf Versetzung zur Folge, jedenfalls dann nicht, wenn die Schule auf andere geeignete Weise, z.B. durch mündliche Unterrichtung der Eltern, ihrer Informationspflicht nachgekommen ist. ⇨ Elternbeirat (EltBVO) § 3; ⇨ Volljährigkeit

(3) Die Halbjahresinformation ist vom Klassenlehrer, erforderlichenfalls nach Beratung in der Klassenkonferenz, zu fertigen. Für die Ausgabe gilt § 3 Abs. 4 Satz 1 Nr. 1, Satz 2 und 3 sowie Abs. 5 entsprechend.

§ 5
Leistungsnoten

(1) Die Leistungen der Schüler werden mit folgenden Noten bewertet:

sehr gut	(1)	gut	(2)
befriedigend	(3)	ausreichend	(4)
mangelhaft	(5)	ungenügend	(6)

(2) Die Noten haben folgende Bedeutung:

1. Die Note „sehr gut" soll erteilt werden, wenn die Leistung den Anforderungen im besonderen Maße entspricht.
2. Die Note „gut" soll erteilt werden, wenn die Leistung den Anforderungen voll entspricht.
3. Die Note „befriedigend" soll erteilt werden, wenn die Leistung im Allgemeinen den Anforderungen entspricht.
4. Die Note „ausreichend" soll erteilt werden, wenn die Leistung zwar Mängel aufweist, aber im Ganzen den Anforderungen noch entspricht.
5. Die Note „mangelhaft" soll erteilt werden, wenn die Leistung den Anforderungen nicht entspricht, jedoch erkennen lässt, dass die notwendigen Grundkenntnisse vorhanden sind und die Mängel in absehbarer Zeit behoben werden können.
6. Die Note „ungenügend" soll erteilt werden, wenn die Leistung den Anforderungen nicht entspricht und selbst die Grundkenntnisse so lückenhaft sind, dass die Mängel in absehbarer Zeit nicht behoben werden können.

(3) Bei der Bewertung von Schülerleistungen ist der Eigenart der verschiedenen Schularten und Schultypen sowie der Altersstufe des Schülers Rechnung zu tragen. Der Begriff „Anforderungen" in Absatz 2 bezieht sich auf die im Bildungsplan oder Lehrplan festgelegten Leitgedanken, Kompetenzen, Ziele und Inhalte, insbesondere auf den Umfang, auf die selbstständige, richtige und prozessorientierte Anwendung der geforderten Kenntnisse, Fähigkeiten und Fertigkeiten sowie auf die Art der Darstellung. § 9b bleibt unberührt.

⇨ Behinderungen (Förderbedarf) 2.3.2; ⇨ Integration und Sprachförderung

Hinweis der Redaktion: Hinweise unter § 7 Abs. 2 beachten.

(4) In den Halbjahres- und Jahreszeugnissen sowie in den Abgangs-, Abschluss- und Prüfungszeugnissen sind nur ganze Noten zulässig.

(5) Die Absätze 1 bis 4 gelten entsprechend für schulfremde Teilnehmer an Prüfungen.

§ 6
Allgemeine Beurteilung, Noten für Verhalten und Mitarbeit, Bemerkungen

(1) Die allgemeine Beurteilung beinhaltet Aussagen zur Arbeitshaltung (z.B. Fleiß, Sorgfalt), zur Selbstständigkeit (z.B. Eigeninitiative, Verantwortungsbereitschaft) und zur Zusammenarbeit (z.B. Hilfsbereitschaft, Fairness) in der Klassen- und Schulgemeinschaft.

Hinweis der Redaktion: Das KM hat eine Arbeitshilfe mit Beispielen für gelungene allgemeine Beurteilungen erlassen (7.7.1995; K.u.U. S. 427/1995). Darin hat es u.a. ausgeführt:

Merkmale der „Arbeitshaltung" sind insbesondere: Fleiß, Sorgfalt, Lernbereitschaft, Ausdauer, Pünktlichkeit, Aufmerksamkeit. – Kennzeichen der „Selbstständigkeit" sind unter anderem: Eigeninitiative, Verantwortungsbereitschaft, Entschlussfreudigkeit, Informationen einholen und verarbeiten. – Kriterien für die Bestimmung der „Zusammenarbeit in der Klassen- und Schulgemeinschaft" sind unter anderem: Hilfsbereitschaft, Fairness, Arbeitsverhalten in der Gruppe, soziales Verhalten in der Klassen- und Schulgemeinschaft, Übernahme von Aufgaben und Pflichten für die Gemeinschaft, Kooperation mit dem Lehrer, Bereitschaft zum Gespräch, Rücksichtnahme und Toleranz, Einhaltung von Absprachen und Regeln, partnerschaftlicher Umgang, Lösung von Konflikten, Kompromissbereitschaft.

(2) Das Verhalten und die Mitarbeit der Schüler werden mit folgenden Noten bewertet:

sehr gut	gut
befriedigend	unbefriedigend.

Die Noten haben folgende Bedeutung:

1. Die Note „sehr gut" soll erteilt werden, wenn das Verhalten bzw. die Mitarbeit des Schülers besondere Anerkennung verdienen.
2. Die Note „gut" soll erteilt werden, wenn das Verhalten bzw. die Mitarbeit des Schülers den an ihn zu stellenden Erwartungen entspricht.
3. Die Note „befriedigend" soll erteilt werden, wenn das Verhalten bzw. die Mitarbeit des Schülers den an ihn zu stellenden Erwartungen im Ganzen ohne wesentliche Einschränkung entspricht.
4. Die Note „unbefriedigend" soll erteilt werden, wenn das Verhalten bzw. die Mitarbeit des Schülers den an ihn zu stellenden Erwartungen nicht entspricht.

Verhalten bezeichnet sowohl das Betragen im Allgemeinen als auch die Fähigkeit und tätige Bereitschaft zur Zusammenarbeit.

Mitarbeit bezieht sich vor allem auf den Arbeitswillen, der sich in Beiträgen zu den selbstständig oder gemeinsam mit anderen zu lösenden Aufgaben äußert.

(3) Die Noten für Verhalten und Mitarbeit sollen durch Bemerkungen zum Lern-, Arbeits- und Sozialverhalten des Schülers ergänzt werden, falls dies aus pädagogischen Gründen erforderlich ist.

(4) Unter Bemerkungen können Aussagen zu häufigen Fehlzeiten gemacht werden. Dies gilt nicht für Abgangs-, Abschluss- und Prüfungszeugnisse.

Hinweis der Redaktion:

1. Die Möglichkeit, Fehlzeiten in das Zeugnis einzutragen, soll dem Schuleschwänzen sowie missbräuchlichen Krankmeldungen entgegenwirken. Inhaltlich handelt es sich um eine Sanktion (bzw. deren Androhung) zur Durchsetzung der Schulbesuchspflicht. Die Lehrkräfte bzw. die Klassenkonferenz müssen eine Ermessensentscheidung im Einzelfall treffen. Dabei haben sie auch zu berücksichtigen, ob Fehlzeiten entschuldigt sind. Misstraut die Schule einem volljährigen Schüler, der sich selbst entschuldigen kann, hat sie die Möglichkeit, ein ärztliches oder amtsärztliches Attest einzufordern. Ein „automatischer" Eintrag von Fehlzeiten ohne Feststellung und Wertung der Gründe wäre rechtswidrig.
   ⇨ Ermessen; ⇨ Schulbesuchsverordnung; ⇨ Schulpflicht (Durchsetzung); ⇨ Zeugnisse Nr. 9
2. Der tatsächliche Eintrag ins Schulzeugnis stellt wegen der Außenwirkung (z.B. bei der Vorlage des Zeugnisses anlässlich der Bewerbung um einen Ausbildungs- oder Arbeitsplatz) einen schwerwiegenden Eingriff in die Freiheit der Berufswahl dar. Das Verbot des Eintrags in Abgangs-, Abschluss- oder Prüfungszeugnisse stellt keine Ermächtigung dar, solche Einträge in allen anderen Schulzeugnissen vorzunehmen, denn zumindest bei der Erst-Bewerbung müssen die Schüler*innen in der Regel auf das letzte Halbjahres- oder Jahreszeugnis als „Bewerbungszeugnis" zurückgreifen.
3. Wenn überhaupt, dürfen Fehlzeiten also nur in ein sonstiges Zeugnis und nur dann eingetragen werden, wenn Schüler*innen lange Zeit bzw. sehr häufig unentschuldigt gefehlt haben; dabei sind die gleichen Maßgaben wie bei den Erziehungs- und Ordnungsmaßnahmen gemäß ⇨ Schulgesetz § 90 anzuwenden: Vorrang „pädagogischer Erziehungsmaßnahmen", Übermaßverbot, Wahl des „mildesten Mittels".
   ⇨ Verwaltungsrecht (Allgemeines) Nr. IV.

(5) Die allgemeine Beurteilung, die Noten für Verhalten und Mitarbeit und die Bemerkungen werden als Teil des Zeugnisses gemäß § 4 Abs. 1 Nr. 4 Konferenzordnung von der Klassenkonferenz bzw. der Jahrgangsstufenkonferenz beraten und beschlossen; der Klassenlehrer hat für die allgemeine Beurteilung einen Vorschlag zu machen. ⇨ Zeugnisse

3. Abschnitt
Feststellung von Schülerleistungen

§ 7
Allgemeines

(1) Grundlage der Leistungsbewertung in einem Unterrichtsfach sind alle vom Schüler im Zusammenhang mit dem Unterricht erbrachten Leistungen (schriftliche, mündliche und praktische Leistungen). Schriftliche Leistungen sind insbesondere die schriftlichen Arbeiten (Klassenarbeiten und schriftliche Wiederholungsarbeiten). Der Fachlehrer hat zum Beginn seines Unterrichts bekanntzugeben, wie er in der Regel die verschiedenen Leistungen bei der Notenbildung gewichten wird.

(2) Die Bildung der Note in einem Unterrichtsfach ist eine pädagogisch-fachliche Gesamtwertung der vom Schüler im Beurteilungszeitraum erbrachten Leistungen. ⇨ Pädagogische Freiheit

Hinweise der Redaktion:

1. Die Jahresnote ist „nicht das Ergebnis einer rein arithmetischen Rechnung, sondern eine ganzheitliche, pädagogisch-fachliche Gesamtwertung" (KM 5.7.1996; IV/5-6615.21-96/7).
2. Bei der Notengebung dürfen auch Entwicklungstendenzen der Schülerleistungen im Laufe des Schuljahres berücksichtigt werden. (Quelle: VGH Mannheim, 10.10.1991)
3. Nach den Versetzungsvorschriften gilt eine Klasse nur dann als „besucht", wenn der/die Schüler*in ihr mindestens acht Wochen lang angehört hat. Analog kann auf die Erteilung von Zeugnisnoten bei einer Unterrichtsteilnahme bzw. -dauer unterhalb dieser Mindestfrist verzichtet werden (z.B. nicht ersetzter Lehrerausfall oder längerfristige Krankheit / Beurlaubung von Schüler*innen).
4. Zur Bewertung von fachpraktischen Leistungen im Musikunterricht hat das KM eine Bekanntmachung erlassen (24.9.2012, K.u.U. S. 189/2012).
5. Zum „Nachteilsausgleich" bei Behinderungen (auch Lese-/ Rechtschreibschwäche und Rechenschwäche – Legasthenie und Dyskalkulie) sowie zum „Notenschutz" siehe: ⇨ Behinderungen (Förderbedarf) 2.2, 2.3.1 und 2.3.2 und ⇨ Integration und Sprachförderung. Unter „Notenschutz" ist zu verstehen, dass Ausnahmen von dem für alle Schüler*innen gleichermaßen geltenden Anforderungsprofil erlaubt werden. Die VwV ⇨ Behinderungen (Förderbedarf) Nr. 2.3.2 gestattet, bei Vorliegen einer Lese-Rechtschreibschwäche (LRS) *„im Hinblick auf die besonderen Probleme des Schriftspracherwerbs"* im Einzelfall vom Prinzip der gleichen Benotung bei gleichen Anforderungen abzuweichen. Allerdings muss in der Halbjahresinformation und im Zeugnis unter „Bemerkungen" festgehalten werden, dass die Note *„unter zurückhaltender Gewichtung für Rechtschreiben oder Lesen gebildet"* wurde, was zu einer Stigmatisierung der betroffenen Schüler*innen führen kann.
   In dieser VwV (Nr. 2.3.1) werden ferner verschiedene Formen eines „Nachteilsausgleichs" ohne Änderung des Anforderungsprofils beschrieben, beispielsweise durch eine Anpassung der Arbeitszeit, durch die Nutzung von besonderen technischen oder didaktisch-methodischen Hilfen, durch eine abweichende Gewichtung der schriftlichen, mündlichen und praktischen Leistungen oder durch die Anpassung der äußeren Rahmenbedingungen bei Prüfungen. Ein solcher Nachteilsausgleich wird nicht im Zeugnis vermerkt. Die Schulen müssen Schüler*innen und Eltern frühzeitig in die Entscheidungsfindung einbeziehen.

(3) Die allgemeinen für die Bewertung der Leistungen in den einzelnen Fächern oder Fächerverbünden maßgebenden Kriterien hat der Fachlehrer den Schülern und auf Befragen auch ihren Erziehungsberechtigten sowie den für die Berufserziehung der Schüler Mitverantwortlichen darzulegen.

(4) Der Fachlehrer hat dem Schüler auf Befragen den Stand seiner mündlichen und praktischen Leistungen anzugeben. Nimmt er eine besondere Prüfung vor, die er gesondert bewertet, hat er dem Schüler die Note bekanntzugeben. ⇨ Befangenheit; ⇨ Ermessen

§ 8
Klassenarbeiten, schriftliche Wiederholungsarbeiten

Hinweis der Redaktion: § 8 gilt gemäß § 11 nicht für Grundschulen und SBBZ; vgl. ⇨ Grundschule (Leistungsbeurteilung GS und SBBZ) und ⇨ Sonderpädagogik (SBBZ Bildungsangebote).

(1) Klassenarbeiten geben Aufschluss über Unterrichtserfolg und Kenntnisstand einer Klasse und einzelner Schüler und weisen auf notwendige Fördermaßnahmen hin. Sie werden daher in der Regel nach den Phasen der Erarbeitung, Vertiefung, Übung und Anwendung angesetzt. Klassenarbeiten sind in der Regel anzukündigen.

(2) Schriftliche Wiederholungsarbeiten geben Aufschluss über den erreichten Unterrichtserfolg der unmittelbar vorangegangenen Unterrichtsstunden einer Klasse und einzelner Schüler und weisen auf notwendige Fördermaßnahmen hin. Sie können auch als Nachweis dafür dienen, mit welchem Erfolg die Hausaufgaben bewältigt wurden. Für die Anfertigung einer schriftlichen Wiederholungsarbeit sind in der Regel bis zu 20 Minuten vorzusehen.

(3) Klassenarbeiten und schriftliche Wiederholungsarbeiten sind gleichmäßig auf das ganze Schuljahr zu verteilen. An einem Tag soll nicht

mehr als eine Klassenarbeit geschrieben werden. In einer Woche sollen nicht mehr als drei Klassenarbeiten geschrieben werden. Vor der Rückgabe und Besprechung einer schriftlichen Arbeit oder am Tag der Rückgabe darf im gleichen Fach keine neue schriftliche Arbeit angesetzt werden.

(4) Versäumt ein Schüler entschuldigt die Anfertigung einer schriftlichen Arbeit, entscheidet der Fachlehrer, ob der Schüler eine entsprechende Arbeit nachträglich anzufertigen hat.

(5) Weigert sich ein Schüler, eine schriftliche Arbeit anzufertigen, oder versäumt er unentschuldigt die Anfertigung einer solchen Arbeit, wird die Note „ungenügend" erteilt.

Hinweis der Redaktion: Die Lehrkraft besitzt in diesem Fall kein ➪ Ermessen.

(6) Begeht ein Schüler bei einer schriftlichen Arbeit eine Täuschungshandlung oder einen Täuschungsversuch, entscheidet der Fachlehrer, ob die Arbeit wie üblich zur Leistungsbewertung herangezogen werden kann. Ist dies nicht möglich, nimmt der Fachlehrer einen Notenabzug vor oder ordnet an, dass der Schüler eine entsprechende Arbeit nochmals anzufertigen hat. In Fällen, in denen eine schwere oder wiederholte Täuschung vorliegt, kann die Arbeit mit der Note „ungenügend" bewertet werden.

(7) Die Absätze 4 bis 6 gelten entsprechend für mündliche und praktische Leistungen.

➪ Handy-Nutzung; ➪ Notenbildungsverordnung § 9; ➪ Schulgesetz § 47 Abs. 5 Nr. 2

§ 9
Zahl der Klassenarbeiten und schriftlichen Wiederholungsarbeiten, gleichwertige Leistungen

Hinweis der Redaktion: § 9 gilt gem. § 11 nicht für Grundschulen und SBBZ sowie für die Jahrgangsstufen des Kurssystems der Gymnasien und Kollegs; zum Inhalt und zur Zahl der „schriftlichen Arbeiten" an Grundschulen und SBBZ; vgl. ➪ Grundschule (Leistungsbeurteilung GS und SBBZ) § 2 und ➪ Sonderpädagogik (SBBZ Bildungsangebote).

(1) In den Werkrealschulen und Hauptschulen werden in den Klassen 5 bis 9 im Fach Deutsch im Schuljahr mindestens vier Klassenarbeiten gefertigt, darunter eine Nachschrift; in den Fächern Mathematik und Englisch sollen häufiger verschiedenartige, aber weniger umfangreiche schriftliche Arbeiten angefertigt werden. In der Klasse 10 sind in den Fächern Deutsch und Englisch jeweils mindestens vier Klassenarbeiten anzufertigen; im Fach Deutsch müssen darunter mindestens zwei Aufsätze sein. Im Fach Mathematik sind mindestens drei Klassenarbeiten anzufertigen. Diejenigen Schüler, die in dieser Klassenstufe nach den für den Hauptschulabschluss geltenden Anforderungen unterrichtet werden, fertigen im Fach Deutsch mindestens drei Klassenarbeiten; in den Fächern Mathematik und Englisch sollen häufiger verschiedenartige, aber weniger umfangreiche schriftliche Arbeiten angefertigt werden.

(2) In den Kernfächern der Gymnasien der Normalform und der Gymnasien in Aufbauform mit Internat sowie an den Realschulen in den Fächern Deutsch, Mathematik, Pflichtfremdsprache und ab der Klasse 7 in dem gewählten Fach des Wahlpflichtbereichs werden im Schuljahr mindestens vier Klassenarbeiten gefertigt, darunter im Fach Deutsch in den Klassen 5 bis 7 der Gymnasien und den Klassen 5 bis 9 der Realschulen eine Nachschrift. In den Fächern Alltagskultur, Ernährung, Soziales sowie Technik der Realschule können jeweils bis zu zwei Klassenarbeiten durch fachpraktische Arbeiten, darunter auch Jahresarbeiten ersetzt werden; das gleiche gilt in den Fächern Naturwissenschaft und Technik sowie Informatik, Mathematik und Physik (IMP) des Gymnasiums mit der Maßgabe, dass eine Klassenarbeit ersetzt werden kann. Abweichend von Satz 1 werden in den Gymnasien der Normalform und der Aufbauform mit Internat im Kernfach Sport im Schuljahr mindestens drei Klassenarbeiten angefertigt; an Gymnasien mit bilingualem Profil Deutsch-Italienisch (AbiStat) im Kernfach Italienisch im Schuljahr mindestens fünf Klassenarbeiten, wobei in Klasse 8 eine Klassenarbeit durch eine mündliche Prüfung ersetzt wird. Im Wahlpflichtfach Sport der Realschule können jeweils bis zu zwei Klassenarbeiten durch praktische Leistungen ersetzt werden.

(3) In den beruflichen Schulen sind in den Kernfächern, in der als Wahlpflichtfach oder Wahlfach in der Eingangsklasse der beruflichen Gymnasien der dreijährigen Aufbauform oder in den Klassen 1 und 2 der Oberstufe der Berufsoberschulen belegten Fremdsprache sowie, mit Ausnahme der beruflichen Gymnasien, in den sonstigen Fächern mit einer schriftlichen Abschluss- oder Zusatzprüfung im jeweiligen Schuljahr Klassenarbeiten nach folgenden Maßgaben anzufertigen:

1. bei Unterricht im Umfang von bis zu zwei Wochenstunden mindestens zwei Klassenarbeiten,
2. bei Unterricht im Umfang von drei bis zu fünf Wochenstunden mindestens vier Klassenarbeiten,
3. bei Unterricht im Umfang von sechs Wochenstunden mindestens fünf Klassenarbeiten,
4. bei Unterricht im Umfang von sieben oder mehr Wochenstunden mindestens sechs Klassenarbeiten.

In den Abschlussklassen sind in den genannten Fächern bei

1. bis zu zwei Wochenstunden mindestens zwei Klassenarbeiten,
2. bei drei bis fünf Wochenstunden mindestens drei Klassenarbeiten,
3. bei sechs Wochenstunden mindestens vier Klassenarbeiten,
4. bei sieben und mehr Unterrichtsstunden mindestens fünf Klassenarbeiten anzufertigen.

Maßgebend ist die Zahl der Wochenstunden, die in dem betreffenden Fach nach dem Stundenplan vorgesehen ist. Für Bildungsgänge, in denen der Unterricht in Gestalt von Handlungs- oder Lernfeldern erteilt wird, gelten die Sätze 1 bis 3 entsprechend. Abweichende Sonderregelungen einzelner Ausbildungs- und Prüfungsordnungen bleiben unberührt.

(4) In den übrigen Fächern, in denen keine Klassenarbeiten vorgeschrieben sind, dürfen höchstens vier schriftliche Arbeiten im Schuljahr angefertigt werden. In den Fächern, in denen der Unterricht

in dafür eingerichteten Abteilungen der Schule in bilingualer Form erteilt wird, gilt diese Höchstzahl nicht für schriftliche Wiederholungsarbeiten zur Prüfung sprachlicher Fertigkeiten; diese Höchstzahl gilt auch dann nicht, wenn in Klasse 5 des Gymnasiums die 2. Fremdsprache kein Kernfach ist.

(5) Von den nach Absatz 3 vorgeschriebenen Klassenarbeiten können nach Entscheidung des Fachlehrers jeweils eine Klassenarbeit, bei mindestens sechs vorgeschriebenen Klassenarbeiten bis zu zwei Klassenarbeiten und in Bildungsgängen, in denen der Unterricht in Gestalt von Handlungs- oder Lernfeldern erteilt wird, bis zu drei, höchstens aber die Hälfte der vorgeschriebenen Klassenarbeiten durch jeweils eine gleichwertige Feststellung von Leistungen der Schüler der Klasse ersetzt werden; abweichend hiervon bleibt in den beruflichen Gymnasien die Zahl der vorgeschriebenen Klassenarbeiten von den gleichwertigen Leistungen unberührt. Diese Leistungsfeststellung bezieht sich insbesondere auf schriftliche Hausarbeiten, Jahresarbeiten, Projekte, darunter auch experimentelle Arbeiten im naturwissenschaftlichen Bereich, Freiarbeit, Referate, mündliche, gegebenenfalls auch außerhalb der stundenplanmäßigen Unterrichtszeit terminierte Prüfungen oder andere Präsentationen. Der Klassenlehrer sorgt, unterstützt von der Klassenkonferenz, für eine Koordinierung dieser Leistungsfeststellungen der einzelnen Fachlehrer. In den Werkrealschulen und Hauptschulen, Realschulen und Gymnasien gelten die Sätze 1 bis 3 entsprechend mit der Maßgabe, dass die vom Fachlehrer den Schülern der Klasse aufgegebenen gleichwertigen Leistungen die Zahl der vorgeschriebenen Klassenarbeiten unberührt lässt. Unbeschadet der Entscheidung des Fachlehrers nach Satz 1 ist jeder Schüler in den Hauptschulen, Werkrealschulen und Realschulen in den Klassen 8 und 9, in den Gymnasien der Normalform ab Klasse 7, in den beruflichen Gymnasien, in den Gymnasien der Aufbauform mit Heim ab Klasse 8 pro Schuljahr zu einer solchen Leistung in einem Fach seiner Wahl verpflichtet. Besondere Regelungen in Ausbildungs- und Prüfungsordnungen des beruflichen Schulwesens bleiben unberührt. ⇨ Lernstandserhebungen

§ 9a
Projektarbeit

(1) In Klasse 9 der Werkrealschule und Hauptschule, der Realschule und der Gemeinschaftsschule führen alle Schülerinnen und Schüler eine Projektarbeit durch. Die dafür erteilte Note fließt in die Bewertung der Jahresleistung des Faches Wirtschaft/Berufs- und Studienorientierung ein und wird dabei gegenüber den übrigen Leistungen zur Hälfte gewichtet; im Jahreszeugnis wird eine entsprechende Bemerkung ausgebracht. Satz 2 gilt nicht für Schülerinnen und Schüler, die entweder in Klasse 9 oder in Klasse 10 an der Hauptschulabschlussprüfung teilnehmen.

(2) Für die Projektarbeit gelten im Übrigen die diesbezüglichen Bestimmungen der Hauptschulabschlussprüfungsordnung in der jeweils geltenden Fassung entsprechend.

§ 9b
Bewertung der Rechtschreibung

(1) In den auf der Grundschule aufbauenden Schulen und den sonderpädagogischen Bildungs- und Beratungszentren erfolgt die Bewertung von Verstößen gegen das amtliche Regelwerk der deutschen ⇨ Rechtschreibung (Rechtschreibfehler) bei der schriftlichen Leistungsfeststellung im Fach Deutsch und den übrigen Unterrichtsfächern mit Ausnahme der modernen Fremdsprachen und des bilingualen Unterrichts nach Maßgabe der folgenden Absätze. Für Schülerinnen und Schüler mit einem Anspruch auf ein sonderpädagogisches Bildungsangebot gilt Satz 1 insoweit, als es die im Rahmen der individuellen Lern- und Entwicklungsbegleitung festgelegten Entwicklungs- und Bildungsziele zulassen.

(2) Im Fach Deutsch ist die Bildung zum normgerechten Schreiben wesentliches Ziel des Unterrichts. Die Vermittlung normgerechten Schreibens ist Aufgabe auch der übrigen Unterrichtsfächer.

(3) Die Bewertung der Rechtschreibung im Fach Deutsch richtet sich nach der Art der schriftlichen Leistung:

1. Die Bewertung von Nachschriften ist nach einer Bewertungsskala vorzunehmen, die sich an der Schulart beziehungsweise der jeweiligen Niveaustufe, der Klassenstufe, der Übungsdauer sowie dem Umfang und dem Schwierigkeitsgrad der Nachschrift orientiert.
2. In Aufsätzen werden Rechtschreibfehler gekennzeichnet und in die Bewertung der Leistung einbezogen.
3. Bei sonstigen schriftlichen Leistungen sind Rechtschreibfehler zu kennzeichnen und entsprechend dem Schwerpunkt der Aufgabe bei der Bewertung zu berücksichtigen.

(4) In den übrigen Fächern sind Rechtschreibfehler zu kennzeichnen. Schwerwiegende und gehäufte Rechtschreibfehler können bei der Bewertung der Leistung mit einem Notenabzug bis zu einer Note bewertet werden.

(5) Die Regelungen zu den Ausnahmen von den Anforderungen (Notenschutz) bei Schwierigkeiten im Lesen und Rechtschreiben bleiben unberührt.

⇨ Behinderungen (Förderbedarf) Nr. 2.3; ⇨ Lese-Rechtschreibschwäche

Hinweise der Redaktion:

1. In der Primarstufe gelten die Bestimmungen der Verordnung ⇨ Grundschule (Leistungsbeurteilung GS und SBBZ) § 3 Abs. 5 Satz 3. Danach sind „bei allen schriftlichen Arbeiten Abweichungen von der Rechtschreibung sowie Ausdrucksmängel zu beachten und zur individuellen Förderung heranzuziehen“. Solche „Abweichungen“ führen in der Primarstufe also nicht zu einer schlechteren Bewertung der Leistung beziehungsweise zu einem Notenabzug.
2. § 9b findet keine Anwendung bei der Durchführung zentral angefertigter Lernstandserhebungen, in den Jahrgangsstufen der gymnasialen Oberstufe sowie in ordentlichen Abschlussprüfungen und Abschlussprüfungen für Schulfremde.

§ 10
Hausaufgaben

(1) Hausaufgaben sind zur Festigung der im Unterricht vermittelten Kenntnisse, zur Übung, Vertie-

fung und Anwendung der vom Schüler erworbenen Fähigkeiten und Fertigkeiten sowie zur Förderung des selbstständigen und eigenverantwortlichen Arbeitens erforderlich.

(2) Die Hausaufgaben müssen in innerem Zusammenhang mit dem Unterricht stehen und sind so zu stellen, dass sie der Schüler ohne fremde Hilfe in angemessener Zeit erledigen kann.

(3) Die näheren Einzelheiten hat die Gesamtlehrerkonferenz mit Zustimmung der Schulkonferenz zu regeln, insbesondere den zeitlichen Umfang sowie die Anfertigung von Hausaufgaben übers Wochenende, über Feiertage und an Tagen mit Nachmittagsunterricht; an Tagen mit verpflichtendem Nachmittagsunterricht darf es in den Klassen 5 bis 10 keine schriftlichen Hausaufgaben von diesem auf den nächsten Tag geben.⇨ Schulgesetz § 47 Abs. 5 Nr. 2

(4) Der Klassenlehrer bzw. Tutor hat für eine zeitliche Abstimmung der Hausaufgaben der einzelnen Fachlehrer zu sorgen und auf die Einhaltung der bestehenden Regelungen zu achten.

Hinweise der Redaktion:

1. Hausaufgaben dienen vorrangig der Übung, Vertiefung und Anwendung des Gelernten. Sie zu benoten, ist problematisch, weil nicht sicher ist, dass es sich um eine eigenständige, den einzelnen Schüler*innen zurechenbare Leistung handelt. Die Nichterledigung von Hausaufgaben stellt deshalb keine „Leistungsverweigerung" i.S.v. § 8 Abs. 5 dar. Würde hierfür die Note „ungenügend" erteilt, wäre dies keine Leistungsbewertung, sondern der sachfremde und deshalb unzulässige Einsatz der Benotung als Sanktion für ein Fehlverhalten. Tragen Schüler*innen hingegen zuhause Gelerntes – z.B. Vokabeln, Gedicht – im Unterricht vor, so handelt es sich um eine mündliche Leistung im Unterricht. Die Bewertung und Benotung dieser Leistung ist zulässig bzw. geboten.
   Die Erteilung von Noten für Hausaufgaben ist also nur dann zulässig, wenn der Schüler / die Schülerin die Möglichkeit hat, für gut gemachte Hausaufgaben auch eine positive (und für unzureichende eine negative) Bewertung zu erhalten. Werden Hausaufgaben benotet, muss § 7 Abs. 3 und 4 der NotenbildungsVO beachtet werden. Sie müssen zur Benotung nicht unbedingt als Klassensätze eingesammelt werden, es sind auch Stichproben möglich. Am Ende des Schuljahres müssen dann jedoch von jedem Schüler / jeder Schülerin mehrere Hausaufgabennoten vorliegen.
2. Die Schulen können von der Vorgabe, dass es an Tagen mit verpflichtendem Nachmittagsunterricht keine schriftlichen Hausaufgaben von diesem auf den nächsten Schultag geben darf, nicht abweichen, auch nicht durch Beschluss der GLK.
3. Das KM hat vorgeschrieben: „Bei der Erteilung von Hausaufgaben berücksichtigen die Schulen die besonderen Bedürfnisse der Schülerinnen und Schüler mit nichtdeutscher Herkunftssprache und zusätzlichem Sprachförderbedarf."
   ⇨ Integration und Sprachförderung, Nr. 3.4
4. Die Hausaufgaben sind auch ein Thema für die Klassenpflegschaft. Auf den „Elternabenden" sollen sich Eltern und Lehrer „gegenseitig beraten sowie Anregungen und Erfahrungen austauschen. Dem dient insbesondere die Unterrichtung und Aussprache über [...] Grundsätze für Klassenarbeiten und Hausaufgaben [...]. ⇨ Schulgesetz § 56 Abs. 1 Nr. 4
5. An Gemeinschaftsschulen werden Hausaufgaben „unter Wahrung der in § 10 [...] vorgesehenen Ziele als Schulaufgaben durch individuelles und kooperatives Lernen" ersetzt.
   ⇨ Gemeinschaftsschule (Verordnung) § 7
6. Zu den Hausaufgaben-, Sprach- und Lernhilfen für Kinder mit Bedarf an zusätzlicher Sprachförderung, insbesondere mit Migrationshintergrund bitte die Beiträge ⇨ Hausaufgaben und ⇨ Integration und Sprachförderung beachten.

Hinweis der Redaktion: Die Sonderbestimmungen (4. Abschnitt; § 11) sind bei den §§ 8, 9,9a eingearbeitet.

⇨ Befangenheit; ⇨ Behinderungen (Förderbedarf) Nr. 2.3.2; ⇨ Ermessen; ⇨ Gemeinschaftsschule (Verordnung); ⇨ Grundschule (Leistungsbeurteilung); ⇨ Gymnasium (Abitur); ⇨ Handy-Nutzung; ⇨ Hausaufgaben; ⇨ Integration und Sprachförderung; ⇨ Lernstandserhebungen; ⇨ Pädagogische Freiheit; ⇨ Schulgesetz §§ 47, 56; ⇨ Sonderpädagogik (SBBZ Bildungsangebote); ⇨ Verwaltungsrecht (Allgemeines); ⇨ Zeugnisse

Orientierungsstufe

Informationen der Redaktion zur Rechtslage und zur Verwaltungspraxis in Baden-Württemberg

Mit dem Begriff „Orientierungsstufe" wird die Phase zwischen der Primarstufe (dies ist in Deutschland die – zumeist vierjährige – Grundschule) und der Sekundarstufe I („Mittelstufe") des allgemeinbildenden Schulwesens bezeichnet.

In der allgemeinen Bildungspolitik steht dieser Begriff für ein integratives, die Schulartgrenzen überschreitendes Bildungssystem. Im Schulwesen Baden-Württembergs spielt die Orientierungsstufe jedoch eine untergeordnete Rolle, da das Land prinzipiell am gegliederten Schulwesen festhält, in dem die Schüler*innen ab Klasse 5 auf getrennte Schularten verteilt werden.

Im Schulgesetz (§§ 4 und 7 Abs. 3) sowie in den Vorschriften für die Gesamtschulen und in der Realschul-Versetzungsordnung wird der Begriff „Orientierungsstufe" zwar erwähnt, aber nicht näher definiert, in den Vorschriften des KM für die Schularten Haupt-/ Werkrealschule, Gymnasium und Gemeinschaftsschule taucht der Begriff jedoch überhaupt nicht auf.

Das KM hat die Bestimmungen über die Orientierungsstufe vielmehr in der VwV ⇨ Aufnahmeverfahren versteckt. In Nr. 4 f. dieser VwV ist u.a. verbindlich vorgeschrieben, gemeinsame Fachkonferenzen der auf der Grundschule aufbauenden Schularten einzurichten. Die Lehrkräfte der Klassen vier, fünf und sechs der beteiligten Schularten sind verpflichtet, sich in jedem Schuljahr gegenseitig über Ziele, Grundlagen und Methoden des Fachunterrichts zu informieren; sie müssen die maßgeblichen Bildungspläne sowie die verwendeten Lehr- und Lernmittel kennen. Ferner ist ein schulartübergreifender Lehrereinsatz möglich. Die Kontakte der Lehrkräfte und Unterrichtshospitationen gelten als Dienstgeschäfte; hierdurch ausfallender Unterricht muss also weder vor- noch nachgeholt werden.

⇨ Aufnahmeverfahren Nr. 4; ⇨ Bildungsberatung Nr. II.2; ⇨ Gesamtschulen § 2; ⇨ Realschule (Versetzungsordnung) § 2; ⇨ Schulgesetz §§ 4 und 7 Abs. 3

Pädagogische Assistent*innen

Informationen der Redaktion zur Rechtslage und zur Verwaltungspraxis in Baden-Württemberg

An Grund- und Haupt-/Werkrealschulen sowie in der Sekundarstufe I können „Pädagogischen Assistentinnen und Assistenten" (PA) eingestellt werden (VwV des KM vom 23. Juni 2010, K.u.U. S. 161/2010). Sie sind nicht eigenverantwortlich im Unterricht tätig, sondern arbeiten im Auftrag von Schulleitungen und Lehrkräften insbesondere in den folgenden Bereichen:

- Unterstützung der Lehrkräfte bei der gezielten Förderung von Schüler*innen insbesondere in den Kernfächern Deutsch und Mathematik (z.B. Betreuung und Beaufsichtigung von Schüler*innen bei Gruppenarbeit, Unterstützung und Hilfestellung für Einzelne bei der Bearbeitung von unterrichtlichen Aufgabenstellungen),
- Mithilfe bei der Durchführung von Fördermodulen in Absprache mit Klassenlehrer*in oder Fachlehrkraft (z.B. Hilfestellung beim Einsatz gezielter Lernmaterialien, Umsetzung und Begleitung von Maßnahmen für die Lese-Rechtschreib-Förderung, Unterstützung von Schüler*innen mit Migrationshintergrund bei Übungsaufgaben; Hilfe bei Mathematikaufgaben),
- Mitarbeit in kombinierten (jahrgangsübergreifenden) Klassen (z.B. Unterstützung einzelner bzw. Arbeit mit einzelnen Schüler*innen oder Gruppen, Mitarbeit bei offenen Unterrichtsformen wie Freiarbeit, Arbeit nach Wochenplan oder Lernstationen, Erklärung von Aufgabenstellungen, Kontrolle von Lernergebnissen),
- Assistenz der Lehrkraft im Unterricht insbesondere in großen Klassen und bei schwierigen Unterrichtssituationen.

PA können auch für eine Hausaufgabenbetreuung eingesetzt werden und ggf. die Lehrkräfte auch bei außerunterrichtlichen Tätigkeiten im Verantwortungsbereich der Schule unterstützen (z.B. Aufsicht, Begleitung beim Besuch von außerschulischen Lernorten, Teilnahme an Lerngängen, Mitwirkung bei Schulfesten, Erstellung von Unterrichtsmaterialien, Teilnahme an Sportfesten und Bundesjugendspielen). Nicht vorgesehen ist die Teilnahme an mehrtägigen außerunterrichtlichen Veranstaltungen (z.B. Schullandheimaufenthalte)..

PA dürfen nicht für Vertretungsunterricht eingesetzt werden, auch dann nicht, wenn sie eine anerkannte Lehramtsausbildung besitzen, auch nicht kurzfristig als Krankheitsstellvertretung. Dies gilt ebenfalls für selbstständigen Förderunterricht und Arbeitsgemeinschaften. PA dürfen keine Aufgaben wahrnehmen, die zum kommunalen Aufgabenbereich zählen (z.B. Jugendsozialarbeit an Schulen).

⇨ Jugendbegleiter*innen; ⇨ Lehrbeauftragte

Pädagogische Freiheit

Informationen der Redaktion zur Rechtslage und zur Verwaltungspraxis in Baden-Württemberg

Der Begriff *„pädagogische Freiheit"* findet sich weder im Schulgesetz noch in anderen für die Schulen und Lehrkräfte maßgebenden Bestimmungen des Landes. Inhalt und Reichweite der *„pädagogischen Freiheit"* ergeben sich nur aus einer Gesamtschau der einschlägigen Rechtsvorschriften. Ausgangspunkt ist § 38 Abs. 6 SchG, in dem es heißt:

„Die Lehrkräfte tragen im Rahmen der in Grundgesetz, Verfassung des Landes Baden-Württemberg und § 1 dieses Gesetzes niedergelegten Erziehungsziele und der Bildungspläne sowie der übrigen für sie geltenden Vorschriften und Anordnungen die unmittelbare pädagogische Verantwortung für die Erziehung und Bildung der Schüler."

⇨ Erziehungsauftrag und politische Bildung; ⇨ Grundgesetz Art. 7; ⇨ Schulgesetz §§ 1 und 38

Mit der Aussage, dass die Lehrkräfte an die Vorgaben des Grundgesetzes, der Landesverfassung und des Schulgesetzes gebunden sind, betont der Gesetzgeber zunächst eine Selbstverständlichkeit: Auch wenn es den Beteiligten des Schulverhältnisses nicht immer bewusst sein mag, sind Erziehung und Unterricht wegen der gesetzlichen Schulpflicht immer auch mit der Ausübung von Hoheitsgewalt verbunden, und selbst wenn diese beendet ist, besuchen die Schüler*innen den Unterricht in der Regel nicht nur aus freien Stücken, sondern um einen Bildungsabschluss zu erreichen, der wiederum Voraussetzung für den Zugang zu weiterführenden Bildungs- und Ausbildungsgängen ist.

Das gesamte Schulwesen steht unter Aufsicht des Staates (⇨ Grundgesetz Art. 7 Abs. 1) und die gesamte Staatsgewalt – und damit auch die Schulen und die Lehrkräfte – ist an Gesetz und Recht gebunden. Auf den ersten Blick geht § 38 Abs. 6 des Schulgesetzes sogar über die Bindung an Verfassung und Gesetz hinaus, da dort auch auf die *„übrigen für [die Lehrkräfte] geltenden Vorschriften und Anordnungen"* verwiesen wird. Damit sind nicht nur Rechtsvorschriften gemeint, sondern auch interne Vorgaben, wie die im Schulbereich oft als „Erlass" bezeichneten Verwaltungsvorschriften der Schulverwaltung oder die Anordnungen der Vorgesetzten. Damit scheint kaum noch Raum für tatsächlich eigenverantwortliche pädagogische Arbeit zu bleiben, denn die

Lehrkräfte unterstehen wegen der beamtenrechtlichen Gehorsamspflicht oder aufgrund des für Lehrkräfte im Arbeitnehmerverhältnis einschlägigen Direktionsrechts des Arbeitgebers im Zweifel stets den Weisungen ihrer Vorgesetzten. ⇨ Schulaufsicht

Unmittelbare pädagogische Verantwortung

Dies kann jedoch mit § 38 Abs. 6 des Schulgesetzes nicht gemeint sein, denn Verantwortung kann überhaupt nur tragen, wer eine Entscheidung tatsächlich getroffen hat. Der Begriff der *„unmittelbaren pädagogischen Verantwortung"* setzt demnach zwingend einen pädagogischen Freiraum der Lehrkräfte voraus, der auch durch Anordnungen der Vorgesetzten nicht beeinträchtigt werden kann beziehungsweise darf.

Dieser Freiraum ergibt sich aus einer Gesamtbetrachtung des Schulverhältnisses und insbesondere aus dem Umstand, dass die Gesetz- und Verordnungsgeber in den schulrechtlichen Bestimmungen viele unbestimmte Rechtsbegriffe verwenden sowie Entscheidungen ins Ermessen der Lehrkräfte gestellt und/oder von einer Prognose abhängig gemacht haben. Pädagogische Entscheidungen und andere Amtshandlungen der Schulen und Lehrkräfte können und müssen nicht nur daraufhin geprüft werden, ob sie rechtmäßig sind, sondern auch auf ihre Zweckmäßigkeit. Während es im Rahmen der gerichtlichen Kontrolle schulischer Entscheidungen immer nur um die Rechtmäßigkeit geht, kann und muss im Rahmen der verwaltungsinternen Kontrolle – etwa bei dem Widerspruchsverfahren gegen einen Verwaltungsakt der Schule, beispielsweise einen Schulverweis, oder der Bearbeitung einer Elternbeschwerde über eine Lehrkraft durch die Schulleitung – auch die Zweckmäßigkeit überprüft werden. ⇨ Beschwerderecht; ⇨ Verwaltungsrecht (Allgemeines)

Im Allgemeinen gilt hier der Grundsatz, dass die Vorgesetzten (Schulleitungen und Schulaufsichtsbehörden) eine umfassende Prüfungspflicht trifft. Wenn sie zu dem Ergebnis kommen, dass eine andere Entscheidung zweckmäßiger wäre, können sie die nachgeordnete Stelle (also die Lehrkraft) anweisen, ihre ursprüngliche Entscheidung noch einmal zu überprüfen bzw. zu ändern. Unter bestimmten Umständen können sie – etwa im Rahmen eines formellen Widerspruchverfahrens – sogar selbst eine andere Entscheidung treffen (in Baden-Württemberg ist jedoch ein *„Selbsteintritt"* der Vorgesetzten rechtlich nicht vorgesehen).

Weite Spielräume bleiben

Dass sich trotz dieser scheinbar engmaschigen Kontrolle Spielräume für die einzelne Lehrkraft ergeben, liegt zunächst daran, dass viele schulische Entscheidungen nicht in Form eines Verwaltungsaktes ergehen (und daher auch nicht im Wege eines formellen Widerspruchsverfahrens angegriffen werden können). Damit besteht für die Schulleitung und/oder die Schulaufsichtsbehörden in der Regel auch kein Anlass, sich mit der pädagogischen Zweckmäßigkeit einer bestimmten Entscheidung einer Lehrkraft auseinanderzusetzen.

Viel wichtiger für die „pädagogische Freiheit" ist der Umstand, dass die Lehrkräfte im Unterricht in der Regel mit den Schüler*innen allein sind und aufgrund einer konkreten Situation entscheiden müssen, die nicht bis ins Detail dokumentiert werden kann. Da es letzten Endes häufig auch entscheidend auf die höchstpersönliche Beziehung zwischen der einzelnen Lehrkraft und ihren Schüler*innen ankommt, müssen die Vorgesetzten auf die fachliche und pädagogische Kompetenz sowie auf das professionelle Handeln dieser Lehrkraft vertrauen. Dies enthebt Letztere jedoch nicht der Verpflichtung, ihre Maßnahmen gegenüber den Schüler*innen, den Erziehungsberechtigten oder ihren Vorgesetzten inhaltlich zu begründen. Die Formel, man habe *„aus pädagogischen Gründen"* so entschieden, reicht hierfür nicht aus. Die Lehrkraft muss beispielsweise darlegen können, welche Umstände vorlagen und welche Abwägungen sie getroffen hat. ⇨ Ermessen

Insofern ist das in § 38 Abs. 6 SchG erwähnte Anordnungsrecht der Vorgesetzten faktisch beschränkt: Die Lehrkräfte tragen überall dort die pädagogische Eigenverantwortung, wo die einschlägigen Rechtsvorschriften keine eindeutigen Vorgaben enthalten und aufgrund der Umstände keine Möglichkeit besteht, den konkreten Sachverhalt, in dem eine bestimmte Entscheidung getroffen wurde, mit hinreichender Sicherheit zu rekonstruieren. Aus diesem Grund hat das KM für Prüfungen oder andere schwerwiegende Entscheidungen (z.B. Erziehungs- und Ordnungsmaßnahmen) Formvorschriften erlassen, die dazu dienen, den Sachverhalt zu dokumentieren und damit in jeder Hinsicht überprüfbar zu machen.

Beispiel Leistungserhebung und -beurteilung

Die ⇨ Notenbildungsverordnung bildet für die Leistungserhebung und -beurteilung einen verbindlichen Rahmen, dessen Ausfüllung der Gesamtlehrerkonferenz (GLK) obliegt. Gemäß § 2 Abs. 1 kann die GLK *„ergänzende Regelungen"* zu Fragen der Leistungserhebung beschließen, beispielsweise ob an einem Tag neben einer Klassenarbeit auch eine schriftliche Wiederholungsarbeit zulässig ist oder wie viele Klassenarbeiten in einer Woche oder je Fach in einem Schuljahr höchstens geschrieben werden dürfen. Die GLK kann auch entscheiden, dass Klassenarbeiten wegen eines schlechten Ergebnisses der Schulleitung vorgelegt werden oder bei Klassenarbeiten bzw. schriftlichen Wiederholungsarbeiten neben der Note auch der Klassendurchschnitt oder ein Notenspiegel (Verteilung der Noten innerhalb der Lerngruppe) mitgeteilt werden muss.

Nach dem Beschluss der GLK und der Zustimmung der Schulkonferenz sind solche *„ergänzenden Regelungen"* für alle Lehrkräfte der Schule verbindlich. Es obliegt der Schulleitung lediglich, die Einhaltung dieser *„Regelungen"* sowie der *„für die Notengebung allgemein geltenden Grundsätze"* (SchG § 41 Abs. 2) zu überwachen, sie besitzt jedoch hierfür keine eigenständige Regelungskompetenz – will sie beispielsweise, dass die Lehrkräfte bei jeder Klassenarbeit einen Notenspiegel mitteilen, so muss sie hierzu ein Votum der GLK und der Schulkonferenz einholen.

Wenn von der GLK keine *„ergänzenden Regelungen"* zu Fragen der Leistungserhebung beschlossen wurden, können die Lehrkräfte im Rahmen ihres pädagogischen Ermessens frei entscheiden.

Weitaus größer ist ihr Freiraum bei der Leistungsbewertung. Hier kann die GLK lediglich (nicht verbindliche) *„Empfehlungen für einheitliche Maßstäbe bei Notengebung und Versetzung"* geben (⇨ Konferenzordnung § 2 Abs. 1 Nr. 5). Denn bei der Einschätzung und Beurteilung von Leistungsbildern handelt es sich um einen *„höchstpersönlichen"* Vorgang, der sich normativ kaum steuern lässt. Für die Antwort auf die Frage, ob eine Leistung *„den Anforderungen in besonderem Maße entspricht"* und daher mit *„sehr gut"* zu bewerten ist oder ob sie ihnen (nur) *„voll"* entspricht und daher die Note *„gut"* verdient, kommt den persönlichen Einstellungen und Erfahrungen der beurteilenden Lehrkraft entscheidende Bedeutung zu.

Auch bei der Bewertung schulischer Leistungen sind jedoch bestimmte Verfahrensregelungen zu beachten. Da die Bewertung zwar auch auf subjektiven Einschätzungen beruhen mag, aber doch ein rationaler Vorgang ist, muss sie angemessen begründet werden können. Es muss auch dargelegt werden, nach welchen Kriterien die außer den schriftlichen Arbeiten herangezogenen sonstigen Leistungsnachweise je für sich bewertet und wie sie im Verhältnis zueinander gewichtet worden sind. In einem Rechtsstreit kann es zwar nur darum gehen, ob der von der Rechtsordnung vorgegebene Rahmen für pädagogisch-fachliche Einschätzungen eingehalten worden ist. Allerdings lässt sich beispielsweise die Richtigkeit fachlicher Aussagen (z.B. naturwissenschaftliche Erkenntnisse, geographische Gegebenheiten oder historische Daten) objektiv nachvollziehen, sodass eine hierauf gestützte Bewertung durchaus als rechtmäßig bzw. rechtswidrig festgestellt werden kann. Zudem ist der Grundsatz der Chancengleichheit zu beachten, der gebietet, stets die gleichen Maßstäbe zugrunde zu legen.

⇨ Beschwerderecht; ⇨ Ermessen ; ⇨ Grundgesetz Art. 7; ⇨ Notenbildungsverordnung § 2 Abs. 1; ⇨ Schulaufsicht; ⇨ Schulgesetz §§ 1 und 38; ⇨ Verfassung Art. 14 Abs. 1; ⇨ Verwaltungsrecht (Allgemeines)

Pädagogischer Tag

Auszug aus den Leitlinien zur Fortbildung und Personalentwicklung an Schulen in Baden-Württemberg (Verwaltungsvorschrift des Kultusministeriums vom 24. Mai 2006; K.u.U. S. 244/2006) unter Nr. II Abs. 5

Zur schulinternen Fortbildung gehört auch die Durchführung von Pädagogischen Tagen als Fortbildungsveranstaltung des gesamten Kollegiums. Diese sind in besonderer Weise geeignet, schulische Entwicklungsvorhaben im Kollegium, mit Eltern und Schülerinnen und Schülern sowie Vertretern der dualen Partner zu besprechen. Pädagogische Tage sind dienstliche Veranstaltungen, an denen alle Lehrkräfte der Schule teilnehmen. Ausnahmsweise können entsprechende Veranstaltungen auch innerhalb einer Fachabteilung, einer Schulart oder einer Schulstufe durchgeführt werden. Planung und Durchführung von Pädagogischen Tagen sind in der Schulkonferenz zu beraten und mit ihr abzustimmen. Pädagogische Tage sind grundsätzlich in der unterrichtsfreien Zeit durchzuführen.

Hinweis der Redaktion: Ob, wann, mit welchen Inhalten und in welcher Form ein Pädagogischer Tag (PT) stattfindet, entscheidet – bindend für Schulleitung und Lehrkräfte – die Gesamtlehrerkonferenz (⇨ Konferenzordnung § 2 Abs. 1 Nr. 2). Dieser Beschluss muss mit der Schulkonferenz abgestimmt werden, ist aber nicht von deren formaler Zustimmung abhängig. Ein PT findet in aller Regel in der unterrichtsfreien Zeit statt. Wenn ausnahmsweise nach Art und Inhalt dieser schulinternen Fortbildungsveranstaltung auch Unterrichtszeit in Anspruch genommen wird, verlangt das KM, dass dem GLK-Beschluss bzw. der „Abstimmung" mit der Schulkonferenz eine „tragfähige Begründung" im Einzelfall zugrundeliegt. Die Schulaufsicht hat jedoch nicht über das Ob und das Wie eines PT zu entscheiden; die Entscheidung obliegt allein der Gesamtlehrerkonferenz. Erfahrungsgemäß sind Schulkonferenzen mit der Durchführung eines PT während der Unterrichtszeit insbesondere dann einverstanden, wenn daran auch Vertreter*innen der Eltern- und/oder der Schülerschaft teilnehmen dürfen bzw. wenn Themen behandelt werden, die aus deren Sicht von hoher Bedeutung sind.

⇨ Konferenzordnung § 2 Abs. 1 Ziff. 2; ⇨ Schulentwicklung; ⇨ Schulgesetz §§ 41, 47; ⇨ Schulkonferenzordnung

Personalversammlungen

Personalversammlungen im Bereich Grund-, Werkreal-, Haupt-, Real- und Sonderschulen; Ziffer 1 der Verwaltungsvorschrift des KM vom 26.10.1981 (K.u.U. S. 1359/1981); zuletzt geändert 11.11.2009 (K.u.U. S. 223/2009)

Personalversammlungen können grundsätzlich nicht in die Hauptunterrichtszeit am Vormittag gelegt werden. – Weil eine Personalversammlung im Bereich der Grund-, Werkreal-, Haupt-, Real- und Sonderschulen wegen längerer Anfahrtsstrecken für die Teilnehmerinnen und Teilnehmer zeitaufwendiger ist als in anderen Bereichen, kann hiervon wie folgt abgewichen werden: Personalversammlungen können in jedem zweiten Kalenderjahr einmal frühestens um 11.00 Uhr beginnen, sofern in dem Kalenderjahr nur eine Personalversammlung gemäß § 50 Abs. 1 LPVG stattfindet.

Im Übrigen beginnen Personalversammlungen frühestens um 13.00 Uhr.

Polizei und Schule

Informationen der Redaktion zur Rechtslage und zur Verwaltungspraxis in Baden-Württemberg

Bei jeder Zusammenarbeit der Schule mit Dritten (auch mit anderen Behörden) muss als oberster Grundsatz gelten, dass sie einen Bildungs- und Erziehungsauftrag zu erfüllen hat und in erster Linie den jungen Menschen bzw. deren Eltern verpflichtet ist. Alle Aktivitäten der einzelnen Lehrkräfte sowie der Schule haben deshalb in Kooperation mit den Erziehungsberechtigten zu erfolgen. Dies gilt um so mehr, je jünger die Schüler*innen sind (insbesondere vor Eintritt der Strafmündigkeit – 14 Jahre).

Dies hat auch Maßstab für die Zusammenarbeit mit der Polizei zu sein, von der Verkehrserziehung über die Verhinderung von Schulpflichtverletzungen, über Gewalt- und Suchtprävention bis hin zur Verfolgung von Straftaten. Den Schulen ist grundsätzlich anzuraten, sich z.B. bei Gewalt- und Suchtproblemen neben der Hilfe durch die Schulaufsichtsbehörden auch der Beratung durch die Polizei und das Jugendamt zu bedienen. Bei den Polizeidienststellen gibt es spezielle Jugendsachbearbeiter*innen sowie – teilweise überregional – auch Spezialist*innen für die Suchtprävention. Es ist zu empfehlen, die Fachleute der Polizei und des Jugendamts schon im Vorfeld z.B. in die Gesamtlehrerkonferenz oder zu einem Pädagogischen Tag einzuladen. Das hilft nicht nur bei der Kontaktaufnahme, sondern hier können auch Maßnahmen der Prävention erörtert und geplant werden. ⇨ Pädagogischer Tag

So wie alle Maßnahmen der Schule ihrem Erziehungsauftrag dienen müssen, so haben das Jugendstrafrecht – und damit alle in diesem Zusammenhang ergriffenen polizeilichen Maßnahmen – dem Ziel der Erziehung der delinquenten oder gefährdeten Jugendlichen zu dienen. So betrachtet, ziehen die Organisationen der Strafrechtspflege und die Institutionen mit einem Bildungs- bzw. Erziehungsauftrag am selben Strang.

Wenn Kinder und Jugendliche im Verdacht stehen, Straftaten begangen zu haben und diese im schulischen Zusammenhang stehen oder sonst ein Tätigwerden des Polizeivollzugsdienstes in der Schule erforderlich wird, so richtet sich das Vorgehen der Polizeibeamtinnen und -beamten an der Schule nach den Bestimmungen der Polizeidienstvorschrift über die Bearbeitung von Jugendsachen (PDV 382) – siehe unten.

⇨ Jugendhilfe (Landes- / Bundesrecht); ⇨ Schulpflicht (Durchsetzung); ⇨ Verschwiegenheit

Gewaltprävention, Suchtgefahren und Straftaten

Das KM hat in der VwV ⇨ Prävention mitgeteilt: Aus dem pädagogischen Auftrag der Schule folge, dass ihr andere Aufgaben als Gerichten und Strafverfolgungsbehörden gestellt seien. Wie bei Drogenfällen sei auch bei anderen mutmaßlichen Straftaten die Verständigung der Kriminalpolizei aufgrund der pädagogischen Verantwortung in der Regel nur dann geboten, wenn schwere oder mehrfache Verstöße zum Schutz der anderen Schüler*innen eine Anzeige dringend gebieten. Es liege im ⇨ Ermessen der Schulleitung, im Einzelfall zu entscheiden, ob der schulische Erziehungs- und Bildungsauftrag – möglicherweise auch nur im Hinblick auf mutmaßlich straffällig gewordene Schüler*innen – eine Einschaltung der Strafverfolgungsbehörden als angemessen erscheinen lasse.

Dies gilt allerdings nur im Fall von Delikten, bei denen die Schule in der Rolle des Geschädigten ist, z.B. Sachbeschädigungen (Farbschmierereien, Vandalismus) oder Diebstahl zum Nachteil der Schule. Handelt es sich jedoch um Eigentums- oder Gewaltdelikte gegen Mitschüler*innen oder Lehrkräfte (Diebstahl, Sachbeschädigung, Körperverletzung, Raub), liegt es beim Geschädigten zu entscheiden, ob er Anzeige erstattet, und nicht bei der Schule. Zudem ist das Ziel des strafrechtlichen Verfahrens zu beachten, das ggf. in ein pädagogisches Gesamtkonzept eingebunden ist (Erziehungsstrafrecht).

Eine gesetzliche Pflicht, Straftaten anzuzeigen, gibt es für Lehrkräfte und Schulleitungen nur dann, falls sie von dem Vorhaben oder der Ausführung eines „Kapitalverbrechens" (§ 138 Strafgesetzbuch) glaubhaft erfahren. Eine rechtliche Verpflichtung zur Anzeige von „Drogendelikten" (Straftaten nach dem Betäubungsmittelgesetz) besteht nur, wenn sich gleichzeitig der Verdacht auf ein „Kapitalverbrechen" wie z.B. Mord, Totschlag, schwerer Menschenhandel, Menschenraub, Raub, gemeingefährliche Vergiftung, Geld- oder Wertpapierfälschung, Fälschung von Euroscheckkarten aufdrängt. Aus der rechtlichen Stellung als Beamte folgt keine weitergehende rechtliche Pflicht, Straftaten anzuzeigen. Dabei ist im Schulbereich stets zu beachten, dass die Schule nach innen und außen von der Schulleitung vertreten wird; eine Anzeige kann namens der Schule nur von dieser erstattet werden.

⇨ Gewaltvorfälle; ⇨ Schulgesetz § 41; ⇨ Waffen

Hingegen verpflichtet das KKG (⇨ Jugendschutz/Kinderschutz – KKG) die einzelnen Lehrkräfte bzw. Schulen ggf. zur Einschaltung des Jugendamts.

Mit dem schulartübergreifenden „Netzwerk gegen Gewalt an Schulen" wird eine enge Zusammenarbeit von Schule, Polizei, Jugendämtern, Kommune, Eltern- und Schülervertretern etc. angestrebt, um bei jungen Menschen soziale Kompetenzen zu entwickeln, destruktives Verhalten abzubauen und einem Abgleiten in die Kriminalität entgegenzuwirken.

Was sucht die Schulleitung auf dem Elternabend? Hätten Sie's gewusst? Die Antwort steht auf Seite 130.

Dazu gehören auch die gemeinsame Verständigung über Normen, Normverdeutlichung und Grenzziehung und die Erarbeitung von Konzepten gegen Gewalt im Rahmen des Schulalltags. Beim KM wurde hierfür ein „Kontaktbüro Prävention" eingerichtet: www.kontaktbuero-praevention-bw.de. Die Informationsbroschüre „Polizeiliche Prävention auf dem Stundenplan" stellt die Inhalte und Zielrichtungen von polizeilichen Präventionsveranstaltungen in der Schule vor: https://im.baden-wuerttemberg.de/ >Publikationen > Polizeiliche Prävention auf dem Stundenplan.

Polizeiliche Vernehmungen in der Schule

Im Interesse eines ungestörten Schulbetriebes wie auch im Interesse der betroffenen Schüler im Blick auf ihre Stellung in der Schule und zu ihren Mitschülern sollen polizeiliche Vernehmungen in der Schule nur durchgeführt werden, wenn dies für die polizeiliche Ermittlungstätigkeit unerlässlich ist.

Die bundesweit geltende Polizeidienstvorschrift „Bearbeitung von Jugendsachen" (PDV 382) regelt für den Polizeibereich abschließend die polizeilichen Ermittlungshandlungen in Schulen. Der Wortlaut der PDV 382 (Fassung 1995) ist in den üblichen Suchmaschinen (Bing, Google, ...) unter > Frag den Staat pdv 382 als pdf-Dokument online abrufbar.

Nach dieser PDV ist die Vernehmung von Minderjährigen und Heranwachsenden in Schulen mit Rücksicht auf die schutzwürdigen Interessen der Betroffenen nur in Ausnahmefällen zulässig, z.B. wenn eine richterliche Anordnung vorliegt, wenn wegen der besonderen Tatumstände dort ermittelt werden muss oder wenn die Ermittlungen sonst erheblich erschwert würden oder der Ermittlungserfolg gefährdet wäre.

Die Polizei muss auf die Belange der Schule Rücksicht nehmen; sie muss einen Vertretungsberechtigten der Institution (in Schulen ist dies in der Regel die Schulleitung) darüber verständigen, dass sie den Minderjährigen sprechen möchte, nicht aber über den Grund oder den Gegenstand des Ermittlungsverfahrens. Grundsätzlich sind Polizeibeamt*innen in ziviler Bekleidung und Zivilfahrzeuge einzusetzen.

Den Erziehungsberechtigten und gesetzlichen Vertretern ist vor der Vernehmung eines Minderjährigen der Grund mitzuteilen, sofern kriminaltaktische Erwägungen nicht entgegenstehen; Erziehungsberechtigte und gesetzliche Vertreter haben bei der Vernehmung ein Anwesenheitsrecht. Auch wenn Jugendliche als Beschuldigte vernommen werden sollen, haben Erziehungsberechtigte und gesetzliche Vertreter ein Recht auf Anwesenheit und Mitwirkung (§ 67 JGG). Über dieses Recht sind sie – soweit möglich – vor der Vernehmung zu unterrichten.

Schulleitungen oder Lehrkräfte können diese Rechte der Erziehungsberechtigten nicht stellvertretend wahrnehmen und auch deren Zustimmung zu einer Vernehmung nicht ersetzen. Die Schulleitung sollte deshalb die Erziehungsberechtigten unverzüglich telefonisch verständigen, wenn eine polizeiliche Vernehmung in der Schule stattfinden soll und nicht erkennbar ist, dass die Polizei die Erziehungsberechtigten einbezogen hat.

Die Einholung von Schulauskünften zur Beurteilung der Glaubwürdigkeit von minderjährigen Zeugen durch die Strafverfolgungsbehörden ist zulässig; die Beantwortung dieses Auskunftsverlangens durch die Schule stellt eine Datenübermittlung dar, deren Zulässigkeit sich nach den Bestimmungen des Landesdatenschutzgesetzes richtet.

⇨ Datenschutz (Schulen); ⇨ Gewaltvorfälle; ⇨ Jugendhilfe (Landesrecht); ⇨ Jugendhilfe (Bundesrecht); ⇨ Schulgesetz §§ 23, 41, 90; ⇨ Schulpflicht (Durchsetzung); ⇨ Prävention; ⇨ Verschwiegenheitspflicht; ⇨ Waffen in der Schule

Prävention und Gesundheitsförderung

Prävention und Gesundheitsförderung der Schule;
Verwaltungsvorschrift des KM vom 10.12.2014 (K.u.U. S. 33/2015)

1. Bedeutung und Prinzipien der Prävention und Gesundheitsförderung für Schulen

Suchtmittelmissbrauch, Gewaltvorkommnisse und gesundheitliche Risiken (körperlicher oder psychischer Natur) wirken in die Schulen hinein und machen es erforderlich, dass Schulen mit präventiven und gesundheitsförderlichen Maßnahmen reagieren. Es ist Aufgabe jeder Lehrerin und jedes Lehrers, Kinder und Jugendliche in Zusammenarbeit mit den Eltern in ihrer individuellen Entwicklung hin zu körperlich und seelisch gesunden sowie sozial kompetenten Personen zu unterstützen und somit präventiv und gesundheitsförderlich zu arbeiten.

Hinweis der Redaktion: Zweifelsfrei fallen alle „illegalen" Drogen (Betäubungsmittelgesetz) unter den Begriff der „Suchtmittel". Aber auch der Genuss bzw. der Missbrauch „legaler Drogen" (Alkohol, Tabak, Medikamente oder „Legal Highs", also von Substanzen, die eine rauschähnliche Wirkung entfalten, ohne illegal zu sein ...) berühren den schulischen Erziehungsauftrag. Wir empfehlen deshalb, diese Verwaltungsvorschrift sinngemäß auch hierauf anzuwenden. Für den Alkoholgenuss in der Schule bzw. bei schulischen Veranstaltungen ist das ⇨ Jugendschutzgesetz einschlägig (§ 9). Lehrkräften ist der Alkoholgenuss im Dienst aufgrund einer Dienstvereinbarung (§ 2) grundsätzlich verboten.

Die Vorschriften und Regelungen zum Gesundheitsschutz und zur Gesundheitsförderung von Lehrkräften bleiben hiervon unberührt.

Eltern im Sinne dieser Vorschrift sind alle Erziehungsberechtigten, denen die Sorge für die Person der Schülerin / des Schülers zusteht oder Personen, denen diese die Erziehung außerhalb der Schule anvertraut haben. Sofern in der Vorschrift nicht anders bestimmt, sollen Eltern volljähriger Schülerinnen und Schüler (Erziehungsberechtigte, denen die Sorge für die Person der Schülerin / des Schülers im Zeitpunkt des Eintritts der Volljährigkeit zustand) eingebunden werden.

1.1
Ziele und Definitionen schulischer Prävention

Prävention und Gesundheitsförderung in der Schule hat das umfassende Ziel, bei Kindern und Jugendlichen langfristig Schutzfaktoren zu entwickeln und zu fördern. Dazu gehören Einstellungen und Handlungskompetenzen, die zu konstruktiven Lösungen alltäglicher Lebensprobleme wie auch zur Bewältigung schwieriger Existenzfragen befähigen.

1.1.1 Ziel der Suchtprävention ist die Verhinderung von riskantem Konsum und süchtigem Verhalten. Schulische Suchtprävention legt den Schwerpunkt auf die universelle Prävention und richtet sich an alle Schülerinnen und Schüler. Sie stärkt Schutzfaktoren, z.B. durch strukturierte Präventionsprogramme wie Lebenskompetenzprogramme. Die Stärkung des Selbstwertgefühls, die Einübung des Widerstands gegen Gruppendruck und das kompetente Reagieren in Risikosituationen gehört hierzu, ebenso der Erwerb von Wissen über Suchtmittel und die Konsequenzen ihres Gebrauchs.

1.1.2 Gewaltprävention im schulischen Kontext unterliegt dem Grundsatz: Gewalt hat in der Schule keinen Platz. Schule muss ein sicherer Ort sein, an dem alle ohne Angst und Furcht leben, lernen und arbeiten können. – Gewaltprävention ist der Oberbegriff für Projekte und Maßnahmen, die Menschen bei der Vermeidung gewalttätiger Auseinandersetzungen helfen und den konstruktiven Umgang mit Konflikten einüben und verstetigen. – In einer pluralistischen Gesellschaft zählen Akzeptanz und Wertschätzung von Unterschiedlichkeit und die Gleichberechtigung der Mitmenschen zu unverzichtbaren Werten für ein friedliches Miteinander. – Ergänzend wird verwiesen auf Teil B des Rahmenkrisenplans zur Gemeinsamen Verwaltungsvorschrift [...] über das Verhalten an Schulen bei Gewaltvorfällen und Schadensereignissen [...].

⇨ Gewaltvorfälle; ⇨ Mobbing

1.1.3 Gesundheitsförderung ist ein Prozess, der Menschen befähigt, mehr Selbstbestimmung über ihre Gesundheit zu erlangen und sie durch Beeinflussung verschiedener gesundheitlicher Faktoren zu verbessern. Die Selbstverantwortung für die eigene Gesundheit und die der Mitmenschen inner- und außerhalb der Schulgemeinschaft wird gestärkt.

1.2
Umsetzung von Prävention in der Schule

Prävention und Gesundheitsförderung in der Schule sind als kontinuierlicher und langfristiger Prozess anzulegen. Präventive und gesundheitsförderliche Maßnahmen finden im Rahmen der Qualitätsentwicklung statt und werden somit zielgerichtet, systematisch und nachhaltig im Schulleben verankert. Sie sind, um wirksam sein zu können, immer gleichzeitig auf drei sozialen Ebenen verankert: der Schulebene, der Klassenebene und der individuellen Ebene. Alle am Schulleben beteiligten Personengruppen (Schülerschaft, Lehrkräfte, Eltern, Jugendsozialarbeit an Schulen) werden bei der Umsetzung des Präventionskonzepts einbezogen.

⇨ Jugendschutzgesetz; ⇨ Schulsozialarbeit

Dabei gilt es, sich regional mit Partnern innerhalb und außerhalb des Schulsystems zu vernetzen und mit ihnen zusammenzuarbeiten. Prävention und Gesundheitsförderung werden als fächerübergreifendes Schulthema im alltäglichen Umgang miteinander verwirklicht und wirken somit förderlich für Schülerinnen und Schüler wie auch für Lehrkräfte.

2.
Unterstützung durch Präventionsbeauftragte

Die Präventionsbeauftragten der oberen Schulaufsichtsbehörden unterstützen Schulen bei der zielgerichteten und nachhaltigen Umsetzung des Konzeptes zu Prävention und Gesundheitsförderung. Sie werden nach einer entsprechenden Qualifizierung oder dieser gleichwertigen Ausbildung von den oberen Schulaufsichtsbehörden bestellt und arbeiten schulartübergreifend in regionalen Teams. Einsatz und Tätigkeit werden von den oberen Schulaufsichtsbehörden gesteuert.

Den Präventionsbeauftragten wird für ihre Tätigkeit durch die oberen Schulaufsichtsbehörden eine Anrechnung auf die Unterrichtsverpflichtung gewährt.

Aufgaben der Präventionsbeauftragten:

2.1 Die Präventionsbeauftragten unterstützen die Schulen beim Aufbau und bei der Weiterentwicklung eines Konzepts zur Prävention und Gesundheitsförderung dadurch, dass sie

- über Programme, Maßnahmen und deren Passung auf die schulischen Gegebenheiten informieren,
- begleitend bei Projekten beraten und Fortbildungen für alle am Schulleben Beteiligten zu Themen der Prävention und der Gesundheitsförderung durchführen,
- beratend Schulcurriculum und Aufbau präventiver Elemente an der Schule hinsichtlich ihrer Gelingensfaktoren und Implementierung begleiten,
- mit Unterstützungssystemen inner- und außerhalb des Schulsystems zusammenarbeiten und den Schulen außerschulische Partner vermitteln.

2.2 Die Präventionsbeauftragten leiten die Regionalen Arbeitskreise der Lehrkräfte für Prävention in den Schulen.

2.3 Die Präventionsbeauftragten wirken in Regionalen Netzwerken mit.

Beim KM besteht ein „Kontaktbüro Prävention“ (Link: www.kontaktbuero-praevention-bw.de).

3. Lehrkräfte für Prävention an den Schulen

An jeder allgemeinbildenden und beruflichen Schule gibt es eine Lehrkraft für Prävention, um schulische Vorbeugungsmaßnahmen zu koordinieren und deren Wirksamkeit zu verbessern.

Aufgaben der Lehrkräfte für Prävention an der Schule:

- Sammlung und Weitergabe von Informationsmaterialien zur Prävention und Gesundheitsförderung innerhalb der Schule,
- bei Bedarf Weitergabe von Kontaktadressen beratender und therapeutischer Einrichtungen,
- Zusammenarbeit mit den Präventionsbeauftragten der oberen Schulaufsichtsbehörde.

Die Schulleitung benennt im Benehmen mit der Gesamtlehrerkonferenz eine geeignete, berufserfahrene Lehrkraft, weist sie in ihre Aufgaben ein und meldet sie an die zuständige Schulaufsichtsbehörde.

Die Schulaufsichtsbehörden stellen sicher, dass diese Lehrkräfte vorzugsweise an einschlägigen Informations- und Fortbildungsveranstaltungen teilnehmen können. Die Schulleitung unterstützt die Lehrkraft für Prävention in ihrer Arbeit und schafft die notwendigen Rahmenbedingungen.

4. Verhalten bei Auffälligkeiten

Ein transparentes und geregeltes Miteinander aller am Schulleben Beteiligten durch die Aufstellung unmissverständlicher Regeln sowie die Schaffung einer Kultur des Hinschauens und Handelns sind wichtige und wirksame Instrumente der Prävention und Intervention. ⇨ Hausordnung

Der gemeinsame Erziehungsauftrag von Schule und Elternhaus erfordert eine enge und vertrauensvolle Zusammenarbeit von Schule und Eltern. Deshalb informiert die Schule in geeigneter Weise die Eltern betroffener Schülerinnen und Schüler, wenn bekannt wird, dass diese durch ihr Verhalten bzw. durch Suchtmittel gefährdet sind, es sei denn, der wirksame Schutz der Schülerin oder des Schülers wird dadurch in Frage gestellt.

Zur Abwendung einer Kindeswohlgefährdung arbeiten Schule und Jugendamt zusammen. Auf die Zusammenarbeit mit weiteren inner- und außerschulischen Partnern zur Unterstützung der Schülerin/des Schülers sowie der Schule wird hingewiesen.
⇨ Jugendschutz / Kinderschutz (Information – KKG)

Im Interesse des Gefährdeten und/oder zum Schutz der anderen Schüler*innen kann die Schule auch zu Erziehungs- und Ordnungsmaßnahmen greifen. An erster Stelle steht jedoch die Unterstützung des gefährdeten Kindes oder Jugendlichen, soweit dies möglich ist und solange die Schule dies den anderen, ihr anvertrauten Schüler*innen gegenüber verantworten kann. ⇨ Schulgesetz § 90

In Schulgebäuden und auf Schulgeländen sowie bei Schulveranstaltungen ist Rauchen untersagt (§ 2 Landesnichtraucherschutzgesetz). Entsprechendes gilt für E-Zigaretten und E-Shishas. Abweichend davon, kann die Gesamtlehrerkonferenz mit Zustimmung der Schulkonferenz und nach Anhörung des Elternbeirats und der Schülermitverantwortung für volljährige Schüler ab Klasse 11 oder der entsprechenden Klassen der beruflichen Schulen sowie für dort tätige Lehrkräfte Raucherzonen außerhalb von Schulgebäuden im Außenbereich des Schulgeländes jeweils für ein Schuljahr zulassen, wenn und soweit die Belange des Nichtraucherschutzes dadurch nicht beeinträchtigt werden.

Hinweise der Redaktion:

1. Die einschlägigen Bestimmungen des Landesnichtraucherschutzgesetzes sind abgedruckt unter ⇨ Rauchen in der Schule.
2. Das KM hat hierzu im Infodienst Schulleitung vom Juli 2007 (Nummer 98) u.a. folgende Hinweise gegeben:

„Der Erziehungsauftrag der Schule und die Sorge um die Einhaltung dieses Auftrages erstrecken sich auf die gesamte Zeit, in der die Schüler und Schülerinnen unter der Obhut der Schule stehen. D.h. auch die Pausen zwischen den einzelnen Unterrichtseinheiten und alle schulischen Veranstaltungen unterliegen der Verantwortung der Schule. Schulische Veranstaltungen im Sinne des Gesetzes sind solche Veranstaltungen, die im Rahmen des Erziehungs- und Bildungsauftrages der Schule durchgeführt werden und bezüglich derer die Schule ein gewisses Mindestmaß an Aufsicht übernimmt. Nicht erforderlich ist, dass die Veranstaltung in Räumen der Schule oder an Schultagen stattfindet. So sind auch Projektwochen oder Schulfeste an schulfreien Tagen schulische Veranstaltungen. [...] An Schulen, die von keinen volljährigen Schülern besucht werden, (dürfen) auch keine Raucherzonen für Lehrkräfte zugelassen werden [...]. Die Raucherzonen auf dem Schulgelände sollten nach Möglichkeit so platziert und beschaffen sein, dass sie nur schwer einsehbar sind und damit ein negatives Vorbildverhalten, insbesondere für jüngere Schüler, vermieden wird. Das Rauchverbot erstreckt sich auf das Schulgelände und auch auf Schulveranstaltungen außerhalb des Geländes. Die Schulveranstaltungen (z.B. Klassenfahrten) sind wesentlicher Bestandteil des Schulauftrages."

5. Besonderheiten bei Suchtmittelmissbrauch

Ein wichtiger Aspekt der Suchtprävention ist das Verhalten von Schulleitungen und Lehrkräften, wenn ihnen Schülerinnen und Schüler bekannt werden, die illegale Suchtmittel erwerben, konsumieren oder damit handeln, bzw. einen problematischen Konsum anderer Substanzen entwickelt haben oder bei denen die Gefahr von nicht substanzgebundenen Süchten besteht. Hier sind das Recht einzelner Schülerinnen und Schüler auf Bildung und auf Hilfe in individuellen Notlagen gegenüber dem Schutz der Schulgemeinschaft vor Gefährdung durch die betroffene Schülerin oder den betroffenen Schüler gegeneinander abzuwägen.

Bei allen Maßnahmen der Schule ist auf die Persönlichkeitsrechte der Schülerin und des Schülers so weit wie möglich Rücksicht zu nehmen. Sofern keine Gefährdung anderer gegeben ist, dürfen personenbezogene Daten der Schülerin oder des Schülers ohne ihre/seine Einwilligung oder die Einwilligung der Erziehungsberechtigten nicht weitergegeben/verarbeitet werden, es sei denn, dies ist zum Schutz lebenswichtiger Interessen des Betroffenen oder eines Dritten erforderlich und der Betroffene ist aus rechtlichen oder tatsächlichen Gründen nicht in der Lage, seine Einwilligung zu geben, oder dies ist zur Geltendmachung rechtlicher Ansprüche vor Gericht erforderlich. Die Regelung in Ziff. 4 bleibt unberührt.

5.1. Vorgehen an der Schule

Der betroffenen Schülerin oder dem betroffenen Schüler sollte Hilfe bei der Beendigung eines riskanten Konsums bzw. der Überwindung einer möglicherweise bestehenden psychischen oder körperlichen Abhängigkeit und der Bewältigung der ursächlichen oder begleitenden psychosozialen Probleme angeboten werden. Eine solche pädagogische und menschliche Hilfe der Lehrerin oder des Lehrers ist mit den Dienstpflichten vereinbar.

Es besteht erst dann eine Meldepflicht gegenüber der Schulleitung, wenn eine Gefährdung anderer, z.B. anderer Schülerinnen und Schüler, anzunehmen ist. Eine solche Gefährdung liegt vor, wenn eine Schülerin oder ein Schüler mit hoher Wahrscheinlichkeit andere – aktiv oder passiv – zum Suchtmittelkonsum oder zu suchtgefährdendem Verhalten verleiten wird oder bereits dazu verleitet hat. Die Schulleitung berät zusammen mit der Lehrkraft, der sich die Schülerin bzw. der Schüler anvertraut hat, sowie der Lehrerin bzw. dem Lehrer für Prävention, welche Maßnahmen erforderlich sind; auch, ob eine Beratung und Entscheidung mit Blick auf Erziehungs- und Ordnungsmaßnahmen geboten scheint. Sofern erforderlich kann die Klassenlehrerin oder der Klassenlehrer durch die Schulleitung hinzugezogen werden.

Hinweis der Redaktion: Zur Information der Erziehungsberechtigten und/oder des Jugendamts siehe auch: ⇨ Jugendschutz / Kinderschutz (Information – KKG).

⇨ Verschwiegenheitspflicht

5.2. Kontaktaufnahme mit außerschulischen Stellen

Entsteht der Eindruck, dass die Schülerin oder der Schüler süchtig ist oder dass Unterstützung über die Schule hinaus notwendig wird, soll sich die Schulleitung oder eine autorisierte Lehrkraft mit psychosozialen Beratungs- und ambulanten Behandlungsstellen frühzeitig in Verbindung setzen. Über eine anonymisierte Falldarstellung soll das weitere Vorgehen der Schule in Bezug auf die betroffene Schülerin bzw. den betroffenen Schüler abgeklärt werden.

Die Verständigung der Polizei ist in der Regel dann geboten, wenn es sich um schwere oder mehrfache Verstöße handelt, die zum Schutz der anderen am Schulleben Beteiligten eine Anzeige dringend gebieten. Ein solcher Fall ist jedenfalls anzunehmen, wenn eine Schülerin oder ein Schüler nach den Feststellungen der Schule mit illegalen Drogen handelt.

⇨ Jugendschutz/Kinderschutz (KKG); ⇨ Polizei und Schule

Es sind keine Disziplinarmaßnahmen zu befürchten, falls trotz sorgfältigen und verantwortungsbewussten Handelns in schwierigen Fällen Entscheidungen getroffen werden, die sich nachträglich als objektiv falsch herausstellen.

Hinweis der Redaktion: Beim KM besteht ein „Kontaktbüro Prävention" (Link: www.kontaktbuero-praevention-bw.de). Arbeitsfelder sind die Gewaltprävention, die Suchtprävention und die Gesundheitsförderung. Das Kontaktbüro berät Schulen in Fragen der Prävention, bietet Anregungen für Schulentwicklungskonzepte zur Prävention und zur Entwicklung eines positiven Schulklimas, vermittelt Kooperationspartner und stellt Arbeitsmaterialien zur Verfügung (z.B. Best- Practice-Projekte und Projektmodule oder Handreichungen zum Thema ⇨ Mobbing in der Schule).

⇨ Bildungsberatung; ⇨ Hausordnung; ⇨ Jugendschutz / Kinderschutz (Information – KKG); ⇨ Jugendschutzgesetz; ⇨ Konferenzordnung; ⇨ Mobbing; ⇨ Polizei und Schule; ⇨ Rauchen in der Schule; ⇨ Schulgesetz § 90; ⇨ Schulpsychologische Beratungsstellen; ⇨ Schulsozialarbeit; ⇨ Verschwiegenheitspflicht

Privatschulgesetz

Auszug aus dem Gesetz für die Schulen in freier Trägerschaft in der Fassung vom 1. Januar 1990 (K.u.U. S. 105/1990); zuletzt geändert 19. April 2023 (GBl. S. /2023)

Hinweis der Redaktion: In das Gesetz sind Auszüge aus der VollzugsVO zum Privatschulgesetz eingearbeitet (Fassung vom 20.7.1971; GBl. S. 347, zul. geänd. 18.7.2019; GBl. S. 316/2019).

1. ABSCHNITT
Allgemeine Vorschriften

§ 1

Schulen in freier Trägerschaft dienen nach Maßgabe des Grundgesetzes der Bundesrepublik Deutschland und der Verfassung des Landes Baden-Württemberg der öffentlichen Aufgabe, als Ersatz- oder Ergänzungsschulen das Schulwesen des Landes zu bereichern. Sie ergänzen das Angebot freier Schulwahl und fördern das Schulwesen durch besondere Inhalte und Formen der Erziehung und des Unterrichts.

⇨ Grundgesetz Art. 7; ⇨ Verfassung; ⇨ Schulgesetz

§ 2

(1) Schulen in freier Trägerschaft können von natürlichen Personen und juristischen Personen des privaten oder des öffentlichen Rechts errichtet und betrieben werden.

(2) Sie müssen eine Bezeichnung führen, die eine Verwechslung mit öffentlichen Schulen ausschließt.

2. ABSCHNITT
Ersatzschulen

§ 3

(1) Eine Schule in freier Trägerschaft ist Ersatzschule, wenn im Lande entsprechende öffentliche Schulen bestehen.

Sind Tests ohne Eltern-Zustimmung zulässig? Hätten Sie's gewusst? Die Antwort steht auf Seite 287.

(2) Die Freien Waldorfschulen als Schulen besonderer pädagogischer Prägung, die in einem einheitlichen Bildungsgang von Klasse 1 bis Klasse 12 Schüler unterschiedlicher Begabungsrichtungen nach dem Waldorflehrplan (Pädagogik Rudolf Steiner) zu den dort festgelegten Bildungszielen führen und die in ihrer Klasse 13 auf der Klasse 12 der Waldorfschule aufbauend auf die Hochschulreife vorbereiten, sind Ersatzschulen. Darüber hinaus kann die Landesregierung, insbesondere für den Bereich der sonderpädagogischen Bildungs- und Beratungszentren und der Schulen zur Ausbildung für soziale und sozialpädagogische Berufe, durch Rechtsverordnung weitere Schulen in freier Trägerschaft zu Ersatzschulen erklären, wenn ein wichtiges öffentliches Interesse besteht.

§ 4

(1) Ersatzschulen dürfen nur mit Genehmigung der oberen Schulaufsichtsbehörde errichtet und betrieben werden. Die Genehmigung bedarf der Schriftform.

(1a) Errichtet und betreibt eine Ersatzschule einen weiteren Bildungsgang, bedarf dieser einer gesonderten Genehmigung nach Absatz 1.

(2) Mit der Genehmigung erhält die Schule das Recht, Kinder und Jugendliche zur Erfüllung ihrer Schulpflicht aufzunehmen; die für die Schulpflicht geltenden Bestimmungen sind zu beachten.

Aus der Vollzugsverordnung zum Privatschulgesetz:

4. Genehmigung

(1) Die Genehmigung einer Privatschule als Ersatzschule gemäß § 3 Absatz 1 PSchG setzt insbesondere voraus, dass

1. Lehrgegenstände, Lehrziel, Aufbau und Ausbildungsdauer mit denen einer im Land bestehenden entsprechenden öffentlichen Schule im Wesentlichen übereinstimmen;
2. Lehr- und Anschauungsmittel, Unterrichtsräume und Laboratorien für Versuche und praktische Übungen gegenüber denjenigen an entsprechenden öffentlichen Schulen im Wesentlichen gleichwertig sind.

(2) Bei Ersatzschulen gemäß § 3 Absatz 2 PSchG richten sich die Voraussetzungen des Absatzes 1 Ziffer 1 nach der für sie maßgeblichen Verordnung der Landesregierung, die Voraussetzungen des Absatzes 1 Ziffer 2 nach dem Erfordernis des Lehr- und Ausbildungsziels.

§ 5

(1) Die Genehmigung ist zu erteilen

a) für Schulen nach § 3 Abs. 1, wenn die Schule in ihren Lehrzielen und Einrichtungen sowie in der wissenschaftlichen Ausbildung ihrer Lehrkräfte nicht hinter den bestehenden öffentlichen Schulen zurücksteht,

b) für Schulen nach § 3 Abs. 2 Satz 1, wenn die Schule die Bildungsziele nach dem Waldorflehrplan erfüllt sowie der Unterricht grundsätzlich von Lehrkräften mit einer abgeschlossenen fachlichen und pädagogischen Ausbildung erteilt wird; dabei kann auf den Nachweis entsprechender Prüfungen verzichtet werden, wenn eine gleichwertige fachliche Ausbildung und pädagogische Eignung anderweitig nachgewiesen wird,

c) für Schulen nach § 3 Abs. 2 Satz 2, wenn die Schule die in der Rechtsverordnung geforderten Voraussetzungen erfüllt

und eine Sonderung der Schüler nach den Besitzverhältnissen der Eltern nicht gefördert wird.

Aus der Vollzugsverordnung zum Privatschulgesetz:

5. Schulgeld

Es wird vermutet, dass ein monatliches Schulgeld in Höhe von durchschnittlich über 160 Euro grundsätzlich geeignet ist, eine Sonderung der Schüler nach den Besitzverhältnissen der Eltern zu fördern. Dieser Betrag wird durch den vom Statistischen Landesamt Baden-Württemberg ermittelten Verbraucherpreisindex, beginnend ab dem Jahr 2018, fortgeschrieben. Die Schule kann diese Vermutung im Einzelfall widerlegen, wenn sie der oberen Schulaufsichtsbehörde nachweist, dass in einem angemessenen Umfang für finanzschwache Schüler wirksame wirtschaftliche Erleichterungen hinsichtlich des Schulgeldes und der sonstigen im Zusammenhang mit dem Besuch der Schule stehenden Kosten angeboten und gewährt werden. In jedem Fall hat die Schule nachweislich sowohl allgemein als auch gegenüber den jeweiligen Eltern anzubieten, dass diese ein nach einem prozentualen Anteil am Haushaltsnettoeinkommen berechnetes Schulgeld zahlen können, wobei dieses 5 Prozent des Haushaltsnettoeinkommens nicht übersteigen darf. Die Schule ist darüber hinaus verpflichtet, die Eltern in einem Beratungsgespräch auf alle von ihr angebotenen Möglichkeiten zur Vermeidung einer finanziellen Überforderung hinzuweisen und diesen Hinweis schriftlich zu dokumentieren. Entgelte für Sonder- und Profilleistungen, deren Inanspruchnahme für die Schüler und deren Eltern nicht verpflichtend ist, können unabhängig vom Schulgeld erhoben werden. [...]

(2) Abweichungen in der inneren und äußeren Gestaltung der Schule, in der Lehr- und Erziehungsmethode sowie im Lehrstoff stehen der Genehmigung nicht entgegen, sofern die Schule gegenüber den entsprechenden öffentlichen Schulen als gleichwertig betrachtet werden kann.

(3) Die Anforderungen an die wissenschaftliche Ausbildung der Lehrer sind erfüllt, wenn eine fachliche und pädagogische Ausbildung sowie Prüfungen nachgewiesen werden, die der Ausbildung und den Prüfungen der Lehrer an entsprechenden öffentlichen Schulen im Werte gleichkommen. Auf diesen Nachweis kann verzichtet werden, wenn die wissenschaftliche, künstlerische oder technische Ausbildung und die pädagogische Eignung des Lehrers anderweitig nachgewiesen wird.

Aus der Vollzugsverordnung zum Privatschulgesetz:

6. Ausbildung der Lehrer

(1) Die obere Schulaufsichtsbehörde entscheidet im Einzelfall, ob die Voraussetzungen des § 5 Absatz 3 PSchG erfüllt sind.

(2) Die wissenschaftliche, künstlerische oder technische Ausbildung im Sinne des § 5 Absatz 3 Satz 2 PSchG darf im Werte nicht hinter der in § 5 Absatz 3 Satz 1 PSchG geforderten Ausbildung zurückstehen.

(3) Der Nachweis der pädagogischen Eignung im Sinne von § 5 Absatz 3 Satz 2 PSchG kann auch im Rahmen der Tätigkeit an der Privatschule innerhalb einer von der oberen Schulaufsichtsbehörde zu bestimmenden Frist erbracht werden.

(4) Die Genehmigung setzt voraus, dass die zur Ersatzschule gehörenden Einrichtungen und Gebäude in einem hinreichend nahen räumlichen Zusammenhang stehen. Insbesondere müssen die Entfernungen zwischen den Einrichtungen und Gebäuden von Schülern sowie Lehrkräften im Verlauf des regelmäßigen Schulbetriebes zurückgelegt werden können.

§ 6

(1) Die Genehmigung zur Errichtung einer Ersatzschule darf einem Unternehmer nur erteilt

werden, wenn er oder, falls der Unternehmer keine natürliche Person ist, seine Vertretungsberechtigten die für die verantwortliche Führung einer Schule erforderliche persönliche Zuverlässigkeit besitzen.

(2) Die Genehmigung ist zu versagen, wenn die wirtschaftliche und rechtliche Stellung der Lehrkräfte nicht genügend gesichert ist. [...]

(3) Der nicht genehmigte Betrieb einer Ersatzschule kann von der oberen Schulaufsichtsbehörde untersagt werden.

§ 7 (Erlöschen der Genehmigung) nicht abgedruckt

§ 8

Die obere Schulaufsichtsbehörde kann Personen eine Tätigkeit als Schulleiter oder Lehrer an einer Ersatzschule untersagen, wenn Tatsachen vorliegen, die sie für die Ausübung einer solchen Tätigkeit ungeeignet erscheinen lassen.

§ 9

Die Bezeichnung der Ersatzschule muss unter Beachtung der für öffentliche Schulen geltenden Grundsätze eine Angabe über die Schulart enthalten; bei sonderpädagogischen Bildungs- und Beratungszentren kann anstelle der Schulart der Schultyp treten.

§ 10

(1) Die obere Schulaufsichtsbehörde verleiht einer Ersatzschule, welche die Gewähr dafür bietet, dass sie dauernd die aufgrund des Gesetzes an entsprechende öffentliche Schulen beziehungsweise an Schulen im Sinne des § 3 Abs. 2 gestellten Anforderungen erfüllt, die Eigenschaft einer anerkannten Ersatzschule.

(2) Die nach Absatz 1 gestellten Anforderungen werden unbeschadet des § 5 Absatz 2 erfüllt

1. von einer Ersatzschule im Sinne des § 3 Absatz 1, wenn
   a) dem Unterricht ein von der Schulaufsichtsbehörde genehmigter Lehrplan zugrunde liegt,
   b) das Lehrziel der entsprechenden öffentlichen Schule erreicht wird,
   c) der Übertritt eines Schülers von der Ersatzschule an die entsprechende öffentliche Schule und umgekehrt ohne besondere Schwierigkeiten möglich ist,
   d) die für die entsprechenden öffentlichen Schulen geltenden Aufnahme- und Versetzungsbestimmungen angewendet werden,
   e) die Schulleitung die für ihre Aufgabe erforderliche wissenschaftliche und pädagogische Eignung besitzt,
   f) die Lehrkräfte in der Regel die Anstellungsfähigkeit für das ihrer Tätigkeit entsprechende Lehramt an öffentlichen Schulen besitzen. Auf diese Voraussetzung kann in einem den besonderen Gegebenheiten der betreffenden Privatschule angemessenem Umfang verzichtet werden,
2. von einer Ersatzschule im Sinne des § 3 Absatz 2, wenn
   a) dem Unterricht ein von der Schulaufsichtsbehörde genehmigter Lehrplan zugrunde liegt,
   b) das Lehrziel entsprechend der Verordnung über die Freien Waldorfschulen erreicht wird,
   c) die Schulleitung die für ihre Aufgabe erforderliche wissenschaftliche und pädagogische Eignung besitzt,
   d) die Lehrkräfte die notwendige Lehrfähigkeit entsprechend der in Buchstabe b genannten Verordnung besitzen.

(3) Die Ersatzschule muss die in Absatz 2 gestellten Anforderungen grundsätzlich drei Jahre erfüllt haben, bevor angenommen werden kann, dass die Schule diese Anforderungen auf Dauer erfüllt. [...]

(4) Mit der Anerkennung erhält die Ersatzschule das Recht, nach den allgemein für öffentliche Schulen beziehungsweise für Schulen im Sinne des § 3 Abs. 2 geltenden Vorschriften Prüfungen abzuhalten und Zeugnisse zu erteilen. Die Schulaufsichtsbehörde bestimmt die Zusammensetzung der Prüfungsausschüsse. ⇨ Abschlüsse und Bildungswege

§ 11 (Beurlaubung Lehrkräfte) nicht abgedruckt

§ 12 (aufgehoben)

3. ABSCHNITT
Ergänzungsschulen

§ 13

(1) Schulen in freier Trägerschaft, die nicht Ersatzschulen sind, sind Ergänzungsschulen. Sie dürfen keine Bezeichnung führen, die eine Verwechslung mit Ersatzschulen hervorrufen kann.

(2) Die Eröffnung einer Ergänzungsschule ist vor Aufnahme des Unterrichts der oberen Schulaufsichtsbehörde anzuzeigen. [...]

Hinweis der Redaktion: Die Bestimmungen über Ergänzungsschulen, die – anders als die Ersatzschulen – den Besuch einer öffentlichen Schule nicht ersetzen und an denen auch die gesetzliche Schulpflicht nicht erfüllt werden kann, sind hier nicht abgedruckt.

4. ABSCHNITT
Freie Unterrichtseinrichtungen

§ 16

Freie Unterrichtseinrichtungen, die nach ihren Unterrichtsgegenständen und -zielen sowie nach ihrer Organisationsform keinen schulischen Charakter tragen, dürfen keine Bezeichnung führen, die eine Verwechslung mit öffentlichen Schulen oder mit Ersatzschulen hervorrufen kann.

5. ABSCHNITT
Staatliche Finanzhilfe

§ 17

(1) Die als Ersatzschulen genehmigten Grundschulen, Hauptschulen, Werkrealschulen, Gemeinschaftsschulen, Realschulen, Gymnasien, sonderpädagogischen Bildungs- und Beratungszentren, Berufsschulen, Berufsfachschulen, Berufskollegs, Fachschulen, Freien Waldorfschulen (Einheitliche Volks- und Höhere Schulen), Abendrealschulen, Abendgymnasien, Kollegs, Schulen für Haus- und Familienpflege, Schulen für Erzieher (Fachrichtung Jugend- und Heimerziehung), Schulen für Heilerziehungspflege, Schulen für Arbeitserziehung, Schulen für Heilerziehungsassistenz und Schulen für Heilpädagogik

erhalten auf Antrag Zuschüsse des Landes. Dies gilt nicht für Schulen für Berufe des Gesundheitswesens, deren Kosten nach § 17 a des Krankenhausfinanzierungsgesetzes im Pflegesatz berücksichtigt werden können sowie für Pflegeschulen, die nach den §§ 26 bis 36 des Pflegeberufegesetzes [...] finanziert werden.

(2) Auf gemeinnütziger Grundlage arbeitende private und als pädagogisch wertvoll anerkannte, einem öffentlichen Bedürfnis entsprechende und genehmigte Realschulen, Werkrealschulen, Gemeinschaftsschulen, Gymnasien mit Ausnahme der beruflichen Gymnasien sowie Freie Waldorfschulen hinsichtlich der Klassen 5 bis 13 haben einen Ausgleichsanspruch nach Artikel 14 Absatz 2 Satz 3 der Verfassung des Landes Baden-Württemberg. Entgelt für Unterricht und Lernmittel im Sinne des Artikels 14 Absatz 2 Satz 3 der Verfassung des Landes Baden-Württemberg ist Entgelt für solche Leistungen, deren Kosten bei einer öffentlichen Schule im öffentlichen Schulwesen entstehende Kosten im Sinne des § 18a sind. Soweit Schulen im Sinne des Satzes 1 auf ein Entgelt für Unterricht und Lernmittel ganz oder teilweise verzichten, erhalten sie auf Antrag einen Ausgleich in Höhe des nicht erhobenen Entgelts. Falls ein Entgelt für Unterricht und Lernmittel eine Sonderung der Schüler nach den Besitzverhältnissen der Eltern fördert, wird für einen teilweisen oder vollständigen Verzicht auf dieses Entgelt ein Ausgleich nicht gewährt. Absatz 4 findet auf den Ausgleich nach Satz 3 entsprechende Anwendung. Der jeweilige Ausgleich nach Satz 3 ist bei einem Verzicht gegenüber Schülern mit einem festgestellten Anspruch auf ein sonderpädagogisches Bildungsangebot begrenzt auf 10 Prozent der nach § 18a ermittelten, bei einer entsprechenden Schule im öffentlichen Schulwesen entstehenden Kosten. Der aus dem jeweiligen Ausgleich nach Satz 3 und dem jeweiligen Zuschuss nach Absatz 1 folgende Gesamtbetrag wird begrenzt auf 90 Prozent der nach § 18a ermittelten, bei einer entsprechenden Schule im öffentlichen Schulwesen entstehenden Kosten. Der jeweilige Ausgleich nach Satz 3 ist bei einem Verzicht gegenüber Schülern mit einem festgestellten Anspruch auf ein sonderpädagogisches Bildungsangebot begrenzt auf 10 Prozent der nach § 18a ermittelten, bei einer entsprechenden Schule im öffentlichen Schulwesen entstehenden Kosten. [...]. ➪ Verfassung Art. 14

Hinweis der Redaktion: Siehe Hinweis vor § 1. Die §§ 18, 18a und 19 (Zuschüsse) sowie § 20 (Amtsbezeichnungen) und die Bestimmungen über Ordnungswidrigkeiten und die Schlussvorschriften sind hier nicht abgedruckt.

➪ Abschlüsse und Bildungswege; ➪ Grundgesetz Art. 7; ➪ Schulgesetz §§ 103 ff.; ➪ Verfassung Art. 14

Probezeit (Schüler*innen)

Informationen der Redaktion zur Rechtslage und zur Verwaltungspraxis in Baden-Württemberg

1. Aufnahme- und Prüfungsordnungen

Die Aufnahme- und Prüfungsordnungen der beruflichen Schulen sehen meistens, die multilaterale Versetzungsordnung sieht teilweise eine Probezeit nach der Aufnahme in die neue Schule vor. Zuständig für die Aufnahme ist stets die Schulleitung (➪ Schulgesetz § 41), über die endgültige Aufnahme entscheidet die Klassenkonferenz unter Vorsitz der Schulleitung (Konferenzordnung § 12). Über den probeweisen Besuch eines SBBZ bzw. die Rückschulung entscheidet das Staatliche Schulamt.

➪ Behinderungen (Förderbedarf); ➪ Multilaterale Versetzungsordnung § 11 Abs. 4; ➪ Schulgesetz § 41

2. Mangelnde Sprachkennnisse

Eine Aufnahme in die Regelklasse eines Gymnasiums oder in das Niveau M einer Realschule ist ohne den vorherigen Besuch einer Vorbereitungsklasse auf Probe möglich, wenn die Schule zur Auffassung gelangt, dass die Schülerin oder der Schüler in absehbarer Zeit die Anforderungen des Bildungsgangs in Bezug auf einen ausreichenden Kenntnisstand der deutschen Sprache erfüllen wird. Die Probezeit dauert längstens ein Jahr. An deren Ende entscheidet die Klassenkonferenz unter Vorsitz der Schulleitung über den Verbleib in der Regelklasse nach Maßgabe der Anforderungen des Bildungsgangs. ➪ Vorbereitungsklassen

3. Schulwechsel außerhalb des regulären Aufnahmeverfahrens

Bei Schüler*innen, die außerhalb des regulären Aufnahmeverfahrens die Schule wechseln (z.B. Zuzug aus dem Ausland, Übergang aus einer Privatschule), erfolgt die Aufnahme aufgrund der vorgelegten bisherigen Schulzeugnisse und/oder einer Leistungsbesichtigung zunächst auf Probe.

4. Negative Versetzungsentscheidung

Bei Schüler*innen, welche die für die Versetzung in eine höhere Klasse erforderlichen Leistungen (noch) nicht nachweisen, kann die Versetzungsentscheidung ausgesetzt werden. Sie nehmen bis zum endgültigen Beschluss der Klassenkonferenz am Unterricht der nächsthöheren Klasse auf Probe teil.

5. Schulwechsel nach Schulausschluss

Erfolgt der Übergang in eine andere Schule nach der Erziehungs- und Ordnungsmaßnahme des Ausschlusses, kann eine Probezeit festgesetzt werden.

➪ Schulgesetz § 90 Abs. 4

➪ Behinderungen (Förderbedarf); ➪ Konferenzordnung § 12; ➪ Schulgesetz § 41 und § 90 Abs. 4; ➪ siehe auch Versetzungsordnungen bei den verschiedenen Schularten

Protokolle und Niederschriften

Informationen der Redaktion zur Rechtslage und zur Verwaltungspraxis in Baden-Württemberg

Allgemeines

Protokolle (Niederschriften) dokumentieren den Verlauf und die Ergebnisse von Amts- und Wahlhandlungen, Besprechungen, Sitzungen, Konferenzen, Tagungen oder im Schulbereich auch den Verlauf des Unterrichts oder von Prüfungen. Sie dienen dem jeweiligen Veranstalter beziehungsweise der Leitung sowie den Teilnehmenden sowie Teilnahmeberechtigten, die nicht anwesend waren, als Gedächtnisstütze und als Beleg, gegebenenfalls auch gegenüber Dritten (Vorgesetzten, Behörden, anderen Gremien usw.). Im dienstlichen Bereich erstellte Protokolle besitzen den Charakter von Urkunden, dürfen also nicht einseitig verändert werden.

Neben förmlichen Niederschriften gibt es auch das sogenannte Gedächtnisprotokoll: Hierin dokumentiert beispielsweise eine teilnehmende Person nach einer Veranstaltung, die ohne förmliches Protokoll verlaufen ist, für den eigenen Gebrauch und gegebenenfalls zur Vorlage gegenüber Dritten die aus ihrer Sicht wesentlichen Umstände und Sachverhalte. Der Inhalt solcher Protokolle ist mangels der formalen Erfordernisse (z.B. Gegenzeichnung) zwar nicht verbindlich, kann aber im Konfliktfall auch als Beweismittel herangezogen werden.

Eine ähnliche Bedeutung besitzt der sogenannte Aktenvermerk: Dieser von einer Seite erstellte Aufschrieb eines Sachverhalts oder einer Handlung (beispielsweise die Dokumentation eines Eltern-Lehrkraft-Gesprächs und der Ergebnisse) kann dann, wenn er der „Gegenseite" übergeben wird und ohne deren Widerspruch bleibt, Beweiskraft besitzen und insofern ein förmliches Protokoll ersetzen.

Bringen beispielsweise der Sprache oder des Schreibens unkundige Eltern bei der Schule mündlich Anträge oder Beschwerden „zur Niederschrift" vor und werden diese von der Lehrkraft, der Schulleitung oder dem Schulsekretariat protokolliert, so besitzt dieses Dokument rechtlich die gleiche Bedeutung wie ein schriftlich vorgebrachtes Begehren.

⇨ Akten (Aufbewahrungsfristen und Archivierung); ⇨ Datenschutz (Schulen); ⇨ Informationsfreiheitsgesetz

Formale Erfordernisse

In zahlreichen Vorschriften des Kultusministeriums ist ausdrücklich angeordnet, zu bestimmten Sachverhalten beziehungsweise Veranstaltungen Protokolle anzufertigen. Die ⇨ Konferenzordnung enthält in § 15 genaue Vorgaben für die Niederschriften der Lehrerkonferenzen. Auch für die Abschlussprüfungen der verschiedenen Schularten macht das KM detaillierte formale Vorgaben; siehe beispielsweise ⇨ Realschule (Abschlussprüfung) § 7.

Vielfach beschränkt sich das KM, soweit es für sonstige schulische Gremien eine Protokollführung vorschreibt (z.B. ⇨ Konferenzordnung § 8 oder ⇨ Schulkonferenzordnung § 6) auf wenige Details oder verzichtet – beispielsweise im Bereich der Elternvertretung – sogar völlig auf Vorgaben. Es ist diesen Gremien deshalb überlassen, in ihrer jeweiligen ⇨ Geschäftsordnung die Art und den Umfang der Protokollführung selbst zu regeln.

Das KM hat zwar vorgeschrieben: *„Der Elternbeirat gibt sich eine Geschäftsordnung"* und führt in der Elternbeiratsverordnung (§ 28) eine Reihe von konkreten Inhalten auf, aber es erwähnt dort keine Pflicht zur Protokollierung der Sitzungen. Der Landeselternbeirat hat den Elternbeiräten in einer „Muster-Geschäftsordnung" einen praktikablen Vorschlag gemacht. ⇨ Elternbeirat (Geschäftsordnung)

Wir empfehlen den sonstigen schulischen Gremien, in Anlehnung an § 15 der ⇨ Konferenzordnung mindestens Folgendes zu regeln:

- In der Regel reicht ein *„Ergebnisprotokoll"*; Verlaufs- oder Wortprotokolle sind nicht erforderlich.
- Jede Sitzung ist von einer Person aus dem Kreis der Teilnehmenden (Schriftführer*in) zu protokollieren. Diese Person kann entweder für eine Amtszeit gewählt oder von Fall zu Fall bestimmt werden.
- Aus der Niederschrift müssen mindestens Anlass, Zeit und Ort der Sitzung, die Namen der Teilnehmenden (gegebenenfalls in Form einer Anwesenheitsliste), die Tagesordnung beziehungsweise die Verhandlungsgegenstände sowie der Wortlaut der Beschlüsse samt Abstimmungsergebnis hervorgehen.
- Auf Antrag von Teilnahmeberechtigten sind deren schriftliche Begründungen für ihre Stimmabgabe oder ihre abweichende Meinung dem Protokoll beizufügen.
- Die Niederschrift ist von dem/der Schriftführer*in und von der Sitzungsleitung zu unterzeichnen. Soweit die Sitzungsleitung das Protokoll selbst angefertigt hat, beispielsweise weil kein/e Schriftführer*in zu Verfügung stand, ist es von einer Person aus dem Kreis der Teilnehmenden gegenzuzeichnen.
- Die Niederschrift ist allen Teilnahmeberechtigten zugänglich zu machen und zu den Sachakten der Schule beziehungsweise bei Elterngremien zu den Unterlagen der Elternvertretung zu nehmen.

⇨ Akten (Aufbewahrungsfristen und Archivierung)

Wir raten von der verbreiteten Praxis ab, das Protokoll auf der jeweils folgenden Sitzung des Gremiums noch einmal „genehmigen" zu lassen, weil dies zur Mehrfachbehandlung von bereits erledigten Verhandlungsgegenständen beziehungsweise zur – unzulässigen – Wiederholung von abgeschlossenen Wahlhandlungen führen kann.

⇨ Akten (Aufbewahrungsfristen und Archivierung); ⇨ Datenschutz (Schulen); ⇨ Elternbeirat (EltBVO); ⇨ Elternbeirat (Geschäftsordnung); ⇨ Geschäftsordnung; ⇨ Informationsfreiheitsgesetz

Rauchen in der Schule

Auszug aus dem Landesnichtraucherschutzgesetz (LNRSchG) vom 25. Juli 2007 (GBl. S. 337/2007); zuletzt geändert 3.3.2009 (GBl. S. 81/2009)

§ 1 Zweckbestimmung

(1) Dieses Gesetz hat zum Ziel, dass in Schulen sowie bei schulischen Veranstaltungen, in Jugendhäusern, in Tageseinrichtungen für Kinder, in Behörden, Dienststellen und sonstigen Einrichtungen des Landes und der Kommunen sowie in Krankenhäusern, Pflegeeinrichtungen und Gaststätten nicht geraucht wird. Die Regelungen dienen, insbesondere bei Kindern und Jugendlichen, dem Schutz vor den Gefahren des Passivrauchens. [...]

§ 2
Rauchfreiheit in Schulen

(1) In Schulgebäuden und auf Schulgeländen sowie bei Schulveranstaltungen ist das Rauchen untersagt. Auf Schulgeländen befindliche Wohnungen sind vom Rauchverbot nach Satz 1 ausgenommen.

Hinweis der Redaktion: Bei Satz 2 ist insbesondere an Hausmeisterwohnungen gedacht. (Quelle: Infodienst Schulleitung, Juli 2007)

(2) Abweichend von Absatz 1 kann die Gesamtlehrerkonferenz mit Zustimmung der Schulkonferenz und nach Anhörung des Elternbeirats und der Schülermitverantwortung für volljährige Schüler ab Klasse 11 oder der entsprechenden Klassen der beruflichen Schulen sowie für dort tätige Lehrkräfte Raucherzonen außerhalb von Schulgebäuden im Außenbereich des Schulgeländes jeweils für ein Schuljahr zulassen, wenn und soweit die Belange des Nichtraucherschutzes dadurch nicht beeinträchtigt werden. ⇨ Jugendschutzgesetz § 10

(3) Die Bestimmungen der Absätze 1 und 2 gelten auch für Schulen in freier Trägerschaft.

Hinweise der Redaktion:

1. Zum Rauchen von E-Shishas sowie zur Einrichtung von Raucherecken an Schulen siehe ⇨ Prävention und Gesundheitsförderung Nr. 4.
2. Das KM hat hierzu u.a. folgende Hinweise gegeben: „Die Raucherzonen auf dem Schulgelände sollten nach Möglichkeit so platziert und beschaffen sein, dass sie nur schwer einsehbar sind und damit ein negatives Vorbildverhalten, insbesondere für jüngere Schüler, vermieden wird.
   Das Rauchverbot erstreckt sich auf das Schulgelände und auch auf Schulveranstaltungen außerhalb des Geländes. Die Schulveranstaltungen (z.B. Klassenfahrten) sind wesentlicher Bestandteil des Schulauftrages." (Quelle: Infodienst Schulleitung vom Juli 2007; Nummer 98)

§ 5
Rauchfreiheit in Behörden, Dienststellen und sonstigen Einrichtungen des Landes und der Kommunen

(1) In den Behörden und Dienststellen des Landes oder der Kommunen [...] ist das Rauchen untersagt. § 2 Abs. 1 Satz 2 gilt entsprechend. Das Rauchverbot nach Satz 1 gilt auch in Dienstfahrzeugen. [...]

(2) Abweichend von Absatz 1 kann die Leitung der in Absatz 1 Satz 1 genannten Einrichtungen Ausnahmen vom Rauchverbot bei besonderen Veranstaltungen zulassen. Sie kann zudem das Rauchen in bestimmten abgeschlossenen Räumen gestatten, wenn und soweit die Belange des Nichtraucherschutzes dadurch nicht beeinträchtigt werden.

Hinweis der Redaktion: In der Begründung zu zu § 5 ihres Gesetzentwurfs hat die Landesregierung u.a. ausgeführt (LT-Drucksache 14 / 1359):

„Anders als bei Schulen, Jugendhäusern und Kindertagesstätten, wo vorrangig Kinder und Jugendliche geschützt werden sollen und daher wegen der Vorbildfunktion der dort Verantwortlichen ein möglichst ausnahmsloses Rauchverbot anzustreben ist, wird mit der Ausnahmeregelung nach Absatz 2 ein vertretbarer Handlungsspielraum für die Behörden, Dienstellen und sonstigen Einrichtungen des Landes und der Kommunen offen gehalten."

Es ist demnach Wille des Gesetzgebers, dass Ausnahmen nur an den sonstigen Dienststellen möglich sind und dass an Schulen keine separaten Raucherzimmer für Lehrkräfte existieren.

⇨ Jugendschutzgesetz § 10; ⇨ Konferenzordnung § 2; ⇨ Prävention; ⇨ Schulgesetz § 47

Hätten Sie's gewusst? – Eltern fragen, wir antworten.

Wo finde ich die Bildungs- und Lehrpläne?

Frage: Manchmal habe ich den Eindruck, die Bildungspläne seien Geheimpapiere. Wo kann ich sie einsehen? Muss ich in die Schule kommen oder geht das auch online?

Antwort: Das Kultusministerium gibt ein eigenes „Amtsblatt" heraus: „Kultus und Unterricht" (K.u.U.). Alle Schulen beziehen dieses Amtsblatt im Pflichtabonnement. In Ausgabe C von „Kultus und Unterricht" werden die Bildungs- und Lehrpläne veröffentlicht. In jeder Schule sind deshalb alle für sie geltenden Lehr- und Bildungspläne vorhanden.

Das Kultusministerium hat verfügt: *„Den Erziehungsberechtigten und den Schülerinnen und Schülern ist auf Nachfrage die Möglichkeit zu geben, die Ausgaben des Amtsblattes einzusehen"*.

Interessierte Eltern oder auch die Schüler*innen können sich diese Informationen aber auch direkt beschaffen: Die ab 2016 geltenden Bildungspläne sind online unter www.bildungsplaene-bw.de abrufbar. Sie sind die für alle Lehrkräfte verbindliche Grundlage des Unterrichts; auch die vom Kultusministerium zugelassenen Schulbücher müssen darauf abgestimmt sein.

⇨ Bildungspläne und Bildungsstandards; ⇨ Kultus und Unterricht (Amtsblatt)

Realschule (Abschlussprüfung)

VO des KM über die Realschulabschlussprüfung (Realschulabschlussprüfungsordnung – RSAPO) vom 4. Juni 2019 (K.u.U. S. 141/2019); zuletzt geändert 28. Juli 2023 (GBl. S. 305/2023)

Abschnitt 1
Allgemeine Bestimmungen

§ 1
Zweck der Prüfung

Mit der Realschulabschlussprüfung soll nachgewiesen werden, dass das Ziel des Bildungsgangs erreicht und eine erweiterte allgemeine Bildung erworben wurde.

§ 2
Teile der Prüfung

Die Abschlussprüfung besteht aus der schriftlichen Prüfung, der Kommunikationsprüfung in der Pflichtfremdsprache und der Wahlpflichtfremdsprache sowie nach Maßgabe von § 12 Absatz 1 der mündlichen Prüfung. In den Wahlpflichtfächern Technik sowie Alltagskultur, Ernährung, Soziales wird eine praktische Prüfung abgelegt.

§ 3
Ort und Zeit der Prüfung

(1) Die Abschlussprüfung wird an den öffentlichen Schulen und an den staatlich anerkannten Schulen in freier Trägerschaft abgehalten, die zum Realschulabschluss führen.

(2) Die Abschlussprüfung findet einmal jährlich statt.

(3) Die Termine der schriftlichen Prüfung sowie der Zeitraum der praktischen Prüfung, der Kommunikationsprüfung und der mündlichen Prüfung werden vom Kultusministerium festgesetzt.

⇨ Realschule (Abschlussprüfung – Termine)

(4) Die mündliche Prüfung findet nach der schriftlichen Prüfung statt.

§ 4
Prüfungsausschuss, Fachausschüsse

(1) Für die Durchführung der Prüfung wird ein Prüfungsausschuss gebildet, der für die ordnungsgemäße Durchführung der Prüfung verantwortlich ist. Diesem gehören an:

1. als Vorsitzende oder Vorsitzender eine Beauftragte oder ein Beauftragter der unteren Schulaufsichtsbehörde,
2. als stellvertretende Vorsitzende oder stellvertretender Vorsitzender die Schulleiterin oder der Schulleiter,
3. die in den Prüfungsklassen unterrichtenden Lehrkräfte und weitere von der unteren Schulaufsichtsbehörde oder der oder dem Vorsitzenden bestellte Lehrkräfte.

(2) Für mündliche Prüfungen bildet die oder der Vorsitzende aus den Mitgliedern des Prüfungsausschusses Fachausschüsse. Jedem Fachausschuss gehören an:

1. die oder der Vorsitzende oder ein von ihr oder ihm bestelltes Mitglied des Prüfungsausschusses als Leiterin oder Leiter,
2. die Fachlehrkraft als Prüferin oder Prüfer,
3. ein weiteres fachkundiges Mitglied des Prüfungsausschusses, zugleich mit der Aufgabe, das Protokoll zu führen.

(3) Für die Kommunikationsprüfung und für das Prüfungsgespräch zum Abschluss der praktischen Prüfung wird von der Schulleiterin oder dem Schulleiter ein Fachausschuss gebildet, dem neben der Fachlehrkraft als Leiterin oder Leiter eine weitere Lehrkraft angehört, letztere zugleich mit der Aufgabe, das Protokoll zu führen.

(4) Die oder der Vorsitzende und stellvertretende Vorsitzende des Prüfungsausschusses können bei allen Prüfungen und Beratungen der Fachausschüsse anwesend sein. Die oder der Prüfungsvorsitzende kann darüber hinaus weitere Lehrkräfte oder Lehramtsanwärterinnen oder Lehramtsanwärter als Zuhörer bei der Prüfung und Beratung zulassen, sofern der Prüfling sein Einverständnis erteilt hat.

§ 5
Teilnahme an der Prüfung

An der Realschulabschlussprüfung nehmen alle Schülerinnen und Schüler teil, die in der Sekundarstufe I im Abschlussjahr des Bildungsgangs auf dem Niveau unterrichtet werden, das zum Realschulabschluss führt.

§ 6
Nichtteilnahme, Rücktritt

(1) Die Teile der Prüfung, an denen der Prüfling ohne wichtigen Grund nicht teilnimmt, werden jeweils mit »ungenügend« bewertet. Über das Vorliegen eines wichtigen Grundes entscheidet die oder der Vorsitzende des Prüfungsausschusses, bei der schriftlichen Prüfung die Leiterin oder der Leiter. Der wichtige Grund ist der Schule unverzüglich mitzuteilen.

(2) Als wichtiger Grund gilt insbesondere eine krankheitsbedingte Prüfungsunfähigkeit. Ist eine prüfungsrelevante gesundheitliche Beeinträchtigung nicht offenkundig, kann die oder der Vorsitzende des Prüfungsausschusses die Vorlage eines ärztlichen Zeugnisses verlangen, das eine konkrete Beschreibung dieser Beeinträchtigung beinhaltet. Lassen sich Zweifel am Vorliegen einer prüfungsrelevanten gesundheitlichen Beeinträchtigung auf andere Weise nicht ausräumen, kann die oder der Vorsitzende des Prüfungsausschusses auch die Vorlage eines Satz 2 entsprechenden amtsärztlichen Zeugnisses verlangen. Wer sich in Kenntnis einer gesundheitlichen Beeinträchtigung oder eines anderen wichtigen Grundes der Prüfung unterzogen hat, kann diese Gründe nachträglich nicht mehr geltend machen. Der Kenntnis steht die fahrlässige Unkenntnis gleich; fahrlässige Unkenntnis liegt insbesondere dann vor, wenn bei Vorliegen einer gesundheitlichen Beeinträchtigung nicht unverzüglich eine Klärung herbeigeführt wurde.

(3) Sofern und soweit ein wichtiger Grund vorliegt, gilt die Prüfung als nicht unternommen. Die nicht abgelegten Prüfungsteile können in einem Nachtermin nachgeholt werden. Kann an der Nachprüfung aus wichtigem Grund ganz oder teilweise nicht teilgenommen werden, gilt die Prüfung als nicht unternommen; Absatz 1 Sätze 2 und 3 sowie Absatz 2 gelten entsprechend.

(4) Vor Beginn der Abschlussprüfung ist auf diese Bestimmungen hinzuweisen.

§ 7
Protokollführung

(1) Über die jeweilige Prüfung wird eine Niederschrift gefertigt.

(2) Die Niederschrift über die schriftliche Prüfung enthält insbesondere Angaben über

1. die aufsichtführenden Lehrkräfte,
2. den Beginn und das Ende der Prüfung,
3. das Verlassen des Prüfungsraums durch Prüflinge sowie
4. besondere Vorkommnisse.

Sie ist von der Leiterin oder dem Leiter der Prüfung und den aufsichtführenden Lehrkräften zu unterzeichnen.

(3) Die Niederschrift über die mündliche Prüfung des einzelnen Prüflings enthält insbesondere Angaben über

1. die Zusammensetzung des Fachausschusses,
2. die Prüfungsthemen und -aufgaben,
3. den Beginn, den wesentlichen Verlauf und das Ende der Prüfung sowie
4. das Prüfungsergebnis.

Sie ist von den Mitgliedern des Fachausschusses zu unterzeichnen.

(4) Für die Niederschrift über die praktische Prüfung und die Kommunikationsprüfung gilt Absatz 3 entsprechend.

§ 8
Täuschungshandlungen, Ordnungsverstöße

(1) Wer es unternimmt, das Prüfungsergebnis durch Täuschung oder Benutzung nicht zugelassener Hilfsmittel zu beeinflussen, oder wer nicht zugelassene Hilfsmittel nach Bekanntgabe der Prüfungsaufgaben mit sich führt oder Beihilfe zu einer Täuschung oder einem Täuschungsversuch leistet, begeht eine Täuschungshandlung. ⇨ Handy-Nutzung

(2) Wird während der Prüfung eine Täuschungshandlung oder ein entsprechender Verdacht festgestellt, ist der Sachverhalt von einer aufsichtführenden Lehrkraft zu protokollieren. Der Prüfling setzt die Prüfung bis zur Entscheidung über die Täuschungshandlung vorläufig fort.

(3) Stellt die oder der Vorsitzende des Prüfungsausschusses, bei der schriftlichen Prüfung die Leiterin oder der Leiter fest, dass eine Täuschungshandlung vorliegt, wird der Prüfling von der weiteren Teilnahme an der Prüfung ausgeschlossen; dies gilt als Nichtbestehen der Abschlussprüfung. In leichten Fällen kann stattdessen die Prüfungsleistung mit der Note »ungenügend« bewertet werden.

(4) Stellt sich eine Täuschungshandlung erst nach Aushändigung des Zeugnisses heraus, kann die untere Schulaufsichtsbehörde das Zeugnis einziehen und entweder ein anderes Zeugnis erteilen oder die Prüfung für nicht bestanden erklären, wenn seit der Ausstellung des Zeugnisses nicht mehr als zwei Jahre vergangen sind.

(5) Wer durch sein Verhalten die Prüfung so schwer stört, dass es nicht möglich ist, die Prüfung ordnungsgemäß durchzuführen, wird von der Prüfung ausgeschlossen; dies gilt als Nichtbestehen der Abschlussprüfung. Für die Zuständigkeit für die Entscheidung gilt Absatz 3 Satz 1, in leichten Fällen Absatz 3 Satz 2 entsprechend.

(6) Vor Beginn der Abschlussprüfung ist auf diese Bestimmungen hinzuweisen.

Abschnitt 2
Ordentliche Realschulabschlussprüfung

§ 9
Schriftliche Prüfung

(1) Die schriftliche Prüfung erstreckt sich auf die Fächer Deutsch, Mathematik, die Pflichtfremdsprache sowie das Wahlpflichtfach.

(2) Die Prüfungsinhalte folgen den Vorgaben des Bildungsplans für das zum Realschulabschluss führende Niveau. Sie umfassen die Bildungsstandards der Klassen 7 bis 10 sowie das erforderliche Grundlagenwissen. Die Aufgaben werden vom Kultusministerium landeseinheitlich gestellt.

(3) Als Prüfungsaufgaben sind eine oder mehrere Aufgaben aus verschiedenen Kompetenzbereichen zu fertigen. Die Bearbeitungszeit beträgt in Deutsch mindestens 210 Minuten und höchstens 240 Minuten, in Mathematik und in der Pflichtfremdsprache jeweils mindestens 150 Minuten und höchstens 210 Minuten, im Wahlpflichtfach mindestens 90 Minuten und höchstens 120 Minuten.

(4) Die Leitung der schriftlichen Prüfung obliegt der oder dem stellvertretenden Vorsitzenden des Prüfungsausschusses, soweit die untere Schulaufsichtsbehörde nichts anderes bestimmt. Die Leitung umfasst die Verantwortung für die ordnungsgemäße Durchführung der Prüfung, insbesondere hinsichtlich der Prüfungsaufsicht.

(5) Jede Prüfungsarbeit wird von der Fachlehrkraft der Klasse und anschließend von einer Fachlehrkraft einer anderen Schule (Zweitkorrektorin oder Zweitkorrektor) beurteilt und bewertet; hierbei kennt die Zweitkorrektorin oder der Zweitkorrektor die vorangegangene Beurteilung und Bewertung. Weichen die Bewertungen bis zu zwei Noten voneinander ab, gilt der Durchschnitt. Weichen die Bewertungen um mehr als zwei Noten voneinander ab und können sich die Fachlehrkraft und die Zweitkorrektorin oder der Zweitkorrektor nicht einigen, wird die Note von

Wie kommt gute Luft ins Klassenzimmer? Hätten Sie's gewusst? Die Antwort steht auf Seite 541.

der oder dem Vorsitzenden des Prüfungsausschusses im Rahmen der Bewertungen festgelegt.

(6) Die Noten der schriftlichen Prüfung in den einzelnen Fächern werden der Schülerin oder dem Schüler in der Regel etwa eine Woche vor der mündlichen Prüfung in diesem Fach bekanntgegeben.

§ 10
Kommunikationsprüfung

(1) In der Pflichtfremdsprache und der Wahlpflichtfremdsprache wird eine mündliche Prüfung durchgeführt, für die das Kultusministerium zentrale Prüfungsmaßstäbe vorgibt (Kommunikationsprüfung).

(2) Die Schülerinnen und Schüler werden vom Fachausschuss einzeln oder zu zweit geprüft. Die Prüfungsaufgaben müssen sich auf die Bildungsstandards der Klasse 7 bis 10 beziehen. Die Kommunikationsprüfung dauert in der Pflichtfremdsprache etwa 15 Minuten je Schülerin oder Schüler, in der Wahlpflichtfremdsprache etwa zehn Minuten je Schülerin oder Schüler.

(3) Im Anschluss an die Kommunikationsprüfung setzt der Fachausschuss die Note fest und teilt sie der Schülerin oder dem Schüler auf Wunsch mit. Können sich die beiden beteiligten Fachlehrkräfte auf keine Note einigen, so wird die Note aus dem auf die erste Dezimale errechneten Durchschnitt der Bewertungen beider Mitglieder gebildet.

§ 11
Praktische Prüfung

(1) In den Wahlpflichtfächern Technik sowie Alltagskultur, Ernährung, Soziales wird eine praktische Prüfung durchgeführt, für die das Kultusministerium zentrale Prüfungsmaßstäbe vorgibt.

(2) Die Prüfung umfasst einen praktischen Teil sowie ein Prüfungsgespräch. Die Prüfungsaufgaben müssen sich auf die Bildungsstandards der Klasse 7 bis 10 beziehen. Der praktische Teil wird im Unterricht durchgeführt und umfasst sechs bis neun Unterrichtsstunden. Das Prüfungsgespräch dauert für jeden Prüfling etwa 15 Minuten und bezieht sich im Wesentlichen auf den praktischen Teil.

(3) Die Schülerinnen und Schüler werden vom Fachausschuss einzeln oder zu zweit geprüft. In begründeten Ausnahmefällen kann die Prüfung mit Genehmigung der Schulleiterin oder des Schulleiters als Gruppenprüfung durchgeführt werden, wobei jede Schülerin oder jeder Schüler eine individuelle Note erhält.

(3) Im Anschluss an das Prüfungsgespräch setzt der Fachausschuss die Note fest und teilt sie der Schülerin oder dem Schüler auf Wunsch mit. Können sich die beiden beteiligten Fachlehrkräfte auf keine Note einigen, so wird die Note aus dem auf die erste Dezimale errechneten Durchschnitt der Bewertungen beider Mitglieder gebildet.

§ 12
Mündliche Prüfung

(1) Die mündliche Prüfung erstreckt sich, mit Ausnahme der Pflichtfremdsprache und des Wahlpflichtfachs, auf die Fächer der schriftlichen Prüfung, die

1. von der Schülerin oder dem Schüler spätestens am zweiten Unterrichtstag nach der Bekanntgabe der Noten der schriftlichen Prüfung gegenüber der Schulleiterin oder dem Schulleiter benannt oder
2. von der oder dem Vorsitzenden des Prüfungsausschusses festgelegt

wurden. Die nach Satz 1 Nummer 2 festgelegten Prüfungsfächer werden der Schülerin oder dem Schüler etwa eine Woche vor der mündlichen Prüfung bekanntgegeben.

(2) Die Aufgaben der mündlichen Prüfung werden von der Fachlehrkraft gestellt; die Leiterin oder der Leiter des Fachausschusses kann die Aufgaben erweitern oder einschränken.

(3) Die mündliche Prüfung kann als Einzel- oder Gruppenprüfung durchgeführt werden. Die Entscheidung trifft die oder der Vorsitzende des Prüfungsausschusses. Der Schülerin oder dem Schüler wird vor Beginn der Prüfung die Möglichkeit gegeben, ein Schwerpunktthema zu benennen. Das Schwerpunktthema wird in die mündliche Prüfung des jeweiligen Faches einbezogen. Jede Schülerin oder jeder Schüler wird je Fach etwa 15 Minuten geprüft.

(4) Im Anschluss an die Prüfung setzt der Fachausschuss das Ergebnis der mündlichen Prüfung fest und teilt es der Schülerin oder dem Schüler auf Wunsch mit. Der Fachausschuss entscheidet mit Stimmenmehrheit. Kann sich der Fachausschuss auf keine Note einigen, so wird die Note aus dem auf die erste Dezimale errechneten Durchschnitt der Bewertungen der Mitglieder gebildet.

§ 13
Ermittlung des Prüfungsergebnisses, Zeugnis

(1) Die Jahresleistungen in den Prüfungsfächern sowie die Leistungen in sämtlichen Prüfungsteilen werden mit Zehntelnoten bewertet und gehen ungerundet in die Berechnung der Endergebnisse in den Prüfungsfächern ein.

(2) Die Endergebnisse in den Prüfungsfächern errechnen sich jeweils aus dem Durchschnitt der Jahres- und der Prüfungsleistung. Der Durchschnitt wird bis zu einem Zehntel berechnet, wobei in der üblichen Weise gerundet wird (Beispiel: 2,5 bis 3,4 befriedigend).

(3) Für die Berechnung der Prüfungsleistung in den Prüfungsfächern werden die Prüfungsteile wie folgt gewichtet.

1. die schriftliche Prüfung dreifach
2. die Kommunikationsprüfung und die praktische Prüfung zweifach,
3. die mündliche Prüfung einfach.

(4) In den Fächern, in denen nicht geprüft wurde, gelten die Jahresleistungen als Endergebnisse.

(5) Die Endergebnisse in den einzelnen Prüfungsfächern ermittelt die oder der Vorsitzende des Prüfungsausschusses. Sie oder er stellt fest, wer die Prüfung bestanden hat. Die Prüfung ist bestanden, wenn

1. der Durchschnitt aus den Noten der maßgebenden Fächer 4,0 oder besser ist,
2. der Durchschnitt aus den Noten in den Fächern der schriftlichen Prüfung 4,0 oder besser ist,
3. die Gesamtleistungen in keinem der Fächer der schriftlichen Prüfung mit der Note »ungenügend« bewertet sind und
4. die Gesamtleistungen in nicht mehr als einem der maßgebenden Fächer geringer als mit der Note »ausreichend« bewertet sind; trifft dies in höchstens drei Fächern zu, so ist die Prüfung bestanden, wenn für jedes dieser mit schlechter als »ausreichend« bewerteten Fächer ein sinnvoller Ausgleich gegeben ist; ausgeglichen werden können:
   a) die Note »ungenügend« in einem Fach durch die Note »sehr gut« in einem anderen maßgebenden Fach oder die Note »gut« in zwei anderen maßgebenden Fächern,
   b) die Note »mangelhaft« in einem Fach der schriftlichen Prüfung durch mindestens die Note »gut« in einem anderen Fach der schriftlichen Prüfung ,
   c) die Note »mangelhaft« in einem anderen Fach durch mindestens die Note »gut« in einem anderen maßgebenden Fach oder die Note »befriedigend« in zwei anderen maßgebenden Fächern.

Ist das Bestehen der Prüfung aufgrund der Gesamtleistung im Wahlfach Informatik nicht möglich, bleibt die Gesamtleistung in dem Fach bei der Feststellung nach Satz 2 unberücksichtigt. Ist das Bestehen der Prüfung aufgrund der Gesamtleistung im Fach Sport, Musik oder Bildende Kunst nicht möglich, wird von diesen Fächern nur das mit der besten Note bei der Feststellung nach Satz 2 berücksichtigt; dies gilt nicht für das Wahlpflichtfach Sport.

(6) Die oder der Vorsitzende des Prüfungsausschusses fertigt über die Feststellung der Ergebnisse der Prüfung eine Niederschrift.

(7) Wer die Abschlussprüfung bestanden hat, erhält ein Abschlusszeugnis mit den nach Absatz 4 und Absatz 5 Satz 1 ermittelten Endnoten. In das Abschlusszeugnis sind der Durchschnitt der Gesamtleistungen, soweit diese bei der Feststellung nach Absatz 5 Satz 2 berücksichtigt werden, und die Gesamtnote aufzunehmen; die Gesamtleistung im Wahlfach Informatik wird im Übrigen nur berücksichtigt, wenn dies die Schülerin oder der Schüler spätestens am zweiten Unterrichtstag nach der Bekanntgabe der Noten der schriftlichen Prüfung gegenüber der Schulleiterin oder dem Schulleiter verlangt. Im Zeugnis wird vermerkt, welche Gesamtleistungen für die Feststellung nach Absatz 5 Satz 2 oder den Durchschnitt nach Satz 2 nicht berücksichtigt werden. Die Gesamtnote lautet

bei einem Durchschnitt bis 1,4 sehr gut,
bei einem Durchschnitt von 1,5 bis 2,4 gut,
bei einem Durchschnitt von 2,5 bis 3,4 befriedigend,
bei einem Durchschnitt von 3,5 bis 4,0 ausreichend.

§ 14
Wiederholung der Prüfung

Wer die Prüfung nicht bestanden hat, kann sie nach dem Besuch einer Klasse, in der die Prüfung abgelegt wird, einmal wiederholen.

Abschnitt 3
Realschulabschlussprüfung für Schulfremde

§ 15
Zweck der Prüfung

Die Prüfung dient dem Erwerb des Zeugnisses über den Realschulabschluss für Bewerberinnen und Bewerber, die keine öffentliche oder staatlich anerkannte allgemeinbildende allgemeine Schule und kein öffentliches oder staatlich anerkanntes sonderpädagogisches Bildungs und Beratungszentrum mit entsprechendem Bildungsgang besuchen (Schulfremde).

§ 16
Zeitpunkt der Prüfung

Die Abschlussprüfung findet in der Regel einmal jährlich zusammen mit der ordentlichen Abschlussprüfung statt.

§ 17
Meldung zur Prüfung

(1) Die Meldung zur Abschlussprüfung ist bis zum 1. März jeden Jahres an die für den Wohnsitz der Bewerberin oder des Bewerbers zuständige untere Schulaufsichtsbehörde zu richten.

(2) Zur Prüfung wird zugelassen, wer
1. in Baden-Württemberg den ständigen Wohnsitz hat,
2. die Abschlussprüfung nicht eher ablegt, als es bei normalem Schulbesuch möglich wäre,
3. nicht bereits die ordentliche Realschulabschlussprüfung oder die entsprechende Abschlussprüfung für Schulfremde mit Erfolg abgelegt hat,
4. nicht mehr als einmal erfolglos an der ordentlichen Realschulabschlussprüfung oder der entsprechenden Abschlussprüfung für Schulfremde teilgenommen hat und
5. keine öffentliche oder staatlich anerkannte Hauptschule, Werkrealschule, Realschule oder Gemeinschaftsschule und kein öffentliches oder staatlich anerkanntes Gymnasium oder sonderpädagogisches Bildungs- und Beratungszentrum mit entsprechendem Bildungsgang besucht.

Abweichend von Satz 1 Nummer 1 kann in besonders begründeten Einzelfällen zugelassen werden, wer an einer genehmigten Ersatzschule oder an einer sonstigen Unterrichtseinrichtung in Baden-Württemberg auf die Realschulabschlussprüfung für

Müssen wir Unfähigkeit oder Versagen dulden? Hätten Sie's gewusst? Die Antwort steht auf Seite 355.

Schulfremde vorbereitet wurde. Abweichend hiervon werden Schülerinnen und Schüler der Klasse 10 des Gymnasiums zugelassen, wenn ihre Versetzung gefährdet ist und sie im Falle einer Nichtversetzung ihre bisherige Schule verlassen müssten.

(3) Der Meldung sind beizufügen

1. ein Lebenslauf mit Angaben über den bisherigen Bildungsgang und gegebenenfalls über die ausgeübte Berufstätigkeit,
2. ein von einer öffentlichen Stelle ausgestellter Identitätsnachweis, etwa ein Personalausweis, Reisepass oder eine Geburtsurkunde (beglaubigte Abschrift oder Ablichtung),
3. die Abgangs- bzw. Abschlusszeugnisse der besuchten Schulen (beglaubigte Abschriften oder Ablichtungen),
4. eine Erklärung darüber, ob und gegebenenfalls mit welchem Erfolg schon einmal an der Realschulabschlussprüfung teilgenommen wurde,
5. die Benennung des Wahlpflichtfachs, in dem der Prüfling schriftlich, sowie der Fächer, in denen der Prüfling nach § 19 Absatz 2 Nummer 1 und 2 mündlich geprüft werden will,
6. Angaben über die Art der Vorbereitung auf die Prüfung,
7. in Fällen des Absatzes 2 Satz 2 die letzte Halbjahresinformation und eine Bescheinigung der Schulleitung über die Versetzungsgefährdung.

§ 18
Zulassung zur Prüfung

(1) Die untere Schulaufsichtsbehörde entscheidet über die Zulassung zur Prüfung und unterrichtet die Bewerberin oder den Bewerber über die getroffene Entscheidung. Die Versagung der Zulassung ist schriftlich zu begründen.

(2) Wer zugelassen wurde, wird einer öffentlichen Schule zur Ablegung der Prüfung zugewiesen.

§ 19
Prüfungsgegenstände

(1) Die schriftliche Prüfung erstreckt sich auf die Fächer Deutsch, Mathematik, die Pflichtfremdsprache sowie auf das gewählte Fach des Wahlpflichtbereichs (Technik oder Alltagskultur, Ernährung, Soziales oder Wahlpflichtfremdsprache).

(2) Die mündliche Prüfung erstreckt sich auf

1. eine der Naturwissenschaften Biologie, Chemie oder Physik,
2. eines der gesellschaftswissenschaftlichen Fächer Geographie, Geschichte oder Gemeinschaftskunde,
3. die Pflichtfremdsprache in Form der Kommunikationsprüfung,
4. ein weiteres vom Prüfling zu benennendes schriftliches Prüfungsfach, gegebenenfalls in der Wahlpflichtfremdsprache in Form der Kommunikationsprüfung und
5. auf Wunsch des Prüflings oder nach Entscheidung der oder des Vorsitzenden auf weitere schriftliche Prüfungsfächer.

(3) Die Kommunikationsprüfung findet in der Schulfremdenprüfung nach der schriftlichen Prüfung statt. Die Prüflinge werden in der Regel einzeln geprüft. Die Kommunikationsprüfung dauert etwa 15 Minuten je Prüfling.

(4) Vor Beginn der mündlichen Prüfungen wird den Prüflingen das Ergebnis der schriftlichen Prüfung im jeweiligen Fach mitgeteilt. Spätestens am zweiten folgenden Unterrichtstag benennt der Prüfling die Prüfungsfächer nach Absatz 2 Nummer 4 und 5 schriftlich gegenüber der Schulleitung der beauftragten Schule.

§ 20
Durchführung der Prüfung

(1) Für die Prüfung gelten im Übrigen die Bestimmungen für die ordentliche Abschlussprüfung entsprechend mit folgenden Maßgaben:

1. Fachlehrkraft im Sinne der Bestimmungen für die ordentliche Abschlussprüfung ist die von der Leiterin oder vom Leiter der beauftragten Schule bestimmte Lehrkraft;
2. bei der Festlegung des Prüfungsergebnisses zählen allein die Prüfungsleistungen nach § 19;
3. die Note in den Prüfungsfächern, in denen schriftlich und mündlich geprüft wurde, wird aus dem Durchschnitt der Noten für die schriftlichen und mündlichen Prüfungsleistungen gebildet;
4. die Prüfung ist bestanden, wenn
   a) der Durchschnitt der Gesamtleistungen der geprüften Fächer 4,0 oder besser ist,
   b) die Gesamtleistungen in keinem der geprüften Fächer mit der Note »ungenügend« bewertet sind und
   c) die Gesamtleistungen in nicht mehr als einem der geprüften Fächer geringer als mit der Note »ausreichend« bewertet sind; trifft dies in höchstens drei Fächern zu, so ist die Prüfung bestanden, wenn für jedes dieser Fächer ein sinnvoller Ausgleich gegeben ist; ausgeglichen werden kann die Note »mangelhaft« durch die Note »gut« in einem geprüften Fach oder durch die Note »befriedigend« in zwei geprüften Fächern.

(2) Wer die Prüfung nicht bestanden hat, kann sie einmal, frühestens nach einem Jahr, wiederholen. § 17 Abs. 2 Satz 1 Nummer 4 bleibt unberührt.

Hinweis der Redaktion: Abschnitt 4 ist hier nicht abgedruckt. Paragraf 21 enthält Sonderbestimmungen für das Wahlpflichtfach Sport. Es gelten die Bestimmungen dieser Verordnung zu den Wahlpflichtfächern Technik sowie Alltagskultur, Ernährung, Soziales entsprechend, soweit nichts anderes bestimmt ist. Für die praktische Prüfung gibt das KM zentrale Prüfungsmaßstäbe vor. Für die Berechnung der Prüfungsleistung im Wahlpflichtfach Sport werden die schriftliche und die praktische Prüfung gleich gewichtet.

➪ Abschlüsse (HS/RS Gleichwertigkeit); ➪ Abschlüsse und Bildungswege; ➪ Handy-Nutzung; ➪ Multilaterale Versetzungsordnung; ➪ Realschule (Abschlussprüfung – Termine); ➪ Realschule (Beratung); ➪ Realschule (Stundentafel); ➪ Realschule (Versetzungsordnung); ➪ Zeugnisse

Realschule (Abschlussprüfung – Termine)

Auszug aus Nr. 3 (Abschlussprüfungen in der Sekundarstufe I) der Terminübersicht für die allgemeinbildenden Schulen im Schuljahr 2023/2024; Bekanntmachung des KM vom 13. April 2022 (K.u.U. S. 51/2022)

3.3 Ordentliche Realschulabschlussprüfung und Prüfungstermine für Schulfremde (RSAPO)

3.3.1 Schriftliche Prüfung

Haupttermin

Deutsch: Dienstag, 14. Mai 2024

Englisch (Pflichtfremdsprache): Donnerstag, 16. Mai 2024

Mathematik: Dienstag, 4. Juni 2024

Französisch (Pflichtfremdsprache): Mittwoch, 5. Juni 2024

Wahlpflichtfach: Donnerstag, 20. Juni 2024

Nachtermin

Deutsch: Donnerstag, 20. Juni 2024

Englisch (Pflichtfremdsprache): Freitag, 21. Juni 2024

Mathematik: Montag, 24. Juni 2024

Wahlpflichtfach: Dienstag, 25. Juni 2024

Französisch (Pflichtfremdsprache): Mittwoch, 26. Juni 2024

3.3.2 Kommunikationsprüfung in der Pflichtfremdsprache

⇨ Realschule (Abschlussprüfung)

Die Kommunikationsprüfung soll im Zeitraum von Montag, 26. Februar 2024 bis Montag, 4. März 2024 stattfinden.

3.3.3 Praktische Prüfung in den Wahlpflichtfächern Technik und Alltagskultur, Ernährung, Soziales bzw. Kommunikationsprüfung in der zweiten Fremdsprache

Die praktische Prüfung in den Wahlpflichtfächern Technik und Alltagskultur, Ernährung, Soziales bzw. die Kommunikationsprüfung in der zweiten Fremdsprache soll im zweiten Halbjahr nach der Kommunikationsprüfung in der Pflichtfremdsprache stattfinden.

3.3.4 Mündliche Prüfung

Der Prüfungszeitraum für die mündliche Prüfung soll am Dienstag, 4. Juli 2024 beginnen und am Dienstag, 9. Juli 2024 beendet sein.

Der Beginn der mündlichen Prüfung für Abendrealschulen kann auf Donnerstag, 27. Juni 2024 vorgezogen werden.

3.3.5 Entlassung der Schülerinnen und Schüler

Die Schülerinnen und Schüler, die die Schule verlassen, werden in der Regel am Freitag, 12. Juli 2024 entlassen.

Realschule (Beratung)

Verwaltungsvorschrift des Kultusministeriums über die Beratung der Erziehungsberechtigten an der Realschule (VwV Beratung Realschule) vom 11.12.2018 (K.u.U. S. 10/2019)

1. Beratung während der Schullaufbahn

Die Lehrkräfte der Realschule beraten die Erziehungsberechtigten während der Schullaufbahn kontinuierlich über die Lern- und Leistungsentwicklung ihres Kindes.

2. Beratungsgespräche und Schullaufbahnberatung

Die unterschiedlichen Niveaustufen, der Wechsel der Niveaustufen sowie die daraus resultierenden unterschiedlichen Abschlüsse erfordern Beratungsgespräche.

2.1 Orientierungsstufe

2.1.1 In Klasse 5 kann nach der Halbjahresinformation als Rückmeldung und Beratung zum Lernstand 5 ein Beratungsgespräch angeboten werden.

2.1.2 In Klasse 6 wird den Erziehungsberechtigten versetzungsgefährdeter Schülerinnen und Schüler im zweiten Schulhalbjahr ein Beratungsgespräch angeboten. In diesem Gespräch werden die Kompetenzen der Schülerin oder des Schülers thematisiert sowie deren individuelle Lernentwicklung in den Blick genommen. Grundlagen für dieses Gespräch sind die Halbjahresinformation und die individuellen Lernfortschritte. Auf der Grundlage der Realschulversetzungsordnung werden die Erziehungsberechtigtenüber die unterschiedlichen Möglichkeiten im Falle einer Nichtversetzung beraten. ⇨ Realschule (Versetzungsordnung)

2.2 Klasse 7 und 8

2.2.1 Vor jedem Wechsel der Niveaustufe wird den Erziehungsberechtigten ein Beratungsgespräch angeboten.

2.2.2 Im zweiten Schulhalbjahr der Klasse 8 wird den Erziehungsberechtigten, deren Kind die Klasse auf Niveau G besucht, ein Beratungsgespräch angeboten. Grundlagen für dieses Gespräch sind die Halbjahresinformation, die individuellen Lernfortschritte, gegebenenfalls die Ergebnisse der ⇨ Lernstandserhebung VERA 8 und gegebenenfalls die Ergebnisse der Kompetenzanalyse Profil AC. Den Erziehungsberechtigten und Schülerinnen und Schülern werden die unterschiedlichen Abschlussmöglichkeiten aufgezeigt und die jeweiligen Anschlussmöglichkeiten erläutert. ⇨ Kompetenzanalyse

2.3 Klasse 9

Im zweiten Schulhalbjahr der Klasse 9 wird den Erziehungsberechtigten, deren Kind die Klasse auf Niveau M besucht und versetzungsgefährdet ist, ein Beratungsgespräch angeboten. Den Erziehungsberechtigten und Schülerinnen und Schülern werden neben der Möglichkeit der Wiederholung auch die Möglichkeiten zur Erlangung des Hauptschulabschlusses sowie die Anschlussmöglichkeiten nach bestandenem Hauptschulabschluss aufgezeigt.

3. Dokumentation

Jedes Beratungsgespräch wird schriftlich dokumentiert. Das Kultusministerium gibt hierfür verbindlich zu verwendende Vordrucke vor (Link: https://km-bw.de/,Lde/startseite/schule/RealschuleBeratung). Eine Mehrfertigung wird den Erziehungsberechtigten ausgehändigt und von der Klassenlehrkraft in der Schülerakte als Portfolio archiviert.

⇨ Kompetenzanalyse; ⇨ Lernstandserhebung; ⇨ Realschule (Versetzungsordnung)

Realschule (Stundentafel)

Verordnung des Kultusministeriums über die Stundentafel der Realschule vom 28.4.1994 (K.u.U. S. 412/1994); zuletzt geändert 28.7.2023 (GBl. S. 305/2023)

§ 1
Stundentafel

Für die Realschule gilt die als Anlage beigefügte Stundentafel.

§ 2
Wahlpflichtbereich

(1) Die Schülerin oder der Schüler wählt aus den Fächern des Wahlpflichtbereichs ein Fach, das grundsätzlich bis zum Ende der Klasse 10 zu besuchen ist.

(2) Abweichend von Absatz 1 kann zum Ende des zweiten Schulhalbjahres der Klasse 6 anstelle des Wahlpflichtfaches Fremdsprache ein anderes Fach des Wahlpflichtbereichs gewählt werden.

(3) Wer zum Zeitpunkt der Wahl vom Sportunterricht auch lediglich in einzelnen Inhaltsbereichen aufgrund eines ärztlichen Zeugnisses dauerhaft befreit ist, kann das Wahlpflichtfach Sport nicht wählen. In den Klassen 7, 8 oder 9 ist in den in Satz 1 genannten Fällen anstelle des Wahlpflichtfachs Sport ein anderes Fach des Wahlpflichtbereichs zu wählen.

§ 3 Themenorientierte Projekte (aufgehoben)

§ 3 a
Übergangsbestimmungen

Das Wahlpflichtfach Sport kann erstmals für Schülerinnen und Schüler, die im Schuljahr 2023/2024 an Realschulen in den Verbünden der Eliteschulen des Sports, der Eliteschulen des Fußballs oder der Partnerschulen der Olympiastützpunkte in die Klasse 7 eintreten, angeboten werden.

Vorbemerkungen zur Stundentafel:

In Klasse 5 wird ein Basiskurs Medienbildung im Umfang von 35 Unterrichtsstunden durchgeführt, die aus dem Stundenvolumen der beteiligten Fächer entnommen werden. Die Gesamtlehrerkonferenz und die Schulkonferenz entscheiden über die am Basiskurs Medienbildung beteiligten Fächer und deren zeitlichen Anteil.

In den Klassen 5 bis 10 werden für Schüler, die nicht am Religionsunterricht teilnehmen, elf Kontingentstunden Ethik vorgesehen. Die Verteilung der Kontingentstunden in Religionslehre wird unter Beteiligung der zuständigen kirchlichen Beauftragten festgelegt.

Der Fächerverbund Biologie, Naturphänomene und Technik (BNT) wird in den Klassen 5 und 6 unterrichtet. Die 8 Kontingentstunden des Fächerverbunds BNT werden wie folgt verteilt: Biologie 4 Stunden, Physik 1 Stunde, Chemie 1 Stunde, Technik 2 Stunden.

Der Unterricht in der Pflichtfremdsprache beginnt in Klasse 5.

Die 2. Fremdsprache beginnt für die Schüler, die die 2. Fremdsprache wählen, in Klasse 6 mit 2 Kontingentstunden. Sie kann nur in Klasse 6 begonnen werden.

Wahlpflichtbereich Klasse 7 bis 10: Technik bzw. Alltagskultur, Ernährung, Soziales oder 2. Fremdsprache mit insgesamt 12 Kontingentstunden. Realschulen in den Verbünden der Eliteschulen des Sports, der Eliteschulen des Fußballs und der Partnerschulen der Olympiastützpunkte können daneben das Wahlpflichtfach Sport anbieten.

Schülerinnen und Schüler, die ab Klasse 5 Französisch als Pflichtfremdsprache haben, müssen ab Klasse 6 Englisch als zweite Fremdsprache wählen und ab Klasse 7 als Fach des Wahlpflichtbereichs fortführen.

Die Fächer Biologie, Physik, Gemeinschaftskunde und Wirtschaft/Berufs- und Studienorientierung beginnen in Klasse 7; das Fach Chemie beginnt in Klasse 7 oder 8.

Der Aufbaukurs Informatik wird in Klasse 7 unterrichtet. Das Wahlfach Informatik beginnt für Schüler, die dieses Fach freiwillig belegen, in Klasse 8 und ist grundsätzlich bis zum Ende der Klasse 10 zu besuchen, soweit nicht in besonders begründeten Einzelfällen zum Ende des ersten oder zweiten Schulhalbjahres der Klasse 8 eine Abwahl erfolgt.

Das Fach Geschichte beginnt in Klasse 5 oder 6. Die übrigen Fächer beginnen in Klasse 5.

Die Kompetenzanalyse wird verpflichtend in Klasse 8 durchgeführt. Die individuelle Förderung schließt sich unmittelbar an.

In den Klassen 9 und 10 sind alle Fächer zu unterrichten.

In Realschulen in Grenznähe zu Frankreich werden in den Klassenstufen 5 und 6 Arbeitsgemeinschaften Französisch eingerichtet.

Beim Übergang von Grundschülerinnen und Grundschülern mit vier Jahren Französischunterricht in eine 5. Klasse mit Englisch als Pflichtfremdsprache soll die Überbrückung bis zur möglichen Weiterführung von Französisch in Klasse 6 ermöglicht werden.

Zur Umsetzung genehmigter bilingualer Züge an Realschulen werden jeder dieser Schulen insgesamt neun zusätzliche Unterrichtsstunden über die Direktzuweisung zur Verfügung gestellt.

Zusätzlich zu den in der Kontingentstundentafel ausgewiesenen Poolstunden erhalten die Realschulen von den Staatlichen Schulämtern bedarfsabhängig über den ⇨ Organisationserlass Poolstunden zugewiesen[...].

Hinweis der Redaktion: Das KM bietet auf seiner Website eine Handreichung „Individuelle Förderung an der Realschule sowie weitere Beispiele zur Förderung an der Realschule an: https://km-bw.de/ > Schule > Realschule.

⇨ Realschule (Abschlussprüfung)

Stundenkontingent für die Klassen 5 bis 10 der Realschule

Unterrichtsfach	Stunden-kontingent
I. Pflichtbereich	
Religionslehre	11
Ethik	(11)
Deutsch	24
Pflichtfremdsprache	23
Mathematik	24
Gesellschaftswissenschaftliches Fächerfeld	
Geschichte	8
Geographie	7
Gemeinschaftskunde	5
Wirtschaft/Berufs- und Studienorientierung	5
Naturwissenschaftliches Fächerfeld	
Fächerverbund Biologie, Naturphänomene und Technik	8
Physik	6
Chemie	5

Unterrichtsfach	Stunden-kontingent
Biologie	5
Aufbaukurs Informatik	1
Musik	9
Bildende Kunst	9
Sport	17
Kompetenzanalyse mit individueller Förderung	2
II. Wahlpflichtfach	
Technik	12
Alltagskultur, Ernährung, Soziales	
Sport	
zweite Fremdsprache	14
III. Wahlbereich	
Wahlfach Informatik	(3)
Pool für Maßnahmen zur Differenzierung und Förderung	20

Realschule (Versetzungsordnung)

Verordnung des Kultusministeriums über die Versetzung und den Wechsel der Niveaustufen an Realschulen vom 19. April 2016 (K.u.U. S. 183/2016); zuletzt geändert 28.7.2023 (GBl. S. 305/2023)

§ 1
Niveaustufen und Leistungsbewertung

(1) Maßstab für die Leistungsbewertung ist unbeschadet der Möglichkeit differenzierter und begabungsgerechter Lernangebote die Niveaustufe:

1. das grundlegende Niveau (Niveau G),
2. das mittlere Niveau (Niveau M).

(2) Abweichend von § 8 Absatz 1 und 2 der Notenbildungsverordnung werden dem jeweiligen Niveau angepasste schriftliche Arbeiten gefertigt.

(3) Soweit in dieser Verordnung für die Zuordnung und den Wechsel zwischen den Niveaustufen sowie für die Versetzungsentscheidung auf die maßgebenden Fächer abgestellt wird, gelten diese Bestimmungen gleichermaßen für den Fächerverbund Biologie, Naturphänomene und Technik.

(4) Wer die Voraussetzungen für eine Zuordnung zum Niveau M erfüllt, kann auch das Niveau G wählen.

⇨ Realschule (Beratung) / (Stundentafel)

§ 2
Leistungsbewertung in der Orientierungsstufe

(1) Die Klassen 5 und 6 bilden die Orientierungsstufe. ⇨ Orientierungsstufe

(2) Während der Orientierungsstufe erfolgt die Leistungsbewertung auf dem Niveau M.

(3) Von der Klasse 5 können alle Schülerinnen und Schüler ohne Versetzungsentscheidung in die Klasse 6 aufrücken. Die Klasse 5 kann freiwillig wiederholt werden.

§ 3
Erstmalige Zuordnung zu den Niveaustufen

(1) Die erstmalige Zuordnung zu einer Niveaustufe erfolgt am Ende der Klasse 6 auf der Grundlage eines Zeugnisses.

(2) Wer am Ende der Klasse 6 die Versetzungsanforderungen nach § 7 erfüllt, wird für die Klasse 7 dem Niveau M zugewiesen, wer die Versetzungsanforderungen nach § 7 nicht erfüllt, dem Niveau G.

§ 4
Wechsel zwischen den Niveaustufen

(1) Die Schülerinnen und Schüler werden jeweils für die Dauer eines Schuljahres, im Falle des Absatz 2 für die Dauer eines Schulhalbjahres entweder auf Niveau G oder dem Niveau M unterrichtet. Die Leistungsbewertung erfolgt in allen Fächern auf der zugewiesenen Niveaustufe. ⇨ Realschule (Beratung)

(2) Sind die Anforderungen für einen Wechsel der Niveaustufe nach den Absätzen 3 und 4 erfüllt, ist auf Antrag der Erziehungsberechtigten ein Niveauwechsel auch zum Schulhalbjahr möglich. In diesem Fall erfolgt die anschließende Versetzungsentscheidung ausschließlich auf der Grundlage der im zweiten Schulhalbjahr gezeigten Leistungen.

(3) Ein Wechsel vom Niveau G zum Niveau M ist möglich, sofern in den Fächern Deutsch, Mathematik und in der Pflichtfremdsprache mindestens die Note „gut" sowie in allen für die Versetzung maßgebenden Fächern mindestens ein Durchschnitt von 3,0 erreicht wurde. Ausnahmsweise kann die Klassenkonferenz mit einer Mehrheit von zwei Dritteln die Aufnahme in das Niveau M auf Probe beschließen, wenn sie zu der Auffassung gelangt, dass die Schülerin oder der Schüler nach einer Übergangszeit den Anforderungen des Niveaus M gewachsen sein wird. Die Dauer der Probezeit wird von der Klassenkonferenz festgelegt und dauert längstens ein Schulhalbjahr. Über das Bestehen der Probezeit entscheidet die Klassenkonferenz unter Vorsitz der Schulleiterin oder des Schulleiters nach Maßgabe des § 7.

(4) Wurden die Leistungen nach Niveau M bewertet und ist zum Ende eines Schuljahres nach den Anforderungen dieses Niveaus keine Versetzung in die nächsthöhere Klasse möglich, kann die Schülerin oder der Schüler entweder mit Wechsel auf das Niveau G in die nächsthöhere Klasse aufrücken oder die Klasse wiederholen. Die Klasse kann jedoch nicht auf Niveau M wiederholt werden, wenn die Schülerin oder der Schüler auf diesem Niveau bereits in der vorangehenden Klasse nicht versetzt wurde oder diese Klasse bereits auf Niveau M wiederholt hat. Wer die Versetzungsanforderungen des Niveaus M erfüllt, kann in die nächsthöhere Klasse auch mit einem freiwilligen Wechsel auf das Niveau G aufrücken.

(5) Der Wechsel von dem Niveau M auf das Niveau G zum Schulhalbjahr der Klasse 9 ist ausgeschlossen.

§ 5
Aufrücken in die nächsthöhere Klasse

Ab der Klasse 6 werden die Schülerinnen und Schüler nur dann in die nächsthöhere Klasse versetzt, wenn sie aufgrund ihrer Leistungen in den für die Versetzung maßgebenden Fächern und den Anforderungen im laufenden Schuljahr entsprochen haben und sie deshalb erwarten lassen, dass sie den Anforderungen der nächsthöheren Klasse gewachsen sind.

§ 6
Versetzungsanforderungen auf Niveau G

(1) In die nächsthöhere Klasse kann nicht versetzt werden, wenn die Leistungen neben

1. der Note „ungenügend" in einem oder
2. der Note „mangelhaft" in zwei der für die Versetzung maßgebenden Fächern,

in einen weiteren für die Versetzung maßgebenden Fächern geringer als mit der Note „ausreichend" bewertet sind und für diese weiteren Fächer kein sinnvoller Ausgleich nach Abs. 2 gegeben ist.

(2) Ausgeglichen werden können:

1. die Note „ungenügend" durch die Note „sehr gut" in einem anderen maßgebenden Fach oder durch die Note „gut" in zwei anderen maßgebenden Fächern,
2. die Note „mangelhaft" durch mindestens die Note „gut" in einem anderen maßgebenden Fach.

§ 7
Versetzungsanforderungen auf Niveau M

(1) In die nächsthöhere Klasse wird versetzt, wenn

1. der Durchschnitt aus den Noten aller für die Versetzung maßgebenden Fächer 4,0 oder besser ist und
2. der Durchschnitt aus den Noten der Kernfächer 4,0 oder besser ist und
3. die Leistungen in keinem Kernfach mit der Note „ungenügend" bewertet sind und
4. die Leistungen in höchstens einem für die Versetzung maßgebenden Fach geringer als mit der Note „ausreichend" bewertet sind; sind die Leistungen in höchstens drei Fächern schlechter als mit der Note „ausreichend" bewertet, so ist die Schülerin oder der Schüler zu versetzen, wenn für jedes dieser Fächer ein sinnvoller Ausgleich nach Absatz 2 gegeben ist.

(2) Ausgeglichen werden können

1. die Note „ungenügend" in einem Fach, das nicht Kernfach ist, durch die Note „sehr gut" in einem anderen maßgebenden Fach oder die Note „gut" in zwei anderen maßgebenden Fächern,
2. die Note „mangelhaft" in einem Fach, das nicht Kernfach ist, durch mindestens die Note „gut" in einem anderen maßgebenden Fach oder die Note „befriedigend" in zwei anderen maßgebenden Fächern,
3. die Note „mangelhaft" in einem Kernfach durch mindestens die Note „gut" in einem anderen Kernfach.

§ 8
Besondere Versetzungsentscheidungen

(1) Bei Nichterfüllung der in §§ 6 oder 7 genannten Voraussetzungen kann eine Versetzung erfolgen, wenn die Klassenkonferenz mit Zweidrittelmehrheit durch Beschluss feststellt, dass die Leistungen nur vorübergehend nicht für die Versetzung ausreichen und nach einer Übergangszeit die Anforderungen des jeweiligen Niveaus der nächsthöheren Klasse voraussichtlich erfüllt werden. Ein Beschluss nach Satz 1 darf nicht zwei Schuljahre hintereinander gefasst werden. Im Zeugnis ist folgender Vermerk anzubringen: »Versetzt nach § 8 Absatz 1 der Realschulversetzungsordnung«.

(2) Die Klassenkonferenz kann im Einvernehmen mit der Schulleiterin oder dem Schulleiter nicht versetzten Schülerinnen und Schülern, welche die Klasse auf ihrem Niveau wiederholen können, für einen Zeitraum von etwa vier Wochen die Aufnahme auf Probe in die nächsthöhere Klasse im bisherigen Niveau gestatten, wenn sie zu der Auffassung gelangt, dass diese die Mängel in den geringer als mit der Note „ausreichend“ bewerteten Fächern in absehbarer Zeit beheben werden. Die Aufnahme setzt eine Zielvereinbarung voraus. Zum Ende der Probezeit wird die Schülerin oder der Schüler in den für die Versetzung maßgebenden Fächern, in denen die Leistungen im vorausgegangenen Schuljahr geringer als mit der Note „ausreichend“ bewertet worden sind, jeweils von einer von der Schulleitung beauftragten Lehrkraft schriftlich und mündlich geprüft. Die Prüfung erstreckt sich auf Unterrichtsinhalte der Probezeit und des vorangegangenen Schuljahres. Das Ergebnis ersetzt in dem entsprechenden Fach die Note des vorangegangenen Jahreszeugnisses. Wenn dieses Zeugnis unter Berücksichtigung der neuen Noten den Versetzungsanforderungen der jeweiligen Niveaustufe entspricht, ist die Schülerin oder der Schüler zu versetzen und die am Ende des vorangegangenen Schuljahres getroffene Entscheidung über die Nichtversetzung aufzuheben.

§ 9
Maßgebende Fächer

(1) Als maßgebende Fächer für die Versetzung in die nächsthöhere Klasse gelten, sofern sie in der schuleigenen Stundentafel für die jeweilige Klasse ausgewiesen sind, Religionslehre oder Ethik, Deutsch, Geschichte, Geographie, der Aufbaukurs Informatik, Biologie, Chemie, Physik, Wirtschaft / Berufs- und Studienorientierung, Gemeinschaftskunde, Pflichtfremdsprache, Mathematik, Sport, Musik und Bildende Kunst, das gewählte Wahlpflichtfach, das Wahlfach Informatik, soweit es gewählt wurde, sowie in den Klassen 5 und 6 der Fächerverbund Biologie, Naturphänomene und Technik. Wäre eine Versetzung wegen der Versetzungserheblichkeit der Fächer Sport, Musik und Bildende Kunst nicht möglich, ist von diesen Fächern nur das mit der besten Note für die Versetzung maßgebend; dies gilt nicht für das Wahlpflichtfach Sport.

(2) Als Kernfächer im Sinne von § 7 gelten Deutsch, die Pflichtfremdsprache, Mathematik sowie ab Klasse 7 das gewählte Fach des Wahlpflichtbereichs.

(3) Ist die Versetzung am Ende der Klasse 6 nur wegen der Leistungen in der Wahlpflichtfremdsprache nicht möglich, kann eine Versetzung dennoch erfolgen, wenn die Erziehungsberechtigten für die Klasse 7 ein anderes Fach des Wahlpflichtbereichs wählen.

(4) Bei der Entscheidung über die Versetzung in die Klassen 9 und 10 bleiben die Leistungen im Wahlfach Informatik dann unberücksichtigt, wenn sie zur Nichtversetzung führen würden. Bei einer Versetzung nach Satz 1 ist im Zeugnis zu vermerken, dass ohne Berücksichtigung der Leistungen im Wahlfach Informatik versetzt wurde.

§ 10
Aussetzung der Versetzungsentscheidung

Die Klassenkonferenz kann die Versetzung längstens bis zum Ende des nächsten Schulhalbjahres aussetzen und von der Erteilung eines Zeugnisses absehen, wenn hinreichende Entscheidungsgrundlagen fehlen, weil die Leistungen der Schülerin oder des Schülers dadurch abgesunken sind, dass sie oder er im zweiten Schulhalbjahr

1. aus nicht zu vertretenden Umständen die Schule wechseln musste oder
2. wegen Krankheit länger als acht Wochen den Unterricht nicht besuchen konnte oder
3. durch sonstige besonders schwerwiegende nicht zu vertretende Gründe im Leistungsvermögen erheblich beeinträchtigt war.

Auf dem Zeugnisformular ist anstelle der Noten der Vermerk anzubringen: „Versetzung ausgesetzt gemäß § 10 der Realschulversetzungsordnung“. Bis zur endgültigen Entscheidung über die Versetzung nimmt die Schülerin oder der Schüler am Unterricht der nächsthöheren Klasse teil.

§ 11
Versetzungsentscheidung bei Schulwechsel

Verlässt eine Schülerin oder ein Schüler innerhalb von acht Wochen vor Beginn der Sommerferien die Schule und geht sie oder er auf eine andere Realschule über, hat diese der Versetzungsentscheidung die in der früher besuchten Schule erzielten Noten zugrunde zu legen.

§ 12
Überspringen einer Klasse

(1) In Ausnahmefällen kann eine Schülerin oder ein Schüler der Klassen 5 bis 8 auf Beschluss der Klassenkonferenz und mit Einverständnis der Erziehungsberechtigten zum Ende des ersten Schulhalbjahres in die nächsthöhere Klasse überwechseln oder zum Schuljahresende eine Klasse überspringen, sofern die Gesamtleistungen auf dem Niveau M so überdurchschnittlich sind, dass ein Verbleiben in der bisherigen Klasse pädagogisch nicht sinnvoll erscheint. An der Klassenkonferenz nehmen die Lehrkräfte der Kernfächer der Klasse, in die die Schülerin oder der Schüler übertreten soll, mit beratender Stimme teil.

(2) Wird die Schülerin oder der Schüler aus der neuen Klasse nicht versetzt oder wiederholt sie oder er freiwillig eine Klasse innerhalb eines Jahres nach dem Überwechseln in die nächsthöhere Klasse beziehungsweise dem Überspringen, findet auf diese Wiederholung § 4 Absatz 4 Satz 2 keine Anwendung.

§ 13
Freiwillige Wiederholung einer Klasse

(1) Die freiwillige Wiederholung einer Klasse ist auf der gleichen Niveaustufe möglich. Schülerinnen und Schüler, die auf Niveau M unterrichtet wurden, können die Klasse auch freiwillig auf Niveau G wiederholen. Wurden die Leistungen nach Niveau G bewertet, kann die Klasse nicht auf Niveau M wiederholt werden.

(2) Die freiwillige Wiederholung ist grundsätzlich nur zu Beginn eines Schulhalbjahres zulässig; über Ausnahmen entscheidet die Schulleiterin oder der Schulleiter. Sie gilt als Wiederholung wegen Nichtversetzung der Klasse, die bereits zuvor erfolgreich besucht worden war, mit der Folge, dass die am Ende dieser Klasse ausgesprochene Versetzung rückwirkend als nicht mehr getroffen gilt. Die freiwillige Wiederholung ist im Zeugnis mit „wiederholt freiwillig" zu vermerken.

(3) Abweichend von Absatz 1 Satz 3 können Schülerinnen und Schüler, die den Hauptschulabschluss an der Realschule nach Klasse 9 erworben haben, die Klasse 9 freiwillig auf Niveau M wiederholen, sofern mindestens in zwei der Fächer Deutsch, Mathematik und Pflichtfremdsprache mindestens die Note »gut« und in einem dieser Fächer mindestens die Note »befriedigend« sowie in allen für die Versetzung maßgebenden Fächern mindestens ein Durchschnitt von 3,0 erreicht wurde. Die nach Satz 1 wiederholte Klasse kann nicht wiederholt werden. Der Hauptschulabschluss bleibt auch dann erhalten, wenn am Ende der wiederholten Klasse keine Versetzung erfolgt.

Hinweise der Redaktion: Schüler*innen, die den Anforderungen der Realschule auch im Niveau G nicht gewachsen sind, bleiben gegebenenfalls trotz mehrfacher Klassenwiederholung ohne Abschluss (und verlassen die Schule mit Abgangszeugnis). Nach insgesamt zehn Pflichtschuljahren kann die Schule (nach neun Jahren und auf Antrag der Erziehungsberechtigten das Staatl. Schulamt) das Ende der Schulpflicht feststellen (⇨ Schulgesetz § 75 Abs. 3). Alternativ können diese Schüler*innen nach Erfüllung der allgemeinen Schulpflicht an eine berufliche Schule wechseln und dort im ⇨ Vorqualifizierungsjahr Arbeit/ Beruf oder in begründeten Einzelfällen im ⇨ Berufseinstiegsjahr den Hauptschulabschluss machen oder über eine duale Berufsausbildung einen gleichwertigen Abschluss erwerben.

⇨ Abschlüsse und Bildungswege; ⇨ Behinderungen (Förderbedarf) 2.3.2; ⇨ Konferenzordnung § 12 Abs. 1; ⇨ Multilaterale Versetzungsverordnung; ⇨ Notenbildungsverordnung; ⇨ Integration und Sprachförderung; ⇨ Zeugnisse

Rechtschreibung

Informationen der Redaktion zur Rechtslage und zur Verwaltungspraxis in Baden-Württemberg

1.
Amtliche Regelung

Regelung der deutschen Rechtschreibung in der Fassung von 2017; Auszug aus der Bekanntmachung des KM vom 14.8.2017 (K.u.U. S. 166/2017)

[...] Für den Umgang mit der deutschen Rechtschreibung gelten [...] die folgenden Bestimmungen:

1. Die Amtliche Regelung der deutschen Rechtschreibung in der Fassung von 2017 ist die verbindliche Grundlage des Unterrichts an allen Schulen.
2. In Zweifelsfällen werden Wörterbücher zugrunde gelegt, die nach den Erklärungen des Verlages der Amtlichen Regelung (Stand 2017) vollständig entsprechen. [...]

Hinweis der Redaktion: Die vom KM an dieser Stelle genannten Links zu den gültigen Fassungen von Regeln und Wörterverzeichnis sind überholt. Die aktuelle Fassung ist abrufbar unter: www.rechtschreibrat.com/.

Schulbücher können weiter benutzt werden; sie werden im üblichen Erneuerungsturnus ausgetauscht.

Die Schulen werden gebeten, auch künftig die Beschlüsse des Rats für deutsche Rechtschreibung und darauf beruhende Wörterbücher zugrunde zu legen.

2.
Rechtschreibrahmen und Notengebung

Hinweis der Redaktion

Im Fach Deutsch ist normgerechtes Schreiben ein wesentliches Ziel des Unterrichts. Die Vermittlung normgerechten Schreibens ist Aufgabe auch der übrigen Unterrichtsfächer.

Die Regularien für die Bewertung von Rechtschreibfehlern sind in § 9a der ⇨ Notenbildungsverordnung festgelegt. Bei Schüler*innen mit einem Anspruch auf ein sonderpädagogisches Bildungsangebot sind die im Rahmen der individuellen Lern- und Entwicklungsleistung festgelegten Entwicklungs- und Bildungsziele zu beachten. Für Grundschulen (Primarstufe) gelten die Bestimmungen der Verordnung ⇨ Grundschule (Leistungsbeurteilung GS und SBBZ) § 3 Abs. 5 Satz 3.

Um die Rechtschreibkompetenz zu stärken, hat das Kultusministerium einen Rechtschreibrahmen als verbindliche Grundlage für den Rechtschreibunterricht in den allgemeinbildenden Schulen entwickelt. Damit erhalten Deutsch-Lehrkräfte ein schulartübergreifendes Spiralcurriculum für die Klassen 1 bis 10.

Der Rechtschreibrahmen zeigt, wie sich die Unterrichtsinhalte über die einzelnen Klassenstufen hinweg entwickeln. Knapp 900 Beispiele und Wendungen ergänzen die Strategien zum Erwerb der Rechtschreibkompetenz. Ferner gibt der Rechtschreibrahmen zahlreiche Hinweise, die in Orientierungsübungen, Erarbeitungsübungen und Festigungsübungen einfließen können.

Der Rechtschreibrahmen kann online unter folgender Adresse abgerufen werden: https://km-bw.de/Publikationen/Rechtschreibrahmen.

⇨ Grundschule (Leistungsbeurteilung GS und SBBZ) § 3 Abs. 5 Satz 3; ⇨ Notenbildungsverordnung § 9a

Religion (Allgemeines)

Informationen der Redaktion zur Rechtslage und zur Verwaltungspraxis in Baden-Württemberg

1.
Grundsätze der Religionsfreiheit und der religiösen Neutralität des Staates

Das Grundgesetz (Art. 4) erklärt die Freiheit des Glaubens, des Gewissens sowie des religiösen und weltanschaulichen Bekenntnisses für unverletzlich. Laut Art. 140 GG sind auch die *„Kirchenrechtsartikel"* der Weimarer Reichsverfassung (Art. 136-139 und Art. 141 WRV) Bestandteil des Grundgesetzes. Die Verfassung gewährleistet damit nicht nur die *„positive Religionsfreiheit"* (das Recht, eine Religion zu haben, sich zu ihr zu bekennen und sie auszuüben), sondern auch die *„negative Religionsfreiheit"* (das Recht, keine Religion zu haben und an keiner religiösen Handlung teilnehmen zu müssen). Artikel 136 WRV bestimmt: *„Niemand darf zu einer kirchlichen Handlung oder Feierlichkeit oder zur Teilnahme an religiösen Übungen oder zur Benutzung einer religiösen Eidesform gezwungen werden"*.

⇨ Grundgesetz Art. 4 und 140

Das Gesetz über die religiöse Kindererziehung bestimmt in § 5: *„Nach der Vollendung des vierzehnten Lebensjahrs steht dem Kind die Entscheidung darüber zu, zu welchem religiösen Bekenntnis es sich halten will. Hat das Kind das zwölfte Lebensjahr vollendet, so kann es nicht gegen seinen Willen in einem anderen Bekenntnis als bisher erzogen werden."*

⇨ Religionsunterricht (Teilnahme); ⇨ Schulgesetz § 100

Das Bundesverfassungsgericht hat am 14. Dezember 1965 zwar festgestellt: *„Das Grundgesetz legt durch Art. 4 Abs. 1, Art. 3 Abs. 3, Art. 33 Abs. 3 GG sowie durch Art. 136 Abs. 1 und 4 und Art. 137 Abs. 1 WRV in Verbindung mit Art. 140 GG dem Staat als Heimstatt aller Staatsbürger ohne Ansehen der Person weltanschaulich-religiöse Neutralität auf"* (BVerfGE 19, 206 (216). Dennoch herrscht in Deutschland keine strikte Trennung zwischen Staat und Religion. Insbesondere die christlichen Kirchen genießen traditionell und aufgrund von Staatskirchenverträgen (Konkordaten) bestimmte Privilegien. Diese Sonderstellung zeigt sich insbesondere an den öffentlichen Schulen, wo der Religionsunterricht *„ordentliches Lehrfach"* ist. Dabei trägt der Staat die Kosten, die inhaltliche Verantwortung liegt jedoch bei den Religionsgemeinschaften. In Baden-Württemberg ist diese Zuständigkeit der Kirchen für die Inhalte des Religionsunterrichts besonders ausgeprägt (siehe Nr. 3).

⇨ Schulgesetz §§ 96 ff.; ⇨ Verfassung Art. 18

Religionszugehörigkeit und Schulpflicht

Die Zugehörigkeit zu einer Religionsgemeinschaft entbindet nicht von der gesetzlichen Schulpflicht. Es ist jedoch in bestimmten Fällen eine Beurlaubung zur Teilnahme an religiösen Veranstaltungen und auch eine Befreiung aus religiösen Gründen von bestimmten Unterrichtsveranstaltungen möglich bzw. rechtlich geboten.

⇨ Schulbesuchsverordnung (Hinweise der Redaktion beachten); ⇨ Schul- und Schülergottesdienste Nr. 3

Religiöse Handlungen in Schulgebäuden

Der Religionsunterricht ist ein Bekenntnisfach; in diesem Unterricht sind religiöse Handlungen und sonstige Rituale (z.B. religiös bestimmte Kleidung) zulässig. Außerhalb des Religionsunterrichts sind öffentliche Schulen jedoch grundsätzlich zu weltanschaulicher Neutralität verpflichtet. Es ist zwar statthaft, *„Schulgottesdienste"* als schulische Veranstaltungen durchzuführen oder *„Schülergottesdienste"* als Veranstaltungen der Kirchen zu ermöglichen. Lehrkräfte und Schüler*innen sind jedoch nicht zur Teilnahme hieran verpflichtet (Lehrkräfte gegen ihren Willen auch nicht zur Aufsichtführung).

⇨ Schulgottesdienst und Schülergottesdienst

Nach der Rechtsprechung des Bundesverfassungsgerichts (16.10.1979; 1 BvR 647/70 und 7/74) ist ein *„freiwilliges überkonfessionelles Schulgebet"* außerhalb des Religionsunterrichts (z.B. zu Beginn oder am Ende des Unterrichts) *„grundsätzlich auch dann verfassungsrechtlich unbedenklich, wenn ein Schüler oder dessen Eltern der Abhaltung des Gebets widersprechen; deren Grundrecht auf negative Bekenntnisfreiheit wird nicht verletzt, wenn sie frei und ohne Zwänge über die Teilnahme am Gebet entscheiden können."* Die Freiwilligkeit sei nur dann nicht gesichert, wenn der Schüler *„nach den Umständen des Einzelfalls der Teilnahme nicht in zumutbarer Weise ausweichen"* könne. Es muss Schüler*innen, die nicht am gemeinsamen Gebet teilnehmen wollen, demnach lediglich ermöglicht werden, sich diesem z.B. durch Verlassen des Klassenzimmers zu entziehen (was aus Aufsichtsgründen allerdings problematisch ist). Auch Lehrkräfte müssen an einem solchen Gebet nicht teilnehmen.

Es ist jedem Menschen unbenommen, an einer öffentlichen Schule ein Gebet zu sprechen, solange die *„negative Religionsfreiheit"* Dritter dadurch nicht beeinträchtigt wird. Dies gilt insbesondere dann, wenn diese Gebete aufgrund der religiösen Vorschriften der jeweiligen Glaubensgemeinschaft zu bestimmten Tageszeiten gesprochen werden müssen. Allerdings darf und muss dies zu keiner Störung des Unterrichts führen: So sind gläubige Muslime zwar dazu verpflichtet, fünfmal am Tag zu beten. Die Gebetszeiten sind aber nicht auf die Minute genau festgelegt, sodass Schüler*innen gegebenenfalls die Schulpausen nutzen können. Die Schulen können den Schüler*innen für Gebete oder stille Andachten einen besonderen Raum zur Verfügung stellen (müssen dies aber nicht tun).

Religiöse Symbole in Schulgebäuden

Das Bundesverfassungsgericht hat 1995 für Recht erkannt (amtlicher Leitsatz des Gerichts): *„Die Anbringung eines Kreuzes oder Kruzifixes in den Unterrichtsräumen einer staatlichen Pflichtschule, die keine*

Bekenntnisschule ist, verstößt gegen Artikel 4, Absatz 1 des Grundgesetzes." (16.5.95; I BvR 1087/91)

Zwar sind öffentliche Schulen teilweise nach wie vor mit Kreuzen oder Kruzifixen ausgestattet. Es ist seitdem jedoch unstrittig, dass auf Antrag von Erziehungsberechtigten oder volljährigen Schüler*innen ein Anspruch auf Entfernung dieser Symbole aus öffentlichen Unterrichtsräumen besteht.

Religiöse Bekleidungsvorschriften

Vorschriften für Schülerinnen und Schüler

Grundsätzlich dürfen sich Schüler*innen in der Schule gemäß den Vorschriften ihres Glaubens kleiden. Daher muss es z.B. muslimischen Schülerinnen oder jüdischen Schülern in der Regel gestattet werden, die von ihrer Religion vorgeschriebene Kopfbedekkung auch im Unterricht zu tragen (bei einer Muslima das Kopftuch, bei einem Juden das Käppchen – die „Kippa"). Jedoch ist Schüler*innen öffentlicher Schulen seit Ende 2020 die „*Verhüllung des Gesichts*" bei schulischen Veranstaltungen grundsätzlich untersagt; die Schulleitung kann Ausnahmen im Einzelfall aus schulischen oder gesundheitlichen Gründen zulassen (⇨ Schulgesetz § 72 Abs. 3a). Der Begriff der „*Verhüllung des Gesichts*" meint das „*vollständige Bedecken oder ein Bedecken wesentlicher Gesichtspartien. Das Tragen eines Kopftuches, welches das Gesicht von der unteren Kinnkante bis zur Stirn unverhüllt lässt, ist davon nicht umfasst*" . (Quelle: Gesetzesbegründung; LT-Drucksache 16/9092).

Bei religionsmündigen Schüler*innen kommt es darauf an, ob ihr Verhalten auf ihrer eigenen Entscheidung beruht. Bei Jugendlichen reicht es daher nicht aus, wenn nur die Eltern bestimmte Sonderrechte geltend machen. Selbst wenn sich herausstellen sollte, dass die Schüler*innen lediglich dem Druck durch ihr soziales Umfeld nachgeben, darf ihnen das glaubensgeprägte Verhalten jedoch nicht ohne weiteres untersagt werden. Vielmehr ist hier Sensibilität gefragt; es muss ihnen ermöglicht werden, vor ihrer Familie das Gesicht zu wahren.

⇨ Religionsunterricht (Teilnahme) A.I.1.3; ⇨ Schulbesuchsverordnung (Hinweise)

Schüler*innen, die sich auch in der Schule den Geboten ihres Glaubens entsprechend verhalten, geraten leicht in Gefahr, wegen dieses Verhaltens von ihren Mitschülern ausgegrenzt zu werden. Solche Konflikte dürfen nicht dadurch gelöst werden, dass man die Betroffenen zur Anpassung zwingt. Vielmehr müssen die Lehrkräfte bei den Mitschüler*innen die Bereitschaft zur Toleranz wecken. Der Auftrag der Landesverfassung: „*In allen Schulen waltet der Geist der Duldsamkeit und der sozialen Ethik*" (Art. 17 Abs. 1) ist von den Schulen bzw. allen am Schulleben Beteiligten (Schüler*innen, Lehrkräften, Eltern, Hausmeister ...) aktiv zu verwirklichen.

⇨ Verfassung Art. 17 Abs. 1

Vorschriften für Lehrkräfte

Mit dem Ziel, muslimische Lehrerinnen am Tragen einer religiös bestimmten Kleidung, vor allem eines Kopftuchs, zu hindern, bestimmt das ⇨ Schulgesetz § 38 Abs. 2 seit 2004, dass Lehrkräfte an öffentlichen Schulen in der Schule keine politischen, religiösen, weltanschaulichen oder ähnliche „*äußeren Bekundungen*" abgeben dürfen, die geeignet seien, die Neutralität des Landes gegenüber Schülern und Eltern oder den politischen, religiösen oder weltanschaulichen Schulfrieden zu gefährden oder zu stören. Insbesondere sei ein „*äußeres Verhalten*" unzulässig, welches bei Schülern oder Eltern den Eindruck hervorrufen könne, dass eine Lehrkraft gegen die Menschenwürde, die Gleichberechtigung der Menschen, die Freiheitsgrundrechte oder die freiheitlich-demokratische Grundordnung auftrete. Andererseits bestimmte § 38, dass die „*Darstellung christlicher und abendländischer Bildungs- und Kulturwerte oder Traditionen*" diesem Verhaltensgebot nicht widerspreche.

Das Bundesverfassungsgericht hat 2015 bei seiner Entscheidung über inhaltlich gleichlautende Formulierungen im Schulrecht Nordrhein-Westfalens festgestellt, dass ein pauschales Verbot religiöser Bekundungen in öffentlichen Schulen durch das äußere Erscheinungsbild von Pädagog*innen mit deren Glaubens- und Bekenntnisfreiheit (Art. 4 Abs. 1 und 2 GG) nicht vereinbar ist. Die dem Staat gebotene weltanschaulich-religiöse Neutralität sei nicht als eine distanzierende im Sinne einer strikten Trennung von Staat und Kirche zu verstehen, sondern als eine offene und übergreifende, die Glaubensfreiheit für alle Bekenntnisse gleichermaßen fördernde Haltung. Die bloße Sichtbarkeit religiöser oder weltanschaulicher Zugehörigkeit einzelner Lehrkräfte werde durch die weltanschaulich-religiöse Neutralität des Staates nicht ohne Weiteres ausgeschlossen. Der staatliche Erziehungsauftrag (Art. 7 Abs. 1 GG), der unter Wahrung der Pflicht zu weltanschaulich-religiöser Neutralität zu erfüllen ist, stehe der Ausübung der positiven Glaubensfreiheit der Pädagoginnen durch das Tragen eines islamischen Kopftuchs nicht generell entgegen. Er könne ein Verbot solchen äußeren Verhaltens, das auf ein nachvollziehbar als imperativ verstandenes Glaubensgebot zurückgeht, erst dann rechtfertigen, wenn eine hinreichend konkrete Gefahr für den Schulfrieden oder die staatliche Neutralität feststellbar ist.

Baden-Württemberg hat den § 38 des Schulgesetzes dieser Rechtsprechung bisher nicht angepasst. Das KM hat jedoch mitgeteilt (30.4.2018; AZ: 15), dies bedeute nicht, dass das bisherige Kopftuchverbot weiterhin zur Anwendung komme. „*Vielmehr ist der Beschluss des Bundesverfassungsgerichts zu beachten. Dies bedeutet konkret, dass das Tragen z.B. eines Kopftuchs der Einstellung oder der Beschäftigung einer Lehrkraft grundsätzlich nicht entgegensteht. Das nach dem Wortlaut des § 38 Abs. 2 Satz 1 und 2 SchG pauschale Verbot ist entsprechend den Vorgaben des Bundesverfassungsgerichts einschränkend auszulegen, d.h. dass ein Kopftuchverbot nur ausgesprochen werden kann, wenn eine hinreichend konkrete Gefährdung des Schulfriedens oder der Neutralität des Staates belegbar ist.*"

Das Beamtenstatusgesetz (§ 34 Abs. 2) schreibt u.a. vor: „*Religiös oder weltanschaulich konnotierte Merkmale des Erscheinungsbilds [...] können nur dann eingeschränkt oder untersagt werden, wenn sie objektiv geeignet sind, das Vertrauen in die neutrale Amtsführung der Beamtin oder des*

Beamten zu beeinträchtigen. […] Die Verhüllung des Gesichts bei der Ausübung des Dienstes oder bei einer Tätigkeit mit unmittelbarem Dienstbezug ist stets unzulässig, es sei denn, dienstliche oder gesundheitliche Gründe erfordern dies."

Lehrkräfte an öffentlichen Schulen dürfen also im Dienst weder Burka noch Niqab tragen, da dies zu einer *„Verhüllung des Gesichts"* führt, das religiös motivierte Tragen eines Kopftuchs kann ihnen jedoch nur im Einzelfall untersagt werden. Eine Gesichtsverhüllung zum Gesundheitsschutz ist hingegen statthaft.

2. Bekenntnisschulen, christliche Gemeinschaftsschulen und Gemeinschaftsschulen

Die Landesverfassung schreibt den öffentlichen (und auch den privaten) Schulen in Baden-Württemberg zwar u.a. vor, die Jugend *„in der Ehrfurcht vor Gott, im Geiste der christlichen Nächstenliebe […] zu erziehen"*. Trotz dieses Gottesbezugs besitzen die öffentlichen Schulen – mit Ausnahme der Grund- und Haupt-/Werkrealschulen sowie der „neuen" Gemeinschaftsschulen (s.u. Sonderfall Nr. 2) – keinen konfessionellen oder religiösen *„Charakter"*. An ihnen werden die Schülerinnen und Schüler in allen Fächern gemeinsam unterrichtet. Nur im Religionsunterricht wird nach Konfessionen, im Fach Sport wird teilweise nach Geschlechtern getrennt.

➪ Schulgesetz § 1; ➪ Verfassung Artikel 11, 12, 17, 21

Sonderfall Nr. 1: Grund- und Hauptschulen

In den Grund- und Haupt-/Werkrealschulen (früher: „Volksschulen") erfolgt der Unterricht zwar ebenfalls in allen Fächern – außer Religion und teilweise Sport – gemeinsam, diese Schulen tragen jedoch die Bezeichnung *„christliche Gemeinschaftsschulen"*.

Das hat historische Gründe: Nach 1945 entstanden in Südwestdeutschland drei neue Länder. Diese erklärten ihre öffentlichen Volksschulen

- in (Süd-)Baden zu *„Simultanschulen mit christlichem Charakter im überlieferten badischen Sinn"* (damit griff man auf die seit 1876 in Baden obligatorische überkonfessionelle „Simultanschule" zurück),
- im neu gebildeten Bundesland Württemberg-Baden zu *„christlichen Gemeinschaftsschulen"*,
- in Württemberg-Hohenzollern zu *„christlichen Schulen"* (teils evangelische bzw. katholische Bekenntnisschulen, ansonsten Gemeinschaftsschulen).

Nach der Vereinigung zum Land Baden-Württemberg (1952) galten in diesen drei Landesteilen zunächst die bisherigen Bestimmungen weiter.

1967 erhielten alle Grund- und Hauptschulen im Land Baden-Württemberg die Schulform der *„christlichen Gemeinschaftsschule nach den Grundsätzen und Bestimmungen, die am 9.12.1951 in Baden für die Simultanschule mit christlichem Charakter gegolten haben"*.

➪ Verfassung Artikel 15

Zu diesen *Grundsätzen und Bestimmungen* gehört: *„An allen Schulen sind beim Unterricht die religiösen Empfindungen aller zu achten. Der Lehrer hat in jedem Fach auf die religiösen und weltanschaulichen Empfindungen aller Schüler Rücksicht zu nehmen und die religiösen und weltanschaulichen Auffassungen sachlich darzulegen"* (Artikel 28 der Badischen Verfassung von 1948).

Abweichend durften im Regierungsbezirk Südwürttemberg-Hohenzollern (heute: Tübingen) Grund- und Hauptschulen auf Antrag der Erziehungsberechtigten in private Bekenntnisschulen umgewandelt werden; diese formal privaten Schulen werden finanziell wie öffentliche Schulen behandelt.

Ferner wurde 1967 bestimmt, dass die Schüler*innen in den öffentlichen Grund- und Hauptschulen (dazu gehören auch die „Werkrealschulen") *„auf der Grundlage christlicher und abendländischer Bildungs- und Kulturwerte erzogen"* werden (dies gilt nicht für die übrigen Schularten).

➪ Verfassung Artikel 16

Trotzdem ist die *„christliche Gemeinschaftsschule"* verpflichtet, dass sie *„weltanschaulich-religiöse Zwänge so weit wie möglich ausschaltet sowie Raum für eine sachliche Auseinandersetzung mit allen religiösen und weltanschaulichen Auffassungen – wenn auch von einer christlich bestimmten Orientierungsbasis her – bietet und dabei das Toleranzgebot beachtet"* (Bundesverfassungsgericht im Simultanschul-Urteil; 17. 12.1975, AZ: 41, 29).

Zusammenfassend führte das Gericht aus:

„Voraussetzung hierfür ist jedoch, dass die gewählte Schulform, soweit sie auf die Glaubens- und Gewissensentscheidungen der Kinder Einfluss gewinnen kann, nur das Minimum an Zwangselementen enthält. Die Schule darf daher keine missionarische Schule sein und keine Verbindlichkeit christlicher Glaubensinhalte beanspruchen; sie muss auch für andere weltanschauliche und religiöse Inhalte und Werte offen sein. Das Erziehungsziel einer solchen Schule darf – außerhalb des Religionsunterrichts, zu dessen Besuch niemand gezwungen werden kann – nicht christlich-konfessionell fixiert sein. Die Bejahung des Christentums in den profanen Fächern bezieht sich in erster Linie auf die Anerkennung des prägenden Kultur- und Bildungsfaktors, wie er sich in der abendländischen Geschichte herausgebildet hat, nicht auf die Glaubenswahrheit, und ist damit auch gegenüber dem Nichtchristen durch das Fortwirken geschichtlicher Gegebenheiten legitimiert. Zu diesem Faktor gehört nicht zuletzt der Gedanke der Toleranz für Andersdenkende. Deren Konfrontation mit einem Weltbild, in dem die prägende Kraft christlichen Denkens bejaht wird, führt jedenfalls solange nicht zu einer diskriminierenden Abwertung der dem Christentum nicht verbundenen Minderheiten und ihrer Weltanschauung, als es hierbei nicht um den Absolutheitsanspruch von Glaubenswahrheiten, sondern um das Bestreben nach Verwirklichung der autonomen Persönlichkeit im weltanschaulich-religiösen Bereich gemäß der Grundentscheidung des Art. 4 GG geht. Eine solche Schule, die Raum für eine sachliche Auseinandersetzung mit allen weltanschaulich-religiösen Auffassungen, wenn auch von einer bestimmten weltanschaulichen Orientierungsbasis her bietet, führt Eltern und Kinder nicht in einen verfassungsrechtlich unzumutbaren Glaubens- und Gewissenskonflikt. Für die elterliche Erziehung bleibt in jeder weltanschaulich-religiösen Hinsicht genügend Raum, dem Kind den individuell für richtig erkannten Weg zu Glaubens- und Gewissensbindungen oder auch zu deren Verneinung zu vermitteln."

Sonderfall Nr. 2 „Neue" Gemeinschaftsschule

2012 wurde in Baden-Württemberg mit der *„Gemeinschaftsschule"* eine weitere Schulart eingeführt, in der die Trennung der Schularten nach der „Begabung" aufgehoben ist. Der Landtag beschloss auf Verlangen der Kirchen, dass diese Schulart *„als christliche Gemeinschaftsschule nach den Grundsätzen der Artikel 15 und 16 der Landesverfassung geführt"* wird.

⇨ Schulgesetz § 8a Abs. 1 letzter Satz

Das Kultusministerium hat am 4.2.2013 (K.u.U. S. 30/2013) eine *„Bekanntmachung zu den Grundsätzen der christlichen Gemeinschaftsschule [...]"* veröffentlicht.

3. Religionsunterricht an öffentlichen Schulen

Grundgesetz und Landesverfassung definieren den Religionsunterricht (RU) an den öffentlichen Schulen – mit Ausnahme der (in Baden-Württemberg nicht existierenden) *„bekenntnisfreien"* Schulen – als *„ordentliches Lehrfach"*. Dies bedeutet, dass er den gleichen Status wie die anderen Unterrichtsfächer besitzt (z.B. Gleichbehandlung bei der Aufstellung des Stundenplans, gleichwertige Ausstattung mit Lehrkräften, Räumen und Lehr- bzw. Lernmitteln, gegebenenfalls Versetzungserheblichkeit).

Der RU wird gemäß Art. 18 der Landesverfassung nach den Grundsätzen der Religionsgemeinschaften und unbeschadet des allgemeinen Aufsichtsrechts des Staates von deren „Beauftragten" beaufsichtigt. Verfassungsrechtlich ist der Religionsunterricht eine „res mixta" (gemischte Angelegenheit); die Zuständigkeiten des Staates und der Religionsgemeinschaften sind miteinander verknüpft: So sind z.B. die (kirchlichen und die staatlichen) Religionslehrkräfte zugleich „Beauftragte" ihrer Religionsgemeinschaft. Sie müssen die kirchliche Lehrbefugnis besitzen (katholisch: *„Missio canonica"* bzw. evangelisch: *„Vocatio"*). Keine Lehrkraft kann – selbst wenn sie die Lehrbefähigung für dieses Fach besitzt oder deswegen eingestellt wurde – zur Erteilung des RU gezwungen werden.

⇨ Grundgesetz Art. 7; ⇨ Schulgesetz §§ 96-100;
⇨ Verfassung Art. 18

Die Aufsicht des Staates beschränkt sich gemäß ⇨ Schulgesetz § 99 darauf, *„dass bei der Erteilung des Religionsunterrichts der Stundenplan beachtet, die Unterrichtszeit eingehalten und die Schulordnung gewahrt wird"*. Missachtet also beispielsweise eine Lehrkraft im Religionsunterricht das Verbot der körperlichen Züchtigung, müssen die Schulleitung bzw. die Schulaufsicht handeln; ihnen ist jedoch ein inhaltlicher Eingriff verwehrt. Denn die fachliche Aufsicht wird *„durch religionspädagogisch erfahrene Beauftragte der Religionsgemeinschaften wahrgenommen"*. Zweifelt die Schulleitung an der fachlichen Leistung einer Religionslehrkraft, muss sie diese *„Beauftragten"* (bei den christlichen Kirchen ist dies das Schuldekanat), also nicht die staatliche Schulaufsicht einschalten.

Teilnahmepflicht

Nur die *„bekenntnisangehörigen"* Schüler*innen sind grundsätzlich zum Besuch des an einer öffentlichen Schule eingerichteten RU verpflichtet. *„Eingerichtet"* sind neben dem römisch-katholischen und dem evangelischen nur alevitischer, altkatholischer, islamisch-sunnitischer, jüdischer, (bulgarisch-, georgisch-, russisch-, griechisch-, rumänisch-, serbisch-)orthodoxer sowie syrisch-orthodoxer RU. Evangelisch-methodistische Schüler*innen nehmen am evangelischen RU teil; siehe ⇨ Religionsunterricht (Teilnahme und Abmeldung) Teil B Nr. 4. Zum „konfessionell-kooperativen" Religionsunterricht siehe ⇨ Religion (Terilnahme und Abmeldung) Ziff. 2.2.

Nicht verpflichtet sind die Angehörigen der sonstigen christlichen Konfessionen (z.B. evangelische Freikirchen, Zeugen Jehovas, Neuapostolische, Baptisten, Mormonen usw.) sowie die Angehörigen anderer Religionen (Hindus, Bahais, Buddhisten usw.), denn für sie ist kein Religionsunterricht „eingerichtet", sowie alle Schüler*innen, die keinem religiösen Bekenntnis angehören. Nicht verpflichtet sind auch Kinder, die vom Religionsunterricht abgemeldet wurden, und Jugendliche, die sich selbst von diesem abgemeldet haben (siehe unten). Sie können jedoch mit Zustimmung der jeweiligen Religionsgemeinschaft auf Antrag an einem „eingerichteten" Religionsunterricht teilnehmen.

Für das *„Bekenntnis"* ist der Eintrag über die *„rechtliche Zugehörigkeit zu einer öffentlich-rechtlichen Religionsgemeinschaft"* im staatlichen Melderegister maßgebend, nicht die nur *„kirchenrechtlich"* relevante Taufe. Die Meldebehörde teilt der Schule die Zugehörigkeit zu einer öffentlich-rechtlichen Religionsgemeinschaft (z.B. anlässlich der Einschulung) mit. Das Bekenntnis ist ferner von der Schule bei den Eltern abzufragen.

⇨ Datenschutz (Schulen) Nr. 2.3; ⇨ Schulpflicht (Meldeverordnung – Datenschutz)

Einen Nachweis müssen die Erziehungsberechtigten dabei nicht vorlegen. Eine Beendigung der Teilnahmepflicht ist danach nur durch den Kirchenaustritt oder die Abmeldung (s.u.) möglich.

Ethikunterricht und Aufsicht in Hohlstunden

Sofern das „Ersatzfach" ⇨ Ethik an der betreffenden Schule erteilt wird, sind Schüler*innen, die an keinem „eingerichteten" Religionsunterricht teilnehmen, zum Besuch des Ethikunterrichts verpflichtet. Sie können jedoch mit Zustimmung der jeweiligen Religionsgemeinschaft auf Antrag an einem „eingerichteten" Religionsunterricht teilnehmen.

Insbesondere im Grundschulbereich, wo bislang das Fach ⇨ Ethik nicht eingerichtet ist (aber die nicht bekenntnisangehörigen Schüler*innen bisweilen bereits die Mehrheit der Schülerschaft stellen), bleiben zahlreiche Betroffene in den Religionsstunden „unversorgt"; vielfach nehmen sie – nicht zuletzt wegen der andernfalls entstehenden „Hohlstunden" – freiwillig am eingerichteten Religionsunterricht teil. Im Bereich der Evangelischen Landeskirche Württemberg stellten sie – über alle Schularten gerechnet – im Jahr 2022 immerhin 31 % aller Teilnehmenden am evangelischen Religionsunterricht.

(Quelle: https://www.elk-wue.de/leben/bildung-und-kultur/religionsunterricht; Februar 2023)

Das KM hat hierzu u.a. mitgeteilt: *„Für Kinder, die nicht am Religionsunterricht teilnehmen und für die auch* *kein Ethikunterricht vorgesehen ist, besteht auch in einer dadurch entstehenden Hohlstunde eine Aufsichtspflicht der Schule. [...] Soweit möglich, wird der Religionsunterricht auf die Randstunden verlegt. Darüber hinaus bieten sich Möglichkeiten der Aufsicht durch Hilfskräfte oder durch Einzelarbeit im Raum einer anderen Klasse. Bei älteren Schülerinnen und Schülern ist eine Präsenzaufsicht nicht in jedem Fall erforderlich. Hier kann es genügen, dass eine Lehrkraft jederzeit erreichbar ist.*" ⇨ Aufsichtspflicht Nr. 4 (Quelle: Landtags-Drucksache 14/3498)

Das Verwaltungsgericht Sigmaringen hat entschieden (2.11.2020, AZ: 4 K 3814/20), dass Schüler*innen nicht zur Teilnahme am RU eines anderen Bekenntnisses oder an einem ökumenischen Unterricht gezwungen werden dürfen. „Teilnahme" umfasse dabei auch den Aufenthalt in dem selben Raum, in dem der RU stattfinde, unabhängig davon, ob dieser mit einem Präsenzlehrer oder als Selbstlernunterricht durchgeführt werde. Denn auch während eines Selbstlernunterrichts, in welchem zuvor ausgeteilte Aufgaben der Religionslehrkraft bearbeitet werden sollen, würden sich die Schüler*innen über diese Aufgaben austauschen.

Das KM hat hierzu amtlich mitgeteilt: „*Eine Betreuung oder Beaufsichtigung von Schülerinnen und Schülern, die nicht zur Teilnahme verpflichtet sind, während des Religionsunterrichts ist grundsätzlich nicht möglich.*" (Quelle: https://km-bw.de/,Lde/startseite/ministerium/kultus-religionsangelegenheiten-und-staatskirchenrecht; 8.3.2023)

Abmelderecht

Die Abmeldung vom RU ist innerhalb von zwei Wochen nach Unterrichtsbeginn im Schulhalbjahr möglich; siehe ⇨ Religionsunterricht (Teilnahme und Abmeldung). Es ist rechtswidrig, die Abmeldeerklärung vor dem Schuljahresende zu verlangen (also bevor bekannt ist, welche Lehrkraft den Unterricht im Folgejahr erteilen wird).

Verfassungsrechtlich problematisch ist die Vorschrift, dass religionsmündige Schüler*innen bei der Abmeldung „*Glaubens- und Gewissensgründe*" vorbringen müssen: Grundgesetz und Landesverfassung verlangen lediglich eine „*Willenserklärung*"; das Grundgesetz bestimmt zudem: „*Niemand ist verpflichtet, seine religiöse Überzeugung zu offenbaren*" (Art. 140 i.V.m. Art 136 WRV). Auch nach dem Gesetz über die religiöse Kindererziehung ist keine Angabe von Gründen erforderlich. Diese Bestimmung ist zudem mit dem Erziehungsauftrag der Schule nicht vereinbar, denn sie veranlasst die Betroffenen zum Lügen. Es genügt u.E. jedenfalls die Mitteilung an die Schule, dass „*Glaubens- und Gewissensgründe*" vorliegen; eine Spezifizierung ist nicht nötig.

Wollen die Eltern oder religionsmündige Kinder die freiwillige Teilnahme am RU beenden, so genügt eine einfache Mitteilung an die Schule (es ist also keine förmliche „Abmeldung" wie bei bekenntnisangehörigen Kindern erforderlich).

4. Jüdischer Religionsunterricht

Hinweis der Redaktion: Mit einem Erlass vom 1.8.2005 (K.u.U. S. 107/2005) stufte das KM die Jüdische Religionslehre als „ordentliches Unterrichtsfach" ein (⇨ Verfassung Art. 18). Im Einzelnen bestimmte das KM darin (dieser Erlass hat keine Nr. 1):

2. Der jüdische Religionsunterreicht wird von jüdischen Religionslehrkräften erteilt, die von ihrer Religionsgemeinschaft angestellt sind oder die in einem Beschäftigungsverhältnis zum Land Baden-Württemberg stehen.
3. Der jüdische Religionsunterricht wird nach Möglichkeit entsprechend den jeweiligen Stundentafeln mit bis zu zwei Wochenstunden durchgeführt. Die Bestimmungen für die gymnasiale Oberstufe bleiben davon unberührt. Einzelabsprachen sind zwischen der Schule und der betreffenden Israelitischen Religionsgemeinschaft vorzunehmen.
4. Die Schülerinnen und Schüler (einzelner, mehrerer oder aller Klassen bzw. Jahrgangsstufen) an einer Schule sollen jeweils zu Gruppen von mindestens acht Schülerinnen oder Schülern zusammengefasst werden. Ausnahmsweise wird jedoch zugelassen, dass mangels Schülerinnen und Schülern auch Gruppen ab zwei Schülerinnen oder Schülern gebildet werden. Die Zusammenfassung von Schülerinnen und Schülern verschiedener Schulen und Schularten zu einer Gruppe wird ebenfalls zugelassen.
5. Der jüdische Religionsunterricht ist regelmäßig im Gebäude der Schule durchzuführen. Ausnahmsweise kann auf begründeten Antrag einer Israelitischen Religionsgemeinschaft der Religionsunterricht auch im Gemeindezentrum einer Jüdischen Gemeinde stattfinden. Dabei muss sichergestellt werden, dass die jeweilige Schulleitung jederzeit Zugang zu den Unterrichtsräumen hat.
6. Bei der Festlegung des jüdischen Religionsunterrichts im Stundenplan ist auf die besonderen Regelungen der Nummern 4 und 5 Rücksicht zu nehmen. Der über den Stundenplan genehmigte staatliche Unterrichtsauftrag kann von der Schulaufsichtsbehörde entzogen werden, wenn sich aus der Person oder der Unterrichtstätigkeit der Lehrkraft schwerwiegende Einwände gegen deren Verwendung ergeben haben. Vor der Entscheidung über die Entziehung des staatlichen Unterrichtsauftrags ist die jeweilige Israelitische Religionsgemeinschaft zu hören. Der Lehrkraft ist vor der Entscheidung über eine Entziehung des staatlichen Unterrichtsauftrags Gelegenheit zur Äußerung zu geben.
7. Die Entscheidung über die Teilnahme von Schülerinnen oder Schülern anderer Bekenntnisse oder ohne Bekenntnis am jüdischen Religionsunterricht trifft die betreffende jüdische Religionslehrkraft.
8. Jüdischer Religionsunterricht wird wie die übrigen Fächer benotet. Die von der jüdischen Religionslehrkraft erteilte Religionsnote ist in das Zeugnis bzw. die Halbjahresinformation unter dem Fach Religionslehre mit der Konfessionsangabe „jüdisch" auszubringen. Die Note ist nach Maßgabe der jeweiligen Versetzungs- oder Prüfungsordnung versetzungserheblich.
9. Die jüdischen Religionslehrkräfte nehmen nach

Maßgabe der ➪ Konferenzordnung an den Lehrerkonferenzen der Schule bzw. der Schulen teil, aus denen die Schülerinnen und Schüler kommen.

10. Der jüdische Religionsunterricht wird unbeschadet des allgemeinen Aufsichtsrechts des Staates von religionspädagogisch erfahrenen Beauftragten der Israelitischen Religionsgemeinschaften beaufsichtigt.

5. Altkatholischer Religionsunterricht

Zum altkatholischen Religionsunterricht hat das KM am 12.4.2011 (K.u.U. S. 108/2011) bekanntgegeben: *„Die Anerkennung als Religionsunterricht i.S. von Artikel 7 Abs. 3 Grundgesetz und Artikel 18 Landesverfassung ist unabhängig von der Anzahl der Schülerinnen und Schüler.“* Der Unterricht findet in den Räumen der Schule statt.
Im Übrigen ist dieser Erlass des KM weitgehend analog zur Regelung für den jüdischen Religionsunterricht.

6. Orthodoxer Religionsunterricht

Formal *„eingerichtet“* ist syrisch-orthodoxer Religionsunterricht an Schulen, an denen eine Mindestzahl von acht syrisch-orthodoxen Schüler*innen erreicht wird (Bekanntmachung des KM, 10.2.1994, K.u.U. S. 78). Für die übrigen, in der Orthodoxen Bischofskonferenz Deutschlands zusammengeschlossenen Religionsgemeinschaften (griechisch-, serbisch-, russisch-, bulgarisch-, georgisch-, rumänisch- und ukrainisch-orthodoxe Kirche) hat das KM *„klargestellt“*, dass Religionslehre *„ordentliches Lehrfach“* ist (21.12.2016, K.u.U. S. 35/2017). Sobald an einer Schule entsprechende Schüler*innen gemeldet sind und die Religionsgemeinschaft eine Lehrkraft benennt, muss dort orthodoxer RU erteilt werden.

7. Islamischer Religionsunterricht

„Eingerichtet“ wird Religionsunterricht an öffentlichen Schulen vom Kultusministerium nur, wenn eine anerkannte Religionsgemeinschaft dies verlangt und die erforderlichen Rahmenbedingungen erfüllt sind (z.B. Vorlage eines Lehrplans, Vorhandensein und qualifizierte fachliche Ausbildung von bekenntnisangehörigen Lehrkräften, Stellung des Personals für die Aufsicht über den Religionsunterricht).

➪ Religionsunterricht (Teilnahme); ➪ Schulgesetz § 96

Beim Islam gibt es jedoch keine Behördenstruktur wie bei den christlichen Kirchen, es ermangelt also einer formellen *„islamischen Religionsgemeinschaft“*, die dem Staat als Verhandlungspartner gegenübersteht. Das für den RU zuständige Kultusministerium behilft sich deshalb mit Ersatzkonstruktionen. Es hat zwar Lehrpläne für sunnitischen und alevitischen Religionsunterricht in der Grundschule veröffentlicht (K.u.U. S. 308/2006) und alevitischen RU als ordentliches Lehrfach *„eingerichtet“*, seit 2019 ist auch islamischer RU sunnitischer Prägung faktisch eingerichtet (s.u.). Da die Zugehörigkeit zu einem muslimischen Bekenntnis jedoch nicht amtlich erhoben wird, sind nur jene Schüler*innen zur Teilnahme am RU verpflichtet, die von ihren Eltern gegenüber der Schule als dem jeweiligem Bekenntnis zugehörig gemeldet wurden. ➪ Religionsunterricht (Teilnahme)

Für Schiiten und andere Muslime, auch für selbstständige (sunnitische) Richtungen wie zum Beispiel die Ahmadiyya Muslim Jamaat, ist bisher kein islamischen Religionsunterricht an öffentlichen Schulen des Landes eingerichtet.

Alevitischer Religionsunterricht

Zum alevitischen RU hat das KM am 19.8.2014 (K.u.U. S. 14/2015) *„Regelungen“* bekanntgegeben. Danach ist *„alevitische Religionslehre“* unabhängig von der Anzahl der Schüler*innen *„ordentliches Unterrichtsfach“*. Das Fach kann schul- oder schulartübergreifend erteilt werden; es ist versetzungs- bzw. bestehenserheblich im Sinne der Versetzungs- und Prüfungsordnungen. Die Unterrichtssprache im alevitischen RU ist deutsch. Bei rituellen Gebeten (Salah) werden die Suren in arabischer Sprache gesprochen. Von den Schüler*innen wird nicht erwartet, dass arabisch gesprochen oder gelesen wird. Die alevitische Religionslehrkraft nimmt nach Maßgabe der ➪ Konferenzordnung – ggf. mit Stimmrecht – an den Lehrerkonferenzen der Schulen teil, aus denen ihre Schülerinnen und Schüler stammen.

Sunnitischer Religionsunterricht

Der islamische Religionsunterricht sunnitischer Prägung, wird vom *„Sunnitischen Schulrat“* getragen. Diese Stiftung des öffentlichen Rechts *„tritt an die Stelle der derzeit nicht vorhandenen anerkannten islamischen Religionsgemeinschaft als Trägerin des Religionsunterrichts im Sinne des Art. 7 Abs. 3 Grundgesetz“* (Bekanntmachung des KM vom 23.10.2020; K.u.U. S. 188/2020). Sie beaufsichtigt den sunnitischen RU und verleiht die Lehrbefugnis bzw. „Idschaza“. Für diesen Religionsunterricht können Personen eingesetzt werden, „die über eine entsprechende Befähigung für eine Laufbahn als Lehrkraft an baden-württembergischen Schulen verfügen“.

Koranschulen und Religionskunde

Religionsunterricht, der nicht amtlich als ordentliches Lehrfach oder als Schulversuch *„eingerichtet“* wurde, ist an öffentlichen Schulen unzulässig. Dies gilt insbesondere auch für islamische „Koranschulen“. Hingegen findet mit Billigung des KM im Rahmen des muttersprachlichen Unterrichts, der in Verantwortung des türkischen Generalkonsulats – in der Regel in staatlichen Schulgebäuden – erteilt wird, teilweise eine religionskundliche *Unterweisung* (kein Religionsunterricht!) für muslimische türkische Schüler*innen statt. ➪ Integration und Sprachförderung Nr. 8

➪ Ethik; ➪ Feiertage; ➪ Ferienverordnung; ➪ Grundgesetz Art. 4, Art. 7 Abs. 2, Art. 140; ➪ Integration und Sprachförderung Nr. 8; ➪ Lernmittel (Zulassung); ➪ Religion (Allgemeines); ➪ Religionsunterricht (Teilnahme und Abmeldung); ➪ Schulbesuchsverordnung (Hinweis zur Anlage); ➪ Schulgesetz §§ 72, 85, 92; ➪ Schulgottesdienst und Schülergottesdienst; ➪ Verfassung

Religionsunterricht (Teilnahme und Abmeldung)

Teilnahme am Religionsunterricht; Verwaltungsvorschrift des Kultusministeriums vom 21.12.2000 (K.u.U. S. 16/2001); zuletzt geändert 15. Mai 2009 (K.u.U. S. 77/2009)

A

1.
Teilnahmepflicht

1.1 Der Religionsunterricht ist gemäß Artikel 7 Abs. 3 Grundgesetz, Artikel 18 Landesverfassung und § 96 Abs. 1 Schulgesetz für Baden-Württemberg (SchG) an allen öffentlichen Schulen des Landes ordentliches Lehrfach. Damit ist jeder Schüler, der in Baden-Württemberg eine öffentliche Schule besucht, grundsätzlich zur Teilnahme am Religionsunterricht seines Bekenntnisses verpflichtet.

Hinweise der Redaktion:

1. Zur Feststellung der „Bekenntniszugehörigkeit" der Schüler*innen sowie zur Weitergabe der entsprechenden Daten siehe ⇨ Datenschutz (Schulen) Nr. 2.3.1.2 sowie ⇨ Religion (Allgemeines) und ⇨ Schulpflicht (Meldeverordnung – Datenschutz).

2. Die Evangelisch-methodistischen Kirchen in Baden und Württemberg betrachten die Lehrpläne für das Fach Evangelische Religionslehre in Baden-Württemberg als mit ihren Glaubensgrundsätzen vereinbar und anerkennen den im landeskirchlichen Auftrag erteilten Religionsunterricht als ordentliches Lehrfach für die ihnen angehörenden Kinder. Für diese Schüler*innen ist der evangelische Religionsunterricht ordentliches Lehrfach. Sie sind somit unbeschadet des Abmelderechts nach ⇨ Schulgesetz § 100 grundsätzlich zum Besuch dieses Unterrichts verpflichtet. (Quelle: KM, 10.2.1989; K.u.U. S. 39/1989)

1.2 Ausnahmsweise kann ein Schüler in folgenden Fällen anstelle des Religionsunterrichts der eigenen Religionsgemeinschaft den einer anderen Religionsgemeinschaft mit gleichen Rechten und Pflichten besuchen, und zwar

1.2.1 im Verlauf der Eingangsklasse der gymnasialen Oberstufe sowie der ersten und zweiten Jahrgangsstufen insgesamt höchstens zwei Schulhalbjahre bzw. zwei Kurse mit Zustimmung der eigenen sowie der Religionsgemeinschaft, deren Religionsunterricht besucht werden soll;

1.2.2 wenn an der besuchten Schule überhaupt kein Religionsunterricht der eigenen Religionsgemeinschaft erteilt wird, mit Zustimmung der Religionsgemeinschaft, deren Religionsunterricht besucht werden soll;

1.2.3 wenn an der besuchten Schule in dem betreffenden Schuljahr kein Religionsunterricht der eigenen Religionsgemeinschaft stattfindet, mit Zustimmung der Religionsgemeinschaft, deren Religionsunterricht besucht werden soll;

1.2.4 in einzelnen Härtefällen mit Zustimmung der eigenen sowie der Religionsgemeinschaft, deren Religionsunterricht besucht werden soll;

1.2.5 im Falle eines konfessionell-kooperativen Religionsunterrichts nach Maßgabe der Vereinbarung [...] vom 1. März 2005 [...].

Hinweis der Redaktion: Siehe unten Teil C dieser VwV.

Schüler, die keiner Religionsgemeinschaft angehören, können mit Zustimmung der Religionsgemeinschaft, deren Religionslehre besucht werden soll, den Religionsunterricht besuchen. Die Zustimmung erteilt die jeweils von der Religionsgemeinschaft dafür bestimmte Stelle.

1.3 Über die Teilnahme am Religionsunterricht bestimmen die Erziehungsberechtigten. Nach Eintritt der Religionsmündigkeit steht das Recht, über die Teilnahme am Religionsunterricht zu bestimmen, aus Glaubens- und Gewissensgründen dem Schüler selbst zu. Gemäß § 5 Satz 1 des Gesetzes über die religiöse Kindererziehung (RKEG) [...] ist ein Schüler religionsmündig, wenn er das 14. Lebensjahr vollendet hat. Hat ein Schüler das 12. Lebensjahr vollendet, darf er gemäß § 5 Satz 2 RKEG nicht gegen seinen Willen in einem anderen Bekenntnis erzogen und damit auch nicht von seinen Erziehungsberechtigten gegen seinen Willen vom Religionsunterricht abgemeldet werden.

2.
Abmeldung

Das Verfahren über die Abmeldung vom Religionsunterricht richtet sich nach § 100 SchG. Ergänzend gilt Folgendes:

2.1 Die Abmeldeerklärung für einen nicht religionsmündigen Schüler ist von demjenigen zu unterzeichnen, dem das Sorgerecht für den Schüler zusteht. Die Abmeldeerklärung muss daher in der Regel von beiden Elternteilen unterzeichnet sein.

2.2 Von einem Vormund oder einem Pfleger eines nicht religionsmündigen Schülers ist in entsprechender Anwendung von § 3 Abs. 2 RKEG die Genehmigung der Abmeldung durch das Vormundschaftsgericht nachzuweisen.

2.3 Die Abmeldeerklärung eines religionsmündigen Schülers ist nur wirksam, wenn Glaubens- und Gewissensgründe vorgebracht werden. Eine Überprüfung der angegebenen Glaubens- und Gewissensgründe ist nicht statthaft.

⇨ Religion (Allgemeines) Nr. 3

2.4 Die Abmeldung vom Religionsunterricht muss spätestens zwei Wochen nach Beginn des Unterrichts des Schulhalbjahres erklärt werden, zu dem sie wirksam werden soll.

2.5 Da das Recht auf Abmeldung vom Religionsunterricht ein höchstpersönliches Recht der Erziehungsberechtigten bzw. des religionsmündigen Schülers ist, ist es nicht zulässig, dass die Schule Schüler über eine beabsichtigte Abmeldung befragt oder für die schriftliche Abmeldung der Erziehungsberechtigten und der volljährigen Schüler oder die Ankündigung der persönlichen Erklärung der Abmeldung bei Schülern, die zwar das 14., aber noch nicht das 18. Lebensjahr vollendet haben, Formulare bereithält.

3.
Ethikunterricht

Schüler, die nicht am Religionsunterricht teilnehmen, haben an den Schulen, an denen das Fach Ethik eingeführt ist, den Unterricht in diesem Fach zu besuchen.

⇨ Ethik

B

Nachstehend gibt das Ministerium für Kultus und Sport die von den evangelischen und katholischen Kirchen in Baden-Württemberg zur Ausführung der Regelungen über den Besuch des Religionsunterrichts einer anderen alsder eigenen Religionsgemeinschaft geschlossene Vereinbarung bekannt:

Vereinbarung zwischen den evangelischen und katholischen Kirchen in Baden-Württemberg vom 31. März 1983

Zu Ziffer 1.2 der VwV *[...]* über die Teilnahme am Religionsunterricht wird Folgendes vereinbart:

1. Zu Ziffer 1.2.1

In diesen Fällen wird allgemein zugestimmt, dass evangelische bzw. katholische Schüler zwei Kurse bzw. zwei Schulhalbjahre den Religionsunterricht der anderen Kirchen besuchen können, sofern nicht in besonderen Fällen von den kirchlichen Oberbehörden Einwendungen bestehen.

2. Zu Ziffer 1.2.2

Der Fall, dass an der Schule kein evangelischer bzw. katholischer Religionsunterricht erteilt wird, tritt nicht auf. Für die Erteilung der Zustimmung zur Aufnahme von Schülern anderer Religionsgemeinschaften ist der Religionslehrer im Rahmen der jeweiligen kirchlichen Bestimmungen zuständig.

3. Zu Ziffer 1.2.3

Es besteht Übereinstimmung, dass dieser Fall für den evangelischen und katholischen Religionsunterricht möglichst nicht eintreten sollte. In erster Linie muss versucht werden, den Religionsunterricht jahrgangsübergreifend anzubieten. Wenn die Fortführung des Religionsunterrichts aus organisatorischen oder personellen Gründen nicht möglich erscheint, benachrichtigen die Schulen unmittelbar die zuständigen kirchlichen Oberbehörden. Wenn die Voraussetzungen von Ziffer 1.2.3 eintreten, wird allgemein die Zustimmung erteilt, dass evangelische bzw. katholische Schüler den Religionsunterricht der anderen Kirche besuchen können.

4. Zu Ziffer 1.2.4

Die Zustimmung ist von den zuständigen kirchlichen Oberbehörden zu erteilen.

C

Das Kultusministerium verweist ergänzend auf den folgenden Auszug aus der Vereinbarung zum konfessionell-kooperativen Religionsunterricht zwischen der Evangelischen Landeskirche in Baden, der Evangelischen Landeskirche in Württemberg, der Erzdiözese Freiburg und der Diözese Rottenburg-Stuttgart zur konfessionellen Kooperation im Religionsunterricht an allgemeinbildenden Schulen vom 1. März 2005:

„2.2 Der konfessionell-kooperativ erteilte Religionsunterricht

Der konfessionell-kooperativ erteilte Religionsunterricht ist konfessioneller Religionsunterricht im Sinne des Art. 7 Abs. 3 GG, für den die Lehren und Grundsätze der Evangelischen Kirche beziehungsweise der Katholischen Kirche maßgeblich sind.

Dieser Religionsunterricht zielt darauf, ein vertieftes Bewusstsein der eigenen Konfession zu schaffen, die ökumenische Offenheit der Kirchen erfahrbar zu machen und den Schülerinnen und Schülern beider Konfessionen die authentische Begegnung mit der anderen Konfession zu ermöglichen.

Es werden gemischt-konfessionelle Lerngruppen gebildet, die im Wechsel von einer Lehrkraft des Unterrichtsfaches Evangelische Religionslehre und Katholische Religionslehre unterrichtet werden. Dabei wird in qualifizierter Zusammenarbeit das konfessionelle Profil beider Kirchen in den Religionsunterricht eingebracht. Die Kirchen erstellen für diesen Unterricht auf der Basis der geltenden Bildungspläne jeweils einen schulartspezifisch verbindlichen Rahmen, dessen Verbindlichkeit durch übereinstimmende Erklärung der Schulverantwortlichen der Kirchen festgestellt wird.

Der konfessionell-kooperativ erteilte Religionsunterricht bedarf der Genehmigung durch den Evangelischen Oberkirchenrat Karlsruhe und das Erzbischöfliche Ordinariat Freiburg, bzw. durch den Evangelischen Oberkirchenrat Stuttgart und das Bischöfliche Ordinariat Rottenburg. Die Genehmigung kann nur erteilt werden, wenn bestimmte Qualitätserfordernisse erfüllt sind: Die Erarbeitung eines gemeinsamen Unterrichtsplans auf der Basis der Vorgaben der Bildungspläne für Evangelische Religionslehre und für Katholische Religionslehre und die Teilnahme der beteiligten Lehrkräfte an begleitender Fortbildung. Unbeschadet der über die Lehrkräfte durch die Kirchlichen Beauftragten ihrer Konfession wahrgenommenen Fachaufsicht wird die Aufsicht über die vereinbarte Kooperation von den Kirchlichen Beauftragten beider Kirchen gemeinsam wahrgenommen.

Genehmigungen werden nur befristet und für bestimmte Klassenstufen erteilt.

Näheres wird für die einzelnen Schularten in einem verbindlichen Rahmen durch die Schulverantwortlichen der Evangelischen Landeskirchen und der Diözesen geregelt."

Hinweis der Redaktion: Entspricht die Konfession der am kooperativen Religionsunterricht teilnehmenden Schüler*innen nicht jener der unterrichtenden Lehrkraft, ist jeweils die elterliche Zustimmung einzuholen; nach Eintritt der Religionsmündigkeit bestimmen hierüber die Schüler*innen selbst. Unterrichten Lehrkräfte unterschiedlicher Konfession, einigen sie sich über die gemeinsam zu bildende Zeugnisnote im Jahreszeugnis.

(Quelle: Infodienst Schulleitung, Juli 2009, Nummer 131)

⇨ Datenschutz (Schulen) Nr. 2.3.1.2; ⇨ Ethik; ⇨ Grundgesetz Art. 7,140; ⇨ Religion (Allgemeines); ⇨ Schulbesuchsverordnung; ⇨ Schulgesetz § 100; ⇨ Schulpflicht (Meldeverordnung – Datenschutz); ⇨ Schulgottesdienst; ⇨ Unterrichtsorganisation (Organisationserlass); ⇨ Verfassung Art. 18

Schulaufsicht und Schulverwaltung

Informationen der Redaktion zur Rechtslage und zur Verwaltungspraxis in Baden-Württemberg

Aufgaben der staatlichen Schulaufsicht

Im ⇨ Grundgesetz Art. 7 Abs. 1 ist verfügt: *„Das gesamte Schulwesen steht unter der Aufsicht des Staates.“* Die Landesverfassung (⇨ Verfassung Art. 17 Abs. 2) bestimmt hierzu: *„Die Schulaufsicht wird durch fachmännisch vorgebildete, hauptamtlich tätige Beamte ausgeübt“*. Ferner bestimmt das Grundgesetz in Art. 17: *„Jedermann hat das Recht, sich einzeln oder in Gemeinschaft mit anderen schriftlich mit Bitten oder Beschwerden an die zuständigen Stellen und an die Volksvertretung zu wenden“*.

Diese Verfassungsbestimmungen sind eine Antwort auf die Willkürherrschaft des monarchischen bzw. des totalitär verfassten Staates früherer Zeiten und anderer Länder dieser Erde: Der Staat (im demokratischen Rechtsstaat das Parlament bzw. in dessen Auftrag und unter dessen Kontrolle die insofern „neutralen“ staatlichen Behörden) und nicht mehr der Ortsgeistliche oder der Dorfbürgermeister, der Elternbeirat oder etwa eine politische Partei wachen darüber, dass es in den Schulen mit rechten Dingen zugeht. § 4 der Elternbeiratsverordnung bestimmt ausdrücklich, dass Elternvertreter*innen nicht berechtigt sind, gegen Schulen, Schulaufsichtsbehörden und sonstige Behörden Untersuchungen wegen ihres dienstlichen Verhaltens zu führen; unberührt hiervon bleibt das Informations- und ⇨ Beschwerderecht der Eltern.

Aufgrund dieser Rechtslage können (gegebenenfalls müssen) alle Handlungen und Unterlassungen dieser staatlichen Institutionen und der dort Beschäftigten auf den Prüfstand gestellt werden: Die Lehrkräfte üben ihr Amt zwar in *„unmittelbarer pädagogischer Verantwortung“* aus, aber ihre ⇨ Pädagogische Freiheit ist durch die Verfassung, die Gesetze und die für sie geltenden Vorschriften begrenzt. Nicht nur die (im Schulbereich seltenen) Verwaltungsakte, sondern auch das alltägliche administrative und pädagogische Handeln der im Schulwesen Tätigen müssen rechtsstaatlichen Erfordernissen entsprechen, sie müssen sachlich und fachlich begründbar sein und sie sind nicht nur gegenüber den zuständigen Vorgesetzten zu rechtfertigen, sondern sie müssen auch den gesetzlichen Vertretungen der Eltern und der Schülerschaft dargelegt und erklärt werden können. ⇨ Ermessen

Dies bedeutet zugleich, dass die zuständigen Vorgesetzten verpflichtet sind, Beschwerden und Beanstandungen in gehöriger Weise nachzugehen: Sie müssen

- ungerechtfertigte Interventionen (beispielsweise erkennbar unwahre oder aus persönlicher Abneigung entstandene Denunziationen) zurückweisen,
- Tatsachenbehauptungen verifizieren,
- die Betroffenen/Angeschuldigten anhören,
- Missstände abstellen,
- Fehlhandlungen – gegebenenfalls disziplinarrechtlich – sanktionieren und
- den Beschwerdeführer*innen das Ergebnis ihrer Untersuchungen mitteilen. ⇨ Verwaltungsrecht

Die Schulaufsichtsbehörden üben die Dienst- und Fachaufsicht über die Schulen und die Lehrkräfte

Die Karte zeigt die Stadt- und Landkreise in Baden-Württemberg. Die Staatlichen Schulämter sind in der Regel jeweils für mehrere Kreise zuständig (siehe Listen unten auf der folgenden Seite). Die Ziffern bezeichnen die Einstellungsbezirke für die Einstellung der Lehrkräfte in den Schuldienst.

aus. Die staatliche Schulaufsicht beschränkt sich nicht auf eine reine Kontrollfunktion, sondern sie ist eine Gestaltungsaufsicht: Sie erstreckt sich auf die Planung und Leitung, Ordnung und Förderung des gesamten Schulwesens und umfasst das Bestimmungsrecht über die Unterrichts- und Erziehungsarbeit der öffentlichen Schulen, die Schulentwicklung und alle damit zusammenhängenden Angelegenheiten. ➪ Beschwerderecht

Struktur der Schulverwaltung in Baden-Württemberg

Die Verwaltung der öffentlichen Schulen in Baden-Württemberg obliegt dem Ministerium für Kultus, Jugend und Sport („KM") als *„oberste Schulaufsichtsbehörde"* und seinen nachgeordneten Behörden:

- Die vier Regierungspräsidien (Abt. 7 – Schule und Bildung) sind als *„obere Schulaufsichtsbehörden"* tätig, zugleich sind sie unmittelbar zuständig für die Aufsicht über die Gymnasien, die beruflichen Schulen, die Schulen mit Internat und die Schulen besonderer Art (Gesamtschulen); ferner obliegt ihnen die Aufsicht über die Privatschulen.
- Die 21 Staatlichen Schulämter sind als *„untere Schulaufsichtsbehörden"* für die Grund-, Haupt-, Werkreal-, Real- und Gemeinschaftschulen sowie die Sonderpädagogischen Bildungs- und Beratungszentren (außer SBBZ mit Internat) einschließlich der Schulkindergärten zuständig.

Die Adressen des Ministeriums und der Schulaufsichtsbehörden stehen unter www.km-bw.de.

Die öffentlichen Schulen sind zur systematischen Qualitätsentwicklung und -sicherung verpflichtet (Selbst- und Fremdevaluation). Das ➪ Schulgesetz § 114 wurde Anfang 2019 geändert; zugleich wurde die bisherige Evaluationsverordnung des KM aufgehoben. Eine Neufassung steht noch aus.

Die bis 2019 laut ➪ Schulgesetz § 32 ausdrücklich der Schulaufsicht zugewiesene Beratungsaufgabe ist seitdem auf das Zentrum für Schulqualität und Lehrerbildung (ZSL) übergegangen (siehe dazu den Beitrag ➪ Schulentwicklung und Evaluation).

Im Institut für Bildungsanalysen Baden-Württemberg (IBBW) wird ein strategisches Bildungsmonitoring aufgebaut (datengestützte Qualitätsentwicklung). Link: https://ibbw.kultus-bw.de.

Die Schulaufsichtsbehörden sind verpflichtet, nicht nur die Schulen, sondern auch die Eltern sowie die Elternvertretungen zu beraten, zu unterstützen und zu informieren. Beim KM sowie den Schulaufsichtsbehörden gibt es – auch für Telefonauskünfte – „Bürgerreferent*innen". Zur Beratung und Information stehen auch das ZSL sowie die Schulpsychologischen Beratungsstellen zur Verfügung.
➪ Bildungsberatung; ➪ Elternbeirat (EltBVO) § 34; ➪ Schulentwicklung; ➪ Schulpsychologische Beratungsstellen

Mit der (ab 1.8.2022 für alle Schulen obligatorischen) Verwaltungssoftware ASV-BW werden die Schüler- und Lehrerverwaltung organisiert und Listen, Formulare und Zeugnisvorlagen bereitgestellt.
➪ Datenschutz (Schulen); ➪ Schulgesetz § 116

Regierungspräsidium Freiburg

79083 Freiburg i. Br., poststelle@rpf.bwl.de

Sitz in	*Zuständig für GHWRGS-Schulen in*
Freiburg	Stadtkreis Freiburg, Landkreise Breisgau-Hochschwarzwald, Emmendingen
Konstanz	Landkreise Konstanz, Tuttlingen
Lörrach	Landkreise Lörrach, Waldshut
Offenburg	Landkreis Ortenaukreis
Donaueschingen	Landkreise Rottweil, Schwarzwald-Baar-Kreis

Regierungspräsidium Karlsruhe

76247 Karlsruhe, poststelle@rpk.bwl.de

Sitz in	*Zuständig für GHWRGS-Schulen in*
Karlsruhe	Stadt- und Landkreis Karlsruhe
Mannheim	Stadtkreise Mannheim, Heidelberg, Landkreise Rhein-Neckar-Kreis, Neckar-Odenwald-Kreis
Pforzheim	Stadtkreis Pforzheim, Landkreise Enzkreis, Calw
Rastatt	Stadtkreis Baden-Baden, Landkreise Freudenstadt, Rastatt

Regierungspräsidium Stuttgart

70565 Stuttgart, poststelle@rps.bwl.de

Sitz in	*Zuständig für GHWRGS-Schulen in*
Böblingen	Landkreis Böblingen
Nürtingen	Landkreis Esslingen
Göppingen	Landkreise Göppingen, Heidenheim, Ostalbkreis
Heilbronn	Stadt- und Landkreis Heilbronn
Künzelsau	Landkreise Hohenlohekreis, Schwäb. Hall, Main-Tauber-Kreis
Ludwigsburg	Landkreis Ludwigsburg
Stuttgart	Stadtkreis Stuttgart
Backnang	Landkreis Rems-Murr-Kreis

Regierungspräsidium Tübingen

72072 Tübingen, poststelle@rpt.bwl.de

Sitz in	*Zuständig für GHWRGS-Schulen in*
Biberach	Stadtkreis Ulm, Landkreise Biberach, Alb-Donau-Kreis
Albstadt	Landkreise Zollernalbkreis, Sigmaringen
Markdorf	Landkreise Bodenseekreis, Ravensburg
Tübingen	Landkreise Tübingen, Reutlingen

➪ Berufliche Orientierung; ➪ Beschwerderecht; ➪ Bildungsberatung; ➪ Datenschutz (Schulen); ➪ Elternbeirat (EltBVO) § 34; ➪ Ermessen; ➪ Erziehungsauftrag und politische Bildung; ➪ Fachleute; ➪ Grundgesetz Art. 7 Abs. 1; ➪ Pädagogische Freiheit; ➪ Prävention; ➪ Schulentwicklung und Evaluation; ➪ Schulgesetz §§ 32 ff., § 114-116; ➪ Schulpsych. Beratungsstellen; ➪ Schulträger; ➪ Verfassung Art. 17 Abs. 2; ➪ Verwaltungsrecht (Allgemeines)

Schulbau (Bau und Ausstattung von Schulen)

Informationen der Redaktion zur Rechtslage und zur Verwaltungspraxis in Baden-Württemberg

Allgemeines

Für Bau und Unterhaltung der Schulgebäude sind die ➪ Schulträger zuständig (§ 27 SchG). Zur Ausführung des Gesetzes über die Förderung des Schulhausbaus wurde die *Verwaltungsvorschrift Schulbauförderung* erlassen, abgedruckt in K.u.U. Nr. 17/2020; sie wird durch die Verwaltungsvorschrift über die Gewährung eines Aufwendungsersatzes für Umbauten infolge inklusiver Bildungsangebote an Schulen kommunaler Schulträger (GABL S.249/2016) ergänzt. Darin sind auch Vorgaben für die Zahl und Größe der Schulräume festgelegt. Weitere Informationen, z.B. Flächenbedarf-Schemata, unter: http://km-bw.de/,Lde/Startseite/schulebw/Schulhausbau

➪ Schulgesetz § 27

Die Gesamtlehrerkonferenz und die Schulkonferenz besitzen zur Ausstattung der Schule, zum Bau und zum Umbau der Schulgebäude ein Recht auf Stellungnahme gegenüber dem Schulträger.

➪ Konferenzordnung § 2 Abs. 1 Ziff. 8a; ➪ Schulgesetz § 30 (dort weitere Hinweise), § 47 Abs. 4 Ziff. 6

Bei Neu-, Um- und Erweiterungsbauten von Diensträumen ist der Personalrat vor Weiterleitung der Raumbedarfsanforderungen zu hören. Bei der Gestaltung der Arbeitsplätze (beispielsweise der Verlegung oder dem Umbau von Räumen beziehungsweise der technischen Ausstattung) ist der Personalrat mitbestimmungsberechtigt.

Auf der Homepage der für die Schülerunfallversicherung zuständigen „Deutschen Gesetzlichen Unfallversicherung e.V." (DGUV) finden sich viele Informationen zu allen Fragen der Schulraumgestaltung: https://www.sichere-schule.de/lernraumunterrichtsraum/lernraum-unterrichtsraum/raumgrosse-flexible_raumnutzung

➪ Unfallversicherung

Die DGUV hat in ihrer Zeitschrift „Pluspunkt" Checklisten zur Sicherheit in Schulgebäuden veröffentlicht, aus denen wir nachfolgend wesentliche Auszüge wiedergeben.

Checkliste Ergonomie (Auszug)

Raumklima

- Werden die Klassenräume während des Unterrichts ausreichend belüftet?
- Ist gewährleistet, dass an den Plätzen der Schüler in den Klassenräumen keine Zugluft (< 0,15 m/s) herrscht?
- Herrscht in den Klassenräumen während des Unterrichts an allen Plätzen eine Raumtemperatur von 20–26° C?
- Herrschen in den anderen Räumlichkeiten der Schule die geforderten Temperaturen (Pausenräume > 21° C; Flure, Treppenräume > 18° C)?
- Beträgt die Luftfeuchtigkeit in den Klassenräumen während des Unterrichts zwischen 30 und 65% (relative Luftfeuchte)?
- Können die Fenster gegen direkte Sonneneinstrahlung abgeschirmt werden?

Beleuchtung

- Haben die Klassenräume ausreichend große Fenster, um genügend Tageslicht einzulassen und die Sichtverbindung nach draußen zu gewährleisten?
- Beträgt die Stärke künstlicher Beleuchtungsquellen in den Klassenräumen mindestens 300 Lux (Nennbeleuchtungsstärke)?
- Sind die Lampen in den Klassenräumen mit Blenden versehen, die verhindern, dass die Schüler geblendet werden (frei strahlende Leuchtstofflampen sind nicht zulässig)?
- Besitzen die Lampen die empfohlenen Lichtfarben und Farbwiedergabestufen?
- Sind die Hauptwandtafel in Unterrichtsräumen und etwaige Demonstrationstische mit einer Zusatzbeleuchtung ausgerüstet?
- Besitzen das Mobiliar und die Wandflächen der Unterrichtsräume die empfohlenen Reflexionsgrade, um ein ausgewogenes Beleuchtungsniveau im Raum zu gewährleisten?

Lärmschutz

- Sind die Fenster, Wände und Türen so gut schallisoliert, dass Außengeräusche ausreichend gemindert werden?
- Sind die Wände schallschluckend ausgeführt, sodass im Klassenraum entstehende Geräusche nicht zu stark hallen?
- Liegt der Schallpegel im leeren Klassenzimmer (im Mittel über eine Unterrichtsstunde) zwischen 30 und 40 dB (A) und während des Unterrichts nicht über 55 dB (A)?
- Wird beim Kauf von Geräten und Maschinen (z.B. für den Physik-Unterricht) eine Information über den abgestrahlten Lärm verlangt und dann das leiseste Gerät ausgesucht?
- Werden bei vorhandenen Geräten, die zu starke Lärmemissionen verursachen, schallmindernde Maßnahmen durchgeführt?

Mobiliar

- Sind die Stühle unterschiedlich hoch oder höhenverstellbar?
- Sind die Sitzflächen der Stühle drehbar gelagert, um zu vermeiden, dass die Schüler den Körper verdrehen?
- Sind die Tische unterschiedlich hoch oder höhenverstellbar?
- Haben die Tische eine bis ca. 15° schräg stellbare Tischplatte?
- Ist die Unterseite der Tischplatte frei von Einbauten (z.B. Ablagen für Schultaschen), damit die Schüler die Beine frei bewegen können?

- Wird dafür gesorgt, dass an Zweiertischen in etwa gleich große Schüler sitzen?
- Wird darauf geachtet, dass die Schüler*innen nicht unnötig oft ihren Platz im Klassenraum wechseln (ohne Tisch und Stuhl mitzunehmen) oder dass sie in andere Klassenräume wechseln?
- Ist durch ein entsprechendes Prüf- und Kontrollsystem gewährleistet, dass das Mobiliar in den Klassenräumen nach den Erfordernissen richtig verteilt wird?
- Ist der Lehrerarbeitsplatz richtig eingerichtet?
- Werden die Lehrer über die Zusammenhänge zwischen Körpergröße, Mobiliar und Sitzhaltung informiert?
- Wird auf Elternabenden das Thema „richtig sitzen" behandelt?
- Werden die Schüler*innen über die richtige Nutzung der Tische und Stühle informiert?

Checkliste Sporthalle (Auszug)

- Einrichtungen und Geräte für den Schulsport werden vor der ersten Inbetriebnahme und regelmäßig mindestens jährlich durch Sachkundige auf sicheren Zustand und äußerlich erkennbare Mängel geprüft.
- Sportgeräte, die nicht mehr funktionssicher sind, werden sofort für jede weitere Benutzung gesperrt und so verwahrt, dass sie nicht irrtümlicherweise wieder benutzt werden können (Kennzeichnung des defekten Gerätes und Mängelmeldung an Sachkostenträger).
- Der Sporthallenboden ist nachgiebig und trittsicher. Er weist keine schadhaften Stellen auf. Bodenöffnungen sind durch nicht verschiebbare, bündige Abdeckungen gesichert. Der Boden wird mit geeigneten Reinigungs- und Pflegemitteln behandelt (Herstellerhinweise beachten).
- Spielfeldmarkierungen müssen einen hindernisfreien Sicherheitsabstand zur Wand berücksichtigen.
- Die Trittsicherheit des Fußbodens ist auch in den Umkleide-, Wasch- und Duschräumen gewährleistet (rutschhemmender Bodenbelag für nassbelastete Barfußbereiche).
- Die Hallenwände sind ballwurfsicher und bis in zwei Meter Höhe glatt, splitterfrei, geschlossen und frei von vorstehenden Teilen.
- An den Hallenstirnwänden ist bis in zwei Meter Höhe Prallschutz vorhanden.
- Kletterwände (Boulder- und Toprope- oder Vorstiegswände) sind gegen unbefugte Benutzung gesichert.
- Verglasungen und Decken sind ballwurfsicher.
- Tore für Ballspiele sind durch feste Verankerung gegen Kippen gesichert.
- Die Hallenbeleuchtung ist ausreichend, gleichmäßig und blendungsfrei.
- Die Geräteraumtore ragen beim Öffnen und Schließen nicht in die Halle hinein.
- Die Geräte sind übersichtlich im Geräteraum aufbewahrt und gegen Umkippen oder Herunterfallen gesichert.
- Es ist mindestens ein ausreichend bestückter Verbandkasten C nach DIN 13157 an einer zentralen Stelle vorhanden.
- Notruftelefon und Notrufnummernverzeichnis sind vorhanden und ggf. schnell erreichbar.
- Die Notausgangstüren sind gekennzeichnet, freigehalten und jederzeit von innen leicht zu öffnen.

Räume und Einrichtungen für die Erste Hilfe

Die DGUV hat die – für die ⇨ Schulträger sowie die Schulleitungen verbindlichen – Maßgaben zur Gewährleistung der Ersten Hilfe in Schulen in ihrer Publikation „Erste Hilfe in Schulen" (DGUV Information 202-059; Ausgabe: Juli 2022) umfassend und übersichtlich dargestellt. Die Broschüre ist als pdf-Datei kostenlos online abrufbar und kann auch als gedrucktes Werk (kostenpflichtig) bestellt werden. Link: https://publikationen.dguv.de > 202-059.

Über die darin beschriebenen Maßnahmen der Hilfeleistung sowie die Aus- und Fortbildung der „Ersthelfer*innen" informieren wir im Beitrag ⇨ Erste Hilfe. Die Maßgaben der DGUV für die baulichen/räumlichen Voraussetzungen sowie die technische Ausstattung sind im Folgenden zusammengefasst dargestellt.

In den Schulen muss während schulischer Veranstaltungen jederzeit bei Unfällen unverzüglich die notwendige Hilfe herbeigerufen werden können, z.B. durch einen amtsberechtigten Fernmeldeanschluss oder eine Haustelefonanlage mit zentraler Benachrichtigungsstelle. Dieser Anschluss muss in zentraler Lage im Gebäude jederzeit erreichbar sein.

Bei Schulen mit weitläufigen Gebäudekomplexen muss zusätzlich in Bereichen mit erhöhter Gefährdung der Schüler*innen (z.B. in Sporthallen, naturwissenschaftlichen Unterrichtsräumen, Räumen für Technikunterricht, Fachräumen der einzelnen Berufsfelder in berufsbildenden Schulen) eine den Lehrkräften sowie sonstigen Beschäftigten jederzeit zugängliche Meldeeinrichtung vorhanden sein.

In unmittelbarer Nähe der Meldeeinrichtung müssen die Namen der Ersthelfer*innen und der Orte, an denen sie üblicherweise zu erreichen sind, die Rufnummern der nächstgelegenen Arztpraxen, der Durchgangsärztin bzw. des Durchgangsarztes, des Krankenhauses, der Rettungsleitstelle, der Giftzentralen und der Taxizentrale sichtbar ausgehängt werden.

In allen Schulen muss mindestens ein Raum vorhanden sein (z.B. „Erste-Hilfe-Raum"), in dem verletzte Schüler*innen betreut werden. Dieser sollte sich zu ebener Erde in zentraler Lage im Gebäudekomplex der Schule, im Bereich der Werkstätten

Konfessionsfrei im Religionsunterricht? Hätten Sie's gewusst? Die Antwort steht auf Seite 415.

und/oder in der Sporthalle befinden und für den Rettungsdienst gut zugänglich sein. Dieser Raum muss mindestens mit einem kleinen Verbandkasten nach DIN 13157:2021-11 „Erste-Hilfe- Material – Verbandkasten C“ sowie einer Krankentrage nach DIN 13024-1:2016-09 „Krankentrage – Teil 1: Mit starren Holmen; Maße, Anforderungen, Prüfung“ oder DIN 13024-2:2016-09 „Krankentrage – Teil 2: Mit klappbaren Holmen; Maße, Anforderungen, Prüfung“ oder einer Liege ausgerüstet sein.

Auch sollte ein Waschbecken mit fließend kaltem und warmem Wasser vorhanden sein.

Mindestens ein Verbandkasten nach DIN 13 157 muss an einer zentralen und leicht zugänglichen Stelle im Schulgebäude (z.B. Erste-Hilfe-Raum, Schulsekretariat) bereitgehalten und je nach Verbrauch ergänzt werden (siehe DIN 13 157). Alle Verbandstoffe müssen entsprechend dem Medizinproduktegesetz ein CE-Zeichen tragen. Medikamente und Salben gehören nicht in Verbandkästen.

Weitere Verbandkästen müssen, je nach Größe der Schule, vor allem in Bereichen mit erhöhter Gefährdung der Schüler*innen (z.B. in Sporthallen, naturwissenschaftlichen Unterrichtsräumen, Werk-räumen, Lehrküchen, Werkstätten) vorhanden sein. In Sporthallen und auf Sportplätzen sollten zusätzlich Kältepackungen zur Behandlung stumpfer Verletzungen (z.B. Prellungen, Zerrungen) sowie Zahnrettungsboxen vorhanden sein. Die Verbandkästen müssen regelmäßig auf Vollständigkeit geprüft und gegebenenfalls aufgefüllt werden. Hiermit ist eine Person zu beauftragen.

Hinweis der Redaktion: Diesen Auftrag erteilt die Schulleitung; infrage kommen beispielsweise der/die Sicherheitsbeauftragte der Schule (siehe: ➪ Unfallversicherung); es kann aber – im Einvernehmen mit dem ➪ Schulträger – auch ein/e Beschäftigte*r des Schulträgers, z.B. Hausmeisterdienst, beauftragt werden).

In Räumen oder Einrichtungen der Schule, in denen Schüler*innen und Schüler besonderen Gefährdungen ausgesetzt sind (z.B. in naturwissenschaftlichen Unterrichtsräumen, Werkstätten, Schwimmbädern), müssen zusätzlich zu den im vorhergehenden Abschnitt genannten Erste-Hilfe-Materialien entsprechende Rettungsgeräte (z.B. Notduschen, Rettungsringe) vorhanden sein.

Erste-Hilfe-Einrichtungen sowie Aufbewahrungsorte von Erste-Hilfe-Material, Rettungsgeräten, Rettungstransportmitteln sind deutlich erkennbar und dauerhaft durch ein weißes Kreuz auf quadratischem oder rechteckigem grünen Grund mit weißer Umrandung (Symbol: 003 Erste Hilfe) zu kennzeichnen.

Ausdrücklich wird in dieser Publikation der DGUV betont: *„Die Kosten für die sachlichen Voraussetzungen einer wirksamen Ersten Hilfe hat der Schulsachkostenträger zu übernehmen. Die Schulleitung hat dafür zu sorgen, dass die im vorhergehenden Abschnitt genannten sachlichen Voraussetzungen durch den Schulsachkostenträger geschaffen und erhalten werden.“* ➪ Schulträger

➪ Erste Hilfe; ➪ Gefährdungsbeurteilung; ➪ Schulträger; ➪ Unfallversicherung

Hätten Sie's gewusst? – Eltern fragen, wir antworten.

Müssen wir Unfähigkeit oder Versagen dulden?

Frage: In Elternkreisen hält sich das Gerücht, unfähige Lehrkräfte seien dank des Beamtenrechts sakrosankt. Kann man wirklich nichts machen, wenn man mit einer Lehrkraft absolut nicht zufrieden ist?

Antwort: Nein, Sie müssen Mängel oder Versagen im öffentlichen Schulwesen nicht klaglos hinnehmen. Denn auch hier gibt es immer wieder einmal unzureichende Leistungen oder unangemessenes Verhalten, und bisweilen bestätigt sich auch im Schulbereich die Erkenntnis, dass eine Krähe der anderen kein Auge aushackt. Ob das im konkreten Fall tatsächlich so ist (oder ob nur die Erwartungen der Eltern falsch oder zu hoch sind), entscheidet die staatliche Schulaufsichtsbehörde. Den Eltern steht – wie allen anderen Bürger*innen – der Beschwerdeweg offen, wenn sie mit einer Behörde oder deren Beschäftigten nicht zufrieden sind. Wie man das richtig macht, steht im Beitrag ➪ Beschwerderecht.

Ja, das Beamtenrecht schützt die Bediensteten der öffentlichen Verwaltung vor unangebrachten oder falschen Beschwerden oder willkürlicher Behandlung. Das gilt auch für die Lehrkräfte, die in Baden-Württemberg zumeist im Beamtenstatus beschäftigt sind. Das ist auch gut so, denn nur dies gibt ihnen die notwendige Unabhängigkeit, im Interesse alle Bürger*innen und nach Recht und Gesetz zu handeln, statt nur willfährige Marionetten von Vorgesetzten oder gar einer Willkürherrschaft zu sein (siehe dazu ➪ Pädagogische Freiheit). Aber auf der anderen Seite steht ein durchaus wirksames Disziplinargesetz, das die Vorgesetzten (von der Schulleitung bis zum Regierungspräsidium) verpflichtet, Missstände aufzudecken, und ihnen Mittel an die Hand gibt, Fehlverhalten zu rügen und zu ahnden.

Die beschwerdeführenden Eltern merken das häufig zunächst gar nicht direkt, denn sie erhalten in den meisten Fällen keine Auskunft, ob und wie die Vorgesetzten das Verhalten einer Lehrkraft gerügt haben. Wenn sich aber nach einer Beschwerde nichts ändert und Sie unzufrieden bleiben, sind gelegentlich Beharrlichkeit und Ausdauer erforderlich. Wenn Sie gute Gründe haben, müssen Sie nicht aufgeben, sondern dann kann die Anrufung der höheren Aufsichtsbehörde Erfolg bringen.

Das ist Ihr gutes Recht und gelegentlich sogar Ihre Pflicht – im Interesse Ihres Kindes.

Schulbesuch (Rechte und Pflichten)

Informationen der Redaktion zur Rechtslage und zur Verwaltungspraxis in Baden-Württemberg

1.
Grundrecht auf Schulbildung

Die Grundgesetzbestimmung „*Das gesamte Schulwesen steht unter der Aufsicht des Staates*" befindet sich im Katalog der verfassungsrechtlich garantierten Grundrechte. Diese werden spätestens seit dem Volkszählungsurteil vom 15.12.1983 nicht mehr vorrangig als Freiheits- oder sogar Abwehrrechte gegenüber einem allmächtigen Staat verstanden; sie dienen also nicht nur der Abwehr von staatlichen Eingriffen, sondern sie erlegen dem Staat Pflichten auf und konstituieren ein Recht der Bürger*innen auf Gewährung von entsprechenden staatlichen Leistungen. Hierzu gehört auch ein Recht auf Bildung. ⇨ Grundgesetz Art. 7 Abs. 1

Implizit drückte sich dieser Leistungsanspruch zwar auch früher schon in Verfassungsbestimmungen und gesetzlichen Regelungen aus. So ist ein „Recht auf Bildung" bereits in Art. 26 der Allgemeinen Erklärung der ⇨ Menschenrechte von 1948 enthalten. Art. 28 der UN-Konvention über ⇨ Kinderrechte garantiert ein Schulbesuchsrecht ohne Rücksicht auf den aufenthaltsrechtlichen Status der Kinder und Jugendlichen (www.kinderrechtskonvention.info).

Die baden-württembergische Landesverfassung bestimmt: „*Jeder junge Mensch hat ohne Rücksicht auf Herkunft oder wirtschaftliche Lage das Recht auf eine seiner Begabung entsprechende Erziehung und Ausbildung*" und kon stituiert auch eine entsprechende Leistungspflicht des Staates: „*Das öffentliche Schulwesen ist nach diesem Grundsatz zu gestalten*".

⇨ Verfassung Art. 11 Abs. 1 + 2

Aber erst mit dem Beschluss vom 19. November 2021 (AZ: 1 BvR 971/21 - 1 BvR 1069/21), hat das Bundesverfassungsgericht unmissverständlich klargestellt, dass der verfassungsrechtlichen Pflicht zum Schulbesuch umgekehrt ein Recht der Bürger*innen beziehungsweise ihrer Kinder auf Gewährleistung einer schulischen Bildung durch den Staat gegenübersteht. Dieses Grundrecht auf Schulbildung schließt ein, dass Kinder und Jugendliche bereits ein Recht auf Zugang zur schulischen Bildung (Schulbesuchsrecht) besitzen, bevor sie formal „*schulpflichtig*" sind; siehe hierzu ⇨ Schulpflicht (Ausländische Schüler*innen).

Auszug aus den Leitsätzen des Gerichts

In den amtlichen „Leitsätzen" des Gerichts wird dies wie folgt zusammengefasst (Auszug):

1. *Aus Art. 2 Abs. 1 in Verbindung mit Art. 7 Abs. 1 GG folgt ein Recht der Kinder und Jugendlichen gegenüber dem Staat, ihre Entwicklung zu einer eigenverantwortlichen Persönlichkeit auch in der Gemeinschaft durch schulische Bildung zu unterstützen und zu fördern (Recht auf schulische Bildung).*
2. *Das Recht auf schulische Bildung umfasst verschiedene Gewährleistungsdimensionen:*

   a. *Es vermittelt den Kindern und Jugendlichen einen Anspruch auf Einhaltung eines für ihre chancengleiche Entwicklung zu eigenverantwortlichen Persönlichkeiten unverzichtbaren Mindeststandards von Bildungsangeboten, enthält jedoch keinen originären Leistungsanspruch auf eine bestimmte Gestaltung staatlicher Schulen.*

   b. *Aus dem Recht auf schulische Bildung folgt zudem ein Recht auf gleichen Zugang zu staatlichen Bildungsangeboten im Rahmen des vorhandenen Schulsystems.*

   c. *Das Recht auf schulische Bildung umfasst auch ein Abwehrrecht gegen Maßnahmen, welche das aktuell eröffnete und auch wahrgenommene Bildungsangebot einer Schule einschränken, ohne das in Ausgestaltung des Art. 7 Abs. 1 GG geschaffene Schulsystem als solches zu verändern. [...]"*

Aus den Entscheidungsgründen

In seiner ausführlichen Begründung, mit der das Bundesverfassungsgericht teilweise ausdrücklich von seiner bisherigen schulrechtlichen Rechtsprechung abweicht, seien hier einige Kernsätze zitiert (Rn. 46 f.):

„[...] Kinder selbst haben ein aus Art. 2 Abs. 1 GG abgeleitetes, gegen den Staat gerichtetes Recht auf Unterstützung und Förderung bei ihrer Entwicklung zu einer eigenverantwortlichen Persönlichkeit in der sozialen Gemeinschaft; der Staat muss diejenigen Lebensbedingungen sichern, die für ihr gesundes Aufwachsen erforderlich sind. Diese im grundrechtlich geschützten Entfaltungsrecht der Kinder wurzelnde besondere Schutzverantwortung des Staates erstreckt sich auf alle für die Persönlichkeitsentwicklung wesentlichen Lebensbedingungen. Daher ist der Staat auch insoweit, als die Pflege- und Erziehungspflicht in den Händen der Eltern liegt, gemäß Art. 2 Abs. 1 in Verbindung mit Art. 6 Abs. 2 Satz 1 GG gegenüber dem Kind verpflichtet, Sorge zu tragen, dass es sich in der Obhut seiner Eltern tatsächlich zu einer eigenverantwortlichen Persönlichkeit entwickeln kann [...].

Der Staat kommt also, wenn er gemäß dem Auftrag aus Art. 7 Abs. 1 GG die Schulbildung gewährleistet, zugleich seiner ihm nach Art. 2 Abs. 1 GG gegenüber den Kindern und Jugendlichen obliegenden Pflicht nach, sie bei ihrer Persönlichkeitsentwicklung zu unterstützen und zu fördern. Das durch Art. 2 Abs. 1 GG geschützte Recht der Kinder und Jugendlichen ist folglich das subjektiv-rechtliche „Gegenstück" [...] zur objektiv-rechtlichen Pflicht des Staates aus Art. 7 Abs. 1 GG, schulische Bildungsmöglichkeiten zu eröffnen, die deren Persönlichkeitsentwicklung dienen [...].

Der Schutzbereich dieses Rechts umfasst, [...], die Schulbildung als Ganze. Ziel der Schulbildung ist die Entwicklung der Kinder und Jugendlichen zu einer selbstbestimmten Persönlichkeit. So wie dieses Ziel gemeinsam mit elterlicher Fürsorge gefördert werden muss, kann die schulische Bildung nur bei einem sinnvoll aufeinander bezogenen Zusammenwirken ihrer verschiedenen Elemente hierzu beitragen [...].

Einen wesentlichen Beitrag hierzu leistet die Herausbildung sozialer Kompetenzen durch die in der Schule stattfindende soziale Interaktion der Schülerinnen und Schüler untereinander und mit dem Lehrpersonal […].

Die Schulbildung erfüllt so auch die Aufgabe, die elterliche Pflege und Erziehung bei der Förderung der Entwicklung der Kinder zu einer eigenverantwortlichen Persönlichkeit zu ergänzen und durch die Herstellung gleicher Bildungschancen alle Kinder und Jugendlichen zu einer selbstbestimmten Teilhabe an der Gesellschaft zu befähigen […].

Zusammenfassend formuliert das Gericht in Rn. 62: *„Folglich kommen Schüler, wenn sie am Unterricht teilnehmen, nicht nur der Schulpflicht nach, sondern üben zugleich ihr nach Art. 2 Abs. 1 GG in Verbindung mit Art. 7 Abs. 1 GG geschütztes Recht aus, ihre Persönlichkeit mit Hilfe schulischer Bildung frei zu entfalten. Wird diese spezifisch schulische Entfaltungsmöglichkeit durch staatliche Maßnahmen eingeschränkt, liegt darin – wie bei Beeinträchtigungen anderer Grundrechte auch – ein Eingriff, gegen den sich Schüler wenden können“.*

2.
Schulpflicht

Das Grundgesetz bestimmt zwar in Artikel 6, dass Pflege und Erziehung der Kinder das *„natürliche Recht der Eltern“* seien, und bezeichnet dieses als die *„zuvörderst ihnen obliegende Pflicht“*. Anders als in einer Reihe von vergleichbaren Staaten (beispielsweise in Dänemark, einigen Kantonen der Schweiz oder den USA) besteht in Deutschland jedoch kein Recht auf *„Homeschooling“* oder *„Home Education“*, also auf Formen der Bildung und Erziehung, bei denen die Kinder zu Hause oder an anderen Orten außerhalb einer Schule von den Eltern oder von Privatlehrkräften unterrichtet werden.

Vielmehr besteht in Deutschland seit 1919 eine *„allgemeine Schulpflicht“*. Die allgemeine Pflicht zum Besuch einer Schule ist in Baden-Württemberg in der ⇨ Verfassung Art. 14 Abs. 1 definiert. Das ⇨ Schulgesetz (§§ 72 ff.) regelt im Einzelnen, wer *„schulpflichtig“* ist. Demzufolge sind so gut wie alle Kinder und Jugendlichen in Baden-Württemberg verpflichtet, eine *„Schule“* zu besuchen.

Indem der Staat Kinder und Jugendliche verpflichtet, am Unterricht teilzunehmen, trägt er nicht nur dazu bei, dass die jungen Menschen in die Lage versetzt werden, von ihren Grundrechten tatsächlich Gebrauch zu machen, sondern er schafft auch die Grundlage für den Fortbestand des Staates und die Funktionsfähigkeit seiner Institutionen.

Unter *„Schule“* sind nicht nur die vom Staat (in der Regel von den Kommunen) unterhaltenen und vom jeweiligen Bundesland zumindest teilfinanzierten öffentlichen Einrichtungen zu verstehen (siehe hierzu den Beitrag ⇨ Schulträger), sondern auch privat betriebene schulische Einrichtungen. Das *„Recht zur Errichtung von privaten Schulen“* wird im ⇨ Grundgesetz Art. 7 Abs. 4 gewährleistet.

Dort ist hierzu weiter verfügt: *„Private Schulen als Ersatz für öffentliche Schulen bedürfen der Genehmigung des Staates und unterstehen den Landesgesetzen. Die Genehmigung ist zu erteilen, wenn die privaten Schulen in ihren Lehrzielen und Einrichtungen sowie in der wissenschaftlichen Ausbildung ihrer Lehrkräfte nicht hinter den öffentlichen Schulen zurückstehen und eine Sonderung der Schüler nach den Besitzverhältnissen der Eltern nicht gefördert wird. Die Genehmigung ist zu versagen, wenn die wirtschaftliche und rechtliche Stellung der Lehrkräfte nicht genügend gesichert ist. […]“.* ⇨ Privatschulgesetz

3.
Beschulung Geflüchteter

Für den Schulbesuch von Kindern und Jugendlichen mit Migrationshintergrund oder fremder Muttersprache sowie die schulische Betreuung von Geflüchteten, Asylsuchenden usw. gelten grundsätzlich die für alle in Baden-Württemberg bestehenden gesetzlichen Bestimmungen. ⇨ Schulgesetz; ⇨ Verfassung

Zusätzlich hat das Kultusministerium eine Reihe von Bestimmungen für die schulische Förderung dieser Personen erlassen. Siehe hierzu die Beiträge: ⇨ Datenschutz (Schulen) II.3, ⇨ Integration und Sprachförderung, ⇨ Migrationshintergrund, ⇨ Schulpflicht (Ausländische Schüler*innen) und ⇨ Vorbereitungsklassen (Stundentafeln VKL).

Für die betroffenen Personen sind auch die Hinweise auf den Religionsunterricht bzw. das Fach ⇨ Ethik unter ⇨ Religion (Allgemeines) bedeutsam.

Im Hinblick auf den starken Zustrom Gefüchteter aus der Ukraine hat das Kultusministerium 2022 unter https://km-bw.de/,Lde/10023990 eine umfangreiche *„Rahmeninformation für die Beschulung geflüchteter Kinder und Jugendlicher aus der Ukraine“* veröffentlicht. Diese sehr empfehlenswerten Informationen gliedern sich in folgende Themen:

I. Ankommen in der Schule
II. Schulbesuch und Beschulungsformate
III. Deutsch lernen und fördern
IV. Rechtlicher Rahmen
V. Personal
VI. Unterstützung, Angebote und Materialien.

Das KM hat seinen Informationen ausdrücklich folgende Erläuterung hinzugefügt: *„Die Hinweise nehmen aufgrund der aktuellen Krisensituation in der Ukraine und der Tatsache, dass derzeit der Großteil neu eintreffender geflüchteter Kinder und Jugendlicher von dort stammt, überwiegend auf diese Gruppe Bezug. Wir weisen jedoch darauf hin, dass der Großteil der Informationen sich ebenso auf Geflüchtete aus anderen Staaten bezieht, wenngleich diese aus vorgenannten Gründen nicht explizit benannt werden.“*

⇨ Datenschutz (Schulen) II.3; ⇨ Ermessen; ⇨ Ethikunterricht; ⇨ Grundgesetz; ⇨ Integration und Sprachförderung; ⇨ Kinderrechte; ⇨ Menschenrechte; ⇨ Migrationshintergrund; ⇨ Privatschulgesetz; ⇨ Religion (Allgemeines); ⇨ Schulgesetz § 72 ff.; ⇨ Schulpflicht (Ausländische Schüler*innen); ⇨ Schulpflicht (Berufliche Schulen); ⇨ Schulpflicht (Durchsetzung); ⇨ Schulpflicht (Meldeverordnung); ⇨ Schulträger; ⇨ Vorbereitungsklassen (Stundentafeln VKL); ⇨ Verfassung Art. 11)

Schulbesuchsverordnung

Verordnung des KM über die Pflicht zur Teilnahme am Unterricht und an den sonstigen Schulveranstaltungen (Schulbesuchsverordnung) vom 21.3.1982 (K.u.U. S. 387); zuletzt geändert 27.6.2018 (GBl. S. 280/2018)

§ 1
Teilnahmepflicht und Schulversäumnis

(1) Jeder Schüler ist verpflichtet, den Unterricht und die übrigen verbindlichen Veranstaltungen der Schule regelmäßig und ordnungsgemäß zu besuchen und die Schulordnung einzuhalten. Bei minderjährigen Schülern haben die Erziehungsberechtigten und diejenigen, denen Erziehung oder Pflege des Kindes anvertraut ist, bei berufsschulpflichtigen Schülern außerdem die für die Berufserziehung der Schüler Mitverantwortlichen (Ausbildende, Dienstherren, Leiter von Betrieben) oder deren Bevollmächtigte dafür zu sorgen, dass die Schüler diesen Verpflichtungen Folge leisten.

⇨ Schulbesuch (Rechte und Pflichten)

(2) Der Schüler ist auch bei freiwilligen Unterrichtsveranstaltungen so lange zur Teilnahme verpflichtet, als er nicht ordnungsgemäß abgemeldet ist. Bei den freiwilligen Unterrichtsveranstaltungen, die sich über einen längeren Zeitraum erstrecken, kann die Schule vor der Anmeldung des Schülers den Zeitpunkt festlegen, vor dem eine Abmeldung nicht zulässig ist; eine Abmeldung zum Schuljahresende ist jedoch uneingeschränkt zulässig.

(3) Ein Schulversäumnis liegt vor, wenn ein Schüler seiner Teilnahmepflicht nicht nachkommt, ohne an der Teilnahme verhindert (§ 2), von der Teilnahmepflicht befreit (§ 3) oder beurlaubt (§§ 4 und 5) zu sein.

(4) Für den Konfirmandenunterricht halten die Schulen in der Klassenstufe 8 den ganzen Mittwochnachmittag unterrichtsfrei; nach örtlicher Absprache kann dieser Nachmittag zusätzlich in Klasse 7 freigehalten werden.

Hinweis der Redaktion: Bei Ganztagsschulen in verpflichtender Form kann es zu einer zeitlichen Kollision mit dem Konfirmandenunterricht kommen. Sollte das nach § 1 Abs. 4 vorgesehene Verfahren nicht möglich sein, müssen Lösungen vor Ort gefunden werden. Eine Beurlaubung der Schüler*innen nach § 4 Absatz 3 Nummer 9 Schulbesuchsverordnung ist möglich (Beurlaubung aus einem wichtigen persönlichen Grund) und muss erfolgen, wenn andernfalls der Besuch des Konfirmandenunterrichts verwehrt würde. Es empfiehlt sich, auf den Mittwochnachmittag in Klasse 8 und ggf. Klasse 7 weniger Unterricht nach der Pflichtstundentafel zu legen als beispielsweise AG-Angebote und Ähnliches.
(Quelle: Infodienst Schulleitung Nr. 273 / März 2018)

§ 2
Verhinderung der Teilnahme

(1) Ist ein Schüler aus zwingenden Gründen (z.B. Krankheit) am Schulbesuch verhindert, ist dies der Schule unter Angabe des Grundes und der voraussichtlichen Dauer der Verhinderung unverzüglich mitzuteilen (Entschuldigungspflicht). Entschuldigungspflichtig sind für minderjährige Schüler die Erziehungsberechtigten und diejenigen, denen Erziehung oder Pflege eines Kindes anvertraut ist, volljährige Schüler für sich selbst. Die Entschuldigungspflicht ist spätestens am zweiten Tag der Verhinderung mündlich, fernmündlich, elektronisch oder schriftlich zu erfüllen. Im Falle elektronischer oder fernmündlicher Verständigung der Schule ist die schriftliche Mitteilung binnen drei Tagen nachzureichen.

⇨ Volljährigkeit

(2) Bei einer Krankheitsdauer von mehr als zehn, bei Teilzeitschulen von mehr als drei Unterrichtstagen kann der Klassenlehrer vom Entschuldigungspflichtigen die Vorlage eines ärztlichen Zeugnisses verlangen. Lassen sich bei auffällig häufigen Erkrankungen Zweifel an der Fähigkeit des Schülers, der Teilnahmepflicht gemäß § 1 nachzukommen, auf andere Weise nicht ausräumen, kann der Schulleiter vom Entschuldigungspflichtigen die Vorlage eines ärztlichen Zeugnisses verlangen. In diesen Fällen und unter den gleichen Voraussetzungen bei langen Erkrankungen kann die Schulleitung auch die Vorlage eines amtsärztlichen Zeugnisses verlangen.

Hinweis der Redaktion: Die Kosten hierfür (Honorierung nach der GOÄ) sind ggf. von den Schüler*innen bzw. ihren Eltern zu tragen (bei einer Krankheitsdauer von mehr als zehn Unterrichtstagen ist ohnehin angezeigt, dass sie einen Arzt aufsuchen, zusätzliche Kosten sind demnach sehr begrenzt). Bei auffallend häufigen Krankheiten kann von der Schule ein ärztliches Zeugnis nur verlangt werden, wenn zusätzlich ein Glaubwürdigkeitsproblem vorliegt.
(Quelle: KM, 1.4.2010; AZ.: 31-5493/36/1)

(3) Auf Schülerinnen, die schwanger sind, ein Kind geboren haben oder stillen, findet das Mutterschutzgesetz (MuSchG) vom 23. Mai 2017 (BGBl. I S. 1228), mit Ausnahme der §§ 17 bis 24 MuSchG, in der jeweils geltenden Fassung Anwendung. Eine Schülerin, die wegen ihrer Schwangerschaft die Schule nicht besuchen kann oder will, ist bis zum Beginn der Schutzfrist vor der Entbindung gemäß § 3 Absatz 1 MuSchG (sechs Wochen vor Entbindung) wie eine Schülerin zu behandeln, die wegen Krankheit den Unterricht nicht besuchen kann; § 7 Absatz 1 und § 16 Absatz 1 MuSchG bleiben unberührt. Mit der Erfüllung der Entschuldigungspflicht gilt diese Schülerin solange als aus zwingenden Gründen am Unterricht verhindert, bis eine Erklärung zur Wiederaufnahme des Schulbesuchs erfolgt. Für Schülerinnen der Berufsschule gilt dies nur insoweit, als sie wegen ihrer Schwangerschaft nicht mehr in ihrer Ausbildungs- oder Arbeitsstätte tätig sind.

Hinweise der Redaktion:

1. Für schwangere Schülerinnen gelten dieselben Mutterschutzregelungen wie für schwangere oder stillende Lehrerinnen: Die Schule (Schulleitung) muss bei einer Lehrerin unabhängig davon, ob sie beschäftigt wird, im Rahmen der allgemeinen arbeitsschutzrechtlichen Beurteilung der Arbeitsbedingungen auch Gefährdungen prüfen, denen diese oder ihr Kind ausgesetzt ist oder sein kann; sie muss ermitteln, ob mutterschutzrechtliche Schutzmaßnahmen erforderlich sind. Vor diesem Hintergrund kann die Schulleitung bei Schülerinnen grundsätzlich auf die Gefährdungsbeurteilungen für schwangere oder stillende Lehrerinnen zurückgreifen. (Quelle: Schreiben des KM an den Landesschulbeirat, 28.6.2018, AZ: 31-6521 -INF/86)
2. Im Einzelfall besteht Anspruch auf ⇨ Hausunterricht.

(4) Beim Auftreten übertragbarer Krankheiten bleiben die Vorschriften des Infektionsschutzgesetzes [...] unberührt.

Hinweis der Redaktion: Dies gilt auch beim Auftreten von Kopfläusen. ⇨ Infektionsschutzgesetz

§ 3
Befreiung vom Unterricht in einzelnen Fällen oder von sonstigen einzelnen Schulveranstaltungen

(1) Schüler werden vom Sportunterricht teilweise oder ganz befreit, wenn es ihr Gesundheitszustand erfordert. Von der Teilnahme am Unterricht in einzelnen anderen Fächern oder von sonstigen verbindlichen Schulveranstaltungen können Schüler nur in besonders begründeten Ausnahmefällen vorübergehend oder dauernd ganz oder teilweise befreit werden; für Berufsschulpflichtige gilt dies nur dann, wenn der Gesundheitszustand die Teilnahme nicht zulässt. ⇨ Ermessen

(2) Befreiung wird nur auf rechtzeitigen Antrag gewährt. Für minderjährige Schüler können Anträge schriftlich von den Erziehungsberechtigten, für volljährige Schüler von diesen selbst gestellt werden. In dringenden Fällen können auch minderjährige Schüler mündliche Anträge auf Befreiung stellen. Eines schriftlichen Antrages bedarf es ferner nicht, wenn eine Erkrankung oder körperliche Beeinträchtigung des Schülers die Teilnahme am Unterricht oder den sonstigen verbindlichen Schulveranstaltungen offensichtlich nicht zulässt.

(3) Der Antrag auf Befreiung ist zu begründen. Werden gesundheitliche Gründe geltend gemacht, ist für Befreiung bis zu sechs Monaten ein ärztliches Zeugnis vorzulegen. Bei längeren oder auffällig häufigen Erkrankungen gilt § 2 Abs. 2 Satz 3 entsprechend. Im Fall des Abs. 2 Satz 4 ist ein ärztliches Zeugnis nicht vorzulegen. Die Befreiung wird jeweils längstens für die Dauer eines Schuljahres ausgesprochen und kann mit Auflagen verbunden werden.

(4) Über die Befreiung von einer Unterrichtsstunde sowie in den Fällen des Abs. 2 Satz 4 entscheidet der Fachlehrer, von einer sonstigen verbindlichen Schulveranstaltung der Klassenlehrer. In den übrigen Fällen entscheidet über Befreiungen der Schulleiter.

Hinweise der Redaktion:

1. In § 4 Absatz 2 der Rahmenvereinbarung vom 27.4.2015 zwischen dem KM und den Kirchen über die Zusammenarbeit im Rahmen der Ganztagsschule gem. § 4 a Schulgesetz ist verfügt: „Sofern außerschulische kirchliche Angebote, beispielsweise Vorbereitungsgruppen auf die Erstkommunion bzw. Angebote im Rahmen von „Konfi 3“ während der Ganztagszeiten stattfinden, können daran teilnehmende Schülerinnen bzw. Schüler für diesen Zeitraum von der Schulpflicht befreit werden.“
2. Nehmen Schüler*innen an einem parallel zur Ganztagsschule stattfindenden Angebot „muttersprachlichen Unterrichts“ (⇨ Integration und Sprachförderung Nr. 4) teil, kann die Schulleitung entsprechende Befreiungen von der Schulpflicht erteilen. (Quelle: KM, 8.5.2015; Landtags-Drs. 15 / 6737).

§ 4
Beurlaubung

(1) Eine Beurlaubung vom Besuch der Schule ist lediglich in besonders begründeten Ausnahmefällen und nur auf rechtzeitigen schriftlichen Antrag möglich. Der Antrag ist vom Erziehungsberechtigten, bei volljährigen Schülern von diesen selbst zu stellen.

(2) Als Beurlaubungsgründe werden anerkannt:

1. Kirchliche Veranstaltungen nach Nr. I der Anlage. Die Bestimmungen des § 4 Abs. 3 des Gesetzes über die Sonntage und Feiertage [...], nach der Schüler an den kirchlichen Feiertagen ihres Bekenntnisses das Recht haben, zum Besuch des Gottesdienstes dem Unterricht fernzubleiben, bleiben unberührt. ⇨ Feiertage (Gesetz)
2. Gedenktage oder Veranstaltungen von Religions- oder Weltanschauungsgemeinschaften nach Nr. II-VI der Anlage. Dem Antrag muss, soweit die Zugehörigkeit zu der Religions- oder Weltanschauungsgemeinschaft nicht auf andere Weise nachgewiesen ist, eine schriftliche Bestätigung beigefügt sein.

Hinweis der Redaktion: Da im Bereich des Islam keine den Kirchenbehörden vergleichbaren Strukturen vorhanden sind, die Bestätigungen über die Religionszugehörigkeit erbringen könnten, wird auch eine einfache mündliche Erklärung der Erziehungsberechtigten über die Zugehörigkeit als ausreichend akzeptiert. (KM, 15.10.1997 Nr. IV/1-6601.520/87)

Anlage zu § 4 Abs. 2 Nr. 1 und 2

I. Für folgende kirchliche Veranstaltungen werden die Schüler beurlaubt:
   1. Konfirmanden am Montag nach der Konfirmation;
   2. Erstkommunikanten am Montag nach der Erstkommunion;
   3. Firmlinge am Tag ihrer Firmung; wenn die Firmung an einem schulfreien Tag stattfindet, am unmittelbar danach folgenden Schultag;
   4. Schüler der Klasse 9 der Hauptschulen, der Klassen 10 der Realschulen und Gymnasien, der Jahrgangsstufen 13 der Gymnasien, der Abschlussklassen der Berufsfachschulen, der Berufskollegs mit Ausnahme des einjährigen zur Fachhochschulreife führenden Berufskollegs, der Fachschulen für Sozialpädagogik sowie Schüler der entsprechenden Klassen der Sonderschulen für zwei Tage der Besinnung und Orientierung.

   Hinweis der Redaktion: Zur Beurlaubung am Bußund Bettag zur Teilnahme an einem von der örtlichen Kirchengemeinde getragenen Gottesdienst siehe: ⇨ Schul- und Schülergottesdienst Nr. 3

II. Schüler der Religionsgemeinschaft Zeugen Jehovas werden einmal im Jahr für die Teilnahme an einer Bezirks- oder Hauptversammlung ihrer Religionsgemeinschaft zeitweise oder für die Dauer der Versammlung beurlaubt.

III. Schüler der Freireligiösen Gemeinde werden am Montag nach ihrer Jugendweihe beurlaubt.

IV. Schüler der jüdischen Religionsgemeinschaft sowie der Gemeinschaft der „Siebenten-Tags-Adventisten“ werden an Samstagen ganz oder für die Dauer des Gottesdienstes vom Schulbesuch beurlaubt.

V. Schüler der jüdischen Religionsgemeinschaft werden am jüdischen Neujahrsfest zwei Tage, am Versöhnungsfest einen Tag, am Laubhüttenfest zwei Tage, am Beschlussfest zwei Tage, am Passahfest die zwei ersten und zwei letzten Tage und am jüdischen Pfingstfest zwei Tage beurlaubt. Die jüdischen Feiertage können datenmäßig nicht festgelegt werden, da sie sich nicht nach dem allgemeinen Kalender richten.

VI. Schüler, die der islamischen Religion angehören, werden am Fest des Fastenbrechens sowie am Opferfest einen Tag beurlaubt. Die Feiertage der islamischen Religion können datenmäßig nicht festgelegt werden, da sie sich nicht nach dem allgemeinen Kalender richten.

VII. Schüler, die der Bahá'i Religionsgemeinschaft angehören, werden an folgenden Festtagen ihrer Religionsgemeinschaft vom Schulbesuch beurlaubt: 21. März, 9. Juli, 21. und 29. April, 20. Oktober, 2., 23. und 29. Mai, 12. November.

VIII. Schüler, die der griechisch-orthodoxen Religionsgemeinschaft *(Anm. d. Red. auch Mitglieder anderer orthodoxer Religionsgemeinschaften)* angehören, werden am Karfreitag und Ostermontag des griechisch-orthodoxen Osterfestes beurlaubt.

⇨ Feiertage

Hinweise der Redaktion:

1. Das Kultusministerium hat uns hierzu mitgeteilt:
   „Aus rechtlichen Gründen sind [...] auch die Mitglieder anderer Religions- und Weltanschauungsgemeinschaften, die bisher nicht in der Anlage zu § 4 Abs. 2 Nr. 1 und 2 der Schulbesuchsverordnung aufgeführt sind, an den Festtagen ihrer Religionsgemeinschaft vom Unterricht zu beurlauben". (Quelle: KM, 14.4.1998; AZ: IV/1-6610.2/51)
2. Bedauerlicherweise hat das KM die Schulbesuchsverordnung bislang nicht entsprechend geändert (erweitert). Es hat jedoch im Amtsblatt K.u.U. Nr. 14/2023 (S. N 17) die Daten der religiösen Feiertage zahlreicher Religionsgemeinschaften im Schuljahr 2023/24 bekanntgegeben. Beim Bundesamt für Migration und Flüchtlinge ist ein interkultureller Kalender mit den Feiertagen weiterer Religionsgemeinschaften online abrufbar. Link: https://www.bamf.de/SharedDocs/Anlagen/DE/Behoerde/interkultureller-kalender-2023-A3.pdf.

(3) Als Beurlaubungsgründe können außerdem insbesondere anerkannt werden:

1. Heilkuren oder Erholungsaufenthalte, die vom Staatlichen Gesundheitsamt oder vom Vertrauensarzt einer Krankenkasse veranlasst oder befürwortet worden sind;
2. Teilnahme am internationalen Schüleraustausch sowie an Sprachkursen im Ausland;
   Hinweis der Redaktion: Diese Bestimmung wird auch auf den befristeten Besuch einer Schule im Ausland angewandt (z.B. wenn die Eltern sich zeitweise beruflich dort aufhalten). Der (rechtzeitige) Antrag unter Vorlage einer Schulbesuchsbescheinigung der Schule im Ausland wird grundsätzlich genehmigt, wenn die Beurlaubungsdauer maximal ein Jahr beträgt und keine triftigen pädagogisch-fachlichen oder organisatorischen Gründe entgegenstehen. Bei Beurlaubungsanträgen von über einem Jahr sollte Rücksprache mit dem RP gehalten werden. Beim Besuch einer anerkannten deutschen Schule im Ausland können die dort erbrachten Leistungen und Versetzungsentscheidungen grundsätzlich anerkannt werden, bei allen anderen Schulen sollten die Leistungsnachweise und Regularien für die Wiedereingliederung in die deutsche Schule bereits vor der Ausreise abgeklärt werden. ⇨ Schüleraustausch
3. Teilnahme an den von der Landeszentrale für politische Bildung durchgeführten zweitägigen Politischen Tagen für die Klassen 10 bis 13;
4. Teilnahme an wissenschaftlichen oder künstlerischen Wettbewerben;
5. die aktive Teilnahme an sportlichen Wettkämpfen und an Lehrgängen überregionaler oder regionaler Trainingszentren sowie an überregionalen Veranstaltungen von Musik- und Gesangvereinen, anerkannten Jugendverbänden und sozialen Diensten, soweit die Teilnahme vom jeweiligen Verband befürwortet wird;
6. die Ausübung eines Ehrenamts bei Veranstaltungen von Sport-, Musik- und Gesangvereinen, anerkannten Jugendverbänden und sozialen Diensten, sofern dies vom jeweiligen Verband befürwortet wird;
7. Teilnahme an Veranstaltungen der Arbeitskreise der Schüler (§ 69 Abs. 4 SchG), soweit es sich um Schulveranstaltungen handelt (§ 18 SMV-Verordnung), sowie an Sitzungen des Landesschulbeirats (§ 70 SchG) und des Landesschülerbeirats (§ 69 Abs. 1 bis 3 SchG);
8. die Vollendung des 18. Lebensjahres während des 1. Schuljahres der Berufsschulpflichtigen, die nicht in einem Berufsausbildungsverhältnis stehen oder eine Stufenausbildung fortsetzen für eine Beurlaubung für das zweite Schuljahr (§ 78 Abs. 1 Satz 2 in Verbindung mit Abs. 2 Satz 1 SchG);
9. wichtiger persönlicher Grund; als wichtiger persönlicher Grund gelten insbesondere Eheschließung der Geschwister, Hochzeitsjubiläen der Erziehungsberechtigten, Todesfall in der Familie, Wohnungswechsel, schwere Erkrankung von zur Hausgemeinschaft gehörenden Familienmitgliedern, sofern der Arzt bescheinigt, dass die Anwesenheit des Schülers zur vorläufigen Sicherung der Pflege erforderlich ist.
   Hinweis der Redaktion: Das KM empfiehlt, Lehrkräfte und Schüler*innen zum Deutschen Evangelischen Kirchentag und zum Deutschen Katholikentag zu beurlauben, sofern keine dienstlichen bzw. pädagogischen Gründe entgegenstehen. Quelle: KM, 26.4.1985 (K.u.U. S. 299/1985).

(4) Für das Fernbleiben der Schüler vom Unterricht aufgrund einer Beurlaubung tragen die Erziehungsberechtigten, volljährige Schüler für sich selbst die Verantwortung. Die Schulen beraten erforderlichenfalls die Erziehungsberechtigten und den Schüler über die Auswirkungen der beantragten Beurlaubung. Die Beurlaubung kann davon abhängig gemacht werden, dass der versäumte Unterricht ganz oder teilweise nachgeholt wird.

Hinweis der Redaktion: Wer von der Teilnahme am Unterricht beurlaubt wurde, muss versäumten Unterrichtsstoff selbstständig nacharbeiten. (Quelle: Landtags-Drucksache Nr. 12/1077)

(5) Zuständig für die Entscheidung über Beurlaubungen ist in den Fällen des Absatzes 2 sowie bis zu zwei unmittelbar aufeinander folgenden Unterrichtstagen in den Fällen des Absatzes 3 der Klassenlehrer, in den übrigen Fällen der Schulleiter.

Das KM hat Handreichungen für Eltern und für Schulen zum „Schulabsentismus" (Schulschwänzen) herausgegeben, abrufbar unter https://km-bw.de/startseite > service >Suchwort: Schulabsentismus

§ 5
Beurlaubung aus betrieblichen Gründen

(1) Bei Berufsschülern können als Beurlaubungsgründe außerdem anerkannt werden:

1. Schulungs- und Bildungsveranstaltungen im Sinne des § 37 Abs. 7 des BetrVerfG für Mitglieder des Betriebsrates oder der Jugendvertretung;
2. berufliche oder überbetriebliche Ausbildungslehrgänge, sofern der ausfallende Unterricht nicht verlegt werden kann und nachgewiesen wird, dass der Lehrgang nicht in den Schulferien stattfinden kann;
3. Zwischenprüfung nach dem Berufsbildungsgesetz und der Ausbildungsverordnung;
4. besondere Zwangs- oder Notlage im Betrieb;
5. betriebliche Gemeinschaftsveranstaltungen, die in angemessenem Umfang auch der beruflichen Ausbildung dienen, bis zur Dauer einer Woche, sofern nachgewiesen wird, dass die Veranstaltung nicht in den Schulferien stattfinden kann.

(2) § 4 Abs. 1 und 4 gilt für die Beurlaubung aus betrieblich bedingten Gründen entsprechend mit folgender Maßgabe:

1. Der Antrag kann auch von einem der für die Berufserziehung der Schüler Mitverantwortlichen gestellt werden.
2. Vor der Abschlussprüfung im letzten Schulhalbjahr der schulischen Ausbildung sowie bei Blockunterricht ist eine Beurlaubung nach Abs. 1 Nr. 1, 2, 4 und 5 nicht zulässig.
3. Die Gesamtdauer der Beurlaubung nach Abs. 1 Nr. 1 und 2 darf vier Wochen während der gesamten Berufsschulzeit nicht überschreiten.

(3) Zur Teilnahme an Austauschmaßnahmen mit dem Ausland und an Auslandspraktika von mehr als drei Wochen und höchstens neun Monaten können Berufsschüler, sofern die Veranstaltung nicht in den Schulferien oder bei Blockunterricht in der blockfreien Zeit erfolgen kann, dann beurlaubt werden, wenn

1. Berufsschule, Ausbildungsbetrieb und zuständige Stelle übereinstimmend festgestellt haben, dass die vorübergehend in das Ausland verlagerte Ausbildung überwiegend den inhaltlichen Anforderungen der Ausbildung entspricht, und
2. sichergestellt ist, dass die im Ausland verbrachten Ausbildungsabschnitte durch die zuständige Stelle auf die Berufsausbildung angerechnet werden.

Im letzten Schulhalbjahr der schulischen Ausbildung ist eine Beurlaubung vor der Abschlussprüfung nicht zulässig. § 4 Abs. 3 Nr. 2 bleibt unberührt.

(4) Zuständig für die Entscheidung über Beurlaubungen ist der Schulleiter. Aus wichtigem Anlass kann er über Absatz 1 hinaus weitere betrieblich bedingte Gründe anerkennen sowie Abweichungen von Absatz 2 zulassen. ⇨ Ermessen

(5) Die Absätze 1 bis 4 gelten für die Schüler von Berufskollegs mit Teilzeitunterricht entsprechend.

Hinweise der Redaktion zur Freistellung aus religiösen Gründen

1. Verhältnismäßigkeitsgebot beachten

Die Befreiung vom Unterricht oder von sonstigen verbindlichen Schulveranstaltungen ist nur *„in besonders begründeten Ausnahmefällen“* statthaft (§ 3 Abs. 2). Die Lehrkraft bzw. die Schulleitung muss also auch beim Vorbringen religiöser Gründe stets eine Ermessensentscheidung über den Beurlaubungsantrag treffen. ⇨ Ermessen; ⇨ Religion (Allgemeines)

Das Kultusministerium hat hierzu folgende Erläuterung gegeben:

„Aufgrund der gesetzlich bestehenden Schulpflicht sind grundsätzlich alle Schüler zur Teilnahme am verbindlich vorgeschriebenen Unterricht verpflichtet. Allerdings muss es aufgrund des verfassungsrechtlichen Grundsatzes der Verhältnismäßigkeit möglich sein, aus wichtigen Gründen vom Unterricht im Einzelfall befreit zu werden. Ein wichtiger Grund kann im höherrangigen Recht wie z.B. der Religionsfreiheit liegen. Diese Rechte können in Konflikt zum staatlichen Bildungs- und Erziehungsauftrag nach Art. 7 Abs. 1 GG treten. Da beide Rechte einander gleichgeordnet sind, muss nach dem Prinzip der Konkordanz ein möglichst schonender Ausgleich zwischen beiden unter Berücksichtigung des grundgesetzlichen Gebots der Toleranz erfolgen. Dies bedeutet, dass die Beurlaubung genehmigt werden muss, wenn der Schüler glaubhaft geltend macht und darlegt, anderenfalls in einen für ihn unlösbaren Gewissenskonflikt zu geraten.“

(Quelle: KM, 30.1.1995; Nr. IV-6601.520/64)

2. Freistellung vom Schwimmunterricht

Das Bundesverwaltungsgericht hat am 11.9.2014 (6 C 25.12) entschieden, das Grundrecht der Glaubensfreiheit vermittle grundsätzlich keinen Anspruch darauf, im Rahmen der Schule nicht mit Verhaltensgewohnheiten Dritter – einschließlich solcher auf dem Gebiet der Bekleidung – konfrontiert zu werden, die außerhalb der Schule an vielen Orten bzw. zu bestimmten Jahreszeiten im Alltag verbreitet sind. Die Schulpflicht stehe nicht unter dem Vorbehalt, dass die Unterrichtsgestaltung die gesellschaftliche Realität in solchen Abschnitten ausblende, die im Lichte individueller religiöser Vorstellungen als anstößig empfunden werden mögen.

Das Kultusministerium hat nach dieser Entscheidung des BVerwG zur Freistellung von muslimischen Mädchen vom Schwimmunterricht u.a. Folgendes mitgeteilt:

„Mit seinem Urteil vom 11.09.2013 (6 C 25.12) hat das Bundesverwaltungsgericht […] nicht nur entschieden, dass ‚einer Schülerin muslimischen Glaubens die Teilnahme am koedukativen Schwimmunterricht in einer Badebekleidung zumutbar ist, die muslimischen Bekleidungsvorschriften entspricht‘ (sog. Burkini) sondern hat zugleich eine rechtliche Argumentation entwickelt, die über den konkret entschiedenen Fall deutlich hinausreicht.

Die staatliche Pflicht zur Rücksichtnahme auf Glaubensvorstellungen und weltanschauliche Überzeugungen ist nach der Entscheidung des Bundesverwaltungsgerichts ‚insbesondere auch aufgrund der Integrationsfunktion der Schule‘ begrenzt. In einem bestimmten Umfang sind Beeinträchtigungen der religiösen Überzeugungen als typische, von der Verfassung von vornherein einberechnete Begleiterscheinung des staatlichen Bildungs- und Erziehungsauftrags und der seiner Umsetzung dienenden Schulpflicht hinzunehmen.

Für die Entscheidung über Befreiungsanträge ist deshalb nun von folgenden, durch die Rechtsprechung des Bundesverwaltungsgerichts entwickelten Grundsätzen auszugehen:

- *Nach wie vor gilt, dass das Verlangen, aus Glaubensgründen vom Unterricht befreit zu werden, begründet werden muss. Es besteht eine entsprechende ‚Darlegungslast‘ für den Konflikt zwischen Glauben und Schulpflicht.*
- *Ein entsprechender Antrag auf Befreiung vom Unterricht kann deshalb auch nicht ‚pauschal‘ ohne Würdigung der im Einzelfall vorgebrachten Glaubensgründe bewilligt oder abgelehnt werden. Im jeden Fall muss Gelegenheit zur Anhörung der Glaubensgründe gegeben werden.*
- *In einem bestimmten Umfang sind Beeinträchtigungen der religiösen Überzeugungen als typische, von der Verfassung von vornherein einberechnete Begleiterscheinung des staatlichen Bildungs- und Erziehungsauftrags und der seiner Umsetzung dienenden Schulpflicht hinzunehmen.*
- *Es ist nicht entscheidend, ob das Befreiungsverlangen einzelne Unterrichtsstunde oder eine überschaubare Zahl von Unterrichtseinheiten betrifft.*
- *Die Einschränkung des für eine Schülerin als verbindlich erachteten Gebots, den Körper gegenüber Angehörigen des männlichen Geschlechts weitgehend zu bedecken, kann im Regelfall durch das Tragen eines Burkinis auf ein hinnehmbares Maß zurückgestuft werden. Gegen eine solche spezielle Schwimmkleidung bestehen auch aus sportfachlicher Sicht keine Bedenken, soweit sie nicht funktionswidrig ist. In den meisten Schwimmbädern ist das Tragen einer solchen Badebekleidung zwischenzeitlich auch zulässig. Im Regelfall kann solchen Anträgen auf Befreiung vom Schwimmunterricht also nicht mehr stattgegeben werden.*
- *Auch wenn die Schülerin nicht vom Schwimmunterricht befreit werden kann, ist zu überlegen, welche Rücksichtnahme auf die Glaubensvorstellungen möglich und erforderlich ist. Beispielsweise sollten Lehrkräfte darauf achten, dass von den Mädchen ungewollte körperliche Berührungen vermieden bzw. unterbunden werden.“*

(Quelle: KM, 31.10.2014, AZ: 31-6601.511/103/1)

3. „Schwänzen“ von Sexualerziehung dulden

Von der Teilnahme an der Sexualerziehung ist keine Befreiung möglich, das KM hat aber angeordnet, dass von der Schule zu dulden und nicht zu sanktionieren ist, wenn Schüler*innen aus religiösen Gründen fernbleiben oder ferngehalten werden. Siehe hierzu auch die Hinweise der Redaktion im Beitrag ➪ Geschlechtserziehung.

➪ Aufsichtspflicht (Schwimmunterricht); ➪ Behinderungen (Allgemeines); ➪ Ermessen; ➪ Feiertage; ➪ Ferienverordnung; ➪ Geschlechtserziehung; ➪ Grundgesetz Art. 3; ➪ Klassentagebücher; ➪ Religion (Allgemeines); ➪ Religionsunterricht (Teilnahme); ➪ Schulbesuch (Rechte und Pflichten); ➪ Schulgesetz §§ 72, 85, 92; ➪ Schul- und Schülergottesdienst; ➪ Schulpflicht (Berufliche Schulen); ➪ Schulpflicht (Durchsetzung); ➪ Verfassung; ➪ Volljährigkeit

Schulentwicklung und Evaluation

Informationen der Redaktion zur Rechtslage und zur Verwaltungspraxis in Baden-Württemberg

1. Rechtsgrundlagen und Institutionen der Schulentwicklung („Qualitätskonzept“)

Der inhaltlichen und organisatorischen Weiterentwicklung des Schulwesens dienen verschiedene Verfahren der *„Schulentwicklung“*. ➪ Schulgesetz § 22

Die *„regionale Schulentwicklung“* soll eine strukturelle Reform des Schulwesens durch das Land und die kommunalen Schulträger zur *„nachhaltigen Sicherung eines regional ausgewogenen, alle Bildungsabschlüsse umfassenden Bildungsangebots in zumutbarer Erreichbarkeit“* bewirken. ➪ Schulgesetz § 30a ff.

Für den beruflichen Bereich hat das KM eine *„Verordnung zur regionalen Schulentwicklung an beruflichen Schulen“* erlassen (26.3.2015; K.u.U. S. 94/2015).

Im Bereich der Sonderpädagogischen Bildungs- und Beratungszentren gilt eine eigene Verordnung des KM: ➪ Sonderpädagogik (SBBZ Schulentwicklung).

Zu *„unterrichtsbezogenen Schulentwicklungsprojekten“* siehe ➪ Organisationserlass Nr. 1.1, zweiter Absatz.

Die öffentlichen Schulen sind zur systematischen Qualitätsentwicklung und Qualitätssicherung verpflichtet. Zu diesem Zweck müssen sie ihre Schul- und Unterrichtsqualität in regelmäßigen Abständen evaluieren. ➪ Schulgesetz § 114

Der *„Referenzrahmen Schulqualität Baden-Württemberg“* (s. Nr. 2) soll eine verbindliche Orientierung für die Qualitätsentwicklung ermöglichen und ein gemeinsames Qualitätsverständnis schaffen: https://ibbw-bw.de/,Lde/Startseite/Systemanalysen/Referenzrahmen.

Online-Informationen zur Evaluation sind abrufbar unter: https://ibbw-bw.de/,Lde/Startseite/Systemanalysen/Datengestuetzte+Qualitaetsentwicklung

Auf Grundlage des Gesetzes zur Umsetzung des Qualitätskonzepts für die öffentlichen Schulen in Baden-Württemberg wurde das bisherige Landesinstitut für Schulentwicklung (LS) 2019 aufgelöst. Teile des LS wurden in das Zentrum für Schulqualität und Lehrerbildung (ZSL), andere Teile in das Institut für Bildungsanalysen Baden-Württemberg (IBBW) übergeführt.

Institut für Bildungsanalysen Baden-Württemberg (IBBW)

Das IBBW ist für den Aufbau und die Durchführung eines strategischen Bildungsmonitorings verantwortlich, das eine datengestützte Qualitätsentwicklung auf allen Ebenen des Bildungssystems unterstützen soll, siehe https://ibbw.kultus-bw.de. Dazu gehören

1. der Aufbau eines systematischen Bildungsmonitorings zur Unterstützung einer datengestützten Qualitätsentwicklung,
2. statistische Erhebungen und Auswertungen und zentrale IT-Fachverfahren,
3. die Entwicklung von Konzepten, Aufgaben und Instrumenten zur Diagnose und Förderung von Kompetenzen sowie die Erstellung von zentralen Prüfungen für die öffentlichen Schulen,
4. die systematische und wissenschaftsbasierte Erfassung, Auswertung und adressatengerechte Aufbereitung von steuerungsrelevanten Daten wie Bildungsindikatoren und Trends auf unterschiedlichen Ebenen des Bildungssystems,
5. die Entwicklung von Konzepten und Instrumenten zur Evaluation der Unterrichts- und Schulqualität sowie die Durchführung von Evaluationen von öffentlichen Schulen und
6. die Entwicklung, Begleitung und Evaluation von Konzepten, beispielsweise zu bildungspolitischen Reformvorhaben, auf der Grundlage der empirischen Bildungsforschung, Forschungskooperation und Wissenschaftstransfer sowie die Unterstützung des ZSL bei der evidenzbasierten Entwicklung von Standards.

Zentrum für Schulqualität und Lehrerbildung (ZSL)

Das ZSL ist eine Landesoberbehörde mit Regionalstellen. Zu den Aufgaben des ZSL gehören

1. Personalentwicklung und Führungskräftequalifizierung,
2. Konzeptentwicklung, Steuerung und Qualitätssicherung für die Aus- und Fortbildung der Lehrkräfte zu pädagogischen Querschnittsthemen,
3. Konzeptentwicklung, Steuerung der Durchführung und Qualitätssicherung der fächer- und schulartspezifischen Aus- und Fortbildung der Lehrkräfte,
4. Konzeption von unterrichtsbezogenen Unterstützungsangeboten,
5. Bildungsplanarbeit, ⇨ Bildungspläne
6. Schulbuchzulassung, ⇨ Lernmittel (Zulassung)
7. internationale Kooperationsprojekte in der Lehrerbildung,
8. Entwicklung, dezentrale Bereitstellung und Qualitätssicherung von Beratungsangeboten, z.B. im Bereich der Schullaufbahn, beruflichen Orientierung, zusätzlichen Förderbedarfe und speziellen Begabungen, schulpsychologischen Dienste, der Prävention und der Qualitätsentwicklung, ⇨ Berufliche Orientierung; ⇨ Prävention
9. fachliche Steuerung der Seminare für Ausbildung und Fortbildung der Lehrkräfte und
10. Steuerung der ⇨ Schulpsychologischen Beratungsstellen.

Die Regionalstellen des ZSL in Stuttgart, Schwäbisch Gmünd, Karlsruhe, Heidelberg, Freiburg und Tübingen sind für die öffentlichen allgemeinbildenden und beruflichen Schulen in ihrer Region zuständig. An jeder Regionalstelle wird eine Leitstelle pädagogische Unterstützung (LPU) als Kontaktstelle für Anliegen von Schulen eingerichtet.

Die Regionalstellen sind zuständig für die Zurverfügungstellung der zentral entwickelten Angebote und Dienstleistungen für Ausbildung, Fortbildung und Beratung aller Schularten. Ihnen obliegt die fachliche Steuerung der Seminare für Ausbildung und Fortbildung der Lehrkräfte, die ihren Sitz in der Region der jeweiligen Regionalstelle haben. Die schulpsychologischen Beratungsstellen sind Teil einer Regionalstelle. Link: https://zsl-bw.de

⇨ Schulpsychologische Beratungsstellen

2. Referenzrahmen Schulqualität

Verwaltungsvorschrift des Kultusministeriums über den Referenzrahmen Schulqualität Baden-Württemberg vom 5. Dezember 2022 (K.u.U. S. 1/2023)

1. § 114 Schulgesetz (SchG) verpflichtet die öffentlichen Schulen zur datengestützten Qualitätsentwicklung und Qualitätssicherung. Dies beinhaltet regelmäßige Evaluationen, die in Statusgespräche und Ziel- und Leistungsvereinbarungen mit den Schulaufsichtsbehörden nach § 32 Absatz 2 SchG einfließen. Das Institut für Bildungsanalysen Baden-Württemberg (IBBW) und das Zentrum für Schulqualität und Lehrerbildung (ZSL) wirken unterstützend an der datengestützten Qualitätsentwicklung und Qualitätssicherung mit.
2. Der „Referenzrahmen Schulqualität Baden-Württemberg" ist eine Grundlage der Qualitätssicherung und und Qualitätsentwicklung an den öffentlichen Schulen in Baden-Württemberg. Er stellt zentrale Befunde der empirischen Bildungsforschung zur Qualität von Schule und Unterricht zusammen und macht relevante Einflussfaktoren, Prozessqualitäten und wesentliche Ergebnisse von Schule deutlich. Im Bereich der beruflichen Schulen schließt der Referenzrahmen an das OES-Konzept an.

3.1 Der Referenzrahmen Schulqualität richtet sich an Schulleitungen und Lehrkräfte an öffentlichen Schulen aller Schularten in Baden-Württemberg, an die Schulaufsichtsbehörden, an das IBBW und das ZSL sowie an Personen in der Lehrerausbildung, Lehrerfortbildung und Beratung.

3.2 Schulleitungen, Lehrkräfte und Schulaufsichtsbehörden sind verpflichtet, sich bei Maßnahmen der Schul- und Unterrichtsentwicklung am

Referenzrahmen Schulqualität Baden-Württemberg zu orientieren. Hierzu zählt insbesondere die datengestütze Qualitätsentwicklung, die Statusgespräche mit Ziel- und Leistungsvereinbarungen und Evaluationen.

3.3 Das ZSL und das IBBW beziehen den Referenzrahmen im Rahmen der Entwicklung ihrer Unterstützungs- und Beratungsangebote mit ein. [...]

3. Beteiligungsrechte

Bei der Umsetzung der regionalen Schulentwicklungsprozesse (beispielsweise strukturelle Änderungen, Schulversuche) bestehen Beteiligungsrechte der Lehrkräfte, der Eltern sowie der Schüler*innen. Bei der Evaluation der einzelnen Schulen ist im ➪ Schulgesetz §§ 30 und 114 vorgeschrieben, dass *„alle am Schulleben Beteiligten, insbesondere Schüler und Eltern, miteinbezogen"* werden; dies gilt auch für die vom IBBW durchgeführte Fremdevaluation.

Die Evaluation und die Schulentwicklung gehören als *„allgemeine Fragen der Erziehung und des Unterrichts"* zu den *„Angelegenheiten von wesentlicher Bedeutung für die Schule"*; inhaltliche Entscheidungen treffen also die Gesamtlehrerkonferenz oder die entsprechenden Teilkonferenzen. Die Schulkonferenz ist hierzu anzuhören.

➪ Konferenzordnung §§ 2 Abs. 1 Nr. 1 und 3 bis 8; ➪ Schulgesetz § 45 Abs. 2 und § 47 Abs. 4 Nr. 1a

➪ Berufliche Orientierung; ➪ Bildungspläne; ➪ Datenschutz (Schulen); ➪ Konferenzordnung §§ 2 Abs. 1 Nr. 1 und 3 bis 8; ➪ Lernmittel (Zulassung); ➪ Lernstandserhebungen; ➪ Prävention; ➪ Schulaufsicht und Schulverwaltung; ➪ Schulgesetz §§ 30a ff., § 45 Abs. 2, § 47 Abs. 4 Nr. 1a und § 114 ; ➪ Sonderpädagogik (SBBZ Schulentwicklung)

Schüleraustausch

Informationen der Redaktion zur Rechtslage und zur Verwaltungspraxis in Baden-Württemberg

1. Grundsatz

Die Schulbesuchsverordnung erlaubt die Beurlaubung von Schüler*innen zur Teilnahme am Schüleraustausch sowie zu Sprachkursen im Ausland. In der Regel ist dies mit dem Besuch einer Schule im Gastland verbunden. Link: https://km-bw.de/,Lde/startseite/jugend_sport/Internationale+Jugendbildung.

Die ➪ Schulbesuchsverordnung (§ 4 Abs. 3 Nr. 2) ermöglicht auch den befristeten Besuch einer Schule im Ausland aus anderen Gründen (beispielsweise wenn die Eltern sich zeitweise beruflich dort aufhalten).

2. Kurzfristiger Schüleraustausch

Baden-württembergische Schülerinnen und Schüler haben die Möglichkeit, je nach Land zwischen drei Wochen und drei Monaten im Ausland zur Schule zu gehen. Dieser Schüleraustausch wird im Auftrag des Kultusministeriums vom AFS Interkulturelle Begegnungen e.V. durchgeführt; er ist auf Gegenseitigkeit angelegt: Besuch im Gastland und Aufenthalt des Austauschpartners in Deutschland; Link: https://www.austauschjahr.de/.

Teilnehmen können Schüler*innen aller Schularten zwischen 14 und 17 Jahren. Es werden Austauschprogramme mit wechselnden Ländern angeboten. Im Aufnahmeland leben die Schüler*innen bei der Familie ihrer Austauschpartner. Die Teilnehmenden und ihre Familien werden von AFS vorbereitet und betreut. Programminformationen – Bewerbungstermine, Teilnahmevoraussetzungen, Checklisten usw. – stehen im Internet unter www.schueleraustausch-bw.de.

Die deutsch-französische Schülerbegegnungsstätte Breisach (Vorortstelle für den deutsch-französischen Schüleraustausch) wickelt insbesondere das Austauschprogramm *„Brigitte Sauzay"* ab (zwei- bis dreimonatiger Aufenthalt in einer französischen Gastfamilie mit Schulbesuch). Die Bewerbung läuft über die Schule. Kontakt: Deutsch-Französische Schülerbegegnungsstätte, Links: https://km-bw.de/Startseite/>Deutsch-französische+Drittortbegegnung und https://sbsbreisach.blogspot.com/.

3. Längerer Schulbesuch im Ausland

Es ist auch möglich, ein ganzes Schuljahr, nach Rücksprache mit dem RP auch länger, im Ausland zu verbringen (kein Austauschprogramm, auf Schüler*innen an Gymnasien ausgelegt). Hierüber informiert der Arbeitskreis gemeinnütziger Jugendaustausch (Link: https://aja-org.de/).

Ein Austauschjahr kann auf Antrag von der Schule angerechnet werden, wenn der regelmäßige Schulbesuch und dabei erzielte Leistungen nachgewiesen werden. Nach den Versetzungsordnungen der Gymnasien und der beruflichen Gymnasien ist eine Aussetzung der Versetzungsentscheidung für Schüler möglich, die an einem längerfristigen Einzelschüleraustausch mit dem Ausland teilgenommen und dort die Schule besucht haben. In den anderen Schulen sind solche Ausnahmen in der jeweiligen Versetzungsordnung nicht vorgesehen.

Möglich ist auch ein eingeschobenes Auslandsschuljahr ohne Anerkennung auf den Bildungsgang, dabei müssen alle Schulhalbjahre der Qualifikationsphase (Jahrgangsstufen 11 und 12) besucht werden, hier ist lediglich eine Beurlaubung möglich.

Beim Besuch einer anerkannten deutschen Schule im Ausland können die dort erbrachten Leistungen und Versetzungsentscheidungen anerkannt werden, bei allen anderen Schulen sollten die Leistungsnachweise und Regularien für die Wiedereingliederung in die deutsche Schule mit der jeweiligen Schulleitung bereits vor der Ausreise abgeklärt werden.

Angebote für Auslandsaufenthalte gibt es neben der AFS (s.o.) z.B. bei AFS Interkulturelle Begegnungen e.V.; bei Youth For Understanding Komitee e.V.; Link: https://www.yfu.de/schueleraustausch, bei Experiment e.V.; Link: https://www.experiment-ev.de, bei Open Door International e.V.; Link: https://www.opendoorinternational.de, bei Partnership International e.V.; Link: https://www.partnership.de, und beim Rotary Jugenddienst Deutschland e.V.; Link: https://www.rotary-austausch.de.

Die Aktion Bildungsinformation e.V. (ABI) stellt Informationen für den Schüleraustausch bzw. Gastaufenthalte von Jugendlichen in zahlreichen Ländern bereit und prüft auch die Leistungen gewerblicher Anbieter: Link: https://abi-ev-arbeit-bildung-integration-sprach-und.business.site/.

4. Schülerbegegnungen mit Staaten Mittel- und Osteuropas

Nach Nr. 17 der Richtlinien des KM zur Förderung der außerunterrichtlichen Jugendbildung können für internationale Schülerbegegnungen mit Staaten Mittel- und Osteuropas Zuschüsse gewährt werden.

⇨ Außerunterrichtliche Jugendbildung

⇨ Außerunterrichtliche Jugendbildung; ⇨ Außerunterrichtliche Veranstaltungen; ⇨ Konferenzordnung § 2; ⇨ Schulbesuchsverordnung §§ 3,4,5; ⇨ Schulpartnerschaften

Schülerbeförderung

Informationen der Redaktion zur Rechtslage und zur Verwaltungspraxis in Baden-Württemberg

Aus der gesetzlichen Schulpflicht ergibt sich unmittelbar die Verpflichtung, die jeweilige Schule aufzusuchen. Gemäß ⇨ Schulgesetz § 85 haben die *„Erziehungsberechtigten und diejenigen, denen Erziehung oder Pflege eines Kindes anvertraut ist, […] dafür Sorge zu tragen, dass der Schüler am Unterricht und an den übrigen verbindlichen Veranstaltungen der Schule regelmäßig teilnimmt […]“.*

⇨ Aufsichtspflicht

Der Weg von und zur Schule sowie die Finanzierung eventueller Beförderungskosten fallen demnach grundsätzlich in die Zuständigkeit der Eltern. Solange sich der/die Schüler*in in Obhut der Erziehungsberechtigten befindet (also auch auf dem Weg von der Wohnung bis zum Schulgrundstück), obliegt diesen die Aufsichtspflicht. Ab dem Betreten des Schulgrundstücks geht diese Aufgabe auf die Schule über. Deren Aufsichtspflicht endet, sobald der/die Schüler*in den Heimweg antritt. Die Schule ist somit auch für die Aufsicht über die Wege (und damit in Zusammenarbeit mit dem ⇨ Schulträger für die Organisation des Transports) zuständig, die ihre Schüler*innen während der Unterrichtszeit zurücklegen müssen, also auch zu weiter entfernten Sport- oder Schwimmstätten usw. Findet der schulische Schwimmunterricht jedoch als separate Veranstaltung statt, kehren also die Schüler*innen zunächst nach Hause zurück und begeben sich nach der Mittagspause zur Schwimmhalle, so liegt dieser Weg und zurück nach Hause wieder in Verantwortung der Eltern. Siehe hierzu die Beiträge ⇨ Aufsichtspflicht (Schwimmunterricht) und ⇨ Schulweg.

Dies alles setzt voraus, dass sich das Schulgebäude oder die Sportstätte in „zumutbarer“ Entfernung befinden, also zu Fuß und ohne unvertretbare Gefährdungen und zumindest ohne einen nennenswerten finanziellen Aufwand erreichbar sind. Dies ist in vielen Teilen des Landes nicht (mehr) gegeben: Viele fußläufig erreichbare „Zwergschulen“ sind im Zuge der Schulentwicklungspläne geschlossen worden; infolge der demografischen Entwicklung schreitet dieser Konzentrationsprozess auch heute fort.

Deshalb müssen die ⇨ Schulträger jedenfalls dann den größten Teil der Kosten für die Fahrt zur und von der Schule tragen, wenn die Schule nicht ohne weiteres fußläufig erreichbar ist. Gemeindeübergreifend sind für die Organisation und Kostenregelung die Stadt- und Landkreise zuständig. Diese erhalten hierfür pauschale Zuweisungen vom Land (2020: 193,8 Mio. Euro); die darüber hinausgehenden Kosten müssen sie selbst tragen. Deshalb besteht eine – zunehmende – Diskrepanz zwischen den bereitgestellten Mitteln und dem tatsächlichen Bedarf. Dies ändert nichts an der Leistungspflicht der Schulträger. Allenfalls ist zu fragen, ob und wie die Kommunen Ansprüche gegen das Land geltend machen können, wenn sie die Kosten nicht mehr tragen können.

⇨ Haushalt (Kommunaler Finanzausgleich) § 18

Dennoch verlangen Schulträger von den Schüler*innen bzw. ihren Eltern, dass sie sich an den Kosten für die Schülerbeförderung beteiligen bzw. diese ganz übernehmen. Dieser Eigenanteil entfällt für Schüler*innen, deren Eltern ein Recht auf Leistungen nach dem Sozialgesetzbuch II („Hartz IV“) oder dem Asylbewerberleistungsgesetz haben oder deren Eltern den Kinderzuschlag oder Wohngeld beziehen.

Dabei ist zwischen den verschiedenen Anlässen für solche Fahrten zu unterscheiden.

1. Fahrten zur und von der Schule

Ist für den Besuch einer Pflichtschule zur Erfüllung der gesetzlichen Schulpflicht die Benutzung von Verkehrsmitteln erforderlich, so sind die Kosten vom Schulträger zu tragen bzw. hat sich dieser an den Kosten angemessen zu beteiligen. Die Frage, was „angemessen“ ist, ist heftig umstritten; die Gerichte halten u.a. eine Differenzierung nach Schularten für zulässig. Die Schulträger handeln hierfür vielfach mit den Verkehrsunternehmen besondere Tarife aus (Schülerfahrkarten). Insbesondere wenn diese Fahrkarten auch über die reinen Schulweg-Fahrten hinaus benutzt werden können, ist eine angemessene Eigenbeteiligung vertretbar.

Die Stadt- und Landkreise haben relativ einheitlich in ihren Satzungen festgelegt, dass die notwendigen Beförderungskosten zum Besuch des stundenplanmäßigen Unterrichts erstattet/bezuschusst werden:

- Bei Schulkindergärten, Grundschulförderklassen (auch Sonderschulkindergärten), SBBZ (bei SBBZ Lernen und SBBZ emotionale und soziale Entwicklung nur bis Klasse 4) tragen sie die vollen Kosten ohne Rücksicht auf die Entfernung zwischen Wohnung und Schulkindergarten bzw. Schule.
- Bei Grundschulen, Hauptschulen, Werkrealschulen, Gemeinschaftsschulen, Realschulen, Gymnasien, Waldorfschulen, Förderschulen und Schulen für Erziehungshilfe (ab Klasse 5), Kollegs, Berufsfachschulen, Berufskollegs, Berufsoberschulen, Abendrealschulen, Abendgymnasien, Vollzeitunterricht des Berufsgrundbildungsjahres und des Berufsvorbereitungsjahres tragen sie die Kosten ab einer Mindestentfernung von 3 km (bei Berufsschulen ab 20 km) zwischen Wohnung und Schule, verlangen jedoch einen Eigenanteil. Schüler*innen mit Anspruch auf Leistungen aus dem ➪ Bildungspaket werden die Kosten der Schülermonatskarte erstattet.

2.
Schulische Pflichtveranstaltungen

Aufgrund der Schulgeld- und Lernmittelfreiheit dürfen die Kosten für die Fahrt zu schulischen Pflichtveranstaltungen nicht auf die Eltern oder Schüler*innen abgewälzt werden, denn sie sind notwendige Voraussetzung für die Teilnahme am Unterricht. Die Stadt- und Landkreise schließen jedoch teilweise die *„Beförderungskosten zu außerhalb der Schule gelegenen Unterrichtsstätten (innerer Schulbetrieb)“* von der Erstattung aus. Dies ändert aber nicht ihre Verantwortung, den Transport zu und von den Unterrichtsstätten zu organisieren und zu finanzieren. Wo dies zu konkreten Problemen führt (z.B. eine Schwimmstätte steht der Schule für den Unterricht nur am Vormittag zur Verfügung, sie ist zu weit entfernt oder der Weg ist mit unzumutbaren Gefahren verbunden), ist den Schulen folgendes Verfahren anzuraten: Die Schulleitung beantragt – nach vorheriger Beratung in den schulischen Gremien (Gesamtlehrerkonferenz, Schulkonferenz, Elternbeirat) – beim Schulträger die Einrichtung eines „Schwimmbusses“ bzw. bei einer guten Nahverkehrsverbindung die Übernahme der Fahrkosten. Wird diesem Antrag nicht stattgegeben, informiert die Schulleitung die schulischen Gremien über dieses Ergebnis. Falls die Schule unter diesen Umständen trotzdem Schwimmunterricht durchführt, bleibt den betroffenen Eltern der individuelle Antrag auf Fahrkostenerstattung und gegebenenfalls die Anrufung der Schulaufsichtsbehörde oder schließlich der Klageweg gegen den Schulträger. Siehe hierzu auch die „Hinweise für Schulleitungen“ des KM im Beitrag ➪ Aufsichtspflicht (Schwimmunterricht).

3.
Außerunterrichtliche Veranstaltungen

Da nur die Unentgeltlichkeit des Unterrichts garantiert ist, obliegt die Finanzierung von außerunterrichtlichen Veranstaltungen (z.B. Schullandheimaufenthalt, Jahresausflug, Museums- oder Theaterbesuch) einschließlich der Fahrkosten den Erziehungsberechtigten; dies sind zwar schulische Veranstaltungen, es besteht aber keine Teilnahmepflicht.

Schüler*innen mit Anspruch auf Leistungen aus dem ➪ Bildungspaket werden die Kosten erstattet.

➪ Aufsichtspflicht; ➪ Aufsichtspflicht (Schwimmunterricht); ➪ Außerunterrichtliche Veranstaltungen III; ➪ Außerunterrichtliche Veranstaltungen (Hinweise) Nr. 8-10; ➪ Bildungspaket; ➪ Haushalt (Kommunaler Finanzausgleich) § 18; ➪ Schülerbeförderung (Mitwirkung der Schulen); ➪ Schulträger; ➪ Schulweg; ➪ Verkehrserziehung

Schülerbeförderung (Mitwirkung der Schulen)

Mitwirkung der Schulen bei der Schülerbeförderung; Auszug aus der Bekanntmachung des KM vom 23.8.1994 (K.u.U. S. 478/1994); im Bekanntmachungsverzeichnis (➪ Kultus und Unterricht) enthalten

Für eine reibungslose, sichere und wirtschaftliche Schülerbeförderung ist ein enges Zusammenwirken aller Beteiligten (Schulträger, Stadt- und Landkreise, Schulen und Verkehrsunternehmen) von besonderer Bedeutung. Die Schülerbeförderung funktioniert dort besonders gut, wo diese enge Zusammenarbeit auf lokaler Ebene tatsächlich erfolgt. [...]

Die Schulen unterstützen den Schulträger; sie teilen ihm auf dessen Anforderung insbesondere die Schülerzahlen, die Wohnorte der Schüler, den Unterrichtsbeginn und das Unterrichtsende so früh wie möglich mit. In vielen Fällen empfiehlt es sich darüber hinaus, dass die Beteiligten vor Ort ihre Anliegen gemeinsam erörtern (u.a. sich die Schulen bei der Festlegung der beweglichen Ferientage und der drei unterrichtsfreien Tage aus der Arbeitszeitverkürzung der Lehrer, der Entscheidung über den unterrichtsfreien Samstag sowie bei der Ausgestaltung der Stundenpläne abstimmen).

Außerdem teilen die Schulen kurzfristig eintretende, für die Schülerbeförderung wichtige Änderungen hinsichtlich des Unterrichts (z.B. Stundenplanänderungen, früheres Unterrichtsende, Schulveranstaltungen usw.) möglichst frühzeitig mit.

Für die notwendige optimale Ausnutzung der vorhandenen Beförderungskapazitäten und zur Minimierung von Wartezeiten ist es wichtig, dass die Stundenpläne und Unterrichtszeiten der Schulen sowie die Fahrpläne und Fahrzeiten der Verkehrsunternehmen gut aufeinander abgestimmt werden. Im Rahmen der bestehenden Möglichkeiten sollen die Schulen einen gestaffelten Unterrichtsbeginn einrichten, um Verkehrsspitzen zu vermeiden. [...]

➪ Haushalt (Komm. Finanzausgleich) § 18; ➪ Schülerbeförderung; ➪ Schulträger; ➪ Schulweg; ➪ Verkehrserziehung

Schülerlotsen

Bekanntmachung des Kultusministeriums vom 3. Februar 1984 (K.u.U. S. 81/1984); diese Bekanntmachung ist im Bekanntmachungsverzeichnis des KM (⇨ Kultus und Unterricht) enthalten, also nach wie vor aktuell.

Um die Sicherheit der Schüler auf dem Schulweg zu erhöhen, wird ein Schülerlotsendienst für Grund- und Hauptschulen, Realschulen, Sonderschulen und Gymnasien als freiwillige Einrichtung empfohlen.

Die Schülerlotsen haben insbesondere die Aufgabe, ihren Mitschülern beim Überqueren verkehrsgefährdeter Straßen in der Nähe der Schule zu helfen. Die Schülerlotsen wirken bei ihrer Tätigkeit auf die Beachtung der bestehenden Verkehrsregeln hin. Sie haben keine polizeilichen Befugnisse.

Wenn der Schülerlotsendienst durchgeführt wird, ist er eine schulische Angelegenheit des Landes. Er wird organisatorisch von der Landesverkehrswacht Baden-Württemberg e.V. für das Land vorgenommen. Vor Einrichtung des Schülerlotsendienstes sind der Elternbeirat und der Schülerrat der Schule zu hören.

Voraussetzung für die freiwillige Tätigkeit als Schülerlotse ist in der Regel ein Mindestalter von 13 Jahren, persönliche Eignung und schriftliches Einverständnis der Erziehungsberechtigten.

Die Tätigkeit als Schülerlotse unterliegt der gesetzlichen Unfallversicherung [...]. Zuständiger Träger des Unfallversicherungsschutzes ist das Land [...]. Die Lotsentätigkeit stellt eine Fürsorgeaufgabe dar. Bei Drittschäden kommt die Amtshaftung des Landes nach Art. 34 GG i.V. mit § 839 BGB in Frage.

Die Landesverkehrswacht Baden-Württemberg e.V. unterhält ergänzend eine Unfallversicherung und eine Haftpflichtversicherung. Die Deutsche Verkehrswacht und die Landesverkehrswacht Baden-Württemberg e.V. stellen Ausrüstung der Schülerlotsen sowie Unterrichtsmaterial im Rahmen der gegebenen Möglichkeiten zur Verfügung und übernehmen die örtliche Organisation.

⇨ Schulgesetz § 57; ⇨ Schulweg; ⇨ Unfallversicherung und Unfallverhütung; ⇨ Verkehrserziehung

Schülermitverantwortung (SMV-Verordnung)

Verordnung des KM über Einrichtung und Aufgaben der Schülermitverantwortung (SMV-Verordnung) vom 8. Juni 1976 (K.u.U. S. 1196/1976), zuletzt geändert 25.6.2019 (K.u.U. S. 162/2019)

I. Allgemeines

§ 1
Grundsätze

(1) Der Schwerpunkt der Schülermitverantwortung (SMV) liegt an der einzelnen Schule. Damit sie ihre Aufgaben erfüllen kann, müssen Schulleiter, Lehrer, Eltern und Schüler, die sich in der Schule mit unterschiedlichen Rechten, Pflichten, Aufgaben und Interessen begegnen, zusammenarbeiten (§ 62 des Schulgesetzes).

(2) Die Schülermitverantwortung ist von allen am Schulleben Beteiligten und den Schulaufsichtsbehörden zu unterstützen.

(3) Art und Umfang der Mitwirkung der Schüler am Leben und an der Arbeit der Schule sowie der Grad der Selbstständigkeit und Verantwortlichkeit bei der Wahrnehmung ihrer Aufgaben hängen von ihrer Entwicklung ab. Schüler mit Behinderungen erhalten hierzu an allen Schulen altersgemäße und individuelle Hilfe.

(4) Schüler der Grundschulen sollen auf die Arbeit und die Aufgaben der Schülermitverantwortung dadurch vorbereitet werden, dass ihre Selbstverantwortung und ihre Selbstständigkeit möglichst früh im Unterricht und durch Übertragung ihnen angemessener Aufgaben entwickelt und gefördert werden.

(5) Schüler dürfen wegen ihrer Tätigkeit in der SMV weder bevorzugt noch benachteiligt werden. Das Amt als Schülervertreter nach § 3 Absatz 1 wird im Zeugnis ohne Wertung vermerkt, soweit nicht der Schüler in angemessener Zeit vor der Ausgabe des Zeugnisses hiergegen widerspricht; eine Bescheinigung über das Amt auf Antrag in anderer geeigneter Form ohne Wertung ist zulässig. Für die aktive Tätigkeit in der SMV, ohne Schülervertreter zu sein, gilt Satz 2 entsprechend; die Klassenkonferenz berücksichtigt bei ihrer Entscheidung die Vorschläge des Verbindungslehrers und der Schülervertreter.

(6) Der Schülerrat erlässt im Rahmen des Schulgesetzes und dieser Verordnung eine Satzung, in der außer den in dieser Verordnung ausdrücklich vorgesehenen Vorschriften nähere Bestimmungen über Aufgaben und Arbeit der Schülermitverantwortung der jeweiligen Schule geregelt werden können (SMV-Satzung). Sie bedarf keiner Bestätigung durch ein Organ der Schule; jedoch ist vor ihrer Inkraftsetzung dem Schulleiter und den Verbindungslehrern der Schule sowie der Gesamtlehrerkonferenz und der Schulkonferenz Gelegenheit zur Stellungnahme zu geben.

§ 2
Ergänzende Hinweise

(1) Das Recht der Schüler, außerhalb der Schule Vereinigungen zu bilden oder ihnen beizutreten, bleibt unberührt. Schülervereinigungen (z.B. mit politischen, sportlichen, kulturellen, konfessionellen,

gesellschaftlichen oder fachlichen Zielen) sind keine Schülervertretungen im Sinne dieser Verordnung.

(2) Die Rechte der Erziehungsberechtigten werden durch diese Verordnung nicht berührt.

II.
Bildung der Organe der SMV

§ 3
Organe

(1) Organe der Schülermitverantwortung sind die Schülervertreter (Klassensprecher, Kurssprecher, Jahrgangsstufensprecher, Schülerrat und Schülersprecher) sowie die Klassenschülerversammlung, in den beiden Jahrgangsstufen am allgemeinbildenden Gymnasium die Kursschülerversammlung in den Kursen des Leistungs- und Basisfachs Deutsch, am beruflichen Gymnasium die Kursschülerversammlung im Profilfach.

⇨ Gemeinschaftsschule (Verordnung) § 10

(2) Die Klassenschülerversammlung besteht aus allen Schülern der Klasse. Die Kursschülerversammlung besteht aus allen Schülern eines Kurses gemäß Absatz 1.

(3) Die Wahl des Klassensprechers und seines Stellvertreters gemäß § 65 Abs. 1 SchG soll spätestens bis zum Ablauf der dritten Unterrichtswoche im Schuljahr stattfinden, bei Teilzeitunterricht in Blöcken bis zum Ablauf der zweiten Unterrichtswoche des ersten Unterrichtsblocks im Schuljahr.

(4) In den beiden Jahrgangsstufen wählen die Schüler am allgemeinbildenden Gymnasium in den Kursen des Leistungs- und Basisfachs Deutsch, am beruflichen Gymnasium im Profilfach, aus ihrer Mitte zu Beginn des Schuljahres einen Kurssprecher und seinen Stellvertreter; sie treten an die Stelle des Klassensprechers und seines Stellvertreters. Für den Zeitpunkt der Wahl gilt Absatz 3 entsprechend.

(5) Die nach Absatz 4 gewählten Kurssprecher und Stellvertreter sind Mitglied des Schülerrats. Sie haben die gleichen Rechte und Pflichten wie die übrigen Mitglieder bzw. stellvertretenden Mitglieder des Schülerrats.

(6) Der Schülerrat soll binnen zweier Wochen nach der Wahl aller seiner Mitglieder, spätestens jedoch in der fünften Unterrichtswoche im Schuljahr, erstmals zusammentreten; dies gilt auch dann, wenn noch nicht alle Wahlen gemäß Absätze 3 bis 5 durchgeführt sind. Spätestens binnen zweier weiterer Wochen soll die Wahl des Schülersprechers und seines oder seiner Stellvertreter gemäß § 67 Abs. 1 SchG stattfinden. Die Gültigkeit dieser Wahlen wird nicht dadurch beeinträchtigt, dass sie bzw. der erste Zusammentritt des Schülerrats nicht fristgemäß erfolgen.

(7) In Berufsschulklassen können die Klassensprecher, die jeweils an den gleichen Wochentagen Unterricht haben, aus ihrer Mitte ihre Tagessprecher und deren Stellvertreter wählen.

(8) Die SMV-Satzung kann vorsehen, dass der Schülersprecher von allen Schülern der Schule oder von den Klassensprechern und ihren Stellvertretern gewählt wird; sie kann auch regeln, dass ein Stellvertreter von allen Schülern der Schule aus deren Mitte oder aus der Mitte der Klassensprecher und ihrer Stellvertreter direkt gewählt wird, weitere Stellvertreter können nur von den Klassensprechern und ihren Stellvertretern aus ihrer Mitte gewählt werden; die Gewählten sind Mitglieder des Schülerrats. Die SMV-Satzung kann weiter vorsehen, dass die Kurssprecher einer Jahrgangsstufe aus ihrer Mitte einen Jahrgangsstufensprecher und seinen Stellvertreter wählen können, dem die Aufgaben der einzelnen Kurssprecher der Jahrgangsstufe übertragen werden, soweit sie die gesamte Jahrgangsstufe betreffen.

§ 4
Wahl, Wählbarkeit

(1) Schülervertreter, deren Amtszeit abgelaufen ist, versehen ihr Amt bis zur Neuwahl geschäftsführend weiter, wenn sie noch wählbar sind. Die Dauer der geschäftsführenden Tätigkeit kann durch die SMV-Satzung begrenzt werden.

(2) Der geschäftsführende Amtsinhaber lädt die Wahlberechtigten zur Neuwahl ein und bereitet die Wahl vor. Ist kein geschäftsführender Amtsinhaber vorhanden oder ist er verhindert, so sorgt dafür sein Stellvertreter. Die SMV-Satzung kann abweichende Bestimmungen treffen; sie soll für den Fall, dass kein Stellvertreter vorhanden oder dass auch dieser verhindert ist, Vorsorge treffen. Steht niemand zur Verfügung, dem die Aufgaben gemäß Satz 1 übertragen sind, veranlasst der Verbindungslehrer für die Wahl der Kurssprecher und des Schülersprechers und der Klassenlehrer für die Wahl des Klassensprechers das Erforderliche; letzteres gilt auch für neugebildete Klassen, sofern in der SMV-Satzung keine anderen Bestimmungen getroffen sind.

(3) Wahlberechtigt und wählbar ist, wer im Zeitpunkt der Wahl die Schule als Schüler besucht. Das Amt eines Schülervertreters erlischt vor Ablauf seiner bis zum Ende des Schuljahres dauernden Amtszeit mit dem Verlust der Wählbarkeit für dieses Amt oder seinem Rücktritt. Für die Einladung zu der in diesen Fällen erforderlichen Neuwahl gilt Abs. 2 entsprechend.

§ 5
Wahlverfahren, Abwahl

(1) Die Wahl ist geheim. Die Aufstellung und Wahl der Kandidaten bedürfen keiner Bestätigung. Im übrigen muss die Wahl aller Schülervertreter den Grundsätzen entsprechen, die für demokratische Wahlen gelten, insbesondere also allgemein, frei, gleich und unmittelbar sein.

(2) Gewählt ist, wer die meisten gültigen Stimmen erhält. Bei Stimmengleichheit ist ein weiterer Wahlgang erforderlich.

(3) Ein Schülervertreter kann aus seinem Amt vor Ablauf seiner Amtszeit nur dadurch abberufen werden, dass von der Mehrheit der Wahlberechtigten ein Nachfolger für den Rest der laufenden Amtszeit gewählt wird. Die wahlberechtigten Schüler müssen zur Wahl eines Nachfolgers eingeladen werden, wenn ein Drittel der Wahlberechtigten schriftlich darum nachsucht. Für die Einladung gilt § 4 Abs. 2 entsprechend mit der Maßgabe, dass der betreffende Amtsinhaber als verhindert gilt.

§ 6
Ergänzende Wahlordnungsvorschriften

Die SMV-Satzung regelt das Nähere über das Verfahren bei der Wahl der Schülervertreter, insbesondere über die Form und Frist für die Einladung und die Leitung der Wahl. Dabei kann die SMV-Satzung für den ersten Wahlgang eine qualifizierte Mehrheit festlegen sowie das Nähere für etwaige weitere Wahlgänge regeln. Sie trifft ferner nähere Bestimmungen

1. für den Fall, dass Tagessprecher gemäß § 3 Abs. 7 gewählt werden, welche Klassensprecher jeweils einen Tagessprecher wählen;
2. für die Wahl der Vertreter der Schüler in der Schulkonferenz.

III.
Aufgaben

§ 7
Aufgaben der SMV

(1) Die Schülermitverantwortung ist – unbeschadet der besonderen Aufgabe der Schülervertreter – Sache aller Schüler der gesamten Schule.

(2) Die Schülermitverantwortung und ihre Organe stellen sich ihre Aufgaben selbst, soweit sie nicht durch das Schulgesetz oder sonstige Rechtsvorschriften festgelegt sind. Dazu gehören insbesondere:

1. Gemeinschaftsaufgaben der Schüler. Insbesondere soll die Schülermitverantwortung die fachlichen, sportlichen, kulturellen, sozialen und politischen Interessen der Schüler fördern. Sie kann dafür eigene Veranstaltungen und Projekte durchführen. Diese müssen allen zugänglich sein und dürfen nicht einseitig den Zielsetzungen bestimmter politischer, konfessioneller oder weltanschaulicher Gruppen dienen;
2. die Aufgabe der Organe der Schülermitverantwortung, sich aus dem Schulleben ergebende Interessen der Schüler zu vertreten.

(3) Der SMV ist Gelegenheit zu geben, in allen dafür geeigneten Aufgabenbereichen der Schule mitzuarbeiten. Dies schließt die Vertretung der Schüler in der Schulkonferenz ein. Außerdem können dazu mit ihrem Einverständnis gehören:

1. Anregungen und Vorschläge für die Gestaltung des Unterrichts im Rahmen der Bildungspläne einschließlich der Erprobung neuer Unterrichtsformen;
2. Beteiligung an Verwaltungs- und Organisationsaufgaben der Schule. Dabei soll den Schülern nach Möglichkeit Gelegenheit gegeben werden, Eigeninitiative zu entfalten;
3. Teilnahme von Schülervertretern an Teilkonferenzen im Rahmen der Konferenzordnung.

(4) Im Rahmen der SMV haben die Schülervertreter insbesondere folgende Rechte: Das Anhörungs- und Vorschlagsrecht (§ 10 Abs. 1), das Beschwerderecht (§ 10 Abs. 1), das Vermittlungs- und Vertretungsrecht (§ 10 Abs. 2), das Informationsrecht (§ 11 Abs. 2).

⇨ Schülermitverantwortung (Postgeheimnis)

§ 8
Klassenschülerversammlung

(1) Die Schülermitverantwortung baut auf der Arbeit in den einzelnen Klassen auf. Dazu gehört es auch, dass die einzelnen Schüler ihre Anregungen, Vorschläge und Wünsche, die das Schulleben und den Unterricht betreffen, und ihre Einwände, wenn sie sich ungerecht beurteilt fühlen, mit den einzelnen Lehrern besprechen.

(2) Der Klassensprecher beruft, soweit erforderlich mit Unterstützung des Klassenlehrers, die Klassenschülerversammlung ein und leitet sie. Soweit dies im Rahmen eines geordneten Unterrichts möglich ist, soll ihm Gelegenheit gegeben werden, wichtige Angelegenheiten der Schülermitverantwortung auch unter Inanspruchnahme eines Teils einer Unterrichtsstunde in seiner Klasse zu behandeln und insbesondere die Klassenschülerversammlung über Angelegenheiten, die für sie von allgemeiner Bedeutung sind (§ 65 Abs. 2 des Schulgesetzes), zu unterrichten; in diesem Fall bedarf die Abhaltung der Klassenschülerversammlung der Zustimmung des zuständigen Lehrers.

(3) Die Klasse, die eine Besprechung über schulische und unterrichtliche Fragen wünscht, erhält auf Antrag des Klassensprechers beim Klassenlehrer anstelle einer Unterrichtsstunde eine Verfügungsstunde, die im Allgemeinen in Anwesenheit des Klassenlehrers oder eines anderen Lehrers stattfindet. Im Antrag ist das Beratungsthema anzugeben und zu begründen. Im Schulhalbjahr, bei Teilzeitunterricht im Schuljahr, kann eine Klasse bis zu zwei Verfügungsstunden erhalten; dabei darf an einem Schultag nicht mehr als eine Verfügungsstunde gewährt werden.

(4) Der Klassensprecher ist für die Durchführung rechtmäßiger Beschlüsse der Klassenschülerversammlung verantwortlich. Er ist ihr Rechenschaft für seine Tätigkeit in der SMV schuldig. Im Übrigen sorgt der Klassensprecher im Rahmen seiner Möglichkeiten dafür, dass die Klassenschülerversammlung die ihr obliegenden Aufgaben (§ 64 Abs. 1 des Schulgesetzes) erfüllen kann. Die Lehrer der Klasse unterstützen ihn dabei.

(5) Für die beiden Jahrgangsstufen gelten die Absätze 1 bis 4 entsprechend mit der Maßgabe, dass an die Stelle der Klassenschülerversammlung am allgemeinbildenden Gymnasium die Kursschülerversammlung in den Kursen des Leistungs- und Basisfachs Deutsch, am beruflichen Gymnasium die Kursschülerversammlung im Profilfach, an die Stelle des Klassensprechers der Kurssprecher und an die Stelle des Klassenlehrers der Lehrer des betreffenden Kurses tritt.

§ 9
Schülerrat und Schülersprecher

(1) Der Schülersprecher beruft den Schülerrat ein und leitet ihn.

(2) Der Schülersprecher ist für die Durchführung rechtmäßiger Beschlüsse des Schülerrats verantwortlich. Er ist ihm Rechenschaft für seine Tätigkeit in der SMV schuldig. Im Übrigen sorgt er im Rahmen seiner Möglichkeiten dafür, dass der Schülerrat

die ihm obliegenden Aufgaben (§ 66 Abs. 2 des Schulgesetzes) erfüllen kann. Der Schulleiter sowie der Verbindungslehrer und die übrigen Lehrer der Schule unterstützen ihn dabei.

§ 10
Besondere Rechte

(1) Die Klassensprecher und der Schülersprecher haben das Recht, gegenüber den Lehrern, dem Schulleiter oder den Elternvertretern Anregungen, Vorschläge und Wünsche einzelner Schüler, Klassen oder der Schülerschaft insgesamt zu vertreten sowie Beschwerden allgemeiner Art und solche, die ihr Amt betreffen, vorzubringen.

(2) Die Klassensprecher, die Kurssprecher und der Schülersprecher können einzelne Schüler auf deren Wunsch bei der Wahrnehmung von Rechten, die diese der Schule gegenüber selbst ausüben können, beraten und ihnen darin beistehen. Dazu zählt auch das Recht des Schülers, gehört zu werden, bevor über ihn betreffende Erziehungs- und Ordnungsmaßnahmen entschieden wird.

§ 11
Unterstützung der SMV

(1) Der Schulleiter sorgt im Rahmen des Möglichen dafür, dass für die Veranstaltungen der Schülermitverantwortung geeignete Räume und dass für ihre Arbeit die erforderliche Zeit zur Verfügung stehen. Der Stundenplan der Schule ist, wenn es stundenplantechnisch nicht unmöglich ist, so zu gestalten, dass zur Durchführung von SMV-Veranstaltungen regelmäßig eine Stunde von Unterrichtsveranstaltungen freigehalten wird.

(2) Zu den Angelegenheiten von allgemeiner Bedeutung, über die der Schulleiter den Schülerrat gemäß § 66 Abs. 2 Satz 2 des Schulgesetzes zu unterrichten hat, gehören sowohl solche der Schule als auch entsprechende Erlasse der Schulaufsichtsbehörde, soweit sie nicht der Amtsverschwiegenheit unterliegen. Der Schulleiter kann dieser Verpflichtung zur Unterrichtung des Schülerrats mündlich in einer dessen Sitzungen, über den Schülersprecher oder in schriftlicher Form nachkommen; er kann damit auch seinen Stellvertreter betrauen. Dem Wunsch des Schülerrats auf Teilnahme des Schulleiters an einer Sitzung soll entsprochen werden, soweit dies im Hinblick auf seine anderen dienstlichen Verpflichtungen möglich ist.

(3) Schulleiter, Verbindungslehrer und Schülersprecher sprechen untereinander Zeitpunkt und Ablauf der regelmäßigen Informationsgespräche gemäß § 67 Abs. 2 des Schulgesetzes ab, die im Allgemeinen monatlich stattfinden sollen. Eine Tagesordnung hierfür ist nicht erforderlich.

§ 12
Freistellung von Berufsschulpflichtigen

Zum Besuch der Berufsschule gehört auch die Wahrnehmung der Aufgaben der Schülermitverantwortung als Schülervertreter. Den gewählten Schülervertretern ist deshalb vom Betrieb über die Teilnahme am Pflichtunterricht hinaus die Möglichkeit zu geben, ihren Verpflichtungen im Rahmen der schulrechtlichen Bestimmungen nachzukommen. Die Schulleitung oder ein von ihr beauftragter Verbindungslehrer hat die Namen der zu Schülervertretern gewählten Berufsschüler unter Angabe ihrer Funktion in der SMV unverzüglich dem jeweiligen Ausbildenden bzw. Arbeitgeber mitzuteilen. Die Einladungen zu SMV-Veranstaltungen sind dem Ausbildenden bzw. Arbeitgeber auf Anforderung durch eine Bestätigung der Schulleitung oder des damit beauftragten Verbindungslehrers nachzuweisen. Die Beanspruchung eines Schülervertreters über den Pflichtunterricht hinaus soll fünf Tage bzw. zehn Halbtage im Schuljahr nicht überschreiten.

§ 13
Ergänzende Geschäftsordnungsvorschriften

Die SMV-Satzung regelt das Nähere über die Arbeitsweise der Schülermitverantwortung. Sie kann dabei insbesondere Bestimmungen treffen

1. über die Geschäftsordnung für die Klassenschülerversammlung, die Kursschülerversammlung am allgemeinbildenden Gymnasium in den Kursen des Leistungs- und Basisfachs Deutsch, am beruflichen Gymnasium die Kursschülerversammlung im Profilfach und den Schülerrat einschließlich deren Einberufung, der Voraussetzungen, unter denen einzuberufen ist, der Tagesordnung, der Beschlussfähigkeit und des Verfahrens bei Abstimmungen sowie Protokollführung;
2. darüber, ob und unter welchen Voraussetzungen Schüler, die keine gewählten Schülervertreter sind, zu Sitzungen des Schülerrats mit beratender Stimme zugezogen werden können;
3. über die Bildung von Ausschüssen; dabei kann auch festgelegt werden, dass die Klassensprecher einzelner Schularten, Abteilungen, Schulstufen oder die Kurssprecher der beiden Jahrgangsstufen des Gymnasiums besondere Ausschüsse bilden; in diesem Fall muss die SMV-Satzung Bestimmungen über die Aufgaben der Ausschüsse und ihre Zusammenarbeit mit dem Schülerrat enthalten;
4. über die Aufgaben der Tagessprecher gemäß § 3 Abs. 7 und ihre Zusammenarbeit mit den Klassensprechern;
5. über die angemessene Berücksichtigung von Schülern verschiedener Schularten bzw. des Vollzeit- und Teilzeitbereichs in den Organen der Schule;
6. über die Wahl des Jahrgangsstufensprechers und seines Stellvertreters.

§ 14
Veranstaltungen

(1) Die Veranstaltungen der SMV, die auf dem Schulgelände stattfinden, sind Schulveranstaltungen. Als solche genießen sie Schutz und Förderung der Schule, unterliegen aber auch ihrer Aufsicht. Das Gleiche gilt für Veranstaltungen der SMV außerhalb des Schulgeländes, die vom Schulleiter ausdrücklich als Schulveranstaltung anerkannt worden sind.

(2) Alle Veranstaltungen der SMV, die als Schulveranstaltungen stattfinden sollen, sind rechtzeitig vorher dem Schulleiter anzuzeigen. Dieser hat bei Veranstaltungen innerhalb des Schulgeländes, die nach Art, Ausmaß oder Zeitpunkt den üblichen

Schulbetrieb erheblich überschreiten, den Schulträger zu hören. Der Schulleiter muss der Durchführung der Veranstaltung als Schulveranstaltung unter Angabe von Gründen mit bindender Wirkung widersprechen, wenn

1. Inhalt und Ziel der Veranstaltung gegen die bestehende Rechtsordnung gerichtet sind;
2. die Veranstaltung mit einer besonderen Gefahr für die Schüler verbunden ist;
3. eine schwere Beeinträchtigung der Aufgaben der Schule oder eine unzumutbare Belastung des Schulträgers zu befürchten ist.
4. für hinreichende Aufsicht nicht gesorgt werden kann;
5. eine ordnungsgemäße Finanzierung nicht gesichert erscheint.

(3) Die Ausübung der Aufsicht richtet sich nach der Art der Veranstaltung sowie nach Alter und Reife der Schüler. Soweit nicht die Aufsichtsführung durch einen Lehrer erforderlich ist, kann den Schülern die selbstverantwortliche Durchführung der Veranstaltung übertragen werden. In diesem Fall betraut der Schulleiter auf Vorschlag der für die Veranstaltung verantwortlichen Schüler mit der Aufsicht ihm geeignet erscheinende Schüler, die mindestens 16 Jahre alt sein sollen. Ihre Erziehungsberechtigten müssen sich damit einverstanden erklären.

(4) Die Aufsichtsführung durch einen Lehrer ist erforderlich, wenn es die Art der Veranstaltung – insbesondere im Hinblick auf das Alter der daran teilnehmenden Schüler oder wenn sie erhöhte Gefahren mit sich bringt – gebietet. Die hierfür bestimmten Lehrer können sich bei ihrer Aufsicht der Mithilfe geeigneter Schüler bedienen.

(5) Werden Schüler mit der Führung der Aufsicht betraut oder zur Mithilfe bei der Aufsichtsführung herangezogen, ist ihrer innerhalb ihrer Befugnisse erteilten Anordnungen von den anderen Schülern Folge zu leisten.

(6) Die Absätze 1 bis 5 gelten für Projekte der SMV entsprechend.

⇨ Aufsichtspflicht; ⇨ Jugendschutzgesetz; ⇨ Urheberrecht (GEMA / Musik)

§ 15

Bekanntmachungen

(1) Den Organen der SMV und den Arbeitskreisen der Schüler (§ 18) ist in angemessenem Umfang die Möglichkeit für ihre Bekanntmachungen an einem „Schwarzen Brett" zu geben. Soweit möglich, soll der SMV ein eigenes „Schwarzes Brett" zur Verfügung gestellt werden. Sonstige Anschläge der SMV bedürfen der vorherigen Genehmigung des Schulleiters; das Gleiche gilt für die Verteilung von Schriften und Flugblättern auf dem Schulgrundstück. Der Schulleiter muss die Ablehnung der Genehmigung begründen.

(2) Der Schulleiter kann Bekanntmachungen entfernen lassen, wenn er der Auffassung ist, dass der Inhalt oder die Art der Bekanntmachung gegen ein Gesetz, eine Schulordnung oder eine Verwaltungsanordnung verstößt oder die Erfüllung der Aufgaben der Schule ernsthaft gefährdet. Der Schulleiter muss diese Entscheidung begründen.

Hinweis der Redaktion: Zum Vertrieb von Schülerzeitschriften siehe ⇨ Werbung, Wettbewerbe, Erhebungen Nr. 5.

IV. Verbindungslehrer

§ 16

Wahl und Tätigkeit

(1) Der Schülerrat wählt für die Dauer eines Schuljahres oder zweier Schuljahre je nach Art und Größe der Schule einen oder mehrere, höchstens jedoch drei Verbindungslehrer (§ 68 des Schulgesetzes). Der Schulleiter und der stellvertretende Schulleiter sowie Lehrer mit weniger als einem halben Lehrauftrag können nicht zum Verbindungslehrer gewählt werden. Das Einverständnis des zur Wahl vorgeschlagenen Lehrers ist vor der Wahl einzuholen. Die Wiederwahl ist zulässig.

(2) Die Übernahme des Amtes des Verbindungslehrers ist freiwillig. Seine Tätigkeit gilt als Dienst. Die Verbindungslehrer sollen von allen am Schulleben Beteiligten tatkräftig unterstützt werden, um ihre Aufgabe gemäß § 68 Abs. 2 des Schulgesetzes wirksam erfüllen zu können; insbesondere obliegt diese Aufgabe dem Schulleiter und den übrigen Lehrern. Mehrere Verbindungslehrer an einer Schule regeln unter sich im Benehmen mit dem Schülerrat die Verteilung der Aufgaben.

(3) Für die Abwahl der Verbindungslehrer gilt § 5 Abs. 3 Satz 1 und 2 entsprechend.

(4) Die Verbindungslehrer sind rechtzeitig zu den Sitzungen der Schülervertreter einzuladen. Der zuständige Verbindungslehrer ist über alle anderen Veranstaltungen der SMV – an denen er gemäß § 68 Abs. 2 des Schulgesetzes beratend teilnehmen kann – rechtzeitig zu unterrichten, ferner ist ihm Gelegenheit zur Beratung zu geben.

§ 17

Ergänzende Wahl- und Geschäftsordnungsvorschriften

Die SMV-Satzung regelt das Nähere

1. über die Zahl der Verbindungslehrer;
2. darüber, ob die Amtszeit ein Schuljahr oder zwei Schuljahre dauert;
3. darüber, ob die Wahl am Ende oder am Anfang eines Schuljahres stattfindet;
4. über das Wahlverfahren.

V.
Arbeitskreise der Schüler

§ 18

Arbeitskreise

(1) Die Arbeitskreise der Schüler mehrerer Schulen gemäß § 69 Abs. 4 des Schulgesetzes wählen nach den Grundsätzen von § 5 Abs. 1 aus ihrer Mitte jeweils einen Vorsitzenden und seinen Stellvertreter. § 9 Abs. 1 und Abs. 2 Satz 2 gelten entsprechend. Im Übrigen können sich die Arbeitskreise eine Geschäftsordnung geben, die insbesondere das Nähere über die Aufgaben, die Mitgliedschaft und die Wahl von Schülern, denen besondere Aufgaben übertragen werden, regeln kann. Die Geschäftsordnung muss demokratischen Grundsätzen entsprechen.

(2) Die Schülersprecher der am Arbeitskreis beteiligten Schulen teilen ihrem Schulleiter die Teilnahme am Arbeitskreis mit und nennen ihm den Vorsitzenden, seine Stellvertreter und die beteiligten Schulen. Der Vorsitzende des Arbeitskreises teilt dies der zuständigen Schulaufsichtsbehörde mit.

(3) Die Verbindungslehrer der beteiligten Schulen sprechen sich untereinander über die Teilnahme an den Sitzungen ab.

(4) Die Veranstaltungen können als Schulveranstaltungen durchgeführt werden, wenn sie mehrheitlich von den Schulleitern der beteiligten Schulen sowie gegebenenfalls von dem Schulleiter der Schule, auf deren Schulgelände sie stattfinden sollen, als solche ausdrücklich anerkannt worden sind. Im Übrigen gilt § 14 entsprechend.

(5) Die Befreiung vom Unterricht zur Teilnahme an Sitzungen eines Arbeitskreises der Schüler richtet sich nach § 4 Abs. 3 Nr. 6 der ➪ Schulbesuchsverordnung.

Hinweis der Redaktion: Richtig muss es heißen: „§ 4 Abs. 3 Nr. 7". Das KM hat eine Korrektur der Fehlschreibung angekündigt.

VI.
Finanzierung und Kassenführung

§ 19
Finanzierung

(1) Die SMV einer Schule kann im Benehmen mit dem Elternbeirat der Schule zur Deckung ihrer notwendigen Kosten freiwillige, einmalige und laufende Beiträge von den Schülern ab Klasse 5 erheben.

(2) Die SMV darf keine Zuwendungen annehmen, deren Zweckbestimmung der Aufgabe und dem Wesen der Schule und der SMV widersprechen. Die Annahme von Zuwendungen des Schulträgers und sonstiger öffentlich-rechtlicher Körperschaften sowie der Elternschaft der Schule ist ohne weiteres zulässig. Vor der Annahme sonstiger Zuwendungen ist der ist der Verbindungslehrer zu hören; hat er Bedenken und können diese nicht ausgeräumt werden, entscheidet der Schulleiter.

§ 20
Kassenführung

(1) Für die Verwaltung und Führung der Kasse wählt der Schülerrat für die Dauer eines Jahres einen Kassenverwalter.

(2) Die Mittel der SMV dürfen nur für deren Zwecke verwendet werden. Sie müssen nach den Grundsätzen einer geordneten Kassenführung verwaltet werden. Die Kassengeschäfte sind über ein Konto bei einem Geldinstitut abzuwickeln; die dafür geltenden Vorschriften sind zu beachten.

(3) Alle Beschlüsse der SMV mit finanziellen Auswirkungen bedürfen, soweit die Schülervertreter nicht voll geschäftsfähig sind, der Zustimmung des Verbindungslehrers. Er kann die Zustimmung nur verweigern, wenn der Beschluss gegen Abs. 2 Satz 1 verstößt oder wenn die finanzielle Deckung nicht gewährleistet ist.

(4) In jedem Schuljahr wird die Kasse des Schülerrats durch zwei Kassenprüfer geprüft, von denen mindestens einer der Erziehungsberechtigte eines Schülers der Schule sein muss. Sie werden vom Schülerrat im Einvernehmen mit dem Elternbeirat bestimmt. Soweit keine Einigung auf Kassenprüfer zustande kommt, die zur Übernahme der Aufgabe bereit sind, obliegt die Bestimmung dem Schulleiter. Die Kassenprüfer haben das Recht, jederzeit weitere Kassenprüfungen vorzunehmen. Sie berichten dem Schulleiter, dem Elternbeirat und dem Schülerrat über das Ergebnis der Kassenprüfung.

➪ Haushalt (Kassenführung)

Zur steuerlichen Relevanz von Einnahmen (Umsatzsteuerpflicht) siehe: ➪ Elternbeirat (Kassenführung).

VII.
Landesschülerbeirat

§ 21
Aufgaben

Aufgaben und Rechte des Landesschülerbeirats ergeben sich aus § 69 Abs. 1 und 2 SchG.

§ 22
Mitglieder

Der Landesschülerbeirat besteht aus 28 gewählten Mitgliedern, und zwar aus jeweils einem Vertreter für

die Werkrealschule und Hauptschule,
die Realschule,
das Gymnasium,
die Gemeinschaftsschule,
die Berufsschule, die Berufsfachschule und die Fachschule,
das Berufskolleg, die Berufsoberschule und das berufliche Gymnasium,
das Sonderpädagogische Bildungs- und Beratungszentrum

aus dem Bezirk jeder oberen Schulaufsichtsbehörde. Daneben gehören dem Landesschülerbeirat zwei Vertreter der staatlich anerkannten Ersatzschulen an, die allgemeinbildend sind oder die den beruflichen Schularten nach Satz 1 entsprechen.

§ 23
Amtszeit und Fortführung der Geschäfte

(1) Die Amtszeit des Landesschülerbeirats beginnt am 1. April des Jahres, in dem die Amtszeit des bisherigen Landesschülerbeirats abläuft, und dauert zwei Jahre. Er führt die Geschäfte bis zum Zusammentritt des neuen Landesschülerbeirats fort.

(2) Ein Mitglied und sein Stellvertreter scheiden nur vorzeitig aus dem Landesschülerbeirat aus, wenn sie den Wohnsitz in Baden-Württemberg aufgeben und keine Schule in Baden-Württemberg mehr besuchen.

(3) Scheidet ein Mitglied vorzeitig aus dem Landesschülerbeirat aus, rückt als Mitglied sein Stellvertreter nach und an dessen Stelle, wer bei der Wahl des Stellvertreters die nächsthöhere Stimmenzahl erreicht hat. Das Gleiche gilt für das Ausscheiden des jeweils Nachrückenden.

§ 24
Wahl des Vorsitzenden

(1) Der Vorsitzende und dessen Stellvertreter (§ 69 Abs. 3 SchG) werden aus der Mitte des Landesschülerbeirats innerhalb von zwei Monaten

nach Beginn der Amtszeit des Landesschülerbeirats gewählt. Eine Übertragung des Stimmrechts ist nicht zulässig.

(2) Die Wahl des Vorsitzenden und dessen Stellvertreters erfolgt in getrennten Wahlgängen und ist geheim.

(3) Als Vorsitzender oder als Stellvertreter ist gewählt, wer im ersten Wahlgang mehr als die Hälfte der Stimmen der Wahlberechtigten erhält. Wird ein zweiter Wahlgang erforderlich, ist gewählt, wer die meisten Stimmen erhält. Bei Stimmengleichheit wird ein dritter Wahlgang erforderlich; Satz 2 gilt entsprechend. Bei erneuter Stimmengleichheit entscheidet das Los.

(4) Der Vorsitzende und dessen Stellvertreter können vor Ablauf der Amtszeit dadurch abberufen werden, dass die Mehrheit der Wahlberechtigten einen Nachfolger für den Rest der laufenden Amtszeit wählt. Die Wahl muss erfolgen, wenn ein Drittel der Wahlberechtigten schriftlich darum nachsucht.

§ 25
Geschäftsordnung

(1) Der Landesschülerbeirat gibt sich im Benehmen mit dem Kultusministerium gemäß § 70 Abs. 1 Nr. 4 SchG eine Geschäftsordnung. Diese regelt insbesondere das Nähere über

1. das Verfahren bei der Wahl des Vorsitzenden und dessen Stellvertreter;
2. die Form und die Frist für die Einladungen;
3. eine Neuwahl für den Fall, dass der Vorsitzende und dessen Stellvertreter vor Ablauf ihrer Amtszeit aus ihren Ämtern ausscheiden;
4. das Verfahren bei Abstimmungen, insbesondere darüber, ob geheim abzustimmen und ob eine Abstimmung im Wege der Umfrage in Textform zulässig ist;
5. die Voraussetzungen, unter denen der Vorsitzende verpflichtet ist, den Landesschülerbeirat einzuberufen;
6. die Beschlussfähigkeit des Landesschülerbeirats.

(2) Die Geschäftsordnung gilt fort, bis sie aufgehoben oder abgeändert wird.

§ 26
Wahl und Wählbarkeit der Mitglieder

(1) Die Mitglieder des Landesschülerbeirats und deren Stellvertreter werden in den einzelnen Bezirken der oberen Schulaufsichtsbehörden von Wahlausschüssen spätestens bis zum 31. März des Jahres gewählt, in dem die Amtszeit des bestehenden Landesschülerbeirats abläuft. Gewählt ist, wer die meisten Stimmen erhält, bei Stimmengleichheit erfolgt ein zweiter Wahlgang; bei erneuter Stimmengleichheit entscheidet das Los. Im übrigen gilt § 24 Abs. 1 Satz 2 und Abs. 2 entsprechend.

(2) Wählbar ist, wer zur Zeit der Wahl im Lande Mitglied des Schülerrats einer Schule der Schulart/des Schultyps ist, die der Gewählte im Landesschülerbeirat vertreten soll.

(3) Die Wahl eines Vertreters für mehrere Schularten/Schultypen ist nur zulässig, soweit diese nach § 22 zusammengefasst sind; dabei soll darauf geachtet werden, dass verschiedene Schularten/Schultypen bei der Wahl berücksichtigt werden.

(4) Für die Wahl der Mitglieder nach § 22 Satz 2 gelten die Absätze 1 und 2 entsprechend mit der Maßgabe, dass sie aus der Mitte eines auf Landesebene gebildeten Wahlausschusses gewählt werden.

§ 27
Wahlausschüsse

(1) Im Bezirk jeder oberen Schulaufsichtsbehörde werden folgende Wahlausschüsse gebildet:

1. ein Wahlausschuss für die Wahl der Vertreter für die Werkrealschule und Hauptschule;
2. ein Wahlausschuss für die Wahl der Vertreter für die Realschule;
3. ein Wahlausschuss für die Wahl der Vertreter für das Gymnasium;
4. ein Wahlausschuss für die Wahl der Vertreter für die Gemeinschaftsschule;
5. ein gemeinsamer Wahlausschuss für die Wahl der Vertreter für die Berufsschule, die Berufsfachschule und die Fachschule;
6. ein gemeinsamer Wahlausschuss für die Wahl der Vertreter für das Berufskolleg, die Berufsoberschule und das berufliche Gymnasium;
7. ein Wahlausschuss für die Wahl der Vertreter für das Sonderpädagogische Bildungs- und Beratungszentrum.

(2) Den Wahlausschüssen gemäß Absatz 1 gehören die Schülersprecher der Schulen der jeweiligen Schularten/Schultypen an.

(3) Dem Wahlausschuss nach § 26 Absatz 4 gehören aus jedem Regierungsbezirk vier gewählte Vertreter der staatlich anerkannten Ersatzschulen an, die allgemeinbildend sind oder die den beruflichen Schularten nach § 22 Satz 1 entsprechen. Wahlberechtigt zur Wahl dieser Vertreter sind die Schülersprecher der entsprechenden Schulen im jeweiligen Regierungsbezirk, die in einem Wahlverfahren gewählt wurden, das den Vorgaben des § 5 Absatz 1 entspricht; wählbar ist, wer zur Zeit der Wahl in einer Schule nach § 22 Satz 2 Schülervertreter ist, der in einem den Vorgaben des § 5 Absatz 1 entsprechenden Wahlverfahren gewählt wurde.

§ 28
Durchführung der Wahl

(1) Die oberen Schulaufsichtsbehörden sorgen für die rechtzeitige und ordnungsgemäße Durchführung der Wahlen. Die oberste Schulaufsichtsbehörde sorgt für die rechtzeitige und ordnungsgemäße Durchführung der Wahl im Wahlausschuss nach § 26 Absatz 4.

(2) Schülersprechern, die an den Wahlveranstaltungen teilnehmen, werden auf Antrag die notwendigen Reisekostenvergütungen in sinngemäßer Anwendung des Landesreisekostengesetzes erstattet.

§ 29
Wahlanfechtung

(1) Jeder Wahlberechtigte kann binnen einer Woche nach Bekanntgabe des Wahlergebnisses die Wahl eines Mitglieds des Wahlausschusses nach

§ 26 Abs. 4 oder des Landesschülerbeirats beim bisherigen Landesschülerbeirat anfechten, wenn gegen wesentliche Vorschriften über das Wahlrecht, die Wählbarkeit oder das Wahlverfahren verstoßen worden ist, es sei denn, dass durch den Verstoß das Wahlergebnis nicht geändert oder beeinflusst werden konnte. Eine Wahl kann nicht deshalb angefochten werden, weil sie nach dem spätesten Wahltermin durchgeführt wurde.

(2) Über Einsprüche gegen die Wahl eines Mitglieds des Wahlausschusses nach § 26 Abs. 4 entscheidet der bisherige Landeschülerbeirat nach Beratung durch die jeweilige obere Schulaufsichtsbehörde. Über Einsprüche gegen die Wahl eines Mitglieds des Landesschülerbeirats entscheidet der neugewählte Landesschülerbeirat nach Beratung durch das Kultusministerium. Der Vertreter der Schüler, dessen Wahl angefochten ist, hat bei der Entscheidung kein Stimmrecht. Er sowie der Anfechtende können sich in der Sitzung vor der Entscheidung äußern. Sie sind zu der Sitzung rechtzeitig zu laden.

(3) Der Vorsitzende des Landesschülerbeirats teilt die Entscheidung dem Anfechtenden sowie dem Vertreter der Schüler, dessen Wahl angefochten wurde, unter Angabe der wesentlichen Gründe schriftlich mit.

§ 30
Ehrenamtliche Tätigkeit

(1) Die Tätigkeit des Landesschülerbeirats ist ehrenamtlich.

Hinweis der Redaktion: Die Schule kann als besondere Anerkennung an Schüler*innen das „Qualipass-Zertifikat für die Schülermitverantwortung" vergeben: www.qualipass.info > Erwachsenenbereich/Jugendbereich > Download.

(2) Den Mitgliedern werden auf Antrag für die Teilnahme an Sitzungen des Landesschülerbeirats die notwendigen Reisekostenvergütungen in sinngemäßer Anwendung des Landesreisekostengesetzes erstattet.

Hinweis der Redaktion: Beim Schulverbund der Gemeinschaftsschule während der Aufbauphase mit der bisherigen, auslaufenden Schulart (§ 8 a Abs. 5 Satz 1 Nr. 2 SchG) sind die Mitglieder des Schülerrats, die diese Schulart besuchen, als Vertreter*innen für diese Schulart oder für die Gemeinschaftsschule wählbar.

⇨ Haushalt (Kassenführung); ⇨ Schulbesuchsverordnung; ⇨ Schulgesetz §§ 62-67; ⇨ Volljährigkeit; ⇨ Wahlkampf und Schule; ⇨ Werbung

Schülermitverantwortung (Landesschülerbeirat)

Informationen der Redaktion zur Rechtslage und zur Verwaltungspraxis in Baden-Württemberg

Gemäß ⇨ Schulgesetz § 69 vertritt der aus gewählten Vertretungen der Schüler*innen bestehende Landesschülerbeirat in allgemeinen Fragen des Erziehungs- und Unterrichtswesens die Anliegen der Schülerschaft des Landes gegenüber dem Kultusministerium.

Der Landesschülerbeirat (LSchB) kann dem KM Vorschläge und Anregungen unterbreiten. Das KM unterrichtet den LSchB über die wichtigen allgemeinen Angelegenheiten und erteilt ihm die notwendigen Auskünfte. Das KM soll dem LSchB allgemeine, die Gestaltung und Ordnung des Schulwesens betreffende Regelungen vor ihrem Inkrafttreten zuleiten.

Der Landesschülerbeirat besteht aus 28 gewählten Mitgliedern, jeweils einem Vertreter für die verschiedenen Schularten aus jedem RP. Zusammensetzung, Wahlverfahren und Geschäftsordnung sind in der VO des KM zur ⇨ Schülermitverantwortung geregelt.

Geschäftsstelle: Landesschülerbeirat, Silberburgstr. 158, 70178 Stuttgart, post@lsbr.de, https://lsb-bw.de/

⇨ Schülermitverantwortung; ⇨ Schulgesetz § 69

Hätten Sie's gewusst? – Eltern fragen, wir antworten.

Wo finde ich die geltenden Konferenzbeschlüsse?

Frage: Als ich den Schulleiter bat, mir die Beschlüsse der Gesamtlehrerkonferenz und der Schulkonferenz zur Kenntnis zu geben (z.B. zur ⇨ Hausordnung, über die Zahl der Klassenarbeiten und die Außerunterrichtlichen Veranstaltungen), meinte er, da müsse er ja alle alten Protokolle durchsuchen.

Antwort: Das kann nicht mit viel Aufwand verbunden sein. In § 15 Abs. 7 der Konferenzordnung ist verfügt: *„Eine Sammlung der gültigen Konferenzbeschlüsse ist in der für die Schule üblichen Weise zur Einsichtnahme für alle zur Teilnahme an der Gesamtlehrerkonferenz Berechtigten auszulegen."* Dies gilt nicht für Beschlüsse der Klassenkonferenzen über Versetzungen und ähnliche Entscheidungen.

Der Elternbeirat hat zwar keinen Anspruch auf Einsicht in diese Sammlung, aber die Schulleitung kann ihm daraus ohne Zusatzaufwand alle für die Schule allgemein geltenden Beschlüsse mitteilen.

Da die meisten für alle Beteiligten geltenden Beschlüsse der Gesamtlehrerkonferenz der Zustimmung der Schulkonferenz bedürfen bzw. diese hierzu anzuhören ist, ist noch ein anderer Zugang möglich: Als Vorsitzender des Elternbeirats haben Sie Anspruch auf Einsicht in die Beschlüsse der Schulkonferenz (sie sind laut § 8 Schulkonferenzordnung den Sitzungsprotokollen im Wortlaut beizufügen).

⇨ Hausordnung / Pausenordnung; ⇨ Konferenzordnung; ⇨ Schulkonferenzordnung

Schülermitverantwortung (Postgeheimnis)

Postversand an und von Schülervertretungen über die Schulen (Quelle: Schreiben des KM vom 30.4.1983)

Das Kultusministerium bittet, Folgendes zu beachten [...]:

b) Post an SMV – Post an die SMV wird grundsätzlich weitergegeben. – Ausnahme: Bei Schriften von radikalen politischen Gruppen, Jugendsekten etc. kann der Schulleiter vor der Weitergabe ein Gespräch mit der SMV führen. [...]

d) Post der SMV an Schüler – Für die Weitergabe von Schriften oder Flugblättern auf dem Schulgelände ist die Genehmigung des Schulleiters erforderlich [...]. Die Ablehnung ist zu begründen.

⇨ Schülermitverantwortung § 16

Bezüglich des Öffnens von SMV-Post durch den Schulleiter oder einen von ihm Beauftragten ist zu unterscheiden, ob die Post an die Schule oder an die SMV direkt adressiert wurde. Falls die Post an die Schule adressiert wurde, wird sie wie üblich vom Schulleiter geöffnet und dann weitergeleitet. Die direkt an die Schülermitverantwortung adressierte Post darf hingegen nicht vom Schulleiter oder einem seiner Mitarbeiter geöffnet werden, falls er nicht im Einzelfall oder generell hierzu ermächtigt wurde.

Schulfeste und Sportfeste

Informationen der Redaktion zur Rechtslage und zur Verwaltungspraxis in Baden-Württemberg

Zu den *„Angelegenheiten von wesentlicher Bedeutung für die Schule“*, über welche die Gesamtlehrerkonferenz berät und beschließt, gehört *„insbesondere* (die) *Aufstellung der Grundsätze über die Durchführung von besonderen Schulveranstaltungen, die die gesamte Schule berühren (z.B. Schulfeste)“*. ⇨ KonfO § 2 Abs. 1 Nr. 10

Diesbezügliche Beschlüsse der GLK müssen in der Schulkonferenz beraten werden und bedürfen ihres Einverständnisses. ⇨ Schulgesetz § 47 Abs. 5

Die Lehrerschaft und (über die Schulkonferenz) die Eltern sowie die Schüler*innen entscheiden also gemeinsam über allgemeine Grundsätze für Schulfeste, Tage der Offenen Tür, Schulsportfeste usw.

Derartige Veranstaltungen beeinflussen das Leben und die Arbeit der gesamten Schule (häufig sogar sehr intensiv). Deshalb ist auch die Einzelfallentscheidung über die Durchführung einer solchen Veranstaltung eine *„Angelegenheit von wesentlicher Bedeutung für die Schule“*. Hierüber berät und beschließt die GLK, die hiermit auch einen Ausschuss beauftragen kann. Die Schulkonferenz ist von dem Beschluss zu unterrichten und besitzt ein Beratungsrecht (§ 47 Abs. 1 SchG). Die Schulleitung muss auch den Elternbeirat informieren und ihm die notwendigen Auskünfte erteilen (§ 57 Abs. 2 SchG). Es ist sinnvoll, hierüber auch in der Klassenschülerversammlung zur beraten. Dies gilt vor allem dann, wenn (z.B. bei Schulfesten) die Elternschaft und die Schülervertretung an der Durchführung der Veranstaltung beteiligt sind.

Da Teilnahmepflicht für die Schüler*innen nur bei verbindlichen Veranstaltungen der Schule besteht, empfiehlt es sich, um Zweifel zu vermeiden, die Veranstaltung – sofern sie nicht ausdrücklich auf der Basis der Freiwilligkeit angeboten werden soll – im Konferenzbeschluss förmlich als verbindlich zu erklären. ⇨ Schulbesuchsverordnung § 1

Das Zentrum für Schulqualität und Lehrerbildung, Außenstelle Ludwigsburg (ehemals Landesinstitut für Schulsport, Schulkunst und Schulmusik – LIS –), erreichbar über www.lis-in-bw.de/, bietet Informationen über Schulsportfeste, Sporttage und Schulsportwettbewerbe (z.B. die Bundesjugendspiele) sowie über die einzelnen Sportarten und Veranstaltungsformen unter > Schulsport > Schulsportwettbewerbe an. Dort findet man auch aktuelle und weiterführende Informationen der Stiftung Sport in der Schule; ferner ist auf die Kooperation Schule – Sportverein zu verweisen.

⇨ Kooperation (Schule – Außerschulische Partner)

Bei von der GLK bzw. der Schulkonferenz beschlossenen Schulfesten, Schulsportfesten sowie schulischen Bundesjugendspielen usw. handelt es sich um schulische Veranstaltungen. Deshalb sind die Teilnehmenden durch die gesetzliche Unfallversicherung geschützt. ⇨ Unfallversicherung

Bei Schulfesten mit Bewirtung sind die hygienischen Vorschriften zu beachten; siehe: ⇨ Infektionsschutzgesetz § 36 (Hinweis). Fallen beispielsweise beim Verkauf von Speisen und Getränken Erlöse an oder soll eine Verlosung (Tombola) von gespendeten Waren stattfinden, sind rechtzeitig die steuerlichen Vorschriften zu klären (hierzu gibt es Informationen in den Beiträgen ⇨ Sponsoring sowie ⇨ Haushalt (Kassenführung und Schulkonten) und ⇨ Werbung, Wettbewerbe, Erhebungen). Zur Umsatzsteuerpflicht siehe auch: ⇨ Elternbeirat (Kassenführung).

Vor musikalischen Vorführungen sollte man die GEMA konsultieren: ⇨ Urheberrecht (GEMA/Musik). Bei öffentlich zugänglichen Veranstaltungen ist die Zusammenarbeit mit örtlichen Organisationen für ⇨ Erste Hilfe zu empfehlen.

⇨ Erste Hilfe; ⇨ Haushalt (Kassenführung und Schulkonten); ⇨ Infektionsschutzgesetz § 36 (Hinweis); ⇨ Konferenzordnung § 2 Abs. 1 Nr. 10; ⇨ Schulbesuchsverordnung § 1; ⇨ Schulgesetz § 47 Abs. 5, § 57 Abs. 5 und § 72 Abs. 3; ⇨ Sponsoring; ⇨ Unfallversicherung; ⇨ Urheberrecht (GEMA/Musik); ⇨ Werbung

Schulfördervereine

Informationen der Redaktion zur Rechtslage und zur Verwaltungspraxis in Baden-Württemberg

Schulfördervereine verfolgen gemeinsam mit den Schulen das Ziel, die Schüler*innen zu einem erfolgreichen Schulabschluss zu begleiten. Dabei können sie mit individuell abgestimmten Maßnahmen Schüler*innen direkt fördern.

Schulfördervereine unterstützen die Schulen bzw. deren Schüler*innen längst nicht mehr nur finanziell, sondern sind mittlerweile wichtige Partner der Schulen und Schulträger bei der Umsetzung der Ganztagesbetreuung. Sie sind mit eigenen Angeboten in der Betreuung aktiv, organisieren die Schulverpflegung, betreiben Mensen und übernehmen zunehmend auch Arbeitgeberfunktionen für haupt- und ehrenamtliche Betreuungskräfte. Daneben sind sie auch Träger der Schulsozialarbeit und bieten im Rahmen der Unterstützung von Schüler*innen u.a. auch Sprachförderung an.

Sie können auch bedürftige Schüler*innen unterstützen (wobei staatliche Leistungen wie die Lernmittelfreiheit Vorrang haben müssen). Allerdings darf die Schule dem Verein keine schützenswerten Daten (z.B. Namen Bedürftiger) überlassen. Da eine sachgerechte Entscheidung Kenntnisse über die individuelle Bedürftigkeit voraussetzt, ist es sinnvoll, dass der Verein der Schule finanzielle Mittel zur Verfügung stellt und dieser deren Verteilung überlässt.

Schulfördervereine sollten nicht eingesetzt werden, um Aufgaben, die an sich dem Schulträger obliegen, auf die Eltern oder Dritte zu delegieren. So gehört beispielsweise die Sanierung baufälliger Schulanlagen nicht zu den Aufgaben eines Fördervereins (dies ist eine Pflichtaufgabe des Schulträgers) – andererseits kann ein Schulförderverein wertvolle Hilfe bei der Organisation schulischer Projekte leisten, in deren Rahmen z.B. die Außenanlagen der Schule umgebaut werden oder eine Schulklasse ihr Klassenzimmer in Eigenarbeit renoviert.

Organisation und Struktur

Der Schulförderverein als eingetragener Verein bildet durch seine körperschaftliche Struktur mit Mitgliederversammlung und Vorstand eine klare Verteilung von Verantwortung und Kompetenz. Dadurch besitzt er auch eine gute organisatorische Basis für seine Aufgaben und Projekte.

Das Vereinsrecht ist im Bürgerlichen Gesetzbuch (BGB) in den §§ 21-79 geregelt. Ein Schulförderverein ist als „Idealverein" dafür ausgerichtet, keinen wirtschaftlichen Geschäftsbetrieb zu bezwecken oder Gewinne zu erzielen (§§ 21 und 22 BGB). Jedoch kann er begrenzt Rücklagen bilden (Abgabenordnung § 62). Aus diesem Grund sollte die Satzung eines Schulfördervereins stets in Abstimmung mit dem örtlich zuständigen Finanzamt entworfen werden. Nach Anerkennung der Gemeinnützigkeit des Vereins durch das Finanzamt können Spenden an den Schulförderverein steuerlich abgesetzt werden. Rechtsfähig wird der Verein durch Eintragung ins Vereinsregister; er trägt fortan den Zusatz „e.V." zu seinem Namen. Die Haftung des Vereinsvorstands nach außen und innen regelt § 31a BGB; sie ist auf Vorsatz oder grobe Fahrlässigkeit beschränkt.

Der Schulförderverein ist eine selbstständige juristische Person. Seine Mitglieder erfüllen im Ehrenamt die satzungsgemäßen Aufgaben des Schulfördervereins zum Wohle der Schüler*innen in Abstimmung mit der Schule. Verlässliche Strukturen und eine Zusammenarbeit auf Augenhöhe mit allen Partnern in der Schule sind dafür wichtig und wünschenswert.

Schulen (Schulleitung und Lehrkräfte) sollten bei der Initiierung sowie bei der persönlichen Beteiligung an Schulfördervereinen darauf achten, dass die Unabhängigkeit der Schule von wirtschaftlichen und sonstigen Interessen Dritter gewahrt wird und insbesondere keine Vermischung mit der Kassenführung der Schule bzw. des Schulträgers stattfindet. Es empfiehlt sich deshalb, dass die Leitung sowie vor allem die finanzielle Verantwortung in der Hand von Personen liegt, die nicht Beschäftigte der Schule sind.

➪ Haushalt (Kassenführung); ➪ Sponsoring;
➪ Werbung, Wettbewerbe und Erhebungen

Zur steuerlichen Relevanz von Einnahmen (Umsatzsteuerpflicht) siehe: ➪ Elternbeirat (Kassenführung).

Weitere Informationen und Unterstützung

Wer einen Schulförderverein gründen will oder Unterstützung bei der laufenden Vereinsarbeit benötigt, findet im Landesverband der Schulfördervereine Baden-Württemberg e.V. (LSFV BW) einen kompetenten Ansprechpartner. Der LSFV BW bietet ein breit gefächertes Fortbildungsprogramm, um die ehrenamtlich Aktiven für die steigenden Anforderungen an ihre Arbeit zu qualifizieren. Zudem bietet er einen günstigen Versicherungsschutz über einen attraktiven Gruppenversicherungsvertrag (Vereinshaftpflicht-, Unfall-, Dienstreisefahrzeug- und Rechtschutzversicherung mit der WGV/BGV). Weiterhin steht den Mitgliedern des LSFV BW eine Online-Datenbank für die eigene Mitgliederverwaltung zur Verfügung. Der Mindestbeitrag für einen Schulförderverein beträgt 50 Euro pro Jahr; auch eine Mitgliedschaft als Einzelperson ist möglich (Mindestbeitrag 25 Euro/Jahr). Weitere Informationen unter https://www.lsfv-bw.de/startseite.

Kontakt: Landesverband der Schulfördervereine Baden-Württemberg e.V., Silberburgstraße 158, 70178 Stuttgart, FON: (0711) 62011060, E-Mail: info@lsfv-bw.de.

➪ Haushalt (Kassenführung); ➪ Schulentwicklung; ➪ Sponsoring; ➪ Werbung

Mehrere stellvertretende Elternbeiratsvorsitzende? Hätten Sie's gewusst? Die Antwort steht auf Seite 111.

Schulgesetz

Schulgesetz für Baden-Württemberg (SchG) in der Fassung vom 1.8.1983 (GBl. S. 397);
zuletzt geändert 23. November 2022 (GBl. S. 38/2023)

1. Teil: Das Schulwesen

A. Auftrag der Schule

§ 1

Erziehungs- und Bildungsauftrag der Schule

(1) Der Auftrag der Schule bestimmt sich aus der durch das Grundgesetz der Bundesrepublik Deutschland und die Verfassung des Landes Baden-Württemberg gesetzten Ordnung, insbesondere daraus, dass jeder junge Mensch ohne Rücksicht auf Herkunft oder wirtschaftliche Lage das Recht auf eine seiner Begabung entsprechende Erziehung und Ausbildung hat und dass er zur Wahrnehmung von Verantwortung, Rechten und Pflichten in Staat und Gesellschaft sowie in der ihn umgebenden Gemeinschaft vorbereitet werden muss.

(2) Die Schule hat den in der Landesverfassung verankerten Erziehungs- und Bildungsauftrag zu verwirklichen. Über die Vermittlung von Wissen, Fähigkeiten und Fertigkeiten hinaus ist die Schule insbesondere gehalten, die Schüler

in Verantwortung vor Gott, im Geiste christlicher Nächstenliebe, zur Menschlichkeit und Friedensliebe, in der Liebe zu Volk und Heimat, zur Achtung der Würde und der Überzeugung anderer, zu Leistungswillen und Eigenverantwortung sowie zu sozialer Bewährung zu erziehen und in der Entfaltung ihrer Persönlichkeit und Begabung zu fördern,

zur Anerkennung der Wert- und Ordnungsvorstellungen der freiheitlich-demokratischen Grundordnung zu erziehen, die im Einzelnen eine Auseinandersetzung mit ihnen nicht ausschließt, wobei jedoch die freiheitlich-demokratische Grundordnung, wie in Grundgesetz und Landesverfassung verankert, nicht in Frage gestellt werden darf,

auf die Wahrnehmung ihrer verfassungsmäßigen staatsbürgerlichen Rechte und Pflichten vorzubereiten und die dazu notwendige Urteils- und Entscheidungsfähigkeit zu vermitteln,

auf die Mannigfaltigkeit der Lebensaufgaben und auf die Anforderungen der Berufs- und Arbeitswelt mit ihren unterschiedlichen Aufgaben und Entwicklungen vorzubereiten.

⇨ Erziehungsauftrag und politische Bildung

(3) Bei der Erfüllung ihres Auftrages hat die Schule das verfassungsmäßige Recht der Eltern, die Erziehung und Bildung ihrer Kinder mitzubestimmen, zu achten und die Verantwortung der übrigen Träger der Erziehung und Bildung zu berücksichtigen.

⇨ Elternbeirat (EltBVO); ⇨ Grundgesetz; ⇨ Schulbesuch (Rechte und Pflichten); ⇨ Verfassung Art. 11, 12, 17, 21

(4) Die zur Erfüllung der Aufgaben der Schule erforderlichen Vorschriften und Maßnahmen müssen diesen Grundsätzen entsprechen. Dies gilt insbesondere für die Gestaltung der Bildungs- und Lehrpläne sowie für die Lehrerfortbildung.

B. Geltungsbereich

§ 2

Geltungsbereich des Gesetzes

(1) Das Gesetz gilt für die öffentlichen Schulen. Öffentliche Schulen sind Schulen, die

1. von einer Gemeinde, einem Landkreis, einem Regionalverband oder einem Schulverband gemeinsam mit dem Land oder
2. vom Land allein getragen werden.

(2) Schulen, die nicht unter Absatz 1 fallen, sind Schulen in freier Trägerschaft (Privatschulen). Auf sie findet das Gesetz nur Anwendung, soweit dies ausdrücklich bestimmt ist; im Übrigen gilt für sie das Privatschulgesetz. ⇨ Privatschulgesetz

(3) Das Gesetz findet keine Anwendung auf Verwaltungsschulen und Schulen für Jugendliche und Heranwachsende im Strafvollzug. Es findet ebenfalls keine Anwendung auf Pflegeschulen, soweit auf diese das Krankenhausfinanzierungsgesetz Anwendung findet, und auf Schulen für sonstige Berufe des Gesundheitswesens, ausgenommen Schulen für pharmazeutisch-technische Assistenten.

(4) Auf Einrichtungen im Sinne des § 8b findet das Gesetz Anwendung, soweit dies ausdrücklich bestimmt ist.

C. Gliederung des Schulwesens (§§ 3-15)

§ 3

Einheit und Gliederung des Schulwesens, inklusive Bildung

(1) Das Schulwesen des Landes gliedert sich, unbeschadet seiner im gemeinsamen Erziehungs- und Bildungsauftrag begründeten Einheit, in verschiedene Schularten; sie sollen in allen Schulstufen jedem jungen Menschen eine seiner Begabung entsprechenden Ausbildung ermöglichen.

(2) Bei der Gestaltung, Ordnung und Gliederung des Schulwesens ist sowohl auf die verschiedenartigen Begabungsrichtungen und die Mannigfaltigkeit der Lebens- und Berufsaufgaben als auch auf die Einheit des deutschen Schulwesens, den organischen Aufbau des Schulwesens mit Übergangsmöglichkeiten unter den Schularten und Schulstufen, die Lebens- und Arbeitsfähigkeit der einzelnen Schulen und die Angemessenheit der Schulkosten Bedacht zu nehmen.

(3) In den Schulen wird allen Schülern ein barrierefreier und gleichberechtigter Zugang zu Bildung und Erziehung ermöglicht. Schüler mit und ohne Behinderung werden gemeinsam erzogen und unterrichtet (inklusive Bildung).

(4) Die Verwirklichung gleicher Bildungschancen für alle Schüler unabhängig von ihren sozialen Verhält-

nissen oder einem Migrationshintergrund ist Aufgabe aller Schulen. ⇨ Migrationshintergrund (Integration)

§ 4
Schularten, Schulstufen

(1) Die Schularten haben als gleichzuachtende Glieder des Schulwesens im Rahmen des gemeinsamen Erziehungs- und Bildungsauftrags ihre eigenständige Aufgabe. Sie können in Schultypen gegliedert sein. Das Kultusministerium kann neue Schultypen durch Rechtsverordnung, die der Zustimmung des Landtags bedarf, einrichten.

Schularten sind

die Grundschule,
das Gymnasium,
die Gemeinschaftsschule,
die Berufsfachschule,
die Fachschule,
die Hauptschule und die Werkrealschule,
das Kolleg,
das Berufskolleg,
das sonderpädagogische Bildungs- und Beratungszentrum
die Realschule,
die Berufsschule.
die Berufsoberschule.

(2) Die Schulstufen entsprechen der Gliederung der Bildungswege in aufeinander bezogene Abschnitte, die sich aus dem organischen Aufbau des Schulwesens und ihrer Anpassung an die altersgemäße Entwicklung der Schüler ergeben; an ihrem Ende ist in der Regel nachzuweisen, dass bestimmte Bildungsziele erreicht worden sind. Schulstufen sind:

die Primarstufe,
die Sekundarstufe I mit ⇨ Orientierungsstufe,
die Sekundarstufe II.

(3) Soweit dies der eigenständige Bildungsauftrag der einzelnen Schularten zulässt, sollen besonders innerhalb der Schulstufen, die differenzierten Bildungsgänge sowie ihre Abschlüsse aufeinander abgestimmt und sachgerechte Übergänge unter den Schularten ermöglicht werden.

⇨ Abschlüsse; ⇨ Multilaterale Versetzungsordnung

§ 4 a
Ganztagsschulen an Grundschulen sowie den Grundstufen der sonderpädagogischen Bildungs- und Beratungszentren mit Förderschwerpunkt Lernen

(1) Ganztagsschulen an Grundschulen sowie den Grundstufen der sonderpädagogischen Bildungs- und Beratungszentren mit Förderschwerpunkt Lernen fördern die Schüler individuell und ganzheitlich und stärken sie in ihrer Persönlichkeitsentwicklung und im sozialen Miteinander. Sie verbinden an drei oder vier Tagen der Woche mit sieben oder acht Zeitstunden in einer rhythmisierten Tagesstruktur Unterricht, Übungsphasen und Förderzeiten, Bildungszeiten, Aktivpausen und Kreativzeiten zu einer pädagogischen und organisatorischen Einheit. Dabei sollen sie mit außerschulischen Partnern zusammenarbeiten.

⇨ Grundschule (Ganztagsgrundschul-VwV)

(2) Ganztagsschulen können auf Antrag des Schulträgers im Rahmen der hierfür zur Verfügung gestellten Ressourcen auf der Basis eines pädagogischen Konzepts in der verbindlichen Form oder in der Wahlform eingerichtet werden, sofern die dafür notwendigen Voraussetzungen vorliegen. In der verbindlichen Form nehmen alle Schüler der Schule am Ganztagsbetrieb teil. In der Wahlform besteht an der Schule die Möglichkeit der Teilnahme. Die Einführung der Ganztagsschule kann aufwachsend beginnend ab der Klassenstufe 1 erfolgen; für die noch nicht in der verbindlichen Form oder in der Wahlform eingerichteten Klassenstufen kann bis zum Abschluss des Ausbaus die Ganztagsschule in der jeweils anderen Form oder in der bisherigen Form auslaufend eingerichtet werden.

(3) Für Schüler, die eine verbindliche Ganztagsschule besuchen oder in der Wahlform am Ganztagsbetrieb angemeldet wurden, unterliegen die Zeiten des Ganztagsbetriebs nach Absatz 1 Satz 2 mit Ausnahme der Mittagspause einschließlich des Mittagessens der Schulpflicht nach § 72 Absatz 3. Für die Zeiten des Ganztagsbetriebs gilt die Schulgeldfreiheit nach § 93 Absatz 1 Satz 1 entsprechend. Für das Mittagessen kann ein Entgelt erhoben werden.

(4) Die Bereitstellung des Mittagessens sowie die Aufsichtsführung und Betreuung der Schüler beim Mittagessen obliegen dem Schulträger. Die darüber hinausgehende Betreuung und Aufsichtsführung in der Mittagspause wird vom Land wahrgenommen. Die Gemeinden beteiligen sich an den Kosten des Landes in Form eines pauschalen Ausgleichs. Der Ausgleichsbetrag bemisst sich nach den pauschalierten Kosten für das Aufsichtspersonal. Für jeweils 80 Schüler wird dabei eine Aufsichtsperson eingerechnet, wobei für jede Schule rechnerisch ein Sockel von mindestens zwei Aufsichtspersonen gilt. Die Zahl der Aufsichtspersonen errechnet sich aus der Zahl der Schüler und der Zahl der Schulen an dem für die Schulstatistik maßgebenden Tag des vorangegangenen Jahres. Für jede Aufsichtsperson und Stunde sind 15 Euro zugrunde zu legen. Dieser Betrag wird entsprechend der Beamtenbesoldung im mittleren Dienst dynamisiert.

(5) Über die Einrichtung von ⇨ Ganztagsschulen entscheidet die obere Schulaufsichtsbehörde. Der Antrag des Schulträgers auf Einrichtung einer Ganztagsschule bedarf der Zustimmung der Schulkonferenz.

(6) *(Ermächtigung; nicht abgedruckt)*

Hinweise der Redaktion:

1. Bitte Hinweise zur Einrichtung bei § 30 beachten.
2. Vor Inkrafttreten des § 4a eingerichtete Ganztagsschulen an Grundschulen und an Grundstufen der Förderschulen können nach Maßgabe der Einrichtungserlasse fortgeführt werden.

§ 5
Grundschule

(1) Die Grundschule ist die gemeinsame Grundstufe des Schulwesens. Sie vermittelt Grundkenntnisse und Grundfertigkeiten. Ihr besonderer Auftrag ist gekennzeichnet durch die allmähliche Hinführung der Schüler von den spielerischen Formen zu den schulischen Formen des Lernens und Arbeitens. Dazu gehören die Entfaltung der verschiedenen Begabungen der Schüler in einem gemeinsamen

Bildungsgang, die Einübung von Verhaltensweisen für das Zusammenleben sowie die Förderung der Kräfte des eigenen Gestaltens und des schöpferischen Ausdrucks. Die Grundschule umfasst vier Schuljahre.

Hinweis der Redaktion: Zur Deutsch-französischen Grundschule siehe § 107a.

(2) Die Grundschule berät die Erziehungsberechtigten, welche der auf ihr aufbauenden Schularten für das Kind geeignet ist. Hierbei werden neben dem Leistungsstand auch die soziale und psychische Reife sowie das Entwicklungspotenzial des Kindes betrachtet. Es wird über die möglichen Angebote aufgeklärt und die Auswirkungen der Entscheidung der Erziehungsberechtigten werden dargelegt. Die Grundschule erteilt eine Empfehlung, welche weiterführende Schulart das Kind aus pädagogisch-fachlicher Sicht besuchen soll (Grundschulempfehlung). Die Erziehungsberechtigten legen als Teil der Anmeldung die Grundschulempfehlung der weiterführenden Schule vor. Die freie Entscheidung der Erziehungsberechtigten für eine der auf der Grundschule aufbauenden Schularten bleibt hiervon unberührt.

➪ Aufnahmeverfahren / -Verordnung; ➪ Einschulung; ➪ GanztagsgrundschulVO; ➪ Grundschule (Stundentafel); ➪ Grundschule (Verlässliche) / (Versetzungsordnung)

§ 5a
Grundschulförderklassen

(1) Für Kinder, die vom Schulbesuch zurückgestellt werden, sollen Förderklassen eingerichtet werden. Sie haben die Aufgabe, die zurückgestellten Kinder auf den Besuch der Grundschule vorzubereiten.

(2) Die Förderklassen werden an Grundschulen geführt. Der Schulleiter der Grundschule ist zugleich Leiter der Förderklasse. Für die Einrichtung gilt § 30 entsprechend.

➪ Grundschule (Verlässliche); ➪ Grundschulförderklassen

§ 6
Werkrealschule, Hauptschule

(1) Die Werkrealschule vermittelt eine grundlegende und eine erweiterte allgemeine Bildung, die sich an lebensnahen Sachverhalten und Aufgabenstellungen orientiert. Sie fördert in besonderem Maße praktische Begabungen, Neigungen und Leistungen und stärkt die Schüler in ihrer Persönlichkeitsentwicklung. Sie ermöglicht den Schülern entsprechend ihrer Leistungsfähigkeit und ihren Neigungen eine individuelle Schwerpunktbildung insbesondere bei der beruflichen Orientierung. Sie schafft die Grundlage für eine Berufsausbildung und für weiterführende, insbesondere berufsbezogene schulische Bildungsgänge.

(2) Die Werkrealschule baut auf der Grundschule auf und umfasst sechs Schuljahre. Sie schließt mit einem Abschlussverfahren ab und vermittelt nach fünf oder sechs Schuljahren einen Hauptschulabschluss oder nach sechs Schuljahren einen dem Realschulabschluss gleichwertigen Bildungsstand. Das Führen eines sechsten Schuljahrs setzt voraus, dass eine Mindestschülerzahl erreicht wird; sie wird vom Kultusministerium durch Verwaltungsvorschrift festgelegt. Das sechste Schuljahr kann auch an zentralen Werkrealschulen angeboten werden. Soweit Schulen das sechste Schuljahr nicht anbieten und auch nicht mit einer das sechste Schuljahr anbietenden Schule nach Satz 1 kooperieren, führen sie die Schulartbezeichnung „Hauptschule".

(3) *(aufgehoben)*

➪ Werkrealschule (Informationsveranstaltungen); ➪ Werkrealschule (Abschlussprüfung); ➪ Werkrealschule (Verordnung); ➪ Werkrealschule (Verordnung – Stundentafel)

§ 7
Realschule

(1) Die Realschule vermittelt vorrangig eine erweiterte allgemeine, aber auch eine grundlegende Bildung, die sich an lebensnahen Sachverhalten und Aufgabenstellungen orientiert. Soweit sie eine erweiterte allgemeine Bildung vermittelt, führt dies zu deren theoretischer Durchdringung und Zusammenschau. Sie schafft die Grundlage für eine Berufsausbildung und für weiterführende, insbesondere berufsbezogene schulische Bildungsgänge.

(2) Die Realschule baut in der Normalform auf der Grundschule auf und umfasst fünf oder sechs Schuljahre; in der Aufbauform baut sie auf dem dritten Schuljahr der Sekundarstufe I auf.

(3) Die Schuljahre 1 und 2 werden in Form einer Orientierungsstufe geführt, bei der am Ende des ersten Schuljahres keine Versetzungsentscheidung getroffen wird. ➪ Orientierungsstufe

(4) Nach der Orientierungsstufe führt die Realschule entsprechend der Leistungsfähigkeit der Schüler zu den in Absatz 6 genannten Bildungszielen. Der unterschiedlichen Leistungsfähigkeit entspricht sie durch individuelle Förderung in binnendifferenzierender Form und in leistungsdifferenzierenden Gruppen oder Klassen. Die Entscheidung über die Versetzung erfolgt auf der Grundlage der dem jeweiligen Bildungsniveau entsprechenden Versetzungsanforderungen.

(5) Ein Wechsel des Bildungsniveaus ist zum Ende des jeweiligen Schulhalbjahrs möglich; das Kultusministerium wird ermächtigt, die hierfür notwendigen Bestimmungen zu erlassen.

(6) Jeweils nach Maßgabe der hierfür geltenden Regelungen erwerben die Schüler am Ende des sechsten Schuljahrs den Realschulabschluss oder am Ende des fünften Schuljahrs den Hauptschulabschluss.

➪ Realschule (Abschlussprüfung); ➪ Realschule (Beratung); ➪ Realschule (Stundentafel); ➪ Realschule (Versetzungsordnung)

§ 8
Gymnasium

(1) Das Gymnasium vermittelt Schülern mit entsprechenden Begabungen und Bildungsabsichten eine breite und vertiefte Allgemeinbildung, die zur Studierfähigkeit führt. Es fördert insbesondere die Fähigkeiten, theoretische Erkenntnisse nachzuvollziehen, schwierige Sachverhalte geistig zu durchdringen sowie vielschichtige Zusammenhänge zu durchschauen, zu ordnen und verständlich vortragen und darstellen zu können.

(2) Das Gymnasium in seinen verschiedenen Typen baut

1. in der Normalform auf der Grundschule auf und umfasst acht Schuljahre;
2. in der Aufbauform auf einer auf der Grundschule aufbauenden Schule auf und umfasst auf der
   a) 6. Klasse aufbauend sieben Schuljahre.
   b) 7. Klasse aufbauend sechs Schuljahre und
   c) 10. Klasse aufbauend nach Erlangung eines mittleren Bildungsabschlusses oder der Versetzung in die gymnasiale Oberstufe drei Schuljahre.

In die Aufbauform nach Buchstabe b) auch Schüler nach Versetzung in die Klasse 10 des Gymnasiums oder der Realschule, in die Aufbauform nach Buchstabe b) auch Schüler einer entsprechenden Klasse des Gymnasiums oder mit Fachschulreife oder einem gleichwertigen Bildungsstand zugelassen werden.

➪ Aufbaugymnasium; ➪ Gebühren Nr. 2 ➪ Gymnasium (Schultypen); ➪ Gymnasium (Schulversuch G9)

(3) Das Gymnasium kann auch berufsorientierte Bildungsinhalte vermitteln und zu berufsbezogenen Bildungsgängen führen; die Typen der beruflichen Gymnasien können zusätzlich zu berufsqualifizierenden Abschlüssen hinführen.

➪ Berufliches Gymnasium

(4) Ein nicht ausgebautes Gymnasium führt die Bezeichnung Progymnasium.

(5) Für die Oberstufe des Gymnasiums aller Typen gelten folgende Regelungen:

1. Die Oberstufe umfasst die Klasse 10 als Einführungsphase und die Jahrgangsstufen 11 und 12. Ihr Besuch dauert in der Regel drei Jahre.
2. In den Jahrgangsstufen wird in halbjährigen Kursen unterrichtet. Diese wählt der Schüler aus dem Pflicht- und Wahlbereich aus. Dabei sind bestimmte Kurse verbindlich festgelegt; die Wahlmöglichkeit kann eingeschränkt werden.
3. Der Pflichtbereich umfasst das sprachlich-literarisch-künstlerische Aufgabenfeld, das gesellschaftswissenschaftliche Aufgabenfeld und das mathematisch-naturwissenschaftlich-technische Aufgabenfeld. Hinzu kommen Religionslehre, Ethik und Sport. Religionslehre und Ethik können einem Aufgabenfeld zugeordnet werden. Der Sachfachunterricht kann in bestimmten Kursen fremdsprachlich erteilt werden; dies gilt für die Leistungsbewertung in diesen Kursen entsprechend.
4. Die Oberstufe schließt mit der Abiturprüfung ab.
5. Die Hochschulreife wird durch eine Gesamtqualifikation erworben. Sie berechtigt zum Studium an einer Hochschule.
6. *(Verordnungsermächtigung; hier nicht abgedruckt)*

➪ Berufliches Gymnasium; ➪ Fachhochschulreife; ➪ Gymnasium (Abitur) / (Stundentafel) / (VersetzungsVO)/ (Schultypen); ➪ Hochschulreife (Zugangsberechtigungen)

§ 8 a
Gemeinschaftsschule

(1) Die Gemeinschaftsschule vermittelt in einem gemeinsamen Bildungsgang Schülern der Sekundarstufe I je nach ihren individuellen Leistungsmöglichkeiten eine der Hauptschule, der Realschule oder dem Gymnasium entsprechende Bildung. Den unterschiedlichen Leistungsmöglichkeiten der Schüler entspricht sie durch an individuellem und kooperativem Lernen orientierten Unterrichtsformen. Die Gemeinschaftsschule bildet nach pädagogischen Gesichtspunkten Lerngruppen. Leitend für die Bildung von Lerngruppen sind nicht schulartspezifische, sondern pädagogische Gesichtspunkte. Die Gemeinschaftsschule wird als christliche Gemeinschaftsschule nach den Grundsätzen der Artikel 15 und 16 der Landesverfassung geführt.

➪ Gemeinschaftsschule (Allgemeines); ➪ Gemeinschaftsschule (Schullaufbahnentscheidung); ➪ Gemeinschaftsschule (Verordnung); ➪ Religion (Allgemeines) Nr. 2; ➪ Verfassung Art. 11, 15, 16

(2) Die Gemeinschaftsschule ist mindestens zweizügig. Sie kann auch eine Grundschule nach § 5 und im Anschluss an Klasse 10 eine dreijährige gymnasiale Oberstufe nach § 8 Absatz 5 führen; sie führt auch in diesen Fällen die Schulartbezeichnung Gemeinschaftsschule.

(3) Die Gemeinschaftsschule wird in Sekundarstufe I an vier, auf Antrag des Schulträgers und mit Zustimmung der Schulkonferenz an drei Tagen in der Woche als eine für Schüler und Eltern verbindliche (§ 72 Abs. 3) Ganztagsschule in einem Umfang von acht Zeitstunden pro Tag geführt.

(4) Jeweils nach Maßgabe der hierfür geltenden Regelungen erwerben die Schüler in der Sekundarstufe I im fünften oder sechsten Schuljahr den Hauptschulabschluss oder im sechsten Schul-jahr den Realschulabschluss oder einen dem Realschulabschluss gleichwertigen Bildungsstand durch die Versetzung in die Eingangsklasse der gymnasialen Oberstufe; dabei müssen dem Unterricht in dem jeweiligen Abschlussjahr für die betroffenen Schüler in allen Fächern und Fächerverbünden die jeweiligen Anforderungen der in Absatz 1 genannten Schularten zugrunde liegen.

(5) Die Gemeinschaftsschulen entstehen auf Antrag der Schulträger nach Zustimmung des Kultusministeriums

1. durch die Einrichtung einer neuen Schule oder
2. mit Zustimmung der Schulkonferenz durch eine Schulartänderung bestehender auf der Grundschule aufbauender Schulen.

§ 30 Abs. 2 findet keine Anwendung.

➪ hierzu auch § 16 und § 47 Abs. 5 Nr. 7 beachten

(6) *(Verordnungsermächtigung; nicht abgedruckt)*

§ 8b
Betreuungsangebote in kommunaler oder freier Trägerschaft

Betreuungsangebote kommunaler oder freier Träger, in denen über den zeitlichen Umfang der Stundentafel oder des Ganztagsbetriebs hinaus auch Schulkinder betreut werden, sind Einrichtungen im

Sinne des § 45a Satz 1 des Achten Buches Sozialgesetzbuch (SGB VIII), die außerhalb der Jugendhilfe liegende Aufgaben für Kinder oder Jugendliche wahrnehmen. Sie ergänzen als schulnahe Angebote, die organisatorisch an die Schule angebunden sind, den Schulbetrieb sowie die Angebote der Horte. Die Einrichtung von Betreuungsangeboten nach Satz 1 sowie die Teilnahme daran ist freiwillig.

§ 9
Kolleg

Das Kolleg hat als Institut zur Erlangung der Hochschulreife die Aufgabe, nach der Fachschulreife, dem Realschulabschluss oder einem gleichwertigen Bildungsstand und einer abgeschlossenen Berufsausbildung oder einem gleichwertigen beruflichen Werdegang eine auf der Berufserfahrung aufbauende allgemeine Bildung zu vermitteln. Es umfasst mindestens zweieinhalb Schuljahre und führt zur Hochschulreife.

Für das Kurssystem, den Pflicht- und Wahlbereich und für die Abiturprüfung gilt § 8 Abs. 5, ausgenommen Nummer 3 Sätze 2 und 3, entsprechend.

§ 10
Berufsschule

(1) Die Berufsschule hat die Aufgabe, im Rahmen der Berufsausbildung oder Berufsausübung vor allem fachtheoretische Kenntnisse zu vermitteln und die allgemeine Bildung zu vertiefen und zu erweitern. Sie ist hierbei gleichberechtigter Partner und führt über eine Grundbildung und eine darauf aufbauende Fachbildung gemeinsam mit Berufsausbildung oder Berufsausübung zu berufsqualifizierenden oder berufsbefähigenden Abschlüssen. Bei Schülern mit Hochschulreife kann anstelle der Vermittlung allgemeiner Bildungsinhalte eine zusätzliche Vermittlung fachtheoretischer Kenntnisse treten. Die Berufsschule kann durch Zusatzprogramme den Erwerb weiterer Berechtigungen ermöglichen.

(2) Die Grundbildung wird in der Grundstufe, die Fachbildung in den Fachstufen vermittelt. Der Unterricht wird als Teilzeitunterricht, auch als Blockunterricht, erteilt. Die Grundstufe kann als Berufsgrundbildungsjahr, und zwar in der Form des Vollzeitunterrichts oder in Kooperation mit betrieblichen oder überbetrieblichen Ausbildungsstätten, durchgeführt werden.

(3) Die Berufsschule wird in den Typen der gewerblichen, kaufmännischen, hauswirtschaftlich-pflegerisch-sozialpädagogischen oder landwirtschaftlichen Berufsschule geführt. In einheitlich geführten Berufsschulen sind für die einzelnen Typen Abteilungen einzurichten.

(4) Fachklassen werden in der Regel in der Grundstufe für Berufsfelder und in den Fachstufen für Berufsgruppen oder für einzelne oder eng verwandte Berufe gebildet.

(5) Die Berufsschule soll für Jugendliche, die zu Beginn der Berufsschulpflicht ein Berufsausbildungsverhältnis nicht nachweisen, als einjährige Vollzeitschule (Berufsvorbereitungsjahr) geführt werden.

⇨ Berufsschule; ⇨ Berufseinstiegs- und Vorqualifizierungsjahr; ⇨ Schulpflicht (Berufliche Schulen)

§ 11
Berufsfachschule

Die ⇨ Berufsfachschule vermittelt je nach Dauer eine berufliche Grundbildung, eine berufliche Vorbereitung oder einen Berufsabschluss und fördert die allgemeine Bildung; in Verbindung mit einer erweiterten allgemeinen Bildung kann sie zur Prüfung der Fachschulreife führen. Die Berufsfachschule kann durch Zusatzprogramme den Erwerb weiterer Berechtigungen ermöglichen. Sie wird in der Regel als Vollzeitschule geführt und umfasst mindestens ein Schuljahr; sie kann im pflegerischen Bereich in Kooperation mit betrieblichen Ausbildungsstätten auch in Teilzeitunterricht geführt werden. Ihr Besuch setzt eine berufliche Vorbildung nicht voraus; im Übrigen richten sich die Voraussetzungen für den Besuch nach Dauer oder Bildungsziel der Berufsfachschule.

§ 12
Berufskolleg

Das Berufskolleg baut auf der Fachschulreife, dem Realschulabschluss, einem gleichwertigem Bildungsstand oder auf der Klasse 9 des Gymnasiums im achtjährigen Bildungsgang auf; einzelne Bildungsgänge können auf der Hochschulreife aufbauen. Es vermittelt in ein bis drei Jahren eine berufliche Qualifikation. Bei mindestens zweijähriger Dauer kann es integrativ oder durch zusätzlichen Unterricht und eine Zusatzprüfung zur Fachhochschulreife führen. Nach abgeschlossener Berufsausbildung oder einer entsprechenden beruflichen Qualifikation kann die Fachhochschulreife auch in einem einjährigen Bildungsgang erworben werden. Das Berufskolleg wird in der Regel als Vollzeitschule geführt; es kann in einzelnen Typen in Kooperation mit betrieblichen Ausbildungsstätten auch in Teilzeitunterricht durchgeführt werden. ⇨ Berufskolleg; ⇨ Fachhochschulreife

§ 13
Berufsoberschule

Die Berufsoberschule baut auf der Berufsschule und auf einer praktischen Berufsausbildung oder Berufsausübung auf und vermittelt auf der Grundlage des erworbenen Fachwissens vor allem eine weitergehende allgemeine Bildung. Sie gliedert sich in Mittelstufe (Berufsaufbauschule) und Oberstufe. Die Berufsaufbauschule umfasst mindestens ein Schuljahr und führt zur Fachschulreife. Die Oberstufe umfasst mindestens zwei Schuljahre und führt zur fachgebundenen oder allgemeinen Hochschulreife.

⇨ Berufsoberschule / Berufsaufbauschule

§ 14
Fachschule

Die Fachschule hat die Aufgabe, nach abgeschlossener Berufsausbildung und praktischer Bewährung oder nach einer geeigneten beruflichen Tätigkeit von mindestens fünf Jahren eine weitergehende fachliche Ausbildung im Beruf zu vermitteln. Die Ausbildung kann in aufeinander aufbauenden Ausbildungsabschnitten durchgeführt werden. Der Besuch der Fachschule dauert, wenn sie als Vollzeitschule geführt wird, in der Regel ein Jahr, bei Abend- oder Wochenendunterricht entsprechend länger. Die Fachschule kann auch den Erwerb weiterer Berechtigungen ermöglichen und im Einvernehmen mit den nach dem Berufsbildungsgesetz fachlich zuständigen Stellen Weiterbildungskurse anbieten. ⇨ Fachschule

§ 15
Sonderpädagogische Beratungs-, Unterstützungs- und Bildungsangebote in allgemeinen Schulen und sonderpädagogischen Bildungs- und Beratungszentren

(1) Die Erziehung, Bildung und Ausbildung von Schülern mit einem Anspruch auf ein sonderpädagogisches Beratungs-, Unterstützungs- und Bildungsangebot ist Aufgabe aller Schulen. Diese Schüler werden zu den Bildungszielen der allgemeinen Schulen geführt, soweit der besondere Anspruch der Schüler nicht eigene Bildungsziele erfordert. Sonderpädagogische Beratung, Unterstützung und Bildung zielt auch auf die bestmögliche berufliche Integration. Schwerpunkte sonderpädagogischer Beratung, Unterstützung und Bildung (Förderschwerpunkte) sind insbesondere

1. Lernen,
2. Sprache,
3. emotionale und soziale Entwicklung,
4. Sehen,
5. Hören,
6. geistige Entwicklung,
7. körperliche und motorische Entwicklung,
8. Schüler in längerer Krankenhausbehandlung.

(2) Die sonderpädagogische Beratung, Unterstützung und Bildung findet in den allgemeinen Schulen statt, soweit Schüler mit Anspruch auf ein sonderpädagogisches Bildungsangebot kein sonderpädagogisches Bildungs- und Beratungszentrum besuchen. Die sonderpädagogischen Bildungs- und Beratungszentren unterstützen die allgemeinen Schulen bedarfsgerecht bei der sonderpädagogischen Beratung, Unterstützung und Bildung. Sie werden in der Regel in Typen geführt, die den Förderschwerpunkten nach Absatz 1 entsprechen.

(2 a) Soweit der Auftrag nach Absatz 2 Satz 2 durch sonderpädagogische Bildungs- und Beratungszentren in freier Trägerschaft wahrgenommen wird, können deren Lehrkräfte eingesetzt werden, um den Anspruch auf ein sonderpädagogisches Bildungsangebot der Schüler einer öffentlichen allgemeinen Schule zu erfüllen. Die Einsatzsteuerung sowie das Weisungsrecht in Bezug auf die eingesetzten Lehrkräfte liegen beim Träger der Privatschule.

(3) Wenn die besondere Aufgabe des sonderpädagogischen Bildungs- und Beratungszentrums eine Internatsunterbringung der Schüler erfordert, ist der Schule ein Internat anzugliedern, in dem die Schüler Unterkunft, Verpflegung und eine familiengemäße Betreuung erhalten (sonderpädagogisches Bildungs- und Beratungszentrum mit Internat).

(4) Besuchen Schüler mit Anspruch auf ein sonderpädagogisches Bildungsangebot eine allgemeine Schule, können die Bildungsziele und Leistungsanforderungen von denen der besuchten Schule abweichen (zieldifferenter Unterricht); für die gymnasiale Oberstufe und die Bildungsgänge beruflicher Schulen in der Sekundarstufe II gelten die allgemeinen Regelungen.

(5) Gemeinsamer Unterricht für Schüler mit und ohne Anspruch auf ein sonderpädagogisches Bildungsangebot kann auch an sonderpädagogischen Bildungs- und Beratungszentren stattfinden, wenn die personellen und sächlichen Voraussetzungen erfüllt sind.

(6) Die Schulaufsichtsbehörde kann im Einvernehmen mit den beteiligten Schulträgern kooperative Organisationsformen des gemeinsamen Unterrichts an allgemeinen Schulen und sonderpädagogischen Bildungs- und Beratungszentren einrichten.

⇨ Behinderungen (Allgemeines); ⇨ Behinderungen (Förderbedarf); ⇨ Gebühren Nr. 3; ⇨ Inklusion und Integration; ⇨ Schulpflicht (MeldeVO); ⇨ Schulentwicklung und Evaluation; ⇨ Sonderpädagogik (SBBZ Ärztinnen und Ärzte); ⇨ Sonderpädagogik (SBBZ – Bildungsangebote); ⇨ Sonderpädagogik (SBBZ Emotionale und soziale Entwicklung) / (SBBZ Geistige Entwicklung) / (SBBZ Krankenhausbehandlung) / (SBBZ Lernen) / (SBBZ Lernen – Stundentafel) / (SBBZ Lernen – Versetzungsordnung) / (SBBZ Schulentwicklung) / (SBBZ Sehen) / (SBBZ Sprache)

D.
Schulverbund (§§ 16-18)

§ 16
Verbund von Schularten

Mehrere Schularten können organisatorisch in einer Schule verbunden sein. *(Bisheriger Satz 2 aufgehoben)* Schularten nach den §§ 10 bis 14 und Typen der beruflichen Gymnasien sowie die entsprechenden sonderpädagogischen Bildungs- und Beratungszentren sollen organisatorisch in einer Schule verbunden sein, soweit dies von der Aufgabenstellung ihrer Typen und ihrem räumlichen Zusammenhang her möglich ist.

§ 17
Bildungszentren

(1) In Bildungszentren arbeiten räumlich zusammengefasste selbstständige Schulen pädagogisch und organisatorisch zusammen.

(2) Die Zusammenarbeit dient im Rahmen der Rechts- und Verwaltungsvorschriften insbesondere der Abstimmung in Lernangebot, Lehrverfahren sowie Lehr- und Lernmittel und fördert die Durchlässigkeit zwischen den beteiligten Schulen; sie erleichtert den schulartübergreifenden Lehrereinsatz, die gemeinsame Erledigung von Verwaltungsangelegenheiten und die gemeinsame Nutzung von schulischen Einrichtungen.

Hinweis der Redaktion: Zur „Gesamtkonferenz" an Bildungszentren siehe: ⇨ Konferenzordnung § 8.

(3) Selbstständige Schulen, an denen Schularten nach den §§ 10 bis 14 und Typen der beruflichen Gymnasien geführt werden, sollen in geeigneten Fällen zu Bildungszentren zusammengefasst werden (Berufsschulzentren). Ihnen können überbetriebliche Ausbildungsstätten unter Aufrechterhaltung der bestehenden Trägerschaft angegliedert werden.

(4) *(Verordnungsermächtigung; hier nicht abgedruckt)*

(5) Für die Einrichtung, Änderung und Aufhebung von Bildungszentren gelten die Vorschriften des § 30 entsprechend.

§ 18
Regionaler Verbund

(1) Benachbarte Schulen, die nicht in einem Bildungszentrum zusammengefasst sind, sollen pädagogisch zusammenarbeiten. Die Zusammenarbeit dient vor allem der Koordinierung pädagogischer Maßnahmen, insbesondere des Unterrichtsangebots, der Lehr- und Lernmittel sowie der Verteilung der Schüler bei der Aufnahme in Schulen desselben Schultyps im Rahmen des § 88 Abs. 4.

(2) Mit Genehmigung der Schulaufsichtsbehörde können Schüler mehrerer Schulen in einzelnen gemeinsamen Unterrichtsveranstaltungen einer dieser Schulen zusammengeführt werden.

E.
Ergänzung und Weiterentwicklung des Schulwesens (§§ 19-22)

§ 19
Bildungsberatung

(1) Die Bildungsberatung soll in allen Schularten gewährleistet und stufenweise ausgebaut werden. Zu ihren Aufgaben gehören insbesondere die Information und Beratung der Schüler und Erziehungsberechtigten über die für die Schüler geeigneten Bildungsgänge (Schullaufbahnberatung) sowie die Beratung bei Schulschwierigkeiten in Einzelfällen. Die Einrichtungen der Bildungsberatung unterstützen die Schulen und Schulaufsichtsbehörden in psychologisch-pädagogischen Fragen und tragen dadurch zur Weiterentwicklung des Schulwesens bei.

(2) Die Aufgaben der Bildungsberatung werden unbeschadet des Erziehungs- und Bildungsauftrags der einzelnen Lehrer durch die überörtlich einzurichtenden schulpsychologische Beratungsstellen und an den Schulen vornehmlich durch Beratungslehrer erfüllt.

(3) Soweit die Bildungsberatung auf Ersuchen von Schülern oder Erziehungsberechtigten tätig wird, bedarf es für die Untersuchung der Einwilligung der Berechtigten.

(4) Beratungslehrer und schulpsychologische Beratungsstellen arbeiten untereinander und mit anderen Beratungsdiensten, insbesondere mit den für die Berufs- und Studienberatung zuständigen Stellen zusammen. ⇨ Abschlüsse; ⇨ Bildungsberatung

§ 20
Schulkindergarten

Für Kinder, die unter § 82 Absatz 1 Satz 1 fallen und vom Schulbesuch zurückgestellt werden oder vor Beginn der Schulpflicht förderungsbedürftig erscheinen, sollen Schulkindergärten eingerichtet werden. ⇨ Schulkindergärten

§ 21
Hausunterricht

Schulpflichtigen Kindern und Jugendlichen, die infolge einer längerfristigen Erkrankung die Schule nicht besuchen können, soll Hausunterricht in angemessenem Umfang erteilt werden. Der Einsatz informationstechnisch gestützter Systeme und die für seine Umsetzung erforderliche auch automatisierte Verarbeitung personenbezogener Daten sind zulässig. ⇨ Hausunterricht

§ 22
Weiterentwicklung des Schulwesens

(1) Wenn die Entwicklung des Bildungswesens, veränderte Lebens- und Berufsaufgaben oder die Wahrnehmung der Einheit des deutschen Schulwesens es notwendig machen, können Schulversuche eingerichtet werden. Das gilt insbesondere zur Entwicklung und Erprobung neuer pädagogischer und schulorganisatorischer Erkenntnisse, insbesondere

1. neuer Organisationsformen für Unterricht und Erziehung sowie für die Verwaltung der Schulen,
2. wesentlicher inhaltlicher Änderungen,
3. neuer Lehrverfahren und Lehrmittel.

(2) Schulversuche können durchgeführt werden

1. durch Einrichtung von Versuchsschulen,
2. dadurch, dass die oberste Schulaufsichtsbehörde einer bestehenden Schule Eigenschaften und Aufgaben einer Versuchsschule überträgt; falls damit für den Schulträger Mehrbelastungen verbunden sind, bedarf es dessen Zustimmung.

Hinweis der Redaktion: Zu den Beteiligungsrechten der Schule vgl. Hinweise bei § 30 Abs. 4. Bei der Einrichtung einer Ganztagsschule, die nicht unter § 4a fällt, handlt es sich um einen Schulversuch.

⇨ Behinderungen (Förderbedarf); ⇨ Ganztagsschulen; ⇨ Konferenzordnung § 2 Abs. 1 Nr. 8b; ⇨ Schulgesetz § 47 Abs. 4 Nr. 2

2. Teil: Die Schule

§ 23
Rechtsstellung der Schule

(1) Die öffentlichen Schulen sind nicht rechtsfähige öffentliche Anstalten. Sie erfüllen ihre Aufgaben im Rahmen eines öffentlich-rechtlichen Rechtsverhältnisses (Schulverhältnis).

(2) Die Schule ist im Rahmen der Vorschriften dieses Gesetzes berechtigt, die zur Aufrechterhaltung der Ordnung des Schulbetriebs und zur Erfüllung der ihr übertragenen unterrichtlichen und erzieherischen Aufgaben erforderlichen Maßnahmen zu treffen und örtliche Schulordnungen, allgemeine Anordnungen und Einzelanordnungen zu erlassen und von Schülerinnen und Schülern schulordnungswidrig mitgeführte oder verwendete Sachen einzuziehen. Inhalt und Umfang der Regelungen ergeben sich aus Zweck und Aufgabe der Schule.

(3) Soweit die Schule auf dem Gebiet der inneren Schulangelegenheiten einen Verwaltungsakt erlässt, gilt sie als untere Sonderbehörde im Sinne des Landesverwaltungsgesetzes.

⇨ Verwaltungsrecht (Allgemeines)

§ 24
Name der Schule

(1) Jeder öffentlichen Schule gibt der Schulträger einen Namen, der die Schulart und den Schulort angibt und die Schule von den anderen am selben Ort bestehenden Schulen unterscheidet; bei sonderpädagogischen Bildungs- und Beratungszentren

kann an die Stelle der Schulart der Schultyp treten. Soweit in einer Schule mehrere Schularten verbunden sind, kann anstelle der Schularten eine die Schularten umfassende Bezeichnung aufgenommen werden.

(2) Bei Schulen nach § 2 Abs. 1 Nr. 1 ist die Schulaufsichtsbehörde von der beabsichtigten Namensgebung zu unterrichten. Die obere Schulaufsichtsbehörde kann die Führung des Namens untersagen, wenn pädagogische Gründe oder öffentliche Belange es geboten erscheinen lassen.

⇨ Konferenzordnung § 2 Abs. 1; ⇨ Schulgesetz § 47 Abs. 3 Ziff 6c

§ 25
Schulbezirk

(1) Jede Grundschule, Berufsschule und jedes sonderpädagogische Bildungs- und Beratungszentrum mit Ausnahme der sonderpädagogischen Bildungs- und Beratungszentren mit Internat hat einen Schulbezirk.

Hinweise der Redaktion: Gemäß § 76 Abs. 2 besteht für Schulpflichtige, die eine Gemeinschaftsschule oder eine Schule in freier Trägerschaft besuchen, keine Pflicht zum Besuch der Schule im Schulbezirk.

(2) Schulbezirk ist das Gebiet des Schulträgers. Wenn in diesem Gebiet mehrere Schulen derselben Schulart bestehen, bestimmt der Schulträger die Schulbezirke.

(3) Bei Berufsschulen kann der Schulträger auch für einzelne Typen, Berufsfelder und Fachklassen besondere Schulbezirke festlegen. Entsprechendes gilt für die Typen des sonderpädagogischen Bildungs- und Beratungszentrums.

(4) Das Gebiet einer Körperschaft, die für die Erfüllung der Schulpflicht aller oder eines Teils ihrer Schulpflichtigen durch eine öffentlich-rechtliche Vereinbarung mit einer anderen Körperschaft sorgt (§ 31), ist in deren Schulbezirk nach Maßgabe der Vereinbarung einzubeziehen.

§ 26
Schuljahr

Das Schuljahr beginnt am 1. August und endet am 31. Juli des folgenden Kalenderjahres. Das Kultusministerium kann durch Rechtsverordnung für einzelne Schularten oder Schultypen abweichende Regelungen treffen, soweit dies aus schulorganisatorischen Gründen erforderlich ist.

⇨ Ferienverordnung; ⇨ NotenbildungsVO § 3

3. Teil: Errichtung und Unterhaltung von Schulen

§ 27
Grundsätze

(1) Als Schulträger gilt, wer die sächlichen Kosten der Schule trägt. ⇨ Schulträger

(2) Die Schulträger sind berechtigt und verpflichtet, öffentliche Schulen einzurichten und fortzuführen, wenn ein öffentliches Bedürfnis hierfür besteht.

(3) Bei der Einrichtung, Änderung, Aufhebung und bei der Unterhaltung der Schulen nach § 2 Abs. 1 Nr. 1 wirken das Land und der Schulträger nach den Vorschriften dieses Gesetzes zusammen.

§ 28
Gemeinden und Landkreise als Schulträger

(1) Die Gemeinden sind Schulträger der Grund-, Haupt- und Werkrealschulen, der Realschulen, der Gymnasien, der Gemeinschaftsschulen und der entsprechenden sonderpädagogischen Bildungs- und Beratungszentren.

(2) Die Landkreise können unter den Voraussetzungen des § 2 Abs. 1 der Landkreisordnung Schulträger von Realschulen, Gymnasien, der Gemeinschaftsschulen und sonderpädagogischen Bildungs- und Beratungszentren sein. Sie können auch Schulträger aller Schulen eines Bildungszentrums sein, wenn die Voraussetzungen des Satzes 1 nur auf eine dieser Schulen zutreffen. Wird eine Regelung nach § 31 Abs. 1 nicht getroffen, tritt an die Stelle einer Gemeinde der Landkreis, wenn

1. eine Nachbarschaftsschule für zum Besuch der Hauptschule verpflichtete Schüler aus mehreren Gemeinden einzurichten ist; der Landkreis legt den Aufwand auf die Gemeinden um, deren Gebiet in den Schulbezirk einbezogen ist;
2. nach Feststellung der obersten Schulaufsichtsbehörde eine Realschule, ein Gymnasium oder ein sonderpädagogisches Bildungs- und Beratungszentrum wesentliche überörtliche Bedeutung hat oder die Leistungsfähigkeit einer solchen Schule sonst nicht gewährleistet ist; die Feststellung dieser überörtlichen Bedeutung wird bei bestehenden Schulen nur auf Antrag des Schulträgers getroffen.

In den Fällen der Sätze 1, 2 und 3 Nr. 2 hat der Landkreis Gemeinden, die am Aufwand von Schulen derselben Schulart, bei sonderpädagogischen Bildungs- und Beratungszentren desselben Schultyps, beteiligt sind, auf Antrag einen angemessenen Ausgleich zu gewähren.

(3) Die Landkreise und die Stadtkreise sind Schulträger der Typen der beruflichen Gymnasien, der Berufsschulen, der Berufsfachschulen, der Berufskollegs, der Berufsoberschulen, der Fachschulen und der entsprechenden sonderpädagogischen Bildungs- und Beratungszentren.

Hinweis der Redaktion: Hierzu ⇨ Schulgesetz § 48 beachten.

§ 29
Das Land als Schulträger

(1) Das Land ist Schulträger der Gymnasien in Aufbauform mit Internat, der Kollegs und der sonderpädagogischen Bildungs- und Beratungszentren mit Internat.

(2) Das Land kann Schulträger von Versuchsschulen und von Schulen besonderer pädagogischer Prägung oder besonderer Bedeutung sein, sowie von Schulen, die zwar diese Voraussetzungen nicht erfüllen, deren Schulträger jedoch bisher das Land allein war.

§ 30
Einrichtung, Errichtung,
Änderung und Aufhebung von Schulen

(1) Der Beschluss eines Schulträgers über die Einrichtung einer öffentlichen Schule bedarf der

Zustimmung der obersten Schulaufsichtsbehörde. Vor der Entscheidung über die Zustimmung ist eine regionale Schulentwicklung nach § 30 a bis § 30 e durchzuführen. Die Schule ist errichtet, wenn die Schulaufsichtsbehörde feststellt, dass der Schulbetrieb aufgenommen worden ist.

Hinweis der Redaktion: Mit Ausnahme der Maßnahmen zur Weiterentwicklung des Schulwesens nach § 22 SchG hat das KM die Befugnis zur Einrichtung und Aufhebung von Grund-, Haupt-, Werkreal- und Gemeinschaftsschulen sowie die Befugnisse für die Änderung bestehender Schulen aller Schularten mit Ausnahme der Änderung der Schulart oder des Schultyps und die diesbezüglichen Entscheidungen über eine Änderung der Schulträgerschaft sowie Entscheidungen zur Einrichtung beziehungsweise Aufhebung von Schulverbünden auf die Regierungspräsidien übertragen. Die allgemeinen aufsichtsrechtlichen Befugnisse des Kultusministeriums bleiben hiervon unberührt. (Quelle: § 1 der Verordnung des KM über die Zuständigkeit für schulorganisatorische Maßnahmen, siehe Loseblattsammlung K.u.U. Nr. 6400-23).

(2) Stellt die oberste Schulaufsichtsbehörde fest, dass ein öffentliches Bedürfnis für die Einrichtung einer öffentlichen Schule besteht und erfüllt der Schulträger die ihm nach § 27 Abs. 2 obliegende Verpflichtung nicht, trifft die Rechtsaufsichtsbehörde die notwendigen Maßnahmen nach den Vorschriften der Gemeindeordnung; der Schulträger ist vorher zu hören.

(3) Absatz 1 gilt entsprechend für die Aufhebung einer öffentlichen Schule.

(4) Die Vorschriften über die Einrichtung und Aufhebung einer öffentlichen Schule gelten entsprechend für die Änderung einer öffentlichen Schule. Als Änderung einer Schule sind die Änderung der Schulart, der Schulform (Normalform oder Aufbauform) oder des Schultyps sowie die dauernde Teilung oder Zusammenlegung, die Verlegung, die Erweiterung bestehender Schulen, die Einrichtung von Außenstellen sowie die Verteilung der Klassen auf Schulen mit Außenstellen zu behandeln. Eine Aufteilung der Klassen oder Lerngruppen auf verschiedene Standorte erfolgt nur in Ausnahmefällen und nur zwischen einzelnen Klassen- oder Jahrgangsstufen (horizontale Teilung), nicht jedoch innerhalb einzelner Klassen- oder Jahrgangsstufen (vertikale Teilung). Satz 3 gilt nicht für Schulen nach § 5.

Hinweis der Redaktion: Die Gesamtlehrerkonferenz (GLK) besitzt das Recht zur Abgabe einer Stellungnahme zur

a) Ausstattung und Einrichtung der Schule sowie zu Baumaßnahmen gegenüber dem Schulträger,
b) Einrichtung oder Beendigung eines Schulversuchs,
c) Änderung der Schulart, der Schulform oder des Schultyps sowie der dauernden Teilung oder Zusammenlegung und der Erweiterung der Schule.

⇨ Konferenzordnung § 2 Abs. 1 Nr. 8

Hierzu ist die Schulkonferenz anzuhören (§ 47 Abs. 4). Diese kann der GLK und der Schulleitung Anregungen und Empfehlungen geben, besitzt also ein Initiativrecht (§ 47 Abs. 2).

Vor der Einleitung der entsprechenden Maßnahme muss die jeweilige Behörde (Schulträger, Schulaufsichtsbehörde) die Schule über ihre Absicht informieren. Die Schulleitung hat dies dann auf die Tagesordnung der Gesamtlehrerkonferenz sowie der Schulkonferenz zu setzen.

Die GLK kann sich gegenüber dem Schulträger und der Schulaufsichtsbehörde äußern. Sie besitzt auch ein Initiativrecht, sie kann den Schulträger oder die Schulaufsicht auffordern, Maßnahmen einzuleiten (sobald diese ihre Planungen abgeschlossen haben, sind die GLK und die Schulkonferenz erneut zu einer Stellungnahme berechtigt bzw. anzuhören).

Ferner muss die Schulleitung den Elternbeirat hierüber informieren (nach § 57 Abs. 2 SchG unterrichtet der Schulleiter den Elternbeirat über alle Angelegenheiten, die für die Schule von allgemeiner Bedeutung sind, der Elternbeirat soll gehört werden, bevor der Schulleiter Maßnahmen trifft, die für das Schulleben von allgemeiner Bedeutung sind).

Bei der **Einrichtung von Ganztagsschulen** besitzt die Schulkonferenz faktisch ein Vetorecht:

1. Bei Ganztagsschulen an Grundschulen oder der Grundstufe von Förderschulen bedarf der Antrag des Schulträgers der Zustimmung der Schulkonferenz (SchG § 4a).
2. Alle anderen Ganztagsschulen sind Schulversuche. Hierzu dürfen GLK und Schulkonferenz zwar nur eine Stellungnahme abgeben; fällt diese jedoch ablehnend aus, genehmigt die Schulaufsichtsbehörde den Schulversuch nicht.

30 a
Ziel und Anlass der regionalen Schulentwicklung

(1) Die regionale Schulentwicklung dient der nachhaltigen Sicherung eines regional ausgewogenen, alle Bildungsabschlüsse umfassenden Bildungsangebots in zumutbarer Erreichbarkeit. Die regionale Schulentwicklung dient außerdem der nachhaltigen Sicherung und Weiterentwicklung eines bedarfsdeckenden sonderpädagogischen Beratungs-, Unterstützungs- und Bildungsangebots. Sie unterstützt notwendige Entwicklungen bei den allgemeinen beruflichen Schulen. Bildungsabschlüsse im Sinne des Satzes 1 sind die in den Schularten nach § 4 Absatz 1 in Verbindung mit den §§ 6 bis 15 genannten Abschlüssen.

(2) Anlässe für eine regionale Schulentwicklung sind

1. der Antrag eines öffentlichen Schulträgers auf Zustimmung zu einer schulorganisatorischen Maßnahme nach § 30, oder
2. die Initiative einer Gemeinde oder eines Landkreises, sofern ein berechtigtes Interesse besteht, oder
3. die Unterschreitung einer Mindestschülerzahl.

Hinweis der Redaktion: Für den beruflichen Bereich hat das KM eine „Verordnung zur regionalen Schulentwicklung an beruflichen Schulen" erlassen (26.3.2015; K.u.U. S. 94/2015).

⇨ Schulentwicklung und Evaluation; ⇨ Sonderpädagogik (SBBZ – Schulentwicklung)

§ 30 b
Regionale Schulentwicklung an auf der Grundschule aufbauenden Schulen

(1) Für die Erteilung einer Zustimmung nach § 30 Absatz 1 Satz 1 ist es erforderlich, dass im Rahmen der Feststellung des öffentlichen Bedürfnisses nach § 27 Absatz 2

1. für eine Schule nach §§ 6, 7 und 8 a Absatz 1 die Mindestschülerzahl von 40 in den Eingangsklassen,
2. bei Gymnasien nach § 8 Absatz 2 Nummer 1 die Mindestschülerzahl von 60 in den Eingangsklassen,
3. für die dreijährige gymnasiale Oberstufe nach § 8 a Absatz 2 Satz 2 für Klassenstufe 11 auf der Grundlage der Schülerzahl in Klassenstufe 9 die Mindestschülerzahl von 60 langfristig prognostiziert werden kann.

(2) Unterschreitet eine in Absatz 1 Nummer 1 und 2 genannte Schule die Mindestschülerzahl von 16 in der Eingangsklasse, wird der Schulträger durch die

Schulaufsichtsbehörde hierauf hingewiesen und aufgefordert, eine regionale Schulentwicklung nach § 30 a Absatz 2 Nummer 1 durchzuführen. Der Hinweis und die Aufforderung erfolgen ausnahmsweise dann nicht, wenn die oberste Schulaufsichtsbehörde zuvor festgestellt hat, dass im Falle einer Aufhebung der Schule ein entsprechender Bildungsabschluss von einer anderen öffentlichen Schule in zumutbarer Erreichbarkeit nicht mehr angeboten wird. Die Feststellung der zumutbaren Erreichbarkeit eines entsprechenden Bildungsabschlusses ist unabhäng davon, ob es sich um eine Schule handelt, die als Ganztagsschule geführt wird. Im allgemeinen beruflichen Schulwesen erwerbbare allgemeinbildende Abschlüsse gelten nicht als entsprechende Bildungsabschlüsse im Sinne von Satz 2. Wird in zwei unmittelbar aufeinander folgenden Schuljahren die Mindestschülerzahl von 16 in der Eingangsklasse nicht erreicht und wird kein Antrag auf eine schulorganisatorische Maßnahme nach § 30 gestellt, ist die Schule durch die oberste Schulaufsichtsbehörde zum darauf folgenden Schuliahr aufzuheben: Satz 2 gilt für die Aufhebung entsprechend. Der Schulträger ist vor einer Aufhebung zu hören.

(3) Für im Schulverbund nach § 16 Satz 1 und 2 geführte Schularten ist Absatz 2 auf jede Schulart gesondert anzuwenden. Verbleibt in einem bisherigen Schulverbund nach Aufhebung einer oder mehrerer im Schulverbund enthaltenen Schularten nur noch eine Schulart, ist der Schulverbund kraft Gesetzes aufgehoben; im Übrigen besteht er mit den verbleibenden Schularten weiter.

§ 30 c
Verfahren der regionalen Schulentwicklung

(1) Für die Einleitung einer regionalen Schulentwicklung nach § 30 a Absatz 2 Nummer 1 ist der Beschluss eines öffentlichen Schulträgers erforderlich.

(2) Der Schulträger benennt vor der Antragstellung nach § 30 ein Gebiet für die regionale Schulentwicklung (Raumschaft), auf das sich sein Antrag bezieht und beteiligt die vom Antrag berührten weiteren Gemeinden und Landkreise und andere von der schulorganisatorischen Maßnahme Berührten; hierbei müssen insbesondere die Belange der Schülerbeförderung einbezogen werden. § 47 Absatz 4 Nummer 3, § 47 Absatz 5 Nummer 7 sowie die Elternbeiratsverordnung bleiben unberührt. Bei schulorganisatorischen Maßnahmen im Bereich der allgemeinbildenden Schulen sind die Auswirkungen auf das allgemeine berufliche Schulwesen mit einzubeziehen. Bei Bildungsgängen der Berufsschule sind sowohl bei der Festlegung der Raumschaft als auch bei der Konsensbildung über eine schulorganisatorische Maßnahme die Belange der Wirtschaft einzubeziehen. Das Ergebnis der Beteiligung ist im Rahmen der Darlegung des öffentlichen Bedürfnisses nach § 27 Absatz 2 darzustellen. Die Beteiligung ist vom Schulträger darauf auszurichten, einen Konsens über die vorgesehene schulorganisatorische Maßnahme zu erreichen.

(3) Die Schulaufsichtsbehörde berät den Schulträger auf seinen Wunsch vor der Antragstellung nach § 30 insbesondere zur Benennung der Raumschaft und zur Schülerzahlentwicklung und bei allgemeinen beruflichen Schulen auch zur Struktur des Bildungsangebots des jeweils betroffenen Schulstandorts.

(4) Die Festlegung der Raumschaft erfolgt durch die obere Schulaufsichtsbehörde unter Berücksichtigung der vom Schulträger benannten Raumschaft. Hat der Schulträger die in Absatz 2 vorgesehene Beteiligung nicht durchgeführt, so erfolgt diese durch die obere Schulaufsichtsbehörde. Absatz 2 Satz 5 gilt entsprechend. Wird ein Konsens erreicht, entscheidet die Schulaufsichtsbehörde über die Zustimmung nach § 30.

(5) Ist kein Konsens über die beabsichtigte schulorganisatorische Maßnahme zwischen den vom Antrag Berührten nach Absatz 2 zu erreichen, führt die obere Schulaufsichtsbehörde eine Schlichtung durch. Wird auch hier kein Konsens erreicht, entscheidet die oberste Schulaufsichtsbehörde.

(6) Für die Einleitung einer regionalen Schulentwicklung nach § 30 a Absatz 2 Nummer 2 ist ein Beschluss des Hauptorgans der Gemeinde oder des Landkreises erforderlich. Der oberen Schulaufsichtsbehörde ist im Rahmen der Geltendmachung eines berechtigten Interesses eine Raumschaft zu benennen, auf die sich die regionale Schulentwicklung beziehen soll. Stellt die obere Schulaufsichtsbehörde ein berechtigtes Interesse fest, informiert diese die betroffenen Schulträger. Die Schulaufsichtsbehörde berät diese auf Wunsch; sie kann Empfehlungen für schulorganisatorische Maßnahmen nach § 30 geben.

§ 30 d
Zuständige Schulaufsichtsbehörde bei der regionalen Schulentwicklung

(1) Soweit in den Absätzen 2 und 3, §§ 30 a bis 30 c oder in einer Verordnung nach § 30 e oder § 35 Absatz 5 keine abweichenden Regelungen getroffen sind, bestimmt sich die zuständige Schulaufsichtsbehörde in Anwendung der §§ 33 bis 35 danach, welche Schularten von der regionalen Schulentwicklung betroffen sind.

(2) Sind von einem Antrag auf eine schulorganisatorische Maßnahme nach § 30 a Absatz 2 Nummer 1 mehrere Schulaufsichtsbehörden betroffen, müssen diese zusammenwirken. Die Zuständigkeit verbleibt bei der nach § 30 Absatz 1 zuständigen Schulaufsichtsbehörde, bei der der Antrag auf Zustimmung zu stellen ist.

(3) Das nach § 30 a Absatz 2 Nummer 2 und § 30 c Absatz 6 erforderliche berechtigte Interesse ist gegenüber der für die benannte Raumschaft zuständigen oberen Schulaufsichtsbehörde geltend zu machen. Sofern die benannte Raumschaft im Bereich mehrerer oberer Schulaufsichtsbehörden liegt, ist diejenige zuständig, in deren Bezirk die überwiegende Zahl der Einwohner der Raumschaft mit Erstwohnsitz gemeldet ist.

§ 30 e Verordnungsermächtigung (nicht abgedruckt)

§ 31
Schulverband

(1) Gemeinden, Zweckverbände, Landkreise und Regionalverbände können mit Zustimmung der oberen Schulaufsichtsbehörde zur gemeinsamen Erfüllung der ihnen als Schulträger obliegenden Aufgaben Schulverbände bilden oder öffentlich-rechtliche Vereinbarungen abschließen. Sie sind hierzu verpflichtet, wenn die oberste Schulaufsichtsbehörde feststellt, dass ein dringendes öffentliches Bedürfnis hierfür besteht. Erfüllen Gemeinden und Landkreise die ihnen nach Satz 2 obliegende Verpflichtung nicht, trifft die Rechtsaufsichtsbehörde die notwendigen Maßnahmen.

(2) Im Übrigen finden die Vorschriften des Zweckverbandsrechts Anwendung.

4. Teil: Schulaufsicht

§ 32
Grundsätze

(1) Die staatliche Schulaufsicht umfasst

1. die Planung und Leitung, Ordnung und Förderung des gesamten Schulwesens,
2. das Bestimmungsrecht über die Unterrichts- und Erziehungsarbeit der öffentlichen Schulen und alle damit zusammenhängenden Angelegenheiten,
3. die Fachaufsicht über die Schulen, nämlich
   a) die Aufsicht über die schulfachlichen Angelegenheiten und
   b) die Aufsicht über die Rechts- und Verwaltungsangelegenheiten, soweit sie nicht unter Nummer 5 fallen,
4. die Dienstaufsicht über die Schulleiter und Lehrer,
5. die Aufsicht über die Erfüllung der dem Schulträger obliegenden Angelegenheiten nach Maßgabe des § 36,
6. die Aufsicht über die den Gymnasien in Aufbauform und sonderpädagogischen Bildungs- und Beratungszentren mit Internat angegliederten Schülerinternate,
7. die Aufsicht über Einrichtungen nach § 8b, in denen Schulkinder ab dem Schuleintritt betreut werden und die keine Betriebserlaubnis nach § 45 SGB VIII haben.

Die Schulaufsicht schließt die Aufsicht über die datengestützte Qualitätsentwicklung der Schulen ein, die insbesondere eine regelmäßige Information der Schulaufsichtsbehörden und eine Auswertung qualitätsrelevanter Daten der einzelnen Schulen erfordert. Die Schulaufsichtsbehörden werden bei der datengestützten Aufsicht durch das Institut für Bildungsanalysen Baden-Württemberg und das Zentrum für Schulqualität und Lehrerbildung beratend unterstützt. Das Kultusministerium wird ermächtigt, durch Rechtsverordnung für Inhalt und Verfahren der datengestützten Qualitätsentwicklung nähere Bestimmungen zu erlassen.

(2) Die Schule und die jeweils zuständige Schulaufsichtsbehörde führen im Rahmen der datengestützten Qualitätsentwicklung im Sinne des Absatz 1 regelmäßig Statusgespräche, deren wesentliche Grundlage die vom Institut für Bildungsanalysen Baden-Württemberg bereitgestellten Datenauswertungen auf Einzelschulebene nach § 114 Absatz 2 und die für die Schule vorhandenen Ergebnisse von internen und externen Evaluationen nach § 114 Absatz 1 sind. Statusgespräche münden in eine Ziel- und Leistungsvereinbarung zwischen Schule und Schulaufsichtsbehörde. Das Kultusministerium wird ermächtigt, durch Rechtsverordnung zu den Statusgesprächen mit Ziel- und Leistungsvereinbarungen nähere Bestimmungen zu erlassen.

(3) Der Umfang der Schulaufsicht über die Schulen in freier Trägerschaft wird nach Artikel 7 des Grundgesetzes und nach dem Privatschulgesetz bestimmt.

(4) In Wahrnehmung der Aufsicht nach Absatz 1 Satz 1 Nummer 7 können die Schulaufsichtsbehörden

1. die Einrichtung und den Betrieb ganz oder teilweise untersagen, wenn Tatsachen festgestellt werden, die geeignet sind, das leibliche, geistige und seelische Wohl der in den Einrichtungen betreuten Schülerinnen und Schüler zu gefährden, und eine unverzügliche Beseitigung der Gefährdung nicht zu erwarten ist, und
2. Personen die Tätigkeit in einer Einrichtung nach Absatz 1 Satz 1 Nummer 7 untersagen, wenn Tatsachen vorliegen, die sie für die Ausübung einer solchen Tätigkeit ungeeignet erscheinen lassen.

(5) Mit der Ausübung der Schulaufsicht über die schulfachlichen Angelegenheiten sind fachlich vorgebildete, hauptamtlich tätige Beamte zu beauftragen.

⇨ Grundgesetz Art. 7; ⇨ Privatschulgesetz; ⇨ Schulaufsicht und Schulverwaltung; ⇨ Schulentwicklung und Evaluation; ⇨ Verfassung Art. 17

§ 33
Untere Schulaufsichtsbehörde

(1) Untere Schulaufsichtsbehörde für alle in ihrem Schulaufsichtsbezirk liegenden Grund-, Haupt-, Werkreal- und Realschulen, Gemeinschaftsschulen sowie die entsprechenden sonderpädagogischen Bildungs- und Beratungszentren mit Ausnahme der sonderpädagogischen Bildungs- und Beratungszentren mit Internat ist das Staatliche Schulamt.

(2) Die untere Schulaufsichtsbehörde führt

1. die Fachaufsicht mit Ausnahme der Fachaufsicht über die gymnasiale Oberstufe der Gemeinschaftsschulen,
2. die Dienstaufsicht über die Schulleiter und Lehrer,
3. die Aufsicht über die Erfüllung der dem Schulträger obliegenden Angelegenheiten, soweit nicht Aufgaben der Schulaufsicht einer anderen Schulaufsichtsbehörde durch Gesetz, Rechts- oder Verwaltungsvorschrift nach § 35 Abs. 3 zugewiesen sind.

Der unteren Schulaufsichtsbehörde obliegt auch die Aufsicht über die Einrichtungen nach § 32 Absatz 1 Satz 1 Nummer 7, soweit nicht die oberen Schulaufsichtsbehörden nach § 34 Absatz 3 zuständig sind.

§ 34
Obere Schulaufsichtsbehörde

(1) Obere Schulaufsichtsbehörde ist das Regierungspräsidium.

(2) Die obere Schulaufsichtsbehörde führt

1. die Fachaufsicht über die Schulen,
2. die Dienstaufsicht über die Schulleiter und Lehrer,
3. die Aufsicht über die Erfüllung der dem Schulträger obliegenden Angelegenheiten, soweit nicht die untere Schulaufsichtsbehörde zuständig ist,
4. die Dienst- und Fachaufsicht über die unteren Schulaufsichtsbehörden.

soweit nicht Aufgaben der Schulaufsicht einer anderen Schulaufsichtsbehörde durch Rechtsvorschrift zugewiesen sind.

(3) Die obere Schulaufsichtsbehörde ist zuständig für die Maßnahmen nach§ 32 Absatz 4.

§ 35
Oberste Schulaufsichtsbehörde

(1) Oberste Schulaufsichtsbehörde ist das Kultusministerium.

(2) Die oberste Schulaufsichtsbehörde ist für alle Angelegenheiten der Schulaufsicht zuständig, die nicht durch Gesetz anderen Behörden zugewiesen sind. Sie führt im Rahmen ihres Geschäftsbereichs die Fachaufsicht über die oberen Schulaufsichtsbehörden sowie die Dienstaufsicht über die Bediensteten des schulpädagogischen Dienstes.

(3) Die oberste Schulaufsichtsbehörde regelt insbesondere

1. die Aufgaben und Ordnungen jeder Schulart,
2. die Bildungs- und Lehrpläne sowie die Stundentafeln, ⇨ Bildungspläne und Bildungsstandards
3. das Aufnahmeverfahren für die Schulen,
4. die Versetzungs- und Prüfungsordnungen,
5. die Anerkennung außerhalb des Landes erworbener schulischer Abschlüsse und Berechtigungen,
6. die Ausbildung, Prüfung und Fortbildung der Lehrerinnen und Lehrer; für die Lehramtsprüfungen im Fach Theologie (Religionspädagogik) können die jeweiligen Religionsgemeinschaften eine Beauftragte oder einen Beauftragten als eine Prüferin oder einen Prüfer benennen,
7. die Aufgaben der unteren und oberen Schulaufsichtsbehörden,
8. die Aufgaben des Zentrums für Schulqualität und Lehrerbildung sowie des Instituts für Bildungsanalysen Baden-Württemberg und
   ⇨ Schulentwicklung und Evaluation
9. die Ferienordnung ⇨ Ferienordnung

und erlässt die hierfür erforderlichen Rechts- und Verwaltungsvorschriften.

(4) Grundlage für Unterricht und Erziehung bilden die Bildungs- und Lehrpläne sowie die Stundentafeln, in denen Art und Umfang des Unterrichtsangebotes einer Schulart oder einer Niveaustufe festgelegt sind. Niveaustufen sind das grundlegende, das mittlere sowie das erweiterte Niveau. Das grundlegende Niveau führt zum Hauptschulabschluss und mit einer Phase der Vertiefung zum Werkrealschulabschluss, das mittlere Niveau zum Realschulabschluss, das erweiterte Niveau zur Hochschulreife. Soweit ein Bildungsplan für mehrere Schularten gilt, sind für den Unterricht die Niveaustufen maßgeblich, die zu den an der Schulart angebotenen Abschlüssen führen. Bildungs- und Lehrpläne sowie Stundentafeln richten sich nach dem durch die Verfassung des Landes Baden-Württemberg, durch § 1 und die jeweilige Schulart vorgegebenen Erziehungs- und Bildungsauftrag; sie haben die erzieherische Aufgabe der Schule und die entsprechend der Schulart angestrebte Vermittlung von Wissen, Fähigkeiten und Fertigkeiten zu berücksichtigen. Die Bildungs- und Lehrpläne werden im Amtsblatt des Kultusministeriums bekanntgemacht oder öffentlich zugänglich in elektronischer Form unter einer im Amtsblatt veröffentlichten Internetadresse. In den Fällen des § 8 Absatz 5 Nummer 6 Satz 5, §§ 107b und107c treten neben die allgemeinen Bildungs- und Lehrpläne im erforderlichen Umfang besondere Bildungs- und Lehrpläne, die der Freigabe durch das Kultusministerium unterliegen.

⇨ Bildungspläne; ⇨ Kultus und Unterricht (Amtsblatt)

(5) *(Ermächtigung; nicht abgedruckt)*

§ 35a
Zulassung von Lehr- und Lernmitteln

(1) Das Kultusministerium kann die Verwendung von Lehr- und Lernmitteln, insbesondere die Verwendung der Schulbücher, durch Rechtsverordnung von seiner Zulassung abhängig machen, wenn und soweit dies zur Erfüllung des Erziehungs- und Bildungsauftrags der Schule sowie der eigenständigen Aufgaben der jeweiligen Schulart oder zu Sicherung der jeweiligen Niveaustufe erforderlich ist.

(2) Zulassungsvoraussetzungen sind insbesondere:

1. Übereinstimmung mit den durch Grundgesetz, Landesverfassung und Schulgesetz vorgegebenen Erziehungszielen,
2. Übereinstimmung mit den Zielen und Inhalten des entsprechenden Bildungs- und Lehrplans sowie angemessene didaktische Aufbereitung der Stoffe.
3. Altersgemäßheit bei der Aufbereitung der Inhalte sowie die sprachliche Form,
4. Einbindung von Druckbild, graphischer Gestaltung und Ausstattung in die jeweilige didaktische Zielsetzung. ⇨ Lernmittel (Zulassung)

§ 36
Aufsicht über die Erfüllung der dem Schulträger obliegenden Angelegenheiten

Für die Aufsicht über die Erfüllung der dem Schulträger nach diesem Gesetz obliegenden Aufgaben sind, soweit gesetzlich nichts anderes bestimmt ist, die Rechtsaufsichtsbehörde und die Schulaufsichtsbehörde zuständig mit der Maßgabe, dass das Informationsrecht nach § 120 der Gemeindeordnung beiden Behörden zusteht und dass Maßnahmen nach §§ 121 bis 124 der Gemeindeordnung von der

Rechtsaufsichtsbehörde im Einvernehmen mit der Schulaufsichtsbehörde getroffen werden.

§ 37
Besondere Schulaufsichtsbeamte

Das Kultusministerium und mit seiner Ermächtigung die oberen Schulaufsichtsbehörden können im öffentlichen Schuldienst stehende Lehrer, welche die Voraussetzungen nach § 32 Abs. 4 erfüllen, für besondere Aufgaben der Schulaufsicht bestellen; soweit für diese Aufgaben eine schulpsychologische Beratung erforderlich ist, können auch Schulpsychologen bestellt werden.

⇨ Schulaufsicht und Schulverwaltung; ⇨Schulpsychologische Beratungsstellen

5. Teil: Lehrkräfte, Schulleitung; Lehrerkonferenzen, Schulkonferenz; örtliche Schulverwaltung

A. Lehrkräfte, Schulleitung (§§ 38-43)

§ 38
Lehrkräfte

1) Die Lehrkräfte an den öffentlichen Schulen stehen im Dienst des Landes.

(2) Lehrkräfte an öffentlichen Schulen nach § 2 Abs. 1 dürfen in der Schule keine politischen, religiösen, weltanschaulichen oder ähnliche äußeren Bekundungen abgeben, die geeignet sind, die Neutralität des Landes gegenüber Schülern und Eltern oder den politischen, religiösen oder weltanschaulichen Schulfrieden zu gefährden oder zu stören. Insbesondere ist ein äußeres Verhalten unzulässig, welches bei Schülern oder Eltern den Eindruck hervorrufen kann, dass eine Lehrkraft gegen die Menschenwürde, die Gleichberechtigung der Menschen nach Artikel 3 des Grundgesetzes, die Freiheitsgrundrechte oder die freiheitlich-demokratische Grundordnung auftritt. Die Wahrnehmung des Erziehungsauftrags nach Artikel 12 Abs. 1, Artikel 15 Abs. 1 und Artikel 16 Abs. 1 der Verfassung des Landes Baden-Württemberg und die entsprechende Darstellung christlicher und abendländischer Bildungs- und Kulturwerte oder Traditionen widerspricht nicht dem Verhaltensgebot nach Satz 1. Das religiöse Neutralitätsgebot des Satzes 1 gilt nicht im Religionsunterricht nach Artikel 18 Satz 1 der Verfassung des Landes Baden-Württemberg.

Hinweis der Redaktion: Der Regelungsgehalt von § 38 Abs. 2 Satz 3 des Schulgesetzes ist vom Bundesverfassungsgericht am 27.1.2015 für nichtig erklärt worden (1 BvR 471/10, 1 BvR 1181/10). Dies bedeutet, dass das Tragen eines Kopftuchs an sich grundsätzlich weder ein Hinderungsgrund für die Einstellung noch für die Ausübung der Tätigkeit einer Lehrerin an einer öffentlichen Schule ist. Das Beamtenstatusgesetz (§ 34 Abs. 2) wurde inzwischen geändert und schreibt jetzt vor: „Religiös oder weltanschaulich konnotierte Merkmale des Erscheinungsbilds [...] können nur dann eingeschränkt oder untersagt werden, wenn sie objektiv geeignet sind, das Vertrauen in die neutrale Amtsführung der Beamtin oder des Beamten zu beeinträchtigen. [...] Die Verhüllung des Gesichts bei der Ausübung des Dienstes oder bei einer Tätigkeit mit unmittelbarem Dienstbezug ist stets unzulässig, es sei denn, dienstliche oder gesundheitliche Gründe erfordern dies." Das Land Baden-Württemberg hat § 38 Schulgesetz dieser Rechtsprechung und der neuen, bundesweit geltenden Rechtslage zwar noch nicht angepasst, verfährt aber seitdem entsprechend.

Mehr zu dieser Thematik steht unter ⇨ Religion (Allgemeines).

(3) Die Ernennung eines Bewerbers nach § 8 des Beamtenstatusgesetzes für eine Tätigkeit an öffentlichen Schulen nach § 2 Abs. 1 setzt als persönliches Eignungsmerkmal voraus, dass er die Gewähr für die Einhaltung des Absatzes 2 in seiner gesamten, voraussichtlichen Dienstzeit bietet. Für die Versetzung einer Lehrkraft eines anderen Dienstherrn in den baden-württembergischen Schuldienst gilt Satz 1 entsprechend.

(4) Für die Ableistung des Vorbereitungsdienstes für ein Lehramt können auf Antrag Ausnahmen von den Absätzen 2 und 3 im Einzelfall vorgesehen werden, soweit die Ausübung der Grundrechte es zwingend erfordert und zwingende öffentliche Interessen an der Wahrung der amtlichen Neutralität und des Schulfriedens nicht entgegenstehen.

(5) Absätze 2 bis 4 gelten entsprechend für Lehrkräfte im Angestelltenverhältnis.

(6) Die Lehrkräfte tragen im Rahmen der in Grundgesetz, Verfassung des Landes Baden-Württemberg und § 1 dieses Gesetzes niedergelegten Erziehungsziele und der Bildungspläne sowie der übrigen für sie geltenden Vorschriften und Anordnungen die unmittelbare pädagogische Verantwortung für die Erziehung und Bildung der Schüler. Sie entscheiden in diesem Rahmen auch über den Einsatz informationstechnisch gestützter Systeme.

⇨ Befangenheit; ⇨ Bildungspläne und Bildungsstandards; ⇨ Erziehungsauftrag und politische Bildung; ⇨ Klassenlehrkraft; ⇨ Konferenzordnung (siehe auch SchG § 44); ⇨ Pädagogische Freiheit; ⇨ Religion (Allgemeines)

§ 39
Schulleiter

(1) Für jede Schule ist ein Schulleiter zu bestellen, der zugleich Lehrer an der Schule ist.

(2) Zum Schulleiter kann nur bestellt werden, wer die Befähigung zum Lehramt einer Schulart besitzt, die an der Schule besteht, und für die mit der Schulleitung verbundenen Aufgaben geeignet ist. An Gemeinschaftsschulen und Schulen besonderer Art kann zum Schulleiter bestellt werden, wer die Befähigung für das wissenschaftliche Lehramt einer der in §§ 5 bis 8 oder in § 15 genannten Schularten besitzt.

Hinweis der Redaktion: Das KM hat ein für alle Schularten geltendes „Anforderungsprofil Schulleiterinnen und Schulleiter" veröffentlicht (K.u.U. S. 161/2012). Darin ist u.a. ausgeführt: „Der Schulleiterin/dem Schulleiter kommt die zentrale Leitungs- und Steuerungsfunktion und damit die Verantwortung für die nachhaltige Qualitätsentwicklung und -sicherung der Schule zu. Sie/er pflegt einen kooperativen und situativ-partizipativen Führungsstil. Die vertrauensvolle Zusammenarbeit mit allen am Schulleben Beteiligten ist ihr/ihm wichtig, ebenso der gute Kontakt zu den außerschulischen Partnern. Die Sicherstellung von Nachhaltigkeit und Chancengleichheit sind wesentliche Handlungsprinzipien."

Das Anforderungsprofil sowie Kompetenzbeschreibungen stehen unter: https://km-bw.de/,Lde/startseite/schule/Anforderungsprofil+Schulleitungen

(3) Der Schulleiter wird von der Schulaufsichtsbehörde in sein Amt eingeführt.

(4) Bis zur ordnungsmäßigen Wiederbesetzung einer frei gewordenen Schulleiterstelle kann die Schulaufsichtsbehörde einen beauftragten Schulleiter bestellen. Die Stelle soll innerhalb von sechs Monaten wieder besetzt werden.

§ 40
Mitwirkung der Schulkonferenz und des Schulträgers bei der Besetzung der Schulleiterstelle

(1) Über die Besetzung der Schulleiterstelle wird im Rahmen eines Überprüfungsverfahrens nach Eignung, Befähigung und fachlicher Leistung auf der Basis eines Besetzungsvorschlags einer Auswahlkommission entschieden. Die Einzelheiten des Überprüfungsverfahrens werden durch eine Verwaltungsvorschrift geregelt. Bei der Besetzung der Schulleiterstelle an den Schulen wirken mit:

1. Die Schulkonferenz, mit Ausnahme der Schülervertreter, die das 16. Lebensjahr noch nicht vollendet haben, bei Schulen mit mindestens vier Lehrerstellen. An den Schulen mit Elternbeirat und Schülerrat treten an die Stelle der Schüler, die das 16. Lebensjahr noch nicht vollendet haben, Stellvertreter, die das 16. Lebensjahr vollendet haben oder, soweit keine vorhanden sind, in entsprechender Zahl weitere gemäß § 47 Abs. 10 Satz 1 gewählte Vertreter der Eltern.
   Hinweis der Redaktion: Als „Lehrerstelle" gilt jede Lehrkraft mit mindestens einem halben Lehrauftrag (⇨ Schulkonferenzordnung § 1).
2. der Schulträger. ⇨ Schulträger

(2) Die Auswahlkommission besteht aus zwei Vertretern der Schulaufsichtsbehörde und jeweils einem Vertreter der Schulkonferenz und des Schulträgers. Die Schulkonferenz soll nicht durch den Schulleiter in der Auswahlkommission vertreten sein. Die Auswahlkommission wird von der für die Besetzung der Schulleiterstelle zuständigen Schulaufsichtsbehörde gebildet und erarbeitet einen Besetzungsvorschlag. Die Vertreter der Schulkonferenz und des Schulträgers können am Überprüfungsverfahren als Beobachter teilnehmen und haben dann ein Stimmrecht in der Auswahlkommission bei der Entscheidung über den Besetzungsvorschlag. Benennen Schulträger oder Schulkonferenz oder beide keine Vertreter für die Auswahlkommission, so wird diese aus den übrigen Mitgliedern gebildet.

(3) Nach der Beschlussfassung der Auswahlkommission unterrichtet die obere Schulaufsichtsbehörde die Schulkonferenz und den Schulträger über alle eingegangenen Bewerbungen und den Besetzungsvorschlag der Auswahlkommission. Sie hat über alle Bewerber weitere für die Frage der Eignung sachdienliche Informationen zu erteilen. Unterrichtung und Erklärung können schriftlich erfolgen. Die obere Schulaufsichtsbehörde kann damit die untere Schulaufsichtsbehörde beauftragen.

(4) Die Schulkonferenz und der Schulträger können zum Besetzungsvorschlag der Auswahlkommission Stellung nehmen. Bei sonst gleichen Qualifikationen der Bewerber sind sie gehalten, dem Bewerber den Vorzug zu geben, der der Schule nicht angehört. Schulkonferenz und Schulträger geben ihre Stellungnahme innerhalb von vier Wochen nach Eingang des Besetzungsvorschlags ab.

(5) Nach der Befassung der Schulkonferenz und des Schulträgers gemäß Absatz 4 entscheidet die zuständige Schulaufsichtsbehörde über die Besetzung der Schulleiterstelle. Weicht das Votum der Schulkonferenz oder des Schulträgers vom Besetzungsvorschlag der Auswahlkommission ab, entscheidet die oberste Schulaufsichtsbehörde über die Besetzung der Schulleiterstelle. Unabhängig hiervon erfolgt die Besetzung der Schulleiterstelle nach den dienstrechtlichen Bestimmungen.

(6) Absatz 1 Nr. 1 gilt nicht für neu einzurichtende Schulen, solange Gesamtlehrerkonferenz und Elternbeirat nicht bestehen.

(7) Im Übrigen gelten die Vorschriften des § 47 Abs. 9 Satz 2, Abs. 11 und 13 entsprechend.

§ 41
Aufgaben des Schulleiters

(1) Der Schulleiter ist Vorsitzender der Gesamtlehrerkonferenz. Er leitet und verwaltet die Schule und ist, unterstützt von der Gesamtlehrerkonferenz, verantwortlich für die Besorgung aller Angelegenheiten der Schule und für eine geordnete und sachgemäße Schularbeit, soweit nicht aufgrund dieses Gesetzes etwas anderes bestimmt ist. Insbesondere obliegen ihm

die Aufnahme und die Entlassung der Schüler,
⇨ Behinderungen (Förderbedarf)

die Sorge für die Erfüllung der Schulpflicht,
⇨ Schulpflicht (Durchsetzung)

die Verteilung der Lehraufträge sowie die Aufstellung der Stunden- und Aufsichtspläne,
⇨ Fachfremder Unterricht; ⇨ Konferenzordnung § 2 Abs. 1 Nr. 9

die Anordnung von Vertretungen,
⇨ Konferenzordnung § 2 Abs. 1 Nr. 9

die Vertretung der Schule nach außen und die Pflege ihrer Beziehungen zu Elternhaus, Kirchen, Berufsausbildungsstätte, Einrichtungen der Jugendhilfe und Öffentlichkeit,

die Aufsicht über die Schulanlage und das Schulgebäude, ⇨ Schulträger

die Ausübung des Hausrechts und die Verwaltung und Pflege der der Schule überlassenen Gegenstände; dabei sind die Anordnungen des Schulträgers, die nicht in den inneren Schulbetrieb eingreifen dürfen, für den Schulleiter verbindlich.
⇨ Haus- / Pausenordnung; ⇨ Haushalt; ⇨ Hausrecht

(2) Der Schulleiter ist in Erfüllung seiner Aufgaben weisungsberechtigt gegenüber den Lehrern seiner Schule. Er ist verantwortlich für die Einhaltung der Bildungs- und Lehrpläne und der für die Notengebung allgemein geltenden Grundsätze sowie ermächtigt, Unterrichtsbesuche vorzunehmen und dienstliche Beurteilungen über die Lehrer der Schule für die Schulaufsichtsbehörde abzugeben.

Hinweise der Redaktion:

1. Der/die Schulleiter*in leitet ggf. auch die Grundschulförderklasse (vgl. § 5a).
2. Zu den Obliegenheiten sowie den Weisungsrechten der Schulleitung auch § 23 SchG beachten!

(3) Für den Schulträger führt der Schulleiter die unmittelbare Aufsicht über die an der Schule tätigen, nicht im Dienst des Landes stehenden Bediensteten; er hat ihnen gegenüber die aus der Verantwortung für einen geordneten Schulbetrieb sich ergebende Weisungsbefugnis.

(4) Nähere Vorschriften erlässt das Kultusministerium durch Dienstordnung für die Schulleiter.

Hinweis der Redaktion: Eine Dienstordnung für die Schulleiter*innen wurde nicht erlassen.

⇨ Konferenzordnung; ⇨ Schulkonferenzordnung

§ 42
Stellvertretender Schulleiter und weitere Funktionsträger

(1) Der Stellvertretende Schulleiter ist der ständige und allgemeine Vertreter des Schulleiters. Falls ein Stellvertretender Schulleiter nicht vorhanden oder ebenfalls verhindert ist, wird der Schulleiter vom dienstältesten Lehrer der Schule vertreten. Die Schulaufsichtsbehörde kann anstelle des dienstältesten Lehrers einen anderen Vertreter bestimmen.

Hinweise der Redaktion: Beamtenrechtlich ist „dienstälteste Lehrkraft", wer das nächsthöhere (Beförderungs-)Amt innehat und die Lehrbefähigung für eine an der Schule bestehende Schulart besitzt, bei mehreren amtsgleichen Lehrkräften entscheidet der Zeitpunkt der Bestellung, danach das Lebensalter.

(2) Der Stellvertretende Schulleiter und die Funktionsträger zur Koordinierung schulfachlicher Aufgaben an Gymnasien und beruflichen Schulen sowie gegebenenfalls die von der Schulaufsichtsbehörde bestellten Lehrer aller Schularten mit vergleichbaren Funktionen unterstützen den Schulleiter bei der Erfüllung seiner Aufgaben. Das Nähere regelt das Kultusministerium durch Dienstordnung.

Hinweise der Redaktion: Eine Dienstordnung für die stellvertretenden Schulleiter*innen hat das KM nicht erlassen.

§ 43
Geschäftsführender Schulleiter

(1) Die Schulaufsichtsbehörde kann für die Schulen einer Schulart oder mehrerer Schularten im Gebiet eines Schulträgers aus dem Kreis der Schulleiter einen geschäftsführenden Schulleiter bestellen, der alle Angelegenheiten, die eine einheitliche Behandlung erfordern oder ihm durch besondere Anordnung übertragen werden, zu besorgen hat.

(2) Die geschäftsführenden Schulleiter im Gebiet eines Schulträgers haben bei der Besorgung von Angelegenheiten, die mit Rücksicht auf die Einheit des örtlichen Schulwesens einheitlich geregelt werden müssen, das gegenseitige Einvernehmen herzustellen, bei allen übrigen verschiedene Schularten berührenden Angelegenheiten sich miteinander ins Benehmen zu setzen.

⇨ Ferienverordnung; ⇨ Hitzefrei

B.
Lehrerkonferenzen, Schulkonferenz (§§ 44-47)

§ 44
Allgemeines

(1) Die Lehrerkonferenzen beraten und beschließen alle wichtigen Maßnahmen, die für die Unterrichts- und Erziehungsarbeit der Schule notwendig sind und ihrer Art nach ein Zusammenwirken der Lehrer erfordern. Sie fördern die Zusammenarbeit und dienen auch der gegenseitigen Unterstützung der Lehrer sowie dem Austausch von Erfahrungen und Anregungen.

⇨ Konferenzordnung; ⇨ Konferenzen und Gremien

(2) Die einzelnen Lehrerkonferenzen beachten bei ihrer Arbeit und ihren Beschlüssen den durch Rechtsvorschriften und Verwaltungsanordnungen gesetzten Rahmen sowie die pädagogische Verantwortung des einzelnen Lehrers, die Verantwortlichkeit des Schulleiters und die Aufgaben der anderen Lehrerkonferenzen, der Schulkonferenz sowie anderweitig begründete Zuständigkeiten.

(3) Die Beschlüsse der Gesamtlehrerkonferenz sind für Schulleiter und Lehrer bindend. Ist der Schulleiter der Auffassung, dass ein Konferenzbeschluss gegen eine Rechtsvorschrift oder eine Verwaltungsanordnung verstößt, oder dass er für die Ausführung des Beschlusses nicht die Verantwortung übernehmen kann, hält aber die Gesamtlehrerkonferenz in einer zweiten Sitzung den Beschluss aufrecht, so hat der Schulleiter die Entscheidung der Schulaufsichtsbehörde einzuholen. Bis zu dieser Entscheidung darf der Beschluss nicht ausgeführt werden.

Hinweis der Redaktion: Die Konferenzen können z.B. die Freiheit einzelner Lehrkräfte einschränken, über die Benutzung von Schulbüchern zu entscheiden: Ein rechtmäßig zustande gekommener Beschluss der Fachkonferenz über die Verwendung eines bestimmten Schulbuches im betreffenden Fach bindet alle Lehrkräfte; sie sind dann verpflichtet, dieses Schulbuch im Fachunterricht als „hauptsächliches Arbeitsmittel" einzusetzen. Daneben kann die einzelne Lehrkraft weitere Lernmittel (z.B. selbst gefertigte Arbeitsblätter usw.) einsetzen. (Quelle: Bundesverwaltungsgericht, 28.1.1994, AZ: 6 B 24/93)

§ 45
Arten, Einrichtungen und Aufgaben der Lehrerkonferenzen

(1) Lehrerkonferenzen sind die Gesamtlehrer- und Teilkonferenzen. Die Gesamtlehrerkonferenz besteht an jeder Schule. Teilkonferenzen sind insbesondere die Klassenkonferenz, die Fachkonferenz und für Schulen, die in Abteilungen gegliedert sind, die Abteilungskonferenz.

(2) Es berät und beschließt, unbeschadet der Zuständigkeit der Schulkonferenz,

die Gesamtlehrerkonferenz über Angelegenheiten, die für die Schule von wesentlicher Bedeutung sind,

die Klassenkonferenz über Fragen von allgemeiner Bedeutung für die Erziehungs- und Unterrichtsarbeit der Klasse,

die Fachkonferenz über besondere Angelegenheiten, die ein Fach oder eine Fächergruppe betreffen, die Abteilungskonferenz über Fragen von allgemeiner Bedeutung für die Abteilung.

(3) Für Bildungszentren und für Schulen im Regionalen Verbund können Konferenzen, denen Lehrer der beteiligten Schulen angehören, gebildet werden, die über gemeinsame, der Abstimmung bedürfende Angelegenheiten beraten und beschließen.

⇨ Konferenzordnung

§ 46 Konferenzordnungen (Ermächtigung; nicht abgedruckt)

§ 47 Schulkonferenz

Hinweis der Redaktion: § 47 nennt nur einen Teil der Zuständigkeiten der Schulkonferenz. Bitte hierzu die Beiträge ⇨ Schulkonferenz (Allgemeines) und ⇨ Konferenzordnung § 2 beachten.

(1) Die Schulkonferenz ist das gemeinsame Organ der Schule. Sie hat die Aufgabe, das Zusammenwirken von Schulleitung, Lehrern, Eltern, Schülern und der für die Berufserziehung Mitverantwortlichen zu fördern, bei Meinungsverschiedenheiten zu vermitteln sowie über Angelegenheiten, die für die Schule von wesentlicher Bedeutung sind, zu beraten und nach Maßgabe der Absätze 2 bis 5 zu beschließen.

⇨ Schulkonferenz (Allgemeines); ⇨ Schulkonferenzordnung

(2) Die Schulkonferenz kann gegenüber dem Schulleiter und anderen Konferenzen Anregungen und Empfehlungen geben. Eine Empfehlung muss auf der nächsten Sitzung der zuständigen Konferenz beraten werden.

(3) Die Schulkonferenz entscheidet nach Maßgabe dieses Gesetzes über:

1. Die Vereinbarung von Schulpartnerschaften,
2. die Verteilung des Unterrichts auf fünf oder sechs Wochentage, den Unterrichtsbeginn und den Tag der Einschulung in die Grundschule,
3. allgemeine Angelegenheiten der Schülermitverantwortung,
4. die Stellungnahme der Schule gegenüber dem Schulträger zur
   a) Namensgebung der Schule,
   b) Änderung des Schulbezirks,
5. Stellungnahmen der Schule zur Durchführung der Schülerbeförderung,
6. Grundsätze über die Einrichtung freiwilliger Arbeitsgemeinschaften, die nicht generell vorgesehen sind und die zu keinen Berechtigungen führen,
7. die Anforderung von Haushaltsmitteln gegenüber dem Schulträger.

(4) Die Schulkonferenz ist anzuhören:

1. Zu Beschlüssen der Gesamtlehrerkonferenz
   a) zu allgemeinen Fragen der Erziehung und des Unterrichts an der Schule,
   b) über die Verwendung der der Schule zur Verfügung gestellten Haushaltsmittel im Rahmen ihrer Zweckbestimmung,
2. vor Einrichtung oder Beendigung eines Schulversuchs, ⇨ Konferenzordnung § 2 Nr. 8b
3. vor Änderung der Schulart, der Schulform oder des Schultyps sowie der dauernden Teilung oder Zusammenlegung und der Erweiterung oder Aufhebung der Schule,
4. vor Genehmigung von wissenschaftlichen Forschungsvorhaben an der Schule,
5. bei Entscheidungen über Erziehungs- und Ordnungsmaßnahmen nach Maßgabe von § 90 Abs. 4,
6. zu Stellungnahmen der Schule gegenüber dem Schulträger zur Ausstattung und Einrichtung der Schule sowie Baumaßnahmen.

(5) Folgende Angelegenheiten werden in der Schulkonferenz beraten und bedürfen ihres Einverständnisses:

Hätten Sie's gewusst? – Eltern fragen, wir antworten.

Sitzungen der Schulkonferenz nur „nach Bedarf"?

Frage: Unser Schulleiter ist der Meinung, dass er die Schulkonferenz nur nach Bedarf einberufen muss – und „Bedarf" gibt es für ihn höchstens einmal im Jahr. Die Schulkonferenz habe sowieso nicht viel zu bestimmen und es sei doch für alle nur lästig, ohne Sinn und Zweck herumzusitzen.

Antwort: Das Schulgesetz bestimmt unmissverständlich, dass mindestens in jedem Schulhalbjahr eine Sitzung stattfinden muss. Wenn die Schulleitung die Mitglieder der Schulkonferenz also nicht wenigstens zweimal jährlich zu einer Sitzung der Schulkonferenz einlädt, verletzt sie ihre Dienstpflicht. Bei Bedarf und auf Antrag eines Drittels der Mitglieder oder der Eltern- oder Schülergruppe muss die Schulkonferenz auch öfter tagen. Eine Auflistung des umfangreichen Aufgabenkatalogs finden Sie unter ⇨ Schulkonferenz (Allgemeines).

Bei allen Angelegenheiten, die *„für die Schule von wesentlicher Bedeutung sind"* (⇨ Schulgesetz § 47 Abs. 1) oder die von der Schulkonferenz entschieden werden, bei denen ihr Einverständnis erforderlich ist, oder zu denen sie angehört werden muss (⇨ Schulgesetz § 47 Abs. 2 bis 5), obliegt es der Schulleitung, der Schulkonferenz die erforderlichen Informationen zu geben – und zwar rechtzeitig und umfassend und von sich aus. Auf der Tagesordnung sollte stets der Punkt stehen: „Information der Schulkonferenz über Angelegenheiten, die für die Schule von wesentlicher Bedeutung sind (§ 47 Schulgesetz)". Diese Information ist zwar eine „Bringschuld" der Schulleitung, sie müsste also eigentlich von sich aus alles *„Wesentliche"* ansprechen. Durch diesen speziellen Tagesordnungspunkt wird sie aber (dezent) hieran erinnert.

1. Erlass der Schul- und Hausordnung,
   ⇨ Hausordnung / Pausenordnung
2. Beschlüsse zu allgemeinen Fragen der Klassenarbeiten und Hausaufgaben,
3. Beschlüsse zur einheitlichen Durchführung der Rechts- und Verwaltungsvorschriften an der Schule,
4. Grundsätze über die Durchführung von besonderen Schulveranstaltungen, die die gesamte Schule berühren,
5. Grundsätze über die Durchführung von außerunterrichtlichen Veranstaltungen (z.B. Klassenfahrten, Schullandheimaufenthalte).
6. Festlegung der schuleigenen Stundentafel im Rahmen der Kontingentstundentafel und Entwicklung schuleigener Curricula im Rahmen des Bildungsplanes. Für das Fach Religionslehre bleibt die Beteiligung der Beauftragten der Religionsgemeinschaften unberührt.
7. die Zustimmung zu einer Änderung der Schulart in eine Gemeinschaftsschule.
   ⇔ **Querverweis:** § 16 und § 8a Abs. 5 Nr. 2 beachten.

(6) Bei Angelegenheiten, die den Schulträger berühren, ist ihm Gelegenheit zu geben, beratend mitzuwirken. ⇨ Schulträger

(7) Die Beschlüsse der Schulkonferenz nach Absatz 3 sind für Schulleiter und Lehrer bindend. Ist der Schulleiter der Auffassung, dass ein Beschluss der Schulkonferenz gegen eine Rechtsvorschrift oder eine Verwaltungsanordnung verstößt oder dass er für die Ausführung des Beschlusses nicht die Verantwortung übernehmen kann, hält aber die Schulkonferenz in einer zweiten Sitzung den Beschluss aufrecht, so hat der Schulleiter die Entscheidung der Schulaufsichtsbehörde einzuholen. Bis zu dieser Entscheidung darf der Beschluss nicht ausgeführt werden.

(8) Verweigert die Schulkonferenz in den in Absatz 5 genannten Angelegenheiten ihr Einverständnis und hält die zuständige Lehrerkonferenz nach nochmaliger Beratung an ihrem Beschluss fest, hat der Schulleiter die Entscheidung der Schulaufsichtsbehörde einzuholen.

(9) Der Schulkonferenz gehören bei Schulen mit mindestens 14 Lehrerstellen an

1. der Schulleiter als Vorsitzender,
2. an Schulen, für die ein Elternbeirat vorgesehen ist, der Elternbeiratsvorsitzende als stellvertretender Vorsitzender,
   Hinweis der Redaktion: Ist der/die Schulleiter*in verhindert, nimmt zwar der/die stellvertretende Schulleiter*in deren Platz in der Sitzung ein (bzw. falls diese gewählte Mitglieder der Schulkonferenz sind, ein/e gewählte Stellvertreter*in; vgl. Abs. 10), die Sitzungsleitung obliegt jedoch dem/der Elternbeiratsvorsitzenden. ⇨ Schulkonferenzordnung § 6
3. an Schulen, für die ein Schülerrat vorgesehen ist, der Schülersprecher,
4. zusätzlich an Schulen, für die
   a) ein Elternbeirat und ein Schülerrat vorgesehen sind, jeweils drei Vertreter der Lehrer, der Eltern und der Schüler,
   b) kein Schülerrat vorgesehen ist, jeweils fünf Vertreter der Lehrer und der Eltern,
   c) kein Elternbeirat vorgesehen ist, jeweils fünf Vertreter der Lehrer und der Schüler,
   Hinweis der Redaktion: Zum Schülerrat an Sonder-pädagogischen Bildungs- und Beratungszentren siehe § 63 und § 66.
5. an Schulen mit Berufsschule, einem sonstigen Bildungsgang, in dem neben der schulischen Ausbildung ein Berufsausbildungsvertrag geschlossen wird, oder entsprechender Sonderschule vier weitere Vertreter aus dem Kreis der für die Berufserziehung der Schüler Mitverantwortlichen,
6. ein Verbindungslehrer mit beratender Stimme bei allgemeinen Angelegenheiten der Schülermitverantwortung.

Hinweis der Redaktion: An welchen Schulen ein Schülerrat vorgesehen ist, ergibt sich aus § 66.

Die Vertreter der Schüler müssen mindestens der siebten Klasse angehören. Für Schulen mit weniger als 14 Lehrerstellen regelt das Kultusministerium durch Rechtsverordnung die Zahl der Vertreter der einzelnen Gruppen in der Schulkonferenz, wobei das Verhältnis der einzelnen Gruppen zueinander Satz 1 entsprechen muss.

Hinweise der Redaktion:

1. Als „Lehrerstelle" gilt jede Lehrkraft mit mindestens halbem Lehrauftrag (vgl. ⇨ Schulkonferenzordnung § 1). Zu kleineren Schulen siehe ⇨ Schulkonferenzordnung § 2. Eine tabellarische Übersicht über die Zusammensetzung der Schulkonferenz steht unter ⇨ Schulkonferenz (Allgemeines).
2. Die Elternvertreter*innen in der Schulkonferenz können als „Elterngruppe" gesondert beraten und in Angelegenheiten des § 47 Abs. 5 SchulG Anträge an die Gesamtlehrerkonferenz richten; bei der Behandlung in der GLK haben sie beratende Stimme. ⇨ Konferenzordnung § 11 Abs. 4

⇨ Schülermitverantwortung § 16; ⇨ Schulkonferenzordnung § 2 Abs. 2-5; ⇨ Schulkonferenz (Allgemeines)

(10) Die Gesamtlehrerkonferenz, der Elternbeirat, der Schülerrat und die Vertretung der für die Berufserziehung der Schüler Mitverantwortlichen wählen jeweils ihre Vertreter und Stellvertreter. Stellvertreter des Schulleiters ist, unbeschadet der Bestimmungen über den Vorsitz, sein Vertreter gemäß § 42 Abs. 1. Ist dieser gewähltes Mitglied der Schulkonferenz, tritt an seine Stelle insoweit ein gewählter Stellvertreter. Die Mitglieder der Schulkonferenz sind bei der Ausübung ihres Stimmrechts an Weisungen und Aufträge nicht gebunden.

(11) Die Beratungen der Schulkonferenz sind nicht öffentlich. Sie sind vertraulich, soweit es sich um Tatsachen handelt, die ihrer inhaltlichen Bedeutung nach der Vertraulichkeit bedürfen. Tatsachen, deren Bekanntgeben ein schutzwürdiges Interesse von Schülern, Eltern, Lehrern oder anderen Personen verletzen könnten, bedürfen der vertraulichen Behandlung. Die Schulkonferenz kann darüber hinaus die Vertraulichkeit einzelner Beratungsgegenstände feststellen. Für die Verletzung der Verschwiegenheitspflicht der Lehrer gelten die beamten- und tarifrechtlichen Vorschriften. Verletzt ein sonstiger Vertreter die Vertraulichkeit, so kann er durch Beschluss der Schulkonferenz mit zwei Dritteln der

Stimmen der anwesenden Mitglieder zeitweilig oder ganz von der weiteren Teilnahme ausgeschlossen werden. An seine Stelle tritt der Stellvertreter.

(12) Die Schulkonferenz tritt mindestens einmal im Schulhalbjahr zusammen. Eine Sitzung ist einzuberufen, wenn dies mindestens ein Drittel ihrer Mitglieder, die Elterngruppe oder die Schülergruppe unter Angabe der Verhandlungsgegenstände beantragt. ⇨ Konferenzordnung § 11 Abs. 4

(13) *(Ermächtigung; nicht abgedruckt)*

C.
Örtliche Schulverwaltung (§§ 48-54)

§ 48
Örtliche Schulverwaltung

(1) Die Gemeinden, die Landkreise und die Schulverbände verwalten die ihnen als ⇨ Schulträger obliegenden Angelegenheiten als Pflichtaufgaben.

(2) Der Schulträger errichtet und unterhält die Schulgebäude und Schulräume, stellt die sonstigen für die Schule erforderlichen Einrichtungen und Gegenstände zur Verfügung, beschafft die Lehr- und Lernmittel und bestellt die Bediensteten, die nicht im Dienst des Landes stehen. Der Schulträger soll dem Schulleiter die zur Deckung des laufenden Lehrmittelbedarfs erforderlichen Mittel zur selbstständigen Bewirtschaftung überlassen.
⇨ Haushalt (Allgemeines)

(3) *(Ermächtigung; nicht abgedruckt)*
⇨ Haushalt (Kommun. Finanzausgleich); ⇨ Konferenzordnung § 2 Abs. 1 Ziff. 8a; ⇨ Lehrmittel und Schuleinrichtung; ⇨ Lernmittelverordnung; ⇨ Verwaltungskräfte

§ 49
Schulbeirat

Der Schulträger nach § 2 Abs. 1 Nr. 1 hört in allen wichtigen Schulangelegenheiten Vertreter der Schulleiter, der Lehrer, der Eltern, der Schüler und Vertreter der Religionsgemeinschaften, die an einer seiner Schulen Religionsunterricht erteilen, bei beruflichen Schulen auch Vertreter der für die Berufserziehung der Schüler Mitverantwortlichen. Der Schulträger kann zur Wahrnehmung dieser Aufgabe einen Schulbeirat als beschließenden oder beratenden Ausschuss bilden.

§§ 50 sowie 52-54 (aufgehoben)

§ 51
Benützung von Schulräumen

Räume und Plätze öffentlicher Schulen dürfen nicht für Zwecke verwendet werden, die den Belangen der Schule widersprechen. Über die Verwendung für andere als schulische Zwecke entscheidet der Schulträger im Benehmen mit dem Schulleiter. Ist der Schulleiter der Auffassung, dass die andere Verwendung schulischen Belangen widerspricht, so entscheidet die Rechtsaufsichtsbehörde im Einvernehmen mit der Schulaufsichtsbehörde. ⇨ Infektionsschutzgesetz

6. Teil:
Mitwirkung der Eltern und der für die Berufserziehung der Schüler Mitverantwortlichen an der Gestaltung des Lebens und der Arbeit der Schule; Schülermitverantwortung; Landesschulbeirat

A.
Klassenpflegschaft, Elternbeiräte (§§ 55-61)

§ 55
Eltern und Schule

(1) Die Eltern haben das Recht und die Pflicht, an der schulischen Erziehung mitzuwirken. Die gemeinsame Verantwortung der Eltern und der Schule für die Erziehung und Bildung der Jugend fordert die vertrauensvolle Zusammenarbeit beider Erziehungsträger. Schule und Elternhaus unterstützen sich bei der Erziehung und Bildung der Jugend und pflegen ihre Erziehungsgemeinschaft. Die Schule fördert und unterstützt die Eltern bei der Wahrnehmung ihrer schulischen Elternrechte; dies gilt in besonderer Weise auch für Eltern mit Migrationshintergrund. ⇨ Migrationshintergrund

(2) Das Recht und die Aufgabe, die Erziehungsarbeit der Schule zu fördern und mitzugestalten, nehmen die Eltern

1. in der Klassenpflegschaft,
2. in den Elternvertretungen und
3. in der Schulkonferenz wahr.

(3) Unbeschadet der Rechte volljähriger Schüler können deren Eltern die Aufgaben nach Absatz 2 wahrnehmen. ⇨ Eltern (Allgemeines); ⇨ Volljährigkeit
Die Schule kann ihnen auch personenbezogene Auskünfte erteilen oder Mitteilungen machen, wenn kein gegenteiliger Wille der volljährigen Schüler erkennbar ist oder wenn eine Gefahr für wesentlich überwiegende Rechtsgüter wie Leben, Leib, Freiheit oder Eigentum zu befürchten ist und die Auskunft oder Mitteilung angemessen ist, die Gefahr abzuwenden oder zu verringern. Dies gilt auch, wenn der Ausschluss aus der Schule angedroht wird oder ein Schüler die Schule gegen seinen Willen verlassen muss. Volljährige Schüler sind über die Möglichkeit personenbezogener Auskünfte und Mitteilungen an die Eltern, wenn kein gegenteiliger Wille der volljährigen Schüler erkennbar ist, allgemein oder im Einzelfall zu belehren. ⇨ Volljährigkeit

(4) Angelegenheiten einzelner Schüler können die Elternvertretungen nur mit der Zustimmung von deren Eltern behandeln.

(5) Die Elternvertreter üben ein Ehrenamt aus.
⇨ Elternbeirat (EltBVO); ⇨ Elternvertretung (Privatschulen); ⇨ Grundgesetz Art. 6; ⇨ Verfassung Art. 12, 17

§ 56
Klassenpflegschaft

(1) Die Klassenpflegschaft dient der Pflege enger Verbindungen zwischen Eltern und Schule und hat die Aufgabe, das Zusammenwirken von Eltern und Lehrern in der gemeinsamen Verantwortung für die Erziehung der Jugend zu fördern. Eltern und Lehrer sollen sich in der Klassenpflegschaft

gegenseitig beraten sowie Anregungen und Erfahrungen austauschen. Dem dient insbesondere die Unterrichtung und Aussprache über

1. Entwicklungsstand der Klasse (z.B. Leistung, Verhalten, besondere Probleme);
2. Stundentafel und differenziert angebotene Unterrichtsveranstaltungen (z.B. Fächerwahl, Kurse, Arbeitsgemeinschaften);
3. Kriterien und Verfahren zur Leistungsbeurteilung;
4. Grundsätze für Klassenarbeiten und Hausaufgaben sowie Versetzungsordnung und für Abschlussklassen Prüfungsordnung;
5. in der Klasse verwendete Lernmittel einschließlich Arbeitsmittel;
6. Schullandheimaufenthalte, Schulausflüge, Wandertage, Betriebsbesichtigungen u.Ä. im Rahmen der beschlossenen Grundsätze der Gesamtlehrerkonferenz sowie sonstige Veranstaltungen für die Klasse;
7. Förderung der Schülermitverantwortung der Klasse, Durchführung der Schülerbeförderung;
8. grundsätzliche Beschlüsse der Gesamtlehrerkonferenz, der Schulkonferenz, des Elternbeirats und des Schülerrats.

Außerdem sollen die Lehrer im Rahmen des Möglichen auf Fragen zu besonderen methodischen Problemen und Unterrichtsschwerpunkten zur Verfügung stehen.

(2) Bei Meinungsverschiedenheiten über Lernmittel, die nicht dem Zulassungsverfahren des Kultusministeriums unterliegen, kann die Klassenpflegschaft die Schulkonferenz anrufen.

(3) Die Klassenpflegschaft besteht aus den Eltern der Schüler und den Lehrern der Klasse. Der Vorsitzende der Klassenpflegschaft lädt den Klassensprecher und dessen Stellvertreter zu geeigneten Tagesordnungspunkten ein; erweist sich ein Tagesordnungspunkt als nicht geeignet, setzt die Klassenpflegschaft die Behandlung des Tagesordnungspunktes ohne Schülervertreter fort.

(4) Vorsitzender der Klassenpflegschaft ist der Klassenelternvertreter, Stellvertreter der Klassenlehrer.

Hinweis der Redaktion: Zur Stellvertretung bitte den Beitrag ⇨ Elternabend und Klassenpflegschaft beachten.

(5) Die Klassenpflegschaft tritt mindestens einmal im Schulhalbjahr zusammen. Eine Sitzung muss stattfinden, wenn ein Viertel der Eltern, der Klassenlehrer, der Schulleiter oder der Elternbeiratsvorsitzende darum nachsuchen.

(6) Die Elterngruppe in der Klassenpflegschaft kann in den Angelegenheiten des Absatzes 1 Nr. 1 bis 8 der Klassenkonferenz Vorschläge zur Beratung und Beschlussfassung vorlegen und an deren Beratung durch ihre gewählten Vertreter mitwirken; entsprechendes gilt für Jahrgangsstufen.

Hinweis der Redaktion: Die Eltern einer Klasse können außerhalb der Klassenpflegschaftssitzung und ohne Anwesenheit der Lehrkräfte zusammenkommen; die Schule muss gegebenenfalls geeignete Räumlichkeiten zur Verfügung stellen.

⇨ Eltern (Allgemeines) Teil E; ⇨ Elternbeirat (EltBVO) § 5 ff.; ⇨ Konferenzordnung § 4 und § 11, 4

§ 57
Elternbeirat

(1) Der Elternbeirat ist die Vertretung der Eltern der Schüler einer Schule. Ihm obliegt es, das Interesse und die Verantwortung der Eltern für die Aufgaben der Erziehung zu wahren und pflegen, der Elternschaft Gelegenheit zur Information und Aussprache zu geben, Wünsche, Anregungen und Vorschläge der Eltern zu beraten und der Schule zu unterbreiten, an der Verbesserung der inneren und äußeren Schulverhältnisse mitzuarbeiten und das Verständnis der Öffentlichkeit für die Erziehungs- und Bildungsarbeit der Schule zu stärken. Er wird von Schule und Schulträger beraten und unterstützt. Im Rahmen seiner Aufgabe obliegt es dem Elternbeirat insbesondere

1. die Anteilnahme der Eltern am Leben und an der Arbeit der Schule zu fördern;
2. Wünsche und Anregungen aus Elternkreisen, die über den Einzelfall hinaus von allgemeiner Bedeutung sind, zu beraten und an die Schule weiterzuleiten;
3. das Verständnis der Erziehungsberechtigten für Fragen des Schullebens und der Unterrichtsgestaltung sowie der Erziehungsberatung zu fördern;
4. für die Belange der Schule beim Schulträger, bei der Schulaufsichtsbehörde und in der Öffentlichkeit einzutreten, soweit die Mitverantwortung der Eltern es verlangt;
5. an der Beseitigung von Störungen der Schularbeit durch Mängel der äußeren Schulverhältnisse mitzuwirken;
6. bei Maßnahmen auf dem Gebiet des Jugendschutzes und der Freizeitgestaltung soweit sie das Leben der Schule berühren, mitzuwirken;
7. Maßnahmen, die eine Erweiterung oder Einschränkung der Schule oder eine wesentliche Änderung ihres Lehrbetriebs bewirken, zu beraten; dazu gehört auch die Änderung des Schultyps, die Teilung einer Schule oder ihre Zusammenlegung mit einer anderen Schule sowie die Durchführung von Schulversuchen.
8. die Festlegung der schuleigenen Stundentafel im Rahmen der Kontingentstundentafel und die Entwicklung schuleigener Curricula im Rahmen des Bildungsplanes zu beraten.

(2) Der Schulleiter unterrichtet den Elternbeirat über seine Rechte und Pflichten sowie alle Angelegenheiten, die für die Schule von allgemeiner Bedeutung sind, und erteilt die notwendigen Auskünfte. Der Elternbeirat soll gehört werden, bevor der Schulleiter Maßnahmen trifft, die für das Schulleben von allgemeiner Bedeutung sind.

Hinweis der Redaktion: Anlässlich einer Umfrage der SPD-Fraktion zur Unterrichtsversorgung, die über die Schuladressen an die Elternbeiräte gerichtet wurde, hat das KM am 30.5.2000 (Nr. 41-6680/) Folgendes ausgeführt:

1. Die Schule muss Briefe an die Elternbeiratsvorsitzenden weiterleiten.
2. Der bzw. die Schulleiter*in unterrichtet den Elternbeirat über alle Angelegenheiten, die für die Schule von allgemeiner Bedeutung sind und erteilt die notwendigen

Auskünfte (vgl. § 57 Abs. 2 SchG). Das Kultusministerium hat daher die Schulen gebeten, die zum Unterrichtsausfall erstellten schulischen Statistiken den Elternvertretern zur Kenntnis zu geben. Die Schulleitung ist nicht verpflichtet, zusätzliches Zahlenmaterial statistisch aufzubereiten.

(3) Die Eltern der Schüler einer Klasse wählen aus ihrer Mitte einen Klassenelternvertreter und dessen Stellvertreter. Die Klassenelternvertreter und ihre Stellvertreter bilden den Elternbeirat der Schule.

(4) Der Elternbeirat wählt aus seiner Mitte den Vorsitzenden und dessen Stellvertreter. Er gibt sich eine Geschäftsordnung. ➩ Elternbeirat (EltBVO) § 24 ff.

§ 58

Gesamtelternbeirat, Arbeitskreise

(1) Die Vorsitzenden und je ein stellvertretender Vorsitzender der Elternbeiräte aller Schulen eines Schulträgers bilden den Gesamtelternbeirat. An ihrer Stelle und auf ihren Wunsch kann der Elternbeirat aus seiner Mitte andere Vertreter entsenden. Im Falle der Verhinderung der Mitglieder im Gesamtelternbeirat kann der Elternbeirat einer Schule Stellvertreter entsenden. Der Gesamtelternbeirat ist im Rahmen der in § 57 Abs. 1 bezeichneten Aufgaben für alle über den Bereich einer Schule hinausgehenden Angelegenheiten zuständig.

(2) Elternvertretungen können sich zu überörtlichen Arbeitskreisen zusammenschließen, um im Rahmen ihrer Zielsetzung Erfahrungen und Meinungen auszutauschen, gemeinsam Veranstaltungen durchzuführen und gemeinsame Stellungnahmen zu erarbeiten. Die Schulaufsichtsbehörden beraten und unterstützen solche Arbeitskreise.

§ 59

Sonderregelungen

(1) Für Berufsschulen und sonstige schulische Bildungsgänge, in denen neben der schulischen Ausbildung ein Berufsausbildungsvertrag geschlossen wird, sowie für die entsprechenden sonderpädagogischen Bildungs- und Beratungszentren gelten die Vorschriften der §§ 55 bis 57 mit folgender Maßgabe:

1. anstelle von Klassenpflegschaften können Berufsgruppen- und Abteilungspflegschaften gebildet werden,
2. die für die Berufserziehung der Schüler Mitverantwortlichen gehören den Pflegschaften an, um die Erziehungsgemeinschaft zwischen Schule, Elternhaus und Berufsausbildungsstätte zu fördern.

(2) An den Kollegs, an den einjährigen Berufskollegs zum Erwerb der Fachhochschulreife, an den Berufsoberschulen und an den Fachschulen mit Ausnahme der Fachschulen für Sozialpädagogik nach dem Gesetz zur Ausbildung der Fachkräfte an Kindergärten werden Klassenpflegschaften und Elternvertretungen nicht gebildet.

(3) An den Grundschulförderklassen und den Schulkindergärten werden Vertretungen der Eltern gebildet; § 55 Abs. 1 gilt entsprechend.

§ 60

Landeselternbeirat

(1) Der aus gewählten Vertretern der Eltern bestehende Landeselternbeirat berät das Kultusministerium in allgemeinen Fragen des Erziehungs- und Unterrichtswesens, insbesondere bei der Gestaltung der Bildungs- und Lehrpläne und der Zulassung der Schulbücher.

➩ Bildungspläne und Bildungsstandards; ➩ Lernmittel (Zulassung)

(2) Der Landeselternbeirat kann dem Kultusministerium Vorschläge und Anregungen unterbreiten. Das Kultusministerium unterrichtet den Landeselternbeirat über die wichtigen allgemeinen Angelegenheiten und erteilt ihm die notwendigen Auskünfte. Auch soll das Kultusministerium dem Landeselternbeirat allgemeine, die Gestaltung und Ordnung des Schulwesens betreffende Regelungen vor ihrem Inkrafttreten zuleiten.

(3) Der Landeselternbeirat wählt aus seiner Mitte den Vorsitzenden und dessen Stellvertreter und gibt sich eine Geschäfts- und Wahlordnung.

➩ Elternbeirat (Landeselternbeirat – Geschäftsordnung); ➩ Elternbeirat (Landeselternbeirat – Wahlordnung); ➩ Elternbeirat (EltBVO) § 36 ff.

§ 61 Ausführungsvorschriften (hier nicht abgedruckt)

B. Schülermitverantwortung (§§ 62-70)

§ 62

Aufgaben

(1) Die Schülermitverantwortung dient der Pflege der Beteiligung der Schüler an der Gestaltung des Schullebens, des Gemeinschaftslebens an der Schule, der Erziehung der Schüler zu Selbstständigkeit und Verantwortungsbewusstsein.

(2) Der Wirkungsbereich der Schülermitverantwortung ergibt sich aus der Aufgabe der Schule. Die Schüler haben in diesem Rahmen die Möglichkeit, ihre Interessen zu vertreten und durch selbstgewählte oder übertragene Aufgaben eigene Verantwortung zu übernehmen. Schüler mit Behinderungen erhalten hierzu an allen Schulen altersgemäße und individuelle Hilfe.

(3) Die Schülermitverantwortung ist von allen am Schulleben Beteiligten und den Schulaufsichtsbehörden zu unterstützen.

➩ Gemeinschaftsschule (Verordnung) § 10; ➩ Schülermitverantwortung

§ 63

Klassenschülerversammlung, Schülervertreter

(1) Die Schüler wirken in der Schule mit durch:

1. die Klassenschülerversammlung;
2. die Schülervertreter.

Schülervertreter sind die Klassensprecher, der Schülerrat und der Schülersprecher.

(2) An allen Schulen wählen die Schüler ab Klasse 5 nach den Grundsätzen, die für demokratische Wahlen gelten, ihre Schülervertreter. Soweit an einem sonderpädagogischen Bildungs- und Beratungszentrum Schülervertreter nicht gewählt werden können, müssen die Schüler entsprechend ihren

Hätten Sie's gewusst? – Eltern fragen, wir antworten.

Ist FFF Schulschwänzen oder ein „Schülerstreik"?

Frage: Die Schülerstreiks zum Thema Klimawandel („*Fridays for future*") haben deutlich gemacht, dass die Bestimmungen über die Schulpflicht ganz unterschiedlich angewandt werden. Muss nicht das „Schwänzen" in jedem Fall unterbunden werden? Wo bleibt da die Gleichbehandlung?

Antwort: Die gesetzliche Schulpflicht ist ein hohes Gut. Indem der Staat Kinder und Jugendliche verpflichtet, am Unterricht teilzunehmen, trägt er nicht nur dazu bei, dass die jungen Menschen in die Lage versetzt werden, von ihren Grundrechten tatsächlich Gebrauch zu machen, sondern er schafft auch die Grundlage für den Fortbestand des demokratischen und sozialen Rechtsstaates und für die Funktionsfähigkeit seiner Institutionen. Deswegen können Verstöße geahndet werden. Siehe die Beiträge ⇨ Schulbesuchsverordnung; ⇨ Schulgesetz §§ 72 ff., § 90 ff.; ⇨ Schulpflicht (Durchsetzung).

Bei den „Fridays For Future" (FFF) am Freitagvormittag handelt es sich jedoch nicht um das klassische „Schulschwänzen", also um einen Verstoß gegen die Schulpflicht als solche, beispielsweise wenn Eltern ihre Kinder vor den Ferien aus der Schule holen, um früher in den Urlaub fahren zu können – bei einem solchen Gesetzesverstoß sind schulische Sanktionen bis hin zum Bußgeld geradezu geboten.

Im Gegenteil: Die „streikenden" Schüler*innen wollen ja nicht die Schulpflicht missachten, sondern sie wollen durch ihren „*zivilen Ungehorsam*" auf die Dringlichkeit einer sittlich oder politisch gebotenen Maßnahme hinweisen. Schon das wäre übrigens im Hinblick auf den Verfassungsauftrag, die Jugend zu „*freiheitlicher demokratischer Gesinnung*" zu erziehen (⇨ Verfassung Art. 12) ein begrüßenswertes Ergebnis ihrer schulischen Bildung und Erziehung. Darüber hinaus hat die bahnbrechende Entscheidung des höchsten deutschen Gerichts zur Klimapolitik ihnen geradezu den Auftrag erteilt, sich für ihre Freiheitsrechte einzusetzen. Das Gericht hat zum Klimaschutzgesetz des Bundes u.a. ausgeführt:

„Zwar kann nicht festgestellt werden, dass der Gesetzgeber mit diesen Bestimmungen gegen seine grundrechtlichen Schutzpflichten, die Beschwerdeführenden vor den Gefahren des Klimawandels zu schützen, oder gegen das Klimaschutzgebot des Art. 20a GG verstoßen hat. Die zum Teil noch sehr jungen Beschwerdeführenden sind durch die angegriffenen Bestimmungen aber in ihren Freiheitsrechten verletzt. Die Vorschriften verschieben hohe Emissionsminderungslasten unumkehrbar auf Zeiträume nach 2030. Dass Treibhausgasemissionen gemindert werden müssen, folgt auch aus dem Grundgesetz. Das verfassungsrechtliche Klimaschutzziel des Art. 20a GG ist dahingehend konkretisiert, den Anstieg der globalen Durchschnittstemperatur dem sogenannten „Paris-Ziel" entsprechend auf deutlich unter 2° C und möglichst auf 1,5° C gegenüber dem vorindustriellen Niveau zu begrenzen. Um das zu erreichen, müssen die nach 2030 noch erforderlichen Minderungen dann immer dringender und kurzfristiger erbracht werden. Von diesen künftigen Emissionsminderungspflichten ist praktisch jegliche Freiheit potenziell betroffen, weil noch nahezu alle Bereiche menschlichen Lebens mit der Emission von Treibhausgasen verbunden und damit nach 2030 von drastischen Einschränkungen bedroht sind."

(Quelle: Pressemitteilung des Bundesverfassungsgerichts vom 29.4.2021 zum Beschluss vom 24. März 2021 - 1 BvR 2656/18 -, Rn. 1-270, abrufbar unter http://www.bverfg.de/e/rs20210324_1bvr265618.html)

Die „streikenden" Schüler*innen nehmen in Kauf, dass sie bei beharrlicher Verletzung der Vorschriften Sanktionen zu erwarten haben oder dass sie eine Klausur verpassen – nur: Muss denn die Klassenarbeit unbedingt am Freitag geschrieben werden? Bei der Würdigung der Schüleraktionen muss die Schule zwischen der Schulpflicht und dem Demonstrationsrecht abwägen. Bei Sanktionen muss sie in jedem Einzelfall ausdrücklich darlegen, warum das Recht der Jugendlichen, für ihre Zukunftsinteressen zu demonstrieren, in der konkreten Unterrichtssituation hinter der Schulpflicht zurückstehen soll.

Das Kultusministerium hat hierzu in seiner Stellungnahme zu einer Landtagsanfrage u.a. ausgeführt:

„Findet eine Demonstration während der Unterrichtszeit statt und nehmen Schülerinnen und Schüler daran teil, liegt eine Schulpflichtverletzung vor. Die Kultusministerin hat die Schulen in Baden-Württemberg gebeten, bei Schulpflichtverletzungen nach pädagogischen Kriterien zu reagieren. Sie hat die Schulleitungen und Lehrkräfte auch explizit darum gebeten, das Engagement der Jugendlichen ernst zu nehmen und den Klimawandel verstärkt im Unterricht zu behandeln, um den Schülerinnen und Schülern damit zu zeigen, dass ihr Engagement etwas bewirkt. Zugleich hat die Kultusministerin die Schulen gebeten, auf die Einhaltung der Schulpflicht zu achten und dafür pädagogisch sinnvolle Maßnahmen zu ergreifen. Welche Maßnahmen das sind, muss im Einzelfall die Schule entscheiden und kann nicht generell festgelegt werden."

(Quelle: https://www.landtag-bw.de/files/live/sites/LTBW/files/dokumente/WP16/Drucksachen/5000/16_5858_D.pdf)

Mit anderen Worten: Das Kultusministerium hat die Schulen aufgefordert, mit einer juristisch relevanten Angelegenheit pädagogisch sinnvoll umzugehen. Die Frage, wie eine Schule auf „*Fridays For Future*" antwortet und wie sie auf „Fehlverhalten" reagiert, ist eine Angelegenheit, mit der sich nicht nur die Schulleitung, sondern das gesamte Lehrerkollegium befassen muss. Die Gesamtlehrerkonferenz besitzt ein Beratungs- und Beschlussrecht zur „*einheitlichen Durchführung der Rechts- und Verwaltungsvorschriften an der Schule*" (⇨ Konferenzordnung § 2 Abs. 1 Nr. 6). Hier sollte ein Konsens hergestellt werden und hieran sind, weil einschlägige Beschlüsse der Gesamtlehrerkonferenz des Einverständnisses der Schulkonferenz bedürfen (⇨ Schulgesetz § 47 Abs. 5), auch die Eltern- und die Schülervertretung zu beteiligen.

Möglichkeiten an der Gestaltung des Schullebens beteiligt werden.

(3) Klassenschülerversammlung und Schülervertreter haben kein politisches Mandat.

§ 64
Klassenschülerversammlung

(1) Die Klassenschülerversammlung hat die Aufgabe, in allen Fragen der Schülermitverantwortung, die sich bei der Arbeit der Klasse ergeben, zu beraten und zu beschließen. Sie fördert die Zusammenarbeit mit den Lehrern der Klasse.

(2) An Klassen, für die keine Klassenpflegschaft gebildet wird, kann die Klassenschülerversammlung die Befugnisse der Eltern in der Klassenpflegschaft gemäß § 56 Abs. 1 und 2 wahrnehmen.

§ 65
Klassensprecher

(1) Von Klasse 5 an wählen die Schüler jeder Klasse aus ihrer Mitte zu Beginn des Schuljahres einen Klassensprecher und seinen Stellvertreter.

(2) Der Klassensprecher vertritt die Interessen der Schüler der Klasse und unterrichtet die Klassenschülerversammlung über alle Angelegenheiten, die für sie von allgemeiner Bedeutung sind.

§ 66
Schülerrat

(1) Dem Schülerrat gehören an

1. der Schülersprecher und seine Stellvertreter;
2. die Klassensprecher und ihre Stellvertreter, abweichend hiervon an beruflichen Schulen die Klassensprecher.

Hinweis der Redaktion: Alle öffentlichen Schulen sind ab Klasse 5 grundsätzlich zur Bildung eines Schülerrats verpflichtet. Nur noch sonderpädagogische Bildungs- und Beratungszentren (SBBZ), die ausschließlich Schüler*innen mit schweren Behinderungen beschulen und an denen deshalb auch keine Schülervertreter*innen gewählt werden können, sind von dieser Pflicht entbunden. Diese SBBZ sind aber gem. § 63 Abs. 2 zur Beteiligung der Schüler*innen an der Gestaltung des Schullebens verpflichtet. Ein SBBZ muss deshalb die Entscheidung, seine Schüler*innen von der Mitarbeit in der Schulkonferenz auszuschließen, explizit begründen können.

(2) Der Schülerrat ist für alle Fragen der Schülermitverantwortung zuständig, welche die Schule in ihrer Gesamtheit angehen. Der Schulleiter unterrichtet den Schülerrat über Angelegenheiten, die für die Schülermitverantwortung von allgemeiner Bedeutung sind.

(3) Der Schülerrat erlässt Regelungen, in denen insbesondere das Nähere über die Arbeitsweise der Schülermitverantwortung an der Schule und das Verfahren für die Wahl ihrer Schülervertreter festgelegt werden (SMV-Satzung).

§ 67
Schülersprecher

(1) Die Klassensprecher und ihre Stellvertreter wählen aus den Schülern ihrer Schule den Schülersprecher und aus ihrer Mitte einen oder mehrere Vertreter. Die SMV-Satzung kann vorsehen, dass der Schülersprecher und ein Stellvertreter von den Schülern der Schule direkt gewählt werden.

(2) Der Schülersprecher ist Vorsitzender des Schülerrats. Er vertritt die Interessen der Schüler der Schule.

(3) Der Schülersprecher, der Schulleiter und der Verbindungslehrer (§ 68) sollen in regelmäßigen Abständen zusammentreffen, um die Angelegenheiten der Schülermitverantwortung zu besprechen und um sich gegenseitig zu informieren.

§ 68
Verbindungslehrer

(1) Der Schülerrat wählt einen oder mehrere, höchstens jedoch drei Verbindungslehrer mit deren Einverständnis.

(2) Die Verbindungslehrer beraten die Schülermitverantwortung, unterstützen sie bei der Erfüllung ihrer Aufgaben und fördern ihre Verbindung zu den Lehrern, dem Schulleiter und den Eltern. Sie können an allen Veranstaltungen der Schülermitverantwortung, insbesondere auch an den Sitzungen der Schülervertreter beratend teilnehmen.

§ 69
Landesschülerbeirat, Arbeitskreise der Schüler

(1) Der aus gewählten Vertretern der Schüler bestehende Landesschülerbeirat vertritt in allgemeinen Fragen des Erziehungs- und Unterrichtswesens die Anliegen der Schüler gegenüber dem Kultusministerium.

(2) Der Landesschülerbeirat kann dem Kultusministerium Vorschläge und Anregungen unterbreiten. Das Kultusministerium unterrichtet den Landesschülerbeirat über die wichtigen allgemeinen Angelegenheiten und erteilt ihm die notwendigen Auskünfte. Auch soll das Kultusministerium dem Landesschülerbeirat allgemeine, die Gestaltung und Ordnung des Schulwesens betreffende Regelungen vor ihrem Inkrafttreten zuleiten.

(3) Der Landesschülerbeirat wählt aus seiner Mitte den Vorsitzenden und dessen Stellvertreter.

(4) Im Rahmen der Schülermitverantwortung können sich Schüler mehrerer Schulen zu Arbeitskreisen zusammenschließen, um Erfahrungen auszutauschen und gemeinsame Veranstaltungen durchzuführen. Über die Beteiligung an einem solchen Arbeitskreis entscheidet der Schülerrat der einzelnen Schule. An den Sitzungen kann ein Verbindungslehrer der beteiligten Schulen mit beratender Stimme teilnehmen.

§ 70 Ausführungsvorschriften, Sonderregelungen (nicht abgedruckt)

C.
Landesschulbeirat

§ 71
Landesschulbeirat

(1) Der Landesschulbeirat berät das Kultusministerium bei der Vorbereitung grundsätzlicher Maßnahmen auf dem Gebiet des Schulwesens. Er ist berechtigt, dem Kultusministerium Vorschläge und Anregungen zu unterbreiten.

(2) Dem Landesschulbeirat gehören an Vertreter der Eltern, der Lehrer, der für die Berufserziehung der Schüler Mitverantwortlichen, der Schüler, der kommunalen Landesverbände, der Kirchen

und anerkannten Religionsgemeinschaften, der Arbeitgeber- und Arbeitnehmerverbände sowie Personen, die durch ihre Erfahrung in Bildungs- und Erziehungsfragen die Arbeit des Beirats besonders zu fördern vermögen.

(3) Die Mitglieder des Landesschulbeirats werden vom Kultusministerium berufen. Sie wählen aus ihrer Mitte den Vorsitzenden und dessen Stellvertreter. Der Vorsitzende führt die Geschäfte des Landesschulbeirats und vertritt ihn nach außen.

(4) Die Amtszeit des Landesschulbeirats dauert drei Jahre.

(5) Der Landesschulbeirat gibt sich eine ⇨ Geschäftsordnung. [...]

⇨ Landesschulbeirat

7. Teil: Schüler

A. Schulpflicht

§ 72

Schulpflicht, Pflichten der Schüler

(1) Schulpflicht besteht für alle Kinder und Jugendlichen, die im Land Baden-Württemberg ihren Wohnsitz oder gewöhnlichen Aufenthalt oder ihre Ausbildungs- oder Arbeitsstätte haben. Die Schulaufsichtsbehörde kann ausländische Jugendliche, die mindestens vierzehn Jahre alt sind, auf Antrag in besonderen Härtefällen von der Pflicht zum Besuch einer auf der Grundschule aufbauenden Schule und der Berufsschule zeitweilig oder auf Dauer befreien, insbesondere wenn wegen der Kürze der verbleibenden Schulbesuchszeit eine sinnvolle Förderung nicht erwartet werden kann. Schulpflichtig im Sinne des Satzes 1 ist auch, wem aufgrund eines Asylantrags der Aufenthalt in Baden-Württemberg gestattet ist oder wer hier geduldet wird, unabhängig davon, ob er selbst diese Voraussetzungen erfüllt oder nur ein Elternteil; die Schulpflicht beginnt sechs Monate nach dem Zuzug aus dem Ausland und besteht bis zur Erfüllung der Ausreisepflicht.

Hinweis der Redaktion: Die Befreiung von der Schulpflicht wird nur auf Antrag und nur in Härtefällen angewandt, in denen eine sinnvolle Förderung nicht erwartet werden kann. Um eine restriktive Anwendung der Befreiungsmöglichkeit sicherzustellen, liegt die Entscheidung bei der Schulaufsichtsbehörde. Ihr Ermessen ist durch die VwV ⇨ Integration und Sprachförderung gebunden, die sie auf eine Integrierung der ausländischen Kinder und Jugendlichen verpflichtet (Quelle: KM, 25.3.1999 Nr. IV/1-6601.0/259). Unabhängig von der Schulpflicht besitzen Asylbewerberkinder ab ihrer Einreise ein Recht auf Schulbesuch.

⇨ Integration und Sprachförderung; ⇨ Schulbesuch (Rechte und Pflichten); ⇨ Schulpflicht (Ausländische Schüler*innen); ⇨ Verfassung Art. 11

(2) Die Schulpflicht gliedert sich in

1. die Pflicht zum Besuch der Grundschule und einer auf ihr aufbauenden Schule,
2. die Pflicht zum Besuch der Berufsschule.

Die Schulpflicht wird auch durch den Besuch eines sonderpädagogischen Bildungs- und Beratungszentrums erfüllt.

(3) Die Schulpflicht erstreckt sich auf den regelmäßigen Besuch des Unterrichts und der übrigen verbindlichen Veranstaltungen der Schule sowie auf die Einhaltung der Schulordnung. Dasselbe gilt für Schüler, die nicht schulpflichtig sind.

(3 a) Schülerinnen und Schülern öffentlicher Schulen ist die Verhüllung des Gesichts bei schulischen Veranstaltungen untersagt, es sei denn, dies ist zur Erfüllung einer durch Gesetz oder Rechtsverordnung angeordneten Rechtspflicht erforderlich. Die Schulleiterin oder der Schulleiter kann Ausnahmen von Satz 1 1. Halbsatz im Einzelfall aus schulischen oder gesundheitlichen Gründen zulassen.

Hinweis der Redaktion: Der Begriff der „Verhüllung des Gesichts" meint das „vollständige Bedecken oder ein Bedecken wesentlicher Gesichtspartien. Das Tragen eines Kopftuches, welches das Gesicht von der unteren Kinnkante bis zur Stirn unverhüllt lässt, ist davon nicht umfasst". (Quelle: Gesetzesbegründung; LT-Drucksache 16/9092).

(4) Die Schulpflicht ist durch den Besuch einer deutschen Schule zu erfüllen. Über Ausnahmen entscheidet die Schulaufsichtsbehörde.

(5) Schulpflichtige im Jugendstrafvollzug haben die dort eingerichteten Schulen zu besuchen.

(6) Völkerrechtliche Abkommen und zwischenstaatliche Vereinbarungen bleiben unberührt.

⇨ Behinderungen (Förderbedarf); ⇨ SchulbesuchsVO; ⇨ Schulpflicht (Ausländische Schüler*innen); ⇨ Schulpflicht (Berufliche Schulen – Übergabe); ⇨ Schulpflicht (Durchsetzung); ⇨ Schulpflicht (Kinder von Reisenden)

B. Pflicht zum Besuch der Grundschule und einer auf ihr aufbauenden Schule (§§ 73-76)

§ 73

Beginn der Schulpflicht

(1) Mit dem Beginn des Schuljahres sind alle Kinder, die bis 30. Juni des laufenden Kalenderjahres das sechste Lebensjahr vollendet haben, verpflichtet, die Grundschule zu besuchen. Dasselbe gilt für die Kinder, die bis zum 30. Juni des folgenden Kalenderjahres das sechste Lebensjahr vollendet haben und von den Erziehungsberechtigten in der Grundschule angemeldet wurden.

Hinweis der Redaktion: Der im ersten Satz genannte Stichtag lag zum Schuljahr 2021/22 am 31. Juli 2021.

(2) Nach Abschluss der Grundschule sind alle Kinder verpflichtet, eine auf ihr aufbauende Schule zu besuchen.

⇨ Schulpflicht (Durchsetzung)

§ 74

Vorzeitige Aufnahme und Zurückstellung

(1) Auf Antrag der Erziehungsberechtigten können Kinder, die gemäß § 73 Abs. 1 noch nicht schulpflichtig sind, zu Beginn des Schuljahres in die Schule aufgenommen werden, wenn aufgrund ihres geistigen und körperlichen Entwicklungsstandes zu erwarten ist, dass sie mit Erfolg am Unterricht teilnehmen werden. Die Entscheidung über den Antrag trifft die Schule; bestehen Zweifel am hinreichenden geistigen und körperlichen Entwicklungsstand des Kindes, zieht die Schule ein Gutachten des Gesundheitsamtes bei. Wird dem Antrag stattgegeben, beginnt die Schulpflicht mit der Aufnahme in die Schule.

(2) Kinder, von denen bei Beginn der Schulpflicht aufgrund ihres geistigen oder körperlichen Entwicklungsstandes nicht erwartet werden kann, dass sie mit Erfolg am Unterricht teilnehmen, können um ein Jahr vom Schulbesuch zurückgestellt werden;

mit Zustimmung der Erziehungsberechtigten können auch Kinder zurückgestellt werden, bei denen sich dies während des ersten Schulhalbjahres zeigt. Die Entscheidung trifft die Schule unter Beiziehung eines Gutachtens des Gesundheitsamtes. Die Zeit der Zurückstellung wird auf die Dauer der Pflicht zum Besuch der Grundschule nicht angerechnet.

(3) Kinder, die vorzeitig eingeschult oder vom Schulbesuch zurückgestellt werden sollen, sind verpflichtet, sich auf Verlangen der Schule bzw. der Schulaufsichtsbehörde an einer pädagogisch-psychologischen Prüfung (Schuleignungsprüfung und Intelligenztest) zu beteiligen und vom Gesundheitsamt untersuchen zu lassen.

⇨ Bildungsberatung; ⇨ Einschulung

§ 75
Dauer der Schulpflicht

(1) Die Pflicht zum Besuch der Grundschule dauert mindestens vier Jahre. Der Übergang in eine auf der Grundschule aufbauende Schule ist erst zulässig, wenn das Ziel der Abschlussklasse der Grundschule erreicht ist; dies gilt nicht im Falle eines zieldifferenten Unterrichts nach § 15 Absatz 4.

(2) Die Pflicht zum Besuch einer Schule gemäß § 73 Abs. 2 dauert fünf Jahre. Für Kinder, die in dieser Zeit den Hauptschulabschluss nicht erreicht haben, kann die Schule die Schulpflicht um ein Jahr verlängern.

Hinweis der Redaktion: § 75 SchG kann auf den Fall, dass jemand die Schule freiwillig weiter besuchen will, nicht angewandt werden (Verwaltungsgericht Stuttgart; 14.9.1990; AZ: 10 K 2558/90). Die Schulbehörde dürfe Schüler*innen der Hauptschule, welche ihre Schulpflicht erfüllt haben, jedenfalls bis zur Ablegung der ersten Wiederholungsprüfung (der Hauptschulabschlussprüfung) den weiteren Schulbesuch nicht untersagen. Vielmehr hätten Schüler*innen der Hauptschule einen Anspruch darauf, die Schule auf Wunsch weiter besuchen zu können und zwar ohne besondere Zulassung. Dabei komme es auch nicht darauf an, dass aufgrund einer Zukunftsprognose keine begründete Aussicht auf einen erfolgreichen Hauptschulabschluss bestünde.

(3) Für Schüler, die nach zehnjährigem Schulbesuch die Schulpflicht nach den Absätzen 1 und 2 noch nicht erfüllt haben, kann die Schule die Beendigung der Schulpflicht feststellen. Die Schulaufsichtsbehörde kann diese Feststellung auf Antrag der Erziehungsberechtigten nach neunjährigem Schulbesuch treffen, insbesondere, wenn von einem weiteren Schulbesuch eine sinnvolle Förderung des Schülers nicht erwartet werden kann.

⇨ Behinderungen (Förderbedarf); ⇨ Schulpflicht (Ausländische Schüler*innen); ⇨ Volljährigkeit

§ 76
Erfüllung der Schulpflicht

(1) Zum Besuch der in § 72 Abs. 2 Nr. 1 bezeichneten Schulen sind alle Kinder und Jugendlichen verpflichtet, soweit nicht für ihre Erziehung und Unterrichtung in anderer Weise ausreichend gesorgt ist. Anstelle des Besuchs der Grundschule darf anderweitiger Unterricht nur ausnahmsweise in besonderen Fällen von der Schulaufsichtsbehörde gestattet werden. ⇨ Schulpflicht (Kinder von Reisenden)

(2) Der Schulpflichtige hat die Schule zu besuchen, in deren Schulbezirk er wohnt. Dies gilt nicht für Schulpflichtige, die eine Gemeinschaftsschule , eine Deutsch-Französische Grundschule gemäß § 107 a oder eine Schule in freier Trägerschaft besuchen; Satz 1 gilt weiterhin nicht für Schulpflichtige, für die ein Anspruch auf ein sonderpädagogisches Bildungsangebot festgestellt wurde und die eine allgemeine Schule besuchen. Die Schulaufsichtsbehörde kann

1. bis zu einer Regelung nach den §§ 28, 30 und 31 aus Gründen einer im öffentlichen Interesse liegenden Verbesserung der Schulverhältnisse nach Anhören der beteiligten Schulträger oder
2. zur Bildung annähernd gleich großer Klassen, Gruppen oder Lerngruppen im jeweiligen Schulaufsichtsbezirk, bei Erschöpfung der Aufnahmekapazität einer Schule, zur Vermeidung der Bildung einer weiteren Eingangsklasse oder zusätzlicher Klassen, Gruppen oder Lerngruppen im jeweiligen Schulaufsichtsbezirk oder
3. in sonstigen Fällen, wenn wichtige Gründe vorliegen,

Abweichungen von Satz 1 zulassen oder anordnen. In den Fällen von Nr. 2 und 3 hört die Schulaufsichtsbehörde vor der Entscheidung die Eltern der betroffenen Schüler an. Die Schulaufsichtsbehörde kann in den Fällen von Satz 3 Nr. 2 und 3 die Zuständigkeit für die Anhörung und die Entscheidung auf den geschäftsführenden Schulleiter übertragen.

(3) Soweit nicht ein sonderpädagogisches Bildungs- und Beratungszentrum nach Absatz 2 Satz 1 zuständig ist, haben die Erziehungsberechtigten das Recht, unter den für ihre schulpflichtigen Kinder geeigneten sonderpädagogischen Bildungs- und Beratungszentren zu wählen. Die Schulaufsichtsbehörde kann aus wichtigen Gründen in Abweichung von Satz 1 Schulpflichtige einem geeigneten sonderpädagogischen Bildungs- und Beratungszentrum zuweisen.

⇨ Schulbesuchsverordnung; ⇨ Schulgesetz §§ 25, 43

C.
Pflicht zum Besuch der Berufsschule (§§ 77-81)

§ 77
Beginn der Berufsschulpflicht

Die Pflicht zum Besuch der Berufsschule beginnt mit dem Ablauf der Pflicht zum Besuch einer Schule gemäß § 73 Abs. 2.

⇨ Schulpflicht (Ausländische Schüler*innen); ⇨ Schulpflicht (Berufliche Schulen) / (Durchsetzung) / (Meldeverordnung / Datenschutz)

§ 78
Dauer der Berufsschulpflicht

(1) Die Berufsschulpflicht dauert drei Jahre. Sie endet mit dem Ablauf des Schuljahres, in dem der Berufsschulpflichtige das 18. Lebensjahr vollendet; auf Antrag können volljährige Berufsschulpflichtige für das zweite Schulhalbjahr beurlaubt werden. Darüber hinaus kann die Berufsschule freiwillig mit den Rechten und Pflichten eines Berufsschulpflichtigen bis zum Ende des Schuljahres besucht werden, in dem das 20. Lebensjahr vollendet wird.

(2) Auszubildende, die vor Beendigung der Berufsschulpflicht nach Absatz 1 ein Berufsausbildungsverhältnis beginnen oder eine Stufenausbildung

fortsetzen, sind bis zum Abschluss der Ausbildung berufsschulpflichtig. Beträgt die Ausbildungszeit weniger als drei Jahre, dauert die Berufsschulpflicht mindestens zwei Schuljahre, sofern nach der Stundentafel das Bildungsziel einer Berufsschule von drei Jahren Dauer erreicht wird. Wer nach Beendigung der Berufsschulpflicht nach Absatz 1 ein Berufsausbildungs- oder Umschulungsverhältnis beginnt oder die Stufenausbildung fortsetzt, kann die Berufsschule bis zum Abschluss mit den Rechten und Pflichten eines Berufsschulpflichtigen besuchen.

(3) Wird vor Beendigung der Berufsschulpflicht nach Absatz 1 ein neues Berufsausbildungsverhältnis begonnen oder eine Stufenausbildung fortgesetzt, kann die Schule bereits abgeleisteten Besuch der Berufsschule teilweise oder ganz auf die Berufsschulpflicht anrechnen.

⇨ Schulpflicht (Berufliche Schulen – Übergabe)

§ 78a
Berufsvorbereitungsjahr

(1) Die Pflicht zum Besuch des Berufsvorbereitungsjahres (§ 10 Abs. 5) dauert ein Jahr. Danach ist der Schüler von der weiteren Berufsschulpflicht (§ 78 Abs. 1) befreit. Wird während des Berufsvorbereitungsjahres oder danach ein Berufsausbildungsverhältnis begonnen, richtet sich die Berufsschulpflicht nach § 78 Abs. 2 und 3.

⇨ Berufseinstiegs- und Vorqualifizierungsjahr

(2) Das Kultusministerium stellt bei Vorliegen der personellen und sächlichen Voraussetzungen durch Rechtsverordnung fest, ab welchem Zeitpunkt in den einzelnen Schulbezirken das Berufsvorbereitungsjahr zu besuchen ist. Zuvor sind die betroffenen Schulträger zu hören.

§ 79
Erfüllung der Berufsschulpflicht

(1) Die Berufsschulpflicht wird durch den Besuch derjenigen Berufsschule erfüllt, in deren Schulbezirk der Ausbildungs- oder Beschäftigungsort, bei Berufsschulpflichtigen ohne Berufsausbildungs- oder Beschäftigungsverhältnis sowie bei im Ausland beschäftigten Berufsschulpflichtigen der Wohnort liegt.

(2) Die Schule kann, wenn wichtige Gründe in der Person des Berufsschulpflichtigen vorliegen, den Besuch einer anderen als der zuständigen Berufsschule gestatten.

(3) Die Schulaufsichtsbehörde kann aus Gründen einer im öffentlichen Interesse liegenden Verbesserung der inneren oder äußeren Schulverhältnisse, zur fachgerechten Ausbildung der Berufsschüler oder aus anderen wichtigen Gründen die Schüler eines Berufsfeldes, einer Berufsgruppe oder eines Einzelberufs oder einzelne Schüler ganz oder für einzelne Unterrichtsfächer einer anderen als der örtlich zuständigen Berufsschule oder einer Bundesfachklasse zuweisen. Wenn sich die Maßnahme auf die Bezirke von mehreren oberen Schulaufsichtsbehörden erstreckt, ist für die Zuweisung die Schulaufsichtsbehörde zuständig, in deren Bezirk die zunächst zuständige Berufsschule liegt. Die Schulaufsichtsbehörde hat sich vor der Zuweisung mit den beteiligten Schulträgern und nach dem Berufsbildungsgesetz für die Berufsbildung der Auszubildenden zuständigen Stellen ins Benehmen zu setzen, soweit es sich nicht um die Zuweisung einzelner Schüler handelt.

§ 80
Ruhen der Berufsschulpflicht

Die Berufsschulpflicht ruht, solange der Berufsschulpflichtige

1. eine öffentliche Schule gemäß § 73 Abs. 2, eine Berufsfachschule, ein Berufskolleg oder eine entsprechende Ersatzschule in freier Trägerschaft besucht;
2. mit mindestens im Umfang des Unterrichts an einer vergleichbaren öffentlichen Schule am Unterricht einer Berufsfachschule oder eines Berufskollegs in freier Trägerschaft teilnimmt, die Ergänzungsschule ist und von der Schulaufsichtsbehörde als ausreichender Ersatz für den Berufsschulunterricht anerkannt ist;
3. eine Hochschule, die Filmakademie, die Popakademie oder die Akademie für Darstellende Kunst besucht;
4. als Beamter im Vorbereitungsdienst für eine Laufbahn des einfachen, mittleren oder gehobenen Dienstes steht, es sei denn, die oberste Schulaufsichtsbehörde stellt im Benehmen mit dem beteiligten Ministerium fest, dass der Vorbereitungsdienst dem Berufsschulunterricht nicht gleichwertig ist. Das Gleiche gilt für Dienstanfänger im Sinne der beamtenrechtlichen Bestimmungen;
5. das freiwillige soziale oder ökologische Jahr leistet, es sei denn, die oberste Schulaufsichtsbehörde stellt fest, dass die einführende und begleitende Betreuung nicht den Anforderungen der Berufsschule entspricht;
6. Wehrdienst oder den Bundesfreiwilligendienst leistet.

§ 81
Vorzeitige Beendigung der Berufsschulpflicht

(1) Die oberste Schulaufsichtsbehörde kann feststellen, dass durch den Besuch bestimmter Bildungsgänge die Berufsschulpflicht ganz oder teilweise erfüllt und damit vorzeitig beendet ist. Die gleiche Feststellung kann die Schule für einzelne Berufsschulpflichtige treffen, wenn

1. die bisherige Ausbildung des Berufsschulpflichtigen den Besuch der Berufsschule ganz oder teilweise entbehrlich macht oder
2. im Hinblick auf das Ausbildungsziel und die Ausbildung des Berufsschulpflichtigen der Besuch der Berufsschule nicht sinnvoll erscheint.

(2) Die Berufsschulpflicht einer Schülerin endet vorzeitig, wenn diese bei Mutterschaft nach Vollendung des 16. Lebensjahres die Beendigung beantragt. Satz 1 gilt für die Berufsschulpflicht eines männlichen Schülers entsprechend. Die zeitgleiche Beendigung der Berufsschulpflicht beider Eltern nach Satz 1 und 2 ist ausgeschlossen.

⇨ Schulpflicht (Berufliche Schulen)

D.
Besondere Regelungen für Schüler mit Anspruch auf ein sonderpädagogisches Bildungsangebot (§§ 82-84 a)

§ 82
Feststellung des Anspruchs

(1) Die Schulaufsichtsbehörde stellt auf der Grundlage der Ergebnisse einer sonderpädagogischen Diagnostik fest, ob ein Anspruch auf ein sonderpädagogisches Bildungsangebot besteht, und legt nach Maßgabe von § 15 Absatz 1 Satz 4 den Förderschwerpunkt fest. Sie stellt auch fest, ob der Anspruch eine Internatsunterbringung nach § 15 Absatz 3 umfasst. Der Anspruch auf ein sonderpädagogisches Bildungsangebot besteht nicht, wenn der Schüler mithilfe sonderpädagogischer Beratung und Unterstützung dem Bildungsgang der allgemeinen Schule folgen kann.

(2) Das Verfahren zur Prüfung und Feststellung des Anspruchs auf ein sonderpädagogisches Bildungsangebot (Feststellungsverfahren) wird auf Antrag der Erziehungsberechtigten eingeleitet; die allgemeine Schule wirkt hieran mit. Bei Vorliegen konkreter Hinweise, insbesondere dass dem individuellen Anspruch des Kindes beziehungsweise Jugendlichen ohne sonderpädagogische Bildung nicht entsprochen werden kann oder die Bildungsrechte von Mitschülern beeinträchtigt werden, kann das Feststellungsverfahren von der Schulaufsichtsbehörde auch ohne Antrag eingeleitet werden. Auf Verlangen der Schulaufsichtsbehörde haben sich Kinder und Jugendliche an der sonderpädagogischen Diagnostik (einschließlich Schulleistungsprüfung und Intelligenztest) zu beteiligen und vom Gesundheitsamt untersuchen zu lassen.

(3) Der Anspruch entfällt, wenn von der Schulaufsichtsbehörde festgestellt wird, dass seine Voraussetzungen nach Absatz 1 nicht mehr gegeben sind.

⇨ Behinderungen (Förderbedarf); ⇨ Inklusion; ⇨ Schulpflicht (Durchsetzung); ⇨ Sonderpädagogik (SBBZ Bildungsangebote)

§ 83
Erfüllung des Anspruchs auf ein sonderpädagogisches Bildungsangebot, Elternwahl in der Primarstufe und in der Sekundarstufe I

(1) Wird ein Anspruch auf ein sonderpädagogisches Bildungsangebot festgestellt, berät die Schulaufsichtsbehörde die Erziehungsberechtigten umfassend über schulische Angebote sowohl an allgemeinen Schulen als auch an sonderpädagogischen Bildungs- und Beratungszentren.

(2) Im Anschluss an die Beratung nach Absatz 1 wählen die Erziehungsberechtigten, ob der Anspruch auf ein sonderpädagogisches Bildungsangebot in der Primarstufe oder in der Sekundarstufe I an einer allgemeinen Schule oder einem sonderpädagogischen Bildungs- und Beratungszentrum erfüllt werden soll.

(3) Melden die Erziehungsberechtigen den Wunsch nach Besuch einer allgemeinen Schule an, führt die Schulaufsichtsbehörde rechtzeitig eine Bildungswegekonferenz durch. Die Beratung der Erziehungsberechtigten erfolgt hierbei auf der Grundlage einer raumschaftsbezogenen Schulangebotsplanung, die mit den von der Erfüllung des Anspruchs berührten Schulen, Schulträgern und Leistungs- und Kostenträgern (berührte Stellen) abgestimmt wird. Ausgehend vom Wunsch der Erziehungsberechtigten schlägt ihnen die Schulaufsichtsbehörde ein Bildungsangebot an einer allgemeinen Schule vor, das im Falle eines zieldifferenten Unterrichts nach § 15 Absatz 4 grundsätzlich gruppenbezogen zu organisieren ist. Hierbei ist das Einvernehmen mit den Erziehungsberechtigten und den berührten Stellen anzustreben. Das Wahlrecht der Erziehungsberechtigten besteht nicht im Hinblick auf eine Internatsunterbringung nach § 15 Absatz 3 sowie den organisatorischen Aufbau der allgemeinen Schule insbesondere in Bezug auf den Aufbau, Inhalt und Umfang der schulischen Tagesstruktur.

(4) Die Schulaufsichtsbehörde kann festlegen, dass abweichend von der nach der Bildungswegekonferenz erfolgten Wahl der Erziehungsberechtigten der Anspruch auf ein sonderpädagogisches Bildungsangebot an einer anderen allgemeinen Schule erfüllt wird, wenn an der gewählten Schule auch mit besonderen und angemessenen Vorkehrungen der berührten Stellen die fachlichen, personellen und sächlichen Voraussetzungen zur Erfüllung des Anspruchs nicht geschaffen werden können; sie kann in besonders gelagerten Einzelfällen festlegen, dass der Anspruch an einem sonderpädagogischen Bildungs- und Beratungszentrum erfüllt wird. Satz 1 gilt auch, wenn sich die Erziehungsberechtigten an dem Beratungsverfahren nach Absatz 3 nicht beteiligen. Können Schüler mit einem Anspruch auf ein sonderpädagogisches Bildungsangebot einem Bildungsgang einer allgemeinen Schule folgen (zielgleicher Unterricht), kann sich die Festlegung nach Satz 1 nicht auf einen von der Wahl der Erziehungsberechtigten abweichenden Bildungsgang erstrecken.

(5) Die Erziehungsberechtigten sind verpflichtet, bei der Anmeldung die allgemeine Schule auf den festgestellten Anspruch hinzuweisen und ihr den Vorschlag der Schulaufsichtsbehörde nach Absatz 3 oder die Festlegung nach Absatz 4 mitzuteilen.

(6) Besteht der Anspruch fort, üben die Erziehungsberechtigten ihr Wahlrecht zudem aus

1. vor jeder Anmeldung an einer allgemeinen Schule, hierzu zählt auch der Übergang von einem sonderpädagogischen Bildungs- und Beratungszentrum auf eine allgemeine Schule,
2. vor dem Übergang von der Grundschule auf eine auf sie aufbauende Schule oder
3. auf eigenen Antrag oder Antrag der Schulaufsichtsbehörde im Falle einer wesentlichen Änderung der Verhältnisse seit dem letzten Vorschlag der Schulaufsichtsbehörde nach Absatz 3 oder der Festlegung nach Absatz 4. Die Absätze 2 bis 4 sind entsprechend anzuwenden.

(7) Vor dem Übergang auf eine berufliche Schule, in eine Berufsausbildung oder eine Berufsvorbereitung wird von der Schulaufsichtsbehörde in einer Berufswegekonferenz unter Beteiligung der Jugendlichen,

Schulgesetz (Erziehungs- und Ordnungsmaßnahmen)

<table>
<tr><th>Stets gilt:</th><th>Maßnahme</th><th>Wer entscheidet?</th><th>Anhörung</th><th>Mitteilung</th></tr>
<tr><td rowspan="4">„Pädagogische Erziehungsmaßnahmen“ oder Vereinbarungen reichen nicht aus. Anwendung des „mildesten Mittels“ und der Verhältnismäßigkeit. Bei Wiedergutmachung durch soziale Dienste kann von Erziehungs- und Ordnungsmaßnahmen abgesehen werden.</td><td>Nachsitzen bis zu zwei Unterrichtsstunden</td><td>Klassenlehrkraft bzw. unterrichtende Lehrkraft</td><td rowspan="2">Eine Anhörung des Schülers bzw. der Schülerin reicht aus.</td><td rowspan="3"></td></tr>
<tr><td>Nachsitzen bis zu vier Unterrichtsstunden*)</td><td>Schulleiter*in</td></tr>
<tr><td>Überweisung in eine Parallelklasse *)</td><td>Schulleiter*in</td><td rowspan="6">Schulleiter bzw. Schulleiterin muss Schüler*in sowie (bei Minderjährigen) auch Erziehungsberechtigten Gelegenheit zur Äußerung geben (Anhörung); diese können einen Beistand hinzuziehen.
Bei <u>Schulausschluss</u> (nicht bei <u>Unterrichtsausschluss!</u>): Auf Wunsch der Erziehungsberechtigten bzw. volljährige/r Schüler*in Anhörung der Schulkonferenz. ***)</td></tr>
<tr><td>Androhung des zeitweiligen Ausschlusses vom Unterricht</td><td>Schulleiter*in</td><td>Die Androhung wird dem Betrieb mitgeteilt.</td></tr>
<tr><td rowspan="3">Zusätzlich gilt:
Die Maßnahme ist nur zulässig, wenn Schüler*innen durch schweres oder wiederholtes Fehlverhalten ihre Pflichten verletzen und dadurch die Erfüllung der Aufgabe der Schule oder die Rechte anderer gefährden.</td><td>Ausschluss vom Unterricht bis zu 5 Unterrichtstagen; bei beruflichen Teilzeitschulen für 1 Unterrichtstag **)</td><td>Schulleiter*in</td><td rowspan="4">Zeitweiliger Unterrichtsausschluss <u>kann</u>, mehrfacher zeitweiliger Unterrichtsausschluss <u>soll</u>, ein Schulausschluss <u>muss</u> dem Jugendamt mitgeteilt werden.
Schule und Jugendamt sollen hierbei ein Gespräch führen.
Der Ausschluss wird ggf. dem Betrieb mitgeteilt.</td></tr>
<tr><td>Ausschluss vom Unterricht bis zu vier Unterrichtswochen**)</td><td rowspan="3">Schulleiter*in nach Anhörung von Klassen- bzw. Jahrgangsstufenkonferenz.
In dringenden Fällen kann die Schulleitung vorläufig den Schulbesuch auch ohne Konferenzbeteiligung, aber nach Anhörung der Klassenlehrkraft untersagen
– bis zu fünf Tagen, wenn ein zeitweiliger Ausschluss vom Unterricht
– bis zu zwei Wochen, wenn ein Ausschluss aus der Schule
zu erwarten ist.</td></tr>
<tr><td>Androhung des Ausschlusses aus der Schule</td></tr>
<tr><td rowspan="2">Zusätzlich gilt:
Das Verbleiben des Schülers oder der Schülerin in der Schule muss eine Gefahr für die Erziehung und Unterrichtung, die sittliche Entwicklung, Gesundheit oder Sicherheit der Mitschüler*innen befürchten lassen.</td><td>Ausschluss aus der Schule
Die „neue“ Schule kann die Aufnahme von einer Vereinbarung über eine Verhaltensänderung abhängig machen und eine Probezeit bis zu sechs Monaten festlegen; vgl. § 90 Abs. 4 Satz 2.</td></tr>
<tr><td>Ausweitung des Ausschlusses auf alle Schulen des Schulorts, des Landkreises, des Regierungsbezirks oder des Landes</td><td>Regierungspräsidium (bei Ausschluss aus allen Schulen des Landes: Kultusministerium)</td><td>Die Anhörung erfolgt durch die für den Ausschluss zuständige Behörde.</td><td>Der Ausschluss wird dem Jugendamt und ggf. dem Betrieb mitgeteilt.</td></tr>
</table>

* Diese Maßnahme kann mit der Androhung des Ausschlusses vom Unterricht verbunden werden.
** Diese Maßnahme kann mit der Androhung des Ausschlusses aus der Schule verbunden werden.
*** Auf dieses Recht sind der/die Schüler*in bzw. die Erziehungsberechtigten vor der Entscheidung hinzuweisen. Bei Minderjährigen sind auch die Erziehungsberechtigten zu hören.

Erziehungs- und Ordnungsmaßnahmen (Schulgesetz § 90) sind Verwaltungsakte. Widerspruch und Anfechtungsklage hiergegen haben keine aufschiebende Wirkung. ⇨ Verwaltungsrecht (Allgemeines)

⇨ Ermessen; ⇨ Schulgesetz § 90; zum „Schulschwänzen“ siehe ⇨ Schulpflicht (Durchsetzung)

der Erziehungsberechtigten, der Schulträger sowie der notwendigen Leistungs- und Kostenträger der für die Jugendlichen mit Blick auf ihre individuellen beruflichen Perspektiven und Wünsche am besten geeignete Bildungsweg und -ort festgelegt, um die bestmögliche berufliche Integration zu erreichen. Hierbei ist das Einvernehmen mit den Erziehungsberechtigen und den berührten Stellen anzustreben.

➪ Inklusion; ➪ Sonderpädagogik (SBBZ Bildungsangebote); ➪ Sonderpädagogik (SBBZ Schulentwicklung)

§ 84
Besondere Regelungen zur Schulpflicht bei Anspruch auf ein sonderpädagogisches Bildungsangebot, Begrenzung des Schulbesuchs

(1) Für Schüler mit Anspruch auf ein sonderpädagogisches Bildungsangebot mit dem Förderschwerpunkt Sehen, Hören oder körperliche und motorische Entwicklung, deren Anspruch an einer allgemeinen Schule erfüllt wird, kann die Pflicht zum Besuch der Grundschule im Einvernehmen mit den Erziehungsberechtigten über die in § 75 Absatz 1 Satz 1 bestimmte Zeit hinaus um ein Jahr verlängert werden, wenn anzunehmen ist, dass dadurch das Ziel des Anspruchs besser erreicht werden kann. Wird der Anspruch an einem sonderpädagogischen Bildungs- und Beratungszentrum erfüllt, dauert diese Pflicht fünf Jahre.

(2) Für Schüler mit Anspruch auf ein sonderpädagogisches Bildungsangebot mit dem Förderschwerpunkt Sehen, Hören, geistige Entwicklung oder körperliche und motorische Entwicklung kann die Pflicht zum Besuch einer auf der Grundschule aufbauenden Schule im Einvernehmen mit den Erziehungsberechtigten über die in § 75 Absatz 2 Satz 1 bestimmte Zeit hinaus bis zur Dauer von insgesamt zwei Jahren verlängert werden, wenn anzunehmen ist, dass sie dadurch das Ziel des Anspruchs besser erreichen können. Aus dem gleichen Grund kann für diese Schüler die Pflicht zum Besuch der Berufsschule über die in § 78 Absatz 1 Satz 1und Absatz 2 Satz 2 bestimmte Zeit um ein Jahr verlängert werden.

(3) Besuchen Schüler mit Anspruch auf ein sonderpädagogisches Bildungsangebot eine allgemeine Schule, kann die Schulaufsichtsbehörde nach Anhörung der Erziehungsberechtigten mit Ablauf der Schulpflicht nach § 75 Absatz 1 oder § 75 Absatz 2 Satz 1 das Ende des Rechts zum weiteren Besuch der Grundschule oder einer auf ihr aufbauenden Schule anordnen. Satz 1 gilt nach Ablauf einer Verlängerung der Schulpflicht nach Absatz 1 oder 2 entsprechend.

➪ Inklusion und Integration; ➪ Sonderpädagogik (SBBZ Bildungsangebote)

§ 84 a Ausführungsvorschriften (Ermächtigung; nicht abgedruckt)

E.
Sonstige Vorschriften (§§ 85-92)

§ 85
Verantwortlichkeit für die Erfüllung der Schul- und Teilnahmepflicht, Informierung des Jugendamtes, verpflichtendes Elterngespräch

(1) Die Erziehungsberechtigten und diejenigen, denen Erziehung oder Pflege eines Kindes anvertraut ist, haben die Anmeldung zur Schule vorzunehmen und dafür Sorge zu tragen, dass der Schüler am Unterricht und an den übrigen verbindlichen Veranstaltungen der Schule regelmäßig teilnimmt und sich der Schulordnung fügt. Sie sind verpflichtet, den Schüler für den Schulbesuch in gehöriger Weise auszustatten, die zur Durchführung der Schulgesundheitspflege erlassenen Anordnungen zu befolgen und dafür zu sorgen, dass die in diesem Gesetz vorgesehenen pädagogisch-psychologischen Prüfungen und amtsärztlichen Untersuchungen ordnungsgemäß durchgeführt werden können.

(2) Die für die Berufserziehung der Schüler Mitverantwortlichen (Ausbildende, Dienstherren, Leiter von Betrieben) oder deren Bevollmächtigte haben den Berufsschulpflichtigen unverzüglich zur Schule anzumelden, ihm die zur Erfüllung der Pflicht zum Besuch der Berufsschule erforderliche Zeit zu gewähren und ihn zur Erfüllung der Berufsschulpflicht anzuhalten.

➪ Schulbesuchsverordnung; ➪ Volljährigkeit

(3) Die Schule soll das Jugendamt unterrichten, wenn gewichtige Anhaltspunkte dafür vorliegen, dass das Wohl eines Schülers ernsthaft gefährdet oder beeinträchtigt ist; in der Regel werden die Eltern vorher angehört. Zur Abwendung einer Kindeswohlgefährdung arbeiten Schule und Jugendamt zusammen. Diese Bestimmung gilt auch für Schulen in freier Trägerschaft.

(4) Nimmt bei einem dringenden Aussprachebedarf kein Elternteil eine Einladung des Klassenlehrers oder Schulleiters zum Gespräch wahr und stellt die Klassenkonferenz unter Vorsitz des Schulleiters gewichtige Anhaltspunkte für die Gefährdung des Wohls des Schülers fest, kann die weitere Einladung zum Gespräch mit dem Hinweis verbunden werden, dass bei Nichtbefolgen das Jugendamt unterrichtet wird.

§ 86
Zwangsgeld, Schulzwang

(1) Kommen die Erziehungsberechtigten oder diejenigen, denen Erziehung und Pflege eines Kindes anvertraut ist, ihrer Pflicht nach § 85 Abs. 1 nicht nach, kann die obere Schulaufsichtsbehörde nach Maßgabe des Landesverwaltungsvollstreckungsgesetzes ein Zwangsgeld festsetzen.

(2) Schulpflichtige, die ihre Schulpflicht nicht erfüllen, können der Schule zwangsweise zugeführt werden. Die Zuführung wird von der für den Wohn- oder Aufenthaltsort der Schulpflichtigen zuständigen Polizeibehörde angeordnet. Wenn die Erziehungsberechtigten oder diejenigen, denen Erziehung und Pflege eines Kindes anvertraut ist, schulpflichtige Kinder trotz Aufforderung nicht vorstellen, kann das Amtsgericht auf Antrag der zuständigen Polizeibehörde eine Durchsuchung von deren Wohnung anordnen.

➪ Jugendhilfe (Bundesrecht – SGB VIII) § 8a; ➪ Schulbesuchsverordnung; ➪ Schulpflicht (Durchsetzung)

§ 87 Ausführungsvorschriften (aufgehoben)

§ 88
Wahl des Bildungswegs

(1) Über alle weiteren Bildungswege nach der Grundschule entscheiden die Erziehungsberechtigten. Volljährige Schüler entscheiden selbst.

(2) In die Hauptschule und Werkrealschule, die Realschule, das Gymnasium, das Kolleg, die Berufsfachschule, das Berufskolleg, die Berufsoberschule und die Fachschule kann nur derjenige Schüler aufgenommen werden, der nach seiner Begabung und Leistung für die gewählte Schulart geeignet erscheint.

(3) Schüler, welche nach Begabung oder Leistung die Voraussetzungen für den erfolgreichen Besuch einer der in Absatz 2 genannten Schulen nicht erfüllen, werden aus der Schule entlassen; sie haben, falls sie noch schulpflichtig sind, eine Schule der ihrer Begabung entsprechenden Schulart zu besuchen. Satz 1 gilt nicht im Falle eines zieldifferenten Unterrichts nach § 15 Absatz 4.

(4) Die Aufnahme eines Schülers in eine der in Absatz 2 genannten Schulen oder in eine Gemeinschaftsschule darf nicht deshalb abgelehnt werden, weil der Schüler nicht am Schulort wohnt; die Aufnahme in eine Schule gemäß § 73 Absatz 2 nicht deshalb, weil die Entscheidung der Erziehungsberechtigten für eine der auf der Grundschule aufbauenden Schularten nicht der Grundschulempfehlung entspricht. Ein Anspruch auf Aufnahme in eine bestimmte Schule besteht nicht, solange der Besuch einer anderen Schule desselben Schultyps möglich und der Schülerin oder dem Schüler zumutbar ist; die Schulaufsichtsbehörde kann Schülerinnen und Schüler einer anderen Schule desselben Schultyps zuweisen, wenn

1. dies zur Bildung annähernd gleich großer Klassen, Gruppen oder Lerngruppen im jeweiligen Schulaufsichtsbezirk,
2. bei Erschöpfung der Aufnahmekapazität einer Schule oder
3. zur Vermeidung der Bildung einer weiteren Eingangsklasse einer Schule oder zusätzlicher Klassen, Gruppen oder Lerngruppen im jeweiligen Schulaufsichtsbezirk erforderlich und der Schülerin oder dem Schüler zumutbar ist.

Die Schulaufsichtsbehörde hört vor der Entscheidung die Eltern der betroffenen Schüler an.

⇨ Abschlüsse und Bildungswege; ⇨ AufnahmeVO;
⇨ Bildungsberatung; ⇨ Multilaterale VersetzungsVO

§ 89
(Verordnungsermächtigung; hier nicht abgedruckt)

§ 90
Erziehungs- und Ordnungsmaßnahmen

(Hierzu die Tabelle auf der nächsten Seite beachten)

(1) Erziehungs- und Ordnungsmaßnahmen dienen der Verwirklichung des Erziehungs- und Bildungsauftrags der Schule, der Erfüllung der Schulbesuchspflicht, der Einhaltung der Schulordnung und dem Schutz von Personen und Sachen innerhalb der Schule. ⇨ Mobbing; ⇨ Schulpflicht (Durchsetzung)

Hinweis der Redaktion: Erziehungs- und Ordnungsmaßnahmen sind nur bei schulbezogenem Fehlverhalten zulässig. „Schulbezogen" ist jedes Verhalten, das in den Schulbetrieb konkret feststellbar störend hineinwirkt; das Fehlverhalten ist also nicht ausschließlich räumlich und zeitlich, sondern auch inhaltlich bestimmt. So bleiben Auseinandersetzungen innerhalb der Klasse (z.B. Mobbing) auch dann „schulbezogen", wenn sie außerhalb der Schule auf dem Schulweg oder am Nachmittag stattfinden beziehungsweise fortgesetzt werden, und fallen unter den Schutzbereich von § 90 SchG.

(2) Erziehungs- und Ordnungsmaßnahmen kommen nur in Betracht, soweit pädagogische Erziehungsmaßnahmen nicht ausreichen; hierzu gehören auch Vereinbarungen über Verhaltensänderungen des Schülers mit diesem und seinen Erziehungsberechtigten. Bei allen Erziehungs- und Ordnungsmaßnahmen ist der Grundsatz der Verhältnismäßigkeit zu beachten. Die Schule kann von Erziehungs- und Ordnungsmaßnahmen absehen, wenn der Schüler durch soziale Dienste Wiedergutmachung leistet.

Hinweise der Redaktion:

1. Zu den „pädagogischen Erziehungsmaßnahmen" unterhalb der Schwelle von „Erziehungs- und Ordnungsmaßnahmen" gehören vielfältige Formen der Einwirkung auf die Schüler*innen und deren Eltern (vgl. § 85) – vom Gespräch, der Ermahnung oder dem Tadel bis hin zum sogenannten „Eintrag" in das Klassentagebuch (schriftlicher Tadel) oder zur sofortigen Wiedergutmachung eines angerichteten Schadens. Ein „Eintrag" ist die schriftliche Fixierung (Dokumentation) eines schulisch relevanten Vorgangs, z.B. des Fehlverhaltens eines Schülers bzw. einer Schülerin. Rechtlich ist ein „Eintrag" – obwohl er eine ähnliche Wirkung entfaltet und deshalb häufig auch zum Zweck der Disziplinierung eingesetzt wird – formal keine „Erziehungs- und Ordnungsmaßnahme", sondern eine davor liegende „pädagogische Erziehungsmaßnahme" .
2. Statt der Verhängung von „Erziehungs- und Ordnungsmaßnahmen" im Sinne von § 90 SchG können Schüler*innen auch zu Aufräum- oder Reinigungsarbeiten in der Schule oder zur Arbeit in sozialen Einrichtungen usw. herangezogen werden (sogenannte „soziale Strafen"). Dies ist jedoch nur im Einvernehmen mit den Erziehungsberechtigten möglich. Werden Schüler*innen zur unmittelbaren Wiedergutmachung eines von ihnen angerichteten Schadens herangezogen (z.B. Reinigung einer von ihnen verschmutzten Sache) so liegt ebenfalls keine „Erziehungs- und Ordnungsmaßnahme" im Sinne von § 90 SchG vor, sondern eine „pädagogische Erziehungsmaßnahme", die keines besonderen (vorherigen) Einverständnisses der Eltern bedarf.
3. „Kollektivstrafen" sind unzulässig. Es ist nicht statthaft, in die Rechte aller Mitschüler einzugreifen, wenn man nur einen treffen will. Eine strafende Maßnahme darf nur gegen jemand ergriffen werden, der schuldhaft (vorsätzlich oder fahrlässig) fehlgehandelt hat.

(3) Folgende Erziehungs- und Ordnungsmaßnahmen können getroffen werden:

1. Durch den Klassenlehrer oder durch den unterrichtenden Lehrer: Nachsitzen bis zu zwei Unterrichtsstunden;
2. durch den Schulleiter:
   a) Nachsitzen bis zu vier Unterrichtsstunden,
   b) Überweisung in eine Parallelklasse desselben Typs innerhalb der Schule,
   c) Androhung des zeitweiligen Ausschlusses vom Unterricht,
   d) Ausschluss vom Unterricht bis zu fünf Unterrichtstagen, bei beruflichen Schulen in Teilzeitform Ausschluss für einen Unterrichtstag,

nach Anhörung der Klassenkonferenz oder Jahrgangsstufenkonferenz, soweit deren Mitglieder den Schüler selbstständig unterrichten:

e) einen über den Ausschluss vom Unterricht nach Buchstabe d) hinausgehenden Ausschluss vom Unterricht bis zu vier Unterrichtswochen,
f) Androhung des Ausschlusses aus der Schule,
g) Ausschluss aus der Schule.

Im Rahmen von Nachsitzen können auch Maßnahmen zur Schadenswiedergutmachung und aus dem Fehlverhalten begründete Tätigkeiten angeordnet werden. Nachsitzen gemäß Nummer 2 Buchst. a oder die Überweisung in eine Parallelklasse kann mit der Androhung des zeitweiligen Ausschlusses vom Unterricht verbunden werden; der zeitweilige Ausschluss vom Unterricht kann mit der Androhung des Ausschlusses aus der Schule verbunden werden. Die aufschiebende Wirkung von Widerspruch und Anfechtungsklage entfällt. Die körperliche Züchtigung ist ausgeschlossen.

Hinweise der Redaktion:

1. Der Katalog in § 90 Abs. 3 ist abschließend, nur diese Erziehungs- und Ordnungsmaßnahmen sind zulässig. Andere Sanktionen, z.B. „reduzierter Unterricht" (zeitweilige Unterrichtung eines Schülers nur in den Kernfächern bzw. die Androhung dieser Maßnahme), greifen stärker als nur eine pädagogische Erziehungsmaßnahme (§ 90 Abs. 2 SchG) in den Anspruch des Schülers auf eine seiner Begabung entsprechende Erziehung und Ausbildung ein und sind deshalb unzulässig.
   ⇨ Juristische Terminologie; ⇨ Verfassung Art. 11
2. „Automatische" oder katalogmäßige Sanktionen (z.B. „Dreimal keine Hausaufgaben = 1 Stunde Nachsitzen" oder: „Sechsmal keine Hausaufgaben = 3 Tage Unterrichtsausschluss") sind unzulässig. Es muss jeweils ein konkretes Fehlverhalten festgestellt und hierauf eine individuelle, pädagogisch angemessene Reaktion gefunden werden.
3. Erziehungs- und Ordnungsmaßnahmen nach § 90 Abs. 3 Ziffer 2 SchG dürfen – außer bei Verhinderung – nur vom Schulleiter bzw. der Schulleiterin selbst verhängt werden. Eine ständige Übertragung der Zuständigkeit auf stellvertretende Schulleiter- oder Abteilungsleiter*innen ist nicht möglich. (Quelle: RP Stuttgart; 4.4.2008; AZ: 7-6602.0/10)
4. In Konferenzen gemäß § 90 Abs. 3 führt die Schulleiterin bzw. der Schulleiter den Vorsitz und besitzt Stimmrecht (vgl. ⇨ Konferenzordnung § 2 Abs. 2).
5. Ein kurzzeitiger Unterrichtsausschluss in der Form des „Vor-die-Türe-Stellens" ist nicht als Erziehungs- und Ordnungsmaßnahme, sondern als pädagogische Maßnahme zu werten, die in die Zuständigkeit der unterrichtenden Lehrkraft fällt. Werden Schüler*innen hingegen heim- oder (bei beruflichen Schulen) in den Betrieb geschickt, stellt dies einen zeitweiligen Unterrichtsausschluss dar, der in die Zuständigkeit der Schulleiterin bzw. des Schulleiters fällt. (Quelle: KM; 7.12.2005; LT-Drucksache 13/4705)
   Hierzu auch den Beitrag ⇨ Aufsichtspflicht beachten.
6. Das Bürgerliche Gesetzbuch (BGB § 1631 Abs. 2) bestimmt: „Kinder haben ein Recht auf gewaltfreie Erziehung. Körperliche Bestrafungen, seelische Verletzungen und andere entwürdigende Maßnahmen sind unzulässig". Das BGB regelt zwar nur das elterliche Erziehungsrecht, aufgrund der in Art. 1 GG enthaltenen Verpflichtung des Staates zum Schutz der Menschenwürde sind entwürdigende Erziehungsmaßnahmen jedoch auch in der Schule in <u>jedem</u> Fall verboten, also nicht nur die körperliche Züchtigung. Dieser Grundsatz des 1631 BGB, lässt sich, auch wenn er auf das Schulverhältnis nicht unmittelbar anwendbar ist, zumindest indirekt auf dieses Verhältnis anwenden, da dieser Grundsatz ein Auslegungsmaßstab für die Rechte und Pflichten der Lehrkräfte ist. Diese dürfen nämlich keinesfalls mehr oder härter strafen als die Eltern.
7. Die Schule ist verpflichtet, der Schulaufsichtsbehörde Fälle von rassistisch, antisemitisch und anderweitig bedingten Diskriminierungen zu melden, auf die sie mit Maßnahmen nach § 90 SchulG reagiert hat oder voraussichtlich reagieren wird oder auf die hin Strafverfolgungsbehörden informiert wurden oder informiert werden sollen. Bei schwerwiegenden Fällen müssen die Schulen vor Ergreifen von schulischen Maßnahmen Rücksprache mit den zuständigen Schulaufsichtsbehörden halten. (Quelle: KM 26.11.2020, AZ: RA-7162.0/267)

(4) Vor dem Ausschluss aus der Schule wird auf Wunsch des Schülers, bei Minderjährigkeit auf Wunsch der Erziehungsberechtigten, die Schulkonferenz angehört. Nach dem Ausschluss kann die neu aufnehmende Schule die Aufnahme von einer Vereinbarung über Verhaltensänderungen des Schülers abhängig machen und eine Probezeit von bis zu sechs Monaten festsetzen, über deren Bestehen der Schulleiter entscheidet.

Hinweise der Redaktion:

1. In der amtlichen Begründung zur Änderung des § 90 Abs. 4 Satz 2 (LT-Drucksache 13/1424) wird zur Probezeit mitgeteilt:
   „Nach dem Schulausschluss stellt sich die Frage, in welcher Schule der Schüler Aufnahme finden soll. Hier ist es wichtig, in der neuen Schule schulinterne Widerstände zu relativieren, andererseits dem Schüler aber auch vor Augen zu führen, dass sein Neuanfang an der neuen Schule mit einer Änderung seines bisherigen Verhaltens verbunden sein muss. [...] Da der Schulleiter gemäß § 41 SchG über die Aufnahme entscheidet, muss er auch für die Entscheidung über das Bestehen der Probezeit zuständig sein. [...] Die Aufnahme des Schülers steht also während der Probezeit unter dem Vorbehalt, dass er sich kein weiteres Fehlverhalten zu Schulden kommen lässt. Bei einem weiteren Fehlverhalten liegt es in der Entscheidung des Schulleiters, die Aufnahme zurückzunehmen; hierzu bedarf es [...] nicht der Beteiligung der Klassen-, Jahrgangsstufen- oder Schulkonferenz. Da die Rücknahme der Aufnahme während der Probezeit in der sozialen Wirklichkeit einem Schulausschluss nahe kommt, gelten im Prinzip die Kriterien des Absatzes 6. Allerdings ist die Probezeit zugleich eine Bewährungsfrist. Dem Schüler kann also bei einem neuen Fehlverhalten auch sein früheres Fehlverhalten an der Schule, die er zuvor besucht hat, zugerechnet werden. Daher kann der Schulleiter die Probezeit auch wegen eines solchen, neuen Fehlverhaltens als nicht bestanden ansehen, das für sich allein noch keinen Ausschluss rechtfertigen würde."
2. Stellt die aufnehmende Schule zum Ablauf der Probezeit fest, dass die notwendige Bewährung nicht erreicht wurde, so muss der bzw. die Schülerer*in auch diese Schule verlassen.
3. Bei der – im Einzelfall schwierigen – Auswahl der neuen Schule muss die „abgebende" Schule aufgrund der gemeinsamen Erziehungsverantwortung von Elternhaus und Schule (§ 55 SchG) die Erziehungsberechtigten unterstützen. Bleibt die Suche erfolglos, entscheidet die Schulaufsichtsbehörde.

(5) Die obere Schulaufsichtsbehörde kann den Ausschluss aus der Schule auf alle Schulen des Schulorts, des Landkreises oder ihres Bezirks, die oberste Schulaufsichtsbehörde kann den Ausschluss, außer bei Schülern mit einem Anspruch auf ein sonderpädagogisches Bildungsangebot, auf alle Schulen des Landes ausdehnen. Die Ausdehnung des Ausschlusses wird dem Jugendamt mitgeteilt.

⇨ Jugendhilfe (Landesrecht – LJKG)

(6) Ein zeitweiliger Ausschluss vom Unterricht, seine Androhung oder eine Androhung des Ausschlusses aus der Schule sind nur zulässig, wenn

ein Schüler durch schweres oder wiederholtes Fehlverhalten seine Pflichten verletzt und dadurch die Erfüllung der Aufgabe der Schule oder die Rechte anderer gefährdet. Ein Ausschluss aus der Schule ist zulässig, wenn es einem Mitschüler wegen Art und Schwere der Beeinträchtigungen und deren Folgen nicht zumutbar ist, mit dem Schüler weiter dieselbe Schule zu besuchen, oder einer Lehrkraft, ihn weiter zu unterrichten; dem Schutz des Opfers gebührt Vorrang vor dem Interesse dieses Schülers am Weiterbesuch einer bestimmten Schule. Im Übrigen ist ein Ausschluss aus der Schule nur zulässig, wenn neben den Voraussetzungen des Satzes 1 das Verbleiben des Schülers in der Schule eine Gefahr für die Erziehung und Unterrichtung, die sittliche Entwicklung, Gesundheit oder Sicherheit der Mitschüler befürchten lässt.

(7) Vor der Entscheidung nachzusitzen genügt eine Anhörung des Schülers. Im Übrigen gibt der Schulleiter dem Schüler, bei Minderjährigkeit auch den Erziehungsberechtigten, Gelegenheit zur Anhörung; Schüler und Erziehungsberechtigte können einen Beistand hinzuziehen.

(8) Ein zeitweiliger Ausschluss vom Unterricht kann, ein wiederholter zeitweiliger Ausschluss vom Unterricht soll dem Jugendamt mitgeteilt werden; ein Ausschluss aus der Schule wird dem Jugendamt mitgeteilt. Hierbei soll ein Gespräch zwischen dem Jugendamt und der Schule stattfinden. Ein zeitweiliger Ausschluss vom Unterricht, seine Androhung, ein Ausschluss aus der Schule oder seine Androhung wird den für die Berufserziehung des Schülers Mitverantwortlichen mitgeteilt.

(9) Der Schulleiter kann in dringenden Fällen einem Schüler vorläufig bis zu fünf Tagen den Schulbesuch untersagen, wenn ein zeitweiliger Ausschluss vom Unterricht zu erwarten ist oder er kann den Schulbesuch vorläufig bis zu zwei Wochen untersagen, wenn ein Ausschluss aus der Schule zu erwarten ist. Zuvor ist der Klassenlehrer zu hören. Absatz 3 Satz 4 gilt entsprechend.

Hinweis der Redaktion: Geben Schüler*innen wegen vorhergegangener erheblicher Störungen Anlass zur Sorge, dass sie den Erfolg der Veranstaltung konkret gefährden, können sie hiervon ausgeschlossen und für diese Zeit einer Parallelklasse zugewiesen werden (VG Karlsruhe, 23.6.1992; AZ: 8 K 345/92). Dies ist dann keine „Erziehungs- und Ordnungsmaßnahme" gem. § 90 Abs. 3 Nr. 2 b SchG, also keine Sanktion für vorausgegangenes Fehlverhalten, sondern eine präventive Maßnahme gem. § 23 Abs. 2 i.V.m. § 41 SchG zur Aufrechterhaltung der Ordnung des Schulbetriebs und zur Erfüllung der ihr übertragenen unterrichtlichen und erzieherischen Aufgaben. Es ist geboten, vor einer solchen einschneidenden Maßnahme zunächst die pädagogischen Erziehungsmaßnahmen sowie die „Erziehungs- und Ordnungsmaßnahmen" gem. § 90 auszuschöpfen sowie den/die Schüler*in bzw. die Erziehungsberechtigten und die Klassen- bzw. Jahrgangsstufenkonferenz zu hören.

⇨ Ermessen; ⇨ Jugendhilfe (LJKG); ⇨ Klassenlehrkraft; ⇨ Konferenzordnung § 4; ⇨ Schulkonferenzordnung

§ 91
Schulgesundheitspflege

(1) Die Schüler sind verpflichtet, sich im Rahmen der Schulgesundheitspflege durch das Gesundheitsamt beraten und untersuchen zu lassen.

(2) Die Pflicht zur Untersuchung besteht nach Beginn des Schuljahres auch für Kinder, die bis zum in § 73 Absatz 1 Satz 1 genannten maßgeblichen Stichtagdes laufenden Kalenderjahres das vierte Lebensjahr vollendet haben; für diese Kinder wird in begründeten Fällen eine Sprachstandsdiagnose durchgeführt. [...] Darüber hinaus besteht in begründeten Fällen die Pflicht zur Untersuchung für die zur Schule angemeldeten Kinder.

(3) Die Pflicht zur Untersuchung besteht nach Beginn des Schuljahres auch für die Kinder, die bis zum 30. September des laufenden Kalenderjahres das vierte Lebensjahr vollendet haben; für diese Kinder führt das Gesundheitsamt in begründeten Fällen eine Sprachstandsdiagnose durch, [...]. Darüber hinaus besteht in begründeten Fällen die Pflicht zur Untersuchung für die zur Schule angemeldeten Kinder.

⇨ Einschulung und schulärztliche Untersuchung; ⇨ Jugendzahnpflege

§ 92
Ordnungswidrigkeiten

(1) Ordnungswidrig handelt, wer vorsätzlich oder fahrlässig

1. den Verpflichtungen nach § 72 Abs. 3 oder 3a nicht nachkommt oder die ihm nach § 85 obliegenden Pflichten verletzt,
2. die aufgrund des § 87 zur Durchführung der Schulpflicht erlassenen Rechtsvorschriften oder als Erziehungsberechtigter die ihm nach der Schulordnung obliegenden Pflichten verletzt, sofern auf die Bußgeldbestimmung dieses Gesetzes ausdrücklich verwiesen wird.

(2) Die Ordnungswidrigkeit kann mit einer Geldbuße geahndet werden. ⇨ Schulbesuchsverordnung

8. Teil: Schulgeld- und Lernmittelfreiheit, Erziehungsbeihilfen

§ 93
Schulgeldfreiheit

(1) Der Unterricht an den öffentlichen Grundschulen, Hauptschulen, Werkrealschulen, Realschulen, Gymnasien, Gemeinschaftsschulen, Kollegs, Berufsschulen, Berufsfachschulen, Berufskollegs, Berufsoberschulen und sonderpädagogischen Bildungs- und Beratungszentren ist unentgeltlich. Dies gilt auch für den Unterricht in den im Lehrplan vorgesehenen wahlfreien Fächern und Kursen.

(2) Für den Besuch sonstigen Unterrichts kann Schulgeld erhoben werden.

(3) Ausländische Schüler stehen den einheimischen gleich.

⇨ Haushalt; ⇨ Migrationshintergrund; ⇨ Urheberrecht

§ 94
Lernmittelfreiheit

(1) In den öffentlichen Grundschulen, Hauptschulen, Werkrealschulen, Realschulen, Gymnasien, Gemeinschaftsschulen, Kollegs, Berufsschulen, Berufsfachschulen, Berufskollegs, Berufsoberschulen und sonderpädagogischen Bildungs- und

Beratungszentren hat der Schulträger den Schülern alle notwendigen Lernmittel mit Ausnahme von Gegenständen geringen Wertes leihweise zu überlassen, sofern die Lernmittel nicht von den Erziehungsberechtigten oder den Schülern selbst beschafft werden; ausnahmsweise werden sie zum Verbrauch überlassen, wenn Art oder Zweckbestimmung des Lernmittels eine Leihe ausschließen. Gegenstände, die auch außerhalb des Unterrichts gebräuchlich sind, gelten nicht als Lernmittel.

(2) Das Kultusministerium bestimmt durch Rechtsverordnung, welche Lernmittel notwendig und welche davon zum Verbrauch zu überlassen sind.

(3) Ausländische Schüler stehen den einheimischen gleich.

⇨ Haushalt (Allgemeines); ⇨ Lehrmittel und Schuleinrichtung; ⇨ Lernmittel (Zulassung); ⇨ Lernmittelfreiheit (Allgemeines); ⇨ Lernmittelverordnung; ⇨ Lernmittelverzeichnisse; ⇨ Urheberrecht (Allgemeines); ⇨ Urheberrecht (GEMA / Kopien); ⇨ Verfassung Art. 14

§ 95
Erziehungsbeihilfen

(1) Schüler in öffentlichen Schulen und Schulen in freier Trägerschaft können Erziehungsbeihilfen im Rahmen der zur Verfügung stehenden Haushaltsmittel erhalten, soweit nicht ein Anspruch auf Förderung nach bundesrechtlichen oder anderen landesrechtlichen Vorschriften besteht oder ausgeschlossen ist. ⇨ Verfassung Art. 11

(2) Ziel der Förderung ist es, Schülern, die nach ihrer Begabung und Leistung eine Erziehungsbeihilfe rechtfertigen, einen Zuschuss zum Lebensunterhalt zu leisten, wenn die hierfür erforderlichen Mittel anderweitig nicht zur Verfügung stehen. [...].

9. Teil: Religionsunterricht

§ 96
Grundsätze

(1) Der Religionsunterricht ist ordentliches Lehrfach an allen öffentlichen Schulen.

(2) Der Religionsunterricht wird, nach Bekenntnissen getrennt, in Übereinstimmung mit den Lehren und Grundsätzen der betreffenden Religionsgemeinschaft von deren Beauftragten erteilt und beaufsichtigt.

(3) Für eine religiöse Minderheit von mindestens acht Schülern an einer Schule ist Religionsunterricht einzurichten.

Hinweise der Redaktion:

1. Zur Teilnahme verpflichtet sind nur Schüler*innen, die einer Religion angehören. Zur Feststellung der Bekenntniszugehörigkeit siehe ⇨ Datenschutz (Schulen) Nr. 2.3.1.2.
2. „Eingerichtet“ im Sinne von § 96 SchG ist in Baden-Württemberg alevitischer, altkatholischer, evangelischer, islamisch-sunnitischer, jüdischer, römisch-katholischer, (bulgarisch-, georgisch-, russisch-, griechisch-, rumänisch-, serbisch-)orthodoxer sowie syrisch-orthodoxer Religionsunterricht. „Eingerichtet“ ist Religionsunterricht auch dann, wenn er außerhalb des Schulgebäudes und der allgemeinen Unterrichtszeiten stattfindet. In letzterem Fall bescheinigt die Religionsgemeinschaft die Teilnahme und teilt der Schule die Noten für das Fach Religionslehre zum Eintrag in das Zeugnis mit. Gruppen, für die jüdischer Religionsunterricht erteilt wird, können ab einer Zahl von zwei Schüler*innen gebildet werden. (Quelle: K.u.U. S. 36/2023)

(4) Wird für eine religiöse Minderheit von weniger als acht Schülern religiöse Unterweisung erteilt, hat der Schulträger den Unterrichtsraum unentgeltlich zur Verfügung zu stellen.

⇨ Ethik; ⇨ Grundgesetz Art. 7 und 140; ⇨ Religion (Allgemeines); ⇨ Religionsunterricht (Teilnahme); ⇨ Schul- und Schülergottesdienst; ⇨ Verfassung Art. 18

Hätten Sie's gewusst? – Eltern fragen, wir antworten.

Darf die Elternvertretung an die Presse gehen?

Frage: Wir wollen in dem Amtsblättle unserer Gemeinde einen einstimmigen Beschluss des Elternbeirats bekanntgeben, mit dem wir uns für den baldigen Bau einer eigenen Schulturnhalle aussprechen. Dürfen wir das überhaupt? Oder geht das nur über die Schulleitung?

Antwort: Nach § 41 ⇨ Schulgesetz obliegt der Schulleitung die Vertretung der Schule nach außen und die Pflege ihrer Beziehungen zur Öffentlichkeit. Nur die Schulleitung darf deshalb namens der Schule Erklärungen abgeben oder Informationen an Außenstehende (z.B. die Presse) erteilen.

Davon unberührt ist das Recht der Elternvertretung, sich im Interesse der Schule (jedoch nicht im Namen der Schule als Institution!) an die Öffentlichkeit zu wenden, ist. Denn nach § 57 Schulgesetz *„obliegt“* dem Elternbeirat u.a., *„an der Verbesserung der inneren und äußeren Schulverhältnisse mitzuarbeiten und das Verständnis der Öffentlichkeit für die Erziehungs- und Bildungsarbeit der Schule zu stärken“*. Er besitzt also sogar die Pflicht, sich an die Öffentlichkeit zu wenden, wenn das der Schule nützt. Diese „Öffentlichkeit“ können beispielsweise die Großeltern und sonstigen Verwandten der Schüler*innen sein, denn auch die haben ein Interesse am Zustand von deren Schule und können sich für Verbesserungen einsetzen, das können aber auch alle anderen Bürger*innen am Schulort sein, die in den örtlichen Medien (Tageszeitung, Online-Blogs, Amtsblatt der Gemeinde) hiervon erfahren.

Der Elternbeirat muss seine öffentlichen Informationen an diese Adressaten nicht über die Schulleitung herausgeben, sondern er besitzt ein originäres Recht zur Öffentlichkeitsarbeit im Interesse der Schule. Es empfiehlt sich aber stets, um diesen Interessen nicht zu schaden, derartige Informationen nur nach sorgfältiger Prüfung des Sachverhalts herauszugeben. Der Elternbeirat sollte deshalb vor jeder Publikation das vertrauensvolle Gespräch mit der Schulleitung suchen und sie um Informationen zum jeweiligen Sachverhalt bitten. Mehr dazu steht unter: ⇨ Elternvertretung (Presse und Öffentlichkeit).

§ 97
Religionslehrer

(1) Zur Erteilung des Religionsunterrichts und zur religiösen Unterweisung können neben Geistlichen und staatlich ausgebildeten Lehrern, Diplomtheologen und graduierten Religionspädagogen, die zur Erteilung des Unterrichts bereit und von der Religionsgemeinschaft dazu bevollmächtigt sind, nur solche Personen zugelassen werden, die eine katechetische Ausbildung erhalten haben.

(2) Die Voraussetzungen für die Bevollmächtigung der Lehrer zur Erteilung des Religionsunterrichts und zur religiösen Unterweisung werden von den Religionsgemeinschaften bestimmt. Die Richtlinien für die Ausbildung und den Nachweis der Eignung und Lehrbefähigung der kirchlich ausgebildeten Religionslehrer werden zwischen dem Kultusministerium und den Religionsgemeinschaften vereinbart.

Hinweis der Redaktion: Religionslehrkräfte im Dienst des Landes dürfen an der gleichen Schule nicht gleichzeitig sowohl im Ethik- als auch im Religionsunterricht eingesetzt werden. (Quelle: K.u.U. S. 201/2008)

(3) *(Ermächtigung; nicht abgedruckt)*

§ 98
Lehrplan und Schulbücher

Die Religionsgemeinschaft stellt den Lehrplan für den Religionsunterricht auf und bestimmt die Religionsbücher für die Schüler; die Bekanntgabe besorgt das Kultusministerium. § 94 Abs. 2 bleibt unberührt.

§ 99
Aufsicht über den Religionsunterricht

(1) Die Aufsicht der Religionsgemeinschaften über den Religionsunterricht wird durch religionspädagogisch erfahrene Beauftragte der Religionsgemeinschaften wahrgenommen.

(2) Die allgemeine Aufsicht des Staates erstreckt sich darauf, dass bei der Erteilung des Religionsunterrichts der Stundenplan beachtet, die Unterrichtszeit eingehalten und die Schulordnung gewahrt wird.

§ 100
Teilnahme am Religionsunterricht

(1) Über die Teilnahme am Religionsunterricht bestimmen die Erziehungsberechtigten. Nach Eintritt der Religionsmündigkeit steht dieses Recht aus Glaubens- und Gewissensgründen dem Schüler zu.

Hinweis der Redaktion: Das Gesetz über die religiöse Kindererziehung bindet das Bestimmungsrecht der Erziehungsberechtigten mit Vollendung des 12. Lebensjahres an die Zustimmung des Kindes (negative Religionsmündigkeit); ab dem 14. Lebensjahr entscheidet das Kind selbst (positive Religionsmündigkeit).

(2) Die Erklärung über die Abmeldung vom Religionsunterricht ist gegenüber dem Schulleiter schriftlich, von einem minderjährigen religionsmündigen Schüler persönlich abzugeben. Zum Termin zur Abgabe der persönlichen Erklärung des religionsmündigen Schülers sind die Erziehungsberechtigten einzuladen. ⇨ Religionsunterricht (Teilnahme)

(3) Die Abmeldung vom Religionsunterricht ist nur zu Beginn eines Schulhalbjahres zulässig.

10. Teil: Ethikunterricht, Geschlechtserziehung

§ 100 a
Ethikunterricht

(1) Für Schüler, die nicht am Religionsunterricht teilnehmen, wird das Fach Ethik als ordentliches Unterrichtsfach eingerichtet.

(2) Ethikunterricht dient der Erziehung der Schüler zu verantwortungs- und wertbewusstem Verhalten. Sein Inhalt orientiert sich an den Wertvorstellungen und den allgemeinen ethischen Grundsätzen, wie sie in Verfassung und im Erziehungs- und Bildungsauftrag des § 1 niedergelegt sind. Der Unterricht soll diese Vorstellungen und Grundsätze vermitteln sowie Zugang zu philosophischen und religionskundlichen Fragestellungen eröffnen.

(3) Das Kultusministerium stellt bei Vorliegen der personellen und sächlichen Voraussetzungen durch Rechtsverordnung fest, ab welchem Zeitpunkt der Unterricht im Fach Ethik in den einzelnen Schularten und Klassen zu besuchen ist. ⇨ Ethik

§ 100 b
Familien- und Geschlechtserziehung

(1) Unbeschadet des natürlichen Erziehungsrechts der Eltern gehört Familien- und Geschlechtserziehung zum Erziehungs- und Bildungsauftrag der Schule. Sie wird unter Wahrung der Toleranz für unterschiedliche Wertauffassungen fächerübergreifend durchgeführt.

⇨ Geschlechtserziehung

(2) Ziel der Familien- und Geschlechtserziehung ist es, die Schüler altersgemäß mit den biologischen, ethischen, kulturellen und sozialen Tatsachen und Bezügen der Geschlechtlichkeit des Menschen vertraut zu machen. Die Familien- und Geschlechtserziehung soll das Bewusstsein für eine persönliche Intimsphäre und für partnerschaftliches Verhalten in persönlichen Beziehungen und insbesondere in Ehe und Familie entwickeln und fördern.

(3) Die Erziehungsberechtigten sind zuvor über Ziel, Inhalt und Form der Geschlechtserziehung sowie über die hierbei verwendeten Lehr- und Lernmittel zu informieren.

(4) *(Verordnungsermächtigung; nicht abgedruckt)*

11. Teil Staatliche sonderpädagogische Bildungs- und Beratungszentren mit Internat und sonderpädagogische Bildungs- und Beratungszentren mit Internat in freier Trägerschaft

§ 101
Sonderpädagogische Bildungs- und Beratungszentren mit Internat in freier Trägerschaft

(1) Sonderpädagogische Bildungs- und Beratungszentren mit Internat in freier Trägerschaft bedürfen der Genehmigung der oberen Schulaufsichtsbehörde.

(2) Für die sonderpädagogischen Bildungs- und Beratungszentren mit Internat in freier Trägerschaft

gelten das Privatschulgesetz und die hierzu ergangenen Vollzugsvorschriften mit der Maßgabe, dass die §§ 6, 7 und 8 Privatschulgesetz auch auf Ergänzungsschulen und § 8 Privatschulgesetz auch auf Erziehungskräfte Anwendung finden.

⇨ Privatschulgesetz

(3) Die vor dem Inkrafttreten dieses Gesetzes erteilten Genehmigungen bleiben in Kraft.

§ 102 Kosten der Heimunterbringung (aufgehoben)
(jetzt in ⇨ Gebühren Nr. 3 enthalten)

Hinweis der Redaktion: § 103 (Lehrer an sonderpädagogischen Bildungs- und Beratungszentren mit Internat in freier Trägerschaft) / § 104 (Versorgungsberechtigung) / § 105 (Zuschuss zu den Personalkosten der sonderpädagogischen Bildungs- und Beratungszentren mit Internat in freier Trägerschaft) / § 106 (Zuschüsse zu den Sachkosten der sonderpädagogischen Bildungs- und Beratungszentren mit Internat in freier Trägerschaft) sind nicht abgedruckt.

12. Teil
Schlussvorschriften

§ 107
Schulen besonderer Art

(1) Die Staudinger-Gesamtschule Freiburg im Breisgau, die Internationale Gesamtschule Heidelberg und die Integrierte Gesamtschule Mannheim-Herzogenried* können in den Klassenstufen 5 bis 10 als Schulen besonderer Art ohne Gliederung nach Schularten geführt werden. Der Unterricht kann in Klassen und in Kursen stattfinden, die nach der Leistungsfähigkeit der Schüler gebildet werden. Die Schulen führen nach der Klasse 9 zum Hauptschulabschluss und nach der Klasse 10 zum Realschulabschluss oder zur Berechtigung zum Übergang in die Oberstufe oder in die Jahrgangsstufe 11 des Gymnasiums.

* Dies sind die drei ⇨ Gesamtschulen in B-W; Anm. d. Red.

(2) *(Verordnungsermächtigung; hier nicht abgedruckt)*

§ 107 a
Deutsch-Französische Grundschulen

(1) Deutsch-Französische Grundschulen sind Grundschulen gemäß § 5. Die Schulen bereiten auf den Besuch einer auf der Grundschule aufbauenden Schule im Sinne dieses Gesetzes oder nach dem französischen Schulsystem vor. Der Unterricht kann von Lehrkräften erteilt werden, die im Dienst der Französischen Republik stehen und der Schulaufsicht der französischen Behörden unterliegen; § 38 findet insoweit keine Anwendung. Die stellvertretende Schulleiterin oder der stellvertretende Schulleiter wird von der Französischen Republik vorgeschlagen und bestellt.

(2) Die Deutsch-Französische Grundschule in Freiburg im Breisgau und die Deutsch-Französische Grundschule Stuttgart-Sillenbuch in Stuttgart, die eine deutsche und eine französische Abteilung führt, sind Schulen gemäß Absatz 1. In Abweichung von § 5 Absatz 1 Satz 5 können die Deutsch-Französische Grundschule in Freiburg im Breisgau und die französische Abteilung der Deutsch-Französischen Grundschule Stuttgart-Sillenbuch in Stuttgart fünf Schuljahre umfassen.

(3) *(Ermächtigung; nicht abgedruckt)*

§ 107 b
Deutsch-französische Abteilung mit Sektion „Französisch als Muttersprache" am Gymnasium in der Normalform

Der Besuch der deutsch-französischen Abteilung mit Sektion „Französisch als Muttersprache" eines Gymnasiums in der Normalform ermöglicht Schülerinnen und Schülern mit und ohne Vorkenntnisse in der französischen Sprache nach acht Schuljahren neben der Hochschulreife gleichzeitig den Erwerb der französischen Hochschulzugangsberechtigung. Dem unterschiedlichen Kenntnisstand wird durch eine auch äußere Differenzierung im Fach Deutsch in den Klassen 5 und 6 sowie im Fach Französisch in den Klassen 5 bis 9 und eine Anpassung der Stundentafel Rechnung getragen. Für Schülerinnen und Schüler mit entsprechenden Vorkenntnissen wird Unterricht in der französischen Sprache auf muttersprachlichem Niveau erteilt. [...] *(Ermächtigung; nicht abgedruckt)*

§ 107c
Bilinguales Profil Deutsch-Italienisch am Gymnasium in der Normalform

Das bilinguale Profil Deutsch-Italienisch am Gymnasium in der Normalform führt beginnend in Klasse 8 nach fünf Schuljahren zum Erwerb der Hochschulreife im Sinne des § 8 Absatz 5, die unmittelbar auch zum Studium an einer Hochschule in der Republik Italien berechtigt; Unterricht kann in einzelnen Fächern von Lehrkräften erteilt werden, die im Dienst der Republik Italien stehen. [...] *(Ermächtigung; nicht abgedruckt)*

§ 107d
Landesgymnasium für Hochbegabte mit Internat

(1) Das Landesgymnasium für Hochbegabte mit Internat in Schwäbisch Gmünd führt geeignete hochbegabte Schülerinnen und Schüler beginnend mit Klasse 7 in einem sechsjährigen Bildungsgang oder ab Klasse 10 in einem dreijährigen Bildungsgang im Ganztagsbetrieb zur Hochschulreife. Das besondere pädagogische Konzept des Landesgymnasiums für Hochbegabte mit Internat in Schwäbisch Gmünd umfasst insbesondere eine klassenübergreifende und leistungsdifferenzierende Lerngruppenbildung, die Bildung jahrgangsübergreifender Lerngruppen beim fächerübergreifenden Unterricht sowie die Vermittlung von Bildungsinhalten in kürzerer Zeit als sonst üblich und deren Erweiterung und Vertiefung durch Zusatzangebote. In den Klassen 7 bis 10 gliedern sich die Schuljahre in Trimester. ⇨ Hochbegabung

(2) Das Landesgymnasium für Hochbegabte mit Internat in Schwäbisch Gmünd besteht aus den Abteilungen

1. Gymnasium für Hochbegabte,
2. Internat und
3. Kompetenzzentrum für Hochbegabtenförderung.

Träger des Gymnasiums und des Internats ist der Schulverband Landesgymnasium für Hochbegabte Schwäbisch Gmünd mit Sitz in Schwäbisch Gmünd.

Träger des Kompetenzzentrums ist das Land. Die drei Abteilungen stehen unter der Leitung der Schulleiterin oder des Schulleiters. Die Schulleiterin oder der Schulleiter ist Vorgesetzte oder Vorgesetzter der Abteilungsleiterinnen und Abteilungsleiter sowie der Lehrkräfte; § 41 Absatz 3 bleibt unberührt.

⇨ Gebühren Nr. 2

§ 107e
Werkgymnasium Heidenheim

Das Werkgymnasium Heidenheim ist ein achtjähriges allgemeinbildendes Gymnasium in der Normalform gemäß § 8 mit besonderer praktisch-naturwissenschaftlicher Ausrichtung. Das Werkgymnasium wird in der Sekundarstufe I an vier Tagen der Woche als eine für Schüler und Eltern verbindliche Ganztagsschule geführt.

Hinweis der Redaktion: § 108 (Fortgeltung der Rechtsstellung) / § 109 ist aufgehoben/ § 110 (Besondere Schulaufsichtsbehörden) / § 111 (Ausbildungsschulen der Pädagogischen Hochschulen) / § 112 (Lehrkräfte an Höheren Mädchenschulen) / § 113 (Aufhebung von Schulstiftungen und Schulpfründen) sind hier nicht abgedruckt.

§ 114
Schulische Qualitätsentwicklung und Qualitätssicherung durch Evaluationen

(1) Alle öffentlichen Schulen sind zur systematischen Qualitätsentwicklung und Qualitätssicherung verpflichtet. Hierzu evaluieren die Schulen ihre Schul- und Unterrichtsqualität in regelmäßigen Abständen (interne Evaluation). Evaluationen nach Satz 2 können durch anlassbezogene oder reguläre Evaluationen ergänzt werden, die vom Institut für Bildungsanalysen Baden-Württemberg durchgeführt werden (externe Evaluation). Die Schulen unterstützen das Institut für Bildungsanalysen Baden-Württemberg bei der Durchführung von externen Evaluationen. Bei der Evaluation werden alle am Schulleben Beteiligten, insbesondere Schülerinnen und Schüler sowie Eltern, miteinbezogen. Die Lehrkräfte sind zur Mitwirkung an Evaluationen verpflichtet. Sofern eine formale Zertifizierung nach anerkannten Standards angestrebt wird, kann die Evaluation nach Wahl der Schule und mit Zustimmung des Kultusministeriums in Absprache mit dem Institut für Bildungsanalysen Baden-Württemberg abweichend von Satz 3 auch durch einen akkreditierten Drittanbieter erfolgen.

⇨ Schulentwicklung und Evaluation

(2) Im Rahmen eines systematischen Bildungsmonitorings führt das Institut für Bildungsanalysen Baden-Württemberg schulstatistische Daten, Schülerleistungsdaten und weitere bildungsbezogene Daten zusammen und wertet diese aufgabenbezogen gemäß § 2 Absatz 2 Nummer 4 des Gesetzes über das Institut für Bildungsanalysen Baden-Württemberg aus. Individuelle Schülerdaten dürfen für diesen Zweck in pseudonymisierter Form verarbeitet werden; Bildungsbiografien müssen nachvollzogen werden können. Schulen und Schulaufsichtsbehörden wirken bei der Datenerhebung im Rahmen des systematischen Bildungsmonitorings mit. Das Institut für Bildungsanalysen Baden-Württemberg stellt Schulen und jeweils zuständigen Schulaufsichtsbehörden regelmäßig Datenauswertungen auf Einzelschulebene zur Verfügung.

(3) Das Kultusministerium kann Schülerinnen und Schüler sowie Lehrkräfte verpflichten, an Lernstandserhebungen von internationalen, nationalen oder landesweiten Vergleichsuntersuchungen teilzunehmen, die schulbezogene Tatbestände beinhalten und Zwecken der Schulverwaltung oder der Bildungsplanung dienen; die Erhebung kann sich auch auf weitere außerschulische Bildungsdeterminanten beziehen, soweit es den Schülerinnen und Schülern und Lehrkräften zumutbar ist.

(4) Das Kultusministerium wird ermächtigt, durch Rechtsverordnung nähere Einzelheiten nach Absatz 1 und 2 insbesondere zu den Themen, den Methoden, den Daten, dem Verfahren, der Speicherung, Auswertung und der Verknüpfung von Daten, den Kriterien und dem zeitlichen Ablauf des systematischen Bildungsmonitorings und der Evaluation zu regeln.

⇨ Datenschutz (Schulen) Teil IV.; ⇨ Schulentwicklung und Evaluation

§ 115
Datenverarbeitung, Statistik

(1) Das Kultusministerium oder das Institut für Bildungsanalysen Baden-Württemberg können mit Wirkung für die Schulen eine oder mehrere Stellen beauftragen, die zu schulübergreifenden Verwaltungszwecken, insbesondere bei Schulwechsel, Schulkooperationen oder zur Feststellung von Mehrfachbewerbungen erforderlichen personenbezogenen Daten von Schülern, Erziehungsberechtigten und denjenigen, denen Erziehung oder Pflege eines Schülers anvertraut ist, und die zu statistischen Zwecken erforderlichen personenbezogenen Daten von Schülern zu verarbeiten; die Schulen werden von der Auftragserteilung unterrichtet. Die Schulen bleiben für diese Daten verantwortlich; sie sind verpflichtet, sie an die beauftragte Stelle weiterzugeben. Der Auftrag kann vorsehen, dass

1. die für die statistischen Zwecke erforderlichen Daten in pseudonymisierter Form automatisiert an das Kultusministerium oder das Institut für Bildungsanalysen Baden-Württemberg übermittelt werden; diese Daten können durch das Kultusministerium, das Institut für Bildungsanalysen Baden-Württemberg, die Schulaufsichtsbehörden und das Statistische Landesamt zu statistischen Zwecken verarbeitet werden,
2. über Satz 1 hinaus für die Schulen die Möglichkeit besteht, auch weitere zur Aufgabenerfüllung der Schule erforderliche Daten von Schülern, Erziehungsberechtigten und denjenigen, denen Erziehung oder Pflege eines Schülers anvertraut ist, durch die beauftragte Stelle verarbeiten zu lassen.

(2) *(Ermächtigung; nicht abgedruckt)*

(3) Eine Schule ist berechtigt, zu schulübergreifenden Verwaltungszwecken personenbezogene Daten von Schülern, deren Erziehungsberechtigten und denjenigen, denen Erziehung oder Pflege eines Schülers anvertraut ist, bei einer anderen Schule zu erheben.

(3a) Zur Erfüllung des Erziehungs- und Bildungsauftrages können Bild- und Tonaufnahmen der Schülerinnen und Schüler hergestellt und weiterverarbeitet werden. Im Rahmen der Leistungsfeststellung gilt dies nur, wenn die jeweilige Aufzeichnung die zu bewertende Schülerarbeit ist. Aufzeichnungen nach Satz 1 sind unverzüglich nach Aufgabenerledigung, solche nach Satz 2 spätestens am Ende des darauffolgenden Schuljahres zu löschen.

(4) Im Übrigen gilt für die Verarbeitung von personenbezogenen Daten durch Schulen und Schulaufsichtsbehörden, soweit durch Rechtsvorschrift nichts anderes bestimmt ist, das Landesdatenschutzgesetz.

➪ Bildungsberatung; ➪ Datenschutz (Schulen); ➪ Migrationshintergrund; ➪ Statistik (Schulen)

§ 116
Schulverwaltungssoftware ›Amtliche Schulverwaltung Baden-Württemberg‹

(1) Die öffentlichen Schulen sind verpflichtet, die Module der Schulverwaltungssoftware ›Amtliche Schulverwaltung Baden-Württemberg‹ zu nutzen und für die Durchführung der amtlichen Schulstatistik die Schulverwaltungssoftware ›Amtliche Schulverwaltung Baden-Württemberg‹ einzusetzen. Soweit für bestimmte Verwaltungsaufgaben in der Schulverwaltungssoftware ›Amtliche Schulverwaltung Baden-Württemberg‹ keine Funktionalitäten bereitgestellt werden, ist insoweit auch die Nutzung anderer Software zulässig.

(2) Die Schulen in freier Trägerschaft stellen die Daten, zu deren Übermittlung an die Kultusverwaltung sie durch Gesetz oder Rechtsverordnung verpflichtet sind, entweder über die Schulverwaltungssoftware ›Amtliche Schulverwaltung Baden-Württemberg‹ oder über ein sonstiges vom Land eingerichtetes Verfahren zur Verfügung.

§ 117
Einschränkung von Grundrechten

Das Grundrecht der körperlichen Unversehrtheit (Artikel 2 Abs. 2 Satz 1 des Grundgesetzes) wird nach Maßgabe dieses Gesetzes eingeschränkt.

➪ Grundgesetz Art. 2

§ 117 a Übergangsbestimmungen (nicht abgedruckt)

§ 118
Inkrafttreten
(Abs. 1 und 2 hier nicht abgedruckt)

(3) Rechte und Pflichten, die sich aus Verträgen mit der evangelischen und katholischen Kirche ergeben, bleiben von den Vorschriften dieses Gesetzes unberührt.

➪ Religion (Allgemeines)

Hätten Sie‘s gewusst? – Eltern fragen, wir antworten.

Konfessionsfrei im Religionsunterricht?

Frage: Wir sind aus der evangelischen Kirche ausgetreten, die ganze Familie, einschließlich der Kinder. Jetzt sagt die Schulleitung, dass unser Sohn noch bis zum Schuljahresende am Religionsunterricht teilnehmen müsse; außerdem solle ich Glaubens- und Gewissengründe für die Abmeldung vorbringen.

Antwort: Das ist ein doppelter Irrtum: Wenn Ihr Kind nach wie vor evangelisch wäre und Sie es vom Religionsunterricht abmelden wollten, dann ginge das tatsächlich nur zum Schulhalbjahr. So steht es in der Verwaltungsvorschrift ➪ Religionsunterricht (Teilnahme und Abmeldung) Nr. 2. Und bei einer Abmeldung vom Religionsunterricht müssten Sie (oder Ihr Kind) tatsächlich gegenüber der Schulleitung bekunden, dass sie aus *„Glaubens- und Gewissengründen“* erfolgt. Aber das genügt dann auch: Die Schule darf nicht nachforschen, worin denn diese *„Gründe“* im Einzelnen bestehen. Und warum Sie aus der Kirche ausgetreten sind, geht die Schule überhaupt nichts an. Religion ist Privatsache.

Aber Ihr Kind ist ja nicht mehr Mitglied einer Religionsgemeinschaft. Das bedeutet: Mit sofortiger Wirkung ist es nicht mehr zum Besuch des Religionsunterrichts verpflichtet, sondern es muss – sofern an der Schule oder der Klassenstufe Ihres Kindes das Fach ➪ Ethik unterrichtet wird – hieran teilnehmen.

Wird an der Schule beziehungsweise der Klassenstufe kein Ethikunterricht, sondern nur Religionsunterricht erteilt (das ist gegenwärtig beispielsweise in der Grundschule der Fall), muss die Schule für die Beaufsichtigung jener Kinder sorgen, die nicht am Religionsunterricht teilnehmen und in dieser Zeit nicht in die Obhut ihrer Eltern zurückkehren können (beispielsweise weil anschließend anderer Unterricht folgt). Das ist mit der Aufsicht über Fahrschüler*innen vergleichbar. ➪ Aufsichtspflicht

Diese Schüler*innen können gegebenenfalls in dieser Zeit auch als Gäste am Unterricht einer anderen Klasse teilnehmen oder sich dort still beschäftigen. Diese *„Mitversorgung“* darf aber nicht im Religionsunterricht erfolgen, selbst wenn sie nur als *„stille Hospitant*innen“* dabeisitzen, denn laut ➪ Grundgesetz Art. 4 i.V.m. Art. 140 darf niemand zur Teilnahme an religiösen Handlungen verpflichtet werden und der Religionsunterricht ist nun einmal eine religiös geprägte Veranstaltung.

Konfessionsfreie oder andersgläubige Schüler*innen dürfen jedoch auf eigenen Antrag am eingerichteten Religionsunterricht teilnehmen; zu den Modalitäten siehe ➪ Religionsunterricht (Teilnahme und Abmeldung) Nr. 1.2. Wenn sie (beziehungsweise die Eltern) der Schule verbindlich (schriftlich) mitteilen, dass sie diesen Besuch beenden wollen, können sie wegen der zitierten grundgesetzlichen Bestimmung den Religionsunterricht ohne Begründung und mit sofortiger Wirkung verlassen (allerdings müssen sie dann, soweit es an der Schule eingerichtet ist, das „Ersatzfach“ Ethik besuchen).

Schulgottesdienst und Schülergottesdienst

Schul- und Schülergottesdienst, Buß- und Bettag; Verwaltungsvorschrift des Kultusministeriums vom 31. Juli 2001 (K.u.U. S. 306/2001); zuletzt geändert 11. November 2009 (K.u.U. S. 223/2009)

Schul- und Schülergottesdienste leisten einen wesentlichen Beitrag zur Verwirklichung des Erziehungs- und Bildungsauftrags der Schule. Sie dienen neben dem Religionsunterricht der religiösen Erziehung der Schülerinnen und Schüler. Dies gilt nicht nur für die Grund-, Haupt- und Werkrealschulen, die nach Artikel 15 Landesverfassung christliche Gemeinschaftsschulen sind, sondern entsprechend dem Auftrag von Grundgesetz, Landesverfassung und Schulgesetz für alle Schularten. Dies erfordert, dass Schul- und Schülergottesdienste im Rahmen der Unterrichtszeit am Vormittag möglich sind. Sie können auch im Schulgebäude abgehalten werden.

➪ Religion (Allgemeines); ➪ Verfassung Art. 15 u. 18

1. Schulgottesdienste

Den Schulen wird empfohlen, zu Beginn und Ende eines Schuljahres, vor oder nach größeren Ferienabschnitten (Weihnachtsferien, Osterferien) sowie am Buß- und Bettag in Absprache mit den örtlichen Kirchenbehörden Schulgottesdienste anzubieten. Dabei soll der Charakter dieser Gottesdienste als Veranstaltung der Schule deutlich werden. Die Teilnahme für Lehrkräfte, Schülerinnen und Schüler ist freiwillig. Der Schulgottesdienst kann auch ökumenisch gestaltet werden.

2. Schülergottesdienste

Schülergottesdienste liegen in der Verantwortung der jeweiligen Religionsgemeinschaft. Es ist jedoch Aufgabe der Schule, ihre Durchführung zu unterstützen. Auf Antrag einer örtlichen Kirchenbehörde haben die allgemeinbildenden Schulen sowie die beruflichen Vollzeitschulen eine Unterrichtsstunde in der Woche während der Unterrichtszeit am Vormittag für den Schülergottesdienst freizuhalten. Dies gilt, wenn und solange die aufgrund der Anzahl nicht teilnehmender Schülerinnen und Schüler entstehenden organisatorischen Schwierigkeiten in vertretbarem Rahmen bleiben. In strittigen Fällen führen die kirchlichen Oberbehörden im Zusammenwirken mit der zuständigen Schulaufsichtsbehörde eine Entscheidung herbei. Wo kein regelmäßiger Schülergottesdienst eingerichtet wird, sollten verstärkt Schulgottesdienste oder Schülergottesdienste in bestimmten Abständen oder zu besonderen Anlässen abgehalten werden (z.B. katholische Gottesdienste am Aschermittwoch oder Allerseelen).

3. Beurlaubung für die Teilnahme an Gottesdiensten am Buß- und Bettag

Schülerinnen und Schüler, die während der Unterrichtszeit an einem von der örtlichen Kirchengemeinde getragenen Gottesdienst teilnehmen wollen, sind hierfür vom Unterricht zu beurlauben.

Hinweise der Redaktion:

1. Was heißt „ökumenisch"?

Diese 1960 erstmals erlassene und seit 1985 nur unwesentlich geänderte VwV geht von der damaligen Realität aus: So gut wie alle Schüler*innen (und Lehrkräfte) waren seinerzeit evangelisch oder katholisch; überwiegend besuchten sie eine „christliche Gemeinschaftsschule", also eine Grund- oder Hauptschule. Unter „Schul-" oder „Schülergottesdienst" wurde damals auch an den anderen Schularten (z.B. Realschule, Gymnasium, berufliche Schulen) eine christliche Kulthandlung verstanden. Die Lage hat sich seitdem grundlegend geändert: Der Anteil der konfessionsfreien Schüler*innen liegt inzwischen höher als jener der evangelischen oder katholischen Kinder und Jugendlichen, zudem gibt es immer mehr Schüler*innen mit nichtchristlicher Bekenntniszugehörigkeit. Die Bestimmung in Ziff. 1: „Der Schulgottesdienst kann auch ökumenisch gestaltet werden", sollte deshalb an allen Schulen so verstanden werden, wie das KM dies in seiner Bekanntmachung zu den Grundsätzen der christlichen Gemeinschaftsschule vom 4.2.2013 (K.u.U. S. 30/2013) formuliert hat: „Hierbei können sie berücksichtigen, dass ggf. nichtchristliche Schüler am Gottesdienst als Gäste teilnehmen. Daneben können die für die Schulen verantwortlichen Religionsgemeinschaften auch interreligiöse Feiern oder Andachten inhaltlich gestalten, in denen das Gemeinsame im Vordergrund steht".

Über die Grundsätze für schulische Veranstaltungen entscheidet die Gesamtlehrerkonferenz mit Zustimmung der Schulkonferenz; vgl. > Konferenzordnung § 2 Abs. 1 Nr. 10. Soweit „Schulgottesdienste" überhaupt angeboten werden, setzen die Schulen dies vielfach kreativ um: Dabei wirken sie mit den verschiedenen Religionsgemeinschaften, auch den nichtchristlichen Denominationen, zusammen und achten auf diskriminierungsfreie Teilnahmemöglichkeiten für konfessionsfreie oder andersgläubige Kinder und Jugendliche..

2. Versicherungsschutz

Schulgottesdienste sind schulische Veranstaltungen und unterfallen deshalb (mit Hin- und Rückweg) der gesetzlichen Unfallversicherung, auch wenn sie in kirchlichen Räumen stattfinden. Schülergottesdienste sind hingegen Veranstaltungen der Religionsgemeinschaften; diese sind haftungsrechtlich verantwortlich. Es besteht aber gesetzlicher Versicherungsschutz auf dem Weg vom Gottesdienst zur Schule, wenn dieser nicht erheblich länger ist als der normale Schulweg und der Aufenthalt beim Gottesdienst mindestens 30 Minuten beträgt. Ist der Schülergottesdienst fester Bestandteil des stundenplanmäßigen Religionsunterrichts, so besteht, auch wenn er in kirchlichen Räumen stattfindet, gesetzlicher Versicherungsschutz (auch für direkten Hin- und Rückweg). ➪ Unfallversicherung

3. Aufsicht

Die Aufsichtspflicht beim Schulgottesdienst obliegt der Schule. Da weder Schülerinnen und Schüler noch Lehrkräfte zur Teilnahme an dieser religiösen Veranstaltung verpflichtet sind („negative Bekenntnisfreiheit"), können Lehrkräfte nur mit ihrer Zustimmung zur Aufsicht eingesetzt werden.

➪ Aufsichtspflicht; ➪ Grundgesetz Art. 140 i.V.m Weimarer Reichsverfassung Art. 136 Abs. 4

Beim Schülergottesdienst sind die Religionsgemeinschaften für die Aufsicht verantwortlich. Für Schüler*innen, die nicht am Schul- oder Schülergottesdienst teilnehmen, sich aber (z.B. als Fahrschüler*innen) in der Schule aufhalten, obliegt dieser die Aufsichtspflicht; die Schule muss ferner für eine geeignete Unterbringung sorgen (z.B. Aufenthaltsraum; auch die Zuweisung zu einer anderen Klasse ist möglich, dadurch darf jedoch die negative Bekenntnisfreiheit der Kinder und Jugendlichen nicht eingeschränkt werden).

➪ Aufsichtspflicht; ➪ Grundgesetz Art. 140; ➪ Religion (Allgemeines); ➪ Religionsunterricht (Teilnahme); ➪ Stundenpläne; ➪ Unfallversicherung; ➪ Verfassung Art. 15 u. 18

Schulkindergärten

Öffentliche Schulkindergärten; Auszug aus der Verwaltungsvorschrift des Kultusministeriums vom 24.7.1984 (K.u.U. S. 479); geändert am 16.8.1991 (K.u.U. S. 399/1991)

A. Allgemeines

I.
Begriff des öffentlichen Schulkindergartens

Öffentliche Schulkindergärten sind – neben den vom Land getragenen Schulkindergärten an Heimsonderschulen – die Schulkindergärten, die von einer Gemeinde, einem Landkreis oder einem Zweckverband unterhalten werden und deren Lehrer und Erzieher im Dienst des Landes stehen (vgl. § 18a des Gesetzes über den Kommunalen Finanzausgleich.

Die übrigen Schulkindergärten sind Schulkindergärten in freier Trägerschaft (private Schulkindergärten).

⇨ Haushalt (Komm. Finanzausgleich); ⇨ Schulgesetz § 20

II.
Verfahren bei der Einrichtung

Das Land weist Lehrer und Erziehungskräfte nur zu, wenn und solange eine Einrichtung die in diesen Richtlinien genannten Voraussetzungen erfüllt. [...]

B. Aufgabe und Ausgestaltung der Schulkindergärten

I. Der allgemeine Schulkindergarten

(aufgehoben)

Hinweis der Redaktion: Die „allgemeinen Schulkindergärten" heißen seit 1991 ⇨ Grundschulförderklassen, die im folgenden Text als „**Sonder**schulkindergarten" ausgewiesenen Einrichtungen tragen seitdem die Bezeichnung „Schulkindergarten".

II.
Die Sonderschulkindergärten

1.
Allgemeines

a) Aufgabe

Die Sonderschulkindergärten betreuen behinderte Kinder, die bei Beginn der Schulpflicht voraussichtlich unter § 15 Abs. 1 SchG fallen und deshalb vor Beginn der Schulpflicht förderungsbedürftig erscheinen. Körperbehinderte Kinder können nach dem vollendeten zweiten Lebensjahr, die übrigen behinderten Kinder nach dem vollendeten dritten Lebensjahr aufgenommen und auch während der Zeit einer etwa erforderlichen Zurückstellung vom Schulbesuch gemäß § 74 Abs. 2 SchG gefördert werden. Soweit erforderlich, ist die Förderung in der Gruppe zu ergänzen, gegebenenfalls durch Einzelförderung. Eine enge Zusammenarbeit mit den Eltern ist unerlässlich. Besuche der Eltern im Sonderschulkindergarten sind ebenso förderlich wie Hausbesuche durch die Erziehungskräfte.

Die Kinder werden in den ihrer Behinderung entsprechenden Sonderschulkindergarten aufgrund eines sonderpädagogischen Gutachtens aufgenommen. In der Regel ist eine amtsärztliche Untersuchung zu veranlassen. Für die Zuweisung von Kindern mit mehrfacher Behinderung zu einem Sonderschulkindergarten ist entscheidend, in welchem Typ des Sonderschulkindergartens das Kind am besten gefördert werden kann. Über die Aufnahme, die auch während des Schuljahres erfolgen kann, entscheidet das Staatliche Schulamt.

b) Organisation

Der Sonderschulkindergarten steht unter der Leitung einer fachlich vorgebildeten Erziehungskraft, deren Ausbildung vom Ministerium für Kultus und Sport als ausreichend anerkannt worden ist. Der Leiter des Schulkindergartens soll sich in wöchentlichen Besprechungen mit den Erziehungskräften, die die Kinder in den Gruppen betreuen und deren Arbeit er überwacht, nach den Fortschritten und Betreuungsschwierigkeiten einzelner Kinder erkundigen und Anregungen für förderliche Einwirkungen geben. Er muss um die gesundheitliche Überwachung der Kinder besorgt sein und darauf achten, dass ärztliche, sprachpflegerische, gymnastische und sonderpädagogische Ratschläge berücksichtigt werden. Er betreut gleichzeitig eine Gruppe.

Der Sonderschulkindergarten wird vom Oberschulamt einer Sonderschule desselben Typs, die in der Regel in dessen Einzugsbereich liegt, in der Weise zugeordnet, dass der Leiter des Sonderschulkindergartens seine Aufgaben in Zusammenarbeit und Abstimmung mit dem Leiter der Sonderschule wahrnimmt. Hierzu gehören insbesondere die Mitwirkung bei der Aufnahme der Kinder und die Organisation der Schülerbeförderung, die Organisation des Betriebs des Sonderschulkindergartens und die Festlegung der Betreuungszeit, die Regelung der Vertretung von Erziehungskräften im Verhinderungsfall und die Ausgestaltung des Sonderschulkindergartens. Die Erziehungskräfte des Sonderschulkindergartens nehmen an der Lehrerkonferenz der Sonderschule, der der Sonderschulkindergarten zugeordnet ist, mit beratender Stimme teil, wenn Fragen besprochen werden, die die Arbeit des Sonderschulkindergartens berühren. Darüber hinaus kann der Leiter des Sonderschulkindergartens auf Einladung an Lehrerkonferenzen der übrigen Sonderschulen im Einzugsbereich des Sonderschulkindergartens teilnehmen.

⇨ Konferenzordnung

Außerdem arbeitet der Sonderschulkindergarten mit den zuständigen Frühberatungsstellen an Sonderschulen, den umliegenden [...] *(jetzt: Grundschulförderklassen)*, Kindergärten sowie gegebenenfalls mit der Grundschule zusammen. Die Kinder werden in Gruppen betreut, die von fachlich vorgebildeten Erziehungskräften geführt werden.

Ergänzend arbeiten Lehrer der Sonderschule, der der Sonderschulkindergarten zugeordnet ist, mit. Die Mitwirkung dieser Sonderschullehrer wird durch den Schulleiter mit Zustimmung des zuständigen Staatlichen Schulamts, bei Sonderschulkindergärten an

Heimsonderschulen durch den Schulleiter, geregelt. Sie gehört zu den ordentlichen Dienstaufgaben der Sonderschullehrer und wird auf deren Regelstundenmaß voll angerechnet. Der Umfang dieser Tätigkeit darf einen halben Lehrauftrag nicht übersteigen, damit die Verbindung der Sonderschullehrer zu Schule und Unterricht nicht abreißt.

Die Sonderschullehrer geben dem Leiter des Sonderschulkindergartens und den Erziehungskräften Hinweise auf Art und Ursache der Behinderung und besprechen mit ihnen notwendige Maßnahmen, durch die die Auswirkung der jeweils gegebenen Behinderung auf den Erziehungs- und Entwicklungsprozess positiv beeinflusst werden können. Sie sorgen durch ihre praktische Mitarbeit für die Kooperation zwischen dem Sonderschulkindergarten und der Sonderschule, der der Sonderschulkindergarten zugeordnet ist. Die Lehrer haben ferner die Aufgabe, im Sinne einer Langzeitdiagnose Grundlagen für die spätere Entscheidung über die richtige schulische Zuordnung der Kinder zu erarbeiten.

c) Betreuungszeit

Die Sonderschulkindergärten sind in der Regel Ganztageseinrichtungen, deren Betreuungszeit sich nach dem Schulbetrieb der Sonderschule, der der Sonderschulkindergarten zugeordnet ist, richtet. Sofern der Sonderschulkindergarten nicht als Ganztageseinrichtung geführt wird, soll die tägliche Betreuung der Kinder sechs Zeitstunden nicht überschreiten; in der Regel ist die Zeit von 8.00 bis 12.00 und von 14.00 bis 16.00 Uhr als Betreuungszeit anzusetzen. Samstags werden die Kinder nicht betreut.

d) Räumliche Unterbringung

Dem Sonderschulkindergarten sollte neben dem für jede Gruppe erforderlichen Raum ein zusätzlicher größerer Raum zur Verfügung stehen, der bei mehreren Gruppen auch wechselseitig benützt werden kann. Hinzu sollte je ein kleinerer Raum für den Leiter und das übrige Personal, ein Garderobenraum, eine Teeküche und die notwendigen sanitären Einrichtungen kommen, ferner ein Gymnastikraum und ein Spielrasen.

Zusätzlich sollten vorhanden sein:

aa) beim Sonderschulkindergarten für gehörlose bzw. schwerhörige Kinder ein Raum für Einzelförderung.

bb) beim Sonderschulkindergarten für geistigbehinderte Kinder ein Testraum, der zugleich Sprachtherapieraum ist,

cc) beim Sonderschulkindergarten für körperbehinderte Kinder ein Raum für Krankengymnastik und Sprachtherapie, der auch als Mehrzweckraum dient,

dd) beim Sonderschulkindergarten für besonders förderungsbedürftige (lernbehinderte) Kinder ein Testraum, der zugleich Sprachtherapieraum ist,

ee) beim Sonderschulkindergarten für sprachbehinderte Kinder ein Sprachtherapieraum (Einzelförderung) und

ff) beim Sonderschulkindergarten für verhaltensgestörte Kinder ein Testraum, der zugleich als Therapieraum verwendet werden kann.

2.
Die einzelnen Typen der Sonderschulkindergärten

a) Der Sonderschulkindergarten für blinde bzw. sehbehinderte Kinder

Aufgabe und Arbeit

Der Sonderschulkindergarten für blinde bzw. sehbehinderte Kinder hat die Aufgabe, blinde bzw. sehbehinderte Kinder mithilfe der besonderen Methoden der Blinden- und Sehbehindertenpädagogik zu fördern und insbesondere auf die Entwicklung der Funktionen hinzuarbeiten, die zur Bewältigung der Anforderungen der Schule für Blinde bzw. der Schule für Sehbehinderte notwendig sind In geeigneten Fällen sind die Kinder, soweit möglich, auf den Besuch der Grundschule vorzubereiten.

Größe

Ein Sonderschulkindergarten für blinde bzw. sehbehinderte Kinder kann in der Regel eingerichtet werden, wenn zu erwarten ist, dass dauernd mindestens sechs Kinder ihn besuchen werden.

Betreuung in Gruppen

Die Kinder sollen in Gruppen von etwa sechs Kindern betreut werden. Eine Gruppe soll nicht mehr als acht Kinder haben. Gruppen für Kinder mit zusätzlichen Behinderungen sollen aus nicht mehr als fünf Kindern bestehen.

b) Der Sonderschulkindergarten für gehörlose bzw. schwerhörige Kinder

Aufgabe und Arbeit

Der Sonderschulkindergarten für gehörlose bzw. schwerhörige Kinder hat die Aufgabe, gehörlose bzw. schwerhörige Kinder mit den besonderen Methoden der Hörgeschädigtenpädagogik zu fördern und sie auf den Besuch der Schule für Gehörlose bzw. der Schule für Schwerhörige und, soweit möglich, der Grundschule vorzubereiten. Er hat hierbei insbesondere das sprachlose oder spracharme Kind durch die Entwicklung des passiven und aktiven Sprach- und Wortschatzes zu einem angemessenen Gebrauch der Lautsprache zu führen und ist somit im Rahmen der Frühbetreuung ein integrierender Bestandteil der gesamten Gehörlosen- und Schwerhörigenbildung mit dem Auftrag der Erstsprachanbildung. Diese obliegt in erster Linie den mitwirkenden Sonderschullehrern. Der Sonderschulkindergarten für gehörlose bzw. schwerhörige Kinder betreut gehörlose Kinder, Kinder mit Hörresten, schwerhörige Kinder und hörende Kinder, die trotz Hörfähigkeit die Sprache auf natürlichem Wege nicht zu erlernen vermögen (zentralsprachgeschädigte Kinder).

Größe

Ein Sonderschulkindergarten für gehörlose bzw. schwerhörige Kinder kann in der Regel eingerichtet werden, wenn zu erwarten ist, dass dauernd mindestens zehn Kinder ihn besuchen werden.

Betreuung in Gruppen

Die Kinder sollen in Gruppen von etwa acht Kindern betreut werden. Eine Gruppe soll nicht mehr als zehn Kinder haben. Gruppen für Kinder mit zusätzlichen Behinderungen sollen aus nicht mehr als sechs Kindern bestehen.

c) Der Sonderschulkindergarten für geistigbehinderte Kinder

Aufgabe und Arbeit

Der Sonderschulkindergarten für geistigbehinderte Kinder hat die Aufgabe, bei geistigbehinderten Kindern die Grundlagen in der Regel für die Bildung und Erziehung in der Schule für Geistigbehinderte zu schaffen. Er hat ferner die Aufgabe, die Erziehungsbemühungen der Eltern angesichts der besonderen Schwierigkeiten zu unterstützen und zu ergänzen, die Kinder entsprechend ihrem speziellen Bedarf systematisch in allen Bereichen ihrer Persönlichkeit zu fördern, ihnen eine ihren Möglichkeiten angemessene Spielgemeinschaft zu bieten und sie auf den Übergang in die Schule vorzubereiten. Dazu gehört auch, den Kindern Freiraum zur persönlichen Gestaltung zu geben und einen Raum der Geborgenheit zu schaffen.

Größe

Ein Sonderschulkindergarten für geistigbehinderte Kinder kann in der Regel eingerichtet werden, wenn zu erwarten ist, dass dauernd mindestens zehn Kinder ihn besuchen werden.

Betreuung in Gruppen

Die Kinder sollen in Gruppen von etwa sechs Kindern betreut werden. Eine Gruppe soll nicht mehr als acht Kinder haben. Die stundenweise Mitwirkung eines Krankengymnasten/Gymnastiklehrers ist vorzusehen.

d) Der Sonderschulkindergarten für körperbehinderte Kinder

Aufgabe und Arbeit

Der Sonderschulkindergarten für körperbehinderte Kinder hat die Aufgabe, körperbehinderte Kinder zu fördern und sie insbesondere auf den Besuch der Schule für Körperbehinderte vorzubereiten. In geeigneten Fällen sind die Kinder, soweit möglich, auf den Besuch der Grundschule vorzubereiten. Hierbei hat der Sonderschulkindergarten auf die Förderung der Bewegungsfähigkeit und auf die Funktionsschulung, auf die Erweiterung der Selbstständigkeit, den Aufbau grundlegender Denkstrukturen, auf die Entwicklung der Sinne und des Sprachvermögens sowie auf die Erweiterung der Möglichkeiten zur Eingliederung in die Gruppe hinzuarbeiten. Er betreut körperbehinderte Kinder ohne Rücksicht auf die Ursache der Körperbehinderung, auch körperbehinderte Kinder mit zusätzlichen Behinderungen, insbesondere körperbehinderte und zugleich geistigbehinderte Kinder.

Größe

Ein Sonderschulkindergarten für körperbehinderte Kinder kann in der Regel eingerichtet werden, wenn zu erwarten ist, dass dauernd mindestens acht Kinder ihn besuchen werden.

Betreuung in Gruppen

Die Kinder sollen in Gruppen von sechs bis acht Kindern betreut werden; bei Kindern mit zusätzlichen Behinderungen, insbesondere bei körperbehinderten und zugleich geistigbehinderten Kindern, soll die Gruppengröße vier bis sechs Kinder betragen. Je Gruppe sind 1,5 Erziehungskräfte erforderlich. Die Mitwirkung von Krankengymnasten ist erforderlich.

e) Der Sonderschulkindergarten für besonders förderungsbedürftige (lernbehinderte) Kinder

Aufgabe und Arbeit

Der Sonderschulkindergarten für besonders förderungsbedürftige (lernbehinderte) Kinder nimmt Kinder auf, bei denen aufgrund ihrer deutlich erkennbaren Entwicklungsverzögerung oder ihrer unzureichenden Lebens- und Erziehungsbedingungen zu erwarten ist, dass sie bei Beginn der Schulpflicht als lernbehindert erscheinen werden.

Kinder mit Sprachbehinderungen und Verhaltensstörungen können, sofern regional kein entsprechender Sonderschulkindergarten eingerichtet ist, ebenfalls aufgenommen werden.

Aufgabe des Sonderschulkindergartens für besonders förderungsbedürftige (lernbehinderte) Kinder ist es, die Kinder in allen Bereichen so gut wie möglich zu fördern und die Eltern bei der Erziehung dieser Kinder zu beraten. Ziel der Förderung ist es, einer späteren Lernbehinderung vorzubeugen oder ihren Schweregrad zu mildern. Im Bedarfsfalle ist die Förderung in der Gruppe durch sprachheilpädagogische Maßnahmen und Bewegungsförderung zu ergänzen. Für jedes Kind wird nach Abschluss einer sechswöchigen Beobachtungsphase ein individueller Förderplan erstellt. Die Förderung in der Gruppe erfolgt nach einem Plan, der jeweils den Förderbedürfnissen der Kinder entsprechend erstellt ist.

Kinder, die so weit gefördert werden können, dass ein erfolgreicher Besuch der Grundschule zu erwarten ist, sollen im Laufe des letzten Jahres vor ihrer Einschulung möglichst einem Kindergarten bzw. einem Allgemeinen Schulkindergarten überwiesen werden.

Größe

Ein Sonderschulkindergarten für besonders förderungsbedürftige (lernbehinderte) Kinder kann in der Regel eingerichtet werden, wenn zu erwarten ist, dass dauernd mindestens 20 Kinder ihn besuchen werden.

Betreuung in Gruppen

Die Kinder sollen in Gruppen von etwa zehn Kindern betreut werden. Eine Gruppe soll nicht mehr als 15 Kinder haben.

f) Der Sonderschulkindergarten für sprachbehinderte Kinder

Aufgabe und Arbeit

Der Sonderschulkindergarten für sprachbehinderte Kinder hat die Aufgabe, Kinder mit erheblichen Sprachstörungen mit den besonderen Methoden der Sprachheilpädagogik zu fördern und sie insbesondere auf den Besuch der Schule für Sprachbehinderte vorzubereiten. In geeigneten Fällen sind die Kinder, soweit möglich, auf den Besuch der Grundschule vor zubereiten.

Leichter sprachbehinderte Kinder werden nicht in den Sonderschulkindergarten aufgenommen. Soweit erforderlich, werden für diese Kinder sprachheilpädagogische Maßnahmen durch die Beratungsstellen an Sonderschulen durchgeführt.

Größe

Ein Sonderschulkindergarten für sprachbehinderte Kinder kann in der Regel eingerichtet werden, wenn zu erwarten ist, dass dauernd mindestens zehn Kinder ihn besuchen werden.

Betreuung in Gruppen

Die Kinder sollen in Gruppen von zehn Kindern betreut werden. Eine Gruppe soll nicht mehr als 15 Kinder haben.

g) Der Sonderschulkindergarten für verhaltensgestörte Kinder

Aufgabe und Arbeit

Der Sonderschulkindergarten für verhaltensgestörte Kinder hat die Aufgabe, besonders förderungsbedürftige Kinder zu betreuen und die Eltern bei der Erziehung dieser Kinder zu beraten. Ziel der Förderung ist es, einer drohenden späteren Verhaltensstörung vorzubeugen und vorhandene Verhaltensstörungen nach Möglichkeit abzubauen oder ihren Schweregrad zu mildern. Für die Aufnahme in einen Sonderschulkindergarten für verhaltensgestörte Kinder kommen nur solche förderungsbedürftige Kinder in Frage, die aufgrund erheblich von der Norm abweichender Verhaltensweisen sonst nicht hinreichend gefördert werden können. Für jedes Kind wird nach Abschluss einer sechswöchigen Beobachtungsphase ein individueller Förderplan erstellt, nach dem auch die Förderung in der Gruppe erfolgt. Kinder, deren Verhalten so weit stabilisiert werden kann, dass ein erfolgreicher Besuch der Grundschule möglich erscheint, sollen noch im Laufe des letzten Jahres vor ihrer Einschulung an einen allgemeinen Schulkindergarten überwiesen werden.

Größe

Ein Sonderschulkindergarten für verhaltensgestörte Kinder kann in der Regel eingerichtet werden, wenn zu erwarten ist, dass dauernd mindestens zehn Kinder ihn besuchen werden.

Betreuung in Gruppen

Die Kinder sollen in Gruppen von etwa zehn Kindern betreut werden. Eine Gruppe soll nicht mehr als zwölf Kinder haben.

⇨ Behinderungen (Förderbedarf); ⇨ Grundschulförderklassen; ⇨ Kooperation Kindertageseinrichtungen – Grundschule; ⇨ Schulgesetz §§ 20 und 74; ⇨ Sonderpädagogik (SBBZ Bildungsangebote); ⇨ Sonderpädagogik (SBBZ Hören); ⇨ Sonderpädagogik (SBBZ Lernen); ⇨ Sonderpädagogik (SBBZ Lernen – Stundentafel); ⇨ Sonderpädagogik (SBBZ Lernen – Versetzungsordnung); ⇨ Sonderpädagogik (SBBZ Emotionale und soziale Entwicklung); ⇨ Sonderpädagogik (SBBZ Geistige Entwicklung); ⇨ Sonderpädagogik (SBBZ Hören); ⇨ Sonderpädagogik (SBBZ Krankenhausbehandlung); ⇨ Sonderpädagogik (SBBZ Schulentwicklung); ⇨ Sonderpädagogik (SBBZ Sehen); ⇨ Sonderpädagogik (SBBZ Sprache)

Schulkonferenz (Allgemeines)

Informationen der Redaktion zur Rechtslage und zur Verwaltungspraxis in Baden-Württemberg

Zuständigkeiten nach Schulgesetz und Konferenzordnung

Die Schulkonferenz ist das *„gemeinsame Organ"* der Schule; in ihr sind unter Vorsitz der Schulleitung die Lehrkräfte, die Schüler*innen und die Eltern vertreten (*„Drittelparität"*). Im beruflichen Schulwesen herrscht wegen der für die Berufserziehung Mitverantwortlichen *„Viertelparität"*. ⇨ Schulgesetz § 47

Die Schulkonferenz besitzt zu vielen wesentlichen Angelegenheiten der Schule ein Anhörungsrecht (§ 47 Abs. 4 Schulgesetz), andere Entscheidungen bedürfen ihres Einverständnisses (§ 47 Abs. 5) und in einer Reihe von Fällen entscheidet die Schulkonferenz sogar selbst und abschließend (§ 47 Abs. 3).

Eines der wichtigsten Rechte der Schulkonferenz ist das Budgetrecht (Entscheidung über beziehungsweise Mitwirkung an Haushaltsentscheidungen). Dies haben wir im Beitrag ⇨ Haushalt (Allgemeines) Nr. 2-3 im Einzelnen dargestellt.

Diese Rechte der Schulkonferenz stehen in einem wechselseitigen Beziehungsverhältnis zu den Befugnissen der Lehrerkonferenzen. Wir haben in der ⇨ Konferenzordnung § 2 Abs. 1 durch eine unterschiedliche typografische Gestaltung dargestellt, zu welchen Beschlüssen der Gesamtlehrerkonferenz die Schulkonferenz ein Anhörungsrecht besitzt und welche ihres Einverständnisses bedürfen.

Da die Gesamtlehrerkonferenz *„Angelegenheiten, über die die Schulkonferenz entscheidet, beraten und der Schulkonferenz Anregungen und Empfehlungen geben"* darf (KonfO § 2 Abs. 2), kann sie auch jene Angelegenheiten welche die Schulkonferenz abschließend entscheidet (z.B. Haushaltsfragen), nicht nur erörtern, sondern hierzu auch Beschlüsse fassen.

Es ist Pflicht der Schulleitung, die Schulkonferenz mindestens einmal im Schulhalbjahr einzuberufen und ihr alle für die Meinungsbildung und Beschlussfassung erforderlichen Informationen zu erteilen. Gibt die Schulkonferenz der Schulleitung oder anderen Konferenzen Empfehlungen (§ 47 Abs. 2 SchG), so muss die Schulleitung sie über deren Erledigung bzw. das Beratungsergebnis der GLK unterrichten.

Weitere Zuständigkeiten

Die Aufgaben der Schulkonferenz (im Folgenden: SK) sind in § 47 SchG nicht abschließend definiert. Ihr sind darüber hinaus in anderen Vorschriften weitere Zuständigkeiten zugewiesen; sie ist beispielsweise in folgenden Angelegenheiten entscheidungsberechtigt bzw. von der Schule (Schulleitung) zu beteiligen:

1. Die SK nimmt Stellung zum Vorschlag der Auswahlkommission für die Besetzung der Schulleiterstelle. ➪ Schulgesetz § 40
2. Vor Einrichtung einer „Außenklasse“ sind die Schulkonferenzen der betroffenen Schulen zu beteiligen. ➪ Behinderungen (Förderbedarf) 5.2.2
3. Die SK kann für die Klassenpflegschaften eine Geschäftsordnung erlassen.
   ➪ Elternbeirat (EltBVO) § 9; ➪ Geschäftsordnung
4. Mit Einverständnis der SK können die Weihnachtsferien an beruflichen Schulen vorverlegt werden. ➪ Ferienverordnung § 2 Abs. 3
5. Über die Durchführung eines Pädagogischen Tags entscheidet die GLK; dieses Vorhaben ist mit der Schulkonferenz abzustimmen.
   ➪ Konferenzordnung § 2 Abs. 1 Nr. 7
6. Die GLK kann mit Zustimmung der SK und nach Anhörung des Elternbeirats beschließen, dass der Schulbericht zum Ende des ersten Halbjahres der Klassenstufe 2 durch ein Gespräch ersetzt wird.
   ➪ Grundschule (Leistungsbeurteilung) § 2 Abs. 4
7. Der Entwurf der SMV-Satzung ist vor der Inkraftsetzung u.a. der GLK und der SK zuzuleiten (Gelegenheit zur Stellungnahme).
   ➪ Schülermitverantwortung § 1 Abs. 7
8. Bevor die Schulleitung den Vertrieb einer Schülerzeitschrift auf dem Grundstück der Schule untersagt, ist eine Beratung in der SK erforderlich.
   ➪ Werbung, Wettbewerbe Nr. 5.4.3
9. Bei Meinungsverschiedenheiten über Lernmittel, die nicht dem Zulassungsverfahren unterliegen, kann die Klassenpflegschaft die SK anrufen.
   ➪ Schulgesetz § 56 Abs. 2

Schulkonferenz (Zusammensetzung)

Schaubild der Redaktion auf Basis des § 47 Abs. 9 SchG i.V.m § 2 ➪ Schulkonferenzordnung

* „Lehrerstelle“ = Schulleiter/in + Zahl der Lehrkräfte mit mindestens halbem Lehrauftrag	Lehrerstellen* an der Schule				Vorsitz (V) und Stellv. Vorsitz (SV)
	bis zu 2	3 bis 6	7 bis 13	ab 14	
Schule mit Elternbeirat und Schülerrat (z.B. Haupt-/Werkreal-, Gemeinschafts-, Realschule, Gymnasium)	1 SL 1 EBV 1 SP 1 Lehrkraft 1 Schüler*in 1 Eltern	1 SL 1 EBV 1 SP 1 Lehrkraft 1 Schüler*in 1 Eltern	1 SL 1 EBV 1 SP 2 Lehrkräfte 2 Schüler*innen 2 Eltern	1 SL 1 EBV 1 SP 3 Lehrkräfte 3 Schüler*innen 3 Eltern	V: Schulleiter*in SV: Elternbeirats-vorsitzende*r
Schule ohne Elternbeirat (Kolleg)	1 SL 1 SP 1 Lehrkraft 1 Schüler*in	1 SL 1 SP 2 Lehrkräfte 2 Schüler*innen	1 SL 1 SP 3 Lehrkräfte 3 Schüler*innen	1 SL 1 SP 5 Lehrkräfte 5 Schüler*innen	V: Schulleiter*in SV: Stellvertr. Schulleiter*in
Schule ohne Schülerrat (z.B. Grundschule)	1 SL 1 EBV 1 Lehrkraft 1 Eltern	1 SL 1 EBV 2 Lehrkräfte 2 Eltern	1 SL 1 EBV 3 Lehrkräfte 3 Eltern	1 SL 1 EBV 5 Lehrkräfte 5 Eltern	V: Schulleiter*in SV: Elternbeirats-vorsitzende*r
Berufliche Schule (und entsprechendes SBBZ) mit Elternbeirat und Schülerrat	1 SL 1 EBV 1 SP 1 Lehrkraft 1 Schüler*in 1 Eltern	1 SL 1 EBV 1 SP 1 Lehrkraft 1 Schüler*in 1 Eltern	1 SL 1 EBV 1 SP 2 Lehrkräfte 2 Schüler*innen 2 Eltern 3 für die Berufserziehung Mitverantwortliche	1 SL 1 EBV 1 SP 3 Lehrkräfte 3 Schüler*innen 3 Eltern 4 für die Berufserziehung Mitverantwortliche	V: Schulleiter*in SV: Elternbeirats vorsitzende*r

Abkürzungen und weitere Hinweise:

SL = Schulleiter*in (Mitglied kraft Amtes)
EBV = Elternbeiratsvorsitzende*r (Mitglied kraft Amtes)
SP = Schülersprecher*in (Mitglied kraft Amtes)

Die Vertreter*innen der Schüler*innen müssen mindestens der 7. Klasse angehören.

Bei allgemeinen Angelegenheiten der SMV nimmt der/die Verbindungslehrer*in mit beratender Stimme teil (§ 2 Abs. 2 Nr. 4)

Bei Angelegenheiten, die den Schulträger berühren, kann dieser beratend mitwirken.

Die Schulkonferenz kann weitere Personen zu ihren Sitzungen einladen (Schulkonferenzordnung § 9 Nr. 4).

Wenn die stellvertretende Sitzungsleitung der/dem stellvertretenden Schulleiter*in obliegt, sollte diese Person, soweit sie der Schulkonferenz nicht bereits als gewählte*r Vertreter*in der Lehrerschaft angehört, als Gast hinzugezogen werden.

10. Vor dem Ausschluss aus der Schule wird auf Wunsch des oder der Schüler*in bzw. der Erziehungsberechtigten, die SK angehört.
⇨ Schulgesetz § 90 Abs. 4
11. Für volljährige Schüler*innen kann eine „Raucherzone“ eingerichtet werden, wenn dies die GLK mit Zustimmung der SK und nach Anhörung des Elternbeirats und der SMV beschließt.
⇨ Rauchen in der Schule
12. Die SK beschließt über den generellen unterrichtsfreien Samstag. ⇨ Unterrichtsfreier Samstag
13. Die schuleigene Stundentafel und die Entwicklung schuleigener Curricula bedürfen der Zustimmung der SK. ⇨ Schulgesetz § 114
Auch die Entscheidung über den Beginn der 2. Fremdsprache am Gymnasium bedarf der Zustimmung der SK.
14. Die SK kann Vorschläge zu allgemeinen Fragen der Leistungserhebung und -beurteilung machen (§ 47 Abs. 2 SchG); Beschlüsse der GLK hierzu sowie zu den Hausaufgaben bedürfen ihrer Zustimmung.
⇨ Notenbildungsverordnung §§ 2 und 10
15. Die SK ist vom Schulleiter über den Brand- und Katastrophenschutz an der Schule zu unterrichten. ⇨ Gewaltvorfälle Nr. 2.1.1
16. Zu inhaltlichen Entscheidungen der Lehrerkonferenzen bei der Selbstevaluationen und der Fremdevaluationen ist die SK anzuhören.
17. Die SK kann zur flexiblen Unterrichtsorganisation Empfehlungen abgeben.
⇨ Unterrichtsorganisation (Organisationserlass) Nr. 1.1
18. Der Antrag auf Teilnahme an der Personalausgabenbudgetierung ist von der Schulleitung nach vorheriger Beratung in GLK und SK zu stellen.
⇨ Haushalt (Personalausgabenbudgetierung)
Auch bei der Grundsatzentscheidung über die Beteiligung der Schule am „Lehrbeauftragtenprogramm“ sowie bei der Bestellung von solchen Lehrbeauftragten muss die Schulleitung die schulischen Gremien rechtzeitig (!) beteiligen.
⇨ Lehrbeauftragte an Schulen
19. Die Schulen können von der 45-Minuten-Unterrichtsstunde abweichen. GLK, Elternbeirat, die betroffenen Klassenpflegschaften und die SK besitzen ein Empfehlungsrecht.
⇨ Arbeitszeit (Lehrkräfte); ⇨ Stundentafel-Öffnungsverordnung § 2
20. Beim Antrag auf Einrichtung einer Gemeinschaftsschule (auch durch eine Schulartänderung bestehender Schulen) bestimmen die Schulkonferenzen der betroffenen Schulen mit.
⇨ Schulgesetz § 8a Abs. und § 47 Abs. 5 Nr. 7
21. Bei der Einrichtung von Ganztagsschulen besitzt die SK faktisch ein Vetorecht: Bei GT-Schulen an Grund- und Förderschulen (Kl. 1-4) bedarf der Antrag des Schulträgers der Zustimmung der SK (⇨ Schulgesetz § 4a). Mit Ausnahme der Gemeinschafts- und der Gesamtschulen sind alle anderen GT-Schulen Schulversuche. Hierzu dürfen GLK und SK zwar nur eine Stellungnahme abgeben (⇨ Konferenzordnung § 2 Abs. 1 Nr. 8b); fällt diese jedoch ablehnend aus, genehmigt das Regierungspräsidium den Schulversuch nicht.
22. Bei der „Ausgangsschrift“ kann die GLK nach Anhörung der SK der Grundschule zwischen der Lateinischen und der Vereinfachten Ausgangsschrift sowie der Grundschrift wählen.
(Quelle: KM, 30.6.2016, AZ: 33-6521.-12-D/25/1 und 7.12. 2016, AZ: 32-6521.-12-D130 und 33-6521.-12-D72511
23. An Grundschulen und SBBZ entwickelt die GLK ein motivationsförderliches Leistungsbeurteilungskonzept und befindet unter Beachtung von § 2 Absatz 5 und 7 der VO ⇨ Grundschule (Leistungsbeurteilung GS und SBBZ) nach Zustimmung der SK und nach Anhörung des Elternbeirats über die Anzahl der schriftlichen Arbeiten.

⇨ Geschäftsordnung; ⇨ Konferenzordnung; ⇨ Schulentwicklung und Evaluation; ⇨ Schulgesetz § 47; ⇨ Schulkonferenzordnung

Hätten Sie's gewusst? – Eltern fragen, wir antworten.

„Doppelte Mitgliedschaft“ in der Schulkonferenz?

Frage: Ich bin stellvertretende Vorsitzende des Elternbeirats. Außerdem bin ich vom Elternbeirat als ordentliches Mitglied in die Schulkonferenz gewählt worden. Was passiert eigentlich, wenn der Vorsitzende des Elternbeirats, der ja automatisch Mitglied dieses Gremiums ist, an der Sitzungsteilnahme verhindert ist? Besitze ich dann eine „doppelte Mitgliedschaft“ und kann zwei Stimmen abgeben?

Antwort: Eine „doppelte Mitgliedschaft“ gibt es nicht, sondern jedes Mitglied der Schulkonferenz besitzt nur eine Stimme. Gemäß § 3 Abs. 2 der ⇨ Schulkonferenzordnung werden die gewählten Mitglieder im Verhinderungsfalle von ihren Vertreter*innen in der Reihenfolge der erreichten Stimmenzahl vertreten. Das heißt für Sie: Wenn der Vorsitzende des Elternbeirats an der Teilnahme an einer Schulkonferenzsitzung verhindert ist, nehmen Sie dessen Platz ein. Deshalb sind Sie in Ihrer Funktion als gewähltes Mitglied an der Sitzungsteilnahme „verhindert“ (denn Sie nehmen ja während der Sitzung ein anderes Amt wahr). Also werden Sie in dieser Funktion durch das mit der höchsten Stimmenzahl gewählte stellvertretende Elternmitglied in der Schulkonferenz vertreten.

Übrigens: Falls die Schulleitung während dieser Sitzung ausfällt oder wegen Befangenheit verhindert ist, obliegt Ihnen an diesem Tag dann sogar die Sitzungsleitung. ⇨ Schulgesetz § 47 Abs. 9 Nr. 2

Schulkonferenzordnung

Verordnung des KM für Schulkonferenzen an öffentlichen Schulen (Schulkonferenzordnung) vom 8.6.1976 (K.u.U. S. 1151); zuletzt geändert am 29.Juli 2014 (GBl. S. 365/2014)

§ 1
Lehrerstellen

Die Lehrerstellen im Sinne des § 47 Abs. 9 SchG errechnen sich aus der Schulleiterstelle und der Zahl der Lehrer, die zu Beginn des Schuljahres an der Schule mit mindestens einem halben Lehrauftrag unterrichten. ⇨ Schulgesetz § 47

§ 2
Mitglieder der Schulkonferenz

(1) Für Schulen mit vierzehn und mehr Lehrerstellen gilt § 47 Absatz 9 SchG.

(2) An Schulen mit weniger als 14 Lehrerstellen gehören der Schulkonferenz an
1. der Schulleiter als Vorsitzender,
2. an Schulen, für die ein Elternbeirat vorgesehen ist, der Elternbeiratsvorsitzende als stellvertretender Vorsitzender,
3. an Schulen, für die ein Schülerrat vorgesehen ist, der Schülersprecher, der mindestens der Klasse 7 angehören muss,
4. bei allgemeinen Angelegenheiten der Schülermitverantwortung tritt ein Verbindungslehrer mit beratender Stimme hinzu.

Im Übrigen sind die einzelnen Gruppen nach Maßgabe der Absätze 3 bis 5 vertreten.

(3) An Schulen mit mindestens sieben Lehrerstellen gehören der Schulkonferenz zusätzlich an:
1. jeweils zwei Vertreter der Lehrer, der Eltern und der Schüler;
2. bei Schulen, für die
   a) kein Schülerrat vorgesehen ist, jeweils drei Vertreter der Lehrer und der Eltern,
   b) kein Elternbeirat vorgesehen ist, jeweils drei Vertreter der Lehrer und der Schüler,
3. an Schulen mit Berufsschulen oder entsprechenden Sonderschulen drei Vertreter der für die Berufserziehung der Schüler Mitverantwortlichen.

(4) An Schulen mit mindestens drei, aber weniger als sieben Lehrerstellen gehören der Schulkonferenz zusätzlich an:
1. jeweils ein Vertreter der Lehrer, Eltern und der Schüler,
2. bei Schulen, für die
   a) kein Schülerrat vorgesehen ist, jeweils zwei Vertreter der Lehrer und der Eltern,
   b) kein Elternbeirat vorgesehen ist, jeweils zwei Vertreter der Schüler und der Lehrer.

(5) Bei Schulen mit weniger als 3 Lehrerstellen gehören der Schulkonferenz zusätzlich an
1. jeweils ein Vertreter der Lehrer, Eltern und der Schüler,
2. bei Schulen, für die
   a) kein Schülerrat vorgesehen ist, jeweils ein Vertreter der Lehrer und der Eltern
   b) kein Elternbeirat vorgesehen ist, jeweils ein Vertreter der Schüler und der Lehrer.

Hinweis der Redaktion: Grundsätzlich sind alle öffentlichen Schulen ab Klasse 5 zur Bildung eines Schülerrats verpflichtet. Nur noch sonderpädagogische Bildungs- und Beratungszentren, die ausschließlich Schüler*innen mit schweren Behinderungen beschulen und an denen keine Schülervertreter*innen gewählt werden können, sind hiervon entbunden. Diese SBBZ sind aber gemäß § 63 Abs. 2 SchG zur Beteiligung der Schüler*innen an der Gestaltung des Schullebens verpflichtet; sie müssen deshalb die Entscheidung, die Schüler*innen von der Mitarbeit in der Schulkonferenz auszuschließen, explizit begründen können.

§ 3
Wahl

(1) Für die Wahl der Vertreter der Lehrer und ihrer Stellvertreter gilt § 2 Abs. 1 Nr. 15 der Konferenzordnung. Für die Wahl der Vertreter der Eltern und ihrer Stellvertreter gelten die Vorschriften für die Wahl des Vorsitzenden des Elternbeirats entsprechend; gleiches gilt für die Wahl der Vertreter der für die Berufserziehung der Schüler Mitverantwortlichen und ihrer Stellvertreter mit der Maßgabe, dass wahlberechtigt nur die Vertreter der für die Berufserziehung der Schüler Mitverantwortlichen sind. Für die Wahl der Vertreter der Schüler und ihrer Stellvertreter gelten die Vorschriften für die Wahl des Schülersprechers mit der Maßgabe, dass auch die Stellvertreter der Klassensprecher wählbar sind. Gewählt ist, wer die meisten Stimmen erhält; bei Stimmengleichheit erfolgt Stichwahl, bei weiterer Stimmengleichheit entscheidet das Los.

Hinweis der Redaktion: Beurlaubte Lehrkräfte sind passiv wahlberechtigt (Quelle: KM, 30.1.1997; AZ: IV/6680.0/78)

(2) Im Verhinderungsfalle werden die Mitglieder von ihren Vertretern in der Reihenfolge der erreichten Stimmenzahl vertreten. Beim Ausscheiden eines Mitglieds aus der Schulkonferenz gilt für das Nachrücken Satz 1 entsprechend. Ein Mitglied scheidet aus, wenn es die Wählbarkeit für die Schulkonferenz verliert.

Hinweis der Redaktion:
1. Sind in einem Wahlgang mehrere Personen zu wählen, ist es zweckmäßig, in der ⇨ Geschäftsordnung ein Wahlverfahren wie bei den Kommunalwahlen vorzuschreiben (ein Wahlgang, jede*r Stimmberechtigte hat so viele Stimmen, wie Personen zu wählen sind; bei Stimmengleichheit erfolgt eine Stichwahl, bleibt diese ohne Ergebnis, entscheidet das Los).
2. Es ist zur Ermittlung der Stellvertreter*innen erforderlich, das Wahlergebnis im Protokoll des wählenden Gremiums (z.B. der Gesamtlehrerkonferenz) festzuhalten; vgl. § 8.

(3) Sind weniger Lehrerstellen vorhanden, als die Zahl der Vertreter und Stellvertreter beträgt, kann die Gesamtlehrerkonferenz die Reihenfolge der Vertreter auch anders als durch Wahl bestimmen.

§ 4
Amtszeit

(1) Die Amtszeit beginnt mit der Annahme der Wahl und dauert bis zum Ende des laufenden Schuljahres. Wiederwahl ist zulässig, solange die Wählbarkeit besteht.

(2) Die Schulkonferenz kann die Amtszeit durch Geschäftsordnung um höchstens ein Schuljahr verlängern.

(3) Die Schulkonferenz führt nach Ablauf der Amtszeit die Geschäfte bis zum Zusammentritt der neuen Schulkonferenz fort.

§ 4a
Mitwirkung bei der Besetzung der Schulleiterstelle

(1) Bei der Besetzung der Schulleiterstelle sind gemäß § 40 Absatz 1 Satz 1 Nummer 1 SchG Schülervertreter, die das 16. Lebensjahr noch nicht vollendet haben, nicht mitwirkungsberechtigt. An ihre Stelle treten die gemäß § 3 Absatz 1 Satz 3 gewählten Stellvertreter, die das 16. Lebensjahr vollendet haben oder, soweit solche nicht oder nicht in entsprechender Zahl vorhanden sind, die gemäß § 3 Absatz 1 Satz 2 gewählten Elternstellvertreter.

(2) Nehmen Schüler- oder Elternvertreter als Vertreter der Schulkonferenz an der Auswahlkommission nach § 40 Absatz 2 SchG teil, kann ihnen Fahrkostenerstattung oder Wegstrecken- und Mitnahmeentschädigung nach den Bestimmungen des Landesreisekostengesetzes gewährt werden.

⇨ Schulgesetz § 40

§ 5
Einberufung der Sitzungen, Teilnahmepflicht

(1) Der Vorsitzende beruft nach Abstimmung mit seinem Stellvertreter die Schulkonferenz unter Angabe von Zeit, Ort und Tagesordnung ein. Die Einladungsfrist beträgt mindestens eine Woche. In dringenden Fällen kann die Frist auf einen Unterrichtstag verkürzt werden. Unterlagen für die Beratung sollen den Mitgliedern der Schulkonferenz so rechtzeitig bekanntgegeben werden, dass sie sich mit ihnen vertraut machen können.

(2) Die Schulkonferenz tritt mindestens einmal im Schulhalbjahr zusammen. Sie ist unverzüglich einzuberufen, wenn es 1/3 aller Mitglieder beantragt; sie soll einberufen werden, wenn dies 1/5 aller Mitglieder beantragt. Der Antrag muss die Angabe des Verhandlungsgegenstandes enthalten; dieser muss zum Aufgabengebiet der Schulkonferenz gehören.

(3) Die Mitglieder sind verpflichtet, an den Sitzungen der Schulkonferenz teilzunehmen. Im Verhinderungsfalle haben sie rechtzeitig den Stellvertreter zu benachrichtigen.

§ 6
Verhandlungsleitung, Geschäftsgang

(1) Der Vorsitzende eröffnet, leitet und schließt die Sitzungen und übt das Sitzungsrecht aus. Bei Ordnungsverstößen kann er ein Mitglied von der weiteren Teilnahme an der Sitzung ausschließen.

Hinweis der Redaktion: Der Vorsitz der Schulkonferenz obliegt dem bzw. der Schulleiter*in. Ist diese Person verhindert, obliegen die Leitung der Sitzung und die Abwicklung der damit verbundenen Geschäfte dem bzw. der Elternbeiratsvorsitzenden. Dies gilt auch bei längerfristiger Verhinderung, es sei denn, die Schulverwaltung bestellt förmlich eine kommissarische Schulleitung. Bei der Beratung und Beschlussfassung über die Neubesetzung einer Funktionsstelle an der Schule (§ 40 Schulgesetz) kann eine Stellvertretung auch wegen Befangenheit des bzw. der bisherigen Schulleiter*in erforderlich sein. Beim Ausfall des bzw. der Schulleiter*in, z.B. wegen Krankheit oder wegen Befangenheit, geht deren Stimmrecht in der Schulkonferenz nicht verloren; dieses nimmt der bzw. die stellvertretende Schulleiter*in wahr (diese besitzen dann jedoch nur Teilnahme- und Stimmrecht, aber keine Leitungsbefugnis).

⇨ Befangenheit; ⇨ Schulgesetz §§ 40, 47 Abs. 9 Nr. 2

(2) Der Vorsitzende der Schulkonferenz setzt die Tagesordnung fest. Er ist verpflichtet, Anträge, die von einem Mitglied mindestens 3 Unterrichtstage vor dem Sitzungstermin schriftlich bei ihm eingereicht werden, auf die Tagesordnung zu setzen und zu Beginn der Sitzung bekanntzugeben.

(3) Jedes Mitglied der Schulkonferenz kann nach Erledigung der Tagesordnung Angelegenheiten zur Sprache bringen, die zum Aufgabenbereich der Schulkonferenz gehören. Beschlüsse darüber sind in dieser Sitzung nicht zulässig; die Beratung muss unterbleiben, wenn die Mehrheit der anwesenden Mitglieder widerspricht.

§ 7
Beschlussfassung

(1) Die Schulkonferenz kann nur in einer ordnungsgemäß einberufenen und geleiteten Sitzung beschließen. Sie ist beschlussfähig, wenn mehr als die Hälfte der Mitglieder anwesend ist. Bei einer wegen Beschlussunfähigkeit erneut einberufenen Sitzung ist die Schulkonferenz auch dann beschlussfähig, wenn weniger als die Hälfte der Mitglieder anwesend ist.

(2) Die Schulkonferenz beschließt durch Abstimmung. Sie stimmt in der Regel offen ab. Auf Antrag von mindestens zwei Mitgliedern ist in geheimer Abstimmung mit Stimmzetteln abzustimmen. Die Beschlüsse werden mit Stimmenmehrheit gefasst; Stimmenthaltungen bleiben hierbei unberücksichtigt. Bei Stimmengleichheit ist der Antrag abgelehnt.

(3) Über Gegenstände einfacher Art kann im Wege der schriftlichen Umfrage beschlossen werden, wenn kein Mitglied widerspricht. Ein hierbei gestellter Antrag ist angenommen, wenn die Mehrheit der Mitglieder schriftlich ihre Zustimmung erteilt.

Hinweis der Redaktion: Die Elternmitglieder in der Schulkonferenz können als „Elterngruppe" gesondert zusammentreten und im Rahmen des § 47 Abs. 5 Schulgesetz Anträge an die Gesamtlehrerkonferenz richten; bei deren Behandlung in der Konferenz besitzen sie beratende Stimme.

⇨ Konferenzordung § 11 Abs. 4; ⇨ Schulgesetz § 47 Abs. 5

§ 8
Niederschrift

Über jede Sitzung ist eine Niederschrift zu fertigen. Diese muss den Namen des Vorsitzenden, die Namen der Anwesenden und die Zahl der abwesenden Mitglieder, die Tagesordnung, die Anträge, die Abstimmungsergebnisse und den Wortlaut der Beschlüsse enthalten. Die Niederschrift ist vom Vorsitzenden und vom Schriftführer zu unterzeichnen und allen Mitgliedern zuzusenden.

Darf mein Kind die Sexualerziehung schwänzen? Hätten Sie's gewusst? Die Antwort steht auf Seite 509.

§ 9
Geschäftsordnung

Die Schulkonferenz kann sich zur ⇨ Geschäftsordnung weitere Bestimmungen geben und insbesondere regeln:

1. die Bestellung eines Schriftführers,
2. die Bildung von Ausschüssen,
3. Behandlung von Wortmeldungen, Redezeit,
4. Einladung von Nichtmitgliedern zu den Sitzungen,
5. die Verlängerung der Amtszeit gemäß § 4 Abs. 2,
6. die Geschäftsordnung für die Klassenpflegschaft gemäß § 9 der Elternbeiratsverordnung,
7. die Bildung von Berufsgruppen- und Abteilungspflegschaften gemäß § 10 der Elternbeiratsverordnung.

Hinweis der Redaktion: Es empfiehlt sich, in der Geschäftsordnung analog zu § 12 Abs. 5 der ⇨ Konferenzordnung die Verhandlungsgrundsätze zu beachten, die auch in anderen Gremien mit öffentlichen Aufgaben üblich sind. Hierzu zählen etwa: Eröffnung der Beratung durch den/die Vorsitzende*n gemäß der Tagesordnung, Aufstellung einer Rednerliste entsprechend den Wortmeldungen, Vorziehen von Anträgen zur Geschäftsordnung, Zurückweisung eines ungebührlichen, z.B. beleidigenden Wortbeitrages, bei alternativen Anträgen zunächst Abstimmung über den weitergehenden Antrag.

§ 10
Heimschulen

Für die Gymnasien in Aufbauform mit Heim gelten hinsichtlich der Zusammensetzung der Schulkonferenz die Vorschriften des § 47 Abs. 9 SchG und die Vorschriften dieser Verordnung entsprechend. Gleiches gilt für die Heimsonderschulen und Sonderschulen mit folgenden Maßgaben:

1. Die Schüler sind zu beteiligen, soweit es ihre Möglichkeiten und das Bildungsziel der Schule zulassen.
2. In den Heimsonderschulen tritt an die Stelle eines Lehrers ein von den Erziehungskräften des Heims aus ihrer Mitte gewählter Vertreter. Für die Wahl des Vertreters gilt § 3 Abs. 1 Satz 4 und Abs. 2 entsprechend.

⇨ Geschäftsordnung; ⇨ Konferenzordnung; ⇨ Schulgesetz § 47; ⇨ Schulkonferenz (Allgemeines); ⇨ Schulleitung (Auswahl und Stellenbesetzung); dort Hinweise auf die Vertraulichkeit der Beratungen

Hätten Sie's gewusst? – Eltern fragen, wir antworten.

Regeln für Klassenarbeiten und Hausaufgaben?

Frage: Wer entscheidet eigentlich darüber, ob Hausaufgaben übers Wochenende oder über die Ferien aufgegeben werden dürfen? Gibt es für „Hausis" und Klassenarbeiten verbindliche Regeln?

Antwort: Für Klassenarbeiten, Wiederholungsarbeiten und Tests oder auch die Hausaufgaben sind die ⇨ Notenbildungsverordnung sowie die Verordnung des KM ⇨ Grundschule (Leistungsbeurteilung) einschlägig. Vieles ist darin geregelt; für alles, was nicht genau bestimmt ist, bilden diese Verordnungen einen Rahmen, innerhalb dessen die Gesamtlehrerkonferenz mit Zustimmung der Schulkonferenz ergänzende Regelungen treffen kann (über die Schulkonferenz ist auch die Elternschaft an diesen Detailregelungen beteiligt). ⇨ Konferenzordnung § 2 Abs. 1; ⇨ Schulgesetz § 45 Abs. 2 und § 47 Abs. 5

Solche „ergänzenden Regelungen" können z.B. folgende Fragen betreffen:

- Darf an einem Tag neben einer Klassen- auch eine Wiederholungsarbeit geschrieben werden?
- Wie viele Klassenarbeiten dürfen in einer Woche geschrieben werden?
- Wie viele Klassenarbeiten dürfen je Fach in einem Schuljahr höchstens geschrieben werden?
- Muss eine Klassenarbeit wegen eines schlechten Ergebnisses (z.B. überproportionaler Anteil von mangelhaften und ungenügenden Ergebnissen) der Schulleitung vorgelegt werden?
- Muss neben der Note auch der Klassendurchschnitt oder ein Notenspiegel mitgeteilt werden?

Auch bei den Hausaufgaben ist nach der § 10 Abs. 3 der Notenbildungsverordnung ein Konferenzbeschluss über die „näheren Einzelheiten" möglich, „insbesondere den zeitlichen Umfang sowie die Anfertigung von Hausaufgaben übers Wochenende und über Feiertage" oder auch darüber, ob Hausaufgaben über die Ferien aufgegeben werden dürfen.

Nach einem solchen Beschluss sind derartige „ergänzenden Regelungen" für alle Lehrkräfte und die Schulleitung verbindlich. Sie sind den Eltern sowie den Schüler*innen bekanntzugeben.

Darüber hinaus kann die Schulkonferenz dem Schulleiter und den Lehrerkonferenzen zu allgemeinen Fragen der Leistungserhebung und -beurteilung Vorschläge machen (§ 47 Abs. 2 SchG). Kein Beschlussrecht besitzen die Konferenzen jedoch in der Frage der Leistungsbewertung selbst. In der Frage der Notengebung besitzt die Gesamtlehrerkonferenz lediglich ein Empfehlungsrecht.

Wenn an der Schule kein solcher Beschluss vorliegt, sind Hausaufgaben übers Wochenende oder über die Ferien zwar nicht komplett verboten, sie müssen aber pädagogisch begründet sein (das muss die Lehrkraft nicht etwa erst auf Befragen, sondern von sich aus tun) – etwa um sicherzustellen, dass die Schüler*innen etwas, das sie unmittelbar zuvor gelernt haben, nicht gleich wieder vergessen. Besser wäre es aber, wenn die Unterrichtseinheiten einschließlich der für den Lernerfolg unerlässlichen Übung und Wiederholung vor den Ferien abgeschlossen wären. Zudem dürfen die Hausaufgaben nicht so bemessen sein, dass die Erholungsfunktion der Ferien gefährdet wird. ⇨ Hausaufgaben

Schulleitung (Auswahl und Stellenbesetzung)

Informationen der Redaktion zur Rechtslage und zur Verwaltungspraxis in Baden-Württemberg

Die Auswahl des Schulleiters bzw. der Schulleiterin erfolgt nach Eignung, Befähigung und fachlicher Leistung. Bei der Besetzung der Schulleiterstelle wirken der ➪ Schulträger und die Schulkonferenz mit (letztere nicht bei neu einzurichtenden Schulen oder bei der Zusammenlegung bestehender Schulen, weil und solange an ihnen noch keine Gesamtlehrerkonferenz und kein Elternbeirat bestehen). Falls der Schulkonferenz Schülervertreter*innen angehören, die das 16. Lebensjahr noch nicht vollendet haben, werden diese durch ältere Stellvertreter*innen ersetzt, ersatzweise durch Elternvertreter*innen.

➪ Schulgesetz §§ 40, 47; ➪ Schulkonferenzordnung

Die Auswahl erfolgt durch ein Überprüfungsverfahren. Hierzu wird eine Auswahlkommission eingerichtet, der zwei Vertreter der Schulaufsichtsbehörde sowie je ein Vertreter der Schulkonferenz und des Schulträgers angehören. Die Schulkonferenz soll nicht den/die (bisherigen) Schulleiter*in, sie kann aber beispielsweise eine/n Elternvertreter*in entsenden.

Die Vertreter*innen der Schulkonferenz und des Schulträgers können an diesem Überprüfungsverfahren (Unterrichtsanalyse mit Beratung, Bewerbungsgespräch, Präsentation, Bearbeitung einer schwierigen schulischen Alltagssituation) als Beobachter*innen teilnehmen und besitzen beim anschließenden Besetzungsvorschlag der Auswahlkommission ein Stimmrecht.

Die Schulaufsichtsbehörde unterrichtet die Schulkonferenz und den Schulträger über alle Bewerbungen sowie über diesen Besetzungsvorschlag. Sie hat über alle Bewerber*innen weitere für die Frage der Eignung sachdienliche Informationen zu erteilen; beides kann schriftlich erfolgen.

Schulkonferenz und Schulträger können innerhalb von vier Wochen nach Eingang des Besetzungsvorschlags hierzu Stellung nehmen. Bei sonst gleichen Qualifikationen sind sie gehalten, Bewerber*innen den Vorzug zu geben, die der Schule nicht angehören. Sie können die Bewerber*innen auch zu einem Vorstellungsgespräch einladen; diese müssen der Einladung aber nicht folgen.

Anschließend entscheidet die zuständige Schulaufsichtsbehörde über die Besetzung der Schulleiterstelle. Weicht das Votum von Schulkonferenz oder Schulträger vom Besetzungsvorschlag der Auswahlkommission ab, entscheidet das Kultusministerium.

Merkblatt des Kultusministeriums

Die Schulaufsichtsbehörde übermittelt der Schulkonferenz und dem Schulträger bzw. den von diesen entsandten Vertreter*innen ein Merkblatt. Darin wird u.a. nachdrücklich auf die ➪ Verschwiegenheitspflicht aufmerksam gemacht. Die in die Auswahlkommission entsandten Vertreter*innen müssen zusätzlich eine Verschwiegenheitserklärung unterschreiben. Sie dürfen ihr Gremium in einer nichtöffentlichen Sitzung, bei der die besondere Vertraulichkeit des Beratungsgegenstands vorab festgelegt wurde, über das Auswahlverfahren und das Zustandekommen des Besetzungsvorschlags informieren.

Ferner wird darin betont, dass Schulkonferenz und Schulträger bei der Stellenbesetzung kein „Vetorecht" besitzen: Die Entscheidung stehe wegen der „Personalhoheit" nur dem Land zu; die verfassungsrechtliche Pflicht zur beamtenrechtlichen „Bestenauslese" richte sich ausschließlich an den Dienstherrn. Für Letzteren seien nur solche Stellungnahmen maßgeblich, die im Hinblick auf Eignung, Befähigung und fachliche Leistung der Bewerber*innen relevant sind. Das Land sei hieran zwingend gebunden. Beispielsweise wäre die Tatsache, dass man eine Bewerberin schon länger kennt und man ihr deswegen den Vorzug geben möchte, kein leistungsbezogenes und damit kein relevantes Kriterium.

➪ Schulgesetz §§ 40, 47; ➪ Schulkonferenzordnung; ➪ Schulträger

Schulmilch, Schulobst, Schulgemüse

Informationen der Redaktion zur Rechtslage und zur Verwaltungspraxis in Baden-Württemberg

Seit dem Schuljahr 2017/2018 wird in Baden-Württemberg das EU-Schulobst- und -gemüseprogramm angeboten. Kinder erhalten seitdem auch Milch und Milchprodukte kostenlos – wie zuvor schon Obst und Gemüse.

75 Prozent der Nettokosten werden mit EU-Mitteln finanziert. Die Finanzierung des Restbetrags muss über die Einrichtung beziehungsweise einen Sponsor erfolgen. Förderfähig sind künftig nur Milchprodukte ohne Zusätze, also Trinkmilch, Naturjoghurt, Quark und Käse.

Kernzielgruppe sind Schulen im Primarbereich (Klassenstufen 1 bis 4).

Alle Einrichtungen müssen sich zur Teilnahme – wahlweise für einen oder beide Programmteile – online neu anmelden.

Weitere Informationen sind unter https://rp.baden-wuerttemberg.de > eu-schulprogramm online abrufbar. Es existiert hierzu auch eine Hotline am Regierungspräsidium Tübingen, FON: (07071) 757-3502.

Schulpartnerschaften

Auszug aus den Leitsätzen des KM für die Förderung von Schulpartnerschaften an allgemeinbildenden Schulen vom 30.01.2001 (AZ: 43-6492.21/100)

1. Eine Schulpartnerschaft setzt eine langfristig und auf Gegenseitigkeit angelegte Kooperation voraus. Sie sollte durch eine klare Absichtserklärung der Schulen (Partnerschaftsabkommen o.ä.) belegt sein. Auf beiden Seiten sollen Partnerschaftsbeauftragte benannt sein, die eine Gewähr für die Kontinuität des Programms bieten. ➪ Schulgesetz § 47 Abs. 3 Nr. 1

2. Eine Partnerschaft soll gekennzeichnet sein durch ein Spektrum gemeinsamer Aktivitäten, z.B. Briefkontakte, Austausch von Materialien, Fernwettbewerbe, fachliche Kontakte auf Lehrerebene, gemeinsame Projekte, Eröffnung von Hospitationsaufenthalten. Eine ausschließlich auf persönliche Beziehungen ausgerichtete Kooperation fällt nicht unter den Begriff Schulpartnerschaft. Einmalige oder reine Austauschvorhaben (Schüler-, Lehreraustausch) gelten, wenn eine Dauerbindung nicht ersichtlich ist, nicht als Schulpartnerschaften.

3. Nach Maßgabe verfügbarer Mittel können bei Schulpartnerschaften als freiwillige Leistung des Landes bezuschusst werden:

3.1 Aufenthalte ausländischer Schüler und Schülerinnen die sich durch besonders gute Leistungen im Fach Deutsch ausgezeichnet haben, sowie deren Begleitlehrkräfte, können im Einzelfall bezuschusst werden. Die Mindestaufenthaltsdauer von zwei Wochen sollte nicht unterschritten werden.

3.2 Ausländische Lehrkräfte mit guten Deutschkenntnissen können Zuschüsse zu Hospitationsaufenthalten erhalten. Die Förderung ist auf höchstens zwei Monate begrenzt. Die Hospitation muss mindestens drei Wochen dauern. Am Ende der Hospitation ist zusammen mit der Abrechnung ein Bericht in deutscher Sprache vorzulegen.

3.3 Baden-württembergische Lehrkräfte und Angehörige der Schulverwaltung können Zuschüsse zu Initiativen bzw. Veranstaltungen zur Anbahnung bzw. Vorbereitung von Schulpartnerschaften erhalten (z.B. Reisekosten für Schulleiter bzw. Partnerschaftsbeauftragte, vorbereitende Tagungen/Seminare im Einzelfall).

3.4 Hospitationsaufenthalte im Ausland durch baden-württembergische Lehrkräfte, die Deutsch unterrichten, können gefördert werden, wenn sie an der ausländischen Partnerschule Deutschunterricht erteilen. Sie müssen sich verpflichten, dem Regierungspräsidium nach Beendigung des Hospitationsaufenthalts einen Erfahrungsbericht vorzulegen. Der Hospitationsaufenthalt muss in die Partnerschaftsbeziehung eingebettet sein. Eine Förderung ist nicht möglich, soweit eine Bezuschussung nach der VwV „Lehrer- und Assistentenaustausch“ [...] oder anderweitige Fördermittel in Anspruch genommen werden, z.B. des Pädagogischen Austauschdienstes, Bonn.

3.5 Bezuschusst werden kann die Bereitstellung von Informations- bzw. Unterrichtsmaterialien oder methodisch-didaktischer Hilfen in deutscher Sprache zur ergänzenden Ausstattung der ausländischen Partnerschule.

3.6 Projekte, die von den Partnerschulen gemeinsam durchgeführt werden, können bezuschusst werden. Am Ende der Maßnahme ist zusammen mit der Abrechnung ein Projektbericht vorzulegen.

3.7 Schülerinnen und Schüler aus Baden-Württemberg können nach diesen Richtlinien nicht gefördert werden. Auf etwaige Fördermöglichkeiten nach dem Landesjugendplan wird hingewiesen.

4. Für die Förderung von Schulpartnerschaften ist das Regierungspräsidium Stuttgart [...] zuständig. Zuschussanträge für das Folgejahr müssen bis zum 30. November eines Jahres vom Schulleiter der deutschen Schule [...] an das Regierungspräsidium Stuttgart, Abt. 7 Schule und Bildung, Internationaler Schüleraustausch, Postfach 103642, 70031 Stuttgart, gestellt werden. [...] Es können nur Zuschüsse für Maßnahmen, die in den hier vorliegenden Leitsätzen genannt sind, beantragt werden. Pro Schule und Jahr kann nur ein Antrag [...] gestellt werden. [...]

Hinweis der Redaktion: Weitere Informationen unter: https://rp.baden-wuerttemberg.de/themen/wirtschaft/foerderungen/fb35/schulpartnerschaften/

Erasmus- und Comenius-Programm

Hinweis der Redaktion

Das EU-Bildungsprogramm für Lebenslanges Lernen, Aktion COMENIUS, fördert die transnationale Zusammenarbeit im Bereich der schulischen Bildung. Dazu gehören auch multilaterale und bilaterale Schulpartnerschaften und die Mobilität von Schüler*innen. Partnerschaften sind ausschließlich zwischen Schulen bzw. vorschulischen Einrichtungen möglich. Schulpartnerschaften können sowohl bi- als auch multilateral durchgeführt werden. Jede beteiligte Schule bzw. vorschulische Einrichtung erhält ihr Budget von der jeweiligen Nationalen Agentur. Antragsberechtigt sind vorschulische Einrichtungen, allgemeinbildende und berufliche Schulen.

Weitere Infos stehen unter: www.erasmusplus.de > Schulbildung. Die Nationale Agentur für EU-Programme im Schulbereich unterstützt die Antragsteller: Servicenummer (0800) 3727687.

➪ Außerunterrichtliche Jugendbildung (Landesjugendplan); ➪ Außerunterrichtliche Veranstaltungen; ➪ Konferenzordnung § 2; ➪ Schüleraustausch; ➪ Schulgesetz § 47 Abs. 3 Nr. 1

Schulpflicht (Ausländische Schüler*innen)

Informationen der Redaktion zur Rechtslage und zur Verwaltungspraxis in Baden-Württemberg

Schulpflicht

Schulpflicht besteht für alle Kinder und Jugendlichen, die in Baden-Württemberg ihren Wohnsitz oder gewöhnlichen Aufenthalt oder ihre Ausbildungs- oder Arbeitsstätte haben (⇨ Schulgesetz § 72 Abs. 1). Diese Pflicht besteht unabhängig von der Herkunft bzw. Staatsangehörigkeit. Schulpflichtig ist auch, wem aufgrund eines Asylantrags der Aufenthalt im Land gestattet ist oder wer „geduldet" wird, unabhängig davon, ob er/sie selbst diese Voraussetzungen erfüllt oder nur ein Elternteil. Die Schulpflicht beginnt sechs Monate nach dem Zuzug aus dem Ausland und besteht bis zur Erfüllung der Ausreisepflicht fort.

Auf aus dem Ausland einreisende Kinder und Jugendliche lassen sich die Schulpflichtbestimmungen oft nur mit Schwierigkeiten anwenden, da sie teilweise keine oder keine vergleichbaren Zeugnisse vorlegen können. Die Feststellung, ob die Schulpflicht bereits erfüllt wurde, obliegt der Schulleitung nach pflichtgemäßem ⇨ Ermessen: Es ist anzunehmen, dass sie die allgemeine Schulpflicht erfüllt haben, wenn sie mindestens 15 Jahre alt sind. Ihre Berufsschulpflicht endet, falls das BVJ / Vorqualifizierungsjahr besucht wurde, ggf. schon vor Vollendung des 18. Lebensjahrs. Es empfiehlt sich, bei „Seiteneinsteigern", die bereits einen schulischen Abschluss im Ausland erreicht haben könnten, das entsprechende Zeugnis dem zentral zuständigen Regierungspräsidium Stuttgart (anerkennungsstelle@rps.bwl.de) zur Prüfung bzw. zur Feststellung der Gleichwertigkeit vorzulegen.

Zwar können ausländische Jugendliche auf Antrag in besonderen Härtefällen von der Schulpflicht befreit werden, insbesondere wenn wegen der Kürze der verbleibenden Schulbesuchszeit eine sinnvolle Förderung nicht erwartet werden kann (⇨ Schulgesetz § 81). Um eine restriktive Anwendung sicherzustellen, obliegt diese Entscheidung aber nicht der Schule, sondern der Schulaufsichtsbehörde. Deren Ermessen ist durch die VwV ⇨ Integration und Sprachförderung gebunden. (Quelle: KM, 25.3.1999 Nr. IV/1-6601.0/259)

Recht auf Schulbesuch

Unabhängig von der Schulpflicht besitzt *„jeder junge Mensch [...] ohne Rücksicht auf Herkunft oder wirtschaftliche Lage das Recht auf eine seiner Begabung entsprechende Erziehung und Ausbildung"*. ⇨ Verfassung Artikel 11

Das Bundesverfassungsgericht hat 2021 ein Grundrecht auf Schulbildung definiert. Ausführliche Informationen hierzu stehen im Beitrag ⇨ Schulbesuch (Rechte und Pflichten).

Daraus folgt: Außer wenn bereits bei Beginn des Aufenthaltes mit hinreichender Sicherheit feststeht, dass die Betroffenen kurzfristig wieder tatsächlich ausreisen werden, ist dieses Schulbesuchsrecht – vom ersten Tag ihres Aufenthalts an! – auch für Kinder und Jugendliche im schulpflichtigen Alter zu gewährleisten, die zunächst in Erstaufnahmestellen untergebracht sind oder die von den Meldebehörden nicht erfasst sind.

Dies gilt auch, wenn Kinder oder Jugendliche, die sich illegal in Deutschland aufhalten, Zugang zum Schulwesen begehren: Nach dem Aufenthaltsgesetz (§ 87) sind *„Schulen sowie Bildungs- und Erziehungseinrichtungen"* von der Verpflichtung ausgenommen, die Ausländerbehörde zu unterrichten, wenn sie *„im Zusammenhang mit der Erfüllung ihrer Aufgaben"*, also dem Schulbesuch dieser Kinder, hiervon erfahren.

Um sicherzustellen, dass dieses Recht auch vor der erst nach sechs Monaten einsetzenden Pflicht zum Schulbesuch wahrgenommen werden kann, ist in der VwV ⇨ Schulpflicht (Durchsetzung) festgelegt, dass die Meldebehörden den Schulen die Daten der Schulpflichtigen ohne Rücksicht auf die Staatsangehörigkeit übermitteln müssen und dass die Schule die Erziehungsberechtigten über das Recht ihres Kindes auf Schulbesuch informieren muss, wenn es wegen eines laufenden Asylverfahrens oder eines geduldeten Aufenthalts vor Ablauf von 6 Monaten nach dem Zuzug noch nicht schulpflichtig ist.

Werden diese Kinder oder Jugendlichen bei der Schule angemeldet bzw. begehren sie als Volljährige die Aufnahme, besuchen sie die Schule mit allen Rechten und Pflichten. Sie sind deshalb beispielsweise unfallversichert und haben Anspruch auf Lernmittelfreiheit, müssen aber auch alle Pflichten erfüllen und können hierzu ggf. durch Erziehungs- und Ordnungsmaßnahmen angehalten werden.

Vorbereitungsklassen und -Kurse

In der VwV ⇨ Integration und Sprachförderung verpflichtet das KM die Schule auf die Integration der ausländischen Kinder und Jugendlichen: *„Kinder und Jugendliche mit nichtdeutscher Herkunftssprache besuchen so weit wie möglich die ihrem Alter und ihrer Leistung entsprechende Klasse der in Betracht kommenden Schulart"*. Soweit sie nicht wegen fehlender Deutschkenntnisse oder aufgrund besonderer Sprachschwierigkeiten Vorbereitungsklassen und -kurse besuchen, die jedoch nach bestimmter Frist in den regulären Schulbesuch einmünden, haben sie also Anspruch auf Unterricht in regulären Schulklassen; die Aufnahme erfolgt nach der analog anzuwendenden Multilateralen Versetzungsordnung oder gegebenenfalls einer individuellen Leistungsfeststellung. Es ist unzulässig, diese Kinder und Jugendlichen grundsätzlich und ohne Ansehen ihrer Bildungsvoraussetzungen dauerhaft in Vorbereitungsklassen und ähnliche Maßnahmen abzuschieben. ⇨ Multilaterale Versetzungsordnung

⇨ Abschlüsse (Gleichwertigkeit); ⇨ Abschlüsse (HS/RS – Gleichwertiger Bildungsstand); ⇨ Ermessen; ⇨ Integration und Sprachförderung; ⇨ Migrationshintergrund ; ⇨ Notenbildungsverordnung; ⇨ Schulbesuch (Rechte und Pflichten); ⇨ Schulgesetz § 72 ff.; ⇨ Schulpflicht (Berufliche Schulen); ⇨ Schulpflicht (Durchsetzung); ⇨ Schulpflicht (MeldeVO); ⇨ Verfassung Art. 11; ⇨ Vorbereitungsklassen (Stundentafeln VKL); ⇨ Vorqualifizierungsjahr Arbeit und Beruf

Schulpflicht (Berufliche Schulen)

Dauer und Erfüllung der Berufsschulpflicht; Auszug aus der Verwaltungsvorschrift des Kultusministeriums vom 9.11.1994 (K.u.U. S. 534/1994); neu in Kraft gesetzt 14.11.2001 (K.u.U. S. 75/2002)

II.

Freiwilliger Besuch der Berufsschule

1. Jugendliche, die nach § 78 Abs. 1 Satz 3 oder Abs. 2 Satz 3 SchG die Berufsschule freiwillig besuchen, haben die gleichen Rechte und Pflichten wie berufsschulpflichtige Schüler. Sie haben insbesondere den nach der Stundentafel vorgesehenen Unterricht grundsätzlich in vollem Umfang zu besuchen.
2. Schüler, die die Hochschulreife oder die Fachhochschulreife besitzen, können zu Beginn des Schuljahres auf Antrag in einzelnen Fächern des allgemeinen Lernbereiches ausnahmsweise vom Unterricht freigestellt werden, sofern dies aus pädagogischen Gründen (z.B. mangels Differenzierungsmöglichkeiten im Unterricht) zweckmäßig ist. Auf Antrag kann der Schüler an der Abschlussprüfung in einem solchen Fach teilnehmen; in diesem Fall zählen für die Feststellung des Prüfungsergebnisses nur die Prüfungsleistungen.
3. Bei einer Zweitausbildung gilt Ziffer 2 entsprechend.

III.

Vorzeitige Beendigung der Berufsschulpflicht

Gemäß § 81 Abs. 1 Satz 1 SchG wird die vorzeitige Beendigung der Berufsschulpflicht festgestellt:

1. bei Schülern mit einem Realschulabschluss oder einem dem Realschulabschluss gleichwertigen Bildungsstand, die die Berufsschule zwei Jahre besucht haben;
2. bei Schülern, die die Klasse 11 eines Gymnasiums durchlaufen und die Berufsschule ein Jahr besucht haben;
3. bei Schülern, die mindestens ein Jahr eine öffentliche berufliche Vollzeitschule oder eine entsprechende Ersatzschule besucht haben; wenn nach den Feststellungen der Schulaufsichtsbehörde die Voraussetzungen nach § 80 Nr. 2 SchG vorliegen, gilt dies auch für Schüler einer Ergänzungsschule mit Vollzeitunterricht.

IV.

Berufsvorbereitungsjahr

1. Jugendliche, die innerhalb der Probezeit gemäß § 13 BBiG das Ausbildungsverhältnis aufgeben, und Jugendliche, die innerhalb der ersten drei Monate nach Schuljahresbeginn eine berufliche Vollzeitschule verlassen, haben das Berufsvorbereitungsjahr zu besuchen. ⇨ Vorqualifizierungsjahr Arbeit/Beruf
2. Jugendliche, die nach der Probezeit das Ausbildungsverhältnis aufgeben, und Jugendliche, die später als drei Monate nach Schuljahresbeginn eine berufliche Vollzeitschule verlassen, können nach ihrer Wahl ein Berufsvorbereitungsjahr, eine geeignete Fachklasse der Berufsschule oder eine Berufsfachschule besuchen. Sie sind entsprechend zu beraten und dabei über die in Betracht kommenden Bildungsgänge zu informieren. Danach ist unverzüglich über die Einschulung in einer geeigneten Klasse zu entscheiden. Die Wahl kann bis zum Ende der vierten Unterrichtswoche nach der Einschulung einmal geändert werden.
3. Für Schüler, die das Berufsvorbereitungsjahr freiwillig besuchen wollen, gilt Ziff. 2 entsprechend.

⇨ Schulbesuch (Rechte und Pflichten); ⇨ Schulgesetz §§ 41, 72 f., 85-86; ⇨ Schulpflicht (Meldeverordnung – Datenschutz); ⇨ Schulpflicht (Ausländische Schüler*innen); ⇨ Schulpflicht (Berufliche Schulen); ⇨ Vorqualifizierungsjahr Arbeit und Beruf (VAB)

Schulpflicht (Berufliche Schulen – Übergabe)

Übergabe von Berufsschulpflichtigen und Aufnahmeverfahren der beruflichen Vollzeitschulen; Verwaltungsvorschrift des Kultusministeriums vom 7. Dezember 2001 (K.u.U. S. 145/2002)

I.
Übergabe von Berufsschulpflichtigen

Die Übergabe von berufsschulpflichtigen Schülerinnen und Schülern der allgemeinbildenden Schulen an die beruflichen Schulen und von Schülerinnen und Schülern der beruflichen Schulen untereinander erfolgt nach folgenden Grundsätzen:

1 Geltungsbereich

Ein Übergabeverfahren ist für jede Berufsschulpflichtige und jeden Berufsschulpflichtigen durchzuführen. Es findet nicht statt bei Schülerinnen und Schülern, die nicht berufsschulpflichtig sind oder ihre Berufsschulpflicht bereits erfüllt haben oder bei denen die vorzeitige Beendigung der Berufsschulpflicht festgestellt wurde.

2 Übertritt von einer allgemeinbildenden Schule an eine berufliche Schule

2.1 Die abgebende Schule meldet die Abgabe dem Geschäftsführenden Schulleiter oder der Geschäftsführenden Schulleiterin (im Folgenden: Geschäftsführender Schulleiter) für berufliche

Schulen mit Formular (vgl. Anlage – *hier nicht abgedruckt*). Die Meldungen sollen spätestens vor Beginn der Sommerferien erfolgt sein.

Bei Schülerinnen und Schülern, die nach § 72 Abs. 1 Satz 2 Schulgesetz (SchG) vom Besuch der abgebenden Schule befreit wurden und bei Schülern, für die eine Beendigung der Schulpflicht nach § 75 Abs. 3 SchG festgestellt wurde, ist die Meldung unverzüglich abzugeben.

2.2 Der Geschäftsführende Schulleiter für berufliche Schulen leitet das Formular an die aufnehmende Schule, wenn diese nicht bekannt ist, an den zuständigen Geschäftsführenden Schulleiter weiter.

3 Wechsel zwischen beruflichen Schulen

Bei einem Wechsel von einer beruflichen Schule an eine andere berufliche Schule gilt Nummer 2 mit der Maßgabe, dass die Meldung über die Abgabe unmittelbar an die für die Aufnahme zuständige Schule, wenn diese der abgebenden Schule bekannt ist, in den übrigen Fällen an den zuständigen Geschäftsführenden Schulleiter erfolgt.

4 Überwachung der Berufsschulpflicht

Der Schulleiter der aufnehmenden Schule überwacht die Erfüllung der Berufsschulpflicht. Eine Rückmeldung an den Geschäftsführenden Schulleiter bzw. an die abgebende berufliche Schule erfolgt nur, wenn die Schülerin oder der Schüler an der zur Aufnahme vorgesehenen Schule nicht eingeschult worden ist.

5 Formular

Für das Übergabeverfahren ist das als Anlage beigefügte Formular zu verwenden *(nicht abgedruckt)*. [...] Soweit eine elektronische Datenübermittlung technisch und in Ansehung datenschutzrechtlicher Vorschriften möglich ist, kann das Formular entsprechend angepasst werden.

II.
Aufnahme in berufliche Vollzeitschulen

1 Bewerbung

Einheitlicher Schlusstermin für die Abgabe der Bewerbung um Aufnahme in eine berufliche Vollzeitschule oder eine nicht der Berufsschule zugeordnete berufliche Teilzeitschule, deren Bildungsgänge spätestens am 1. Oktober beginnen, ist jeweils der 1. März eines Jahres für die Aufnahme zum kommenden Schuljahr.

Nach diesem Termin eingegangene Bewerbungen können nur dann berücksichtigt werden, wenn die Aufnahme weiterer Bewerberinnen und Bewerber unter Berücksichtigung aller termingerechter Bewerbungen noch möglich ist.

Den einzureichenden Bewerbungsunterlagen ist das für die Aufnahme maßgebende Zeugnis beizufügen. Sofern dieses noch nicht vorliegt, ist das letzte Halbjahreszeugnis bzw. die letzte Halbjahresinformation vorzulegen.

2 Aufnahmeverfahren

2.1 Benachbarte Schulen klären unverzüglich nach Ablauf des Anmeldetermins für die beruflichen Schulen ihre Aufnahmefähigkeit ab und weisen erforderlichenfalls Bewerberinnen und Bewerber auf noch freie Plätze hin (§ 18 Abs. 1 und § 88 Abs. 4 Schulgesetz).

2.2 Nachdem die Schule die im Rahmen der Festlegung der Verwaltungsvorschrift zur Unterrichtsorganisation geplante Klassenbildung mit dem Oberschulamt abgestimmt hat, erteilt sie den Bewerberinnen und Bewerbern in der Zeit vom 20. bis 25. März des jeweiligen Jahres entweder eine Aufnahmezusage oder – sofern noch keine eindeutigen Aussagen möglich sind – informiert sie über ihre Aufnahmeaussichten.

Dabei ist Folgendes zu beachten:

2.2.1 Eine Aufnahmezusage ist zu erteilen, wenn aufgrund der eingegangenen Bewerbungen kein Auswahlverfahren stattfinden muss und die Aufnahmevoraussetzungen nach der Ausbildungs- und Prüfungsordnung des jeweiligen Bildungsganges erfüllt sind.

2.2.2 Wenn aufgrund der eingegangenen Bewerbungen ein Auswahlverfahren durchgeführt werden muss, ist unter Berücksichtigung der vorhandenen Plätze, der eingegangenen Bewerbungen und der danach voraussichtlich erforderlichen Notendurchschnitte zu ermitteln, ob die Bewerberin oder der Bewerber mit der Aufnahme rechnen kann oder nicht.

Kann mit hoher Wahrscheinlichkeit mit der Aufnahme gerechnet werden, so ist eine Aufnahmezusage zu erteilen. Soweit aufgrund des (Halbjahres-)Zeugnisses bzw. der Halbjahresinformation mit hoher Wahrscheinlichkeit keine Aussicht auf Aufnahme besteht, ist dies der Bewerberin oder dem Bewerber mit dem Hinweis mitzuteilen, dass die Bewerbung für erledigt angesehen wird, wenn binnen zwei Wochen keine gegenteilige Erklärung eingeht.

Die übrigen Bewerberinnen und Bewerber sind über ihre Aufnahmeaussichten zu informieren.

2.3 Aufnahmezusagen sind mit der Bedingung zu erteilen, dass die Aufnahmevoraussetzungen durch Vorlage des nach der Aufnahmeordnung maßgebenden Zeugnisses, auch hinsichtlich des erforderlichen Notendurchschnitts, nachgewiesen werden und – bei bisher einzügig geführten Bildungsgängen – die für die Klassenbildung erforderliche Mindestschülerzahl nach der [...] VwV ⇨ Unterrichtsorganisation (Organisationserlass) erreicht wird.

Die Wirksamkeit der Zusage kann außerdem davon abhängig gemacht werden, dass die Bewerberin oder der Bewerber die Annahme des Angebots bis zu einem von der Schule festzusetzenden Termin schriftlich erklärt.

⇨ Schulbesuch (Rechte und Pflichten); ⇨ Schulgesetz § 77 ff.; ⇨ Schulpflicht (Ausländische Schüler*innen); ⇨ Schulpflicht (Durchsetzung)

Schulpflicht (Durchsetzung)

Gemeinsame VwV des Kultusministeriums und des Innenministeriums zur Durchsetzung der Schulpflicht vom 1. September 2015; K.u.U. S. 367/2015)

1. Mitteilungen der Meldebehörden an die Schulen

1.1 Nach § 6 Abs. 1 Meldeverordnung (MVO) [...] übermitteln die Meldebehörden den zuständigen Grundschulen oder Gemeinschaftsschulen im Verbund mit einer Grundschule jährlich rechtzeitig vor Schuljahresbeginn, in der Regel bis zum 31. Dezember des Vorjahres, die Daten der Kinder, die erstmals schulpflichtig werden. Diese Mitteilungspflicht erstreckt sich auf alle Kinder, die bis zum 30. September *(Hinweis der Redaktion: seit 2020 lautet § 73 SchG: bis 30. Juni)* des laufenden Kalenderjahres das sechste Lebensjahr vollendet haben, ohne Rücksicht auf die Staatsangehörigkeit. Die Mitteilungen sind an die Schulen zu richten, in deren Schulbezirk die Kinder wohnen.

⇨ Schulpflicht (MeldeVO / Datenschutz) § 6

1.2 Die Meldebehörden übermitteln außerdem nach § 6 Abs. 1 MVO den zuständigen Schulen nach Nummer 1.1 jährlich rechtzeitig vor Schuljahresbeginn, in der Regel bis zum 31. Dezember des Vorjahres, auch die Daten derjenigen Kinder, die nach dem 30. September und bis zum 31. Dezember des laufenden Kalenderjahres das sechste Lebensjahr vollendet haben.

1.3 Zusätzlich übermitteln nach § 6 Abs. 1 Satz 1 die Meldebehörden den zuständigen Schulen nach Nummer 1.1 unmittelbar nach Zuzug in den Schulbezirk die Daten der Kinder, die nach der Einschulung aus dem Inland und aus dem Ausland in den Schulbezirk zugezogen sind und noch nicht das zehnte Lebensjahr vollendet haben.

1.4 Ferner übermitteln nach § 6 Absatz 2 Satz 2 MVO die Meldebehörden unmittelbar nach Zuzug Daten von schulpflichtigen Kindern und Jugendlichen, die aus dem Ausland zugezogen sind und das zehnte, aber noch nicht das 15. Lebensjahr vollendet haben.

Diese Daten werden der geschäftsführenden Schulleitung für Werkreal- und Hauptschulen übermittelt. Ist ein solcher oder eine solche nicht bestellt, ergeht die Mitteilung an die zuständige Werkrealschule oder Hauptschule oder Gemeinschaftsschule. Hierzu gilt:

1.4.1 Wenn der Schulträger einen Schulbezirk nach § 25 SchG festgelegt hat, erfolgt die Datenübermittlung durch die Meldebehörde an die Werkrealschule, falls eine solche nicht besteht, an die Hauptschule, in deren Bezirk das zugezogene Kind gemeldet ist.

1.4.2 Besteht kein Schulbezirk und gibt es am Ort nur eine Werkrealschule oder Hauptschule oder Gemeinschaftsschule, erfolgt die Meldung an diese Schule.

1.4.3 Besteht kein Schulbezirk und gibt es am Ort mehrere Werkreal- oder Hauptschulen oder Gemeinschaftsschulen, so erfolgt die Datenübermittlung an die der gegenwärtigen Anschrift des zugezogenen Kindes nächstgelegene Schule.

1.4.4 Besteht kein Schulbezirk und gibt es am Ort keine Werkreal- oder Hauptschule oder Gemeinschaftsschule, erfolgt die Datenübermittlung durch die Meldebehörde an eine vom Staatlichen Schulamt zu bestimmende Werkreal- oder Hauptschule oder Gemeinschaftsschule.

1.5 Die Mitteilung der Meldebehörde ist bei Jugendlichen, die das 15., aber noch nicht das 18. Lebensjahr vollendet haben, an die geschäftsführende Schulleitung für das berufliche Schulwesen zu richten.

2. Verfahren bei den Schulen

2.1 Die zuständigen Schulen nach Nummer 1.1 prüfen nach Ablauf der Anmeldefrist für das neue Schuljahr, ob sämtliche in der Mitteilung der Meldebehörde nach § 6 Abs. 1 MVO aufgeführten Kinder bei ihnen angemeldet worden sind. Kann die zuständige Schule nicht feststellen, ob Kinder zum Schulbesuch angemeldet oder zurückgestellt worden sind, fordert sie die Erziehungsberechtigten[1] unter Hinweis auf die Schulpflicht unverzüglich schriftlich auf

- mitzuteilen, ob sie ihr Kind an einer anderen Schule, und wenn ja an welcher, angemeldet haben oder
- die Anmeldung nachzuholen oder
- einen Antrag auf Zurückstellung vom Schulbesuch zu stellen.

1) „Erziehungsberechtigte" im Sinne dieser Verwaltungsvorschrift sind auch diejenigen, denen Erziehung oder Pflege eines Kindes oder Jugendlichen anvertraut sind.

Hinweis der Redaktion: Anlässlich der Anmeldung erhebt die Schule die Personaldaten des Kindes einschließlich der Religionszugehörigkeit. Zur Feststellung der „Bekenntniszugehörigkeit" der Schüler*innen sowie zur Weitergabe der entsprechenden Daten siehe ⇨ Datenschutz (Schulen) Nr. 2.3.1.2 sowie ⇨ Religion (Allgemeines) und ⇨ Schulpflicht (Meldeverordnung – Datenschutz).

Kommen die Erziehungsberechtigten dieser Aufforderung nicht bis zum Schuljahresbeginn nach, klärt die Schule in Zweifelsfällen bei der Meldebehörde, von der sie die Mitteilung nach § 6 Abs. 1 MVO erhalten hat, ob das betreffende Kind noch bei ihr gemeldet ist. Bestehen Anhaltspunkte dafür, dass die Schulpflicht verletzt wird, unterrichtet die Schule die untere Verwaltungsbehörde, damit diese gegen die Erziehungsberechtigten ein Bußgeldverfahren wegen Verletzung der Schulpflicht nach § 92 SchG einleiten kann. Teilt die Meldebehörde den Zuzug eines Grundschulkindes aus dem Ausland mit und ist dieses nach Kenntnis der Schule gemäß § 72 Absatz 1 Satz 3 SchG noch nicht schulpflichtig (Asylbeantragung oder geduldeter Aufenthalt vor Ablauf von 6 Monaten nach dem Zuzug}, informiert die Schule die Erziehungsberechtigten über das Recht auf Schulbesuch. ➪ Schulgesetz § 92

2.2 Die zuständigen Schulen nach Nummer 1.1 informieren alle Erziehungsberechtigten von Kindern, die nach dem 30. September und bis zum 31. Dezember des laufenden Kalenderjahres das sechste Lebensjahr vollendet haben, über die Regelung des § 73 Abs. 1 Satz 2 SchG. Danach werden auch diese Kinder mit dem Beginn des Schuljahres schulpflichtig, wenn sie von den Erziehungsberechtigten in der Grundschule angemeldet wurden. Die insoweit von der Meldebehörde übermittelten Daten dürfen nur zur Information der Erziehungsberechtigten genutzt werden. Wenn die Erziehungsberechtigten von ihrem Recht nach § 73 Abs. 1 Satz 2 SchG keinen Gebrauch machen, sind diese Daten alsbald zu löschen, spätestens zum Beginn des neuen Schuljahres.

2.3 Erhält die zuständige Schule nach Nummer 1.4 oder 1.5 eine Mitteilung der Meldebehörde über den Zuzug von Schulpflichtigen aus dem Ausland gemäß § 6 Abs. 2 MVO, gleicht sie die ihr zugegangene Mitteilung ggf. mit den weiterführenden Schulen der Sekundarstufe I bzw. II ab, bei denen ebenfalls eine Anmeldung in Betracht kommt.

Kann nicht festgestellt werden, ob eine Anmeldung erfolgt ist, fordert die Schule die Erziehungsberechtigten, volljährige Schulpflichtige selbst, schriftlich auf, für die Erfüllung der Schulpflicht Sorge zu tragen bzw. der Schulpflicht nachzukommen.

Wird dieser Aufforderung nicht Folge geleistet und ist der Schule auch nicht bekannt, dass der oder die Schulpflichtige eine andere Schule besucht oder vom Schulbesuch befreit oder beurlaubt ist, verfährt die Schule entsprechend Nummer 2.1 Satz 3 und 4. Dasselbe gilt in den Fällen, in denen Schulpflichtige ohne Abmeldung und ohne die nach der Schulbesuchsverordnung anerkannten Beurlaubungs- und Entschuldigungsgründe die Schule nicht mehr besuchen. Teilt die Meldebehörde der Schule den Zuzug eines oder einer über zehn Jahre alten Minderjährigen aus dem Ausland mit und ist dieser oder diese nach Kenntnis der Schule gemäß § 72 Absatz 1 Satz 3 SchG noch nicht schulpflichtig (Asylbeantragung oder geduldeter Aufenthalt vor Ablauf von 6 Monaten nach dem Zuzug}, informiert die Schule die Erziehungsberechtigten über das Recht auf Schulbesuch. ➪ Schulbesuchsverordnung

2.4 Erhält die Schule von der Meldebehörde gemäß § 6 Abs. 1 Nr. 5 MVO Kenntnis über eine einen gesetzlichen Vertreter betreffende Auskunftssperre nach § 51 Bundesmeldegesetz, hat sie dafür Sorge zu tragen, dass die Daten der geschützten Person von ihr nicht an den anderen gesetzlichen Vertreter oder an Dritte weitergegeben werden oder der Schutzzweck in sonstiger Weise gefährdet wird.

3. Maßnahmen der unteren Verwaltungsbehörden und der Ortspolizeibehörden

3.1 Die untere Verwaltungsbehörde belehrt im Rahmen des Bußgeldverfahrens die Erziehungsberechtigten, volljährige Schulpflichtige selbst, über Inhalt und Bedeutung der Schulpflicht und über die Rechtsfolgen bei Verletzung der Schulpflicht. Dabei ist auch auf die Möglichkeit der zwangsweisen Zuführung zur Schule nach § 86 SchG hinzuweisen. Die untere Verwaltungsbehörde unterrichtet die Schule über den Ausgang des Bußgeldverfahrens.

3.2 Die zwangsweise Zuführung zur Schule im Wege des Schulzwanges nach § 86 SchG soll von der Ortspolizeibehörde in der Regel erst angeordnet werden, wenn ein Bußgeldverfahren wegen Verletzung der Schulpflicht durchgeführt worden ist und die Schulpflicht nach Mitteilung der Schule die Schulpflicht weiterhin nicht oder nicht regelmäßig erfüllt wird. Wenn die Erziehungsberechtigten oder diejenigen, denen Erziehung und Pflege eines Kindes anvertraut sind, schulpflichtige Kinder trotz Aufforderung der zuständigen Schule nicht vorstellen, wird vor der Anordnung der zwangsweisen Zuführung zur Schule die Durchführung eines Bußgeldverfahrens nicht abgewartet.

4. Antreffbericht

Wenn der Polizeivollzugsdienst während der üblichen Schulzeit Kinder oder Jugendliche antrifft, bei denen der Verdacht einer Schulpflichtverletzung besteht, unterrichtet er [...] die Schule und die Erziehungsberechtigten. ➪ Polizei und Schule

Hinweis der Redaktion: Der Polizeivollzugsdienst fertigt den „Antreffbericht" (abrufbar unter www.landesrecht-bw.de/ > Verwaltungsvorschriften > Schulpflicht Durchsetzung) und übersendet diesen bei eindeutiger Sachlage gleichzeitig den Erziehungsberechtigten und der Schule. Kann nicht abschließend geklärt werden, ob „Schwänzen" vorliegt, geht der Bericht nur an die Schule. Zu den typischen Zeichen für „Schulschwänzen" gehören: Fehlen im Unterricht zu bestimmten Zeiten, häufiges Zuspätkommen, vorzeitiges Verlassen des Unterrichts, Missbrauch von Entschuldigungen, vorgetäuschte Krankheit, Fehlen unmittelbar vor und nach Ferien sowie Schulverweigerung und Schulabbruch. Wenn die Prüfung eine Schulpflichtverletzung ergibt, werden die Erziehungsberechtigten zu einem Gespräch gebeten und erhalten in der Folge den Antreffbericht. Das Kultusministerium hat Handreichungen für Eltern und für Schulen zum „Schulabsentismus" (also zum „Schulschwänzen") herausgegeben, diese Informationen sind als pdf-Dateien unter https://km-bw.de/ > Publikationen > Prävention online abrufbar.

➪ Behinderungen (Förderbedarf); ➪ Polizei und Schule; ➪ Schulbesuch (Rechte und Pflichten); ➪ Schulbesuchsverordnung; ➪ Schulgesetz §§ 41, 72 f., 85-86, 92; ➪ Schulpflicht (Ausländische Schüler*innen); ➪ Schulpflicht (Berufliche Schulen); ➪ Schulpflicht (Kinder von Reisenden); ➪ Schulpflicht (Meldeverordnung)

Schulpflicht (Kinder von Reisenden)

Informationen der Redaktion zur Rechtslage und zur Verwaltungspraxis in Baden-Württemberg

In Baden-Württemberg gibt es etwa 350 *„Kinder beruflich Reisender"* (Stand: 2019), beispielsweise Kinder in Binnenschiffer-, Zirkus- und Schaustellerfamilien, die sich nur in der kalten Jahreszeit an einem festen Ort aufhalten. Diese Kinder unterliegen auch auf der Reise der Schulpflicht und besitzen das gleiche Recht auf Bildung und individuelle Förderung wie alle anderen Kinder. Der Unterricht erfolgt grundsätzlich am Wohnort bzw. am „Winterstandort"; während der Reise besuchen sie eine „Stützpunktschule" in möglichst unmittelbar Nähe des Arbeitsortes ihrer Eltern.

Die „Stützpunktschulen" beziehungsweise die dortigen Lehrkräfte werden bei dieser zusätzlichen Aufgabe durch „Bereichslehrkräfte" unterstützt, die an den Staatliche Schulämtern bestellt sind. Link: https://km-bw.de/schule/Schule+unterwegs

Die Unterstützung erfolgt unterrichtsbegleitend zum Regelunterricht schwerpunktmäßig in den Fächern Deutsch, Mathematik und Englisch. Die Bereichslehrkräfte sind Ansprechpartner beruflich Reisender für alle schulischen oder erzieherischen Problemstellungen (z.B. Schulbesuch, Unterrichtsteilnahme, Lernförderung, Schulleistung und Bildungsabschlüsse).

Die Kinder müssen auf der Reise ein Schultagebuch führen. Darin werden ihr Lernstand und ihre Lernfortschritte dokumentiert, welche maßgebend für Leistungsbewertungen bzw. Ausstellung von Zeugnissen durch die Stammschule sind; seit 2019/20 wird das bisherige analoge Schultagebuch schrittweise durch ein digitales Schultagebuch ersetzt (DigLu – „Digitales Lernen unterwegs"); Link: www.diglu.de.

Diese Lernplattform DigLu ist eine online basierte Lernplattform und Schulorganisationssoftware; sie ermöglicht über das einzelne Bundesland hinweg die individuelle Begleitung der Kinder durch die eingebundenen Schulen und die zuständigen Lehrkräfte. Die Schüler*innen weisen sich bei der Vorstellung an der Schule mit einer entsprechenden „DigLu Card" beziehungsweise führen weiterhin das analoge Schultagebuch.

➪ Klassentagebücher; ➪ Schulbesuch (Rechte und Pflichten); ➪ Schulbesuchsverordnung; ➪ Schulgesetz §§ 41, 72 f., 85-86, 92; ➪ Schulpflicht (Ausländische Schüler*innen); ➪ Schulpflicht (Meldeverordnung)

Schulpflicht (Meldeverordnung / Datenschutz)

Verordnung des Innenministeriums zur Durchführung des Meldegesetzes (Meldeverordnung – MVO) vom 28.9.2015 (GBl. S. 853/2008); zuletzt geändert 10.3.2016 (GBl. S. 223/2016)

§ 6
Datenübermittlungen an die Schulen

(1) Die Meldebehörde übermittelt der zuständigen Grundschule oder Gemeinschaftsschule, soweit sie eine Grundschule umfasst, zur Verwirklichung ihres Erziehungs- und Bildungsauftrags folgende Daten der erstmals schulpflichtig werdenden Kinder aus dem Melderegister:

1. Familienname,
2. Vornamen unter Kennzeichnung des gebräuchlichen Vornamens (Rufname),
3. Geburtsdatum und Geburtsort sowie bei Geburt im Ausland auch den Staat,
4. Geschlecht,
5. zum gesetzlichen Vertreter: Familienname, Vornamen, Doktorgrad, Anschrift, Geburtsdatum, Auskunftssperren nach § 51 BMG
6. derzeitige Staatsangehörigkeiten,
7. rechtliche Zugehörigkeit zu einer öffentlich-rechtlichen Religionsgemeinschaft,
   ➪ Datenschutz (Schulen) Nr. 2.3.1.2
8. derzeitige Anschrift, im Falle mehrerer Wohnungen die Anschrift der Hauptwohnung,
9. Auskunftssperren nach § 51 BMG.

Dasselbe gilt für die Kinder, die bis zum Ende des laufenden Kalenderjahres das sechste Lebensjahr vollendet haben.

(2) Zur Durchsetzung der Schulpflicht übermittelt die Meldebehörde der zuständigen Grundschule oder Gemeinschaftsschule, soweit sie eine Grundschule umfasst, die in Absatz 1 genannten Daten von Kindern bis zum vollendeten zehnten Lebensjahr, die nach der Einschulung zugezogen sind, aus dem Melderegister. Ferner übermittelt die Meldebehörde die in Absatz 1 genannten Daten von schulpflichtigen Kindern und Jugendlichen, die aus dem Ausland zugezogen sind, aus dem Melderegister. Diese Mitteilung ist bei Kindern, die das zehnte, aber noch nicht das 15. Lebensjahr vollendet haben, an die geschäftsführende Schulleitung für Werkreal- und Hauptschulen zu richten; ist eine solche nicht bestellt, ergeht die Mitteilung an die zuständige Werkrealschule oder Hauptschule oder Gemeinschaftsschule. Bei Jugendlichen, die das 15., aber noch nicht das 18. Lebensjahr vollendet haben, ist diese Mitteilung an die geschäftsführende Schulleitung für das berufliche Schulwesen zu richten.

➪ Schulpflicht (Durchsetzung)

➪ Behinderungen (Förderbedarf); ➪ Datenschutz (Schulen); ➪ Schulbesuch (Rechte und Pflichten); ➪ Schulpflicht (Ausländische Schüler*innen); ➪ Schulpflicht (Durchsetzung); ➪ Schulpflicht (Kinder von Reisenden)

Schulpsychologische Beratungsstellen

Informationen der Redaktion zur Rechtslage und zur Verwaltungspraxis in Baden-Württemberg

Laut Schulgesetz werden die Aufgaben der Bildungsberatung unbeschadet des Erziehungs- und Bildungsauftrags der einzelnen Lehrkräfte durch überörtlich einzurichtende schulpsychologische Beratungsstellen und an den Schulen vornehmlich durch Beratungslehrkräfte erfüllt. ➪ Schulgesetz § 19

Zum Status und den Aufgaben der Beratungsstellen siehe: ➪ Bildungsberatung Teil III. Für die psychologische Schulberatung (Lösung von Personal- und Schulkonflikten, Krisenintervention, Coaching von Führungskräften, Supervision der Prozessbegleiter*innen, Mitwirkung bei der Entwicklung präventiver Programme, pädagogisch-psychologische Fortbildung) sowie für die pädagogischen Beratungsfachkräfte (Beratungslehrer-, Gewaltpräventionberater-, Prozessbegleiter-, Fachberater-, Suchtpräventionslehrer*innen und Suchtbeauftragte) ist das Zentrum für Schulqualität und Lehrerbildung (ZSL) zuständig. ➪ Schulentwicklung und Evaluation

Aufgaben der an den Regionalstellen des ZSL tätigen Schulpsycholog*innen sind:

1.
*Beratung von Schüler*innen und Eltern bei*

- Lern- und Leistungsproblemen,
- Arbeitsstörungen, Konzentrations- und Motivationsproblemen,
- Beziehungsproblemen in der Schule, ➪ Mobbing
- Verhaltensauffälligkeiten im schulischen Umfeld
- Prüfungsangst und Schulverweigerung,
- Fragen der Schullaufbahn und des Zweiten Bildungswegs, Studien- und Berufsberatung.

Schulpsycholog*innen verwenden dazu wissenschaftlich erprobte Untersuchungs- und Beratungsmethoden. Sind längerfristige therapeutische Maßnahmen notwendig, können sie über therapeutische Hilfen entsprechender Einrichtungen informieren.

2.
Unterstützung und Begleitung von Schulen und Lehrkräften im Umgang mit aktuellen Schulproblemen, z.B. bei

- Problemen im Lern- und Arbeitsverhalten,
- der Bewältigung von Lehrer-Schüler-Konflikten,
- dem Umgang mit schwierigem Schülerverhalten,
- der Erstellung von Lernstandsdiagnosen,
- der Auseinandersetzung von Lehrkräften und Schulleitungen mit beruflichen Anforderungen (Rollenklärung, Zielsetzungen und Berufszufriedenheit, Zeitmanagement und Stressbewältigung, Führungs- und Leitungskompetenz),
- der Weiterentwicklung von Schulen, vor allem bei der Vermittlung von Kompetenzen (Offenheit, Bereitschaft zur Innovation, Lernfähigkeit)
- Gesprächsführung und Kooperation,
- dem konstruktiven Umgang mit Konflikten,
- der Evaluation von Schulentwicklungsprozessen,
- Besonderheiten in der Beratung ausländischer Schüler*innen und Eltern.

Die Regionalstellen des ZSL unterstützen die Kriseninterventionsteams der Regierungspräsidien bei der Bewältigung schulischer Krisen, insbesondere bei Todesfällen. ➪ Gewaltvorfälle

Die Schulpsycholog*innen setzen vielfältige Arbeitsmethoden ein (Informationsvermittlung, Moderation, Mediation, Supervision, Coaching, etc.). Sie arbeiten eng mit den an den Schulen tätigen Beratungslehrkräften zusammen.

Die Beratung ist für Ratsuchende kostenlos. Es gilt der Grundsatz der Vertraulichkeit. Auf Wunsch und mit Einverständnis der Ratsuchenden kooperieren die Schulpsycholog*innen mit anderen Einrichtungen, z.B. psychologischen Beratungsstellen, Sozial- und Jugendämtern, sozialen und therapeutischen Einrichtungen, Ärzt*innen und Therapeut*innen.

➪ Bildungsberatung; ➪ Gewaltvorfälle; ➪ Mobbing; ➪ Prävention; ➪ Schulentwicklung und Evaluation

Schulsozialarbeit

Informationen der Redaktion zur Rechtslage und zur Verwaltungspraxis in Baden-Württemberg

Die öffentlichen Schulen stoßen mit *„pädagogisch"* orientierten Formen der schulischen Erziehung und Ausbildung (Vermittlung von Kenntnissen, Fertigkeiten und Fähigkeiten durch Unterricht) häufig an Grenzen. Sie werden damit den Bedürfnissen ihrer Schüler*innen, insbesondere jener mit ➪ Migrationshintergrund sowie in prekären Lebensverhältnissen, oft nicht (mehr) gerecht. Viele Schulen versuchen zwar, sich gegenüber dem „Leben" zu „öffnen" und die herkömmlichen Formen des schulischen Lernens zu überwinden bzw. diese zu ergänzen. Aber die Lehrkräfte sind häufig nicht in der Lage, neben ihrem Lehrauftrag auch „Sozialarbeit" zu leisten, also Arbeitsansätze, Handlungsformen und Ziele der Jugendhilfe im Umfeld der Schule zu realisieren. ➪ Jugendhilfe (Bundesrecht) § 1

In der *Schulsozialarbeit* wirken die Institutionen der Jugendhilfe und die Schule zusammen: *„Unter Jugendsozialarbeit an Schulen [...] ist die ganzheitliche, lebensweltbezogene und lebenslagenorientierte Förderung und Hilfe für Schülerinnen und Schüler im Zusammenwirken mit der Schule zu verstehen. Die Schulsozialarbeit* *leistet eine wertvolle Unterstützung ergänzend zum Bildungs- und Erziehungsauftrag der Schule und hat positive Auswirkungen auf das Schulleben insgesamt. Schulsozialarbeit ist ein Leistungsangebot der Jugendhilfe an der Schule. Mit dem differenzierten Instrumentarium der Schulsozialarbeit, die auch Eltern erreicht und einbindet, können soziale Benachteiligungen ausgeglichen und individuelle Problemlagen besser bewältigt werden. Schulsozialarbeit trägt so zur Stabilisierung des Schulerfolgs, zur Eingliederung in die Arbeitswelt und zur gesellschaftlichen Integration bei. Die Schulsozialarbeit muss an der Schule verortet sein. Mit dem Schulträger, dem Jugendamt und der Schule muss eine Kooperation erfolgen.*"

(Quelle: *„Grundsätze zur Förderung der Jugendsozialarbeit an öffentlichen Schulen"* des Sozialministeriums B-W)

In § 13a Sozialgesetzbuch (SGB) VIII ist u.a. verfügt: *„Schulsozialarbeit umfasst sozialpädagogische Angebote nach diesem Abschnitt, die jungen Menschen am Ort Schule zur Verfügung gestellt werden. Die Träger der Schulsozialarbeit arbeiten bei der Erfüllung ihrer Aufgaben mit den Schulen zusammen. Das Nähere über Inhalt und Umfang der Aufgaben der Schulsozialarbeit wird durch Landesrecht geregelt. [...]"* ⇨ Jugendhilfe (Bundesrecht – SGB VIII)

Die grundsätzliche Verantwortung für die Planung, Bereitstellung und Förderung der Schulsozialarbeit liegt bei den örtlichen Trägern der öffentlichen Jugendhilfe (Städte, Gemeinden, Landkreise). Die Schulsozialarbeit an öffentlichen Schulen wird auch von „freien Trägern" organisiert und betrieben.

Für den Erfolg ist eine intensive Kooperation der Schule mit den Trägern der Jugendhilfe und dem Jugendamt maßgebend. Da Lehrkräfte und Schulsozialarbeiter*innen sich aufgrund ihrer unterschiedlichen Ausbildung, Aufgabenstellung und Arbeitsweisen verschiedener „Sprachen" bedienen, kommt es auch auf eine intensive persönliche Zusammenarbeit an. Die Einführung der Schulsozialarbeit an einer Schule sollte deshalb gründlich vorbereitet werden. Da dies eine *„Angelegenheit von wesentlicher Bedeutung für die Schule"* ist (KonfVO § 2 Abs. 1), berät und beschließt hierüber die GLK.

Sozialarbeiter*innen und Sozialpädagog*innen besitzen eine berufsspezifische ⇨ Verschwiegenheitspflicht, auch gegenüber der Schulleitung und den Lehrkräften. Als Beschäftigte des Schulträgers bzw. eines „freien Trägers" werden sie der Schule zur Dienstleistung zugewiesen und unterliegen ähnlich wie z.B. Hausmeister*innen nur einem eingeschränkten Weisungsrecht der Schulleitung (⇨ Schulgesetz § 41 Abs. 3). Diese besitzt keine inhaltlichen Weisungsrechte und keine Beurteilungsbefugnis. Die Schulsozialarbeiter*innen sind nicht zu den schulischen Personalräten, sondern zur Personalvertretung ihres Trägers wahlberechtigt. Sie sollten (ohne Stimmrecht) an Lehrerkonferenzen teilnehmen; sie sind nach Einladung zur Teilnahme berechtigt, aber nicht verpflichtet; sie können weder in die Schulkonferenz noch als Verbindungslehrkräfte gewählt werden. ⇨ Konferenzordnung §§ 10 ff.

Informationen und Fördergrundsätze stehen unter: www.kvjs.de/jugend/kinder-und-jugendarbeit-jugendsozialarbeit/schulsozialarbeit.

⇨ Jugendhilfe (Bundesrecht); ⇨ Jugendhilfe (Landesrecht); ⇨ Konferenzordnung; ⇨ Migrationshintergrund

Schulträger

Informationen der Redaktion zur Rechtslage und zur Verwaltungspraxis in Baden-Württemberg

Für die Aufgaben und Finanzierung sowie das Personal der öffentlichen Schulen sind zwei unmittelbar zuständige Behörden verantwortlich. Die Schulen

- stehen unter der Aufsicht des Landes, das die Bildungspläne und Stundentafeln erlässt, die Fach- und Dienstaufsicht über die Schulleitungen und Lehrkräfte ausübt und deren Personalkosten trägt; diese Aufgaben obliegen dem Kultusministerium bzw. der Schulverwaltung (Staatliches Schulamt und Regierungspräsidium, Abteilung 7). ⇨ Schulaufsicht/-verwaltung; ⇨ Schulgesetz § 32 ff.
- haben einen kommunalen *„Schulträger"* (in der Regel nimmt die Gemeindeverwaltung, in den größeren Städten häufig ein Schulverwaltungsamt die *„Pflichtaufgabe"* wahr, Schulen *„einzurichten"* und *„fortzuführen"* sowie ihre *„sächlichen Kosten" zu* tragen, vom Bau und der Unterhaltung der Gebäude und Einrichtungen sowie der Finanzierung der Lehr- und Lernmittel bis zur Stellung des nicht-pädagogischen Personals, z.B des/der Hausmeister*in); ⇨ Schulgesetz § 27 ff., § 48

„Schulträger" ist in den meisten Fällen die Kommune (Stadt, Gemeinde), in deren Gebiet sich die Schule befindet; beispielsweise bei Grund-, Haupt- und Werkreal- Gemeinschafts- und Realschulen, Gymnasien, sowie bei den entsprechenden sonderpädagogischen Bildungs- und Beratungszentren. Vor allem bei Schulen, deren Einzugsbereich sich über das Gebiet mehrerer Kommunen erstreckt („Nachbarschaftsschulen"), kann der Landkreis die Trägerschaft ausüben; die Landkreise sind in der Regel auch Träger der beruflichen Schulen. Bei Schularten mit überörtlicher Bedeutung (Gymnasien in Aufbauform mit Internat, Kollegs und sonderpädagogische Bildungs- und Beratungszentren mit Internat) kann das Land Schulträger sein.

Ob die kommunalen Schulträger ihre Pflichten ordentlich erfüllen, unterliegt der staatlichen Aufsicht. Hierbei arbeiten die Rechtsaufsichtsbehörde (bei den Gemeinden der Landkreis, bei den kreisfreien Städten das Regierungspräsidium) und die Schulaufsicht (Staatliches Schulamt bzw. Abteilung 7 des RP) einvernehmlich zusammen. ⇨ Schulgesetz § 36

Bei der ⇨ Schulentwicklung, insbesondere bei der Einrichtung, Errichtung, Änderung und Aufhebung von Schulen auf regionaler Ebene, ist eine enge

Zusammenarbeit der kommunalen Schulträger mit dem Land vorgeschrieben. ⇨ Schulgesetz § 30 ff.

Der Schulträger wirkt bei der Besetzung der Schulleitungsstelle mit. ⇨ Schulgesetz § 40

Finanzierung

Zur Sicherung der verfassungsrechtlich vorgeschriebenen „Gleichwertigkeit der Lebensverhältnisse" hat das Land einen *„kommunalen Finanzausgleich"* eingeführt: Mit Ausnahme der Primarstufe (Grundschulen), für die jede Kommune aus eigener Kraft aufkommen muss, erhalten die Schulträger für die von ihnen unterhaltenen öffentlichen Schulen sogenannte *„Sachkostenbeiträge"*, dies sind nach Schularten gestaffelte, jährliche Pro-Kopf-Zuschüsse. Andernfalls könnten „reiche" Kommunen mit vielen ertragreichen Industrie- und Gewerbebetrieben aus dem Vollen schöpfen, während kleine Landgemeinden ihre Schulen nur ärmlich ausstatten könnten.
⇨ Haushalt (Kommunaler Finanzausgleich); ⇨ Haushalt (Sachkostenbeiträge); ⇨ Schulgesetz § 48

Für die „Bewirtschaftung" der Finanzmittel für die einzelne Schule (Anforderung, Verteilung, Aufstellung des schulinternen Haushaltsplans usw.) ist die Schulleitung zuständig; ihr steht aber nicht das alleinige Bestimmungsrecht über diese Gelder zu. Vielmehr unterliegt dies der Beteiligung der schulischen Gremien (Schulkonferenz beziehungsweise Gesamtlehrerkonferenz nach Anhörung der Schulkonferenz). Damit ist auch die Elternschaft hieran beteiligt. Das Verfahren ist im Einzelnen im Beitrag ⇨ Haushalt (Allgemeines) dargestellt.

⇨ Haushalt (Allgemeines); ⇨ Haushalt (Kommunaler Finanzausgleich); ⇨ Haushalt (Sachkostenbeiträge); ⇨ Lernmittelfreiheit (Allgemeines); ⇨ Schulaufsicht und Schulverwaltung; ⇨ Schulgesetz § 48

Hätten Sie's gewusst? – Eltern fragen, wir antworten.

Werbung in der Schule?

Frage: Mich irritiert, wie unsere Kinder mit Werbung überflutet werden. Auf dem Schulfest tritt das Maskottchen eines Kaufhauses auf und verteilte Präsente mit dem Firmenlogo, die Grundschüler müssen auf dem Ausflug Warnwesten mit dem Logo einer Versicherung anziehen und in der gemeindeeigenen Turnhalle, in der unsere Kinder Unterricht haben, aber auch der Sportverein trainiert, hängen Werbeplakate für alles und jedes. Muss die Schule nichts dagegen tun?

Antwort: Das Kultusministerium hat klargestellt: *„Der Erziehungs- und Bildungsauftrag der Schule verbietet […], dass in den Schulen Werbung für wirtschaftliche, politische, weltanschauliche oder sonstige Interessen betrieben, Waren vertrieben oder Sammlungen, Wettbewerbe und Erhebungen durchgeführt werden, soweit nachstehend nichts Abweichendes bestimmt ist. […]"*. ⇨ Werbung, Wettbewerbe und Erhebungen

Es sind also „Abweichungen" von diesem generellen Werbeverbot möglich. Ausdrücklich erlaubt ist, in der Schule *„durch Plakate oder sonstige Druckwerke"* auf Veranstaltungen hinzuweisen, *„die geeignet sind, den Erziehungs- und Bildungsauftrag wesentlich zu fördern und nicht einseitigen Zielen dienen"*. Die Schulen dürfen Spenden entgegennehmen, *„wenn sie pädagogischen Zwecken dienen und demgegenüber eine etwaige Werbung deutlich zurücktritt und nur einen geringen Umfang hat"*. Die Verteilung von *„berufskundlichen Informationen, die sachgerecht informieren und pädagogisch wertvoll sind"*, ist auch dann gestattet, wenn sie Werbung für Ausbildungsstellen enthalten. Und werbende Anzeigen in Schülerzeitschriften sind erlaubt, *„soweit der Erziehungsauftrag der Schule nicht beeinträchtigt wird"*.

Im konkreten Fall muss die Schule den hier abgesteckte Rahmen auslegen. Denn kommerzielle Unternehmen, politische oder weltanschauliche Interessengruppen, Vereine und Verbände versuchen natürlich, ihn bis zur äußersten Grenze auszunutzen, beispielsweise über eine Sponsorentätigkeit: Durch die Bereitstellung von finanziellen Mitteln oder eine logistische Unterstützung zugunsten der Schule tragen sie verdeckt Werbung für ihre Produkte oder Anliegen in die Schulen hinein.

In einer reinen Schulturnhalle ist Werbung nur im Rahmen der zitierten KM-Vorschrift zulässig; beispielsweise wäre ein Plakat für „Jugend trainiert für Olympia" kein Problem. In Turnhallen, die auch öffentlichen Zwecken dienen, ist Werbung nicht ausgeschlossen, Werbung für gesundheitsschädliche Produkte, die sich an Schüler*innen als Adressaten richtet, ist aber auch hier unzulässig.

Es wird uns zwar nicht gelingen, jegliche Werbung aus der Schule und ihrem Umfeld zu verbannen. Denn sie ist ein großer, wichtiger bisweilen sogar bestimmender Teil unseres öffentlichen Lebens und der Wirtschaft. Aber so wie die Schule ihre Schüler*innen auch in allen anderen Bereichen auf den selbstbestimmten, kritischen, vernünftigen Umgang mit der Lebenswelt vorbereiten soll, so hat sie das auch bei der Werbung zu tun. Deshalb hat dieses Thema in den amtlichen Bildungsplänen einen wichtigen, legitimen Platz. Beispielsweise verpflichtet der *„Leitfaden Demokratiebildung"* (Bestandteil des Bildungsplans seit 2019), die Schule zur Behandlung folgender Aspekte: *„Kritische Analyse von Strategien und Ästhetik der Werbung"*, *„Umgang mit Medien (Wissen, kritische Nutzung, Gestaltung, Reflexion eigenen Medienverhaltens und des Mediensystems): Printmedien, Rundfunk, Fernsehen sowie Internetangebote"* und zur *„Auseinandersetzung mit Formen der Überzeugung und Manipulation"*. Die Erziehung zu einem kritischen Umgang mit der Werbe- und Warenwelt ist also erklärtermaßen eine Aufgabe der Schule.

Schulweg

Informationen der Redaktion zur Rechtslage und zur Verwaltungspraxis in Baden-Württemberg

Allgemeines

Die Verantwortung für den „Schulweg", also den Weg von der häuslichen Wohnung zum Schulgebäude/Schulgelände beziehungsweise zu schulischen Veranstaltungen und zurück, liegt bei den Erziehungsberechtigten; dieser Schulweg fällt unter den Schutz der gesetzlichen ⇨ Unfallversicherung.

Hingegen ist die Schule für die Aufsicht über die Schüler*innen während der Unterrichtszeit und damit auch für die Organisation der „Unterrichtswege" verantwortlich, also jener Strecken, die zwischen verschiedenen Unterrichtsorten (beispielsweise vom Klassenzimmer zur Schwimmhalle außerhalb des Schulgeländes) zurückgelegt werden. Siehe dazu die Beiträge ⇨ Aufsichtspflicht und ⇨ Schülerbeförderung.

Der Schule sowie dem ⇨ Schulträger obliegt, im Zusammenwirken mit der Elternvertretung und den Verkehrsträgern sowie der Polizei, alle in ihrem Zuständigkeitsbereich möglichen Maßnahmen zur Erleichterung und Sicherung des Schulwegs zu treffen (z.B. Aufstellung von Schulwegplänen, Erziehung der Schüler*innen zu richtigem Verhalten, Planung der Verkehrsströme und Abstimmung der Fahrpläne, Einrichtung von Schulbushaltestellen und Aufenthaltsräumen, Schülerlotsendienste usw.).

Bei der Organisation der Schülerbeförderung ist darauf zu achten, dass kurze Wartezeiten entstehen und der Weg von und zur Schule in vertretbarer Zeit zurückgelegt werden kann. Siehe dazu im Einzelnen: ⇨ Schülerbeförderung.

Aktion „Sicherer Schulweg"

Alljährlich findet die Aktion *„Sicherer Schulweg"* statt (Link: www.gib-acht-im-verkehr.de/verkehrssicherheit/kinder-schulweg/aktion-sicherer-schulweg/). Die Polizei soll besonders zum Schuljahresbeginn verstärkt Verkehrsüberwachung im Bereich von Schulen und Schulwegen durchführen und Verstöße konsequent ahnden. Zur Beratung und Abstimmung vor Ort wird die Einrichtung eines Verkehrsausschusses empfohlen (Schulleitung, Verkehrsbeauftragte, SMV, Elternbeirat, Schülermentor*innen Verkehrserziehung, Schulbus-/Schulwegbegleiter*innen, Busunternehmen, Ordnungsamt, Polizei und lokale Verkehrsverbände ...).

An den Schulen soll möglichst jährlich ein Verkehrssicherheitstag für die 8. Klassen durchgeführt werden (Themen sind u.a.: Verkehrsteilnahme auf dem Schulweg zu Fuß, mit dem Rad, mit öffentlichen Verkehrsmitteln, sicheres Inline-Skaten).

An allen Grundschulen müssen „Geh-Schulwegpläne", an den allgemeinbildenden weiterführenden Schulen „Geh- und Rad-Schulwegpläne" vorhanden sein; diese sind jeweils zum Ende des Schuljahres auf ihre Aktualität zu überprüfen. Bei der Erstellung sollen vom Schulträger neben der Straßenverkehrsbehörde und der Polizei auch die Verkehrsausschüsse der Schulen, schulische Gremien, ggf. verkehrssicherheitsberatende Institutionen sowie Schüler*innen mit einbezogen werden. Link: www.schulwegplaner-bw.de. Weitere Informationen sind abrufbar unter: https://lis.kultus-bw.de/,Lde/Startseite/Programme/Fahrradfreundliche+Schule/.

⇨ Aufsichtspflicht; ⇨ Schülerbeförderung; ⇨ Schülerbeförderung (Mitwirkung der Schulen); ⇨ Schülerlotsen; ⇨ Schulträger; ⇨ Unfallversicherung

Sexuelle Gewalt, Missbrauch und Belästigung

Informationen der Redaktion zur Rechtslage und zur Verwaltungspraxis in Baden-Württemberg

Bei sexueller Belästigung sowie beim sexuellen Missbrauch handelt es sich – ähnlich wie bei einer Diskriminierung wegen der Geschlechtszugehörigkeit oder beim ⇨ Mobbing – um die Ausübung von Macht / Gewalt durch (in der Regel männliche) Ausbilder, Kollegen oder Vorgesetzte gegenüber vermeintlich oder tatsächlich unterlegenen (in der Regel weiblichen) Opfern. Die körperliche sexuelle Belästigung ist ein Straftatbestand, der jedoch (außer beim Vorliegen besonderen öffentlichen Interesses an der Strafverfolgung) nur auf Antrag verfolgt wird:

„Wer eine andere Person in sexuell bestimmter Weise körperlich berührt und dadurch belästigt, wird mit Freiheitsstrafe bis zu zwei Jahren oder mit Geldstrafe bestraft, wenn nicht die Tat in anderen Vorschriften mit schwererer Strafe bedroht ist. (Strafgesetzbuch – StGB – § 184i)

Bei den meisten anderen *„Straftaten gegen die sexuelle Selbstbestimmung"*, beispielsweise dem sexuellen Missbrauch von Kindern (§ 176 StGB) oder von schutzbefohlenen Jugendlichen unter 16 Jahren (§ 174 StGB) handelt es sich hingegen strafrechtlich um *„Offizialdelikte"*, die von Amts wegen zu verfolgen sind.

Eine sexuelle Belästigung liegt jedoch nicht nur dann vor, wenn jemand durch Berührungen übergriffig wird, sondern sie besteht häufig (nicht selten als Vorform von körperlichen Handlungen) in verbalen oder nonverbalen „Anzüglichkeiten" mit sexuellem Inhalt. Diese können strafrechtlich relevant sein, wenn sie eine Beleidigung (§ 185 StGB) darstellen, wenn also eine andere Person durch eine ehrverletzende Äußerung oder durch schlüssiges Handeln herabgewürdigt wird. Auch Beleidigungen werden in der Regel nur auf Antrag verfolgt. Die Gerichte tun sich bei der Abgrenzung zwischen als verletzend empfundenen Bemerkungen und strafbewehrten, herabwürdigenden Äußerungen oder Gesten schwer. Die Rechtsprechung räumt der Meinungsfreiheit bei Beleidigungsklagen einen hohen Stellenwert ein. Selbst obszöne Äußerungen können als gerechtfertigt betrachtet werden.

Auch rein verbale sexuelle Angebote oder Anzüglichkeiten, zweideutige Witze, Sprüche oder Gesten sowie das unerwünschte Zeigen und sichtbare Anbringen von pornographischen Darstellungen, mit denen bezweckt oder bewirkt wird, dass die Würde der betreffenden Person verletzt wird, insbesondere wenn ein von Einschüchterungen, Anfeindungen, Erniedrigungen, Entwürdigungen oder Beleidigungen gekennzeichnetes Umfeld geschaffen wird, gelten als sexuelle Belästigung.

Sexuelle Belästigung von Schutzbefohlenen

Im Bildungsbereich (Schulen, Hochschulen, Kitas usw.) kommen sexuelle Belästigungen auch im Verhältnis des dortigen Personals zu den „Klienten" vor, also gegenüber Kindern, Jugendlichen, Auszubildenden oder Studierenden. Aber auch diese Personen können einander sexuell belästigen.

Hierzu gibt es in Baden-Württemberg außer dem für alle geltenden Strafrecht keine Spezialvorschriften, sondern aufgrund der Schulpflicht beziehungsweise wegen der Abhängigkeit der ihnen anvertrauten „Klienten" obliegt den ausbildenden, erziehenden und lehrenden Institutionen unmittelbar eine Schutzpflicht. Eine Garantenpflicht besteht insbesondere gegenüber Minderjährigen.

Dies lässt sich kaum im Detail regeln, sondern diese Pflicht wahrzunehmen, ist Teil der pädagogischen Professionalität des Personals. Als Maßstab kann gelten, was zum Schutz der Beschäftigten im Allgemeinen Gleichbehandlungsgesetz bestimmt ist. Es ist ist beispielsweise als unzulässig anzusehen, wenn sexuell anzügliche Unterrichtsmaterialien verwendet werden. Ein unnötiger Körperkontakt, insbesondere im Sportunterricht, ist zu vermeiden, die Nutzung oder Verbreitung sexistischer Darstellungen darf nicht geduldet und die Schamgrenzen von Schüler*innen insbesondere in der Pubertät dürfen nicht verletzt werden. Auch die sexuelle Belästigung von Schutzbefohlenen durch andere „Klienten" der Einrichtungen muss unterbunden und gegebenenfalls sanktioniert werden.

Von sexueller Belästigung oder Gewalt Betroffene (z.B. Schüler*innen oder deren Eltern) können sich an die Schulleitung, Schulsozialabeiter*innen (soweit vorhanden) und die Schulaufsicht wenden. Eltern können auch den Elternbeirat um Unterstützung bitten. Die amtlichen Stellen sind verpflichtet, der Beschwerde nachzugehen und unzulässige Handlungen abzustellen bzw. zu verfolgen; sie müssen gegebenenfalls die Strafverfolgungsbehörden einschalten.

⇨ Beschwerderecht; ⇨ Schulsozialarbeit

Werden Lehrkräften bei ihrer Berufsausübung gewichtige Anhaltspunkte für die Gefährdung des Wohls eines Kindes oder eines Jugendlichen bekannt, sollen sie mit diesem und den Personensorgeberechtigten die Situation erörtern und, soweit erforderlich, auf die Inanspruchnahme von Hilfen hinwirken; ggf. dürfen sie das Jugendamt informieren. ⇨ Jugendschutz / Kinderschutz (Information) § 4

Eine Handreichung zur Prävention sexualisierter Gewalt an der Schule ist online abrufbar bei der GEW: www.gew-bw.de/ > Prävention sexualisierter Gewalt an der Schule – die Rolle der Schulsozialarbeit. Die Website www.kein-kind-alleine-lassen.de des *„Unabhängigen Beauftragten"* vermittelt Kontakt zu Beratungsstellen. Das Kinder und Jugendtelefon (116111) ist Mo-Sa von 14-20 Uhr, das Hilfetelefon Sexueller Missbrauch (0800 22 55 530) ist Mo, Mi und Fr von 9-14 Uhr, Di und Do von 15-17 Uhr erreichbar. Über: https://nina-info.de/ > SAVE ME ONLINE gibt es auch Beratung per E-Mail.

⇨ Beschwerderecht; ⇨ Jugendschutz / Kinderschutz (Information); ⇨ Mobbing; ⇨ Schulsozialarbeit

Hätten Sie's gewusst? – Eltern fragen, wir antworten.

Warum vereinbaren Sie keinen „Jour fixe"?

Frage: Wir hätten gerne einen besseren Austausch mit der Schulleitung, aber es ist nicht so einfach, die Terminpläne von vier Leuten (Schulleiterin und Stellvertreter, Elternbeiratsvorsitzende und Stellvertreterin) unter einen Hut zu bringen – und noch dazu haben wir Eltern oft erst abends Zeit.

Antwort: Versuchen Sie es doch mit einem „Jour fixe". Legen Sie gemeinsam einen Tag fest, beispielsweise den ersten Montag im Monat von 17 bis 18 Uhr, und treffen Sie sich da zum kontinuierlichen Austausch über alles, was konkret anliegt. Wenn man sich regelmäßig sieht, reicht eine Stunde aus. Die Schulleitung ist ohnehin verpflichtet, den Elternbeirat über *„alle Angelegenheiten, die für die Schule von allgemeiner Bedeutung sind"* zu unterrichten und *„die notwendigen Auskünfte"* zu erteilen (⇨ Schulgesetz § 57 Abs. 3). Das ist eine „Bringschuld" – die „Unterrichtung" muss die Schulleitung von sich aus vornehmen, also nicht nur auf Anfrage, und in einem Monat liegt regelmäßig so viel Aktuelles oder Wichtiges an, dass sich ein solcher „Jour fixe" für beide Seiten lohnt.

Bei dieser Gelegenheit kann auch besprochen werden, ob ein Thema so wichtig ist, dass eine Sondersitzung des Elternbeirats notwendig ist. Manchmal genügt es ja, dass der Vorstand dem Elternbeirat das Gesprächsergebnis bei der nächsten routinemäßigen Sitzung mitteilt. Grundsätzlich ist es aber immer gut, wenn der/die Schulleiter*in zu Beginn jeder EB-Sitzung über alles Aktuelle berichtet und sich der Diskussion stellt (er oder sie muss ja nicht unbedingt an der ganzen EB-Sitzung teilnehmen).

Sonderpädagogik (Allgemeines)

Informationen der Redaktion zur Rechtslage und zur Verwaltungspraxis in Baden-Württemberg

Nach Einführung der *„Inklusion"* (2015) wurden die bisherigen *„Sonderschulen"* in *„Sonderpädagogische Bildungs- und Beratungszentren"* (SBBZ) umgewandelt. Der Anspruch auf ein sonderpädagogisches Bildungsangebot kann seitdem entweder in einer allgemeinen Schule (*„inklusives Bildungsangebot"*) oder in einem SBBZ erfüllt werden.

Die SBBZ sind wie folgt gegliedert:

- SBBZ mit dem Förderschwerpunkt *„Lernen"*,
- SBBZ mit dem Förderschwerpunkt *„Sprache"*,
- SBBZ mit dem Förderschwerpunkt *„Hören"*,
- SBBZ mit dem Förderschwerpunkt *„Sehen"*,
- SBBZ mit dem Förderschwerpunkt *„Körperliche und motorische Entwicklung"* (abgekürzt: KMENT),
- SBBZ mit dem Förderschwerpunkt *„Geistige Entwicklung"* (abgekürzt: GENT),
- SBBZ mit dem Förderschwerpunkt *„Emotionale und soziale Entwicklung"* (abgekürzt: ESENT) sowie
- SBBZ für Schülerinnen und Schüler in längerer Krankenhausbehandlung (abgekürzt: SILK) und
- SBBZ mit Internat.

➪ Behinderungen (Allgemeines); ➪ Inklusion und Integration; ➪ Schulgesetz § 15

Das KM hat zwar zwei grundlegende Verordnungen erlassen, abgedruckt unte ➪ Sonderpädagogik (SBBZ Bildungsangebote) und ➪ Sonderpädagogik (SBBZ Schulentwicklung), jedoch bisher noch nicht alle „alten" Vorschriften ersetzt. So ist beispielsweise die – teilweise überholte – Verwaltungsvorschrift ➪ Behinderungen (Förderbedarf) weiterhin zu beachten.

Auch die bereits vor 2015 erlassenen Vorschriften über den Status und die Stundentafeln der früheren Sonderschulen bestehen fort. Für die sonderpädagogischen Förderschwerpunkte und Bildungsgänge *„Lernen"* sowie *„Geistige Entwicklung"* gelten seit dem Schuljahr 2022/23 neue Bildungspläne. Diese beziehen sich auf die Schüler*innen – unabhängig davon, in welcher Schulart deren Anspruch auf ein sonderpädagogisches Bildungsangebot eingelöst wird – an SBBZ oder in inklusiven Bildungsangeboten.

➪ Behinderungen (Allgemeines); ➪ Behinderungen (Förderbedarf); ➪ Inklusion und Integration; ➪ Schulgesetz §§ 15, 82 ff.; ➪ Sonderpädagogik (SBBZ Bildungsangebote); ➪ Sonderpädagogik (SBBZ Emotionale und soziale Entwicklung – Stundentafeln); ➪ Sonderpädagogik (SBBZ Geistige Entwicklung); ➪ Sonderpädagogik (SBBZ Hören – Stundentafeln); ➪ Sonderpädagogik (SBBZ Krankenhausbehandlung); ➪ Sonderpädagogik (SBBZ Lernen); ➪ Sonderpädagogik (SBBZ Lernen – Stundentafel); ➪ Sonderpädagogik (SBBZ Lernen – Versetzungsordnung); ➪ Sonderpädagogik (SBBZ Schulentwicklung); ➪ Sonderpädagogik (SBBZ Sehen – Stundentafeln); ➪ Sonderpädagogik (SBBZ Sprache – Stundentafeln)

Sonderpädagogik (SBBZ Ärztinnen und Ärzte)

Ziffer 1 („Aufgabenrahmen der Ärztinnen und Ärzte") der VwV des KM zur Mitarbeit von Ärztinnen und Ärzten an sonderpädagogischen Bildungs- und Beratungszentren Förderschwerpunkt körperliche und motorische Entwicklung und an den entsprechenden Schulkindergärten vom 14.12.1998 (K.u.U. S. 2/1999); zul. geänd. 21.5.2021 (K.u.U. S. 100/2021)

In den sonderpädagogischen Bildungs- und Beratungszentren (SBBZ) Förderschwerpunkt körperlich-motorische Entwicklung und den entsprechenden Schulkindergärten arbeiten im Interesse der notwendigen Interdisziplinarität und der medizinischen Aufsicht bzw. Anleitung der Fachlehrkräfte Sonderpädagogik Förderschwerpunkt körperliche und motorische Entwicklung (Physiotherapeuten/Krankengymnasten und Beschäftigungstherapeuten) Ärztinnen und Ärzte mit. Nachfolgender Aufgabenrahmen wird unter Berücksichtigung der gegebenen Personalkapazität vorgesehen. Für die unter den Nummern 1.1 bis 1.3 bezeichneten Aufgaben ist die Einverständniserklärung der Erziehungsberechtigten vorab einzuholen (siehe Anlage; *hier nicht abgedruckt*).

1.1 Für die Erstellung unterrichtlicher Förderpläne und deren Umsetzung sowie anderer schulischer Maßnahmen klärt die Ärztin beziehungsweise der Arzt die medizinisch-bedeutsamen Voraussetzungen der Schülerinnen und Schüler. Sie kooperieren dabei eng mit der behandelnden Ärztin oder dem Arzt der Schülerin oder des Schülers und bringen die medizinischen Befunde in die Zusammenarbeit des Lehrerteams ein und interpretieren sie. Hierbei sind grundsätzlich die Erziehungsberechtigten und ggf. die Schülerinnen und Schüler einzubeziehen.

1.2 Die Ärztin beziehungsweise der Arzt trägt dafür Sorge, dass die Förderpläne der Fachlehrkräfte Sonderpädagogik Förderschwerpunkt körperliche und motorische Entwicklung (Physiotherapeuten/Krankengymnasten und Beschäftigungstherapeuten) medizinisch fachgerecht erstellt und umgesetzt werden. Bei der Weiterentwicklung und Fortschreibung der medizinisch-therapeutischen Anteile des Förderplans geben sie entsprechende Hilfen. Sie prüfen die medizinischen Ergebnisse der Förderung unter Berücksichtigung der übrigen Ergebnisse des Entwicklungsprozesses und im Hinblick auf die individuellen Fördermöglichkeiten. Mit den Fachlehrkräften wird ein System der Erfassung von notwendigen medizinisch-therapeutischen Informationen zum innerdienstlichen Gebrauch vereinbart.

1.3 Zu den Aufgaben gehört die Beratung (z.B. Hilfsmittelversorgung) der Schülerinnen und Schüler, Lehrkräfte und Erziehungsberechtigten. Die Beratung bezieht Absichten und Vorstellungen der Ärztin beziehungsweise des Arztes ein, die oder der die Schülerin oder den Schüler außerhalb der Schule behandelt. In Zusammenarbeit mit den beteiligten Lehrkräften fertigen sie eventuell notwendig werdende Stellungnahmen. Ebenso übernehmen sie Beratungsaufgaben gegenüber der Schulaufsichtsbehörde und dem Schulträger. [...]

Hinweis der Redaktion: Nr. 2 (Personalrahmen und Vergütung) ist hier nicht abgedruckt.

⇨ Schulgesetz § 15; ⇨ Schulkindergärten

Sonderpädagogik (SBBZ Bildungsangebote)

Verordnung des KM über die Feststellung und Erfüllung des Anspruchs auf ein sonderpädagogisches Bildungsangebot (Verordnung über sonderpädagogische Bildungsangebote – SBA-VO) vom 8.3.2016 (K.u.U. S. 154/2016)

Teil 1
Allgemeine Bestimmungen

§ 1
Erziehungs- und Bildungsauftrag der Schulen, Geltungsbereich

Der Anspruch auf ein sonderpädagogisches Bildungsangebot kann an einer allgemeinen Schule (inklusives Bildungsangebot) oder an einem sonderpädagogischen Bildungs- und Beratungszentrum erfüllt werden. Für Kinder und Jugendliche ohne Anspruch auf ein sonderpädagogisches Bildungsangebot gilt diese Verordnung nur, soweit dies ausdrücklich bestimmt ist. Bestimmungen über die schulische Bildung von Kindern und Jugendlichen mit besonderem, aber nicht sonderpädagogischem Förderbedarf bleiben unberührt.

⇨ Inklusion und Integration; ⇨ Schulgesetz §§ 15, 82 ff.; ⇨ Sonderpädagogik (SBBZ Schulentwicklung)

§ 2
Zuständige Schulaufsichtsbehörde

Für Aufgaben und Entscheidungen nach dieser Verordnung ist für alle Schularten das Staatliche Schulamt die zuständige Schulaufsichtsbehörde.

§ 3
Auskunftsrecht der Erziehungsberechtigten

Die Erziehungsberechtigten können die ihr Kind betreffenden Unterlagen der Schulaufsichtsbehörde einsehen. Sie können Auszüge aus den Unterlagen anfertigen, abfotografieren, einscannen oder von der Schulaufsichtsbehörde kostenpflichtige Fotokopien erstellen lassen.

Teil 2
Feststellung des Anspruchs auf ein sonderpädagogisches Bildungsangebot

Abschnitt 1
Erstmaliges Feststellungsverfahren

§ 4
Antrag der Erziehungsberechtigten

(1) Die Erziehungsberechtigten können für ihr Kind über die von ihm besuchte Schule die Prüfung des Anspruchs auf ein sonderpädagogisches Bildungsangebot (Einleitung des Verfahrens) bei der Schulaufsichtsbehörde beantragen. Die Schule erstellt zu dem Antrag einen pädagogischen Bericht.

(2) Die Schule beschreibt im pädagogischen Bericht die bisher durchgeführten Fördermaßnahmen. Sie soll insbesondere darlegen, ob und gegebenenfalls weshalb die Schülerin oder der Schüler auch mithilfe sonderpädagogischer Beratung und Unterstützung die Bildungsziele der allgemeinen Schule voraussichtlich nicht erreichen kann; hierbei bezieht sie in der Regel eine Lehrkraft für Sonderpädagogik ein. Mit Einverständnis der Erziehungsberechtigten können im pädagogischen Bericht Angaben über die frühkindliche oder außerschulische Bildung und Betreuung gemacht werden.

(3) Stellen die Erziehungsberechtigten den Antrag ohne Mitwirkung der Schule, ist diese von der Schulaufsichtsbehörde nachträglich zu beteiligen. Absatz 1 Satz 2 und Absatz 2 gelten entsprechend.

(4) Für Kinder, die eingeschult werden sollen, gelten die Absätze 1 bis 3 entsprechend; die Mitwirkung erfolgt durch die für die Einschulung zuständige Grundschule oder auf Wunsch der Erziehungsberechtigten durch die Stellen der sonderpädagogischen Beratung, Frühförderung und Bildung.

§ 5
Verfahren ohne Antrag der Erziehungsberechtigten

(1) Liegen der allgemeinen Schule konkrete Hinweise auf einen Anspruch auf ein sonderpädagogisches Bildungsangebot vor und wird von den Erziehungsberechtigten kein Antrag auf Einleitung des Verfahrens gestellt, ist der Antrag von der allgemeinen Schule bei der Schulaufsichtsbehörde zu stellen. Die Erziehungsberechtigten sollen vorher einbezogen werden.

(2) Der Antrag setzt konkrete Hinweise auf eine drohende Beeinträchtigung des Erziehungs- und Bildungsauftrags der Schule voraus. Die Hinweise können sich aus dem Bildungsrecht der Schülerin oder des Schülers, auf die oder den sich der Antrag bezieht, oder aus den Bildungsrechten der Mitschülerinnen oder Mitschüler ergeben. Im Übrigen gelten die Anforderungen an den pädagogischen Bericht nach § 4 Absatz 2 entsprechend.

(3) Für Kinder, die eingeschult werden sollen, gelten die Absätze 1 und 2 sowie § 4 Absatz 4 Halbsatz 2 entsprechend.

⇨ Einschulung

§ 6
Einleitung des Verfahrens, sonderpädagogische Diagnostik

(1) Die Schulaufsichtsbehörde leitet das Feststellungsverfahren ein, falls ihr konkrete Hinweise auf einen Anspruch auf ein sonderpädagogisches Bildungsangebot vorliegen. Grundlage hierfür ist ein Antrag nach §§ 4 oder 5.

(2) Mit der Einleitung des Verfahrens beauftragt die Schulaufsichtsbehörde eine Lehrkraft für Sonderpädagogik mit der sonderpädagogischen Diagnostik, die eine pädagogisch-psychologische Prüfung einschließlich Schulleistungsprüfung und Intelligenztest beinhalten kann. Die mit der Begutachtung beauftragte Lehrkraft bezieht hierbei gegebenenfalls vorliegende Erkenntnisse aus Diagnose- und Fördermaßnahmen außerhalb der Schule ein; § 82 Absatz 2 Satz 3 des Schulgesetzes für Baden-Württemberg (SchG) bleibt unberührt. Die beauftragte Lehrkraft ist bei der Begutachtung inhaltlich nicht an Weisungen gebunden. Sie soll am Verfahren bisher nicht beteiligt gewesen sein; auf Wunsch der Erziehungsberechtigten kann davon abgewichen werden.

(3) Die sonderpädagogische Diagnostik soll Aussagen treffen zu den Voraussetzungen und Vorkehrungen, welche für die Erfüllung des Anspruchs auf ein sonderpädagogisches Bildungsangebot insbesondere an allgemeinen Schulen notwendig sind. Auf Wunsch der Erziehungsberechtigten hält die mit der Begutachtung beauftragte Lehrkraft Vorstellungen der Erziehungsberechtigten über die Erfüllung eines Anspruchs auf ein sonderpädagogisches Bildungsangebot zur Information für die Schulaufsichtsbehörde fest; die Zuständigkeit der Schulaufsichtsbehörde für die Anspruchsfeststellung sowie das darauf aufbauende Verfahren bleibt unberührt.

(4) Die Erziehungsberechtigten sind über die Einleitung des Verfahrens und die damit verbundene sonderpädagogische Diagnostik zu unterrichten. Sie sind verpflichtet, die Durchführung der sonderpädagogischen Diagnostik zu unterstützen und soweit erforderlich mitzuwirken (Mitwirkungspflicht).

(5) Lehnt die Schulaufsichtsbehörde die Einleitung eines von den Erziehungsberechtigten nach § 4 beantragten Verfahrens ab, gibt sie ihre Entscheidung den Erziehungsberechtigten unter Angabe der Gründe bekannt.

§ 7
Anspruchsfeststellung

(1) Die Schulaufsichtsbehörde stellt auf der Grundlage der Ergebnisse der sonderpädagogischen Diagnostik fest, ob ein Anspruch auf ein sonderpädagogisches Bildungsangebot besteht, und legt den Förderschwerpunkt (§ 15 Absatz 1 Satz 4 SchG) fest; erstreckt sich der Anspruch auf mehrere Förderschwerpunkte, bestimmt sie den vorrangigen Förderschwerpunkt. Mit der Feststellung des Anspruchs auf ein sonderpädagogisches Bildungsangebot wird nicht festgelegt, an welcher Schulart oder Schule dieser Anspruch erfüllt werden soll.

(2) Die Schulaufsichtsbehörde stellt auch fest, ob der Anspruch auf ein sonderpädagogisches Bildungsangebot eine Internatsunterbringung nach § 15 Absatz 3 SchG umfassen würde. Mit dieser Feststellung ist kein Anspruch auf eine diesbezügliche Kostenübernahme durch die Träger der Sozialhilfe oder der Jugendhilfe verbunden; § 14 Absatz 2 bleibt unberührt. Die Schulaufsichtsbehörde bezieht die zuständigen Träger der Sozialhilfe oder der Jugendhilfe frühzeitig in das Verfahren ein; bei Bedarf ist die Einbeziehung des öffentlichen Gesundheitsdienstes abzustimmen.

(3) Die Schulaufsichtsbehörde kann auf der Grundlage eines Antrags nach § 4 in einem vereinfachten Verfahren ohne Beauftragung einer Lehrkraft nach § 6 Absatz 2 Satz 1 den Anspruch auf ein sonderpädagogisches Bildungsangebot feststellen, falls beim pädagogischen Bericht eine Lehrkraft für Sonderpädagogik einbezogen wurde und auch ohne die Beauftragung zweifelsfrei feststeht, dass der Anspruch besteht. Absatz 2 bleibt unberührt.

(4) Die Anspruchsfeststellung ist den Erziehungsberechtigten vor deren Beratung nach § 11 bekanntzugeben.

(5) Lehnt die Schulaufsichtsbehörde die Anspruchsfeststellung ab, gilt § 6 Absatz 5 entsprechend.

(6) Die Schulaufsichtsbehörde übermittelt nach der Entscheidung über den Bildungsort der Schule die Ergebnisse der sonderpädagogischen Diagnostik, soweit die Schule diese für die Erfüllung des Anspruchs auf ein sonderpädagogisches Bildungsangebot benötigt.

§ 8
Befristung, Aussetzung

(1) Die Schulaufsichtsbehörde kann die Dauer des Anspruchs auf ein sonderpädagogisches Bildungsangebot bei der Feststellung oder im Nachhinein befristen; die Frist soll grundsätzlich ein Schuljahr nicht unterschreiten. Wird der Anspruch auf ein sonderpädagogisches Bildungsangebot zu Beginn oder während der Primarstufe festgestellt und wird er in einem inklusiven Bildungsangebot erfüllt, wird er in der Regel bis zum Ende der Primarstufe befristet. § 9 Absatz 2 Satz 1 bleibt unberührt.

(2) Die Schulaufsichtsbehörde kann die Erfüllung eines festgestellten Anspruchs auf ein sonderpädagogisches Bildungsangebot für einen bestimmten Zeitraum aussetzen, wenn dies im Hinblick auf das Bildungsrecht der Schülerin oder des Schülers, für die oder den der Anspruch festgestellt wurde, oder im Hinblick auf die Bildungsrechte der Mitschülerinnen und Mitschüler vertretbar erscheint. § 9 Absatz 4 Satz 3 bleibt unberührt.

Abschnitt 2 – Überprüfung, Aufhebung und wiederholte Feststellung eines Anspruchs auf ein sonderpädagogisches Bildungsangebot

§ 9
Überprüfung und Aufhebung

(1) Die Feststellung des Anspruchs auf ein sonderpädagogisches Bildungsangebot ist von der Schulaufsichtsbehörde aufzuheben, sobald die Bildungsziele der allgemeinen Schule auch mithilfe anderer Fördermaßnahmen, insbesondere auch mithilfe sonderpädagogischer Beratung und Unterstützung erreicht werden können.

(2) Liegen der Schule konkrete Hinweise darauf vor, dass die Voraussetzungen für eine Aufhebung gegeben sind, hat sie diese bei der Schulaufsichtsbehörde zu beantragen. Wird der Anspruch auf ein sonderpädagogisches Bildungsangebot in der Primarstufe oder in der Sekundarstufe I in einem inklusiven Bildungsangebot erfüllt, sind rechtzeitig vor Ablauf des Schuljahrs vor der jeweiligen Abschlussklasse die Voraussetzungen für eine Anspruchsaufhebung zu prüfen.

(3) Für die Überprüfung eines Anspruchs auf ein sonderpädagogisches Bildungsangebot vor dem Übergang auf eine berufliche Schule der Sekundarstufe II, in eine Berufsausbildung oder eine Berufsvorbereitung gelten die besonderen Bestimmungen des vierten Teils.

(4) Stellen die Erziehungsberechtigten den Antrag auf Anspruchsaufhebung ohne Mitwirkung der besuchten Schule, ist diese von der Schulaufsichtsbehörde nachträglich zu beteiligen. Für die Anspruchsaufhebung gelten im Übrigen die Vorschriften über das erstmalige Feststellungsverfahren entsprechend. Die Schulaufsichtsbehörde kann die Anspruchsaufhebung mit der Festlegung eines Zeitraums verbinden, vor dessen Ablauf die allgemeine Schule zu prüfen hat, ob die Voraussetzungen eines Antrags der Schule nach § 5 Absatz 1 vorliegen.

(5) Für die Festlegung eines anderen Förderschwerpunktes gelten die Vorschriften über das erstmalige Feststellungsverfahren entsprechend.

§ 10

Wiederholte Feststellung

Für das Verfahren und die Entscheidung der Schulaufsichtsbehörde über die wiederholte Feststellung eines Anspruchs auf ein sonderpädagogisches Bildungsangebot gelten die Vorschriften über das erstmalige Feststellungsverfahren entsprechend. Für den pädagogischen Bericht der Schule gilt § 4 Absatz 2 entsprechend mit der Maßgabe, dass hierbei eine für die Erfüllung des Anspruchs auf ein sonderpädagogisches Bildungsangebot verantwortliche Lehrkraft für Sonderpädagogik einzubeziehen ist; der Antrag soll der Schulaufsichtsbehörde bis zum 1. Dezember des Schuljahrs, in dem die Anspruchsfeststellung enden wird, vorgelegt werden.

Teil 3
Erfüllung des Anspruchs auf ein sonderpädagogisches Bildungsangebot

Abschnitt 1
Wahlrecht der Erziehungsberechtigten

§ 11

Beratung der Erziehungsberechtigten

(1) Nach Feststellung des Anspruchs auf ein sonderpädagogisches Bildungsangebot werden die Erziehungsberechtigten zur Vorbereitung der Ausübung ihres Wahlrechts nach § 12 von der Schulaufsichtsbehörde umfassend über die möglichen Bildungsangebote an allgemeinen Schulen und sonderpädagogischen Bildungs- und Beratungszentren beraten. Die Beratung bezieht die Vorstellungen der Erziehungsberechtigten über die Erfüllung des Anspruchs ein. Sie erfolgt unabhängig von der Trägerschaft der schulischen Angebote unter Einbeziehung von Angeboten der Schulen in freier Trägerschaft. In der Beratung werden die Erziehungsberechtigten über die möglichen weiteren Verfahrensschritte nach Ausübung des Wahlrechts unterrichtet.

(2) Die Schulaufsichtsbehörde trägt für eine möglichst frühzeitige Beratung der Erziehungsberechtigten Sorge. Im Verfahren über die wiederholte Feststellung eines Anspruchs auf ein sonderpädagogisches Bildungsangebot soll die Beratung bis zum Ende des ersten Schulhalbjahrs durchgeführt werden.

§ 12

Wahlrecht der Erziehungsberechtigten

(1) Im Anschluss an die Beratung nach § 11 wählen die Erziehungsberechtigten, ob der Anspruch auf ein sonderpädagogisches Bildungsangebot in der Primarstufe oder in der Sekundarstufe I in einem inklusiven Bildungsangebot oder einem sonderpädagogischen Bildungs- und Beratungszentrum erfüllt werden soll (Wahlrecht). Zur Sekundarstufe I gehören auch die Klassen 8 bis 10 der beruflichen Gymnasien der sechsjährigen Aufbauform.

(2) Das Wahlrecht besteht nicht im Hinblick auf eine Internatsunterbringung nach § 15 Absatz 3 SchG sowie den organisatorischen Aufbau der allgemeinen Schule insbesondere in Bezug auf den Aufbau, Inhalt und Umfang der schulischen Tagesstruktur (§ 83 Absatz 3 Satz 5 SchG); die Erziehungsberechtigten können nicht verlangen, dass die für die Anspruchserfüllung notwendige Internatsunterbringung oder der für die Anspruchserfüllung notwendige Aufbau, Inhalt und Umfang der schulischen Tagesstruktur in einem inklusiven Bildungsangebot ermöglicht wird.

§ 13

Ausübung des Wahlrechts

(1) Die Erziehungsberechtigten üben ihr Wahlrecht durch eine Erklärung gegenüber der Schulaufsichtsbehörde aus. Falls sie diese Erklärung nicht bereits im Rahmen der Beratung nach § 11 abgeben, werden sie von der Schulaufsichtsbehörde im Anschluss hierzu aufgefordert. Die Schulaufsichtsbehörde soll den Erziehungsberechtigten eine Frist für die Abgabe der Erklärung setzen.

(2) Nehmen die Erziehungsberechtigten trotz mehrfachem Anbieten die Beratung nach § 11 nicht wahr oder geben sie trotz mehrfacher Aufforderung keine Erklärung nach Absatz 1 ab, legt die Schulaufsichtsbehörde die Schule fest, an welcher der festgestellte Anspruch auf ein sonderpädagogisches Bildungsangebot erfüllt wird (Bildungsort), und veranlasst die Aufnahme in diese Schule. Dabei bezieht sie die Vorstellungen der Erziehungsberechtigten, soweit sie erkennbar sind, mit ein. Bei der Festlegung des für das Kind oder den Jugendlichen am besten geeigneten Bildungsorts gelten im Übrigen die Vorschriften für das Bildungswegekonferenzverfahren und das anschließende Verfahren nach §§ 15 und 16. § 8 Absatz 2 bleibt unberührt.

Abschnitt 2
Entscheidung über den Bildungsort

Unterabschnitt 1 – Aufnahme in ein sonderpädagogisches Bildungs- und Beratungszentrum

§ 14
Verfahren der Schulaufnahme

(1) Erklären die Erziehungsberechtigten, dass der Anspruch auf ein sonderpädagogisches Bildungsangebot an einem sonderpädagogischen Bildungs- und Beratungszentrum erfüllt werden soll, teilt ihnen die Schulaufsichtsbehörde nach § 76 SchG mit, an welchem sonderpädagogischen Bildungs- und Beratungszentrum der Anspruch unter Beachtung von Absatz 2 erfüllt werden kann. Die Erziehungsberechtigten melden ihr Kind an der nach § 76 SchG zuständigen oder gewählten oder zugewiesenen Schule an. Diese bestätigt die Aufnahme gegenüber der Schulaufsichtsbehörde. Die Sätze 1 bis 3 gelten auch bei Besuch des Bildungsangebots eines sonderpädagogischen Bildungs- und Beratungszentrums in kooperativer Organisationsform nach § 15 Absatz 6 SchG.

(2) Eine Internatsunterbringung nach § 15 Absatz 3 SchG setzt das Einvernehmen mit den Erziehungsberechtigen sowie dem zuständigen Träger der Sozialhilfe oder der Jugendhilfe voraus. Das Gleiche gilt für die Aufnahme in ein sonderpädagogisches Bildungs- und Beratungszentrum mit Förderschwerpunkt emotionale und soziale Entwicklung, welches an ein Heim im Sinne von § 28 Absatz 1 des Kinder- und Jugendhilfegesetzes für Baden-Württemberg angegliedert ist.

(3) Die Absätze 1 und 2 gelten entsprechend, falls von der Schulaufsichtsbehörde nach § 16 Absatz 1 bis 3 ein sonderpädagogisches Bildungs- und Beratungszentrum als Bildungsort festgelegt wurde.

Unterabschnitt 2
Aufnahme in ein inklusives Bildungsangebot

§ 15
Bildungswegekonferenzverfahren

(1) Erklären die Erziehungsberechtigten, dass der Anspruch auf ein sonderpädagogisches Bildungsangebot in einem inklusiven Bildungsangebot erfüllt werden soll, führt die Schulaufsichtsbehörde eine Bildungswegekonferenz durch. Sie erörtert hierbei mit den Erziehungsberechtigten die bestehenden und herstellbaren inklusiven Bildungsangebote und schlägt ihnen abschließend eine allgemeine Schule als Bildungsort vor; § 83 Absatz 4 SchG bleibt unberührt. Die Schulaufsichtsbehörde berücksichtigt dabei insbesondere die raumschaftsbezogene Schulangebotsplanung nach Absatz 2 sowie die Belange der berührten kommunalen Stellen nach Absatz 4 Satz 1; hierfür berücksichtigt sie die bestehenden und für das inklusive Bildungsangebot voraussichtlich erforderlichen personellen und sächlichen Voraussetzungen an den jeweiligen Schulstandorten sowie die voraussichtliche Notwendigkeit von Schülerlenkungsmaßnahmen. Falls mit der Erfüllung des Anspruchs ein zieldifferenter Unterricht nach § 15 Absatz 4 SchG verbunden ist, ist das inklusive Bildungsangebot grundsätzlich gruppenbezogen anzulegen.

(2) Die Erörterung mit den Erziehungsberechtigten beruht auf einer raumschaftsbezogenen Schulangebotsplanung der Schulaufsichtsbehörde in Bezug auf inklusive Bildungsangebote. Dabei sind auch Angebote von privaten allgemeinen Schulen einzubeziehen. Die raumschaftsbezogene Schulangebotsplanung ist mit den betroffenen Schulen, Schulträgern und weiteren Leistungs- und Kostenträgern abzustimmen.

(3) Die Bildungswegekonferenz steht unter der Leitung der Schulaufsichtsbehörde. Die Erziehungsberechtigten können hierzu eine Person ihres Vertrauens hinzuziehen. Ziel der Bildungswegekonferenz ist es, mit den Erziehungsberechtigten Einvernehmen über den künftigen Bildungsort zu erzielen. Soweit die Erziehungsberechtigten und die berührten kommunalen Stellen nach Maßgabe von Absatz 4 Satz 4 und 5 auf die Teilnahme an der Bildungswegekonferenz verzichten, kann die Schulaufsichtsbehörde das Bildungswegekonferenzverfahren auch schriftlich oder in anderer Form durchführen.

(4) Die Schulen, Schulträger und weitere Kosten- und Leistungsträger sind zur Bildungswegekonferenz als Beteiligte hinzuzuziehen, soweit sie von der Einrichtung inklusiver Bildungsangebote betroffen sein können (berührte Stellen); hierzu gehört gegebenenfalls auch der zuständige Träger der Sozialhilfe oder der Jugendhilfe. Die Erörterung von inklusiven Bildungsangeboten an Gymnasien erfolgt im Zusammenwirken mit dem Regierungspräsidium. Das Einvernehmen mit den berührten kommunalen Stellen ist anzustreben; dazu informiert sie die Schulaufsichtsbehörde rechtzeitig vor der Bildungswegekonferenz darüber, inwiefern in Betracht gezogene inklusive Bildungsangebote Kostenfolgen für sie auslösen könnten. Die berührten kommunalen Stellen können auf der Grundlage dieser Unterrichtung gegenüber der Schulaufsichtsbehörde ihr Einvernehmen erklären und von einer Teilnahme absehen; die für die Kosten- und Leistungsträger geltenden gesetzlichen Bestimmungen bleiben unberührt. Die Schulaufsichtsbehörde kann mit den Schulträgern und weiteren Kosten- und Leistungsträgern in ihrem Zuständigkeitsbereich weitere Vereinbarungen über das Bildungswegekonferenzverfahren treffen; dabei kann bei einvernehmlich festgelegten Sachverhalten vorgesehen werden, dass das Einvernehmen allgemein erteilt wird.

§ 16
Entscheidungen der Schulaufsichtsbehörde im Anschluss an die Bildungswegekonferenz

(1) Die Schulaufsichtsbehörde teilt den Erziehungsberechtigten im Anschluss an die Bildungswegekonferenz ihren Vorschlag zum Bildungsort nach § 15 Absatz 1 Satz 2 schriftlich mit und fordert sie zur Anmeldung ihres Kindes an dieser Schule auf.

(2) Sind die Erziehungsberechtigten mit der Entscheidung der Schulaufsichtsbehörde nach Absatz 1 nicht einverstanden, teilen sie dies der Schulaufsichtsbehörde unter Angabe des von ihnen gewünschten Bildungsorts mit. Handelt es sich bei diesem Bildungsort um eine allgemeine Schule, entscheidet die Schulaufsichtsbehörde

abschließend über den Bildungsort, im Falle einer vom Elternwunsch abweichenden Festlegung nach § 83 Absatz 4 SchG. Angemessene Vorkehrungen nach § 83 Absatz 4 SchG berücksichtigen auch den erforderlichen Mitteleinsatz der berührten Stellen. Die Schulangebotsplanung in einer Raumschaft nach § 15 Absatz 2 sowie die gegebenen und herstellbaren Voraussetzungen an erreichbaren allgemeinen Schulen finden Berücksichtigung. Bei einer von der Entscheidung nach Absatz 1 abweichenden Festlegung einer allgemeinen Schule durch die Schulaufsichtsbehörde ist das Einvernehmen der berührten kommunalen Stellen anzustreben.

(3) Nehmen die Erziehungsberechtigten trotz mehrfacher Aufforderung nicht am Bildungswegekonferenzverfahren teil, entscheidet die Schulaufsichtsbehörde über den Bildungsort. Absatz 2 Satz 2 bis 5 gilt entsprechend.

(4) Führt die Entscheidung der Schulaufsichtsbehörde nach Absatz 1 bis 3 zu einem Schulwechsel, bestimmt diese, dass der Anspruch auf ein sonderpädagogisches Bildungsangebot im Interesse eines geordneten Unterrichts in der Regel am Anfang des folgenden Schulhalbjahrs erfüllt wird.

(5) Die berührten Stellen werden von der Entscheidung der Schulaufsichtsbehörde nach Absatz 1 bis 3 informiert, soweit ihre rechtlichen Interessen bei ihrer Aufgabenerfüllung von dieser Entscheidung betroffen sind.

§ 17

Besondere Bestimmungen für die Schulaufnahme an Schulen mit inklusivem Bildungsangebot

(1) Die Erziehungsberechtigten melden ihr Kind unter Vorlage der Entscheidung der Schulaufsichtsbehörde nach § 16 Absatz 1 bis 3 bei der dort benannten allgemeinen Schule an. Die so angemeldeten Schülerinnen und Schüler nehmen nicht an Schülerlenkungsmaßnahmen oder Auswahlentscheidungen für die Schüleraufnahme teil. Die Schule unterrichtet die Schulaufsichtsbehörde über die Anmeldung sowie die Aufnahme dieser Schülerinnen und Schüler.

(2) Die Erziehungsberechtigten sind nach § 83 Absatz 5 SchG verpflichtet, bei der Anmeldung ihres Kindes mit einem festgestellten Anspruch auf ein sonderpädagogisches Bildungsangebot an einer allgemeinen Schule auf die Anspruchsfeststellung hinzuweisen und der Schule die Entscheidung der Schulaufsichtsbehörde nach § 16 Absatz 1 bis 3 vorzulegen. Liegt für die Schülerin oder den Schüler keine Entscheidung der Schulaufsichtsbehörde zum Besuch dieser allgemeinen Schule vor, hat die Schule die Anmeldung der Schulaufsichtsbehörde zur Entscheidung über das weitere Verfahren vorzulegen.

Abschnitt 3
Erneutes Beratungs- und Entscheidungsverfahren bei fortbestehendem Anspruch

§ 18

Veränderungen im bestehenden inklusiven Bildungsangebot

(1) Wird der Anspruch auf ein sonderpädagogisches Bildungsangebot in einem inklusiven Bildungsangebot erfüllt, ist

1. vor jeder Aufnahme an eine andere allgemeine Schule,
2. vor dem Übergang von der Grundschule auf eine auf sie aufbauende Schule oder
3. auf Antrag der Erziehungsberechtigten oder der Schulaufsichtsbehörde im Falle einer wesentlichen Änderung der Verhältnisse seit der letzten Entscheidung der Schulaufsichtsbehörde nach § 16 Absatz 1 bis 3

über die weitere Erfüllung dieses Anspruchs nach §§ 11 bis 17 zu entscheiden, sobald feststeht, dass der Anspruch auf ein sonderpädagogisches Bildungsangebot fortbestehen wird. Für den Übergang auf eine berufliche Schule der Sekundarstufe II, in eine Berufsausbildung oder eine Berufsvorbereitung gelten die besonderen Bestimmungen des vierten Teils.

(2) Als wesentliche Änderung der Verhältnisse nach Absatz 1 Satz 1 Nummer 3 gilt insbesondere die wesentliche Veränderung oder der Wegfall eines gruppenbezogenen inklusiven Bildungsangebots nach § 15 Absatz 1 Satz 4.

§ 19

Späterer Übergang in ein inklusives Bildungsangebot

Wird der Anspruch auf ein sonderpädagogisches Bildungsangebot in der Primarstufe oder der Sekundarstufe I an einem sonderpädagogischen Bildungs- und Beratungszentrum erfüllt, können die Erziehungsberechtigen bei der Schulaufsichtsbehörde eine erneute Beratung nach § 11 beantragen. Für das weitere Verfahren gelten die Bestimmungen der §§ 12 bis 17.

Teil 4 – Übergang auf eine berufliche Schule, in eine Berufsausbildung oder eine Berufsvorbereitung

§ 20

Berufswegekonferenz

(1) In dem Schuljahr vor dem Übergang auf eine berufliche Schule der Sekundarstufe II, in eine Berufsausbildung oder eine Berufsvorbereitung ist für Schülerinnen und Schüler,

1. bei denen der Anspruch auf ein sonderpädagogisches Bildungsangebot im Anschluss an die Sekundarstufe I fortbesteht oder
2. die nach dem Übergang im Hinblick auf eine Behinderung besondere Vorkehrungen durch die Schule, die Berufsberatung der Agentur für Arbeit, den Integrationsfachdienst oder den Träger der Sozialhilfe oder der Jugendhilfe benötigen,

rechtzeitig eine Berufswegekonferenz durchzuführen.

(2) In einer Berufswegekonferenz wird von der Schulaufsichtsbehörde unter Berücksichtigung der individuellen beruflichen Perspektiven und Wünsche der Schülerinnen und Schüler der für sie am besten geeignete Bildungsweg und -ort festgelegt, um die bestmögliche berufliche Integration zu erreichen.

(3) Die Berufswegekonferenz wird unter Beteiligung der Schülerinnen und Schüler, der Erziehungsberechtigten, der berührten Schulen und Schulträger sowie der notwendigen Leistungs- und Kostenträger durchgeführt. Ziel ist eine einvernehmliche Entscheidung aller Beteiligten.

(4) Die Schulaufsichtsbehörde regelt die weiteren Einzelheiten des Verfahrens der Berufswegekonferenz im Zusammenwirken mit dem Regierungspräsidium.

§ 21
Fortbestehen des Anspruchs auf ein sonderpädagogisches Bildungsangebot

Bestünde der Anspruch auf ein sonderpädagogisches Bildungsangebot mit den Förderschwerpunkten geistige Entwicklung, Sehen, Hören oder körperliche und motorische Entwicklung in der Sekundarstufe II bei Besuch eines sonderpädagogischen Bildungs- und Beratungszentrums oder einer allgemeinbildenden allgemeinen Schule fort, stellt die Schulaufsichtsbehörde fest, dass der Anspruch auch nach dem Übergang auf eine berufliche Schule, in eine Berufsausbildung oder eine Berufsvorbereitung fortbesteht. Für die Prüfung der Voraussetzungen nach Satz 1 gilt unabhängig von einem Antrag der Erziehungsberechtigten § 7 Absatz 3 entsprechend.

§ 22
Erstmalige Feststellung des Anspruchs auf ein sonderpädagogisches Bildungsangebot im beruflichen Bereich

Wird in begründeten Einzelfällen die erstmalige Feststellung eines Anspruchs auf ein sonderpädagogisches Bildungsangebot in den in § 21 Satz 1 genannten Förderschwerpunkten an beruflichen Schulen notwendig, gelten die Bestimmungen des zweiten Teils entsprechend.

Teil 5
Erziehung und Bildung in inklusiven Bildungsangeboten

§ 23
Bildungsziele in inklusiven Bildungsangeboten

(1) Die schulische Erziehung und Bildung der Schülerinnen und Schüler mit einem Anspruch auf ein sonderpädagogisches Bildungsangebot orientiert sich in inklusiven Bildungsangeboten an den im Rahmen der individuellen Lern- und Entwicklungsbegleitung festgelegten Entwicklungs- und Bildungszielen, am Bildungsplan der allgemeinen Schule sowie am Bildungsplan des entsprechenden sonderpädagogischen Bildungs- und Beratungszentrums.

(2) Absatz 1 gilt auch für Schülerinnen und Schüler in inklusiven Bildungsangeboten, die in der Primarstufe und der Sekundarstufe I nach § 15 Absatz 4 SchG zieldifferent unterrichtet werden. Grundlage für die schulische Erziehung und Bildung sind insbesondere auch die Bildungspläne für den jeweils festgestellten Förderschwerpunkt Lernen oder geistige Entwicklung.

(3) Besondere Bestimmungen für Schülerinnen und Schüler mit einem Anspruch auf ein sonderpädagogisches Bildungsangebot in den Schul- und Prüfungsordnungen für die einzelnen Schularten bleiben unberührt.

§ 24
Aufnahmeverfahren für die auf der Grundschule aufbauenden Schularten

Schülerinnen und Schüler in inklusiven Bildungsangeboten nehmen an der Grundschule am ⇨ Aufnahmeverfahren für die auf der Grundschule aufbauenden Schularten teil; dies gilt nicht für Schülerinnen und Schüler, die in der Abschlussklasse zieldifferent unterrichtet werden. Für die Entscheidung über den Bildungsort in der Sekundarstufe I gilt für Schülerinnen und Schüler mit fortbestehendem Anspruch auf ein sonderpädagogisches Bildungsangebot § 18 Absatz 1 Satz 1 Nummer 2. ⇨ Aufnahmeverordnung

§ 25
Leistungsbewertung und Aufsteigen bei zieldifferentem Unterricht

(1) Die Leistungsbewertung für Schülerinnen und Schüler, die zieldifferent unterrichtet werden, orientiert sich an den im Rahmen der individuellen Lern- und Entwicklungsbegleitung festgelegten Entwicklungs- und Bildungszielen auf der Grundlage der in § 23 Absatz 2 Satz 2 genannten Bildungspläne.

(2) Die Verordnung [...] ⇨ Grundschule (Leistungsbeurteilung GS und SBBZ); gilt nicht für Schülerinnen und Schüler, die zieldifferent unterrichtet werden; eine Orientierung an der im ersten Halbsatz genannten Verordnung im Rahmen der individuellen Lern- und Entwicklungsbegleitung ist möglich. § 8 und § 9 der Notenbildungsverordnung finden auch in der Sekundarstufe I auf Schülerinnen und Schüler, die zieldifferent unterrichtet werden, keine Anwendung. ⇨ Notenbildungsverordnung § 7 Hinweis Nr. 5

(3) Schülerinnen und Schüler, die zieldifferent unterrichtet wurden, steigen in die nächsthöhere Klassenstufe auf, es sei denn, nach einem Beschluss der Klassenkonferenz ist in der nächsthöheren Klassenstufe auf der Grundlage der individuellen Entwicklungs- und Bildungsziele eine weitere erfolgreiche Entwicklung nicht zu erwarten. Vor einem solchen Beschluss wird die Schulaufsichtsbehörde frühzeitig beteiligt; § 18 bleibt unberührt.

(4) Über einen Antrag der Erziehungsberechtigten, von einem Aufsteigen in die nächsthöhere Klassenstufe abzusehen, ist nach § 84 Absatz 1 Satz 1 und Absatz 2 SchG zu entscheiden. Absatz 3 Satz 2 gilt entsprechend.

§ 26
Dauer und Abschluss inklusiver Bildungsangebote in der Sekundarstufe I bei zieldifferentem Unterricht

Schülerinnen und Schüler, die zieldifferent unterrichtet werden, können das inklusive Bildungsangebot bis zum Ende der Sekundarstufe I an der jeweiligen allgemeinen Schule besuchen. Sie können die allgemeine Schule davor verlassen, wenn sie im unmittelbaren Anschluss auf eine berufliche Schule der Sekundarstufe II, in eine Berufsausbildung oder eine Berufsvorbereitung übergehen; für den Übergang gelten im Übrigen die Bestimmungen des vierten Teils.

§ 27
Zeugnis der allgemeinen Schule bei zieldifferentem Unterricht

(1) Wurden Schülerinnen und Schüler zieldifferent unterrichtet, ist im jeweiligen Zeugnis der besuchten allgemeinen Schule auszuweisen, welcher Bildungsplan diesem Unterricht und der Beschreibung und Bewertung ihrer Leistungen

zugrunde gelegt wurde. Satz 1 gilt entsprechend für Halbjahresinformationen, Schulberichte sowie andere schriftliche Informationen oder Rückmeldungen über die erbrachten Leistungen in den einzelnen Fächern oder Fächerverbünden zum Schulhalbjahr oder am Ende des Schuljahrs.

(2) Das Zeugnis der allgemeinen Schule weist, insbesondere in der jeweiligen Abschlussklasse, gegebenenfalls besondere Ziele oder Kompetenzen aus, die sich aus dem Bildungsplan nach Absatz 1 Satz 1 ergeben und mit Abschluss der Klasse erreicht oder erworben wurden. ➪ Zeugnisse

➪ Aufnahmeverfahren; ➪ Aufnahmeverordnung; ➪ Behinderungen (Förderbedarf); ➪ Einschulung und schulärztliche Untersuchung; ➪ Grundschule (Leistungsbeurteilung GS und SBBZ); ➪ Inklusion und Integration; ➪ Notenbildungsverordnung; ➪ Schulgesetz §§ 15 und 82 ff.; ➪ Schulkindergärten; ➪ Sonderpädagogik (SBBZ Ärztinnen und Ärzte); ➪ Sonderpädagogik (SBBZ Emotionale und soziale Entwicklung); ➪ Sonderpädagogik (SBBZ Geistige Entwicklung); ➪ Sonderpädagogik (SBBZ Hören); ➪ Sonderpädagogik (SBBZ Krankenhausbehandlung); ➪ Sonderpädagogik (SBBZ Lernen); ➪ Sonderpädagogik (SBBZ Lernen – Stundentafel); ➪ Sonderpädagogik (SBBZ Lernen – Versetzungsordnung); ➪ Sonderpädagogik (SBBZ Schulentwicklung); ➪ Sonderpädagogik (SBBZ Sehen); ➪ Sonderpädagogik (SBBZ Sprache); ➪ Zeugnisse

Sonderpädagogik (SBBZ Emotionale und soziale Entwicklung – Stundentafeln)

Verordnung des Kultusministeriums über die Stundentafeln für die Schule für Erziehungshilfe (Sonderschule) vom 9. August 1996 (GBl. S. 534, ber. 584; K.u.U. S. 673); zuletzt geändert 11. April 2012 (GBl. S. 334/2012; K.u.U. S. 69/2012)

§ 1
Stundentafel Bildungsgang Grundschule

Für den Bildungsgang Grundschule der Schule für Erziehungshilfe gilt die als Anlage 1 beigefügte Stundentafel.

§ 2
Stundentafel Bildungsgang Werkrealschule und Hauptschule

Für den Bildungsgang Werkrealschule und Hauptschule der Schule für Erziehungshilfe gilt die als Anlage 2 beigefügte Stundentafel.

§ 3
Stundentafel Bildungsgang Realschule

(1) Für den Bildungsgang Realschule der Schule für Erziehungshilfe gilt die als Anlage 3 beigefügte Stundentafel.

(2) Aus den Fächern des Wahlpflichtbereichs wählt jeder Schüler ein Fach, das grundsätzlich bis Ende der Klasse 10 zu besuchen ist. Abweichend davon kann ein Schüler der Klasse 7 zum Ende des ersten oder zweiten Schulhalbjahres anstelle des Wahlpflichtfaches Fremdsprache eines der beiden anderen Wahlpflichtfächer wählen.

§ 4
Stundentafel Bildungsgang Förderschule

Für den Bildungsgang Förderschule der Schule für Erziehungshilfe gilt die Stundentafel der Förderschule in der jeweils geltenden Fassung.

➪ Sonderpädagogik (SBBZ Lernen – Stundentafel)

Anlage 1 (zu § 1)

Kontingentstundentafel für den Bildungsgang Grundschule der Schule für Erziehungshilfe

Fach / Fächerverbund	Klasse 1 - 4
Religionslehre[1]	8
Deutsch	112
Fremdsprache[2]	
Mathematik	
Mensch, Natur und Kultur	
Bewegung, Spiel und Sport	12
Themenorientierte Projekte[3]	
Gesamtkontingent[4] (inklusive 16 Wochenstunden sonderpädagogische Fördermaßnahmen)	132

Fußnoten zu Anlage 1

1 Die Wochenstunden im Fach Religionslehre werden im Einvernehmen mit den obersten Kirchenbehörden unbeschadet der Rechtslage erteilt. Die Wochenstundenzahl im Fach Religionslehre wird unter Beteiligung der zuständigen kirchlichen Beauftragten festgelegt.

2 Abweichend von der Dauer einer Unterrichtsstunde soll der Fremdsprachenunterricht in kleinere Zeiteinheiten aufgeteilt werden. Nach Entscheidung des Kultusministeriums ist die Fremdsprache in Grenznähe zu Frankreich in der Regel Französisch und im Übrigen in der Regel Englisch.

3 Integrativ innerhalb der Fächer und Fächerverbünde.

4 Grundlage sonderpädagogischen Unterrichts in der Schule für Erziehungshilfe einschließlich der spezifischen sonderpädagogischen Fördermaßnahmen sind die im Erziehungs- und Bildungsauftrag der Schule beschriebenen Zielsetzungen, die in den Bildungsbereichen und den Fächern und Fächerverbünden ausgewiesenen Kompetenzen und die im Rahmen der individuellen Lern- und Entwicklungsbegleitung vereinbarten Förderziele. Das hierfür ausgewiesene Gesamtstundenkontingent ist die Basis für die von der Schule für alle Klassen zu erarbeitende Stundentafeln. Hierbei wird davon ausgegangen, dass die Fächer und Fächerverbünde in den Stundentafeln der Klassen in einem ausgewogenen Verhältnis zueinander stehen.

Anlage 2 (zu § 2)

Kontingentstundentafel für den Bildungsgang Werkrealschule/Hauptschule der Schule für Erziehungshilfe

I. Pflichtbereich	Klasse 5 bis 9	Klasse 10 Werkrealschulabschluss	Klasse 10 Hauptschulabschluss
Religionslehre / Ethik[1]	9	2	2
Deutsch	155	28	17
Mathematik			
Englisch			
Welt - Zeit - Gesellschaft			
Materie - Natur - Technik			
Wirtschaft - Arbeit - Gesundheit			
Musik - Sport - Gestalten		2	2
Informationstechnische Grundbildung[2]			
Themenorientierte Projekte[2]			
Berufsorientierte Bildung		2	8[3]
Kompetenztraining		1	1 (2-4)[4]
II. Wahlpflichtbereich[5]			
Natur und Technik			
Wirtschaft und Informationstechnik	4	2	2
Gesundheit und Soziales			
III. Ergänzende Angebote[6]			
Zusatzunterricht Französisch			

IV. Gesamtkontingente[7]**:**

Das jeweilige Gesamtkontingent enthält
- in den Klassen 5 bis 9 17 Stunden für sonderpädagogische Fördermaßnahmen
- in der Klasse 10 drei Stunden für sonderpädagogische Fördermaßnahmen

Fußnoten zu Anlage 2

1 Die Wochenstunden im Fach Religionslehre werden im Einvernehmen mit den obersten Kirchenbehörden unbeschadet der Rechtslage erteilt. Die Wochenstundenzahl im Fach Religionslehre wird unter Beteiligung der zuständigen kirchlichen Beauftragten festgelegt. Für Schüler der Klassenstufen 8 bis 10, die nicht am Religionsunterricht teilnehmen, sind fünf Wochenstunden Ethik vorgesehen.

2 Integrativ innerhalb der Fächer oder Fächerverbünde.

3 Umfasst die Vorbereitung, Durchführung und Nachbereitung von Praktika.

4 Ergänzendes Angebot ab zwei bis vier Wochenstunden, sofern die organisatorischen und personellen Voraussetzungen vorliegen.

5 Das Wahlpflichtfach wird in den Klassen 8, 9 und 10 entsprechend dem schulischen Angebot im Umfang von je zwei Wochenstunden erteilt.

6 Zuweisung durch die Schulaufsichtsbehörde im Rahmen der insgesamt zur Verfügung stehenden Ressourcen. Für Sonderschulen mit dem Bildungsgang Werkreal-/Hauptschule in Grenznähe zu Frankreich ist Zusatzunterricht in Französisch an genehmigten Standortschulen ab der Klassenstufe 5 pro Schuljahr bis zu drei Stunden vorzusehen.

7 Grundlage sonderpädagogischen Unterrichts in der Schule für Erziehungshilfe einschließlich der spezifischen sonderpädagogischen Fördermaßnahmen sind die im Erziehungs- und Bildungsauftrag der Schule beschriebenen Zielsetzungen, die in den Bildungsbereichen und den Fächern und Fächerverbünden ausgewiesenen Kompetenzen und die im Rahmen der individuellen Lern- und Entwicklungsbegleitung vereinbarten Bildungsziele. Die hierfür ausgewiesenen Gesamtstundenkontingente sind die Basis für die von der Schule für alle Klassen zu erarbeitenden Stundentafeln. Hierbei wird davon ausgegangen, dass die Fächer und Fächerverbünde in den Stundentafeln der Klassen in einem ausgewogenen Verhältnis zueinander stehen. Die Kompetenzanalyse ist am Ende Klasse 7 oder Anfang Klasse 8 durchzuführen.

Anlage 3 (zu § 3)

Kontingentstundentafel für den Bildungsgang Realschule der Schule für Erziehungshilfe

	Klassen 5 bis 10
I. Pflichtbereich	
Religionslehre / Ethik [1]	11
Deutsch	
Englisch / Französisch	
Mathematik	
Geschichte	
Erdkunde, Wirtschaftskunde, Gemeinschaftskunde (EWG)	172
Naturwissenschaftliches Arbeiten (NWA)	
Künstlerischer Bereich: Musik, Bildende Kunst	
Sport	
II. Wahlpflichtbereich ab Klasse 7	
Technik	12 (18)
Mensch und Umwelt	
Französisch / Englisch[2]	
III. Integrierter Bereich (Klassen 5 bis 10)	
Themenorientierte Projekte[3]	(8)
Informationstechnische Grundbildung[4]	(12)
IV. Pädagogische Schwerpunkte (Klassen 5 und 6)[5]	4
Gesamtkontingent[6] (inklusive 20 Wochenstunden sonderpädagogische Förderung)	199

Fußnoten zu Anlage 3

1 In den Klassen 8 bis 10 werden für Schüler, die nicht am Religionsunterricht teilnehmen, fünf Jahreswochenstunden Ethik vorgesehen. Die Wochenstundenzahl im Fach Religionslehre wird unter Beteiligung der zuständigen kirchlichen Beauftragten festgelegt.

2 Für Schüler, die ab Klasse 5 Französisch als Pflichtfremdsprache haben, ist ab Klasse 7 auch Englisch Pflichtfremdsprache. In Realschulen in Grenznähe zu Frankreich werden in den Klassenstufen 5 und 6 Arbeitsgemeinschaften Französisch eingerichtet.

3 In den Klassen 5 bis 10 werden in einem Umfang von mindestens jeweils zwei Jahreswochenstunden, die aus dem Stundenvolumen der beteiligten Fächer entnommen werden, die fächerübergreifenden Projekte Technisches Arbeiten, Soziales Engagement, Berufsorientierung an Realschulen sowie Wirtschaft - Verwalten - Recht durchgeführt; das Projekt Technisches Arbeiten wird spätestens in Klasse 6 abgeschlossen. Die Gesamtlehrerkonferenz entscheidet im Rahmen von Satz 1 über die Durchführung der Projekte in der jeweiligen Klassenstufe, über den zeitlichen Umfang und über die beteiligten Fächer.

4 Integrativ innerhalb der Fächer und Fächerverbünde.

5 Zuweisung durch das Staatliche Schulamt im Rahmen der insgesamt zur Verfügung stehenden Ressourcen.

6 Grundlage sonderpädagogischen Unterrichts in der Schule für Erziehungshilfe einschließlich der spezifischen sonderpädagogischen Fördermaßnahmen sind die im Erziehungs- und Bildungsauftrag der Schule beschriebenen Zielsetzungen, die in den Bildungsbereichen und den Fächern und Fächerverbünden ausgewiesenen Kompetenzen und die im Rahmen der individuellen Lern- und Entwicklungsbegleitung vereinbarten Förderziele. Das hierfür ausgewiesene Gesamtstundenkontingent ist die Basis für von der Schule für alle Klassen zu erarbeitende Stundentafeln. Hierbei wird davon ausgegangen, dass die Fächer und Fächerverbünde in den Stundentafeln der Klassen in einem ausgewogenen Verhältnis zueinander stehen.

⇨ Behinderungen (Allgemeines); ⇨ Behinderungen (Förderbedarf); ⇨ Schulgesetz §§ 15, 20, 27, 48, 78, 83; ⇨ Schulkindergärten; ⇨ Sonderpädagogik (SBBZ Bildungsangebote); ⇨ Sonderpädagogik (SBBZ Schulentwicklung)

Sonderpädagogik (SBBZ Geistige Entwicklung)

Organisatorischer Aufbau der Schule für Geistigbehinderte (Sonderschule); VwV des KM vom 3.8.2009 (K.u.U. S. 199); diese Schulart heißt jetzt „SBBZ mit Förderschwerpunkt geistige Entwicklung" (⇨ Schulgesetz § 15 Abs. 1 Nr. 6).

I.
Größe

Eine Schule für Geistigbehinderte sollte in der Regel mindestens drei Klassen bilden können.

II.
Aufbau

Die Schule für Geistigbehinderte gliedert sich in eine Grundstufe, eine Hauptstufe und eine Berufsschulstufe. – Die Klassen werden grundsätzlich nach Stufen getrennt eingerichtet. Sie werden unter Berücksichtigung pädagogisch-psychologischer Kriterien gebildet. Schülerinnen und Schüler (im Folgenden: Schüler) mit intensivem Förderbedarf sollen nicht auf Dauer in eigenen Klassen zusammengefasst werden.

Basis für die Klassenbildung ist das der Schule nach *(dem)* [...] Organisationserlass für das jeweilige Schuljahr zur Verfügung stehende Budget.

⇨ Unterrichtsorganisation (Organisationserlass)

III.
Dauer des Schulbesuchs

In der Schule für Geistigbehinderte wird die Schulpflicht gemäß § 75 Abs. 1 und 2 und § 83 SchG in der vierjährigen Grundstufe und der fünfjährigen Hauptstufe erfüllt. Diese Schulpflicht kann im begründeten Einzelfall entsprechend den Regelungen des Schulgesetzes bis zu drei Jahre auf höchstens zwölf Jahre verlängert werden.

Die Pflicht zum Besuch der dreijährigen Berufsschulstufe gemäß § 83 Nr. 2 Satz 2 SchG kann im begründeten Einzelfall um ein Jahr verlängert werden. Darüber hinaus kann die Berufsschulstufe entsprechend dem Regelungsgedanken des § 83 Nr. 2 Satz 2 in Verbindung mit § 78 Abs. 1 Satz 3 SchG freiwillig weitere zwei Jahre besucht werden. ⇨ Schulgesetz §§ 78, 83

IV.
Unterrichtszeit

Die Schule für Geistigbehinderte ist eine Ganztagesschule.

Die Schüler durchlaufen unabhängig von Art und Schwere der Behinderung in der Regel alle Schulstufen. Die im Bildungsplan ausgewiesenen Bildungsbereiche sind unter Beachtung des individuellen Förderbedarfs der einzelnen Schüler gleichwertig auf allen Stufen und in allen Formen des Unterrichts zu berücksichtigen. Schwerpunktbildungen sind im Rahmen der örtlichen Schulkonzeption durch Stufenprofile möglich.

Unabhängig davon sind jedoch zwei Wochenstunden Religion in allen Stufen und die örtlich festgelegten Wochenstunden für den Bildungsbereich Bewegung gesondert auszuweisen. Die Angebote aus dem Bildungsbereich Bewegung sollten regelmäßig an mehreren Wochentagen erfolgen.

Die Unterrichtszeit beträgt insgesamt durchschnittlich 34 Unterrichtsstunden pro Woche. Sie wird entsprechend den örtlichen Gegebenheiten auf fünf Schultage verteilt. Die Entscheidung über die Verteilung trifft die Schulkonferenz im Einvernehmen mit dem Schulträger.

Die Schultage werden in Unterrichtsblöcken gegliedert. Zwischen den einzelnen Unterrichtsblöcken sind Pausen vorzusehen; an Tagen mit acht Unterrichtsstunden insgesamt mindestens 45 Minuten. Das Mittagessen in der Schule ist Unterrichtszeit.

V.
Lehrerinnen und Lehrer

Lehrerinnen und Lehrer (im Folgenden: Lehrer) an den Schulen für Geistigbehinderte sind

- Sonderschullehrer
- Fachlehrer an Schulen für Geistigbehinderte oder bei entsprechendem Bedarf ersatzweise Fachlehrer an Schulen für Körperbehinderte
- Technische Lehrer an Schulen für Geistigbehinderte
- sonstige Lehrkräfte (zum Beispiel Fachlehrer für musisch-technische Fächer, kirchliche Lehrer).

Die Wahrnehmung aller im Bildungsplan der Schule für Geistigbehinderte geforderten Aufgaben ist nur durch eine enge und ständige Zusammenarbeit der Lehrkräfte möglich.

Die Vielschichtigkeit der wahrzunehmenden Aufgaben an einer Schule für Geistigbehinderte verlangt eine sorgfältige Arbeitsteilung zwischen allen Lehrkräften an der Schule. Unbeschadet dieser Feststellung übernehmen Fachlehrer / Technische Lehrer und Sonderschullehrer grundsätzlich in gleicher Weise Unterrichtsaufgaben wie Unterricht in den Klassen, in Leistungs- und Neigungsgruppen oder in der Einzelförderung. Ferner gehören zu den gemeinsam verantworteten Aufgaben die Umsetzung des Bildungsplans, die Zusammenarbeit mit den Eltern und den allgemeinen Schulen sowie den anderen Partnern der Schule. Angebote der Frühförderung sind ebenso Aufgabe der Schule.

Sonderschullehrer nehmen sich in besonderer Weise unter anderem folgenden Aufgaben an:

- Koordinationsaufgaben bei der Umsetzung des Bildungsplans
- Klärung diagnostischer Fragestellungen und Erstellung diagnostischer Gutachten
- Koordination und ggf. Initiierung kollegialer Beratung und Qualifizierung.

VI.

Sonstiges Personal

Die Einstellung des sonstigen Personals, insbesondere der erforderlichen betreuenden Kräfte, obliegt dem Schulträger (§ 48 Abs. 1 und 2 SchG).

⇨ Behinderungen (Allgemeines); ⇨ Behinderungen (Förderbedarf); ⇨ Inklusion; ⇨ Schulgesetz §§ 15, 20, 27, 48; ⇨ Schulkindergärten

Sonderpädagogik (SBBZ Hören – Stundentafeln)

VO des KM über die Stundentafeln für die Schule für Hörgeschädigte (Sonderschule) [*jetzt* „SBBZ mit Förderschwerpunkt Hören"] vom 11. April 2012 (GBl. S. 334/2012; K.u.U. S. 69/2012)

§ 1

Stundentafel Bildungsgang Grundschule

Für den Bildungsgang Grundschule der Schule für Hörgeschädigte gilt die als Anlage 1 beigefügte Stundentafel.

§ 2

Stundentafel Bildungsgang Werkrealschule und Hauptschule

Für den Bildungsgang Werkrealschule und Hauptschule der Schule für Hörgeschädigte gilt die als Anlage 2 beigefügte Stundentafel.

§ 3

Stundentafel Bildungsgang Realschule

(1) Für den Bildungsgang Realschule der Schule für Hörgeschädigte gilt die als Anlage 3 beigefügte Stundentafel.

(2) Aus den Fächern des Wahlpflichtbereichs wählt jeder Schüler ein Fach, das grundsätzlich bis Ende der Klasse 10 zu besuchen ist. Abweichend davon kann ein Schüler der Klasse 7 zum Ende des ersten oder zweiten Schulhalbjahres anstelle des Wahlpflichtfaches Fremdsprache eines der beiden anderen Wahlpflichtfächer wählen.

Anlage 1 (zu § 1)

Kontingentstundentafel für den Bildungsgang Grundschule der Schule für Hörgeschädigte

Fach / Fächerverbund	Klassen 1 bis 4	Klasse 5 (optional)
Religionslehre[1]	8	2
Deutsch	89	23
Fremdsprache[2]		
Mathematik		
Mensch, Natur und Kultur		
Bewegung, Spiel und Sport[3]	16	4
Themenorientierte Projekte[4]		
Gesamtkontingent[5] (inklusive 15 Wochenstunden sonderpädagogische Fördermaßnahmen in den Klassen 1 bis 4, drei Wochenstunden sonderpädagogische Fördermaßnahme in Klasse 5)	128	32

Fußnoten zur Kontingentstundentafel für den Bildungsgang Grundschule der Schule für Hörgeschädigte

1 Die Wochenstunden im Fach Religionslehre werden im Einvernehmen mit den obersten Kirchenbehörden unbeschadet der Rechtslage erteilt. Die Wochenstundenzahl im Fach Religionslehre wird unter Beteiligung der zuständigen kirchlichen Beauftragten festgelegt.

2 Abweichend von der Dauer einer Unterrichtsstunde soll der Fremdsprachenunterricht in kleinere Zeiteinheiten aufgeteilt werden. Nach Entscheidung des Kultusministeriums ist die Fremdsprache in Grenznähe zu Frankreich in der Regel Französisch und im Übrigen in der Regel Englisch.

3 Inklusiv rhythmisch-musikalische Erziehung.

4 Integrativ innerhalb der Fächer und Fächerverbünde.

5 Grundlage sonderpädagogischen Unterrichts in der Schule für Hörgeschädigte einschließlich der spezifischen sonderpädagogischen Fördermaßnahmen sind die im Erziehungs- und Bildungsauftrag der Schule beschriebenen Zielsetzungen, die in den Bildungsbereichen und in den Fächern und Fächerverbünden ausgewiesenen Kompetenzen und die im Rahmen der individuellen Lern- und Entwicklungsbegleitung vereinbarten Bildungsziele. Dies beinhaltet auch ein Angebot in der Deutschen Gebärdensprache. Das ausgewiesene Gesamtstundenkontingent ist die Basis für von der Schule für alle Klassen zu erarbeitende Stundentafeln. Hierbei wird davon ausgegangen,dass die Fächer und Fächerverbünde in den Stundentafeln der Klassen in einem ausgewogenen Verhältnis zueinander stehen.

Anlage 2 (zu § 2)

Kontingentstundentafel für den Bildungsgang Werkrealschule / Hauptschule der Schule für Hörgeschädigte

I. Pflichtbereich	**Klasse 5 bis 9**	**Klasse 10** Werkrealschulabschluss	Hauptschulabschluss
Religionslehre / Ethik[1]	9	2	2
Deutsch	169	28	17
Mathematik			
Englisch			
Welt - Zeit - Gesellschaft			
Materie - Natur - Technik			
Wirtschaft - Arbeit - Gesundheit			
Musik - Sport - Gestalten		2	2
Informationstechnische Grundbildung[2]			
Themenorientierte Projekte[2]			
Berufsorientierte Bildung		2	8[3]
Kompetenztraining		1	1 (2-4)[4]
II. Wahlpflichtbereich[5]			
Natur und Technik			
Wirtschaft und Informationstechnik	4	2	2
Gesundheit und Soziales			
III. Ergänzende Angebote[6]			
Zusatzunterricht Französisch			
IV. Gesamtkontingente[7]: Das jeweilige Gesamtkontingent enthält – in den Klassen 5 bis 9 17 Stunden für sonderpädagogische Fördermaßnahmen, – in der Klasse 10 drei Stunden für sonderpädagogische Fördermaßnahmen.			

Fußnoten zur Kontingentstundentafel für den Bildungsgang Werkrealschule / Hauptschule der Schule für Hörgeschädigte

1 Die Wochenstunden im Fach Religionslehre werden im Einvernehmen mit den obersten Kirchenbehörden unbeschadet der Rechtslage erteilt. Die Wochenstundenzahl im Fach Religionslehre wird unter Beteiligung der zuständigen kirchlichen Beauftragten festgelegt. Für Schüler der Klassenstufen 8 bis 10, die nicht am Religionsunterricht teilnehmen, sind fünf Wochenstunden Ethik vorgesehen.

2 Integrativ innerhalb der Fächer oder Fächerverbünde.

3 Umfasst die Vorbereitung, Durchführung und Nachbereitung von Praktika.

4 Ergänzendes Angebot ab zwei bis vier Wochenstunden, sofern die organisatorischen und personellen Voraussetzungen vorliegen.

5 Das Wahlpflichtfach wird in den Klassen 8, 9 und 10 entsprechend dem schulischen Angebot im Umfang von je zwei Wochenstunden erteilt.

6 Zuweisung durch die Schulaufsichtsbehörde im Rahmen der insgesamt zur Verfügung stehenden Ressourcen. Für Sonderschulen mit dem Bildungsgang Werkreal-/Hauptschule in Grenznähe zu Frankreich ist Zusatzunterricht in Französisch an genehmigten Standortschulen ab der Klassenstufe 5 pro Schuljahr bis zu drei Stunden vorzusehen.

7 Grundlage sonderpädagogischen Unterrichts in der Schule für Hörgeschädigte einschließlich der spezifischen sonderpädagogischen Fördermaßnahmen sind die im Erziehungs- und Bildungsauftrag der Schule beschriebenen Zielsetzungen, die in den Bildungsbereichen und den Fächern und Fächerverbünden ausgewiesenen Kompetenzen und die im Rahmen der individuellen Lern- und Entwicklungsbegleitung vereinbarten Bildungsziele. Dies beinhaltet auch ein Angebot in der Deutschen Gebärdensprache. Die ausgewiesenen Gesamtstundenkontingente sind die Basis für die von der Schule für alle Klassen zu erarbeitenden Stundentafeln. Hierbei wird davon ausgegangen, dass die Fächer und Fächerverbünde in den Stundentafeln der Klassen in einem ausgewogenen Verhältnis zueinander stehen. Die Kompetenzanalyse ist am Ende Klasse 7 oder Anfang Klasse 8 durchzuführen.

Anlage 3 (zu § 3)

Kontingentstundentafel für den Bildungsgang Realschule der Schule für Hörgeschädigte

	Klassen 5 bis 10
I. Pflichtbereich	
Religionslehre / Ethik [1]	11
Deutsch	182
Englisch / Französisch	
Mathematik	
Geschichte	
Erdkunde, Wirtschaftskunde, Gemeinschaftskunde (EWG)	
Naturwissenschaftliches Arbeiten (NWA)	
Künstlerischer Bereich: Musik, Bildende Kunst	
Sport	
II. Wahlpflichtbereich ab Klasse 7	
Technik	12
Mensch und Umwelt	
Französisch / Englisch[2]	
III. Integrierter Bereich (Klassen 5 bis 10)	
Themenorientierte Projekte[3]	(8)
Informationstechnische Grundbildung[4]	(12)
IV. Pädagogische Schwerpunkte (Klassen 5 und 6)[5]	4
Gesamtkontingent[6] (inklusive 15 Wochenstunden sonderpädagogische Förderung)	205
V. Arbeitsgemeinschaften in den Klassen 5 und 6[7]	

Fußnoten zu Anlage 3 für den Bildungsgang Realschule der Schule für Hörgeschädigte

1 In den Klassen 8 bis 10 werden für Schüler, die nicht am Religionsunterricht teilnehmen, fünf Jahreswochenstunden Ethik vorgesehen. Die Wochenstundenzahl im Fach Religionslehre wird unter Beteiligung der zuständigen kirchlichen Beauftragten festgelegt.

2 Für Schüler, die ab Klasse 5 Französisch als Pflichtfremdsprache haben, ist ab Klasse 7 auch Englisch Pflichtfremdsprache.

3 In den Klassen 5 bis 10 werden in einem Umfang von mindestens jeweils zwei Jahreswochenstunden, die aus dem Stundenvolumen der beteiligten Fächer entnommen werden, die fächerübergreifenden Projekte Technisches Arbeiten, Soziales Engagement, Berufsorientierung an Realschulen sowie Wirtschaft - Verwalten - Recht durchgeführt; das Projekt Technisches Arbeiten wird spätestens in Klasse 6 abgeschlossen. Die Gesamtlehrerkonferenz entscheidet im

Rahmen von Satz 1 über die Durchführung der Projekte in der jeweiligen Klassenstufe, über den zeitlichen Umfang und über die beteiligten Fächer.

4 Integrativ innerhalb der Fächer und Fächerverbünde.

5 Zuweisung durch das Staatliche Schulamt im Rahmen der insgesamt zur Verfügung stehenden Ressourcen.

6 Grundlage sonderpädagogischen Unterrichts in der Schule für Hörgeschädigte einschließlich der spezifischen sonderpädagogischen Fördermaßnahmen sind die im Erziehungs- und Bildungsauftrag der Schule beschriebenen Zielsetzungen, die in den Bildungsbereichen und in den Fächern und Fächerverbünden ausgewiesenen Kompetenzen und die im Rahmen der individuellen Lern- und Entwicklungsbegleitung vereinbarten Bildungsziele. Dies beinhaltet auch ein Angebot in der Deutschen Gebärdensprache. Das ausgewiesene Gesamtstundenkontingent ist die Basis für von der Schule für alle Klassen zu erarbeitende Stundentafeln. Hierbei wird davon ausgegangen, dass die Fächer und Fächerverbünde in den Stundentafeln der Klassen in einem ausgewogenen Verhältnis zueinander stehen.

7 In Realschulen in Grenznähe zu Frankreich werden in den Klassenstufen 5 und 6 Arbeitsgemeinschaften Französisch eingerichtet.

⇨ Behinderungen (Allgemeines); ⇨ Behinderungen (Förderbedarf); ⇨ Gebühren Nr. 3; ⇨ Schulgesetz §§ 15, 20, 27, 48; 78, 83 ⇨ Schulkindergärten; ⇨ Sonderpädagogik (SBBZ Bildungsangebote); ⇨ Sonderpädagogik (SBBZ Schulentwicklung)

Sonderpädagogik (SBBZ Krankenhausbehandlung)

Organisatorischer Aufbau der Schule für Kranke in längerer Krankenhausbehandlung; Verwaltungsvorschrift des Kultusministeriums vom 28.7.1988 (K.u.U. S. 755); diese Schulart heißt jetzt „SBBZ mit Förderschwerpunkt Schüler in längerer Krankenhausbehandlung" ⇨ Schulgesetz § 15 Abs. 1 Nr. 8.

I.
Aufgabe der Schule für Kranke in längerer Krankenhausbehandlung

Die Krankenhausschule hat die Aufgabe, kranken Schülern einer öffentlichen Schule oder einer privaten Ersatzschule, die sich voraussichtlich mindestens vier Wochen im Krankenhaus befinden oder deren Genesungsverlauf voraussichtlich insgesamt sechs Wochen übersteigt und die deshalb ihre Schule nicht besuchen können, so zu unterrichten und zu fördern, dass die Voraussetzungen für eine erfolgreiche leistungsmäßige und soziale Wiedereingliederung nach Möglichkeit in den bisher besuchten Klassen geschaffen werden.

Im Falle schwerer Folgen von Erkrankungen oder Verletzungen kann der Krankenhausschule die Aufgabe zukommen, die für schulisches Lernen notwendigen Grundlagen wieder zu entwickeln.

II.
Organisation

1. Größe und Lehrer-Schüler-Relation

Eine Krankenhausschule kann in der Regel dann eingerichtet werden, wenn auf Dauer mindestens sechs Schüler zu betreuen sind. Die Krankenhausschule wird grundsätzlich als selbstständige Schule eingerichtet. Sofern weniger als zwei Lehrerdeputate benötigt werden, soll die Schule mit einer anderen bestehenden Schule gemäß § 16 SchG verbunden werden. – Der Lehrerstundenbedarf richtet sich nach den Voraussetzungen der zu unterrichtenden Schüler und nach der Klinikstruktur. Für jeweils sechs bis neun Schüler ist in der Regel ein Lehrerdeputat vorzusehen.

2. Eine Krankenhausschule kann ein oder mehrere Krankenhäuser, auch Krankenhäuser in privater Trägerschaft, im Gebiet des Schulträgers betreuen.

III.
Unterricht

1. Unterrichtszeit

Als Richtwert ist anzunehmen, dass die durchschnittliche Unterrichtszeit des Schülers einer Krankenhausschule zwölf Stunden pro Woche beträgt. Je nach den Verhältnissen des Einzelfalls ist die Unterrichtszeit jedoch insbesondere vom Alter und von der Schwere der Krankheit des Schülers abhängig. Der Zeitpunkt der Aufnahme und der Umfang des Unterrichts sind im Benehmen mit dem behandelnden Arzt festzulegen.

2. Unterrichtsformen

Der Unterricht wird als Einzelunterricht oder als Gruppen- bzw. Klassenunterricht erteilt.

3. Unterrichtsort

Der Unterricht wird in Räumen des jeweiligen Krankenhauses erteilt.

4. Durchführung des Unterrichts

Der Unterricht orientiert sich an den Bildungsplänen der vom Schüler bisher besuchten bzw. künftig zu besuchenden Schule und berücksichtigt emotionale und soziale Auswirkungen der Krankheit Die Unterrichtsfächer und deren Inhalte sind unter dem Ziel der Wiedereingliederung des Schülers in die von ihm besuchte Schule ggf. unter dem Ziel der Grundlegungen für eine andere schulische Eingliederung im Einzelfall auszuwählen. Auch musische Fächer sollen im Unterricht in angemessenem Umfang vertreten sein.

Überforderung und Leistungsdruck müssen unbedingt vermieden werden.

5. Bildungsgänge

Die Festlegung der angebotenen Bildungsgänge erfolgt, sofern erforderlich, nach den Bedürfnissen des Einzelfalls im Rahmen des Zustimmungsverfahrens nach § 30 Abs. 1 SchG.

6. Zusammenarbeit zwischen der vom Schüler bisher besuchten Schule und der Krankenhausschule

Die Krankenhausschule nimmt den Kontakt zur vom einzelnen Schüler bisher besuchten bzw. künftig zu besuchenden Schule auf und erhält ihn während der Verweildauer des Schülers im Krankenhaus aufrecht.
Die bisher besuchte bzw. künftig zu besuchende Schule stellt alle erforderlichen Unterlagen zur Verfügung. Hierzu gehören insbesondere Informationen über die bisher behandelten bzw. geplanten Lernziele und Unterrichtsinhalte und über die Voraussetzungen des Schülers. – Die während der Verweildauer erarbeiteten Unterrichtsinhalte und die festgestellten Lernergebnisse sind schriftlich festzuhalten. Sie bilden die Grundlage für den Abschlussbericht, der in der Regel der nach der Krankenhausbehandlung zu besuchenden Schule zugeleitet wird.

IV.
Lehrer

Im Unterricht an einer Krankenhausschule sind hierfür besonders geeignete Lehrer einzusetzen. Aufgabe und Besonderheiten des Unterrichts erfordern vom Lehrer insbesondere

- die Fähigkeit, in pädagogisch-psychologischer und didaktisch-methodischer Hinsicht den Belangen kranker Schüler Rechnung zu tragen;
- eine flexible, auf die Persönlichkeit des Schülers, seine Krankheit und Therapie sowie auf die Notwendigkeiten des Krankenhausbetriebs eingehende Unterrichtsgestaltung;
- Bereitschaft und Fähigkeit zur schülerbezogenen Zusammenarbeit mit den Erziehungsberechtigten und allen am Heil- und Pflegeprozess und schulischen Eingliederungsprozess Beteiligten.

V.
Zusammenarbeit zwischen Krankenhaus und Schule

Die Unterrichtung von kranken Schülern im Krankenhaus erfordert die einvernehmlich organisatorische Abstimmung des Krankenhausbetriebs und des Unterrichtsbetriebs unter Berücksichtigung der Aufgaben und Erfordernisse der beiden Einrichtungen.

Um eine optimale Wirksamkeit von Krankenhausbehandlung und Unterricht zu erreichen, bedarf es der Zusammenarbeit von Lehrern und behandelnden wie betreuenden Fachkräften. Durch gegenseitige Information und entsprechende Koordination zu treffender Maßnahmen sind die notwendigen Voraussetzungen für einen Therapie- und Unterrichtsplan gegeben, der der Situation des Schülers entspricht. Dabei sind auch Informationen über die Besonderheiten des Krankheitsbildes, der geistig-seelischen Situation des Patienten und seiner Umweltprobleme notwendig.

In die Zusammenarbeit sind die Erziehungsberechtigten mit einzubeziehen.

VI.
Ferien

Die Ferienverteilung an den Krankenhausschulen richtet sich nach der jeweils geltenden ⇨ Ferienverordnung. [...]. Abweichungen hiervon bedürfen der Zustimmung des Ministeriums.

⇨ Behinderungen (Förderbedarf); ⇨ Ferien; ⇨ Ferienverordnung; ⇨ Hausunterricht; ⇨ Inklusion; ⇨ Jugendhilfe (Bundesrecht); ⇨ Jugendhilfe (Landesrecht); ⇨ Schulbesuch (Rechte und Pflichten); ⇨ Schulgesetz § 15 ;⇨ Schulpflicht (Meldeverordnung – Datenschutz)

Sonderpädagogik (SBBZ Lernen)

Organisatorischer Aufbau der Förderschule (Sonderschule); Auszug aus der VwV des KM vom 23.5 2008 (K.u.U. S. 115/2008); diese Schulart heißt jetzt „SBBZ mit Förderschwerpunkt Lernen" (⇨ Schulgesetz § 15 Abs. 1 Nr. 1)

I.
Aufbau

1. Die Förderschule umfasst die Klassen 1 bis 9. Sie gliedert sich in zwei Stufen:
   a) die Grundstufe (Klassen 1 bis 4),
   b) die Hauptstufe (Klassen 5 bis 9).
2. In der Förderschule können Schuljahrgänge in einer Klasse zusammengefasst werden; der Unterricht kann auch in Jahrgangsklassen erfolgen. Die Klassenbildung richtet sich nach pädagogischen Kriterien. Basis hierfür ist das der Schule nach der Verwaltungsvorschrift [...] ⇨ Unterrichtsorganisation (Organisationserlass) für das jeweilige Schuljahr zur Verfügung stehende Budget.

II.
Lehrer

Lehrer an der Förderschule sind

1. Sonderschullehrer sowie geeignete Grund- und Hauptschullehrer, solange nicht genügend Sonderschullehrer zur Verfügung stehen;
2. sonstige Lehrer, wie z.B. Lehrer für Textiles Werken, Lehrer für Hauswirtschaft und Sport, Katecheten sowie musisch-technische Fachlehrer; diese sind bei Bedarf auch stundenweise einzusetzen.

⇨ Behinderungen (Förderbedarf); ⇨ Grundschule (Leistungsbeurteilung GS und SBBZ); ⇨ Inklusion; ⇨ Schulgesetz § 15; ⇨ Schulkindergärten; ⇨ Sonderpädagogik (SBBZ Lernen – Stundentafel); ⇨ Sonderpädagogik (SBBZ Lernen – Versetzungsordnung); ⇨ Unterrichtsorganisation (Organisationserlass)

Sonderpädagogik (SBBZ Lernen – Stundentafel)

VO des KM über die Stundentafel für die Förderschule (Sonderschule) vom 17. Juli 2008 (K.u.U. S. 143, 193/2008); jetzt: „SBBZ mit Förderschwerpunkt Lernen" ⇨ Schulgesetz § 15 Abs. 1 Nr. 1.

§ 1
Stundentafel

Für die Förderschule (Sonderschule) gilt die als Anlage beigefügte Stundentafel.

§ 2
Fremdsprachenunterricht

Mit Einwilligung der Eltern kann die Fremdsprache zu Beginn eines Schulhalbjahres abgewählt werden.

§ 3
Hauptschulabschlussprüfung für Schulfremde

Das Stundenvolumen für die Durchführung der Projektprüfung nach § 16 Abs. 4 der ⇨ Hauptschule (Abschlussprüfung) umfasst mindestens 16 Unterrichtsstunden und wird aus dem Stundenvolumen der beteiligten Fächer entnommen.

Fußnoten zur Stundentafel

* Im Einvernehmen mit den obersten Kirchenbehörden werden unbeschadet der Rechtslage zwei Stunden Religionslehre erteilt.

** Um verlässliche Bewegungs-, Spiel- und Sportzeiten zu garantieren, sind mindestens 12 Wochenstunden aus dem Gesamtstundenkontingent im Fächerverbund Bewegung – Spiel – Sport auszuweisen.

*** Unter Berücksichtigung physiologischer und trainingswissenschaftlicher Erkenntnisse bilden verlässliche Bewegungs- und Sportzeiten in allen Klassenstufen an mehreren Wochentagen einen unverzichtbaren Bestandteil des Fächerverbundes.

**** Grundlage sonderpädagogischen Unterrichts in der Förderschule – einschließlich der spezifischen sonderpädagogischen Fördermaßnahmen – sind die im Erziehungs- und Bildungsauftrag der Schule beschriebenen Zielsetzungen, die in den Bildungsbereichen und den Fächern und Fächerverbünden ausgewiesenen Kompetenzen und die im Rahmen der individuellen Lern- und Entwicklungsbegleitung vereinbarten Förderziele. Das hierfür ausgewiesene Gesamtstundenkontingent ist die Basis für von der Schule für alle Klassen zu erarbeitende Stundentafeln. Hierbei wird davon ausgegangen, dass die Fächer und Fächerverbünde in den Stundentafeln der Klassen in einem ausgewogenen Verhältnis zueinander stehen.

Grundstufe Klasse 1–4	
Religionslehre*	8
Sprache – Deutsch/moderne Fremdsprache Mathematik Bewegung – Spiel – Sport** Mensch – Natur – Kultur	100
Hauptstufe Klasse 5–9	
Religionslehre*	10
Sprache – Deutsch/moderne Fremdsprache Mathematik Musik – Spiel – Gestalten*** Natur – Technik Welt – Zeit – Gesellschaft Wirtschaft – Arbeit – Gesundheit	177
Gesamtstundenkontingent 295 zuzüglich 4 Poolstunden (Verwendung nach Entscheidung der Schule in der Grundstufe und Hauptstufe) und 6 Wochenstunden für Arbeitsgemeinschaften (Verwendung nach Entscheidung der Schule in der Hauptstufe)****	

⇨ Behinderungen (Allgemeines); ⇨ Behinderungen (Förderbedarf); ⇨ Hauptschule (Abschlussprüfung); ⇨ Inklusion und Integration; ⇨ Sonderpädagogik (SBBZ Lernen); ⇨ Sonderpädagogik (SBBZ Lernen – Versetzungsordnung)

Sonderpädagogik (SBBZ Lernen – Versetzungsordnung)

VO des KM über die Versetzung an Förderschulen vom 18.6.1984 (K.u.U. S. 419, 1984); zuletzt geändert 17.7.2008 (K.u.U. S. 143/2008); jetzt : „SBBZ mit Förderschwerpunkt Lernen" ⇨ Schulgesetz § 15 Abs. 1 Nr. 1.

Hinweis der Redaktion: Alle Entscheidungen nach dieser Verordnung werden von der Klassenkonferenz unter Vorsitz des/der Schulleiter*in getroffen.
⇨ Konferenzordnung § 4 Abs. 1 Nr. 4, § 12 Abs. 2 Ziff. 1

§ 1
Versetzungsanforderungen

(1) Von Klasse 1 nach Klasse 2 steigt ein Schüler ohne Versetzungsentscheidung auf. Im Übrigen werden nur die Schüler versetzt, die aufgrund ihrer Leistungen den Anforderungen im laufenden Schuljahr im Ganzen entsprochen haben und die deshalb erwarten lassen, dass sie den Anforderungen der nächsthöheren Klasse gewachsen sind. Ein Schüler wird auch dann versetzt, wenn die Klassenkonferenz zu der Auffassung gelangt, dass seine Leistungen nur vorübergehend nicht für die Versetzung ausreichen, dass er aber nach einer Übergangszeit den Anforderungen der nächsthöheren Klasse voraussichtlich gewachsen sein wird.

(2) Die Voraussetzungen für eine Versetzung nach Absatz 1 Satz 2 liegen vor, wenn die Leistungen des Schülers im Jahreszeugnis in keinem der Fächer Deutsch oder Mathematik mit der Note „ungenügend" bewertet sind, oder wenn die ungenügende Leistung in einem dieser Fächer auf einer partiellen Leistungsschwäche bei sonst zufriedenstellenden Leistungen beruht.

(3) Die Versetzung oder Nichtversetzung eines Schülers ist im Zeugnis wie folgt zu vermerken: „Versetzt" oder „Nicht versetzt".

➪ Klassenlehrkraft (Nr. 2); ➪ Verwaltungsrecht Nr. II

§ 2
Aussetzung der Versetzungsentscheidung

Die Klassenkonferenz kann die Entscheidung über die Versetzung bis zum Ende des nächsten Schulhalbjahres aussetzen und von der Erteilung eines Zeugnisses absehen, wenn hinreichende Entscheidungsgrundlagen fehlen, weil die Leistungen des Schülers dadurch gesunken sind, dass er im zweiten Schulhalbjahr

1. aus von ihm nicht zu vertretenden Umständen die Schule wechseln musste oder
2. wegen Krankheit länger als acht Wochen den Unterricht nicht besuchen konnte, oder
3. durch sonstige besonders schwerwiegende von ihm nicht zu vertretende Gründe in seinem Leistungsvermögen erheblich beeinträchtigt war.

Auf dem Zeugnisformular ist anstelle der Noten der Vermerk anzubringen: „Versetzung ausgesetzt gemäß § 2 Versetzungsordnung". Bis zur endgültigen Entscheidung über die Versetzung nimmt der Schüler am Unterricht der nächsthöheren Klasse teil.

§ 3
Überspringen einer Klasse

In Ausnahmefällen kann ein Schüler auf Beschluss der Klassenkonferenz und mit Einverständnis der Erziehungsberechtigten in eine höhere Klasse überwechseln. Das Überspringen ist nur zum Ausgleich einer oder mehrerer Klassenwiederholungen zulässig. Dabei kann höchstens in die Klasse übergewechselt werden, die der Schüler ohne Wiederholung besuchen würde.

§ 4
Freiwillige Wiederholung der Klasse

Einem Schüler wird auf Antrag der Erziehungsberechtigten gestattet, einmal in der Grundstufe sowie einmal in der Hauptstufe eine Klasse freiwillig zu wiederholen, wenn zu erwarten ist, dass dadurch eine bessere Förderung des Schülers erreicht werden kann. Die freiwillige Wiederholung einer Klasse ist grundsätzlich nur zu Beginn eines Schulhalbjahres zulässig; über Ausnahmen entscheidet der Schulleiter. Die freiwillige Wiederholung einer Klasse hat zur Folge, dass die zuletzt ausgesprochene Versetzung rückwirkend als nicht mehr getroffen gilt. Die freiwillige Wiederholung ist in diesem Zeugnis mit „Wiederholt freiwillig" zu vermerken.

➪ Befangenheit; ➪ Behinderungen (Allgemeines); ➪ Grundschule (Leistungsbeurteilung GS und SBBZ); ➪ Konferenzordnung § 12 Abs. 2,1; ➪ Multilaterale Versetzungsordnung; ➪ Notenbildungsverordnung; ➪ Schulpflicht (Ausländische Schüler*innen); ➪ Sonderpädagogik (SBBZ Lernen) / (SBBZ Lernen – Stundentafel); ➪ Zeugnisse

Sonderpädagogik (SBBZ Schulentwicklung)

Verordnung des KM über die regionale Schulentwicklung an sonderpädagogischen Bildungs- und Beratungszentren (Verordnung über die regionale Schulentwicklung an SBBZ – RSE-SBBZ-VO) vom 19.10.2018 (K.u.U. S. 191/2018)

§ 1
Allgemeine Planungsgesichtspunkte

(1) Besteht im Bereich der sonderpädagogischen Bildungs- und Beratungszentren einer der in § 30 a Absatz 2 Nummer 1 bis 3 SchG genannten Anlässe für eine regionale Schulentwicklung, sind zur Erreichung der in § 30 a Absatz 1 Satz 1 und 2 SchG bestimmten Ziele insbesondere folgende Planungsgesichtspunkte zu berücksichtigen:

1. Zumutbare Erreichbarkeit der Angebote an sonderpädagogischen Bildungs- und Beratungszentren, wenn diese von den Erziehungsberechtigten nach § 83 Absatz 2 SchG für die Erfüllung eines festgestellten Anspruchs auf ein sonderpädagogisches Bildungsangebot gewählt werden;
2. bedarfsdeckende Sicherung und Weiterentwicklung des Unterstützungsauftrags der sonderpädagogischen Beratungs- und Unterstützungsangebote nach § 15 Absatz 2 Satz 2 SchG, insbesondere im Bereich der Frühförderung, der sonderpädagogischen Dienste und der Unterstützung der Schulkindergärten, im Rahmen einer systematischen und institutionenbezogenen Zusammenarbeit mit allgemeinen Schulen und Kindertageseinrichtungen;
3. Gestaltung von fachlich und organisatorisch aufeinander abgestimmten Angeboten sonderpädagogischer Beratung, Unterstützung und Bildung in den Förderschwerpunkten nach § 15 Absatz 1 Satz 4 SchG und den Bildungsabschlüssen nach Absatz 3 innerhalb der Raumschaft, die einen bedarfsdeckenden, sachgerechten und wirtschaftlichen Einsatz von Personal und Sachmitteln erlauben.

Die Angebote der staatlich anerkannten sonderpädagogischen Bildungs- und Beratungszentren und der sonderpädagogischen Bildungs- und Beratungszentren mit Internat sind einzubeziehen.

(2) Zur Bildung von Klassen vergleichbarer Größe, Optimierung des Bildungsangebots sowie Stärkung leistungsfähiger kleiner Standorte sind insbesondere folgende Maßnahmen zu prüfen und bei der Planung abzuwägen:

Warum so viel Bürokratie bei Schulunfällen? Hätten Sie's gewusst? Die Antwort steht auf Seite 470

1. Konzentration von Bildungsangeboten innerhalb der Raumschaft;
2. Einrichtung überregionaler sonderpädagogischer Bildungs- und Beratungszentren, erforderlichenfalls mit Internat;
3. Schaffung wohnortnäherer Bildungsangebote durch Dezentralisierung;
4. Möglichkeit alternativer Unterrichtsorganisationsformen wie jahrgangs- und bildungsgangübergreifende Klassenbildungen;
5. förderschwerpunkt- und standortübergreifende Kooperationen. Absatz 1 Satz 2 gilt entsprechend.

(3) Bildungsabschlüsse im Sinne von § 30 a Absatz 1 Satz 1 SchG sind an sonderpädagogischen Bildungs- und Beratungszentren neben den Bildungszielen der allgemeinen Schulen im jeweiligen Förderschwerpunkt auch die Bildungsziele in den Förderschwerpunkten Lernen und geistige Entwicklung. Die Bildungsgänge führen zu diesen Bildungsabschlüssen.

⇨ Schulgesetz §§ 15, 30a ff. und 82 ff.; ⇨ Schulträger; ⇨ Sonderpädagogik (SBBZ Bildungsangebote)

§ 2
Einrichtung von Bildungsgängen

(1) Im Rahmen der Feststellung des öffentlichen Bedürfnisses nach § 27 Absatz 2 SchG ist erforderlich, dass die folgende Mindestschülerzahl insgesamt im Bildungsgang langfristig prognostiziert werden kann:

1. für den Bildungsgang Förderschwerpunkt Lernen 18;
   nur Grundstufe oder Hauptstufe dieses Bildungsganges 12;
2. für den Bildungsgang Förderschwerpunkt geistige Entwicklung 27;
3. für den Bildungsgang Werkrealschule, Hauptschule 15;
4. für den Bildungsgang Realschule 15;
5. für den Bildungsgang Gemeinschaftsschule (ohne gymnasiale Oberstufe) 15;
6. für den Bildungsgang Gemeinschaftsschule (mit gymnasialer Oberstufe) 27;
7. für den Bildungsgang allgemeinbildendes Gymnasium 27;
8. für den Bildungsgang berufliches Gymnasium 18;
9. für den Bildungsgang Berufskolleg 15;
10. für den Bildungsgang Berufsfachschule 12;
11. für den Bildungsgang Berufsschule 12.

(2) Im Rahmen der Feststellung des öffentlichen Bedürfnisses nach § 27 Absatz 2 SchG können die in Absatz 1 genannten Mindestschülerzahlen ausnahmsweise unterschritten werden, wenn

1. für die sonderpädagogische Beratung, Unterstützung und Bildung mit dem entsprechenden Förderschwerpunkt und Bildungsgang in der Raumschaft ein Bedarf, der nicht von einem anderen öffentlichen oder staatlich anerkannten sonderpädagogischen Bildungs- und Beratungszentrum erfüllt werden kann, langfristig prognostiziert werden kann oder
2. Schülerinnen und Schüler mit Anspruch auf ein sonderpädagogisches Bildungsangebot kein anderes öffentliches sonderpädagogisches Bildungs- und Beratungszentrum mit demselben Förderschwerpunkt und Bildungsgang in zumutbarer Erreichbarkeit besuchen können.

Die Planungsgesichtspunkte nach § 1 Absatz 1 und 2 sind zu berücksichtigen.

(3) Schülerinnen und Schüler ohne Anspruch auf ein sonderpädagogisches Bildungsangebot werden im Rahmen der Feststellung des öffentlichen Bedürfnisses nach Absatz 1 und 2 nicht berücksichtigt.

§ 3
Aufhebung von Bildungsgängen

(1) Wird insgesamt in einem Bildungsgang die Mindestschülerzahl nach Absatz 2 unterschritten, weist die obere Schulaufsichtsbehörde den Schulträger hierauf hin und fordert ihn auf, eine regionale Schulentwicklung nach § 30 a Absatz 2 Nummer 1 SchG durchzuführen. Für das Verfahren gilt § 30 b Absatz 2 Satz 2 und 3 und Absatz 3 SchG entsprechend mit der Maßgabe, dass die Mindestschülerzahlen nach Absatz 2 zugrunde zu legen sind und dass der Bildungsgang Förderschwerpunkt Lernen, Förderschwerpunkt geistige Entwicklung, Werkrealschule, Hauptschule, Gemeinschaftsschule, Berufsschule und Berufsfachschule erst aufgehoben wird, wenn in drei aufeinander folgenden Schuljahren die Mindestschülerzahl nicht erreicht wird.

(2) Die Mindestschülerzahl im Bildungsgang insgesamt beträgt:

1. für den Bildungsgang Förderschwerpunkt Lernen 12;
   nur Grundstufe oder Hauptstufe dieses Bildungsganges 8;
2. für den Bildungsgang Förderschwerpunkt geistige Entwicklung 21;
3. für den Bildungsgang Werkrealschule, Hauptschule 9;
4. für den Bildungsgang Realschule 9;
5. für den Bildungsgang Gemeinschaftsschule (ohne gymnasiale Oberstufe) 9;
6. für den Bildungsgang Gemeinschaftsschule (mit gymnasialer Oberstufe) 21;
7. für den Bildungsgang allgemeinbildendes Gymnasium 21;
8. für den Bildungsgang berufliches Gymnasium 15;
9. für den Bildungsgang Berufskolleg 12;
10. für den Bildungsgang Berufsfachschule 8;
11. für den Bildungsgang Berufsschule 8.

Schülerinnen und Schüler ohne Anspruch auf ein sonderpädagogisches Bildungsangebot, die nach § 15 Absatz 5 SchG ein sonderpädagogisches Bildungs- und Beratungszentrum besuchen, werden mit 50 Prozent und höchstens für ein Drittel der Mindestschülerzahlen berücksichtigt.

(3) Die Aufhebung erfolgt ausnahmsweise dann nicht, wenn Schülerinnen und Schüler mit An-

spruch auf ein sonderpädagogisches Bildungsangebot kein anderes öffentliches sonderpädagogisches Bildungs- und Beratungszentrum mit demselben Förderschwerpunkt und Bildungsgang in zumutbarer Erreichbarkeit besuchen können. Von der Aufhebung kann ausnahmsweise abgesehen werden, wenn ansonsten in der Raumschaft ein bedarfsdeckendes Angebot sonderpädagogischer Beratung, Unterstützung und Bildung im jeweiligen Förderschwerpunkt und Bildungsgang nicht gewährleistet werden kann.

(4) Die Planungsgesichtspunkte nach § 1 Absatz 1 und 2 sind zu berücksichtigen.

§ 4
Beteiligungsverfahren, Raumschaft

(1) Bei der Beteiligung der von der schulorganisatorischen Maßnahme berührten Stellen sind auch die Belange der Schulträger der sonderpädagogischen Bildungs- und Beratungszentren in privater Trägerschaft und der Träger der Sozial- und Jugendhilfe einzubeziehen.

(2) Die jeweilige Raumschaft ist im Hinblick auf den Schulbezirk oder den Aufgabenbereich des von der schulorganisatorischen Maßnahme betroffenen sonderpädagogischen Bildungs- und Beratungszentrums festzulegen. Dabei sind insbesondere die Planungsgesichtspunkte nach § 1 Absatz 1 und 2 zu berücksichtigen.

(3) Im Übrigen gelten die Vorschriften des Schulgesetzes über das Verfahren der regionalen Schulentwicklung. Darüber hinaus kann die obere Schulaufsichtsbehörde im Interesse einer kontinuierlichen Optimierung der regionalen Schulentwicklung Regionalkonferenzen für die erforderlichen Abstimmungsprozesse durchführen. Sie kann damit im Einzelfall die untere Schulaufsichtsbehörde beauftragen.

⇨ Behinderungen (Förderbedarf); ⇨ Inklusion und Integration; ⇨ Schulgesetz §§ 15 und 82 ff.; ⇨ Sonderpädagogik (SBBZ Bildungsangebote); ⇨ Sonderpädagogik (SBBZ Emotionale und soziale Entwicklung – Stundentafeln); ⇨ Sonderpädagogik (SBBZ Geistige Entwicklung); ⇨ Sonderpädagogik (SBBZ Hören – Stundentafeln); ⇨ Sonderpädagogik (SBBZ Krankenhausbehandlung); ⇨ Sonderpädagogik (SBBZ Lernen); ⇨ Sonderpädagogik (SBBZ Lernen – Stundentafel); ⇨ Sonderpädagogik (SBBZ Lernen – Versetzungsordnung); ⇨ Sonderpädagogik (SBBZ Schulentwicklung); ⇨ Sonderpädagogik (SBBZ Sehen – Stundentafeln); ⇨ Sonderpädagogik (SBBZ Sprache – Stundentafeln)

Sonderpädagogik (SBBZ Sehen – Stundentafeln)

Verordnungen des Kultusministeriums über die Stundentafeln für die Schule für Sehbehinderte (Sonderschule) sowie für die Schulen für Blinde; jetzt „SBBZ mit Förderschwerpunkt Sehen“

1.
Stundentafeln der Schule für Sehbehinderte

Verordnung des KM über die Stundentafel für die Schule für Sehbehinderte (Sonderschule) vom 5. Juli 1995 (GBl. S. 593; K.u.U. S. 467), zuletzt geändert 11. April 2012 (GBl. S. 334/2012; K.u.U. S. 69/ 2012)

§ 1
Stundentafel Bildungsgang Grundschule

Für den Bildungsgang Grundschule der Schule für Sehbehinderte gilt die als Anlage 1 beigefügte Stundentafel.

§ 2
Stundentafel Bildungsgang Werkrealschule und Hauptschule

Für den Bildungsgang Werkrealschule und Hauptschule der Schule für Sehbehinderte gilt die als Anlage 2 beigefügte Stundentafel.

§ 3
Stundentafel Bildungsgang Realschule

(1) Für den Bildungsgang Realschule der Schule für Sehbehinderte gilt die als Anlage 3 beigefügte Stundentafel.

(2) Aus den Fächern des Wahlpflichtbereichs wählt jeder Schüler ein Fach, das grundsätzlich bis Ende der Klasse 10 zu besuchen ist. Abweichend davon kann ein Schüler der Klasse 7 zum Ende des ersten oder zweiten Schulhalbjahres an Stelle des Wahlpflichtfaches Fremdsprache eines der beiden anderen Wahlpflichtfächer wählen.

Anlage 1 (zu § 1)

Kontingentstundentafel für den Bildungsgang Grundschule der Schule für Sehbehinderte

Fach / Fächerverbund	Klassen 1 bis 4
Religionslehre[1]	8
Deutsch	104
Fremdsprache[2]	
Mathematik	
Mensch, Natur und Kultur	
Bewegung, Spiel und Sport	12
Themenorientierte Projekte[3]	
Gesamtkontingent[4] (inklusive 16 Wochenstunden sonderpädagogische Fördermaßnahmen)	124

1 Die Wochenstunden im Fach Religionslehre werden im Einvernehmen mit den obersten Kirchenbehörden unbeschadet der Rechtslage erteilt. Die Wochenstundenzahl im Fach Religionslehre wird unter Beteiligung der zuständigen kirchlichen Beauftragten festgelegt.

2 Abweichend von der Dauer einer Unterrichtsstunde soll der Fremdsprachenunterricht in kleinere Zeiteinheiten aufgeteilt werden. Nach Entscheidung des Kultusministeriums ist die Fremdsprache in Grenznähe zu Frankreich in der Regel Französisch und im Übrigen in der Regel Englisch.

3 Integrativ innerhalb der Fächer und Fächerverbünde.

4 Grundlage sonderpädagogischen Unterrichts in der Schule für Sehbehinderte einschließlich der spezifischen sonderpädagogischen Fördermaßnahmen sind die im Erziehungs- und Bildungsauftrag der Schule beschriebenen Zielsetzungen, die in den Bildungsbereichen und den Fächern und Fächerverbünden ausgewiesenen Kompetenzen und die im Rahmen der individuellen Lern- und Entwicklungsbegleitung vereinbarten Förderziele. Das hierfür ausgewiesene Gesamtstundenkontingent ist die Basis für von der Schule für alle Klassen zu erarbeitende Stundentafeln. Hierbei wird davon ausgegangen, dass die Fächer und Fächerverbünde in den Stundentafeln der Klassen in einem ausgewogenen Verhältnis zueinander stehen.

Anlage 2 (zu § 2)

Kontingentstundentafel für den Bildungsgang Werkrealschule / Hauptschule der Schule für Sehbehinderte

I. Pflichtbereich	Klasse 5 bis 9	Klasse 10 Werkrealschulabschluss	Klasse 10 Hauptschulabschluss
Religionslehre / Ethik[1]	9	2	2
Deutsch	157	28	17
Mathematik			
Englisch			
Welt - Zeit - Gesellschaft			
Materie - Natur - Technik			
Wirtschaft - Arbeit - Gesundheit			
Musik - Sport - Gestalten		2	2
Informationstechnische Grundbildung[2]			
Themenorientierte Projekte[2]			
Berufsorientierende Bildung[4]		2	8[3]
Kompetenztraining		1	1 (2-4)[4]
II. Wahlpflichtbereich[5]			
Natur und Technik	4	4	4
Wirtschaft und Informationstechnik			
Gesundheit und Soziales			
III. Ergänzende Angebote[6]			
Zusatzunterricht Französisch			
IV. Gesamtkontingente[7]: Das jeweilige Gesamtkontingent enthält – in den Klassen 5 bis 9 13 Stunden für sonderpädagogische Fördermaßnahmen, – in der Klasse 10 drei Stunden für sonderpädagogische Fördermaßnahmen.			

1 Die Wochenstunden im Fach Religionslehre werden im Einvernehmen mit den obersten Kirchenbehörden unbeschadet der Rechtslage erteilt. Die Wochenstundenzahl im Fach Religionslehre wird unter Beteiligung der zuständigen kirchlichen Beauftragten festgelegt. Für Schüler der Klassenstufen 8 bis 10, die nicht am Religionsunterricht teilnehmen, sind fünf Wochenstunden Ethik vorgesehen.

2 Integrativ innerhalb der Fächer oder Fächerverbünde.

3 Umfasst die Vorbereitung, Durchführung und Nachbereitung von Praktika.

4 Ergänzendes Angebot ab zwei bis vier Wochenstunden, sofern die organisatorischen und personellen Voraussetzungen vorliegen.

5 Das Wahlpflichtfach wird in den Klassen 8, 9 und 10 entsprechend dem schulischen Angebot im Umfang von je zwei Wochenstunden erteilt.

6 Zuweisung durch die Schulaufsichtsbehörde im Rahmen der insgesamt zur Verfügung stehenden Ressourcen. Für Sonderschulen mit dem Bildungsgang Werkreal-/Hauptschule in Grenznähe zu Frankreich ist Zusatzunterricht in Französisch an genehmigten Standortschulen ab der Klassenstufe 5 pro Schuljahr bis zu drei Stunden vorzusehen.

7 Grundlage sonderpädagogischen Unterrichts in der Schule für Sehbehinderte einschließlich der spezifischen sonderpädagogischen Fördermaßnahmen sind die im Erziehungs- und Bildungsauftrag der Schule beschriebenen Zielsetzungen, die in den Bildungsbereichen und den Fächern und Fächerverbünden ausgewiesenen Kompetenzen und die im Rahmen der individuellen Lern- und Entwicklungsbegleitung vereinbarten Bildungsziele. Die hierfür ausgewiesenen Gesamtstundenkontingente sind die Basis für die von der Schule für alle Klassen zu erarbeitenden Stundentafeln. Hierbei wird davon ausgegangen, dass die Fächer und Fächerverbünde in den Stundentafeln der Klassen in einem ausgewogenen Verhältnis zueinander stehen. Die Kompetenzanalyse ist am Ende Klasse 7 oder Anfang Klasse 8 durchzuführen.

Anlage 3 (zu § 3)

Kontingentstundentafel für den Bildungsgang Realschule der Schule für Sehbehinderte

	Klassen 5 bis 10
I. Pflichtbereich	
Religionslehre / Ethik[1]	11
Deutsch	181
Englisch / Französisch	
Mathematik	
Geschichte	
Erdkunde, Wirtschaftskunde / Gemeinschaftskunde (EWG)	
Naturwissenschaftliches Arbeiten (NWA)	
Künstlerischer Bereich: Musik, Bildende Kunst	
Sport	
II. Wahlpflichtbereich ab Klasse 7	
Technik	12
Mensch und Umwelt	
Französisch / Englisch[2]	
Wirtschaft-Verwalten[3]	
III. Integrierter Bereich (Klassen 5 bis 10)	
Themenorientierte Projekte[4]	(8)
Informationstechnische Grundbildung[5]	(12)
IV. Pädagogische Schwerpunkte (Klassen 5 und 6)[6]	4
Gesamtkontingent[7] (inklusive 18 Wochenstunden sonderpädagogische Förderung)	204
V. Arbeitsgemeinschaften in den Klassen 5 und 6[8]	

Fußnoten zu Anlage 3

1 In den Klassen 8 bis 10 werden für Schüler, die nicht am Religionsunterricht teilnehmen, fünf Jahreswochenstunden Ethik vorgesehen. Die Wochenstundenzahl im Fach Religionslehre wird unter Beteiligung der zuständigen kirchlichen Beauftragten festgelegt.

2 Für Schüler, die ab Klasse 5 Französisch als Pflichtfremdsprache haben, ist ab Klasse 7 auch Englisch Pflichtfremdsprache.

3 Vor dem Hintergrund der besonderen Lernausgangslagen ihrer Schülerinnen und Schüler können die Schulen für Sehbehinderte auch den Wahlpflichtbereich »Wirtschaft-Verwalten« anbieten. Insgesamt werden höchstens drei Wahlpflichtfächer angeboten.

4 In den Klassen 5 bis 10 werden in einem Umfang von mindestens jeweils zwei Jahreswochenstunden, die aus dem Stundenvolumen der beteiligten Fächer entnommen werden, die fächerübergreifenden Projekte Technisches Arbeiten, Soziales Engagement, Berufsorientierung an Realschulen sowie Wirtschaft - Verwalten - Recht durchgeführt; das Projekt Technisches Arbeiten wird spätestens in Klasse 6 abgeschlossen. Die Gesamtlehrerkonferenz entscheidet im Rahmen von Satz 1 über die Durchführung der Projekte in der jeweiligen Klassenstufe, über den zeitlichen Umfang und über die beteiligten Fächer.

5 Integrativ innerhalb der Fächer und Fächerverbünde.

6 Zuweisung durch das Staatliche Schulamt im Rahmen der insgesamt zur Verfügung stehenden Ressourcen.

7 Grundlage sonderpädagogischen Unterrichts in der Schule für Sehbehinderte einschließlich der spezifischen sonderpädagogischen Fördermaßnahmen (inklusive des Arbeitsbereichs »Informations- und Kommunikationstechnologie«) sind die im Erziehungs- und Bildungsauftrag der Schule beschriebenen Zielsetzungen, die in den Bildungsbereichen und den Fächern und Fächerverbünden ausgewiesenen Kompetenzen und die im Rahmen der individuellen Lern- und Entwicklungsbegleitung vereinbarten Förderziele. Das hierfür ausgewiesene Gesamtstundenkontingent ist die Basis für von der Schule für alle Klassen zu erarbeitende Stundentafeln. Hierbei wird davon ausgegangen, dass die Fächer und Fächerverbünde in den Stundentafeln der Klassen in einem ausgewogenen Verhältnis zueinander stehen.

8 Im Bildungsgang Realschule in Grenznähe zu Frankreich werden in den Klassenstufen 5 und 6 Arbeitsgemeinschaften Französisch eingerichtet.

2.
Stundentafeln der Schule für Blinde

Verordnung des KM über die Stundentafeln für die Schule für Blinde (Sonderschule) vom 2. August 2011 (GBl. S. 438, K.u.U. S. 233, ber. K.u.U. S. 259); zuletzt geändert 11. April 2012 (GBl. S. 334; K.u.U. S. 69/2012)

§ 1
Stundentafel Bildungsgang Grundschule

Für den Bildungsgang Grundschule der Schule für Blinde gilt die als Anlage 1 beigefügte Stundentafel.

§ 2
Stundentafel Bildungsgang Werkrealschule und Hauptschule

Für den Bildungsgang Werkrealschule und Hauptschule der Schule für Blinde gilt die als Anlage 2 beigefügte Stundentafel.

§ 3
Stundentafel Bildungsgang Realschule

(1) Für den Bildungsgang Realschule der Schule für Blinde gilt die als Anlage 3 beigefügte Stundentafel.

(2) Aus den Fächern des Wahlpflichtbereichs wählt jeder Schüler ein Fach, das grundsätzlich bis Ende der Klasse 10 zu besuchen ist. Abweichend davon kann ein Schüler der Klasse 7 zum Ende des ersten oder zweiten Schulhalbjahres anstelle des Wahlpflichtfaches Fremdsprache eines der beiden anderen Wahlpflichtfächer wählen.

Anlage 1 (zu § 1)

Kontingentstundentafel für den Bildungsgang Grundschule der Schule für Blinde

Fach / Fächerverbund	Klassen 1 bis 5
Religionslehre[1]	10
Deutsch	138
Fremdsprache[2]	
Mathematik	
Mensch, Natur und Kultur	
Bewegung, Spiel und Sport	12
Themenorientierte Projekte[3]	
Gesamtkontingent[4] (inklusive 15 Wochenstunden sonderpädagogische Fördermaßnahmen und 10 Stunden Mobilitätstraining)	160

Fußnoten zu Anlage 1 Schule für Blinde

1 Die Wochenstunden im Fach Religionslehre werden im Einvernehmen mit den obersten Kirchenbehörden unbeschadet der Rechtslage erteilt. Die Wochenstundenzahl im Fach Religionslehre wird unter Beteiligung der zuständigen kirchlichen Beauftragten festgelegt.

2 Abweichend von der Dauer einer Unterrichtsstunde soll der Fremdsprachenunterricht in kleinere Zeiteinheiten aufgeteilt werden. Nach Entscheidung des Kultusministeriums ist die Fremdsprache in Grenznähe zu Frankreich in der Regel Französisch und im Übrigen in der Regel Englisch.

3 Integrativ innerhalb der Fächer und Fächerverbünde.

4 Grundlage sonderpädagogischen Unterrichts in der Schule für Blinde einschließlich der spezifischen sonderpädagogischen Fördermaßnahmen sind die im Erziehungs- und Bildungsauftrag der Schule beschriebenen Zielsetzungen, die in den Bildungsbereichen und den Fächern und Fächerverbünden ausgewiesenen Kompetenzen und die im Rahmen der individuellen Lern- und Entwicklungsbegleitung vereinbarten Förderziele. Das hierfür ausgewiesene Gesamtstundenkontingent ist die Basis für von der Schule für alle Klassen zu erarbeitende Stundentafeln. Hierbei wird davon ausgegangen, dass die Fächer und Fächerverbünde in den Stundentafeln der Klassen in einem ausgewogenen Verhältnis zueinander stehen.

Kann ich Einsicht in Prüfungsunterlagen nehmen? Hätten Sie's gewusst? Die Antwort steht auf Seite 461.

Anlage 2 (zu § 2)

Kontingentstundentafel für den Bildungsgang Werkrealschule / Hauptschule der Schule für Blinde

I. Pflichtbereich	**Klasse 5 bis 9**	**Klasse 10** Werkrealschulabschluss	**Klasse 10** Hauptschulabschluss
Religionslehre / Ethik[1]	9	2	2
Deutsch			
Mathematik			
Englisch		28	17
Welt - Zeit - Gesellschaft			
Materie - Natur - Technik	172		
Wirtschaft - Arbeit - Gesundheit			
Musik - Sport - Gestalten		2	2
Informationstechnische Grundbildung[2]			
Themenorientierte Projekte[2]			
Berufsorientierende Bildung		2	8[3]
Kompetenztraining		1	1 (2-4)[4]
II. Wahlpflichtbereich[5]			
Natur und Technik			
Wirtschaft und Informationstechnik	4	2	2
Gesundheit und Soziales			
III. Ergänzende Angebote[6]			
Zusatzunterricht Französisch			
IV. Gesamtkontingente[7]: Das jeweilige Gesamtkontingent enthält – in den Klassen 5 bis 9 12 Stunden für sonderpädagogische Fördermaßnahmen und 10 Stunden Mobilitätstraining), – in der Klasse 10 drei Stunden für sonderpädagogische Fördermaßnahmen.			

Fußnoten zu Anlage 2 Schule für Blinde

1 In den Klassen 8 bis 10 werden für Schüler, die nicht am Religionsunterricht teilnehmen, fünf Jahreswochenstunden Ethik vorgesehen. Die Wochenstundenzahl im Fach Religionslehre wird unter Beteiligung der zuständigen kirchlichen Beauftragten festgelegt.

2 Für Schüler, die ab Klasse 5 Französisch als Pflichtfremdsprache haben, ist ab Klasse 7 auch Englisch Pflichtfremdsprache.

3 Vor dem Hintergrund der besonderen Lernausgangslagen ihrer Schülerinnen und Schüler können die Schulen für Blinde auch den Wahlpflichtbereich „Wirtschaft-Verwalten" anbieten. Insgesamt werden höchstens drei Wahlpflichtfächer angeboten.

4 In den Klassen 5 bis 10 werden in einem Umfang von mindestens jeweils zwei Jahreswochenstunden, die aus dem Stundenvolumen der beteiligten Fächer entnommen werden, die fächerübergreifenden Projekte Technisches Arbeiten, Soziales Engagement, Berufsorientierung an Realschulen sowie Wirtschaft-Verwalten-Recht durchgeführt; das Projekt Technisches Arbeiten wird spätestens in Klasse 6 abgeschlossen. Die Gesamtlehrerkonferenz entscheidet im Rahmen von Satz 1 über die Durchführung der Projekte in der jeweiligen Klassenstufe, über den zeitlichen Umfang und über die beteiligten Fächer.

5 Integrativ innerhalb der Fächer und Fächerverbünde.

6 Zuweisung durch das Staatliche Schulamt im Rahmen der insgesamt zur Verfügung stehenden Ressourcen.

7 Grundlage sonderpädagogischen Unterrichts in der Schule für Blinde einschließlich der spezifischen sonderpädagogischen Fördermaßnahmen (inklusive des Arbeitsbereichs „Informations- und Kommunikationstechnologie" sowie Mobilitätstraining) sind die im Erziehungs- und Bildungsauftrag der Schule beschriebenen Zielsetzungen, die in den Bildungsbereichen und den Fächern und Fächerverbünden ausgewiesenen Kompetenzen und die im Rahmen der individuellen Lern- und Entwicklungsbegleitung vereinbarten Förderziele. Das hierfür ausgewiesene Gesamtstundenkontingent ist die Basis für von der Schule für alle Klassen zu erarbeitende Stundentafeln. Hierbei wird davon ausgegangen, dass die Fächer und Fächerverbünde in den Stundentafeln der Klassen in einem ausgewogenen Verhältnis zueinander stehen.

8 Im Bildungsgang Realschule in Grenznähe zu Frankreich werden in den Klassenstufen 5 und 6 Arbeitsgemeinschaften Französisch eingerichtet.

Anlage 3 (zu § 3)

Kontingentstundentafel für den Bildungsgang Realschule der Schule für Blinde

	Klassen 5 bis 10
I. Pflichtbereich	
Religionslehre / Ethik [1]	11
Deutsch	
Englisch / Französisch	
Mathematik	
Geschichte	
Erdkunde, Wirtschaftskunde / Gemeinschaftskunde (EWG)	191
Naturwissenschaftliches Arbeiten (NWA)	
Künstlerischer Bereich: Musik, Bildende Kunst	
Sport	
II. Wahlpflichtbereich ab Klasse 7	
Technik	
Mensch und Umwelt	12
Französisch / Englisch[2]	
Wirtschaft-Verwalten[3]	
III. Integrierter Bereich (Klassen 5 - 10)	
Themenorientierte Projekte[4]	(8)
Informationstechnische Grundbildung[5]	(12)
IV. Pädagogische Schwerpunkte (Klassen 5 und 6)[6]	4
Gesamtkontingent[7] (inklusive 18 Wochenstunden sonderpädagogische Förderung)	214
V. Arbeitsgemeinschaften in den Klassen 5 und 6[8]	

Fußnoten zu Anlage 3 Schule für Blinde

1 In den Klassen 8 bis 10 werden für Schüler, die nicht am Religionsunterricht teilnehmen, fünf Jahreswochenstunden Ethik vorgesehen. Die Wochenstundenzahl im

Fach Religionslehre wird unter Beteiligung der zuständigen kirchlichen Beauftragten festgelegt.

2 Für Schüler, die ab Klasse 5 Französisch als Pflichtfremdsprache haben, ist ab Klasse 7 auch Englisch Pflichtfremdsprache.

3 Vor dem Hintergrund der besonderen Lernausgangslagen ihrer Schülerinnen und Schüler können die Schulen für Blinde auch den Wahlpflichtbereich „Wirtschaft-Verwalten" anbieten. Insgesamt werden höchstens drei Wahlpflichtfächer angeboten.

4 In den Klassen 5 bis 10 werden in einem Umfang von mindestens jeweils zwei Jahreswochenstunden, die aus dem Stundenvolumen der beteiligten Fächer entnommen werden, die fächerübergreifenden Projekte Technisches Arbeiten, Soziales Engagement, Berufsorientierung an Realschulen sowie Wirtschaft-Verwalten-Recht durchgeführt; das Projekt Technisches Arbeiten wird spätestens in Klasse 6 abgeschlossen. Die Gesamtlehrerkonferenz entscheidet im Rahmen von Satz 1 über die Durchführung der Projekte in der jeweiligen Klassenstufe, über den zeitlichen Umfang und über die beteiligten Fächer.

5 Integrativ innerhalb der Fächer und Fächerverbünde.

6 Zuweisung durch das Staatliche Schulamt im Rahmen der insgesamt zur Verfügung stehenden Ressourcen.

7 Grundlage sonderpädagogischen Unterrichts in der Schule für Blinde einschließlich der spezifischen sonderpädagogischen Fördermaßnahmen (inklusive des Arbeitsbereichs „Informations- und Kommunikationstechnologie" sowie Mobilitätstraining) sind die im Erziehungs- und Bildungsauftrag der Schule beschriebenen Zielsetzungen, die in den Bildungsbereichen und den Fächern und Fächerverbünden ausgewiesenen Kompetenzen und die im Rahmen der individuellen Lern- und Entwicklungsbegleitung vereinbarten Förderziele. Das hierfür ausgewiesene Gesamtstundenkontingent ist die Basis für von der Schule für alle Klassen zu erarbeitende Stundentafeln. Hierbei wird davon ausgegangen, dass die Fächer und Fächerverbünde in den Stundentafeln der Klassen in einem ausgewogenen Verhältnis zueinander stehen.

8 Im Bildungsgang Realschule in Grenznähe zu Frankreich werden in den Klassenstufen 5 und 6 Arbeitsgemeinschaften Französisch eingerichtet.

⇨ Behinderungen (Förderbedarf); ⇨ Gebühren Nr. 3; ⇨ Inklusion und Integration; ⇨ Schulgesetz §§ 15 und 82 ff.; ⇨ Sonderpädagogik (SBBZ Bildungsangebote)

Sonderpädgogik (SBBZ Sprache – Stundentafeln)

VO des KM über die Stundentafeln für die Schule für Sprachbehinderte (Sonderschule) vom 5.7.1995 (K.u.U. S. 470); zuletzt geändert 25.6.2012 (K.u.U. S. 119/2012); jetzt: „SBBZ mit Förderschwerpunkt Sprache"

§ 1
Stundentafel Bildungsgang Grundschule

Für den Bildungsgang Grundschule der Schule für Sprachbehinderte gilt die als Anlage 1 beigefügte Stundentafel.

§ 2
Stundentafel Bildungsgang Werkrealschule und Hauptschule

Für den Bildungsgang Werkrealschule und Hauptschule der Schule für Sprachbehinderte gilt die als Anlage 2 beigefügte Stundentafel.

§ 3
Stundentafel Bildungsgang Realschule

(1) Für den Bildungsgang Realschule der Schule für Sprachbehinderte gilt die als Anlage 3 beigefügte Stundentafel.

(2) Aus den Fächern des Wahlpflichtbereichs wählt jeder Schüler ein Fach, das grundsätzlich bis Ende der Klasse 10 zu besuchen ist. Abweichend davon kann ein Schüler der Klasse 7 zum Ende des ersten oder zweiten Schulhalbjahres an Stelle des Wahlpflichtfaches Fremdsprache eines der beiden anderen Wahlpflichtfächer wählen.

Anlage 1 (zu § 1)

Kontingentstundentafel für den Bildungsgang Grundschule der Schule für Sprachbehinderte

Fach / Fächerverbund	Klassen 1 bis 4
Religionslehre[1]	8
Deutsch	104
Fremdsprache[2]	
Mathematik	
Mensch, Natur und Kultur	
Bewegung, Spiel und Sport (inklusive rhythmisch-musikalische Erziehung)	12
Themenorientierte Projekte[3]	
Gesamtkontingent[4] (inklusive 16 Wochenstunden sonderpädagogische Fördermaßnahmen)	124

1 Die Wochenstunden im Fach Religionslehre werden im Einvernehmen mit den obersten Kirchenbehörden unbeschadet der Rechtslage erteilt. Die Wochenstundenzahl im Fach Religionslehre wird unter Beteiligung der zuständigen kirchlichen Beauftragten festgelegt.

2 Abweichend von der Dauer einer Unterrichtsstunde soll der Fremdsprachenunterricht in kleinere Zeiteinheiten aufgeteilt werden. Nach Entscheidung des Kultusministeriums ist die Fremdsprache in Grenznähe zu Frankreich in der Regel Französisch und im Übrigen in der Regel Englisch.

3 Integrativ innerhalb der Fächer und Fächerverbünde.

4 Grundlage sonderpädagogischen Unterrichts in der Schule für Sprachbehinderte einschließlich der spezifischen sonderpädagogischen Fördermaßnahmen sind die im Erziehungs- und Bildungsauftrag der Schule beschriebenen Zielsetzungen, die im Kapitel „Sprache und Lernen" und in den Bildungsbereichen sowie in den Fächern und Fächerverbünden ausgewiesenen Kompetenzen und die im Rahmen der individuellen Lern- und Entwicklungsbegleitung vereinbarten Bildungsziele. Das hierfür ausgewiesene Gesamtstundenkontingent ist die Basis für von der Schule für alle Klassen zu erarbeitende Stundentafeln. Hierbei wird davon ausgegangen, dass die Fächer und Fächerverbünde in den Stundentafeln der Klassen in einem ausgewogenen Verhältnis zueinander stehen.

Anlage 2 (zu § 2)

Kontingentstundentafel für den Bildungsgang Werkrealschule / Hauptschule der Schule für Sprachbehinderte

I. Pflichtbereich	**Klasse 5 bis 9**	**Klasse 10** Werkrealschulabschluss	**Klasse 10** Hauptschulabschluss
Religionslehre / Ethik[1]	9	2	2
Deutsch			
Mathematik			
Englisch		28	17
Welt - Zeit - Gesellschaft			
Materie - Natur - Technik	155		
Wirtschaft - Arbeit - Gesundheit			
Musik - Sport - Gestalten		2	2
Informationstechnische Grundbildung[2]			
Themenorientierte Projekte[2]			
Berufsorientierende Bildung		2	8[3]
Kompetenztraining		1	1 (2-4)[4]
II. Wahlpflichtbereich[5]			
Natur und Technik			
Wirtschaft und Informationstechnik	4	2	2
Gesundheit und Soziales			
III. Ergänzende Angebote[6]			
Zusatzunterricht Französisch			
IV. Gesamtkontingente[7]: Das jeweilige Gesamtkontingent enthält – in den Klassen 5 bis 9 17 Stunden für sonderpädagogische Fördermaßnahmen und 10 Stunden Mobilitätstraining), – in der Klasse 10 drei Stunden für sonderpädagogische Fördermaßnahmen.			

Fußnoten zu Anlage 2 Schule für Sprachbehinderte

1 *(Die Sätze 1 und 2 sind identisch mit den Sätzen 1 und 2 der Fußnote 1 des Bildungsgang Grundschule).* Für Schüler der Klassenstufen 8 bis 10, die nicht am Religionsunterricht teilnehmen, sind fünf Wochenstunden Ethik vorgesehen.

2 Integrativ innerhalb der Fächer oder Fächerverbünde.

3 Umfasst die Vorbereitung, Durchführung und Nachbereitung von Praktika.

4 Ergänzendes Angebot ab 2 bis 4 Wochenstunden, sofern die organisatorischen und personellen Voraussetzungen vorliegen.

5 Das Wahlpflichtfach wird in den Klassen 8, 9 und 10 entsprechend dem schulischen Angebot im Umfang von je zwei Wochenstunden erteilt.

Anlage 3 (zu § 3)

Kontingentstundentafel für den Bildungsgang Realschule der Schule für Sprachbehinderte

	Klassen 5 bis 10
I. Pflichtbereich	
Religionslehre / Ethik[1]	11
Deutsch	
Englisch / Französisch	
Mathematik	
Geschichte	
Erdkunde, Wirtschaftskunde / Gemeinschaftskunde (EWG)	176
Naturwissenschaftliches Arbeiten (NWA)	
Künstlerischer Bereich: Musik, Bildende Kunst	
Sport	
II. Wahlpflichtbereich ab Klasse 7	
Technik	
Mensch und Umwelt	12
Französisch / Englisch[2]	
III. Integrierter Bereich (Klassen 5 - 10)	
Themenorientierte Projekte[3]	(8)
Informationstechnische Grundbildung[4]	(12)
IV. Pädagogische Schwerpunkte (Klassen 5 und 6)[5]	4
Gesamtkontingent[6] (inklusive 18 Wochenstunden sonderpädagogische Förderung)	199
V. Arbeitsgemeinschaften in den Klassen 5 und 6[8]	

Fußnoten zu Anlage 3 Schule für Sprachbehinderte

1 In den Klassen 8 bis 10 werden für Schüler, die nicht am Religionsunterricht teilnehmen, fünf Jahreswochenstunden Ethik vorgesehen. Die Wochenstundenzahl im Fach Religionslehre wird unter Beteiligung der zuständigen kirchlichen Beauftragten festgelegt.

2 Für Schüler, die ab Klasse 5 Französisch als Pflichtfremdsprache haben, ist ab Klasse 7 auch Englisch Pflichtfremdsprache.

3 In den Klassen 5 bis 10 werden in einem Umfang von mindestens jeweils zwei Jahreswochenstunden, die aus dem Stundenvolumen der beteiligten Fächer entnommen werden, die fächerübergreifenden Projekte Technisches Arbeiten, Soziales Engagement, Berufsorientierung an Realschulen sowie Wirtschaft-Verwalten-Recht durchgeführt; das Projekt Technisches Arbeiten wird spätestens in Klasse 6 abgeschlossen. Die Gesamtlehrerkonferenz entscheidet im Rahmen von Satz 1 über die Durchführung der Projekte in der jeweiligen Klassenstufe, über den zeitlichen Umfang und über die beteiligten Fächer.

4 Integrativ innerhalb der Fächer und Fächerverbünde.

5 Zuweisung durch das Staatliche Schulamt im Rahmen der insgesamt zur Verfügung stehenden Ressourcen.

6 Ergänzendes Angebot ab 2 bis 4 Wochenstunden, sofern die organisatorischen und personellen Voraussetzungen vorliegen.

7 In Realschulen in Grenznähe zu Frankreich werden in den Klassenstufen 5 und 6 Arbeitsgemeinschaften Französisch eingerichtet.

⇨ Behinderungen (Förderbedarf); ⇨ Inklusion und Integration; ⇨ Schulgesetz §§ 15 und 82 ff.; ⇨ Sonderpädagogik (SBBZ Bildungsangebote)

Deckt die Schülerversicherung nicht alles ab? Hätten Sie's gewusst? Die Antwort steht auf Seite 467.

Sponsoring

Auszug aus der Gemeinsamen Anordnung der Ministerien zur Förderung von Tätigkeiten des Landes durch Leistungen Privater (AnO Sponsoring) vom 13.1.2015 (K.u.U. S. 73/2015); aktualisiert 1.12.2021 (GABl. S. 490/2021)

1
Anwendungsbereich

1.1 Diese Anordnung gilt für die Zuwendung von Geld- Sach- oder Dienstleistungen im Rahmen von Sponsoring durch juristische oder natürliche Personen mit wirtschaftlichem Interesse an Behörden [...]. ⇨ Belohnungen und Geschenke

1.3 Die nachfolgenden Regelungen gelten für Werbeverträge mit Behörden des Landes sowie unentgeltliche Zuwendungen an die Landesverwaltung wie Spenden und sonstige Schenkungen, bei denen eine etwaige Werbeabsicht zurücktritt, sinngemäß.

2
Begriffe

2.1 Sponsoring ist die direkte Förderung einer Verwaltungseinheit bei der Erledigung ihrer Aufgaben durch Bereitstellung von Geld-, Sachmitteln oder Dienstleistungen durch einen Sponsor, wobei dieser vertraglich festgelegte, öffentlich wirksame kommunikative Ziele verfolgt. Nicht erfasst sind davon allgemeine wirtschaftliche Beziehungen von Wirtschaftsunternehmen oder Privatpersonen mit den Verwaltungseinheiten.

2.2 Eine Schenkung ist eine freiwillige, unentgeltliche und ohne vertragliche Vereinbarung einer Gegenleistung erfolgte Zuwendung.

2.3 Eine Spende ist eine freiwillige, unentgeltliche und ohne vertragliche Vereinbarung einer Gegenleistung erfolgte Zuwendung zur Förderung mildtätiger, kirchlicher, religiöser, wissenschaftlicher und der als besonders förderungswürdig anerkannten gemeinnützigen Zwecke.

2.4 Unter ⇨ Werbung sind Zuwendungen eines Unternehmens für die Verbreitung seiner Werbebotschaft durch die öffentliche Verwaltung zu verstehen, wenn es diesem ausschließlich um die Erreichung eigener Kommunikationsziele und nicht unmittelbar um die Förderung der Verwaltungseinheit geht.

3
Zulässigkeit

3.1 Vom Sponsoring ausgeschlossene Bereiche:

3.1.1 Sponsoring [...] ist ausgeschlossen, wenn der Anschein entstehen könnte, Verwaltungshandeln würde durch die Sponsoringleistung beeinflusst werden. Ein solcher Anschein liegt insbesondere bei Sponsoring im unmittelbaren Zusammenhang mit folgenden, überwiegend hoheitlichen Kernaufgaben der Behörden des Landes vor:

a) Vornahme ordnungsrechtlicher Maßnahmen oder Erteilung von Genehmigungen sowie Ausübung sonstiger eingriffsverwaltender Tätigkeiten
b) Ausübung aufsichtsrechtlicher Befugnisse
c) Vergabe von Fördermitteln,
d) Vergabe öffentlicher Aufträge,
e) Durchführung öffentlicher Planungsaufgaben,
f) Vergabe von Leistungen öffentlicher Träger der Wohlfahrtspflege,
g) Durchführung berufsbezogener Prüfungen oder Eignungsprüfungen und
h) Wahrnehmung der Aufgaben der Verfassungsschutzbehörden.

3.1.2 Die dauerhafte Finanzierung von öffentlichen Bediensteten und die dauerhafte Überlassung von Personal an die öffentliche Verwaltung durch Sponsoren sind ausgeschlossen.

3.1.3 Sponsoring ist ausgeschlossen, wenn der Haushaltsgesetzgeber erkennbar nicht mit der Durchführung der Aufgabe einverstanden ist.

3.2 Im Übrigen ist das Einwerben und Annehmen von Sponsoringmitteln zulässig, wenn folgende Grundsätze beachtet werden:

3.2.1 Die Integrität und das Ansehen der öffentlichen Verwaltung müssen gewahrt bleiben.

3.2.2 Das Budgetrecht der Parlamente und der Vertretungen der Körperschaften des öffentlichen Rechts ist zu beachten.

3.2.3 Eine vollständige Transparenz bei der Finanzierung öffentlicher Aufgaben ist sicherzustellen.

3.2.4 Jeder Form der Korruption und unzulässiger Beeinflussung ist vorzubeugen.

3.2.5 Öffentliche Aufgaben sind grundsätzlich durch öffentliche Mittel über den Haushaltsgesetzgeber zu finanzieren. Sponsoring kommt daher nur ergänzend in Betracht.

3.2.6 Sponsoring ist nur zulässig, wenn die Finanzierung der Folgekosten gewährleistet ist. Dies ist entsprechend zu dokumentieren.

3.2.7 Bereichsspezifische Regelungen wie zum Beispiel Regelungen für Drittmitteleinnahmen der Hochschulen, für Schulen und Einrichtungen der Kinder- und Jugendhilfe sowie für das Sponsoring in Verbindung mit der Polizei, bleiben unberührt. ⇨ Werbung

4
Verfahren

4.1 Vor der Annahme von Sponsoringleistungen ist stets zu prüfen, ob Aufgaben nach Nummer 3.1.1 beeinflusst werden können oder ob der Anschein einer solchen Beeinflussung entstehen kann. Insbesondere dürfen keine Bindungen entstehen, durch die die Rechtmäßigkeit des Verwaltungshandelns in Zweifel gezogen werden könnte. Bei Sponsoring im Zusammenhang mit sonstigen Verwaltungsaufgaben ist Nummer 3.2 zu beachten.

4.2 Die Entscheidung für einen Sponsor muss objektiv und neutral getroffen werden und auf sachgerechten und nachvollziehbaren Erwägungen beruhen. Maßstab für die Entscheidung können insbesondere die individuelle Zuverlässigkeit, die finanzielle Leistungsfähigkeit, die Geschäftspraktiken und -grundsätze. sowie die Kunden- und Medienprofile der Sponsoren sein. Die Wettbewerbs- und Chancengleichheit potenzieller Sponsoren muss gewährleistet werden.

4.3 Die Annahme von angebotenen oder eingeworbenen Sponsoringleistungen bedarf der Einwilligung der Behördenleiterin beziehungsweise des Behördenleiters (Behördenleitung). Die Behördenleitung kann die Befugnis innerhalb der Behörde delegieren. Bei vorgesehener Einwerbung von Sponsoringleistungen ist vor konkreten Absprachen mit möglichen Sponsoren die Entscheidung der Behördenleitung oder der von ihr bestimmten Stelle einzuholen.

4.4 Sponsoringmaßnahmen sind durch Sponsoringvertrag oder durch eine Dokumentation der Vereinbarungen vollständig und abschließend aktenkundig zu machen. Bei Abschluss des Sponsoringvertrags ist darauf hinzuwirken, dass eine den Voraussetzungen des Artikel 6 Absatz 1 Unterabschnitt 1 Buchstabe a) der [...] Datenschutz-Grundverordnung [...] genügende datenschutzrechtliche Einwilligung des Sponsors zur Veröffentlichung seiner die Zuwendung betreffenden personenbezogenen Daten im nach den Maßgaben von Nummer 5 zu erstellenden Bericht der Landesregierung über erhaltene Zuwendungen erteilt wird. Der Sponsor ist darauf hinzuweisen, dass er die Erteilung der datenschutzrechtlichen Einwilligung verweigern kann.

4.5 Bei Sponsoringmaßnahmen sind die haushaltsrechtlichen Bestimmungen zu beachten. [...]

Hinweis d.Red.: Nr. 5 (Bericht der Landesregierung über erhaltene Zuwendungen) ist hier nicht abgedruckt; berichtspflichtig sind nur Schulen in alleiniger Trägerschaft des Landes (Aufbaugymnasien, Heimsonderschulen und Kollegs). ⇨ Schulgesetz § 29

6 Steuerliche Behandlung

Bei Sponsoringmaßnahmen sind die steuerrechtlichen Bestimmungen zu prüfen, zu beachten und zu dokumentieren. Zweifelsfragen sollten im Vorfeld der geplanten Sponsoringmaßnahme mit dem zuständigen Finanzamt abgestimmt werden.

Einnahmen aus Sponsoring können insbesondere der Umsatz- und der Körperschaftsteuer unterliegen. Maßgebend ist insbesondere, ob die gesponserte Organisationseinheit nach dem Steuerrecht bereits einen Betrieb gewerblicher Art (BgA) darstellt oder durch das Sponsoring zu einem solchen wird; letzteres hängt von Art und Umfang der zu erbringenden werbewirksamen Gegenleistung ab. Sofern der BgA mit Gewinnerzielungsabsicht unterhalten wird, ist zudem eine Gewerbesteuerpflicht zu prüfen. [...]

7 Schlussbestimmungen

7.1 Beispiele für Bereiche, in denen Sponsoring in der Regel möglich ist, sind in der Anlage zu dieser Anordnung aufgeführt. Nummer 3 bleibt unberührt. [...]

Anlage: Beispiele für Bereiche, in denen Sponsoring in der Regel möglich ist

- Veranstaltungen und Maßnahmen im Rahmen der Öffentlichkeitsarbeit und Repräsentation
- Veranstaltungen und Maßnahmen zur Förderung des Umweltschutzes
- Veranstaltungen und Maßnahmen zur Förderung des allgemeinen Gesundheitsbewusstseins, der Beschäftigungsfähigkeit, zur Förderung präventiver Hilfen für Kinder, Familien, Frauen, Ältere und Menschen mit Behinderung sowie des demographischen Wandels
- Vollständige oder teilweise Übernahme der Herstellungskosten von Publikationen und Fachinformationen in Form verschiedener Medien, dazu gehören auch webbasierte Anwendungen und multimediale Präsentationen
- Fachveranstaltungen und Fachkongresse
- kulturelle Veranstaltungen wie beispielsweise Aufführungen in den Bereichen Theater, Tanz, Musik sowie Ausstellungen in Archiven, Bibliotheken und Museen inklusive Kunstkäufe
- Engagement der Eltern im Rahmen schulischer Veranstaltungen
- Maßnahmen im Rahmen der Schulgesundheitspflege.

Hinweise der Redaktion zum Sponsoring im Schulbereich

Das Kultusministerium hat die AnO Sponsoring in seinem Amtsblatt mit einem erläuternden Vorspann bekanntgegeben, in dem es darauf hinweist, dass *„bereichsspezifische Regelungen"* von dieser Anordnung unberührt bleiben, und dies so erläutert: *„Das bedeutet, dass die Verwaltungsvorschrift des Kultusministeriums über Werbung, Wettbewerbe und Erhebungen in Schulen [...] weiterhin Anwendung findet, die AnO Sponsoring also entsprechend ergänzt."* Das KM fordert damit die Schulen zu äußerster Zurückhaltung beim „Sponsoring" auf. ⇨ Werbung, Wettbewerbe und Erhebungen

In dieser VwV wird zwar bestimmt: *„Für Einzelentscheidungen ist der Schulleiter zuständig, soweit keine anderweitige Regelung getroffen ist"*, bei der Entscheidung über die Grundsatzfrage, ob eine Schule überhaupt „Sponsoring" betreibt bzw. zulässt, handelt es sich jedoch um eine der *„Angelegenheiten von wesentlicher Bedeutung für die Schule, über die gemäß § 45 Abs. 2 des Schulgesetzes die Gesamtlehrerkonferenz unbeschadet der Zuständigkeit der Schulkonferenz berät und beschließt"* (⇨ Konferenzordnung § 2 Abs. 1). Wegen der Auswirkungen auf die Schüler*innen sollte dies auch in der Schulkonferenz und mit dem Elternbeirat erörtert werden.

Schulen sollten insbesondere die Ziff. 3.2.5 der *„AnO Sponsoring"* beachten, wonach öffentliche Aufgaben grundsätzlich durch öffentliche Mittel über den Haushaltsgesetzgeber zu finanzieren sind. Beispielsweise sind die Finanzierung und die Organisation des innerschulischen Transports von Schüler*innen Aufgabe des ⇨ Schulträgers und sollten nicht von der Sponsoring-Bereitschaft der Eltern abhängig gemacht werden; siehe hierzu die Ausführungen unter ⇨ Schülerbeförderung.

Die Entscheidungsbefugnis über sächliche Schulangelegenheiten (z.B. Veränderung der baulichen Substanz der Schulanlagen) liegt beim kommunalen Schulträger; das Land (die Schule / Schulleitung) ist nur für die inneren (pädagogischen) Schulangelegenheiten zuständig. Da Sponsoring jedoch stets Auswirkungen auf den Erziehungs- und Bildungsauftrag der Schule hat, ist z.B. beim Anbringen von Werbeträgern auf dem Schulgelände die Herstellung des Einvernehmens zwischen Schulträger und Schule geboten.

Zuwendungen an die Schule sind als „Stiftungen" oder „Schenkungen" im Bereich der „äußeren Schulangelegenheiten" anzusehen, die über die Kasse des Schulträgers abzuwickeln sind. Im Rahmen der Budgetierung ist es grundsätzlich möglich, hierfür ein gesondertes (Schul-)Konto einzurichten. Dies sollte – auch wegen der aus haushaltsrechtlichten Gründen notwendigen Kassenprüfung – aber nur im Einvernehmen mit dem Schulträger geschehen.

⇨ Haushalt (Allgemeines); ⇨ Haushalt (Kassenführung); ⇨ Schulfördervereine; ⇨ Werbung (dort die Anmerkung zur Veranstaltung von Tombolas beachten)

Lehr- und Lernmittel haben einen pädagogischen Nutzen; das Sponsoring von deren Beschaffung fällt somit in den Kompetenzbereich der Schule. Sind gespendete oder aus Zuwendungen erworbene Sachmittel nicht direkt für Schüler*innen bestimmt (z.B. Sporthemden), sondern für die Schule (z.B. Computer), werden sie Eigentum des Schulträgers. Bei Sachmitteln, die Folgekosten verursachen und Haftungsfragen aufwerfen, muss vorab dessen Zustimmung eingeholt werden. Die Vertretungsbefugnis des Schulleiters kann vom Schulträger erweitert werden; dieser kann also die Schulleitung ermächtigen, auch im Bereich der sächlichen Schulangelegenheiten für ihn tätig zu werden.

Fließen einer Schule Sach- oder Bar-Mittel von Dritten zu (z.B. von einem Schulförderverein oder auf dem Wege des „Sponsoring"), so muss die Schule auf diese Mittel – auch wenn sie auf einem gesonderten Konto geführt werden – die Bestimmungen der Konferenzordnung anwenden: Über die Verwendung entscheidet die Schule durch Beschluss der Gesamtlehrerkonferenz nach Anhörung der Schulkonferenz. Eines solchen Beschlusses bedarf es auch dann, wenn eine Schule den Spendern eine „Wunschliste" von Anschaffungen oder Vorhaben übermittelt, die finanziert werden sollen. Soweit Spenden der Schule zweckgebunden zugewandt worden sind, ist diese Zweckbindung zu beachten; ist die Zweckbindung mit dem Erziehungsauftrag nicht vereinbar, muss eine Spende ggf. von der Schule abgelehnt werden.

⇨ Konferenzordung § 2 Abs. 1 Nr. 7; ⇨ Schulgesetz § 47

Bei jeder Form von Sponsoring muss darauf geachtet werden, dass keine strafbare Vorteilsannahme entsteht (§ 331 StGB). Damit ist nicht nur die persönliche Bereicherung gemeint, sondern auch der Fall, dass ein Amtsträger (z.B. die Schulleitung oder ein Elternbeirat in Ausübung seiner ehrenamtlichen Funktion) für die Dienstausübung einen Vorteil für die Schule fordert, sich versprechen lässt oder annimmt. Es muss schon der Anschein vermieden werden, eine Spende könne mit dem dienstlichen Handeln in Zusammenhang stehen (z.B. kann eine Sach-Spende eines Schulartikel-Lieferanten für ein Schulfest problematisch sein, wenn die Schule Kunde dieses Lieferanten ist, also über die Vergabe von geschäftlichen Aufträgen entscheidet; ebenso ist es fragwürdig, wenn Lehrkräfte bei außerunterrichtlichen Veranstaltungen „Freiplätze" für sich in Anspruch nehmen, denn sie treten gegenüber den Reise- und Beherbungsunternehmen als Auftraggeber auf).

Schulleitungen müssen bei jeder Auftragserteilung auch die Verwaltungsvorschrift über die Vergabe öffentlicher Aufträge vom 24.7.2018 beachten (GABl. S. 494/2018, zuletzt geändert 5.6.2019, GABl. S. 217/2019). Diese VwV gilt für die entgeltliche Beschaffung von Liefer- und Dienstleistungen durch alle Landesbehörden beispielsweise aufgrund von Kauf-, Werk-, Werklieferungs- und Leasingverträgen.

⇨ Lehrmittel und Schuleinrichtung

Schulen sind zwar nicht rechtsfähig, sie sind jedoch ermächtigt, bei *„inneren Schulangelegenheiten"* selbst Entscheidungen mit Wirkung für das Land zu treffen (z.B. Förderung eines Unterrichtsprojektes oder einer Schulveranstaltung). Die Schulleitung kann dann eine Spendenbescheinigung ausstellen; es ist nicht erforderlich den Schulträger einzuschalten. Solche *„Zuwendungsbescheinigungen"* müssen nach einem verbindlichen amtlichen Muster ausgestellt werden (Link: https://fm.baden-wuerttemberg.de/ > Service > Publikationen > Zuwendungsbestätigung).

⇨ Belohnungen und Geschenke; ⇨ Haushalt (Kassenführung); ⇨ Konferenzordnung § 2 Abs. 1 Nr. 7; ⇨ Lehrmittel und Schuleinrichtung; ⇨ Schulentwicklung; ⇨ Schulgesetz §§ 29, 47; ⇨ Schulfördervereine; ⇨ Werbung

Hätten Sie's gewusst? – Eltern fragen, wir antworten.

Kann ich Einsicht in Prüfungsunterlagen nehmen?

Frage: Meine Tochter ist in der Abschlussprüfung durchgefallen. Kann ich die Arbeit sehen, wegen der sie gescheitert ist? Muss ich dafür ins Regierungspräsidium fahren?

Antwort: Wer an einer öffentlichen Schule eine Prüfung abgelegt hat, kann innerhalb eines Jahres nach Abschluss seine schriftlichen Prüfungsarbeiten einsehen. Dazu gehören auch die Begründungen der Erst- und Zweitkorrektoren. Das gleiche Recht steht auch Erziehungsberechtigten zu; diese sowie volljährige Schüler*innen können mit der Einsichtnahme auch Bevollmächtigte schriftlich beauftragen.

Die Prüfungsarbeiten sind unter Aufsicht an der Schule einzusehen, an der die Prüfung abgelegt wurde. Die Einsichtnehmenden können Auszüge bzw. Fotokopien auf eigene Kosten anfertigen.

Auf Antrag werden den Prüfungsteilnehmer*innen die Arbeiten drei Jahre nach Abschluss der Prüfung von der Schule ausgehändigt, an der die Prüfung abgelegt wurde. Wird kein Antrag gestellt, können die Prüfungsarbeiten drei Jahre nach der Schlusssitzung vernichtet werden. ⇨ Datenschutz (Schulen).

Statistik (Schulen)

Informationen der Redaktion zur Rechtslage und zur Verwaltungspraxis in Baden-Württemberg

Das ⇨ Schulgesetz § 115 ermächtigt den Staat zur Erhebung und Verarbeitung schulstatistischer Daten. Die Einzelheiten sind in der Verordnung über statistische Erhebungen und schulübergreifende Verwaltungszwecke an Schulen geregelt (Loseblattsammlung K.u.U Nr. 9530).

Jährlich legt das Statistische Landesamt einen umfassenden Überblick über das Bildungswesen auf Landes-, Stadt- und Landkreisebene in einer CD-ROM vor. Preis 51 Euro. Bezug beim Statististischen Landesamt, Postfach 10 60 33, 70049 Stuttgart, E-Mail: vertrieb@stala.bwl.de.

Darüber hinaus sind viele – auch aktuellere – bildungsstatistische Daten kostenfrei im Internet verfügbar: www.statistik.baden-wuerttemberg.de.

Wir geben auf dieser und der folgenden Seite die „Gesamtüberblicke“ des Statistischen Landesamts über die allgemeinbildenden Schulen (Stand: Schuljahr 2022/23) und die beruflichen Schulen wieder (Stand: Schuljahr 2021/22).

Allgemeinbildende Schulen in Baden-Württemberg im Schuljahr 2022/23*)

Schulart ö = öffentlich p = privat		Schulen[1)]	Klassen	Schüler insgesamt	Schüler Veränderung[2)]	Schüler weiblich	Schüler mit Migrationshintergrund insgesamt	Schüler mit Migrationshintergrund darunter ausländisch	Schüler je Klasse[3)]
		Anzahl	Anzahl	Anzahl	%	Anzahl	Anzahl	Anzahl	
Grundschulen	ö	2.322	19.136	382.716	3,4	188.722	124.434	64.623	20
	p	117	610	12.571	4,7	6.223	2.173	1.144	20,6
darunter Grundschulen im Verbund mit einer Gemeinschaftsschule	ö	222	2.398	49.604	3,3	24.385	17.059	9.236	20,7
	p	13	81	1.772	17,7	856	189	156	21,9
Werkreal-/Hauptschulen	ö	229	2.112	41.163	3,1	17.998	23.293	16.526	19,5
	p	38	200	3.528	-0,1	1.600	521	388	17,6
SBBZ[4)]	ö	392	4.135	36.936	1,3	14.233	17.615	10.375	8,6
	p	163	2.162	16.567	0,3	4.761	4.529	2.418	7,2
darunter Förderschwerpunkt Lernen	ö	236	1.661	17.725	0,2	7.262	9.124	5.934	10,7
	p	11	37	290	-2,7	127	29	7	7,8
Realschulen	ö	400	7.844	193.188	1,1	92.399	61.592	27.158	24,6
	p	76	748	17.630	2,2	10.153	1.710	899	23,6
Gymnasien	ö	376	8.288	264.080	1,5	136.184	48.668	20.391	25,5
	p	81	1.179	36.789	1,6	21.599	4.124	2.227	23,9
Gemeinschaftsschule – Sekundarstufe I	ö	306	4.193	88.334	4,8	41.169	35.676	23.540	21,1
	p	18	135	2.874	11,8	1.372	332	277	21,3
Gemeinschaftsschule – Sekundarstufe II	ö	9	20	945	41	506	211	75	22,3
	p	4	5	204	277,8	107	36	17	21,4
Schulen besonderer Art	ö	3	149	4.095	2,4	2.031	1.561	717	24,7
Freie Waldorfschulen	p	57	1.058	22.814	-0,7	11.988	2.233	959	21,6
Allgemeinbildende Schulen zusammen[1)]	ö	3.528	45.877	1.011.457	2,5	493.242	313.050	163.405	20,8
	p	427	6.097	112.977	1,7	57.803	15.658	8.329	16,9
Summe[5)]	(ö + p)	3.955	51.974	1.124.434	–	551.045	328.708	171.734	21,6

*) Stand: Oktober 2022; ohne Abendrealschulen, Abendgymnasien und Kollegs. 1) Organisatorische Einheiten, die mehrere Schularten führen, werden bei jeder Schulart gezählt, jedoch bei „Allgemeinbildende Schulen“ insgesamt nur einfach. / 2) Veränderung gegenüber dem Vorjahr. / 3) Ohne Berücksichtigung von Schülern und Klassen in den Jahrgangsstufen 1 und 2 (Kursphase) der Gymnasien, Schulen besonderer Art, Abendgymnasien und Kollegs, sowie den Schulen für Kranke in längerer Krankenhausbehandlung. / 4) Sonderpädagogische Bildungs- und Beratungszentren (bis 2014/15 Sonderschulen). 5) Redaktionell ermittelte Salden. / Datenquelle: Amtliche Schulstatistik. / © Statistisches Landesamt Baden-Württemberg, 2023

⇨ Schulgesetz § 115

Berufliche Schulen in Baden-Württemberg im Schuljahr 2021/22

Schulart Z = Zusammen ö = öffentlich p = privat		Schulen[1]	Klassen[2]	Schüler-/innen insgesamt	und zwar weiblich	und zwar ausländisch	Veränderung der Schülerzahl gegenüber dem Vorjahr	
		Anzahl						%
Berufsschulen[3]	Z	305	9.600	187.108	65.607	31.960	−5.297	−2,8
	ö	265	8.915	182.605	64.218	31.361	−5.393	−2,9
	p	40	685	4.503	1.389	599	+96	+2,2
Berufsschulen – Teilzeit – (einschließlich Sonderberufsschulen)	ö	253	8.511	176.906	62.059	27.354	−5.198	−2,9
	p	40	685	4.503	1.389	599	+96	+2,2
Berufsschulen – Vollzeit –	ö	14	14	252	76	8	+4	+1,6
Vorqualifizierungsjahr Arbeit/Beruf	ö	165	390	5.447	2.083	3.999	−199	−3,5
Berufsfachschulen	Z	432	2.976	55.308	26.546	18.273	−756	−1,3
(einschließlich Sonderform)	ö	259	2.047	40.522	17.755	11.249	−464	−1,1
	p	173	929	14.786	8.791	7.024	−292	−1,9
darunter Berufseinstiegsjahr	ö	34	45	598	242	201	−198	−24,9
	p	3	3	44	17	9	− 1	− 2,2
Berufskollegs	Z	385	2.653	58.157	34.087	7.481	−1.300	−2,2
	ö	256	1.811	41.310	22.567	5.047	−1.381	−3,2
	p	129	842	16.847	11.520	2.434	+81	+0,5
Berufliche Gymnasien	Z	275	X	59.398	32.430	4.239	+89	+0,2
(einschließlich Sonderform)	ö	222	X	52.807	27.914	3.942	−555	−1,0
	p	53	X	6.591	4.516	297	+644	+10,8
Berufsoberschulen	Z	29	56	1.071	498	95	−129	−10,8
Berufsaufbauschulen	ö	2	2	33	10	16	−9	−21,4
Wirtschaftsoberschulen	ö	11	25	503	280	48	−45	−8,2
	p	1	2	27	10	2	−5	−15,6
Technische Oberschulen	ö	9	15	284	46	6	−57	−16,7
Oberschulen für Sozialwesen	ö	6	11	208	139	23	+3	+1,5
	p	1	1	16	13	–	−16	−50,0
Fachschulen	Z	228	936	18.077	6.467	1.620	−400	−2,2
	ö	162	585	11.583	2.389	667	−240	−2,0
	p	66	351	6.494	4.078	953	−160	−2,4
Schulen für Berufe des Gesundheitswesens[4]	Z	173	1092	21.183	15.939	4.084	+307	+1,5
Berufliche Schulen Insgesamt*)		787	17.313	400.302	181.574	67.752	−7.486	−1,8
	ö	303	13.643	337.996	138.287	54.810	− 6.443	− 1,9
	p	311	2.810	49.264	30.317	11.309	+348	+0,7
Sonstige[4]		173	1092	21.183	15.939	4.084	+307	+1,5

1) Organisatorische Einheiten, die mehrere Schularten führen, werden bei jeder Schulart einzeln gezählt, jedoch bei „Berufliche Schulen insgesamt" sowie den Ausweisungen nach Geschäftsbereich nur einfach.
2) Ohne Klassen an Beruflichen Gymnasien.
3) Einschließlich Berufsschulen Vollzeit und Vorqualifizierungsjahr Arbeit/Beruf.
4) Schulen, die dem Ministerium für Soziales und Integration unterstellt sind und weder den öffentlichen noch den privaten Schulen zuzuordnen sind.
X = Tabellenfach gesperrt, weil Aussage nicht sinnvoll
*) Von den beruflichen Schulen gehören 514 zum Geschäftsbereich des KM, 25 in den des Ministeriums für Ländlichen Raum und Verbraucherschutz und 274 in den des Ministeriums für Soziales und Integration; Anm.d.Red.

➪ Datenschutz (Schulen); ➪ Migrationshintergrund; ➪ Schulgesetz § 115

Strafen (Erziehungs- und Ordnungsmaßnahmen)

Informationen der Redaktion zur Rechtslage und zur Verwaltungspraxis in Baden-Württemberg

Anders als in früheren Jahrhunderten sind die Schulen keine „Anstalten" mehr. Das geltende Schulrecht kennt deshalb auch keine „Schulstrafen". Die Schulen können jedoch Regelverstöße durch „Erziehungs- und Ordnungsmaßnahmen" sanktionieren. Siehe hierzu das ➪ Schulgesetz § 90 mit zahlreichen Hinweisen der Redaktion sowie einer grafischen Übersicht über diese Maßnahmen.

Stundenpläne, Pausen und Unterrichtsbeginn

Informationen der Redaktion zur Rechtslage und zur Verwaltungspraxis in Baden-Württemberg

Für die Verteilung der Lehraufträge, für die Aufstellung der Stunden- und Aufsichtspläne, die Dauer oder den Beginn des Unterrichts sowie der Pausen gibt es nur wenige Vorschriften. Das KM hat nur für den Primarbereich, die Mittelstufe des Gymnasiums sowie für Ganztagsschulen exakte Vorgaben erlassen.

➪ Grundschule (Verlässliche Grundschule); ➪ GanztagsgrundschulVO; ➪ Ganztagsschulen; ➪ Gymnasien (Stundentafeln) § 2 Abs. 3

Zentral ist ferner bestimmt, dass der Unterricht am letzten Unterrichtstag vor den Sommerferien nach der vierten Unterrichtsstunde endet und am letzten Unterrichtstag vor den Weihnachtsferien nach der vierten Unterrichtsstunde schließen darf. Das KM hat angeordnet, dass der Pflichtunterricht zum 1. Schultag des neuen Schuljahres nach Stundenplan beginnt.

➪ Ferienverordnung § 2 Abs. 5; ➪ Unterrichtsorganisation (Organisationserlass) Ziff. 1.2

Im Rahmen der ministeriellen Vorgaben entscheidet die Schule ansonsten über die Terminregelungen selbst. Obwohl durch die Lehrauftragsverteilung und die Schüler-Stundenpläne zugleich auch die Arbeitszeit der Lehrkräfte bestimmt wird, handelt es sich hierbei im Wesentlichen um pädagogische Angelegenheiten, die sich primär an den Interessen der Schülerschaft orientieren müssen; deshalb besitzt beispielsweise der Personalrat bei der Aufstellung der Stundenpläne kein Mitwirkungsrecht.

Verantwortlich für die Verteilung der Lehraufträge sowie für die Aufstellung der Stunden- und Aufsichtspläne ist die Schulleitung. Die Gesamtlehrerkonferenz besitzt hierzu ein allgemeines Empfehlungsrecht. Solche Konferenzempfehlungen sind für die Schulleitung nicht verbindlich, müssen aber von dieser bei der Entscheidungsfindung im Rahmen ihres dienstlichen ➪ Ermessens berücksichtigt werden. ➪ Konferenzordnung § 2 Abs. 1 Nr. 9; ➪ Schulgesetz § 41 Abs. 1

Derartige Entscheidungen berühren jedoch immer auch die pädagogische Gesamtstruktur der Schule und können deshalb nicht nur direktorial verordnet werden, sondern müssen vom Lehrerkollegium sowie den sonstigen schulischen Gremien gemeinsam gewollt und getragen werden.

An den Ganztags- und den Gemeinschaftsschulen hat dies unter den Stichworten *„Rhythmisierung“* und *„Schulkonzept“* einen Niederschlag in ministeriellen Vorschriften gefunden. So hat das KM beispielsweise vorgeschrieben, dass das *„Pädagogische Konzept“* mit der *„rhythmisierten Tages- und Unterrichtsgestaltung“* von der GLK nach Anhörung der Schulkonferenz beschlossen wird. Über die Schulkonferenz sind also auch die Eltern an diesen Entscheidungen beteiligt und können im Interesse ihrer Kinder tätig werden.

➪ Grundschule (GanztagsgrundschulVO) § 2 Abs. 1; ➪ Schulgesetz § 45 Abs. 2, § 47 Abs. 1 und 4 Nr. 1a

Über die Verteilung des Unterrichts auf fünf oder sechs Wochentage, den (täglichen) Unterrichtsbeginn und den Tag der Einschulung in die Grundschule entscheidet die Schulkonferenz. Hierbei sind auch Belange der Schülerbeförderung / des ÖPNV und ggf. benachbarter Schulen zu bedenken. Die GLK kann ihr hierzu Anregungen und Empfehlungen geben. Der Umfang des Unterrichtsangebotes einer Schulart oder einer Niveaustufe wird in den amtlichen Stundentafeln in *„Wochenstunden“* von je 45 Minuten festgelegt. Von dieser Normal-Dauer kann die einzelne Schule nach Maßgabe der ➪ Stundentafel-Öffnungsverordnung abweichen.

➪ Konferenzordnung § 2 Abs. 2; ➪ Schulgesetz § 47 Abs. 3 Nr. 2; ➪ Unterrichtsfreier Samstag

➪ Ferienverordnung; ➪ Grundschule (GanztagsgrundschulVO); ➪ Grundschule (Verlässliche GS); ➪ Ganztagsschulen; ➪ Gymnasien (Stundentafeln) § 2 Abs. 3; ➪ Hausordnung / Pausenordnung ; ➪ Konferenzordnung; ➪ Schulgesetz §§ 41,45 und 47; ➪ Schulkonferenzordnung; ➪ Unterrichtsorganisation (Organisationserlass)

Hätten Sie's gewusst? – Eltern fragen, wir antworten.

Ist ein Ausschluss von der Klassenfahrt zulässig?

Frage: Unser Klassenlehrer will zwei Schüler, deren auffälliges Verhalten immer wieder Anlass zu Beschwerden gibt, nicht mit ins Schullandheim nehmen. Ist das eine zulässige Maßnahme?

Antwort: An Schullandheimaufenthalten, Wandertagen, Jahresausflügen usw. sollen grundsätzlich alle Schüler*innen teilnehmen. Wer wegen vorhergegangener erheblicher Störungen zur Sorge Anlass gibt, dass dies den Erfolg der Veranstaltung konkret gefährdet, kann hiervon ausgeschlossen und für die entsprechende Zeit einer Parallelklasse zugewiesen werden. Dies ist keine *„Erziehungs- und Ordnungsmaßnahme“* (➪ Schulgesetz § 90 Abs. 3 Nr. 2b), also keine Sanktion für vorausgegangenes Fehlverhalten, sondern eine präventive Maßnahme (➪ Schulgesetz § 23 Abs. 2). Vor solchen einschneidenden Maßnahmen müssen die geeigneten *„pädagogischen Erziehungsmaßnahmen“* sowie angemessene *„Erziehungs- und Ordnungsmaßnahmen“* (➪ Schulgesetz § 90) ausgeschöpft werden. Die Schüler*innen bzw. die Erziehungsberechtigten und die Klassen- bzw. Jahrgangsstufenkonferenz sind anzuhören.

➪ Außerunterrichtliche Veranstaltungen Ziff. 2.10

Muss hingegen jemand wegen groben und wiederholten Fehlverhaltens während der Reise nach Hause geschickt werden, sind *„Erziehungs- und Ordnungsmaßnahmen“* angebracht (➪ Schulgesetz § 90).

Stundentafeln (Allgemeines)

Informationen der Redaktion zur Rechtslage und zur Verwaltungspraxis in Baden-Württemberg

Grundlage für Unterricht und Erziehung an den öffentlichen Schulen des Landes bilden neben den Bildungs- und Lehrplänen die vom KM erlassenen Stundentafeln, in denen der Umfang des Unterrichtsangebotes einer Schulart oder einer Niveaustufe in „Wochenstunden" festgelegt wird. Zu deren Dauer siehe: ➪ Stundenpläne, Pausen und Unterrichtsbeginn.

Die Stundentafeln sind bei den Bestimmungen für die Schularten abgedruckt; z.B. die Stundentafel für die Grundschule unter ➪ Grundschule (Stundentafel). ➪ Bildungspläne; ➪ Schulgesetz § 35 Abs. 4

Im Bereich der allgemeinbildenden Schulen erlässt das KM „Kontingentstundentafeln", in denen es die Stundenanteile der Schulfächer summarisch für die Schulart festlegt. Über die Aufteilung dieser Kontingente auf die Klassenstufen („schulinterne Stundentafel") entscheidet die Gesamtlehrerkonferenz nach Anhörung des Elternbeirats und nach Zustimmung der Schulkonferenz. ➪ Schulgesetz § 57 Abs. 4 Nr. 8

Die Stundentafel wird auch in der Klassenpflegschaft erörtert. ➪ Schulgesetz § 56 Abs. 1 Nr. 2

Die *„situationsbezogene Zuweisung"* im einzelnen Schuljahr obliegt der Schulleitung und muss nicht jährlich von den Gremien neu entschieden werden.

➪ Konferenzordnung § 2 Abs. 1 Nr. 1a; ➪ Schulgesetz §§ 35 Abs. 4, 47 Abs. 5 Nr. 6; ➪ Stundentafel-Öffnungsverordnung

Stundentafel-Öffnungsverordnung

VO des KM über Öffnungsklauseln zu den Stundentafeln der allgemeinbildenden Schulen und beruflichen Schulen (Stundentafel-Öffnungsverordnung) vom 27.6.1998 (K.u.U. S. 143/1998); zul. geänd. 18.6.2020 (K.u.U. S. 577/2020)

§ 1
Öffnungsklauseln

(1) Der in den Stundentafeln der allgemeinbildenden und beruflichen Schulen vorgesehene Unterrichtsumfang in den einzelnen Fächern kann bei der Stundenplanung nach den folgenden Maßgaben über- oder unterschritten werden:

1. *Epochenunterricht.* Die Fächer können innerhalb des Schuljahres im Epochenunterricht erteilt werden. Hierzu werden Unterrichtsstunden zur Bildung von Unterrichtsschwerpunkten innerhalb des Schuljahres zusammengezogen. Im Schuljahr insgesamt ist in etwa dem Zeitanteil der Stundentafel entsprechend zu unterrichten.
2. *Schuljahrübergreifende Verlegung.* Nach der Stundentafel vorgesehene Unterrichtsstunden können in einzelnen Fächern um ein Jahr vorgezogen oder um ein Jahr verschoben werden.
3. *Fächerübergreifende Verlegung.* Die Zahl der nach der Stundentafel vorgesehenen Unterrichtsstunden in einem Fach kann erhöht werden, wenn sie in einem anderen Fach entsprechend vermindert wird.
4. *Klassenübergreifende Verlegung.* Die Zahl der nach der Stundentafel vorgesehenen Unterrichtsstunden einer Klasse kann erhöht werden, wenn sie in einer anderen Klasse entsprechend vermindert wird.

(2) Voraussetzung für Maßnahmen nach Absatz 1 ist, dass durch sie aufgrund besonderer Gegebenheiten der Bildungsplan insgesamt oder einzelne Lehrpläne besser erfüllt werden können. Lehrplanziele können hierbei um ein Jahr vorgezogen oder um ein Jahr verschoben werden; Lehrplanziele können nicht von Klassenstufen verschoben werden, in denen ein Bildungsabschluss möglich ist. Bei den beruflichen Schulen darf eine fächer- oder klassenübergreifende Verlegung nicht die nach den jeweiligen Anrechnungsverordnungen mögliche Anrechnung von Schulzeiten auf die Ausbildungszeit gefährden.

(2a) In den Klassen 5 bis 10 der allgemeinbildenden Gymnasien in der Normalform mit eingerichtetem Hochbegabtenzug wird in diesem Zug der in der Stundentafel für die Vermittlung der Inhalte des Bildungsplans vorgesehene Wochenstundenumfang zum Zwecke der Hochbegabtenförderung im Umfang von zwei oder drei Stunden unterschritten. Für die Umsetzung des Bildungsplans nicht in Anspruch genommene Stunden sind für den Unterricht eines schulspezifischen Wahlpflichtangebots zur Hochbegabtenförderung einzusetzen, das die Inhalte des Unterrichts nach dem Bildungsplan in Breite oder Tiefe ergänzt.

(3) Von der Dauer der Unterrichtsstunden von 45 Minuten kann bei der Stundenplanung und Unterrichtsgestaltung abgewichen werden. Im Schuljahr insgesamt hat die Unterrichtszeit jedoch den bei der Lehrauftragsverteilung festgelegten Umfang zu erreichen.

§ 2
Entscheidungszuständigkeit

Die erforderlichen Entscheidungen nach § 1 Abs. 1 und 2 bis 2a trifft der Schulleiter. Die Gesamtlehrerkonferenz, die Schulkonferenz, der Elternbeirat und die betroffenen Klassenpflegschaften geben ihm hierzu unbeschadet des § 41 Abs. 1 SchG Empfehlungen. Soweit das Fach Religionslehre betroffen ist, sind die zuständigen kirchlichen Beauftragten zu beteiligen.

➪ Grundschule (Verlässliche GS); ➪ Konferenzordnung; ➪ Schulgesetz § 41; ➪ Schulkonferenzordnung; ➪ Stundentafeln (Allgemeines); ➪ Versetzungsordnungen (bei den Schularten)

Termin-Checkliste

Diese Übersicht nennt die wichtigsten Termine für Elternvertretungen und Schulleitungen (ggf. den letzten Tag einer Frist). Die Prüfungstermine der allgemeinbildenden Schulen sind bei den Schularten, die Termine für den Übergang von der Grundschule auf die weiterführenden Schulen sind unter ➪ Aufnahmeverfahren (Termine), die Termine für Lernstandserhebungen sind unter ➪ Lernstandserhebungen (Termine) abgedruckt.

(Spätester) Termin	Was ist bis zu welchem Zeitpunkt zu erledigen?	Fundstelle der einschlägigen Vorschrift
Erster Schultag	Unterrichtsbeginn nach (vorläufigem) Stundenplan und Inkraftsetzen des (vorläufigen) Aufsichtsplans	➪ Aufsichtspflicht
Zu Beginn des Schuljahres	Berufung des schulinternen Krisenteams und Alarmübung; Aktualisierung des Krisenplans	➪ Gewaltvorfälle und Schadensereignisse
2 Wo. nach dem ersten Schultag	Ausschlussfrist für die Abmeldung vom Religionsunterricht für das 1. Schulhalbjahr	➪ Religionsunterricht (Abmeldung) A 2.4
3 Wo. nach dem ersten Schultag	Ab Klasse 5: Wahl des Klassensprechers bzw. der Klassensprecherin und deren Stellvertretung	➪ Schülermitverantwortung § 3 Abs. 3; ➪ Schulgesetz § 65 Abs. 3
4 Wo. nach dem ersten Schultag	Entscheidung über Erfolg einer Aufnahme auf Probe in die nächsthöhere Klasse	➪ Versetzungsordnungen (bei der jeweiligen Schulart)
5 Wo. nach dem ersten Schultag	Konstituierung des Schülerrats (außer Grundschule)	➪ Schülermitverantwortung § 3 Abs. 6
6 Wo. nach dem ersten Schultag	Wahl des Klassenelternvertreters bzw. der Klassenelternvertreterin	➪ Elternbeirat (EltBVO) § 14 Abs. 1
7 Wo. nach dem ersten Schultag	Wahl des Schülersprechers bzw. der Schülersprecherin und der Stellvertretung (außer GS)	➪ Schülermitverantwortung § 3 Abs. 6
9 Wo. nach dem ersten Schultag	Wahl des bzw. der Elternbeiratsvorsitzenden	➪ Elternbeiratsverordnung § 26 Abs. 3
bis 31. Januar	Entscheidung über Zurückstellung vom Schulbesuch während des ersten Grundschuljahres	➪ Schulgesetz § 74 Abs. 2
bis 31. Januar	Entscheidung über ausgesetzte Versetzung und freiwillige Wiederholung einer Klasse	➪ Versetzungsordnungen (bei der jeweiligen Schulart)
	Entscheidung über Übergang in eine andere Schulart zum Schulhalbjahr	➪ Versetzungsordnung (Multilaterale)
1. bis 10. Februar	Ausgabe der Halbjahresinformationen/Zeugnisse	➪ NotenbildungsVO § 3 Abs. 4
bis 15. Februar	Ausschlussfrist für die Abmeldung vom Religionsunterricht für das 2. Schulhalbjahr	➪ Religionsunterricht (Teilnahme) Buchst. A 2.4
1. März	Schlusstermin zur Anmeldung Berufliche Schulen	➪ Schulpflicht (BS – Übergabe) II.1
Termin wird örtlich festgesetzt	Anmeldung der Schulanfänger*innen; Entscheidung über vorzeitige Aufnahme bzw. Zurückstellung	➪ Schulgesetz §§ 73-74 ➪ Schulpflicht (Durchsetzung)
bis Anfang Mai	Meldung der versetzungsgefährdeten Grundschüler*innen an die Schulleitung	➪ Versetzungsordnung Grundschulen § 2
letzte 7 Schultage	Zeugnisausgabe	➪ NotenbildungsVO § 3 Abs. 4
vor Beginn der Sommerferien	Übergabe der Schüler*innen an die beruflichen Schulen	➪ Schulpflicht (Berufliche Schulen – Übergabe) I.2.1
vgl. Kalendarium	Letzter Schultag (Ende nach der 4. Stunde)	➪ Ferienverordnung § 2 Abs. 5
Bis Schuljahresende (31. Juli)	Entscheidung über freiwillige Wiederholung	➪ Versetzungsordnungen (bei der jeweiligen Schulart)
	Entscheidung über Verlängerung bzw. Beendigung der Schulpflicht (Berufl. Schulen / Werkrealschule)	➪ Schulgesetz § 75 Abs. 2, 3, 81 ➪ Schulpflicht (Berufl. Schulen)
Mindestens einmal im Schuljahr	Entscheidung über Beibehaltung einer Raucherzone (nur an Schulen, wo Raucherzonen zulässig sind)	➪ Rauchen in der Schule

Unfallversicherung/Unfallverhütung

Gesetzliche Schülerunfallversicherung, Unfallverhütung und Gesundheitsschutz für Schülerinnen und Schüler in Schulen; VwV des KM vom 13.10.1998 (K.u.U. S. 308/1998); zuletzt geändert 9.3.2021, GABl. S. 186/2021)

I.
Gesetzliche Schülerunfallversicherung

1. Für Schülerinnen und Schüler besteht bei Schulunfällen gesetzlicher Unfallversicherungsschutz nach den Bestimmungen des Siebten Buches Sozialgesetzbuch Gesetzliche Unfallversicherung.
2. Ein Schulunfall liegt vor, wenn sich dieser
   - während des Schulbesuchs einschließlich der Pausen oder
   - bei schulischen Veranstaltungen, wie z.B. Ausflügen, Wanderungen, Schullandheimaufenthalten, Besichtigungen, oder
   - bei Veranstaltungen, die in den organisatorischen Verantwortungsbereich der Schule fallen (z.B. Betriebspraktika), oder
   - bei Betreuungsmaßnahmen, die im Zusammenwirken mit der Schule durchgeführt werden (z.B. Kernzeitbetreuung), oder
   - auf dem Schulweg bzw. auf dem Weg zu oder von einer der o.g. Veranstaltungen

   ereignet hat. ⇨ Berufliche Orientierung
3. Die Schulleitung hat Schulunfälle, bei denen ein Schüler ärztliche Behandlung in Anspruch nehmen musste oder getötet wurde, unter Benutzung der dafür vorgesehenen Vordrucke innerhalb von drei Tagen, nachdem sie davon erfahren hat, dem Unfallversicherungsträger anzuzeigen. Unfälle mit Todesfolge und Ereignisse, bei denen mehr als drei Personen gesundheitlich geschädigt wurden, sind dem Unfallversicherungsträger außerdem sofort fernmündlich oder über Telefax mitzuteilen.

   Daneben ist jede Erste-Hilfe-Leistung, die keine ärztliche Behandlung nach sich zieht, in dem dafür vorgesehenen Verbandbuch zu vermerken.

   ⇨ Erste Hilfe (dort auch Bezugsquelle)

Hätten Sie's gewusst? – Eltern fragen, wir antworten.

Deckt die Schülerversicherung nicht alles ab?

Frage: Warum soll ich für eine Extra-Unfallversicherung meines Schulkindes einen privaten Beitrag zahlen? Ich denke, mein Kind ist kostenfrei gesetzlich gegen Schulunfälle versichert.

Antwort: Die kostenfreie gesetzliche ⇨ Unfallversicherung deckt (leider) nicht alle Schülerunfälle ab. Ihr Schutzbereich ist beschränkt auf den organisatorischen Verantwortungsbereich der Schule. Dieser wird verlassen, wenn eine Einwirkung durch schulische Aufsichtsmaßnahmen nicht mehr gewährleistet ist.

Kein gesetzlicher Unfallversicherungsschutz besteht beispielsweise bei *„eigenwirtschaftlichen Tätigkeiten“*, die für jeden Menschen ein Grundbedürfnis darstellen, hinter welches schulische Belange regelmäßig zurücktreten (z.B. das Essen in der Schulkantine, insbesondere die Nahrungsaufnahme selbst, oder Wege, die aus privaten Gründen zurückgelegt oder mehr als zwei Stunden unterbrochen werden wie Gaststättenbesuche, Einkaufsbummel oder das Besorgen der Schülerfahrkarte). Versichert sind zwar die unter schulischer Aufsicht durchgeführten Klassenfahrten, Schullandheimaufenthalte und sonstigen Schulveranstaltungen von der Ab- bis zur Rückfahrt, nicht aber jede Betätigung während deren gesamter Dauer, beispielsweise wenn sich Schüler*innen zur Unfallzeit rein persönlichen, von der versicherten Tätigkeit nicht mehr beeinflussten Belangen widmen (z.B. Essen, Trinken, Schlafen, Verrichten der Notdurft, Waschen, Beschaffung von persönlich benötigten Medikamenten, Rauchen, Disco-Besuch). In der Verwaltungsvorschrift ⇨ Außerunterrichtliche Veranstaltungen weist das KM ausdrücklich auf diese privaten, durch die gesetzliche Schülerunfallversicherung nicht abgedeckten Risiken hin. Nicht ausreichend abgesichert sind darüber hinaus auch die Haftungsrisiken bei Betriebspraktika. In seiner Vorschrift ⇨ Berufliche Orientierung Ziff. 6.3 betont das KM die Notwendigkeit einer privaten Absicherung.

Früher konnten die Eltern solche Unfall- und Haftungs-Risiken abdecken, indem sie einen Euro je Kind und Jahr an die Schule entrichteten (die auf diese Weise als Inkassobüro tätig war). 2019 wurde diese „freiwillige Schüler-Zusatzversicherung“ jedoch abgeschafft, denn man sah darin einen unzulässigen Wettbewerbsvorteil zugunsten der beiden kommunalen Versicherer, des Badischen Gemeinde-Versicherungsverbands (BGV) und der Württembergischen Gemeinde-Versicherung a.G. (WGV).

Seitdem liegt das Risiko rein rechtlich wieder bei den Eltern. Inzwischen bieten die WGV und der BGV jedoch „Gruppenversicherungsverträge“ zur Abdeckung dieser Risiken an. Zahlreiche Schulträger, so beispielsweise die Landeshauptstadt Stuttgart, haben solche (für die Eltern kostenfreien) Verträge abgeschlossen; teilweise haben auch Einzelschulen oder Schulfördervereine dies erledigt. Das ist aber nicht überall geschehen. Fragen Sie Ihre Schule, wie bei Ihnen der Stand ist. Falls Ihre Schule durch einen solchen Gruppenvertrag versichert ist, müssen Sie privat nichts mehr unternehmen.

Die im Vordrucksatz über die Unfallanzeige vorgesehene Mehrfertigung ist der Schulaufsichtsbehörde vorzulegen.

Hinweis der Redaktion: Das KM hat es in das Ermessen der Schulleitung gestellt, ob sie eine Kopie an die Schulaufsichtsbehörde übersendet. Dies muss jedoch erfolgen, wenn der Schulunfall möglicherweise auf eine Aufsichtspflichtverletzung zurückzuführen oder wenn mit Regressansprüchen zu rechnen ist. (Quelle: KM, 23.7.1999, AZ: IV/1-6600.1/196; dies ist weiterhin gültig)

Die Entscheidung darüber, ob im Einzelfall ein Schulunfall vorliegt und welche Leistungen zu gewähren sind, trifft der Unfallversicherungsträger. Die Schule hat deshalb über jeden Unfall, der ein Schulunfall sein kann und bei dem Versicherungsleistungen in Frage kommen können, die Unfallanzeige zu erstatten.

4. Zuständiger Unfallversicherungsträger in Baden-Württemberg ist die Unfallkasse Baden-Württemberg.

   Für Schüler in den Regierungsbezirken Freiburg und Karlsruhe ist zuständig die Unfallkasse Baden-Württemberg, Waldhornplatz 1, 76131 Karlsruhe, Postanschrift: 76128 Karlsruhe, Telefon: (0721) 6098 -1 Fax: (07 21) 6098 - 5200, E-Mail: info@uk-bw.de.

   Für Schüler in den Regierungsbezirken Stuttgart und Tübingen ist zuständig die Unfallkasse Baden-Württemberg, Augsburger Straße 700, 70329 Stuttgart, Postanschrift: 70324 Stuttgart, Telefon: (0711) 9321-0 Fax: (0711) 9321-500, E-Mail: info@uk-bw.de.

5. Der Unfallversicherungsträger gewährt nach einem Schulunfall die nach SGB VII vorgesehenen Leistungen wie Heilbehandlung, Berufshilfe (Schulhilfe, Rehabilitation) und Verletztenrente. Die Inanspruchnahme von ärztlichen oder zahnärztlichen Leistungen für Schulunfälle erfolgt formlos. Der behandelnde Arzt oder Zahnarzt ist jedoch darauf aufmerksam zu machen, dass es sich um einen Schulunfall handelt. Die ärztlichen oder zahnärztlichen Leistungen werden vom Arzt unmittelbar mit dem Unfallversicherungsträger abgerechnet.

II.
Unfallverhütung und Gesundheitsschutz in den Schulen

1.
Unfallversicherungsträger

Der Unfallversicherungsträger hat mit allen geeigneten Mitteln Arbeitsunfälle und Berufskrankheiten sowie arbeitsbedingte Gesundheitsgefahren zu verhüten. Ihm obliegt

- der Erlass von Unfallverhütungsvorschriften und Regeln für Sicherheit und Gesundheitsschutz;
- die Überwachung der Durchführung der Maßnahmen zur Verhütung von Arbeitsunfällen, Berufskrankheiten, arbeitsbedingten Gesundheitsgefahren und einer wirksamen ersten Hilfe durch ihre Aufsichtspersonen;
- die Beratung und Aufklärung der Schulleitung, Lehrkräfte und Schüler über alle mit der Unfallverhütung zusammenhängenden Fragen;
- die Fortbildung der mit dem Unfall- und Gesundheitsschutz beauftragten Personen in Abstimmung mit den Schulaufsichtsbehörden.

Hierzu werden von dem Unfallversicherungsträger Schriften herausgegeben, die von diesem zu beziehen sind. ⇨ Erste Hilfe

2.
Schulträger

Für die Sicherheit der Schulgebäude, Schulräume, Anlagen und Einrichtungen im Schulbereich sowie der für die Schule erforderlichen Gegenstände, Lehr- und Lernmittel ist der Schulträger (Sachkostenträger) verantwortlich. ⇨ Schulträger

3.
Schule

3.1 Die Schule soll mit den ihr zur Verfügung stehenden pädagogischen Mitteln und Maßnahmen das Sicherheitsbewusstsein der Schüler auf allen Gebieten wecken und fördern.

Die in den Lehrplänen enthaltenen Unterrichtsziele zur Sicherheitserziehung, Unfallverhütung und dem Gesundheitsschutz sind umzusetzen.

3.2 Die Schulaufsicht hat in enger Zusammenarbeit mit dem Unfallversicherungsträger die Durchführung der Maßnahmen zur Verhütung von Schülerunfällen, des Gesundheitsschutzes sowie einer wirksamen ersten Hilfe zu veranlassen und zu überwachen. Bei allen Dienststellen der Schulaufsicht wird ein Ansprechpartner für den Bereich der Prävention bestimmt.

3.3 Die Durchführung der Unfallverhütung und des Gesundheitsschutzes im inneren Schulbetrieb wird auf den Schulleiter übertragen. Er gilt insoweit als Unternehmer. Seine Aufgaben sind insbesondere,

- dem Schulträger Mängel an der Schulanlage oder einer sonstigen Einrichtung, die die Sicherheit des Unterrichtsbetriebs oder die Gesundheit der Schüler gefährden können, unverzüglich anzuzeigen und auf deren Beseitigung hinzuwirken bzw. bei entsprechender Mittelbereitstellung durch den Sachkostenträger die Mängel zu beseitigen;
- Lehrkräfte und Schüler über die vom Unfallversicherungsträger allgemein oder für besondere Unterrichtsbereiche erlassenen Regelungen sowie über die Sicherheitsbestimmungen der Schulverwaltung zu unterrichten;

Bitte zu den Maßnahmen der Schule zum Gesundheitsschutz und zur Unfallverhütung auch die Beiträge ⇨ Gefährdungsbeurteilung **und** ⇨ Gefahrstoffverordnung **beachten.**

- die für einen sicherheitsgemäßen Ablauf des Schulbetriebs erforderlichen besonderen Anweisungen zu geben;
- die Einhaltung der Sicherheitsmaßnahmen zu überwachen;
- die Lehrkräfte in regelmäßigen Zeitabständen darauf hinzuweisen, die Erziehung der Schüler zu sicherheitsbewusstem Denken und Handeln in den Unterricht mit einzubeziehen;
- im Zusammenwirken mit dem Schulträger und der Schulaufsichtsbehörde eine wirksame erste Hilfe bei Unfällen sicherzustellen;
  Hinweis der Redaktion: Nach den Prüfungsvorschriften müssen Lehrkräfte in den letzten zwei Jahren vor ihrer Zulassung zum Vorbereitungsdienst an einer Ausbildung in Erster Hilfe (mindestens neun Unterrichtseinheiten) teilgenommen haben. ⇨ Erste Hilfe
- Unfälle in Zusammenarbeit mit dem Sicherheitsbeauftragten zu untersuchen und daraufhin zu prüfen, ob diese Anlass zu Unfallverhütungsmaßnahmen geben.

3.4 An allen Schulen sind vom Schulleiter schriftlich oder elektronisch Sicherheitsbeauftragte für innere Schulangelegenheiten zu bestellen, und zwar an

Schulen mit bis zu 1 000 Personen
= 1 Sicherheitsbeauftragter und

mit mehr als 1 000 Personen
= 2 Sicherheitsbeauftragte.

An kleineren Schulen mit bis zu 200 Schülern kann der Schulleiter die Aufgaben des Sicherheitsbeauftragten selbst wahrnehmen. Werden mehrere Sicherheitsbeauftragte bestellt, sollte mindestens einer von ihnen das Fach Sport unterrichten. ⇨ Schulbau

3.4.1 Für die Bestellung kommen in erster Linie Lehrkräfte in Betracht, die über besondere Erfahrung auf dem Gebiet der Unfallverhütung verfügen und die die Tätigkeit des Sicherheitsbeauftragten voraussichtlich für längere Zeit an der Schule ausüben können.

3.4.2 Die Namen der bestellten Sicherheitsbeauftragten sind der Schulaufsichtsbehörde und auf Anfrage dem Unfallversicherungsträger mitzuteilen.

3.4.3 Der Sicherheitsbeauftragte soll den Schulleiter bei der Durchführung der Unfallverhütung, des Gesundheitsschutzes und der Sicherheitserziehung unterstützen; er soll sich fortlaufend von der Wirksamkeit der organisatorischen Schutzmaßnahmen, dem Vorhandensein und der ordnungsgemäßen Benutzung der vorgeschriebenen Schutzvorrichtungen sowie dem sicherheitsgerechten Verhalten der Schüler überzeugen. Der Sicherheitsbeauftragte trägt als solcher weder eine zivilrechtliche noch eine strafrechtliche Verantwortung in dem Sinne, dass er für einen durch Verstoß gegen die Sicherheitsbestimmungen eingetretenen Schaden verantwortlich gemacht werden könnte. Er hat weder Aufsichtsfunktion noch Weisungsbefugnisse.

3.4.4 Die Ausbildung der Sicherheitsbeauftragten obliegt dem Unfallversicherungsträger. [...] Für die Ausbildungsveranstaltungen, zu denen der Unfallversicherungsträger über die Schulverwaltungen einlädt, wird Freistellung von der Unterrichtsverpflichtung gewährt. Die Reisekosten für die Sicherheitsbeauftragten trägt der Unfallversicherungsträger.

Ergänzende Hinweise der Redaktion

1. Der Unfallversicherungsschutz umfasst neben der Teilnahme am Unterricht und an Schulveranstaltungen auch die damit unmittelbar zusammenhängenden Wege. Er erstreckt sich neben dem Schulbereich auch auf Kindertagesstätten, nicht jedoch auf die Frühförderung.
2. Volljährige Schülerinnen und Schüler dürfen das Schulgelände während der Pausen oder in Hohlstunden verlassen. Gesetzlicher Versicherungsschutz besteht auch im „Nahbereich" der Schule. Entfernt sich ein Schüler vom Schulgelände oder vom „Nahbereich", so besteht nur dann Unfallversicherungsschutz, wenn er Nahrungsmittel zum sofortigen Verzehr einkauft. Verlässt er diesen Bereich jedoch, um z.B. Süßigkeiten einzukaufen oder zu einem Stadtbummel oder Ähnlichem, so besteht auf diesen Wegen kein gesetzlicher Unfallversicherungsschutz.
   (Quelle: Württ. Unfallkasse, 9.4.2002; AZ: 311.1421)
3. Sofern Schüler*innen im Auftrag der Lehrkraft inner- oder außerhalb der Unterrichtszeit Unterrichtsmaterial besorgen, das für die Fortführung des Unterrichts notwendig ist, besteht während der Besorgung des Unterrichtsmaterials und auf den notwendigen Wegen gesetzlicher Unfallversicherungsschutz.
4. Während beispielsweise eine schultypische Rauferei unter Grundschüler*innen auf dem Schulhof unter Versicherungsschutz steht, entfällt dieser bei einer privat motivierten Schulhof-Schlägerei unter volljährigen Schüler*innen.
   (Quelle zu Nr. 3 und 4: Pluspunkt Nr. 1 / 2014)
5. Das Tragen von Uhren und Schmuckstücken (einschließlich gepiercter Schmuckstücke) kann sowohl für die Schüler*innen selbst, als auch für die Mitschüler*innen eine Gefahr darstellen. Bei welcher sportlichen Betätigung eine Gefährdung im Einzelfall besteht, kann nur die Lehrkraft vor Ort entscheiden, sie hat dann entsprechende Anordnungen zu treffen. Um Unfälle zu vermeiden, müssen in Abhängigkeit der Stundeninhalte / Sportarten die Schmuckstücke und Uhren im Sportunterricht abgelegt werden. Kleinere Schmuckstücke (z.B. gepiercte Ohr- oder Nasenringe), die nicht abgelegt werden können, sind ggf. mit Heftpflaster o.ä. abzukleben, Eltern und Schüler*innen müssen darüber informiert werden, dass eine Missachtung des

Schmuckverbots im Einzelfall bis zum Ausschluss vom Sportunterricht und somit zu einer fehlenden Leistungsfeststellung führen kann.

(Quelle: Württembergischer Gemeindeunfallversicherungsverband, 13.10.1998) ⇨ Amtshaftung

6. Mit der Beteiligung von Schulen oder Schulklassen an „Müllsammelaktionen" ist unter dem Gesichtspunkt der Unfallverhütung eine besondere Fürsorgepflicht sowie Organisationsverantwortung der Schulleitung verbunden. Ein direkter Kontakt der sammelnden Personen mit Abfällen muss sicher ausgeschlossen werden, mögliche Gefahren durch Fahrzeugverkehr sind zu beachten. Von Sammelaktionen an stark befahrenen Straßen wird grundsätzlich abgeraten. Es ist unabdingbar, dass die Schüler*innen durch die verantwortlichen Lehrkräfte über mögliche Gefahren und über festgelegte Schutzmaßnahmen unterrichtet werden und während der Aktionen eine Aufsicht erfolgt.

   (Quelle: Infodienst Schulleitung Nr. 128 / Mai 2009)

7. Ein „Abi-Scherz" und ähnliche Veranstaltungen von Schüler*innen zum Schulabschluss fallen nicht unter den Schutz der gesetzlichen Schülerunfallversicherung.

8. Zur Unfallverhütung beim Turnen am Kleinen (Minitrampolin) und Großen Trampolin (Tischtrampolin) hat das KM eine Bekanntmachung erlassen (K.u.U. S. 25/2008). Diese Geräte sollen nur von Lehrkräften mit spezifischen Kompetenzen eingesetzt werden. Der Besuch von (kommerziell betriebenen) „Trampolinhallen" ist nur mit schriftlicher Einwilligung der Eltern zulässig

   (Quelle: KM, 11.11.2022; AZ: 22-6860-5/1/1)

9. Eislaufen im Sportunterricht oder bei außerunterrichtlichen Aktivitäten ist nur mit einem geeigneten Helm (z.B. Ski-, Skater- oder Fahrradhelm) gestattet. Es müssen feste Handschuhe getragen werden, die Schnittverletzungen an den Händen vorbeugen (z.B. Lederhandschuhe, Skihandschuhe). Gegebenenfalls sind bei Anfängern Knie- oder Handprotektoren zu tragen. Insgesamt ist auf eine angemessene Bekleidung zu achten, die ein Überhitzen bzw. Auskühlen des Körpers verhindert. Je nach Könnensstand der Schüler*innen sind getrennte Übungsbereiche festzulegen. Zudem ist eine Laufrichtung vorzugeben, um Kollisionen zu vermeiden. Die Lehrkraft hat Erste-Hilfe-Material mitzuführen. Das Eislaufen ist im Kontext Schule nur auf gesicherten Eisbahnen gestattet.

   (Quelle: KM, 31.1.2020; AZ: 22-6860.0/1109)

10. Von der Unfallkasse werden auch die Transportkosten zum Arzt/Krankenhaus erstattet. Im Falle von „Bagatellverletzungen" kann auch ein Taxi als Ersatz für einen Notarzt- bzw. Krankenwagen ausreichend sein. Die Schule kann nur eine Erstversorgung leisten und die Schwere einer Erkrankung/Verletzung nicht immer erkennen. Wenn Zweifel verbleiben, ob ein Notarzt- oder Krankenwagen erforderlich oder ein Taxi angemessen ist, darf nicht der Spargedanke im Vordergrund stehen, sondern die Fürsorgepflicht für die Schüler*innen. Die Abrechnung erfolgt über einen „Taxifahrauftrag" der Unfallkasse. Er wird der Begleitperson des Verletzten mitgegeben, die sie dem/der Taxifahrer*in übergibt, die direkt mit der Unfallkasse abrechnen. Informationen und Taxigutscheine sind unter www.ukbw.de/ > Informationen & Service > Taxifahrauftrag abrufbar.

⇨ Aufsichtspflicht; ⇨ Aufsichtspflicht (Schwimmunterricht); ⇨ Außerunterrichtliche Veranstaltungen; ⇨ Berufliche Orientierung / Praxiserfahrungen; ⇨ Erste Hilfe; ⇨ Gewaltvorfälle und Schadensereignisse; ⇨ Schulbau; ⇨ Volljährigkeit

Hätten Sie's gewusst? – Eltern fragen, wir antworten.

Warum so viel Bürokratie bei Schulunfällen?

Frage: Unsere Tochter ist auf dem Schulhof gestürzt; glücklicherweise hat sie sich nur leicht verletzt und es war auch niemand anders schuld. Trotzdem will die Klassenlehrerin jetzt genaue Angaben zum Unfallhergang haben. Dabei hat der Arzt gemeint, das sei nur eine Bagatelle. Was soll diese Bürokratie?

Antwort: Dafür gibt es genaue Vorschriften und das ist auch kein unnötiger Bürokratismus. Alle Schüler*innen sind gesetzlich gegen Unfälle aufgrund des Schulbesuchs versichert und der Versicherungsträger will nicht irgendwann später mit Arzt- oder Rehabilitationskosten konfrontiert werden. Denn für Behandlungskosten bei solchen Unfällen ist nicht die Krankenkasse der Eltern, sondern die gesetzliche Schülerunfallversicherung, die „Unfallkasse" Baden-Württemberg, zuständig.

Schulunfälle, bei denen ärztliche Behandlung notwendig war, sind deshalb der Unfallkasse von der Schule mit Formular anzuzeigen. Aber auch alle anderen Unfälle müssen dokumentiert werden, z.B. in dem dafür vorgesehenen „Verbandbuch" oder in einer PC-Datei, damit bei Spätfolgen der schulische Zusammenhang nachgewiesen werden kann. Eltern sollten deshalb darauf achten, dass die Schulen dieser Dokumentationspflicht auch bei „Bagatellunfällen" nachkommen, also notfalls von sich aus bei einem Unfall auf das Ausfüllen einer Unfallanzeige, bei Bagatellen auf einen Vermerk in dem dafür vorgesehenen Verbandbuch bestehen. Denn liegt kein Nachweis vor, zahlt die Versicherung bei späteren Folgen der „kleinen Schramme" nicht. ⇨ Erste Hilfe; ⇨ Unfallversicherung

Diese Aufzeichnungen müssen Angaben enthalten über Zeit, Ort (Gebäudeteil), Hergang, Unfallfolgen, Erste-Hilfe-Maßnahmen, Namen der/des Verletzten, der Zeugen und der Personen, die Erste Hilfe leisteten. Sie müssen fünf Jahre nach der letzten Eintragung aufbewahrt werden.

Unterrichtsorganisation (Allgemeines)

Informationen der Redaktion zur Rechtslage und zur Verwaltungspraxis in Baden-Württemberg

1. „Soll" und „Ist"

Die Schulverwaltung verteilt zu Beginn jeden Schuljahrs das – in Form von Lehrpersonen – insgesamt vorhandene Volumen an Unterrichtsstunden nach Maßgabe des Organisationserlasses auf die Schulen.

Dieses Unterrichts-Ist ergibt sich aus folgenden Komponenten:

- Der Landtag beschließt im Staatshaushaltsplan über die Zahl der Haushaltsstellen für Lehrkräfte; in entsprechendem Umfang werden (voll- und teilzeitbeschäftigte) Lehrkräfte beschäftigt.
- Der Landtag stellt „Mittel" für die befristetete Beschäftigung von Vertretungslehrkräften bereit. Ferner werden aus den Planstellen von Lehrkräften, die während des Schuljahres z.B. wegen Tod, Elternzeit, Urlaub ohne Bezüge oder Zurruhesetzung ausscheiden, Mittel für die befristete Einstellung von Ersatzlehrkräften „geschöpft". Dadurch wird den Schulen ein zusätzliches Unterrichtsvolumen zur Verfügung gestellt.
- Außerdem werden dem Land von den Religionsgemeinschaften für die Erteilung des ordentlichen Lehrfachs Religionsunterricht kirchliche Lehrkräfte zur Verfügung gestellt (hierfür leistet das Land den Kirchen finanziellen Ersatz).

Ein Teil der Unterrichtsstunden, die von diesen Lehrpersonen insgesamt erteilt werden können, wird für nicht rein unterrichtliche Zwecke verwandt („Leitungszeiten" für die Schulleitung, „Ermäßigungen" wegen Alter oder Schwerbehinderung, „Anrechnungen" für besondere Belastungen, „Freistellungen" für Personalräte und „Arbeitsbefreiungen" für die Schwerbehindertenvertretung).

➪ Arbeitszeit (Lehrkräfte)

Nur die verbleibende Menge von Unterrichtsstunden steht also für die Erteilung von Unterricht tatsächlich netto zur Verfügung (Unterrichts-Ist).

Dem „Ist" steht der Bedarf an Unterricht gegenüber. Dieses „Soll" wird auf der Grundlage politischer (parlamentarisch kontrollierbarer) Vorgaben vom Kultusministerium festgesetzt:

- In den Stundentafeln wird die Menge der wöchentlichen Unterrichtsstunden festgelegt, welche eine Klasse bzw. Lerngruppe erhalten soll.
  ➪ Stundentafeln (bei den einzelnen Schularten)
- Im jährlichen „Organisationserlass" werden als Berechnungsgrundlage zur Klassen- und Gruppenbildung zwar bei jeder Schulart „Parameter" zur Mindestschülerzahl je Klasse bzw. Gruppe und auch ein „Klassen-/Gruppenteiler" definiert. Dieser ist jedoch *„nicht mehr streng verbindlich"*, die Schulen können also hiervon – wegen Lehrermangels in der Regel nach oben – abweichen.

Die Erfüllung der in den Stundentafeln vorgesehenen Stundenzahlen bzw. die Einhaltung der Obergrenzen für die Klassengrößen hängt nicht von der Schulverwaltung oder den Schulleitungen ab, sondern davon, ob der Landtag die hierfür notwendigen Planstellen im Staatshaushalt bewilligt. Letztlich können Eltern nur mit langem Atem auf die politischen Entscheidungen Einfluss nehmen, die Lehrermangel begünstigen oder verringern. Das Engagement in der Elternvertretung ist ein wichtiger Anfang.

Auf die Erteilung einer bestimmten Wochenstundenzahl an eine bestimmte Gruppe von Schülerinnen und Schülern oder an ein einzelnes Kind besteht kein (einklagbarer) Rechtsanspruch.

2. Die Zuweisung an die Schulen

Die Verteilung des für Unterrichtszwecke vorhandenen Stundenvolumens erfolgt in drei Tranchen:

- Vor der „Zuweisung" an die einzelne Schule wird ein Kontingent von Planstellen für die fest installierte „Lehrerreserve" reserviert.
- Ferner wird bei den Schulämtern (für Gymnasien ind berufliche Schulen bei den Regierungspräsidien) ein *„Stundenpool"* reserviert. Hieraus werden den einzelnen Schulen gezielt Lehrerstunden aufgrund örtlicher Besonderheiten, für zusätzliche Unterrichtsangebote, für Schüler*innen mit ➪ Migrationshintergrund, für kombinierte Klassen usw. zugewiesen.
- Erst danach erfolgt die Direktzuweisung von Lehrerstunden auf die einzelne Schule. Innerhalb dieses „Budgets" kann die Schule die Zahl der Klassen, die Klassenfrequenz (Schüler*innen je Klasse) sowie die in den Stundentafeln ausgewiesenen Unterrichtsstunden variabel gestalten. Die Einzelschule hat über die Verwendung dieser Ressourcen unter den jeweiligen pädagogischen Bedingungen zu entscheiden. Die Entscheidung trifft die Schulleitung unter Beteiligung der Gesamtlehrerkonferenz; sie muss den Elternbeirat hierüber informieren.

➪ Konferenzordnung § 2 Abs. 1 Nr. 9; ➪ Schulgesetz § 57; ➪ Stundentafel-Öffnungsverordnung

3. Umgang mit dem Lehrermangel

Die Schulaufsichtsbehörden sollen für eine möglichst gleichmäßige Verteilung des verfügbaren Unterrichtsvolumens auf alle Schulen sorgen. Diese „pädagogisch begründete" Verteilung kann z.B. dazu führen, dass Schulen, die unter erschwerten Umständen arbeiten müssen, entweder kleinere Klassen bilden dürfen oder eine höhere Versorgung mit Unterrichtsstunden erhalten (oder beides).

Wegen des Lehrermangels liegt an der einzelnen Schule in aller Regel vom Schuljahresbeginn an eine Unterversorgung vor. Dieser seit Jahrzehnten bestehende Lehrermangel hatte sich bereits vor Ausbruch der Corona-Pandemie im Jahr 2020 verschärft. Die Folge ist, dass

- entweder (zu) große Klassen gebildet werden (pädagogisch vertretbar sind in allgemeinbildenden Schulen höchsten 25 Schüler*innen je Klasse),
- oder eigentlich notwendige Gruppenteilungen – z.B. in den technischen oder naturwissenschaftlichen Fächern, im Sport und dem musischen Bereich – unterbleiben,
- oder ein Teil des in den amtlichen Stundentafeln vorgesehenen Unterricht nicht erteilt wird (auf Weisung des KM müssen die Schulleitungen der Erteilung des „Pflichtbereichs der Stundentafel" Vorrang geben; deshalb werden in der Regel zunächst die Stütz- und Fördermaßnahmen oder Arbeitsgemeinschaften gekürzt oder eingestellt).

Zusätzlich treten im Lauf des Schuljahres Ausfälle auf, weil Lehrkräfte nicht für den Unterricht zur Verfügung stehen (in über 50% wegen Krankheit, ansonsten wegen Lehrerfortbildung, Teilnahme an dienstlichen Veranstaltungen oder Prüfungen, außerunterrichtlichen Veranstaltungen, Mutterschutz, Übergang in Teilzeit, Elternzeit oder Urlaub nach der Geburt von Kindern, Todesfällen usw.).

So wie keine Rechtspflicht des Staates besteht, den in den amtlichen Stundentafeln vorgesehenen Unterricht zu erteilen, so ist der Staat (vertreten durch die Schulleitung) auch beim Ausfall von Lehrkräften nicht verpflichtet, das ursprüngliche Unterrichtsangebot ungeschmälert zu gewährleisten. Die Schulleitung muss sich zwar beim Ausfall von „Stammpersonal" darum bemühen,

- entweder zusätzliches Unterrichtsvolumen einzuwerben, z.B. durch Anforderung von Ersatz-Lehrkräften bei der Schulverwaltung oder durch Mehrarbeit des vorhandenen Lehrpersonals (Pädagogische Assistent*innen und Lehrbeauftragte dürfen hierfür nicht eingesetzt werden).
- und/oder durch das „variable Deputat" mittelfristig einen Ausgleich zu schaffen (hierbei wird die Unterrichtsverpflichtung einer Lehrkraft für einen begrenzten Zeitraum erhöht; dies wird im nächsten Schuljahr oder Schulhalbjahr durch eine entsprechend geringere Unterrichtsverpflichtung ausgeglichen)
- oder den Schulbetrieb durch Überbrückungsmaßnahmen notdürftig aufrechtzuerhalten (z.B. „Mitversehung" von Klassen durch benachbarte Lehrkräfte, Zusammenlegung von Klassen oder Lerngruppen, „selbst organisiertes Lernen").

Die Schulleitung kann jedoch das durch den Ausfall geschmälerte „Stunden-Ist" auch neu auf die Klassen/Gruppen verteilen. Hierdurch und auch, wenn keine der genannten Maßnahmen greift, fällt stundenplanmäßiger Unterricht aus.

4. Überstunden sind kein Ausweg

Die Schulleitung kann auch Überstunden – „Mehrarbeit" (abgekürzt: „MAU") – anordnen bzw. genehmigen (§ 67 Abs. 3 Landesbeamtengesetz). Mehrarbeit ist nach dem Willen des Gesetzgebers allerdings nur der letzte Ausweg und darf nur beim Vorliegen zwingender dienstlicher Verhältnisse angeordnet bzw. genehmigt werden: „wenn's brennt". Dauer-Überstunden zum Ausgleich dauerhafter Defizite (wegen eines Mangels an Planstellen) sind grundsätzlich nicht statthaft; es darf sie nur in besonderen Ausnahmefällen geben (z.B. wenn in einem Unterrichtsfach, in dem spezifische Fachkenntnisse Voraussetzung sind, landesweit die Zahl der Lehrkräfte mit dieser Befähigung nicht ausreicht, um den stundenplanmäßigen Unterricht zu erfüllen).

Das Kultusministerium hat empfohlen, „von der Möglichkeit der bezahlten Mehrarbeit verstärkt Gebrauch zu machen" (Schreiben des KM vom 16.3.2000, AZ: 32-6662.01/366) und damit klargestellt, dass es keinen Druck auf die Schulleitungen ausüben will, unbezahlte Mehrarbeit zu forcieren.

Zudem stellen Überstunden (die im Schulbereich übrigens geringer bezahlt werden als die regulären Arbeitsstunden), vor allem wenn sie regelmäßig abverlangt werden, eine verkappte Arbeitszeiterhöhung dar.

5. Beteiligung der Elternvertretung

Deshalb wird bei Lehrer-Ausfall neben den oben erwähnten Ausgleichs- und Überbrückungsmaßnahmen vielfach das vorhandene Unterrichts-Ist neu verteilt: Wenn eine Lehrkraft mittel- oder langfristig erkrankt und ihre Klasse deshalb unversorgt bliebe, weist die Schulleitung andere Lehrkräfte an, in der verwaisten Klasse einen Teil des dort fälligen Unterrichts zu übernehmen. In anderen Klassen wird der Unterricht, der dort lehrauftrags- und stundenplanmäßig zu erteilen wäre, entsprechend gekürzt.

Der Ausfall von Lehrkräften sowie die Maßnahmen, die zur Abwendung von Nachteilen für die Schule ergriffen werden, sind *„Angelegenheiten, die für die Schule von allgemeiner Bedeutung sind"*. Hierüber muss die Schulleitung den Elternbeirat von sich aus unterrichten (§ 57 Abs. 2 SchG). Im Organisationserlass ist unter Ziff. 1.7 ausdrücklich verfügt, dass der Elternbeirat der Schulleitung zur Verteilung des verfügbaren Unterrichtsvolumens allgemeine Empfehlungen geben darf.

Die Beteiligung des Elternbeirats kann auch deshalb für die Schule hilfreich sein, weil die Elternvertretung die Pflicht hat, *„für die Belange der Schule […] bei der Schulaufsichtsbehörde und in der Öffentlichkeit einzutreten"* (⇨ Schulgesetz § 57), während die Schule sich selbst in diesen Fragen nicht an die Öffentlichkeit (Presse) wenden darf. ⇨ Elternvertretung (Presse und Öffentlichkeit)

⇨ Arbeitszeit (Lehrkräfte); ⇨ Ethik; ⇨ Haushalt (PAB); ⇨ Hygiene (Schulen); ⇨ Konferenzordnung § 2 Abs. 1 Nr. 9; ⇨ Lehrbeauftragte; ⇨ Pädagogische Assistent*innen; ⇨ Schulgesetz §§ 41, 57, 76, 88; ⇨ Integration und Sprachförderung; ⇨ Statistik (Schulen); ⇨ Stundentafel-Öffnungsverordnung; ⇨ Unterrichtsorganisation (Organisationserlass)

Unterrichtsorganisation (Organisationserlass)

Verwaltungsvorschrift des Kultusministeriums zur Unterrichtsorganisation und Eigenständigkeit der Schulen im Schuljahr 2023/2024 (Organisationserlass) vom 5. März 2023 (K.u.U. S. 47/2023); berichtigt 12.6.2023 (K.u.U. S. 74/2023)

Hinweis der Redaktion: Erläuterungen zum Organisationserlass werden vom Kultusministerium jährlich im Infodienst Schulleitung veröffentlicht (bei der Schulleitung einsehbar).

1
Allgemeines

1.1 Zweck des Organisationserlasses

Mit dieser Verwaltungsvorschrift wird die Verteilung der im Landeshaushalt für den Unterricht in Form von Stellen zur Verfügung gestellten Ressourcen auf die einzelnen Schulen geregelt. Ziel ist es, eine bedarfsgerechte, vergleichbare und transparente Zuweisung der Lehrkräfte zu gewährleisten.

1.2 Pflichtunterricht

Pflichtunterricht ist der Unterricht nach der Stundentafel der jeweiligen Schulart. Der Pflichtbereich wird zur Erfüllung des Pflichtunterrichts nach der jeweiligen Stundentafel zugewiesen. Er enthält auch die Lehrerwochenstunden (LWS) für die notwendigen Gruppenbildungen z.B. in Religionslehre und Ethik oder in Sport.

1.3 Direktzuweisung an allgemeinbildenden Schulen

Die Direktzuweisung umfasst

- die zur Erfüllung des Pflichtunterrichts erforderlichen Lehrerwochenstunden,
- die durch Einzelentscheidungen der obersten Schulaufsichtsbehörde verfügten Lehrerwochenstunden, insbesondere für Schulversuche,
- die Lehrerwochenstunden für genehmigte Ganztagsschulen und bilinguale Züge,
- das sonderpädagogische Budget, das den allgemeinen Schulen zur Durchführung inklusiver Bildungsangebote für Schülerinnen und Schüler mit einem festgestellten Anspruch auf ein sonderpädagogisches Bildungsangebot bedarfsgerecht von der unteren Schulaufsichtsbehörde zugewiesen wird. Die inklusiven Bildungsangebote an allgemeinen Schulen und die Bildungsangebote der sonderpädagogischen Bildungs- und Beratungszentren sollen jeweils über eine qualitativ vergleichbare Ausstattung verfügen,
- an sonderpädagogischen Bildungs- und Beratungszentren Lehrerwochenstunden zum Ausgleich pädagogischer, organisatorischer oder örtlicher Besonderheiten.

Für die Schulen besonderer Art gilt die Direktzuweisung entsprechend. Die oberen Schulaufsichtsbehörden entscheiden bei den Schulen besonderer Art auf der Grundlage der berechneten Bedarfe über die Verteilung der insgesamt erforderlichen Lehrerwochenstunden auf die Grundschule, die Orientierungs- und die Mittelstufe sowie die gymnasiale Oberstufe. Entsprechend werden Lehrkräfte mit den passenden Lehrbefähigungen zugewiesen.

⇨ Gesamtschulen (Schulen besonderer Art)

Das Stundenvolumen der Direktzuweisung wird rechnerisch für jede Schule auf der Basis der Stundentafeln der einzelnen Schularten und der jeweils geltenden Parameter ermittelt.

Den Schulaufsichtsbehörden steht für ihren Bezirk für jede Schulart jeweils die Summe dieser errechneten Werte für die Direktzuweisung zur Verfügung. Sie können unter Berücksichtigung der örtlichen Bedingungen für die Einzelschule von den errechneten Werten für die Direktzuweisung abweichen. Die Gesamtsumme der im Bezirk für die jeweilige Schulart als Direktzuweisung zur Verfügung stehenden Lehrerwochenstunden darf nicht überschritten werden. Bei den sonderpädagogischen Bildungs- und Beratungszentren ist ein Ausgleich unter den Bezirken möglich.

Hinweis der Redaktion: Bei entsprechendem Einsatz der für den Direktbereich zugewiesenen Lehrerwochenstunden müssen keine Klassen mit einer Schülerzahl über dem Klassenteiler gebildet werden. Klassen mit einer Schülerzahl über dem Klassenteiler sind dennoch zulässig. Es besteht keine Pflicht, derartige Klassen zu teilen. Die Entscheidung für die Bildung von Klassen und Gruppen im Rahmen der zur Verfügung stehenden Ressourcen trifft die Schulleiterin bzw. der Schulleiter. (Quelle: Infodienst Schulleitung Nr. 286, Mai 2019)

1.4 Vertretungsreserve

Im Landeshaushalt stehen insgesamt 1.945 Stellen für Vertretungen zur Verfügung. Aus dieser Vertretungsreserve weisen die Schulaufsichtsbehörden zu Beginn des Schuljahres Stammschulen Lehrerdeputate für Vertretungsfälle, die Lehrerreserve, zu. Die Stammschule hat diese Lehrerwochenstunden im Unterricht so einzuplanen, dass jederzeit in entsprechendem Umfang geeignete Vertretungslehrkräfte zur Verfügung gestellt werden können, die gegebenenfalls an andere Schulen abgeordnet werden. Die Dauer der Abordnungen soll in der Regel nicht unter drei Wochen liegen.

An den einzelnen Schularten sind in folgendem Umfang Deputate für die Vertretungsreserve einzusetzen:

Schulart	Umfang
Grundschulen	476 Deputate
Werkreal- und Hauptschulen	76 Deputate
Realschulen	278 Deputate
Gemeinschaftsschulen einschließlich auslaufender Züge Werkreal- und Hauptschule bzw. Realschule	169 Deputate
Sonderpädagogische Bildungs- und Beratungszentren	195 Deputate
Gymnasien	390 Deputate
Berufliche Schulen	361 Deputate

Die unteren Schulaufsichtsbehörden können in begründeten Fällen für ihren Bereich im Rahmen der ihnen zugewiesenen Deputate Umschichtungen zwischen den Schularten vornehmen. Die Vertretungsreserven in den einzelnen Schularten können darüber hinaus im Bedarfsfall auch schulartübergreifend eingesetzt werden.

1.5 Budget der Schulaufsichtsbehörden, Ergänzungsbereich

Lehrerwochenstunden, die über die Direktzuweisungen an die Schulen und die Vertretungsreserve hinaus zur Verfügung stehen, bilden das Budget der Schulaufsichtsbehörden.

Dazu werden den unteren Schulaufsichtsbehörden für Grund-, Haupt- und Werkrealschulen sowie Gemeinschaftsschulen jeweils für 23 Schülerinnen und Schüler im Schulaufsichtsbezirk bis zu zwei Lehrerwochenstunden, für Realschulen jeweils für 28 Schülerinnen und Schüler im Schulaufsichtsbezirk bis zu zwei Lehrerwochenstunden zugewiesen.

Den oberen Schulaufsichtsbehörden stehen für die allgemeinbildenden Gymnasien jeweils für 28 Schülerinnen und Schüler im Schulaufsichtsbezirk bis zu einer Lehrerwochenstunde zur Verfügung.

Die oberen beziehungsweise die unteren Schulaufsichtsbehörden können unter Berücksichtigung der gesamten Unterrichtssituation aus ihrem Budget weitere Deputate der Vertretungsreserve zuordnen.

Aus ihrem Budget können die Schulaufsichtsbehörden den Schulen gezielt aufgrund örtlicher schulischer Besonderheiten und zur Einrichtung zusätzlicher Unterrichtsangebote Lehrerwochenstunden zuweisen. Die Lehrerwochenstunden, die der Einzelschule auf diese Weise zugewiesen sind, bilden deren Ergänzungsbereich. Dieser zählt nicht zur Direktzuweisung.

1.6 Vertretungsregelungen

Bei Ausfällen von Lehrkräften während des Schuljahres muss vorrangig der Pflichtunterricht erfüllt werden. Erforderlichenfalls sind dazu die über den Pflichtunterricht hinausgehenden Unterrichtsangebote zu kürzen.

Besondere Verantwortung tragen die Schulen für Maßnahmen bei kurzfristigen Ausfällen. Dabei ist vor allem die Einhaltung der Unterrichtszeiten im Rahmen der Verlässlichen Grundschule, in der Grundschulstufe der sonderpädagogischen Bildungs- und Beratungszentren sowie im Rahmen der Ganztagsschule zu berücksichtigen.

Wenn zwingende dienstliche Verhältnisse dies erfordern, ist bei Lehrerausfällen vorrangig zu prüfen, ob diese Lücken durch Mehrarbeit ausgeglichen werden können. Diese ist nach § 67 Absatz 3 des Landesbeamtengesetzes vorrangig durch spätere Dienstbefreiung auszugleichen. Ist Dienstbefreiung aus zwingenden dienstlichen Gründen nicht möglich, kann nach den Voraussetzungen des § 65 des Landesbesoldungsgesetzes Mehrarbeitsvergütung gewährt werden.

Für kurzfristige Vertretungen in den Grundschulen oder den Grundschulstufen der sonderpädagogischen Bildungs- und Beratungszentren können Schulleitungen auf das zu diesem Zweck der Schule zugeordnete Stundenvolumen unter Beachtung der rechtlichen Rahmenbedingungen direkt Verträge abschließen. ⇨ Grundschule (Verlässliche)

Die Vertretungsreserve ist gezielt bei längerfristigen (das heißt bei einer Dauer von mehr als drei Wochen) Abwesenheitszeiten z.B. wegen Krankheit, gegebenenfalls auch zur Vermeidung kurzfristiger Ausfälle in der Verlässlichen Grundschule und der Ganztagsschule einzusetzen.

Hinweis der Redaktion: Fällt eine Lehrkraft absehbar aus, kann die Schule bereits nach einer Woche eine Vertretungskraft anfordern.

Weiterhin können nach Maßgabe der vorhandenen Mittel Verträge für Vertretungslehrkräfte durch die oberen Schulaufsichtsbehörden abgeschlossen werden. Darüber hinaus können zur Gewinnung von längerfristig unabdingbar erforderlichen Vertretungsstunden auf Antrag im Rahmen freier Stellen Teilzeitbeschäftigungen erhöht und Beurlaubungen unterbrochen oder vorzeitig aufgehoben werden (vergleiche §§ 69 ff. Landesbeamtengesetz).

Die Organisation der Vertretungsreserve obliegt der oberen beziehungsweise der unteren Schulaufsichtsbehörde. Ersatzanforderungen für längerfristige Bedarfsfälle sind von der vom Ausfall betroffenen Schule grundsätzlich elektronisch mit dem Verfahren „Vertretungspool Online" an die zuständige Schulaufsichtsbehörde zu richten.

1.7 Eigenständigkeit der Schule, Lehrereinsatz

Die Schulen erhalten die Unterrichtsstunden als Schulbudget. Für die allgemeinbildenden Schulen setzt sich dieses Schulbudget zusammen aus der Direktzuweisung an die Schule, den Stellenanteilen der Vertretungsreserve und den Zuweisungen aus dem Budget der unteren beziehungsweise der oberen Schulaufsichtsbehörde. Innerhalb des zugewiesenen Schulbudgets sind die Zahl der Klassen sowie gemäß ⇨ Stundentafel-Öffnungsverordnung […] die in den Stundentafeln ausgewiesenen Unterrichtsstunden variabel. Veränderungen der Variablen dürfen keinen Mehrbedarf an Deputaten auslösen. Soweit das Fach Religionslehre betroffen ist, sind die zuständigen kirchlichen Beauftragten zu beteiligen.

Die einzelnen Schulleiterinnen und Schulleiter sind für den regelkonformen Einsatz des Schulbudgets verantwortlich und tragen Sorge dafür, dass der Erziehungs- und Bildungsauftrag der Schule erfüllt und das Ziel der an der Schule bestehenden Bildungsgänge erreicht wird. Ergänzend wird auf die Konferenzordnungen hingewiesen.

⇨ Konferenzordnung

Bei der Planung der Klassenbildung und der Lehraufträge auf der Grundlage der Lehrerzuweisung ist unter Berücksichtigung der Profilbildung vorrangig der Pflichtunterricht zu gewährleisten. Dies ist gegebenenfalls auch durch klassen- oder jahrgangsübergreifenden Unterricht sicherzustellen.

Hinweise der Redaktion:

1. Grundsätzlich sollen an Schulen mit Schüler*innen mit nichtdeutscher Herkunftssprache bzw. Förderbedarf in Deutsch gemischte Klassen gebildet werden. Bei der Bildung von Parallelklassen ist anzustreben, dass die Gruppe der Schüler*innen mit ausreichenden deutschen Sprachkenntnissen in den Klassen ausgewogen vertreten ist.
   ⇨ Migrationshintergrund; ⇨ Integration / Sprachförderung Nr. 4
2. Die Bildung von Klassen mit Schüler*innen nur einer Religionszugehörigkeit, z.B. zur Erleichterung der Stundenplangestaltung beim Religionsunterricht, ist unzulässig.

3. Schüler*innen, die keiner oder einer anderen Religionsgemeinschaft angehören, aber am Religionsunterricht teilnehmen, werden bei der Teilnehmerzahl für den RU berücksichtigt. (Quelle Hinweis 1 und 2: Infodienst Schulleitung Nr. 286, Mai 2019)

Lehrkräfte mit Ausbildung in Engpassfächern sind überwiegend in diesen Fächern einzusetzen. Lehrkräfte mit dem Stufenschwerpunkt Hauptschule sind bei entsprechendem Bedarf überwiegend gemäß ihrem Schwerpunkt einzusetzen. Auf die besondere Bedeutung des Faches Religionslehre wird hingewiesen. ⇨ Religion (Allgemeines)

Zusätzliche Unterrichtsangebote sind von der Schule im Rahmen des zugewiesenen Schulbudgets auszugestalten. Dabei haben besondere Förderangebote und musisch-kulturelle Aktivitäten in der Regel Vorrang vor anderen Angeboten, sofern die entsprechenden Lehrkräfte zur Verfügung stehen. Dafür sind Organisationsformen zu wählen, die einen effizienten Ressourceneinsatz durch Schwerpunktbildung ermöglichen.

Die aufgrund flexibler Unterrichtsorganisation innerhalb der Direktzuweisung erwirtschafteten Stunden verbleiben an der Schule. Sie sollten vorausschauend verplant werden, dürfen aber auch in angemessenem Umfang für unterrichtsbezogene Schulentwicklungsprojekte eingesetzt werden. Die hierfür erforderlichen Entscheidungen trifft die Schulleiterin oder der Schulleiter; die Gesamtlehrerkonferenz, Schulkonferenz und der Elternbeirat können hierzu unbeschadet des § 41 Absatz 1 ⇨ Schulgesetz (SchG) allgemeine Empfehlungen abgeben. Diese Stunden sind in den Lehrerstundenplänen nachzuweisen und in den elektronischen Verfahren abzubilden. ⇨ Konferenzordnung § 2 Abs. 1 Nr. 9

1.8 Klassenausgleich

Für alle Schularten prüft die jeweilige Schulaufsichtsbehörde anhand der Lehrerberichte auf der Basis von § 76 Absatz 2 und § 88 Absatz 4 SchG für die Eingangsklassen und an Werkrealschulen auch für die 10. Klassen, ob an benachbarten Schulen in zumutbarer Erreichbarkeit die entsprechenden Schülerplätze zur Verfügung stehen, so dass die Bildung einer weiteren Eingangsklasse wegen Überschreiten des Klassenteilers vermieden werden kann.

Die entsprechende Prüfung ist vorzunehmen, falls die Aufnahmekapazität einer Schule erschöpft ist oder durch Aufnahme von Schülerinnen und Schülern in einzelnen Klassenstufen zusätzliche Klassen, Gruppen oder Lerngruppen entstünden.

Auf die zusätzlichen Regelungen für die beruflichen Schulen (Nummer 8.3.3) wird verwiesen.

2 Grundschulen

Die Grundschulen erhalten für die errechneten Klassen und Gruppen als Direktzuweisung

- die Lehrerwochenstunden für den Unterricht nach Kontingentstundentafel je Zug,
- gegebenenfalls Differenzierungsstunden für jahrgangsübergreifenden Unterricht,
- gegebenenfalls Stunden für die Fortführung der Klassen von 1 nach 2 bzw. 3 nach 4,
- gegebenenfalls aufgrund von Erlassen (Schulversuche, Ganztagsbetrieb),
- gegebenenfalls Stunden für Vorbereitungsklassen, ⇨ Vorbereitungsklassen (Stundentafeln VKL)
- gegebenenfalls Stunden des sonderpädagogischen Budgets für inklusive Maßnahmen.

Die beiden deutsch-französischen Grundschulen werden im Schuljahr 2023/2024 nach den bisher geltenden Regelungen versorgt.

Berechnungsgrundlage sind die folgenden Parameter zur Klassen- und Gruppenbildung:

Klassenart	Mindest-schülerzahl	Klassen-/ Gruppenteiler
Regelklassen		
– jahrgangsbezogen	16	28
– jahrgangsübergreifend	16	25
Religionslehre, Sport		
– jahrgangsbezogen	8	28
– jahrgangsübergreifend	8	25
Vorbereitungsklassen	10	24
Sprachförderkurse	4	16
Muttersprachliche Klassen	12	25

Jahrgangsübergreifende Klassen sind verbindlich dann zu bilden, wenn die Mindestschülerzahl 16 für die Klassenbildung in zwei aufeinander folgenden Klassenstufen unter Berücksichtigung des Klassenteilers 25 unterschritten wird. Freiwillig gebildete jahrgangsübergreifende Klassen bedürfen der Genehmigung der unteren Schulaufsichtsbehörde.

Für jahrgangsübergreifende Klassen werden je nach Klassengröße zusätzlich Lehrerwochenstunden für Differenzierungsmaßnahmen zugewiesen, nämlich 2 Lehrerwochenstunden bei 16 bis 20 Schülerinnen und Schülern, 3 Lehrerwochenstunden bei mehr als 20 Schülerinnen und Schülern.

Die zuständigen Schulaufsichtsbehörden erhalten für jede genehmigte Vorbereitungsklasse an Grundschulen zwei Lehrerwochenstunden, die sie den Grundschulen bedarfsgerecht zuweisen.

Kurse zur Sprachförderung oder nachgehenden Sprachförderung können klassen-, jahrgangs- oder schulartübergreifend gebildet werden. Die zuständigen Schulaufsichtsbehörden weisen im Rahmen der zur Verfügung gestellten Stellen je Gruppe bis zu vier Lehrerwochenstunden zu.

Muttersprachliche Klassen erhalten die von Lehrkräften des Landes Baden-Württemberg erteilten Lehrerwochenstunden.

Für örtlich getrennte Außenstellen von Grundschulen sind die Lehrerwochenstunden wie für selbstständige Schulen zu berechnen.

Hinweis der Redaktion: Bei der Bildung von Eingangsklassen und dritten Klassen an Grundschulen ist darauf zu achten, dass stabile Schülerzahlen für die Klassenbildung über einen Zeitraum von zwei Jahren zugrunde gelegt werden. Sollten diese nach Klasse 1 oder Klasse 3 zurückgehen und dadurch der rechnerische Klassenteiler unterschritten werden, kann die untere Schulaufsichtsbehörde im Sinne einer pädagogischen Kontinuität im Einzelfall ein Stundenbudget zur Teilung in Fächern zuweisen. (Quelle: Infodienst Schulleitung Nr. 286, Mai 2019)

3
Werkreal- und Hauptschulen

Die Werkreal- und Hauptschulen erhalten für die errechneten Klassen und Gruppen als Direktzuweisung
- die Lehrerwochenstunden für den Unterricht nach Kontingentstundentafel je Zug,
- Stunden für teilnehmerbezogene Teilungen für Religionslehre / Ethik und Sport,
- Stunden für teilnehmerbezogene Teilungen für Wahlpflichtunterricht,
- den Teilungsstundenpool für die Klassen 5 bis 9 und für Klasse 10,
- gegebenenfalls Stunden für Schülerinnen und Schüler in Klasse 10 in Abhängigkeit von der Zahl derer, die die Hauptschulabschlussprüfung anstreben,
- gegebenenfalls zusätzliche Stunden für jahrgangsübergreifende Klassen,
- gegebenenfalls Stunden aufgrund von Erlassen (Schulversuche, Ganztagsbetrieb),
- gegebenenfalls Stunden für Vorbereitungsklassen,
  ⇨ Vorbereitungsklassen (Stundentafeln VKL)
- gegebenenfalls Stunden des sonderpädagogischen Budgets für inklusive Maßnahmen.

Berechnungsgrundlage sind die folgenden Parameter zur Klassen- und Gruppenbildung:

Klassenart	Mindestschülerzahl	Klassen-/ Gruppenteiler
Regelklasse		
– jahrgangsbezogen	16	30
– jahrgangsübergreifend	16	28
Religionslehre/Ethik, Sport		
– jahrgangsbezogen	8	30
– jahrgangsübergreifend	8	28
Wahlpflichtfächer: Alltagskultur, Ernährung, Soziales (AES), Technik	12	30
Wahlfach Informatik	12	30
Vorbereitungsklassen	10	24
Sprachförderkurse	4	16

Jahrgangsübergreifende Klassen sind an Werkreal- und Hauptschulen dann einzurichten, wenn auf einer Stufe die Mindestschülerzahl 16 für die Klassenbildung unter Berücksichtigung des Klassenteilers 28 unterschritten wird.

Für jahrgangsübergreifende Klassen werden je nach Klassengröße zusätzlich Lehrerwochenstunden für Differenzierungsmaßnahmen zugewiesen, nämlich 3 Lehrerwochenstunden bei 16 bis 19 Schülerinnen und Schülern, 6 Lehrerwochenstunden bei 20 bis 23 Schülerinnen und Schülern und 8 Lehrerwochenstunden bei mehr als 23 Schülerinnen und Schülern.

Für die Klassenstufen 5 bis 9 erhalten die Werkreal- und Hauptschulen für die unter Berücksichtigung ihrer pädagogischen Schwerpunkte und der örtlichen Gegebenheiten gebildeten Gruppen im Fächerverbund, im Wahlpflichtbereich, im Wahlfach Informatik sowie für den Basiskurs Medienbildung einen Teilungsstundenpool von 18 Lehrerwochenstunden je Zug. Werkrealschulen erhalten für jede nach den oben genannten Parametern gebildete Klasse 10 einen zusätzlichen Teilungsstundenpool von vier Lehrerwochenstunden.

Falls Schülerinnen und Schüler der Klassenstufe 10 die Hauptschulabschlussprüfung anstreben, werden bei bis zu acht Schülerinnen und Schülern vier Lehrerwochenstunden, bei mehr als acht Schülerinnen und Schülern sechs Lehrerwochenstunden zusätzlich zugewiesen.

Kurse zur Sprachförderung oder nachgehenden Sprachförderung können klassen-, jahrgangs- oder schulartübergreifend gebildet werden. Die zuständigen Schulaufsichtsbehörden weisen im Rahmen der zur Verfügung gestellten Stellen je Gruppe bis zu vier Lehrerwochenstunden zu.

Die Zuweisung des sonderpädagogischen Budgets für inklusive Maßnahmen erfolgt bedarfsgerecht durch die untere Schulaufsichtsbehörde.

4
Realschulen

Die Realschulen erhalten für die errechneten Klassen und Gruppen als Direktzuweisung
- die Lehrerwochenstunden für den Unterricht nach Kontingentstundentafel je Zug,
- die Stunden für teilnehmerbezogene Teilungen für Religionslehre / Ethik und Sport,
- den Teilungsstundenpool,
- gegebenenfalls Stunden aufgrund von Erlassen (z.B. bilinguale Züge, Ganztagsbetrieb, Schulversuche),
- gegebenenfalls Stunden für Vorbereitungsklassen,
- gegebenenfalls Stunden des sonderpädagogischen Budgets für inklusive Maßnahmen.

Berechnungsgrundlage sind dabei die folgenden Parameter zur Klassen- und Gruppenbildung:

Klassenart	Mindestschülerzahl	Klassen-/ Gruppenteiler
Regelklasse	16	30
Religionslehre, Ethik, Sport	8	30
Wahlfach Informatik	12	30
Vorbereitungsklassen	10	24
Sprachförderkurse	4	16

Für die Einrichtung bilingualer Unterrichtsangebote gilt an den genehmigten Realschulen die Mindestschülerzahl 22.

Die Realschulen erhalten für die unter Berücksichtigung ihrer pädagogischen Schwerpunkte und der örtlichen Gegebenheiten gebildeten Gruppen im Wahlpflichtbereich, im Fächerverbund Biologie, Naturphänomene und Technik, im Wahlfach Informatik und für den Basiskurs Medienbildung einen Teilungsstundenpool von 22 Lehrerwochenstunden je Zug.

Kurse zur Sprachförderung oder nachgehenden Sprachförderung können klassen-, jahrgangs- oder schulartübergreifend gebildet werden. Die zuständigen Schulaufsichtsbehörden weisen im Rahmen der zur Verfügung gestellten Stellen je Gruppe bis zu vier Lehrerwochenstunden zu.

Die Zuweisung des sonderpädagogischen Budgets für inklusive Maßnahmen erfolgt bedarfsgerecht durch die untere Schulaufsichtsbehörde.

5 Gemeinschaftsschulen

5.1 Sekundarstufe I

Die Gemeinschaftsschulen erhalten für die errechneten Klassen und Gruppen in Sekundarstufe I als Direktzuweisung

- die Lehrerwochenstunden für den Unterricht nach Kontingentstundentafel je Zug,
- die Stunden für teilnehmerbezogene Teilungen für Religionslehre / Ethik und Sport,
- den Teilungsstundenpool,
- die Stunden für den Ganztagsbetrieb,
- gegebenenfalls Stunden in den ersten drei Jahren nach Errichtung der Schule,
- gegebenenfalls Stunden aufgrund von Erlassen (z.B. Schulversuche),
- gegebenenfalls Stunden für Vorbereitungsklassen,
  ⇨ Vorbereitungsklassen (Stundentafeln VKL)
- gegebenenfalls Stunden des sonderpädagogischen Budgets für inklusive Maßnahmen.

Berechnungsgrundlage sind die folgenden Parameter zur Klassen- und Gruppenbildung:

Klassenart	Mindestschülerzahl	Klassen-/ Gruppenteiler
Regelklasse	16	28
Religionslehre, Ethik, Sport	8	28
2. Fremdsprache in Klassenstufe 6	12	28
Profilfächer:		
– 3. Fremdsprache	8	28
– Musik, Sport, Bildende Kunst	12	28
– NWT, IMP	12	28
Vorbereitungsklassen	10	24
Sprachförderkurse	4	16

Für die Sekundarstufe I erhalten die Gemeinschaftsschulen für die unter Berücksichtigung ihrer pädagogischen Schwerpunkte und der örtlichen Gegebenheiten gebildeten Gruppen im Wahlpflichtbereich, im Fächerverbund Biologie, Naturphänomene und Technik und für den Basiskurs Medienbildung sowie für NwT und IMP einen Teilungsstundenpool von 22 Lehrerwochenstunden je Zug.

Kurse zur Sprachförderung oder nachgehenden Sprachförderung können klassen-, jahrgangs- oder schulartübergreifend gebildet werden. Die zuständigen Schulaufsichtsbehörden weisen im Rahmen der zur Verfügung gestellten Stellen je Gruppe bis zu vier Lehrerwochenstunden zu.

Die Gemeinschaftsschulen erhalten in der Sekundarstufe I je errechneter Regelklasse für den verpflichtenden Ganztagsunterricht

- an vier Tagen fünf Lehrerwochenstunden,
- an drei Tagen zwei Lehrerwochenstunden.

Darüber hinaus erhalten die Gemeinschaftsschulen

- für jede errechnete Regelklasse 5 im ersten Jahr der Genehmigung der Schule einen einmaligen Zuschlag von drei Lehrerwochenstunden,
- für jede errechnete Regelklasse 6 im zweiten Jahr der Genehmigung der Schule einen einmaligen Zuschlag von zwei Lehrerwochenstunden,
- für jede errechnete Regelklasse 7 im dritten Jahr der Genehmigung der Schule einen einmaligen Zuschlag von einer Lehrerwochenstunde.

Die Zuweisung des sonderpädagogischen Budgets für inklusive Maßnahmen erfolgt bedarfsgerecht durch die untere Schulaufsichtsbehörde.

5.2 Sekundarstufe II

Die Gemeinschaftsschulen erhalten für die Klassenstufe 11 als Direktzuweisung

- die Lehrerwochenstunden für den Unterricht nach Stundentafel,
- die Stunden für teilnehmerbezogene Teilungen in Religionslehre / Ethik, Sport, in fortgeführter 2. Fremdsprache und neu beginnenden Fremdsprachen, in Profilfächern,
- gegebenenfalls Stunden aufgrund von Erlassen (z.B. Schulversuche),
- gegebenenfalls Stunden des sonderpädagogischen Budgets für inklusive Maßnahmen.

Berechnungsgrundlage sind die folgenden Parameter zur Klassen- und Gruppenbildung:

Klassenart	Mindestschülerzahl	Klassen-/ Gruppenteiler
Regelklasse	16	30
Religionslehre, Ethik, Sport	8	30
2. Fremdsprache		
– fortgeführt	8	30
– neu beginnend	12	30
Profilfächer:		
– 3. Fremdsprache	8	30
– Musik, Sport, Bildende Kunst	12	30
– NWT, IMP	12	30
Physik zusätzlich, wenn das Profilfach nicht fortgeführt werden kann	8	30

Höchstwerte für Lehrerwochenstunden in den Jahrgangsstufen 1 und 2

Zahl der Schülerinnen und Schüler je Jahrgangsstufe	Höchstwerte für die Zahl an Lehrerwochenstunden je Jahrgangsstufe [1) 2)]
bis 59	Formel: L = 37 + S x 1,45
ab 60 bis 109	Formel: L = 43 + S x 1,35
ab 110	Formel: L = 5 + S x 1,70

1) Dezimalen werden aufgerundet.
2) L = Zahl der Lehrerwochenstunden / S = Gesamtschülerzahl in der Jahrgangsstufe

Die Zuweisung des sonderpädagogischen Budgets für inklusive Maßnahmen erfolgt bedarfsgerecht durch die untere Schulaufsichtsbehörde.

6
Sonderpädagogische Bildungs- und Beratungszentren

6.1 Schulbudget und Direktzuweisung

Das Schulbudget jedes sonderpädagogischen Bildungs- und Beratungszentrums (SBBZ) setzt sich zusammen aus der Direktzuweisung, der Vertretungsreserve, den Ressourcen für den sonderpädagogischen Dienst, für die sonderpädagogische Frühförderung und für sonderpädagogische Maßnahmen in Schulkindergärten sowie dem Ergänzungsbereich.

Die genannten Teilbereiche sind an jedem Sonderpädagogischen Bildungs- und Beratungszentrum jeweils getrennt zu verwalten.

Die Direktzuweisung an ein sonderpädagogisches Bildungs- und Beratungszentrum umfasst als Grundzuweisung die errechneten Lehrerwochenstunden für den entsprechenden Förderschwerpunkt, ggf. die für den Ganztagsbetrieb oder durch Einzelerlasse der obersten beziehungsweise oberen Schulaufsichtsbehörde verfügten Lehrerwochenstunden sowie zum Ausgleich pädagogischer, organisatorischer oder örtlicher Besonderheiten Lehrerwochenstunden aus dem Ausgleichsbudget der unteren Schulaufsichtsbehörde.

Für örtlich getrennte Außenstellen von sonderpädagogischen Bildungs- und Beratungszentren sind die Lehrerwochenstunden wie für selbstständige Schulen zu berechnen.

6.2 Grundzuweisung

Berechnungsgrundlage für die Höhe der Grundzuweisung sind die im Folgenden festgelegten Parameter:

Förder-schwerpunkt	für bis zu ... Schüler*innen	Grund-zuweisung
Emotionale-soziale Entwicklung	12	35 LWS
Sehen [2]	10 / 8 [1]	38 LWS
Hören [2]	10	38 LWS
Sprache	12	30 LWS
Mittlere Gruppengröße		
Geistige Entwicklung	6	26 LWS Fachlehrkraft oder technische Lehrkraft sowie 8 LWS Lehrkraft Sonderpädagogik
Körperliche und motorische Entwicklung [2])	6	34 LWS Lehrkraft Sonderpädagogik Bewegungsförderung: 19 LWS Fachlehrkraft körperlich-motorische Entwicklung je errechneter Gruppe (einschl. Bildungsgang G)

Kontingente bei Schülerinnen und Schülern mit schwerer Mehrfachbehinderung

Für Schülerinnen und Schüler mit schwerer Mehrfachbehinderung erhalten sonderpädagogische Bildungs- und Beratungszentren mit dem Förderschwerpunkt geistige Entwicklung und entsprechende Abteilungen anderer sonderpädagogischer Bildungs- und Beratungszentren einen Zuschlag von je zwei Lehrerwochenstunden einer Fachlehrkraft (geistige Entwicklung oder körperlich-motorische Entwicklung) und 0,5 Lehrerwochenstunden einer Lehrkraft mit Lehrbefähigung Sonderpädagogik.

Die Zahl der Schülerinnen und Schüler mit schwerer Mehrfachbehinderung ist im Einzelfall auf Vorschlag der Schule unter Anlegung eines strengen Maßstabes von der unteren Schulaufsichtsbehörde festzustellen.

6.3 Ausgleichsbudget

Den Schulaufsichtsbehörden wird jeweils für ihren Bereich ein Ausgleichsbudget zur Verteilung zur Verfügung gestellt. Sie weisen daraus den einzelnen sonderpädagogischen Bildungs- und Beratungszentren zum Ausgleich pädagogischer, organisatorischer oder örtlicher Besonderheiten Lehrerwochenstunden zu.

Das Gesamtvolumen des Ausgleichsbudgets für jeden Förderschwerpunkt im Bezirk wird nach folgender Tabelle ermittelt.

Förder-schwerpunkt	für bis zu ... Schüler*innen	Bemessungs-grundlage
Emotionale-soziale Entwicklung	12	7 LWS
Sehen [2]	10 / 8 [1]	7 LWS
Hören [2]	10	7 LWS
Sprache	12	7 LWS
Mittlere Gruppengröße		
Geistige Entwicklung	6	11,22 LWS Fachlehrkraft (geistige Entwicklung oder körperlich-motorische Entwicklung)
Körperliche u. motorische Entwicklung[2])	6	

Die für die einzelnen Förderschwerpunkte errechneten Stunden können bei Bedarf mit Ausnahme des Kontingents Fachlehrkraft (geistige Entwicklung oder körperlich-motorische Entwicklung) auch an sonderpädagogischen Bildungs- und Beratungszentren mit anderen Förderschwerpunkten eingesetzt werden.

Fußnoten zu 6.2 und 6.3

[1])Bei Klassen, in denen überwiegend Schülerinnen und Schüler mit Blindheit unterrichtet werden, erfolgt die Berechnung für bis zu acht Schülerinnen und Schüler.

[2]) Im Bildungsgang „Förderschwerpunkt geistige Entwicklung" gilt die Zuweisung des Sonderpädagogischen Bildungs- und Beratungszentrums mit dem Förderschwerpunkt geistige Entwicklung zuzüglich Bewegungsförderung des sonderpädagogischen Bildungs- und Beratungszentrums mit dem Förderschwerpunkt körperliche und motorische Entwicklung.

6.4 Förderschwerpunkt Lernen

Grundlage für die Bemessung der Ressourcen ist die Schülerzahl je Klassenstufe. Die Zuweisung ergibt sich aus der Summe der pro Klassenstufe auf Grundlage der nachfolgenden Tabellen errechneten Ressourcen.

Schülerzahl		Ressourcen je Klassenstufe
von	bis	
		Grundstufe
1	7	S / 8 x $KST_{(G)}$ / 4
8	14	$KST_{(G)}$ / 4
15	21	$KST_{(G)}$ / 4 + (S - 14) / 8 x $KST_{(G)}$ / 4
22	28	2 x $KST_{(G)}$ / 4
29	35	2 x $KST_{(G)}$ / 4 + (S - 28) / 8 x $KST_{(G)}$ / 4
36	42	3 x $KST_{(G)}$ / 4
43	49	3 x $KST_{(G)}$ / 4 + (S - 42) / 8 x $KST_{(G)}$ / 4
...		
		Hauptstufe
1	7	S / 8 x $KST_{(H)}$ / 5
8	14	$KST_{(H)}$ / 5
15	21	$KST_{(H)}$ / 5 + (S -14) / 8 x $KST_{(H)}$ / 5
22	28	2 x $KST_{(H)}$ / 5
29	35	2 x $KST_{(H)}$ / 5 + (S - 28) / 8 x $KST_{(H)}$ / 5
36	42	3 x $KST_{(H)}$ / 5
43	49	3 x $KST_{(H)}$ / 5 + (S - 42) / 8 x $KST_{(H)}$ / 5
...		

S = Schülerzahl je Klassenstufe
$KST_{(G)}$ = Kontingentstundentafel für die Grundstufe an SBBZ Lernen
$KST_{(H)}$ = Kontingentstundentafel für die Hauptstufe an SBBZ Lernen

6.5 Förderschwerpunkt Schüler in längerer Krankenhausbehandlung

Für die sonderpädagogischen Bildungs- und Beratungszentren mit dem Förderschwerpunkt Schüler in längerer Krankenhausbehandlung gilt die Verwaltungsvorschrift Organisatorischer Aufbau der Schule für Kranke in längerer Krankenhausbehandlung vom 28. Juli 1988 (K.u.U. S. 755).

6.6 Budget der unteren Schulaufsicht für inklusive Bildungsangebote

Die unteren Schulaufsichtsbehörden erhalten für die in ihrem Bezirk in inklusiven Bildungsangeboten befindlichen Schulerinnen und Schüler mit einem festgestellten Anspruch auf ein sonderpädagogisches Bildungsangebot ein Budget.

Grundlage für die Ermittlung des Budgets ist die Zahl der Schülerinnen und Schüler mit einem festgestellten Anspruch auf ein sonderpädago- gisches Bildungsangebot pro Klassenstufe. Die Förderschwerpunkte Geistige Entwicklung und Körperliche und Motorische Entwicklung werden dabei getrennt von den anderen Förderschwerpunkten betrachtet. Die beiden Teilbudgets werden anhand der nachfolgenden Tabellen ermittelt. Die Verteilung des Gesamtbudgets liegt in Verantwortung der unteren Schulaufsichtsbehörde. Diese berücksichtigt dabei die besonderen Bedarfe der Schülerinnen und Schüler und die Rahmenbedingungen an der entsprechenden Schule.

Förderschwerpunkte Geistige Entwicklung und Körperliche und Motorische Entwicklung		
Im Bezirk der unteren Schulaufsichtsbehörde in inklusiven Bildungsangeboten befindliche Zahl an Schüler*innen mit einem festgestellten Anspruch auf ein sonderpädagogisches Bildungsangebot		Teilbudget je Klassenstufe im Bereich der unteren Schulaufsichtsbehörde
		Primarstufe
von	bis	
1	4	S / 5 x $KST_{(P)}$ / 4 x 1,4
5	7	$KST_{(P)}$ / 4 x 1,4
8	11	$KST_{(P)}$ / 4 x 1,4 + (S-7) / 5 x $KST_{(P)}$ / 4 x 1,4
12	14	2 x $KST_{(P)}$ / 4 x 1,4
15	18	2 x $KST_{(P)}$ / 4 x 1,4 + (S-14) / 5 x $KST_{(P)}$ / 4 x 1,4
19	21	3 x $KST_{(P)}$ / 4 x 1,4
22	25	3 x $KST_{(P)}$ / 4 x 1,4 + (S-21) / 5 x $KST_{(P)}$ / 4 x 1,4
...		
		Sekundarstufe
1	4	S / 5 x $KST_{(SI)}$ / 6 x 1,4
5	7	$KST_{(SI)}$ / 6 x 1,4
8	11	$KST_{(SI)}$ / 6 x 1,4 + (S-7) / 5 x $KST_{(SI)}$ / 6 x 1,4
12	14	2 x $KST_{(SI)}$ / 6 x 1,4
15	18	2 x $KST_{(SI)}$ / 6 x 1,4 + (S-14) / 5 x $KST_{(SI)}$ / 6 x 1,4
19	21	3 x $KST_{(SI)}$ / 6 x 1,4
22	25	3 x $KST_{(SI)}$ / 6 x 1,4 + (S-21) / 5 x $KST_{(SI)}$ / 6 x 1,4
...		

S = zusammengefasste Schülerzahl je Klassenstufe für die Förderschwerpunkte Geistige Entwicklung und Körperliche und Motorische Entwicklung
$KST_{(P)}$ = Kontingentstundentafel Grundschule
$KST_{(SI)}$ = durchschnittliche Kontingentstundentafel der Schularten der Sekundarstufe I

Förderschwerpunkte Emotionale-Soziale Entwicklung, Lernen, Hören, Sehen, Sprache		
Im Bezirk der unteren Schulaufsichtsbehörde in inklusiven Bildungsangeboten befindliche Zahl an Schüler*innen mit einem festgestellten Anspruch auf ein sonderpädagogisches Bildungsangebot		**Teilbudget je Klassenstufe im Bereich der unteren Schulaufsichtsbehörde**
		Primarstufe
von	bis	
1	7	S / 8 x $KST_{(P)}$ / 4
8	14	$KST_{(P)}$ / 4
15	21	$KST_{(P)}$ / 4 + (S-14) / 8 x $KST_{(P)}$ / 4
22	28	2 x $KST_{(P)}$ / 4
29	35	2 x $KST_{(P)}$ / 4 + (S-28) / 8 x $KST_{(P)}$ / 4
36	42	3 x $KST_{(P)}$ / 4
43	49	3 x $KST_{(P)}$ / 4 + (S-42) / 8 x $KST_{(P)}$ / 4
...		

Sekundarstufe		
1	7	S / 8 x $KST_{(SI)}$ / 6
8	14	$KST_{(SI)}$ / 6
15	21	$KST_{(SI)}$ / 6 + (S-14) / 8 x $KST_{(SI)}$ / 6
22	28	2 x $KST_{(SI)}$ / 6
29	35	2 x $KST_{(SI)}$ / 6 + (S-28) / 8 x $KST_{(SI)}$ / 6
36	42	3 x $KST_{(SI)}$ / 6
43	49	3 x $KST_{(SI)}$ / 6 + (S-42) / 8 x $KST_{(SI)}$ / 6
...		

S = zusammengefasste Schülerzahl je Klassenstufe für die Förder schwerpunkte Emotionale-Soziale Entwicklung, Lernen, Hören, Sehen, Sprache
$KST_{(P)}$ = Kontingentstundentafel Grundschule
$KST_{(SI)}$ = durchschnittliche Kontingentstundentafel der Schularten der Sekundarstufe I

6.7 Ganztagsschulen und Internate

Die sonderpädagogischen Bildungs- und Beratungszentren mit den Förderschwerpunkten Lernen, emotionale-soziale Entwicklung oder Sprache, die Ganztagsschulen sind, erhalten die notwendigen Lehrerwochenstunden nach den jeweils geltenden Regelungen.

Mittagessen und Freizeitangebot, die an sonderpädagogischen Bildungs- und Beratungszentren mit Internat durch Personal des Internatsbereichs erbracht werden, sind entsprechend der anderweitig notwendigen Lehrerwochenstunden vom Soll der Schule abzusetzen.

6.8 Sonderpädagogischer Dienst

Die Mindestzahl der Deputate für den sonderpädagogischen Dienst, die jede obere Schulaufsichtsbehörde erhält, wird vom Kultusministerium festgelegt.

Die oberen Schulaufsichtsbehörden weisen aus diesem Budget der jeweiligen unteren Schulaufsichtsbehörde die Lehrerwochenstunden für den sonderpädagogischen Dienst und für die Medienberatungszentren der sonderpädagogischen Bildungs- und Beratungszentren mit Internat gesondert und zweckgebunden zu.

Über die Verteilung dieser Lehrerwochenstunden auf die sonderpädagogischen Bildungs- und Beratungszentren mit den Förderschwerpunkten Lernen, emotionale und soziale Entwicklung, Sprache, geistige Entwicklung und Schüler in längerer Krankenhausbehandlung entscheidet die untere Schulaufsichtsbehörde im Zusammenwirken mit den entsprechenden sonderpädagogischen Bildungs- und Beratungszentren.

Über die so festgelegte Stundenzahl hinaus können je nach den örtlichen Verhältnissen aus dem Budget der unteren Schulaufsichtsbehörden den einzelnen Schulen weitere Lehrerwochenstunden zugewiesen werden, wobei ein Ausgleich zwischen den beteiligten Schularten anzustreben ist.

Für den sonderpädagogischen Dienst bei blinden, seh-, hör- oder körperbehinderten Schülerinnen und Schülern in allgemeinen Schulen kann den sonderpädagogischen Bildungs- und Beratungszentren für eine Beratungs- und Unterstützungseinheit pro Woche eine Lehrerwochenstunde zugewiesen werden.

Das gilt vergleichbar bei blinden, seh-, hör- oder körperbehinderten Schülerinnen und Schülern, die in einem zieldifferenten inklusiven Bildungs- angebot an einer allgemeinen Schule unterrichtet werden, die die fachrichtungsspezifische Kompetenz Lernen oder geistige Entwicklung selbst vorhält oder von einem nahegelegenen sonderpädagogischen Bildungs- und Beratungszentrum mit dem Förderschwerpunkt Lernen oder geistige Entwicklung unterstützt wird.

6.9 Frühförderung durch die Beratungsstellen an sonderpädagogischen Bildungs- und Beratungszentren

Die Gesamtzahl der Lehrerwochenstunden für die sonderpädagogische Frühförderung wird vom Kultusministerium festgelegt. Über die oberen Schulaufsichtsbehörden wird den jeweiligen unteren Schulaufsichtsbehörden beziehungsweise dem jeweiligen sonderpädagogischen Bildungs- und Beratungszentrum mit Internat jeweils ein Teilkontingent gesondert zugewiesen.

Die untere Schulaufsichtsbehörde legt im Zusammenwirken mit den verschiedenen Beratungsstellen die Zahl der Lehrerwochenstunden für die einzelne Beratungsstelle fest.

Ist einem sonderpädagogischen Bildungs- und Beratungszentrum eine sonderpädagogische Beratungsstelle für die Frühförderung behinderter Kinder angeschlossen, so werden in einer Beratungsstelle für sprachbehinderte Kinder für je fünf Fördereinheiten (Förderung, Beratung und sonstige Aufgaben), in den übrigen Beratungsstellen für je vier Fördereinheiten pro Woche vier Lehrerwochenstunden eingesetzt.

6.10 Mitwirkung in Schulkindergärten

Für die notwendigen sonderpädagogischen Maßnahmen in Schulkindergärten erhalten die sonderpädagogischen Bildungs- und Beratungszentren, denen die Schulkindergärten zugeordnet sind, acht Lehrerwochenstunden je Gruppe zugewiesen. Die Gruppenbildung ist geregelt in der VwV Öffentliche ⇨ Schulkindergärten.

Für die Mitwirkung von Fachlehrern K (Physiotherapeuten) sind in Schulkindergärten für körperbehinderte Kinder 2,12 Lehrerwochenstunden je Kind vorzusehen. Diese Lehrerwochenstunden sind stellenmäßig dem Bereich der Schulkindergärten zuzuordnen.

6.11 Private sonderpädagogische Bildungs- und Beratungszentren

Für die privaten Sonderpädagogischen Bildungs- und Beratungszentren gelten die Regelungen der Verwaltungsvorschrift „Eigenständigkeit der Schulen und Unterrichtsorganisation im Schuljahr 2003/2004“ vom 10. Januar 2003 (K.u.U. 2003, Seite 5) mit Ausnahme der Nummer 6.7 und 6.10 auch im Schuljahr 2023/2024 weiter.

⇨ Behinderungen (Förderbedarf); ⇨ Integration und Sprachförderung; ⇨ Sonderpädagogik (SBBZ Bildungsangebote)

7
Allgemeinbildende Gymnasien

7.1 Gymnasien der Normalform

Die Gymnasien erhalten für die errechneten Klassen und Gruppen als Direktzuweisung

- die Lehrerwochenstunden für den Unterricht nach Kontingentstundentafel je Zug,
- den Teilungsstundenpool,
- für die Jahrgangsstufen die Lehrerwochenstunden gemäß der nachstehenden Tabelle für die Berechnung der Höchstwerte,
- ggf. Stunden für die Stufe 11 des Modellversuchs G9, ⇨ Gymnasium (Schulversuch G 9)
- ggf. Stunden aufgrund von Erlassen (z.B. bilinguale Züge, Ganztagsbetrieb, Schulversuche),
- gegebenenfalls Stunden für Vorbereitungsklassen, ⇨ Vorbereitungsklassen (Stundentafeln VKL)
- ggf. Stunden des sonderpädagogischen Budgets für inklusive Maßnahmen.

Berechnungsgrundlage sind dabei die folgenden Parameter zur Klassen- und Gruppenbildung:

Klassenart	Mindest-schüler-zahl	Klassen-/ Gruppen-teiler
Regelklasse (5-10 bzw. 11)	16	30
Religionslehre, Ethik, Sport	8	30
1. und 2. Fremdsprache	16	30
Profilfächer: 3. Fremdsprachen: - Latein, Russisch, Griechisch - andere Sprachen NWT, IMP	 8 12 12	 30 30 30
Physik zusätzlich, wenn in der Einführungsphase der Oberstufe das Profilfach nicht fortgeführt werden kann	8	30
Vorbereitungsklassen	10	24
Sprachförderkurse	4	16

Jedes allgemeinbildende Gymnasium erhält einen Teilungsstundenpool von sieben Lehrerwochenstunden je Zug. Diese Stunden sind vorrangig für Teilungen in den Fächern Biologie, Naturphänomene und Technik (BNT), NWT und IMP sowie für den Basiskurs Medienbildung vorgesehen.

Kurse zur Sprachförderung oder nachgehenden Sprachförderung können klassen-, jahrgangs- oder schulartübergreifend gebildet werden. Die zuständigen Schulaufsichtsbehörden weisen im Rahmen der zur Verfügung gestellten Stellen je Gruppe bis zu vier Lehrerwochenstunden zu.

Für die Stufe 11 des Modellversuchs G 9 werden den Versuchsschulen zugewiesen:

- 31 Wochenstunden je G9-Klasse 11,
- die Stunden für teilnehmerbezogene Teilungen in Religionslehre / Ethik, Sport, der zweiten Fremdsprache und den Profilfächern.

Höchstwerte für Lehrerwochenstunden in den Jahrgangsstufen 1 und 2 (AGVO)	
Zahl der Schüler je Jahrgangsstufe	Höchstwerte für die Zahl an Lehrerwochenstunden je Jahrgangsstufe [1) 2)]
bis 59	Formel: L = 37 + S x 1,45
ab 60 bis 109	Formel: L = 43 + S x 1,35
ab 110	Formel: L = 5 + S x 1,70

1) Dezimalen werden aufgerundet.
2) L = Zahl der Lehrerwochenstunden
S = Gesamtschülerzahl in der Jahrgangsstufe

Die Zuweisung des sonderpädagogischen Budgets für inklusive Maßnahmen erfolgt bedarfsgerecht durch die untere Schulaufsichtsbehörde.

7.2 Aufbaugymnasien mit Internat

Die bisherigen Regelungen für die Gymnasien in Aufbauform mit Internat bleiben erhalten.

8
Berufliche Schulen

8.1 Stundenbudget

Allen öffentlichen beruflichen Schulen steht ein Stundenbudget zur Unterrichtsorganisation zur Verfügung.

Zur Planung ihrer Unterrichtsorganisation erhalten sie zunächst ein vorläufiges Stundenbudget, das die obere Schulaufsichtsbehörde auf der Grundlage der in der Statistik des Schuljahres 2022/2023 ausgewiesenen Ist-Stunden in Absprache mit der Schule spätestens zum 1. Februar 2023 festgelegt hat.

Hinweis der Redaktion: Die Schulleitung soll die Auswirkungen der durch Flexibilisierungsmaßnahmen erwirtschafteten Stunden auf die Gesamtbelastung der betroffenen Lehrkräfte im Rahmen von § 67 Abs. 1 LPVG mit dem örtlichen Personalrat erörtern. (Quelle: Infodienst Schulleitung Nr. 256, April 2016)

Die Berechnungsgrundlagen aller Schulen bilden den Ausgangswert für die Verteilung der vorhandenen Ressourcen durch die oberen Schulaufsichtsbehörden. Den Schulen wird der entsprechende Anteil an den verfügbaren Ressourcen zugewiesen. Dabei berücksichtigt die obere Schulaufsichtsbehörde insbesondere auch die Versorgungssituation der jeweiligen Schule.

Zur Sicherstellung einer bedarfsgerechten Unterrichtsversorgung können die oberen Schulaufsichtsbehörden weitere Maßnahmen (zum Beispiel Zielvereinbarungen mit Schulen) ergreifen.

Das endgültige Stundenbudget wird durch die obere Schulaufsichtsbehörde auf der Basis der nachfolgenden Regelungen ermittelt.

8.2 Berechnungsgrundlage zur Ermittlung des Stundenbudgets

Die Berechnungsgrundlage umfasst für alle Bildungsgänge die zur Erfüllung des Pflichtbereichs der Stundentafeln (Pflicht- und Wahlpflichtunterricht) erforderlichen Lehrerwochenstunden unter Berücksichtigung der nachstehenden Parameter zur Klassen- und Gruppenbildung sowie für die Jahrgangsstufen der beruflichen Gymnasien die Lehrerwochenstunden gemäß der nachstehenden Tabelle für die Berechnung der Höchstwerte und die durch Einzelentscheidung der obersten Schulaufsichtsbehörde verfügten Lehrerwochenstunden.

Bei der Ermittlung des Stundenbudgets sind außerdem inklusive Bildungsangebote für Schülerinnen und Schüler mit einem fortbestehenden Anspruch auf ein sonderpädagogisches Bildungsangebot zu berücksichtigen. Maßgabe dabei ist, dass inklusive Bildungsangebote innerhalb der Regelbildungsgänge einer beruflichen Schule und Bildungsangebote beruflicher Schulen, die an den Förderschwerpunkten nach § 15 Abs. 1 Satz 4 SchG ausgerichtet sind, jeweils über eine qualitativ vergleichbare Ausstattung verfügen sollen.

Aufgrund der Berechnungsgrundlage des Klassen-/Gruppenteilers zu viel gebildete Klassen sind dem Regierungspräsidium bis zum Ende der ersten Schulwoche anzuzeigen und genehmigen zu lassen.

In der Statistik für berufliche Schulen finden die in der Anlage zu den Erläuterungen zu dieser Verwaltungsvorschrift aufgeführten maximalen Lehrerwochensollstunden Anwendung.

Schulart / Fächer / Fächergruppen	Mindest-schüler-zahl	Klassen-/Gruppen-teiler
Sonderberufsschulen (SBS) und Sonderberufsfachschulen (SBFS)[5]	8	16
Vorqualifizierungsjahr Arbeit / Beruf (VAB)[1], Berufseinstiegsjahr (BEJ) und Berufsschulklassen für Teilnehmerinnen / Teilnehmer an berufsvorbereitenden Bildungsmaßnahmen außerschulischer Maßnahmenträger	11	18
Berufsschulklassen mit Jugendlichen ohne Ausbildungsvertrag und Berufsschulklassen sowie Berufsfachschulklassen mit überwiegend Ausländerinnen und Ausländern	12	24
Alle anderen Schularten	16	30
Praktische Fachkunde, Technologiepraktikum, Laborübungen, fachpraktischer Unterricht, Handlungskompetenz, Projektkompetenz mit Sozialkompetenz, individuelle Förderung[2]	8	16
Informatik, Datenverarbeitung, Computertechnik, Textverarbeitung, soweit der Unterricht in diesen Fächergruppen den Einsatz von Rechnern erforderlich macht[2]	8	16
Wahlpflichtfächer in Vollzeitklassen[2]	8	30[3]
Fachpraxis im landwirtschaftlichen Betrieb	-	4,5[4]
Religionslehre, Ethik, Sport	8	30
Zusatzunterricht zum Erwerb der Fachhochschulreife und zum schulischen Berufsabschluss	16	30
Sprachförderkurse[6]	4	16

1) Bei VABO-Klassen sind bei der Bedarfsplanung Mindestschülerzahl und Klassenteiler Richtwerte, von denen bei einer zu erwartenden Änderung der Schülerzahl durch die obere Schulaufsichtsbehörde abgewichen werden kann.

2) Für die Gruppenbildung in den grundsätzlich teilungsfähigen Fächern im VAB, BVJ, BEJ, in der SBS und in der SBFS wird keine Mindestschülerzahl und damit auch kein Mindestgruppenteiler zugrunde gelegt.

3) Bei praktischer Fachkunde, Technologiepraktikum, Laborübungen, fachpraktischem Unterricht, Handlungskompetenz, Projektkompetenz mit Sozialkompetenz oder individueller Förderung im Wahlpflichtbereich sind pro Klasse maximal zwei Gruppen zulässig.

4) Durchschnittliche Gruppengröße.

5) Gilt für den Förderschwerpunkt Lernen. Mindestschülerzahl und Klassenteiler bei besonderem Förderbedarf im Förderschwerpunkt Lernen oder in den anderen Förderschwerpunkten gemäß § 15 SchG orientieren sich an den entsprechenden Vorgaben für private SBBZ (siehe Nummer 6.8).

6) Schulart-, bildungsgang- und klassenübergreifende Gruppenbildung, je nach Sprachvorkenntnissen Zuteilung in drei verschiedene Sprachniveaustufen möglich. Die zuständige obere Schulaufsichtsbehörde weist im Rahmen der für die Einrichtung von Sprachförderkursen zur Verfügung stehenden Ressourcen bis zu 4,5 Lehrerwochenstunden zu. Im Bereich der Berufsschule kann aus zwingenden schulorganisatorischen Gründen mit Genehmigung der oberen Schulaufsichtsbehörde vom Gruppenteiler abgewichen werden.

Stundenbudget für den Bildungsgang Ausbildungsvorbereitung dual (AVdual) beziehungsweise Ausbildungsvorbereitung (A V)

Das Stundenbudget[1] berechnet sich aus der Zahl der Schülerinnen und Schüler des jeweiligen Bildungsgangs differenziert nach der Vorbildung beziehungsweise dem angestrebten Schulabschluss.

Vorbildung	Angestrebter Schulabschluss	Lehrerwochenstunden pro Schüler	
		AVdual	AV
mindestens Hauptschulabschluss	Abschluss der einjährigen Berufsfachschule	2,5	2,5
mindestens Hauptschulabschluss	Abschluss der zweijährigen Berufsfachschule	1,9	1,9
mindestens Hauptschulabschluss	Abschluss des Bildungsgangs Ausbildungsvorbereitung dual	2,7	3,3
kein allgemeinbildender Schulabschluss		3,3	3,5

[1] Das Stundenbudget beinhaltet alle Lehrerwochenstunden (inklusive Offene Lernzeit), die Zeit für Lernberatung (circa 0,5 LWS pro 5 bis 7 Lernende), Kompetenzanalyse sowie die Teamzeit.

In den Bildungsgängen Ausbildungsvorbereitung dual (AVdual) beziehungsweise Ausbildungsvorbereitung (AV) erhalten die beruflichen Schulen für den verpflichtenden Ganztagsunterricht fünf Lehrerwochenstunden für je 20 Schülerinnen und Schüler.

Höchstwerte für Lehrerwochenstunden in den Jahrgangsstufen der Beruflichen Gymnasien je Dienststelle	
Zahl der Schülerinnen und Schüler je Jahrgangsstufe	Höchstwerte für die Zahl an Lehrerwochenstunden je Jahrgangsstufe [1) 2)]
bis 110	Formel: L = 38 + S x 1,3
ab 111	Formel: L = S x 1,65

[1)] Dezimalen werden aufgerundet.
[2)] L = Zahl der Lehrerwochenstunden
S = Gesamtschülerzahl in der Jahrgangsstufe

8.3 Verwendung der Lehrerwochenstunden

8.3.1 Vorrang für duale und quasiduale Ausbildung

Die oberen Schulaufsichtsbehörden sowie die Schulleitungen haben darauf zu achten, dass bei der Verwendung der zur Verfügung stehenden Lehrerwochenstunden die dualen Ausbildungsgänge, die Erzieher- und Kinderpflegeausbildung (2BFHK, BFSAIT, 1BKSP, 2BKSP, BKSPT, BKSPIT, BKSPIL, BFQEE), die sozialpädagogische Assistenzausbildung (BFSAIT, 2BFSA), die Altenpflegehilfeausbildung, die Pflegeausbildung sowie die das erste Lehrjahr ersetzenden Bildungsgänge vorrangig versorgt werden, im Übrigen für alle Schularten des beruflichen Schulwesens eine angemessene Unterrichtsversorgung gewährleistet ist.

An den Berufsschulen sind langfristig 13 Wochenstunden je Klasse (einschließlich Religionslehre und Praktische Fachkunde beziehungsweise Technologiepraktikum) anzustreben unter Ausgleich bei den einzelnen Schultypen und Schulen.

Der in den Stundentafeln festgelegte Berufsschulunterricht ist so zu organisieren, dass innerhalb der Gesamtarbeitszeit der Auszubildenden eine möglichst hohe Anwesenheitszeit in der Ausbildungsstätte erreicht wird.

8.3.2 Spielraum der Schulleitung

Die Stundentafeln der Vollzeitschulen und ihrer entsprechenden Teilzeitformen sind in angemessenem Umfang variabel. Nach Festlegung durch die Schulleitung können in diesem Rahmen Selbstlernsequenzen oder Unterricht ersetzende oder ergänzende betriebliche Praktika angeboten werden. Durch den Unterricht ersetzende oder ergänzende Maßnahmen oder durch Flexibilisierungen der Stundentafel dürfen mögliche Anrechnungen von Schulzeit auf die Ausbildungszeit nicht gefährdet werden.

8.3.3 Klassenbildung

Bei der Bildung von Eingangsklassen sind die Kooperationsmöglichkeiten, insbesondere an Berufsschulzentren und benachbarten Schulen, auszuschöpfen. Jede Erweiterung der Zahl der Eingangsklassen bedarf der Zustimmung der oberen Schulaufsichtsbehörde.

Kommt aufgrund zu geringer Schülerzahl keine Klasse beziehungsweise Gruppe zustande, sind die Schülerinnen und Schüler einer benachbarten Schule zuzuweisen.

In besonders gelagerten Einzelfällen, insbesondere
- zur Erhaltung des Bildungsangebots, vor allem im ländlichen Raum,
- für sonderpädagogische Maßnahmen in Klassen mit überwiegend lern- und leistungsschwachen Schülerinnen und Schülern oder aus anderen zwingenden pädagogischen Gründen,
- aus zwingenden Gründen der örtlichen Raumsituation,

sind Ausnahmen von den Mindestschülerzahlen und Klassenteilern möglich. Wurde die Mindestschülerzahl bereits im Schuljahr 2022/2023 unterschritten, ist ein besonders strenger Maßstab anzulegen. Ausnahmen von der Mindestschülerzahl sind dem Regierungspräsidium bis zum Ende der ersten Schulwoche anzuzeigen.

Der Unterricht in abweichend von der Mindestschülerzahl gebildeten Klassen ist so zu organisieren, dass die Schülerinnen und Schüler möglichst in allen Fächern, in denen es nach Stundentafel und Lehrplan vertretbar ist, klassenübergreifend zusammengefasst werden können. Dabei sind auch andere Schulen, insbesondere solche an Berufsschulzentren, einzubeziehen. [...]

⇨ Behinderungen (Förderbedarf); ⇨ Integration und Sprachförderung; ⇨ Konferenzordnung § 2 Abs. 1 Nr. 9; ⇨ Migrationshintergrund (Inklusion); ⇨ Schulgesetz §§ 41, 57, 76 und 88; ⇨ Sonderpädagogik (SBBZ Bildungsangebote)

Urheberrecht (Allgemeines)

Informationen der Redaktion zur Rechtslage und zur Verwaltungspraxis in Baden-Württemberg

1. Urheberrechtsgesetz

Auszug aus dem Urheberrechtsgesetz vom 26.7.2007 (BGBl. I S. 2513); zuletzt geändert 23.6.2021 (BGBl. I S. 1858)

§ 53 Vervielfältigungen zum privaten und sonstigen eigenen Gebrauch

(1) Zulässig sind einzelne Vervielfältigungen eines Werkes durch eine natürliche Person zum privaten Gebrauch auf beliebigen Trägern, sofern sie weder unmittelbar noch mittelbar Erwerbszwecken dienen, soweit nicht zur Vervielfältigung eine offensichtlich rechtswidrig hergestellte oder öffentlich zugänglich gemachte Vorlage verwendet wird. Der zur Vervielfältigung Befugte darf die Vervielfältigungsstücke auch durch einen anderen herstellen lassen, sofern dies unentgeltlich geschieht oder es sich um Vervielfältigungen auf Papier oder einem ähnlichen Träger mittels beliebiger photomechanischer Verfahren oder anderer Verfahren mit ähnlicher Wirkung handelt.

(2) Zulässig ist, einzelne Vervielfältigungsstücke eines Werkes herzustellen oder herstellen zu lassen

1. *(aufgehoben)*
2. zur Aufnahme in ein eigenes Archiv, wenn und soweit die Vervielfältigung zu diesem Zweck geboten ist und als Vorlage für die Vervielfältigung ein eigenes Werkstück benutzt wird,
3. zur eigenen Unterrichtung über Tagesfragen, wenn es sich um ein durch Funk gesendetes Werk handelt,
4. zum sonstigen eigenen Gebrauch,
   a) wenn es sich um kleine Teile eines erschienenen Werkes oder um einzelne Beiträge handelt, die in Zeitungen oder Zeitschriften erschienen sind,
   b) wenn es sich um ein seit mindestens zwei Jahren vergriffenes Werk handelt.

Dies gilt nur, wenn zusätzlich

1. die Vervielfältigung auf Papier oder einem ähnlichen Träger mittels beliebiger photomechanischer Verfahren oder anderer Verfahren mit ähnlicher Wirkung vorgenommen wird oder
2. eine ausschließlich analoge Nutzung stattfindet.

(3) *(aufgehoben)*

(4) Die Vervielfältigung

a) graphischer Aufzeichnungen von Werken der Musik,

b) eines Buches oder einer Zeitschrift, wenn es sich um eine im wesentlichen vollständige Vervielfältigung handelt,

ist, soweit sie nicht durch Abschreiben vorgenommen wird, stets nur mit Einwilligung des Berechtigten zulässig oder unter den Voraussetzungen des Absatzes 2 Satz 1 Nr. 2 oder zum eigenen Gebrauch, wenn es sich um ein seit mindestens zwei Jahren vergriffenes Werk handelt.

(5) Die Absätze 1 und 2 Satz 1 Nr. 2 bis 4 finden keine Anwendung auf Datenbankwerke, deren Elemente einzeln mithilfe elektronischer Mittel zugänglich sind.

(6) Die Vervielfältigungsstücke dürfen weder verbreitet noch zu öffentlichen Wiedergaben benutzt werden. Zulässig ist jedoch, rechtmäßig hergestellte Vervielfältigungsstücke von Zeitungen und vergriffenen Werken sowie solche Werkstücke zu verleihen, bei denen kleine beschädigte oder abhanden gekommene Teile durch Vervielfältigungsstücke ersetzt worden sind.

(7) Die Aufnahme öffentlicher Vorträge, Aufführungen oder Vorführungen eines Werkes auf Bild- oder Tonträger, die Ausführung von Plänen und Entwürfen zu Werken der bildenden Künste und der Nachbau eines Werkes der Baukunst sind stets nur mit Einwilligung des Berechtigten zulässig.

§ 60 a Unterricht und Lehre

(1) Zur Veranschaulichung des Unterrichts und der Lehre an Bildungseinrichtungen dürfen zu nicht kommerziellen Zwecken bis zu 15 Prozent eines veröffentlichten Werkes vervielfältigt, verbreitet, öffentlich zugänglich gemacht und in sonstiger Weise öffentlich wiedergegeben werden

1. für Lehrende und Teilnehmer der jeweiligen Veranstaltung,
2. für Lehrende und Prüfer an derselben Bildungseinrichtung sowie
3. für Dritte, soweit dies der Präsentation des Unterrichts, von Unterrichts- oder Lernergebnissen an der Bildungseinrichtung dient.

(2) Abbildungen, einzelne Beiträge aus derselben Fachzeitschrift oder wissenschaftlichen Zeitschrift, sonstige Werke geringen Umfangs und vergriffene Werke dürfen abweichend von Absatz 1 vollständig genutzt werden.

(3) Nicht nach den Absätzen 1 und 2 erlaubt sind folgende Nutzungen:

1. Vervielfältigung durch Aufnahme auf Bild- oder Tonträger und öffentliche Wiedergabe eines Werkes, während es öffentlich vorgetragen, aufgeführt oder vorgeführt wird,
2. Vervielfältigung, Verbreitung und öffentliche Wiedergabe eines Werkes, das ausschließlich für den Unterricht an Schulen geeignet, bestimmt und entsprechend gekennzeichnet ist, an Schulen sowie
3. Vervielfältigung von grafischen Aufzeichnungen von Werken der Musik, soweit sie nicht für die öffentliche Zugänglichmachung nach den Absätzen 1 oder 2 erforderlich ist.

(4) Bildungseinrichtungen sind frühkindliche Bildungseinrichtungen, Schulen, Hochschulen sowie

Einrichtungen der Berufsbildung oder der sonstigen Aus- und Weiterbildung.

Satz 1 ist nur anzuwenden, wenn Lizenzen für diese Nutzungen leicht verfügbar und auffindbar sind, den Bedürfnissen und Besonderheiten von Bildungseinrichtungen entsprechen und Nutzungen nach Satz Nr. 1 bis 3 erlauben. [...]

§ 60 b
Unterrichts- und Lehrmedien

(1) Hersteller von Unterrichts- und Lehrmedien dürfen für solche Sammlungen bis zu 10 Prozent eines veröffentlichten Werkes vervielfältigen, verbreiten und öffentlich zugänglich machen.

(2) § 60a Absatz 2 und 3 ist entsprechend anzuwenden.

(3) Unterrichts- und Lehrmedien im Sinne dieses Gesetzes sind Sammlungen, die Werke einer größeren Anzahl von Urhebern vereinigen und ausschließlich zur Veranschaulichung des Unterrichts und der Lehre an Bildungseinrichtungen (§ 60a) zu nicht kommerziellen Zwecken geeignet, bestimmt und entsprechend gekennzeichnet sind.

§ 60 h Angemessene Vergütung
der gesetzlich erlaubten Nutzungen

(1) Für Nutzungen nach Maßgabe dieses Unterabschnitts hat der Urheber Anspruch auf Zahlung einer angemessenen Vergütung. Vervielfältigungen sind nach den §§ 54 bis 54c zu vergüten.

(2) Folgende Nutzungen sind abweichend von Absatz 1 vergütungsfrei:

1. die öffentliche Wiedergabe für Angehörige von Bildungseinrichtungen und deren Familien nach § 60a Abs. 1 Nummer 1 und 3 sowie Abs. 2 mit Ausnahme der öffentlichen Zugänglichmachung, [...]

2.
Gesamtvertrag zur Vervielfältigung an Schulen

Die Länder haben mit den Rechteinhabern (Verlage, Verwertungsgesellschaften usw.) für die Dauer vom 1.1.2023 bis 31.12.2027 einen Gesamtvertrag abgeschlossen, um analoge und digitale Vervielfältigungen und einzelne weitere Nutzungen von urheberrechtlich geschützten Schriftwerken, Abbildungen sowie grafischen Aufzeichnungen von Werken der Musik an öffentlichen und privaten Schulen zu ermöglichen sowie hierfür eine angemessene Vergütung festzulegen.

Die Nutzungen von Beiträgen aus Tageszeitungen und Publikumszeitschriften einschließlich der in diesen enthaltenen vollständigen Abbildungen, auch soweit sie gesetzlich erlaubt sind, sind im „Gesamtvertrag öffentliche Zugänglichmachung und öffentliche Wiedergabe" vom 19.12.2019 geregelt. Die dort getroffenen Regelungen gelten weiterhin. Die Verhandlungen über einen Folgevertrag haben bereits begonnen. Darüber hinaus kann das Presseportal für Schulen (PfS) kostenlos genutzt werden. Es ist über die Seite www. https://presseportal-fuer-schulen.de erreichbar.

In § 2 gewähren die Rechteinhaber den Ländern das Recht, einzelne Pressebeiträge und Noten nach Maßgabe des § 4 dieses Vertrages im gleichen Umfang analog und digital zu vervielfältigen und zu verbreiten, wie es nach § 60a Abs. 1 Nr. 1 bis 3 UrhG gesetzlich erlaubt ist, sowie analoge Unterrichtswerke nach Maßgabe des § 4 dieses Vertrages im gleichen Umfang analog zu vervielfältigen, wie es nach § 60a Abs. 1 Nr. 1 bis 3 UrhG gesetzlich erlaubt ist. Das Recht zur Herstellung von digitalen Vervielfältigungen von analogen Unterrichtswerken wird im selben Umfang gewährt, soweit es sich um Unterrichtswerke handelt, die ab 2005 erschienen sind. Die Vervielfältigungen dürfen nur von den Lehrkräften für ihren eigenen Unterrichtsgebrauch hergestellt und an ihre eigenen Schüler*innen verteilt werden. Die vertraglich erlaubten Vervielfältigungen dürfen nur durch die Schulen, nicht aber durch externe Dienstleister vorgenommen werden.

Hätten Sie's gewusst? – Eltern fragen, wir antworten.

Was tun gegen Schülerfotos in sozialen Medien?

Frage: Ich finde es nicht gut, dass ziemlich unpassende, peinliche Fotos unserer Kinder bei Vorführungen auf dem Schulfest auf der Schul-Homepage eingestellt sind. Darf das die Schule überhaupt? Und: Dürfen andere Eltern mein Kind eigentlich in der Schule fotografieren?

Antwort: Vor der Veröffentlichung von Fotos, Filmen, Tonaufnahmen in digitalen Medien im Internet/Intranet oder in Printmedien (z.B. Schülerzeitschriften), auf denen minderjährige Schüler*innen abgebildet oder identifizierbar sind, ist schriftlich oder elektronisch die Einwilligung der Erziehungsberechtigten einzuholen, nach Vollendung des 14. Lebensjahres zusätzlich auch von den betroffenen Schüler*innen, sofern die Veröffentlichung nicht zur Erfüllung des Bildungsauftrags zwingend erforderlich ist. So bestimmt es die VwV ⇨ Datenschutz (Schulen) Nr. 2.1.4. Sie können sich also wehren.

Dies gilt übrigens auch, wenn solche Darstellungen über soziale Medien an andere Personen weitergegeben oder ausgetauscht werden sollen. Gegebenenfalls muss beispielsweise die Pausenaufsicht einschreiten, wenn das per Handy auf dem Schulhof erfolgt. Siehe hierzu auch ⇨ Mobbing.

Diese weltweite Verbreitungsmöglichkeit (und leider auch die Sucht mancher Leute, sich und ihre Kinder global bildlich zu produzieren) ist der Hauptgrund dafür, dass manche Schulen das Fotografieren bei Schulveranstaltungen aller Art per ⇨ Hausordnung verbieten. Dies ist ein trauriges Beispiel dafür, dass die Unvernunft einiger Mitmenschen dazu zwingt, die Bewegungs- und Handlungsfreiheit aller einzuschränken. Aber wer weiß, was mit vermeintlich harmlosen Fotos alles angestellt werden kann (Thema: „Missbrauch" und ⇨ Sexuelle Gewalt), muss Verständnis für diese Einschränkungen aufbringen.

In § 3 gewähren die Rechteinhaber für Lehrkräfte an Schulen, soweit nicht bereits nach § 60a Abs.1 UrhG gesetzlich erlaubt, das Recht, nach § 2 hergestellte digitale Vervielfältigungen für ihren eigenen Unterrichtsgebrauch zu nutzen, indem sie diese

- digital per E-Mail oder in vergleichbarer Weise an ihre Schüler für den Unterrichtsgebrauch (einschließlich der Unterrichtsvor- und -nachbereitung) weitergeben,
- ausdrucken und die Ausdrucke ggf. an die Schüler verteilen,
- für ihre Schüler über PCs, Whiteboards und/oder Beamer wiedergeben und
- im jeweils erforderlichen Umfang abspeichern, wobei auch ein Abspeichern auf mehreren Speichermedien der Lehrkraft gestattet wird (PC, Whiteboard, iPad, Laptop, etc.), jedoch Zugriffe Dritter durch effektive Schutzmaßnahmen verhindert werden müssen (Passwort etc.).

Diese Rechtseinräumung umfasst keine Änderungen und Bearbeitungen der Werke oder Werkteile und erfasst – soweit nicht nach Abs. 1 erlaubt – nicht die öffentliche Zugänglichmachung oder die öffentliche Wiedergabe von Werken.

Paragraf 4 dieses Gesamtvertrags lautet wörtlich

1. *Die vertragsgegenständlichen Werke dürfen im Umfang von höchstens 15 Prozent genutzt werden, jedoch nicht mehr als 20 Seiten.*
2. *Folgende Werke dürfen vollständig genutzt werden:*
   - *Noten im Umfang von maximal 6 Seiten;*
   - *Schriftwerke, mit Ausnahme von Unterrichtswerken, im Umfang von maximal 20 Seiten;*
   - *Pressebeiträge;*
   - *Bilder, Fotos und sonstige Abbildungen;*
   - *vergriffene Werke.*

   Unterrichtswerke dürfen niemals vollständig genutzt werden. Für diese Werke gilt ausschließlich Absatz 1.
3. *Pro Schuljahr und Schulklasse darf ein Werk maximal in dem in Absatz 1 oder Absatz 2 festgelegten Umfang vervielfältigt werden.*
4. *Bei einer Nutzung von Werken ist stets die Quelle anzugeben.*

3.
Erläuterungen der Redaktion zur Rechtslage und deren Folgen

Unerlaubtes Kopieren kann außer dienstrechtlichen Konsequenzen auch strafrechtliche Folgen und/oder hohe Kosten nach sich ziehen (Schadensersatz, Abmahn-, Anwaltskosten). Die Rechte-Inhaber (z.B. die Schulbuchverlage) überwachen die Einhaltung dieser Grenzen; den Schulen ist deshalb anzuraten, vor jeder hierüber hinausgehenden Nutzung deren Einverständnis einzuholen. Auch bei fremden Internetangeboten ist immer davon auszugehen, dass diese Werke Urheberrechtsschutz genießen.

Die Schulleitungen sowie jene Lehrkräfte der Schule, die befugt sind, Inhalte (z.B. Texte, Grafiken, Bilder usw.) auf schuleigene Internetseiten zu stellen, müssen schriftlich bestätigen, dass sie zu einer eingehenden Prüfung verpflichtet sind, dass keine Urheberrechte entgegenstehen, bevor dort fremde Inhalte eingestellt werden. ⇨ Internet und Schule

(Quelle: Schreiben des KM vom 27.1.2022, AZ: 12-0521.31/344/2

Rechte von Schüler*innen und Lehrkräften

Auch Texte, Bilder, Zeichnungen, Ausstellungsstücke, Unterrichtsmaterialien, Kopiervorlagen und Modelle, schriftliche Ausarbeitungen, literarische Eigentexte, selbst erstellte Software, Lehrproben usw., die von Lehrkräften, Referendar*innen oder Schüler*innen in der Schule, für den Schulgebrauch oder in der Lehreraus- und -fortbildung hergestellt wurden, sind urheberrechtlich geschützte „Werke“, sofern sie eine eigene persönliche geistige Schöpfung darstellen. Die Urheberrechte stehen grundsätzlich nur der Person zu, die das Werk geschaffen hat. Ideen selbst können nicht geschützt werden. Die Urheberrechte (z.B. das Recht auf Nennung des Urhebers) können nicht auf eine Institution (Schule, Seminar) übertragen werden.

Wird das Werk in urheberrechtlich relevanter Art und Weise weiterverwertet (z.B. Vervielfältigung oder Online-Abrufbarkeit), sind beim Urheber die Nutzungsrechte einzuholen. Dabei ist von den Nutzer- bzw. Anwender*innen zu beachten:

- Kinder unter 7 Jahren sind geschäftsunfähig; nur die gesetzlichen Vertreter (in der Regel die Eltern) können in deren Vertretung eine Nutzungsrechtevereinbarung mit der Schule schließen.
- Minderjährige zwischen 7 und einschließlich 17 Jahren sind beschränkt geschäftsfähig; von ihnen abgeschlossene Rechtsgeschäfte sind „schwebend unwirksam“, wenn sie – z.B. bei einer Nutzungsrechtevereinbarung – für den Minderjährigen einen rechtlichen Nachteil mit sich bringen. Das Zustandekommen dieses Rechtsgeschäftes hängt deshalb davon ab, ob die Erziehungsberechtigten der Nutzungsrechtevereinbarung im Vorfeld zustimmen oder sie nachträglich genehmigen.

Quelle: www.lehrer-online.de/dyn/16.html

Auch die Aufgaben für schulische Abschlussprüfungen (beispielsweise für die Abiturprüfung) können urheberrechtlich geschützte Werke Dritter enthalten. Stellt eine Fachlehrkraft ihren Schüler*innen zur Vorbereitung auf die anstehende Prüfung „alte“ Prüfungsaufgaben analog oder auch digital zur Verfügung, muss sie (beispielsweise durch Passwörter) sicherstellen, dass der für die geschlossene Klasse, den Kurs oder die Lerngruppe eröffnete Zugang nicht missbraucht wird; er ist deshalb nach bestimmter Zeit wieder zu schließen. Die Schüler*innen sind darauf hinzuweisen, dass eine Weitergabe der Aufgaben an Dritte nicht zulässig ist.

(Quelle: Regierungspräsidium Stuttgart, 23.03.2020)

⇨ Datenschutz (Schulen) Anlage 1; ⇨ Haushalt; ⇨ Internet und Schule; ⇨ Jugendschutzgesetz; ⇨ Lernmittelfreiheit; ⇨ Lernmittel (Zulassung); ⇨ Schulgesetz §§ 23, 90, 93, 94; ⇨ Urheberrecht (GEMA / Musik)

Urheberrecht (GEMA / Musik)

Informationen der Redaktion zur Rechtslage und zur Verwaltungspraxis in Baden-Württemberg

1. Rechtliche Grundlagen

Eine öffentliche Aufführung von Werken der Musik bedarf in der Regel der Einwilligung der Urheber bzw. Berechtigten und der Entrichtung einer angemessenen Vergütung. Die Rechteinhaber der Musik werden in Deutschland von der GEMA (Gesellschaft für musikalische Aufführungs- und mechanische Vervielfältigungsrechte) vertreten.

Eine Ausnahme von der vorherigen Einwilligung des Urhebers gilt bei der öffentlichen Wiedergabe eines erschienenen Werkes,

- wenn die Wiedergabe keinem Erwerbszweck des Veranstalters (hier: der Schule) dient,
- die Teilnehmenden ohne Entgelt zugelassen werden und
- im Falle des Vortrags oder der Aufführung des Werks keiner der ausübenden Künstler eine besondere Vergütung erhält.

Einem „Erwerbszweck“ dient eine Veranstaltung in der Regel schon dann, wenn sie nach wirtschaftlichen Gesichtspunkten geplant oder durchgeführt wird. „Entgelte“ sind nicht nur Eintrittsgelder, sondern auch Spenden, Programmgebühren oder sonstige Unkostenbeiträge.

Für die öffentliche Wiedergabe ist grundsätzlich eine angemessene Vergütung zu zahlen. Die Vergütungspflicht entfällt u.a. für Schulveranstaltungen, sofern sie nach ihrer sozialen oder erzieherischen Zweckbestimmung nur einem „bestimmt abgegrenzten Kreis von Personen“ zugänglich sind (§ 52 Abs. 1 Satz 3 UrhG). Ein Beispiel ist das eintrittsfreie Vorspiel des Schulorchesters für die Schüler*innen und die Lehrkräfte in der Schulaula. Eine Disco der SMV oder ein Schulfest mit Tanzabend fallen nicht unter diese Ausnahmeregel, da hier in der Regel ein Eintrittsgeld erhoben wird und kein *„bestimmt abgegrenzter Kreis von Personen“* vorliegt. Das KM hat unter <u>https://it.kultus-bw.de</u> > Urheberrecht ein Merkblatt zur öffentlichen Wiedergabe von Werken bei Schulveranstaltungen herausgegeben.

2. Vergütungen und Pauschalabkommen

Schulträger können für schulische Musikdarbietungen einem Pauschalabkommen mit der GEMA beitreten. Mit einer jährlichen Pauschalvergütung je Schüler / Teilzeitschüler werden dann die Ansprüche für die Wiedergabe und Vervielfältigung geschützter Musik aus dem Repertoire der GEMA bei nicht gemäß § 52 Abs. 1 Satz 3 UrhG privilegierten Schulveranstaltungen abgegolten, bei denen kein Eintrittsgeld oder sonstiger Unkostenbeitrag von mehr als 2,60 Euro erhoben wird. Dies gilt jedoch ausschließlich bei Veranstaltungen, die in der Schule, auf Plätzen und Straßen oder in Räumlichkeiten durchgeführt werden, die der Schule <u>kostenfrei</u> zur Verfügung gestellt werden, und bei denen lediglich Erlöse aus Eigenbewirtung erzielt werden.

Für Veranstaltungen, die weder unter den § 52 UrhG fallen noch durch den Pauschalvertrag abgegolten sind, stellt die GEMA bei <u>vorheriger Meldung</u> eine Rechnung nach bundesweit einheitlichen Vergütungssätzen. Bei zu späten oder falschen Meldungen kann die GEMA zusätzlich zu den Vergütungssätzen Schadenersatzansprüche geltend machen.

Schulen sollten die Frage, ob eine Veranstaltung oder sonstige Musiknutzung im Rahmen der Schule (z.B. auch Pausenhallenbeschallung, Internet-Auftritt mit musikalischer Untermalung, Musik in der Telefonwarteschleife) kostenpflichtig ist, mit ihrem Schulträger abklären beziehungsweise <u>im Voraus</u> von der GEMA prüfen lassen: GEMA-Bezirksdirektion Stuttgart, Herdweg 63, 70174 Stuttgart, Postfach 10 17 53, 70015 Stuttgart, E-Mail: bd-s@gema.de.

⇨ Außerunterrichtliche Veranstaltungen (Hinweise) Nr. 15; ⇨ Urheberrecht (Allgemeines)

Verfassung

Auszug aus der Verfassung des Landes Baden-Württemberg vom 11.11.1953 (GBl. S. 173); zuletzt geändert 26.4.2022 (GBl. S. 237/2022)

Artikel 2

(1) Die im Grundgesetz für die Bundesrepublik Deutschland festgelegten Grundrechte und staatsbürgerlichen Rechte sind Bestandteil dieser Verfassung und unmittelbar geltendes Recht.

⇨ Grundgesetz

(2) Das Volk von Baden-Württemberg bekennt sich darüber hinaus zu dem unveräußerlichen Menschenrecht auf die Heimat.

⇨ Menschenrechte

Artikel 2a

Kinder und Jugendliche haben als eigenständige Persönlichkeiten ein Recht auf Achtung ihrer Würde, auf gewaltfreie Erziehung und auf besonderen Schutz.

Artikel 2b

Niemand darf wegen seiner Behinderung benachteiligt werden.

⇨ Behinderungen (Allgemeines) / (Förderbedarf);
⇨ Schulgesetz § 15, §§ 82 ff.

Artikel 3

(1) Die Sonntage und die staatlich anerkannten Feiertage stehen als Tage der Arbeitsruhe und der Erhebung unter Rechtsschutz. Die staatlich anerkannten Feiertage werden durch Gesetz bestimmt. Hierbei ist die christliche Überlieferung zu wahren.

(2) Der 1. Mai ist gesetzlicher Feiertag. Er gilt dem Bekenntnis zu sozialer Gerechtigkeit, Frieden, Freiheit und Völkerverständigung.

➪ Ferienverordnung (dort auch das Feiertagsgesetz)

Artikel 5

Für das Verhältnis des Staates zu den Kirchen und den anerkannten Religions- und Weltanschauungsgemeinschaften gilt Artikel 140 des Grundgesetzes für die Bundesrepublik Deutschland. Er ist Bestandteil dieser Verfassung. ➪ Grundgesetz Artikel 140

Artikel 8

Rechte und Pflichten, die sich aus Verträgen mit der evangelischen und katholischen Kirche ergeben, bleiben von dieser Verfassung unberührt.

Artikel 11

(1) Jeder junge Mensch hat ohne Rücksicht auf Herkunft oder wirtschaftliche Lage das Recht auf eine seiner Begabung entsprechende Erziehung und Ausbildung.

➪ Migrationshintergrund; ➪ Schulbesuch (Rechte und Pflichten)

(2) Das öffentliche Schulwesen ist nach diesem Grundsatz zu gestalten.

(3) Staat, Gemeinden und Gemeindeverbände haben die erforderlichen Mittel, insbesondere auch Erziehungsbeihilfen, bereitzustellen.

(4) Das Nähere regelt ein Gesetz. ➪ Schulgesetz § 95

Artikel 12

(1) Die Jugend ist in Ehrfurcht vor Gott, im Geiste der christlichen Nächstenliebe, zur Brüderlichkeit aller Menschen und zur Friedensliebe, in der Liebe zu Volk und Heimat, zu sittlicher und politischer Verantwortlichkeit, zu beruflicher und sozialer Bewährung und zu freiheitlicher demokratischer Gesinnung zu erziehen.

(2) Verantwortliche Träger der Erziehung sind in ihren Bereichen die Eltern, der Staat, die Religionsgemeinschaften, die Gemeinden und die in ihren Bünden gegliederte Jugend.

➪ Erziehungsauftrag und politische Bildung; ➪ Schulgesetz § 1; ➪ Schul- und Schülergottesdienst

Artikel 13

Kinder und Jugendliche sind gegen Ausbeutung, Vernachlässigung und gegen sittliche, geistige, körperliche und seelische Gefährdung zu schützen. Staat, Gemeinden und Gemeindeverbände schaffen die erforderlichen Einrichtungen. Ihre Aufgaben können auch durch die freie Wohlfahrtspflege wahrgenommen werden. ➪ Jugendschutzgesetz; ➪ Kinderrechte

Artikel 14

(1) Es besteht allgemeine Schulpflicht.

➪ Schulbesuch (Rechte und Pflichten)

(2) Unterricht und Lernmittel an den öffentlichen Schulen sind unentgeltlich. Die Unentgeltlichkeit wird stufenweise verwirklicht. Auf gemeinnütziger Grundlage arbeitende private mittlere und höhere Schulen, die einem öffentlichen Bedürfnis entsprechen, als pädagogisch wertvoll anerkannt sind und eine gleichartige Befreiung gewähren, haben Anspruch auf Ausgleich der hierdurch entstehenden finanziellen Belastung. Den gleichen Anspruch haben auf gemeinnütziger Grundlage arbeitende private Volksschulen nach Artikel 15 Abs. 2. [...]

(3) Das Land hat den Gemeinden und Gemeindeverbänden den durch die Schulgeld- und Lernmittelfreiheit entstehenden Ausfall und Mehraufwand zu ersetzen. Die Schulträger können an dem Ausfall und Mehraufwand beteiligt werden. [...]

➪ Haushalt (Komm. Finanzausgleich); ➪ Lernmittelfreiheit; ➪ LernmittelVO; ➪ Schulgesetz §§ 72 ff., 93-94

Artikel 15

(1) Die öffentlichen Volksschulen (Grund- und Hauptschulen) haben die Schulform der christlichen Gemeinschaftsschule nach den Grundsätzen und Bestimmungen, die am 9. Dezember 1951 in Baden für die Simultanschule mit christlichem Charakter gegolten haben.

Hinweis der Redaktion: Auch Werkrealschulen fallen unter den Begriff „Grund- und Hauptschulen". Die „neuen" Gemeinschaftsschulen (➪ Schulgesetz § 8a) werden als „christliche Gemeinschaftsschulen" geführt. Zur christlichen Gemeinschaftsschule allgemein und zum „christlichen Charakter" der „neuen" Gemeinschaftsschule siehe auch den Beitrag ➪ Religion (Allgemeines) Nr. 2.

(2) Öffentliche Volksschulen (Grund- und Hauptschulen) in Südwürttemberg-Hohenzollern, die am 31. März 1966 als Bekenntnisschulen eingerichtet waren, können auf Antrag der Erziehungsberechtigten in staatlich geförderte private Volksschulen desselben Bekenntnisses umgewandelt werden. [...]

(3) Das natürliche Recht der Eltern, die Erziehung und Bildung ihrer Kinder mitzubestimmen, muss bei der Gestaltung des Erziehungs- und Schulwesens berücksichtigt werden.

➪ Elternbeirat (EltBVO); ➪ Schulgesetz § 55 ff.

Artikel 16

(1) In christlichen Gemeinschaftsschulen werden die Kinder auf der Grundlage christlicher und abendländischer Bildungs- und Kulturwerte erzogen. Der Unterricht wird mit Ausnahme des Religionsunterrichts gemeinsam erteilt.

Hinweis der Redaktion: Demnach ist außerhalb des Religionsunterrichts die Bildung von rein katholischen oder rein evangelischen oder von Klassen mit „sonstigen" Schüler*innen unzulässig (z.B. um den Religions- bzw. den Ethikunterricht stundenplantechnisch besser organisieren zu können).

➪ Religion (Allgemeines) Nr. 2; ➪ Religionsunterricht (Teilnahme)

(2) Bei der Bestellung der Lehrer an den Volksschulen ist auf das religiöse und weltanschauliche Bekenntnis der Schüler nach Möglichkeit Rücksicht zu nehmen. Bekenntnismäßig nicht gebundene Lehrer dürfen jedoch nicht benachteiligt werden.

(3) Ergeben sich bei der Auslegung des christlichen Charakters der Volksschule Zweifelsfragen, so sind sie in gemeinsamer Beratung zwischen dem Staat,

den Religionsgemeinschaften, den Lehrern und den Eltern zu beheben.

Artikel 17

(1) In allen Schulen waltet der Geist der Duldsamkeit und der sozialen Ethik.

(2) Die Schulaufsicht wird durch fachmännisch vorgebildete, hauptamtlich tätige Beamte ausgeübt.

(3) Prüfungen, durch die eine öffentlich anerkannte Berechtigung erworben werden soll, müssen vor staatlichen oder staatlich ermächtigten Stellen abgelegt werden.

(4) Die Erziehungsberechtigten wirken durch gewählte Vertreter an der Gestaltung des Lebens und der Arbeit der Schule mit. Näheres regelt ein Gesetz.

Hinweis der Redaktion: Art. 17 Abs. 4 gilt auch für private Ersatzschulen. Diese müssen hierfür nicht das System der Elternbeiratsverordnung übernehmen, sondern können auch ein anderes System demokratischer Wahlen vorsehen. Wenn sie im Gesamtelternbeirat vertreten sein oder an der Wahl des Landeselternbeirates mitwirken wollen, müssen sie jedoch die §§ 31 Abs. 1 und 42 Abs. 7 der ElternbeiratsVO anwenden.

➪ Elternbeirat (EltBVO); ➪ Elternvertretung (Privatschulen); ➪ Schulgesetz §§ 55-61

Artikel 18

Der Religionsunterricht ist an den öffentlichen Schulen ordentliches Lehrfach. Er wird nach den Grundsätzen der Religionsgemeinschaften und unbeschadet des allgemeinen Aufsichtsrechts des Staates von deren Beauftragten erteilt und beaufsichtigt. Die Teilnahme am Religionsunterricht und an religiösen Schulfeiern bleibt der Willenserklärung der Erziehungsberechtigten, die Erteilung des Religionsunterrichts der des Lehrers überlassen.

➪ Ethik; ➪ Grundgesetz Art. 7 Abs. 3 und 140; ➪ Religion Allgemeines); ➪ Religionsunterricht (Teilnahme); ➪ Schulgesetz §§ 96 ff.

Artikel 19

(1) Die Ausbildung der Lehrer für die öffentlichen Grund- und Hauptschulen muss gewährleisten, dass die Lehrer zur Erziehung und zum Unterricht gemäß den in Artikel 15 genannten Grundsätzen befähigt sind. An staatlichen Einrichtungen erfolgt sie mit Ausnahme der in Absatz 2 genannten Fächer gemeinsam.

(2) Die Dozenten für Theologie und Religionspädagogik werden im Einvernehmen mit der zuständigen Kirchenleitung berufen.

Artikel 21

(1) Die Jugend ist in den Schulen zu freien und verantwortungsfreudigen Bürgern zu erziehen und an der Gestaltung des Schullebens zu beteiligen.

(2) In allen Schulen ist Gemeinschaftskunde ordentliches Lehrfach.

➪ Behinderungen (Allgemeines); ➪ Behinderungen (Förderbedarf); ➪ Elternbeirat (EltBVO); ➪ Erziehungsauftrag und politische Bildung; ➪ Ethik; ➪ Fachleute aus der Praxis; ➪ Ferienverordnung; ➪ Grundgesetz Artikel 7 Abs. 3 und 140; ➪ Haushalt (Kommunaler Finanzausgleich); ➪ Jugendschutzgesetz; ➪ Kinderrechte; ➪ Lernmittelfreiheit; ➪ Lernmittelverordnung; ➪ Lernmittelverzeichnisse; ➪ Migrationshintergrund; ➪ Religion (Allgemeines); ➪ Religionsunterricht (Teilnahme); ➪ Schülermitverantwortung; ➪ Schulbesuch (Rechte und Pflichten); ➪ Schulgesetz; ➪ Schul- und Schülergottesdienst

Verkehrserziehung (Beauftragte)

Beauftragte für Verkehrserziehung an Grund-, Haupt-, Real- und Sonderschulen sowie allgemeinbildenden Gymnasien; Auszug aus der VwV des KM v. 1.1.1996 (K.u.U. S. 9); neu erlassen 5.8.2003 (K.u.U. S. 258/2003)

In den Bildungsplänen der allgemeinbildenden und beruflichen Schulen ist Verkehrserziehung ein Thema mit besonderer gesellschaftlicher und erzieherischer Relevanz.

An jeder Grundschule, Hauptschule, Realschule Sonderschule, an jedem allgemeinbildenden Gymnasium und an jeder beruflichen Schule ist ein Lehrer als Beauftragter für Verkehrserziehung durch den Schulleiter zu benennen. Der Schulleiter kann, insbesondere an kleineren Schulen, die Aufgaben des Beauftragten für Verkehrserziehung auch selbst übernehmen. An allgemeinbildenden Gymnasien kommen hierfür in der Regel die Fachleiter in Betracht.

Beauftragte für Verkehrserziehung haben folgende Aufgaben:

- Unterstützung des Schulleiters bei der Koordinierung der Beiträge der einzelnen Fächer zur Verkehrserziehung, insbesondere in Fachkonferenzen und Klassenkonferenzen;
- Beratung der Lehrer in den didaktischen und methodischen Fragen der Verkehrserziehung sowie Weitergabe aktueller Informationen;
- Information über Medien zur Verkehrserziehung und Betreuung von in der Schule vorhandenen Medien zur Verkehrserziehung;
- Pflege und Vermittlung von Kontakten zu außerschulischen mit dem Verkehr befassten Institutionen und Verbänden;
- Zusammenarbeit mit den Elternvertretungen und Beratung einzelner Eltern in Fragen der Verkehrserziehung;
- Behandlung des Themas Schulwegsicherheit, insbesondere in Elternabenden, ggf. Erstellung eines Schulwegplanes (Klassen 1 und 5);
- Anregung und ggf. Durchführung von Sonderveranstaltungen zur Verkehrserziehung für Klassen oder Klassenstufen (z.B. praxisnahe Lernangebote, Unterrichtsprojekte, Aktionen, Podiumsveranstaltungen).

➪ Schulweg

Verkehrserziehung (Radfahrausbildung)

Radfahrausbildung in der schulischen Verkehrserziehung (VwV Radfahrausbildung); Gemeinsame Verwaltungsvorschrift des IM und des KM vom 16. August 2017 (K.u.U. S. 180/2017)

1. Allgemeines und Ziel

Das Fahrrad ist ein modernes und vielseitiges Fortbewegungsmittel. Für Kinder hat das Fahrrad zunächst als Spielgerät, dann im zunehmenden Alter als Verkehrsmittel einen hohen Stellenwert. Die Nutzung des Fahrrades im öffentlichen Straßenverkehr erfordert neben einer sicheren Beherrschung des Fahrzeugs Kenntnisse über die wichtigsten Verkehrsvorschriften.

Vor diesem Hintergrund soll die theoretische und praktische Radfahrausbildung alle Kinder zu einer eigenständigen sowie sicheren Teilnahme am Straßenverkehr befähigen und motivieren.

Die Radfahrausbildung ist in der Klassenstufe 4 der Grundschulen und in Klassenstufe 5 der sonderpädagogischen Bildungs- und Beratungszentren mit Förderschwerpunkt Lernen eine verpflichtende schulische Veranstaltung. Sie wird in Kooperation zwischen den Schulen und der Polizei Baden-Württemberg umgesetzt. Dabei übernimmt die Schule die theoretische Ausbildung, während die praktische Ausbildung durch die Polizei in mobilen oder stationären Jugendverkehrsschulen mit Unterstützung der Schulen durchgeführt wird.

2. Durchführung

2.1 Voraussetzungen und frühe motorische Förderung

Für die Teilnahme an der Radfahrausbildung sollten die Kinder das Fahrrad bereits sicher beherrschen. Die notwendigen motorischen Fertigkeiten und Fähigkeiten der Kinder sollen durch die Schulen bereits frühzeitig ab den Klassenstufen 1 und 2 gefördert werden. Hierzu können die Schulen in Kooperation mit Vereinen, Verbänden und Trägern der Verkehrssicherheit Fahrradaktionstage durchführen, die mit einem Kurs- und Trainingsprogramm die Radkompetenz der Kinder stärken. [...]

2.3 Ausbildungsdauer

Die Ausbildungsdauer umfasst neben einer schulischen Vorbereitung im Unterricht einen viermaligen Besuch der Jugendverkehrsschule von mindestens 90-minütiger Dauer. Die Besuche sollen in einem überschaubaren zeitlichen Zusammenhang erfolgen.

2.4 Ausbildungsort

Die praktische Ausbildung wird grundsätzlich außerhalb des öffentlichen Verkehrsraums im Schonraum an den mobilen oder stationären Jugendverkehrsschulen durchgeführt.

Die Jugendverkehrsschulen bieten Übungsflächen, die den realen Verkehrsflächen nachgebildet sind. Die bauliche Ausgestaltung und Ausstattung von Jugendverkehrsschulen soll sich an den Empfehlungen und Musterplänen (siehe Anlage 1-3; *die Anlagen sind hier nicht abgedruckt*) orientieren.

Schulungsplätze für die Unterrichtung im Schonraum müssen zur Gewährleistung einer gemeinsamen Beschulung des gesamten Klassenverbandes ausreichend groß dimensioniert und verkehrssicher sein. Diese Anforderungen können insbesondere an stationären Jugendverkehrsschulen optimal umgesetzt werden.

Die Schulungsplätze sollten für die gesamte Schulungsdauer frei von störenden Einflüssen sein, um den didaktischen Ablauf des Unterrichts nicht zu unterbrechen. Deshalb sind Schonräume auf Schul- oder Pausenhöfen grundsätzlich nicht für die Radfahrausbildung geeignet. Gleiches gilt für Störungen durch erheblichen Verkehrs-, Arbeits- oder Baulärm.

2.5 Ausbildungsinhalte

Die Ausbildungsinhalte orientieren sich am Schulungsprogramm in der jeweils gültigen Fassung. Der theoretische Unterricht in der Schule und die praktischen Übungen sind aufeinander abzustimmen.

Die praktische Ausbildung wird in allen Übungseinheiten grundsätzlich durch zwei geschulte Angehörige der Polizei Baden-Württemberg sowie in Anwesenheit und unter Mitwirkung der jeweiligen Lehrerinnen oder Lehrer geleitet. Sie soll möglichst erst nach Absolvierung der theoretischen Lernzielkontrolle erfolgen.

Der öffentliche Verkehrsraum kann unter Beachtung der Rahmenbedingungen gemäß Nummer 3 in die praktische Ausbildung einbezogen werden.

Bei den fahrpraktischen Übungen tragen alle Rad fahrenden Beteiligten einen intakten und korrekt eingestellten Fahrradhelm.

Die Radfahrausbildung wird mit einer theoretischen und praktischen Lernzielkontrolle abgeschlossen. Bei den Lernzielkontrollen handelt es sich um eine Momentaufnahme, die den Schülerinnen und Schülern sowie den Erziehungsberechtigten eine Rückmeldung über die erlangten Fähigkeiten und den gegebenenfalls individuellen Förderbedarf vermitteln soll.

2.6 Informationen für Erziehungsberechtigte

Die Erziehungsberechtigten sind von der Schule durch einen Brief, dessen Erhalt sie schriftlich bestätigen müssen, über die Radfahrausbildung und insbesondere über die Übungen im öffentlichen Verkehrsraum in Kenntnis zu setzen sowie über den Versicherungsschutz zu informieren. Dies soll darüber hinaus bei einem Klassenpflegschaftsabend erläutert werden. Das Ergebnis der Radfahrausbildung ist den Erziehungsberechtigten schriftlich durch die Schule mitzuteilen (siehe Anlage 4; *hier nicht abgedruckt*).

⇨ Elternbeirat (EltBVO) § 5; ⇨ Schulgesetz § 56

2.7 Datenverarbeitung

Zur Durchführung der praktischen Ausbildung erhält die Polizei eine Liste mit Vor- und Nachnamen der teilnehmenden Schülerinnen und Schüler. In diesem Zusammenhang wird auf die Verwaltungsvorschrift ⇨ Datenschutz (Schulen) [...] verwiesen.

3. Rahmenbedingungen für die Ausbildung im öffentlichen Verkehrsraum

Die Radfahrausbildung kann unter Einhaltung der nachfolgenden Rahmenbedingungen frühestens ab der dritten Übungseinheit im öffentlichen Verkehrsraum durchgeführt werden:

a) Disziplin und Leistungsvermögen der Schulklasse müssen eine geordnete Schulung möglich erscheinen lassen.
b) Der Straßenraum muss sich innerorts in einem übersichtlichen und verkehrsarmen Gebiet befinden.
c) Die Gruppenstärke soll zehn Kinder nicht überschreiten.
d) Jede Gruppe muss von einer ausreichenden Anzahl an Erwachsenen, beispielsweise Lehrkräften, Polizeibeamtinnen und Polizeibeamten, Erziehungsberechtigten, begleitet werden. Die genaue Anzahl ist mit den verantwortlichen Lehrkräften abzustimmen.
e) Die Erziehungsberechtigten müssen der Ausbildung im öffentlichen Verkehrsraum schriftlich zugestimmt haben.
f) Die Kinder sollen mindestens acht Jahre alt sein.
g) Die Fahrräder müssen den verkehrsrechtlichen Bestimmungen entsprechen.

Die Planung und Durchführung der Radfahrausbildung im öffentlichen Verkehrsraum obliegt den eingesetzten Polizeibeamtinnen und Polizeibeamten.

4. Radfahrausbildung in sonderpädagogischen Bildungs- und Beratungszentren, in inklusiven Bildungsangeboten und kooperativen Organisationsformen

Grundsätzlich soll allen jungen Menschen, unabhängig von einer Behinderung, Beeinträchtigung oder chronischen Erkrankung, der Zugang zur Radfahrausbildung ermöglicht werden. – Sofern ein Kind mit Behinderung ein inklusives Bildungsangebot an einer allgemeinen Schule besucht und an der Radfahrausbildung teilnehmen soll, sind die hierfür gegebenenfalls erforderlichen Vorkehrungen im Einzelfall mit der jeweiligen Lehrkraft abzustimmen.

5. Versicherungsschutz

5.1. Schülerinnen und Schüler

Schülerinnen und Schüler sind bei Unfällen während der Radfahrausbildung im Rahmen der gesetzlichen Unfallversicherung versichert. Die gesetzliche Unfallversicherung entschädigt den Schaden, der dem Versicherten selbst (oder seinen Hinterbliebenen) durch einen Unfall bei einer versicherten Tätigkeit entstanden ist. – Für mögliche darüber hinausgehende Schadenseintritte gegenüber Dritten werden grundsätzlich die Überprüfung und gegebenenfalls die Anpassung des privaten Haftpflichtversicherungsschutzes sowie der Abschluss der freiwilligen Schüler-Zusatzversicherung empfohlen.

Hinweis der Redaktion: Die Schüler-Zusatzversicherung wird seit 2019 nicht mehr amtlich angeboten.

5.2 Lehrkräfte und Begleitpersonen

Für beamtete Lehrerinnen und Lehrer sowie Polizeibeamtinnen und Polizeibeamte gelten bei der Durchführung der Radfahrausbildung die beamtenrechtlichen Unfallfürsorgevorschriften. Angestellte Lehrkräfte staatlicher Schulen sowie Begleitpersonen, die im Auftrag der Schule tätig werden, stehen unter dem Schutz der gesetzlichen Unfallversicherung. ⇨ Unfallversicherung

Begleitpersonen handeln als Hilfskräfte zur Durchführung der Radfahrausbildung hoheitlich. Für Schäden zum Nachteil Dritter haftet das Land wie bei Lehrkräften und Polizeibeamten nach den Grundsätzen des Amtshaftungsrechts. Bei der Haftung gegenüber dem Land sind die Begleitpersonen den Lehrern und Polizeibeamten gleichgestellt.

Hinweis der Redaktion: Auch Eltern können im Einvernehmen mit der jeweiligen Lehrkraft als Begleitpersonen tätig werden.

⇨ Amtshaftung; ⇨ Schulweg; ⇨ Unfallversicherung; ⇨ Verkehrserziehung (Beauftragte)

Verschwiegenheitspflicht

Informationen der Redaktion zur Rechtslage und zur Verwaltungspraxis in Baden-Württemberg

1. Amtsverschwiegenheit und Datenschutz

Die Beschäftigten des öffentlichen Dienstes sind zur Amtsverschwiegenheit verpflichtet.

– Allgemein gilt: Wer unbefugt ein zum persönlichen Lebensbereich eines anderen gehörendes Geheimnis offenbart, das ihm als Amtsträger anvertraut wurde, kann sich strafbar machen (StGB § 11 i.V.m. § 203 Abs. 2). Bei der Datenweitergabe innerhalb der Schule an andere, zuständige Lehrkräfte bzw. die Schulleitung handelt es sich nicht um eine solche Offenbarung; auch die Weitergabe an Dritte, z.B. Jugendamt oder Polizei, ist zulässig, wenn dies zur Erfüllung des gesetzlichen Erziehungs- bzw. Schutzauftrags der Schule erforderlich ist.
– Für beamtete Lehrkräfte ist diese Pflicht zur Amtsverschwiegenheit im Einzelnen im Beamtenstatusgesetz (§ 37 Abs. 1) geregelt, für tarifbeschäftigte Lehrkräfte im Tarifvertrag – Länder (§ 3 Abs. 2).

Das Datenschutzrecht verpflichtet die Behörden,

also auch die öffentlichen Schulen, insbesondere zum Schutz von persönlichen Daten der Beschäftigten und der „Klienten" (also der Schüler*innen und ihrer Eltern). In diesen Schutzbereich darf nur durch ein Gesetz oder aufgrund eines Gesetzes eingegriffen werden. ➪ Datenschutz (Schule)

Volljährige Schüler*innen verfügen zwar über ihre persönlichen Daten selbst. Dennoch darf die Schule Informationen an ihre Eltern weitergeben: Gemäß § 55 Abs. 3 Schulgesetz kann die Schule den Eltern personenbezogene Auskünfte erteilen oder Mitteilungen machen, wenn kein gegenteiliger Wille der volljährigen Schüler erkennbar ist oder wenn eine Gefahr für wesentlich überwiegende Rechtsgüter wie Leben, Leib, Freiheit oder Eigentum zu befürchten ist und die Auskunft oder Mitteilung angemessen ist, die Gefahr abzuwenden oder zu verringern. ➪ Schulgesetz § 55 Abs. 3; ➪ Volljährigkeit

Die Verschwiegenheitspflicht ist grundsätzlich auch bei Angelegenheiten zu beachten, die von der Behörde als „vertraulich" eingestuft werden. In bestimmten Gesetzen oder Vorschriften wird die allgemeine Verschwiegenheitspflicht ausdrücklich betont und damit verstärkt. So unterliegen z.B. die Beratungen der Schulkonferenz der Vertraulichkeit. ➪ Schulgesetz § 47 Abs. 11

Es gibt auch besondere Verschwiegenheitspflichten für bestimmte Personengruppen (z.B. für die Mitarbeiter*innen der Schulpsychologischen Beratungsstellen, der Schulsozialarbeit und Beratungslehrkräfte). Ferner ist in den Prüfungsverordnungen des KM regelmäßig vorgeschrieben, dass die Mitglieder der Prüfungsausschüsse zur Amtsverschwiegenheit über alle Prüfungsangelegenheiten verpflichtet sind. ➪ Bildungsberatung Nr. IV.2

Lehrkräfte sind andererseits als Beschäftigte des öffentlichen Dienstes zur Amtshilfe verpflichtet, müssen also ggf. ihre dienstlich erworbenen Kenntnisse an andere Berechtigte weitergeben (z.B. an das Jugendamt). Dies ist teilweise (z.B. bei bestimmten Erziehungs- und Ordnungsmaßnahmen) oder zum Schutz der Kinder sogar vorgeschrieben.
➪ Amtshilfe; ➪ Jugendschutz/Kinderschutz (Information); ➪ Schulgesetz § 90 Abs. 8

Auch zwischen dem Informationsanspruch der Öffentlichkeit (Presse) gegenüber den Behörden und der Verschwiegenheit in dienstlichen Angelegenheiten kann eine Kollision auftreten. Hier ist überdies zu beachten, dass Auskünfte über die Behörde nur der Behördenvorstand (Schulleitung) erteilen darf. Hierzu bitte die Beiträge ➪ Elternvertretung (Presse und Öffentlichkeit) und ➪ Gewaltvorfälle beachten.

Bei Lehrkräften tritt zu der allgemeinen (gesetzlichen oder tariflichen) Amtsverschwiegenheit noch eine spezifische, pädagogisch begründete Pflicht zur Diskretion: Der Aufbau und der Erhalt eines Vertrauensverhältnisses zwischen Lehrkräften und Schülern bzw. zwischen Lehrkräften und Erziehungsberechtigten ist schlechterdings nicht möglich, ohne dass ein Mindestmaß an Vertraulichkeit herrscht und die Gewissheit besteht, dass diese Diskretion auch gewahrt wird. Im Rahmen ihrer Obhutspflicht für die ihnen anvertrauten Kinder und Jugendlichen müssen Lehrkräfte diese Diskretion im pädagogisch vertretbaren und notwendigen Umfang auch gegenüber der Polizei wahren und ggf. die Schüler*innen schützen. ➪ Polizei und Schule

Im Rahmen der Drogenprävention besitzen Lehrkräfte sogar ein Recht auf Vertrauensschutz für betroffene Schüler*innen, dies ist jedoch kein gesetzliches Recht wie die ärztliche Schweigepflicht. ➪ Prävention

2.
Verschwiegenheitspflicht im Bereich der Elternvertretung

Die Mitglieder der Elternvertretungen (Klassenelternvertreter*innen, Elternbeiräte, von der Elternschaft in schulische Gremien, z.B. die Schulkonferenz, entsandte Eltern ...) nehmen ein Ehrenamt auf gesetzlicher Grundlage wahr und unterliegen in analoger Weise wie die staatlichen (hauptberuflichen) Amtsträger*innen (s.o. Nr. 1) einer Verschwiegenheitspflicht; sie haben personenbezogene Daten vertraulich zu behandeln. Im Gegensatz zu Lehrkräften, die gemäß § 102 StGB „Amtsträger*innen" sind und die bei Zuwiderhandlung dienstlich zur Rechenschaft gezogen werden können (Disziplinarverfahren, Abmahnung), werden Verstöße von Eltern-Mandatsträger*innen gegen die Verschwiegenheitspflicht jedoch kaum sanktioniert. Die Eltern sollten sich trotzdem daran halten, denn andernfalls ist eine vertrauensvolle Zusammenarbeit mit der Schule (Schulleitung, Lehrkräfte) nicht möglich.

Bei der Prüfung, ob ein Sachverhalt der Verschwiegenheit unterliegt, empfiehlt es sich stets, die Frage von den schutzwürdigen Interessen her zu beantworten: Wird durch die Wieder- oder Weitergabe einer Information ein höherrangiges, schutzwürdiges Interesse verletzt? Dies ist in der Regel dann der Fall, wenn es sich um Informationen über Einzelpersonen handelt (also z.B. die Leistungen oder das Verhalten von Schüler*innen oder die persönlichen Angelegenheiten der Lehrkräfte oder Eltern). Siehe hierzu auch ➪ Datenschutz (Schule) und ➪ Elternvertretung (Presse und Öffentlichkeit).

Für Gremien, die nicht-öffentlich tagen – z.B. die Klassenpflegschaft; siehe ➪ Elternbeirat (EltBVO) – oder für die ausdrücklich die Nichtöffentlichkeit und Vertraulichkeit vorgeschrieben ist – z.B. die Schulkonferenz; siehe ➪ Schulgesetz § 47 Abs. 11 und ➪ Schulleitung (Auswahl und Stellenbesetzung) –, aber auch für den Elternbeirat, für den keine ausdrückliche Verschwiegenheitspflicht gilt, empfiehlt sich ein Verhalten wie bei kommunalen Gremien: Ein Gemeinderatsmitglied darf zwar öffentlich informieren, dass eine Beratung über den Verkauf eines gemeindeeigenen Grundstücks in nichtöffentlicher Sitzung stattgefunden hat, es darf aber keine Einzelheiten zu den persönlichen Verhältnissen der Käufer*innen oder den Kaufpreis bekanntgeben.

➪ Amtshilfe ; ➪ Bildungsberatung Nr. IV.2; ➪ Datenschutz (Schule); ➪ Elternvertretung (Presse und Öffentlichkeit); ➪ Gewaltvorfälle; ➪ Jugendschutz/Kinderschutz (Information); ➪ Polizei und Schule; ➪ Prävention; ➪ Schulgesetz § 47 Abs. 11; ➪ Schulleitung (Auswahl und Stellenbesetzung); ➪ Verwaltungsrecht; ➪ Volljährigkeit

Verwaltungskräfte (Schulsekretariat)

Informationen der Redaktion zur Rechtslage und zur Verwaltungspraxis in Baden-Württemberg

Dem „Sachkostenträger", in der Regel ist dies bei den öffentlichen Schulen die Kommune (Stadt, Gemeinde, Landkreis), obliegt die Stellung des nichtlehrenden Personals an der Schule (Hausmeisterdienst, Verwaltungskräfte usw.). ⇨ Schulträger

Aufgrund von ⇨ Schulgesetz § 48 Abs. 3 erlässt das Kultusministerium Richtlinien über die Ausstattung der Schule mit Verwaltungskräften.

Solche Richtlinien gibt es seit dem 1. Januar 1997 nicht mehr. Dadurch ist die Pflicht der Schulträger zur Ausstattung der Schulen mit Verwaltungskräften nicht geringer geworden; sie ergibt sich jedoch nicht (mehr) aus einer Vorschrift, sondern unmittelbar aus § 48 Schulgesetz. Daraus folgt nach wie vor, dass die Schulträger den Schulen zur Erledigung von Schreib-, Büro- und Verwaltungsarbeiten das erforderliche Personal zur Verfügung zu stellen oder in anderer Weise dafür zu sorgen haben, dass diese Arbeiten ohne Belastung pädagogischer Kräfte ordnungsgemäß erledigt werden.

In den Fällen, in denen einzelne Schulen ihre Ausstattung mit Verwaltungskräften für unzureichend halten, empfiehlt es sich, durch Einschaltung der Schulaufsichtsbehörde im Einzelfall ein befriedigendes Ergebnis anzustreben.

(Quelle: KM vom 2.7.1985; AZ: I 4406-33.1/23)

⇨ Haushalt (Allgemeines); ⇨ Haushalt (Kommunaler Finanzausgleich); ⇨ Schulgesetz § 48 Abs. 2; ⇨ Schulträger

Verwaltungsrecht

Informationen der Redaktion zur Rechtslage und zur Verwaltungspraxis in Baden-Württemberg

I.
Die Schule als Teil der öffentlichen Verwaltung

Alle öffentlichen Schulen sind „nicht rechtsfähige öffentliche Anstalten" (Behörden) und damit Teil der öffentlichen Verwaltung. ⇨ Schulgesetz § 23

Wie jede Behörde ist auch die Schule bei ihrer gesamten Tätigkeit an Recht und Gesetz gebunden. Maßgebend ist neben dem Schulgesetz das Landesverwaltungsverfahrensgesetz (LVwVfG). Werden dessen Maßgaben für die rechtmäßige Abwicklung schulischer Verwaltungsvorgänge nicht beachtet, so können diese rechtlich angefochten werden bzw. sind unwirksam (hierzu Nr. II). Im Falle eines Widerspruchs gegen schulische Verwaltungsakte ist die Verwaltungsgerichtsordnung (VwGO) maßgebend.

Die folgenden Ausführungen beziehen sich auf das Verwaltungshandeln von öffentlichen Schulen gegenüber den von ihren Entscheidungen betroffenen Schüler*innen bzw. Erziehungsberechtigten.

Grundsätzliche Ausführungen zum Verhältnis zwischen staatlichem und elterlichem Erziehungsrecht finden sich im Beitrag ⇨ Eltern (Allgemeines). Zum elterlichen Beschwerderecht allgemein siehe auch den Beitrag ⇨ Beschwerderecht.

II.
Verwaltungsakt und Anhörung

Ein „Verwaltungsakt" ist *„jede Verfügung, Entscheidung oder andere hoheitliche Maßnahme, die eine Behörde zur Regelung eines Einzelfalls auf dem Gebiet des öffentlichen Rechts trifft und die auf unmittelbare Rechtswirkung nach außen gerichtet ist"* (LVwVfG § 35). Verwaltungsakte sind zu begründen (§ 39 LVwVfG).

Auch öffentliche Schulen können als „untere Sonderbehörden" in inneren Schulangelegenheiten Verwaltungsakte erlassen. (bei Schüler*innen z.B. Erziehungs- und Ordnungsmaßnahmen und Versetzungsentscheidungen).

⇨ Schulgesetz § 23 Abs. 3

Vor dem Erlass von Verwaltungsakten sind die Beteiligten anzuhören (§ 28 LVwVfG). Die Beteiligten können sich vertreten lassen oder mit einem Beistand erscheinen, beispielsweise mit einem Elternvertreter*innen oder auch mit einem Rechtsanwalt oder einer Rechtsanwältin (§ 14 LVwVfG).

Die Anhörungspflicht dient der Vermeidung unnötiger Rechtsstreitigkeiten; das Ziel ist eine Einigung. Unterbleibt die Anhörung, kann sie bis zum Abschluss des Gerichtsverfahrens nachgeholt werden.

„Anhörung" bedeutet, dass den „Beteiligten" (also z.B. den Schüler*innen bzw. deren Erziehungsberechtigten) die beabsichtigte Maßnahme mitgeteilt und Gelegenheit gegeben wird, sich zu den für die Entscheidung erheblichen Tatsachen zu äußern.

Bei Versetzungs- und anderen Entscheidungen, die auf einer Leistungsbeurteilung beruhen, besteht gem. § 2 Abs. 3 Nr. 2 LVwVfG zwar keine Pflicht, ein formelles Anhörungsverfahren durchzuführen, und auch keine Begründungspflicht. Da die Schule jedoch verpflichtet ist, das elterliche Erziehungsrecht zu respektieren und mit den Eltern zu kooperieren, muss sie diese über eine drohende Nichtversetzung informieren und sie anhalten, das Ihre für die Versetzung ihres Kindes zu tun. Hierfür gibt es keine Formvorschriften (es muss also nicht der „blaue Brief“ sein, sondern es kann z.B. in einer Sprechstunde geschehen – dies wäre pädagogisch auch sinnvoller).

⇨ Klassenlehrkraft; ⇨ Elternbeirat (EltBVO) § 3; ⇨ Pädagogische Freiheit

III. Widerspruch gegen Verwaltungsakte

Gegen Verwaltungsakte können die Betroffenen Widerspruch einlegen. Behörden müssen Schreiben gegen Verwaltungsakte oder amtliche Bescheide ohne Rücksicht auf die Form als Widerspruch behandeln und entsprechend bescheiden; z.B. müssen die Schule bzw. das Regierungspräsidium die formlose Beschwerde von Eltern gegen die Nichtversetzung ihres Kindes als Widerspruch betrachten.

Vor dem Gang zum Gericht ist ein Vorverfahren durchzuführen, das eine Überprüfung des angefochtenen Verwaltungsaktes ermöglichen soll. Es beginnt nach § 69 VwGO mit der Erhebung des Widerspruchs bei der Stelle, die den Bescheid erlassen hat (bei Bescheiden mit einer Rechtsmittelbelehrung innerhalb von vier Wochen; sollte die Rechtsmittelbelehrung fehlen, kann innerhalb eines Jahres Widerspruch eingelegt werden).

Eine Rechtsmittelbelehrung hat etwa den folgenden Wortlaut: *„Gegen diesen Bescheid kann innerhalb eines Monats nach Bekanntgabe/Zustellung bei* (Behörde, die den Verwaltungsakt erlassen hat) *oder bei* (Behörde, die den Widerspruch zu bescheiden hat) *schriftlich oder zur Niederschrift Widerspruch eingelegt werden.“* Die Frist beginnt mit der Zustellung des Bescheids. Die Einlegung des Widerspruchs bei der Dienststelle, die über den Widerspruch zu entscheiden hat, wahrt ebenfalls die festgesetzte Frist – nicht dagegen die Einlegung bei einer anderen Behörde.

Bei belastenden Verwaltungsakten, z.B. dem Ausschluss von Schüler*innen von einer außerunterrichtlichen Veranstaltung (Rechtsgrundlage: ⇨ Schulgesetz § 23), haben der Widerspruch und die Anfechtungsklage „aufschiebende Wirkung“: Der Verwaltungsakt kann erst dann durchgesetzt werden, wenn das Rechtsschutzverfahren abgeschlossen ist. Allerdings gelten zahlreiche Ausnahmen von diesem Grundsatz: So greift die aufschiebende Wirkung bei Erziehungs- und Ordnungsmaßnahmen auf Grundlage von ⇨ Schulgesetz § 90 nicht ohne Weiteres. Wollen Betroffene die Vollziehung verhindern, müssen sie im Wege des Eilrechtsschutzes einen entsprechenden Antrag beim Verwaltungsgericht stellen. Das Gericht entscheidet dann aufgrund einer summarischen Prüfung der Rechtslage und einer Abwägung der Interessen der Beteiligten. Die Nichtversetzung eines Schülers ist hingegen kein „belastender“ Verwaltungsakt, sondern die Versagung eines „begünstigenden“ Verwaltungsaktes, nämlich der von der/dem Schüler*in begehrten Versetzung. Ein Widerspruch hiergegen besitzt keine aufschiebende Wirkung; der/die Betroffene kann die höhere Klasse bis zum Abschluss des Verfahrens nicht besuchen.

Die Behörde, die den Verwaltungsakt erlassen hat, muss aufgrund des Widerspruchs ihren früheren Bescheid schnellstens nochmals überprüfen (zum konkreten Ablauf eines solchen verwaltungsinternen Kontrollverfahrens siehe Kapitel IV). Hält sie den Widerspruch für begründet, so hilft sie ihm ab. Erfolgt dies nicht, so hat die nächsthöhere Behörde – nach erneuter Prüfung der Sach- und Rechtslage – einen Widerspruchsbescheid zu erlassen. § 73 Abs. 3 VwGO schreibt zwingend vor, dass der Widerspruchsbescheid zu begründen und ebenfalls mit einer Rechtsmittelbelehrung zu versehen ist (z.B.: *„Innerhalb eines Monats nach Zustellung dieses Widerspruchsbescheids kann bei dem Verwaltungsgericht XY schriftlich oder zur Niederschrift des Urkundsbeamten der Geschäftsstelle Klage erhoben werden“*).

Wird ein Widerspruchsbescheid erlassen, so beträgt die Frist für die Einlegung der Klage einen Monat nach Bekanntgabe des Bescheids. Dagegen ist eine Klage ohne Vorliegen eines Widerspruchsbescheids möglich, wenn über den Widerspruch ohne zureichenden Grund nicht in angemessener Frist sachlich entschieden worden ist (im Regelfall sind 3 Monate noch als angemessen anzusehen; § 75 VwGO).

Nach der ständigen Rechtsprechung des Bundesverwaltungsgerichts ist die Bewertung von Schülerleistungen vor den Verwaltungsgerichten nur beschränkt nachprüfbar.

IV. Verwaltungsinternes Kontrollverfahren

Nicht zu unterschätzen ist beim Vorgehen gegen vermeintlich unzutreffende oder als ungerecht empfundene Leistungsbeurteilungen das verwaltungsinterne Kontrollverfahren, das die Rechtsprechung als Ausgleich für die beschränkte gerichtliche Überprüfbarkeit von Leistungsbeurteilungen verlangt: Eine Remonstration der Erziehungsberechtigten gegen eine Schulnote führt zunächst zur Überprüfung dieser Bewertung innerhalb der Verwaltung. Diese Überprüfung kann – muss aber nicht – durch die ursprünglichen Prüfer erfolgen (in Baden-Württemberg gibt es bei schulischen Leistungsbewertungen – anders als in anderen Bundesländern – keinen Anspruch auf Nachkorrektur durch unabhängige Gutachter. Dies ist ein heikler Punkt im Prüfungsrecht: Auf der einen Seite kennt nur die Lehrkraft den Leistungsstand der Klasse und der Schüler*innen. Auf der anderen Seite ist nicht zu erwarten, dass die Lehrkraft ihre ursprüngliche Bewertung abändert.

Allerdings haben die Gerichte das Recht der Schulleitung anerkennt, bei einem Verstoß gegen die für die Notengebung allgemein geltenden Grundsätze (§ 41 Abs. 2 Schulgesetz) ggf. im Wege des Selbsteintritts anstelle einer Lehrkraft entscheiden zu dürfen.

⇨ Amtshilfe; ⇨ Beschwerderecht; ⇨ Ermessen; ⇨ Juristische Terminologie; ⇨ Pädagogische Freiheit; ⇨ Schulgesetz §§ 23, 32 ff., 90; ⇨ Verschwiegenheitspflicht

Verwaltungsrecht (Widerspruchsverfahren)

Hinweise der Redaktion auf die Bestimmungen der Verwaltungsgerichtsordnung (VwGO)

Ein Schüler/eine Schülerin (bzw. die Erziehungsberechtigten) sind mit einem Verwaltungsakt (z.B. einer Nichtversetzung oder einer Erziehungs- und Ordnungsmaßnahme) oder einer sonstigen Entscheidung der Schule (z.B. Einzelnote) nicht einverstanden. Am Anfang sollte immer ein Gespräch mit der Lehrkraft bzw. – erst danach! – mit der Schulleitung stehen. Bleibt dies erfolglos, können die unten dargestellten Schritte unternommen werden. Wichtig: Ein Widerspruch gegen Erziehungs- und Ordnungsmaßnahmen hat keine aufschiebende Wirkung! ⇨ Schulgesetz § 90 Abs. 3 letzter Satz

A. Verwaltungsakt

(z.B. Versetzung / Abschlussprüfung / Schulausschluss)

Hiergegen kann auf zwei Wegen vorgegangen werden:[1]

Der / die Schülerin (bzw. die Erziehungsberechtigten) wenden sich direkt ans Schulamt[2] oder Regierungspräsidium. Ohne Rücksicht auf die Form ist dies ein Widerspruch (§ 68 VwGO).

Das Regierungspräsidium[2] legt die Beschwerde zunächst der Schule zur Prüfung vor, ob Abhilfe möglich ist.

Der Schüler / die Schülerin (bzw. Erziehungsberechtigte) beantragen bei der Schule[2], die Entscheidung zu ändern. Ohne Rücksicht auf die Form ist dies ein Widerspruch (§ 68 VwGO[3]).

Die Schule[2] prüft den Sachverhalt unter rechtlichen und tatsächlichen Aspekten. Danach einigt sie sich mit den Beschwerdeführern oder trifft eine neue Entscheidung.

Die Schule schafft keine Abhilfe. Sie gibt den Widerspruch mit einer Stellungnahme an das Regierungspräsidium weiter (bzw. zurück).

Nach Prüfung der Sach- und Rechtslage bescheidet das RP den Widerspruch und vollzieht eine der folgenden Alternativen.

- Das Regierungspräsidium weist den Widerspruch zurück (§ 73 VwGO; gebührenpflichtig[4]).
  - Nach der Abweisung des Widerspruchs ist innerhalb einer Frist von einem Monat eine Klage beim Verwaltungsgericht möglich (§§ 40, 42 VwGO).
- Das Regierungspräsidium hebt den Verwaltungsakt auf und trifft eine neue Entscheidung (gebührenfrei[4]).
- Das Regierungspräsidium weist die Schule an, ihre Entscheidung zu ändern (gebührenfrei[4]).

B. Sonstige Entscheidung

(z.B. Einzelnote)

Gleiche Verfahrenswege wie beim Verwaltungsakt.

Wenn die Schule keine Abhilfe schafft, ist jedoch danach kein formelles Rechtsmittelverfahren möglich.

Die Schule schafft Abhilfe.

Die Schule ändert ihre Entscheidung (Verwaltungsakt) oder hebt sie auf (gebührenfrei).

1 Bei bestimmten Entscheidungen – z.B. Versetzung, Abschlussprüfung, Schulausschluss – kann es zur raschen Klärung sinnvoll oder sogar geboten sein, neben dem Widerspruch ein Verfahren auf einstweiligen Rechtsschutz beim Verwaltungsgericht einzuleiten.

2 Die Schule handelt als untere Sonderbehörde (§ 23 SchG); Widerspruchsbehörde ist das Regierungspräsidium (RP) als obere Schulaufsichtsbehörde.

3 Erging die Entscheidung mit Rechtsmittelbelehrung, so muss ein Widerspruch innerhalb eines Monats nach Zustellung erfolgen, sonst innerhalb eines Jahres.

4 Eine Gebühr fällt in der Regel nur an, wenn der Widerspruch zumindest teilweise erfolglos bleibt. ⇨ Gebühren; ⇨ Verwaltungsrecht (Allgemeines) Nr. II-V

Volljährigkeit

Hinweise der Redaktion auf Basis der Bekanntmachung des KM vom 31.12. 1974 (K.u.U.S. 97/1975)

Der Eintritt der Volljährigkeit beeinträchtigt das Schulverhältnis grundsätzlich nicht: Volljährige üben ihre Rechte selbst aus und müssen alle Pflichten ausschließlich und im vollen Umfang selbst übernehmen (z.B. Anmeldung oder Abmeldung von der Schule). Die Schulpflicht wird durch die (in der freiwilligen Entscheidung, das Schulverhältnis fortzusetzen, begründete) Pflicht zur Teilnahme am Unterricht ersetzt. Damit unterwerfen sich volljährige Schüler*innen den Schulordnungen, z.B. der Schulbesuchsverordnung. Sie besitzen deshalb zwar ein Selbstentschuldigungsrecht, allerdings nur im Rahmen der auch sonst zulässigen Gründe.

➪ SchulbesuchsVO; ➪ Schulgesetz § 55 und §§ 72-76

Weder die volljährigen Schüler*innen noch ihre Eltern müssen Zeugnisse unterschreiben. Die z.B. bei Erziehungs- und Ordnungmaßnahmen vorgesehene Anhörung oder Mitwirkung der Erziehungsberechtigten entfällt. Das kollektive Mitwirkungsrecht der Eltern bleibt jedoch erhalten (SchG § 55 Abs. 3).

Bei Auskünften der Schule an die Eltern wird das Einverständnis der volljährigen Schüler*innen vorausgesetzt, wenn nicht eine ausdrückliche anderslautende Erklärung der Betroffenen vorliegt. Die Schule kann den Eltern auch personenbezogene Auskünfte erteilen oder Mitteilungen machen, wenn kein gegenteiliger Wille der Schüler*innen erkennbar ist oder wenn eine Gefahr für wesentlich überwiegende Rechtsgüter wie Leben, Leib, Freiheit oder Eigentum zu befürchten ist und dies angemessen ist, die Gefahr abzuwenden oder zu verringern. Dies gilt auch, wenn ein Schulausschluss angedroht wird oder Schüler*innen die Schule gegen ihren Willen verlassen müssen. Volljährige sind über die Möglichkeit personenbezogener Auskünfte und Mitteilungen allgemein oder im Einzelfall zu belehren.

Gegenüber volljährigen Schüler*innen besteht keine Aufsichtspflicht der Schule im üblichen Sinne, jedoch die allgemeine Verkehrssicherungspflicht und die sich aus dem Schulverhältnis ergebende Fürsorgepflicht der Schule.

➪ Aufsichtspflicht; ➪ Elternbeirat (EltBVO) § 1 Abs. 2; ➪ Eltern (Allgemeines); ➪ Schulbesuchsverordnung § 4; ➪ Schulgesetz § 55 Abs. 3, §§ 72-76; ➪ Unfallversicherung (Hinweise); ➪ Verschwiegenheitspflicht

Vorbereitungsklassen (Stundentafeln VKL)

Verordnung des Kultusministeriums zur Regelung der Stundentafeln für die Vorbereitungsklassen allgemeinbildender Schulen vom 27.6.2018 (GBl. S. 280/2018)

§ 1
Begriff der Vorbereitungsklasse

(1) Sprachförderung von Kindern und Jugendlichen mit nichtdeutscher Herkunftssprache und geringen Deutschkenntnissen kann an der Grundschule, der Werkrealschule, der Hauptschule, der Realschule, der Gemeinschaftsschule und dem Gymnasium in hierfür einzurichtenden Klassen stattfinden (Vorbereitungsklassen).

(2) Der Unterricht in der Vorbereitungsklasse hat für den anschließenden Besuch der Regelklasse vorbereitende Funktion. Der Schwerpunkt des Unterrichts liegt auf der Vermittlung von Kenntnissen in der deutschen Sprache. Daneben sollen insbesondere auch Inhalte mit Bezug zur freiheitlich-demokratischen Grundordnung nach dem Grundgesetz für die Bundesrepublik Deutschland vermittelt werden.

(3) Wegen der Einzelheiten zu der Fördermaßnahme Vorbereitungsklasse wird auf die entsprechenden Bestimmungen der Verwaltungsvorschrift [...] ➪ Integration und Sprachförderung verwiesen.

§ 2
Stundentafel

(1) Für die Vorbereitungsklassen der Grundschule und die Klassen 1 bis 4 der Gemeinschaftsschule gilt die Stundentafel nach Anlage 1.

(2) Für die Vorbereitungsklassen der Werkrealschule/Hauptschule, der Realschule, sowie jeweils der Klassen 5 bis 10 der Gemeinschaftsschule und

Anlage 1 (zu § 2 Absatz 1)

Kontingentstundentafel für die Vorbereitungsklassen der Grundschule und die Klassen 1 bis 4 der Gemeinschaftsschule

Bereiche	Anzahl Lehrerwochenstunden
Pflichtbereich	**12**
Deutsch	10
Demokratiebildung	2
Zusatzbereich[1]	**6**
Mathematik, Musik, Kunst/Werken, Bewegung, Spiel und Sport, Sachunterricht und Englisch oder Französisch[2]	
Summe:	**18**[3]

des Gymnasiums der Normalform im neunjährigen Bildungsgang beziehungsweise der Klassen 5 bis 9 des Gymnasiums der Normalform gilt die Stundentafel nach Anlage 2.

Fußnoten zu Anlage 1

1 Unterricht ist auch integrativ in Regelklassen möglich. Eine frühzeitige stundenweise Integration in Regelklassen ist anzustreben.

2 Die Fachbezeichnungen orientieren sich am Bildungsplan 2016. Für Klassen, die nach dem Bildungsplan 2004 unterrichtet werden, sind die entsprechenden Bezeichnungen hieraus maßgeblich.

3 Kontingent von 18 Lehrerwochenstunden pro Vorbereitungsklasse, davon sechs Lehrerwochenstunden für bedarfsgerechte Verteilung durch das Staatliche Schulamt für Vorbereitungsklassen oder Sprachfördergruppen. Die Unterrichtsverpflichtung der Schülerinnen und Schüler kann durch Integration in die Regelklasse über 18 Wochenstunden hinausgehen.

Fußnoten zu Anlage 2

1 Unterricht ist auch integrativ in Regelklassen möglich. Eine frühzeitige stundenweise Integration in Regelklassen ist anzustreben.

2 Zuweisung durch das Staatliche Schulamt beziehungsweise Regierungspräsidium im Rahmen der insgesamt für Vorbereitungsklassen zur Verfügung stehenden Ressourcen.

3 Die Fachbezeichnungen orientieren sich am Bildungsplan 2016. Für Klassen, die nach dem Bildungsplan 2004 beziehungsweise 2012 unterrichtet werden, sind die entsprechenden Bezeichnungen hieraus maßgeblich.

4 Kontingent von 25 Lehrerwochenstunden pro Vorbereitungsklasse, davon neun Lehrerwochenstunden für bedarfsgerechte Verteilung durch das Staatliche Schulamt beziehungsweise Regierungspräsidium für Vorbereitungsklassen oder Sprachfördergruppen. Die Unterrichtsverpflichtung der Schülerinnen und Schüler kann durch Integration in die Regelklassen über 25 Wochenstunden hinausgehen.

Anlage 2 (zu § 2 Absatz 2)

Kontingentstundentafel für die Vorbereitungsklassen der Werkrealschule, Hauptschule, der Realschule, sowie jeweils der Klassen 5 bis 10 der Gemeinschaftsschule und des Gymnasiums der Normalform im achtjährigen Bildungsgang

Bereiche	Anzahl Lehrerwochenstunden
Pflichtbereich	**16**
Deutsch	12
Demokratiebildung	4
Zusatzbereich[1]	**9**[2]
Mathematik, Naturwissenschaftliches Fächerfeld, Gesellschaftswissenschaftliches Fächerfeld, Musik, Bildende Kunst, Sport, Fremdsprachen, Wahlpflichtfach und Profilfach[3]	
Summe:	**25**[4]

⇨ Integration und Sprachförderung; ⇨ Migrationshintergrund; ⇨ Schulbesuch (Rechte und Pflichten)

Vorqualifizierungsjahr Arbeit/Beruf (VAB)

Informationen der Redaktion zur Rechtslage und zur Verwaltungspraxis in Baden-Württemberg

Wer den Besuch einer allgemeinbildenden Schule beendet und keinen der Tatbestände erfüllt, die das Ruhen der Berufsschulpflicht bewirken (z.B. unmittelbar anschließender Besuch einer beruflichen Vollzeitschule oder Antreten eines freiwilligen Dienstes; vgl. SchG § 80), ist zum Besuch der Berufsschule verpflichtet. Für berufsschulpflichtige Jugendliche, die kein Berufsausbildungsverhältnis nachweisen können, sieht § 10 Absatz 5 SchG vor, dass die Berufsschule als einjährige Vollzeitschule (Berufsvorbereitungsjahr – BVJ) geführt werden soll.

⇨ Schulgesetz §§ 10 und 77 ff.

An vielen Schulen wurde das BVJ durch den Schulversuch „Vorqualifizierungsjahr Arbeit/Beruf (VAB)“ ersetzt.

Das Vorqualifizierungsjahr bereitet die Jugendlichen auf eine berufliche Ausbildung oder eine berufliche Tätigkeit vor. Dabei werden auf der Grundlage einer umfassenden Verzahnung von Theorie und Praxis sowie von individualisierten Lernprozessen Basisqualifikationen der allgemeinen und berufsbezogenen Bildung vermittelt und vertieft. Im Rahmen eines handlungsorientierten und projektbasierten Unterrichts in berufs- und lebensweltbezogenen Arbeitsfeldern erwerben die Jugendlichen berufliches Vorwissen und praktische Grundfertigkeiten in bis zu drei beruflichen Bereichen. Dies verbessert die Ausbildungsreife, unterstützt die berufliche Orientierung und stärkt die Fähigkeit zur Alltagsbewältigung. Die Ausbildung dauert ein Schuljahr. Mit Zustimmung der oberen Schulaufsichtsbehörde kann das VAB auch im zweiten Schulhalbjahr beginnen.

Die pädagogische Ausgestaltung der Ausbildung erfolgt auf der Basis einer individuellen Förder- und Berufswegeplanung. Grundprinzip des Unterrichts ist die individuelle Förderung der Schüler, die in eine Individualisierung der Lernprozesse mündet.

Zur fundierten Erfassung der vorhandenen überfachlichen Kompetenzen wird für alle Schüler*innen eine ⇨ Kompetenzanalyse durchgeführt. Sie mündet in mindestens zwei Zielvereinbarungsgespräche, die von der Schule mit den Schüler*innen und deren Erziehungsberechtigten zu führen sind.

Innerhalb des in der Stundentafel ausgewiesenen Bereichs „Individuelle Förderung“ werden unterrichtsergänzende Maßnahmen zur individuellen Förderung der Schüler*innen umgesetzt. Eine Leistungsbewertung erfolgt in diesem Bereich nicht.

Das VAB kann entweder mit einem dem Hauptschulabschluss gleichwertigen Bildungsstand oder ohne einen solchen Bildungsstand erfolgreich abgeschlossen werden.

VABO-Klassen

Für Jugendliche und junge Erwachsene, die über keine oder unzureichende Deutschkenntnisse verfügen, beispielsweise Zugewanderte und Flüchtlinge, wurden im VAB mit Schwerpunkt Erwerb von Deutschkenntnissen sogenannte VABO-Klassen eingerichtet. Sie wurden seit 2016 zu einem Einstiegskurs für Jugendliche zur konzentrierten Sprachförderung weiterentwickelt. Parallel zum Spracherwerb soll möglichst früh eine stundenweise Integration von Schüler*innen in geeignete Regelbildungsgänge erfolgen.

Zum Programm gehören auch das Kennenlernen unserer Kultur, Gesellschaft und Werte sowie gegebenenfalls erste Einblicke in ein Berufsfeld oder die Vertiefung der Allgemeinbildung.

Die VABO-Klassen dienen der ersten Begleitung des angestrebten weiteren schulischen bzw. beruflichen Bildungsweges in Zusammenarbeit mit der Berufsberatung der Bundesagentur für Arbeit. Dauer: In der Regel ein Schuljahr (längerer Verbleib ist möglich), dabei wird ein schnellstmöglicher Übergang in die regulären Anschlüsse angestrebt.

➪ Abschlüsse und Bildungswege; ➪ Abschlüsse (Berufsausbildung / Gleichwertigkeit); ➪ Ausbildungsvorbereitung dual (AVdual); ➪ Berufseinstiegsjahr; ➪ Berufsschule; ➪ Integration und Sprachförderung; ➪ Kompetenzanalyse; ➪ Migrationshintergrund; ➪ Schulgesetz §§ 10 und 77 ff.; ➪ Schulpflicht (Ausländische Schüler*innen); ➪ Vorbereitungsklassen (Stundentafeln VKL)

Vorschriften

Informationen der Redaktion zur Rechtslage und zur Verwaltungspraxis in Baden-Württemberg

A. Einführung

Im Rechtssystem der Bundesrepublik bedarf jeder Eingriff des Staates in die Persönlichkeits- und Freiheitsrechte der Bürger*innen einer Ermächtigung durch die Volksvertretung (Gesetzesvorbehalt).

Deshalb bedürfen alle Regelungen, die von den Schülerinnen und Schülern bzw. deren Erziehungsberechtigten ein Tun oder Unterlassen fordern, der Legitimation durch das Parlament, entweder direkt durch eine Verfassungs- bzw. Gesetzesbestimmung oder indirekt durch eine Rechtsverordnung einer Behörde, wobei der Gesetzgeber wiederum den Rahmen (Form, Zweck und Ausmaß) vorgegeben haben muss.

Diese Hierarchie der Normen sei am Beispiel der Schulpflicht dargestellt:

- Das **Grundgesetz**, also die Verfassung der Bundesrepublik, unterstellt das gesamte Schulwesen der Aufsicht des Staates. Das umfasst neben der Kontrolle auch die Gestaltung des Schulwesens.
  ➪ Grundgesetz Art. 7
- Laut **Grundgesetz** entscheidet der Bund über die Berufsausbildung und (mit dem Bundesberufsbildungsgesetz) über die Pflicht zum Besuch der Berufsschule; ansonsten gilt Landesrecht.
  ➪ Grundgesetz Art. 12
- In der **Verfassung** des Landes Baden-Württemberg ist die allgemeine Schulpflicht verfügt.
  ➪ Verfassung Art. 14
- Im **Schulgesetz** werden die einzelnen Schularten und ihre Aufgaben im Einzelnen definiert; das Kultusministerium wird ermächtigt, Ausführungsvorschriften (Rechtsverordnungen) zu erlassen.
  ➪ Schulgesetz §§ 72-87
- Dies geschieht z.B. durch die **Verordnungen** über die Ausbildung und Prüfung an Werkrealschulen.
  ➪ Werkrealschule (Abschlussprüfung); ➪ Werkrealschule (Verordnung)
- Zur Regelung des Verfahrens nach dem Schulabschluss erlässt das KM **Verwaltungsvorschriften**, z.B. die VwV über die Erfüllung der Berufsschulpflicht. ➪ Schulpflicht (Berufliche Schulen)
- Zur Pflicht der Schulen, die Erziehungsberechtigten über die Bildungswege zu informieren, hat das KM eine **Bekanntmachung** erlassen.
  ➪ Werkrealschule (Informationsveranstaltungen)

Diese Texte sind einander hierarchisch über- bzw. untergeordnet. Eine „untere“ Stufe darf den „höherrangigen“ Vorschriften nicht widersprechen; zwar geht eine Spezialregelung der allgemeinen vor, aber sie muss immer auf ihre Vereinbarkeit mit höherrangigen Normen geprüft werden.

Bekanntmachungen und Verwaltungsvorschriften wirken grundsätzlich nicht nach außen, sondern binden nur die Verwaltung. So richtet sich z.B. die Verwaltungsvorschrift über die Pflicht zum Besuch der Sonderschule nur an die Schule (sagt ihr also, was sie tun soll). Hingegen definiert die Schulbesuchsverordnung die Rechte und Pflichten der Schüler*innen bzw. Eltern, hat also Außenwirkung.

Bei bestimmten Vorschriften und Gesetzen (z.B. Arbeitsschutz- und Unfallverhütungsvorschriften) obliegt der Schulleitung eine Auslagepflicht.

Dürfen Eltern an der Lehrerkonferenz teilnehmen? Hätten Sie's gewusst? Die Antwort steht auf Seite 115.

B.
Die Verwaltungsvorschrift „Regelungen"

Die Verwaltungsvorschrift der Landesregierung zur Erarbeitung von Regelungen („VwV Regelungen") vom 27.7.2010 (GABl. S. 277/2010, zuletzt geändert 9.1.2023, K.u.U. S. 41/2023) bindet unmittelbar die Regierung sowie die Landesministerien. Wir empfehlen den Schulen, insbesondere die Anlage 1 (s.u.) bei ihrem Schriftverkehr sowie bei eigenen Veröffentlichungen (z.B. bei Bekanntmachungen an Eltern und die Öffentlichkeit) zu beachten.

Anlage 1: Geschlechtsneutrale Sprache

In Anlage 1 der VwV Regelungen ist verfügt:

„1.6.5 Die Gleichberechtigung von Frauen und Männern soll auch in der Rechtssprache zum Ausdruck kommen. Dies soll vorrangig durch geschlechtsneutrale Formulierungen geschehen, etwa durch die Verwendung

- *geschlechtsneutraler Substantive*

  Beispiele: Person, Mitglied, Bildungen mit -kraft (zum Beispiel Lehrkraft), Ableitungen auf -ung, (zum Beispiel Leitung, Vertretung) oder Zusammensetzungen auf -ling (zum Beispiel Prüfling, Flüchtling), sofern dadurch nicht der Sinn verändert wird
- *eines Adjektivs oder Adverbs*

  Beispiel: statt »Approbationsordnung für Ärzte« »ärztliche Approbationsordnung«
- *von Substantivierungen im Plural*

  Beispiele: die Erwerbslosen, Minderjährigen, Jugendlichen, Berufstätigen, Beschäftigten, Angehörigen, Teilnehmenden, Abgeordneten
- *des Passivs*

  Beispiel: statt »Bei der Zulassung zur Staatlichen Prüfung haben die Schülerin und der Schüler ... nachzuweisen« kann formuliert werden »Bei der Zulassung zur Staatlichen Prüfung muss ... nachgewiesen werden« oder »ist ... nachzuweisen«
- *des Fragepronomens »wer«*

  Beispiel: statt »Der Kandidat, der die Prüfung nicht bestanden hat, kann sie einmal wiederholen« kann formuliert werden »Wer die Prüfung nicht bestanden hat, ... «

Sind geschlechterneutrale Bezeichnungen für Personen nicht möglich oder rechtlich unzulässig, sollten vor allem im Singular weibliche und männliche Personenbezeichnungen verwendet werden. Die Verwendung männlicher und weiblicher Personenbezeichnungen in ausgeschriebener Form kommt namentlich an Textstellen in Betracht, wo es um Funktionen, Rechte und Pflichten einzelner Personen geht.

Beispiele: »Die Präsidentin oder der Präsident«, »die Beamtin oder der Beamte«

Bei Regelungen, die ausschließlich Frauen betreffen, sind Personenbezeichnungen in der weiblichen Form zu verwenden.

Männliche Personenbezeichnungen mit verallgemeinernder Bedeutung (sogenannte generische Maskulina) kommen nur in Fällen, in denen das Geschlecht nicht bekannt oder für den jeweiligen Zusammenhang unwichtig ist, in Betracht, wenn geschlechterneutrale Formulierungen nicht möglich sind und Klarheit, Bestimmtheit und notwendige Kürze einer Regelung bei durchgehender Verwendung von weiblichen und männlichen Personenbezeichnungen leiden würden. Generalklauseln, in denen ausgeführt wird, dass Frauen zwar mit gemeint sind, aus Gründen der Lesbarkeit eines Textes auf die weibliche Form jedoch verzichtet wird, sind nicht geschlechtergerecht.

Schreibungen mit großem »I« inmitten eines Wortes, mit Schrägstrich oder mit Klammer sind nicht erlaubt.

Unberührt bleibt die grundsätzlich gebotene, erheblich weitergehende Verwendung männlicher und weiblicher Personenbezeichnungen in Vordrucken, Urkunden, amtlichen Mitteilungen und der sonstigen sich unmittelbar an die Betroffenen richtende Amtssprache."

Kein automatisches Außerkrafttreten

Verwaltungsvorschriften, die nicht bereits eine festgelegte Geltungsdauer besitzen, verfallen zwar grundsätzlich nach spätestens sieben Jahren; diese Automatik entfällt jedoch bei Verwaltungsvorschriften, *„die in jedermann zugänglichen, ständig fortgeschriebenen Textausgaben amtlich herausgegeben werden"* (Nr. 4.5.3 und 4.5.4 der VwV Regelungen). Dazu zählt auch die Loseblatt-Sammlung von K.u.U. Ausgabe B („Gelbe Ordner") des Kultusministeriums. Die dort veröffentlichten Verwaltungsvorschriften des KM gelten also so lange, bis sie förmlich aufgehoben werden (dies wird jeweils im Amtsblatt K.u.U. bekanntgegeben); spätestens nach sieben Jahren werden sie aber vom KM auf ihre Notwendigkeit überprüft.

Auch Gesetze, Verordnungen (zu letzteren zählt beispielsweise die ⇨ Konferenzordnung) und Bekanntmachungen fallen nicht unter die Verfallsautomatik.

C.
Zur aktuellen Vorschriftenpraxis des Kultusministeriums

Verwaltungsvorschriften der Landesregierung und der Ministerien sind in dem jeweiligen Amtsblatt zu veröffentlichen. Im Kultusbereich ist dies das Amtsblatt Kultus und Unterricht (K.u.U.).

⇨ Kultus und Unterricht (Amtsblatt)

Im „amtlichen Teil" der **Ausgabe A** dieses Amtsblattes werden die vom Kultusministerium federführend bearbeiteten bzw. erlassenen

- Gesetze (z.B. das ⇨ Schulgesetz),
- Verordnungen (z.B. die ⇨ Konferenzordnung),
- Verwaltungsvorschriften (z.B. die VwV ⇨ Außerunterrichtliche Veranstaltungen) und
- Bekanntmachungen (z.B. ⇨ Hitzefrei)

sowie sonstige für den Kultusbereich relevante Vorschriften abgedruckt. Ferner nutzt das Kultusministerium die elektronischen Medien. Der „Infodienst Schule" sowie der „Infodienst Eltern" können auf der Homepage des Kultusministeriums (https://km-bw.de/Startseite/Service) unter > Infodienst+Eltern bzw. > Infodienst+Schule eingesehen und abgerufen werden.

Ausgabe B des Amtsblatts ist eine Loseblattsammlung („gelbe Ordner"), in der alle geltenden und veröffentlichten Verwaltungsvorschriften des KM aufgeführt sind; dies ist zugleich das amtliche „Gültigkeitsverzeichnis" des Kultusministeriums. Diese „gelben Ordner" müssen in jeder Schule vorhanden sein (Pflichtabonnement); Erziehungsberechtigten und volljährigen Schüler*innen ist auf Verlangen Einsicht zu gewähren.

Das Kultusministerium unterscheidet unterhalb von Gesetzen und Verordnungen zwischen

- *„Verwaltungsvorschriften"* (sie enthalten *„generell-abstrakte Weisungen mit verbindlicher Wirkung"*)
- und *„Bekanntmachungen"* (dies sind *„Informationen, Hinweise, Erläuterungen oder Empfehlungen in pädagogischen oder administrativen Angelegenheiten, ohne dass dadurch eine verbindliche Regelung im Sinne einer Vorschrift getroffen wird"*).

Zur Form und dem Charakter dieser Bekanntmachungen hat das Kultusministerium mitgeteilt:

1. *„Bekanntmachungen [...], die auf Dauer angelegt sind, werden in ein laufend fortgeschriebenes Verzeichnis aufgenommen (Bekanntmachungsverzeichnis)"*.
   Das Vorschriftenverzeichnis des KM enthält auch *„Bekanntmachungen ohne Vorschriftencharakter"*. Ein Beispiel hierfür ist die Bekanntmachung ➪ Schülerbeförderung (Mitwirkung der Schulen).
2. *„Bekanntmachungen [...], die vor dem Stichtag der neuesten Ergänzungslieferung veröffentlicht wurden und im Bekanntmachungsverzeichnis nicht enthalten sind, müssen nicht mehr berücksichtigt werden. Es steht den nachgeordneten Dienststellen aber frei, sich bei ihrer Entscheidungsfindung im Einzelfall die Inhalte solcher früherer Bekanntmachungen zu eigen zu machen; sie dürfen jedoch diese Bekanntmachungen nicht mehr zitieren."*

Das KM fasst häufig mehrere Vorschriften zusammen. Das verringert zwar formal die Zahl der „Erlasse", erschwert aber den Zugang. Ein Beispiel hierfür ist die ➪ Notenbildungsverordnung, die auch die Regelungen über Hausaufgaben enthält.

➪ Ermessen; ➪ Juristische Terminologie; ➪ Verwaltungsrecht

Waffen in der Schule

Hinweise der Redaktion auf das Gesetz zur Neuregelung des Waffenrechts vom 11.10.2002 (BGBl.I S. 3970, 4592/2002 und 26.3.2008; BGBl. I S. 426/2008); zuletzt geändert 17.7.2009 (BGBl. I S. I2062/2009)

Das Mitführen von Waffen jeder Art in der Schule oder bei außerunterrichtlichen Veranstaltungen ist wegen der Gefährdung bzw. Beeinträchtigung des Erziehungsauftrags der Schule sowie der Gefährdung der Schüler*innen nicht hinnehmbar. Dies gilt auch für volljährige Schüler*innen.

Dieser Grundsatz gilt, ohne dass es zusätzlicher schulischer Vorschriften bedarf, für alle Waffen, die unter die strafbewehrten Verbote des Waffenrechts fallen. Dazu gehören z.B. Schlagringe, Stahlruten, Totschläger, „Molotow-Cocktails", Schießkugelschreiber, Stockdegen, Gürtelschnallenmesser, Würgehölzer, Präzisionsschleudern, Fall-, Spring-, Faust- und „Butterfly"-Messer, Wurfsterne und Pump-Guns. Es kann auch bestraft werden, wer mit einer Schreckschuss-, Reizstoff- und Signalwaffe angetroffen wird und nicht im Besitz eines „kleinen Waffenscheins" ist. Der Erwerb und der Besitz einer solchen Waffe ist zwar ab 18 Jahren ohne ausdrückliche waffenrechtliche Erlaubnis frei. Verboten ist jedoch das Führen einer solchen Waffe ohne Besitz des „Kleinen Waffenscheins" außerhalb des „befriedeten Besitztums" (Wohnung bzw. Haus und Grundstück). Auch das Führen von „Anscheinswaffen" sowie von Einhandmessern (mit einhändig feststellbarer Klinge) sowie von feststehenden Messern mit einer Klingenlänge über 12 cm ist verboten. Das Gesetz sanktioniert ferner den Besitz von nicht angemeldeter, verbotener Munition, wie z.B. Geschosse mit Betäubungsstoffen oder nicht zugelassenen Reizstoffen, Leuchtspur-, Brand- oder Hartkernmunition oder sogenannte „Patronen ohne Vergangenheit".

Ausnahmen gelten z.B. für Signalwaffen beim Bergsteigen (nicht beim Bergwandern!), für verantwortliche Führer eines Bootes/Wasserfahrzeugs auf dem Fahrzeug oder bei (regulären) Not- und Rettungsübungen, für Schreckschuss- oder Signalwaffen zur Abgabe von Start- oder Beendigungszeichen bei Sportveranstaltungen, wenn dabei optische oder akustische Signalgebung erforderlich ist. So sind z.B. Startpistolen waffenscheinfrei.

Es ist zweckmäßig, das Verbot des Mitbringens von gefährlichen Gegenständen, auch solcher, die nicht unter das Waffengesetz fallen (zum Beispiel Baseballschläger), in einer Hausordnung festzuhalten. So ist z.B. ein Fahrtenmesser mit einer Klingenlänge unter 12 cm keine *„Waffe"* im Sinne des Waffengesetzes, aber ein *„gefährlicher Gegenstand"*. Auf Klassenfahrten in Ausland kann es zum Anlass für einen Gefängnisaufenthalt werden. In Großbritannien ist beispielsweise der Besitz von Schreckschusswaffen und Munition, Reizstoffsprühgeräten, Schlagringen, Pistolenattrappen, aber auch Messern, die in Deutschland nicht unter das Waffenrecht fallen, verboten und wird rigoros geahndet.

➪ Hausordnung; ➪ Konferenzordnung § 2 Abs. 1 Nr. 3

Auch ohne eine Schul- oder Hausordnung läuft das Mitführen von Waffen oder Munition (z.B. im Wald gefundene Patronen) durch Schüler*innen dem Zweck der Schule zuwider – sie muss deshalb von jeder Lehrkraft, die einen solchen Fall entdeckt, unterbunden werden. Die Gegenstände sind einzuziehen, die Schüler*innen sind zu belehren bzw. zu verwarnen; ggf. sind Erziehungs- und Ordnungsmaßnahmen (SchulG § 90) anzuwenden.

Eingezogene Gegenstände sollten den Erziehungsberechtigten übergeben werden; volljährigen Schüler*innen ist der Gegenstand unter Hinweis auf die schuldisziplinarischen Konsequenzen nach Unterrichtsende wieder auszuhändigen. Waffen sollten der Polizei übergeben werden, wo sie von den berechtigten Eigentümern abgeholt werden können. Lehrkräfte dürfen Schüler*innen (des eigenen Geschlechts) durchsuchen, wenn der begründete Verdacht besteht, dass von ihnen eine akute Gefahr für andere Personen ausgeht (beispielsweise dass eine Waffe zum möglichen Gebrauch mitgeführt wird).

⇨ Außerunterrichtliche Veranstaltungen; ⇨ Gewaltvorfälle; ⇨ Hausordnung / Pausenordnung; ⇨ Polizei und Schule; ⇨ Schulgesetz § 90

Wahlkampf und Schule

Informationen der Redaktion zur Rechtslage und zur Verwaltungspraxis in Baden-Württemberg

Vorbemerkung der Redaktion

Das Kultusministerium hat in Beantwortung einer Landtagsanfrage klargestellt: *„Die Schule kann im Hinblick auf ihre parteipolitische Neutralität nicht mit Parteien gemeinsame Veranstaltungen durchführen“* Das Ministerium befürwortet jedoch, dass Vertreter*innen *„der im Bundestag und im Landtag vertretenen Parteien“* bei geeigneten Anlässen als *„Fachleute aus der Praxis“* in den Unterricht einbezogen werden, dabei dürfen die Schulen jedoch *„keine einseitige Auswahl vornehmen“*. (Quelle: LT-Drucksache 15/828). Es hat die Schulen angewiesen, *„von der Mitwirkung von Abgeordneten und anderen Personen des politischen Lebens im Rahmen des Unterrichts an den Schulen [...] in den letzten acht Wochen vor Landtagswahlen in Baden-Württemberg, Bundestagswahlen sowie Wahlen zum Europaparlament abzusehen.“* (⇨ Fachleute aus der Praxis) und weist sie regelmäßig in seinen „Infodiensten“ auf diese „Karenzzeit“ hin.

Schule und Wahlkampf

Bekanntmachung des KM im Infodienst Schulleitung Nr. 301 vom Juni 2021

Die Schule ist zur parteipolitischen Neutralität verpflichtet, soll aber den lebendigen Kontakt zu der außerschulischen Wirklichkeit herstellen, wozu auch der Gedankenaustausch mit Abgeordneten gehört. Daneben unterliegt die Schule als Teil der Exekutive der demokratischen Kontrolle des Landtags; auch hieraus können sich Kontakte der Schule zu Abgeordneten ergeben.

Deshalb bittet Sie das Kultusministerium, [...] eine achtwöchige Karenzzeit einzuhalten, [...].

Ganzjährig, das heißt auch während und außerhalb der Karenzzeit, zulässig sind:

- Pluralistisch besetzte Podiumsdiskussionen: Die Schülermitverantwortung (SMV) kann auch während der Karenzzeit öffentliche Diskussionsveranstaltungen mit den Kandidaten der Parteien durchführen. Angesichts der Vielzahl der zu den Wahlen zugelassenen Parteien ist für die Einladung der Kandidatinnen und Kandidaten eine Auswahl zu treffen, die sich an der Bedeutung ihrer Partei zu orientieren hat. Entscheidend für die Bedeutung einer Partei in diesem Sinne sind nach der Rechtsprechung:
  - die Ergebnisse vorausgegangener Wahlen zu Volksvertretungen,
  - die aktuellen Prognosen beziehungsweise die damit verbundenen konkreten Aussichten für die Wahlen.

  Zur Klarstellung wird darauf hingewiesen, dass diese Kriterien nicht nur die bereits im Parlament vertretenen Parteien erfüllen können.
- Weitergabe von Post: Die Schulleitung ist verpflichtet, verschlossene persönliche Briefe, die an Lehrkräfte, Elternvertretungen, insbesondere Elternbeiratsvorsitzende oder die SMV gerichtet sind, weiterzuleiten. Dies gilt auch für Briefe von Abgeordneten. Die Pflicht zur Weiterleitung von Post gilt allerdings nicht für Postwurfsendungen, Drucksachen, Flugblätter und Ähnliches.
- Anfragen von Abgeordneten: Abgeordnete können direkt bei den Schulen Informationen einholen. Bei politisch bedeutsamen Vorgängen kann sich das Kultusministerium die Beantwortung vorbehalten. In diesen Fällen beantwortet die Schule die Fragen des Abgeordneten nicht und dessen Informationsrecht wird gewahrt, indem das Kultusministerium die erbetenen Informationen gibt. Die Schulen sind nicht verpflichtet, aufgrund von solchen Anfragen zusätzliche Statistiken zu erstellen.
- Überlassung von Schulräumen: Die Schulträger können den Parteien Schulräume für Veranstaltungen außerhalb der Unterrichtszeit überlassen. [...].

Während der Karenzzeit gelten folgende Einschränkungen:

Abgeordnete dürfen als Fachleute auch dann nicht in den Unterricht eingeladen werden, wenn es sich um eine Veranstaltung des kontinuierlichen Unterrichts handelt, für den die Lehrkräfte verantwortlich bleiben. Die Möglichkeit der Abgeordneten des Wahlkreises und Gremien des Landtags, sich vor Ort durch Schulbesuche zu informieren, besteht während der Karenzzeit nicht, um jedem Anschein entgegenzuwirken, dass die Schule eine Plattform für Wahlwerbung bieten würde. Sie können in dieser Zeit mit der Schulleitung, mit

Lehrkräften und Eltern oder den Schülervertretern keine Gespräche und keine presseöffentlichen Veranstaltungen durchführen. Einladungen von Fraktionen des Landtags zu Fraktionsveranstaltungen dürfen während der Karenzzeit nicht an Schülerinnen und Schüler, Eltern oder Lehrerinnen und Lehrer an den Schulen verteilt werden.

Wahlwerbungsverbot
mit Broschüren des Kultusministeriums

Das […] *(Kultusministerium)* gibt im Rahmen seiner verfassungsmäßigen Verpflichtung zur Unterrichtung der Öffentlichkeit Informationsschriften heraus. Diese dürfen weder von Parteien noch von deren Kandidatinnen, Kandidaten oder Helferinnen und Helfern während eines Wahlkampfes zum Zweck der Wahlwerbung verwendet werden. Missbräuchlich ist insbesondere die Verteilung bei Wahl-Veranstaltungen, an Informationsständen der Parteien sowie das Einlegen, Aufdrucken oder Aufkleben parteipolitischer Informationen oder Werbemittel. Untersagt ist auch, die Broschüren an Dritte zur Verwendung bei der Wahlwerbung weiterzugeben. Auch ohne zeitlichen Bezug zu einer bevorstehenden Wahl dürfen Druckschriften nicht so verwendet werden, dass dies als Parteinahme des Herausgebers zugunsten einzelner politischer Gruppen verstanden werden könnte. Diese Beschränkungen gelten unabhängig davon, wann, auf welchem Weg und in welcher Anzahl diese Informationsschrift dem Empfänger zugegangen ist.

➪ Fachleute; ➪ Schülermitverantwortung

Werbung, Wettbewerbe und Erhebungen

Werbung, Wettbewerbe und Erhebungen in Schulen; Verwaltungsvorschrift des Kultusministeriums vom 21.9.2002 (K.u.U. S. 309/2002); zuletzt geändert 28. Oktober 2005 (K.u.U. S. 167/2005)

1. Allgemeines

Die Schule ist verpflichtet, ihren Erziehungs- und Bildungsauftrag in vertrauensvoller Zusammenarbeit mit den Eltern zu verwirklichen. Die Eltern, die ihre Kinder in die Obhut der Schule geben, müssen darauf vertrauen können, dass der Rahmen des Erziehungs- und Bildungsauftrages der Schule eingehalten und alles von der Schule ferngehalten wird, was die Verwirklichung dieses Zieles beeinträchtigen könnte.

Der Erziehungs- und Bildungsauftrag der Schule verbietet demnach, dass in den Schulen Werbung für wirtschaftliche, politische, weltanschauliche oder sonstige Interessen betrieben, Waren vertrieben oder Sammlungen, Wettbewerbe und Erhebungen durchgeführt werden, soweit nachstehend nichts Abweichendes bestimmt ist. Für Einzelentscheidungen ist der Schulleiter zuständig, soweit keine anderweitige Regelung getroffen ist.

➪ Wahlkampf und Schule; ➪ Belohnungen

Hinweise der Redaktion:

1. Kommerzielle Unternehmen, politische oder weltanschauliche Interessengruppen, Vereine und Verbände versuchen häufig, über eine Sponsorentätigkeit auf sich aufmerksam zu machen, also durch die Bereitstellung von finanziellen Mitteln oder eine logistische Unterstützung zugunsten der Schule verdeckt Werbung für ihre Produkte oder Anliegen in die Schulen hineinzutragen. Siehe hierzu die Beiträge ➪ Schulfördervereine und ➪ Sponsoring.
2. Jeglicher Anschein einer Förderung kommerzieller Interessen durch die Schule ist zu vermeiden. Es sind von dem Verbot beispielsweise auch kostenlose Sehtests umfasst, die von einer Krankenkasse in Kooperation mit einem Optiker an öffentlichen Schulen durchgeführt werden (Quelle: RP Stuttgart, 9.9.2010). Unzulässig ist auch die Entgegennahme von Provisionen durch Lehrkräfte (z.B. für die Vermittlung von Zeitschriftenabonnements oder von Freiplätzen bei außerunterrichtlichen Veranstaltungen, es sei denn diese kommen ausschließlich den Schüler*innen zugute, z.B. als Einnahme für die Klassenkasse oder als Verbilligung der Fahrt-, Eintritts- oder Unterkunftskosten für die Schüler*innen). Ebenso sind Werbeaktionen an Schulen wie der folgende Fall unzulässig, über den der Bundesgerichtshof zu entscheiden hatte (12.7.2007, AZ: I ZR 82/05): Ein Lebensmittelkonzern hatte Sammeltaler angeboten, die man gegen Sportmaterialien für die Schule eintauschen konnte. Dadurch würde, so der BGH, eine Art Gruppenzwang ausgelöst; die Kinder würden dadurch gleichsam zum verlängerten Arm des werbenden Unternehmens gegenüber ihren Eltern, weil sie innerhalb der Klasse um gesammelte Punkte wetteiferten.
3. Die Schulen können zwar gewerblich tätigen Fotografen das Anfertigen von Klassenfotos und Fotos einzelner Schüler für Schülerausweise im Schulbereich gestatten, soweit dieses pädagogisch wünschenswert ist. Lehrkräfte können in die Abwicklung des Bestellvorgangs einbezogen werden, dürfen aber keine persönlichen Vorteile hieraus in Anspruch nehmen. (Quelle: KM, AZ: IV/1-6499.10/313). Finanzielle Zuwendungen sowie Sachzuwendungen von Schulfotografen dürfen jedoch auch als Gegenleistung für den Organisationsaufwand der Schulen bei der Durchführung von Schulfotoaktionen nicht entgegengenommen werden (BGH, Urteil vom 26.5.2011 3 StR 492/10). Dies gilt unabhängig davon, ob die Zuwendung an einzelne Personen, „die Schule" oder eine Klassenkasse geleistet wird. (Quelle: Merkblatt des KM ➪ Belohnungen und Geschenke). Gewerbliche Fotounternehmen dürfen Schülerfotos nur mit Einwilligung der Schüler*innen bzw. deren Eltern anfertigen. Von der Weitergabe personenbezogener Daten an gewerbliche Fotounternehmen ist abzusehen. (Quelle: KM, „Infodienst Schulleitung" Nr. 2/1999).
   ➪ Datenschutz (Schulen) Nr. 2.1 ff.; ➪ Internet und Schule
4. Es ist […] Schulen nicht gestattet, Elternadressen an private Firmen zu gewerblichen Zwecken herauszugeben. Die Schule holt auch keine Einwilligung zu einer solchen Übermittlung ein (siehe VwV ➪ Datenschutz (Schulen)). Auch von einer Verteilung von Gutscheinen, welche von den Eltern nur gegen Bekanntgabe der Privatadresse eingelöst werden können, ist abzusehen.
   (Quelle: Infodienst Schulleitung, Februar 2012, Nr. 195)
5. Werbung in Schulturnhallen ist nur im Rahmen dieser VwV zulässig. In Turnhallen, die auch öffentlichen Zwecken dienen, ist Werbung jedoch nicht ausgeschlossen, Werbung für gesundheitsschädliche Produkte, die sich an Schüler als Adressaten richtet, ist aber auch hier unzulässig. (Quelle: LT-Drucksache Nr. 10/4397 vom 27.11.1990)

5. Lehrkräften, auch Beratungslehrkräften, steht es nicht zu, einzelne private Beratungsstellen oder Nachhilfeinstitute gezielt weiterzuempfehlen. Sie verstoßen damit gegen die ihnen obliegende Pflicht zur Neutralität. Bei Beratungsbedarf über die Eignung außerschulischer Förderangebote stehen u.a. die Schulpsychologischen Beratungsstellen sowie die Aktion Bildungsinformation zur Verfügung.
   (Quelle: RP Stuttgart, 4.10.2011, AZ: 74-0300.8/336/6)
   ⇨ Schulpsychologische Beratungsstellen
6. Schulen müssen bei der Veranstaltung einer öffentlichen „Tombola" das Lotteriegesetz beachten. Eine schulische Tombola ist in der Regel „öffentlich", da die Schule über den engeren Kreis der Schüler*innen und Eltern hinaus an Dritte herantritt (Verwandte und Freunde der Schüler*innen, örtliche Bevölkerung), um durch den Verkauf von Losen an diese einen höheren Erlös zu erzielen, als dies z.B. bei einem völlig schulinternen Elternabend möglich wäre. Im Zusammenhang mit der Ausspielung darf keine Wirtschaftswerbung betrieben werden, die über die Ausstellung von Sachgewinnen hinausgeht. Für „öffentliche" Schul-Tombolas gilt in der Regel die „allgemeine Erlaubnis" gem. § 8 Lotteriegesetz; in aller Regel muss für sie keine Lotteriesteuer entrichtet werden, der Veranstalter muss jedoch jede Lotterie oder Ausspielung vor Beginn bei dem zentral zuständigen Finanzamt Karlsruhe, Prinzessinnenstr. 2, 76227 Karlsruhe, anmelden. Die amtlichen Vordrucke (erhältlich bei den Städten und Gemeinden) enthalten Informationen zur „allgemeinen Erlaubnis" und zur Steuerbefreiung. Werden Lotterien oder Ausspielungen rechtzeitig angemeldet, kann das Finanzamt bereits im Vorfeld auf Fehler aufmerksam machen, die sonst zur Versagung der Steuerbefreiung führen könnten. Die Rennwett- und Lotteriesteuerstelle erteilt auch telefonische Auskünfte (FON: 0721/994-2160 / -2161 / -2162).

2. Werbung und Bekanntmachungen

2.1 Auf Veranstaltungen, die geeignet sind, den Erziehungs- und Bildungsauftrag der Schule wesentlich zu fördern und nicht einseitigen Zielen dienen, kann durch Plakate oder sonstige Druckwerke hingewiesen werden. Die Entscheidung, ob und in welcher Form dies geschehen kann, trifft der Schulleiter.

2.2 Spenden können durch die Schulen entgegengenommen werden, wenn sie pädagogischen Zwecken dienen und demgegenüber eine etwaige Werbung deutlich zurücktritt und nur einen geringen Umfang hat.

2.3 Berufskundliche Informationen, die sachgerecht informieren und pädagogisch wertvoll sind, können auch dann verteilt werden, wenn sie Werbung für Ausbildungsstellen enthalten.

2.4 Berufsverbände der Lehrer dürfen Mitteilungen an Lehrer verteilen oder an einem ihnen im Lehrerzimmer zur Verfügung gestellten Schwarzen Brett aushängen, wenn es sich um spezifisch koalitionsgemäße Informationen im Rahmen des Art. 9 Abs. 3 ⇨ Grundgesetz handelt.

2.5 Die Personalräte dürfen im Rahmen ihres Aufgabenbereichs und ihrer Zuständigkeit Mitteilungen an die Lehrer verteilen oder an einem ihnen im Lehrerzimmer zur Verfügung gestellten Schwarzen Brett aushängen.

2.6 Schüler dürfen Abzeichen, Anstecknadeln, Aufkleber oder ähnliche Zeichen tragen, wenn dadurch nicht die Erfüllung des Erziehungs- oder Bildungsauftrages der Schule, der Schulfriede, der geordnete Schulbetrieb oder das Recht der persönlichen Ehre anderer gefährdet wird.

2.7 Werbende Anzeigen in Schülerzeitschriften sind gestattet, soweit der Erziehungsauftrag der Schule nicht beeinträchtigt wird.

3. Beteiligung der Schulen an Wettbewerben

3.1 Eine Beteiligung der Schulen liegt vor:

3.1.1 wenn Arbeiten im Rahmen der Schule angefertigt werden sollen,

3.1.2 wenn die Schulverwaltung oder die Schulen bei der Abwicklung in irgendeiner Form beteiligt sind (z.B. dadurch, dass sie auf den Wettbewerb hinweisen oder einen Hinweis in der Schule gestatten).

3.2 Eine Beteiligung der Schulen an Wettbewerben kann geeignet sein, den Erziehungs- und Bildungsauftrag der Schule zu fördern. Wettbewerbe, die einseitigen Zielen dienen oder ohne schulischen Bezug sind, sowie eine Häufung von Wettbewerben können den Erziehungs- und Bildungsauftrag der Schule beeinträchtigen. Die Beteiligung einer Schule an Wettbewerben und die Durchführung von Wettbewerben der Schule innerhalb der Schule oder mit anderen Schulen bedürfen der Genehmigung des Schulleiters.

Für die Genehmigung gilt Folgendes:

3.2.1 Eine Genehmigung ist zu versagen;
- wenn der Durchführung des Wettbewerbs schulische Belange entgegenstehen oder der Unterricht in nicht vertretbarer Weise beeinträchtigt wird,
- wenn der Wettbewerb in erster Linie kommerziellen Zwecken dient,
- wenn der Wettbewerb mit werbendem Charakter für politische Parteien oder Organisationen verbunden ist.

3.2.2 Bei sonstigen Wettbewerben mit werbendem Charakter ist zu prüfen, ob der Wettbewerb trotz des grundsätzlichen Werbeverbots in der Schule in Anbetracht der wesentlichen Förderung des Erziehungs- und Bildungsauftrages der Schule vertretbar ist.

3.2 Die Anfertigung von Wettbewerbsarbeiten im Unterricht ist nur zulässig, wenn sich diese im Rahmen der Ziele und Inhalte des Bildungsplans halten.

4. Erhebungen

4.1 Erhebungen, insbesondere Umfragen und wissenschaftliche Untersuchungen in Schulen durch Personen oder Institutionen außerhalb der Schulverwaltung bedürfen der Genehmigung. Die Genehmigung kann erteilt werden, wenn für die Erhebung ein erhebliches pädagogisch-wissenschaftliches Interesse anzuerkennen ist und sich die Belastung für Schule, Schüler und Lehrer in zumutbarem Rahmen hält. Sie ist mit den erforderlichen Auflagen zu verbinden, insbesondere hinsichtlich der Information, der Zustimmung und der Anonymität der zu Befragenden oder ihrer Eltern sowie des Datenschutzes. Personenbezogene Daten von Schülern dürfen nur mit Einwilligung der Eltern oder der volljährigen Schüler erhoben werden. Zuständig für die Erteilung der Genehmigung für eine beantragte Erhebung ist

– an einer einzelnen Schule der Schulleiter,
– bei mehreren Schulen der geschäftsführende Schulleiter im Benehmen mit den betroffenen Schulleitern, falls sich alle Schulen auf dem Gebiet eines Schulträgers befinden, ansonsten die obere Schulaufsichtsbehörde,
– bei Erhebungen, die über den Bereich einer oberen Schulaufsichtsbehörde hinaus stattfinden sollen, das Kultusministerium.

➪ Datenschutz (Schulen); ➪ Notenbildungsverordnung § 9; ➪ Wahlkampf und Schule

4.2 Dies gilt nicht für Erhebungen, die Schulträger im Rahmen ihrer Aufgaben durchführen. Die Verordnung des Kultusministeriums über statistische Erhebungen an Schulen [...] bleibt unberührt.

5. Warenvertrieb

5.1 Das Vertriebsverbot gilt nicht für Mensen und Cafeterias. Ferner kann der Vertrieb einfacher Speisen und Lebensmittel gestattet werden. Der Vertrieb alkoholischer Getränke ist nicht gestattet.

5.2 Sammelbestellungen von Lernmitteln, die von den Schülern bzw. ihren Erziehungsberechtigten zu bezahlen sind, sind zulässig, wenn dies von der Natur der Sache her notwendig ist.

5.3 Sammelbestellungen von Zeitschriften für Kinder und Jugendliche ist nur zulässig, wenn die Zeitschrift nach ihrer literarischen Qualität, ihrer graphischen Gestaltung und der Altersgemäßheit ihres Leseangebots pädagogisch besonders empfehlenswert ist und keine Werbung enthält.

5.4 5.4.1 Der Vertrieb der Schülerzeitschrift auf dem Schulgelände bedarf keiner Genehmigung der Schule. Die Schüler können nicht verpflichtet werden, die Schülerzeitschrift zu erwerben.

5.4.2 Soll die Schülerzeitschrift auf dem Schulgelände vertrieben werden, ist dem Schulleiter auf sein Verlangen jeweils ein Exemplar mindestens drei Tage vor der beabsichtigten Verteilung zugänglich zu machen. Er kann den Vertrieb der einzelnen Ausgabe der Schülerzeitschrift auf dem Schulgelände untersagen, soweit er der Auffassung ist, dass der Inhalt oder die Art des Vertriebs der Schülerzeitschrift

a) gegen ein Gesetz, insbesondere gegen Strafgesetze oder das Gesetz über die Verbreitung jugendgefährdender Schriften verstößt, ➪ Jugendschutzgesetz

b) oder eine schwere Beeinträchtigung der Aufgaben der Schule zu befürchten ist.

5.4.3 Vor der endgültigen Entscheidung des Schulleiters ist eine Beratung in der Schulkonferenz über die Untersagung des Vertriebs der Ausgabe der Schülerzeitschrift auf dem Schulgelände erforderlich. ➪ Schulgesetz § 47

5.4.4 Ist eine Beratung der Schulkonferenz vor dem für den Beginn des Vertriebs vorgesehenen Zeitpunkt nicht möglich, kann der Schulleiter den Vertrieb der Ausgabe der Schülerzeitschrift auf dem Schulgelände bis zur endgültigen Entscheidung untersagen. Er hat die endgültige Entscheidung so rasch wie möglich zu treffen und die dafür erforderliche Beratung in der Schulkonferenz unverzüglich zu veranlassen.

Hinweis der Redaktion: Für Schul- und Schülerzeitungen gilt das Landespressegesetz. ➪ Elternbeirat (Presse und Öffentlichkeit)

6. Sammlungen, Schulsparen

6.1 Die Sammlung des Jugendherbergsgroschens, Sammlungen des Elterbeirats sowie Sammlungen, die Schüler in eigener Verantwortung im Rahmen der Schülermitverantwortung durchführen, sind in der Schule zulässig.

6.2 Bei außerschulischen Sammlungen ist es Aufgabe der Organisationen und Verbände, Schüler als Sammler zu gewinnen. Die Schule darf sich dabei nicht als Mittler betätigen. Am Schwarzen Brett kann auf Sammlungen für gemeinnützige Zwecke hingewiesen werden.

Hinweise der Redaktion:

1. Unzulässig ist danach die Mitwirkung von Schulen an (außerschulischen) Sammlungen, bei denen die Lehrkräfte Schüler*innen anhalten, für bestimmte Zwecke Dritter Geldmittel einzutreiben. Unerheblich ist, ob die Mittel vollständig oder partiell an die Schulen ausgekehrt werden oder ob den Schulen für ihre Tätigkeit ein sonstiger (materieller) Vorteil zufließt.
(Quelle: Infodienst Schulleitung Nr. 276 / Mai 2018)
2. Das Sammlungsgesetz B-W wurde zwar zum 1.1.2013 aufgehoben. Sein Inhalt sollte trotzdem weiterhin beachtet werden. § 8 des Gesetzes lautete:
(1) Kinder unter 14 Jahren dürfen zum Sammeln nicht herangezogen werden. [...]
(2) Jugendliche vom 14. bis zum 18. Lebensjahr dürfen nur bei Straßensammlungen und nur bis zum Eintritt der Dunkelheit eingesetzt werden.
(3) Die Erlaubnisbehörde kann im Einzelfall Ausnahmen zulassen, wenn eine Gefährdung der Kinder und Jugendlichen nicht zu befürchten ist.
Dieses Verbot galt auch für „Haussammlungen", die eine Vereinigung unter ihren Angehörigen oder ein sonstiger Veranstalter innerhalb eines mit ihm durch persönliche Beziehungen verbundenen Personenkreis durchführt, sowie Sammlungen von Kirchen, Religionsgemeinschaften und weltanschaulichen Gemeinschaften und ihren Gliederungen – auch bei eigenen Veranstaltungen und auf ihrem Gelände.

6.3 Die Durchführung des Schulsparens kann gestattet werden; jedoch darf jeweils nur ein Geldinstitut an der Schule tätig werden.

➪ Fachleute aus der Praxis; ➪ Grundgesetz Art. 9; ➪ Jugendschutzgesetz; ➪ Schulfördervereine; ➪ Sponsoring; ➪ Wahlkampf und Schule

Werkrealschule (Abschlussprüfung)

VO des KM über die Werkrealschulabschlussprüfung (Werkrealschulabschlussprüfungsordnung – WRSAPO) vom 4. Juni 2019 (K.u.U. S. 141/2019); zuletzt geändert 28. Juli 2023 (GBl. S. 305/2023)

Abschnitt 1
Allgemeine Bestimmungen

§ 1
Zweck der Prüfung

Mit der Werkrealschulabschlussprüfung soll nachgewiesen werden, dass ein dem Realschulabschluss gleichwertiger Bildungsstand erreicht ist.

§ 2
Teile der Prüfung

Die Abschlussprüfung besteht aus der schriftlichen Prüfung, der Kommunikationsprüfung und nach Maßgabe von § 12 Absatz 1 der mündlichen Prüfung. In den Wahlpflichtfächern Technik sowie Alltagskultur, Ernährung, Soziales wird eine praktische Prüfung abgelegt.

§ 3
Ort und Zeit der Prüfung

(1) Die Abschlussprüfung wird an den öffentlichen Schulen und an den staatlich anerkannten Schulen in freier Trägerschaft abgehalten, die zum Werkrealschulabschluss führen.

(2) Die Abschlussprüfung findet einmal jährlich statt.

(3) Die Termine der schriftlichen Prüfung sowie der Zeitraum der praktischen Prüfung, der Kommunikationsprüfung und der mündlichen Prüfung werden vom Kultusministerium festgesetzt.

⇨ Werkreal-/Hauptschule (Abschlussprüfung – Termine)

(4) Die mündliche Prüfung findet nach der schriftlichen Prüfung statt.

§ 4
Prüfungsausschuss, Fachausschüsse

(1) Für die Durchführung der Prüfung wird ein Prüfungsausschuss gebildet, der für die ordnungsgemäße Durchführung der Prüfung verantwortlich ist. Diesem gehören an:

1. als Vorsitzende oder Vorsitzender eine Beauftragte oder ein Beauftragter der unteren Schulaufsichtsbehörde,
2. als stellvertretende Vorsitzende oder stellvertretender Vositzender die Schulleiterin oder der Schulleiter,
3. die in den Prüfungsklassen unterrichtenden Lehrkräfte und weitere von der unteren Schulaufsichtsbehörde oder der oder dem Vorsitzenden bestellte Lehrkräfte.

(2) Für mündliche Prüfungen bildet die oder der Vorsitzende aus den Mitgliedern des Prüfungsausschusses Fachausschüsse. Jedem Fachausschuss gehören an:

1. die oder der Vorsitzende oder ein von ihr oder ihm bestelltes Mitglied des Prüfungsausschusses als Leiterin oder Leiter,
2. die Fachlehrkraft als Prüferin oder Prüfer,
3. ein weiteres fachkundiges Mitglied des Prüfungsausschusses, zugleich mit der Aufgabe, das Protokoll zu führen.

(3) Für die Kommunikationsprüfung und für das Prüfungsgespräch zum Abschluss der praktischen Prüfung wird von der Schulleiterin oder dem Schulleiter ein Fachausschuss gebildet, dem neben der Fachlehrkraft der Klasse als Leiterin oder Leiter eine weitere Lehrkraft angehört, letztere zugleich mit der Aufgabe, das Protokoll zu führen.

(4) Die oder der Vorsitzende und stellvertretende Vorsitzende des Prüfungsausschusses können bei allen Prüfungen und Beratungen der Fachausschüsse anwesend sein. Die oder der Prüfungsvorsitzende kann darüber hinaus weitere Lehrkräfte oder Lehramtsanwärterinnen oder Lehramtsanwärter als Zuhörer bei der Prüfung und Beratung zulassen, wenn der Prüfling sein Einverständnis erteilt hat.

§ 5
Teilnahme an der Prüfung

An der Werkrealschulabschlussprüfung nehmen alle Schülerinnen und Schüler teil, die dieses Abschlussziel nach den Bestimmungen der Werkrealschulverordnung gewählt haben.

§ 6
Nichtteilnahme, Rücktritt

(1) Die Teile der Prüfung, an denen der Prüfling ohne wichtigen Grund nicht teilnimmt, werden jeweils mit »ungenügend« bewertet. Über das Vorliegen eines wichtigen Grundes entscheidet die oder der Vorsitzende des Prüfungsausschusses, bei der schriftlichen Prüfung die Leiterin oder der Leiter. Der wichtige Grund ist der Schule unverzüglich mitzuteilen.

(2) Als wichtiger Grund gilt insbesondere eine krankheitsbedingte Prüfungsunfähigkeit. Ist eine prüfungsrelevante gesundheitliche Beeinträchtigung nicht offenkundig, kann die oder der Vorsitzende des Prüfungsausschusses die Vorlage eines ärztlichen Zeugnisses verlangen, das eine konkrete Beschreibung dieser Beeinträchtigung beinhaltet. Lassen sich Zweifel am Vorliegen einer prüfungsrelevanten gesundheitlichen Beeinträchtigung auf andere Weise nicht ausräumen, kann die oder der Vorsitzende des Prüfungsausschusses auch die Vorlage eines Satz 2 entsprechenden amtsärztlichen Zeugnisses verlangen. Wer sich in Kenntnis einer gesundheitlichen Beeinträchtigung oder eines anderen wichtigen Grundes der Prüfung unterzogen hat, kann diese Gründe nachträglich nicht mehr geltend machen. Der Kenntnis steht die fahrlässige Unkenntnis gleich; fahrlässige Unkenntnis liegt insbesondere dann vor, wenn bei Vorliegen einer gesundheitlichen Beeinträchtigung nicht unverzüglich eine Klärung herbeigeführt wurde.

(3) Sofern und soweit ein wichtiger Grund vorliegt, gilt die Prüfung als nicht unternommen. Die nicht

abgelegten Prüfungsteile können in einem Nachtermin nachgeholt werden. Kann an der Nachprüfung aus wichtigem Grund ganz oder teilweise nicht teilgenommen werden, gilt die Prüfung als nicht unternommen; Absatz 1 Sätze 2 und 3 sowie Absatz 2 gelten entsprechend.

(4) Vor Beginn der Abschlussprüfung ist auf diese Bestimmungen hinzuweisen.

§ 7

Protokollführung

(1) Über die jeweilige Prüfung wird eine Niederschrift gefertigt.

(2) Die Niederschrift über die schriftliche Prüfung enthält insbesondere Angaben über

1. die aufsichtführenden Lehrkräfte,
2. den Beginn und das Ende der Prüfung,
3. das Verlassen des Prüfungsraums durch Prüflinge sowie
4. besondere Vorkommnisse.

Sie ist von der Leiterin oder dem Leiter der Prüfung und den aufsichtführenden Lehrkräften zu unterzeichnen.

(3) Die Niederschrift über die mündliche Prüfung des einzelnen Prüflings enthält insbesondere Angaben über

1. die Zusammensetzung des Fachausschusses,
2. die Prüfungsthemen und aufgaben,
3. den Beginn, den wesentlichen Verlauf und das Ende der Prüfung sowie
4. das Prüfungsergebnis.

Sie ist von den Mitgliedern des Fachausschusses zu unterzeichnen.

(4) Für die Niederschrift über die praktische Prüfung und die Kommunikationsprüfung gilt Absatz 3 entsprechend.

§ 8

Täuschungshandlungen, Ordnungsverstöße

(1) Wer es unternimmt, das Prüfungsergebnis durch Täuschung oder Benutzung nicht zugelassener Hilfsmittel zu beeinflussen, oder wer nicht zugelassene Hilfsmittel nach Bekanntgabe der Prüfungsaufgaben mit sich führt oder Beihilfe zu einer Täuschung oder einem Täuschungsversuch leistet, begeht eine Täuschungshandlung. ⇨ Handy-Nutzung

(2) Wird während der Prüfung eine Täuschungshandlung oder ein entsprechender Verdacht festgestellt, ist der Sachverhalt von einer aufsichtführenden Lehrkraft zu protokollieren. Der Prüfling setzt die Prüfung bis zur Entscheidung über die Täuschungshandlung vorläufig fort.

(3) Stellt die oder der Vorsitzende des Prüfungsausschusses, bei der schriftlichen Prüfung die Leiterin oder der Leiter fest, dass eine Täuschungshandlung vorliegt, wird der Prüfling von der weiteren Teilnahme an der Prüfung ausgeschlossen; dies gilt als Nichtbestehen der Abschlussprüfung. In leichten Fällen kann stattdessen die Prüfungsleistung mit der Note »ungenügend« bewertet werden.

(4) Stellt sich eine Täuschungshandlung erst nach Aushändigung des Zeugnisses heraus, kann die untere Schulaufsichtsbehörde das Zeugnis einziehen und entweder ein anderes Zeugnis erteilen oder die Prüfung für nicht bestanden erklären, wenn seit der Ausstellung des Zeugnisses nicht mehr als zwei Jahre vergangen sind.

(5) Wer durch sein Verhalten die Prüfung so schwer stört, dass es nicht möglich ist, die Prüfung ordnungsgemäß durchzuführen, wird von der Prüfung ausgeschlossen; dies gilt als Nichtbestehen der Abschlussprüfung. Für die Zuständigkeit gilt Absatz 3 Satz 1, für die Entscheidung in leichten Fällen Absatz 3 Satz 2 entsprechend.

(6) Vor Beginn der Abschlussprüfung ist auf diese Bestimmungen hinzuweisen.

Abschnitt 2 Ordentliche Werkrealschulabschlussprüfung

§ 9

Schriftliche Prüfung

(1) Die schriftliche Prüfung erstreckt sich auf die Fächer Deutsch, Mathematik, Englisch sowie das Wahlpflichtfach.

(2) Die Prüfungsinhalte folgen den Vorgaben des Bildungsplans für das zum Werkrealschulabschluss führende Niveau. Sie umfassen die Bildungsstandards der Klassen 7 bis 10 sowie das erforderliche Grundlagenwissen. Die Aufgaben werden vom Kultusministerium landeseinheitlich gestellt.

(3) Als Prüfungsaufgaben sind eine oder mehrere Aufgaben aus verschiedenen Kompetenzbereichen zu fertigen. Die Bearbeitungszeit beträgt in Deutsch mindestens 210 Minuten und höchstens 240 Minuten, in Mathematik und in Englisch jeweils mindestens 150 Minuten und höchstens 210 Minuten, im Wahlpflichtfach mindestens 90 Minuten und höchstens 120 Minuten.

(4) Die Leitung der schriftlichen Prüfung obliegt der oder dem stellvertretenden Vorsitzenden des Prüfungsausschusses, soweit die untere Schulaufsichtsbehörde nichts anderes bestimmt. Die Leitung umfasst die Verantwortung für die ordnungsgemäße Durchführung der Prüfung, insbesondere hinsichtlich der Prüfungsaufsicht.

(5) Jede Prüfungsarbeit wird von der Fachlehrkraft der Klasse und anschließend von einer Fachlehrkraft einer anderen Schule (Zweitkorrektorin oder Zweitkorrektor) beurteilt und bewertet; hierbei kennt die Zweitkorrektorin oder der Zweitkorrektor die vorangegangene Beurteilung und Bewertung. Weichen die Bewertungen bis zu zwei Noten voneinander ab, gilt der Durchschnitt. Weichen die Bewertungen um mehr als zwei Noten voneinander ab und können sich die Fachlehrkraft und die Zweitkorrektorin oder der Zweitkorrektor nicht einigen, wird die Note von der oder dem Vorsitzenden des Prüfungsausschusses im Rahmen der Bewertungen festgelegt.

(6) Die Noten der schriftlichen Prüfung in den einzelnen Fächern werden der Schülerin oder dem

Schüler in der Regel etwa eine Woche vor der mündlichen Prüfung in diesem Fach bekanntgegeben.

§ 10
Kommunikationsprüfung

(1) Im Fach Englisch wird eine mündliche Prüfung durchgeführt, für die das Kultusministerium zentrale Prüfungsmaßstäbe vorgibt (Kommunikationsprüfung).

(2) Die Schülerinnen und Schüler werden vom Fachausschuss einzeln oder zu zweit geprüft. Die Prüfungsaufgaben müssen sich auf die Bildungsstandards der Klasse 7 bis 10 beziehen. Die Kommunikationsprüfung dauert etwa 15 Minuten je Schülerin oder Schüler.

(3) Im Anschluss an die Kommunikationsprüfung setzt der Fachausschuss die Note fest und teilt sie der Schülerin oder dem Schüler auf Wunsch mit. Können sich die beiden beteiligten Fachlehrkräfte auf keine Note einigen, so wird die Note aus dem auf die erste Dezimale errechneten Durchschnitt der Bewertungen beider Mitglieder gebildet.

§ 11
Praktische Prüfung

(1) Im Wahlpflichtfach wird eine praktische Prüfung durchgeführt, für die das Kultusministerium zentrale Prüfungsmaßstäbe vorgibt.

(2) Die Prüfung umfasst einen praktischen Teil sowie ein Prüfungsgespräch. Die Prüfungsaufgaben müssen sich auf die Bildungsstandards der Klasse 7 bis 10 beziehen. Der praktische Teil wird im Unterricht durchgeführt und umfasst sechs bis neun Unterrichtsstunden. Das Prüfungsgespräch dauert für jeden Prüfling etwa 15 Minuten und bezieht sich im Wesentlichen auf den praktischen Teil.

(3) Die Schülerinnen und Schüler werden vom Fachausschuss einzeln oder zu zweit geprüft. In begründeten Ausnahmefällen kann die Prüfung mit Genehmigung der Schulleiterin oder des Schulleiters als Gruppenprüfung durchgeführt werden, wobei jede Schülerin oder jeder Schüler eine individuelle Note erhält.

(4) Im Anschluss an das Prüfungsgespräch setzt der Fachausschuss die Note fest und teilt sie der Schülerin oder dem Schüler auf Wunsch mit. Können sich die beiden beteiligten Fachlehrkräfte auf keine Note einigen, so wird die Note aus dem auf die erste Dezimale errechneten Durchschnitt der Bewertungen beider Mitglieder gebildet.

§ 12
Mündliche Prüfung

(1) Die mündliche Prüfung erstreckt sich, mit Ausnahme des Faches Englisch und des Wahlpflichtfachs, auf die Fächer der schriftlichen Prüfung, die

1. von der Schülerin oder dem Schüler spätestens am zweiten Unterrichtstag nach der Bekanntgabe der Noten der schriftlichen Prüfung gegenüber der Schulleiterin oder dem Schulleiter benannt oder
2. von der oder dem Vorsitzenden des Prüfungsausschusses festgelegt

wurden. Die nach Satz 1 Nummer 2 festgelegten Prüfungsfächer werden der Schülerin oder dem Schüler in der Regel etwa eine Woche vor der mündlichen Prüfung bekanntgegeben.

(2) Die Aufgaben der mündlichen Prüfung werden von der Fachlehrkraft gestellt; die Leiterin oder der Leiter des Fachausschusses kann die Aufgaben erweitern oder einschränken.

(3) Die mündliche Prüfung kann als Einzel- oder Gruppenprüfung durchgeführt werden. Die Entscheidung trifft die oder der Vorsitzende des Prüfungsausschusses. Der Schülerin oder dem Schüler wird vor Beginn der Prüfung die Möglichkeit gegeben, ein Schwerpunktthema zu benennen. Das Schwerpunktthema wird in die mündliche Prüfung des jeweiligen Faches einbezogen. Jede Schülerin oder jeder Schüler wird je Fach etwa 15 Minuten geprüft.

(4) Im Anschluss an die Prüfung setzt der Fachausschuss das Ergebnis der mündlichen Prüfung fest und teilt es der Schülerin oder dem Schüler auf Wunsch mit. Der Fachausschuss entscheidet mit Stimmenmehrheit. Kann sich der Fachausschuss auf keine Note einigen, so wird die Note aus dem auf die erste Dezimale errechneten Durchschnitt der Bewertungen der Mitglieder gebildet.

§ 13
Ermittlung des Prüfungsergebnisses, Zeugnis

(1) Die Jahresleistungen in den Prüfungsfächern sowie die Leistungen in sämtlichen Prüfungsteilen werden mit Zehntelnoten bewertet und gehen ungerundet in die Berechnung der Endergebnisse in den Prüfungsfächern ein.

(2) Die Endergebnisse in den Prüfungsfächern errechnen sich jeweils aus dem Durchschnitt der Jahres- und der Prüfungsleistung. Der Durchschnitt wird bis zu einem Zehntel berechnet, wobei in der üblichen Weise gerundet wird (Beispiel: 2,5 bis 3,4 befriedigend).

(3) Für die Berechnung der Prüfungsleistung in den Prüfungsfächern werden die Prüfungsteile wie folgt gewichtet:

1. die schriftliche Prüfung dreifach,
2. die Kommunikationsprüfung und die praktische Prüfung zweifach,
3. die mündliche Prüfung einfach.

(4) In den Fächern, in denen nicht geprüft wurde, gelten die Jahresleistungen als Endergebnisse.

(5) Die Endergebnisse in den einzelnen Prüfungsfächern ermittelt die oder der Vorsitzende des Prüfungsausschusses. Sie oder er stellt fest, wer die Prüfung bestanden hat. Die Prüfung ist bestanden, wenn

1. der Durchschnitt aus den Noten der maßgebenden Fächer 4,0 oder besser ist,
2. der Durchschnitt aus den Noten in den Fächern der schriftlichen Prüfung 4,0 oder besser ist,
3 die Gesamtleistungen in keinem der Fächer der schriftlichen Prüfung mit der Note »ungenügend« bewertet sind und

4. die Gesamtleistungen in nicht mehr als einem der maßgebenden Fächer geringer als mit der Note »ausreichend« bewertet sind. Trifft dies in höchstens drei Fächern zu, so ist die Prüfung bestanden, wenn für jedes dieser mit schlechter als »ausreichend« bewerteten Fächer ein sinnvoller Ausgleich gegeben ist; ausgeglichen werden können:
   a) die Note »ungenügend« in einem Fach durch die Note »sehr gut« in einem anderen maßgebenden Fach oder die Note »gut« in zwei anderen maßgebenden Fächern,
   b) die Note »mangelhaft« in einem Fach der schriftlichen Prüfung durch mindestens die Note »gut« in einem anderen Fach der schriftlichen Prüfung,
   c) die Note »mangelhaft« in einem anderen Fach durch mindestens die Note »gut« in einem anderen maßgebenden Fach oder die Note »befriedigend« in zwei anderen maßgebenden Fächern.

Ist das Bestehen der Prüfung aufgrund der Gesamtleistung im Wahlfach Informatik nicht möglich, bleibt die Gesamtleistung in dem Fach bei der Feststellung nach Satz 2 unberücksichtigt. Ist das Bestehen der Prüfung aufgrund der Gesamtleistung im Fach Sport, Musik oder Bildende Kunst nicht möglich, wird von diesen Fächern nur das mit der besten Note bei der Feststellung nach Satz 2 berücksichtigt; dies gilt nicht für das Wahlpflichtfach Sport.

(6) Über die Feststellung der Ergebnisse der Prüfung ist von der Vorsitzenden oder vom Vorsitzenden des Prüfungsausschusses eine Niederschrift zu fertigen.

(7) Wer die Abschlussprüfung bestanden hat, erhält ein Abschlusszeugnis mit den nach Absatz 4 und Absatz 5 Satz 1 ermittelten Endnoten. In das Abschlusszeugnis sind der Durchschnitt der Gesamtleistungen, soweit diese bei der Feststellung nach Absatz 5 Satz 2 berücksichtigt werden, und die Gesamtnote aufzunehmen; die Gesamtleistung im Wahlfach Informatik wird im Übrigen nur berücksichtigt, wenn dies die Schülerin oder der Schüler spätestens am zweiten Unterrichtstag nach der Bekanntgabe der Noten der schriftlichen Prüfung gegenüber der Schulleiterin oder dem Schulleiter verlangt. Im Zeugnis wird vermerkt, welche Gesamtleistungen für die Feststellung nach Absatz 5 Satz 2 oder den Durchschnitt nach Satz 2 nicht berücksichtigt werden. Die Gesamtnote lautet

bei einem Durchschnitt bis 1,4 sehr gut,

bei einem Durchschnitt von 1,5 bis 2,4 gut,

bei einem Durchschnitt von 2,5 bis 3,4 befriedigend,

bei einem Durchschnitt von 3,5 bis 4,0 ausreichend.

(8) In die Klasse 10 versetzte Schülerinnen und Schüler, die an der Werkrealschulabschlussprüfung nicht oder nur teilweise teilgenommen oder diese nicht bestanden haben, erhalten ein Zeugnis mit den in Klasse 9 erzielten Jahresleistungen, mit dem bescheinigt wird, dass die Werkrealschule oder Hauptschule nach Klasse 9 erfolgreich abgeschlossen und damit ein dem Hauptschulabschluss gleichwertiger Bildungsstand erreicht wurde. Satz 1 kommt nicht zur Anwendung, falls eine Schülerin oder ein Schüler bereits mit Erfolg an der Hauptschulabschlussprüfung teilgenommen hat.

§ 14
Wiederholung der Prüfung

Wird die Prüfung nicht bestanden, kann sie nach dem Besuch einer Klasse, in der die Prüfung abgelegt wird, einmal wiederholt werden.

Abschnitt 3
Werkrealschulabschlussprüfung für Schulfremde

§ 15
Zweck der Prüfung

Die Prüfung dient dem Erwerb des Zeugnisses über den Werkrealschulabschluss für Bewerber und Bewerberinnen, die keine öffentliche oder staatlich anerkannte allgemeinbildende allgemeine Schule oder kein öffentliches oder staatlich anerkanntes sonderpädagogisches Bildungs und Beratungszentrum mit entsprechendem Bildungsgang besuchen (Schulfremde).

§ 16
Zeitpunkt der Prüfung

Die Abschlussprüfung für Schulfremde findet in der Regel einmal jährlich zusammen mit der ordentlichen Abschlussprüfung statt.

§ 17
Meldung zur Prüfung

(1) Die Meldung zur Abschlussprüfung ist bis zum 1. März jeden Jahres an die für den Wohnsitz der Bewerberin oder des Bewerbers zuständige untere Schulaufsichtsbehörde zu richten.

(2) Zur Prüfung wird zugelassen, wer

1. in Baden-Württemberg den ständigen Wohnsitz hat,
2. die Abschlussprüfung nicht eher ablegt, als es bei normalem Schulbesuch möglich wäre,
3. nicht bereits die ordentliche Werkrealschulabschlussprüfung oder die entsprechende Abschlussprüfung für Schulfremde mit Erfolg abgelegt hat,
4. nicht mehr als einmal erfolglos an der ordentlichen Werkrealschulabschlussprüfung oder der entsprechenden Abschlussprüfung für Schulfremde teilgenommen hat und
5. keine öffentliche oder staatlich anerkannte Hauptschule, Werkrealschule, Realschule oder Gemeinschaftsschule und kein öffentliches oder staatlich anerkanntes Gymnasium oder sonderpädagogisches Bildungs und Beratungszentrum mit entsprechendem Bildungsgang besucht.

Abweichend von Satz 1 Nummer 1 kann in besonders begründeten Einzelfällen zugelassen werden, wer an einer genehmigten Ersatzschule oder an einer sonstigen Unterrichtseinrichtung in Baden-Württemberg auf die Werkrealschulabschlussprüfung für Schulfremde vorbereitet wurde.

(3) Der Meldung sind beizufügen

1. ein Lebenslauf mit Angaben über den bisherigen Bildungsgang und gegebenenfalls über die ausgeübte Berufstätigkeit,
2. ein von einer öffentlichen Stelle ausgestellter Identitätsnachweis, etwa ein Personalausweis, Reisepass oder eine Geburtsurkunde (beglaubigte Abschrift oder Ablichtung),
3. die Abgangs oder Abschlusszeugnisse der besuchten Schulen (beglaubigte Abschriften oder Ablichtungen),
4. eine Erklärung darüber, ob und gegebenenfalls mit welchem Erfolg schon einmal an der Werkrealschulabschlussprüfung teilgenommen wurde,
5. die Benennung des Wahlpflichtfachs, in dem der Prüfling schriftlich, sowie der Fächer, in denen der Prüfling nach § 19 Absatz 2 Nummer 1 und 2 mündlich geprüft werden will, sowie
6. Angaben über die Art der Vorbereitung auf die Prüfung.

§ 18

Zulassung zur Prüfung

(1) Die untere Schulaufsichtsbehörde entscheidet über die Zulassung zur Prüfung und unterrichtet die Bewerberin oder den Bewerber über die getroffene Entscheidung. Die Versagung der Zulassung ist schriftlich zu begründen.

(2) Wer zugelassen wurde, wird einer öffentlichen Schule zur Ablegung der Prüfung zugewiesen.

§ 19

Prüfungsgegenstände

(1) Die schriftliche Prüfung erstreckt sich auf die Fächer Deutsch, Mathematik, Englisch sowie auf das gewählte Fach des Wahlpflichtbereichs (Technik oder Alltagskultur, Ernährung, Soziales).

(2) Die mündliche Prüfung erstreckt sich auf

1. eine der Naturwissenschaften Biologie, Chemie oder Physik,
2. eines der gesellschaftswissenschaftlichen Fächer Geographie, Geschichte oder Gemeinschaftskunde,
3. das Fach Englisch in Form der Kommunikationsprüfung,
4. ein weiteres vom Prüfling zu benennendes schriftliches Prüfungsfach und
5. auf Wunsch des Prüflings oder nach Entscheidung der oder des Vorsitzenden auf weitere schriftliche Prüfungsfächer.

(3) Die Kommunikationsprüfung findet in der Schulfremdenprüfung nach der schriftlichen Prüfung statt. Die Prüflinge werden in der Regel einzeln geprüft. Die Kommunikationsprüfung dauert etwa 15 Minuten je Prüfling.

(4) Vor Beginn der mündlichen Prüfungen wird den Prüflingen das Ergebnis der schriftlichen Prüfung im jeweiligen Fach mitgeteilt. Spätestens am zweiten folgenden Unterrichtstag benennt der Prüfling die Prüfungsfächer nach Absatz 2 Nummer 4 und 5 schriftlich gegenüber der Schulleitung der beauftragten Schule.

§ 20

Durchführung der Prüfung

(1) Für die Prüfung gelten die Bestimmungen für die ordentliche Abschlussprüfung entsprechend mit folgenden Maßgaben:

1. Fachlehrkraft im Sinne der Bestimmungen für die ordentliche Abschlussprüfung ist die von der Leiterin oder dem Leiter der beauftragten Schule bestimmte Lehrkraft;
2. bei der Festlegung des Prüfungsergebnisses zählen allein die Prüfungsleistungen nach § 19;
3. die Note in den Prüfungsfächern, in denen schriftlich und mündlich geprüft wurde, wird aus dem Durchschnitt der Noten für die schriftlichen und mündlichen Prüfungsleistungen gebildet;
4. die Prüfung ist bestanden, wenn
   a) der Durchschnitt der Gesamtleistungen der geprüften Fächer 4,0 oder besser ist,
   b) die Gesamtleistungen in keinem der geprüften Fächer mit der Note »ungenügend« bewertet sind und

Hätten Sie's gewusst? – Eltern fragen, wir antworten.

Darf mein Kind die Sexualerziehung schwänzen?

Frage: Die Klassenlehrerin hat uns auf einem Elternabend über die Sexualerziehung informiert, die demnächst in unserer Klasse stattfinden soll. Eine Mutter hat angekündigt, dass sie ihre Tochter nicht daran teilnehmen lassen will. Ihre Religion verbiete das. Haben wir nicht die allgemeine Schulpflicht!?

Antwort: In der (vom Kultusministerium vorgeschriebenen) Sitzung der Klassenpflegschaft erhalten die Erziehungsberechtigten die Möglichkeit, ihre Wünsche und Anregungen sowie Erfahrungen einzubringen, damit die Familien- und Geschlechtserziehung in Elternhaus und Schule so weit wie möglich abgestimmt werden kann. Sollte sich trotzdem aus religiösen Gründen ein Dissens zwischen Elternhaus und Schule ergeben, muss ein klärendes Gespräch zwischen den betroffenen Eltern, der Klassenlehkraft und der Schulleitung geführt werden. Kommt es nicht zu einer einvernehmlichen Lösung, so ist ein Fernbleiben einzelner Kinder von der Geschlechtserziehung seitens der Schule nicht zu ahnden. Das heißt: Alle Kinder sollen teilnehmen, aber niemand wird letztlich gezwungen. Die Einzelheiten finden Sie unter ⇨ Geschlechtserziehung. Siehe auch ⇨ Schulbesuchsverordnung (Hinweise).

Wir raten Eltern jedoch von einer solchen „Abmeldung" von der Sexualerziehung ab: Dies ist eine für jedes Kind wichtige Information. Sie muss von der Lehrkraft mit der gebotenen Zurückhaltung und in Kooperation mit dem Elternhaus vermittelt werden (deshalb die Pflicht zur vorhergehenden Information der Eltern auf einem Elternabend). Davor muss niemand Angst haben.

c) die Gesamtleistungen in nicht mehr als einem der geprüften Fächer geringer als mit der Note »ausreichend« bewertet sind; trifft dies in höchstens drei Fächern zu, so ist die Prüfung bestanden, wenn für jedes dieser Fächer ein sinnvoller Ausgleich gegeben ist; ausgeglichen werden kann die Note »mangelhaft« durch die Note »gut« in einem geprüften Fach oder durch die Note »befriedigend« in zwei geprüften Fächern.

(2) Wer die Prüfung nicht bestanden hat, kann sie einmal, frühestens nach einem Jahr, wiederholen. § 17 Absatz 2 Nummer 4 bleibt unberührt.

Hinweis der Redaktion: Abschnitt 4 ist hier nicht abgedruckt. Paragraf 21 enthält Sonderbestimmungen für das Wahlpflichtfach Sport. Es gelten die Bestimmungen dieser Verordnung zu den Wahlpflichtfächern Technik sowie Alltagskultur, Ernährung, Soziales entsprechend, soweit nichts anderes bestimmt ist. Für die praktische Prüfung gibt das KM zentrale Prüfungsmaßstäbe vor. Für die Berechnung der Prüfungsleistung im Wahlpflichtfach Sport werden die schriftliche und die praktische Prüfung gleich gewichtet.

⇨ Abschlüsse und Bildungswege; ⇨ Berufsfachschule; ⇨ Handy-Nutzung; ⇨ Hauptschule (Abschlussprüfung); ⇨ Kompetenzanalyse; ⇨ Schulgesetz § 6; ⇨ Werkreal-/Hauptschule (Abschlussprüfung – Termine); ⇨ Werkreal-/Hauptschule (Informationsveranstaltung); ⇨ Werkrealschule (Verordnung / Stundentafel); ⇨ Zeugnisse

Werkrealschule (Abschlussprüfung – Termine)

Auszug aus Nr. 3 (Abschlussprüfungen in der Sekundarstufe I) der Terminübersicht für die allgemeinbildenden Schulen im Schuljahr 2023/2024; Bekanntmachung des KM vom 13. April 2022 (K.u.U. S. 51/2022)

3.2 Werkrealschulabschlussprüfung und Werkrealschulabschlussprüfung für Schulfremde (WRSAPO)

3.2.1 Schriftliche Prüfung

Haupttermin

Deutsch:	Dienstag, 14. Mai 2024
Englisch:	Donnerstag, 16. Mai 2024
Mathematik:	Dienstag, 4. Juni 2024
Wahlpflichtfach:	Donnerstag, 6. Juni 2024

Nachtermin

Deutsch:	Donnerstag, 20. Juni 2024
Englisch:	Freitag, 21. Juni 2024
Mathematik:	Montag, 24. Juni 2024
Wahlpflichtfach:	Dienstag, 25. Juni 2024

⇨ Werkrealschule (Abschlussprüfung)

3.2.2 Kommunikationsprüfung im Fach Englisch
Die Kommunikationsprüfung soll im Zeitraum von Montag, 26. Februar 2024 bis Montag, 4. März 2024 stattfinden.

3.2.3 Praktische Prüfung im Wahlpflichtfach
Die praktische Prüfung im Wahlpflichtfach soll im zweiten Halbjahr nach der Kommunikationsprüfung stattfinden.

3.2.4 Mündliche Prüfung
Der Prüfungszeitraum für die mündliche Prüfung soll am Dienstag, 2. Juli 2024 beginnen und am Dienstag, 9. Juli 2024 beendet sein.

3.2.5 Entlassung der Schülerinnen und Schüler
Die Schülerinnen und Schüler, die die Schule verlassen, werden in der Regel am Freitag, 12. Juli 2024 entlassen.

Werkreal-/Hauptschule (Informationsveranstaltungen)

Werkrealschule/Hauptschule (Informationsveranstaltungen); Bekanntmachung des Kultusministeriums vom 13.7.2012 (K.u.U. S. 150/2012)

Für Schülerinnen und Schüler der Klasse 7 der Werkrealschule und Hauptschule und deren Eltern finden Informationsveranstaltungen über die weiteren Bildungswege statt. Diese Informationsveranstaltungen werden unter der Leitung der jeweiligen Werkrealschule/Hauptschule unter Beteiligung einer Beruflichen Schule und der Berufsberatung durchgeführt.

Folgende Struktur ist vorgegeben:

Inhalte der Veranstaltung	Leitung	Referenten	Teilnehmer
Bildungswege der Werkrealschule/Hauptschule Bildungswege der Beruflichen Schulen Regionale Angebote der Beruflichen Schulen Regionaler Ausbildungsstellenmarkt	Schulleiterin/Schulleiter der Werkrealschule/Hauptschule	Schulleiterin/Schulleiter der Werkrealschule/Hauptschule Vertreter der Beruflichen Schule Ggf. auf Schulamtsebene benannte Ansprechpartner Berufsorientierung Berufsberaterin/Berufsberater	Schüler*innen Klasse 7 Eltern der Schülerinnen und Schüler Klasse 7 Beauftragte für Berufsorientierung Klassenlehrkräfte Lehrkräfte der für die Berufsorientierung relevanten Fächer und Fächerverbünde

Zeitpunkt und Ziel der Durchführung

Die Informationsveranstaltungen werden im Rahmen der Berufsorientierung durchgeführt. Während der Zeit einer intensivierten Berufswegeplanung setzen sich Eltern und Schüler direkt mit Fragen weiterer schulischer bzw. beruflicher Bildungswege auseinander. Eine zeitliche Nähe zur ➪ Kompetenzanalyse [...] ist zu empfehlen.

Folgende Themenbereiche sind in der Veranstaltung anzusprechen:

- Bildungsgang Werkrealschule mit dem Ziel des Mittleren Schulabschlusses,
- Bildungsgang Hauptschule mit dem Ziel des Hauptschulabschlusses nach Klasse 9 oder Klasse 10,
- Erkenntnisse der Kompetenzanalyse [...] für die Berufsorientierung,
- Bedeutung der Wahlpflichtfächer in den Klassen 8, 9 und 10,
- Information über alternative Bildungsangebote (z.B. Kooperationsklasse Werkrealschule / Hauptschule – Berufliche Schule, Berufsvorbereitende Bildungsgänge der beruflichen Schulen),
- Information über die Anschlussmöglichkeiten nach Klasse 9 bzw. Klasse 10 mit Hauptschulabschluss oder nach Abschluss der Werkrealschule mit Mittlerem Schulabschlusses (Schwerpunkt Duale Ausbildung, aber auch weiterführende Bildungsgänge der beruflichen Schulen, z.B. 2-jährige Berufsfachschule, Berufskollegs).

Die Informationsveranstaltungen in Klasse 7 dienen – unter besonderer Berücksichtigung regionaler Angebote – der allgemeinen Information über die weiterführenden Bildungswege, in die die Werkrealschule / Hauptschule eingebettet ist. Zu den Informationen der Werkrealschule / Hauptschule und der beruflichen Schule bekommt der Einbezug der Berufsberatung in dieser Informationsveranstaltung vor allem im Hinblick auf den regionalen Ausbildungsstellenmarkt eine besondere Bedeutung.

Vorbereitung und Durchführung der Informationsveranstaltungen

Die inhaltliche und organisatorische Vorbereitung erfolgt unter Leitung der Schulleitung der Werkrealschule / Hauptschule unter Beteiligung einer Beruflichen Schule und der Berufsberatung der Agentur für Arbeit. Für die Einladung der Teilnehmer und die ordnungsgemäße Durchführung der Veranstaltung ist die Werkrealschule / Hauptschule verantwortlich.

➪ Abschlüsse und Bildungswege; ➪ Abschlüsse (Gleichwertigkeit); ➪ Abschlüsse (HS/WRS – Gleichwertiger Bildungsstand)

Werkrealschule (Verordnung)

Verordnung des KM über die Ausbildung an Werkrealschulen (Werkrealschulverordnung – WRSVO) vom 4. Juni 2019 (K.u.U. S. 141, 258/2019); zuletzt geändert 28.7.2023 (GBl. S. 305/2023)

§ 1

Dauer der Ausbildung, Bezeichnungen

(1) Die Werkrealschule umfasst die Klassen 5 bis 10. Sie führt nach sechs Schuljahren zu einem dem Realschulabschluss gleichwertigen Bildungsstand (Werkrealschulabschluss) und bietet darüber hinaus die Möglichkeit, den Hauptschulabschluss nach Klasse 9 oder Klasse 10 zu erwerben.

(2) In einem durchgängigen sechsjährigen Bildungsgang werden die Schülerinnen und Schüler individuell gefördert und in der Persönlichkeitsbildung unterstützt. Der Bildungsgang umfasst einen Pflichtbereich, einen Wahlpflichtbereich und ergänzende Angebote. Zum pädagogischen Profil gehört die kontinuierliche Berufswegeplanung in allen Klassenstufen.

(3) Diese Verordnung gilt nach Maßgabe der nachfolgenden Bestimmungen auch für den Unterricht und die Versetzung an Hauptschulen im Sinne von § 6 Absatz 2 Satz 5 des Schulgesetzes [...] (SchG).

➪ Schulgesetz § 6, §§ 25 Abs. 1, 76 Abs. 2

§ 2

Bildungspläne, Stundentafel

Der Unterricht an der Werkrealschule und an der Hauptschule richtet sich nach vom Kultusministerium erlassenen Bildungsplänen und der als Anlage beigefügten Stundentafel.

➪ Werkrealschule (Verordnung – Stundentafel)

§ 3

Unterricht und versetzungserhebliche Fächer

(1) Als maßgebende Fächer für die Versetzung in die nächsthöhere Klasse gelten, sofern sie in der schuleigenen Stundentafel für die jeweilige Klasse ausgewiesen sind, Religionslehre oder Ethik, Deutsch, Geschichte, Geographie, der Aufbaukurs Informatik, Biologie, Chemie, Physik, Wirtschaft/ Berufs- und Studienorientierung, Gemeinschaftskunde, Englisch, Mathematik, Sport, Musik und Bildende Kunst, das gewählte Wahlpflichtfach, das Wahlfach Informatik, soweit es gewählt wurde, sowie in den Klassen 5 und 6 der Fächerverbund Biologie, Naturphänomene und Technik. Wäre eine Versetzung wegen der Versetzungserheblichkeit der Fächer Sport, Musik und Bildende Kunst nicht möglich, ist von diesen Fächern nur das mit der besten Note für die Versetzung maßgebend; dies gilt nicht für das Wahlpflichtfach Sport.

(2) Zur gezielten Unterstützung der Berufsorientierung wird in Klasse 7 eine Kompetenzanalyse mit daran anschließender individueller Förderung durchgeführt. ➪ Kompetenzanalyse

(3) In allen Klassenstufen finden schulisch begleitete Praktika statt, die entsprechend der örtlichen Situation organisiert und zeitlich strukturiert durchgeführt werden können. ⇨ Berufliche Orientierung

(4) Die Schülerinnen und Schüler nehmen nach ihrer Wahl unter Berücksichtigung des schulischen Angebots an einem der im Wahlpflichtbereich der Stundentafel genannten Fächer teil. Ein Wechsel des Wahlpflichtfachs ist in begründeten Ausnahmefällen innerhalb von vier Wochen nach Unterrichtsbeginn der Klasse 7 auf Antrag mit Zustimmung der Schulleiterin oder des Schulleiters möglich. Wer zum Zeitpunkt der Wahl vom Sportunterricht auch lediglich in einzelnen Inhaltsbereichen auf Grund eines ärztlichen Zeugnisses dauerhaft befreit ist, kann das Wahlpflichtfach Sport nicht wählen. In den Klassen 7, 8 oder 9 ist in den in Satz 3 genannten Fällen anstelle des Wahlpflichtfachs Sport ein anderes Fach des Wahlpflichtbereichs zu wählen.

(5) In Klasse 10 werden diejenigen Schülerinnen und Schüler, die den Hauptschulabschluss anstreben (§ 9 Absatz 1 Satz 1 Nummer 2), weiterhin nach den Anforderungen für den Hauptschulabschluss unterrichtet. Abweichend von § 8 Absatz 1 und 2 der ⇨ Notenbildungsverordnung in der jeweils geltenden Fassung werden in Klasse 10 innerhalb des Klassenverbandes unterschiedliche, dem jeweiligen Bildungsziel der Schüler angepasste schriftliche Arbeiten gefertigt.

§ 4
Versetzungsanforderungen

(1) Schülerinnen und Schüler der Klassen 5 bis 9 werden nur dann in die nächst höhere Klasse versetzt, wenn sie aufgrund ihrer Leistungen in den für die Versetzung maßgebenden Fächern und Fächerverbünden den Anforderungen im laufenden Schuljahr im Ganzen entsprochen haben und deshalb erwarten lassen, dass sie den Anforderungen der nächsthöheren Klasse gewachsen sind.

(2) Die Voraussetzungen nach Absatz 1 liegen vor, wenn im Jahreszeugnis die Leistungen neben

1. der Note“ ungenügend“ in einem oder
2. der Note „mangelhaft“ in zwei der für die Versetzung maßgebenden Fächern oder Fächerverbünden

in keinen weiteren für die Versetzung maßgebenden Fächern oder Fächerverbünden geringer als mit der Note „ausreichend“ bewertet sind oder für diese weiteren Fächer oder Fächerverbünde ein sinnvoller Ausgleich gegeben ist. Ausgeglichen werden können:

1. die Note „ungenügend“ durch die Note „sehr gut“ in einem anderen maßgebenden Fach oder Fächerverbund oder durch die Note „gut“ in zwei anderen maßgebenden Fächern oder Fächerverbünden,
2. die Note „mangelhaft“ durch mindestens die Note „gut“ in einem anderen maßgebenden Fach oder Fächerverbund.

(3) Ausnahmsweise kann die Klassenkonferenz eine Schülerin oder einen Schüler, der nach Absatz 2 nicht zu versetzen wäre, mit Zweidrittelmehrheit versetzen, wenn sie zu der Auffassung gelangt, dass ihre oder seine Leistungen nur vorübergehend nicht für die Versetzung ausreichen, und dass sie oder er nach einer Übergangszeit den Anforderungen der nächsthöheren Klasse voraussichtlich gewachsen sein wird. Diese Bestimmung darf nicht zwei Schuljahre hintereinander angewendet werden.

(4) Für Schülerinnen und Schüler, die während der Klasse 4 der Grundschule keinen Fremdsprachenunterricht in der in Klasse 5 fortgeführten Fremdsprache hatten, wird die Versetzungserheblichkeit dieses Faches in dieser Klassenstufe ausgesetzt, wenn andernfalls eine Versetzung nicht möglich wäre. Bei der Entscheidung über die Versetzung in die Klassen 6 bis 9 bleiben die Leistungen im Fach Englisch, bei der Entscheidung über die Versetzung in die Klassen 9 und 10 die Leistungen im Wahlfach Informatik dann unberücksichtigt, wenn sie zur Nichtversetzung führen würden.

(5) Die Versetzung oder Nichtversetzung einer Schülerin oder eines Schülers ist im Zeugnis mit „versetzt“ oder „nicht versetzt“ zu vermerken. Bei einer Versetzung nach Absatz 3 ist folgender Vermerk anzubringen: „Versetzt nach § 4 Absatz 3 WRSVO“. Bei einer Versetzung nach Absatz 4 Satz 1 oder 2 ist zu vermerken, dass ohne Berücksichtigung der Leistungen im jeweils betroffenen Fach versetzt wurde.

(6) Die Klassenkonferenz kann im Einvernehmen mit der Schulleiterin oder dem Schulleiter nicht versetzten Schülerinnen und Schülern für einen Zeitraum von etwa vier Wochen die Aufnahme auf Probe in die nächsthöhere Klasse gestatten, wenn sie zu der Auffassung gelangt, dass die Schülerinnen und Schüler die Mängel in den geringer als mit der Note „ausreichend“ bewerteten Fächern oder Fächerverbünden in absehbarer Zeit beheben werden. Die Aufnahme setzt eine Zielvereinbarung voraus. Zum Ende der Probezeit werden die Schülerinnen und Schüler in den für die Versetzung maßgebenden Fächern oder Fächerverbünden, in denen die Leistungen im vorausgegangenen Schuljahr geringer als mit der Note „ausreichend“ bewertet worden sind, jeweils von einer von der Schulleiterin oder dem Schulleiter beauftragten Lehrkraft schriftlich und mündlich geprüft. Die Prüfung erstreckt sich auf Unterrichtsinhalte der Probezeit und des vorangegangenen Schuljahres. Das Ergebnis ersetzt in dem entsprechenden Fach die Note des vorangegangenen Jahreszeugnisses. Wenn dieses Zeugnis unter Berücksichtigung der neuen Noten den Anforderungen nach Absatz 2 entspricht, ist die Schülerin oder der Schüler versetzt und die am Ende des vorangegangenen Schuljahres ausgesprochene Nichtversetzung gilt rückwirkend als nicht getroffen.

§ 5
Aussetzung der Versetzungsentscheidung

In den Klassen 5 bis 8 kann die Klassenkonferenz die Versetzung längstens bis zum Ende des nächsten Schulhalbjahres aussetzen und von der Erteilung eines Zeugnisses absehen, wenn hinreichende Entscheidungsgrundlagen fehlen, weil die Leistungen der Schülerin oder des Schülers dadurch abgesunken sind, dass er im zweiten Schulhalbjahr

1. aus von ihm nicht zu vertretenden Umständen die Schule wechseln musste, wegen Krankheit

länger als acht Wochen den Unterricht nicht besuchen konnte oder

3. durch sonstige besonders schwerwiegende, von ihr oder ihm nicht zu vertretende Gründe in ihrem oder seinem Leistungsvermögen erheblich beeinträchtigt war.

Auf dem Zeugnisformular ist anstelle der Noten der Vermerk anzubringen: „Versetzung ausgesetzt nach § 5 WRSVO". Bis zur endgültigen Entscheidung über die Versetzung nimmt die Schülerin oder der Schüler am Unterricht der nächsthöheren Klasse teil.

§ 6
Versetzungsentscheidung bei Schulwechsel

Verlässt eine Schülerin oder ein Schüler innerhalb von acht Wochen vor Beginn der Sommerferien die Schule und geht sie oder er auf eine andere Werkrealschule oder Hauptschule über, sind der Versetzungsentscheidung die in der früher besuchten Schule erzielten Noten zugrunde zu legen.

§ 7
Überspringen einer Klasse

In Ausnahmefällen kann eine Schülerin oder ein Schüler der Klassen 5 bis 8, deren oder dessen Gesamtleistungen so überdurchschnittlich sind, dass ihr oder sein Verbleiben in der bisherigen Klasse pädagogisch nicht sinnvoll erscheint, auf Beschluss der Klassenkonferenz und mit Einverständnis der Erziehungsberechtigten zum Ende des ersten Schulhalbjahres in die nächsthöhere Klasse überwechseln oder zum Schuljahresende eine Klasse überspringen. An der Klassenkonferenz nehmen die Lehrkräfte der Klasse, in die die Schülerin oder der Schüler übertreten soll, mit beratender Stimme teil.

§ 8
Freiwillige Wiederholung einer Klasse

(1) Eine Schülerin oder ein Schüler kann während des Besuchs der Klassen 5 bis 9 insgesamt einmal eine Klasse freiwillig wiederholen. In Klasse 9 gilt dies nicht für Schülerinnen und Schüler, die den Hauptschulabschluss am Ende der Klasse 9 oder 10 anstreben.

(2) Die freiwillige Wiederholung einer Klasse ist grundsätzlich nur zu Beginn eines Schulhalbjahres möglich; über Ausnahmen entscheidet die Schulleiterin oder der Schulleiter. Die freiwillige Wiederholung gilt als Wiederholung wegen Nichtversetzung der Klasse, die bereits zuvor erfolgreich besucht worden war, mit der Folge, dass die am Ende dieser Klasse ausgesprochene Versetzung rückwirkend als nicht getroffen gilt. Sie ist im Zeugnis mit „wiederholt freiwillig" zu vermerken.

§ 9
Besondere Bestimmungen für Versetzung und Übergang in die Klasse 10

(1) Zum Ende des ersten Schulhalbjahres der Klasse 9 ist eine Erklärung abzugeben, ob

1. der Hauptschulabschluss am Ende der Klasse 9,
2. der Hauptschulabschluss am Ende der Klasse 10 oder
3. der Werkrealschulabschluss am Ende der Klasse 10 angestrebt wird. Vor dieser Erklärung erfolgt eine Beratung durch die Schule über die Anforderungen dieser Bildungswege.

(2) Schülerinnen oder Schüler, die den Hauptschulabschluss am Ende von Klasse 10 anstreben (Erklärung nach Absatz 1 Satz 1 Nummer 2), gehen ohne Versetzungsentscheidung nach Klasse 10 über. Sie erhalten am Ende von Klasse 9 durch die Klassenlehrkraft eine schriftliche Rückmeldung über ihren Leistungsstand. Diese soll mit einem Gespräch mit den Erziehungsberechtigten und der Schülerin beziehungsweise dem Schüler verbunden werden, das auch individuelle Aspekte des Lern-, Arbeits- und Sozialverhaltens zum Gegenstand hat.

(3) Schülerinnen oder Schüler, die den Werkrealschulabschluss anstreben (Erklärung nach Absatz 1 Satz 1 Nummer 3), werden nach Maßgabe der Anforderungen von § 4 in die Klasse 10 versetzt.

§ 10
Halbjahreszeugnis in Klasse 9

In Klasse 9 wird ein Halbjahreszeugnis nur für diejenigen Schülerinnen und Schüler erteilt, für die eine Erklärung nach § 9 Absatz 1 Satz 1 Nummer 1 abgegeben wurde. ⇨ Zeugnisse

§ 11
Wechsel des Abschlusszieles

(1) Falls eine Schülerin oder ein Schüler in Klasse 9 die Hauptschulabschlussprüfung erfolgreich abgelegt hat, kann bis zum Schuljahresende erklärt werden, dass sie oder er den Werkrealschulabschluss am Ende von Klasse 10 anstrebt. In diesem Fall gilt die Schülerin oder der Schüler als in die Klasse 10 versetzt; Absatz 3 kommt nicht zur Anwendung. Bei Vorliegen besonderer Umstände, die die Schülerin oder der Schüler nicht zu vertreten hat, kann die Schulleiterin oder der Schulleiter Ausnahmen von der Frist nach Satz 1 zulassen.

(2) Falls eine Schülerin oder ein Schüler nicht in die Klasse 10 versetzt wird, kann in Klasse 9 bis zum Schuljahresende erklärt werden, den Hauptschulabschluss am Ende von Klasse 10 anzustreben. § 9 Absatz 2 Satz 1 gilt entsprechend.

(3) Falls eine Schülerin oder ein Schüler in Klasse 10 den Werkrealschulabschluss anstrebt, kann in dieser Klassenstufe innerhalb von vier Wochen nach Unterrichtsbeginn beantragt werden, für die restliche Unterrichtszeit des Schuljahres nach den Anforderungen für den Hauptschulabschluss unterrichtet zu werden.

§ 11a Übergangsbestimmung

Das Wahlpflichtfach Sport kann erstmals für Schülerinnen und Schüler, die im Schuljahr 2023/2024 an Werkrealschulen und Hauptschulen in den Verbünden der Eliteschulen des Sports, der Eliteschulen des Fußballs oder der Partnerschulen der Olympiastützpunkte in die Klasse 7 eintreten, angeboten werden.

⇨ Abschlüsse und Bildungswege; ⇨ Berufsfachschule; ⇨ Hauptschule; ⇨ Kompetenzanalyse; ⇨ Probezeit (Schüler*innen); ⇨ Schulgesetz § 6, § 25 Abs. 1, § 30, § 76 Abs. 2; ⇨ Werkrealschule (Abschlussprüfung); ⇨ Werkreal-/Hauptschule (Informationsveranstaltung); ⇨ Werkrealschule (Verordnung – Stundentafel); ⇨ Zeugnisse

Werkrealschule (Verordnung / Stundentafel)

Stundenkontingent für die Werkrealschule; Anlage zu § 2 der Werkrealschulverordnung

Vorbemerkungen zur Stundentafel:

Der Unterricht von Schülerinnen und Schülern mit dem Bildungsziel Werkrealschulabschluss und dem Bildungsziel Hauptschulabschluss findet in Klasse 10, sofern schulorganisatorisch möglich und angemessen, in der Regel gemeinsam statt.

In Klasse 5 wird ein Basiskurs Medienbildung im Umfang von 35 Unterrichtsstunden durchgeführt, die aus dem Stundenvolumen der beteiligten Fächer entnommen werden. Die Gesamtlehrerkonferenz und die Schulkonferenz entscheiden über die am Basiskurs Medienbildung beteiligten Fächer und deren zeitlichen Anteil. ⇨ Konferenzordnung § 2 Nr.1a

In den Klassen 5 bis 10 werden für Schülerinnen und Schüler, die nicht am Religionsunterricht teilnehmen, elf Kontingentstunden Ethik vorgesehen. Die Verteilung der Kontingentstunden in Religionslehre wird unter Beteiligung der zuständigen kirchlichen Beauftragten festgelegt.

Der Fächerverbund Biologie, Naturphänomene und Technik (BNT) wird in den Klassen 5 und 6 unterrichtet. Die acht Kontingentstunden des Fächerverbunds Biologie, Naturphänomene und Technik (BNT) werden wie folgt verteilt: Biologie vier Stunden, Physik eine Stunde, Chemie eine Stunde, Technik zwei Stunden.

Der Unterricht in der Pflichtfremdsprache Englisch beginnt in Klasse 5.

Der Wahlpflichtbereich wird in den Klassen 7 bis 10 unterrichtet: Technik beziehungsweise Alltagskultur, Ernährung, Soziales mit insgesamt zwölf Kontingentstunden. Werkrealschulen und Hauptschulen in den Verbünden der Eliteschulen des Sports, der Eliteschulen des Fußballs und der Partnerschulen der Olympiastützpunkte können daneben das Wahlpflichtfach Sport anbieten.

Der Aufbaukurs Informatik wird in Klasse 7 unterrichtet. Das Wahlfach Informatik beginnt für Schülerinnen und Schüler, die dieses Fach freiwillig belegen, in Klasse 8 und ist grundsätzlich bis zum Ende der Klasse 10 zu besuchen, soweit nicht in besonders begründeten Einzelfällen zum Ende des ersten oder zweiten Schulhalbjahres der Klasse 8 eine Abwahl erfolgt.

Die Fächer Biologie, Physik, Gemeinschaftskunde und Wirtschaft/Berufs- und Studienorientierung beginnen in Klasse 7; das Fach Chemie beginnt in Klasse 7 oder 8.

Der Unterricht im Fach Geschichte beginnt in Klasse 5 oder 6.

Die übrigen Fächer beginnen in Klasse 5.

Die Kompetenzanalyse wird verpflichtend in Klasse 7 durchgeführt. Die individuelle Förderung schließt sich unmittelbar an.

In den Klassen 9 und 10 sind alle Fächer zu unterrichten.

Für Haupt und Werkrealschulen in Grenznähe zu Frankreich ist Zusatzunterricht in Französisch an genehmigten Standortschulen ab Klasse 5 pro Schuljahr bis zu drei Kontingentstunden vorzusehen. Für Schülerinnen und Schüler der Klasse 10 mit Ziel Hauptschulabschluss sind Betriebspraktika im Umfang von sechs Zeitstunden wöchentlich an einem Tag oder an zwei Halbtagen vorzusehen. Auch eine entsprechende Blockbildung ist möglich.

Stundenkontingent für die Werkrealschule

Unterrichtsfach	Stunden-kontingent
I. Pflichtbereich	
Religionslehre	11
Ethik	(11)
Deutsch	27
Pflichtfremdsprache	25
Mathematik	27
Gesellschaftswissenschaftliches Fächerfeld	
Geschichte	8
Geographie	7
Gemeinschaftskunde	5
Wirtschaft/Berufs- und Studienorientierung	5
Naturwissenschaftliches Fächerfeld	
Fächerverbund Biologie, Naturphänomene und Technik	8
Physik	6
Chemie	5
Biologie	5
Aufbaukurs Informatik	1
Musik	9
Bildende Kunst	9
Sport	17
Kompetenzanalyse mit individueller Förderung	2
II. Wahlpflichtfach	
Technik	12
Alltagskultur, Ernährung, Soziales	
Sport	
III. Wahlbereich	
Wahlfach Informatik	(3)
Pool für Maßnahmen zur Differenzierung und Förderung	10

⇨ Werkrealschule (Abschlussprüfung);
⇨ Werkrealschule (Verordnung)

Zeugnisse (Allgemeinbildende Schulen)

Verwaltungsvorschrift des Kultusministeriums über Zeugnisse, Halbjahresinformation, Lernentwicklungsbericht und Schulbericht (VwV Zeugnisse) vom 21.2.2019 (K.u.U. S. 27/2019); zul. geänd. 28.5.2020 (K.u.U. S. 67/2020)

Hinweise der Redaktion:

1. Die grundlegenden Bestimmungen für die Zeugnisgebung befinden sich in der ➪ Notenbildungsverordnung (§§ 3-4).
2. Versetzungsentscheidungen sowie Abschlusszeugnisse sind Verwaltungsakte; sie werden nach einem Jahr bestandskräftig. Zum förmlichen Widerspruch gegen ein Zeugnis siehe ➪ Verwaltungsrecht (Allgemeines). Die Halbjahresinformation ist kein Verwaltungsakt; gegen sie ist kein förmlicher Widerspruch möglich, da sie nur der Information der Eltern dient und keine „Außenwirkung" entfaltet; das Gespräch mit der Lehrkraft bzw. der Schulleitung ist jedoch stets möglich.

1 Geltungsbereich

1.1 Die nachfolgende Verwaltungsvorschrift gilt für Grundschulen, Hauptschulen, Werkrealschulen, Realschulen, Gemeinschaftsschulen, Gymnasien der Normalform und Gymnasien in Aufbauform, Kollegs sowie für die sonderpädagogischen Bildungs- und Beratungszentren (SBBZ). Für die Schulen besonderer Art gelten die Bestimmungen dieser Verwaltungsvorschrift entsprechend.

1.2 Sie gilt auch, wenn ein Anspruch auf ein sonderpädagogisches Bildungsangebot in einer allgemeinen Schule oder in einer kooperativen Organisationsform des gemeinsamen Unterrichts erfüllt wird oder gemeinsamer Unterricht für Schülerinnen und Schüler mit und ohne Anspruch auf ein sonderpädagogisches Bildungsangebot an SBBZ stattfindet.

1.3 Auf Abendrealschulen, allgemeinbildende Abendgymnasien und staatlich anerkannte Freie Waldorfschulen findet diese Verwaltungsvorschrift nur Anwendung, soweit dies ausdrücklich bestimmt ist.

Hinweis der Redaktion: Nummer 2 dieser Verwaltungsvorschrift („Zeugnisse, Halbjahresinformation, Lernentwicklungsbericht, Schulbericht und sonstige Bescheinigungen") sowie Nummer 3 („Zeugnis des SBBZ mit Bildungsgang Förderschwerpunkt geistige Entwicklung") enthalten im Wesentlichen nur Informationen über die amtlichen Formularmuster sowie deren Bezugsmöglichkeiten und sind hier nicht abgedruckt.

4 Abschlusszeugnis

4.1 Grundschule

Wer das Ziel der Grundschule erreicht hat, erhält ein Abschlusszeugnis der Grundschule, auf dem das Landeswappen in den offiziellen Farben ausgebracht wird. Wird das Ziel der Grundschule nach dem Besuch der Klasse 4 nicht erreicht, ist ein Jahreszeugnis zu erteilen. Satz 2 gilt auch in den Fällen der Nummer 2.2.2 bei zieldifferentem Unterricht.

Hinweis der Redaktion: Das Abschlusszeugnis der Grundschule enthält keinen Versetzungsvermerk, da es nur jene Schüler*innen erhalten, die das Ziel der Grundschule erreicht haben.

In den Fällen der Nummer 2.2.3 wird folgende Bemerkung aufgenommen: „[Name] hat das Ziel

Hätten Sie's gewusst? – Eltern fragen, wir antworten.

Ist der „Blaue Brief" Pflicht?

Frage: Muss die Schule eigentlich die Eltern davon unterrichten, dass die Versetzung ihres Kindes gefährdet ist? Bei mir haben sich Eltern beschwert, dass sie von der Nichtversetzung völlig überrascht wurden. Hätte man ihnen einen „blauen Brief" geschrieben, wäre ihr Kind noch zu „retten" gewesen.

Antwort: Da müssen sich die Eltern zunächst fragen lassen, ob und wie sie den Kontakt mit der Schule gehalten haben und wann sie sich von selbst bei der Schule bzw. bei den Lehrkräften nach dem Leistungsstand ihres Kindes erkundigt haben.

Umgekehrt obliegt aber der Schule wegen dieses Vorrangs der elterlichen Erziehungsaufgabe die Pflicht, mit den Erziehungsberechtigten bei der schulischen Erziehung zusammenzuarbeiten. Dies ist einer der Gründe, warum die Lehrkräfte verpflichtet sind, den Eltern individuelle Sprechstunden anzubieten (der Verweis auf einen „Sprechtag", an dem für eine intensives „Eltern-Lehrer-Gespräch" in aller Regel keine Zeit bleibt, reicht deshalb nicht!). ➪ Elternbeirat (EltBVO) § 3

Hieraus ergibt sich zwar eine unmittelbare Verpflichtung der Schule, die Erziehungsberechtigten über die drohende Nichtversetzung informieren. Das macht üblicherweise die Klassenlehrkraft, an manchen Schulen wird dies über das Schulsekretariat koordiniert und abgewickelt. Spätestens in der Halbjahresinformation (➪ Notenbildungsverordnung § 4 Abs. 2) ist vorgesehen, dass die Schule es den Erziehungsberechtigten mitteilt, wenn ein Gespräch erwünscht ist. Dazu wird meist nur die entsprechende Bemerkung angekreuzt. Dieses Gespräch hat gegebenenfalls den Zweck, die Eltern über die Versetzungsgefährdung zu informieren und sie dazu anzuhalten, das ihre für die Versetzung ihres Kindes zu tun. Für eine spätere „letzte Warnung" in Form eines „blauen Briefes" gibt es keine Vorschriften. Dafür gibt es die direkte Kommunikation zwischen Schule und Elternhaus, z. B. in einer Elternsprechstunde, die von beiden Seiten frühzeitig angestrebt werden sollte! Deshalb können die Eltern auch nicht einfach mit dem Argument, man habe sie nicht gewarnt, eine Nichtversetzung anfechten, jedenfalls nicht mit Erfolg. Da muss schon mehr vorliegen (z.B. eine fehlerhafte Leistungsbewertung). Zum Widerspruch gegen Verwaltungsakte siehe: ➪ Verwaltungsrecht.

der Abschlussklasse der Grundschule erreicht. Der Besuch des sonderpädagogischen Bildungs- und Beratungszentrums erfolgte auf der Grundlage von § 15 Absatz 5 des Schulgesetzes für Baden-Württemberg. Es lag kein Anspruch auf ein sonderpädagogisches Bildungsangebot vor. Die im Zeugnis ausgewiesenen Noten wurden nach den Leistungsanforderungen der Grundschule erteilt."

4.2
Werkrealschule und Hauptschule

4.2.1 Wer die Hauptschulabschlussprüfung am Ende von Klasse 9 der Hauptschule oder Werkrealschule bestanden hat, erhält ein Zeugnis über den Hauptschulabschluss. Dies gilt auch im Falle einer freiwilligen Teilnahme an der Hauptschulabschlussprüfung.

Wer die Hauptschulabschlussprüfung am Ende von Klasse 10 bestanden hat, erhält ein Zeugnis über den Hauptschulabschluss.

4.2.2 Wer die Prüfung zum Erwerb des Hauptschulabschlusses für Schulfremde bestanden hat, erhält ein Zeugnis über den Hauptschulabschluss.

4.2.3 Wer die Abschlussprüfung der Werkrealschule bestanden hat, erhält ein Zeugnis über den Werkrealschulabschluss.

4.2.4 Wer die Prüfung zum Erwerb des Werkrealschulabschlusses für Schulfremde bestanden hat, erhält ein Zeugnis über den Werkrealschulabschluss.

4.3
Realschule

4.3.1 Wer die Hauptschulabschlussprüfung bestanden hat, erhält ein Zeugnis über den Hauptschulabschluss.

4.3.2 Ein Zeugnis über den Realschulabschluss erhält, wer

a) die ordentliche Realschulabschlussprüfung,
b) die Prüfung zum Erwerb des Realschulabschlusses für Schulfremde oder
c) die Realschulabschlussprüfung an staatlich anerkannten Freien Waldorfschulen

bestanden hat.

4.3.3 Wer die Abschlussprüfung der Abendrealschule bestanden hat, erhält ein Abschlusszeugnis der Abendrealschule.

4.4
Gemeinschaftsschule

4.4.1 Wer nach Klasse 9 oder 10 die Hauptschulabschlussprüfung bestanden hat, erhält ein Zeugnis über den Hauptschulabschluss.

4.4.2 Wer die Realschulabschlussprüfung bestanden hat, erhält ein Zeugnis über den Realschulabschluss.

4.4.3 Wer die Abiturprüfung bestanden hat, erhält ein Zeugnis der allgemeinen Hochschulreife.

4.4.4 Wer die Fachhochschulreife erworben hat, erhält ein Zeugnis der Fachhochschulreife.

4.5
Gymnasium

4.5.1 Ein Zeugnis der allgemeinen Hochschulreife erhält, wer

a) die ordentliche Abiturprüfung,
b) die Abiturprüfung für Schulfremde oder
c) die Abiturprüfung am Abendgymnasium, dem Kolleg oder einer staatlich anerkannten Freien Waldorfschule

bestanden hat.

4.5.2 Wer die Fachhochschulreife erworben hat, erhält ein Zeugnis der Fachhochschulreife.

4.6
Sonderregelungen für Abschlusszeugnisse der SBBZ und in Fällen der Nummer 1.2

4.6.1 Wer das Ziel eines SBBZ mit Förderschwerpunkt Lernen erreicht hat, erhält ein Abschlusszeugnis des SBBZ - Förderschwerpunkt Lernen. Wurde das Ziel des entsprechenden Bildungsganges an einem SBBZ mit anderem Förderschwerpunkt erreicht, ist der Bildungsgang im Anschluss an die Bezeichnung des Abschlusszeugnisses des SBBZ mit folgendem Zusatz aufzunehmen: „Bildungsgang: Förderschwerpunkt Lernen". In den Fällen der Nummer 2.2.2 ist bei zieldifferentem Unterricht im Anschluss an die Bezeichnung „Abschlusszeugnis" der Bildungsgang durch folgenden Zusatz aufzunehmen: „Bildungsgang: Förderschwerpunkt Lernen".

4.6.2 Wer nach Erfüllung der Schulpflicht aus dem SBBZ mit Bildungsgang Förderschwerpunkt geistige Entwicklung entlassen wird, erhält ein Zeugnis zum Schulabschluss. Nummer 4.6.1 Satz 2 und 3 gelten entsprechend.

4.6.3 Wurde das Ziel des Bildungsgangs der Grundschule, Hauptschule, Werkrealschule, der Realschule oder des Gymnasiums an einem SBBZ erreicht, ist der entsprechende Bildungsgang im Anschluss an die Bezeichnung des Abschlusszeugnisses des SBBZ durch einen Zusatz auszuweisen.

4.6.4 In den Fällen der Nummer 2.2.2 wird der bei zieldifferentem Unterricht aufzunehmenden Bemerkung folgender Zusatz angefügt: „[Name] hat das Ziel des Bildungsgangs Förderschwerpunkt [Lernen beziehungsweise geistige Entwicklung] erreicht."

4.7 Bei Abschlusszeugnissen der auf der Grundschule aufbauenden Schulen oder entsprechender Zeugnisse eines SBBZ wird durch die Papierqualität und durch die Ausbringung des Landeswappens in den offiziellen Farben der Bedeutung des Dokuments Rechnung getragen.

5
Abgangszeugnis

5.1 Schülerinnen und Schüler, die die Hauptschulabschlussprüfung, die Werkrealschulabschlussprüfung oder die Realschulabschlussprüfung nicht bestanden haben, sowie auf Antrag sonstige Schülerinnen und Schüler, die nach Erfüllung der Pflicht zum Besuch einer auf der Grundschule aufbauenden Schule aus der Schule entlassen werden, ohne das Ziel des Bildungsgangs erreicht zu haben, erhalten ein Abgangszeugnis. Nummer 4.2.1 Satz 1 zweiter Fall und Nummer 4.6.2 bleiben unberührt.

5.2 In den Abgangszeugnissen der Gemeinschaftsschule für Schülerinnen und Schüler, die die Schule ohne Abschluss verlassen, ist ein gegebenenfalls erworbener dem Haupt- oder Realschulabschluss gleichwertiger Bildungsstand zu vermerken. Anstelle des Vermerks kann dem Abgangszeugnis auch eine Bescheinigung über den erworbenen gleichwertigen Bildungsstand beigefügt werden. Nummer 8.2 bleibt unberührt.

5.3 Als Noten sind in das Abgangszeugnis einzutragen:

a) Bei Schülerinnen und Schülern, die die Hauptschulabschlussprüfung, die Werkrealabschlussprüfung oder die Realschulabschlussprüfung nicht bestanden haben, die Endergebnisse der Prüfung,
b) bei weniger als acht Unterrichtswochen seit Schuljahresbeginn die im zuletzt erteilten Jahreszeugnis enthaltenen Noten und
c) im Übrigen die bis zum Zeitpunkt des Austritts erzielten Noten.

5.4 Ein Vermerk über eine Versetzung oder eine Nichtversetzung ist nicht aufzunehmen.

5.5 Das Abgangszeugnis erhält das Datum des letzten Schultags.

5.6 Nummer 4.7 gilt entsprechend.

6
Fächer und Fächerverbünde

6.1 Soweit in den amtlichen Mustern nicht bereits enthalten, sind unter „Leistungen in den einzelnen Fächern" die Fächer beziehungsweise die Fächer und der Fächerverbund der Stundentafel oder der Verordnung über die jeweilige Abschlussprüfung an der jeweiligen Schulart beziehungsweise des jeweiligen Schultyps in der dort jeweils vorgesehenen Reihenfolge auszubringen. Soweit in einer Klassenstufe ein Fach nicht unterrichtet wird, ist anstelle der Leistungsbewertung ein Spiegelstrich auszubringen und gegebenenfalls unter Bemerkungen ein erläuternder Hinweis; im Lernentwicklungsbericht kann der Hinweis auch im Textfeld zum jeweiligen Fach erfolgen.

Haben SBBZ keine eigene Stundentafel, sind die Fächer beziehungsweise die Fächer und der Fächerverbund der Stundentafel des Bildungsgangs auszubringen, den die Schülerin oder der Schüler besucht.

6.2 Unter oder neben der Bezeichnung „Religionslehre" ist in einem Klammerzusatz zu vermerken, in welcher Religionslehre die Schülerin oder der Schüler unterrichtet wurde; dies gilt nicht für Abschluss- und Abgangszeugnisse. Werden die Fächer Evangelische und Katholische Religionslehre konfessionell-kooperativ gemäß Nummer 1.2.5 der Verwaltungsvorschrift Teilnahme am Religionsunterricht erteilt, richtet sich dieser Vermerk nach der Konfessionszugehörigkeit der jeweiligen Lehrkraft. In dem Klammerzusatz ist „ev" oder „rk" zu vermerken und unter Bemerkungen der Zusatz anzubringen: „Der Religionsunterricht wurde konfessionell-kooperativ erteilt". Unterrichten während des Schuljahrs Lehrkräfte unterschiedlicher Konfessionen, einigen sie sich über die gemeinsam zu bildende Zeugnisnote im Jahreszeugnis; dort ist zu vermerken: „erstes Halbjahr: ev, zweites Halbjahr: rk" oder „erstes Halbjahr: rk, zweites Halbjahr: ev" und unter Bemerkungen der Zusatz gemäß Satz 3 anzubringen.

⇨ Religionsunterricht (Teilnahme und Abmeldung)

Für den Religionsunterricht in anderen Religionen sind folgende Bezeichnungen zu verwenden:

„Altkatholische Religionslehre (ak)", „Syrisch-Orthodoxe Religionslehre (syr)", „ Orthodoxe Religionslehre (orth)", „Jüdische Religionslehre (jd)", „Alevitische Religionslehre (alev)" und „Islamische Religionslehre sunnitischer Prägung (isl)".

7
Arbeitsgemeinschaften

7.1 In den Zeugnissen, der Halbjahresinformation und den Lernentwicklungsberichten sind die Arbeitsgemeinschaften einzutragen, die im Beurteilungszeitraum regelmäßig besucht wurden. Sehen die amtlichen Muster ein gesondertes Textfeld nicht vor, erfolgt die Eintragung unter „Bemerkungen".

7.2 Beim Gymnasium sind für die Arbeitsgemeinschaften Noten einzutragen, wenn die Arbeitsgemeinschaft nach ihrem Inhalt einem in der Stundentafel ausgewiesenen Unterrichtsfach entspricht

Hätten Sie's gewusst? – Eltern fragen, wir antworten.

Muss mein Kind den Urlaub nacharbeiten?

Frage: Eine Mitschülerin meiner Tochter ist zum Besuch des Kirchentags eine Woche lang beurlaubt worden. Die Lehrerin hat gesagt, dass sie den versäumten Stoff selbst nacharbeiten muss.

Antwort: Laut ⇨ Schulbesuchsverordnung § 4 Abs. 4 tragen die Erziehungsberechtigten für das Fernbleiben der Schüler vom Unterricht aufgrund einer Beurlaubung die Verantwortung. Volljährige Schüler*innen sind für sich selbst verantwortlich. Weiter heißt es: „Die Schulen beraten erforderlichenfalls die Erziehungsberechtigten und den Schüler über die Auswirkungen der beantragten Beurlaubung. Die Beurlaubung kann davon abhängig gemacht werden, dass der versäumte Unterricht ganz oder teilweise nachgeholt wird". Dies bedeutet: Die Schule darf

1. Schülerinnen bzw. Schüler verpflichten, als Ausgleich für die ausgefallenen Stunden an anderen Unterrichtsveranstaltungen teilzunehmen (gegebenenfalls auch in anderen Klassen); dieser Zeitausgleich kommt vor allem bei kürzeren Beurlaubungen in Frage und kann vom Beurlaubungsanlass abhängig sein (z.B. vom pädagogischen Wert der besuchten Veranstaltung);
2. von beurlaubten Schülern bzw. Schülerinnen erwarten, dass sie – gegebenenfalls nach einer angemessenen Nachlern-Zeit – den gleichen Lernstand wie der Rest der Klasse aufweisen.

(beispielsweise Fremdsprache). Bei der Realschule sind Noten für die Arbeitsgemeinschaft in einer Fremdsprache auf Wunsch der Schülerin oder des Schülers einzutragen.

7.3 Beim SBBZ mit Bildungsgang Förderschwerpunkt Lernen sind für Arbeitsgemeinschaften keine Noten einzutragen. Im Übrigen gelten für die SBBZ die Regelungen derjenigen Schulart, deren Bildungsgang die Schülerin oder der Schüler besucht.

8 Testate, Zertifikate und sonstige Bescheinigungen

8.1 Bilingualer Unterricht

8.1.1 Schülerinnen und Schüler eines bilingualen Zuges der Realschule erhalten am Ende der Klasse 8 ein Bilinguales Testat Deutsch / Englisch oder Deutsch/ Französisch und am Ende der Klasse 10 ein Bilinguales Zertifikat Deutsch/ Englisch oder Deutsch/ Französisch.

8.1.2 Nach erfolgreichem Abschluss eines bilingualen Zuges der Klasse 10 des Gymnasiums erhalten Schülerinnen und Schüler, die ab Klasse 5 am bilingualen Zug teilgenommen haben, ein Zertifikat über den besuchten deutsch / englischen beziehungsweise deutsch / französischen bilingualen Unterricht.

Nach erfolgreichem Abschluss eines bilinguales Zuges der zweiten Jahrgangsstufe des Gymnasiums erhalten Schülerinnen und Schüler, die während der Sekundarstufe I am bilingualen Zug teilgenommen und die Anforderungen an das bilinguale Zertifikat in der Kursstufe erfüllt haben, zusätzlich zur allgemeinen Hochschulreife ein Bilinguales Zertifikat Deutsch / Englisch oder Deutsch / Französisch.

8.1.3 Wer am Sachfachunterricht mit bilingualen Modulen teilgenommen hat, erhält auf Wunsch von der Schule ein schuleigenes Beiblatt zum Zeugnis oder dem Lernentwicklungsbericht.

8.1.4 .Schülerinnen und Schüler der Gemeinschaftsschule, die von Klasse 5 bis 8 oder bis Klasse 10 an einem genehmigten ergänzenden bilingualen Angebot teilgenommen haben, erhalten am Ende der Klasse 8 ein Testat und zusätzlich zum Abschlusszeugnis in Klasse 10 ein Zertifikat.

8.1.5 Auf SBBZ mit entsprechenden Bildungsgängen finden die Nummern 8.1.1 bis 8.1.4 entsprechende Anwendung.

8.2 Schülerinnen und Schüler der Gemeinschaftsschule erhalten

a) in den Abschlussklassen ein Zertifikat über die im Profilfach erworbenen Kompetenzen,
b) auf Wunsch eine Bescheinigung über einen dem Hauptschulabschluss gleichwertigen Bildungsstand, wenn ihre Leistungen in Klasse 9 durchgängig in allen Fächern nach den Bildungsstandards der Realschule oder des Gymnasiums erbracht worden sind und sie nach der entsprechenden. Versetzungsordnung in Klasse 10 hätten versetzt werden können oder
c) auf Wunsch eine Bescheinigung über einen dem Realschulabschluss gleichwertigen Bildungsstand, wenn ihre Leistungen in Klasse 10 durchgängig in allen Fächern nach den Bildungsstandards des Gymnasiums erbracht worden sind und sie nach der Versetzungsordnung Gymnasien in die erste Jahrgangsstufe hätten versetzt werden können.

8.3 In Klasse 9 der Werkrealschule und Hauptschule, der Realschule und der Gemeinschaftsschule ist dem auszugebenden Jahreszeugnis, Abschlusszeugnis oder Lernentwicklungsbericht ein Zertifikat über die Projektarbeit beizufügen, soweit diese für das Zeugnis oder den Lernentwicklungsbericht maßgebend ist.

8.4 In Klasse 10 der Werkrealschule sowie der Gemeinschaftsschule ist dem auszugebenden Zeugnis über den Hauptschulabschluss ein Zertifikat über die Projektarbeit beizufügen.

8.5 Wer in der gymnasialen Oberstufe den schulischen Teil der Fachhochschulreife erlangt hat, erhält eine Bescheinigung über den schulischen Teil der Fachhochschulreife.

8.6 Wer die jeweils geltenden Voraussetzungen für den Erwerb eines dem

a) Hauptschulabschluss gleichwertigen Bildungsstands an der Realschule oder dem Gymnasium oder
b) Realschulabschluss gleichwertigen Bildungsstand an dem Gymnasium

erfüllt, erhält auf Wunsch eine Bescheinigung über den jeweils erreichten Bildungsstand. Für die Bescheinigung eines dem Hauptschulabschluss gleichwertigen Bildungsstands an der Werkrealschule gilt die Werkrealschulabschlussprüfungsordnung [...].

9 Bemerkungen

Unter Bemerkungen sind einzutragen:

a) Berichtigungen mit Unterschrift und Dienstsiegel,
b) Befreiung vom Unterricht in einzelnen Fächern,
c) Abschlussziel im Halbjahreszeugnis der Klasse 10 der Werkrealschule,
d) Vermerke nach der Verordnung des Kultusministeriums über Einrichtung und Aufgaben der Schülermitverantwortung,

⇨ Schülermitverantwortung (nach § 7)

e) Vermerke über
   – die Wahrnehmung von Aufgaben in der schulischen Gemeinschaft außerhalb der Schülermitverantwortung,
   – die Teilnahme an den Veranstaltungen „Jugend trainiert für Olympia", „Jugend forscht", an den Bundesjugendspielen oder an sonstigen Wettbewerben, die von der Schule veranstaltet oder mitveranstaltet werden und
   – die Teilnahme am ⇨ Schüleraustausch,

   soweit die Schülerin oder der Schüler in diesen Fällen nicht bis spätestens sechs Wochen vor der Ausgabe des Zeugnisses, der Halbjahresinformation, des Lernentwicklungsberichts oder des Schulberichts widerspricht,
f) Vermerke über die Teilnahme an bilingualen Grundschulzügen,

g) Vermerke über die Teilnahme am Brückenkurs Französisch in der Rheinschiene,
h) Vermerke über die Teilnahme am Basiskurs Medienbildung,
i) etwaige Vermerke nach dieser Verwaltungsvorschrift und
j) Vermerke beziehungsweise ergänzende Aussagen entsprechend der Notenbildungsverordnung (NVO), den Versetzungsordnungen oder sonstigen Rechts- und Verwaltungsvorschriften.

Hinweis der Redaktion: Beispielsweise bestimmen die Versetzungsordnungen der allgemeinbildenden Schulen, dass die Versetzung oder Nichtversetzung im Zeugnis zu vermerken ist, und die ⇨ Schulbesuchsverordnung § 6 Abs. 4, dass unter Bemerkungen (nicht in Abgangs-, Abschluss- und Prüfungszeugnissen) Aussagen zu häufigen Fehlzeiten gemacht werden können.

10
Ausstellung der Zeugnisse, der Halbjahresinformation, des Lernentwicklungsberichts und des Schulberichts

10.1 In den Abgangs-, Abschluss- und Prüfungszeugnissen dürfen für die Noten nur die wörtlichen Bezeichnungen ungekürzt eingetragen werden. Im Übrigen können die auf den Formularen angegebenen Abkürzungen verwendet werden; bei der Halbjahresinformation sind auch Ziffern zulässig.

10.2 Die Zeugnisse, der Lernentwicklungsbericht und der Schulbericht sind eigenhändig von der Schulleiterin beziehungsweise dem Schulleiter zu unterschreiben. – Bei größeren Schulen kann ein Teil der Unterschriftsleistungen auf die Stellvertretung delegiert werden. Bei Schulen mit mehr als 360 Schülerinnen und Schülern kann ein Teil der Unterschriftsleistungen bei vorhandenen Abteilungsleitungen auf diese delegiert werden.

10.3 Abschluss- und Prüfungszeugnisse von Schülerinnen und Schülern staatlich anerkannter Ersatzschulen sind durch die für die Schule zuständige Schulaufsichtsbehörde zu siegeln, wenn die Siegelung nicht durch die Schule vorgenommen wird.

10.4 Den Abschluss- und Abgangszeugnissen der SBBZ kann bei Bedarf eine Beschreibung von Fähigkeiten und Fertigkeiten, die im beruflichen Bereich von Bedeutung sind, beigefügt werden.

10.5 Zeugnisse, Halbjahresinformationen, Lernentwicklungsberichte und Schulberichte von Schülerinnen und Schülern eines SBBZ, deren Anspruch auf ein sonderpädagogisches Bildungsangebot in einer kooperativen Organisationsform des gemeinsamen Unterrichts gemäß § 15 Absatz 6 des Schulgesetzes für Baden-Württemberg erfüllt wird, weisen im Kopf die beiden beteiligten Schulen aus. Unter „Bemerkungen" ist folgender Vermerk aufzunehmen: „[Name] besucht die … [Name der Schule, in der die kooperative Organisationsform stattfindet] im Rahmen einer kooperativen Organisationsform des gemeinsamen Unterrichts der … [Name des SBBZ]." und im Falle zieldifferenten Unterrichts ist eine zusätzliche Bemerkung gemäß Nummer 2.2.2 daran anzufügen. In Bezug auf das zu verwendende Zeugnismuster beraten und beschließen die Gesamtlehrerkonferenzen der in der kooperativen Organisationsform des gemeinsamen Unterrichts zusammenarbeitenden Schulen; kommt eine Einigung nicht zustande, entscheidet die obere Schulaufsichtsbehörde. Bei Bedarf kann zur Vermittlung eines breiteren Bildes über den erreichten Bildungsstand ein Beiblatt beigefügt werden.

Für die Unterschriftsleistung gilt Nummer 10.2 entsprechend mit der Maßgabe, dass die Leiterinnen beziehungsweise die Leiter beider Schulen unterschreiben. Dies gilt für die Siegelung entsprechend.

11
Zeugnisblätter, Zeugnismappen

Hinweis der Redaktion: Die Nummern 11.1 bis 11.3 (Informationen über amtliche Vordruckmuster) sind hier nicht abgedruckt.

11.4 Auf Wunsch der Schülerin oder des Schülers werden Bescheinigungen über deren ehrenamtlichen Tätigkeiten, die von den betreffenden Vereinen und Gruppen der Sport-, Musik- und Laienmusikverbände, des Landesfeuerwehrverbandes anerkannten Trägern der freien Jugendarbeit sowie sozialen Diensten ausgestellt wurden, in die Zeugnismappen eingeheftet.

12
Verbleib der Zeugnisse, Lernentwicklungsberichte und Schulberichte

12.1 Bei minderjährigen Schülerinnen und Schülern bestätigt eine erziehungsberechtigte Person auf dem Zeugnis, dem Schulbericht, dem Lernentwicklungsbericht oder der Halbjahresinformation, dass sie Kenntnis genommen hat; dies gilt nicht für Abgangs- und Abschlusszeugnisse außer dem Abschlusszeugnis der Grundschule. Die Halbjahres- und Jahreszeugnisse, der Lernentwicklungsbericht sowie der Schulbericht werden nach angemessener Frist von der Klassenlehrerin oder vom Klassenlehrer beziehungsweise der Lerngruppenbegleiterin oder dem Lerngruppenbegleiter wieder eingezogen.

Hinweis der Redaktion: Die Erziehungsberechtigten können zu dieser Unterschriftsleistung nicht gezwungen werden, denn hiermit wird lediglich die Kenntnisnahme bestätigt; das Zeugnis ist unabhängig hiervon gültig. Falls sie das Zeugnis nicht unterschreiben, empfiehlt sich jedoch wegen des gemeinsamen Erziehungsauftrags von Schule und Elternhaus eine Kontaktaufnahme vonseiten der Schule. ⇨ Volljährigkeit

12.2 Wechselt eine Schülerin oder ein Schüler auf eine andere Schule, sind die Schulberichte, Lernentwicklungsberichte und Zeugnisse der aufnehmenden Schule zu übersenden. Dies gilt nicht beim Übergang von der Grundschule auf eine auf der Grundschule aufbauenden Schule und beim Übergang auf eine berufliche Schule. In diesen Fällen und beim Austritt aus der Schule sind sie der Schülerin oder dem Schüler auszuhändigen.

Hinweis der Redaktion: Die Übergangsbestimmungen, Inkrafttreten und Anlagen sind hier nicht abgedruckt.

⇨ Abschlüsse und Bildungswege; ⇨ Aufbewahrungsfristen und Archivierung; ⇨ Gebühren; ⇨ Grundschule (Leistungsbeurteilung GS und SBBZ); ⇨ Gymnasium (Abitur – AGVO); ⇨ Notenbildungsverordnung; ⇨ Realschule (Abschlussprüfung); ⇨ Schüleraustausch; ⇨ Schülermitverantwortung; ⇨ Volljährigkeit; ⇨ Werkrealschule (Abschlussprüfung); ⇨ Werkrealschule (Verordnung); ⇨ Zeugnisse (Ersatzzeugnisse)

Zeugnisse (Ersatzzeugnisse)

Ausstellung von Ersatzzeugnissen; Schreiben des Kultusministeriums vom 10.10.1995 AZ: II/1-6631.1/68

Ausstellung eines Ersatzzeugnisses für ein verlorengegangenes Zeugnis

Auf der Neuausfertigung ist zu vermerken: „Neuausstellung". Alle Eintragungen auf dieser Neuausfertigung sind entsprechend dem Original vorzunehmen. An der Stelle der Originalunterschriften auf der Erstausfertigung sind die jeweiligen Namen mit „gezeichnet" einzutragen. An der Stelle des Original-Siegels ist das Wort „Dienstsiegel" einzutragen. Darunter ist diese Neuausfertigung mit dem Datum der Ausstellung des Ersatzzeugnisses zu versehen und von dem Ausfertigenden (Schulleiter) zu unterschreiben sowie mit dem Dienstsiegel der ausfertigenden Stelle (Schule) zu versehen.

Ausstellung eines Ersatzzeugnisses wegen Namensänderung

Bei Namensänderungen wegen Eheschließung werden keine Ersatzzeugnisse ausgestellt.

Bei Namensänderungen wegen Adoption oder Geschlechtsumwandlung ist eine Neuausstellung auf den neuen Namen vorzunehmen. Das Originalzeugnis ist einzuziehen; auf ihm ist der Grund für die Ausstellung des Ersatzzeugnisses zu vermerken.

Hinweise der Redaktion:

1. Öffentliche Schulen sowie staatlich anerkannte Ersatzschulen können Ersatzzeugnisse ausstellen, ohne dass eine Vorlage bei der Schulaufsichtsbehörde erforderlich ist.
2. Nach Nr. 8 des Gebührenverzeichnisses des KM vom 5. Juli 2023 ist eine Verwaltungsgebühr von 50 bis 175 Euro zu erheben. Davon unberührt bleibt die Befugnis des Schulträgers, für die diesem entstehenden Kosten eine Gebühr festzusetzen. ⇨ Gebühren
3. Ein Ersatzzeugnis ist auch dann auszustellen, wenn eine Verwaltungsbehörde den Familiennamen ändert, weil ein wichtiger Grund die Änderung rechtfertigt (wenn der alte Name für die Betroffenen diskriminierend wirken kann).
   (Quelle: OSA Stuttgart, 4.1.2002; AZ: 6631.1/11-4 sowie RP Stuttgart 1.2.2011; AZ: 7-6631.1/32)

⇨ Gebühren; ⇨ Zeugnisse

Hätten Sie's gewusst? – Eltern fragen, wir antworten.

Welche Befugnisse haben Hilfskräfte an Schulen?

Frage: Es gibt öfter die Frage von unserem Sohn und von Eltern, warum in ihrer Klasse ein Erwachsener sitzt, welcher nur für einen Schüler zuständig ist. Das sei kein Lehrer, er nennt sich Schulbegleiter. Wie sieht es aus mit Hilfskräften an Schulen die keine Lehrer sind? Ist das gut? Darf das sein und was dürfen diese Hilfskräfte eigentlich?

Antwort: Nicht immer ist ein zweiter Erwachsener in der Klasse eine „Hilfskraft": Im Zuge der Inklusion, des gemeinsamen Unterrichts von Behinderten und Nichtbehinderten, kann dies beispielsweise auch eine ausgebildete Sonderschullehrkraft oder ein fachlich vorgebildeter „Inklusionsbegleiter" sein. Daneben setzt die Landesregierung mehrere Arten von pädagogischen Hilfskräften ein: ⇨ Jugendbegleiter*innen, ⇨ Lehrbeauftragte oder ⇨ Pädagogische Assistent*innen. Außerdem holen die Lehrkräfte bei Bedarf auch sogenannte ⇨ Fachleute aus der Praxis in ihren Unterricht (das können beispielsweise auch Eltern sein, die sich auf einem interessanten Gebiet gut auskennen). Und schließlich gibt es auch noch das sogenannte „Team-Teaching", bei dem zwei Lehrkräfte parallel in einer Klasse tätig sind, und das Programm „Teach First", bei dem nichtpädagogische Hochschulabsolvent*innen vor ihrer Berufsaufnahme zwei Jahre lang in Schulklassen oder Lerngruppen mitarbeiten.

So begrüßenswert diese „Öffnung der Schule" ist, so problematisch ist, dass die Regierung nicht immer nur von pädagogischen Zielen geleitet wird, sondern die Einstellung regulärer Lehrkräfte vermeiden (einsparen) will. Vertretbar ist das deshalb nur dann, wenn diese – häufig sehr engagierten – Personen zusätzlich zu einer ausreichenden Zahl von Lehrkräften beschäftigt und angemessen bezahlt werden.

Höchst problematisch ist, wenn die Landesregierung den Nachmittagsbetrieb an Ganztagsschulen aus Kostengründen weitgehend in die Hände von pädagogisch nicht ausgebildeten Hilfskräften legt. Dies sind „unechte" Ganztagsschulen, in denen vormittags unterrichtet und am Nachmittag „betreut" wird, während in „echten" Ganztagsschulen der Unterricht sinnvoll über den ganzen Tag verteilt wird.

Wenn „Hilfskräfte" eingesetzt werden, so stehen sie straf- und haftungsrechtlich den regulären Lehrkräften gleich, genießen also bei ihren Handlungen den Schutz der gesetzlichen Unfallversicherung und sind auch von den Haftungsfolgen weitgehend freigestellt: Da sie im Auftrag des Staates tätig sind, muss dieser für eventuelle Schäden aufkommen. Das gilt übrigens auch dann, wenn sie ehrenamtlich tätig sind, also wenn z.B. eine Mutter als Begleitperson auf den Schulausflug mitgenommen wird.

Alphabetisches Schlagwortverzeichnis

Das Eltern-Jahrbuch ist alphabetisch aufgebaut. Der Zugriff erfolgt über die Schlagwörter. Unter diesen stehen mit dem Zeichen ➪ die Beiträge, in denen Sie hierzu Informationen finden können.

Ein Beispiel: Zum Thema Abmeldung vom Religionsunterricht werden Sie unter dem Schlagwort **Abmeldung (Religionsunterricht)** auf die Beiträge ➪ Ethik, ➪ Grundgesetz, ➪ Religion (Allgemeines), ➪ Religionsunterricht (Teilnahme), ➪ Schulgesetz und auf die Landesverfassung verwiesen (➪ Verfassung).

Da das Eltern-Jahrbuch nicht alle Vorschriften enthalten kann, haben wir in dieses Register auch einige Hinweise auf Fundstellen im Amtsblatt Kultus und Unterricht oder in anderen Quellen aufgenommen.

A

B

Ist Gleichbehandlung „gerecht“? Hätten Sie's gewusst? Die Antwort steht auf Seite 131.

Hätten Sie's gewusst? – Eltern fragen, wir antworten.

Volljährig – und dann?

Frage: Nächstes Jahr wird unser Sohn volljährig. Dann hätten wir Eltern in der Schule nicht mehr mitzureden, meint er, und er könne jetzt endlich aus eigener Kraft die Schule schwänzen: Ab 18 dürfe er sich für sein Fehlen nämlich bei der Leitung seiner beruflichen Schule selbst entschuldigen. Kann das denn wahr sein? Darf er dann etwa auch seine Zeugnisse selbst gegenzeichnen?

Antwort: Tatsächlich wird Ihr Sohn zwar mit 18 „volljährig"; er muss dann alle Bürgerpflichten ausschließlich und vollständig selbst übernehmen. Er ist ab diesem Zeitpunkt nicht mehr schulpflichtig und er entscheidet auch selbst, welchen Bildungsweg er einschlagen will. Es obliegt also ihm allein, sich bei seiner Schule an- oder auch abzumelden.

Allerdings: Mit dieser Anmeldung unterwirft er sich der Schulordnung. Rechtlich tritt dann an die Stelle der Schulpflicht eine Teilnahmepflicht am Unterricht. Ihr volljähriger Sohn besitzt deshalb tatsächlich ein *„Selbstentschuldigungsrecht"*, allerdings kann er sein Fernbleiben nur im Rahmen der laut ➪ Schulbesuchsverordnung auch sonst zulässigen Gründe „entschuldigen" – er darf also mit der Begründung: *„Ich hatte Fieber und musste zum Arzt gehen, der mir ein Attest ausgestellt hat"* zuhause bleiben, aber ohne stichhaltige Begründung oder gar weil er keine Lust hatte kommt er nicht durch. Wenn die Klassenlehrkraft ihm für unentschuldigtes Fehlen Nachsitzen verpasst, muss er am Nachmittag brav in die Schule kommen – und wenn so etwas öfter passiert, kann die Schule bei Bedarf den ganzen Katalog der Erziehungs- und Ordnungsmaßnahmen (➪ Schulgesetz § 90) anwenden, bis zum Schulausschluss. Zwar entfällt bei Volljährigen die bei solchen Maßnahmen vorgesehene Anhörung oder Mitwirkung der Erziehungsberechtigten, aber das ist möglicherweise für manche gerade volljährig Gewordene sogar ein Nachteil, denn ohne Elternbeistand kommen sie sich leicht verloren vor.

Das kollektive Mitwirkungsrecht der Eltern bleibt erhalten (SchG § 55 Abs. 3), denn mit dem 18. Geburtstag mag die „Erziehung" durch die Eltern ihr Ende gefunden haben (bei manchen Schüler*innen ist bekanntlich auch mit Sechzehn nicht mehr viel zu „erziehen"), aber um ihr Kind kümmern dürfen sich Eltern auch über den Eintritt der rechtlichen Volljährigkeit hinaus. Deshalb dürfen auch die Eltern von Zwanzigjährigen, solange ihr Kind eine öffentliche Schule besucht, sehr wohl am „Elternabend" teilnehmen und sie dürfen auch zu Klassenelternvertreter*innen gewählt und damit zugleich in den Elternbeirat entsandt werden. ➪ Elternbeirat (EltBVO) § 1 Abs. 2).

Die Zeugnisse müssen weder von den Eltern noch den volljährigen Schüler*innen unterschrieben werden – sie sind trotzdem in vollem Umfang gültig. Heikel ist vor allem die Frage, ob Eltern Einzelheiten über das Schulverhältnis erfahren dürfen. Da denkt man gleich an den Datenschutz. Aber bei Auskünften der Schule an die Erziehungsberechtigten wird das Einverständnis der volljährigen Schüler*innen vorausgesetzt, solange sich diese gegenüber der Schule nicht ausdrückliche anders erklärt haben. Gemäß ➪ Schulgesetz § 55 Abs. 3 kann die Schule den Eltern auch dann personenbezogene Auskünfte erteilen oder Mitteilungen machen, wenn kein gegenteiliger Wille der volljährigen Schüler*in erkennbar ist oder wenn eine Gefahr für wesentlich überwiegende Rechtsgüter wie Leben, Leib, Freiheit oder Eigentum zu befürchten ist und die Auskunft oder Mitteilung angemessen ist, die Gefahr abzuwenden oder zu verringern. Dieses Mitteilungsrecht der Schule gilt auch, wenn ein Schulausschluss angedroht wird. Allerdings muss die Schule Volljährige über die Möglichkeit personenbezogener Auskünfte und Mitteilungen an die Eltern allgemein oder im Einzelfall belehren.

Es besteht gegenüber Volljährigen keine ➪ Aufsichtspflicht im üblichen Sinne, jedoch die allgemeine Verkehrssicherungspflicht und die sich aus dem Schulverhältnis ergebende Fürsorgepflicht der Schule wirken weiter. Volljährige dürfen also das Schulgelände in der großen Pause verlassen, aber die Schule muss sich trotzdem darum kümmern, dass gefahrträchtige Zustände oder Aktionen vermieden werden.

Muss die Schulleitung von sich aus informieren? Hätten Sie's gewusst? Die Antwort steht auf Seite 103.

Hätten Sie's gewusst? – Eltern fragen, wir antworten.

Gendern oder nicht gendern?

Frage: Mir geht der Streit über das Gendern, über männliche und weibliche Sprachnormen zwar bisweilen auf den Geist, aber mich erstaunt doch, dass in Rundschreiben unserer Schule oder auch in Mitteilungen unseres Elternbeirats fast durchweg nur männliche Bezeichnungen verwandt werden. Warum steht da nur „Schüler" und nicht „Schüler*innen" oder wenigstens „Schülerinnen und Schüler"?

Antwort: Haben Sie keine einfachere Frage? Wir, die Redaktion des Eltern-Jahrbuchs, sind für eine geschlechtsneutrale, nicht diskriminierende Sprech- und Schreibweise. Wir vermeiden deshalb, wo immer es geht, und überall dort, wo wir selbst etwas formulieren, das „generische Maskulinum". Wir schreiben also nicht *„Lehrer"*, wenn wir nicht nur männliche Lehrpersonen meinen, sondern *„Lehrerinnen und Lehrer"* oder *„Lehrkräfte"* beziehungsweise *„Lehrer*innen"*.

Aber wir können die „Männersprache" der Gesetzestexte nicht ändern. Wenn im ⇨ Schulgesetz § 62 steht: *„Die Schülermitverantwortung dient der Pflege der Beteiligung der Schüler an der Gestaltung des Schullebens …"*, dann können daraus nicht machen: *„Die Schüler*innenmitverantwortung dient der Pflege der Beteiligung der Schülerinnen und Schüler an der Gestaltung des Schullebens …"*. Das wäre eine Fälschung.

Im Kultusministerium wird seit einigen Jahren daran gearbeitet, wenigstens jene Texte zu gendern, für die es selbst verantwortlich ist. Das bläht die Texte allerdings auf. Das KM richtet sich dabei nach der „VwV Regelungen", abgedruckt im Eltern-Jahrbuch unter ⇨ Vorschriften. Darin ist u.a. verfügt:

„Die Gleichberechtigung von Frauen und Männern soll auch in der Rechtssprache zum Ausdruck kommen. Dies soll vorrangig durch geschlechtsneutrale Formulierungen geschehen, etwa durch die Verwendung

– *geschlechtsneutraler Substantive*

Beispiele: Person, Mitglied, Bildungen mit -kraft (zum Beispiel Lehrkraft), Ableitungen auf -ung, (zum Beispiel Leitung, Vertretung) oder Zusammensetzungen auf -ling (zum Beispiel Prüfling, Flüchtling), sofern dadurch nicht der Sinn verändert wird …".

Es folgt eine ganze Liste von weiteren Beispielen für eine geschlechtsneutrale Sprache.

Nur ein Beispiel dafür, wie das KM dies in der Praxis umsetzt: Bis vor drei Jahren hieß es in der Abiturverordnung noch: *„Aufgrund der Wahl weist der Schulleiter die Schüler den einzelnen Kursen zu."* Seit 2020 lautet die entsprechende Passage: *„Aufgrund der Wahl weist die Schulleitung die Schülerinnen und Schüler den einzelnen Kursen zu."* ⇨ Gymnasium (Abitur – AGVO) § 14 Abs. 3

Schöner klingt das nicht unbedingt, aber es ist einigermaßen geschlechtsneutral. Ausdrücklich unzulässig ist nach der „VwV Regelungen" das Gendern mithilfe von Sonderzeichen wie *„Schüler/innen"* oder *„Schüler(innen)"*, und auch das Gendersternchen (also *„Schüler*innen"*) ist in amtlichen Texten tabu – uns als Redaktion des Eltern-Jahrbuchs schert das nicht, aber die gendernden Kultusbeamt*innen, pardon: Kultusbeamtinnen und -beamten, müssen sich hieran halten.

Die „VwV Regelungen" bindet jedoch nur die Landesministerien unmittelbar, aber nicht die einzelnen Schulen und schon gar nicht die Elternbeiräte. Die können in Sachen „Gendern" nach wie vor machen, was sie wollen. Wir empfehlen den Schulen trotzdem, diese Vorschrift bei eigenen Veröffentlichungen (z.B. bei Bekanntmachungen an die Eltern und die Öffentlichkeit) zu beachten. Und auch Elternbeiräte tun gut daran, sich hiernach zu richten. Das ist kein modernistisches Gehabe, sondern ein Beitrag zur Geschlechtergerechtigkeit.

I / J

Hätten Sie's gewusst? – Eltern fragen, Wir antworten.

Darf die Schule nach der „Bedürftigkeit" fragen?

Frage: Vor der Ausgabe der Schulbücher hat die Klassenlehrerin vor der ganzen Klasse gefragt, wer von den Schüler*innen die Lernmittelfreiheit in Anspruch nehme, weil die Eltern sich die Ausgaben für die teilweise ziemlich teuren Lernmittel nicht leisten können. Ist so eine Frage statthaft?

Antwort: Nein, denn die Lernmittelfreiheit ist nicht von der *„Bedürftigkeit"* einer Famile abhängig! Das ist ein klarer Verstoß gegen den Geist unserer Landesverfassung: Die Schüler*innen besitzen einen Rechtsanspruch darauf, dass der Schulträger bzw. die Schule alle notwendigen Lernmittel kostenfrei (in der Regel leihweise) zur Verfügung stellen. Nur wenn die Eltern oder die Schüler*innen ein Lernmittel selbst beschaffen wollen oder bereits beschafft haben, muss es nicht zur Verfügung gestellt werden. Dieser Anspruch ist also an den Bedarf gebunden (Notwendigkeit des Lernmittels für den Unterricht) – unzulässig ist demnach jede Prüfung der „Bedürftigkeit" der Schüler*innen oder ihrer Erziehungsberechtigten.

Die Verfassung unseres Landes verbietet die Diskriminierung. In ihr steht unmissverständlich, dass *„jeder junge Mensch ohne Rücksicht auf Herkunft oder wirtschaftliche Lage das Recht auf eine seiner Begabung entsprechende Erziehung und Ausbildung"* hat und dass *„Unterricht und Lernmittel an den öffentlichen Schulen unentgeltlich"* sind. Von *„Bedürftigkeit"* steht dort dort kein Wort. Im Gegenteil! Das ist an Deutlichkeit kaum zu übertreffen: Die Kostenfreiheit der Lernmittel ist für alle, nicht nur für ‚Bedürftige', garantiert. Und das ist gut so. ⇨ Verfassung Art. 11 und 14

K

Wer sorgt für den Brandschutz in der Schule? Hätten Sie's gewusst? Die Antwort steht auf Seite 134.

Was und wem nützen Warnwesten? Hätten Sie‘s gewusst? Die Antwort steht auf Seite 177.

Hätten Sie's gewusst? – Eltern fragen, wir antworten.

Dürfen Eltern im Unterricht dabei sein?

Frage: Im letzten Elternabend haben zwei Mütter vorgeschlagen, dass die Eltern doch einmal den Unterricht unserer Mathematiklehrerin anschauen sollten. Wir sind mit ihr unzufrieden.

Antwort: „Inspektionsbesuche" von Eltern oder Elternvertreter*innen zur Kontrolle der Lehrkräfte sind unzulässig. Hierfür ist die staatliche Schulaufsicht zuständig. In § 4 der Elternbeiratsverordnung heißt es ausdrücklich, dass Elternvertreter*innen *„nicht berechtigt"* sind, gegen Lehrkräfte *„Untersuchungen [...] wegen ihres dienstlichen Verhaltens zu führen; unberührt hiervon bleibt das Informations- und Beschwerderecht der Eltern"*. ➪ Beschwerderecht; ➪ Elternbeirat (EltBVO) § 4; ➪ Verwaltungsrecht (Allgemeines)

Einzelbesuche von Eltern im Unterricht ihrer Kinder wären zudem ein unzulässiger Eingriff in die Persönlichkeitssphäre der anderen Kinder und deren Eltern. Dies schließt nicht aus, dass Lehrkräfte die Eltern gezielt in den Unterricht einladen („Offene Stunden"). Ebenso können Eltern von den Lehrkräften bei unterrichtlichen und außerunterrichtlichen Veranstaltungen mit Hilfsfunktionen betraut werden; z.B. zusätzliche Aufsicht beim Schwimmen, Beteiligung an Eltern-Schüler-Bastelarbeiten in der Grundschule. Die Eltern nehmen dabei – wenn auch unter der grundsätzlichen Verantwortung und im Auftrag der Lehrkraft – eine Aufgabe des Staates mit allen Rechten und Pflichten wahr und stehen, falls ihnen z.B. ein Körper- oder Sachschaden zustößt, unter dem Schutz der Sozialversicherung.

Dass die Schule ein „Schonraum" ist, in dem Kinder vor den neugierigen Blicken Dritter geschützt werden müssen, gilt übrigens auch, wenn – wie bei der Corona-Pandemie – ein Teil des Unterrichts in die häusliche Umgebung verlagert wird (Unterrichts-Videokonferenz). Solange dies im abgeschlossenen Dreieck „Kind-Lehrkraft-Eltern" geschieht, ist das kein Problem; im Gegenteil: Wie sollen Eltern ihrem Kind helfen, wenn sie nicht wissen, worum es geht?!? Fragwürdig wird es jedoch, wenn Eltern oder gar andere Dritte einen Videounterricht anschauen/mithören dürfen, bei dem auch andere Kinder beteiligt sind. So wie Schüler*innen im „analogen" Klassenzimmer keinen Mitschnitt auf dem Handy machen dürfen, ist auch beim Videounterricht das Mitsehen, das Mitschneiden oder gar die Veröffentlichung per Youtube usw. ein absolutes Tabu. ➪ Datenschutz (Schulen) Nr. 2.1 ff.

Hätten Sie‘s gewusst? – Eltern fragen, wir antworten.

Schwerer Ranzen – krummer Rücken?

Frage: Ich habe den Eindruck, die Schulranzen werden immer protziger und schwerer. Haltungssschäden unserer Kinder sind quasi vorprogrammiert. Kann man etwas dagegen machen?

Antwort: Als Empfehlung für das Tragegewicht eines Schulranzens inklusive Inhalt nennt die DIN 58124 zehn bis 12,5 Prozent des Körpergewichts des Kindes, wobei das Leergewicht nicht mehr als 1,5 kg, in den ersten beiden Grundschuljahren nicht mehr als 1,2 kg betragen sollte. Ranzen müssen unter anderem haltbar, wasserabweisend, leicht, körpergerecht und ausreichend mit Reflektoren versehen sein. Das Leergewicht des Schulranzens ist auf dem Ranzen anzugeben. Bei der Unfallkasse gibt es ein Faltblatt „Schulranzen – kinderleicht!“ (www.kuvb.de/fileadmin/daten/dokumente/GBII/i-8010.pdf).

Der Ranzen sollte auf dem Rücken getragen werden, gepolsterte, mindestens vier Zentimeter breite Schultergurte haben und beide Schultern gleich belasten. Er sollte sicher und angenehm sitzen und eng am Rücken anliegen; die Oberkante sollte mit der Schulterhöhe eine Linie bilden.

Lehrkräfte sollten zur Gewichts- (und Kosten-)Reduzierung nicht mehr als ein Heft/Mappe/Ordner je Fach verlangen und darauf achten, dass Bücher und andere Gegenstände, die nicht zur Anfertigung der Hausaufgaben oder zum häuslichen Lernen benötigt werden, in der Schule deponiert werden können. Zu den Maßnahmen, die eine zu hohe Belastung vermeiden helfen, zählen ferner die Einrichtung von Schließfächern, damit Bücher in der Schule deponiert werden können, die Bereitstellung zusätzlicher Bücher in der Schule (beispielsweise kann ein Förderverein die Beschaffung eines zweiten Büchersatzes unterstützen, der in der Schule benutzt werden kann) sowie die Einrichtung eines Trinkbrunnens oder die gemeinsame Beschaffung und Deponie von Mineralwasser im Klassenraum.

Hätten Sie's gewusst? – Eltern fragen, wir antworten.

Das richtige Sitzen – ein Thema für Eltern?

Frage: Seit ich beim letzten Elternabend auf Zweitklässler-Stühlen saß, weiß ich, was Schulmöbel bedeuten, die der Körpergröße nicht angepasst sind. Müssen sich die Schulen hierum kümmern? Können wir Eltern etwas tun? Wer gibt mir Rat und Auskunft?

Antwort: Die gesetzliche Schülerunfallversicherung (DGUV) gibt hierzu Merkblätter und Hinweise heraus und berät interessierte Personen und Institutionen (beispielsweise Elternbeiräte) auch direkt. Im Merkblatt der DGUV über das Schulmobiliar werden z.B. diese Fragen gestellt: *„Werden die Lehrer über die Zusammenhänge zwischen Körpergröße, Mobiliar und Sitzhaltung informiert?" – „Wird auf Elternabenden das Thema ‚richtig sitzen' behandelt?".* ⇨ Schulbau (Bau und Ausstattung von Schulen)

Das ist also ein Thema, um das sich nicht nur die Lehrkräfte, sondern auch die Eltern kümmern dürfen – und das sollten sie auch tun. Wer sich informieren will, findet in der Broschüre *„Klasse(n) – Räume für Schulen / Empfehlungen für gesundheits- und lernfördernde Klassenzimmer"* (DGUV Information 202-090; online abrufbar unter: https://publikationen.dguv.de/widgets/pdf/download/article/20) viele wertvolle Informationen. Eltern / Elternbeiräte können sich gegenüber ihrer Schule (beziehungsweise gegenüber dem Schulträger, der das ja alles organisieren und bezahlen muss) hierauf berufen.

Nicht-Erziehungsberechtigte auf dem Elternabend? Hätten Sie's gewusst? Die Antwort steht auf Seite 101.

W

Z

Hätten Sie's gewusst? – Eltern fragen, wir antworten.

Dürfen Eltern an der Lehrerkonferenz teilnehmen?

Frage: Eine Elternvertreterin einer anderen Schule hat behauptet, dass sie an einer Lehrerkonferenz teilgenommen hat und dort mitreden durfte. Ich dachte die Lehrerkonferenzen tagen exklusiv.

Antwort: Die meisten Elternvertreter*innen wissen das zwar nicht (und auch manche Schulleitungen haben noch nie davon gehört), aber die Eltern einer Klasse dürfen sich als reine „Elterngruppe" treffen (ohne dass Lehrkräfte anwesend sind oder mitreden dürfen) und zu bestimmten Themen Anträge an die Klassenkonferenz richten. Dann besitzen sie ein Zugangsrecht zu diesem reinen Lehrkräfte-Gremium und dürfen zu diesem Tagesordnungpunkt dort mitreden (aber nicht mit abstimmen).

Das gleiche Recht haben auch die von den Eltern gewählten Mitglieder der Schulkonferenz. Diese Elternvertreter*innen sind, wenn sie zu bestimmten Themen Anträge stellen, in die Gesamtlehrerkonferenz der Schule einzuladen und besitzen dort Rederecht. Mehr steht unter ⇨ Eltern (Allgemeines) Teil E.

Neben diesem verbrieften Mitwirkungs<u>recht</u> gibt es noch eine Option: Gemäß ⇨ Konferenzordnung § 11 können alle Lehrerkonferenzen im Einzelfall „andere Personen" (z.B. auch Vertreter*innen der Eltern) zu ihren Beratungen hinzuziehen. Das geschieht nicht häufig, aber der Elternbeirat kann bei Angelegenheiten, die ihm wichtig sind, die Schulleitung oder die Klassenlehrkraft darum bitten, zur GLK oder der Klassenkonferenz eingeladen zu werden. An Schulen, denen die Eltern-Mitarbeit wichtig ist, hat eine solche Bitte in der Regel Erfolg – und das lohnt sich für beide Seiten.

Hätten Sie's gewusst? – Eltern fragen, wir antworten.

Wie kommt gute Luft ins Klassenzimmer?

Frage: Mal ganz unabhängig von der Corona-Pandemie, die das Lüftungsproblem sozusagen auf die Spitze getrieben hat: Unser Schulgebäude gehört zu den achitektonischen Meisterleistungen ohne ausreichende Vorsorge gegen die sommerliche Hitze oder gegen starke Sonneneinstrahlung. Wie kann man da für bessere Luft sorgen? Muss die Schule dabei von sich aus handeln? Können wir Eltern der Schule / der Schulleitung helfen?

Antwort: Es stimmt leider – man hat in den vergangenen Jahren bisweilen Schulgebäude errichtet, in denen es an Jalousien fehlt oder sich sogar die Fenster kaum oder gar nicht öffnen lassen. Auch ohne die aktuellen Bemühungen um bessere Luft im Klassenzimmer (oder in manchen Fachräumen im Untergeschoss!) bestand und besteht weiterhin Handlungsbedarf.

Da sind zunächst die „Hauptamtlichen" am Zuge: Die Schule (die Schulleitung, unterstützt von der Gesamtlehrerkonferenz und der Schulkonferenz) kann beziehungsweise muss den Schulträger zu Verbesserungsmaßnahmen auffordern. Gegebenenfalls ist die Schulaufsicht im Rahmen ihrer Aufsicht über den Schulträger einzuschalten (⇨ Schulgesetz § 36). Aber da sind auch die Ehrenamtlichen, also die Eltern beziehungsweise ihre Vertretung, zum Handeln aufgerufen. Der Elternbeirat hat den gesetzlichen Auftrag, *„für die Belange der Schule beim Schulträger, bei der Schulaufsichtsbehörde und in der Öffentlichkeit einzutreten, soweit die Mitverantwortung der Eltern es verlangt,"* und *„an der Beseitigung von Störungen der Schularbeit durch Mängel der äußeren Schulverhältnisse mitzuwirken"* (⇨ Schulgesetz § 57 Abs. 1 Nr. 4 und 5). Elternvertreter*innen dürfen also nicht nur etwas tun, sie müssen es sogar!

Das Kultusministerium hat 2019, also noch vor der Corona-Pandemie, Hinweise zur Verbesserung der Innenraumluftqualität in Klassenzimmern veröffentlicht (Infodienst Schule 104, Oktober 2019). Darin heißt es u.a.:

Eine gute Innenraumluftqualität ist die Grundvoraussetzung für eine optimale Nutzung geistiger Ressourcen und beugt zudem möglichen gesundheitlichen Belastungen wie z.B. Kopfschmerzen vor. Bereits durch effizientes Lüften der Klassenräume kann die Luftqualität um ein Vielfaches verbessert werden.

Vordringliche Aufgabe der Lüftung ist die Erneuerung der Raumluft durch Abführung gas- und staubförmiger Verunreinigungen (z.B. Kreidestaub) sowie der durch den Menschen produzierten Stoffwechselprodukte (Gerüche, Kohlendioxid, Wasserdampf) und die Zufuhr von Frischluft von außen.

Kurzzeitiges Lüften in den Pausen reicht nicht aus, „gute" Luft zu gewährleisten bzw. die Qualität zu verbessern. Nur intensives, regelmäßiges Lüften in den Pausen durch Öffnung aller Fenster sowie bei möglichst geöffneter Tür und regelmäßiges Stoßlüften für einige Minuten während des Unterrichts garantieren eine ausreichend gesundheitlich zuträgliche Atemluft. Zumindest vor Unterrichtsbeginn sollte gelüftet werden, bei hoher Schülerzahl zusätzlich mindestens einmal während der Unterrichtsstunde. Zusätzlich sind möglichst in jeder Pause alle Fenster weit zu öffnen, auch wenn sich die Schülerinnen und Schüler in Pausen oder Freistunden in den Klassenzimmern aufhalten.

Die am weitesten verbreitete Lüftungsart, gekippte Fenster, ist am wenigsten effektiv und führt zu größeren Energieverlusten als die Quer- und Stoßlüftung. Die Dauer der Belüftung richtet sich nach der Außentemperatur. Je größer der Temperaturunterschied zwischen innen und außen ist, desto kürzer dauert der Luftaustausch. Der Belüftungsvorgang sollte 5 bis 15 Minuten andauern.

Um die Innenraumluftqualität in Klassenzimmern nicht zusätzlich durch eine hohe Immission von Kreidestaub zu beeinträchtigen, sollte ferner Folgendes beachtet werden: Herkömmliche Kreidetafel nur feucht wischen und mit einem Wasserabzieher trocknen. Regelmäßig die Tropfrinne der Tafel feucht auswischen. Kann das Trockenwischen der Tafel mit einem Tafellappen nicht vermieden werden, sollten benutzte Tafellappen arbeitstäglich gründlich ausgewaschen werden.

Ausdrücklich betont das Kultusministerium: Bei weit geöffneten Fenstern kommen den Lehrkräften besondere Sorgfaltspflichten gegenüber den Schüler*innen zu. Insbesondere sind Verhaltensweisen, aus denen Verletzungen bei geöffneten Fenstern resultieren könnten, zu unterbinden.

Elterninformationen des Kultusministeriums

Der elektronische „Infodienst Eltern" des Kultusministeriums informiert aktuell und aus der Sicht der Regierung über neue Ideen und Entwicklungen in Schule, Schulverwaltung und Bildungspolitik. Dieser Informationsdienst kann kostenfrei auf der Homepage des Kultusministeriums eingesehen und als pdf-Datei abgerufen werden unter https://km-bw.de/startseite/service/Infodienst+Eltern.